Hans Mommsen
Die verspielte Freiheit

Der Autor

Hans Mommsen, geboren 1930; Studium in Marburg und Tübingen; 1959 Promotion; Referent im Institut für Zeitgeschichte in München; 1963 bis 1968 wissenschaftlicher Assistent in Heidelberg; 1968 Professor für Neuere Geschichte II an der Ruhr-Universität Bochum; Fellow des Institute for Advanced Study in Princeton und des Wissenschafts-Kollegs zu Berlin; Gastprofessuren in den USA und in Israel. Publikationen zur mitteleuropäischen Arbeiterbewegung und zur politischen und sozialen Entwicklung Deutschlands in der Zwischenkriegszeit.

HANS MOMMSEN

DIE VERSPIELTE FREIHEIT

*Der Weg
der Republik von Weimar
in den Untergang
1918 bis 1933*

PROPYLÄEN

Der Text und die ihm integrierten Tabellen und Karten sind identisch mit dem 1989 erschienenen achten Band der illustrierten »Propyläen Geschichte Deutschlands«.

Redaktion: Wolfram Mitte
Betreuung der Tabellen und Karten: Anneliese Möller
Landkarten und Graphiken: Erika Baßler
Bibliographie und Register: Susanne Willems

Gesamtgestaltung: Andreas Brylka
Umschlagentwurf: Theodor Bayer-Eynck
Gesamtherstellung: Ebner Ulm

© by Verlag Ullstein GmbH,
Frankfurt am Main · Berlin
Propyläen Verlag

Printed in Germany 1990
ISBN 3-548-33141-6

Inhalt

Vorwort	7
Das Deutsche Reich am Ausgang des Ersten Weltkrieges	13
Die deutsche Revolution	32
Demokratiegründung im Schatten von Revolution und Friedensvertrag	63
Die innere Verweigerung des Friedens	101
Um das Überleben des parlamentarischen Systems	141
Das Doppelgesicht außen- und innenpolitischer Rekonstruktion	183
Der Ansturm der außerparlamentarischen Kräfte	226
Die Auflösung des parlamentarischen Systems	275
Der Durchbruch der NSDAP	321
Regierung in der Krise	361
Der Weg zur Präsidialdiktatur	404
Die Regierung der Staatsstreichdrohung	443
Von der autoritären zur faschistischen Diktatur	495
Bibliographie · Personen- und Ortsregister	549

Vorwort

Im historischen Bewußtsein der Deutschen ist die Weimarer Demokratie mit dem Makel des Scheiterns behaftet. Noch in den Beratungen des Parlamentarischen Rates in Bonn galt Weimar vor allem bei der bürgerlichen Mitte und Rechten als abschreckendes Experiment, dessen Wiederholung unter allen Umständen vermieden werden müsse. In der politischen Publizistik der Westzonen wurde bis in die fünfziger Jahre hinein an den liberalen Grundlagen der Weimarer Reichsverfassung umfassende Kritik geübt. Erst die Erfolge der Kanzlerdemokratie Konrad Adenauers bewirkten eine positivere Bewertung der Weimarer Republik, auf die man sich jetzt berief, um die Kontinuität der bis zur Paulskirche zurückreichenden demokratischen und parlamentarischen Strömungen in Deutschland hervorzuheben. Trotz der seit den fünfziger Jahren zunehmenden Bereitschaft, die Leistungen der Republik anzuerkennen, drückte sich in der vielzitierten Formel »Bonn ist nicht Weimar« ein unverkennbares Überlegenheitsgefühl aus.

In Abkehr von der ursprünglich verbreiteten Auffassung, daß der Aufstieg Hitlers auf die »Überdemokratisierung« von Weimar zurückzuführen sei, überwog nunmehr die Tendenz, den Bruch der Kontinuität der deutschen Geschichte infolge der nationalsozialistischen Machteroberung nach dem 30. Januar 1933 zu akzentuieren und die manipulative Kraft Hitlers und der NSDAP besonders zu betonen, da darin eine indirekte Entlastung von Hitlers Bündnispartnern und Gegenspielern lag. Zugleich neigte man dazu, den Zusammenbruch des demokratisch-parlamentarischen Systems primär der zielbewußten Obstruktion durch die Flügelparteien von links und rechts, durch KPD und NSDAP, zuzuschreiben. Die Chancen des demokratischen Systems, sich dauerhaft zu behaupten, wurden prinzipiell bejaht, und das Scheitern wurde zu einer »Selbstpreisgabe der Demokratie« stilisiert. Indessen waren es gerade nicht die Weimarer Demokraten, denen die Verantwortung dafür zufällt, worauf Arnold Brecht eindrucksvoll hingewiesen hat. Gemessen an den trostlosen Ausgangsbedingungen nach 1918 gewann die Weimarer Republik ein beträchtliches Maß an politischer Stabilität, obwohl sie zu keinem Zeitpunkt die Unterstützung der Funktionseliten fand. In ihren Augen erschien sie von vornherein als Verlegenheitslösung und als bloßes Übergangsregime, ohne daß damit der Weg in die faschistische Diktatur bereits unausweichlich war.

Die Weimarer Republik übernahm vom wilhelminischen Kaiserreich die im Weltkrieg nur vorübergehend überdeckten tiefen sozialen Spannungen einer Gesellschaft, die einerseits in vorrevolutionären Traditionen wurzelte, andererseits einem rapiden Modernisierungs- und gesellschaftlichen Umschichtungsprozeß unterworfen war, mit dem die Entwicklung der politischen Institutionen nicht Schritt hielt. Nicht so sehr der vielerörterte »deutsche Sonderweg« als vielmehr diese schwerwiegenden sozialen Antagonismen, die durch die deutsche Revolution von 1918/19 noch vergrößert wurden, erklären die Barrieren, die sich gegen den Übergang zu einer pluralistischen Gesellschaftsverfassung und zu einem liberalen parlamentarischen System auftürmten. Die Frustrationen einer in ihren sozialen Privilegien bedrohten Oberschicht, die die tradierte Klassendichotomie noch verstärkten, schlugen sich in einer unerwartet großen Akzeptanz der Anwendung von Gewalt gegen politische Gegner nieder. Sie führten zu einer tiefgreifenden moralischen Indifferenz, welche zu der mangelnden Widerstandskraft der bürgerlichen Rechten gegenüber dem Nationalsozialismus entscheidend beitrug. Große Teile der aktiven Industriearbeiterschaft mußten nach 1919 das fast vollständige Scheitern ihrer Forderungen nach Demokratisierung und Sozialisierung der Betriebe hinnehmen und sahen sich unter dem Zugriff des reaktionär eingestellten Militärs ins politische Abseits gedrängt. Nicht die Errungenschaften der Revolution, die im ersten Anlauf zum Stillstand kam, sondern die Gegenrevolution und die von ihr provozierten bürgerkriegsartigen Erscheinungen blieben im Bewußtsein der Zeitgenossen als prägende Erfahrung bestehen.

Die Nationalsozialisten verstanden die Errichtung des »Dritten Reiches« als Antwort auf die Novemberrevolution, und indem sie ihre Machteroberung in Anknüpfung an Ideengänge der unmittelbaren Nachkriegszeit als »nationalen Aufbruch« deklarierten, führten sie die in eine ähnliche Richtung weisenden Wunschträume der bürgerlichen Rechten ad absurdum. Die politisch Handelnden, in welchem Lager sie immer standen, bezogen sich auf die Erfahrungen der deutschen Niederlage und der Revolution. Der Zusammenbruch der Monarchie und des deutschen Hegemonieanspruchs stellte ein Schlüsselerlebnis dar, das ihre politischen Optionen und Entscheidungen immer wieder beeinflußte. Insofern gewinnt die Epoche von 1917 bis in die Anfänge der Bundesrepublik Deutschland durch den Ausgangspunkt im November 1918 ihre innere Einheit.

Der Nationalsozialismus stellte ein charakteristisches Produkt der emotional aufgeheizten und politisch reaktionären Atmosphäre der ersten Nachkriegsjahre dar. Ursprünglich als Ableger der alldeutschen Bewegung gegründet, entfaltete die NSDAP unter der Führung Hitlers ein eigenständiges Profil und löste sich von der völkisch-alldeutschen Vormundschaft. Ideologisch griff sie auf das nach der Reichsgründung entstandene völkisch-antisemitische Ideengemisch zurück und konnte in dieser Hinsicht keinerlei Originalität beanspruchen. Spezifisch neuartig und im Spätimperialismus nur ansatzweise vorhanden war die Technik der Anhängermobilisierung und der Manipulierung nationalistischer Traditionsbestände für eigene Zwecke. Durch seine auf Aktion als Selbstzweck ausgerichtete organisatorische Form unterschied sich der Nationalsozialismus von vergleichbaren völkischen und deutschnationalen Bestrebungen, und darin lag sein eigentümlicher faschistischer Charakter. Dazu traten die Voraussetzungslosigkeit in der Wahl der Mittel und eine jede innerparteiliche Willensbildung ausschließende Übersteigerung des ganz auf die Person Hitlers zugeschnittenen Führerkults.

Der Nationalsozialismus bediente sich erfolgreich der sozialen Ängste und Ressentiments bei denjenigen gesellschaftlichen Gruppen, die auf der Schattenseite des Modernisierungsprozesses standen. Zugleich übertrumpfte er die nationalistischen Emotionen, die die bürgerlichen Parteien und Verbände bis in das demokratische Lager hinein bewußt ausspielten, um dadurch die gefährdete innenpolitische Integration herbeizuzwingen. Der hochgradige Autismus, der die deutsche Öffentlichkeit zur Selbstüberschätzung verleitete und sie unfähig machte, die Interessenlagen der Nachbarländer angemessen zu verstehen, begünstigte die nationalsozialistische Vorspiegelung, daß die machtpolitischen Möglichkeiten Deutschlands einzig und allein von der inneren Geschlossenheit der Nation abhingen. Die Mobilisierung rückständiger Ressentiments und die gleichzeitige Befriedigung des Bedürfnisses nach Modernisierung ermöglichten es dem Nationalsozialismus, eine Art negative Volkspartei zu werden.

Ebenso wie es irreführend wäre, der Vorstellung zu folgen, daß der Nationalsozialismus als neuartiges Moment die Grundlagen der Weimarer Republik von außen zerstört hätte, kann deren innere und äußere Entwicklung nicht als bloße Vorgeschichte des Dritten Reiches interpretiert werden. Namentlich in sozialgeschichtlicher Beziehung kamen in Weimar vielfältige Prozesse in Gang, die über das Dritte Reich hinaus die gesellschaftlichen und institutionellen Bedingungen der deutschen Geschichte nach dem Zweiten Weltkrieg entscheidend geprägt haben. Andererseits ist nicht zu übersehen, daß zwischen der NSDAP und der bürgerlichen Rechten beträchtliche ideologische Affinitäten bestanden und daß Adolf Hitler nur vor dem Hintergrund einer breiten antiliberalen und antisozialistischen Strömung zum Führer des »nationalen Deutschland« aufsteigen konnte. Die Machteroberung durch die Nationalsozialisten hatte die Aushöhlung des parlamentarischen Systems und die Ausschaltung der organisierten Arbeiterbewegung zur Voraussetzung, die sich teilweise bereits unter der Ägide der bürgerlichen Präsidialkabinette vollzog.

Der Übergang zur faschistischen Diktatur, der mit der Bildung des Kabinetts der nationalen Konzentration einsetzte, ereignete sich unter Verwendung von institutionellen Instrumenten, die im Verlauf der republikanischen Jahre bereitgestellt und benutzt wurden, um die Prärogative der Exekutive gegenüber Parlament und Parteien auszubauen. Selbst unter politikgeschichtlichen Gesichtspunkten ist nicht eindeutig auszumachen, wann die entscheidende Zäsur zwischen Republik und Diktatur anzusetzen ist. Die Verabschiedung des Ermächtigungsgesetzes am 23. März 1933 bietet sich als Einschnitt an, wenngleich sie noch völlig in der Kontinuität der für die Republik kennzeichnenden Konfliktlösungsmodelle stand. Die Umschichtung der wirtschaftlichen und gesellschaftlichen Verhältnisse vollzog sich demgegenüber in einem wesentlich langsameren Rhythmus. Die Methoden der neuen Machthaber unterschieden sich grundlegend vom politischen Stil der bürgerlichen Republik, aber auf weite Strecken entsprachen die außen- und innenpolitischen Zielsetzungen der NSDAP denjenigen ihrer bürgerlichen Partner. Von einem revolutionären Bruch kann in außenpolitischer Beziehung nicht die Rede sein. Im Innern löste sich das NS-Regime nur Schritt für Schritt von dem äußerlich gleichgeschalteten Regierungssystem, das schließlich nur noch eine leere Hülse darstellte, ohne durch eine neue Verfassung abgelöst zu werden.

Die vorliegende Darstellung der Entwicklung der Weimarer Republik sollte ursprünglich in eine Gesamtsicht der Periode von 1917 bis 1950 eingegliedert werden. Es ergab sich jedoch, daß dies den ihr gesetzten äußeren Rahmen gesprengt hätte, sollten die Vorgänge und Probleme nicht in allzu geraffter Form wiedergegeben werden. Die Darstellung bricht deshalb mit dem Februar 1933 und einem Ausblick auf das Ermächtigungsgesetz ab, welches das äußere Datum für einen sich seit dem Februar vollziehenden Bruch mit der politischen Verfassung der späten Weimarer Jahre darstellt. Die Schilderung der Geschichte des Dritten Reiches und der ersten Nachkriegsjahre soll einem weiteren Band vorbehalten bleiben. Erst mit den Anfängen der Bundesrepublik vollzogen sich die Ablösung von den Grundhaltungen der Weimarer Zeit und die Ausbildung eines westlichen Traditionen verpflichteten politischen Selbstverständnisses.

Entstehung und Niedergang der Weimarer Republik sind seit langem bevorzugter Gegenstand der internationalen Forschung. Das Interesse an diesem mißlungenen Beispiel politischer Modernisierung beruht nicht zuletzt auf der bedrängenden Frage, warum Hitler und die nationalsozialistische Bewegung die politische Macht an sich reißen und eine auf Gewalt und Terror gestützte Herrschaft errichten konnten, obwohl das trotz aller Legalitätsbeschwörungen frühzeitig erkennbar war. Darüber hinaus stellt die Weimarer Erfahrung ein Modell für die Hindernisse und Chancen der Demokratisierung von überwiegend autoritär geprägten Gesellschaften dar. Kaum eine Epoche der deutschen Geschichte ist so eingehend bearbeitet worden wie die Zeit der Weimarer Republik. Die Fülle der Gesichtspunkte und Fragestellungen, die an sie herangetragen worden sind, erklärt sich zugleich daraus, daß die knapp anderthalb Jahrzehnte, die sie existierte, durch ein ungewöhnlich großes Maß innovativer Impulse gekennzeichnet waren. Dies gilt zunächst für den Bereich von Kunst und Kultur, die der Epoche den Namen der »Goldenen Jahre« eingetragen haben, obwohl Inflation, wirtschaftliche Stagnation und Krisen und verstärkte Verteilungskämpfe vorherrschten. Der intellektuelle und künstlerische Aufbruch in den frühen zwanziger Jahren hatte seine Wurzeln in der spätwilhelminischen Zeit; die einander rasch ablösenden Kunstrichtungen und Modeströmungen, die parallel dazu sich durchsetzende Massenkonsumgesellschaft, die Demokratisierung des kulturellen Lebens und die Ausrichtung auf die künstlerische Avantgarde von Moskau bis New York stellten ein unerhörtes Faszinosum dar, das in Deutschland allerdings überwiegend auf das zur Metropole aufgestiegene Berlin beschränkt blieb. Die künstlerische und intellektuelle Moderne wirkte, trotz des vielfach ausgeprägten politischen Engagements ihrer Träger, auf das politische Leben der Republik kaum zurück und blieb auf einen weitgehend autonomen Sektor beschränkt, der durch die nationalsozialistische Machteroberung fast vollständig zerstört wurde.

Desgleichen sind die zwanziger Jahre durch eine Fülle von Impulsen im Bereich der Erziehung, des Strafrechts, der Geschlechterbeziehungen, der Ökologie, aber auch des Wohnungsbaus, des Gesundheitswesens und der kommunalen Kulturpolitik geprägt, die häufig Initiativen vorwegnahmen, die nach 1945 auf diesen Gebieten unternommen wurden. Der nach 1918 rasch fortschreitende Ausbau des Daseinsvorsorgestaates hat bis in die Gegenwart hinein unmittelbare Auswirkungen. Ähnliches gilt für die technologischen, infrastrukturellen und industriellen Innovationsschübe, die durch die Kriegsfolgen noch beschleunigt wurden, ohne den Zeitgenossen jene Selbstgewißheit zu verschaffen, die notwendig gewesen wäre, um sich von der traumatisch anmutenden Ausrichtung auf die Verhältnisse des wilhelminischen Deutschland zu lösen.

Der Wandel der demographischen, gesellschaftlichen und sozioökonomischen Bedingungen vollzog sich vielfach ungleichzeitig zum politischen Prozeß und beeinflußte ihn nur peripher. Sie entfalteten sich in einem eigenständigen Rhythmus, der die hier behandelte Periode vielfach weit überschreitet. In der vorliegenden Darstellung, die die Entstehung und krisenhafte Entwicklung der Weimarer Republik in den Vordergrund stellt, ist deshalb auf eine systematische Schilderung dieser Lebensbereiche bewußt verzichtet worden. Sie war mit der Absicht unvereinbar, die politischen Prozesse von 1917 bis 1933 in ihrem genetischen Zusammenhang zu beschreiben und die Konvergenz unterschiedlicher Politikfelder, insbesondere die Verschränkung von innerer und äußerer Politik, anschaulich zu machen. Gleiches war für die Bemühung ausschlaggebend, die wirtschaftlichen Faktoren und finanzpolitischen Probleme, die aufs engste mit den außenpolitischen Vorgängen verbunden waren, auf die politische Willensbildung zurückzubeziehen. Dies mag gelegentlich zu Verkürzungen und Ungleichgewichtigkeiten führen, war aber gegenüber den Nachteilen einer systematischen Gliederung, welche die gegenseitige Durchdringung unterschiedlicher Politikfelder und Interessenstrukturen vielfach verdeckt, in Kauf zu nehmen. Desgleichen ist darauf verzichtet worden, die darstellende Ebene zugunsten der Diskussion von Forschungsproblemen zu verlassen; die Einzelforschungen, die hier zugrunde liegen, finden in der angefügten Bibliographie Berücksichtigung, ohne daß Vollständigkeit angestrebt werden konnte.

Dieses Buch wäre ohne die Hilfe von Mitarbeitern und befreundeten Kollegen nicht zustande gekommen. Insbesondere verdanke ich Professor Larry E. Jones, Professor Thomas Childers, Professor Reinhard Rürup und Privatdozent Dr. Bernd Weisbrod, nicht zuletzt meinem Bruder Professor Wolfgang J. Mommsen wertvolle Anregungen und unentbehrliche kritische Ratschläge. Durch die großzügige Gastfreundschaft des Wissenschaftskollegs zu Berlin war eine anderthalbjährige Freistellung von den Bochumer Lehrverpflichtungen möglich. Frau Mathilde Reuter und Frau Ursula Monegatti haben in der Berliner Zeit die ersten Texte geschrieben. In Bochum habe ich Frau Karin Kaschade, Frau Daniela Rüther, Herrn Karsten Rudolph, Herrn Bert-Oliver Nolte und Herrn Achim Brünger für Hilfe bei der Niederschrift des Manuskripts, Frau Susanne Willems, Frau Birgit Schulze, Herrn Dr. Ulrich Heinemann und Herrn Dr. Michael Krüger-Charlé für kritische Lektüre herzlich zu danken. Nicht zuletzt gebührt Herrn Wolfram Mitte vom Propyläen Verlag für seine langjährige Unterstützung und Initiative bis zur Drucklegung des Manuskripts, desgleichen für die von ihm vorgenommene Bebilderung ausdrücklicher Dank. Frau Willems bin ich für die Erstellung der Bibliographie sowie des Registers, Frau Dr. Jutta Wietog für die Anfertigung der Tabellen und Graphiken dankbar verbunden.

Bochum, den 5. November 1988   Hans Mommsen

Das Deutsche Reich am Ausgang des Ersten Weltkrieges

Als das Deutsche Reich am 1. August 1914 mit der Kriegserklärung gegen das zaristische Rußland den seit langem befürchteten europäischen Krieg, der sich bald zum Weltkrieg ausweitete, unabwendbar machte, ahnten nur wenige, daß an dessen Ausgang der Zusammenbruch des wilhelminischen Kaiserreiches stehen würde. Die Kriegsbegeisterung der Massen, die vom Rausch des Patriotismus erfaßt wurden, schwemmte die Befürchtungen darüber hinweg, daß die Mittelmächte in einem Mehrfrontenkrieg aufgerieben werden könnten. Die Vorkämpfer des Antimilitarismus auf dem linken Flügel der Sozialdemokratie sahen sich plötzlich innerhalb der Arbeiterbewegung isoliert. Die innenpolitischen Gegensätze schienen angesichts der bevorstehenden Kriegsanstrengung weitgehend aufgehoben zu sein. Reichskanzler Bethmann Hollweg setzte sich gegen die Heißsporne unter den Militärs mit der Formel des »Burgfriedens« durch; zuvor hatten die Freien Gewerkschaften zugesichert, sich den deutschen Verteidigungsanstrengungen nicht in den Weg zu stellen. Wilhelm II. fand mit der Erklärung, er kenne keine Parteien mehr, er kenne nur noch Deutsche, allgemeine Zustimmung. Die Vorstellung, daß die Nation geeinigt in den ihr aufgezwungenen Abwehrkampf hineinginge, wurde von bürgerlichen Intellektuellen als beglückend empfunden und als Anfang einer nationalen Regeneration gefeiert.

Mit dem Fortgang des Krieges zerstoben die Illusionen, daß sich die gesellschaftlichen und politischen Gegensätze einfach vertagen ließen. Der »Burgfriede« bewirkte, daß der Reichstag zunächst nur ausnahmsweise zusammentrat, in der Regel, um anstehende Kriegskredite zu bewilligen, daß man bei Nachwahlen auf den Parteienwettbewerb verzichtete und die Parteien sich in der Öffentlichkeit zurückhielten. Dies hatte zur Folge, daß die frühzeitig aufbrechenden politischen Fronten in der Kriegsziel-Debatte zum Ausdruck kamen, die vor allem von Verbänden und selbsternannten Repräsentanten des Volkswillens geführt wurde. Sie weckte völlig übersteigerte Hoffnungen und abstrahierte von den begrenzten militärischen Ressourcen der Mittelmächte. Die extremen imperialistischen Wunschvorstellungen, die in unzähligen Kriegsziel-Denkschriften festgeschrieben wurden, weil eine öffentliche Erörterung untersagt war, waren nur schwer abzubauen, als sich im Herbst 1916 herausstellte, daß der vielgeforderte »Siegfriede« in weite Ferne gerückt war.

Ebensowenig wie der Appell an die Einigkeit der Nation die inneren Brüche auf die Dauer verdeckte, blieb die chronische Führungskrise des wilhelminischen Systems, die den Weg in den Krieg erleichtert hatte, verborgen. Letztere verschärfte sich noch dadurch, daß die verfassungsrechtlich unzureichend eingebundene militärische Macht die zivile Reichsleitung, welche die politische

Gesamtverantwortung trug – sowohl was die Spitzenentscheidungen als auch was deren Durchsetzung vor Ort anging – immer mehr beiseite drängte. Das seit der Daily-Telegraph-Affäre preisgegebene »persönliche Regiment« Wilhelms II. hinterließ ein Führungsvakuum, das sich unter den Bedingungen des Krieges in vieler Hinsicht als verhängnisvoll erwies. Denn gerade militärische Grundentscheidungen lagen noch immer in der Zuständigkeit des Kaisers, dem die notwendige politische Übersicht fehlte und der von der zivilen Führung abgeschirmt wurde. Daß gerade Bethmann Hollweg den Sturz Falkenhayns und die Übertragung der Obersten Heeresleitung an Paul von Hindenburg und dessen hochbegabten, aber durch nagenden Ehrgeiz geprägten Ersten Generalquartiermeister, Erich Ludendorff, betrieb, spiegelte die unzureichende innenpolitische Durchsetzungskraft der Reichsleitung. Nach dem Scheitern der Falkenhaynschen Ausblutungsstrategie vor Verdun war sich der Reichskanzler darüber klar geworden, daß die Mittelmächte den Krieg nicht einseitig für sich zu entscheiden vermochten. Er glaubte die öffentliche Meinung nur dann für einen Verständigungsfrieden gewinnen zu können, wenn er dafür die Unterstützung des wegen seines Sieges bei Tannenberg gefeierten Feldherrn besaß. Die Bildung der Dritten OHL bot zugleich die Chance, auf den in der Öffentlichkeit nachdrücklich geforderten unbeschränkten U-Boot-Krieg zu verzichten, der, wie Bethmann wohl wußte, die USA in den Weltkrieg hineinziehen und das Übergewicht der Gegner der Mittelmächte besiegeln würde.

Die Berufung Hindenburgs und Ludendorffs verstärkte deren gewaltiges Prestige in der deutschen Öffentlichkeit; es begründete eine Art »Ersatzkaisertum« durch die OHL und bedeutete die völlige Zurückdrängung des Monarchen aus dem politischen Entscheidungsprozeß. Hindenburg und Ludendorff nutzten die ihnen zuwachsende Machtstellung und lehnten es ab, die Zuständigkeit der Reichsleitung zu beachten. Vielmehr griffen sie von Anfang an in die innere und äußere Politik selbstherrlich ein und errichteten eine schleichende Militärdiktatur. Die OHL schwächte die Stellung Bethmann Hollwegs um so mehr, als sie sich in der Frage der preußischen Wahlreform und der verfassungspolitischen Neuordnung im Reich auf die Seite der preußischen Konservativen stellte, die jegliche Reform zumindest bis Kriegsende aufschieben wollten. Zunächst konnte der Reichskanzler gewisse Erfolge verbuchen, als er sich bemühte, den Ehrgeiz der neuen OHL, alle Energien der Nation für einen Siegfrieden zu mobilisieren, in verfassungsmäßigen Bahnen zu halten. Hauptziel des von ihr geforderten umfassenden Aufrüstungsprogramms war eine rückhaltlose Ausschöpfung der Arbeitskräfteressourcen auf Kosten des zivilen Produktionssektors. Aus taktischen Erwägungen stimmte die OHL der parlamentarischen Verabschiedung des nach langen Verhandlungen mit den Gewerkschaften im Dezember 1916 eingebrachten Vaterländischen Hilfsdienstgesetzes zu, welches das Kernstück des von ihr entwickelten »Hindenburg-Programms« bildete. Entgegen den ursprünglichen Erwägungen Ludendorffs, die aus seiner Sicht erforderlichen Maßnahmen mittels Oktroi unter Ausschaltung des Reichstages zu verwirklichen, hatten sich das Kriegsministerium und Wilhelm Groener, der Leiter des Kriegsamtes, für eine Verständigung mit den Gewerkschaften eingesetzt.

Bethmann Hollwegs Kalkül, mit der Deckung Hindenburgs und Ludendorffs den Weg eines Verhandlungsfriedens einschlagen zu können, erfüllte sich nicht. Das von ihm mit Mühe durchgebrachte Friedensangebot der Mittelmächte vom 12. Dezember 1916 war zu vage gehalten, um bei den Westmächten auf ernsthafte Resonanz zu stoßen. Dessen brüske Zurückweisung bedeutete eine schwere Niederlage für den Kanzler und räumte die politischen Widerstände gegen den uneingeschränkten U-Boot-Krieg beiseite, den nun auch die OHL forderte, weil sie sich davon eine kriegsentscheidende Wende versprach. Um so wehrloser stand Bethmann den diktatorischen Machtansprüchen der OHL gegenüber, ohne daß er die erlittene Niederlage zum Anlaß seines Rücktritts nahm. Immerhin raffte er sich noch einmal dazu auf, durch eine Initiative zur Reform des preußischen Wahlrechts die verkrusteten innenpolitischen Fronten wieder in Bewegung zu bringen und die von ihm verfolgte »Politik der Diagonale« zu realisieren. Aber über die Ankündigung einer nach dem Ende des Krieges eintretenden Wahlrechtsreform in der Osterbotschaft Wilhelms II. vom April 1917 gelangte er nicht hinaus.

Die hinhaltende Politik des Reichskanzlers, der klare Zusagen in der Frage der Parlamentarisierung unterließ, rief bei den bürgerlichen Parteien im Reichstag, aber auch bei der SPD den Eindruck hervor, daß unter Bethmann Hollweg eine Änderung der bloß dilatorischen Politik der Reichsleitung nicht erwartet werden konnte. Matthias Erzberger nutzte interne Informationen über die kritische militärische Lage Österreich-Ungarns zu einer offenen Polemik gegen den Reichskanzler. Seine Rede vor dem Hauptausschuß des Reichstages am 6. Juli 1917 zielte zugleich darauf, durch das grundsätzliche Bekenntnis zu einem Verhandlungsfrieden die psychologischen Voraussetzungen für eine verstärkte Kriegsanstrengung unter Einschluß der Arbeiterschaft zu schaffen. Im Zusammenhang damit kam es zur Bildung des Interfraktionellen Ausschusses, dem neben dem Zentrum, der Fortschrittlichen Volkspartei und der SPD die Nationalliberalen angehörten. Der Interfraktionelle Ausschuß trat an die Stelle des erfolglosen Verfassungsausschusses und fungierte bis zum Sturz des Kaiserreiches als parlamentarisches Koordinierungsinstrument, das die Interessen der Reichstagsmehrheit gegenüber der kaiserlichen Regierung und der OHL zum Ausdruck brachte.

Die im Interfraktionellen Ausschuß vertretenen Parteien führte im wesentlichen der Gegensatz zwischen der Verweigerung innerer Reformen und eines Verständigungsfriedens durch die politische Rechte zusammen. Es fehlte der sich hier bildenden Mehrheit die letzte Konsequenz: der Entschluß, die Bewilligung weiterer Kredite von der Durchsetzung der uneingeschränkten Parlamentarisierung abhängig zu machen. Selbst innerhalb der SPD überwogen die Bedenken dagegen, die volle parlamentarische Mitverantwortung zu verlangen. Sie verzichtete deshalb darauf, im Ausschuß eine Führungsrolle oder den Vorsitz zu beanspruchen. Die Mittelstellung, die sie zwischen indirekter Einflußnahme auf die Regierungsentscheidungen und Zugehörigkeit zur Opposition einnahm, entsprang der Rücksichtnahme auf ihren linken Flügel, vor allem aber auf die konkurrierende USPD, die sie bewußt aus dem informellen Parteienbündnis heraushielt. Auch die Initiative, die die Mehrheitsparteien mit der Verabschiedung der Friedensresolution ergriffen, wurde nicht zu Ende geführt. Die Rückkehr zu den Bedingungen des »Burgfriedens« und des Verteidigungskrieges, die damit angestrebt war, war auch von dem Motiv bestimmt, der SPD die sonst politisch untragbare Zustimmung zu den Kriegskrediten zu ermöglichen und damit indirekt die innere Verteidigungsbereitschaft des Reiches zu erhöhen. Die SPD reagierte auf das informelle Bündnis, das in mancher Hinsicht die spätere Weimarer Koalition vorwegnahm, mit Erleichterung. Es ersparte ihr, durch eine sonst unvermeidliche Ablehnung der Kriegskredite ins politische Abseits zu geraten und den inzwischen erlangten personellen Einfluß innerhalb des Regierungssystems preiszugeben.

Die halbherzige Politik der Mehrheitsparteien erreichte in mancher Hinsicht das Gegenteil zur angestrebten innenpolitischen Liberalisierung. Kurzsichtigkeit, zugleich die Überschätzung der Machtstellung der Reichstagsmehrheit brachten den Interfraktionellen Ausschuß in einen offenen Gegensatz zu Bethmann Hollweg, der aus Rücksichtnahme auf die Krone, aber auch aus seinem politischen Selbstverständnis heraus nicht bereit war, sich mit der Friedensresolution förmlich zu identifizieren, obwohl er in vieler Hinsicht mit ihrem sachlichen Inhalt übereinstimmte. Die von ihm weiterhin verfolgte Politik der Diagonale, des Ausgleichs zwischen den Interessen der Reichstagsmehrheit, der OHL und der preußischen Konservativen versagte in dieser Stunde. Die Mehrheitsparteien honorierten Bethmanns Bemühungen nicht mehr, die Wahlrechtsreform in Preußen durchzusetzen, die schließlich vom Kaiser positiv beschieden wurde. Auf Initiative Erzbergers und mit nachdrücklicher Unterstützung Stresemanns ließen die Parlamentarier den Hof wissen, daß der Kanzler, der offenbar auch die Sympathien des Kronprinzen verloren hatte, nicht mehr mit einer Mehrheit rechnen könne. Doch die entscheidende Aktion ging von der OHL aus, die durch die ultimative Rücktrittsdrohung den Sturz Bethmann Hollwegs erzwang.

Der Rücktritt des Reichskanzlers beendete die Julikrise nur äußerlich. Die Mehrheitsparteien hatten nicht bedacht, daß es wenig Sinn hatte, den Kanzler zu stürzen, bevor eine personelle Alternative in Sicht war. Erzbergers Liebäugeln mit Bernhard Fürst Bülow war fern aller Realität, weil dieser außen- wie innenpolitisch nicht genügend Vertrauen besaß. So präsentierte die OHL unerwartet den Unterstaatssekretär im Kriegsernährungsamt, Georg Michaelis, ohne daß der Reichstag hinzugezogen worden wäre. Zwar brachte der Kanzlerwechsel personelle Umschichtungen in einigen Ressorts und stellte insofern eine Niederlage der mit der OHL verbündeten konservativen Kräfte dar, aber ohne parlamentarische Verantwortlichkeit des Kanzlers war dieser schwerlich auf die Linie der Reichstagsmehrheit zu zwingen. Das zeigte die eher abfällige Behandlung der Friedensresolution durch den neuen Kanzler, der sich keineswegs verpflichtet fühlte, der Formel vom Frieden ohne Annexionen rückhaltlos zu folgen. Zugleich schwand, wie die Friedensverhandlungen von Brest-Litowsk alsbald zeigen sollten, die Bereitschaft der Zentrumspartei, die Politik der Friedensresolution fortzuführen, nachdem sich das Kriegsglück gewendet zu haben schien. Michaelis war ein erklärter Gegner des von den Mehrheitsparteien nur halbherzig geforderten Übergangs zum parlamentarischen System. Die Bildung eines beratenden Siebener-Ausschusses, dem führende Parlamentarier angehörten, sowie die Einbeziehung einiger Mitglieder des Reichstages in die Reichsregierung stellten einen fragwürdigen Ersatz dafür dar.

Die Ernennung von Michaelis ohne Einschaltung der Parteien des Interfraktionellen Ausschusses bedeutete für sie einen empfindlichen Prestigeverlust. Die Reformmehrheit des Interfraktionellen Ausschusses erwies sich gleichwohl als die einzige verläßliche politische Kraft gegenüber den Verbänden der politischen Rechten, die im Einvernehmen mit der OHL nun die offene Militärdiktatur ins Auge faßten. Durch die Gründung der Deutschen Vaterlandspartei, die faschistische Organisations- und Agitationsmethoden vorwegnahm, versuchten diese Kreise, ihren weitgesteckten außen- und innenpolitischen Zielen eine populistische Grundlage zu verschaffen. Das halbparlamentarische System, das sich herausgebildet hatte, hinderte die Reichstagsmehrheit daran, ihr Gewicht bei der Besetzung von Führungspositionen zur Geltung zu bringen. Sie war zwar in der Lage, sich gegen Reichskanzler Michaelis durchzusetzen und dessen Rücktritt zu veranlassen, zumal auch die OHL einsah, daß dieser den Aufgaben des Kanzleramtes in keiner Weise gewachsen war, konnte aber keine Entscheidung über die Wahl des Nachfolgers herbeiführen. Erneut zeigte sich der chronische Mangel an qualifizierten Führungskräften, als sich schließlich nur der vorherige Zentrumspolitiker und bayerische Ministerpräsident Georg von Hertling bereitfand, das Kanzleramt zu übernehmen. Als Gegner einer Parlamentarisierung ging er zögernd auf die ihm von der Reichstagsmehrheit aufgezwungenen Personalentscheidungen ein. Von den ihm aufgetragenen Reformen wurde nur der kleinere Teil realisiert; mit der Wahlrechtsvorlage im preußischen Abgeordnetenhaus scheiterte der Kanzler auf der ganzen Linie, obwohl das Festhalten am bisherigen Dreiklassenwahlrecht den Widerstand der breiten Massen herausforderte.

Die Frage, ob eine volle Parlamentarisierung und entschiedene Durchsetzung des allgemeinen und gleichen Wahlrechts in Preußen die innere Stabilität des

Kaiserreiches grundlegend gestärkt hätten, ist vermutlich falsch gestellt. Denn selbst die Parteien des Interfraktionellen Ausschusses ließen sich mit Halbheiten abspeisen, und zu keinem Zeitpunkt waren sie ernstlich entschlossen, das Mittel der Kreditverweigerung im innenpolitischen Kräftemessen einzusetzen. Vor allem aber blieb, solange der Krieg nicht offenkundig verloren war und die Siegesillusionen der Vaterlandspartei und des Unabhängigen Ausschusses für einen deutschen Frieden nicht verblaßt waren, die Stellung der OHL unüberwindlich, ja sie verstärkte sich noch aufgrund der Schwäche, die den Nachfolgern Bethmann Hollwegs anhaftete, und aufgrund des Ausscheidens Rußlands aus dem Krieg. Die Zurücksetzung von Reichsleitung und Reichstag wurde daran deutlich, daß die OHL ihnen den Rücktritt des Staatssekretärs des Äußeren, Richard von Kühlmann, aufzwingen konnte, dessen Stellung deshalb unhaltbar wurde, weil er öffentlich erklärt hatte, der Krieg könne nicht mehr allein mit militärischen Mitteln gewonnen werden.

Die Vetoposition, die die Oberste Heeresleitung im Hinblick auf die politischen Spitzenentscheidungen innehatte, war ungebrochen. Desgleichen hatte sich an der weitreichenden Militarisierung des gesellschaftlichen Lebens nichts Wesentliches geändert, obwohl das preußische Kriegsministerium sich nachdrücklich um einen sozialen Ausgleich bemühte – im Unterschied zu den Stäben der OHL, die mit Aufgaben der zivilen Kriegführung befaßt waren. Da eine befriedigende verfassungsrechtliche Regelung fehlte, übten die Wehrkreisbefehlshaber die ihnen übertragene vollziehende Gewalt in den Armeekorpsbereichen nach Maßgabe des preußischen Gesetzes über die Handhabung des Belagerungszustands von 1851 aus. Es hing vom Gutdünken der Armeebefehlshaber ab, wie weit die Zensur, die Einschränkungen des Versammlungsrechts und die Überwachungs- und Repressionsmaßnahmen im einzelnen reichten. Das preußische Kriegsministerium war im allgemeinen zur Kooperation mit den Gewerkschaften bereit, die sich ihrerseits bemühten, Konflikte in den Betrieben beizulegen und die Kriegsanstrengungen loyal zu unterstützen. Dabei kam es nicht selten zu einem stillschweigenden Zusammengehen gegen linksoppositionelle Gruppen.

Das Vaterländische Hilfsdienstgesetz stärkte die Stellung der Gewerkschaften, die in den dort vorgesehenen Arbeiter- und Schlichtungsausschüssen vertreten waren. Allerdings geschah dies um den Preis, daß sie für die Beibehaltung der Kriegsanstrengungen, für Ruhe in den Betrieben und Streikverzicht zu sorgen hatten. Dies hinderte die Schwerindustrie nicht daran, bis in den Spätherbst 1918 eine Revision des Hilfsdienstgesetzes zu fordern, da sie nicht bereit war, die Gewerkschaften als Tarifpartei anzuerkennen. Gerade weil die Gewerkschaften in weitem Umfang eingeschaltet wurden, um die immer unlösbarer erscheinende Lebensmittelversorgung sicherzustellen, waren sie in den Augen der Arbeiterschaft für die verheerende Ernährungslage mitverantwortlich. Diese spitzte sich schon im Winter 1916/17 verhängnisvoll zu und machte seit dem Sommer 1917 eine auch nur einigermaßen ausreichende Lebensmittelversorgung für die breiten Massen unmöglich, wobei selbst die Mittelschichten immer weniger in der Lage waren, die horrenden Schwarzmarktpreise zu zahlen, und nahezu ein Drittel der Agrarproduktion in behördlich nicht kontrollierte Kanäle gelangte. Trotz Lohnerhöhungen, die freilich beträchtliche regionale und branchenbedingte Unterschiede aufwiesen, hielten die Arbeitereinkommen mit der galoppierenden Inflation nicht Schritt; sie ließ sich durch Preisbindungsvorschriften nicht wirksam eindämmen. Seit 1917 kam es wegen mangelnder Brotrationen und unzureichender Belieferung immer wieder zu Streiks; desgleichen häuften sich Felddiebstähle und Mundraub.

Die Einbindung von SPD und Gewerkschaften in das politische System erwies sich in vieler Hinsicht als erfolgreich. So unterblieben Streikbewegungen größeren Ausmaßes in den ersten Kriegsjahren; 1916 führte die schlechte Lebensmittelversorgung nur lokal zu Streiks. Hingegen wurden SPD und Gewerkschaften von den Ausstandsbewegungen überrascht, die im April 1917 in zahlreichen Großstädten ausbrachen und teils auf die Initiative der inzwischen gegründeten USPD, teils auf diejenige der Revolutionären Obleute zurückgingen. Der spektakuläre Berliner Munitionsarbeiterstreik konnte nur durch das Eintreten der Freien Gewerkschaften und der SPD-Führung in die Streikleitung unter Kontrolle gebracht werden. Die spontan ausbrechende Streikbewegung bewies, daß SPD und Gewerkschaftskommission die Fühlung mit den Massen weithin verloren hatten. Revolutionäre Parolen spielten trotz der Bestrebungen der Gruppe Internationale, die sich als Spartakus-Bund am Vorbild der Bolschewiki orientierte, keine nennenswerte Rolle, wohl aber Forderungen nach Verbesserung der Ernährungslage, nach einem Frieden ohne Annexionen und nach innenpolitischen Reformen wie der Durchsetzung des allgemeinen und gleichen Wahlrechts in den Bundesstaaten und den Kommunen. Obwohl sich die Anzeichen einer wachsenden Verbitterung der arbeitenden Massen häuften, die sich im Hochsommer 1917 auch in mit übertriebener Härte beantworteten Ausständen bei der Hochseeflotte ausdrückte, unterblieben die angekündigten Verfassungsreformen und sah sich die Reichsregierung immer weniger in der Lage, die unhaltbar gewordenen sozialen Verhältnisse zu verbessern.

Das mit großen Verzögerungen eingeführte und zunächst auf die Rohstoffverteilung begrenzte kriegswirtschaftliche System entfaltete sich vornehmlich auf Kosten der mittelständischen Unternehmen und der kleineren und mittleren Gewerbe, während es die Schwerindustrie und die rüstungswichtigen Branchen der chemischen Industrie begünstigte und die wirtschaftliche Konzentrationstendenz unterstützte. Als entscheidender Engpaß erwies sich frühzeitig das Arbeitskräftepotential. Im Verlauf des Krieges wurden Beschäftigte der Konsumgüterindustrie in schwerindustrielle Branchen umgeschichtet, wodurch die Gewerkschaften in den letzteren Fuß zu fassen vermochten. Die Mobilmachung löste einen beträchtlichen Mitgliederschwund in der Gewerkschaftsbewegung aus; er konnte erst 1917 wieder ausgeglichen werden. Die Unzufriedenheit ergriff zunehmend breite Gruppen des gewerblichen Mittelstandes und die Beamten und Beschäftigten des öffentlichen Dienstes. Nicht die Nachricht über den Sieg der Oktoberrevolution in Rußland, sondern dessen Ausscheiden aus dem Krieg wirkte als Fanal und verstärkte die allgemeine Friedenssehnsucht.

Demgegenüber glaubte die OHL, den Sieg über Rußland zu einer umfassenden Mobilisierung aller Kräfte nutzen zu können, um die Entscheidung im Westen zu erzwingen. Mangels materieller Ressourcen verlegte sie sich auf eine weitgreifende Propaganda-Aktion, für die sie einen eigenen Presseapparat bereitstellte. Dazu gehörte die Einführung des »vaterländischen Unterrichts« in den öffentlichen Schulen, durch den die Wehrbegeisterung gestärkt und die zersetzenden Bestrebungen des Sozialismus bekämpft werden sollten. Die Vaterlandspartei sollte die erforderliche populistische Massenbasis schaffen. Sie war ausschließlich als Propaganda-Instrument zur Verstärkung der Kriegsanstrengungen konzipiert und stellte eine Art außerparlamentarische Bewegung dar. Sie wurde vor allem durch Spenden finanziert, die ihr von der Schwerindustrie, dem Bund der Landwirte und anderen einflußreichen Interessenverbänden der politischen Rechten zuflossen. Ihre indirekte Organisation beruhte auf der kollektiven Mitgliedschaft von Parteien und Interessenverbänden, die vom Deutschnationalen Handlungsgehilfenverband bis zu den christlichen Gewerkschaften und konfessionellen Arbeitervereinen reichte. Mit 1,2 Millionen Mitgliedern war sie die größte Massenorganisation des Kaiserreiches. Im gleichen Sinne war der Alldeutsche Verband tätig, der einen Kranz von Nebenorganisationen völkischen Zuschnitts ins Leben rief, zu denen der im Spätherbst 1918 gegründete Germanenorden gehörte.

Der extreme Nationalismus, der von der Agitation dieser Organisationen ausging, täuschte breite Kreise der Bevölkerung über den Ernst der Kriegslage hinweg. Anknüpfend an die »Ideen von 1914«, nahm er zunehmend völkisch-antisemitische Elemente auf, die bewußt eingesetzt wurden, um die proletarischen Massen der Sozialdemokratie zu entfremden. Im Umkreis der OHL faßte man den Gedanken, eine Zwangsrepatriierung der Juden polnischer Staatsangehörigkeit durchzuführen, und Überlegungen zur Gewinnung von Siedlungsraum im Osten nahmen die spätere Lebensraumideologie des Nationalsozialismus vorweg. Nicht zufällig gehörte Anton Drexler, der spätere Gründer der DAP, der Vaterlandspartei an. Gegenbewegungen der bürgerlichen Mitte wie der Volksbund für Freiheit und Vaterland vermochten sich im Vergleich zur nationalistischen Rechten weit weniger Gehör zu verschaffen.

Die Politik der Maßlosigkeit und Gewalt, die in der Propaganda der Vaterlandspartei anzutreffen war, fand einen konkreten Niederschlag in den dem

Friedensschluß von Brest-Litowsk vorausgehenden Verhandlungen. Die OHL setzte sich über die Vorstellungen von Kühlmanns, der trotz ausgreifender Expansionsziele eine politische Stabilisierung in Osteuropa vor Augen hatte, rigoros hinweg. Sie rechnete mit einer dauernden politischen Instabilität des entstehenden bolschewistischen Staatswesens und antizipierte bereits künftige militärische Interventionen. Es war zwar nicht unangemessen, auch auf deutscher Seite das von Lenin verkündete Prinzip der Selbstbestimmung der Völker bis zur Loslösung geltend zu machen, aber man dachte niemals ernsthaft daran, die neugeschaffenen Staatsgebilde – die baltischen Randstaaten und die Ukraine – in den Genuß wirklicher Unabhängigkeit gelangen zu lassen. Vielmehr war ihnen eine Satelliten-Rolle zugedacht. Der Friedensschluß hinderte die OHL nicht daran, weite russische Gebiete bis zur Krim und zum Kaukasus militärisch zu besetzen, um die kriegswirtschaftlichen Bedürfnisse des Reiches durch die koloniale Ausbeutung dieses Raumes sicherzustellen.

Die Mehrheitsparteien des Reichstages waren sich bewußt, daß der Friedensvertrag von Brest-Litowsk und die flankierenden Maßnahmen im Osten mit der Friedensresolution sowie mit den von Präsident Woodrow Wilson verkündeten »Vierzehn Punkten« unvereinbar waren. Die Schwäche des informellen Parteienbündnisses im Interfraktionellen Ausschuß zeigte sich auch darin, daß es auf die Führung der Friedensverhandlungen keinerlei Einfluß zu nehmen vermochte. Für die Mehrheitssozialdemokraten war der offene Bruch mit dem feierlichen Verzicht auf Annexionen äußerst unbequem. Eine Ablehnung der Ostverträge im Reichstag hätte ihr eben eingegangenes Bündnis mit den bürgerlichen Parteien der linken Mitte abrupt beendet und die Partei in die gefürchtete Isolation zurückgeworfen. Zwar gab es auch im bürgerlichen Lager Kritik an Brest-Litowsk, aber es überwog die Befriedigung über diesen in seinem Gewicht weit überschätzten deutschen »Machtfrieden«. Die MSPD entschied sich schließlich, trotz gewichtiger Vorbehalte bei der Ratifizierung des Vertrags sich der Stimme zu enthalten, während die USPD an ihrer Ablehnung keinen Zweifel ließ.

Der Zusammenbruch Rußlands und die Schwäche der Bolschewiki bestärkten die OHL in der Illusion, durch eine gewaltige Anspannung aller verfügbaren Kräfte den Sieg erringen zu können. Die Bolschewiki sahen sich gezwungen, die auch noch während der laufenden Verhandlungen verschärften deutschen Friedensbedingungen und die sich daran anschließenden militärischen Operationen, die gegenüber dem Reichstag als Polizeimaßnahmen bezeichnet wurden, hinzunehmen. Innenpolitisch führte dies eine verschärfte Polarisierung herbei. Der annexionistische Fieberwahn ergriff erneut die politische Öffentlichkeit, und die Parolen der Vaterlandspartei unterstützten das bei den konservativen Führungsschichten noch immer dominierende Wunschdenken. Demgegenüber verschlechterte sich die Ernährungslage der Industriearbeiterschaft; die erhofften Importe aus dem Ostraum trafen nicht mehr rechtzeitig ein. Zugleich kündigte sich eine

Ausweitung der Militarisierungsmaßnahmen gegen die Arbeiterschaft an. Die Verhaftung von Streikführern nach dem Januaraustand und präventive Maßnahmen gegen Protestschritte der Arbeiter riefen eine resignative Stimmung hervor, die bis zum Spätherbst anhielt. Die Freien Gewerkschaften, die zunehmend zwischen zwei Fronten gerieten, warnten davor, daß sie bei einem Ausbleiben umfassender innerer Reformen nicht mehr in der Lage seien, den Protest der Massen zurückzuhalten.

Während die zivilen politischen Kräfte, vor allem die Parteien des Interfraktionellen Ausschusses, die Selbstherrlichkeit der OHL mit Sorge betrachteten, glaubte Ludendorff, den Krieg mit einer entscheidenden Durchbruchsschlacht im Westen beenden zu können. Die sorgfältig vorbereitete Frühjahrsoffensive 1918 und die sich daran anschließenden Angriffsoperationen brachten taktische Erfolge, nicht aber den strategisch entscheidenden Durchbruch durch die gegnerische Front. Trotz der sich täglich vergrößernden Überlegenheit der Westmächte an Material und Mannschaften verweigerte sich Ludendorff der bei den Stäben selbstverständlich gewordenen Einsicht, daß die Mittelmächte bestenfalls zu einer defensiven Kriegführung in der Lage waren. Die französischen und englischen Gegenangriffe am 18. Juli und 8. August machten offenkundig, daß sich die Kriegslage zugunsten der Entente gewendet hatte, obwohl sie die Chance, die Niederlage der deutschen Verbände am 8. August, dem »schwarzen Tag des deutschen Heeres«, zum strategischen Durchbruch zu nutzen, nicht wahrnahm. Trotzdem unterließ es die OHL, die Reichsleitung darüber zu unterrichten, daß sich die militärische Lage im Westen dramatisch verschlechterte.

Erst unter dem Eindruck der erfolgreichen alliierten Offensive am 26. September und der gleichzeitig eingehenden Nachricht von der Kapitulation Bulgariens am 25. September vor dem Hintergrund des Zusammenbruchs der rumänischen Front und der sich abzeichnenden Auflösung Österreich-Ungarns zog die OHL Konsequenzen aus der bestehenden militärischen Situation. Das Umschwenken der Militärs auf die von den Mehrheitsparteien bislang nur zögernd geforderte Parlamentarisierung kam für sie völlig überraschend. Mit der Begründung, daß er für die Stabilität der Westfront keine Garantie übernehmen könne, verlangte Ludendorff die unverzügliche Herausgabe eines Waffenstillstandsangebots. Die damit verfolgte Absicht lag klar zutage. Ludendorff ging es darum, eine Kapitulation und Gefangennahme des Westheeres und damit die offene Niederlage abzuwenden und gleichzeitig die Verantwortung für den Verlust des Krieges der zivilen Reichsleitung zuzuschieben. Von Anfang an war die Lebenslüge angelegt, daß nicht die Front, sondern die Heimat versagt hätte. So äußerte der Generalquartiermeister im Zusammenhang mit der Parlamentarisierung, daß diejenigen, die die Suppe eingebrockt hätten, sie nun auslöffeln sollten.

Ludendorffs übereilter Schritt, von dem er sich später zu distanzieren versuchte, traf mit gleichzeitigen Bemühungen der Mehrheitsparteien zusammen, eine arbeitsfähige Regierung unter Einschluß der SPD zu bilden. Dies lief auf die Auswechslung Hertlings hinaus, dessen mangelnde Durchsetzungskraft gegenüber den Eigenmächtigkeiten der OHL allgemein beklagt wurde. Insbesondere die SPD bestand auf einem Rücktritt Hertlings, den sie für unfähig hielt, den Verhandlungsfrieden, an den der Interfraktionelle Ausschuß noch glaubte, zustande zu bringen. Das Programm der Mehrheitsparteien ging nur geringfügig über die Forderungen hinaus, über die sie sich im Juli 1917 grundsätzlich geeinigt hatten. Auch jetzt blieb die volle Parlamentarisierung zwischen den Mehrheitsparteien und gegenüber der Regierung umstritten, wobei die verfassungsrechtliche Verbindung von Bundesrat und Reichsregierung den eigentlichen Differenzpunkt bildete, obwohl sie die praktische Anwendung parlamentarischer Verfahrensregeln nicht ausschloß.

Auch zu diesem Zeitpunkt fand sich kein Kanzlerkandidat unter den Parlamentariern, da sowohl Friedrich Payer als auch Konstantin Fehrenbach eine Nominierung ablehnten, so daß es schließlich zur Berufung des Prinzen Max von Baden kam. Sie war von Conrad Haußmann lanciert worden und fand die Zustimmung der OHL. Der badische Thronfolger erschien durch seine Zugehörigkeit zu einem deutschen Fürstenhaus und seine liberale Grundeinstellung als geeigneter Kompromißkandidat. Die wenigsten wußten, wie sehr er von persönlichen Beratern aufgebaut worden war. Prinz Max war zudem keineswegs ein uneingeschränkter Befürworter des parlamentarischen Systems. Er hatte sich vielmehr kritisch über die »westliche Demokratie« geäußert und ihr die unklare Formel einer »deutschen Freiheit« entgegengestellt. Paul von Hintze, der neue Staatssekretär des Äußern, setzte sich für die Ernennung des Prinzen vor allem deshalb ein, weil dadurch die Forderung Präsident Wilsons nach einer Abdankung des Kaisers, gegen die sich alle Parteien einschließlich der SPD entschieden verwahrt hatten, unterlaufen und an die Solidarität der deutschen Fürstenhäuser appelliert wurde. Aber ganz unabhängig von der politischen Einstellung Max von Badens war es fraglich, ob er hinreichende politische Erfahrung und Willenskraft besaß, um die Nation in der Stunde des militärischen und politischen Zusammenbruchs verantwortlich zu führen.

In richtiger Erkenntnis der Nachteile, die der Verzicht auf eine diplomatische Vorbereitung des deutschen Waffenstillstandsgesuchs mit sich bringen mußte, bat der neuernannte Kanzler die OHL um entsprechenden Aufschub, ohne sich damit durchzusetzen. Ebensowenig gelang es ihm, die OHL darauf festzulegen, daß die militärische Situation die unverzügliche Einleitung von Waffenstillstandsverhandlungen erfordere. So erging das deutsche Waffenstillstandsgesuch an Präsident Wilson noch in der Nacht vom 3. auf den 4. Oktober 1918. Es wurde allgemein als Eingeständnis der deutschen Niederlage aufgefaßt und löste einen tiefen Schock in der Öffentlichkeit aus. Aufgrund der geschönten Presseberichterstattung und der Zensur, aber auch aufgrund der Propagandakampagne der OHL und der Vaterlandspartei hatten sich viele trotz der Verschlechterung der außenpolitischen Lage an die Hoffnung auf einen deutschen Sieg geklammert. Die mangelnde Einstimmung der öffentlichen Meinung trug dazu bei, daß nunmehr lähmende Resignation und tiefe Verbitterung Platz griffen. All dies gab jenen Kräften Auftrieb, die sich für einen raschen Frieden einsetzten.

Ludendorff hatte die Regierung zwar zum sofortigen Waffenstillstand gedrängt, war sich aber nicht im klaren darüber, daß nach einem solchen Schritt selbst bei unerträglich erscheinenden Bedingungen der Gegner kein Rückweg zur Fortsetzung des Krieges bestand. Er hielt an dem Wunschdenken fest, nach einem Rückzug der deutschen Verbände auf die Rhein-Linie die Kriegführung wieder aufzunehmen. Die wirtschaftliche Ausbeutung der Ostgebiete sollte die notwendigen Ressourcen bereitstellen. Ohne Gründe angeben zu können, wurde die Behauptung ins Feld geführt, daß die Alliierten im Frühjahr zu wesentlich günstigeren Bedingungen Frieden schließen würden. Die OHL versuchte, als sie nach Eingang der Antwortnote Wilsons die Tragweite des von ihr übereilt erzwungenen Schritts erkannte, die Verantwortlichkeiten mit dem Argument zu verschleiern, daß die Armee zusammenzubrechen drohe, weil die Heimat nicht mehr hinter ihr stehe. Das hinderte sie allerdings nicht daran, die von Walther Rathenau vorgeschlagene Levée en masse, für die alle inneren Voraussetzungen fehlten, mit der zweifelhaften Begründung zurückzuweisen, sie werde nur zur Verseuchung des Heeres mit revolutionären Kräften führen. Die Rückwirkung des Waffenstillstandsgesuchs auf die Kampfmoral der eigenen Truppen war weder von der OHL noch von den verantwortlichen politischen Kräften vorhergesehen worden.

Die OHL stand mit ihren Überlegungen nicht allein. Noch in der ersten Oktoberhälfte 1918 waren die herrschenden Eliten, und das galt auch für die Parteien im Interfraktionellen Ausschuß, entschlossen, einen Frieden um jeden Preis abzulehnen. In einem Telegramm an die Reichsleitung verlangte Hindenburg am 14. Oktober, »in öffentlichen Kundgebungen aller Art« müsse der Wille zum Ausdruck gebracht werden, »daß es für das deutsche Volk nur zwei Wege gibt: Ehrenvoller Friede oder Kampf bis zum Äußersten«. Diese fiktive Alternative hatte bereits der Bildung des Kabinetts Max von Baden zugrunde gelegen. Ein maßvolles Friedensangebot galt als Voraussetzung dafür, die letzten verfügbaren Kräfte zu mobilisieren. Der Gedanke einer nationalen Sammlung fand Sympathien bei den Freien Gewerkschaften und bei rechtsstehenden Sozialdemokraten. Es kam sogar zu inoffiziellen Verhandlungen zwischen Vertretern der Vaterlandspartei und der Generalkommission, die allerdings ohne jedes Ergebnis endeten und im bürgerlichen Lager Tendenzen zur Bildung einer gegen die Sozialdemokratie gerichteten Abwehrfront bestärkten. Endgültig nahmen Generalkommission und Gewerkschaften erst am 26. Oktober von einer solchen Eventualität Abstand. Zuvor hatte das Kabinett mit Zustimmung der SPD einen

Aufruf zur nationalen Verteidigung für den Fall vorbereitet, daß die Verhandlungen mit Wilson scheitern würden.

Für die sozialdemokratische Führung stand der Entschluß, sich an einem Koalitionskabinett zu beteiligen, von vornherein fest, obwohl es nicht an Warnungen fehlte, daß die Partei damit zur Stützung einer verhüllten Militärdiktatur beitrage. Ihre Haltung war von dem Motiv bestimmt, daß patriotische Pflicht es gebiete, den völligen Zusammenbruch des Vaterlandes abzuwenden. Sie wollte sich nicht nachsagen lassen, in der Stunde der Gefahr versagt zu haben. Das Trauma, mangelnder nationaler Zuverlässigkeit geziehen zu werden, haftete der Partei immer noch an. Der von ihr formulierte Forderungskatalog enthielt neben der Bekräftigung der Friedensresolution, der Revision der Ostverträge, der Wiederherstellung Belgiens, Serbiens und Montenegros die Einführung des allgemeinen und gleichen Wahlrechts in den Bundesstaaten und die Aufhebung der Vorschriften der Reichsverfassung, die einer vollen Parlamentarisierung entgegenstanden. Die SPD ließ sich freilich davon eine Reihe von Punkten abhandeln, darunter die direkte Erwähnung des Brest-Litowsker Friedens und die Aufhebung der Unvereinbarkeit einer Mitgliedschaft im Bundesrat und im Reichstag. Statt dessen einigte man sich auf die unbefriedigende Formel der Berufung von Regierungsvertretern aus dem Parlament, deren Reichstagsmandat erhalten bleiben sollte.

Die Mehrheitssozialdemokratie zögerte noch immer, volle politische Verantwortung zu übernehmen. Hierbei spielte die Rücksicht auf die USPD mit, die der Schwesterpartei vorwarf, sich zum Handlanger des deutschen Imperialismus zu machen; entscheidend war, daß die betont reformistisch eingestellte Parteiführung einen Konflikt mit den bürgerlichen Partnern scheute, um die Kriegsanstrengungen nicht zu beeinträchtigen. Friedrich Ebert stellte den Gedanken an eine sozialdemokratische Kanzlerschaft als verfrüht zurück. Die anfängliche Neigung des Prinzen Max von Baden, die sozialdemokratischen Kabinettsmitglieder als Quantité négligeable zu behandeln, wurde von Ebert mit Entschiedenheit bekämpft. Aber indem nur Philipp Scheidemann – als Staatssekretär ohne Portefeuille – und der Gewerkschaftsführer Gustav Bauer – als Staatssekretär an der Spitze des neugeschaffenen Reichsarbeitsamtes – im Kabinett vertreten waren und die parlamentarischen Vertreter sich gegenüber den Repräsentanten der traditionellen Führungsschicht in der Minderheit befanden, blieb der Einfluß der SPD auf die Ressortentscheidungen eng begrenzt. Nach Entgegennahme der Regierungserklärung am 5. Oktober stimmten die Mehrheitsparteien einer Vertagung des Reichsrates zu.

Das Kabinett des Prinzen Max von Baden repräsentierte daher keine entschiedene Abkehr von der semi-autoritären Verfassungsstruktur des Kaiserreiches. Es stützte sich auf die virtuelle Koalition des Interfraktionellen Ausschusses und vermischte parlamentarische mit bürokratischen Elementen insofern, als der

Kanzler zwar dem Kaiser verantwortlich, aber auf Betreiben der Mehrheitsparteien berufen worden war. Kritischen Beobachtern drängte sich der Eindruck auf, daß die Reformschritte der Regierung nur so weit bemessen waren, wie es erforderlich schien, um den in der dritten Note Präsident Wilsons enthaltenen Einwand auszuräumen, daß das deutsche Volk nach wie vor keine Machtmittel habe, um »die Unterwerfung der Militärbehörden des Reiches unter den Volkswillen zu erzwingen«, daß »der beherrschende Einfluß des Königs von Preußen auf die Reichspolitik ungeschwächt« fortbestehe und die Entscheidung immer noch bei denjenigen liege, »die bis jetzt die Herren von Deutschland gewesen sind«. Der Druck von außen war sicherlich nicht der allein maßgebende Faktor, der die Umgebung Wilhelms II. bewog, den Reformforderungen der Linken nachzugeben. Ohne die innenpolitischen Bedingungen Wilsons wäre dies jedoch schwerlich denkbar gewesen.

Im Grunde bestätigte die Kraftprobe, die die zivile Führung in der letzten Oktoberwoche zu bestehen hatte, Wilsons Skepsis hinsichtlich der Verläßlichkeit der deutschen Friedensbereitschaft. Die dritte Note des Präsidenten, die am 24. Oktober einging, brach endgültig mit der Illusion, nach einer Waffenruhe die Kampfhandlungen wiederaufnehmen zu können. Die OHL beantwortete sie mit einem Tagesbefehl, der die Armee zur Fortsetzung des heroischen Widerstandskampfes aufrief und die Bedingungen Wilsons für unannehmbar erklärte, ohne daß eine Rücksprache mit der Reichsleitung erfolgt war. Diesmal setzte sich Max von Baden unter Androhung seiner Demission beim Kaiser gegen Ludendorff, dessen Rücktrittsdrohung inzwischen stumpf geworden war, mit dem Argument durch, daß die Einmischung der beiden Generale die Einheitlichkeit der Führung bedrohe und den Verständigungsfrieden ernsthaft gefährde und daß ein Übereinkommen mit Wilson nur nach Beendigung der bisherigen »Doppelherrschaft« möglich sei. Es kam jedoch nur zu einer halben Lösung. Während Ludendorff erbittert zurücktrat, blieb Hindenburg auf Drängen des Kaisers im Amt. Als Erster Generalquartiermeister wurde ihm der durch seine Leistungen für die Kriegswirtschaft hochverdiente General Wilhelm Groener beigegeben.

Immerhin rückte die Reichsregierung mit der Entlassung Ludendorffs endgültig von der Erwägung ab, unzumutbare Waffenstillstandsbedingungen mit der Ausrufung des nationalen Verteidigungskrieges zu beantworten. Zur Annahme der im Verlauf des Notenwechsels deutlich verschlechterten Bedingungen des amerikanischen Präsidenten gab es keine Alternative. In Anbetracht der offenkundigen militärischen Niederlage verfingen die Durchhalte-Befehle nicht mehr. Gehorsamsverweigerung im Heimatheer, Nichtbefolgung von Gestellungsbefehlen, Renitenz gegenüber örtlichen Militärorganen waren an der Tagesordnung, und ähnliche Vorgänge ereigneten sich in den Etappen des Feldheeres. Man war nicht bereit, für eine verlorene Sache zu sterben. Währenddessen erhielten Tausende von zuvor reklamierten Arbeitern Gestellungsbefehle. Noch am

27. Oktober rief der »Vorwärts« zur Zeichnung der neunten Kriegsanleihe auf. Nahezu alle politischen Gruppierungen des sterbenden Kaiserreiches wurden von den Ereignissen überrollt.

Denn nun setzte sich der Friedenswille der breiten Masse in eine stündlich anwachsende Protestbewegung um. Es bedurfte dazu nicht der Agitation von USPD, Revolutionären Obleuten und Spartakus-Bund, dessen Führer erst in diesen Tagen aus der Haft entlassen wurden. Der Industriearbeiterschaft stand das Vorbild der russischen Oktoberrevolution vor Augen, der es gelungen war, die Beendigung des Krieges zu erzwingen. Bolschewistische Zielsetzungen rückten demgegenüber völlig in den Hintergrund. Die Mehrheitssozialdemokratie, die eine schrittweise Demokratisierung wünschte und in das Kabinett eingetreten war, um ein Abrutschen in »russische Verhältnisse« zu verhindern, glaubte noch immer, den Bestand der Monarchie nicht antasten zu müssen. Auch in der Parlamentarisierungsfrage nahm sie zunächst eine abwartende Haltung ein. Erst am 26. Oktober wurde die überfällige Verfassungsreform unter dem Druck der dritten Note Wilsons vom Reichstag verabschiedet. Sie verwandelte das Reich in eine parlamentarische Monarchie. Von nun an bedurfte der Reichskanzler des Vertrauens der Volksvertretung und war ihr und dem Bundesrat verantwortlich. Mitglieder des Parlaments konnten nunmehr Minister werden, ohne ihr Mandat aufzugeben. Die Entscheidung über Krieg und Frieden und die militärische Kommandogewalt lagen nicht länger beim Kaiser, sondern bei der parlamentarisch verantwortlichen Reichsregierung, deren politischer Aufsicht nun auch die Militärbefehlshaber unterstanden. Die bisher selbständige Stellung des preußischen Kriegsministers wurde beseitigt. Hingegen unterblieb die Einführung des allgemeinen und gleichen Wahlrechts in den Bundesstaaten durch eine entsprechende Vorschrift in der Reichsverfassung. Nur auf schärfsten Druck hin stimmte das preußische Herrenhaus, allerdings nur in erster Lesung, seiner Einführung zu. Die revolutionären Ereignisse überholten die zögerlichen Reformschritte in Preußen.

Obwohl die am 28. Oktober in Kraft tretenden neuen Verfassungsvorschriften den Forderungen der Linksliberalen und der Sozialdemokraten weitgehend entsprachen, blieben wichtige Verfassungsprobleme, nicht zuletzt aufgrund ihrer improvisierten Entstehung, ungeregelt, so vor allem die Frage der Prärogative des Monarchen und seiner Rechte im Falle fehlender parlamentarischer Mehrheiten. Ein Rückfall in den vorangegangenen »Kryptoparlamentarismus«, wie Eduard David formuliert hatte, war deshalb keineswegs ausgeschlossen. Erst im letzten Moment kam es zu einer grundlegenden Umformung der militärischen Kommandogewalt zugunsten des Reichskanzlers. Demgegenüber blieben die verhaßten Symbole des politischen Systems bestehen, und ihre überwiegend militärischen Träger wurden nicht ausgewechselt. Als »Revolution von oben« konzipiert, vermochten die Reformen das tiefe Mißtrauen der Bevölkerung nicht auszuräumen, das in der Forderung nach Abdankung des Kaisers, die wie ein Lauffeuer um sich griff, zum Ausdruck kam.

Daß die Parlamentarisierung nur halbherzig und erst unter dem Einfluß der Wilsonschen Bedingungen herbeigeführt worden war, neutralisierte die ihr zugedachte innenpolitische Entlastungsfunktion. Vermutlich hätte eine sofortige Abdankung des Kaisers, wie sie seit Mitte Oktober auch Vertreter der bürgerlichen Mitte forderten, die – so der Staatswissenschaftler Max Weber – die monarchische Staatsform bewahren wollten, den Lauf der Dinge nicht aufhalten können. In den Augen der Bevölkerung war in erster Linie die Person des Kaisers mit der Verantwortung für den Kriegsausgang belastet. Es rächte sich bitter, daß Wilhelm II. das plebiszitäre Nebenregiment Hindenburgs zugelassen hatte. Das wirkte sich um so nachteiliger aus, als er auch jetzt nicht bereit war, sich von den hochkonservativ eingestellten Hofkreisen und seinen militärischen Beratern zu lösen. Es stellte einen schweren Affront gegenüber Max von Baden dar, daß er sich durch die Abreise in das Große Hauptquartier in Spa dem unmittelbaren Einfluß der Reichsleitung entzog. Die Annahme der Einladung Hindenburgs fiel auch deshalb unverzeihlich ins Gewicht, weil der Kaiser damit die Militärs politisch aufwertete, was an der Aufrichtigkeit zweifeln ließ, mit der er der Verfassungsreform zugestimmt hatte.

Die politischen und militärischen Repräsentanten des Kaiserreiches hatten sich mit der Parlamentarisierung nur abfinden können, weil sie darin die einzige Möglichkeit erblickten, die Kontinuität der militärischen Führung zu sichern und den Kern der preußisch-deutschen Armee zu bewahren. Insofern fehlten für den notwendigen Schritt des Kaisers, sich von der bewaffneten Macht klar zu distanzieren, alle inneren Voraussetzungen. Im Großen Hauptquartier war der Monarch von der beginnenden revolutionären Erhebung im Lande abgeschnitten. In seiner engeren Umgebung wurde die Stimmung im Feldheer völlig falsch eingeschätzt. Die Berechtigung, es als innenpolitisches Machtinstrument einzusetzen, wurde von ihr nicht in Zweifel gezogen. Höflinge und legitimistische Offiziere suggerierten Wilhelm II. das grotesk anmutende Vorhaben, an der Spitze der getreuen Feldtruppen in Berlin einzurücken und die Ordnung im Reich wiederherzustellen. Pläne dieser Art scheiterten rasch an der bitteren Einsicht, daß die politische Zuverlässigkeit des Feldheeres nicht mehr gegeben war. Selbst zu einem Zeitpunkt, als die revolutionäre Erhebung mit der Revolte der Matrosen der Hochseeflotte bereits eingesetzt hatte, verhinderten nationalistische Verblendung und legitimistische Illusionen eine Anerkennung der Realitäten, obwohl inzwischen viele höhere Offiziere der Abdankung des Kaisers gegenüber einem Rücktritt Hindenburgs den Vorzug gaben.

Die Parlamentarisierung konnte den Zerfall der militärischen Macht nicht aufhalten, sie war vielmehr dessen Folge. Ebenso konnte die Protestbewegung der Massen, die die Mehrheitssozialdemokraten und Gewerkschaften in legale

Bahnen zu lenken bemüht waren, nur in der Beseitigung der Militärherrschaft ihren Endpunkt finden. Eine frühzeitige Abdankung des Kaisers hätte ihr noch größeren Auftrieb verschafft. Die historische Verschränkung von Militärherrschaft und Hohenzollern-Monarchie konnte durch verfassungspolitische Maßnahmen allein nicht aufgehoben werden. Dies verkannt zu haben, gehört zu den psychologisch begreiflichen, politisch verhängnisvollen Fehleinschätzungen Friedrich Eberts und seiner Parteigänger. Nur eine entschiedene und sofortige Desavouierung der militärischen Führung hätte dem Übergangskabinett breitere Sympathien erwerben können. Statt dessen diente es zur Kaschierung des militärischen Bankrotts und trug wesentlich zu den illusorischen Hoffnungen bei, die die Öffentlichkeit noch immer mit einem »Wilson-Frieden« verband.

Seit dem 4. November 1918 setzte die zuvor noch zurückgedämmte revolutionäre Bewegung ein. Sie war provoziert durch das einseitige Vorgehen der Seekriegsleitung, die im Einklang mit dem gleichzeitigen Armeebefehl Ludendorffs einen Vorstoß der Hochseeflotte vorsah, um die britischen Seestreitkräfte zum »Endkampf« herauszufordern. Die Marinebefehlshaber begründeten diesen ohne ausreichende Unterrichtung der Reichsleitung unternommenen Schritt damit, daß nach Einstellung des unbeschränkten U-Boot-Krieges, die gegen ihren Willen verfügt worden war, eine Reaktivierung der zuvor auf dessen Sicherung beschränkten Hochseeflotte wünschenswert sei. Das eigentliche Motiv bestand darin, die Marine vor dem Odium des militärischen Versagens zu bewahren. In einem Memorandum des Hochseekommandos, das sich für eine Flottenaktion aussprach, hieß es: »Aus einem ehrenvollen Kampf der Flotte, auch wenn er ein Todeskampf wird in diesem Kriege, wird – wenn unser Volk nicht national überhaupt versagt – eine neue deutsche Zukunftsflotte hervorwachsen.« Es war der Seekriegsleitung, die diesen Plan billigte, nicht darum zu tun, dem bedrängten Heer durch eine Operation im Ärmelkanal zu Hilfe zu kommen. Ihr ging es um die Bewahrung des Flottengedankens angesichts eines als schmachvoll empfundenen Friedens. Die Ausführung dieses Vorhabens hätte nicht nur zur nutzlosen Opferung von zahlreichen Menschenleben geführt, sondern auch die Waffenstillstandsverhandlungn ernsthaft behindert.

Die Besatzungen der auf Schillig Reede zusammengezogenen Flottenverbände standen unter dem Eindruck der rasch umlaufenden Gerüchte, daß ein letzter »Todeskampf« der Hochseeflotte beabsichtigt sei, worauf die Operation letztlich hinausgelaufen wäre. Sie weigerten sich, den Befehlen zum Auslaufen zu folgen, und leisteten auch dann noch Widerstand, als die vorgesehene Operation bereits aufgegeben worden war. Die unklare Befehlsgebung des Hochseekommandos, das die Rückkehr des Dritten Geschwaders, bei dem die Meuterei begonnen hatte, nach Kiel anordnete, rief dort eine Revolte der Besatzungen hervor, der sich die Garnison und die sympathisierende Industriearbeiterschaft sofort anschlossen. Matrosenräte, die zur Führung von Verhandlungen mit dem

Marinebefehlshaber gebildet wurden, gaben den Anstoß zu einer allgemeinen revolutionären Erhebung. Während die Reichsleitung Gustav Noske als Vertreter der MSPD und Staatssekretär Conrad Haußmann nach Kiel entsandte, um durch Verhandlungen mit den Streikenden einen friedlichen Ausgleich zu erreichen, sprang der Funke von Kiel auf andere Flottenstützpunkte und bald auf nahezu alle deutschen Großstädte über. Überall kam es zur Entwaffnung der Offiziere und zur Übernahme der politischen Macht durch spontan gebildete Soldaten- und Arbeiterräte. Die Revolution war damit unabwendbar geworden.

Unabhängig von der Frage, inwieweit die Seekriegsleitung die Reichsleitung über ihre Absichten verständigt hatte, mußte die geplante Operation unmittelbar vor dem erhofften Waffenstillstand als Versuch verstanden werden, die Verhandlungen zu torpedieren. Das tiefe und nicht unberechtigte Mißtrauen der Soldaten und Arbeiter in die militärische Führung, deren moralische Autorität verlorengegangen war, erklärt die Schnelligkeit, mit der sich die Erhebung ausbreitete. Es gab kaum jemanden, der sich der rasch anschwellenden Protestbewegung in den Weg zu stellen wagte. Nach einer Periode größter äußerer Entbehrungen und psychologischer Anspannung entlud sich nun das aufgestaute soziale Konfliktpotential, welches durch die beibehaltenen Klassenschranken zwischen Mannschaften und Offizierskorps ständig geschürt worden war. Der Haß auf die Symbole der Militärherrschaft macht verständlich, warum den Offizieren allenthalben die Rangabzeichen von den Uniformen gerissen wurden. Analog dazu verschafften sich auch in den Betrieben elementare demokratische Gleichheitsforderungen Luft. Dem Kampf gegen den »Kadavergehorsam« im militärischen Bereich entsprach die Ablehnung der Unternehmerwillkür in der Produktionssphäre.

Die zaghaften sozialen Reformen des Kabinetts Max von Baden, die Errichtung von Arbeiterausschüssen in den Betrieben, die Beseitigung der gesetzlichen Einschränkungen des Koalitionsrechts, die erst Mitte Oktober ausgesprochene Amnestie wegen politischer Straftaten Inhaftierter reichten keinesfalls aus, um die politisch bewußte Arbeiterschaft zufriedenzustellen. Von einer breiten revolutionären Bewegung des industriellen Proletariats konnte zu diesem Zeitpunkt noch keine Rede sein, wenngleich die Mehrheitssozialdemokraten wegen ihrer ambivalenten Politik im Vergleich zur USPD deutlich an Sympathie einbüßten. Die revolutionären Kräfte in der Arbeiterbewegung, die Revolutionären Obleute, der linke USPD-Flügel unter der Führung Georg Ledebours und die vor dem 8. November noch kaum aktionsfähige Spartakus-Gruppe erlangten größeren Einfluß erst, als die Autorität der Militärs spürbar ausgehöhlt war.

Es paßte in das Bild der von der OHL systematisch aufgebauten Legende, daß die Niederlage zustande gekommen sei, weil die Heimat der Front in den Rücken gefallen sei, der revolutionären Linken die Schuld an der Entfesselung der Revolution anzulasten. Schon Ende November 1918 äußerte Ludwig Beck, damals Major im Generalstab: »Im schwersten Augenblick des Krieges ist uns die – wie ich jetzt keinen Moment mehr zweifle – von langer Hand vorbereitete Revolution in den Rücken gefallen.« Die im Lager der politischen Rechten kursierenden Gerüchte und bewußten Fälschungen wurden wenige Wochen später in einem Bericht der »Neuen Zürcher Zeitung« unter das Stichwort des »Dolchstoßes« gerückt. Seitdem gehörte der Begriff zum Repertoire der antirepublikanischen Propaganda von rechts. Der Zusammenbruch des Kaiserreiches war in erster Linie der Unfähigkeit der maßgebenden Eliten zuzuschreiben, die nicht nur die militärische und wirtschaftliche Kraft der Mittelmächte überschätzten, sondern auch der Illusion erlagen, durch den Krieg die überfällige Modernisierung des gesellschaftlichen und politischen Systems aufhalten zu können, die ihre privilegierte soziale Stellung bedrohte.

Die Volksbewegung, die das Regime in den ersten Novembertagen hinwegschwemmte, richtete sich gegen die angemaßte Autorität der militärischen Träger des Systems und die ihm zugrunde liegende soziale Ungerechtigkeit. Dieser Protest war elementar, aber nahm nicht den Charakter zügelloser Gewaltanwendung und hemmungsloser Exzesse an. Mit dem Ende des Krieges schien eine neue Epoche anzubrechen, die Klassenjustiz und Kadavergehorsam, Willkür und soziale Ungleichheit beseitigen würde. Es zeigte sich bald, daß es an politischen Führerpersönlichkeiten mangelte, welche die Fähigkeit aufbrachten, diese Hoffnungen und das in ihnen liegende demokratische Potential für einen politischen Neuanfang fruchtbar zu machen.

Die deutsche Revolution

Die Oktoberreformen 1918 hatten das doppelte Ziel verfolgt, dem Verlangen Präsident Wilsons nach Bildung einer demokratisch legitimierten Regierung Rechnung zu tragen und einen revolutionären Umsturz zu verhindern. Die Mehrheitsparteien waren entschlossen, auf der Grundlage der Parlamentarisierung von Reichstag und Bundesrat an der Hohenzollernmonarchie festzuhalten. Es zeichnete sich jedoch ab, daß dies nur möglich war, wenn sich Wilhelm II. bereit fand, zugunsten eines der kaiserlichen Prinzen oder eines Regentschaftsrates abzudanken. Indem sich der Kaiser durch die Reise ins Hauptquartier nach Spa dem Einfluß des Reichskabinetts entzog und von seinen Beratern, anfänglich auch vom Ersten Generalquartiermeister Wilhelm Groener, gedrängt wurde, an der Spitze des irrigerweise für zuverlässig gehaltenen Feldheeres die Herrschaft über Deutschland zurückzuerobern, zerschlug sich diese Möglichkeit.

Die Reichsleitung glaubte noch immer – trotz des sich verstärkenden Zögerns der Mehrheitssozialdemokratie, die am 7. November in einem Ultimatum die Abdankung des Kaisers verlangte, dessen Befristung sie zweimal um vierundzwanzig Stunden verlängerte –, durch den Rücktritt des Monarchen und die Einsetzung eines Regentschaftsrates oder eines Stellvertreters den Zusammenbruch des eben erst modernisierten wilhelminischen Verfassungssystems vermeiden zu können. Es ist jedoch zweifelhaft, ob ein Einlenken Wilhelms II., der bis zuletzt an der zweifelhaften Vorstellung festhielt, als Deutscher Kaiser, nicht aber als König von Preußen zurückzutreten, die anrollende revolutionäre Welle hätte abfangen können. Zu tief war die Person des Kaisers in die verhaßte Militärherrschaft verstrickt, die nun gleichsam über Nacht zusammenbrach.

Die Unschlüssigkeit des Monarchen zwang Prinz Max von Baden, von sich aus am Vormittag des 9. November, bevor das erwartete Telegramm aus Spa eingetroffen war, die Abdankung Wilhelms II. bekanntzugeben. Er hoffte, damit den Weg für eine Regentschaft freizumachen. Letztere fand jedoch nicht mehr die Billigung der Sozialdemokraten, die um die Mittagszeit ultimativ die ungeteilte Macht verlangten. Friedrich Ebert berief sich darauf, daß die in Berlin stehenden Truppenverbände auf die Seite der MSPD getreten seien. In der Tat war es Otto Wels gelungen, sich ihres Rückhalts gegenüber der auf einen revolutionären Umsturz drängenden Revolutionären Obleute zu versichern. Für die Einsetzung eines Regenten war es jetzt zu spät.

Prinz Max von Baden war sich über die Tragweite seines Entschlusses, Friedrich Ebert um die Übernahme des Reichskanzleramtes zu ersuchen, voll im klaren. Er wußte, daß er damit selbst vom geltenden Verfassungsrecht abwich. Aber die Übergabe der Macht an den Führer der Mehrheitssozialdemokraten schien die einzige Möglichkeit zu sein, den Bestand des Reiches zu erhalten. Er knüpfte an die Beauftragung Eberts die Forderung, alsbald eine Verfassunggebende Nationalversammlung einzuberufen. Ebert stimmte mit Prinz Max in dem Willen überein, einen Umsturz soweit wie möglich zu vermeiden und die Oktoberverfassung aufrechtzuerhalten. Er dachte an die Bildung eines Koalitionskabinetts unter Beteiligung der bürgerlichen Parteien, aber mit einer sozialdemokratischen Mehrheit. Philipp Scheidemanns spontan gefaßter Entschluß, einer Aktion Karl Liebknechts zuvorzukommen und vom Balkon des Reichstagsgebäudes aus die Deutsche Republik auszurufen, wurde von Ebert mit Empörung aufgenommen, zumal Scheidemann im Zusammenhang damit eine rein sozialistische Regierung zugesagt hatte.

Eberts Kritik, daß die Entscheidung über die künftige Staatsform nur der Verfassunggebenden Nationalversammlung zustehe, abstrahierte von der inzwischen eingetretenen politischen Lage. In Anbetracht der revolutionären Stimmung in der Arbeiterschaft und der von der MSPD selbst ausgesprochenen Generalstreikdrohung hatte Scheidemann richtig gehandelt. Ihm fehlte die Festigkeit der Überzeugung, die für Ebert charakteristisch war, aber er besaß ein besseres Gespür für die Stimmung der Massen und für die Notwendigkeit, daß sich die Sozialdemokratie an die Spitze der Protestbewegung zu setzen habe, wenn sie nicht in den Strudel des politischen Umsturzes hineingerissen werden wollte. Durch sein Drängen, die Initiative an sich zu ziehen, verhinderte er, daß die SPD das Vertrauen der Massen einbüßte, die in Wilhelm II. nurmehr ein Hindernis für die Beendigung des Krieges erblickten.

Ein frühzeitiger Thronverzicht des Kaisers hätte vermutlich an der Beseitigung der durch den Ausgang des Krieges diskreditierten Staatsform nichts geändert, obwohl die führenden Mehrheitssozialdemokraten in dieser Frage keineswegs endgültig festgelegt waren. Die Entscheidung über das Schicksal der deutschen Dynastien war durch die parallelen Vorgänge in den Bundesstaaten bereits präformiert. Obgleich die sozialdemokratische Arbeiterbewegung in Bayern ausgeprägt gemäßigte Züge hatte, setzten sich hier die revolutionären Veränderungen am raschesten durch. Am 7. November benutzte der Führer der Bayerischen USPD, Kurt Eisner, der sich einen Namen als Schriftsteller gemacht hatte, eine gemeinsame Kundgebung der beiden Arbeiterparteien, die am Nachmittag des 7. November auf der Theresienwiese stattfand und den sofortigen Frieden verlangte, um in einer von ihm improvisierten Versammlung der Arbeiter- und Bauernräte im Landtag die Abdankung König Ludwigs III. zu fordern und die Bayerische Republik auszurufen.

Der Führer der Mehrheitssozialdemokraten, Erhard Auer, verschloß sich am 8. November nicht länger der ihm von der USPD angebotenen Koalition und verständigte sich mit Eisner, der von der Versammlung der bayerischen Arbeiter-, Bauern- und Soldatenräte zum vorläufigen Ministerpräsidenten ausgerufen worden war. In einem Aufruf an die Münchner Bevölkerung sicherte er die frühestmöglichste Einberufung einer konstituierenden Nationalversammlung und eine Gewährleistung der öffentlichen Ordnung durch den provisorischen Arbeiter-, Soldaten- und Bauernrat zu. Eisners Regierungsprogramm vom 15. November enthielt ausgeprägt föderalistische Elemente, faßte eine deutsche Donau-Föderation unter Auflösung des Reiches ins Auge, war jedoch in der Sozialisierungsfrage ausgesprochen zurückhaltend. Ludwig III. vermied einen förmlichen Thronverzicht, entband aber die Beamten ihres Treueids.

Ebenso wie die Wittelsbacher verzichteten die anderen einzelstaatlichen Dynastien auf den Thron und machten den Weg in die Republik widerstandslos frei. In den meisten Ländern kam es zur Bildung von Koalitionsregierungen zwischen SPD und USPD, in Einzelfällen zur Einbeziehung der bürgerlichen Linksparteien. Überall wurde der Umsturz durch spontan gebildete Arbeiter- und Soldatenräte ausgelöst, deren Initiative die beiden sozialistischen Parteien in Zugzwang brachte. Die Reichshauptstadt stand keineswegs an der Spitze der revolutionären Bewegung, obwohl die radikale Linke hier starken Rückhalt besaß. Die Revolutionären Obleute und die Anhänger des Spartakus-Bundes waren entschlossen, den Friedenswillen der Massen zur Durchsetzung einer sozialistischen Diktatur zu benutzen. Eine für den 4. November geplante Massendemonstration, die das Zeichen zum Sturz der Reichsregierung geben sollte, wurde auf den 11. November vertagt, da die Situation für den revolutionären Umsturz noch nicht reif zu sein schien. Beide Gruppen wurden von der Wendung, die die Dinge am Vormittag des 9. November nahmen, überrascht. Das galt gleichermaßen für die USPD, deren Vorsitzender sich zu diesem Zeitpunkt in Kiel aufhielt, ohne dort verhindern zu können, daß sich Gustav Noske an die Spitze des inzwischen gebildeten Kieler Arbeiter- und Soldatenrats stellte, dessen Forderungen mit der Befreiung der Inhaftierten, der Ausschaltung der Militärbefehlshaber und der Zusicherung demokratischer Reformen weitgehend erfüllt waren.

Die revolutionäre Erhebung, die sich in diesen Novembertagen vollzog und allerorten zur spontanen Bildung von Arbeiter- und Soldatenräten führte, war nicht das Werk der organisierten Arbeiterbewegung. Die Agitation der radikalen Linken hatte seit Mitte Oktober zugenommen, zumal ihre Führer aufgrund der von den Mehrheitsparteien durchgesetzten Amnestie aus Gefängnishaft freikamen, schließlich auch Karl Liebknecht. Er wurde in jenen Wochen von seiner Anhängerschaft, darunter Teilen der proletarischen Jugend, als Märtyrer der Militärdiktatur stürmisch gefeiert, war er doch der erste sozialdemokratische Abgeordnete, der die Kriegskredite konsequent abgelehnt und die Burgfriedenspolitik der Mehrheitssozialdemokraten schonungslos angegriffen hatte. Die bestenfalls einige tausend Anhänger umfassende Spartakus-Gruppe war nicht hinreichend konsolidiert, um eine maßgebende Rolle zu spielen. Dennoch machte der rasch anwachsende Antibolschewismus in erster Linie die »Spartakisten« für die revolutionären Unruhen der folgenden Monate verantwortlich.

Einflußreicher als die Spartakus-Gruppe, die bislang weitgehend unterdrückt war und nur über eine illegale Korrespondenz verfügte, waren die Revolutionären Obleute. Sie hatten insbesondere in Berlin und Bremen ein funktionierendes Organisationsnetz in den Großbetrieben aufgebaut und trauten sich zu, den Umsturz durch einen Aufruf zum Generalstreik in Gang setzen zu können, obwohl sie sich über Liebknechts »revolutionäre Gymnastik«, dessen Glauben an die spontane Mobilisierbarkeit der Massen, lustig machten. Keine dieser Gruppen verfügte über ein klares Programm zur Machteroberung. Zwar beschwor der Spartakus-Bund, dessen prominente Führer, Karl Liebknecht und Rosa Luxemburg, erst kurz zuvor aus der Haft entlassen worden waren, das Vorbild der russischen Oktoberrevolution und forderte in einer Reihe von Flugblättern die Umwandlung Deutschlands in eine sozialistische Räterepublik. Aber er konnte schwerlich hoffen, den Einfluß auf die Massen des deutschen Proletariats innerhalb absehbarer Zeit zu gewinnen.

Vor allem für Rosa Luxemburg stand fest, daß die angestrebte Diktatur des Proletariats keine Minderheitsherrschaft sein dürfe; insofern vertrat sie eine demokratische Position. Trotz theoretischer Divergenzen setzten sie und Karl Liebknecht ihre Hoffnung auf die nicht-organisierten Teile des Proletariats. Eine Welle revolutionärer Einzelaktionen sollte die allgemeine Revolutionierung nach sich ziehen. Diesem Ziel diente die ätzende Kritik, die Rosa Luxemburg in den folgenden Wochen an der Kompromißpolitik der Mehrheitssozialdemokratie übte. Doch sie vermochte sich innerhalb des Spartakus-Bundes gegenüber den anarchistisch beeinflußten, für terroristisches Vorgehen eintretenden Putschisten und dem realitätsfernen Idealismus Liebknechts nicht durchzusetzen, und dies erging weiterblickenden Köpfen wie Paul Levi und Leo Jogiches nicht anders. Die radikale Rhetorik, mit welcher der damals noch zur USPD gehörende Spartakus das Monopol auf revolutionäre Gesinnung beanspruchte, zerrte diese sich zum Jahreswechsel als KPD/Spartakus-Bund neu formierende Gruppierung in den Strudel der in den Januarkämpfen kulminierenden gewaltsamen Auseinandersetzungen.

Ebensowenig war die USPD-Mehrheit auf die revolutionären Ereignisse vorbereitet. Die USPD hatte in der Kriegsfrage eine konsequente Haltung eingenommen, und dies sicherte ihren Führern das Vertrauen wachsender Teile der Industriearbeiterschaft. Indessen hatte sie mit beträchtlichen Schwierigkeiten zu kämpfen. Unter Kriegsbedingungen und infolge von Zensur und Repressionsmaßnahmen hatte sie den eigenen Parteiapparat nur begrenzt ausbauen können. Anhängerschaft und Führung setzten sich aus politisch stark divergierenden Richtungen zusammen, ohne daß es gelang, sie auf eine einheitliche politische Linie festzulegen. Neben dem Spartakus-Bund verfochten die Revolutionären Obleute, deren Gewicht in den Streikkämpfen der letzten Kriegsjahre zugenommen hatte, revolutionär-syndikalistische Zielsetzungen, während der gemäßigte

USPD-Flügel konsequent am Erfurter Programm festhalten wollte und es ablehnte, die russische Oktoberrevolution, so sehr sie als Fortschritt empfunden wurde, zur Richtschnur des praktischen Vorgehens unter deutschen Verhältnissen zu machen.

Die USPD war entschlossen, für die sofortige Herbeiführung des Friedens zu kämpfen, aber sie besaß keine Vorstellung davon, wie die dafür notwendige revolutionäre Aktion aussehen und zu welchen politischen Konsequenzen sie führen sollte. Noch Anfang November 1918 glaubte die USPD-Führung nicht, die Wende aus eigener Kraft erzwingen zu können. Ihre innenpolitischen Forderungen lagen auf der Linie des Erfurter Programms, zielten auf eine umfassende Demokratisierung sowie auf die Sozialisierung zumindest der Großindustrie, schließlich auf ein Milizsystem. Die Partei bekannte sich zum parlamentarisch-demokratischen System, sah aber in der Rätebewegung eine willkommene Chance, den proletarischen Interessen im revolutionären Umwälzungsprozeß Geltung zu verschaffen. Sie widersetzte sich daher der Absicht der MSPD, sofort eine Konstituante einzuberufen, und versprach sich vom Ausbau der Räte revolutionäre Eingriffe in die gesellschaftliche Verfassung, insbesondere die Entmachtung der Militärs und Großindustriellen, um auf dieser Grundlage in demokratischen Wahlen eine Mehrheit für eine sozialistische Republik zu erringen. Nur der linke, von den Revolutionären Obleuten repräsentierte Flügel erblickte im Rätesystem eine Alternative zur Repräsentativverfassung. Zu einer ausgebildeten Rätetheorie kam es nicht vor der zweiten Phase der Revolution, dem Frühjahr 1919.

Der Mangel eines Machteroberungskonzepts mußte angesichts der unverhofft eintretenden revolutionären Situation für die USPD nicht unbedingt von Nachteil sein. Weit abträglicher wirkte das sozialdemokratische Erbe: eine mit Machtfremdheit gepaarte Prinzipienfestigkeit, übermäßige Rücksichtnahme auf den Parteiapparat und die Anhängerschaft. Außerdem legte die USPD aufgrund der Erfahrungen der Parteispaltung das Prinzip innerparteilicher Demokratie so weit aus, daß die überfällige Abgrenzung zur äußersten Linken immer wieder unterblieb. Es erwies sich zudem als taktisch nachteilig, daß die proletarischen Massen wie selbstverständlich die Zusammenarbeit mit der Mehrheitssozialdemokratie herbeiwünschten; dies erschwerte es der USPD, sich der Umarmungstaktik Friedrich Eberts im Rat der Volksbeauftragten zu entziehen. Mit Hugo Haase, Rudolf Breitscheid, Karl Kautsky, Eduard Bernstein und Rudolf Hilferding besaß der gemäßigte Parteiflügel herausragende und politisch fähige Persönlichkeiten, von denen einige im Verlauf der Weimarer Republik maßgebende Bedeutung erlangen sollten. Sie vermochten sich jedoch während der stürmischen Revolutionsphase gegen die weitgehend den Revolutionären Obleuten nahestehenden Radikalen wie Richard Müller, Emil Barth und Ernst Däumig nicht durchzusetzen.

Die revolutionäre Initiative ging jedoch nicht von den sozialistischen Parteien, sondern den Soldaten- und Arbeiterräten aus, die, mit Ausnahme Berlins, zwischen dem 7. und 9. November 1918 die Macht an sich rissen. Von den Küstenstädten und Flottenstützpunkten aus erfaßte die Rätebewegung das gesamte Reichsgebiet. Die Räte übernahmen die Kommandogewalt in den Garnisonen und die Kontrolle der örtlichen Verwaltung. Sie füllten dergestalt das politische Vakuum aus, das durch den Zerfall der Militärherrschaft entstanden war. Denn unter den Bedingungen des Belagerungszustandes oblag auch die zivile Verwaltung in weiten Bereichen den jeweiligen Militärbefehlshabern, die in der rüstungswichtigen Industrie eng mit den Unternehmern zusammenarbeiteten, wenngleich sie zunehmende Scheu empfanden, die Militarisierung der Betriebe als schärfste Maßnahme anzuwenden. Die Verschränkung unternehmerischer und militärischer Interessen in der Kriegswirtschaft erklärt den elementaren Haß gegen alles Militärische, der in der Revolutionsphase zutage trat.

Das zentrale Motiv für die Bildung von Soldatenräten bestand darin, eine angemessene Behandlung des gemeinen Mannes durch die Vorgesetzten, für deren Wahl man eintrat, zu erreichen. Darauf zielten die Abschaffung der Grußpflicht außer Dienst und der unterschiedlichen Verpflegungssätze, die Beseitigung des als unerträglich empfundenen »Kadavergehorsams« und das Verbot des symbolischen Waffentragens. In der häufig gewaltsamen Entwaffnung der Vorgesetzten, im Herunterreißen von Kokarden und Rangabzeichen entlud sich ein lang angestauter Haß gegen das Offizierskorps. Es rächte sich nun, daß Standesunterschiede nirgends so augenfällig aufrechterhalten worden waren wie im Heer und bei der Marine. Dabei waren die Soldatenräte keineswegs durch radikale politische Gruppierungen beherrscht; viele ihrer Mitglieder gehörten dem Bürgertum an.

Bei den Arbeiterräten begegnete man nur ausnahmsweise einem Übergewicht der radikalen Linken, die in vereinzelten Hochburgen wirksamen Einfluß auf ihre Zusammensetzung zu nehmen vermochten. Im ganzen trat bei der Bildung der Räte das Bestreben der Arbeiterschaft hervor, die Spaltung der sozialdemokratischen Bewegung rückgängig zu machen. Häufig waren die örtlichen Gewerkschaftsführer darin vertreten, darunter auch Funktionäre der christlichen Gewerkschaften, sofern die Räte nicht spontan, aus öffentlichen Versammlungen heraus, gebildet wurden. Analog zu den Arbeiterräten entstanden vor allem in Süddeutschland Bauernräte, in denen konservative Bestrebungen zur Geltung kamen. Frühzeitig setzte sich die Tendenz zu geordneten Wahlen durch. In diesen Fällen, insbesondere aber bei der Schaffung überregionaler Rätevertretungen, spielte die Rivalität zwischen MSPD und USPD eine größere Rolle. In der ersten Phase der deutschen Revolution entsprach die Zusammensetzung der Räte weitgehend den politischen Strömungen in der Arbeiterschaft und bei den Soldaten. Das in der Rätebewegung vorhandene demokratische Potential nicht hinreichend genutzt zu haben, erscheint als eines der schwerwiegendsten Versäumnisse der mehrheitssozialdemokratischen Führung.

Obgleich bei der Entstehung der Rätebewegung das Vorbild der Sowjets präsent war, herrschte nicht die sozialrevolutionäre Programmatik der Bolschewiki vor, wie vereinzelte Flugblätter des Spartakus-Bundes, der sich für die Konstituierung eines Rätesystems nach bolschewistischem Muster einsetzte, zu suggerieren versuchten, sondern die Rolle, welche die Räte bei der Herbeiführung des Friedens gespielt hatten. Friedensfrage und Demokratisierung gingen in jenen Wochen eine unauflösliche Verbindung ein. Die Existenz der Räte deutete auf die tiefe Entfremdung hin, die zwischen den Massen der Industriearbeiterschaft und dem Funktionsapparat von MSPD und Freien Gewerkschaften bestand; nicht zufällig waren die Räte als Form der Selbstorganisation des Proletariats zuerst beim Januarstreik 1918 in Erscheinung getreten, als man die Streikführung nicht den mit der Regierung zusammenarbeitenden Gewerkschafts- und Parteifunktionären überlassen wollte.

Überwiegend beschränkten sich die Räte darauf, Kontrollfunktionen wahrzunehmen, und es kam in der Regel nicht zu Eingriffen in die Verwaltung. Nur vereinzelt nahmen sich die Räte das Recht, personelle Umbesetzungen durchzuführen, wobei sie sich in der Mehrzahl der Fälle an die zuständigen Zentralbehörden wandten. Ihr Einfluß hing von den lokalen Verhältnissen, vor allem von der Bereitschaft der kommunalen Behörden zur Zusammenarbeit ab. Daß die Räte eine riesenhafte Mißwirtschaft verursacht hätten, ist – von den fragwürdigen Bürokratisierungstendenzen des Berliner Vollzugsrates abgesehen – eine böswillige Unterstellung. Häufig kümmerten sie sich um politisch brisante Fragen wie die Lebensmittelversorgung, die angesichts der fortbestehenden alliierten Blockade zusammenzubrechen drohte, oder um die sozialen Folgeprobleme der Demobilisierung. Sie trugen in erheblichem Umfang zur Aufrechterhaltung der öffentlichen Ordnung bei, die durch die Erregung der Massen und den tiefgreifenden Autoritätsschwund der Behörden gefährdet war. Gelegentlich hat man den preußischen Ordnungssinn der Räte verspottet und die Mängel, die ihrer improvisierten Tätigkeit anhafteten, über Gebühr hervorgehoben, ohne deren Fähigkeit zu geordneter demokratischer Selbstorganisation anzuerkennen.

Bei den Führern der Mehrheitssozialdemokratie und der Freien Gewerkschaften stießen die Räte von vornherein auf Mißtrauen und Ablehnung. Sie paßten nicht in die politische Vorstellungswelt ihrer Spitzenfunktionäre, die von dem Grundsatz straffer zentralistischer Zusammenfassung und organisatorischer Disziplin geprägt war. Die lang eingeübte Antipathie gegen alle spontanen Regungen in der organisierten Arbeiterbewegung verband sich mit der Furcht vor einem Absturz in »russische Verhältnisse«. Die Räte wurden von der gemäßigten Mehrheit als Derivat der Oktoberrevolution, bestenfalls als Element der Unordnung betrachtet, das baldmöglichst wieder beseitigt werden müsse.

Überhaupt erschien ihnen die Mobilisierung der Arbeiterschaft, die sich seit Anfang November vollzog, als überflüssig, ja schädlich, da sie nur die Arbeit der Regierung behindere, die schon zwei Tage nach dem Umsturz das Ende der Revolution verkündete.

Als Friedrich Ebert am Vormittag des 9. November 1918 von Prinz Max von Baden ultimativ die Übernahme der Regierungsgeschäfte verlangte, ging er noch von der Erwartung aus, das bestehende Koalitionskabinett unter sozialdemokratischer Leitung fortzuführen. Die Anregung des Prinzen, alsbald eine Nationalversammlung einzuberufen, um so die revolutionäre Bewegung aufzufangen, griff Ebert positiv auf, zumal er sich darüber im klaren war, daß ein Zusammentritt des 1912 gewählten Reichstages, wie ihn der Reichstagspräsident Konstantin Fehrenbach forderte, auf erbitterte Proteste in der öffentlichen Meinung stoßen würde. Ebert legte entschiedenen Wert darauf, daß die bürgerlichen Fachminister im Kabinett verblieben, schon um dessen Handlungsfähigkeit für den bevorstehenden Abschluß des Waffenstillstands zu gewährleisten. Es spricht vieles dafür, daß das von Ebert zum gleichen Zeitpunkt an die USPD gerichtete Koalitionsangebot in der Erwartung erfolgte, es werde von ihr zurückgewiesen. Das angestrebte Übergangskabinett hätte zur Aufgabe gehabt, die staatliche Autorität bis zum Zusammentritt der Nationalversammlung zu sichern und ein Ausufern der revolutionären Vorgänge zu vermeiden.

Eberts Kalkül eines nahezu bruchlosen Übergangs der Regierungsgewalt scheiterte jedoch an der revolutionären Mobilisierung der Berliner Arbeiterschaft, die vom linken Flügel der USPD und den Revolutionären Obleuten energisch unterstützt wurde, während die Spartakus-Gruppe noch kaum eine Rolle spielte. Beide übten massiven Druck auf die USPD-Führung aus, ein Zusammengehen mit den »Ebert-Leuten« unter allen Umständen zu vermeiden, ohne daß sie eine Vorstellung davon hatten, wie ein gegen die Mehrheitssozialdemokraten gerichtetes revolutionäres Linkskabinett aussehen sollte. Am Abend des 9. November wies der Parteivorstand der MSPD die auf wiederholtes Drängen Scheidemanns zustande gekommenen, unter dem maßgeblichen Einfluß Liebknechts und der Revolutionären Obleute formulierten Bedingungen der USPD für eine Beteiligung an der Koalition zurück. Noch in der Nacht setzten die Revolutionären Obleute in einer Versammlung der Berliner Arbeiterräte den Beschluß durch, am Vormittag des 10. November in allen Fabriken und Truppenteilen Neuwahlen der Arbeiter- und Soldatenräte vorzunehmen; ihre Delegierten sollten bereits am Nachmittag zur Wahl einer provisorischen Regierung im Circus Busch zusammentreten.

Die MSPD-Führung reagierte auf die veränderte Situation, die ihre eben gewonnene Machtposition bedrohte, in zweifacher Weise. Einerseits setzte sie alles daran, durch eine Koalitionsvereinbarung mit der USPD die mutmaßlichen Beschlüsse der Versammlung im Circus Busch zu präjudizieren. Dies erklärt, warum sie die anderntags unter dem mäßigenden Einfluß des von Kiel zurückgekehrten Hugo Haase niedergelegten Koalitionsbedingungen der USPD unverzüglich annahm, darunter auch die Festlegung, daß die politische Gewalt bei den Arbeiter- und Soldatenräten liegen und die Frage der konstituierenden Versammlung »erst nach einer Konsolidierung der durch die Revolution geschaffenen Verhältnisse« erörtert werden sollte. Andererseits gelang es aufgrund des tatkräftigen Eingreifens von Otto Wels, das Netz der mehrheitssozialdemokratischen Vertrauensleute zu aktivieren und die Soldatenratswahlen im Sinne der MSPD zu beeinflussen; so stand schon am Morgen des 10. November fest, daß eine Regierung unter Ausschluß der MSPD, wie die Obleute sie propagierten, im Circus Busch keine Mehrheit finden würde. Diese »Episode« bewies, wie wichtig es war, gerade in einer revolutionären Situation über einen eingespielten Apparat zu verfügen. Sie beleuchtete den Willen der Arbeiterschaft, die Spaltung der beiden Arbeiterparteien zu überwinden.

Gestützt auf die Delegierten der Soldatenräte gelang es den MSPD-Vertretern in der Versammlung der Arbeiter- und Soldatenräte im Circus Busch, der inzwischen gebildeten Regierung des Rates der Volksbeauftragten eine klare Mehrheit zu verschaffen und den sich anschließenden Versuch der Obleute zu vereiteln, die Volksbeauftragten durch die Wahl eines ausschließlich aus Repräsentanten der radikalen Linken bestehenden Vollzugsausschusses ihrer Kontrolle zu unterwerfen. Man hat diese Strategie Eberts und seiner Parteigänger eine taktische Leistung ersten Ranges genannt. In der Tat setzten sich Kaltblütigkeit und organisatorische Regie gegenüber der widersprüchlichen Politik der in sich uneinigen USPD durch, die als Juniorpartner in einem faktisch bereits konsolidierten Kabinett von vornherein in eine nachgeordnete Stellung gedrängt wurde.

Neben Friedrich Ebert, der von Anfang an die Rolle des Primus inter pares und tatsächlichen Regierungschefs einnahm, gehörten dem paritätisch zusammengesetzten Rat der Volksbeauftragten für die MSPD Philipp Scheidemann und Otto Landsberg, für die USPD deren Führer Hugo Haase sowie Wilhelm Dittmann und Emil Barth an. Dittmann war an Stelle von Georg Ledebour, der eine Zusammenarbeit mit der MSPD rundweg ablehnte, nominiert worden; er verfügte über hohes Ansehen auch beim linken Flügel der USPD, verfolgte jedoch wie Haase eine eher ausgleichende Linie. Barth, Führer der Revolutionären Obleute seit dem Frühjahr 1918 und Mitglied des DMV, ersetzte Karl Liebknecht, der ursprünglich kandidiert hatte, seine Nomination aber unter dem Druck der Spartakus-Gruppe zurückzog. Damit war – und dies sollte sich nachteilig auswirken – der linke Flügel der USPD nur unzureichend in die Regierung eingebunden, zumal Barth, der zu Unrecht auf eine Mauer des Vorurteils stieß, von den Mehrheitssozialdemokraten systematisch desavouiert und isoliert wurde. Auf die Dauer erging es Hugo Haase und Wilhelm Dittmann, die zu konstruktiver Zusammenarbeit bereit waren, nicht viel anders. Ebert nutzte die Vorteile seines Vorsitzes unnachsichtig aus; er konnte dies, weil die Reichskanzlei überwiegend mit Persönlichkeiten seines Vertrauens besetzt war und weil die bürgerlichen Staatssekretäre, denen zur Kontrolle Beigeordnete der Koalitionsparteien an die Seite gestellt wurden, im Konfliktfall für die MSPD votierten. Es war notorisch, daß die Volksbeauftragten der USPD bei der Geschäftsverteilung übergangen wurden. Wichtige Vorgänge, die in ihr Ressort fielen, wurden häufig Ebert direkt zugeleitet oder gelangten gar nicht erst zu ihrer Kenntnis.

Es war dem Führer der Mehrheitssozialdemokratie gelungen, an der Spitze des Deutschen Reiches eine handlungsfähige Regierung zu bewahren und der Gefahr zu begegnen, daß sie schon einen Tag nach dem Sturz Kaiser Wilhelms II. in den Flügelkämpfen der Linken zerrieben wurde. Der Preis dafür war, daß der Rat der Volksbeauftragten – eine von der USPD durchgesetzte Bezeichnung – formell auf revolutionärem Boden stand und seine Souveränität von den Arbeiter- und Soldatenräten ableitete. Dies bestärkte Ebert in dem Bestreben, die Wahl der Nationalversammlung unverzüglich herbeizuführen und so zu legalen Verhältnissen zurückzukehren, obwohl dies in unaufhebbarem Widerspruch zu der Koalitionsvereinbarung stand, die diesen Schritt erst nach der Konsolidierung der durch die Revolution geschaffenen Zustände vorsah.

In der Person Eberts besaß das Kabinett der Volksbeauftragten eine gleichsam doppelte Legitimität, wenngleich die Übertragung des Reichskanzleramts an ihn verfassungsrechtlich nicht gedeckt war. Die Wahrnehmung der Reichsämter durch überwiegend bürgerliche Staatssekretäre signalisierte eine sowohl personelle als auch politische Kontinuität gegenüber dem vorausgegangenen Koalitionskabinett. Dies erleichterte es der Obersten Heeresleitung und der Beamtenschaft, die Regierung der Volksbeauftragten anzuerkennen. Dasselbe galt von den Länderkabinetten, die aus Koalitionen zwischen MSPD und USPD, im Einzelfall unter Einbeziehung der bürgerlichen Parteien, auf parlamentarischer Grundlage gebildet worden waren. Nur das bayerische Kabinett unter Ministerpräsident Kurt Eisner geriet in einen offenen Loyalitätskonflikt zur Berliner Regierung.

Diese Konstellation läßt es begreiflich erscheinen, daß die mehrheitssozialdemokratische Führung alle Bestrebungen des Berliner Vollzugsrates der Arbeiter- und Soldatenräte konterkarierte, ein förmliches Kontrollrecht über die Entscheidungen des Rates der Volksbeauftragten auszuüben, obwohl dieser über eine eindeutige mehrheitssozialdemokratische Majorität verfügte. Auch nach der Erweiterung des Vollzugsrates durch Vertreter aus der Provinz wurde ihm mangelnde Repräsentanz unterstellt und vorgeworfen, eine »Diktatur« ausüben zu wollen. Die Parteiführung hielt an dieser Auffassung auch gegenüber dem Zentralrat der Deutschen Republik fest, der im Dezember 1918 auf dem Ersten Reichskongreß der Arbeiter- und Soldatenräte gewählt worden war. Gewiß spielten dabei praktische Erwägungen mit, die von Haase und Dittmann geteilt wurden, wonach die Regierung schwerlich ihre Energien auf die Beeinflussung der im Zentralrat geführten Fraktionskämpfe verschwenden konnte. Im übrigen war es kein Geheimnis, daß der linke Flügel des Vollzugsrates Tendenzen an den Tag legte, eine Nebenregierung zu bilden. Ebert wollte dem Zentralrat, dessen Zustandekommen er nicht verhindern konnte, allenfalls die Funktionen des früheren Hauptausschusses des Reichstages zubilligen, nachdem er schon den Vollzugsrat für »überflüssig« erklärt hatte. Eberts tiefe Abneigung gegen den revolutionärer Wurzel entspringenden Zentralrat zeigte sich auch darin, daß er ihm die förmliche Übergabe der Geschäfte an die zusammengetretene Nationalversammlung verweigerte, obwohl an dessen Loyalität gegenüber dem Regierungskurs kein Zweifel bestand.

Das Beharren der Mehrheitssozialisten im Rat der Volksbeauftragten, das revolutionäre Mandat der Räte nicht zu politischen Umgestaltungen, nicht einmal zu personalpolitischen Eingriffen, wie sie die USPD verlangte, zu benutzen, kann als eine klar durchgehaltene demokratische Grundeinstellung gewertet werden. Wenn von seiten der MSPD argumentiert wurde, daß man der Entscheidung der Nationalversammlung nicht vorgreifen dürfe, basierte dies auf einem formalen, nicht auf einem partizipatorischen Demokratieverständnis. Mit guten Gründen wiesen Hugo Haase und Rudolf Breitscheid, die die sachlichen Entscheidungen des Kabinetts im wesentlichen mittrugen, darauf hin, daß nur durch eine Veränderung des autoritären Klimas innerhalb der Verwaltungen die Voraussetzungen geschaffen werden könnten, um in dem bevorstehenden Wahlkampf eine sozialistische Mehrheit zu gewinnen. Statt dessen bestärkte die MSPD-Führung den vorrevolutionären Verwaltungsapparat in dem Bemühen, die lokalen Räteorganisationen in ihren Kompetenzen zu beschneiden und schließlich systematisch abzuwürgen.

Unbestreitbar war die Regierung mit einer Fülle nahezu unlösbarer Probleme konfrontiert. Sie betrafen die Demobilisierung, die Sicherung der Lebensmittelversorgung, die Regelung der Ost-Frage, die Waffenstillstandsverhandlungen, die Wiederingangsetzung des Wirtschaftslebens und die öffentlichen Finanzen. Ebert bewies bei der Abwicklung der Regierungsgeschäfte, die unter ungewöhnlich schwierigen äußeren Bedingungen zu erledigen waren, eine bemerkenswerte Umsicht und Effizienz. Gleichwohl mangelte es ihm in entscheidenden Fragen an taktischer Flexibilität; die Regierungsführung glich in mancher Beziehung dem Vorgehen, das die MSPD während des Krieges beim Eintreten in die Streikleitungen an den Tag gelegt hatte. Dazu gehörte die schwer begreifliche Starrheit, mit der sie die Initiativen des Koalitionspartners abblockte, gleich ob es sich um die Amtsenthebung des preußischen Kriegsministers Heinrich Scheüch, um die Bildung der Republikanischen Volkswehr oder um den umstrittenen Termin der Wahlen zur Nationalversammlung handelte. Die MSPD-Volksbeauftragten zeigten nicht die geringste Bereitschaft, den gemäßigten USPD-Flügel durch politische Konzessionen gegenüber den radikalen Heißspornen zu stärken, die sich der Taktik kontinuierlicher Massenaktionen verschrieben hatten. Eine vermittelnde Haltung hätte die von Eduard Bernstein und Karl Kautsky angestrengten Bemühungen, innerhalb der USPD eine klare Distanzierung von den Revolutionären Obleuten und der Spartakus-Gruppe durchzusetzen, unterstützt und einer Entwicklung vorgebeugt, die 1920 einen beträchtlichen Teil der USPD in das Lager der KPD trieb.

Eine Folge dieser Politik, die gegen Linksabweichler gleichsam nur das Mittel des Parteiausschlusses parat hatte, war die Niederlage des gemäßigten USPD-Flügels auf dem Reichskongreß der Arbeiter- und Soldatenräte am 16. Dezember in Berlin. Zwar war die erfolgreiche Manipulation des linken USPD-Flügels, der die Nichtbeteiligung der USPD am Zentralrat der Republik erzwang, der mangelnden Durchsetzungsfähigkeit der USPD-Führung unter Haase zuzuschreiben, aber in der Sache war es die Intransigenz der MSPD, die den Koalitionspartner eben zu dem Zeitpunkt aus der Regierung drängte, als sich in der Spartakus-Gruppe, die der kompromißlose Gegner einer Kooperation mit der MSPD war, der Standpunkt durchsetzte, sich von der USPD zu trennen. Von seiten der MSPD, die nunmehr Rudolf Wissell und Gustav Noske in den Rat der Volksbeauftragten entsandte, wurde nichts unternommen, um das Ausscheiden der USPD zu verhindern. Die Tragweite dieser am 28. Dezember endgültig greifenden Entscheidung, welche die organisierte Arbeiterbewegung auf den Stand von 1916 zurückwarf, war wohl den wenigsten klar. Der Druck, der vor allem von militärischer Seite auf Ebert ausgeübt wurde, hat zu dieser Politik ebenso beigetragen wie die notorische Verdächtigung, daß die USPD nur der Handlanger der Bolschewisierung Deutschlands sei.

Die Militärfrage hatte das Bündnis zwischen den Koalitionspartnern von vornherein schwer belastet, und es wäre zweifellos früher zerbrochen, wäre den USPD-Volksbeauftragten das ganze Ausmaß der Kontakte zwischen Friedrich Ebert und der Obersten Heeresleitung bekannt gewesen, die man seit dem telefonischen Anerbieten Wilhelm Groeners vom 10. November, der neuen Regierung zur Verfügung zu stehen, geknüpft hatte. Die Oberste Heeresleitung, an deren Spitze Paul von Hindenburg mit Groener als Erstem Quartiermeister verblieb, gründete ihr Fortbestehen auf letzte mündliche Anweisungen Wilhelms II. Formell hatte sie die Funktion, den aufgrund der Waffenstillstandsbedingungen notwendigen Rückzug der deutschen Verbände aus dem besetzten Gebiet im Westen reibungslos abzuwickeln und so zu vermeiden, daß Teile davon in Gefangenschaft gerieten.

Damals war nicht vorauszusehen, wie die Abrüstungsbestimmungen des Friedensvertrags ausfallen würden. In hohen Offizierskreisen ging man von der Vorstellung aus, daß auch eine drastisch reduzierte bewaffnete Macht stark genug bleiben werde, um Deutschland als militärischen Bündnispartner attraktiv zu machen. Angesichts der ungeklärten Grenzfragen im Osten und der militärischen Zusammenstöße zwischen deutschen Verbänden und bolschewistischen Kräften sowie polnischen Freischärlern war vorderhand mit lokalen Kampfhandlungen zu rechnen, die den Fortbestand der deutschen Armee notwendig erscheinen ließen. Solche Überlegungen, zusammen mit seiner zutiefst patriotischen Einstellung, bewogen Ebert, die Oberste Heeresleitung bestehen zu lassen, wobei noch immer Illusionen einer militärischen Zusammenarbeit mit den westlichen Alliierten gegen die Bolschewiki eine Rolle spielten.

Die politische Vorstellungswelt der Militärs war letztlich von dem Gedanken geprägt, auf lange Sicht einen militärischen Wiederaufstieg Deutschlands in die Wege leiten zu können. Demgegenüber ging die politisch bewußte Arbeiterschaft mit Selbstverständlichkeit davon aus, daß die Tage des monarchistischen Berufsheeres gezählt waren. Zwar schien die Forderung des Erfurter Programms, das die allgemeine Volksbewaffnung verlangt hatte, inzwischen obsolet. Es galt aber als ausgemacht, daß an die Stelle der preußischen Armee ein dem Milizgedanken verpflichtetes Volksheer treten müßte. Dem entsprach die Haltung der Soldatenräte, die mit der Abschaffung militärischer Statussymbole und einer Einschränkung des militärischen Subordinationsverhältnisses eine tiefgreifende Demokratisierung einzuleiten entschlossen waren. Parallel dazu entstanden im Einvernehmen mit den Arbeiterräten an vielen Orten sozialistisch ausgerichtete Volks- und Sicherheitswehren, die lokale Ordnungs- und Sicherungsfunktionen versahen.

Die Oberste Heeresleitung, die zunächst ihren Sitz im Schloß Wilhelmshöhe bei Kassel nahm, war keineswegs bereit, sich auf militärische Funktionen im engeren Sinne zu beschränken, und erblickte ihre eigentliche Aufgabe darin, im Zusammengehen mit der MSPD-Führung »die Ausbreitung des terroristischen Bolschewismus in Deutschland zu verhindern«, worunter sie nicht allein den kommunistischen Spartakus-Bund, sondern die Gesamtheit der Rätebewegung subsumierte. Wenngleich sich die Militärs nach außen hin Zurückhaltung auferlegten, war es offenkundig, daß sie neben den Soldatenräten auch die Arbeiterräte und insbesondere den Vollzugs- und dann den Zentralrat nachdrücklich ablehnten. Sie fanden hierin Zustimmung bei der Führung der Freien Gewerkschaften und der MSPD, mit denen die Oberste Heeresleitung die Auffassung teilte, daß durch die Einberufung der Nationalversammlung unverzüglich geordnete Regierungsverhältnisse wiederhergestellt werden müßten.

General Groener und der weiterhin amtierende preußische Kriegsminister, General Heinrich Scheüch, sahen sich zunächst angesichts der rasch fortschreitenden Auflösung der Heimattruppen, dann des ordnungsgemäß zurückgeführten Feldheeres vor die Notwendigkeit gestellt, ihre Befehlsgewalt zurückzugewinnen. Umfassende propagandistische Anstrengungen, das Feldheer gegenüber der revolutionären Bewegung zu immunisieren und die Errichtung von Soldatenräten nur für die Heimatarmee zuzulassen, konnten nicht verhindern, daß sich die zurückkehrenden Einheiten mit den revolutionären Soldaten solidarisierten. Widerstrebend fand sich die Heeresleitung dazu bereit, die Existenz der Soldatenräte einstweilen zu tolerieren, während sie die größten Anstrengungen unternahm, um eine Einschränkung der Kommandogewalt zu verhindern. Sie hatte zudem den festen Vorsatz, auf lange Sicht nur von der Truppe gewählte Vertrauensleute zuzulassen.

Schon Mitte November faßte die Oberste Heeresleitung in Anknüpfung an die Erwägungen in Spa den Plan, unter dem Vorwand der Rückkehr der Fronttruppen die Reichshauptstadt durch zuverlässige Divisionen des Feldheeres abzuriegeln, die Zivilbevölkerung zu entwaffnen sowie die radikale Linke und die mit ihr sympathisierenden revolutionären Truppenteile auszuschalten. Die Durchführung des risikoreichen Unternehmens, an dessen Vorbereitung Major Kurt von Schleicher maßgebend beteiligt war, wurde dem unter General Lequis gebildeten Generalkommando übertragen, nachdem der preußische Kriegsminister es abgelehnt hatte, den Oberbefehl zu übernehmen. Friedrich Ebert wurde über die technischen Aspekte des geplanten militärischen Eingreifens, nicht aber über die damit verbundenen politischen Ziele unterrichtet, die auf eine »Machtergreifung« des Feldheeres hinausliefen. Bei einigen der Beteiligten bestand die Absicht, Ebert als vorläufigen Reichspräsidenten mit diktatorischen Vollmachten auszustatten, den Reichstag einzuberufen und eine provisorische Nationalversammlung zu schaffen. Als am 6. Dezember unkoordinierte Aktionen gegen den Vollzugsrat und das Angebot der Diktaturgewalt an Ebert erfolgten, das dieser dilatorisch behandelte, wirkte sich dies beim radikalen Flügel der Berliner Arbeiterschaft in einem schwerwiegenden Prestigeverlust des Rates der Volksbeauftragten aus; zugleich verstärkten sich die politischen Widerstände gegen ein militärisches Eingreifen. Zwar kam es am 10. Dezember in modifizierter Form zum feierlichen Einmarsch einiger Truppenteile, doch das weitergesteckte Ziel von Lequis wurde nicht einmal ansatzweise erreicht, da der größte Teil der Verbände sich mit den Berliner Soldatenräten solidarisierte und einfach auseinanderlief.

Das Mißtrauen gegen das alte Offizierskorps fand durch diese dubios erscheinenden Vorgänge neue Nahrung. Die »Hamburger Punkte« zur Wehrfrage, welche die Oberste Heeresleitung und den preußischen Kriegsminister dem Rat der Volksbeauftragten unterstellten, den Soldatenräten einen maßgebenden Einfluß auf die Kommandogewalt einräumten und die Subordination samt ihrer Symbole abschafften, trafen daher auch bei den mehrheitssozialdemokratischen Delegierten des ersten Rätekongresses auf ungeteilte Sympathien. Diese Entscheidung, die Ebert vergeblich zu verhindern gesucht hatte, rief den offenen Widerstand der Obersten Heeresleitung hervor, die gegenüber dem Rat der Volksbeauftragten in aller Form und unter der Androhung des Rücktritts von

Die deutsche Revolution 45

Hindenburg und Groener protestierte und die Undurchführbarkeit der »Hamburger Punkte« öffentlich feststellte. Die Ausführungsbestimmungen, die der Rat der Volksbeauftragten erließ, brachten eine weitreichende Entschärfung, ja Verwässerung dieser Bestimmungen; von ihnen sollten das Feldheer und die Marine ausgenommen sein. Dies hatte den erbitterten Widerstand der Linken, desgleichen Opposition im mehrheitssozialdemokratisch beherrschten Zentralrat der Republik zur Folge und schwächte die Stellung der USPD-Volksbeauftragten in ihrer Partei.

Es war schon damals lebhaft umstritten, ob der Rat der Volksbeauftragten nicht alles hätte daransetzen sollen, eine zuverlässige republikanische Truppe zum Schutz der Regierung zu schaffen, die sich angesichts der politischen Verhältnisse vorwiegend aus Arbeiterkreisen hätte rekrutieren müssen. An Ansätzen dazu fehlte es nicht. Der Heiligabend aufbrechende Konflikt mit der Volksmarinedivision wurde zuerst von republikanischen Verbänden ausgefochten, bevor die Truppen von General Lequis eingriffen und ihn verhängnisvoll zuspitzten. Einige dieser republikanischen Verbände, wie das Regiment »Reichstag«, hätten bei entschiedener Unterstützung durch die Regierung wichtige Sicherungsaufgaben versehen und damit das Eingreifen »regulärer« Truppen überflüssig machen können. Das Gesetz zur Bildung einer freiwilligen Volkswehr wurde vom Rat der Volksbeauftragten zwar verkündet, aber seine Durchführung mehr oder weniger bewußt vernachlässigt, obwohl sich in Süddeutschland und einigen Großstädten positive Erfahrungen mit der Bildung freiwilliger Volkswehren abzeichneten.

Sicherlich war es nicht leicht, angesichts der herrschenden pazifistischen Grundstimmung sozialdemokratische Arbeiter dazu zu bewegen, den Militärdienst zum Schutz der Republik fortzusetzen. Vom MSPD-Flügel im Rat der Volksbeauftragten sind entsprechende Versuche jedoch nicht oder nur halbherzig unternommen worden, weil man einerseits blind an die Überlegenheit des professionellen Militärs glaubte und andererseits mit gewissem Recht befürchtete, daß proletarische Milizen von der radikalen Linken unterwandert werden könnten. Die Bildung einer proletarischen Sicherheitswehr, die an die Stelle der regulären Armee getreten wäre, hätte zudem die Bereitschaft vorausgesetzt, sich mit der USPD zu verständigen. Die MSPD-Führung hingegen glaubte kurzsichtigerweise, daß die Heranziehung der ehemaligen kaiserlichen Offiziere trotz ihrer eindeutig konservativ-monarchistischen Einstellung gefahrlos sei, weil sie von der Regierung abhängig waren und notfalls leicht ersetzt werden könnten. Warnungen vor dem Aufstieg gegenrevolutionärer Kräfte schlug man in den Wind; die scharfe Polemik in der USPD-Presse und die vitriolischen Attacken Rosa Luxemburgs und Karl Liebknechts, die richtig voraussagten, daß die Militärpolitik der Volksbeauftragten auf die Restauration der preußisch-deutschen Militärtradition und die Begünstigung der offenen Gegenrevolution hinausliefe, blieben unbeachtet. Soziale Vorurteile gegen die militante Linke, die man leichthin als »Gesindel« abqualifizierte, bestärkten die Regierung in ihrer Vorstellung, die fortschreitende Militanz von Teilen der Arbeiterschaft ganz überwiegend auf den Einfluß spartakistischer Rädelsführer und lumpenproletarischer Elemente zurückführen zu müssen.

Der Konflikt mit der Volksmarinedivision wäre Episode geblieben, hätte er nicht die Oberste Heeresleitung in ihrem Entschluß bestärkt, künftig auf in ihrem Sinne »zuverlässige«, faktisch antirepublikanisch gesinnte Freiwilligenverbände zurückzugreifen. Es war in der Tat grotesk, daß die Division wegen ausbleibender Besoldung ihren Dienst versagte, schließlich ihren Forderungen durch die Geiselnahme des sozialdemokratischen Stadtkommandanten Otto Wels Nachdruck verschaffte und im Zusammenhang damit die Reichskanzlei für Stunden ihrer Kontrolle unterwarf, ohne daß die Regierung rechtzeitig Sicherungskräfte einsetzte. Gleichzeitig waren turbulente Verhandlungen zur Konfliktlösung im Gang. Das veranlaßte Ebert, dem Drängen Groeners nachzugeben, die Volksmarinedivision gewaltsam zum Abzug zu zwingen, obwohl ihre Bereitschaft, Otto Wels freizugeben, unterdessen feststand. Auch die USPD-Führung wollte sich nicht in den Verdacht bringen lassen, Nachgiebigkeit gegen das disziplinlose Auftreten der Matrosen zu üben, das in ihren Augen offener Meuterei gleichkam. General Lequis, der die herangezogenen Truppen befehligte, scheiterte bei dem Versuch, Schloß und Marstall zu erstürmen. Die Sympathien der hinzugeströmten Bevölkerung waren eindeutig gegen das Militär gerichtet, das schließlich, nachdem es zahlreiche Tote und Verwundete durch unangemessenen Einsatz schwerer Waffen gegeben hatte, unverrichteter Dinge abzog. Unter dem Druck der Stimmung bei den arbeitenden Massen, die gegen den Einsatz der Truppen gerichtet war, sahen sich die Unabhängigen, die Eberts problematische Militärpolitik aufdeckten, am 28. Dezember gezwungen, ihren Rücktritt vom Rat der Volksbeauftragten zu erklären. Sie zogen damit die Konsequenz aus den Beschlüssen des Ersten Rätekongresses, die ihre Position schwer erschüttert hatten.

Fast gleichzeitig vollzog sich der Bruch zwischen der USPD-Mehrheit und dem linksradikalen Flügel, der eine terroristische Putschtaktik bevorzugte, um dadurch die Radikalisierung der Arbeiterschaft voranzutreiben. Auf Drängen der Bremer Linksradikalen und mit Unterstützung Karl Radeks, der sich als Emissär der bolschewistischen Regierung trotz eines Einreiseverbots illegal in Berlin aufhielt, kam es zur Jahreswende zur Gründung von KPD/Spartakus-Bund. Der Parteitag stellte sich uneingeschränkt hinter Lenins Forderung, die Revolution weiterzutreiben, und verlangte den Aufbau der proletarischen Diktatur auf der Grundlage des Rätesystems. Gegen den Willen von Rosa Luxemburg und Leo Jogiches und der wenigen weiterblickenden Führungspersönlichkeiten setzte Karl Liebknecht den Beschluß durch, daß die Partei sich nicht an den Wahlen zur

Nationalversammlung beteiligte. Dies war, ebenso wie die verfrühte Parteigründung, taktisch verfehlt und drängte die KPD, die noch keineswegs eine leninistische Kaderpartei war und in der anarchistisch-putschistische Elemente überwogen, in die politische Isolierung.

Die Verselbständigung der äußersten Linken brachte keine Entlastung der extrem angespannten inneren Situation, die wegen des militärischen Vorgehens gegen die legendäre Volksmarinedivision durch verbreitete Proteste gegen das Kabinett gekennzeichnet war. Zudem versprach sich die KPD von verschärften Angriffen auf die USPD, Teile von deren Anhängerschaft auf ihre Seite ziehen zu können. Den äußeren Anlaß für eine unerwartete Eskalation der Gegensätze bildete die Entlassung des den Revolutionären Obleuten nahestehenden Berliner Polizeipräsidenten Emil Eichhorn, die als Konsequenz des Ausscheidens der USPD aus der Regierung selbstverständlich erschien, nachdem der Rücktritt der preußischen USPD-Minister widerstandslos erfolgt war. Die hemmungslosen Angriffe gegen Eichhorn in der MSPD-Presse, die ihn als einen mit russischen Geldern bestochenen Putschisten hinstellten, trugen zur Emotionalisierung des Konflikts maßgeblich bei. Der Austausch Eichhorns durch einen Anhänger der MSPD rief der radikalen Linken ins Bewußtsein, daß sie im Begriff war, die letzten Machtpositionen in der Reichshauptstadt einzubüßen. In der Tat waren die Mehrheitssozialisten fest entschlossen, die Linksopposition gänzlich auszuschalten und notfalls um den Preis eines militärischen Eingreifens geordnete Verhältnisse zu schaffen, auch um die für den 19. Januar 1919 festgesetzten Wahlen zur Nationalversammlung nicht zu gefährden.

Die revolutionären Illusionen Karl Liebknechts und der putschistische Aktionismus der Revolutionären Obleute wirkten zusammen. Massendemonstrationen gegen die Regierung verwandelten sich in einen offenen Bürgerkrieg. Militante Minderheiten hatten eine Reihe öffentlicher Gebäude und Redaktionen, darunter diejenige des »Vorwärts«, in ihre Gewalt gebracht. Ein eilends gebildeter Revolutionsausschuß stellte sich in unklaren Beschlüssen hinter den beginnenden Aufstand, der die Regierung hinwegfegen sollte. Die KPD-Führer vermochten sich dem Sog der revolutionären Stimmung nicht zu entziehen, obwohl die Partei auf eine Machteroberung nicht im geringsten vorbereitet war und wissen mußte, daß die Aktion in einem Blutbad enden würde.

Das Kabinett der Volksbeauftragten nahm die Herausforderung an. Anfängliche Vermittlungsbemühungen, an denen die USPD-Führung sowie der Zentralrat beteiligt waren, änderten nichts an dessen Entschlossenheit, seiner Autorität mit militärischen Mitteln Nachdruck zu verschaffen. Gustav Noske, der den Oberbefehl in den Marken übernahm, scheute nicht davor zurück, die eben erst gebildeten Freikorpsverbände, darunter das »Freiwillige Jägerkorps« unter General Maercker, der eine Vereidigung auf die Regierung zurückgewiesen hatte, und die Gardekavallerie-Schützendivision mit Hauptmann Pabst als Erstem

Generalstabsoffizier einzusetzen. Die mit schweren Waffen erzwungene Eroberung des »Vorwärts«-Gebäudes war jedoch von regierungstreuen, republikanischen Verbänden durchgeführt worden; auch die zuvor Eichhorn unterstehende Sicherheitswehr erwies sich als loyal. Zugleich deckten die aus Protest gegen die radikale Linke streikenden MSPD-Anhänger die Regierung.

Die emotionale Eskalation war nur begreiflich angesichts der auf die Innenstadt und die Arbeiterbezirke vorrückenden Freiwilligenverbände, die am 13. Januar das Standrecht verhängten. Auftreten und äußere Erscheinung der Freikorpstruppen, die sich nicht scheuten, jeden, den sie mit der Waffe in der Hand antrafen, unverzüglich zu erschießen, verschafften dem Vorwurf, daß die Gegenrevolution marschiere, Plausibilität. Der Bürgerkrieg, den Ebert hatte vermeiden wollen, war Wirklichkeit geworden. Seine Stoßrichtung galt der revolutionären Arbeiterschaft.

Die militärische Besetzung Berlins leitete eine wilde Hetzjagd auf die Anführer der »Spartakisten« ein und endete mit der gewaltsamen Unterdrückung jedes Anzeichens von Opposition. Die bestialische Ermordung Rosa Luxemburgs und Karl Liebknechts durch Angehörige der Gardeschützendivision am 15. Januar beleuchtet den Grad der Intoleranz, des Hasses und der Gewaltverherrlichung, die von nun an unter dem Schlagwort einer Abrechnung mit den »Spartakisten« die deutsche politische Szenerie beherrschte. Auch der »Vorwärts« hatte am 13. Januar indirekt zum Mord an Rosa Luxemburg und Karl Liebknecht aufgerufen. Gewiß hatte es auf der Linken ebenfalls gewaltsame Übergriffe gegeben, aber das Vorgehen der Freikorps stellte alles in den Schatten, was zuvor geschehen war. Friedrich Ebert war über die Ermordung der beiden prominenten KPD-Führer, von der Einzelheiten erst nach und nach an die Öffentlichkeit gelangten, aufs tiefste erschüttert. Obwohl die Regierung auf gerichtliche Verfolgung drängte, mußten die Strafen, welche die Militärjustiz schließlich gegen die Mörder verhängte, als Verhöhnung des Rechtsstaates betrachtet werden, abgesehen davon, daß die eigentlichen Hintermänner ungeschoren blieben.

Die Januarereignisse sind von Rudolf Hilferding als die »Marneschlacht der deutschen Revolution« bezeichnet worden. Die bürgerliche wie die sozialdemokratische Presse suchte die Verantwortung dafür allein den »Spartakisten« zuzuschreiben. Ohne Zweifel trug die KPD-Führung ein gerüttelt Maß von Schuld an der verhängnisvollen Zuspitzung des Konflikts. Die KPD war jedoch auch in Berlin quantitativ bedeutungslos, und es wäre möglich gewesen, sie politisch zu isolieren. Daß der Rat der Volksbeauftragten den Aufstandsversuch mit militärischen Mitteln beantwortete, war unausweichlich. Der Charakter der Truppen freilich, die er einsetzte, und die Methoden, die sie anwandten, trieben selbst die eigene Anhängerschaft in das Lager der Opposition. Was sich in Berlin ereignete und in vielen Großstädten Deutschlands in den folgenden Monaten wiederholte, wurde von der sozialistisch eingestellten Arbeiterschaft als Rückfall in die Verhältnisse des Ersten Weltkrieges begriffen. Ausnahmezustand und Militärherrschaft schienen sich in den gleichen Formen und mit den gleichen Mitteln zu wiederholen. Der Kampf der Arbeiterschaft für Frieden und sozialistische Demokratie mußte als gescheitert gelten.

Die Januarkämpfe in Berlin leiteten die zweite Phase der deutschen Revolution ein. Sie war von einem leidenschaftlichen Aufbäumen eines großen Teils der arbeitenden Bevölkerung gegen die Einsicht gekennzeichnet, daß die revolutionäre Entwicklung nach dem 9. November keine wirkliche Verschiebung der Machtverhältnisse gebracht hatte. Dies stand im Zusammenhang mit einer anwachsenden Radikalisierung der Industriearbeiterschaft. Sie schlug sich in den Wahlen zur Nationalversammlung am 19. Januar 1919 noch nicht nieder, in denen die MSPD 37,9 Prozent, die USPD nur 7,6 Prozent der Stimmen erhielten, die Arbeiterparteien also entgegen ihrer Erwartung gegenüber den bürgerlichen Parteien in der Minderheit blieben. Trotz der schweren Niederlagen, welche die USPD in ihren Bastionen gegen intervenierende Regierungstruppen im Frühjahr 1919 hinnehmen mußte, und ihrer fast gänzlichen politischen Isolierung – eine Zusammenarbeit mit der MSPD schien nach den Januarereignissen ausgeschlossen zu sein –, konnte sie ihre Anhängerschaft auf Kosten der MSPD beträchtlich ausbauen. In den Reichstagswahlen vom 6. Juni 1920 errang sie 18,0 Prozent der Stimmen gegenüber den nur 21,6 Prozent der MSPD. Die KPD mit bloß 1,7 Prozent bildete zu diesem Zeitpunkt eine bedeutungslose Splitterpartei.

In den Wahlen zur Nationalversammlung machte sich der Stimmungsumschwung bei Teilen der Industriearbeiterschaft zugunsten der Unabhängigen noch nicht voll bemerkbar. Die vorangegangenen Länderwahlen ließen darauf schließen, daß die beiden sozialistischen Parteien nicht mit einer absoluten Mehrheit rechnen konnten. Zusätzlich wirkte sich die Herabsetzung des Wahlalters, vor allem aber das Frauenstimmrecht zu ihren Ungunsten aus, und dasselbe galt für die niedrige Wahlbeteiligung von 83 Prozent. Sie war nicht auf die Aufforderung der KPD zum Wahlboykott zurückzuführen, sondern beruhte auf dem hohen Anteil von neuen Wählern. Für die Arbeiterparteien ergab sich ein leichter Einbruch in die ihr bisher verschlossenen agrarischen Gebiete, was überwiegend auf die Sympathien in der Landarbeiterschaft und teilweise der kleineren Bauern zurückzuführen war. In den früheren Hochburgen gewannen MSPD und USPD zusammen nur in Ausnahmefällen zusätzliche Stimmen. In USPD-Hochburgen und damit in Wahlkreisen, die besonders stark polarisiert waren, hatten sie die geringsten Erfolge zu verzeichnen.

Von den bürgerlichen Parteien erreichten Zentrum und BVP, die zunächst eine Fraktionsgemeinschaft bildeten, 19,7 Prozent der Stimmen. Das bemerkenswert gute Abschneiden der DDP mit 18,5 Prozent der Stimmen hatte seine Ursache darin, daß die DVP, die nur 4,4 Prozent erreichte, erst spät konstituiert worden war und daß sie die Sympathien derjenigen Wähler erringen konnte, die sich zwar für eine umfassende Demokratisierung, aber gegen eine Beseitigung des kapitalistischen Wirtschaftssystems aussprachen. Schon am 4. Februar legte der Zentralrat der Deutschen Republik seine Befugnisse in die Hände der Nationalversammlung. Die geforderte »Eingliederung der Arbeiter- und Soldatenräte in die künftige Reichsverfassung« rief auf der Linken Widerspruch hervor, den die mehrheitssozialdemokratische Führung durch die Einberufung des Zweiten Rätekongresses, der im April in Berlin zusammentrat, zu beschwichtigen suchte.

Mit dem Zusammentritt zur Nationalversammlung am 6. Februar entfiel nach Meinung der MSPD die letzte Räson für die Fortexistenz der lokalen Arbeiter- und Soldatenräte. Als Bevollmächtigter für das Wehrwesen gab Gustav Noske grünes Licht für die Beseitigung der Soldatenräte; sie konnten sich nur in den Hochburgen der Linken behaupten, während sonst die alten Befehlsverhältnisse wieder in Kraft traten und allenfalls Vertrauensmänner zur Wahrnehmung sozialer Interessen geduldet wurden. Gleichzeitig wurde die Werbekampagne für die Bildung von Freikorps und Einwohnerwehren verstärkt. Die von Anbeginn umkämpften Kompromisse, die Oberst Walther Reinhardt als Nachfolger von Scheüch gegen den Widerstand des Offizierskorps in der Frage der Soldatenräte einging, wurden weitgehend rückgängig gemacht. Das Gesetz über die vorläufige Bildung der Reichswehr vom 6. März 1919 bewirkte den Übertritt der Mehrzahl der inzwischen entstandenen Freiwilligenverbände in die reguläre Armee, während die wenigen republikanischen Verbände entweder aufgelöst oder in konservativ ausgerichtete Formationen eingegliedert wurden.

Die Reorganisation der bewaffneten Macht im Vorfeld des Friedensvertrags erfolgte offiziell aufgrund der gegenüber Polen, aber auch im Westen für notwendig gehaltenen Grenzschutzaufgaben. In der Sache begriffen sich die nach Kolberg übersiedelte Oberste Heeresleitung und die nach Verabschiedung der Reichsverfassung unter dem Reichskriegsminister reorganisierte Reichswehrführung als innenpolitische Machtinstrumente mit der Funktion, die Wiederherstellung der Staatsautorität in die Wege zu leiten. Dazu gehörten die Entwaffnung bisheriger Sicherheitswehren und der Bevölkerung, die Auflösung unbotmäßiger Arbeiterräte und allgemein das Zurückdrängen des »Spartakismus«. Demgegenüber wurden auf dem Lande Einwohnerwehren gebildet, die als innenpolitische Kampftruppen wie als Reserveverbände der regulären Armee fungierten. Angehörige der akademischen Schichten, vor allem Oberschüler und Studenten, die nicht im Kaiserreich gedient hatten, meldeten sich als Freiwillige in diese von Gutsbesitzern und Fabrikanten finanzierten Privatarmeen. Das Ausmaß der unter diesen Bedingungen erreichten Remilitarisierung der deutschen Gesellschaft ist kaum zu überschätzen. Sicherlich sind bei starker Fluktuation unter den ausnahmslos rechtsstehenden Wehrverbänden präzise Zahlenangaben unmöglich; aber es läßt sich davon ausgehen, daß mehr als eine Million Mann zu dieser bunten und nicht hinreichend koordinierten Streitmacht gehörten. Der Aufbau einer mobilen Sicherheitspolizei, die an die Stelle kommunaler Polizeikräfte trat, erfolgte in enger Zusammenarbeit mit den militärischen Dienststellen, und die Rekrutierung der Polizeioffiziere wurde von diesen maßgeblich beeinflußt.

Auf seiten der revolutionären Arbeiterschaft, nicht nur der Führungsgruppen von KPD und USPD, wurden diese Vorgänge als Vormarsch der Gegenrevolution empfunden. Das war insofern berechtigt, als bei der Aufstellung der Verbände unter jeweils wechselnden Vorwänden Angehörige der Linksparteien unter Einschluß der MSPD bewußt übergangen wurden. Es bedurfte nicht erst der Rückkehr der im baltischen Raum stehenden Freikorpsverbände, um diesen Truppen betont gegenrevolutionären Charakter zu verleihen. Zunächst waren die Militärs bereit, die Mehrheitssozialisten gegen die radikale Linke zu stützen, und diese machten sich, wie die Anzeigen zur Anwerbung von Freiwilligen für die Freikorps im »Vorwärts« verdeutlichen, zu ihren botmäßigen Helfern. Aber an der gegenrevolutionären Einstellung der in rascher Folge aufgestellten militärischen Formationen konnte kein Zweifel bestehen. Antibolschewismus ging eine enge Verbindung mit Antisozialismus ein. Nicht bloß bei der äußersten Linken, sondern auch bei den freien Gewerkschaftlern und Mehrheitssozialdemokraten schlug sich die Erbitterung darüber in Bestrebungen nieder, Werbungen für Freiwilligenverbände zu boykottieren und ausgeschiedene Freikorpsmitglieder in den Betrieben zu maßregeln. Viele Funktionäre hatten das Gefühl, in die Kriegsjahre zurückversetzt zu sein, nur daß der Belagerungszustand jetzt von einer sozialistischen Regierung ausgerufen worden war.

Wie wenig die in bürgerlichen Kreisen grassierende, aber ebenso von den Führungsgruppen der MSPD und Freien Gewerkschaften geteilte Bolschewismus-Furcht den Realitäten entsprach, geht daraus hervor, daß die linksradikalen Gruppierungen zu keinem Zeitpunkt in der Lage waren, ihre Aktionen gegen die Regierung und die von Noske befehligten Truppenverbände zu koordinieren. Statt dessen konnten die »Noskejungen«, wie man diese abwertend bezeichnete, nach und nach die lokalen Widerstandszentren gewaltsam zerschlagen. Indem die gemäßigten Sozialisten sich in zunehmendem Maße von den Räten zurückzogen, gewannen die Linksradikalen in ihnen das Übergewicht. Teilweise führte dies zu grotesken Verhältnissen, so im Fall der am 10. Januar ausgerufenen »Selbständigen Sozialistischen Republik Bremen«, in der sich Dilettantismus und Revolutionsromantik ein unbegreiflich erscheinendes Stelldichein gaben, was die bürgerlichen Aversionen gegen jede Art sozialistischer Politik verstärkte.

Das Beispiel Bremens ist für die von Noske befohlenen Strafaktionen gegen linksradikale Minderheiten charakteristisch. Die dortige Räteherrschaft war ohnehin am Ende und der Arbeiterrat bereit, in die Entwaffnungsforderungen einzustimmen. Doch Noske bestand aus Prestigegründen darauf, die zur »Befreiung« Bremens gebildete Division Gerstenberg einzusetzen, was unnötige blutige

Zusammenstöße mit der Arbeiterschaft zur Folge hatte. Ähnliches ereignete sich in vielen anderen Orten. Was als bloße Ordnungsstiftung und Wiedereinsetzung der normalen Regierungsgewalt begann, endete in einer viele Monate anhaltenden Bürgerkriegssituation. Denn die Selbstverteidigung der linksradikalen Positionen verknüpfte sich mit einem massenhaften Aufbegehren der Arbeiterschaft in den Industrieregionen. Die umfassenden Streikbewegungen von Januar bis April 1919 im Ruhrgebiet, in Mitteldeutschland, in Oberschlesien und schließlich in Berlin vollzogen sich in aller Regel ohne Einschaltung der offiziellen Arbeiterparteien, und selbst die KPD war nicht imstande, sie in ihrem Sinne zu kanalisieren. Sie entsprangen vor allem der Nichteinlösung der sozialen Erwartungen, die das Kriegsende und der revolutionäre Umsturz bei der Arbeiterschaft ausgelöst hatten. Nach den Entbehrungen des Krieges herrschte bei allen gesellschaftlichen Gruppierungen die Vorstellung, daß es zu grundlegend neuen sozialen Gestaltungen kommen müsse, die an die Stelle des als steril empfundenen wilhelminischen Gesellschaftssystems traten. Die sich daraus entwickelnde unklare Aufbruchsstimmung, die in krassem Gegensatz zu der ausweglos erscheinenden ökonomischen Lage stand, erklärt das hohe Maß politischer Mobilisierung in den Revolutionsmonaten weit mehr als die Agitation der radikalen Linken. Die USPD wurde, indem sie sich ausschließlich zum Sprachrohr der proletarischen Massenstimmungen machte, ein Opfer der damit verbundenen politischen Illusionen.

Der Rat der Volksbeauftragten zögerte, die vom Zentralrat der Deutschen Republik genährten Hoffnungen auf eine umfassende soziale Neuordnung zu erfüllen. Abgesehen davon, daß er die Einführung des Achtstundentags zusicherte und Maßnahmen zur Erwerbslosenunterstützung einleitete, vermied er es, in die Beziehungen zwischen Kapital und Arbeit einzugreifen. Im Vordergrund stand das Bemühen, die industrielle Produktion wieder in Gang zu bringen und die Umstellung von der Kriegs- auf die Friedenswirtschaft zu beschleunigen, wobei sich vor allem die Belieferung der Industrie mit den notwendigen Rohstoffen und die Lebensmittelversorgung als gefährliche Engpässe erwiesen, zumal die alliierte Blockade zunächst beibehalten wurde. Allgemein wurden die Schwierigkeiten der Demobilisierung – es galt achteinhalb Millionen Soldaten wieder in den Produktionsprozeß einzugliedern – überschätzt. Die Bevorzugung von Kriegsteilnehmern hatte eine sozialpolitisch fragwürdige Benachteiligung von jugendlichen Arbeitern und Frauen zur Folge, die von der anwachsenden Arbeitslosigkeit besonders betroffen wurden.

Die Gewerkschaften nahmen während der Revolutionsperiode eine auffallend retardierende Funktion ein. Ihre durch das Vaterländische Hilfsdienstgesetz gestärkte Stellung war bis in den Spätherbst 1918 hinein von der Schwerindustrie nicht anerkannt worden, die auf dem Herr-im-Hause-Standpunkt beharrte. Dies änderte sich seit Anfang Oktober, als sich die deutsche Niederlage abzeichnete und die Unternehmerschaft gegenüber der Gefahr einer weitreichenden staatlichen Kontrolle des Wirtschaftslebens im Demobilmachungsfalle nach Bundesgenossen Ausschau hielt. Auf Initiative Hans von Raumers, des Geschäftsführers des Zentralverbandes der elektrotechnischen Industrie, und mit Einwirkung von Hugo Stinnes kam es am 30. Oktober zu einer Vereinbarung mit Karl Legien, dem ADGB-Vorsitzenden, die sich gemeinsam für die Errichtung eines Demobilmachungsamtes einsetzten, das den Einfluß des Reichswirtschaftsamtes begrenzte.

Stinnes rechnete damit, daß nach der in absehbarer Zeit zu erwartenden Beendigung des Krieges ein extrem großer ökonomischer Nachholbedarf entstehen würde. Er versprach sich von der Befreiung der unternehmerischen Entscheidungen von staatlicher Bevormundung und einer Verständigung mit den Gewerkschaften günstige Chancen für eine umfassende wirtschaftliche Expansion. Die am 15. November beschlossene Zentralarbeitsgemeinschaft zwischen Unternehmerverbänden und Gewerkschaften (ZAG) sollte die sozialen und politischen Voraussetzungen dafür schaffen. Der Preis, den die Unternehmer für die gewerkschaftliche Kooperation zu zahlen hatten und den die Schwerindustrie an der Ruhr nur widerwillig entrichtete, bestand in der Anerkennung der Tarifhoheit der Gewerkschaften, in der Trennung von den wirtschaftsfriedlichen Verbänden und der allerdings nur im internationalen Zusammenhang zugesicherten Einführung des Achtstundentags. Dafür stimmten die Freien, christlichen und liberalen Gewerkschaften einer einvernehmlichen Zusammenarbeit in allen die Demobilisierung betreffenden Fragen zu.

Während sich das Stinnes-Legien-Abkommen für die Unternehmerschaft, die in Fragen der Preisbildung, der Exportförderung und der Verteilung staatlicher Subventionen freie Hand erhielt, weitgehend auszahlte, erfüllten sich die gewerkschaftlichen Hoffnungen, an gesamtwirtschaftlichen Entscheidungen beteiligt zu werden, nur in geringem Maße, zumal der Einfluß der ZAG rasch durch das Reichswirtschaftsministerium beiseite geschoben wurde. Gewiß war die formelle Anerkennung der Gewerkschaften durch das schwerindustrielle Unternehmertum ein wichtiger Einschnitt im System der industriellen Arbeitsbeziehungen und verstärkte die gewerkschaftliche Option zugunsten der überbetrieblichen Mitbestimmung. Aber das Bündnis mit den Unternehmern schränkte die gewerkschaftliche Handlungsfreiheit ein. Die revolutionäre Entwicklung tangierte die Kontinuität der Verhandlungen, die zur Bildung der Arbeitsgemeinschaft führten, nicht nennenswert. Vom Standpunkt der Gewerkschaftsführungen wurde die Rücksichtnahme auf die ZAG zunächst nicht als Nachteil empfunden, da man ebenso wie die Unternehmerschaft wirtschaftliche Experimente ablehnte und in Übereinstimmung mit der MSPD-Führung Eingriffe in die Wirtschaftsverfassung der Nationalversammlung überlassen wollte.

Das galt insbesondere für die Sozialisierungsfrage. Die Vergesellschaftung der

Grundstoffindustrien gehörte zu den herkömmlichen programmatischen Forderungen der organisierten Arbeiterbewegung. Selbst der Führer des Alten Verbandes, Otto Hue, wandte sich im Dezember 1918 gegen die zuvor geforderte Sozialisierung des Steinkohlenbergbaus mit der Begründung, der Sozialismus werde eine schwere Niederlage erleiden, »wenn wir uns jetzt die Verantwortung für total umwälzende Eingriffe in die Verfassung unserer industriellen Produktionsverhältnisse aufbürden würden«. Dabei wurden Sozialisierungsmaßnahmen im Bereich des Steinkohlenbergbaus damals sogar von Vertretern des Zechenverbandes für unausweichlich gehalten. Die große Mehrheit des Ersten Rätekongresses sprach sich für die sofortige Sozialisierung der dafür reifen Betriebe, vor allem des Steinkohlenbergbaus, aus. Der Rat der Volksbeauftragten behandelte das Problem dilatorisch, indem er eine aus Vertretern der Koalitionsparteien und bürgerlichen Experten bestehende Sozialisierungskommission einsetzte. Während sie die angestrebte Sozialisierung als langfristigen Prozeß begriff, empfahl sie deren sofortige Einleitung im Steinkohlenbergbau. Desgleichen forderte sie Maßnahmen, die den Vertretern der Arbeitnehmer unter anderem »den nötigen Einblick in die Geschäftsführung« verschafften.

Hauptargumente gegen die Sozialisierung der in erster Linie in Frage kommenden Schwerindustrie waren einerseits die gegebenen wirtschaftlichen Bedingungen, die zusätzliche Produktionsstörungen nicht erlaubten, andererseits die Befürchtungen, die Alliierten würden verstaatlichte Unternehmen leichter als in Privatbesitz befindliche beschlagnahmen können. Tatsächlich schreckte die MSPD-Führung vor Sozialisierungsmaßnahmen mit der wenig präzisen Begründung zurück, daß sie der Tendenz zur Schaffung »russischer Verhältnisse« Vorschub leisten würden. Zweifellos war das Argument, nicht über die notwendigen Fachleute zu verfügen und zunächst einmal auf die Loyalität des Unternehmertums angewiesen zu sein, zutreffend. Dennoch wäre es möglich gewesen, das verhaßte Unterordnungsverhältnis im Betrieb zugunsten einer stärkeren Gleichwertigkeit der Belegschaftsinteressen zu mildern und der Arbeiterschaft ein gewisses Maß wirtschaftlicher Mitbestimmungsrechte einzuräumen. Selbst der Leiter des Demobilmachungsamtes, Josef Koeth, schlug vor, »den Arbeitern mehr als bisher ein Urteil über unsere Wirtschaftslage und einen Einblick in die Betriebe« zu ermöglichen.

Indessen lehnte der ADGB die Einführung autonomer Betriebsräte konsequent ab; er tat alles, um die aufgrund des Stinnes-Legien-Abkommens im Dezember 1918 eingeführten Arbeiterausschüsse gewerkschaftlicher Kontrolle zu unterwerfen. Auf die Dauer sollte die betriebliche Interessenvertretung durch die von der Zentralarbeitsgemeinschaft vorgesehenen Arbeiterausschüsse wahrgenommen werden, die auf die Überwachung der tarifvertraglich vereinbarten Arbeitsbedingungen beschränkt waren. Der ADGB überschätzte die Einflußmöglichkeiten, die ihm die Zentralarbeitsgemeinschaft einräumte, bei weitem.

Außerdem hat das Mißtrauen gegen betriebliche Interessenvertretungen, das noch bei der Verabschiedung des Betriebsrätegesetzes vom Januar 1920 eine Rolle spielte und zur Beschränkung der Betriebsvertretungen auf Gegenstände der innerbetrieblichen Sozialpolitik entscheidend beitrug, Kompromißlösungen verhindert, die eine weitreichende Mitbestimmung der Arbeitnehmer hätten sicherstellen können.

Die Massenstreiks an der Ruhr bildeten den Auftakt für umfassende Ausstandsbewegungen in nahezu allen Industrieregionen; sie setzten Anfang Januar ein, als durch den Bruch mit der USPD die Hoffnungen der Industriearbeiterschaft auf eine Initiative des Rates der Volksbeauftragten in der Sozialisierungsfrage verschwanden. Die Bergarbeiterschaft an der Ruhr verlangte entscheidende Verbesserungen der Arbeitsbedingungen vor Ort sowie eine Herabsetzung der Schichtzeit; Lohnfragen spielten angesichts der fortschreitenden Teuerung eine große Rolle, waren aber nicht das ausschlaggebende Motiv der Streikbewegungen, die zeitweise das gesamte Revier erfaßten und die Kohlenversorgung nahezu lahmlegten. Die in den Ausstand getretenen Bergarbeiter erwarteten zugleich die Beseitigung des Standpunkts der Bergbauunternehmer, Herr im Hause zu sein, der trotz des im November abgeschlossenen ersten Tarifvertrags im Ruhr-Bergbau keineswegs überwunden war.

Die von der Essener Konferenz der Arbeiter- und Soldatenräte des Ruhr-Reviers am 13. Januar 1919 eingesetzte Neuner-Kommission, an der die Arbeiterparteien paritätisch beteiligt waren, legte ein umfassendes Sozialisierungskonzept vor, das der Bergarbeiterschaft maßgebliche Mitwirkung an der Lenkung der Zechenbetriebe einräumte, ohne die Eigentumsfrage zu berühren. Die Ankündigung der Sozialisierung und die Wahl von Zechenräten führten zur sofortigen Beendigung des Generalstreiks. Die nach Weimar entsandte Delegation wurde jedoch von Reichsarbeitsminister Wissell abgewiesen, der auf die Ungesetzlichkeit des Vorgehens der Neuner-Kommission verwies. Während sich MSPD und Alter Verband von der Sozialisierungsbewegung an der Ruhr zurückzogen, setzte das Kabinett Freikorpstruppen in Marsch. Die von ihnen provozierten blutigen Zwischenfälle wurden mit einem Generalstreik, an dem die Mehrheit der Belegschaften teilnahm, beantwortet.

Die Gewerkschaftsvertreter lasteten die Verantwortung für die umfassende Ausstandsbewegung und für den mit äußerster Erbitterung durchgeführten Aprilstreik der KPD an, ohne zuzugeben, daß Gewerkschaftsangehörige aktiv daran beteiligt gewesen waren und daß die Solidarisierung der Belegschaften in erster Linie durch Provokationen und Gewaltanwendung seitens der Freikorpstruppen zustande gekommen war. Die Bergarbeiterschaft glaubte, in Übereinstimmung mit der Regierung zu handeln, die durch die Ernennung von Sozialisierungskommissaren und durch Plakate mit der Aufschrift »Die Sozialisierung ist auf dem Marsche!« ihren Forderungen entgegenzukommen schien, während sie gleichzeitig Anstalten für ein militärisches Eingreifen traf. Erst im letzten Konfliktstadium gewannen kommunistische Gruppen maßgebenden Einfluß, während der freigewerkschaftliche Bergarbeiterverband fast ein Drittel seiner Mitglieder an die radikalen unionistischen Gewerkschaftsverbände verlor.

Ähnlich verlief die Streikbewegung in Mitteldeutschland, nur daß es hier zum branchenübergreifenden Generalstreik kam, der von der klar dominierenden USPD unterstützt wurde. Kompromisse in der Frage der Schaffung von betrieblichen und regionalen Interessenvertretungen der Arbeitnehmer, wie sie die Regierung anbot, dienten überwiegend dazu, Zeit zu gewinnen. Am Ende stand wie an der Ruhr die gewaltsame Niederschlagung der Arbeiterproteste. Nicht anders verfuhr das Kabinett in Oberschlesien, wo die Generalstreikbewegung, die ähnliche Ziele verfocht wie die Arbeiterschaft im Ruhrgebiet, unter dem Vorwand, sie sei durch polnische Provokateure ins Leben gerufen, mittels des verschärften Ausnahmezustands zum Erliegen gebracht wurde. Auch hier verließen viele Arbeiter erbittert die freigewerkschaftlichen Organisationen.

Breite Gruppen der Arbeiterschaft verstanden nicht, warum sich die Regierung gegen ihre Forderungen nach betriebsautonomen Interessenvertretungen aussprach. Über das Angebot, von Unternehmern und Arbeitnehmern paritätisch besetzte Arbeitskammern zu bilden, ging sie nicht hinaus. Dabei spielte die Befürchtung mit, daß die Betriebsräte vom linken USPD-Flügel und von der KPD in ein Werkzeug für die Errichtung einer revolutionären Rätediktatur umgewandelt werden könnten. Das war jedoch nur dann denkbar, wenn die gemäßigten Gruppen ihre Mitarbeit versagten. Indessen liefen die Freien Gewerkschaften gegen wirtschaftliche Mitbestimmungsformen auf Betriebsebene Sturm, da sie dadurch ihr wirtschaftliches Interessenvertretungsmonopol angetastet sahen. Daher stieß der von Max Cohen-Reuss auf dem Rätekongreß im April 1919 vorgelegte und dort auch von den MSPD-Vertretern akzeptierte Plan, den Betriebsräten wirtschaftliche Rechte einzuräumen und daran ein System überbetrieblicher Mitbestimmung zu knüpfen, auf den Widerstand des ADGB, der den entsprechenden Antrag auf dem MSPD-Parteitag abblockte.

Der Widerstand der Freien Gewerkschaften gegen die Sozialisierungsbewegung und ihre Ablehnung der vom Vorbild der Kriegswirtschaft abgeleiteten Vorschläge zur Errichtung einer Gemeinwirtschaft, die Rudolf Wissell und sein Mitarbeiter Wichard von Moellendorff unterbreiteten, trugen dazu bei, daß grundlegende Eingriffe in die Wirtschaft unterblieben und daß vor allem das schwerindustrielle Unternehmertum seine Machtpositionen behaupten und im Vergleich zur Vorkriegszeit sogar ausbauen konnte. Es blieb bei den rasch verkümmernden Ansätzen zu gemeinwirtschaftlichen Institutionen wie dem Reichskohlenrat und der Schaffung des Kohlen- und Kalisyndikats. Die Unternehmer erreichten mit Unterstützung der ZAG in der Preispolitik weitgehend freie Hand.

Die revolutionären Bewegungen brachten daher keinen Einschnitt in die wirtschaftliche Machtverteilung, wenngleich die Stellung der Gewerkschaften durch die ZAG gefestigt zu sein schien. Tatsächlich waren sie schon jetzt auf die Unterstützung einer kompensatorischen Sozialpolitik zurückgedrängt. Noch ungünstiger war die Bilanz des Revolutionsjahres im nichtindustriellen Bereich. Aus Rücksichtnahme auf die Lebensmittelversorgung hatte die MSPD auf Eingriffe in die Landwirtschaft, insbesondere auf eine Bodenreform in den ostelbischen Gebieten, völlig verzichtet und sich mit einer angeblichen Kollaboration der Gutsbesitzerklasse abgefunden. Eingriffe in den Beamtenapparat wurden aus ähnlichen Motiven unterlassen. All das geschah aufgrund einer verhängnisvollen Überschätzung der parlamentarischen Steuerungsmöglichkeiten.

Die militärischen Maßnahmen zur Zerschlagung der Hochburgen der USPD in Braunschweig, Magdeburg, Mannheim, Halle, Leipzig und Berlin im Frühjahr 1919 stellten im Grunde das Eingeständnis einer gescheiterten Politik der Mehrheitssozialdemokraten dar. Die Gewalt der Bajonette ersetzte den Versuch, die radikale Arbeiterschaft politisch zu integrieren und die zu putschistischem Terrorismus entschlossene extreme Linke zu isolieren. Die notorische Unzuverlässigkeit der Freikorpsverbände, die immer wieder zu Exzessen auch gegen Unbeteiligte führte, verschärfte die vielfach durch Provokationen zustande gekommenen bürgerkriegsartigen Zusammenstöße und hinterließ bei weiten Teilen der arbeitenden Bevölkerung ein Gefühl der Erbitterung und Ohnmacht. Von exemplarischer Bedeutung hierfür sind die Vorgänge in Berlin im März und in München im April 1919. Der anfänglich auch von der MSPD – übrigens gegen den Widerstand der KPD – ausgerufene Generalstreik, der gegen die erklärte Absicht der Streikleitung nicht gewaltfrei blieb und Überfälle auf Polizeieinrichtungen nach sich zog, wurde von Noske mit dem verschärften Ausnahmezustand beantwortet, der für neun Monate beibehalten wurde. Die bewaffneten Auseinandersetzungen zwischen der radikalen Arbeiterschaft und den Freikorpsverbänden, die rücksichtslos vorgingen und vor Racheakten nicht zurückscheuten, forderten mehr als zwölfhundert Opfer, ohne daß damit eine wirkliche Beruhigung eintrat. Die »Berliner Blutwoche«, wie man die Ereignisse alsbald genannt hat, wurde von den proletarischen Massen als Beweis für den Klassencharakter der entstehenden Republik angesehen.

Die Vorgänge in München nahmen insofern eine Sonderstellung ein, als sich hier die radikale Linke weit stärker auf Intellektuellenzirkel stützte als auf einen festen Kern der Industriearbeiterschaft. Das sozialistische Koalitionskabinett unter Kurt Eisner hatte bis ins Frühjahr relativ stabile Verhältnisse sichern können, obwohl Eisners Ansehen in der Öffentlichkeit durch dessen pazifistisch motivierte, aber esoterische Außenpolitik und unzureichende Handhabung der Regierungsgeschäfte schweren Schaden gelitten hatte. Die Landtagswahlen brachten der USPD mit nur drei Mandaten eine vernichtende Niederlage; dies machte Eisners Stellung vollends unhaltbar. Als Lösung des Konflikts zwischen der radikalen und der gemäßigten Linken schwebte Eisner eine Kombination von parlamentarischem Prinzip und Rätesystem vor, was, wie das Beispiel Österreichs zeigte, zur inneren Befriedung hätte beitragen können, aber wegen der starr ablehnenden Haltung der Reichsregierung und der erstarkenden bürgerlichen Opposition keine politischen Chancen besaß.

Die Ermordung Eisners durch den jungen Grafen Arco-Valley am 21. Februar 1919, eben zu dem Zeitpunkt, als er seinen Rücktritt erklären wollte, und das von einem seiner Anhänger als Antwort darauf verübte Attentat auf den mehrheitssozialdemokratischen Innenminister Erhard Auer ließen die Bürgerkriegsfronten unvermittelt aufbrechen. Die »zweite Revolution«, die Arco hatte verhindern wollen, wurde erst durch seine Tat ausgelöst. Der unter dem Eindruck dieser Vorgänge neu gebildete Zentralrat der bayerischen Räte rief nun unter der Führung von Ernst Niekisch die Räterepublik aus. Sie wäre eine von theatralischen Zügen nicht freie Episode geblieben, hätte das alsbald gebildete Koalitionskabinett unter dem Sozialdemokraten Johannes Hoffmann die notwendige Energie und den politischen Rückhalt besessen, um sich gegenüber den rivalisierenden Rätegremien und linksradikalen Sicherheitskräften in München durchzusetzen, statt nach Bamberg auszuweichen und, zur Verstärkung des Freikorps Epp, von der Reichsregierung militärische Unterstützung zu erbitten. Die Ausrufung der bayerischen Räterepublik am 7. April durch eine Koalition der sozialistischen Parteien wurde von der lokalen KPD, die eben erst unter Eugen Leviné reorganisiert worden war, zurückhaltend aufgenommen. Erst der Versuch von Truppen der Münchner Garnison, diese zu stürzen, veranlaßten Leviné und Max Levien, sich an deren Spitze zu stellen, obwohl sie nicht hoffen konnten, eine auf Bayern beschränkte Räteherrschaft zu stabilisieren. Das Vorbild der Ende März in Ungarn proklamierten Räterepublik, das die Illusion der nach Mitteleuropa vordringenden bolschewistischen Revolution suggerierte, schob derlei Bedenken beiseite.

Die vierzehntägige Räteherrschaft war in wirtschaftlicher und finanzpolitischer Beziehung und angesichts der Kläglichkeit der von ihr ins Leben gerufenen Roten Armee gegenüber den sich formierenden übermächtigen Interventionstruppen nicht viel mehr als eine Kette von Debakeln. Deshalb setzte Ernst Toller, der expressionistische Dramatiker, der an den ersten Räteexperimenten an führender Stelle teilgenommen hatte, am 27. April den Rücktritt der wegen ihrer russischen Staatsbürgerschaft ohnehin öffentlich verhaßten Leviné und Levien durch. Toller mußte jedoch machtlos zusehen, wie die am 2. Mai einrückenden Freikorpsverbände, erbittert über einen Geiselmord am Vortag, ein Schreckensregiment errichteten, das den roten Terror bei weitem in den Schatten stellte und innerhalb von zwei Tagen sechshundert Menschen das Leben kostete. Diese

Episode in der deutschen Revolutionsgeschichte, die über fünftausend Gerichtsverfahren gegen Beteiligte nach sich zog, legte die Grundlage für das ausgeprägt gegenrevolutionäre und antirepublikanische Klima in der bayerischen Metropole, das einen ungewöhnlich fruchtbaren Nährboden für völkisch-nationalistische Restaurationsbestrebungen abgab.

Mit dem Zusammenbruch der Münchener Räterepublik und der sich daran anschließenden Repression der extremen Linken durch Regierungstruppen in Leipzig war Anfang Mai 1919 die Phase der Revolution in Deutschland beendet. Die revolutionären Kräfte sahen sich hoffnungslos isoliert und einer remilitarisierten bürgerlichen Gesellschaft gegenüber, die eindeutig klassenpolitische Züge trug. Denn die vielfältigen Erscheinungsformen der Wehrverbände, die von den Einwohnerwehren bis zu den sich von der Reichsregierung verselbständigenden baltischen Freikorps reichten, unterhielten enge Querverbindungen zu Kreisen der Industrie und den konservativen Parteien, welche die erforderliche Finanzierung bereitstellten, während die Beziehungen zur Reichswehr dafür sorgten, daß es an Waffen und Ausrüstung nicht fehlte. Die Zusammenarbeit zwischen Reichswehr, Arbeitgeberverbänden, Reichslandbund und anderen Interessenorganisationen der Rechten bewirkte sowohl im Ruhrgebiet als auch in Ostelbien, daß die preußische Regierung und die nachgeordnete Verwaltung die gegenrevolutionären Bestrebungen in den Provinzen nicht unter Kontrolle zu bringen vermochten. Mit der Zielsetzung, alle Formen des »Bolschewismus« und des sozialistischen Internationalismus rücksichtslos zu bekämpfen, ging das Reichswehrgruppenkommando I unter Führung des Generals Walther von Lüttwitz schon im Frühjahr 1919 dazu über, enge Verbindungen zu rechtsbürgerlichen Propagandaorganisationen, darunter zur Antibolschewistischen Liga Eduard Stadlers, aufzunehmen und völkisch-nationalistische Bestrebungen mit eindeutig antisozialistischer Stoßrichtung zu unterstützen. Adolf Hitlers Tätigkeit als Vertrauensmann des Reichswehrgruppenkommandos IV, mit der er seine politische Karriere begann und die ihn in Verbindung zur Deutschen Arbeiterpartei Anton Drexlers brachte, gehört in diesen Zusammenhang.

Die Besonderheit der deutschen Revolution von 1918/19 liegt nicht zuletzt darin, daß sie im Vorfeld eines in seinen Konturen durch die Waffenstillstandsbedingungen erkennbaren Friedensschlusses erfolgte, die Fortsetzung kriegerischer Verwicklungen aber nicht völlig auszuschließen war, sofern man nicht mit Hugo Haase und Kurt Eisner davon ausging, daß der Friede notwendig sei, gleichwie die Bedingungen dazu ausfallen mochten. Diese Konstellation trug entscheidend dazu bei, daß die geschlagene Armee ihre innenpolitische Machtstellung wiederherstellen und ausbauen konnte, um unter der nicht ganz aufrichtigen Zielsetzung, die Autorität der Regierung zu stärken, als Instrument der Gegenrevolution zu fungieren.

Die Führung der MSPD und des ADGB hat diese Politik in der Erwartung mitgetragen, Fehlentwicklungen nach der Schaffung des demokratisch-parlamentarischen Systems, das sie anstrebte, rückgängig machen zu können. Das erwies sich auch deshalb als falsch, weil die MSPD-Führung sich durch diese Strategie vielen Anhängern noch tiefer entfremdete, als das bereits im Verlauf des Ersten Weltkrieges der Fall gewesen war. Die Tolerierung der gegen die Arbeiterschaft gerichteten Repressionsmaßnahmen durch die Nationalversammlung macht erklärlich, warum das von der KPD dem parlamentarischen Prinzip entgegengestellte »reine« Rätesystem die Sympathien nennenswerter proletarischer Gruppen finden konnte; denn ursprünglich bestand dieser Gegensatz nicht. Die Folgen für das gleichsam im Abseits des revolutionären Bürgerkriegs entstehende parlamentarisch-demokratische System lagen vor allem darin, daß ihm wichtige Teile der Industriearbeiterschaft frühzeitig mit Distanz und Fremdheit, wenn nicht mit Feindschaft begegneten.

Die Wucht der Streikbewegungen im Frühjahr 1919 in Berlin, in Mitteldeutschland, an der Ruhr und in zahlreichen Großstädten traf die mehrheitssozialdemokratische Führung, die mit der Einberufung der Nationalversammlung, der Errichtung der provisorischen Regierung und der Abdankung des Zentralrates der Republik die Revolution für abgeschlossen hielt, unvorbereitet. Indem sie sich als Repräsentantin der eigentlichen Arbeiterbewegung betrachtete, erblickte sie in den Streiks vorwiegend Aktionen einer durch unverantwortliche radikale Elemente, in erster Linie durch »Spartakisten« fehlgeleiteten Arbeiterschaft. Tatsächlich war es ein gemeinsames Kennzeichen dieser Protestbewegung, daß sie die Einheit der drei Arbeiterparteien von unten her zu erzwingen suchte. Keine der drei Parteien vermochte sie ihren grundsätzlichen politischen Zielen zu unterwerfen. Die Motive der Streikenden waren, abgesehen vom Protest gegen die wiederkehrende Militärherrschaft, auf die unmittelbare Verbesserung ihrer Lage in den Betrieben gerichtet. Das Schlagwort von der Sozialisierung hatte weniger mit grundsätzlichen Vorstellungen vom Umbau der Eigentumsordnung zu tun als vielmehr mit dem Willen, die Unterdrückung und Maßregelung am Arbeitsplatz abzuschaffen und die soziale Lage der lohnabhängigen Bevölkerung zu verbessern. Dies waren zumeist utopische Vorstellungen, wie das Beispiel der von Streikenden vorübergehend geforderten Sechsstundenschicht im Steinkohlenbergbau zeigte. Die putschistischen Aktionen, die unter Mitwirkung kommunistischer Gruppen, vielfach ohne Abstimmung mit der Zentrale, zu kurzfristigen Räteexperimenten wie in München und Bremen Anlaß gaben, wurden von den Massen nicht unterstützt.

Die sozialdemokratische Führung identifizierte sich viel zu sehr mit der letztlich etatistischen Tradition der SPD, als daß sie dazu fähig gewesen wäre, die in den Protestbewegungen verborgenen Impulse für größere demokratische Partizipation wahrzunehmen. Die USPD suchte mit ihrer Forderung der sozialistischen Demokratie im Programm vom Dezember 1919 sich diesen Tendenzen anzupassen, ohne ihnen noch eine konstruktive politische Richtung aufprägen zu können. Nach dem schweren Vertrauensverlust, den die MSPD seit dem Januaraufstand 1919 hinzunehmen hatte, war die politische Polarisierung nicht mehr wegzuleugnen und eine Beilegung der Konflikte durch friedliche politische Mittel mit Rücksicht auf die bürgerlichen Bündnispartner und die regenerierte Stellung der bewaffneten Macht nicht mehr möglich. Dies bedeutete ein großes Handicap für die noch in ihrer Entfaltung stehende parlamentarische Demokratie.

Daß revolutionäre Umbrüche, zumal unter den Nachwirkungen der verrohenden Macht des Krieges, von äußerer Gewaltanwendung nicht frei sind, liegt auf der Hand. Die KPD hatte, wiewohl mehr in ihrer Propaganda als in ihrer Praxis, das Mittel der Gewaltanwendung in der politischen Auseinandersetzung vielfältig propagiert. Das autoritäre Ordnungsdenken der führenden Sozialdemokraten hat den Einsatz von Waffengewalt nicht minder gefördert, obwohl die protestierende Arbeiterschaft an veralteten Bürgerkriegsformen, dem Generalstreik und der Massendemonstration, festhielt und dabei, aufs Ganze gesehen, erstaunlich diszipliniert vorging. Nur am Rande der Bewegung und angesichts der Eskalation von Gewalt, wurden auf proletarischer Seite terroristische Mittel bewußt angewendet. Die Anfang 1919 rasch ansteigende Massenarbeitslosigkeit wie die zusammenbrechende Lebensmittelversorgung in den industriellen Zentren trugen dazu bei, die Militanz der Auseinandersetzungen zu verschärfen.

Von seltenen Ausnahmen abgesehen, gab es keine Terreur-Phase der Revolution; dies war das Werk der um die Jahreswende beginnenden Gegenrevolution, die, einmal aus übertriebenem Ordnungsdenken von der MSPD-Führung in Gang gesetzt, eine Eigengesetzlichkeit entwickelte. In den Freikorps wurde jener Stil der modernen Soldateska kultiviert, der Gewalt zum Selbstzweck machte. »Uns ging es ja nicht um System und Ordnung, um Parolen und Programme«, schrieb Ernst von Salomon über die Freikorps. Männerkult und erotische Verklärung der Gewalt verschmolzen mit hybridem Nationalismus und fanatischem Antibolschewismus. Die Verherrlichung von Gewaltanwendung als nationaler Tat überlebte das Ende der deutschen Revolution und konnte in einer Kultur Bestand haben, welche die politischen und sozialen Konsequenzen der militärischen Niederlage des Kaiserreiches planmäßig verdrängte.

Demokratiegründung im Schatten von Revolution und Friedensvertrag

In der Umbruchsituation des 9. November 1918 hatte Friedrich Ebert die Entscheidung über die künftige Staatsform des Reiches offenhalten wollen. Die Wendung der öffentlichen Meinung gegen Kaiser Wilhelm II. machte jedoch die Ausrufung der Republik unvermeidlich. Philipp Scheidemann vollzog sie, um Karl Liebknecht zuvorzukommen. Erwartungen von Zeitgenossen, daß dies zu Auflösungserscheinungen im Offizierskorps führen werde, erfüllten sich nicht. Der Sturz der Monarchie wurde von der politischen Rechten als einstweilen unabänderliche Tatsache hingenommen. Zwar hielten sowohl die Deutschnationale Volkspartei als auch die Deutsche Volkspartei am Prinzip der konstitutionellen Monarchie fest, doch eine unmittelbare Restauration der Hohenzollern, wie sie die zur DNVP stoßende frühere Deutschkonservative Partei und die »Preußische Kreuz-Zeitung« verfochten, wurde von ihnen nicht angestrebt. Im »Nationalen Manifest« der DNVP war nur von der Bildung eines »neuen Kaisertums im Wege gesetzlicher Entwicklung« die Rede. Man schloß nicht aus, daß zukünftig eine Konstellation eintreten könne, in der eine Mehrheit der Bevölkerung die Rückkehr zur Monarchie verlangte. Im übrigen blieb das Bekenntnis zur Monarchie bei den Parteien der bürgerlichen Rechten ein Mittel, die in der Tradition stehenden, antirepublikanisch gesinnten Wähler einzubinden.

Abgesehen davon, daß an eine Restauration auf absehbare Zeit aus außen- und innenpolitischen Gründen nicht gedacht werden konnte, stand sie auch deshalb außerhalb jeder realen Erwägung, weil eine Restitution der deutschen Dynastien den gerade überwundenen einzelstaatlichen Partikularismus erneuert hätte. Infolge der Haltung Wilhelms II., der die förmliche Abdankung nicht vor dem 28. November 1919 aussprach und beide Kronprinzen darauf festlegte, bestand Unklarheit darüber, welcher der in Frage kommenden Kronprätendenten nachfolgeberechtigt war. Zwar spielte der Monarchismus innerhalb der DNVP auch in den späteren Jahren der Republik eine Rolle, aber der Gedanke einer Restauration tauchte erst wieder im Vorfeld der nationalsozialistischen Machtergreifung auf. An der republikanischen Staatsform konnte nach 1918 nicht mehr gezweifelt werden.

Der Weg der Verfassungsschöpfung nach dem 9. November war zugleich durch die Oktoberreformen und die Wilsonsche Politik weitgehend im liberal-parlamentarischen Sinne vorgezeichnet. MSPD und USPD, denen die politische Führung in der revolutionären Umbruchsphase zufiel, sahen sich unerwartet vor die Notwendigkeit gestellt, dem Reich eine neue Verfassung zu geben. Seit den Tagen des Erfurter Programms hatte in der SPD keine inhaltliche Diskussion über die anzustrebende Staatsverfassung stattgefunden. Die politische Praxis söhnte die SPD mit dem parlamentarischen Prinzip aus, für dessen Verwirklichung sie im Kaiserreich am entschiedensten und nahezu auf sich allein gestellt eingetreten war. Ihre wichtigsten verfassungspolitischen Forderungen schienen mit den Oktoberreformen erfüllt zu sein. Die USPD stand der parlamentarischen Tätigkeit aufgrund der eigenen Erfahrungen nach 1916 mit innerer Reserve gegenüber. Im Rätesystem erblickte sie eine erstrebenswerte Ergänzung zur parlamentarischen Repräsentativverfassung, ohne zunächst klare Vorstellungen davon zu haben, wie sich beide Systeme miteinander verknüpfen ließen.

Folgerichtig lag damit die demokratische Verfassungsgebung auf der Linie der Kompromisse des Interfraktionellen Ausschusses, der aus den Parteien der späteren Weimarer Koalition bestand. Die sozialistischen Parteien verzichteten darauf, den Verfassungsgebungsprozeß in eigene Hände zu nehmen. Er wurde dadurch gleichsam von der revolutionären Entwicklung abgekoppelt, wiewohl die USPD sich der Illusion hingab, durch umfassende revolutionäre Eingriffe in Verwaltung und Gesellschaft die Verfassung mit sozialistischem Inhalt füllen zu können. In der Haltung beider Parteien, inbesondere derjenigen der MSPD-Führung, verbarg sich ein formalistisches Verfassungsverständnis, das die Lassallesche Einsicht, daß Verfassungsfragen Machtfragen seien und nicht bloß den rechtlichen Rahmen politischer Inhalte betrafen, aus den Augen verloren hatte.

Schon am 15. November 1918 berief der Rat der Volksbeauftragten den Berliner Ordinarius für öffentliches Recht, Hugo Preuß, zum Staatssekretär des Innern und betraute ihn mit der Aufgabe, einen Verfassungsentwurf vorzulegen. Preuß war Schüler des für den Genossenschaftsgedanken eintretenden Otto von Gierke, näherte sich jedoch dem parlamentarischen Prinzip. In der »Nation«, die von dem Linksliberalen Theodor Barth, mit dem er freundschaftlich verbunden war, herausgegeben wurde, setzte er sich für die Parlamentarisierung der Reichsverfassung nachdrücklich ein. Anknüpfend an die demokratische Tradition von 1848/49 hatte er sich schon 1915 gegen den preußisch-deutschen Obrigkeitsstaat und für einen demokratischen Volksstaat ausgesprochen. Ein Verfassungsvorschlag, den er der Obersten Heeresleitung im Juli 1917 unterbreitete, begründete die Fama, daß er bereits über ein abgeschlossenes Konzept verfüge. Das bewog Friedrich Ebert, der raschen pragmatischen Entscheidungen zuneigte, Hugo Preuß und nicht den ebenfalls zur Diskussion stehenden Heidelberger Soziologen Max Weber mit den Vorarbeiten für die Weimarer Reichsverfassung zu beauftragen.

Weber war jedoch an den internen Beratungen im Reichsamt des Innern beteiligt, zu denen neben hohen Ressortbeamten nur zwei sozialdemokratische Unterstaatssekretäre hinzugezogen wurden. Der erste Entwurf, der dem Rat der Volksbeauftragten am 3. Januar 1919 übermittelt wurde, trug überwiegend die Handschrift von Preuß, der einen ausgeprägt unitarischen Standpunkt vertrat und die Bildung von sechzehn deutschen Freistaaten unter weitgehender Preisgabe der bisherigen Ländergliederung vorsah. Ebert, der den Entwurf grundsätzlich billigte, regte an, die Vorschriften zur territorialen Neugliederung auszuklammern und einen Grundrechtsteil anzufügen, um den auch innerhalb seiner Partei geäußerten Befürchtungen entgegenzutreten, daß an eine Rücknahme der »revolutionären Errungenschaften« gedacht sei. Preuß hatte auf Grundrechte verzichtet, um zu verhindern, daß die Beratungen der Nationalversammlung wie seinerzeit in der Paulskirche in Grundsatzfragen steckenblieben und der Verfassungsgebungsprozeß dadurch verzögert würde.

Eberts Strategie hatte zum Ziel, öffentliche Verfassungsdiskussionen bis zur Fertigstellung des Kabinettsentwurfs zu vermeiden. Dies gelang nicht ganz, da die Länderregierungen darauf drängten, an den Entwurfsarbeiten beteiligt zu werden, so daß sich das Reichsamt des Innern gezwungen sah, vor allem das künftige Verhältnis von Reich und Ländern mit dem im November gebildeten Staatenausschuß zu erörtern. Es war bezeichnend, daß Ebert den Zentralrat erst mit dem Entwurf bekannt machte, den die am 25. Januar 1919 zusammengetretene Länderkonferenz abgeändert hatte. Er hinderte den Zentralrat an einer gründlichen Beratung mit dem wenig einleuchtenden Argument, die Vorlage der Nationalversammlung, die am 6. Februar zusammentrat, unverzüglich zuleiten zu müssen. Die Kritik des Zentralrates, die auch Scheidemann teilte, der den Verfassungsentwurf »rückschrittlich« nannte, führte daher nur zu der Aufforderung, der Nationalversammlung einen sozialistisch geprägten Alternativentwurf vorzulegen, wovon die MSPD-Führung jedoch keinen Gebrauch machte.

Hugo Preuß, der von seinem ursprünglichen Konzept schwerwiegende Abstriche hatte akzeptieren müssen, erklärte in der Sitzung mit dem Zentralrat, es sei notwendig, »möglichst schnell eine geordnete Regierung zu bilden, damit wir nach außen verhandeln können; das muß uns bewegen, auch einen schlechten Entwurf anzunehmen«. Dies deutete darauf hin, daß man hoffte, die Friedensverhandlungen durch eine verfassungsmäßig gebildete Regierung führen zu können. Aus dem gleichen Grund war Ebert darum bemüht, grundlegende verfassungspolitische Auseinandersetzungen in der Nationalversammlung zu unterbinden. Das erklärt seine Bereitschaft, den föderalistischen Länderinteressen in weitem Umfang nachzugeben. Diese mußten um so stärker ins Spiel kommen, als es der Rat der Volksbeauftragten vermied, den Vollzugsrat und den Zentralrat als vorläufige Repräsentanten der zentralstaatlichen Interessen einzuschalten. Äußerlich erwies sich diese Politik als bemerkenswert erfolgreich. Schon am 21. Februar konnte der Nationalversammlung ein ausgereifter Entwurf vorgelegt werden. Zwar tauchten in den zügig vorangetriebenen Arbeiten des Verfassungsausschusses vor allem hinsichtlich der Schul- und Kirchenfrage scharfe Kontroversen auf, aber es gelang, trotz der im Juni 1919 eintretenden Verzögerung, die durch den Konflikt über die Annahme des Friedensvertrags entstand, die Verfassung bereits am 14. August förmlich in Kraft zu setzen.

Die angesichts der krisenhaften innenpolitischen Lage bemerkenswert reibungslose parlamentarische Verabschiedung des Verfassungswerks hing mit dem starken Interesse der bürgerlichen Parteien und der Mehrheitssozialdemokratie zusammen, die durch die Revolution geschaffene offene Rechtslage zu überwinden und damit die konkurrierenden Räteinstitutionen zu beseitigen. Zum andern war der Entscheidungsspielraum der Nationalversammlung beträchtlich eingeengt. In dem mit den Länderregierungen vereinbarten »Gesetz über die vorläufige Reichsgewalt«, das mit den Stimmen der Weimarer Koalition am 10. Februar 1919 beschlossen wurde, waren wesentliche Elemente des künftigen Verfassungsaufbaus vorweggenommen: die Stellung des Reichspräsidenten, des Reichstags und des Staatenhauses. Die Länder hatten in den vorausgegangenen Verhandlungen durchsetzen können, daß Vorlagen der Reichsregierung an die Nationalversammlung der vorherigen Zustimmung der Mehrheit der Länderregierungen bedurften. Um die Rechtsförmigkeit des Vorgehens zu sichern, stimmten die Parteien, ohne diese Vorentscheidungen materiell zu prüfen, der Übergangsverfassung zu. Die entstehende Verfassung war schließlich durch die Zusage des Rates der Volksbeauftragten, am Prinzip des Berufsbeamtentums festzuhalten, sowie durch die Bestimmungen über den vorläufigen Aufbau der Reichswehr präjudiziert.

Durch die Einschaltung der Länderkonferenz war das ursprüngliche Konzept von Hugo Preuß, die Länder auf die Stufe von Selbstverwaltungseinheiten zurückzudrängen, auf der ganzen Linie gescheitert, zumal die Länder die Klausel durchsetzten, daß eine territoriale Neuordnung der Zustimmung des betroffenen Einzelstaates bedürfe, womit der Weg zu unitarischer Neugestaltung versperrt war. Allerdings gelang es in den Beratungen des Verfassungsausschusses, den Länderpartikularismus einzuschränken, insbesondere die zunächst zäh beibehaltenen Reservatrechte der süddeutschen Staaten zu beseitigen, bei deren Verteidigung Bayern unter der Führung Kurt Eisners eine wenig rühmliche Rolle spielte. Infolge der Blockierung einer sinnvollen Neugliederung wurde lediglich der Zusammenschluß der thüringischen Kleinstaaten und die Mediatisierung von Coburg und Pyrmont erreicht.

Um zu einer vergleichbaren Größenordnung der Gliedstaaten zu gelangen, hatte Hugo Preuß vor allem die Auflösung Preußens ins Auge gefaßt. Hiergegen erhob sich jedoch erbitterter Widerstand, der trotz der ausgeprägt unitarischen Tradition der SPD von den preußischen Ressorts am massivsten vertreten wurde, aber auch von dem zum preußischen Kriegsminister avancierten Württemberger Oberst Reinhardt. Eduard David, der an der Durchsetzbarkeit einer unitarischen Lösung zweifelte, sprach sich dafür aus, Preußen zum reichsunmittelbaren Land zu machen, um auf diesem Umweg langfristig den Unitarismus durchzusetzen. Er antizipierte damit die nationalsozialistische »Verreichlichung« Preußens, fand jedoch mit diesem Vorschlag keine Gegenliebe. Außenpolitische Motive und das

Bestreben, territorialen Aufsplitterungstendenzen zu begegnen, traten hinzu. Eine Auflösung Preußens, wie sie das Reichsamt des Innern vorhatte, mußte den französischen Ambitionen einer Abtrennung des Rheinlandes vom Reich und den akuten separatistischen Bestrebungen entgegenkommen, eine autonome Rheinisch-Westfälische Republik zu bilden. Desgleichen gab es nicht erst nach dem Bekanntwerden der Friedensbedingungen Ansätze zur Verselbständigung Oberschlesiens, die polnische Expansionstendenzen mindestens indirekt begünstigten.

Wenn es schon nicht gelang, einen mit der überkommenen territorialen Gliederung brechenden, funktionsfähigen föderalistischen Staatsaufbau zu schaffen, dann stellte die Aufrechterhaltung des preußischen Staatsverbandes das kleinere Übel dar. Nur indem man in dieser Frage nachgab, konnte man vermeiden, daß die preußische Nationalversammlung gleichzeitig mit der des Reiches tagte und damit den Verfassungsgebungsprozeß, wie die Erfahrung von 1848 lehrte, zusätzlich behinderte. Schließlich verfiel man darauf, ein Übergewicht Preußens im Reichsrat dadurch zu verhindern, daß die Hälfte der preußischen Stimmen nicht durch die Regierung, sondern durch die Provinziallandtage instruiert werden sollte. Diese Notlösung begünstigte später die antirepublikanischen Kräfte.

Immerhin wurde der Reichsrat im Vergleich zum Bundesrat des Kaiserreiches in seinen Rechten erheblich beschnitten. Die konkurrierende Gesetzgebungszuständigkeit von Reich und Ländern wirkte sich zugunsten des Reiches aus, das seine Kompetenzen in der Steuer-, Finanz-, Schul- und Verkehrspolitik grundlegend ausweiten konnte und trotz darüber anhaltender Konflikte nicht länger von der Finanzhoheit der Länder abhängig war, welche die innenpolitische Fortentwicklung des Kaiserreiches schwerwiegend beeinträchtigt hatte. Die von Matthias Erzberger als Reichsfinanzminister seit Ende 1919 mit großer Energie, Umsicht und Sachkunde durchgesetzte Reichsfinanzreform, welche die Reichsfinanzen auf die Grundlage einer modernen Einkommensteuer stellte und eine angemessene Verteilung der Steuerlasten in beträchtlichem Umfang bewerkstelligte, bedeutete einen Meilenstein auf dem Weg zu einer zeitgemäßen Finanzverfassung; sie warf jedoch das Problem des Finanzausgleichs zwischen Reich, Ländern und Gemeinden in neuartiger Frontstellung auf, indem nun die Länder finanzielle Ansprüche an das Reich richteten.

Mit Unterstützung durch die Parteien der Weimarer Koalition, die damit zum ersten Mal auf Reichsebene maßgeblichen Einfluß ausübten, konnte der Verfassungsentwurf der Regierung in seinen wesentlichen, ausgeprägt liberalen Grundzügen beibehalten werden. Dies stellte gewiß das Maximum dessen dar, was im Sommer 1919 angesichts der sich abzeichnenden Stärkung der antirepublikanischen Kräfte erreichbar gewesen ist. Die Reichsverfassung trug zunächst der liberalen Überzeugung Rechnung, daß das Parlament in freier Diskussion zwi-

Das Deutsche Reich 1918

───── Grenzen des Deutschen Reiches bis 1918

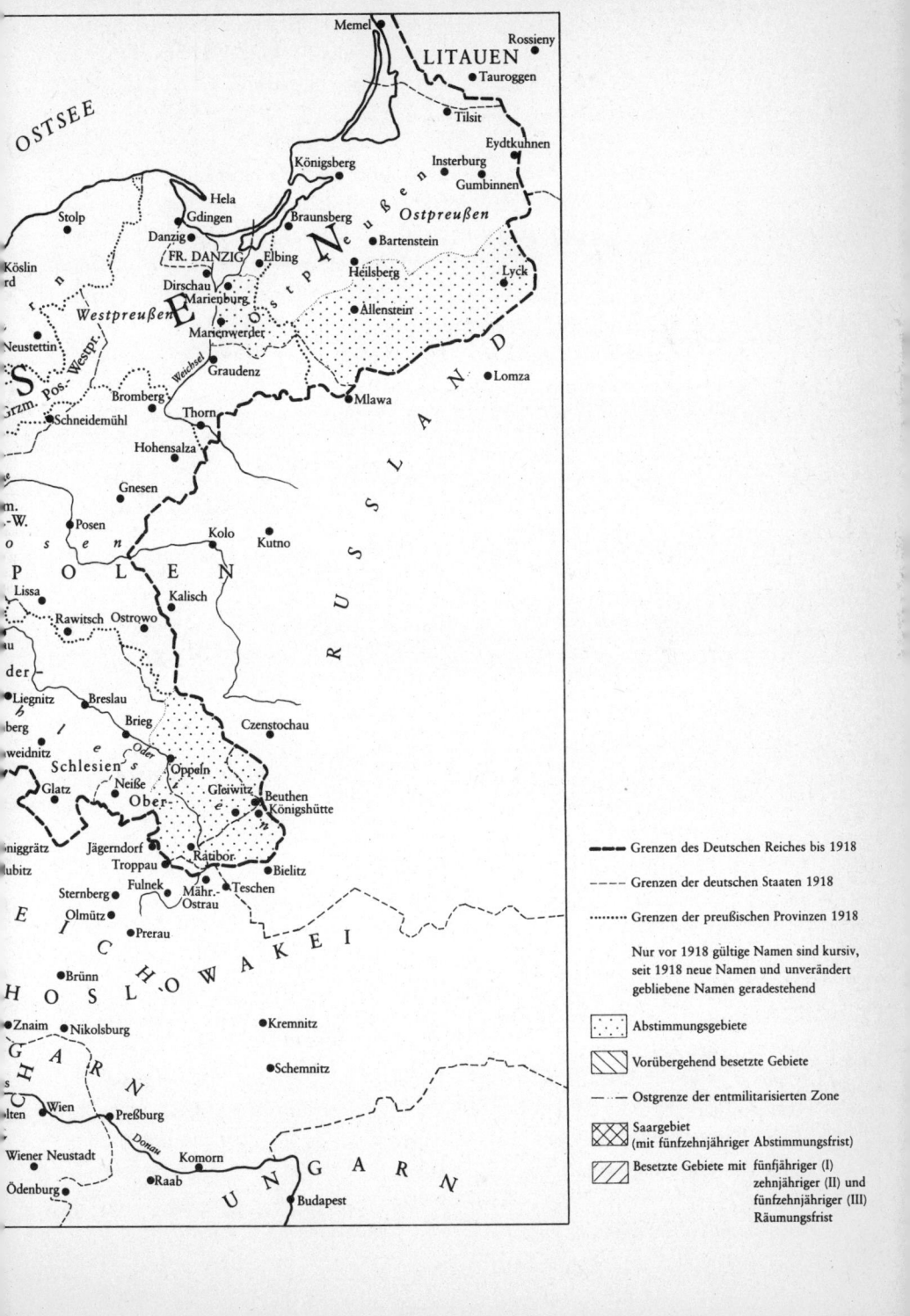

- - - - Grenzen der deutschen Staaten 1918

.... Grenzen der preußischen Provinzen 1918

Nur vor 1918 gültige Namen sind kursiv, seit 1918 neue Namen und unverändert gebliebene Namen geradestehend

⋯⋯ Abstimmungsgebiete

▨ Vorübergehend besetzte Gebiete

— ⋯ — Ostgrenze der entmilitarisierten Zone

▨ Saargebiet
(mit fünfzehnjähriger Abstimmungsfrist)

▨ Besetzte Gebiete mit fünfjähriger (I)
zehnjähriger (II) und
fünfzehnjähriger (III)
Räumungsfrist

schen den Abgeordneten, die nicht an Weisungen ihrer Wähler gebunden waren, das Gemeinwohl zu ermitteln habe. Die herrschende Demokratietheorie ging von der Vorstellung aus, daß die unterschiedlichen gesellschaftlichen Interessen in der Zusammensetzung des Parlaments möglichst korrekt zum Ausdruck kommen müßten. Demgegenüber trat die Auffassung zurück, daß die Volksvertretung in erster Linie die Aufgabe hatte, regierungsfähige Mehrheiten zu schaffen.

Der Gedanke, daß die Verfassungsordnung durch eine Manipulation der demokratischen Willensbildung zerstört werden könnte, lag den Mitgliedern der Nationalversammlung fern, zumal der aktive Verfassungsschutz durch die dem Präsidenten eingeräumten Befugnisse, den Ausnahmezustand auszurufen und die Reichsexekution durchzuführen, gewährleistet erschien. Verfassungsschutzvorschriften wie der Ausschluß von Angehörigen der Fürstenhäuser vom passiven Wahlrecht zum Präsidentenamt, der von sozialdemokratischer Seite gefordert wurde, waren wegen der unterschiedlichen Positionen der vertretenen Parteien nicht konsensfähig. Nur auf dem Boden eines formalistischen Verfassungsverständnisses konnte der grundlegende Gegensatz zwischen links und rechts überbrückt werden. Es ist daher eine Verkennung der politischen Ausgangslage der Weimarer Republik, wenn man ihr anlastet, kein Konzept der »streitbaren Demokratie« entwickelt zu haben.

Die plebiszitäre Wahl des Reichspräsidenten, der neben den ihm als Staatsoberhaupt üblicherweise zustehenden Repräsentationsfunktionen das Auflösungsrecht des Reichstages, das Ernennungs- und Entlassungsrecht des Reichskanzlers, den Oberbefehl über die Reichswehr und die Befugnis erhielt, auf dem Weg des Referendums direkt an den Volkswillen zu appellieren, trug ein dem klassischen liberalen Parlamentarismus fremdes Moment in die Reichsverfassung. Preuß beabsichtigte, hiermit ein Gewicht gegen den von ihm befürchteten »Parlaments-Absolutismus« zu schaffen und zu verhindern, daß die Mehrheitsparteien ihre politischen Vorstellungen der Gesamtheit aufzwingen könnten. In Artikel 48 wurde dem Reichspräsidenten das Recht übertragen, bei »Gefahr im Verzuge« gesetzesvertretende Notverordnungen zu erlassen, die der Reichstag jedoch mit einfacher Mehrheit zu Fall bringen konnte.

Hätte sich die DDP, die sich am stärksten den Vorstellungen Max Webers vom Reichspräsidenten als plebiszitär abgestützter, charismatischer Führerpersönlichkeit annäherte, mit der Forderung durchgesetzt, diesen nicht an die Gegenzeichnungspflicht des Reichskanzlers oder der zuständigen Reichsminister zu binden, wäre sehr wohl eine selbstherrliche Machtstellung des Staatsoberhaupts denkbar gewesen. Darauf zielte die Kritik der USPD, die der Diktaturgewalt des Reichspräsidenten die Forderung nach einer Direktoriumslösung nach Schweizer Vorbild entgegenstellte. Doch die SPD votierte in der Gegenzeichnungsfrage im Sinne des ursprünglichen Entwurfs von Preuß, obwohl sie ihrerseits, infolge der wenig durchdachten Sympathie für das Prinzip der direkten Demokratie, durch die Einführung des Volksentscheids und des Volksbegehrens indirekt die Macht des Präsidenten stärkte.

Die Stellung des Reichspräsidenten glich derjenigen eines konstitutionellen Monarchen, und insofern hat man von einem »Ersatzkaisertum« gesprochen. Sie ging darüber hinaus, weil der Präsident die neben dem Reichskanzler maßgebende Figur in einem eventuellen Ausnahmezustand darstellte. Die in der Phase der Präsidialkabinette eintretende Fehlentwicklung beruhte rechtlich auf einer Überdehnung der Ausnahmebefugnisse des Artikels 48. Sie war allerdings bereits unter der Präsidentschaft Friedrich Eberts während der Krise von 1923 praktiziert worden. Damals wurden zahlreiche Gegenstände der normalen Gesetzgebung trotz der formellen Funktionsfähigkeit des Reichstages mittels gesetzesvertretender Verordnungen geregelt. Als bedeutsamer erwiesen sich die politisch-psychologischen Nachteile der präsidialen Sonderrechte. Obwohl die politische Führungsverantwortung aufgrund des Gegenzeichnungsrechts dem Reichskanzler zufiel, konnte der irreführende Eindruck entstehen, daß diese im Krisenfall beim Reichspräsidenten liege. Eben darauf zielte die berühmt gewordene Formel von Carl Schmitt, dem bedeutendsten dezisionistischen Staatsrechtslehrer der Weimarer Republik, daß der Souverän der »Herr des Ausnahmezustands« sei. Zudem nährte diese Verfassungsregelung die Vorstellung, für den Fall einer mangelnden Kompromißfähigkeit der Parteien könne ohne Schaden auf die präsidiale Regierungsgewalt zurückgegriffen werden.

Tatsächlich schwächten die präsidialen Sonderrechte nicht den Reichstag und die darin vertretenen Parteien, sondern die Reichsregierung. Sie wurzelten in dem ererbten Mißtrauen gegen die politischen Parteien, denen unterstellt wurde, mit der Verfolgung bloß partikularer Interessen den eigentlichen Volkswillen, der sich gleichsam in dem aus direkten Wahlen hervorgehenden Präsidenten verkörperte, zu verfälschen. Das Gemeinwohl wurde nicht als Resultante des Parteienstreits begriffen, sondern mit dem abstrakten Interesse des Staates identifiziert. Dies ist der Grund dafür, daß die Parteien in der Verfassung nur in negativer Hinsicht erwähnt waren, in Artikel 21, der festlegte, daß der Abgeordnete nicht an politische Weisungen gebunden sei, und in Artikel 130, in dem die Beamten als »Diener der Gesamtheit, nicht einer Partei« bezeichnet wurden.

Die Weimarer Reichsverfassung ist daher nicht ganz zu Unrecht ein »Produkt obrigkeitsstaatlichen Denkens« genannt worden. In der Tat hielt sie am Primat der Staatsräson fest und leugnete in letzter Konsequenz die Einheit von Staat und Gesellschaft. Ihre Entstehung beleuchtet diesen Sachverhalt: Sie glich der Gesetzgebung des Kaiserreiches, die von den Reichsämtern vorbereitet und dann vom Reichstag allenfalls abgeändert worden war. Es nahm niemand Anstoß daran, daß hohe Beamte des Reiches und der Länder an den Arbeiten des Verfassungsausschusses maßgebend beteiligt waren. Die Nationalversammlung stellte zudem das direkte Gegenteil einer revolutionären Konstituante dar; indem sie neues Verfassungsrecht setzte, restituierte sie die in den revolutionären Wirren verlorengegangene staatsrechtliche Kontinuität. Von den Parteien ging keine prägende Kraft auf den Verfassungsgebungsprozeß aus, auch nicht von der MSPD, die auf den ihr zustehenden Vorsitz im Verfassungsausschuß zugunsten des DDP-Politikers Conrad Haußmann verzichtete.

Der einzige wirkliche Spielraum, der für die Willensbildung der Parteien bestand, war derjenige der Grundrechte, an denen Länder- und Reichsbürokratien wenig interessiert waren. Friedrich Naumann, durch seine Tätigkeit im National-Sozialen Verein und sein Eintreten für ein soziales Kaisertum weit über die engeren Parteikreise bekannt, verlangte für die DDP, die klassischen liberalen Grundrechte gemäß den Anforderungen der industriellen Gesellschaft durch die Garantie sozialer Grundrechte zu erweitern. Auf ihn ging die Verfassungsvorschrift, daß »Eigentum verpflichtet«, zurück. Seine Initiative führte jedoch dazu, daß die Parteien den erweiterten Grundrechtsteil der Verfassung benutzten, um bestimmte politische Vorrechte und Privilegien festzuschreiben. Dies galt insbesondere für die Zentrumspartei, die weitgehende Garantien konfessioneller Sonderrechte durchzusetzen wußte, aber auch für die Beamtenschaft, die die Beibehaltung der »wohlerworbenen Rechte« des Berufsbeamtentums verfassungsmäßig abzusichern verstand, und für zahlreiche andere Berufs- und Interessengruppen. Eine Grundrechtsdrittwirkung, wie sie in der Bundesrepublik besteht, hätte in Weimar wegen der vielfach inkompatiblen grundrechtlichen Absicherung von individuellen Gruppeninteressen verheerende Folgen gehabt; es war schon bedenklich genug, daß der ordentlichen Gerichtsbarkeit das Recht belassen wurde, die Verfassungsmäßigkeit von Gesetzen zu prüfen, womit der Juridifizierung politischer Entscheidungen Tür und Tor geöffnet war.

Wo die Grundrechte über die Absicherung bereits bestehender Staatsbürgerrechte hinausgingen, wie bei der allerdings nur »grundsätzlichen« Gleichberechtigung von Mann und Frau oder der angestrebten Besserstellung nichtehelicher Kinder, sind diese Ansätze in der Weimarer Rechtsprechung in aller Regel zurückgenommen worden. Am deutlichsten zeigte sich dies in der rückschrittlichen Auslegung der Eigentumsfreiheit, die unter Mißachtung der in der Verfassung ausgesprochenen Sozialbindung des Eigentums vorgenommen wurde. Im Bereich der Verstaatlichung wurde die verfassungsmäßig mögliche entschädigungslose Enteignung durch die Rechtsprechung weitgehend ausgeschlossen. Die in die Verfassung aufgenommenen sozialen Grundrechte, darunter das Recht auf Arbeit, blieben daher weitgehend unverbindlich. Das galt nicht zuletzt für den umkämpften Einbau des Rätesystems in die Verfassung. Er ging auf eine von den Berliner Streikenden der Regierung Scheidemann Anfang März abgerungene Zusage zurück. Artikel 165 sah die Einrichtung eines Reichswirtschaftsrats vor, der zwar nur beratende Funktionen besaß, aber immerhin mit Gesetzesinitiative ausgestattet war. Auf Arbeitnehmerseite sollten ihm ein gestuftes System von Betriebs- und Bezirksarbeiterräten sowie ein Reichsarbeiterrat entsprechen. Sie sollten in wirtschaftspolitischen Fragen und in Problemen der Sozialisierung gehört werden, ohne damit die Tarifhoheit der Gewerkschaften und Unternehmerverbände anzutasten.

Hugo Sinzheimer, der führende Sozialpolitiker der SPD und der Mitschöpfer des Weimarer Arbeitsrechts, hoffte, durch das Nebenparlament des Reichswirtschaftsrats eine autonome Regelung der die Wirtschafts- und Sozialverfassung betreffenden Materien zu erreichen, wodurch den Gewerkschaften eine öffentlich-rechtliche Funktion zugefallen wäre, die sie im Rahmen der vorgesehenen Rätestruktur hätten ausfüllen müssen. Sie wehrten sich jedoch gegen eine Einbindung auf der betrieblichen und überbetrieblichen Ebene, zumal sie noch glaubten, mittels der Zentralarbeitsgemeinschaft maßgebenden Einfluß auf die wirtschafts- und sozialpolitische Willensbildung der Regierung nehmen zu können, was sich alsbald – infolge der direkten Zusammenarbeit des Reichswirtschaftsministeriums mit den Unternehmerverbänden – als Illusion herausstellte. Zudem setzte die von Sinzheimer angestrebte Lösung eine paritätische Zusammensetzung der Wirtschaftsräte durch Unternehmer und Arbeitnehmer voraus. Der 1920 gebildete Vorläufige Reichswirtschaftsrat gewann eher den Charakter einer berufsständischen Interessenvertretung, wenngleich ausdrückliche Forderungen der DNVP, die in diese Richtung gingen, in der Nationalversammlung noch abgelehnt worden waren. Die übrigen in Artikel 165 vorgesehenen Institutionen wurden nicht mehr errichtet. Damit war das ursprünglich vorrangige Motiv, den Arbeiterräten ein bleibendes wirtschaftspolitisches Betätigungsfeld zu geben, zugunsten eines bloßen Anhörungsrechts der Interessengruppen fallengelassen worden.

Das Schicksal des Artikels 165 ist insofern von Interesse, als er nahezu die einzige Einbruchsstelle des revolutionären Geschehens in den Verfassungsgebungsprozeß dargestellt hat. Die ursprünglichen Ziele der Rätebewegung, die Demokratisierung von Verwaltung und Heerwesen, hatten in die Verfassung ebensowenig Eingang gefunden wie die gleichberechtigte Mitwirkung der Arbeitnehmer an den wirtschaftlichen Entscheidungen. Das unter dem Druck der Massenstreikbewegungen durchgepaukte Sozialisierungsgesetz blieb eine bloße Ermächtigung der Reichsregierung, die seit dem Rücktritt Rudolf Wissells als Reichswirtschaftsminister bedeutungslos war, obwohl nach den Vorgängen, die sich an den Kapp-Putsch anschlossen, die zweite Sozialisierungskommission sich erneut mit der Frage der Verstaatlichung der Grundstoffindustrien befaßte, bis die Juniwahlen von 1920 jede Chance dazu zunichte machten.

Der Rat der Volksbeauftragten und das Kabinett Scheidemann hatten kaum einen Versuch unternommen, die Impulse der Revolution zu einer verstärkten sozialen Demokratisierung zu nutzen. So urteilte Walther Rathenau, die werdende Reichsverfassung sei ein Kompromiß partikularistischer und liberaler Elemente, ohne »den sozialen Geist in der neuen Staatsform zu verkörpern«. Bei der Schlußabstimmung am 31. Juli 1919, in der die Reichsverfassung mit 262 gegen 75 Stimmen angenommen worden war, blieb die Hälfte von den 86 Abgeordneten der MSPD der Abstimmung fern. Symptomatisch für den mangelnden Willen zu einem wirklichen Neuanfang war, daß es zu keiner eindeutigen Entscheidung über die neuen Reichsfarben »schwarz-rot-gold« kam. Der Verfassungsausschuß hielt vielmehr mit der fadenscheinigen Begründung besserer Sichtbarkeit an der schwarz-weiß-roten Handels- und Kriegsflagge fest, was einen nicht enden wollenden Flaggenstreit in der weiteren Geschichte der Republik auslöste.

Die Berufung auf die idealistische Tradition von Weimar, des aus Sicherheitsgründen gewählten Tagungsorts der Nationalversammlung, welcher der Republik den zunächst abschätzig gemeinten Namen gab, und auf die Tradition von 1848/49 war daher nicht einmal für die Parteien der Weimarer Koalition, für MSPD, Zentrum und DDP, wirklich verbindlich. Dies deutet auf den Sachverhalt hin, daß es nicht die Mängel des Verfassungswerks gewesen sind, welche die Instabilität und schließlich die Existenzkrise der Republik verursacht haben. Das gleiche gilt für das Verhältniswahlrecht, das der Rat der Volksbeauftragten schon Ende November für die Wahlen zur Nationalversammlung beschloß. Es hat in späteren Jahren nicht an Versuchen gefehlt, das Wahlrecht, das in der Verfassung festgelegt und im Wahlgesetz vom April 1920 im einzelnen geregelt war, zugunsten eines der Persönlichkeitswahl entgegenkommenden Mehrheitswahlrechts zu verändern. Indessen läßt sich die in der Mittelphase der Republik noch voranschreitende Parteienzersplitterung nur in sehr geringem Umfang auf das Verhältniswahlrecht zurückführen; denn Zwergparteien wurden dadurch in mancher Hinsicht behindert. Die Listenwahl begünstigte die Kandidatur von Verbandsvertretern und verstärkte damit den freilich ohnehin bestehenden Druck der Interessengruppen auf die Fraktionen. Problematischer war, daß die Parteien sich auf die Beibehaltung der bisherigen Wahlkreiseinteilung einigten. Das Proportionalwahlrecht entsprach zudem der herrschenden Mentalität, die das Parlament als Spiegelbild der pluralistischen Interessen der Gesellschaft begriff und dessen Aufgaben nicht primär in der Regierungsbildung, sondern im Ausgleich gesellschaftlicher Interessen in der Gesetzgebung erblickte. Das Wahlrecht stellte daher allenfalls ein Symptom, nicht aber die Ursache des Gebrechens dar, daß die Parteien vor der Übernahme politischer Gesamtverantwortung zurückscheuten.

Die bürgerlichen Kräfte, vom Zusammenbruch der Monarchie überrascht, politisch mit Ausnahme einiger demokratischer Gruppierungen, die durch Teilnahme an der Rätebewegung und durch die Bildung von Bürgerräten Einfluß nahmen, überwiegend isoliert, erkannten die Notwendigkeit einer Neuorientierung, da schon die Ausdehnung des Wahlrechts das Bedürfnis nahelegte, stärker als früher Rückhalt bei den breiten Massen der Bevölkerung zu finden. Um dem allgemein erhobenen Anspruch, Volkspartei zu sein, Rechnung zu tragen, bemühten sie sich, in die Vorstände und bei den Kandidaturen zur Nationalversammlung Vertreter aller sozialen Gruppen aufzunehmen und den bisherigen Honoratiorencharakter zu überwinden. Das Frauenstimmrecht und die Herabsetzung des Wahlalters unterstützten dies noch. Mit 9,6 Prozent der Abgeordneten erlangten die Frauen in der Nationalversammlung die höchste parlamentarische Repräsentation bis in die Gegenwart; doch diese Entwicklung wurde rasch rückläufig. In vermehrtem Maße stiegen besoldete Verbands- und Gewerkschaftssekretäre in Führungspositionen auf. Der Anteil von Berufspolitikern, die nur über Volksschulabschlüsse verfügten, stieg beträchtlich an, während die Zahl der Akademiker absank. Dies deutete darauf hin, daß sich auch bei den liberalen und konservativen Parteien ein sozialer Wandel zur Integrationspartei zu vollziehen begann, der zugleich Ausdruck der allgemeinen sozialen Umschichtung war, die seit den neunziger Jahren mit dem Aufstieg des »neuen Mittelstandes« stattfand.

Zugleich waren die Parteien mit einem veränderten Wählerverhalten konfrontiert. Während die bislang dominierenden regionalen Hochburgen der einzelnen Parteien an Bedeutung verloren, verstärkte sich der Wähleranteil in den Gebieten, in denen sie zuvor, auch aufgrund des unterschiedlichen Wahlrechts, fast überhaupt nicht vertreten waren. Die Sozialdemokratie verbuchte in den Großstädten Wählerverluste, während sie in Ostelbien beträchtliche Wählergewinne verzeichnete. Die konservativen Parteien fanden hingegen unerwartete Unterstützung in den urbanen Regionen, verloren jedoch auf dem platten Land und insbesondere in den großagrarisch geprägten Gebieten an Stimmen. Diese sich in den Ergebnissen der Wahlgänge von 1919 und 1920 widerspiegelnden Veränderungen zeigten an, daß sich auch infolge der sozialen Auswirkungen des Krieges die schichten- und regionenspezifischen Wählerbindungen aufzulösen begannen.

Dies betraf in erster Linie die bürgerlichen Parteien, während sich in der organisierten Arbeiterbewegung bei etwa gleichbleibender Gesamtheit der sozialistischen Stimmen eine Umschichtung zugunsten der USPD vollzog. Die sich abzeichnende Veränderung der Wählerlandschaft zwang die bürgerlichen Parteien zu vermehrten Anstrengungen, durch den Ausbau einer das gesamte Reichsgebiet umfassenden Organisation zu verläßlichen Stammwählerschaften zu gelangen. Zugleich erhöhte dies ihre Abhängigkeit von Berufs- und Interessenverbänden, deren Organisationsgrad während des Krieges beträchtlich zugenommen hatte. Die Mediatisierung des Parteiensystems durch einflußreiche Verbände war bereits ein Kennzeichen der Kaiserzeit; die Handlungs- und Koalitionsfähigkeit der Parteien wurde dadurch empfindlich beeinträchtigt.

Die ausgeprägte verbandliche Segmentierung der bürgerlichen Parteien verhinderte nach dem November 1918 eine grundlegende Neuorientierung. Nur mit der Gründung der Deutschen Demokratischen Partei wurde ein solcher Versuch unternommen. Sonst beschränkte sich der Wandel – abgesehen von den neuen Parteibezeichnungen der Deutschen Volkspartei als Nachfolgeorganisation der Reste der Nationalliberalen Partei und der Deutschnationalen Volkspartei als Sammelbecken der verschiedenen konservativen Parteien des Kaiserreiches – darauf, daß Politiker, die als Exponenten des wilhelminischen Systems galten, vorübergehend in den Hintergrund traten. Der früh angesetzte Termin der Wahlen zur Nationalversammlung begünstigte die Vertreter der alten Apparate, die unentbehrlich waren, um die durch das Listenwahlrecht komplizierter gewordenen Wahlvorbereitungen zu treffen.

Die Zentrumspartei, die unter Matthias Erzbergers Führung die Politik der Oktoberreformen mitgetragen hatte, sah sich durch die Novemberereignisse vor der Gefahr, in die politische Isolierung zurückzufallen und beträchtliche Teile ihrer Arbeitergefolgschaft an die Parteien der Linken zu verlieren. Sollte sie den Versuch machen, sich in eine christlich-demokratische Volkspartei umzuwandeln und zugleich die konfessionelle Begrenzung abzustreifen, wie dies Adam Stegerwald und Heinrich Brauns entschieden verlangten? Sollte sie an der Seite der MSPD für umfassende demokratische und soziale Reformen eintreten oder, gestützt auf ihre mittelständischen Wähler, gegen die sozialistischen Tendenzen Front machen? Keine dieser Optionen setzte sich durch; es blieb beim alten Parteinamen und beim Übergewicht der konservativen Kölner Richtung im Vergleich zu den von Mönchengladbach ausgehenden Bemühungen um eine soziale und konfessionelle Öffnung.

Die inneren Spannungen in der Zentrumspartei wurden durch die scharfe Frontstellung gegen die von Adolph Hoffmann, dem der USPD angehörenden preußischen Kultusminister, eingeleitete Schul- und Kirchenpolitik überwölbt. Diese strebte neben der endgültigen Beseitigung der geistlichen Schulaufsicht die vollständige Trennung von Kirche und Staat an. Die Beschwörung eines neuen Kulturkampfes durch katholisch-kirchliche Kreise schoß freilich ebenso über das Ziel hinaus wie die auf die Beseitigung der Konfessionsschule und des Religionsunterrichts ausgerichtete Politik der preußischen Regierung, die dem sich versteifenden Widerstand im katholischen Lager nachgeben und sie zu großen Teilen zurücknehmen mußte. Überdies zeigte es sich, daß die Sozialisten mit der Anerkennung des Elternrechts den konfessionellen Gruppen unerwartete Einflußmöglichkeiten einräumten.

Das Zentrum sah sich zudem starkem Druck durch die föderalistischen Kräfte ausgesetzt. Die Gründung der Bayerischen Volkspartei unter Georg Heim und die Auflösung der Fraktionsgemeinschaft 1922 sollten für die innenpolitische Entwicklung der Weimarer Republik folgenreich werden. Zugleich gab es breite Gruppen innerhalb des rheinischen Zentrums, welche die Bestrebungen zur Gründung einer Rheinisch-Westfälischen Republik und eine Loslösung von

Preußen mit Sympathie verfolgten. Erst 1920 setzte sich die für die Stärkung der Reichseinheit und zugleich für den Fortbestand Preußens eintretende Richtung im Zentrum endgültig durch. Dies war weniger ein Erfolg Erzbergers, dessen Ansehen in der Reichspartei im Zusammenhang mit dem Prozeß gegen Karl Helfferich auf einem Tiefpunkt anlangte, als vielmehr ein Resultat der praktischen Koalitionspolitik im Reich und in Preußen, wo im März 1919 ein Kabinett der Weimarer Koalition an die Stelle des seit Januar amtierenden mehrheitssozialdemokratischen Rumpfkabinetts trat. Als Regierungspartei gelang es der Zentrumspartei, zu innerparteilich freilich nach wie vor umkämpften Kompromissen in der Schulpolitik zu kommen. Sie erreichte, daß die Bekenntnisschule auf dem Umweg über das Elternrecht einen festen Platz im öffentlichen Schulwesen behielt, wenngleich die Simultanschule den Regelfall bildete. Durch das Ausscheiden der DDP aus dem Reichskabinett über die Frage der Unterzeichnung des Versailler Friedensvertrags gewann das Zentrum seine parlamentarische Schlüsselstellung zurück, die es erfolgreich auszunutzen verstand. Allerdings blieb eine beachtliche Kritik der eigenen Anhängerschaft am Eintritt in die Weimarer Koalition, der in Anbetracht der scharfen Frontstellung gegen die Sozialdemokratie in den Januarwahlen überraschen mußte.

Die inneren Gegensätze in der Zentrumspartei, die mit der ausgeprägten Interessensegmentierung, insbesondere zwischen den bäuerlichen und mittelständischen Gruppen einerseits und dem Arbeitnehmerflügel andererseits, zusammenhingen, wurden durch die innenpolitische Zerreißprobe des Kapp-Putsches und seiner Folgen noch verstärkt. Die Hinwendung rechtsstehender Zentrumsanhänger zur DNVP und die Tendenz zur Bildung von Sonderbünden bewirkten einen begrenzten Stimmenrückgang in den Juniwahlen von 1920. Gleichwohl behauptete sich der Parteiapparat gegen den im November 1920 von Adam Stegerwald unternommenen Versuch, gestützt auf die christlichen Gewerkschaften eine breite christlich-soziale Volksbewegung zu schaffen, die eine generelle Umbildung des Parteiensystems einleiten sollte. Die Essener Rede Adam Stegerwalds verknüpfte republikanisch-soziale mit berufsständischen Zielsetzungen und bedeutete indirekt eine Wendung gegen das parlamentarische System. Wäre die Initiative Stegerwalds und Brauns' bereits im November 1918 unternommen worden, hätte sie das Parteiensystem verändern können; so aber präludierte sie nur die bürgerlichen Sammlungsparolen der Spätphase der Weimarer Republik.

Der einzige Ansatz zu einer Neuformierung des bürgerlichen Parteienfeldes bestand in der von Theodor Wolff, dem Herausgeber des »Berliner Tageblatts«, und Alfred Weber, dem jüngeren Bruder Max Webers, am 15. November 1918 ergriffenen Initiative zur Gründung der Deutschen Demokratischen Partei, die sich zum Ziel setzte, eine breite Sammlungsbewegung des fortschrittlichen Bürgertums unter Einbeziehung von Teilen der Arbeiterschaft ins Leben zu rufen. Während die Fortschrittliche Volkspartei und die übrigen linksliberalen Splittergruppen sich diesem Schritt ohne weiteres anschlossen, war die Haltung der Nationalliberalen Partei geteilt. Gustav Stresemann, Vorsitzender der nationalliberalen Reichstagsfraktion, stand der sich nach links öffnenden Parteigründung von vornherein reserviert gegenüber. Hingegen sprach sich Robert Friedberg, der Vorsitzende der Nationalliberalen, für die Schaffung einer Einheitsfront des liberalen und demokratischen Bürgertums aus.

Auch wenn Stresemann nicht wegen seines exponierten Eintretens für die annexionistische Kriegszielpolitik der Rechten eine Führungsposition mit der Begründung verweigert worden wäre, die neue Partei nicht mit dem Erbe des wilhelminischen Nationalismus zu belasten, hätten die starken sachlichen und personellen Spannungen die Schaffung einer einheitlichen Partei des liberalen Bürgertums, wie sie sich vorübergehend abzeichnete, nachhaltig in Frage gestellt. Während Stresemann durch den »Staatsstreich« der Linksliberalen auf den Weg einer isolierten Parteigründung gedrängt wurde, setzte sich der nationalliberale Flügel gegenüber dem Gründerkreis der DDP fast vollständig durch. Es war symptomatisch, daß Theodor Wolff, Alfred Weber, der linksliberale Pazifist Hellmuth von Gerlach und Georg Bernhard, der Herausgeber der »Vossischen Zeitung«, bereits frühzeitig aus der Partei hinausgedrängt wurden oder sie verbittert wieder verließen. Unter der Führung Friedrich Naumanns, dessen Wahl vom Parteitag gegen die Vorschläge des Apparats durchgesetzt wurde, steuerte die DDP einen vorwiegend auf nationale Integration gerichteten Kurs, der sich nach Naumanns Tod im August 1919 unter dem Einfluß des Hamburger Bürgermeisters Carl Petersen und Erich Koch-Wesers verstärkte.

Mit 18,5 Prozent der Stimmen schnitt die DDP bei den Wahlen zur Nationalversammlung am 19. Januar 1919 unerwartet gut ab. Das war vor allem darauf zurückzuführen, daß die Partei als die einzige Kraft galt, die sowohl eine rein sozialistische Mehrheit zu verhindern fähig war als auch einen politischen Neuanfang zu verbürgen schien. Im Verfassungsgebungsprozeß vermochte die DDP, nicht zuletzt aufgrund ihres Einflusses, den sie durch Hugo Preuß ausübte, eine wichtige Rolle zu spielen. Für ihren Versuch, nationale Gesichtspunkte für die innerparteiliche Integration einzusetzen, war es bezeichnend, daß sie sich in der Frage der Reichsfarben nicht zu einer einheitlichen Stellung durchringen konnte. Zwischen den Verfechtern einer betont liberalen Wirtschaftspolitik, die im Kabinett im Zusammenwirken mit den Freien Gewerkschaften die Gemeinwirtschaftspläne Wissells konsequent abblockten, und den Anhängern einer entschiedenen Politik sozialer Reformen ließ sich ebenfalls keine Einigkeit herstellen. Nicht anders verhielt es sich zwischen den international-pazifistisch eingestellten Vertretern des linken Flügels und dem Gros der Partei, das der Linie einer nationalen Protestpolitik folgte, wie sie der der DDP nahestehende Außenminister Ulrich Graf von Brockdorff-Rantzau verfocht.

Daß es der DDP nicht gelang, die Interessengegensätze zwischen den mittelständischen und den großindustriellen Gruppen auszugleichen, vermag den empfindlichen Stimmenrückgang in den Juniwahlen von 1920 auf 8,4 Prozent nur begrenzt zu erklären. Die Hoffnungen, die breite Bevölkerungskreise auch im Hinblick auf Wilsons Zusicherungen in den Übergang zur Demokratie gesetzt hatten, waren inzwischen tiefgreifender Enttäuschung gewichen. Auch innerhalb der DDP begann sich, was anläßlich des Kapp-Putsches offenkundig werden sollte, eine Neigung zur Anlehnung an autoritäre Traditionen durchzusetzen, welche die Glaubwürdigkeit ihrer programmatischen Aussage, eine neue »Volksgemeinschaft« schaffen zu wollen, beeinträchtigte. Selbst wenn es gelungen wäre, der Partei ein stärkeres Profil in Anbetracht der auf sie einwirkenden gegensätzlichen Verbandsinteressen zu verschaffen, hätte sie die Abwanderung der bürgerlichen Wähler zur rechten Mitte und zur Rechten, wie sie sich nun aus den spürbar werdenden wirtschaftlichen Kriegsfolgen ergab, nicht verhindern können.

Die von Stresemann aus den Resten des nationalliberalen Parteiapparats gebildete Deutsche Volkspartei sollte sich vorübergehend als Sammelbecken des bürgerlichen Mittelstandes bewähren, obwohl sie in den Wahlen zur Nationalversammlung infolge ihrer verhältnismäßig späten organisatorischen Konsolidierung nur 4,4 Prozent der Stimmen auf sich vereinigte. Die als Repräsentant der bürgerlichen Mitte auftretende Partei nutzte die Chance, die darin lag, daß sich die Interessenverbände des »neuen« Mittelstandes, darunter die Mehrheit der im November 1918 im Deutschen Beamtenbund zusammengeschlossenen Beamtenverbände, innerhalb der DDP, in der Akademiker und freie Berufe einen relativ großen Einfluß besaßen, nicht hinreichend vertreten sahen. Angesichts der Defensive, in der sich das großindustrielle Unternehmertum während der Revolutionsphase befand, traten die Interessengegensätze zwischen ihm und dem Mittelstand in der DVP erst mit einer gewissen Verzögerung zutage. Stresemanns energische und zielbewußte Führung vermochte den Eindruck einer größeren Geschlossenheit zu vermitteln, als das bei der von programmatischen Gegensätzen geprägten DDP der Fall war. Schon in den Juniwahlen 1920 konnte die DVP den linksliberalen Rivalen überflügeln und mit 14 Prozent der Stimmen den Stand der Nationalliberalen Partei von 1912 erreichen. Es sollte sich indessen zeigen, daß es der DVP, die im Juni 1920 von der allgemeinen Wählerwanderung nach rechts profitierte, ebensowenig gelang, eine stabile Wähler- und Mitgliederbasis aufzubauen und damit dem Erosionsprozeß wirksam zu begegnen, der die liberale Mitte in zunehmendem Maße erfaßte.

Abgesehen von dem formellen Bekenntnis zur Restauration der Hohenzollern-Monarchie fiel die Begründung, mit der die DVP die Weimarer Reichsverfassung in der Schlußabstimmung vom 31. Juli 1919 ablehnte, wenig überzeugend aus, zumal die Partei sich alsbald bereit erklärte, im Rahmen der Verfassung loyal mitzuarbeiten. Taktisch erwies sich diese Rücksichtnahme auf den rechten Flügel der ehemaligen Nationalliberalen angesichts der von Stresemann verfolgten Strategie, möglichst bald in die Regierung einzutreten, als nachteilig; das Odium, die republikanische Ordnung beseitigen zu wollen, blieb haften. Eine frühzeitige Abgrenzung von der zu rückhaltloser Opposition entschlossenen DNVP wurde von Stresemann vermieden, obwohl er an der im Kern liberalen Orientierung seiner Partei festhielt. Sie hinderte ihn nicht, Kontakte mit der konservativen Fronde in der Reichswehr zu pflegen, um die DVP aus der politischen Isolierung herauszubringen, und den Versuch zu machen, aus dem Kapp-Putsch, der ohne sein Zutun zustande kam, politischen Gewinn zu schlagen. Stresemanns taktisches Zusammengehen mit offenkundigen Gegnern der Republik hat das Mißtrauen der Parteien der Weimarer Koalition gegenüber der DVP gestärkt und dazu beigetragen, daß sie erst 1923 aus der parlamentarischen Isolierung heraustrat.

In Anbetracht der Schwäche des demokratischen Elements in den bürgerlichen Parteien waren die Hoffnungen, die Friedrich Naumann und die linksliberalen Initiatoren der DDP auf den von ihnen erstrebten Zusammenschluß des politischen Liberalismus gesetzt hatten, wenig realistisch. Die selbständige Existenz der DVP als liberale Mittelpartei hat immerhin verhindert, daß sich die Deutschnationale Volkspartei als stärkste bürgerliche Kraft innerhalb des Weimarer Parteiensystems etablieren konnte. Die DNVP fungierte als Hort der konservativen Parteien des Kaiserreiches und wies eine unverkennbare personalpolitische Kontinuität zur Deutschen Vaterlandspartei auf. Im Unterschied zu den liberalen Parteien vermochte sie eine relativ stabile verbandspolitische Abstützung herzustellen. Hierzu zählten in erster Linie der Reichslandbund, der als größte agrarische Interessenorganisation unter dem maßgebenden Einfluß des ostelbischen Großgrundbesitzes stand, ferner der Alldeutsche Verband, der sich in Gestalt des Deutschvölkischen Schutz- und Trutzbundes eine populistische Nebenorganisation schuf, und der Deutschnationale Handlungsgehilfenverband, der ausgedehnte Querverbindungen sowohl zur neokonservativen Ringbewegung als auch zu den völkischen Gruppierungen unterhielt und daher eine Schlüsselfunktion im rechtsbürgerlichen Verbandswesen einnahm. Der Arbeitnehmerflügel blieb demgegenüber schwach. Die Schwerindustrie war durch einzelne Repräsentanten vertreten, tendierte jedoch überwiegend dazu, die DVP zu unterstützen. Schon bei der Parteigründung spielte Alfred Hugenberg als Verwalter der Industriegelder eine große Rolle. Indessen scheiterte die von ihm verfolgte Linie, die DVP an die DNVP heranzuführen, nicht zuletzt am Widerstand Stresemanns. Von vornherein war die Werbung für den Eintritt des liberalen Bürgertums nur ein taktisches Motiv; die betont konservativ-nationale Führungsgruppe behielt das Heft in der Hand.

In der Polemik gegen die demokratische Republik legte sich die DNVP keine

Zügel an. Sie zögerte zunächst nicht, den radikalen völkischen Gruppen maßgebenden Einfluß auf ihr Programm einzuräumen, in dem von der Bekämpfung »der Vorherrschaft des Judentums in Regierung und Öffentlichkeit« die Rede war. Die rassenpolitische Zuspitzung des völkischen Antisemitismus stieß auf den Widerstand der sonst antisemitischer Agitation gewogenen Altkonservativen, die für die Salonfähigkeit der Partei fürchteten. Dies führte nach 1922 zur Abspaltung der völkischen Gruppen, während die Querverbindungen zum Alldeutschen Verband bestehen blieben. Die scharf antisozialistische und nach dem Bekanntwerden der Friedensbedingungen extrem revisionistische Ausrichtung der Partei machte sie zum Sprachrohr der erklärten Gegner der Republik. Die DNVP erhob die Dolchstoßlegende zum zentralen Agitationsmittel gegen die Linksparteien. Die Partei sympathisierte offen mit Kapp und Lüttwitz, die deren verfassungspolitische Forderungen übernahmen, und es bestand eine virtuelle Identität mit den Anhängern des Putsches vom März 1920.

In den Wahlen zur Nationalversammlung errang die DNVP 10,3 Prozent der Stimmen, blieb also klar hinter der DDP zurück, wobei sie unter dem Parteivorsitz von Oskar Hergt zunächst Repräsentanten des gemäßigten Flügels herausstellte. Als konsequente Gegnerin des Versailler Friedensvertrags konnte sie ihre Stellung in den Juniwahlen auf 15 Prozent der Stimmen ausbauen. Bemerkenswert war, daß die Deutschnationalen in ihren agrarischen Hochburgen Stimmenverluste hinnehmen mußten, die zum Teil auf den quantitativen Rückgang der im landwirtschaftlichen Sektor Beschäftigten beruhten, daß sie aber diese Verluste durch einen beträchtlichen Zugewinn an großstädtischen Wählern kompensierten. Dies zeigte, daß die Gegner der Republik nicht allein in den sozialen Residuen anzutreffen waren, sondern daß sie sich auch aus den Angehörigen des neuen Mittelstandes und der sozial aufgestiegenen Arbeitnehmergruppen rekrutierten.

Die deutsche Revolution hatte die Parteienlandschaft des Kaiserreiches nur äußerlich verändert. Dort, wo sich Verschiebungen im Wählerverhalten abzeichneten, entsprangen sie langfristig bedingten sozialen Umschichtungsprozessen. Die mit der Weimarer Reichsverfassung eingeleitete Entwicklung zu einer liberal-parlamentarischen Regierungsform mit sozialistischen Einschlägen blieb im Licht der Wählermentalität eine Episode. Denn bereits vor den Wahlen vom 19. Januar 1919 neigten sich die Sympathien der Wähler gegen MSPD und DDP, die bei einem früheren Wahlgang besser abgeschnitten hätten. Die Forderung der USPD, die Wahlen bis zu einer vollzogenen gesellschaftlichen Umgestaltung hinauszuschieben, scheint durch diese Feststellung widerlegt zu sein. Gleichwohl hätte ein Aufschub der Wahlen eine Neuformierung des Parteiensystems erleichtert und insbesondere den im Ansatz erstickten Austausch der parlamentarischen Führungsgruppen ermöglicht.

Die Zusammensetzung des Kabinetts Scheidemann zeigt, wie stark die entstehende Republik an der Kontinuität des Interfraktionellen Ausschusses festhielt. Die Hälfte der Kabinettsmitglieder hatte bereits der Regierung des Prinzen Max von Baden angehört und die Mehrheit Regierungsämter im Rat der Volksbeauftragten innegehabt. Bei der Wahl Friedrich Eberts zum Reichspräsidenten trat die personelle Identität der politischen Führungsgruppe am deutlichsten in Erscheinung. Wie immer man Eberts Rolle in der Phase der Revolution beurteilt – er stellte in der MSPD die stärkste und zu entschlossenem Handeln fähige Kraft dar, während Reichsministerpräsident Philipp Scheidemann als Regierungschef eigentümlich blaß wirkte; durch seine Begabung, die vorherrschende Stimmung nicht nur in der Arbeiterschaft zu erfassen, hatte er eine wichtige Korrektivfunktion gegenüber der durch vergleichsweise starre Prioritätensetzungen bestimmten Politik Eberts wahrgenommen. Er trat mehr durch Konzilianz und die Fähigkeit zu vermitteln als durch politischen Gestaltungswillen hervor.

Eberts auffällige Zurückhaltung während der kritischen Phase der Republik im Frühjahr 1919 steht in deutlichem Kontrast zu der Energie, die er als Vorsitzender des Rates der Volksbeauftragten bewiesen hatte. Man wird dies mit der persönlichen Überforderung seit dem Sommer 1918, aber auch mit seiner legalistischen Grundeinstellung in Verbindung bringen, aus der heraus er der auslaufenden Protestbewegung der Arbeiterschaft jedes Verständnis versagte. In den entscheidenden Fragen der Friedensverhandlungen, die nicht nur die Existenz des Kabinetts, sondern auch den Fortbestand des Reiches betrafen, fand man ihn wieder auf seinem Posten. Es spricht manches dafür, daß Ebert die machtpolitischen Möglichkeiten des Präsidentenamts überschätzt hat.

Für die junge Republik war es sicherlich von Vorteil, daß Ebert, der sich bei der konservativen Beamtenschaft und der Reichswehr beträchtliche Sympathien erworben hatte, während die MSPD sichtlich von ihm abrückte, die Parteiführung abgab. Aber seine strikt durchgehaltene überparteiliche Amtsführung und seine Bereitschaft, Noske und der entstehenden Reichswehr vorbehaltlose Unterstützung für die Niederschlagung der anhaltenden linksradikalen Protestbewegungen zu gewähren, verhinderten nicht, daß er alsbald zur Zielscheibe der zügellosen und beleidigenden Angriffe durch die Rechtsparteien wurde. Schon im Spätherbst 1919 traten DNVP und DVP an Hindenburg heran und zogen das Präsidentenamt in den Parteienstreit, indem sie die Volkswahl des Reichspräsidenten verlangten. Dies machte es den Koalitionsparteien unmöglich, die Wahl des Reichspräsidenten durch das Parlament verfassungsrechtlich abzusichern.

Anläßlich der Reichspräsidentenwahl hatte Friedrich Ebert ein eindrucksvolles Bekenntnis zum demokratischen Rechtsstaat abgelegt. »Freiheit und Recht«, so führte er vor der Nationalversammlung aus, »sind Zwillingsbrüder. Die Freiheit kann sich nur in fester staatlicher Ordnung entfalten.« Darin klang an, daß für ihn die Konsolidierung der Republik mit der Wiederherstellung der staatlichen Autorität zusammenfiel. Im Juni 1919 sprach er in einem Brief an

Scheidemann rückblickend von der gemeinsamen »Zeit des Zweifrontenkrieges, der schwersten Bedrängnis nach außen und im Innern«. Dieses Urteil über die Revolutionsphase machte deutlich, daß das neubegründete Staatswesen in einer nicht nur staatsrechtlichen, sondern auch politisch-strukturellen Kontinuität zum deutschen Nationalstaat des Kaiserreiches stand. Das kam äußerlich darin zum Ausdruck, daß sich die politischen Führungsgruppen des ausgehenden Kaiserreiches mit wenigen Ausnahmen in ihren Stellungen behauptet hatten, daß das Personal der obersten Reichs- und Länderbehörden nicht ausgewechselt wurde, daß das Parteiensystem in wesentlichen Zügen bestehen blieb und daß ein Elitenaustausch kaum stattfand.

Wegen der unmittelbaren wirtschaftlichen Folgen des Krieges, die sich vor allem im Mangel an Kohle und Düngemitteln, in der katastrophalen Ernährungslage, in der fortschreitenden Inflation und strukturellen Arbeitslosigkeit niederschlugen, hielt die mehrheitssozialistische Führung tiefere Eingriffe in die gesellschaftliche Verfassung und damit eine revolutionäre Umwälzung für schlechterdings unverantwortlich. Sie stellte die Notwendigkeit, zunächst das Wirtschaftsleben wieder in Gang zu bringen, in zahllosen Appellen an die Bevölkerung immer wieder heraus. Die bürgerliche Republik von Weimar entstand aus einer doppelten Defensive: gegen die Gefahr eines Zerfalls der Reichseinheit und einer angeblichen »Bolschewisierung« Deutschlands. Die Sozialdemokratie betrachtete den Verfassungsgebungsprozeß als einen erfolgreichen Kompromiß mit den bürgerlichen Kräften. Die Notwendigkeit der Verständigung mit den bürgerlichen Parteien enthob sie der Aufgabe, eine entschiedene sozialistische Umgestaltung einzuleiten, der sie auch unter außenpolitischen Gesichtspunkten wenig Chancen einräumte.

All dies hatte zur Folge, daß es dem republikanischen Staatswesen von vornherein an politischem Selbstbewußtsein mangelte. Auch bei den Linksliberalen gab es keinen Gambetta der bürgerlich-demokratischen Republik. Insofern waren nicht nur die früheren Monarchisten, die sich auf den Boden der Weimarer Verfassung stellten, »Vernunftrepublikaner«. Es war nicht allein die Geburt aus der Niederlage, die das Einleben der parlamentarischen Demokratie in Deutschland nachhaltig erschweren sollte. Selbst ihre Repräsentanten standen der neuen Staatsordnung zwiespältig gegenüber. Außer vereinzelten linksliberalen Publizisten wie Georg Bernhard und Theodor Wolff gab es kaum jemanden, der sie vorbehaltlos verteidigte. Wo eine Vision fehlte, setzte sich der Druck der Interessen durch. Auch wenn dies in gewissem Umfang unvermeidlich war, mußte der nüchterne republikanische Alltag die im »Traumland der Waffenstillstandsperiode« emporgeschossenen Erwartungshaltungen hinsichtlich eines wirklichen Neubeginns bitter enttäuschen.

Am deutlichsten trat die Rückwärtsgewandtheit der Weimarer Republik in ihrer Hilflosigkeit hervor, mit den für die Weltkriegskatastrophe verantwortlichen kaiserlichen Politikern und Militärs abzurechnen. Während Sozialisten des linken Flügels wie Eisner, Kautsky und Bernstein eine rücksichtslose Offenlegung der Verantwortung der deutschen Diplomatie und der militärischen Führung für die Katastrophe des Weltkrieges anstrebten, wurde das vom Rat der Volksbeauftragten unter dem Einfluß des Auswärtigen Amtes abgelehnt, da man davon eine Schwächung der deutschen Position in den bevorstehenden Friedensverhandlungen befürchtete. In Vorwegnahme des alliierten Kriegsschuldvorwurfs war Graf von Brockdorff-Rantzau vielmehr darum bemüht, eine spezifische deutsche Verantwortlichkeit für den Kriegsausbruch zu leugnen und eine klare Distanzierung von den Repräsentanten des Kaiserreiches zu unterbinden. Sicherlich bestanden wenig Chancen, durch eine eindeutige Abkehr vom deutschen Vorkriegs- und Kriegsimperialismus, wie sie Eisner nach dem Vorbild Lenins versuchte, die intransigente Haltung der Alliierten nennenswert zu mildern, obgleich ein solches Vorgehen es der französischen Politik erschwert haben würde, an ihren außenpolitischen Maximalforderungen mit gleicher Zähigkeit festzuhalten.

Wichtiger waren die innenpolitischen Folgen. Brockdorff-Rantzau und das Auswärtige Amt stützten die deutsche Verteidigungsposition in den bevorstehenden Friedensverhandlungen auf die angeblichen Wilsonschen Garantien ab und waren bemüht, durch entsprechende Propaganda eine breite Protestbewegung aufzubauen. Die deutsche Öffentlichkeit war daher auf die alliierten Friedensbedingungen, die der deutschen Delegation in Versailles am 7. Mai 1919 übergeben wurden, in keiner Weise vorbereitet, obwohl die im Zusammenhang mit der mehrfachen Fristverlängerung kontinuierlich verschärften Waffenstillstandsbedingungen deutlich erkennen ließen, daß die Hoffnung, unter Berufung auf die Wilsonschen »Vierzehn Punkte« einen erträglichen Frieden zu erreichen, gegenstandslos geworden war. Matthias Erzberger, der sich als Leiter der deutschen Waffenstillstandskommission über die sich abzeichnenden harten Friedensbedingungen frühzeitig im klaren war und durch eigenständige diplomatische Kontakte mit Vertretern der Alliierten begrenzte Konzessionen zu erreichen suchte, drängte ergebnislos darauf, daß sich das Reichskabinett rechtzeitig entschied, wie es auf die bevorstehenden Friedensbedingungen reagieren wollte, statt dem Außenminister Graf von Brockdorff-Rantzau und den Fachleuten der deutschen Friedensdelegation freie Hand zu lassen. Der unter der Einwirkung Erzbergers entstehende Streit über Verfahrensfragen, der zu scharfen Spannungen zwischen Kabinett und Friedensdelegation führen sollte, verdeckte den Mangel an klaren politischen Optionen.

Die Frage, ob die von Brockdorff-Rantzau verfolgte außenpolitische Taktik unter den gegebenen Bedingungen sinnvoll war, ob ferner Erzbergers eigenwillige diplomatische Alleingänge der deutschen Sache geschadet haben, da die Alliierten daraus den Eindruck gewannen, daß die Reichsregierung das Friedenswerk letztlich doch unterzeichnen werde, ist schwerlich eindeutig zu entscheiden. Jedenfalls stand Erzberger mit der Überzeugung, daß kein Weg an der Unterzeichnung vorbeigehe, zunächst fast völlig allein. Nur die USPD war entschlossen, die Unterzeichnung zu vollziehen, was ihr aus der Perspektive umfassender revolutionärer Veränderungen leichter fiel als der in ausgeprägt nationalen Kategorien befangenen MSPD-Führung. Der Gedanke, eine breite nationale Protestbewegung zu entfachen, war von Anfang an Bestandteil der Strategie Brockdorff-Rantzaus, der es auf einen Bruch mit den Alliierten ankommen lassen wollte. Die Reichsregierung unterwarf sich trotz erheblicher Vorbehalte dessen politischem Kalkül. Dies erklärt, warum sich Scheidemann am 12. Mai anläßlich der Tagung der Nationalversammlung in der Berliner Universität zu der zugespitzten Formulierung hinreißen ließ, daß die Hand verdorren müsse, die sich zur Vertragsunterzeichnung bereit finde.

Für realistische Beobachter, zu denen Erzberger gehörte, bestand kein Zweifel, daß die Flucht in die öffentliche Meinung, wie sie die Reichsregierung vollzog, ein fataler Irrweg war. Ein aktiver Widerstand erwies sich als gänzlich undurchführbar, weil die große Mehrheit der Bevölkerung keinerlei Bereitschaft zeigte, im Falle einer Nichtunterzeichnung eine Wiederaufnahme der Kampfhandlungen angesichts der entschlossenen Haltung des Marschalls Foch mitzutragen. Insbesondere die Bewohner der Grenzgebiete im Westen waren für ein solches Risiko nicht zu gewinnen. Gleichwohl gab sich Brockdorff-Rantzau der Illusion hin, daß neutrale Mächte sich einer militärischen Intervention durch die Westmächte widersetzen und Deutschland damit einen Spielraum für Verhandlungen verschaffen würden.

Die öffentliche Erklärung in der Berliner Aula, daß die Friedensbedingungen »unannehmbar« seien, brachte das Kabinett Scheidemann in eine ausweglose Situation. Denn anstatt der erwarteten langwierigen Verhandlungen erhielt die deutsche Seite nur die knapp bemessene Frist von zwei Wochen für schriftliche Stellungnahmen. Die nach einem fragwürdigen Notenbombardement an die Entente schließlich am 29. Mai unterbreiteten deutschen Gegenvorschläge wurden entgegen den Hoffnungen Brockdorff-Rantzaus unverzüglich zurückgewiesen, mit Ausnahme des Lloyd George zu verdankenden Entgegenkommens in der oberschlesischen Frage, das anstelle der sofortigen Abtretung eine vorherige Volksabstimmung vorsah. Der deutschen Regierung verblieben lediglich fünf Tage, um sich dem Vertrag zu fügen; andernfalls drohte die Entente, die Besetzung des Reichsgebiets einzuleiten. Wegen der Kabinettskrise wurde das Ultimatum von den Alliierten schließlich um achtundvierzig Stunden verlängert.

Brockdorff-Rantzau und die Mitglieder der Friedensdelegation plädierten nachdrücklich für die Ablehnung des Vertrags und gaben sich der zweifelhaften Hoffnung hin, die Alliierten spalten zu können. Im Reichskabinett war die Meinung geteilt. Die DDP-Minister und einige Sozialdemokraten waren nicht bereit, die politische Verantwortung für die Unterzeichnung des Vertrags zu übernehmen. Indessen wich die Welle der nationalen Empörung, die mit Zutun Brockdorff-Rantzaus die deutsche Öffentlichkeit in den Maiwochen erfaßt hatte, einer zunehmenden Ernüchterung und Resignation. Es stellte sich heraus, daß aus innenpolitischen wie aus militärischen Gründen offener Widerstand gegen einen Einmarsch der Alliierten ausgeschlossen war.

Im Vorfeld der Friedensverhandlungen legte die Reichswehrführung gegen die Herabsetzung der deutschen Truppenstärke auf 100.000 Mann, die von deutscher Seite der Entente um erhoffter territorialer Konzessionen willen angeboten werden sollte, schärfsten Protest ein. Doch die Reichsregierung, einschließlich des Reichswehrministers, war darüber hinweggegangen. Ohne Billigung der Regierung hatte eine Umfrage bei den Militärbefehlshabern stattgefunden, welche die Chancen eines militärischen Widerstands prüfen sollte. Das Ergebnis fiel eindeutig negativ aus. Es bestand allenfalls die Möglichkeit, ein Widerstandszentrum im Osten aufzubauen; ein Schutz des westlichen Reichsgebiets war undenkbar. Trotzdem glaubte der Chef der Heeresleitung, Oberst Walther Reinhardt, in einer Konferenz der führenden Militärs mit den Mitgliedern der Regierung am 19. Juni, sich gegen die Annahme des Friedensvertrags und für begrenzten militärischen Widerstand mit dem Risiko einer einstweiligen Abtrennung der Ostgebiete vom Reich aussprechen zu sollen. Dies traf auf den Widerspruch Groeners, der militärische Aktionen ablehnte, die den Zerfall des Reiches nach sich ziehen und innere Unruhen auslösen, damit dem »Bolschewismus« entgegenarbeiten würden. Hindenburgs am 23. Juni eingeholtes schriftliches Votum erwies sich als wenig hilfreich; er hielt militärische Operationen für aussichtslos, schloß aber mit der zweifelhaften Wendung, daß er »als Soldat den ehrenvollen Untergang einem schmählichen Frieden vorziehen« müsse.

Damit war ein Hauptargument gegen die Unterzeichnung des Friedensvertrags, daß die Militärs sich ihr nicht fügen würden, vom Tisch. Trotzdem entschloß sich die DDP, aus der sich bildenden Unterzeichnerfront auszuscheren. Die von ihr für eine Zustimmung gestellten Bedingungen, die im Kabinett kontrovers aufgenommen wurden, fanden noch Eingang in den Entwurf einer an die Alliierten gerichteten Note, die andertags, aufgrund eines Einspruchs des MSPD-Fraktionsvorstandes, glücklicherweise nicht mehr abgesandt wurde. In der Tat hätte sie den von Marschall Foch sehnlichst erhofften Bruch herbeigeführt. Angesichts der Uneinigkeit des Kabinetts sah Reichsministerpräsident Scheidemann nur die Möglichkeit zurückzutreten, was in der Nacht des 19. Juni erfolgte. In fieberhaften Verhandlungen war Ebert bemüht, ein handlungsfähiges Kabinett zu bilden. Sowohl Hermann Müller als auch Eduard David lehnten in Anbetracht der ausweglos erscheinenden Situation eine Übernahme des Kanzleramtes ab, so daß der Reichspräsident schließlich den Gewerkschaftsführer Gustav Bauer mit der Bildung eines Rumpfkabinetts aus Zentrum und MSPD betraute. Während die DDP auf der Erfüllung ihrer am Vortag geforderten Vertragsänderungen bestand, rangen sich die Fraktionen der MSPD und der Zentrumspartei, letztere gegen große innere Widerstände, zu einer bedingten Unterzeichnung durch, zumal auch die Länderregierungen eine Wiederaufnahme der Kampfhandlungen ablehnten.

Matthias Erzberger, Finanzminister im neuen Kabinett, hatte schon zuvor als Ausweg ins Auge gefaßt, dem Vertrag mit Ausnahme der Paragraphen 227 bis 231 zuzustimmen, ohne bei seinen französischen Gewährsleuten eine Zusicherung zu erhalten, daß die Entente darauf eingehen würde. Die Auslieferung des Kaisers und der wegen Kriegsverbrechen beschuldigten Offiziere und Beamten sowie die Festlegung der deutschen juristischen Verantwortung für den Kriegsausbruch wurden in der breiten Öffentlichkeit und namentlich in Kreisen des Offizierskorps als moralische Ehrenpunkte betrachtet. Die Reichswehrführung schickte sich an, mittels der »Aktion Ferienkind« die beschuldigten Offiziere dem Zugriff der Alliierten zu entziehen.

Die einseitige Ausrichtung der öffentlichen Debatte auf diese Prestigefragen zeigte, daß die Tragweite der territorialen Abtretungen und wirtschaftlichen Belastungen der Friedensbedingungen nur unzureichend erfaßt worden war und die Wahrung der »nationalen Ehre« einseitig in den Vordergrund rückte. Erzberger, der nationalem Prestigedenken fernstand, vermochte die widerstrebende Zentrumsfraktion auf die bedingte Unterzeichnung festzulegen, während die DDP überwiegend ablehnend blieb. Am 22. Juni bevollmächtigte die Nationalversammlung unter dem Druck des ablaufenden Ultimatums die Reichsregierung mit 237 gegen 138 Stimmen, den Vertrag zu unterzeichnen, ohne die Ausklammerung der Auslieferungs- und Kriegsschuld-Klauseln zu erwähnen, die vom Rat der vier Großmächte sofort zurückgewiesen wurde. Um eine neuerliche Abstimmung zu umgehen, regte die DVP an, die der Regierung eingeräumte Ermächtigung auch für die unbedingte Unterzeichnung gelten zu lassen. Die Oppositionsparteien erklärten, daß die Zustimmung aus »vaterländischer Gesinnung und Überzeugung« erfolgt sei, was die DNVP nicht hinderte, alsbald eine Hetzkampagne gegen Erzberger und die Sozialdemokratie zu entfesseln.

Bereits in der ersten großen Belastungsprobe, der Haltung zum Friedensvertrag, war die Weimarer Koalition zerbrochen und hatte sich die Nationalversammlung ihrer parlamentarischen Souveränität begeben. DDP und DVP folgten dem taktischen Kalkül, daß sich letzten Endes eine Mehrheit finden würde; sie nahmen ihr Votum gegen die Vertragsunterzeichnung zum Anlaß, die bürgerliche Mitte als Garanten der »nationalen Zukunft« Deutschlands hinzustellen. Der Rückzug aus der parlamentarischen Verantwortung hatte bereits begonnen, bevor der Friedensschluß eine positive Rekonstruktionspolitik erlaubte.

Auch bei der Sozialdemokratie verstärkte sich der Unwille, immer wieder unpopuläre Verantwortung tragen zu müssen. Noch überwog das Selbstbewußtsein, »Staatspartei der Republik« zu sein. Aber das sollte sich rasch ändern. Nach den Reichstagswahlen vom 6. Juni 1920 drängte die Partei, zumal die USPD ein Koalitionsangebot erneut ablehnte, aus der Regierung. Im »Vorwärts« war zu lesen, sie habe auf die Nachricht, in die Opposition zu gehen, mit einem »Freudensprung« reagiert. Im Oktober 1920 beschloß der Kasseler Parteitag, daß die Partei nur dann in die Reichsregierung eintreten werde, wenn die »Interessen des Proletariats« dies zwingend erforderten. Schon zuvor legte man fest, daß Regierungsmitglieder nicht gleichzeitig Führungspositionen in der Partei einnehmen dürften, angeblich um deren taktischen Bewegungsspielraum nicht zu beschränken. Die Desillusionierung über die Friedensbedingungen, die man durch die Schaffung der demokratischen Republik mildern zu können geglaubt hatte, begann auch deren politische Grundlagen zu unterhöhlen.

Die Unterzeichnung des Friedensvertrags am 28. Juni 1919 im Spiegelsaal von Versailles und dessen Inkrafttreten am 10. Januar 1920 änderten nichts an der illusionären Erwartung, ihn durch passive Nichterfüllung unterlaufen zu können. Das formelle Ende des Kriegszustands bedeutete nicht, daß eine Gesinnung des Friedens und des Friedenswillens die Oberhand gewann. Die Nation verdrängte die Erkenntnis, daß der Weltkrieg verlorengegangen war. Der Friede war ihr von den Alliierten aufgezwungen worden, es war nicht ihr Friede. Das schlimme Wort vom »Diktat« machte die Runde.

Auf die Angriffe der nationalistischen Rechten, die Erzberger als Urheber der Friedensresolution und als Verantwortlichen für die Waffenstillstandsverhandlungen und die Unterzeichnung des Friedensvertrags zum Hauptschuldigen an Deutschlands Katastrophe erklärten, hatte er mit dem Hinweis auf Kerenskij reagiert, der sich 1917 nicht zum bedingungslosen Frieden hatte durchringen können und daher stürzte. Im Grunde galt dies auch für die Weimarer Republik, wenngleich in verändertem Sinne. Sie trat in einer Phase des latenten Kriegszustands ins Leben. Der parlamentarische Untersuchungsausschuß, der anstelle des zunächst erwogenen Staatsgerichtshofs zur Klärung der »Kriegsschuldfrage« eingesetzt wurde, verwandelte sich in ein Forum gegen die Republik. Um dem Ausland nicht Material zur Rechtfertigung des sogenannten Kriegsschuldartikels 231 zu liefern, verhinderten Brockdorff-Rantzau und das von ihm geschaffene Kriegsschuldreferat im Auswärtigen Amt jede wirkliche Aufklärung. Die Vertreter der Linken, die darum bemüht waren, die Verantwortung der kaiserlichen Regierung für die Auslösung und Verlängerung des Krieges herauszustellen, sahen sich von einer Mauer der Ablehnung umgeben. Den halboffiziellen Propagandaapparat, den das Auswärtige Amt schon während der Waffenstillstandsperiode in Zusammenarbeit mit Vertretern »nationaler« Verbände aufgebaut hatte, setzte es nun für den propagandistischen Kampf gegen den Artikel 231 ein, wobei es bezeichnend war, daß man sich vor allem auf die den Sachverhalt verschärfende alliierte Mantelnote vom 19. Juni 1919 abstützte.

Dergestalt vollzog sich eine manipulatorische Mobilisierung nationalistischer Gefühle, die nicht primär den ins Feld geführten »patriotischen« Motiven entsprang, sondern dem Kalkül, die interessenpolitisch zersplitterte bürgerliche Parteienfront durch gemeinsame nationale Zielsetzungen zu integrieren und damit die Vorherrschaft der Sozialdemokratie zu beseitigen. Die Dolchstoßlegende, die fortan als Hauptwaffe der nationalistischen Agitation gegen den demokratischen Sozialismus eingesetzt wurde, hatte, wie die Aussage Paul von Hindenburgs vor dem Parlamentarischen Untersuchungsausschuß am 18. November 1919 zeigt, eben diese Funktion. Statt zur Aufklärung der Vorgänge beizutragen, die zur militärischen Niederlage und zum Waffenstillstandsgesuch geführt hatten, gab der Feldmarschall eine unter Mitwirkung des deutschnationalen Staatssekretärs a. D. Karl Helfferich sorgsam aufgesetzte Erklärung ab, die der schon länger grassierenden Formel vom Dolchstoß durch die Parteien der Linken den Anschein der Glaubwürdigkeit verschaffte.

Die innenpolitische Lage nach der Unterzeichnung des Friedensvertrags und der Verabschiedung der Reichsverfassung war durch eine breite Mobilisierung des extremen Nationalismus gekennzeichnet. Sie schuf die Voraussetzungen für den Aufstieg der völkischen Bewegung und für die Ausbreitung eines durch Rassenantisemitismus und Antibolschewismus geprägten psychologischen Klimas, in dem Adolf Hitler seinen Weg in die Politik begann. Mit der Umgründung der Deutschen Arbeiterpartei des von der Thule-Gesellschaft gesteuerten Anton Drexler war die Basis für die Entstehung einer faschistischen Partei geschaffen, obgleich die NSDAP zunächst nur eine von vielen völkisch orientierten Splittergruppen darstellte. Die einzige Tat des Kabinetts Bauer, die ausschließlich der Energie Erzbergers zu verdankende Reichsfinanzreform, die zusammen mit dem Reichsnotopfer auch eine steuerliche Heranziehung der Besitzenden erzwang, verstärkte den Rechtstrend. Karl Helfferichs Attacken gegen Erzberger in der »Preußischen Kreuz-Zeitung«, in denen er die Integrität des Finanzministers in Zweifel zog, eröffneten eine systematische Hetzkampagne gegen führende Republikaner. Das Beleidigungsverfahren, das der Minister gegen Helfferich anstrengte, führte infolge der voreingenommenen Haltung des Gerichts zu Erzbergers faktischer Verurteilung wegen Meineids und Veruntreuung, während sein Verleumder mit einer minimalen Geldstrafe davonkam. Die von Helfferich betriebene systematische Kampagne gegen den »Reichsverderber« Erzberger, der nach dem fragwürdigen Gerichtsurteil von seinem Ministeramt zurücktrat, öffnete die Schleusen für eine hemmungslose Verunglimpfung des politischen Gegners und für die Anwendung von Gewalt. Einer der verdientesten republikanischen Staatsmänner Deutschlands in der Periode des Übergangs vom Kaiserreich zur Republik wurde mit innerer Folgerichtigkeit ein Opfer des gegenrevolutionären Terrors. Nach fünf Attentatsversuchen erlag Erzberger am 26. August 1921 dem feigen Mordanschlag von Angehörigen der Organisation »Consul«.

Es wäre gänzlich verfehlt, für die Vorherrschaft nationalistischer Strömungen allein die Rechtsparteien verantwortlich zu machen. Die Gründung des Arbeitsausschusses Deutscher Verbände unter ausdrücklicher Billigung der DDP, die weitgehende Verfälschung der amtlichen Aktenedition zur Vorgeschichte des Krieges, an der sich angesehene liberale Historiker beteiligten, und die in der Reichszentrale für Heimatdienst schon in der Waffenstillstandsphase einsetzende Zusammenarbeit mit antirepublikanisch eingestellten Organisationen der Rechten sind Etappen auf dem Weg eines von bürgerlich-republikanischer Seite induzierten Nationalismus, in dessen Folge verhindert wurde, daß es zu einer ernstlichen Auseinandersetzung mit dem deutschen Vorkriegsimperialismus und der Haltung der kaiserlichen Kabinette im Krieg kam. Auch die MSPD ließ sich entgegen den Warnungen Karl Kautskys, Eduard Bernsteins und anderer von vornherein isolierter Linksintellektueller in die Stimmung eines Primats der Revisionspolitik einlullen.

Bezeichnend für die aufkommende nationalistische Trotzhaltung war, daß die Reichsregierung die Zusage, Kriegsverbrechen gerichtlich zu verfolgen, mit betonter Nachlässigkeit anging, nachdem die Alliierten aufgrund der Initiative Lloyd Georges auf die Auslieferung der neunhundert Beschuldigten verzichtet hatten und ein Verfahren gegen Wilhelm II. an der Zurückweisung des Auslieferungsbegehrens durch die niederländische Regierung gescheitert war. Die bis Ende Februar 1920 ungelöste Kriegsverbrecherfrage bildete einen wichtigen psychologischen Ansatzpunkt für die politische Aktivierung der rechtsextremen Gruppierungen, die sich abseits vom Parteiensystem gebildet hatten, sowie der gegenrevolutionären Kräfte im Offizierskorps. Seit dem Sommer 1919 arbeitete der inzwischen aus der Reichswehr entlassene Hauptmann Pabst im Rahmen der Nationalen Vereinigung an der Vorbereitung einer »nationalen Diktatur«, die in Kreisen der Rechten für unabweisbar gehalten wurde, um die Auslieferung zu verhindern.

Dabei zeichneten sich unterschiedliche Strategien ab. Ein Teil der Militärbefehlshaber wollte einen Aufstandsversuch der Linken für ein »Losschlagen mit allen Mitteln« abwarten, während General von Lüttwitz den sofortigen Reichsausnahmezustand forderte und eine gewaltsame Niederschlagung der überall aufflammenden Streikbewegungen als Vorwand zu benutzen gedachte, um eine »nationale Diktatur«, gegebenenfalls unter Führung Noskes, auszurufen. In dem Maße, in dem sich die Truppe mit der im Friedensvertrag festgelegten Reduzierung der Streitkräfte konfrontiert sah, berief sie sich auf ihre innenpolitischen Ordnungsfunktionen im Kampf gegen die Linke und für die Unterbindung von Streiks. Gustav Noske, der nicht durchschaute, daß sich die Reichswehr in enge Zusammenarbeit mit rechtsgerichteten Wehrverbänden und Propagandaorganisationen verstrickte, setzte sich energisch dafür ein, gegen Unruhestifter und Streikführer mit härtesten Mitteln durchzugreifen. Gleichzeitig wandte er sich öffentlich gegen die Gründung des Republikanischen Führerbundes, der für eine Demokratisierung des Offizierskorps eintrat, und unternahm nichts, um die notorische Zurücksetzung und Ausschaltung sozialdemokratisch eingestellter Offiziere und Mannschaften zu unterbinden.

Auch nach Verabschiedung der Reichsverfassung kam die Republik aus dem Belagerungszustand nicht heraus, nur mit dem Unterschied, daß dieser nicht länger auf das preußische Gesetz von 1851, sondern auf die Artikel 48 und 49 der Weimarer Reichsverfassung gestützt wurde. Fixiert auf die völlig übersteigerte Gefahr bolschewistischer Umsturzversuche – auch Gewerkschaftler und Mehrheitssozialdemokraten verkannten den weithin spontanen Charakter der Streikbewegungen und verschrieben sich einer zweifelhaften Agententheorie –, unterschätzte selbst der preußische Staatskommissar für die Überwachung der öffentlichen Ordnung den Einfluß der sich konsolidierenden gegenrevolutionären Kräfte. Diese fanden vornehmlich bei den ostelbischen landwirtschaftlichen Verbänden wie im Offizierskorps starken Rückhalt.

Die führungsschwache Reichsregierung, in die die DDP im Spätherbst wieder zurückkehrte, weil sie hoffte, durch ein Eintreten für die Interessen des Unternehmertums die befürchtete Abwanderung ihrer Wähler nach rechts aufhalten zu können, tat wenig, um der sich abzeichnenden innenpolitischen Polarisierung entgegenzutreten. Der Rücktritt Rudolf Wissells als Reichswirtschaftsminister bedeutete das definitive Ende der Gemeinwirtschaftspläne. Sein Nachfolger, der Gewerkschaftler Robert Schmidt, stimmte in den Ruf der bürgerlichen Parteien nach Steigerung der Produktion und Arbeitsintensität ein, wandte sich entschieden gegen die immer nachdrücklicher erhobenen Lohnforderungen der Arbeiterschaft und plädierte für die Lockerung der bis dahin beibehaltenen Außenhandelskontrollen, die ohne flankierende währungspolitische Maßnahmen die Preis-Lohn-Spirale aufwärts treiben mußte.

Trotz der wirtschaftlichen Schwierigkeiten schwächten sich seit dem Sommer 1919 die Streikbewegungen ab. Unter dem Schutz des Militärs vermochten die Freien Gewerkschaften ihre Stellung zu festigen, wenngleich die USPD-Opposition in den Verbänden beträchtlich anwuchs und im DMV die Mehrheit errang. Die USPD befand sich in einer schwierigen taktischen Lage. Sie konnte nicht erwarten, daß proletarische Massenaktionen gegen den Widerstand der Gewerkschaften Erfolgsaussichten hatten. Daher blieben die Bestrebungen, die Arbeiterräte zu reaktivieren und zentral zusammenzufassen, von begrenzter Bedeutung, obwohl der linke Flügel unter Ernst Däumig mit zunehmendem Erfolg für die Durchsetzung des »reinen« Rätesystems plädierte.

Unter dem Einfluß des linken Flügels gab sich die USPD im November 1919 ein radikales Aktionsprogramm, das die Verwirklichung der Diktatur des Proletariats auf der Grundlage des Rätesystems forderte. In der politischen Praxis behielt das gemäßigte Parteizentrum, das putschistische Abenteuer ablehnte, die

Oberhand; die Ermordung Hugo Haases im Herbst änderte daran wenig. Die richtungspolitischen Gegensätze in der USPD, die vor allem in der Frage nach dem Verhältnis zur Komintern zum Vorschein kamen, konnten nur äußerlich überdeckt werden. Dennoch verzeichnete die Partei einen beachtenswerten Zustrom neuer Mitglieder, die der Mehrheitssozialdemokratie enttäuscht den Rücken kehrten, zu der sie in der Regel erst nach Kriegsende gestoßen waren.

Die KPD hatte die Januar- und Märzniederlagen von 1919 mit schweren Rückschlägen erkauft. Bis Ende des Jahres war sie in die Illegalität gedrängt und ihre Parteipresse verboten worden. Unter der Führung Paul Levis kam es zum Ausschluß des putschistischen Flügels, der sich Monate später als KAPD konstituierte. Die KPD sank dadurch auf den Tiefstand ihres öffentlichen Einflusses und zählte nicht mehr als 50.000 Mitglieder. Gleichwohl verstärkte sich das Protestpotential in weiten Kreisen der Industriearbeiterschaft infolge der fortdauernden Repressionspolitik und der sich versteifenden Haltung des Unternehmertums, das eng mit den Reichswehrbefehlshabern zusammenarbeitete.

Die Wegscheide zwischen der auslaufenden deutschen Revolution und der sich nun durchsetzenden ökonomischen Rekonstruktionsphase bildete das Betriebsrätegesetz, dessen Verabschiedung durch die Nationalversammlung wegen der Auseinandersetzungen über den Friedensvertrag aufgeschoben worden war. Die in der Zentralarbeitsgemeinschaft zusammenwirkenden Unternehmer- und Arbeitnehmerverbände hatten den Gesetzentwurf weitgehend entschärft, als er schließlich Ende 1919 definitiv eingebracht wurde. Von dem ursprünglich bestimmenden Gedanken, den Belegschaften maßgebenden Einfluß auf die wirtschaftliche Betriebsführung zu verschaffen und sie über die Zwischenstufe der Betriebsarbeiterräte in den Reichswirtschaftsrat einzufügen, war neben der Wahrnehmung von Aufgaben der innerbetrieblichen Sozialpolitik allein das Recht übriggeblieben, in die Bilanzen Einsicht zu nehmen, und selbst dies betraf nur noch die Betriebsbilanz und die betriebliche Gewinn- und Verlustrechnung. Die Vertretung der Arbeitnehmer in den Aufsichtsräten der Aktiengesellschaften blieb einer künftigen gesetzlichen Ausfüllung vorbehalten.

Die USPD nannte das Betriebsrätegesetz einen »Totenschein des Rätesystems« und erblickte darin nicht zu Unrecht die endgültige Absage an den Einbau sozialistischer Elemente in die Wirtschaft. Das Gesetz, das sich gleichwohl in sozialpolitischer Beziehung bewähren sollte, wurde auch in der entschärften Fassung von den Unternehmerverbänden noch erbittert bekämpft. Die DDP, deren sozialliberaler Flügel hinter den vorliegenden Kompromiß nicht zurückgehen wollte, lenkte trotz des Protestes der industrienahen Gruppen schließlich ein, um nicht erneut den Bruch der Koalition herbeizuführen. Der ADGB, der die Betriebsräte als Brutstätten des Radikalismus fürchtete, rührte keinen Finger, um ein wirtschaftliches Mitbestimmungsrecht der Belegschaften zu fordern, da er darin eine Gefährdung der Tarifhoheit erblickte.

Es konnte niemanden verwundern, daß die radikale Linke energisch protestierte. Die schweren Zusammenstöße zwischen demonstrierenden Arbeitern und Sicherheitskräften vor dem Reichstagsgebäude, die zweiundvierzig Tote und viele Verwundete forderten, waren in erster Linie dem Versagen des preußischen Innenministers, Wolfgang Heine, in zweiter Linie putschistischen Minoritäten anzulasten. Denn es gab keinen Anhaltspunkt dafür, daß die Demonstranten die Absicht hatten, das Reichstagsgebäude zu stürmen, wie die antibolschewistische Hysterie der Sicherheitskräfte ihnen andichtete. Die Macht des Militärs in den vorausgegangenen Monaten war viel zu groß, als daß selbst die an gewaltsamen Zwischenfällen interessierten, aber einflußlosen Kommunisten einen Aufstandsversuch hätten gutheißen können. Jedenfalls gaben die Unruhen des 13. Januar 1920, wie es in einer Aufzeichnung des Reichswehrministeriums zur politischen Lage hieß, »der Regierung die erwünschte Begründung für scharfe Maßnahmen des Ausnahmezustandes«.

Die von den tatsächlichen Vorgängen keineswegs gerechtfertigte, von Kreisen der Rechten aber systematisch genährte Furcht vor einem »bolschewistischen« Aufstand veranlaßte das Kabinett Bauer, an dem erneut ausgerufenen Ausnahmezustand starr festzuhalten, obwohl auch von freigewerkschaftlicher und mehrheitssozialdemokratischer Seite wiederholt dagegen protestiert wurde. Die Handhabung der Ausnahmegewalt durch die Militärbehörden rief bei der Arbeiterschaft Erinnerungen an den Weltkrieg wach. Die USPD-Presse war wochenlang verboten, führende Funktionäre der Linken, wie Ernst Däumig, wurden in Schutzhaft genommen, Streiks und Protestdemonstrationen unnachgiebig unterdrückt, massive Eingriffe in das wirtschaftliche und gesellschaftliche Leben unternommen; sie reichten bis zum Verbot des Straßenhandels und karnevalistischer Umzüge. Faktisch maßte sich das Militär die zivile Verwaltungsführung an. Selbst das Postgeheimnis wurde wiederholt durchbrochen. Eine Reihe von Militärbefehlshabern forderte die Rückkehr zur Standgerichtsbarkeit; das selbstherrliche Auftreten der Militärs rief bei der Arbeiterschaft Haß und Empörung hervor.

Die von den Alliierten erzwungene Reduzierung der Mannschaftsstärke der durch die Freikorps, die zum Teil in reguläre Verbände umgewandelt worden waren, aufgeschwemmten Reichswehr belastete ihre Beziehungen zur Reichsregierung. Weithin herrschte die Illusion, die Abrüstungsbestimmungen des Versailler Vertrags einfach unterlaufen zu können. Eine besondere Rolle spielten die baltischen Freikorps. Sie waren im Baltikum vorübergehend eigenmächtig vorgegangen und konnten erst nach massiven Interventionsandrohungen der Alliierten zurückgezogen werden. Die Regierung fügte sich mit einer Amnestie dem Druck der Reichswehrführung und verzichtete so darauf, gegen offenkundige Meuterei disziplinarisch einzuschreiten. Die infolge alliierter Beschwerden unaufschiebbar gewordene Auflösung der unter Führung des Kapitäns Hermann

Demokratiegründung im Schatten von Revolution und Friedensvertrag   93

Ehrhardt stehenden Marinebrigade II stieß auf den offenen Widerstand des Generals Walther von Lüttwitz. Als er daraufhin als Kommandeur des Reichswehrgruppenkommandos I abgesetzt wurde, entschloß er sich, den von ihm in Zusammenwirken mit dem ostpreußischen Generallandschaftsdirektor Wolfgang Kapp seit längerem vorbereiteten gegenrevolutionären Putsch vorzeitig in Gang zu bringen. Am 12. März 1920 wurde die Brigade Ehrhardt, um ihre Auflösung abzuwenden, nach Berlin in Marsch gesetzt. Noch tags zuvor hatte der vom Reichswehrministerium nach Döberitz entsandte Admiral Adolf von Trotha dort »nichts Auffälliges« bemerkt. Erst im letzten Moment informierte Noske das Reichskabinett über den bereits in Gang befindlichen Putsch.

Von den führenden Militärs erklärte sich nur der Chef der Heeresleitung, General Reinhardt, bereit, den Putschisten mit Waffengewalt entgegenzutreten, während Hans von Seeckt, der Chef des Allgemeinen Truppenamtes, den Einsatz der Truppe dem Reichswehrminister mit der Begründung verweigerte, daß eine »Spaltung der Reichswehr im Hinblick auf den dann zu erwartenden Aufstand aller linksradikalen Elemente unter allen Umständen vermieden werden« müsse. Die durch die ständige Wahrnehmung des Ausnahmezustands vermehrte Selbstherrlichkeit der Armee, die sich als eigentlicher Garant politischer Stabilität begriff und nicht gezögert hatte, vom Reichspräsidenten den Rücktritt Hermann Müllers als Außenminister zu verlangen, konnte nicht deutlicher zum Ausdruck kommen.

Die Vorgänge, die sich an die Weigerung der Reichswehr anschlossen, den Schutz der verfassungsmäßigen Regierung zu gewährleisten, warfen auf die Führungsschwäche des Kanzlers, aber auch auf die fragwürdige Haltung der bürgerlichen Parteien ein enthüllendes Licht. Die Flucht des Kabinetts erst nach Dresden, dann nach Stuttgart, der an das deutsche Volk gerichtete Aufruf, in dem man den Putschversuch von Kapp und Lüttwitz als Köpenickiade hinstellte und die Beamten an die Treuepflicht gegenüber der rechtmäßigen Reichsregierung erinnerte, verdeckten nicht die Hilflosigkeit, mit der Reichspräsident und Regierung auf die seit Monaten in der Luft liegende Ausrufung der »nationalen Diktatur« reagierten. Der in Berlin belassene Reichsjustizminister Eugen Schiffer scheute sich nicht, mit den Putschisten zu verhandeln, ohne dazu autorisiert zu sein, und ihnen Straffreiheit zuzusichern, wenn sie zugunsten eines nach rechts hin umgebildeten Kabinetts zurückträten.

Auch Gustav Stresemann ging von der Erwartung aus, daß sich das Kabinett Bauer nicht werde halten können. In einem Aufruf, der am 13. März veröffentlicht wurde, solidarisierte sich die DVP weitgehend mit den Zielen der Regierung Kapp, was sie später mit fragwürdigem Erfolg zu kamouflieren versuchte. Stresemann schlug die Bildung eines Kabinetts der Fachleute vor und setzte sich für die von Kapp geforderte sofortige Volkswahl des Reichspräsidenten ein. Die preußischen Minister Wolfgang Heine und Albert Südekum sahen ebenfalls nur den Weg einer Verhandlungslösung. Sie unterschätzten die breite innenpolitische Solidarisierung, die durch den noch in der Nacht des 13. März im Namen der sozialdemokratischen Kabinettsmitglieder ausgerufenen Generalstreik ausgelöst wurde. Während die KDP zögerte, sich dem Protest anzuschließen, reihten sich diesmal die liberalen und christlichen Gewerkschaftsverbände bis hin zum Deutschen Beamtenbund in die Streikfront ein. Wenngleich sich der Streik wegen des Wochenendes nicht unmittelbar auswirkte, stellte er eine machtvolle Demonstration des spontanen Protestes breitester Bevölkerungskreise gegen die Willkür und Anmaßung des bisherigen Militärregiments dar. Die in Stuttgart verbliebenen DDP-Kabinettsmitglieder wie die eilends dorthin einberufene Nationalversammlung lenkten unter diesem Eindruck auf die Linie einer kompromißlosen Ablehnung von Verhandlungen mit Kapp und Lüttwitz ein.

Ohne den Generalstreik wäre es zu einem autoritär geprägten Kompromiß zwischen den Gruppen, die hinter dem Putsch standen, und den parlamentarischen Kräften gekommen. Das Kabinett Bauer verdankte ihm sein Überleben, was den Kanzler nicht daran hinderte zu erklären, daß er für den Streikaufruf, den er als »Mystifikation« bezeichnete, keine Verantwortung trüge. Das Scheitern des Putsches entsprang dem Dilettantismus Kapps und seiner militärischen Parteigänger, die sich gegenüber dem passiven Widerstand der Ministerialbürokratie und der Reichsbank nicht durchzusetzen vermochten und denen jede politische Übersicht fehlte. Die Gewohnheit der Militärs, eine zivile Galionsfigur in den Vordergrund zu stellen, hatte daran ebenso Anteil wie die Erwartung, daß der fast zur Gewohnheit gewordene Ausnahmezustand zum reibungslosen Machtübergang führen würde. Dies gelang in Bayern, wo das Koalitionskabinett Hoffmann durch das rechtsstehende, aber bezeichnenderweise von der DDP mitgetragene Kabinett von Kahr ersetzt wurde. Die übrigen Länderregierungen unterstützten die legale Regierung, deren Verhaftung General Maercker unterließ, da sie ihm zu risikoreich erschien. Die große Mehrheit der Militärbefehlshaber sympathisierte mit Kapp, nahm aber eine abwartende Haltung ein und beschränkte sich darauf, die Streikbewegung zu unterbinden, weil sie mit einer Verhandlungslösung rechneten, die sie des Eidbruchs enthoben hätte.

Die Verschwörer besaßen die Sympathie schwerindustrieller und großagrarischer Kreise und fanden die offene Unterstützung der deutschnationalen und völkischen Rechten. Ein wichtiges Handicap lag darin, daß eine unverhüllte Durchbrechung der verfassungsmäßigen Ordnung einer französischen Intervention im besetzten Gebiet und den separatistischen Tendenzen Vorschub geleistet hätte. Zudem befürchtete man, die Truppen in einer breiten bürgerkriegsartigen Auseinandersetzung nicht mehr hinreichend in der Hand zu haben. Dies erklärt, warum die Führungsstäbe im Reichswehrministerium von Lüttwitz, der den Oberbefehl usurpiert hatte, den Gehorsam verweigerten, obwohl sie nahezu ausnahmslos mit dessen politischen Vorstellungen sympathisierten. In den sich anschließenden militärischen »Befriedungs«-Operationen traten diese im wesentlichen taktischen Gegensätze innerhalb der Führungskader der Reichswehr zugunsten des gemeinsamen Abwehrkampfes gegen den »Bolschewismus« in den Hintergrund.

Nach dem Zusammenbruch der Kapp-Regierung wiegte sich das Kabinett Bauer in dem Glauben, zur Tagesordnung übergehen zu können. Es verkannte, daß sich in den Streiks jene spontane Volksbewegung erneuerte, die am Beginn des revolutionären Umbruchs vom November 1918 gestanden hatte. Überall suchte die Arbeiterschaft durch die Bildung paritätischer Aktionsausschüsse die Spaltung der organisierten Arbeiterbewegung rückgängig zu machen. Die breite Solidarisierung, die christliche und liberale Gruppen einschloß, zwang den ADGB, aus seiner gewohnten Zurückhaltung herauszutreten, wenn er bei den arbeitenden Massen nicht vollends als unglaubwürdig erscheinen wollte. Die Streikenden erblickten im Kapp-Putsch ein Symptom dafür, daß es der Revolution nicht gelungen war, die der Republik feindselig gegenüberstehenden militärischen und bürokratischen Apparate zu zerschlagen.

Die Unternehmerverbände sahen sich unter dem Druck der Gewerkschaften, aber auch mit Rücksicht auf das besetzte Gebiet dazu veranlaßt, nach außen eine neutrale Stellung zum Putschversuch Kapps einzunehmen. An der Ruhr kam es zu einer gemeinsamen Erklärung der Arbeitsgemeinschaft im Bergbau, die sich gegen Kapp wandte, jedoch den Eintritt in den Generalstreik vermied. Erst am 17. März fand sich die Zentralarbeitsgemeinschaft dazu bereit, sich gegen Kapp auszusprechen, ohne die gleichzeitige Streikbewegung zu unterstützen. Tatsächlich sympathisierten große Teile des Unternehmertums mit dem Umsturzversuch, und es bestanden enge Beziehungen zwischen dem Zechenverband und dem Münsterer Generalkommando, als es darum ging, die Protestbewegung der Bergarbeiterschaft an der Ruhr gewaltsam zu brechen.

Karl Legien sah voraus, daß er nicht mit leeren Händen vor die Streikenden treten konnte, um sie zum Abbruch des Ausstands zu bewegen. Das Neun-Punkte-Programm der Gewerkschaften, das dem Reichskabinett in ultimativer Form als Vorbedingung für den Abbruch des Generalstreiks vorgelegt wurde, forderte neben dem Rücktritt des durch die Vorgänge endgültig kompromittierten Reichswehrministers Noske eindeutige Garantien dafür, daß die mit dem Putsch sympathisierenden Truppenverbände aufgelöst, die Verantwortlichen zur Rechenschaft gezogen und republikanische Sicherheitswehren anstelle militärischer Verbände mit der Gewährleistung der öffentlichen Ordnung betraut wurden. Darüber hinaus verlangten die Gewerkschaften umfassende soziale Reformen sowie die unverzügliche Sozialisierung der Kohlenwirtschaft. Die im gleichen Zusammenhang geforderte Bildung einer Arbeiterregierung, die allein die Garantie für eine entschlossene Republikanisierung von Staatsapparat und

Gesellschaft schaffen könne, wurde von seiten der DDP sogleich als verfassungswidrige Einmischung der Gewerkschaften in die Regierungsbildung denunziert, obwohl ihr sozialliberaler Flügel, darunter Ernst Remmer, der Vorsitzende des Deutschen Beamtenbundes, sich nachdrücklich für das Neun-Punkte-Programm aussprach.

Die Annäherung der beiden Arbeiterparteien, die sich vorübergehend abzeichnete, blieb Episode. Das von den Freien Gewerkschaften angeführte Streikkomitee lenkte aufgrund papierner Zusagen der Regierung ein. Zudem fand sich Legien nicht dazu bereit, die Kanzlerschaft zu übernehmen. Seine Initiative war vielmehr ausschließlich taktisch motiviert und von der Absicht bestimmt, den Streik nicht in die Hände der Linksradikalen abgleiten zu lassen. In der Tat wurde der Aufruf zum Streikabbruch vom 20. März nur unvollkommen befolgt. Insbesondere an der Ruhr griffen große Teile der Industriearbeiterschaft, keineswegs bloß die vor allem in Hagen und Hamborn einflußreichen syndikalistischen Gruppen, zu bewaffneter Selbsthilfe gegen die zunächst unter schwarz-weiß-roten Fahnen einrückenden reaktionären Freikorpsverbände. Die Arbeiterschaft war nach dem Sturz Kapps nicht bereit, einseitig die Waffen niederzulegen, während die Reichswehrführung sich im Einvernehmen mit Reichskanzler Bauer anschickte, die Bewegung unnachsichtig zu unterdrücken. Dem von Carl Severing, der zum Reichskommissar für das Ruhrgebiet ernannt worden war, mit Vertretern der Gewerkschaften und Arbeiterparteien unter Einbeziehung der KPD ausgehandelten politischen Lösungsversuch, dem am 23. März vereinbarten Bielefelder Abkommen, stimmte das Kabinett nur halbherzig und lediglich in der Absicht zu, den radikalen Hagener Zentralrat zu isolieren, der vorübergehend ein Weitertreiben der Protestbewegung über das Ruhrgebiet hinaus erhoffte. Das Abkommen enthielt die nach dem von Ebert nur zögernd bewilligten Rücktritt Noskes verbliebenen »Acht Punkte«, wurde jedoch von der Regierung in der Frage der Bildung lokaler Sicherheitswehren von vornherein gebrochen. Bezeichnenderweise erhob der Reichswehrbefehlshaber in Münster, General Oskar von Watter, schärfsten Protest gegen die angeblich verfassungswidrige Bielefelder Vereinbarung und fühlte sich angesichts der im Ruhrgebiet fortdauernden Kampfhandlungen nicht an sie gebunden.

Der vom Reichskabinett weitgehend hintertriebene Pazifizierungsversuch Severings scheiterte äußerlich daran, daß große Teile der Ruhr-Arbeiterschaft, erbittert über das Verhalten der unter dem inzwischen verlängerten Belagerungszustand eingreifenden Truppenverbände, darunter des eindeutig reaktionär eingestellten Freikorps »Lichtschlag«, weiterhin bewaffneten Widerstand leisteten. Für sie war unverständlich, wieso dieselben Reichswehrverbände, die zuvor den gegen Kapp gerichteten Generalstreik bekämpft hatten, nun als Garanten der republikanischen Ordnung auftraten. Nur aufgrund der Abwiegelung durch die Führung des freigewerkschaftlichen Bergarbeiterverbandes und des terroristischen Vorgehens der Truppen kam es zum Erliegen des anfänglich von der überwiegenden Mehrheit der Arbeiterschaft befolgten Generalstreiks. Die Bildung der Roten Armee, der zunächst mehr als 50.000 Mann angehörten, bewies, wie sehr die offiziellen Arbeiterorganisationen einschließlich der KPD die Verbindung zu Teilen der Industriearbeiterschaft eingebüßt hatten. Die Niederschlagung des von den syndikalistischen Gruppen getragenen bewaffneten Widerstands durch reguläre Einheiten der Armee war von schwersten Ausschreitungen gegen die Arbeiterschaft begleitet. Es kam wiederholt zu Massenerschießungen und widerrechtlichen Standgerichtsverfahren. Mit gleicher Schärfe unterdrückten Reichswehrverbände die anhaltenden Streiktendenzen auch in den übrigen Industrieregionen des Reiches. Von einer Erfüllung der den Gewerkschaften gemachten Zusagen war fortan nicht mehr die Rede.

Der Kampf der Roten Armee an der Ruhr stellte ein letztes Aufbäumen der fortan zunehmend resignierenden Arbeiterschaft dar, das sich darauf richtete, die verheißenen sozialen Errungenschaften der Revolutionsphase einzuklagen. Dies scheiterte auf der ganzen Linie. Legiens Initiative endete wie das Hornberger Schießen. Zwar war Noske nicht mehr zu halten, aber schon der Tatbestand, daß von Seeckt zum Chef der Heeresleitung unter dem der DDP angehörenden, gleichwohl monarchistische Neigungen offen bekennenden Reichswehrminister Otto Geßler ernannt wurde, verbürgte, daß von einer personellen Säuberung der Armee keine Rede sein konnte. Es kam zwar zu einer Reihe von Umbesetzungen in den Spitzenpositionen, aber die Masse der am Putsch beteiligten Offiziere blieb ungeschoren. Hingegen wurden jene Offiziere und Mannschaften, die sich in den Märztagen gegen ihre Vorgesetzten für die republikanische Regierung ausgesprochen hatten, unter dem Vorwand, gegen die Manneszucht verstoßen zu haben, zurückgestuft oder entlassen.

Die strafrechtliche Verfolgung der Putschisten, deren Prominenz sich mit tatkräftiger Hilfe des nicht mehr ins Kabinett zurückkehrenden Justizministers Eugen Schiffer der Verhaftung entziehen konnte, beschränkte sich auf die Verurteilung des Berliner Polizeipräsidenten Traugott von Jagow zu fünf Jahren Festungshaft, von denen er drei abbüßte. Im übrigen deckte die alsbald erlassene Amnestie die Taten der Helfershelfer Kapps zu; sie wurden weit besser behandelt als die teilweise in Konzentrationslagern zusammengezogenen Arbeiter, die sich gegen Kapp und seine Anhänger zur Wehr und für eine sozialistische Ordnung eingesetzt hatten. Die neugebildete Sozialisierungskommission war nichts weiter als ein Abwiegelungsinstrument. Das einzige, was das unter der Führung Hermann Müllers umgebildete Reichskabinett in dem Bestreben, zu einer innenpolitischen Pazifizierung zu gelangen, erreichte, bestand in der Anordnung, daß im Ausnahmezustand die vollziehende Gewalt bei der zivilen Verwaltung liegen und der Einsatz von Militär, sofern die Polizeikräfte nicht ausreichen, nur auf deren Weisung erfolgen sollte. Die Reichswehrbefehlshaber liefen gegen die Neuregelung Sturm, obwohl sie der Absicht Seeckts entsprach, die Armee aus der innenpolitischen Schußlinie herauszunehmen, nachdem sie aufgrund des Versagens gegenüber Kapp ihr Prestige eingebüßt hatte.

Die unter dem Eindruck der durch den Kapp-Lüttwitz-Putsch ausgelösten Krise auf den 6. Juni 1920 vorgezogenen Neuwahlen brachten den erwarteten Erdrutsch nach rechts. Die Parteien der Weimarer Koalition verloren – wie sich zeigen sollte, endgültig – die parlamentarische Mehrheit. Die Mehrheitssozialdemokraten mußten in den industriellen Kernzonen schwere Stimmenverluste zugunsten der USPD hinnehmen, während die KPD eine insignifikante Splittergruppe blieb. Dies bewies, wie irreführend es war, die Protestbewegungen der Industriearbeiterschaft mit »Bolschewismus« und »Spartakismus« zu identifizieren. Der sozialpolitische Kompromiß, der die Republikgründung begleitet hatte, stellte sich schon jetzt als eine gleichsam überwundene Episode dar, indem sich die Mehrheit der politisch aktiven Arbeiterschaft, auch das Bürgertum bis tief in die Reihen der DDP hinein, von ihm abgewandt hatten. Zugleich hatte sich die politische Rechte, überwiegend außerhalb des Parlaments, in Form eines Netzwerks neokonservativer Querverbindungen, die große Teile der akademischen und funktionalen Eliten umfaßten, neu formiert. Eine gesellschaftliche Transformation hatte nicht stattgefunden.

Die Demokratiegründung von Weimar war mit den schwersten außen- und innenpolitischen Hypotheken belastet. Das in den Grundzügen im vorparlamentarischen Raum festgelegte Verfassungswerk hatte in erster Linie die Funktion, der Doppelgefahr einer »Bolschewisierung« und einer Auflösung des Reiches zu begegnen. Es diente dazu, eine umfassende gesellschaftliche Umwälzung zu verhindern. Hierin lag der schmale Konsens zwischen den Bürokratien in Reich und Ländern und den Parteien der Weimarer Koalition begründet. Er begann abzubröckeln, als die Illusion des Wilson-Friedens, den der Verfassungswandel ermöglichen sollte, an der Realität der alliierten Vertragsbedingungen zerbrach. Die Entstehung der Republik erfolgte in dem Zwielicht eines psychologisch nicht beendeten Kriegszustandes. Der Kampf gegen soziale Revolution und gegen Versailles zwang die junge Demokratie noch stärker in die Kontinuität zum Kaiserreich, als es die Verfassungsschöpfer angestrebt hatten. Unter der Devise des Kampfes gegen den Kriegsschuldartikel und den Versailler »Schmachfrieden« blieb die notwendige politisch-moralische Distanzierung aus, ja sie wurde von den politischen Exponenten des Kaiserreiches in ihr Gegenteil verkehrt. Patriotische Haltung schien es zur Pflicht zu machen, die Bestrebungen zur inneren und äußeren Wehrhaftmachung des deutschen Volkes zu unterstützen, auch wenn sie sich unter gegenrevolutionärem oder zumindest antirepublikanischem Vorzeichen vollzogen.

Unabhängig davon, daß während der Revolution ernsthafte Anstrengungen unterlassen worden waren, die erforderliche Republikanisierung von Verwaltung und Armee einzuleiten, besaß die Demokratie von Weimar in der bewußt vermiedenen psychologischen Abkehr vom Kaiserreich eine offene Flanke, in die gegenrevolutionäre Kräfte ungehindert hineinstoßen konnten. Der innere Ausbau der Demokratie war daher auch dann gefährdet, als die bürgerlichen Mittel- und Rechtsparteien sich den veränderten Machttatsachen fügten und die Republik nicht länger als einen »Notnagel« für eine Übergangsphase begriffen, die durch die Fortführung des Krieges mit nichtkriegerischen Mitteln gekennzeichnet zu sein schien. Die Tendenz zur autoritären Umbildung der Verfassung zeichnete sich schon ab, als sie noch nicht verabschiedet war. Der Kapp-Putsch ist vor allem deshalb zum Scheitern verurteilt gewesen, weil extreme außenpolitische Abhängigkeit und die mangelnde ökonomische Konsolidierung der Republik vorläufig offene autoritäre Experimente nicht zuließen. Die mit dem Putsch zusammenhängenden Vorgänge wiesen hingegen in die Richtung einer systematischen autoritär-bürokratischen Unterwanderung des politischen Systems, nicht seiner Demokratisierung.

Für jene politischen Kräfte, die die Demokratiegründung in erster Linie getragen hatten, die überzeugten Demokraten und die Mehrheitssozialisten, war das Fazit der Gründungsperiode der Republik wenig hoffnungsvoll. Für die Industriearbeiterschaft, die vergeblich für die Vision demokratischer und sozialer Emanzipation gekämpft hatte, war es verheerend. Für Ebert, Noske, Scheidemann und die Gewerkschaftsführer, die sich um einer doktrinär durchgehaltenen demokratischen »Ordnungspolitik« und einer neurotisch anmutenden Furcht vor kommunistischer Anarchie willen den proletarischen Massenbewegungen in den Weg gestellt hatten, war es die Quittung für eine bei unbestreitbaren Verdiensten um die Sicherung der nationalstaatlichen Kontinuität doch grundsätzlich verfehlte Gesamtpolitik.

Die innere Verweigerung des Friedens

Die Reichstagswahlen vom 6. Juni 1920 führten nach langwierigen Koalitionsverhandlungen zur Bildung des bürgerlichen Minderheitskabinetts unter Konstantin Fehrenbach, dem die SPD die Tolerierung bis zur Konferenz von Spa zusicherte. Die SPD zog sich von der Regierungsverantwortung zurück; das von ihr zuvor an die in den Wahlen ungewöhnlich erfolgreiche USPD gerichtete Koalitionsangebot wurde von dieser brüsk zurückgewiesen, indem sie an den Bruch vom Dezember 1918 erinnerte. Infolge des Wahlausgangs ohnehin koalitionsmüde, lehnte die SPD es ab, an einem Kabinett teilzunehmen, dem die DVP angehörte, deren ambivalente Haltung zur Republik beim Kapp-Putsch hervorgetreten und die überdies Hauptrepräsentant der schwerindustriellen Interessen war.

Es erscheint symptomatisch, daß diese erste reguläre Kabinettsbildung, mit der die Konstituierungsphase der Republik formell beendet wurde, die Serie der Minderheitsregierungen eröffnete, die das parlamentarische System von Weimar bis zu dessen Ende begleitete. Der Verlust der Mehrheit für die Parteien der Weimarer Koalition und der Rückzug der SPD von der Regierungsverantwortung zeigten an, daß von einer inneren Konsolidierung des republikanisch-parlamentarischen Systems schwerlich gesprochen werden konnte. Andererseits waren DNVP und BVP zur Übernahme parlamentarischer Verantwortung nicht bereit, die sie mit der Bürde der Ausführung des Versailler Vertrags belastet hätte. Folgerichtig ergab sich ein politischer Schwebezustand, in dem Zentrum und DDP mit indirekter Stützung der SPD maßgebender Einfluß auf die Regierungsgeschäfte zufiel.

Das Bestreben, das Kabinett für die nicht länger aufschiebbaren Verhandlungen mit den Alliierten über die Reparationsleistungen gegenüber dem parlamentarischen Prozeß zu verselbständigen, spiegelte sich in der Berufung von Walter Simon zum Reichsminister des Äußeren. Der parteilose Karrierejurist, der später an die Spitze des Reichsgerichts trat, galt aufgrund seiner Tätigkeit als Generalkommissar in der deutschen Friedensdelegation als erstrangiger Fachmann für die Reparationsfrage; nach seinem Rücktritt wegen der Unterzeichnung des Friedensvertrags wurde er Präsidialmitglied des Reichsverbandes der Deutschen Industrie. Angesichts der unüberbrückbar erscheinenden Gegensätze zwischen DVP, die sich nur zögernd an dem Kabinett beteiligte, und SPD war es in erster Linie die außenpolitische Zwangslage, die das parlamentarische System am Leben erhielt.

Von der deutschen Öffentlichkeit waren die politischen, wirtschaftlichen und finanziellen Konsequenzen des Versailler Vertragswerks nicht hinreichend erfaßt worden. Simon brachte diesen Sachverhalt in einer Reichstagsrede klar zum

Ausdruck: »Erst jetzt dringt allmählich in die Bevölkerung das Verständnis für die Schwere dessen, was das deutsche Volk übernommen hat.« In der Tat überdeckte die einhellige Ablehnung des Friedensvertrags, welche allein von der USPD nicht geteilt wurde, die für den unvoreingenommenen Beobachter selbstverständliche Erkenntnis, daß die Niederlage der Mittelmächte zu einem grundlegenden machtpolitischen Revirement geführt hatte, das jede Wiederanknüpfung an die Außenpolitik der Vorkriegszeit ausschloß, wenn man nicht bereit war, auf weite Sicht das Risiko eines erneuten Weltkrieges einzugehen.

Die Vorstellung, daß die Niederlage im Krieg lediglich eine Episode und der Friedensvertrag ein willkürliches Machwerk sei, über das die Geschichte rasch hinwegschreiten werde, war nicht nur im Lager der äußersten Rechten verbreitet, die unter dem Schlagwort »Geburt der Nation aus dem Kriege« den Mythos einer kraftvoll regenerierten »Nationalen Volksgemeinschaft« kreierte. Oswald Spengler, der Prophet des deutschen Neokonservativismus, hatte schon im Dezember 1918 gemeint, daß der Friede von heute nur ein Provisorium sei und der Weltkrieg »erst jetzt in sein zweites Stadium« eintrete. Ein sich sonst durch politische Mäßigung auszeichnender Gelehrter wie Hans Delbrück schrieb 1919 in den »Preußischen Jahrbüchern«: »Es kommt der Tag und die Stunde, wo wir alles zurückfordern werden.« Die innere Verweigerung des Friedensvertrags findet sich ebenso bei erklärten Pazifisten wie Ludwig Quidde und Walter Schücking, die leidenschaftlich gegen die Friedensbedingungen protestierten. Die Haltung der USPD wiederum beruhte auf der Erwartung, durch die bevorstehende revolutionäre Umgestaltung der kapitalistischen Ordnung in Europa werde der Friedensvertrag ohnehin hinfällig.

Angesichts der Notwendigkeit der wirtschafts- und außenpolitischen Konsolidierung des Reiches bestand bei den relevanten politischen Gruppierungen mit Ausnahme des linken Flügels der USPD und der intransigenten äußersten Rechten ein Primat der Systemerhaltung, der sich mit der Forderung nach Vertragsrevision verband. Indessen verbarg sich hinter diesem außenpolitisch gestifteten Konsens ein unüberbrückbarer Zielkonflikt. Die latenten Gegner der Republik verknüpften die Agitation gegen den »Diktatfrieden« mit der Absicht, die demokratisch-sozialen Errungenschaften der »Novemberrevolution«, die als Folge des von der Sozialdemokratie verschuldeten militärischen Zusammenbruchs erschien, rückgängig zu machen, sobald eine außenpolitische Glattstellung die offene Wiederaufnahme der preußisch-deutschen Machtstaatstradition erlaubte. Die Parteien der Weimarer Koalition hingegen lehnten das System der Pariser Vorortsverträge überwiegend deshalb ab, weil es den Deutschen das demokratische Selbstbestimmungsrecht vorzuenthalten schien. Sie erblickten zunächst im Völkerbund ein Mittel zur Verständigung zwischen den Nationen und zur Aussöhnung mit den Siegermächten und betrachteten die Republik als Neubeginn und als Chance, den Gegensatz zu den westlichen Demokratien abzubauen und sich der außenpolitischen Hypotheken seit der Ära Bismarcks zu entledigen.

Solange über die außenpolitischen Nahziele, die Abwehr der französischen Sanktionspolitik, die Sicherung der Reichseinheit und die Rückgewinnung der nationalen Souveränität Einigkeit bestand, kam den Zeitgenossen ein Grundwiderspruch nicht voll zum Bewußtsein, der in der unterschiedlichen Funktion lag, die man der gemeinsam erstrebten Wiedergewinnung außenpolitischer Handlungsfreiheit beimaß. Die gegensätzlichen sozialökonomischen Interessenlagen ließen sich durch die Fiktion einer nationalen Notgemeinschaft weitgehend überbrücken. Die Lebensfähigkeit der Weimarer Republik hing daher nicht zuletzt davon ab, ob sie in das politische und ökonomische System der Pariser Friedensverträge eingebunden blieb, was Teilrevisionen nicht ausschloß. Außenpolitische Belastungen, die den nationalstaatlichen Handlungsspielraum einschränkten, bedeuteten somit nicht notwendig eine Schwächung der demokratischen Ausgangslage. Denn der beständige außenpolitische Druck, dem die Republik ausgesetzt war, erschwerte grundlegende Veränderungen des Regierungs- und Verfassungssystems und sollte selbst dessen erklärte Gegner an die bestehende politische Ordnung heranführen. Die mangelnde außenpolitische Bewegungsfreiheit bildete dergestalt eine wichtige politische Klammer, welche die Überbrückung oder Vertagung systemsprengender verfassungs- und sozialpolitischer Konflikte erleichterte.

Die innere Verweigerung des Friedensschlusses durch nahezu alle politischen Gruppen stellte indessen ein grundlegendes psychologisches Hindernis dar, sich zu einer Anerkennung der außenpolitischen Machttatsachen durchzuringen und von einer Politik der Illusionen zu trennen, wie sie bereits bei der überstürzten Aushändigung des deutschen Waffenstillstandsgesuchs Pate gestanden hatte. Es war zwar verständlich, daß die deutsche Öffentlichkeit dem in Wilsons Programm der »Vierzehn Punkte« enthaltenen Versprechen eines »Friedens ohne Annexionen« Glauben schenkte, zumal der amerikanische Präsident seinen grundsätzlichen Standpunkt in mehreren öffentlichen Stellungnahmen bekräftigte. Aber den Verantwortlichen mußte aus der Lektüre der Lansing-Note vom 15. November 1918, welche die Waffenstillstandsverhandlungen einleitete, klar sein, daß Deutschland mit beträchtlichen wirtschaftlichen Belastungen und territorialen Einbußen zu rechnen hatte.

Spätestens der Waffenstillstand, den die deutsche Delegation unter Führung von Matthias Erzberger am 11. November 1918 in Gegenwart des Marschalls Foch und alliierter Vertreter im Wald von Compiègne unweit von Paris unterzeichnete, hätte viele dieser Illusionen zerstören müssen. Denn seine Bedingungen enthielten nicht nur eine unerwartet umfassende Entwaffnung des Deutschen Reiches, was die Wiederaufnahme von Kampfhandlungen unmöglich machte, sondern zugleich umfangreiche wirtschaftliche Kompensationen, die anläßlich der mehrfachen Verlängerung des Waffenstillstands beträchtlich ausgeweitet wurden und den Friedensvertrag entscheidend präjudizierten. Gleichwohl hoffte die deutsche Politik bis in das Frühjahr 1919 hinein, in den bevorstehenden Friedensverhandlungen dem Reich die Rolle einer mittleren Großmacht bei gewissen territorialen Einbußen und sicherheitspolitischen Konzessionen bewahren zu können. Erzberger, der Leiter der Waffenstillstandskommission, und einige wenige Diplomaten teilten diese Überschätzung der deutschen machtpolitischen Möglichkeiten nicht; sie beruhte auf einem an die wilhelminische Tradition anknüpfenden politischen Wunschdenken und auf dem mangelnden Eingeständnis der militärischen Niederlage. Die Abwehr bolschewistischer Übergriffe in den baltischen Staaten durch deutsche Truppenverbände und die Hoffnungen, die selbst Groener auf ein Zusammengehen mit den westlichen Alliierten zum Zweck einer Intervention gegen die Bolschewiki setzte, hatten daran einen wichtigen Anteil. Noch im Frühsommer 1919 schien die deutsche Militärmacht im Osten, obgleich sie überwiegend aus Freikorpsverbänden bestand und offiziell von der Reichsregierung desavouiert wurde, auch für die Alliierten unentbehrlich zu sein.

Der von einer Idealisierung Wilsons begleitete Optimismus der deutschen Führungsschichten spiegelte sich in der von Graf Brockdorff-Rantzau befolgten taktischen Linie. Der Außenminister, zuvor Botschafter in Kopenhagen, hatte sich im Krieg für einen Verständigungsfrieden und für innere Reformen eingesetzt. Er besaß die vorbehaltlose Unterstützung Friedrich Eberts und der MSPD, stand selbst aber der DDP nahe. Als Nachfolger von Wilhem Solf beanspruchte er, die Friedensverhandlungen ohne Einschaltung des Kabinetts in eigener Verantwortung vorzubereiten. Seine eigenwillige und wenig einnehmende Persönlichkeit erzeugte beträchtliche Reibungen mit den Ministerkollegen und führte zu scharfen Kontroversen mit Erzberger, der als Leiter der Waffenstillstandskommission nicht bereit war, sich Brockdorffs Richtlinien zu unterwerfen. Gewiß war Brockdorff der erfahrenere Diplomat, aber es fehlte ihm alles Verständnis für die innenpolitischen Rahmenbedingungen seines Handelns. Sein selbstherrliches, wenngleich nicht immer selbstsicheres Auftreten erinnerte an den außenpolitischen Stil des Kaiserreiches. Es gründete in einem betont professionellen Verständnis der äußeren Politik und einer Überschätzung der Erfolgschancen diplomatischen Kalküls.

Brockdorff-Rantzau optierte für eine außenpolitische Strategie, die aus der Lansing-Note einen deutschen Rechtsanspruch für einen Verhandlungsfrieden ableitete. Er hatte in erster Linie die Propagandakampagne zu verantworten, welche die »Vierzehn Punkte« Wilsons einseitig im deutschen Interesse interpretierte und viel dazu beitrug, daß die Öffentlichkeit von der Härte der am 7. Mai 1919 bekanntwerdenden Friedensbedingungen ebenso überrascht wurde, wie das bei der übereilten Herausgabe des Waffenstillstandsgesuchs im Oktober

1918 der Fall gewesen war. Die vom Auswärtigen Amt betriebene systematische Agitation für einen deutschen »Rechtsfrieden« lieferte alle Bausteine, die nötig waren, um den Versailler Vertrag als ein Werk niederträchtiger Täuschung und als infamen Rechts- und Vertrauensbruch hinzustellen. Denn dadurch wurde bewußt der Eindruck erweckt, daß das Deutsche Reich den Waffenstillstand in gutem Glauben an die Zusicherungen des amerikanischen Präsidenten eingegangen und danach wehrlos der Arglist und Willkür der Westmächte zum Opfer gefallen sei.

Die zur Vorbereitung der Friedensverhandlungen gebildete Expertenkommission, der angesehene Wirtschaftsfachleute, darunter die Bankiers Max Warburg und Carl Melchior, Vertreter der Großindustrie, aber auch renommierte Staats- und Völkerrechtler wie der Pazifist Walter Schücking angehörten, schloß sich der Option des Außenministers an, den inoffiziell bekanntgewordenen alliierten Bedingungen die deutsche Rechtsposition in akzentuierter Form entgegenzusetzen. Dies geschah in der Erwartung, die Sympathien der neutralen Staaten zu gewinnen und die Alliierten zum Zugeständnis zu zwingen, über Sachfragen zu verhandeln. Bei der Ausarbeitung der deutschen Vorschläge verlegte man sich darauf, jede Einzelfrage an den abstrakten Grundsätzen Wilsons zu messen. Dieser systematische Zugriff verhinderte jegliche Flexibilität und erschwerte es, in weniger bedeutsamen Punkten Entgegenkommen zu zeigen. Die nach zahlreichen speziellen Noten am 29. Mai überreichten deutschen Gegenvorstellungen, insbesondere die zusammenfassende Mantelnote, liefen auf eine grundsätzliche Zurückweisung der alliierten Forderungen hinaus. Dies mußte das Ziel verfehlen, die Siegermächte an den Verhandlungstisch zu bringen.

Brockdorff-Rantzaus diplomatischem Konzept lag die zum Teil durch Indiskretionen von Mitarbeitern der amerikanischen Friedensdelegation genährte Vorstellung zugrunde, daß Präsident Wilson nicht hinter dem in den Pariser Konferenzzimmern geschnürten Paket stünde. Das Auswärtige Amt hingegen hatte nach dem Eingang zahlreicher interner Informationen über die alliierten Absichten die Einsicht gewonnen, daß Wilson keineswegs die ausschlaggebende Rolle in den interalliierten Verhandlungen zukam, welche ihm die deutsche Öffentlichkeit unter dem Einfluß der eigenen Propaganda zuschrieb. Desgleichen blieben vertrauliche Warnungen, daß es ergebnislos sein würde, die Siegermächte gegeneinander auszuspielen, nicht wirkungslos. Doch dies verstärkte bloß die Verkrampfung der deutschen Haltung, die sich im Beharren auf dem Rechtsstandpunkt und in dem Bestreben, diesen nicht durch Teilkonzessionen auszuhöhlen, äußerte. Die deutschen Gegenvorschläge legten das Hauptgewicht auf die Zurückweisung der Artikel 227 bis 230 sowie der Kriegsschuldklausel in Artikel 231 des Vertragsentwurfs. Wenngleich in der deutschen Delegation und in Presseäußerungen moralische Empörung über die als Diskriminierung empfundenen Bestimmungen überwog, zielte der Außenminister darauf ab, durch die Widerlegung der deutschen Verantwortung für den Ausbruch des Krieges die alliierte Position auch in Sachfragen empfindlich zu schwächen.

Die deutsche Politik bewies wenig Gespür für die divergierenden alliierten Interessen, die zu dem Wortlaut von Artikel 231 geführt hatten, wenn sie ihn mit den umstrittenen Auslieferungsbestimmungen zusammennahm und damit in den Kontext eines »Straffriedens« stellte. Ursprünglich hatte Wilson Wiedergutmachungsleistungen auf die aus völkerrechtlichen Verletzungen entspringenden Schäden begrenzen wollen, wobei in erster Linie an den unprovozierten Angriff auf Belgien gedacht war. Der in der Lansing-Note enthaltene Begriff »aggression« stellte auf diesen Sachverhalt ab. Die deutsche Politik hätte gut daran getan, dieser Formel nicht den Sinn des »Angriffskrieges« zu geben. In den interalliierten Verhandlungen, in denen Frankreich und England die Begleichung der vollen Kriegskosten verlangten, kam es zu einer rechtlich fragwürdigen Ausweitung der Entschädigungsforderung auf Invaliden- und Hinterbliebenenrenten, während anfänglich nur die der Zivilbevölkerung entstandenen Schäden erstattet werden sollten. Dieser Kompromiß kam dem britischen Interesse an Reparationszahlungen durch das Deutsche Reich entgegen. Premierminister Lloyd George sah sich in dieser Frage an Zusagen gebunden, die er in den von nationalistischen Emotionen getragenen Khaki-Wahlen vom November 1918 gegeben hatte.

Die für das Reparationsproblem zuständige Unterkommission der Pariser Friedenskonferenz hatte beabsichtigt, durch Artikel 231 den juristischen Anspruch auf integrale Entschädigung festzulegen. Erst im letzten Moment wurde der Zusatz angefügt, der das Deutsche Reich verpflichtete, die Verantwortlichkeit am Krieg ausdrücklich anzuerkennen. Trotzdem war nicht an eine grundsätzliche moralische Verurteilung gedacht. Erst die aufgrund der deutschen Gegenvorstellungen entstandene alliierte Mantelnote vom 16. Juni, die von Clemenceau unterzeichnet, aber von einem Mitglied der britischen Delegation verfaßt war, gab samt dem angefügten Memorandum dem Kriegsschuldvorwurf eine zugespitzte und in Deutschland als beleidigend empfundene Form. Aus einer Bestimmung, welche die deutsche Haftung absichern sollte, war eine überwiegend innenpolitisch einsetzbare Kampfformel geworden, von der abzurücken den Alliierten aus Prestigegründen fortan unmöglich war.

Gewiß hat Brockdorff-Rantzau die Zuspitzung der Kriegsschuldfrage nicht bewußt angestrebt. Sie stellte jedoch ein folgerichtiges Ergebnis der deutschen Verhandlungstaktik dar. Auf alliierter Seite gab es hinreichende Gründe zu vermuten, daß die Deutschen alles tun würden, um sich ihren vertraglichen Verpflichtungen in der Reparationsfrage zu entziehen. Die Selbstversenkung der in Scapa Flow internierten deutschen Hochseeflotte, die ohne Zutun der Reichsregierung erfolgte, war ein eklatantes Beispiel dafür. Der deutsche Standpunkt wurde nicht glaubwürdiger dadurch, daß man die verantwortlichen Repräsentanten des Kaiserreiches gegenüber den alliierten Beschuldigungen in Schutz nahm, nur um an der noch vor dem revolutionären Umbruch entstandenen Rechtsposition festzuhalten, was den deutschen Gegenvorschlägen eine betont aggressive Note verlieh. Wilson und Lloyd George, die Clemenceau eine Milderung der Deutschland aufzuerlegenden Bedingungen abgerungen hatten, erblickten darin eine Bestätigung dafür, daß sich die deutsche Mentalität trotz der Gründung der Republik nicht geändert hatte.

Brockdorff-Rantzaus Auftreten im Trianon-Palace anläßlich der in wenig höflicher Form vorgenommenen Überreichung der Friedensbedingungen verstärkte diesen Eindruck. Ungewandtheit und Trotzhaltung vermischten sich, als der deutsche Außenminister auf Clemenceaus Ansprache im Sitzen antwortete und die Alliierten ins Unrecht zu setzen versuchte, indem er sie unter anderem beschuldigte, durch die Fortführung der Blockade den Tod einiger Hunderttausend Nichtkombattanten verursacht zu haben; erst im März war die Sperrung von Lebensmittelimporten auf Betreiben Herbert Hoovers teilweise aufgehoben worden. Gewiß wird man die psychischen Belastungen der im Hotel des Reservoirs in Versailles von der Außenwelt abgeschnittenen deutschen Delegation für die Reaktion des Außenministers in Anschlag zu bringen haben. Deren faktische Internierung entsprang weniger nachwirkenden Haßgefühlen als der Befürchtung, die Delegationsmitglieder könnten durch informelle Gespräche die mühsam errungene Übereinstimmung unter den alliierten Mächten zu Fall bringen. Brockdorffs Rede war zudem darauf abgestimmt, sich der Unterstützung der deutschen Öffentlichkeit zu versichern, nachdem es über die angemessene Verhandlungsführung wiederholt zu Meinungsverschiedenheiten mit dem Reichskabinett gekommen war. Obwohl sie in der Sache positive Ansatzpunkte enthielt, verfehlte sie die Absicht, die Alliierten verhandlungswillig zu machen, auf der ganzen Linie.

Der deutsche Außenminister führte wiederholt Klage darüber, daß die Siegermächte keine Bereitschaft zeigten, der Deutschen Republik günstigere Bedingungen einzuräumen als dem Kaiserreich. Präsident Wilson zeigte sich in der Tat wenig beeindruckt vom Übergang zum demokratischen System und verspürte kaum Neigung, den Deutschen entgegenzukommen, solange sie nicht durch den klaren Willen zur Wiedergutmachung begangenen Unrechts ihre demokratische Zuverlässigkeit und ihre Abwendung vom Kaiserreich unter Beweis stellten. Die Kontinuität der deutschen militärischen Führungsschicht und die politische Machtstellung, die sie auch in der Republik innehatte, bestärkten ihn in dem Entschluß, in der Auslieferungsfrage unnachgiebig zu bleiben. Sowenig die deutschen Gegenvorschläge ihre Wirkung auf die amerikanischen Experten verfehlten, sosehr bewiesen sie dem Präsidenten die deutsche »Unbelehrbarkeit«. Ein zurückhaltenderes deutsches Auftreten, das sich in Stil und Inhalt bewußt von der wilhelminischen Tradition absetzte, hätte keine nennenswerten

Konzessionen der Siegermächte bewirkt, aber mitgeholfen, die emotionalen Barrieren, die vier Jahre erbitterten Krieges aufgetürmt hatten, abzutragen.

Wie stark das Mißtrauen gegen die früheren Kriegsgegner anhielt, machten die Verhandlungen der Berner Konferenz der Dritten Sozialistischen Internationale vom Februar 1919 deutlich, in denen nur der Standpunkt der USPD auf nennenswerten Beifall rechnen konnte. Die Hoffnungen, welche die deutsche Außenpolitik auf eine Solidarisierung der sozialistischen Parteien und eine Aktivierung der Neutralen setzte, erfüllten sich daher nicht. Ebenso verfehlte die anhaltende Beschwörung, daß Deutschland nicht durch zu harte Friedensbedingungen in das Lager des Bolschewismus getrieben werden dürfe, ihre Wirkung. Von französischer Seite, die an einem inneren Zerfall des Reiches interessiert war, wurde dies nicht zu Unrecht als bewußte Panikmache zurückgewiesen. Denn wenn man dieses Argument ernst nahm, sprach es für die vorbehaltlose Annahme der Friedensbedingungen.

Brockdorff-Rantzau verkannte die innenpolitischen Bedingungen, die jede Fortsetzung der Kampfhandlungen unmöglich machten. Sein Standpunkt glich der Stellungnahme, die der spätere Staatssekretär des Äußeren, Bernhard von Bülow, nach Bekanntwerden der Friedensbedingungen abgab. Die alliierte Strategie, äußerte er, laufe auf einen »großen Bluff« hinaus. Wenn man darauf nicht hereinfalle, werde man einen »immerhin erträglichen Frieden« mit der begründeten Aussicht erhalten, »uns rascher zu erholen als die anderen europäischen Mächte«. Das Schlagwort »Nerven behalten«, das unter den deutschen Führungsschichten die Runde machte, erinnerte fatal an die Großmachtillusionen im Krieg. Diese Einstellung, die die Lage der einfachen Bevölkerung nicht in Betracht zog, trug entscheidend zur inneren Unglaubwürdigkeit der deutschen Haltung in der Friedensfrage bei. Es wäre verfehlt, sie Brockdorff-Rantzau allein anzulasten.

Das Kalkül der deutschen Außenpolitik stellte darauf ab, daß eine Zurückweisung der Friedensbedingungen und ein Abbruch der Versailler Verhandlungen die Alliierten binnen weniger Wochen zum Einlenken zwingen würden. Widrigenfalls wäre die Reichsregierung, nun aber unter offenkundigem Zwang, zur Unterzeichnung verurteilt gewesen. Man verkannte dabei die weitgesteckten französischen Ambitionen, wenngleich die Reichsregierung immerhin Vorbereitungen traf, eine mögliche Unterzeichnung durch die süddeutschen Länder in ihrem Sinne zu beeinflussen. Trotz allen Zögerns gegenüber einer Wiederaufnahme des Krieges war auch Lloyd George entschlossen, das Deutsche Reich zum Nachgeben zu zwingen. Nur Wilson mußte befürchten, mit dem Scheitern seiner Friedensmission die innenpolitische Unterstützung im Senat und Repräsentantenhaus endgültig zu verlieren. Dabei hatte doch Brockdorff-Rantzau die Haupthoffnung auf ein Entgegenkommen der USA gesetzt.

Die »Alles oder Nichts«-Stimmung, die in Brockdorff-Rantzaus Haltung zum

Ausdruck kam und seinen Rücktritt nach sich zog, wurde zunächst von der deutschen Friedensdelegation geteilt. Nach den Erfahrungen der Waffenstillstandsverhandlungen befürchtete man, daß die Alliierten das Vertragswerk zu einer langfristigen wirtschaftlichen und finanziellen Schwächung des Deutschen Reiches benutzen könnten. Dieser Standpunkt, den die hinzugezogenen Wirtschaftsexperten teilten, war nicht unberechtigt. Die Furcht vor dem deutschen ökonomischen Potential hatte vor allem die französische, aber auch die britische Politik veranlaßt, auf hohen Reparationsleistungen zu bestehen und die deutsche Wettbewerbsfähigkeit auf den internationalen Märkten einzuschränken. Da es hinsichtlich der astronomischen finanziellen Forderungen Frankreichs unter den Alliierten zu keiner Verständigung über die Deutschland aufzuerlegende Reparationsschuld kam, wurde die Festlegung der endgültigen Summe, vorbehaltlich befriedigender deutscher Vorschläge, der von den Siegermächten eingesetzten Reparationskommission übertragen, die bis zum 1. Mai 1921 darüber entscheiden sollte. Gleichzeitig wurde das Deutsche Reich verpflichtet, vorläufig Sach- und Barleistungen im Umfang von zwanzig Milliarden Goldmark zu erbringen.

Die Wirtschaftsfachleute wiesen die Reichsregierung darauf hin, daß die Aufrechterhaltung des deutschen ökonomischen Potentials Vorrang haben müßte vor den Abrüstungsverpflichtungen und selbst den territorialen Einbußen, so sehr man hoffte, diese in Grenzen halten zu können. Sie stimmten in dieser Einschätzung mit dem Urteil amerikanischer und britischer Experten überein. John Maynard Keynes, dessen vernichtende Kritik an den wirtschaftlichen Folgen des Versailler Vertrags ihm größte Sympathien in Deutschland eintrug, bemerkte schon 1919: »Die Gefahren der Zukunft liegen nicht in Grenz- und Gebiets-, sondern in Lebensmittel-, Kohlen- und Verkehrsfragen.« Er brachte damit zum Ausdruck, daß das wirtschaftliche Gewicht der Staaten, nicht ihre territoriale Ausdehnung die künftige Mächtekonstellation bestimmen werde. Auch die deutschen Führungseliten setzten in die Wirtschaftskraft des Reiches größtes Vertrauen und erblickten in deren Sicherung das Unterpfand eines machtpolitischen Wiederaufstiegs. Sie waren überzeugt, daß die Alliierten letzten Endes nicht auf eine wirtschaftliche Kooperation mit Deutschland verzichten könnten und daß dessen Mitwirkung bei der ökonomischen Rekonstruktion Europas unentbehrlich sei. Hieraus erklärt sich das hohe Maß von Selbstbewußtsein, das die deutsche Politik inmitten der militärischen Niederlage an den Tag gelegt hat.

Das Hauptinteresse Deutschlands richtete sich auf die Wiederherstellung normaler Handels- und Austauschbeziehungen, die zugleich die Voraussetzung für die Reparationsleistungen darstellten, ferner auf die Sicherung des eigenen schwerindustriellen Potentials. Deshalb gewannen die Bemühungen, die Abtretung des oberschlesischen Industriegebiets zu verhindern, eindeutige Prioriät, zumal damit zu rechnen war, daß der früh erkennbare französische Zugriff auf die Saar-Gruben nicht abgewehrt werden konnte. Vor diesem Hintergrund sind die Überlegungen Erzbergers zu sehen, den Alliierten ein europäisches Wiederaufbauprogramm mit maßgeblicher deutscher Beteiligung vorzuschlagen. Doch solche Ansätze traten gegenüber der von Brockdorff-Rantzau verfolgten Prinzipienpolitik zurück. Erst nach Bekanntwerden der Friedensbedingungen konnte sich Carl Melchior mit der Anregung, den Alliierten eine Reparationsleistung in Höhe von hundert Milliarden Goldmark anzubieten, die zunächst in Sachleistungen, von 1926 an in Barzahlungen, aber ohne Verzinsung, aufzubringen war, teilweise durchsetzen. Das Reichsschatzamt hielt diesen Betrag für unerträglich hoch und bezweifelte, daß es möglich sein werde, die öffentlichen Haushalte in diesem Umfang heranzuziehen. Melchior, der die zögernde Unterstützung Erzbergers fand, machte darauf aufmerksam, daß die Alliierten mit Sicherheit noch mehr fordern würden, da sie sich gegenüber der öffentlichen Meinung ihrer Länder auf umfangreiche deutsche Wiedergutmachungsleistungen festgelegt hätten. Max Warburg wies zudem den Weg zu einer praktikablen Lösung des Zahlungsproblems, indem er den Transfer eines festen Prozentsatzes der Reichseinnahmen ins Auge faßte.

Jeder Schritt in diese Richtung hätte nicht nur das begründete Mißtrauen der Alliierten in die deutsche Zahlungsbereitschaft vermindert, sondern bei ihnen auch ein positives Interesse an einer wirtschaftlichen Konsolidierung des Reiches hervorgerufen. Dieser konstruktive Ansatz, der den Weg zu Verhandlungen geöffnet hätte, ging jedoch in dem Konvolut deutscher Rechtsvorbehalte und Gegenforderungen unter, und er war zugleich an die Bedingung territorialer Unversehrtheit geknüpft, was die alliierte Seite keinesfalls anzunehmen bereit war. Überdies unterband Brockdorff-Rantzau bewußt Expertengespräche, obwohl Lloyd George erkennen ließ, daß er sie für wünschenswert hielt. Trotzdem fanden einige deutsche Gegenvorschläge die Beachtung der amerikanischen Fachleute, die Wilson nachdrücklich darauf hinwiesen, daß den Deutschen schwerlich Reparationsleistungen in größerem Umfang abverlangt werden könnten, wenn sie nicht in die Lage versetzt würden, den Export zu intensivieren. Wilson scheiterte jedoch mit dem Vorstoß, Deutschland einen Teil der Handelsflotte zurückzugeben. Hätte die deutsche Seite frühzeitiger und entschiedener die Linie begrenzter wirtschaftlicher und finanzieller Angebote verfolgt, wäre die ihrer Haltung spiegelbildliche französische Verhandlungsstrategie beträchtlich erschwert worden.

Unter wirtschaftlichen Gesichtspunkten erwiesen sich die Pariser Friedensregelungen als äußerst unbefriedigend. Der amerikanische Präsident hatte sich unter dem Stichwort »Freiheit der Meere« für den Abbau internationaler Handelsbarrieren eingesetzt. Statt dessen leitete die Pariser Neuordnung den Übergang zu protektionistischen Maßnahmen und zur Errichtung von nationalen Zollschutzmauern ein. Kriegsschulden und Kriegsfolgelasten behinderten auch bei den Siegermächten eine rasche ökonomische Rekonstruktion. Zeitgenössische Kritiker des Vertragswerks hoben dessen grundlegende wirtschaftliche Mängel hervor, die auch darin lagen, daß sich die USA in keiner Weise bereit zeigten, Zahlungserleichterungen im Hinblick auf die französischen und britischen Kriegskredite zu gewährleisten, obwohl es handfeste ökonomische Interessen gab, den europäischen Markt zu beleben, wie es die mit den riesigen Agrarüberschüssen der USA zusammenhängende Hilfsaktion Herbert Hoovers deutlich werden ließ. Auch die Erwägung, eine Garantie der von Deutschland auszugebenden Reparationsobligationen zu übernehmen, wurde vom US-Schatzamt kategorisch zurückgewiesen.

Unter diesen Bedingungen bestand in Frankreich und Großbritannien ein massives finanzpolitisches Interesse, die den USA geschuldeten Kreditzinsen durch den Zufluß deutscher Reparationszahlungen ganz oder teilweise abzudecken. Es spricht manches dafür, daß der britische Antrag, die Festlegung der deutschen Reparationsverpflichtungen zu vertagen, auch von der Erwägung bestimmt war, daß in einer weniger gespannten Situation als derjenigen des Frühjahrs 1919 ökonomische Vernunftgründe größere Durchsetzungschancen besaßen. Jedenfalls war das Offenhalten des Reparationsproblems insofern kontraproduktiv, als von Deutschland kaum erwartet werden konnte, seine ökonomische Leistungskraft unter Beweis zu stellen, wenn nachträglich mit deren vermehrter Abschöpfung gerechnet werden mußte. Zugleich enthielt der Versailler Vertrag eine Fülle von wirtschaftlichen Diskriminierungen, darunter den Verlust des deutschen Eigentums in den Siegerstaaten, die Preisgabe von Patenten und Warenzeichen, die einseitig ausgesprochene Internationalisierung der Wasserwege, die Valorisierung der deutschen Vorkriegsschulden sowie Meistbegünstigungsklauseln für die Alliierten.

Es gelang der französischen Diplomatie jedoch nicht, das von ihr betriebene »schwerindustrielle Projekt« zu verwirklichen, das in der Absicht bestand, der eigenen Schwerindustrie durch drastische Einschränkungen der Kohlenförderung und der eisen- und stahlerzeugenden Industrie des Reiches eine ausschlaggebende Stellung auf dem Kontinent zu verschaffen. Ein wichtiger Schritt auf diesem Weg war die Angliederung der Saar. Frankreich erreichte jedoch nur, daß das Saarland als Völkerbundsmandat dem französischen Zollgebiet angeschlossen wurde und die Saar-Bergwerke in französisches Eigentum übergingen. Dies erfolgte jedoch unter dem Vorbehalt einer nach fünfzehn Jahren vorzunehmenden Volksabstimmung, die über die definitive staatliche Zugehörigkeit entscheiden sollte. Die Oberschlesien-Frage blieb offen, nachdem Lloyd George als eine der wenigen Konzessionen auf die deutschen Gegenvorstellungen die Abhaltung einer Volksabstimmung durchsetzte. Die französische Politik, die am »schwerindustriellen Projekt« festhielt, sah sich daher genötigt, es mittels der im Friedensvertrag vorgesehenen Sanktionsmöglichkeiten weiter zu betreiben.

Die Pariser Friedensordnung mündete folgerichtig in einen verdeckten wirtschaftlichen Machtkampf, der einen Abgesang der nicht zuletzt durch den Ersten Weltkrieg verspielten weltökonomischen Führungsrolle Europas darstellte. Er entsprach weder der technologischen Entwicklung noch den realen volkswirtschaftlichen Interessen der beteiligten Länder und knüpfte an die kriegswirtschaftliche Verschränkung von Schwerindustrie und Staatsapparat an, die der Interessenlage des sowohl in Deutschland als auch in Frankreich zunehmend selbstbewußter auftretenden Unternehmertums kaum mehr entsprach. In der breiten Öffentlichkeit sind die ökonomischen Probleme gegenüber der territorialen Neugliederung in den Hintergrund getreten, obwohl die beteiligten Regierungen sich ihrer voll bewußt waren. Das Denken in den Kategorien nationalstaatlicher Autarkie stellte ein entscheidendes Hindernis auf dem Weg zu einer stabilen europäischen Neuordnung dar.

Als die Friedenskonferenz unter Beteiligung von siebenundzwanzig Ländern am 18. Januar 1919 in Paris zusammentrat, mochte die breite Öffentlichkeit noch an Wilsons Verheißung eines gerechten Friedens, der keine Sieger und Besiegten kenne, und an die Vision eines grundlegenden Neuanfangs glauben, der kriegerische Konflikte zwischen den Mächten durch die Schiedsgerichtsbarkeit der im Völkerbund vertretenen Nationen künftig unterband. Die Eingeweihten waren sich hingegen darüber im klaren, daß die Vielzahl konfligierender Interessen, die im Zusammenhang mit der Friedensstiftung tangiert waren, nur durch pragmatische Kompromisse, nicht auf der Grundlage universaler Prinzipien, wie sie Wilsons Programm kennzeichneten, befriedigt werden konnten. Der amerikanische Präsident sah sich zunächst mit der Tatsache konfrontiert, daß die Westmächte eine Reihe von Geheimverträgen geschlossen hatten, die Italien die Brenner-Grenze zusicherten und eine territoriale Revision auf dem Balkan präjudizierten. Aber auch die amerikanische Politik hatte, indem sie mit der Exilregierung unter Tomáš Masaryk und Eduard Beneš Kontakte aufnahm, der Gründung eines selbständigen tschechoslowakischen Staates unter Einbeziehung der zu Ungarn gehörenden slowakischen Gebiete zugestimmt. Doch unabhängig von diesen schwer revidierbaren Vorentscheidungen holte die Bürde jahrhundertealter historischer Konfliktlagen das Bestreben ein, das Zusammenleben der Völker von Grund auf neu zu ordnen.

Präsident Wilson hatte für die bevorstehende Friedensregelung den Grundsatz des »Selbstbestimmungsrechts der Völker« verkündet; es stellte gleichsam das demokratische Gegenstück zum leninistischen Prinzip der »nationalen Selbstbestimmung bis zur Ablösung« dar. Für die Siegermächte, die sich im »Rat der großen Vier« im März ein handlungsfähiges Entscheidungsgremium schufen, das, in Einzelfällen unter Hinzuziehung der Vertreter Japans, für die Ausgestaltung der Friedensverträge von Versailles, Saint Germain, Trianon, Neuilly und Sèvres verantwortlich war, gab es keine Alternative zur Durchsetzung des nationalstaatlichen Prinzips. Es hätte modifizierte Formen des Selbstbestimmungsrechts gegeben, darunter die der »nationalen Autonomie« auf der Basis des Personalitätsprinzips, wie sie der österreichische sozialdemokratische Nationalitätentheoretiker Karl Renner entwickelt hatte. Sie fanden jedoch nur begrenzte Anwendung in Lettland.

Das Selbstbestimmungsrecht im Sinne des geschlossenen Nationalstaates entsprach nur sehr bedingt den durch ethnische Gemengelage und soziale Überschichtung der Nationalitäten bestimmten Verhältnissen in Ostmittel- und Südosteuropa. Es ließ zudem höchst unterschiedliche praktische Anwendungsmöglichkeiten zu. Die Pariser Expertenstäbe dachten durchweg in den Kategorien des westeuropäischen Nationalstaates, obwohl sich diese mit der Wirklichkeit der ostmittel- und südosteuropäischen Völkermischzone nicht deckten. Völkerbundssatzung und Friedensverträge schrieben zwar die Verabschiedung von Minderheitenschutzverträgen vor, die, was Polen anging, immerhin bis 1939 Geltung besaßen. Doch damit wurde weniger das Ziel verfolgt, die wirkliche Lebens- und Handlungsfähigkeit der neu geschaffenen nationalen Minderheiten sicherzustellen, als vielmehr den Prozeß der nationalen Assimilation zu erleichtern.

Jeder Versuch einer Neuordnung Europas hatte der Tatsache Rechnung zu tragen, daß das seit der imperialistischen Epoche kontinuierlich angewachsene Selbstbewußtsein auch der kleinen europäischen Nationen durch die Ereignisse des Weltkrieges Schubkraft gewonnen hatte. Das galt insbesondere für die Völker der übernationalen Staatsgebilde des zaristischen Rußland, der Österreich-Ungarischen Monarchie und der Türkei, die gleichsam als Fremdkörper das nationalstaatliche 19. Jahrhundert überlebt hatten. Sofern nicht bereits der im Waffenstillstandsabkommen für nichtig erklärte Friede von Brest-Litowsk und die Oktoberrevolution neue Formen an deren Stelle hatten treten lassen, stand die Friedenskonferenz vor dieser Aufgabe. Die Westmächte hatten lange gezögert, den Forderungen Masaryks zu folgen und sich für die Zerschlagung der Habsburgischen Monarchie auszusprechen. Tatsächlich war die Auflösung von innen schon so weit vorgeschritten, daß sie sich angesichts des militärischen Zusammenbruchs der Mittelmächte nicht mehr abwenden ließ. Das Völkermanifest Kaiser Karls I., des letzten habsburgischen Herrschers, vom Oktober 1918 kam zu spät und war zu halbherzig, um die nichtdeutschen Völker der Monarchie noch vom Willen zu nationaler Unabhängigkeit abzuhalten.

Es mag als entscheidendes Versäumnis der Siegermächte erscheinen, daß sie nicht den Versuch unternommen haben, mittels einer Donau-Konföderation einen Teil der Vorzüge des trotz allem funktionsfähigen Großwirtschaftsraums zu erhalten. Aber die nationale Dynamik wäre vermutlich über solche Bestrebungen hinweggegangen. Daher blieb nur die Alternative der nationalen Trennung. In gewissem Umfang war es unvermeidlich, daß sich die Konstituierung der »Nachfolgestaaten« auf Kosten der zuvor »herrschenden« Nationen vollzog. Wirtschaftliche und historische Argumente mischten sich mit dem handfesten französischen Interesse, einen stabilen Bündnispartner an der Südostflanke des Deutschen Reiches zu gewinnen, wenn man die überwiegend deutsch besiedelten nordböhmischen und mährischen Randzonen daran hinderte, sich der Republik Deutsch-Österreich anzuschließen, und der mehrheitlich polnischen Bevölkerung im Herzogtum Teschen das Selbstbestimmungsrecht vorenthielt. Nicht weniger folgenreich sollte es sein, daß Masaryk und Beneš das im Pittsburgher Abkommen von 1917 erwähnte Autonomieversprechen der nun mit Böhmen vereinigten Slowakei nicht einlösten. Daß die Siegermächte gleichzeitig den von der provisorischen österreichischen Nationalversammlung verkündeten »Anschluß« an das Deutsche Reich verweigerten, obwohl dies eine wirtschaftlich und strategisch nicht zu Buche schlagende, aber psychologisch beachtliche Kompensation des deutschen Nationalbewußtseins für die beträchtlichen Territorialverluste im Osten hätte bedeuten können, ist im Zusammenhang mit den traumatischen Reaktionen zu sehen, welche die deutschen Mitteleuropa-Pläne seit 1915 insbesondere in Frankreich ausgelöst hatten.

Die Entscheidungen der in Paris versammelten Staatsmänner waren teils durch nationalistische Pressionen der Nachfolgestaaten, teils durch unzureichende ethnographische und historische Kenntnisse mitbedingt. Dies erleichterte Gratifikationen an den rumänischen Bündnispartner, der mit dem Erwerb des magyarisch-deutsch besiedelten Siebenbürgen und des Banats übermäßig begünstigt wurde, während sich das ehrwürdige Königreich Ungarn, das im Vertrag von Trianon vom 4. Juni 1920 mehr als zwei Drittel seines Territoriums einbüßte, darunter die Slowakei, Kroatien und das spätere Burgenland, sich auf die Rolle eines europäischen Kleinstaates reduziert sah. Die Ausrufung der Ungarischen Räterepublik im März 1919 und die vorübergehend realistisch erscheinende Hoffnung, unmittelbare Verbindung mit der gegen Polen operierenden Roten Armee zu gewinnen, stellte angesichts der sich abzeichnenden schweren territorialen Einbußen einen Verzweiflungsakt dar, bei dem sich bolschewistische und nationale Bestrebungen vermischten. Es warf einen Schatten auf das Pariser Friedenswerk, das im Zeichen der Demokratie begonnen worden war, daß alliierte Truppen zusammen mit rumänischen Freischärlern das autoritäre Horthy-Regime im August 1919 inthronisierten.

Die Pariser Friedenskonferenz war mit der Aufgabe, eine stabile territoriale Neuordnung in Südosteuropa zu schaffen, in vieler Hinsicht überfordert. Weder in Dalmatien noch in der kroatisch-italienischen Grenzzone, weder in Kärnten noch in Tirol gelang eine friedliche Bereinigung der anhaltenden Nationalitätenkonflikte. Gabriele d'Annunzios Handstreich auf Fiume, den er am 11. September 1919, am Tag nach dem Friedensschluß von Saint Germain, in Szene setzte, beleuchtete schlagartig das Unvermögen der Alliierten, in diesem Raum geordnete Verhältnisse zu begründen. Das in den Rang einer mittleren Macht aufsteigende Königreich der Serben, Kroaten und Slowenen, seit 1929 offiziell als Jugoslawien bezeichnet, erwies sich als innenpolitisch wenig gefestigtes Gebilde, in dem der administrative Zentralismus der Serben mittelfristig nur mit Hilfe einer Königsdiktatur durchgesetzt werden konnte. Die staatlichen Neubildungen im ehemals vom Osmanischen Reich beherrschten äußersten europäischen Südosten und Vorderen Orient blieben instabil. Die revolutionäre Machteroberung Mustafa Kemals brachte den der Türkei aufgepreßten Frieden von Sèvres, den letzten, erst am 10. August 1920 ohne Mitwirkung der USA geschlossenen Pariser Vorortsvertrag, zum Scheitern; langwierige kriegerische und diplomatische Verwicklungen folgten, bis 1923 im Frieden von Lausanne dieser Raum zu einer nur vorläufigen und vordergründigen Ruhe kam.

Weit entscheidender war die Frage, ob es gelang, eine stabile Neuordnung im europäischen Osten zu erreichen. Es lag im teils ideologisch, teils ökonomisch bestimmten Interesse der Westmächte, durch die Schaffung eines starken und unabhängigen Polen und durch die Konstituierung der baltischen Randstaaten Estland, Lettland und Litauen, des Cordon sanitaire, eine Barriere gegen das bolschewistische Rußland zu errichten und dadurch die Kontaminationsgefahr der Oktoberrevolution zu verringern. Dies galt um so mehr, als sich seit dem Februar 1919 herausstellte, daß die Weißgardisten unter Admiral Aleksandr Koltschak und später unter General Peter Wrangell den Bürgerkrieg nicht zu ihren Gunsten zu entscheiden vermochten, während die Westmächte, vor allem Großbritannien, das scharfe Proteste der eigenen Industriearbeiterschaft befürchten mußte, davon Abstand nahmen, mit eigenen Kräften militärisch zu intervenieren. Lloyd George plädierte vergeblich dafür, die bolschewistische Regierung an der Pariser Friedenskonferenz zu beteiligen, vermochte jedoch nicht einmal die eigene Regierung in dieser Frage voll hinter sich zu bringen.

Unter dem Gesichtspunkt, eine dauernde europäische Neuordnung in die Wege zu leiten, erwies sich der Ausschluß Sowjetrußlands als schwerwiegender Fehler, wenngleich das Auftreten bolschewistischer Politiker in Paris vermutlich einige Verwirrung gestiftet haben würde. Auf lange Sicht mußte der Verzicht auf die politische Integration der Sowjetmacht, die mit der Preisgabe Polens und des baltischen Raums wie der indirekt erfolgenden Zurückdrängung an den Dardanellen zu den eindeutigen Verlierern zählte, eine pro-russische Orientierung des Deutschen Reiches begünstigen. Doch zunächst trat diese Perspektive zurück. Solange die deutsche Politik mit einer Intervention der Westmächte zu rechnen hatte, vermied sie die Aufnahme diplomatischer Kontakte zur Sowjetregierung, die 1918 nach der Ermordung des deutschen Botschafters in Moskau abgebrochen worden waren. Vielmehr ermöglichte sie den Transport der polnischen Armee Józef Hallers durch das Reichsgebiet in der Hoffnung, dafür alliierte Kompensationen zu erlangen.

Die innere Verweigerung des Friedens

Die militärische Führung gab sich zunächst noch der Illusion hin, die alliierte Zustimmung, möglicherweise ihre aktive Unterstützung für einen neuerlichen Marsch auf Petrograd erhalten zu können. Die vorübergehend gespannten deutsch-sowjetischen Beziehungen veranlaßten die Reichsregierung jedoch nicht, im darauffolgenden Sommer Polen beim Abwehrkampf gegen die unerwartet siegreiche Rote Armee zu Hilfe zu kommen, obwohl sie, wie Winston Churchill damals formulierte, damit »der Zivilisation einen Dienst vornehmster Art« geleistet hätte. Insgeheim rechnete man mit einer Zerschlagung Polens und der Wiederherstellung der deutschen Ostgrenze von 1914, die der sowjetische Volkskommissar für auswärtige Angelegenheiten, Georgij Tschitscherin, in Aussicht gestellt hatte, bevor Marschall Józef Piłsudski das »Wunder an der Weichsel« gelang und er, nicht ohne die aktive Mitwirkung französischer Militärberater unter General Maxime Weygand, die sowjetischen Verbände zum Rückzug zwang und im Frieden von Riga am 18. März 1921 die polnische Grenze über die von Lord Curzon vorgeschlagene Linie beträchtlich nach Osten ausweiten konnte. Der polnische Sieg bewirkte schon im Spätsommer 1920 eine Verschärfung des unter Führung Wojciech Korfantys durch polnische Freischärler in Oberschlesien ausgeübten militärischen Drucks. Während die Reichsregierung daran gehindert war, Militär einzusetzen, und indirekt die Bildung von Selbstschutzverbänden begünstigte, taten vor allem die französischen Besatzungstruppen wenig, um der sich abzeichnenden polnischen Insurrektion entgegenzutreten. Dies sollte 1921, nach der Volksabstimmung, erneut zu schweren bewaffneten Auseinandersetzungen führen.

Die Wiederherstellung der Unabhängigkeit der polnischen Republik, die seit dem Vormärz ein Desiderat der europäischen Demokratie gewesen war, erfolgte zugleich auf Kosten des Deutschen Reiches. Nach dem Wegfall des russischen Bündnisses setzte das französische Sicherheitsstreben in erster Linie auf den polnischen Partner, zu dem althergebrachte kulturelle und politische Beziehungen bestanden. Dem einer überholten Nationalstaatstheorie entlehnten Dogma, wonach die wirtschaftliche Lebensfähigkeit eines Staates vom Zugang zum Meer abhängig ist, entsprang die Schaffung des Korridors. Die Abtrennung des nur durch eine exterritoriale Bahnverbindung mit dem Reich verknüpften Ostpreußens wurde von der deutschen Öffentlichkeit als nationale Demütigung empfunden; daß der angelsächsische Einspruch bewirkt hatte, daß Ostpreußen beim Reich verblieb und Danzig als unter der Aufsicht des Völkerbundes stehende Freie Stadt seinen primär deutschen Charakter bewahren konnte, wurde nicht wahrgenommen. Der Verlust des größeren Teils der preußischen Provinzen Westpreußen und Posen – im südlichen Ostpreußen wie in dem östlich der Weichsel liegenden westpreußischen Teil gingen Volksabstimmungen 1920 zugunsten Deutschlands aus – sowie die Abtretung des Memellandes an Litauen stießen bei allen politischen Gruppierungen auf schärfsten Widerspruch und wurden als Vergewaltigung hingestellt. Dies hätte sich kaum anders verhalten, wenn die Grenzziehung in stärkerem Maße auf ethnische Gegebenheiten Rücksicht genommen hätte.

Das Gefühl kultureller Überlegenheit gegenüber Polen, die Verdrängung der rücksichtslosen Germanisierungspolitik des Kaiserreiches, Siedlungsgedanke und »Drang nach Osten« wirkten zusammen und ließen den Eindruck unversöhnlicher Feindschaft entstehen, der durch nationalistische Töne auf polnischer Seite zusätzlich genährt wurde. Der Chef der Heeresleitung, General Hans von Seeckt, äußerte im Februar 1920: »Um Polen, diesen Todfeind Deutschlands, Geschöpf und Bundesgenosse Frankreichs, Räuber deutschen Bodens, Vernichter deutscher Kultur, vor dem Bolschewismus zu retten, darf sich keine deutsche Hand rühren, und will der Teufel Polen holen, wir sollten ihm helfen.« Das prophetische Wort von Friedrich Engels, daß die Freiheit Polens »Gradmesser der Freiheit Europas« sei, war selbst bei der deutschen Linken in Vergessenheit geraten. Während die territorialen Einbußen im Westen – Elsaß-Lothringen und Eupen-Malmedy, dazu Gebietskorrekturen in Schleswig – von der deutschen Öffentlichkeit widerstrebend hingenommen werden konnten, galt dies für die Ostgrenzen nicht. Die Kämpfe um die politische Zugehörigkeit Oberschlesiens gewannen daher zentrale innenpolitische Bedeutung.

Durch die Einführung parlamentarischer Systeme hatten die Großmächte eine relative innenpolitische Homogenität als Voraussetzung des kollektiven Sicherheitssystems angestrebt. In den weithin neu geschaffenen Klein- und Mittelstaaten Ostmitteleuropas, die scharfen inneren sozialen Gegensätzen wie der Bedrohung durch kommunistische Umsturzbewegungen ausgesetzt waren, gewann der Nationalismus die Funktion eines unentbehrlichen Integrationsinstruments. Dies schwächte die durchweg unzureichend entwickelten bürgerlich-liberalen Kräfte gegenüber den sich in der Regel auf die Militärs abstützenden reaktionären Gruppierungen. Daher erwiesen sich die neu geschaffenen parlamentarischen Systeme fast ausnahmslos als nicht lebensfähig.

Nachdem in Ungarn das Horthy-Regime errichtet war, scherte Italien unter der Führung Benito Mussolinis aus dem Kreis der liberalen Verfassungsstaaten aus. Die Mehrheit der Mittel- und Kleinstaaten folgte auf dem Weg zu autoritären oder semi-faschistischen Strukturen. Spannungen zu nicht integrierten nationalen Minderheiten lieferten in der Regel den äußeren Anlaß dazu. In der Polnischen Republik wurde der Minderheitenblock wirkungsvoll isoliert und schließlich durch Wahlmanipulationen und den terroristischen Zugriff Piłsudskis zerschlagen. Damit endete der polnische Parlamentarismus zugunsten eines Obristenregimes, das sich 1926 durch eine Verfassungsrevision absicherte, die nach dem Zweiten Weltkrieg vom Gaullismus kopiert wurde. Eine Ausnahme stellte die Tschechoslowakei dar. Es gelang Masaryk und Beneš, bis Anfang der dreißiger Jahre die radikal-nationalistische Opposition der deutschen Minderheiten zu isolieren und die Mehrheit der deutschen Parteien zu loyaler Mitarbeit zu gewinnen, während die slowakische Volkspartei und die polnische Bevölkerung zurückgesetzt blieben. Die relative Funktionsfähigkeit des tschechoslowakischen parlamentarischen Systems beruhte nicht zuletzt auf der diplomatischen und finanziellen Hilfestellung Frankreichs wie der systemstabilisierenden Rivalität Ungarns, Polens und, wenngleich zunächst nur potentiell, des Deutschen Reiches.

Eine Sonderstellung nahm die erste Österreichische Republik ein. Hier kam es nach der radikal-parlamentarischen Übergangsverfassung zum Kompromiß des Bundesverfassungsgesetzes von 1920, das, mit der 1929 vorgenommenen Verstärkung des präsidialen Elements, bis 1933/34 in Kraft blieb, obwohl die beiden führenden Parteien, Sozialdemokraten und Christlich-Soziale, den bürgerlichen Parlamentarismus teils als Übergangsform zur Gewinnung einer sozialistischen Mehrheit geringschätzten, teils zunehmend zugunsten korporativistisch-autoritärer Ordnungsmodelle preisgaben, während die Großdeutsche Partei und der Landbund das Lebensrecht der Republik bestritten und für den Anschluß an Deutschland plädierten. Trotz des latenten Bürgerkriegs, der 1927 anläßlich des Justizpalastbrandes offen auszubrechen drohte, ergab sich aufgrund der finanzpolitischen Abhängigkeit von den Westmächten, die 1922 in den Genfer Protokollen zu einer tiefgreifenden wirtschaftlichen und finanzpolitischen Kontrolle durch die Westmächte führte, eine Festigung des parlamentarischen Systems. In allen anderen Fällen scheiterte die 1919 eingeleitete Demokratisierung und begründete eine dauernde politische Instabilität, die Aggressoren zur Intervention herausfordern mußte.

In den »Vierzehn Punkten« hatte Präsident Wilson die Gründung einer allgemeinen Liga der Völker mit dem Ziel angestrebt, »großen und kleinen Staaten gleichermaßen gegenseitige Garantien ihrer politischen Unabhängigkeit und territorialen Unversehrtheit« zu geben. Dies verband sich für ihn mit der Durchsetzung des demokratischen Prinzips. Daher neigte er dazu, autokratisch regierten monarchischen Staaten die Mitgliedschaft im Völkerbund zu verweigern. Die außenpolitischen Realitäten zerstörten rasch diese hochgespannten Erwartungen. Angesichts der Selbstbehauptung des bolschewistischen Regimes in Rußland gewann das System kollektiver Sicherheit zunehmend die Funktion, die Herrschaft des Kapitalismus gegenüber radikal-sozialistischen Experimenten zu stabilisieren. Die doppelte Zielsetzung, revisionistische Bestrebungen zu kanalisieren und kommunistische Bewegungen einzudämmen, machte es unmöglich, an einer Prinzipienpolitik großen Stils festzuhalten.

Schon vor seiner Ankunft in Paris sah sich Wilson genötigt, von seinen ursprünglichen Zielen wesentliche Abstriche zu machen. Als erstes fiel der Gedanke der offenen Diplomatie. Aus einer vorbereitenden Zusammenkunft der Regierungen in Paris wurde die offizielle Friedenskonferenz, die unter Ausschluß der Vertreter der Mittelmächte und der Sowjetregierung stattfand. Desgleichen setzten die Westmächte ihre Bedenken gegen eine sofortige Hinzuziehung des Deutschen Reiches zum Völkerbund durch. Wilson hatte zunächst an eine Karenzzeit gedacht, in der Deutschland seine demokratische Zuverlässigkeit beweisen sollte. Daraus wurde die Vereinbarung, daß ihm erst dann ein Anspruch auf Aufnahme eingeräumt werden sollte, wenn es seine Reparationsverpflichtungen erfüllt hatte. Dies stand nicht notwendig im Widerspruch zu Wilsons Ankündigung eines Friedens der Gerechtigkeit. Er schien ihm durchaus mit Strafmaßnahmen gegen Aggressorstaaten vereinbar zu sein, zu denen auch die Umwandlung der deutschen Kolonien in Mandate beim Völkerbund gehörte, was ursprünglich einen ersten Schritt zur allgemeinen Dekolonisierung darstellen sollte.

Für den Ausschluß Deutschlands aus dem Völkerbund spielte die Furcht vor einer Bolschewisierung nur vorübergehend eine Rolle. Viel wichtiger war, daß Wilson und die meisten seiner Berater im Kabinett Ebert-Scheidemann nur eine verhüllte Fortsetzung des kaiserlichen Deutschland erblickten. Aus der Erwägung heraus, eine unterzeichnungswillige Regierung an die Macht zu bringen, gab es zeitweise Bestrebungen, die USPD zu unterstützen. Indes überwog die Angst vor einer zu deutlichen Linkswendung, so daß sich der Standpunkt derjenigen Berater durchsetzte, die es für geboten hielten, die gemäßigten politischen Kräfte zu stärken. Konzessionen an die Republik hatte Wilson nicht im Sinn. Er verkannte, daß die Verweigerung einer Mitwirkung Deutschlands im Völkerbund gerade diejenigen politischen Gruppierungen desavouierte, die sich, wie die Deutsche Liga für den Völkerbund, mit seinem ursprünglichen Programm, wenngleich nicht ganz uneigennützig, identifizierten. Andererseits hätte ein alliiertes Entgegenkommen der extrem nationalistischen Grundstimmung in Deutschland schwerlich entgegengewirkt. Es war bezeichnend, daß sich Eduard Bernstein, der für den Zusammenschluß der beiden sozialistischen Fraktionen eintrat, auf dem SPD-Parteitag im Juni 1919 dem Vorwurf, mit »talmudistischen Argumenten« zu arbeiten, ausgesetzt sah, als er den Versailler Vertrag zu neun Zehnteln für unvermeidlich hingestellt hatte. Selbst maßvolle Sozialdemokraten wie Hermann Müller stimmten in diese antisemitisch gefärbte Verurteilung des verdienten Parteiveteranen ein.

Mit der Ausschließung Deutschlands aus dem Völkerbund nahm dieser das Odium auf sich, ein Forum der Siegermächte zu sein. Diese Denaturierung des Völkerbundes wäre wohl auch dann nicht vermieden worden, wenn Wilson nicht an der Haltung des Senats gescheitert wäre, der dem Versailler Vertrag und der Völkerbundssatzung die notwendige Mehrheit verweigerte und damit der europäischen Politik des Präsidenten die Grundlage entzog. Ohne die Teilnahme der USA verwandelte sich der Völkerbund vollends in ein Werkzeug der französischen Sicherheitspolitik, das der Erhaltung der mit den Pariser Vorortsverträgen entstandenen Machtkonstellation diente. Die äußerst eingeschränkte Möglichkeit der Vertragsrevision, die in Artikel 19 der Völkerbundssatzung enthalten war, wurde jedenfalls von der deutschen Politik unter diesen Umständen als bedeutungslos eingeschätzt. Zudem mißlang es dem Völkerbund schon Anfang der zwanziger Jahre, die allenthalben aufbrechenden gewaltsamen Konflikte, die vielfach zu umfassenden militärischen Operationen eskalierten, wirksam einzudämmen. Ebensowenig wurde das System bilateraler Bündnisse, mit dem vor allem Frankreich die 1919 gewonnene Hegemonialstellung abzusichern bestrebt war, durch den Völkerbund überflüssig gemacht. Vielmehr suchten gerade die revisionistischen Staaten die Institutionen kollektiver Sicherheit zu umgehen und zu der dann auch von der Sowjetunion erneut bevorzugten Geheimdiplomatie der Vorkriegsepoche zurückzukehren.

Für Wilson, der um der Schaffung des Völkerbundes willen weitreichende und seinen Prinzipien widersprechende Konzessionen gemacht hatte, mußte die Verformung des Völkerbundgedankens besonders schmerzlich sein, wenngleich 1919 noch Hoffnung bestand, dem Prinzip internationaler Kooperation mittelfristig größere Geltung zu verschaffen. Eine pauschale Verurteilung der Politik des amerikanischen Präsidenten sowie der Pariser Friedensordnung und des Versailler Vertrags ist daher wenig angebracht. Das Pensum, das der Pariser Friedenskonferenz aufgegeben war, übertraf dasjenige des Wiener Kongresses um das Vielfache. Zugleich standen die Großmächte angesichts der Gefahr, daß die bolschewistische Revolution nach Mitteleuropa übergriff, und infolge der mangelnden innenpolitischen Abstützung Wilsons, die eine baldige Rückkehr der amerikanischen Delegation erforderlich machte, unter äußerstem Zeitdruck. Es war daher in stärkerem Umfang notwendig, Kompromisse mit den Westmächten einzugehen, als das den Grundsätzen und Absichten des Präsidenten entsprach. Hätte er die Verhandlungen unter Protest verlassen, wie er vorübergehend erwog, wäre dies nicht nur einem Eingeständnis der Niederlage gleichgekommen. Ein solcher Schritt, den die deutsche Seite von Wilson erwartete, hätte auch den Bestrebungen der französischen Rechten Vorschub geleistet, anstelle eines formellen Friedensschlusses den Zustand eines Kalten Krieges fortzusetzen, wie dies in der Epoche nach dem Zweiten Weltkrieg zum Regelfall geworden ist. Denn um der ökonomischen Rekonstruktion willen, die für Sieger wie Besiegte eine unaufschiebbare Notwendigkeit darstellte, waren Friedensschlüsse mit Mängeln einem innenpolitisch abträglichen Schwebezustand zwischen Krieg und Frieden vorzuziehen.

Der Friedensvertrag von Versailles war in weitem Umfang von den französischen Sicherheitsinteressen diktiert, denen aus der Sicht der späteren Entwicklung innere Berechtigung nicht abgesprochen werden kann. Frankreich fand dafür die allerdings nur halbherzige Unterstützung Großbritanniens. In seinem in Fontainebleau verfaßten Memorandum vom 25. März 1919 hatte der britische Premierminister, David Lloyd George, für eine faire Behandlung Deutschlands plädiert, die es in die Lage versetzen müsse, die eingegangenen vertraglichen Verpflichtungen zu erfüllen. Das entsprach dem britischen Interesse, das Deutsche Reich als künftigen Handelspartner zu erhalten, zumal Großbritannien wegen der wachsenden Unabhängigkeitsbestrebungen der Dominions noch stärker als bisher auf den europäischen Markt angewiesen sein würde. Lloyd George hatte deshalb die französischen Ambitionen auf den Erwerb der Rhein-Linie zu Fall gebracht, aber der Demilitarisierung einer rechtsrheinischen Zone von fünfzig Kilometern Breite und der auf fünf, zehn und fünfzehn Jahre befristeten alliierten Besetzung des linksrheinischen Gebiets zustimmen müssen.

Um dem französischen Sicherheitsbedürfnis Genüge zu tun, schloß Großbritannien am Tag der Unterzeichnung des Friedensvertrags ein Garantieabkommen mit Frankreich, das die englische Unterstützung für den Fall zusicherte, daß das Deutsche Reich die Demilitarisierungsvorschriften verletzte. Da es an die Ratifikation eines gleichlautenden Abkommens mit den USA geknüpft war, die infolge der ablehnenden Haltung des Senats nicht zustande kam, erlangte es keine völkerrechtliche Verbindlichkeit. Dies verstärkte die Nervosität, die man in Paris wegen einer möglichen Regenerierung des deutschen Machtstaates an den Tag legte. Die französische Außenpolitik war daher bemüht, die mangelnde bündnispolitische Absicherung durch Großbritannien und durch die USA zu kompensieren, indem sie die Politik politischer und ökonomischer Penetrierung, die sie gegenüber Österreich und der Tschechoslowakei erfolgreich betrieb, durch enge vertragliche und finanzielle Beziehungen zu Polen ergänzte, dessen Stärkung stets ein Hauptziel der Ostpolitik des Quai d'Orsay war.

Gegenüber Deutschland befand sich die französische Außenpolitik in einem unaufhebbaren Dilemma. Ihr Maximalziel bestand nicht allein in der Gewinnung der Rhein-Grenze und in der Schaffung rheinischer Pufferstaaten, sondern auch in der Auflösung der Reichseinheit. Insofern konnten diejenigen, welche die Zustimmung zum Friedensvertrag befürworteten, mit Recht von sich sagen, die Einheit des Reiches bewahrt zu haben, obgleich sie auch später wiederholt gefährdet war. Das Minimalziel richtete sich auf eine Verringerung des deutschen ökonomischen Potentials zugunsten Frankreichs, was jedoch, sofern ein direkter Zugriff auf die deutschen Ressourcen nicht möglich war, eine angemessene Regenerierung der deutschen Wirtschaft voraussetzte. Rheinland-Besetzung und Demilitarisierung bedeuteten demgegenüber zeitlich befristete Aushilfen, die den befürchteten Wiederaufstieg Deutschlands nur verzögern konnten. Es war konsequent, daß die französische Politik auf der peinlichen Einhaltung der Abrüstungsbestimmungen durch die Reichsregierung und auf deren Kontrolle durch die Interalliierte Militärkommission bestand. Auf der Konferenz in Spa, der ersten offiziellen Zusammenkunft der deutschen Regierung mit der Entente, rückte das Abrüstungsthema gegenüber der Reparationsfrage in den Vordergrund.

General von Seeckt klammerte sich an die Illusion, unter Hinweis auf die sozialen Spannungen entgegen der klaren Festlegung des Versailler Vertrags eine Heeresstärke von 200.000 Mann beibehalten oder die Demobilisierung wenigstens hinausschieben zu können. Demgegenüber bestand Frankreich darauf, daß die kasernierte Sicherheitspolizei, die überwiegend aus früheren Heeresangehörigen bestand, ebensowenig wie die Einwohnerwehren als ziviler Verband zu betrachten sei. Der langwierige Konflikt, den die Reichsregierung mit Bayern auszufechten hatte, bevor dieses sich 1921 mit der Auflösung der Einwohnerwehren abfand, beleuchtete die in militärischen Kreisen und bei der politischen Rechten anhaltende Tendenz, die Bestimmungen des Friedensvertrags trotz der eindeutigen Sanktionsdrohungen unterlaufen zu können. Illegale Wehrverbände, geheime Waffenlager und Grenzschutzformationen wurden auch weiterhin geduldet. Immerhin bewirkte die französische Intervention, daß der Einfluß rechtsgerichteter paramilitärischer Organisationen zahlenmäßig zurückging, wenngleich Bayern ein Eldorado der an die Freikorps anschließenden vaterländischen Verbände blieb.

Die von Marschall Foch durchgesetzte Beschränkung der deutschen Streitmacht auf ein Berufsheer war unter dem Gesichtspunkt demokratischer Integration bedenklich, aber das einzige Mittel, um eine rasche Regenerierung der deutschen Wehrkraft abzuwenden. Das Verbot der Herstellung und Verwendung moderner Waffen diente dem gleichen Zweck. Obwohl die Reichswehr durch die 1921 aufgenommene geheime Zusammenarbeit mit Sowjetrußland dieses Verbot zu unterlaufen versuchte, ist dadurch die militärische Kraft des Reiches bis in die dreißiger Jahre hinein entscheidend geschwächt worden. Die französischen Militärs, denen die Materialschlachten des Weltkrieges vor Augen standen, waren sich jedoch bewußt, daß Maßregeln dieser Art im Verhältnis zu rüstungswirtschaftlichen Faktoren von sekundärer Bedeutung waren. Sie beabsichtigten daher eine dauerhafte Schwächung des deutschen schwerindustriellen Potentials. Diesem Ziel dienten die seit 1919 gegen Deutschland gerichteten wirtschaftlichen Sanktionen. Die Fristen der Rheinland-Besetzung wie der Außenhandelsbeschränkungen der deutschen Schwerindustrie betrugen wenig mehr als ein halbes Jahrzehnt. Wenn es bis dahin nicht gelang, die kontinentale Vorherrschaft der deutschen Schwerindustrie zu brechen, war – aus französischer Sicht – der Krieg im Frieden verloren.

Die Ausgangslage schien den französischen Wünschen zu entsprechen. Unter Einschluß des 1921 abgetretenen oberschlesischen Industriegebiets büßte die deutsche Volkswirtschaft 75 Prozent der Eisenerzvorkommen, 68 Prozent der Zinkerze, 26 Prozent der Kohlenförderung sowie 44 Prozent der Roheisen- und 38 Prozent der Stahlproduktion ein. Die Übereignung der Saar-Kohle genügte indessen nicht, um den Energiebedarf der französischen Wirtschaft zu befriedigen, zumal die deutsche Besatzung in den belgischen und nordfranzösischen

Kohlegruben schwere Schäden angerichtet hatte, und sie war zur Verhüttung der zurückgewonnenen lothringischen Minette ungeeignet. Die dem Reich auferlegten Lieferverpflichtungen von 40 Millionen Tonnen Steinkohle sollten die deutsche Schwerindustrie an einer unbeschränkten Wiederaufnahme ihrer Produktion hindern und Frankreich die führende Stellung in der kontinentalen Stahlproduktion verschaffen.

Diese Rechnung ging aus einer Fülle von Gründen nicht auf. Die deutschen Kohlenlieferungen blieben, obwohl sie einsetzten, bevor die vertragliche Verpflichtung begann, hinter den erwarteten Mengen zurück. Dies war vornehmlich darauf zurückzuführen, daß während des Krieges Raubbau betrieben und der Streckenausbau vernachlässigt worden war. Darüber hinaus hatten die ständigen Streiks im Ruhrbergbau sowie die völlig unzureichende Lebensmittelversorgung einen beträchtlichen Förderungsabfall zur Folge. Auf der Konferenz von Spa, die wegen der vorgezogenen Neuwahlen auf Juli 1920 verschoben wurde, setzten die Alliierten vermehrte Kohlenlieferungen durch, die allerdings weit unter der von Frankreich geforderten Menge lagen; sie waren nicht mehr nur in den inflationierten deutschen Inlandspreisen, sondern mit einem Zuschlag von fünf Goldmark je Tonne auf das Reparationskonto anzurechnen. Otto Hue, der Führer des Verbandes der Bergarbeiter Deutschlands, hatte die Alliierten von der Notwendigkeit überzeugt, Devisen zum Import von Lebensmitteln zur Verfügung zu stellen, während Hugo Stinnes, der als Experte in Spa zugegen war, durch seine provozierenden Äußerungen den belgischen Außenminister zu der Bemerkung veranlaßte: »Was wäre mit uns geschehen, wenn ein solcher Mann die Möglichkeit gehabt hätte, als Sieger aufzutreten.«

Stinnes ließ mit seiner Brockdorff-Rantzau imitierenden Kompromißlosigkeit das Überlegenheitsgefühl der westdeutschen Schwerindustrie unmißverständlich erkennen. Schon Ende 1918 hatte man in schwerindustriellen Kreisen prognostiziert, daß die Franzosen auf der Minette sitzenbleiben würden. Die deutsche eisen- und stahlerzeugende Industrie hatte diese Linie konsequent befolgt und 1922 nach Ablösung der Kriegsschulden, für die man die sonst so kargen Devisen unverzüglich bereitstellte, langfristige Lieferverträge mit Schweden geschlossen. Der erhöhte Schrotteinsatz, den die erzwungene Abrüstung erleichterte, und die zunehmende Anwendung des Bessemer-Verfahrens erlaubten eine Einsparung des Kohleverbrauchs. Schon 1922 näherte sich die deutsche Stahlerzeugung an der Ruhr den Produktionsziffern von 1913, und die systematisch angestrebte Ausweitung der Kapazitäten in der Eisen- und Stahlerzeugung ließ den Versuch, die deutsche Grundstoffproduktion von der französischen abhängig zu machen, auf der ganzen Linie scheitern. Umgekehrt erfreute sich die deutsche Schwerindustrie infolge des Inflationsbooms einer weitgehenden Vollbeschäftigung, während die französische Eisen- und Stahlproduktion wegen unzureichender Kohlenlieferungen, aber auch aufgrund der Befürchtung, die eigenen Produkte nicht absetzen zu können, ihre Kapazitäten nicht voll auszulasten vermochte.

Auch im Kohlensektor erfüllten sich die französischen Erwartungen nicht. Die Deutschland aufgebürdeten Lieferverpflichtungen, die empfindliche Engpässe weniger in der Stahl- als in der Düngemittelherstellung und der weiterverarbeitenden Industrie auslösten, begünstigten umfassende Rationalisierungen und Neuinvestitionen, die mittels indirekter öffentlicher Subventionen und überhöhter kartellisierter Inlandspreise auf den Verbraucher abgewälzt wurden. Bei der Forcierung deutscher Lieferungen von Reparationskohle sah sich die französische Regierung zugleich vor der Schwierigkeit, daß die eigene Schwerindustrie, die den Absatz der Minette nicht gänzlich zu gefährden gedachte, direkte Vereinbarungen mit den deutschen Konzernen der umständlichen staatlichen Regie vorzog. In der Tat bewirkte diese Politik, daß auf beiden Seiten des Rheins schwerindustrielle Überkapazitäten entstanden, die alsbald eine beträchtliche innen- und außenpolitische Belastung darstellten.

Während es in Spa zu einem freilich immer noch als unerträglich empfundenen Kompromiß in der Kohlenfrage kam, scheiterte die deutsche Taktik, die vorzeitige Festlegung der Reparationsschuld mit einem Abbau der Außenhandelsbeschränkungen und einem Nachgeben der Alliierten in der Oberschlesien-Frage zu koppeln. Zwar gelang es auf mehreren Expertenkonferenzen, ein gewisses Verständnis für die deutschen Zahlungsschwierigkeiten zu erreichen. Aber das Kabinett Fehrenbach war nicht bereit, über ein Angebot einer auf dreißig Jahre befristeten jährlichen Zahlung von 1 Milliarde Goldmark und einer Erhöhung der Raten bei einer wirtschaftlichen Erholung hinauszugehen. Das Kabinett hielt die von dem französischen Finanzsachverständigen Charles Seydoux vorgeschlagene provisorische Regelung, die für die Dauer von fünf Jahren eine Annuität von 3 Milliarden Goldmark vorbehaltlich einer späteren Festsetzung der Gesamtsumme vorsah, für unannehmbar und verlor deshalb die Initiative an die Alliierten. Es erwies sich als schwerer taktischer Fehler, die zuständige Reparationskommission zu umgehen, in der Frankreich zwar den Vorsitz führte und gewöhnlich die Unterstützung Belgiens und Italiens fand, die aber für die Argumente der Finanzexperten empfänglicher war, als das für die Konferenzen der Alliierten auf Regierungsebene galt.

Ende Januar 1921 legten die alliierten Regierungen in ultimativer Form Zahlungsverpflichtungen der Reichsregierung in Höhe von 226 Milliarden Goldmark, verteilt auf 42 Annuitäten, sowie die zusätzliche Transferierung von 12 Prozent des Wertes der deutschen Ausfuhr fest. Dies löste in Berlin Bestürzung aus, zumal die Pariser Note eine strenge Kontrolle der deutschen Währungs- und Finanzpolitik vorsah und damit tief in die Souveränität des Reiches eingriff. Nach langem Zögern fand sich die Regierung indessen bereit, die gleichzeitig ausgesprochene Einladung zu der für Februar 1921 nach London einberufenen Konferenz anzunehmen, wobei sie sich der Hoffnung hingab, mit einem Gegenvorschlag, der nun eine Gesamtsumme der Reparationen enthielt, wenigstens teilweise durchzudringen. Sie ging dabei von einer Höchstsumme von 50 Milliarden Goldmark aus, einem Betrag, der dem Tageswert der 42 geforderten Annuitäten gleichkam, entwertete aber dieses Angebot dadurch, daß sie die seit dem Waffenstillstand erbrachten Sach- und Barleistungen – allerdings unter dem Vorbehalt der Überprüfung durch eine unabhängige Expertenkommission – auf 20 Milliarden bezifferte, was auf alliierter Seite Entrüstung hervorrief. Zugleich erneuerte sie die Bedingungen des Verbleibens Oberschlesiens beim Reich und der Wiederherstellung des ungehinderten Güteraustauschs. Außerdem forderte die Regierung eine internationale Anleihe über 8 Milliarden Goldmark, mittels derer die noch verbleibende Reparationsschuld zuzüglich 5 Prozent Zinsen und 1 Prozent Tilgung zur Abgeltung der überschießenden Beträge finanziert werden sollte.

Weniger das deutsche Zahlenspiel, das enttäuschend genannt werden mußte, als die Methode, die Erfüllung des Friedensvertrags von dessen Revision abhängig zu machen, veranlaßten Lloyd George, die Konferenz abrupt zu vertagen und im Falle der Nichterfüllung der Pariser Beschlüsse Sanktionen anzudrohen. Da das Kabinett Fehrenbach an seinem Gegenvorschlag festhielt, reagierten die Alliierten am 8. März mit der Besetzung von Düsseldorf, Duisburg und Ruhrort und der Übernahme der Zollverwaltung im besetzten Gebiet durch die Internationale Rheinland-Kommission. Die Hilflosigkeit der Reichsregierung, die vergebliche Vermittlungsversuche über den Vatikan und die USA unternahm und bezeichnenderweise versuchte, eine Reichstagsdebatte über den Reparationskonflikt zu verhindern, spiegelte sich in der Illusion, die Alliierten durch die Hervorkehrung des Rechtsstandpunkts und eine erneute Kampagne gegen den Kriegsschuldartikel zur Nachgiebigkeit zwingen zu können. Am 5. Mai 1921 ging der im Vergleich zu den Pariser Forderungen abgemilderte Londoner Zahlungsplan der Alliierten in Berlin ein. Zu diesem Zeitpunkt war das Kabinett Fehrenbach bereits zurückgetreten.

Das Londoner Ultimatum, das aufgrund der Intervention Lloyd Georges auf sechs Tage befristet war und im Falle der Nichtannahme die Besetzung des Ruhrgebiets ankündigte, sah Reparationen in Höhe von 132 Milliarden Goldmark vor. Damit war der deutschen Forderung, eine Höchstgrenze zu bestimmen, nominell Rechnung getragen, obwohl es sich in der Sache um ein Provisorium handelte. Denn die deutsche Regierung hatte zunächst nur 50 Milliarden aufzubringen, und zwar sofort 12 Milliarden in Form von A-Bonds, bis November 1921 38 Milliarden in Form von B-Bonds. Die restlichen C-Bonds in Höhe von 82 Milliarden sollten erst fällig werden, wenn die Reparationskommission feststellte, daß die wirtschaftliche Leistungsfähigkeit des Reiches dies zuließ. Unter den Sachverständigen bestand Übereinstimmung darüber, daß die letzte

Die innere Verweigerung des Friedens

Summe niemals fällig werden würde. Insofern kam der Londoner Zahlungsplan dem deutschen Angebot von 50 Milliarden entgegen, allerdings ohne deutsche Vorleistungen in Anrechnung zu bringen. Empfindlicher war die Verpflichtung, zusätzlich 26 Prozent des Wertes der deutschen Ausfuhr zu transferieren. Das ergab eine Annuität von ungefähr 3 Milliarden, von denen die erste Milliarde am 31. August 1921 aufzubringen war.

Die alliierte Sanktionsdrohung hatte bemerkenswerte innenpolitische Folgen. Während das Kabinett Fehrenbach sich auf bloßes Finassieren verlegt und jede ernsthafte Initiative in der Reparationsfrage unterlassen hatte, sahen sich die Parteien und die hinter ihnen stehenden Interessengruppen nun vor die Alternative gestellt, entweder den Zahlungsplan zu akzeptieren und die daraus folgenden Verpflichtungen nach Kräften zu erfüllen oder die Okkupation des Ruhrgebiets mit allen sich daraus ergebenden Gefährdungen der Reichseinheit hinzunehmen. In dieser Lage faßte Gustav Stresemann den Entschluß, sich auf den Boden der Realität zu stellen und den Londoner Bedingungen zu fügen. Der schwerindustriell beeinflußte rechte Flügel der DVP setzte jedoch die Ablehnung des Ultimatums und das Ausscheiden aus der Regierung durch, in der Stresemann, der mit dem britischen Botschafter in Berlin, Edgar Lord d'Abernon, bereits Verbindung aufgenommen hatte, das Amt des Außenministers anstrebte. Statt dessen kam es erneut zur Bildung eines Kabinetts der Parteien der Weimarer Koalition unter dem linksstehenden Zentrumspolitiker Joseph Wirth, das zwar keine parlamentarische Mehrheit besaß, in der Reparationspolitik jedoch mit der Tolerierung durch die USPD rechnen konnte.

Der neue Kanzler, der als Finanzminister im Kabinett Fehrenbach für die entschlossene Fortführung der Erzbergerschen Steuerreform eingetreten war, prägte den alsbald zum Schimpfwort der Rechten herabgewürdigten Begriff der »Erfüllungspolitik«. Durch aufrichtige Bemühungen, den mit der Annahme des Londoner Zahlungsplans, der am 10. Mai eine klare parlamentarische Mehrheit fand, eingegangenen vertraglichen Verpflichtungen nachzukommen, hoffte Wirth, die Grenzen der deutschen Leistungsfähigkeit nachweisen und damit die Voraussetzungen für einen tragfähigen Reparationskompromiß schaffen zu können. Während es auf ziemlich unorthodoxem Weg gelang, die im Juli fällige Summe aufzubringen, ergaben sich schon Ende des Jahres unüberwindliche Schwierigkeiten der Kreditbeschaffung. Das Kabinett sah sich gezwungen, bei der Reparationskommission um ein Moratorium, zunächst für den Rest des Jahres 1922, dann, unter Hinweis auf den erfolgten Kurssturz der Mark, für 1923 und 1924, nachzusuchen und die Verhandlungen über eine internationale Anleihe zur Markstabilisierung zu intensivieren, ohne die von der Reparationskommission geforderte Haushaltssanierung erreicht zu haben. Mit dem während der Konferenz von Cannes vollzogenen Rücktritt Aristide Briands und dem Regierungsantritt Poincarés zeichnete sich die Gefahr der Ruhr-Okkupation unmittelbar ab.

Daß Joseph Wirth den Übergang zur Verständigungspolitik überhaupt vollziehen konnte, hing mit der oberschlesischen Frage zusammen. Am 20. Mai 1921 erbrachte die Volksabstimmung eine Mehrheit von 60 Prozent der Stimmen für das Verbleiben bei Deutschland, von denen ein nicht unbeträchtlicher Anteil von Abwanderern stammte, die lediglich zu diesem Zweck nach Oberschlesien gekommen waren. Da im Obersten Rat keine Einigung über die Auslegung des Abstimmungsergebnisses erzielt wurde, übertrug dieser die Entscheidung dem Völkerbund, der Anfang Oktober eine Teilung empfahl. Infolge der daraufhin von den Alliierten verfügten Grenzziehung fiel der größte Teil des Industriegebiets an Polen. Im abgetretenen Gebiet gab es in den Städten eindeutige deutsche Mehrheiten, während die agrarischen Zonen überwiegend polnisch votierten. Von deutscher Seite wurden Behinderungen der Wahl durch die polnischen Insurgenten unter Korfanty geltend gemacht. Daß die Provinz seit 1918 überwiegend mit dem Ausnahmezustand regiert worden war und man eine Verständigung mit dem polnischen Bevölkerungsteil nicht erreicht hatte, ließen die erbitterten deutschen Beschwerden unberücksichtigt.

Die Niederlage in der oberschlesischen Frage bedeutete das Ende der deutschen Bereitschaft zur »bedingten Erfüllung«, wenngleich Joseph Wirth und Walther Rathenau, der zuerst als Wiederaufbauminister, im zweiten Kabinett Wirth als Außenminister fungierte, weiterhin Anstrengungen in diese Richtung unternahmen. Das von Rathenau mit Louis Loucheur, dem französischen Minister für die befreiten Gebiete, im Oktober 1921 ausgehandelte Wiesbadener Abkommen stellte den ernsthaften Versuch dar, durch direkte Verhandlungen zwischen der Industrie zu einer wirtschaftlichen Kooperation zu gelangen und durch deutsche Sachleistungen und Arbeitskräfte den Wiederaufbau der zerstörten Gebiete Nordfrankreichs voranzutreiben. Er scheiterte vornehmlich am Mißtrauen der französischen Industrie gegenüber der deutschen Konkurrenz wie an der britischen Regierung, die sich ökonomisch benachteiligt sah, da die deutschen Leistungen auf das Reparationskonto verrechnet werden sollten. Ebenso versandeten die Bemühungen, die deutsche Schwerindustrie zu direkten Vereinbarungen mit dem französischen Partner zu bewegen. Hugo Stinnes tendierte dazu, die Verhandlungen hinauszuschieben, um aus einer Position wirtschaftlicher Überlegenheit der französischen Industrie gegenübertreten zu können.

Die Erfüllungspolitik zerbrach in erster Linie daran, daß die deutsche Wirtschaft eine Konsolidierung der Reichsfinanzen und die Aufbringung der Reparationsleistungen mehr oder weniger systematisch unterband, zumal die öffentliche Meinung nahezu einhellig die Auffassung vertrat, die alliierten Reparationsforderungen seien rechtswidrig, in jedem Falle aber extrem überhöht. Spätestens seit der Londoner Konferenz war klar, daß die alliierten Sanktionsdrohungen keine leere Geste darstellten. Daß es nicht gelang, diese abzuwehren, hatte mit handfesten ökonomischen Interessen, nicht einfach nur mit ideologischen Einstellungen zu tun. Die deutsche Wirtschaftslage war infolge der Kriegsfolgelasten und der Streikbewegungen in der Revolutionsphase, vor allem aber aufgrund der Rohstoffknappheit und der Hindernisse für den Außenhandel noch 1920 als kritisch zu bezeichnen. Die Industrieproduktion der ersten Nachkriegsjahre fiel deutlich unter den Stand von 1913, erreichte jedoch schon 1922, unter dem Einfluß der Inflationskonjunktur, immerhin Dreiviertel davon. Das Bruttosozialprodukt war deutlich unter die Größenordnung der Vorkriegszeit abgesunken, lag aber nicht wesentlich niedriger als in Frankreich und in England. Trotz des Verlustes von Oberschlesien und der Saar war die wirtschaftliche Leistungskraft intakt geblieben. Der starke Rückgang des Exports ergab sich nicht nur aus den Restriktionen des Friedensvertrags, sondern hatte auch weltwirtschaftliche Ursachen, wenngleich das deutsche Handelsbilanzdefizit beträchtliche Ausmaße annahm. Die dem Deutschen Reich auferlegte Zahlungsverpflichtung von 20 Milliarden Goldmark bis zum 1. Mai 1921 war daher bei weitem überhöht. Vor allem angesichts der zunehmenden Inflationierung der Mark bildete der Transfer der Reparationssummen ein ständiges Problem, da die Empfängerländer keineswegs bereit waren, im gleichen Umfang deutsche Waren einzuführen. Die Devisenknappheit war zudem dadurch bedingt, daß die deutschen Großunternehmen Auslandsguthaben nicht transferierten und die Reichsbank die verbliebenen Goldbestände im Hinblick auf eine künftige Währungssanierung nicht antasten mochte.

Auch binnenwirtschaftlich ließen sich die im Londoner Zahlungsplan geforderten Annuitäten schwerlich aufbringen, obwohl die öffentlichen Ausgaben nach 1918 im Verhältnis zum Volkseinkommen um mehr als 20 Prozent niedriger lagen als zuvor und weiter abfielen. Die Steuerlastquote stieg von 1913 bis 1925 von 9 auf 17 Prozent, war aber während der Inflationsphase, jedenfalls bei den selbständigen Einkommen, wesentlich niedriger. Daher war die Kritik der Reparationskommission an dem zu geringen Steueraufkommen, für dessen Erhöhung die Finanzreform Erzbergers ein funktionstüchtiges Instrument geschaffen hatte, keineswegs unberechtigt. Die vom Kabinett Wirth unter dem Druck der Alliierten verfolgte Steuerpolitik, die mit dem Reichsnotopfer einen Zuschlag zur Einkommensteuer anstrebte und insoweit den massiven Einwänden von SPD und Gewerkschaften gegen eine Vermehrung der indirekten Steuern Rechnung trug, wurde von den bürgerlichen Parteien verwässert. Bezeichnenderweise war das Einbehalten der Lohnsteuer, das die Nicht-Selbständigen traf, die weit wirkungsvollere Maßnahme. Auch sonst kam der in der Erzbergerschen Steuerreform angelegte soziale Umverteilungseffekt nicht wirklich zur Geltung, da im Zuge der wirtschaftlichen »Wiederaufrüstung« Betriebe und Kapitalbesitzer steuerlich begünstigt wurden.

Die sozialistischen Parteien verlangten mit dem Blick auf die wachsende

Steuerungerechtigkeit unter dem Stichwort »Erfassung der Sachwerte« die Abschöpfung der Kriegs- und Nachkriegsgewinne. Eine einmalige Abgabe des immobilen Vermögens löste jedoch einen Sturmlauf der agrarischen und industriellen Interessenverbände aus und besaß keine Chance, eine Mehrheit im Reichstag zu finden. Die angestrebte finanzpolitische Stabilisierung war aber nur in dieser Weise möglich, da – jedenfalls solange die steuertechnischen Voraussetzungen für eine Abschöpfung der Inflationsgewinne fehlten – wertbeständige Zahlungsmittel auf dem Umweg über Steuern nicht bereitgestellt werden konnten. Das Kabinett Wirth trat daher an die industriellen Spitzenverbände mit dem Ersuchen heran, durch eine Kreditaktion der Industrie, die teils den Wert der eigenen Anlagen verpfänden, teils auf ihre beträchtlichen Deviseneinnahmen zurückgreifen konnte, die erforderlichen Annuitäten aufzubringen. Dies scheiterte trotz nicht enden wollender Verhandlungen auf der ganzen Linie.

Der negative Ausgang der Oberschlesien-Abstimmung verringerte die Bereitschaft der Großindustrie, der Regierung zu Hilfe zu kommen. Die Industrie machte eine Kredithilfe nicht nur von umfangreichen öffentlichen Einsparungen, sondern auch von der Privatisierung der Reichsbahn abhängig. Dahinter verbarg sich die Absicht, die sozialpolitischen Errungenschaften der Revolutionsphase, insbesondere den Achtstundentag, rückgängig zu machen. Was als Kreditaktion zugunsten der Zahlungsfähigkeit der Regierung begann, endete faktisch in Verhandlungen über die Übereignung der Reichsbahn an die Großwirtschaft und stieß vor allem auf den energischen Widerstand der SPD, USPD und der Gewerkschaften. Nicht anders gingen die Bemühungen um die Steuerreform aus. Als es zu dem überfälligen Steuerkompromiß kam, hatte die Inflation dessen Inhalt längst gegenstandslos gemacht.

Die breite Öffentlichkeit gab sich dem Irrglauben hin, die Inflation in einen direkten Zusammenhang mit den deutschen Reparationsleistungen bringen zu können, was jedoch nur für die Spätphase in gewissem Umfang zutraf. Die Hauptursache der Inflation war die ungewöhnlich hohe innere Verschuldung des Reiches durch die Kriegsfinanzierung. Nach dem Waffenstillstand waren alle Beteiligten stillschweigend übereingekommen, daß der reibungslose Ablauf der Demobilisierung, die Wiederankurbelung der Wirtschaft und die soziale Befriedung den Vorrang vor einer Sanierung des Reichshaushalts hatten. Konzessionen der Industrie in der Lohnpolitik konnten weitgehend auf die Verbraucher abgewälzt werden. Die hohen Versorgungsleistungen für Kriegsopfer und Hinterbliebene, zugleich die Tendenz, Entlassungen im öffentlichen Dienst, vor allem bei der Reichsbahn, zu vermeiden, sowie Entschädigungen für private Vermögenseinbußen infolge des Friedensvertrags belasteten die öffentlichen Haushalte, mit denen die Steuereinnahmen keineswegs Schritt hielten. Die Sicherstellung der Liquidität durch die Notenpresse und das großzügige Kreditgebaren der Reichsbank heizten die Inflation an. Zwar ergab sich 1920/21 eine relative Markstabilisierung, überwiegend aufgrund von Einlagen ausländischer Spekulanten, aber seit dem Sommer 1922 kam es zu einer rapiden Beschleunigung der Inflation.

Solange die Reparationsfrage ungeklärt war, hielten der Reichsbankpräsident Rudolf Havenstein und der Reichsverband der Deutschen Industrie eine Währungssanierung weder für möglich noch für wünschenswert. Man fürchtete, bei einem zu hohen Außenwert der Mark zu stabilisieren. Außerdem erschien es untunlich, durch einen solchen Schritt die ökonomische Leistungsfähigkeit des Reiches unter Beweis zu stellen. Schließlich sprachen wirtschaftspolitische Überlegungen dafür, deflatorische Maßnahmen, die in Großbritannien im gleichen Zeitraum Massenarbeitslosigkeit auslösten, vorderhand zu vermeiden. Das nach außen vorgeschobene Argument, daß eine deflatorische Politik nur bei einem Außenhandelsüberschuß gerechtfertigt sei, verdeckte jedoch die realen Interessen, die für eine fortschreitende Inflationierung sprachen. Denn Deutschland, wenigstens die deutschen Sachwertbesitzer, und das waren in erster Linie die Industriellen, verdienten an der Inflation in mehrfacher Weise. Zunächst bewirkte sie die Entschuldung von Konzernen und Betrieben, und analog profitierten davon auch die öffentlichen Finanzen, weniger hingegen die Landwirtschaft. Der Umstand, daß die Binnenkaufkraft der Mark rascher absank als ihr Außenwert, ermöglichte hohe Exportgewinne, erleichterte aber paradoxerweise auch die Finanzierung von Importen. Der ständig wachsende Geldumlauf und der zu erwartende Realzinsverfall erlaubten billige Kredite, führten jedoch gleichzeitig zu einer Flucht in die Sachwerte, beispielsweise zu neuen Fabrikanlagen oder zur Auffüllung der Warenlager. Schließlich hatte die Geldentwertung zur Folge, daß die nicht der Vorausveranlagung unterworfenen Steuern einen Bruchteil ihres ursprünglichen Wertes ausmachten.

Die Verteilungswirkung der Inflation richtete sich in erster Linie gegen Rentiers und Rentenempfänger sowie Beschäftigte im Dienstleistungsbereich. Gewerkschaften und Arbeitnehmer profitierten zunächst von der inflatorischen Wirtschaftspolitik, die es der Industrie erlaubte, auf erhöhte Lohnforderungen einzugehen. Hugo Stinnes, der maßgebend am Zustandekommen der Zentralarbeitsgemeinschaft beteiligt gewesen war, hielt Konzessionen an die Arbeiterschaft für geboten, um deren Radikalisierung abzufangen und der Sozialisierungsbewegung entgegenzutreten, aber auch um sich der Unterstützung der Gewerkschaften für die industrielle Preispolitik und den Abbau staatlicher Kontrollen zu versichern. Dies war der eigentliche Sinn der Arbeitsgemeinschaft. Während die Gewerkschaften in ihr vor allem eine Chance erblickten, langfristig Einfluß auf die Wirtschaftspolitik auszuüben, bestand auf seiten der Unternehmer stillschweigende Übereinkunft, daß dieser »historische Kompromiß« nur auf Zeit, das heißt bis zu einer nach dem Ende der Reparationen erwarteten ökonomischen Normalisierung Gültigkeit besitzen könne.

Die fortschreitende Inflation benachteiligte jedoch zunehmend auch die Arbeitnehmer, da die Nominallöhne mit der Geldentwertung nicht Schritt hielten und die Tarifparteien erst in der Phase der Hyperinflation gleitende Löhne und verkürzte Lohnzahlungstermine vereinbarten. All dies begründete eine schleichende Machtverlagerung zugunsten der Arbeitgeber, deren Geschlossenheit in dem Maße zunahm, in der die Konzentrationstendenz unerhörte Fortschritte machte, wie das von Hugo Stinnes aus dem Boden gestampfte schwerindustrielle Wirtschaftsimperium anschaulich bewies. Das gestiegene Selbstbewußtsein der Schwerindustrie schlug sich in dem von Paul Silverberg 1922 vorgelegten Wirtschaftsprogramm des Reichsverbandes der Deutschen Industrie eindrucksvoll nieder. Es machte die Mitwirkung an der Stabilisierung von Währung und Finanzen von der Zurücknahme der sozialpolitischen Errungenschaften von 1919, von der Abkehr vom Achtstundentag und der Aufhebung der Zwangswirtschaft abhängig. Politisch drückte sich dies, wie schon anläßlich der Kreditaktion im Herbst 1921, in dem Verlangen nach Einbeziehung der DVP in das Kabinett aus, »die als sichtbares Zeichen dafür gewertet werden würde, daß sich die deutsche Großindustrie für die Reparationen mitverantwortlich« fühle, wie aus Wirtschaftskreisen verlautete.

Es kam aber nicht zu dem von Stresemann angestrebten »nationalen Widerstandskabinett der Großen Koalition«, wiewohl Wirth einer Einbeziehung der DVP zuneigte, weil die Kooperation der hinter ihr stehenden Industriekreise für eine Lösung der Reparationsfrage unentbehrlich erschien. Der Rücktritt Wirths im Oktober 1921 aufgrund »der Vortäuschung einer außenpolitischen Krise« wegen der Aufteilung Oberschlesiens, wie Lord d'Abernon sarkastisch bemerkte, unterbrach die Bemühungen, dem Kabinett eine parlamentarische Mehrheit zu verschaffen. Schuld an dem Kabinettswechsel hatte in erster Linie die DDP, die ihrer nationalen Profilierungsneurose wegen vorübergehend aus dem Kabinett ausschied, um damit gegen die Bereitschaft der SPD zu protestieren, das Genfer Ultimatum notfalls bedingungslos anzunehmen. Das von Wirth umgebildete »Kabinett der Persönlichkeiten« blieb auf wechselnde Mehrheiten angewiesen. Trotz der Enttäuschung der DVP über die Ernennung Walther Rathenaus zum Außenminister, die Ende Januar 1922 erfolgte, stützte Stresemann die Minderheitsregierung Wirth. Zu ihr gab es keine tragfähige Alternative, da die bürgerlichen Parteien daran interessiert waren, die infolge der sich abzeichnenden Annäherung der USPD gestärkte SPD in die notwendig unpopulären außenpolitischen Entscheidungen einzubinden.

Mit Walther Rathenau, dem Sohn und Nachfolger des Gründers der AEG, der, abgesehen von seiner schriftstellerischen Tätigkeit, durch eigenwillige Vorschläge für den Übergang zur »Gemeinwirtschaft« hervorgetreten war, übernahm einer der brillantesten Köpfe der deutschen Politik die Leitung der auswärtigen Geschäfte, nachdem er zuvor als Wiederaufbauminister konstruktive Lösungen der völlig verfahrenen Reparationsfrage in die Tat umzusetzen versucht hatte. Rathenau, der der DDP nahestand, ohne ihr anzugehören, war als jüdischer Intellektueller, der sich zum Judentum öffentlich bekannte, Zielscheibe hemmungsloser Attacken durch die völkische Rechte, zugleich aber als Repräsentant der verarbeitenden Industrie und aufgrund seiner Tätigkeit in der Zweiten Sozialisierungskommission alles andere als Persona grata der schwerindustriellen Kreise an der Ruhr, die im Reichsverband der Deutschen Industrie den maßgebenden Einfluß ausübten. Mit Joseph Wirth verbanden ihn ein unzweideutiges Bekenntnis zur Republik und ein tiefempfundenes Nationalgefühl, das durch ausgeprägtes Ethos und Verantwortungsbewußtsein gezügelt war.

Wie Wirth bekannte sich Rathenau zur Politik der »bedingten Erfüllung«. Anders als die große Mehrheit der deutschen Politiker dachte er nicht in den Bahnen einer engen, an der Rückkehr zur deutschen Hegemonie der Vorkriegszeit orientierten Revisionspolitik. Ihm schwebte ein europäisches Wiederaufbauprogramm vor, das durch die Ausweitung wirtschaftlicher Kooperation die Haßgefühle zwischen den Völkern abbauen und zu einer Verringerung der sozialen Spannungen führen sollte. In dieser Beziehung ergab sich eine gewisse Wahlverwandtschaft zu Lloyd George, der sich seit dem Herbst 1921 für eine umfassende wirtschaftliche und politische Konsolidierung Kontinentaleuropas einsetzte, von der er eine Belebung des rückläufigen britischen Außenhandels und damit eine Reduzierung der Massenarbeitslosigkeit in seinem Land erwartete.

Auf Lloyd George ging die Einberufung einer europäischen Wirtschaftskonferenz zurück, zu der er 1922 in Cannes die Zustimmung Aristide Briands, unmittelbar vor dessen spektakulärem Rücktritt, eingeholt hatte. Zum ersten Mal wurden das Deutsche Reich und Sowjetrußland zu der für Mitte April nach Genua einberufenen Konferenz hinzugezogen. In Berlin wurde dies als eine bemerkenswerte Klimaverbesserung empfunden. Das vermehrte die Hoffnung, wenigstens am Rande der Konferenz die Reparationsfrage aufrollen zu können. Denn Raymond Poincaré, der die Nachfolge Briands antrat, hatte dem britischen Premierminister die widerwillig gegebene Zustimmung abgehandelt, die Reparationen keinesfalls zum Gegenstand formeller Erörterungen zu machen und das System der Pariser Verträge grundsätzlich nicht in Frage zu stellen. Lloyd George machte daher in einer Unterhaus-Rede klar, daß Genua nicht der Ort sei, um eine Revision des Vertrags von Versailles zu erörtern. Er mußte froh sein, daß Frankreich den durch die Absage der USA gefährdeten Konferenzplan nicht vollends zum Einsturz brachte. Poincaré, der sich zum Ziel gesetzt hatte, die Deutschen durch die Okkupation der Ruhr in die Knie zu zwingen, sofern sie ihre Bereitschaft zur Vertragsverpflichtung nicht durch Taten unter Beweis stellten, erblickte in Lloyd Georges Initiative ein bewußtes Abrücken von der bisherigen Reparationspolitik. Angesichts der Gefahr einer Isolierung Frankreichs, die sich auf der wenige Wochen zurückliegenden Washingtoner Abrüstungskonferenz abgezeichnet hatte, sah er sich jedoch gezwungen, London in der Form entgegenzukommen.

Aufgrund dieser Vorgeschichte rückte die Absicht Lloyd Georges, mit Sowjetrußland zu einer Vereinbarung über die russischen Vorkriegs- und Kriegsschulden als Voraussetzung für die Gewährung dringend benötigter internationaler Kredite zu gelangen, in den Vordergrund der Verhandlungen. Diese als »Hilfsprogramm« für Rußland firmierende finanzielle Transaktion sollte in den Händen eines internationalen Syndikats liegen, an dem Deutschland maßgebend beteiligt war. Rathenau stand diesem Gedanken positiv gegenüber, da er sich davon eine Annäherung an Großbritannien und eine Versachlichung der mit der Reparationsfrage zusammenhängenden Finanzverhandlungen versprach. Er ging nach Genua ohne großen Optimismus, aber in der Erwartung, auf der Ebene der Expertengespräche in der Reparationsfrage weiterzukommen. Immerhin schien sich das internationale Klima soweit verbessert zu haben, daß man prüfen müsse, inwieweit das Eis tragfähig sei, äußerte er im Kabinett.

Zu diesem Zeitpunkt glaubte Rathenau, eine Option in der Rußland-Frage umgehen zu können. In der Ostabteilung des Auswärtigen Amtes gab es seit geraumer Zeit Bestrebungen, die Beziehungen zur Sowjetunion zu verbessern, nachdem diese infolge des Auftretens von Grigorij Sinowjew auf dem USPD-Parteitag in Halle und wegen der sowjetischen Urheberschaft am mitteldeutschen Aufstand im Frühjahr 1921 auf einen neuen Tiefpunkt angelangt waren. Ago von Maltzan, der Initiator einer aktiven Rußland-Politik, erkannte freilich die Notwendigkeit, aus taktischen Gründen so lange wie möglich im Kielwasser der britischen Politik zu bleiben. Daher wurde das auf sowjetisches Drängen im Mai 1921 abgeschlossene vorläufige Abkommen zunächst nicht weiterverfolgt. Die Einladung nach Genua verstärkte das sowjetische Interesse an einer Einigung mit dem deutschen Partner, und es wurde deutlich, daß es Georgij Tschitscherin nicht nur um den Abschluß eines Wirtschafts-, sondern eines politischen Abkommens zu tun war. Obwohl Maltzan auf rasches Handeln drängte, winkte Rathenau ab, da er sich der Lloyd George gemachten Zusage einer deutschen Beteiligung am Syndikat sowie der Tatsache bewußt war, daß ein deutsch-sowjetischer Vertragsabschluß das Zustandekommen der Weltwirtschaftskonferenz ernstlich in Frage stellen würde. Die gleichwohl unmittelbar vor Genua geführten deutsch-sowjetischen Verhandlungen, die eine deutsche Beteiligung an dem geplanten internationalen Konsortium von der Zustimmung Moskaus abhängig und damit praktisch unmöglich machten, wurden deshalb unter durchsichtigen Vorwänden, die Karl Radek mit äußerstem Mißtrauen erfüllten, unterbrochen.

Die seit 1920 mit der Sowjetunion auf unterschiedlichen Ebenen geknüpften

Kontakte müssen im Gesamtzusammenhang der deutschen Strategie zur Aushöhlung der wirtschaftlichen Restriktionen des Friedensvertrags gesehen werden. Die trotz der Weltwirtschaftskrise von 1920/21 anhaltende deutsche Binnenkonjunktur schuf die Möglichkeit, durch unilaterale Handelsverträge mit den Niederlanden, den skandinavischen Staaten, Ungarn, Rumänien und der Tschechoslowakei die alliierten Handelsbeschränkungen zu unterlaufen. Das mit Jugoslawien Ende 1921 geschlossene Meistbegünstigungsabkommen stellte einen weiteren Schritt auf dem bewußt eingeschlagenen Weg dar, an die Südosteuropa-Politik der Vorkriegs- und Kriegsphase anzuknüpfen. Schon 1922 war im Auswärtigen Amt von einer »Wiederaufnahme des Mitteleuropagedankens in veränderter Form« die Rede, deren Stoßrichtung darauf abzielte, die auf die Kleine Entente abgestützte finanzielle und ökonomische Penetration Südosteuropas durch Frankreich rückgängig zu machen. Zugleich diente der Ausbau der deutschen Handelsbeziehungen dazu, die außenpolitische Isolierung des Deutschen Reiches zu überwinden. Dazu gehörte der 1921 mit den USA geschlossene Friedensvertrag, der jedoch entgegen den deutschen Hoffnungen keine unmittelbaren Erleichterungen für das Kredit- und Reparationsproblem brachte.

Es lag in der Konsequenz dieser Politik, durch enge Kooperation mit Sowjetrußland ein Zusammengehen gegen Polen mit dem Ziel der Wiederherstellung der deutschen Ostgrenze zu erreichen. Bezeichnenderweise kam diese Zusammenarbeit zuerst auf militärischem Gebiet zustande. Mit ausdrücklicher Billigung Seeckts wurde im Reichswehrministerium eine »Sondergruppe R« eingerichtet, die sich seit Anfang 1921 um eine rüstungswirtschaftliche Zusammenarbeit und um die Einrichtung von Ausbildungslagern in Rußland bemühte, in denen mit Waffen hantiert werden konnte, die im Versailler Vertrag verboten waren. Allerdings gelang es nur schrittweise, das Desinteresse deutscher Firmen, insbesondere von Krupp und von Blohm & Voß, an langfristigen Rüstungsaufträgen und der Errichtung industrieller Anlagen in Rußland zu überwinden. Erst in November 1922 kam es zu einem förmlichen Abkommen der Sowjets mit den Junkerswerken über den Aufbau einer Deutschland untersagten Flugzeugproduktion.

Von der Anbahnung geheimer Rüstungsvereinbarungen mit Sowjetrußland wurde nur Reichskanzler Wirth, nicht aber der Reichspräsident und das Kabinett informiert. Rathenau dürfte wenigstens über die allgemeine Tendenz unterrichtet gewesen sein. Sie stand in offenem Widerspruch zu der ins Auge gefaßten Teilnahme an einem internationalen Konsortium, das die sowjetische Regierung als Rückfall in den Vorkriegsimperialismus mit allen Mitteln zu hintertreiben bemüht war. Ein Lockmittel, um den Sowjets den Syndikatsplan, der Kredite an weitreichende finanzielle Kontrollen und eine Anerkennung der vorrevolutionären Schulden knüpfte, schmackhaft zu machen, sah man in der Möglichkeit, ihnen aufgrund von Artikel 116 des Friedensvertrags Ansprüche gegenüber dem

Deutschen Reich einzuräumen. Es war freilich wenig realistisch zu erwarten, daß die sowjetische Regierung auf einen solchen Handel eingehen würde. Da sich die Deutschen nicht imstande zeigten, auch nur ansatzweise ihre Reparationsverpflichtungen gegenüber den Westmächten zu erfüllen, mußten sowjetische Reparationsforderungen erst recht fiktiv bleiben. Darüber hinaus konnte Poincaré kaum ein Interesse daran haben, Reparationsansprüche gegenüber Deutschland mit Kreditrückzahlungszusagen Sowjetrußlands zu vertauschen, dessen wirtschaftliche Lage allgemein als desolat betrachtet wurde. Das hinderte Ago von Maltzan nicht daran, die Gefahr, die Artikel 116 in sich barg, über Gebühr zu betonen und sie in Berlin zu einem ernsthaften Gesprächsthema werden zu lassen.

Die Gründe dafür, daß sich Rathenau von dem Leiter der Ostabteilung nicht nur gegen den Syndikatsplan einnehmen, sondern auch dazu überreden ließ, noch während der Konferenz von Genua den am 16. April 1922 in Rapallo unterzeichneten und teilweise sofort in Kraft tretenden Separatvertrag mit Sowjetrußland abzuschließen, sind nicht eindeutig zu bestimmen. Zufälle und Intrigen haben dabei sicherlich eine Rolle gespielt. Die psychologische Isolation, der sich die deutsche Delegation in Genua ausgesetzt sah und die eine indirekte Folge des französischen Drucks darstellte, kränkte Rathenau, der angesichts der zwischen den Westmächten und der sowjetischen Delegation geführten Sonderverhandlungen von der Sorge erfüllt war, letztlich zwischen zwei Stühlen zu sitzen. Die von italienischer Seite genährten und durch von Maltzan bewußt aufgebauschten Gerüchte, es könne hinter dem Rücken Deutschlands eine Einigung mit Sowjetrußland erfolgen, bewogen Rathenau schließlich, den Vertragsabschluß ohne Einschaltung des Reichspräsidenten und des Reichskabinetts und ohne die von ihm ursprünglich beabsichtigte Konsultierung Lloyd Georges vorzunehmen, obwohl dies von den übrigen Mächten als Affront aufgefaßt werden mußte.

Der Streit um Rapallo ist seitdem nicht zur Ruhe gekommen. Rathenau erblickte in dem Vertragswerk eine Erweiterung des Handlungsspielraums der deutschen Außenpolitik, und Wirth pflichtete ihm hierin bei. Im Reichskabinett war die Meinung gespalten. Vor allem Ebert reagierte verbittert, weil man ihn übergangen hatte und weil er den Eindruck gewann, daß die von der SPD stets verlangte Westorientierung der deutschen Außenpolitik durch den übereilten Vertragsabschluß in ihr Gegenteil verkehrt worden war. Der konkrete Vertragsinhalt stellte für Deutschland nur einen Wechsel auf die Zukunft dar. Für den sowjetischen Verzicht auf Reparationen und vage Aussichten auf ein Zusammengehen gegen Polen handelte sich das Deutsche Reich, abgesehen von der Anbahnung eines wenig ergiebigen Warenaustauschs, eine nachhaltige Beeinträchtigung seiner Beziehungen zu den Westmächten ein.

Zwar vermied Lloyd George den förmlichen Abbruch der Konferenz, der einer persönlichen Niederlage gleichgekommen wäre, und bewies sogar eine gewisse Bereitschaft, den deutschen Interessen an einer Erörterung der Reparations- und Anleihefrage entgegenzukommen, während Rathenau eine Vermittlung gegenüber den Sowjets anbot und in einer eindrucksvollen Schlußrede den deutschen Willen zur internationalen Verständigung zum Ausdruck brachte. Aber die öffentlichen und privaten Reaktionen der Akteure und der internationalen Presse ließen keinen Zweifel daran, daß das deutsche Vorgehen als bewußte Torpedierung der Konferenz aufgefaßt wurde. In einer öffentlichen Rede am 24. April in Bar le Duc nahm Poincaré deren Debakel zum Anlaß, um vor der bevorstehenden engen Anlehnung Deutschlands an Sowjetrußland zu warnen und Rapallo als Kriegserklärung an den Status quo hinzustellen. Die erneute Androhung militärischer Interventionen im Falle künftiger deutscher Vertragsverletzungen fand diesmal den ungeteilten Beifall der französischen Öffentlichkeit. Zugleich war Lloyd Georges politische Stellung entscheidend geschwächt, wenngleich sein Sturz erst im Herbst im Zusammenhang mit der Orient-Krise erfolgte. Er unternahm zwar noch einmal den Versuch, den sich abzeichnenden Ruhr-Konflikt abzuwenden, indem er die Aufnahme Deutschlands in den Völkerbund befürwortete, die einseitige Aktionen, wie Poincaré sie ins Auge gefaßt hatte, ausschließen oder zumindest beträchtlich erschweren mußte. Doch diese Initiative scheiterte im Vorstadium an den zunehmend selbstbewußter vorgetragenen deutschen Bedingungen, zu denen die Forderung eines ständigen Ratssitzes und die Aufhebung militärischer Kontrollen gehörten.

Während bei Wirth das ostpolitische Motiv überwog, worin er mit Seeckt einig war, welcher in seiner wenig später verfaßten Denkschrift zum »russischen Problem« ausführte, daß Polens Existenz mit den Lebensbedingungen Deutschlands unvereinbar sei, stand bei Rathenau die Erwägung im Vordergrund, den »Draht nach Rußland« als Druckmittel zu benutzen, um die Alliierten in der Anleihe- und Reparationsfrage nachgiebiger zu stimmen. Dies erwies sich auch deshalb als verfehlt, weil Großbritannien durch den Stil der deutschen Politik, der an den »Panthersprung« von Agadir erinnerte – nicht zufällig war Maltzan ein Schüler Alfred von Kiderlen-Waechters –, an die Seite Frankreichs zurückgedrängt wurde. Zudem verschaffte Rapallo eben jenen Kräften Auftrieb, die eine harte Linie gegenüber Frankreich forderten und aus dem durch die deutsche Finanzkrise hervorgerufenen Moratorium eine grundsätzliche Verweigerung weiterer Reparationsleistungen zu machen gedachten. Rapallo galt als Paradestück für die Selbsttäuschung, sich den alliierten »Umarmungen« erfolgreich entziehen zu können. Folgerichtig verstärkte der in seinem Wert weit überschätzte Vertragsabschluß die verhängnisvolle Illusion, den Versailler Vertrag durch die Rückkehr zu einer Politik der Verweigerung Stück für Stück wegräumen zu können. Die innere Konsequenz des Ausbrechens aus der multilateralen Diplomatie von Genua bestand in der grundsätzlichen Abwendung vom System der

Pariser Verträge und von einer schrittweisen Verständigung mit Frankreich zu einer aktiven und einseitigen Revisionspolitik, für die Deutschland freilich zur Zeit die äußeren Machtmittel noch fehlten.

Mit der Unterstützung der Politik von Rapallo schwächte Wirth die eigene innenpolitische Grundlage. Es war nicht ohne innere Konsequenz, daß der Kanzler, als sich die Reparationskommission unnachgiebig zeigte, in der deutschen Note vom 13. November 1922 der »bedingten Erfüllung« selbst auf das Risiko französischer Sanktionen hin eine endgültige Absage erteilte. Er fand dafür zwar eine breite parlamentarische Mehrheit, aber die Koalition, auf die er sich stützte, zerbrach infolge der nun hervortretenden sozialen Konflikte. Das zeigte die gegen die Stimmen der Mehrheitssozialdemokratie verabschiedete Erhöhung der Getreideumlage, die die Grundnahrungsmittel verteuerte. Formell erfolgte der Sturz des Kabinetts über die Weigerung der SPD, einer Einbeziehung der DVP zuzustimmen; intern richtete sie sich gegen die von Wirth mit der Großindustrie und der Reichsbank eingegangenen Kompromisse, die das sozialpolitische System der Nachkriegsperiode aufzuheben drohten.

Der innenpolitische Umschwung, den der Sturz des Kabinetts anzeigte, stellte nicht zuletzt eine Konsequenz des Übergangs zur Hyperinflation dar, der nach der Konferenz von Genua einsetzte. Der Mord an Außenminister Rathenau und die Haltung des Bankhauses Morgan, das die Gewährung eines internationalen Kredits an das Reich von einer vorhergehenden Lösung der Reparationsfrage abhängig machte, verschärften diese Entwicklung. Mit dem Ende des spekulativen Kapitalimports, welcher einer internationalen Anleihe gleichkam und bewirkt hatte, daß Anfang 1922 nicht nur der Haushalt aus Steuereinnahmen bilanzierte, sondern auch Überschüsse für Reparationsleistungen bereitgestellt werden konnten, und mit der Auflösung ausländischer Markguthaben als ein Anzeichen dafür, daß die ausländischen Gläubiger das Vertrauen in die deutsche Währung verloren hatten, war eine Sanierung ohne fremde Kapitalhilfe nahezu unmöglich geworden.

Wenngleich es richtig war, nach 1918 nicht den Weg einer starren Deflation zu beschreiten, der mit schweren Einkommensverlusten und verschärften sozialen Gegensätzen verbunden gewesen wäre, ist die deutsche Finanzpolitik vom Vorwurf grober Fahrlässigkeit nicht freizusprechen. Der sozialpolitische Burgfriede, den die Inflation gewährte, mußte in dem Augenblick zerbrechen, in dem der Außenwert der Mark rascher abnahm als die Binnenkaufkraft. Dies trat seit dem Sommer 1922 ein. Große Teile der Volkswirtschaft gingen dazu über, in Goldwährung zu fakturieren. Dadurch war die durch die Inflationierung verdeckt erfolgende Einkommensnivellierung nicht mehr wirksam. Vielmehr geriet die Industrie, bei fühlbarem Kapitalmangel, unter verstärkten Kostendruck, der es nicht mehr erlaubte, Lohnerhöhungen über die Preise an den Verbraucher weiterzugeben. Das bedeutete eine abrupte Verschärfung des Verteilungskonflikts, in den die Gewerkschaften, deren Rücklagen die Inflation aufgezehrt hatte, extrem geschwächt hineingingen.

Wirth erwies sich als Gefangener dieser ökonomischen Zwänge. Gewiß handelte es sich nicht einfach um eine Verschwörung der deutschen Industriellen und Bankiers, durch die Ruinierung der Währung die Reparationen loszuwerden. Aber sie betrachteten die Inflation im Vergleich zu staatlichem Dirigismus, der aus ihrer Sicht die Wirtschaft gelähmt und die sozialen Konflikte nicht stillgelegt hätte, als kleineres Übel. Solange die Kosten großenteils auf ausländische Anleger abgewälzt werden konnten, überstiegen die indirekten Inflationsgewinne die effektiv gezahlten Reparationen, die bis 1923 2,6 Milliarden Goldmark in Bar- und nach der Schätzung alliierter Experten etwa 8 Milliarden Goldmark in Sachleistungen ausmachten. Die von Wirth bei der Aufkündigung des Londoner Zahlungsplans geprägte Formel »Erst Brot, dann Reparationen« verdeckte den Sachverhalt, daß der Ausverkauf der deutschen Währung und die damit verbundenen ökonomischen und sozialen Schäden auf die unzureichenden Stabilisierungsanstrengungen zurückgingen, bei denen das Kalkül eine Rolle spielte, die Reparationsverpflichtungen unterlaufen zu können.

Während der Kanzlerschaft Wirths war es gelungen, das republikanische System äußerlich zu stabilisieren, wenngleich die Tendenz, Parlament und Parteien bei der politischen Willensbildung zu umgehen und die maßgebenden Interessengruppen direkt einzuschalten, unverkennbar zunahm. Unter dem Primat der Reparationsfrage blieben die schwerwiegenden Gegensätze über die Grundlage der Wirtschaftsordnung unausgetragen. Die Beibehaltung des ursprünglich nur für die Demobilmachungsphase bestimmten staatlichen Schlichtungswesens und die inflationäre Preis-Lohn-Spirale hatten offene Konflikte zwischen Gewerkschaften und Arbeitgebern eingedämmt, wenngleich sich Einbrüche in das Prinzip des Achtstundentags bereits abzeichneten und der Eisenbahnerstreik vom Frühjahr 1922 nur nach heftigen innenpolitischen Auseinandersetzungen beigelegt werden konnte. Im März 1921 hatte die KPD, gesteuert von der Komintern und in völlig verfehlter Einschätzung der Bewußtseinslage des Proletariats, den mitteldeutschen Aufstand entfesselt. Der fatale Rückfall in putschistische und terroristische Methoden, bei dem sich der proletarische Abenteurer Max Hoelz einen unrühmlichen Namen verschaffte, trug der KPD eine vernichtende Niederlage ein. Der Osterputsch, der, abgesehen von Hamburg, nirgends Widerhall fand und von preußischen Polizeikräften rasch zerschlagen wurde, fand die schärfste Kritik von Paul Levi, der sich jedoch nicht gegen die moskauhörige Führungsgruppe behauptete, welche die KPD ins innenpolitische Abseits trieb.

Die wirkliche Bedrohung des parlamentarischen Systems ging nicht von links, sondern, wie Wirths berühmte Reichstagsrede klarstellte – »Da steht der Feind – und darüber ist kein Zweifel: dieser Feind steht rechts« –, von der äußersten

Rechten aus. Sie besaß die propagandistische Unterstützung durch Teile der DNVP, wie Karl Helfferichs hemmungslose Attacken gegen Walther Rathenau bewiesen. Die konspirativen Geheimbünde, die sich aus den aufgelösten Freikorps rekrutierten und durch Femegerichte nach innen und systematischen politischen Mord nach außen die Republik zu unterminieren trachteten, unterhielten enge Querverbindungen zur Reichswehr und fanden die Sympathien offiziöser Kreise nicht nur bei der bayerischen Regierung. Die Ermordung Walther Rathenaus am 24. Juni 1922 durch Angehörige der Organisation »Consul«, die in der Nachfolge der Brigade Ehrhardt stand, bedeutete eine schwere Herausforderung der Republik. Unter dem Druck der öffentlichen Meinung antwortete die Regierung mit einer Republikschutzverordnung, die sie gleichzeitig als Gesetz zum Schutz der Republik, zusammen mit einem entsprechenden Beamtengesetz, dem Reichstag vorlegte.

Diesmal stimmte auch Stresemann aus »nationalem Pflichtgefühl« für die Verabschiedung der von dem sozialdemokratischen Justizminister Gustav Radbruch vorbereiteten Gesetzgebung, der nur die DNVP offen widersprach, ferner, bei der Einbringung im Reichsrat, die bayerische Regierung, mit der es, nach langen Verhandlungen, schließlich zu Sonderregelungen kam. Unter dem Einfluß der bürgerlichen Parteien, nicht zuletzt des bloß formalen Demokratieverständnisses der DDP, wurden die Vorlagen jedoch im Sinne eines allgemeinen Staats- und Verfassungsschutzes entschärft. In der Folgezeit rächte es sich, daß der Justizapparat unverändert aus dem Kaiserreich übernommen worden war. In seinen Händen erwies sich die Waffe des Republikschutzes als stumpf, wenn sie sich gegen den Extremismus von rechts richtete, während sie Kommunisten mit unnachsichtiger Härte traf.

Der Anschlag auf Rathenau bewirkte eine breite Solidarisierung der Arbeiterschaft. Sie zwang die drei Arbeiterparteien zu gemeinsamem Vorgehen und drängte die bürgerliche Reichstagsmehrheit durch umfassende Proteststreiks zur eindeutigen Distanzierung von den offenen und verhüllten Gegnern der Republik. Die Aktionen der Arbeiterschaft waren ein Widerhall der Massendemonstrationen gegen den Kapp-Putsch und der 1921 im Sande verlaufenen Proteste anläßlich der Ermordung Erzbergers. Für einen Augenblick schien sich die Lebenskraft der demokratischen Republik in ungeahntem Maße zu regenerieren. Die unmittelbare Folge der Proteste der Arbeiterschaft waren die Bildung der Fraktionsgemeinschaft von SPD und USPD und ihre auf dem gemeinsamen Parteitag in Nürnberg am 23. September 1922 vollzogene Wiedervereinigung. Sie bedeutete eine wesentliche Stärkung des parlamentarischen Rückhalts für Reichskanzler Wirth, der durch sein Eintreten für den Republikschutz vorübergehend als Führer eines Kampfkabinetts der Linken erschien. In der Sache resultierte aus ihr eine erhöhte Polarisierung des Parteienfeldes. Während die bürgerlichen Parteien unter Ausschluß der DNVP eine »Arbeitsgemeinschaft der verfassungstreuen Mitte« begründeten, scheute die SPD-Führung vor einer Einbeziehung der DVP in das Kabinett zurück, um die eben errungene Parteieinheit nicht zu belasten. Was als Anzeichen der Konsolidierung der Republik gelten konnte, untergrub gleichzeitig die Kompromißfähigkeit zwischen den bürgerlichen Mittelparteien und der organisierten Arbeiterschaft, obwohl die außenpolitische Bedrohung eine begrenzte Zusammenarbeit zwischen ihnen einstweilen unabweislich machte.

Mit der Ernennung Wilhelm Cunos, des Generaldirektors der Hamburg-Amerika-Linie, in dessen internationales Ansehen Reichspräsident Ebert irrige Erwartungen setzte, während er Stresemann die Kanzlerschaft mißtrauisch verweigerte, vollzog sich eine deutliche Schwenkung nach rechts. Cuno, der freundschaftliche Beziehungen zu Helfferich unterhielt, war seinem Amt in keiner Weise gewachsen. In der Reparationsfrage nahm er einen rigiden Standpunkt ein; er glaubte, die USA bewegen zu können, im Konflikt mit Frankreich zu vermitteln. Seine Zusage, die Währung aus eigener Kraft zu sanieren, wurde von den französischen Gegenspielern ebensowenig ernst genommen wie das Versprechen, die erbetene internationale Anleihe teilweise zur Erfüllung der Reparationsverpflichtungen zu verwenden. Cunos an sich richtiger, aber ohne jede diplomatische Vorbereitung wirkungslos verpuffender Vorschlag eines europäischen Sicherheitspakts wurde von Poincaré als Taschenspielertrick zurückgewiesen. Angesichts des deutschen Fatalismus erblickte die britische Politik, die seit dem Spätherbst von dem Konservativen Bonar Law gelenkt wurde, keine Möglichkeit mehr, Poincarés »Politik der produktiven Pfänder« wirkungsvoll entgegenzutreten.

Das Kabinett Cuno unterschätzte die Zielstrebigkeit des von den Parteien des Nationalen Blocks getragenen französischen Ministerpräsidenten, der das Ruhr-Abenteuer, in das er sich nun stürzte, von langer Hand vorbereitet hatte. Als Vorwand dienten rückständige deutsche Holz- und Kohlenlieferungen. Am 11. Januar 1923 begann der Einmarsch französischer und belgischer Truppen in das Ruhrgebiet. Der deutsch-französische Wirtschaftskrieg mündete damit in eine nationale Katastrophenpolitik und warf das Deutsche Reich in die Situation des Frühsommers 1919 zurück. Der »Primat der Systemerhaltung«, der zu einer relativen Stabilisierung der Republik, freilich bei einer sich zunehmend abzeichnenden Aushöhlung der parlamentarischen Willensbildung, geführt hatte, war von den schwerindustriellen Interessengruppen aufgekündigt worden, nachdem die Reichsregierung sich als unfähig erwiesen hatte, die sich abzeichnende Krise unter Kontrolle zu bringen. Sie fühlten sich genügend gestärkt, um eine offene Konfrontation mit Frankreich zu riskieren und zugleich jene innenpolitische Glattstellung zu erzwingen, die den sozialreformerischen und sozialstaatlichen Kompromiß der Gründungsphase der Republik rückgängig machte.

Um das Überleben des parlamentarischen Systems

Die am 11. Januar 1923 begonnene Okkupation des Ruhrgebiets durch französische und belgische Truppen traf die Reichsregierung unvorbereitet. Das war schwer begreiflich. Denn seit dem Londoner Ultimatum hatte es an massiven französischen Sanktionsandrohungen nicht gefehlt, und spätestens im Dezember 1922 lagen Poincarés Absichten klar zutage. Cuno gab sich der Hoffnung hin, daß England zugunsten des Reiches eingreifen werde. Das britische Kabinett mißbilligte zwar die Ruhr-Besetzung, zeigte sich aber nicht bereit, der französischen Politik in den Arm zu fallen. Die USA, für die der Secretary of State, Charles E. Hughes, Poincaré zu verstehen gab, daß es widersinnig sei, die Reparationsfrage mit Gewaltmaßnahmen lösen zu wollen, hielten sich mit einer direkten Intervention zurück, zumal der französische Beitritt zum Washingtoner Abkommen noch ausstand. Durch den Abzug der amerikanischen Truppen aus dem Rheinland machten sie jedoch offenkundig, daß sie die Gewaltpolitik des französischen Premierministers ablehnten. Poincaré hatte daher zunächst freie Hand.

Das Kabinett Cuno ging das Risiko des offenen Konflikts mit Frankreich in der Erwartung ein, dadurch die Weltmeinung für Deutschland zu gewinnen. An ein militärisches Vorgehen war aus außen- und innenpolitischen Rücksichten nicht zu denken. Deshalb reagierte die Reichsregierung auf die Ruhr-Besetzung mit der Ausrufung des passiven Widerstands, für den sie eine Einheitsfront aller politischen Kräfte ins Leben zu rufen versuchte. Die Politik des Protestes besaß keinerlei konkrete Erfolgschancen und war Zeugnis einer unzureichenden Einschätzung der politischen Möglichkeiten des Deutschen Reiches. Denn abgesehen von vertraulichen und nicht immer autorisierten Sympathieerklärungen von angelsächsischen Diplomaten fehlte jeder Anhaltspunkt dafür, daß die ökonomische Kraftprobe mit Frankreich, die nun begann, in absehbarer Zeit und mit einigem Erfolg zu Ende geführt werden konnte.

Der Ruhr-Kampf schien – jedenfalls in den Augen des Kabinetts – die Burgfriedenssituation des Ersten Weltkrieges zu erneuern. Als es Ende März in den Krupp-Werken zu einem Zwischenfall mit französischen Truppen kam, in deren Verlauf eine Reihe von Belegschaftsmitgliedern getötet oder verwundet und die Konzernleitung unter Gustav Krupp von Bohlen und Halbach verhaftet und anschließend kriegsgerichtlich verurteilt wurde, nahm die Publizistik dies – wie zuvor die Inhaftierung Fritz Thyssens – zum Anlaß, das Zusammenstehen von Arbeiterschaft und Unternehmern als nationale Tat zu feiern. Der Mythos der klassenübergreifenden »Volksgemeinschaft« überdeckte die zunehmend verschärften Interessengegensätze zwischen Kapital und Arbeit, die seit 1922 zur Aushöhlung der Zentralarbeitsgemeinschaft geführt hatten, wenngleich sie erst

Anfang 1924 vom ADGB endgültig aufgekündigt wurde. Schlagworte vom »Durchhalten« und der »nationalen Einheitsfront« erinnerten an die späten Jahre des Krieges. Im Grunde handelte es sich um einen Rückfall in die nationale Prestigepolitik, wie sie die Gegner der Unterzeichnung des Versailler Friedensvertrags 1919 gefordert hatten.

Auch die sozialdemokratische und freigewerkschaftliche Presse vollzog einen Rückgriff auf die nationalistische Terminologie des Ersten Weltkrieges; die Erfahrungen der Revolutionsphase schienen in Vergessenheit geraten zu sein. Die rechtsstehende Publizistik legte sich bei der Entfesselung eines teilweise rassistische Züge annehmenden Nationalismus keinerlei Zurückhaltung auf. Politiker aller Richtungen bemühten die französische Rhein-Politik seit den Tagen Ludwigs XIV., um den Nachweis zu erbringen, daß Poincaré, wie es Stresemann vor dem Reichstag formulierte, die »Zerstörung Deutschlands« und die Vernichtung seiner wirtschaftlichen Lebensgrundlagen anstrebe. In der Tat bestand die Gefahr, daß die französische Politik ihr 1918/19 verfolgtes Ziel, die Reichseinheit zu zerschlagen, wiederaufnehmen würde.

Die deutsche öffentliche Meinung folgerte aus der Besetzung der Ruhr, daß die Reparationen nur ein Vorwand gewesen seien, Deutschland endgültig auf die Knie zu zwingen. Konsequent weigerte sich die Reichsregierung, die von ihr übernommenen Reparationsverpflichtungen, jedenfalls gegenüber den Okkupationsmächten, zu erfüllen, und lehnte jegliche Verhandlungen mit Frankreich ab. Diese bloß deklarative Politik nährte den Irrglauben, daß Frankreich, das nach deutscher Auffassung den Versailler Vertrag durch die Okkupation der Ruhr einseitig gebrochen hatte, damit das Recht verwirkt hätte, künftig Ansprüche aus dem Vertrag geltend zu machen. Am Ende des Widerstandskampfes würden, so träumte die politische Publizistik, die völlige Beseitigung des Systems der Pariser Verträge und die Rückgewinnung der außenpolitischen Handlungsfreiheit Deutschlands stehen.

Das Kabinett Cuno tat nichts, um diesem übersteigerten außenpolitischen Wunschdenken entgegenzutreten, bestärkte es vielmehr durch die amtliche Propaganda der Reichszentrale für Heimatdienst. Innenpolitisch spielte die Beschwörung des nationalen Durchhaltewillens den Gegnern der Verständigungspolitik und der Unterzeichnung des Friedensvertrags in die Hände und ermunterte diejenigen, die sich für eine Außenpolitik der Verweigerung eingesetzt hatten. Der begrenzten Erfüllungspolitik, die vor allem die SPD vertreten hatte, schob man die Schuld an der ökonomischen Krisensituation zu. Zugleich gefährdete diese Politik der Illusionen die Verfassungsordnung selbst. Oswald Spengler hatte die Republik als institutionalisierte »Abarbeitung des Friedensvertrags« bezeichnet. Bis weit in die bürgerliche Mitte hinein verknüpfte sich die Vision, die Fesseln von Versailles endgültig abzustreifen, mit der Zielsetzung, das der deutschen Verfassungstradition nicht gemäße, im Grunde vom Westen aufgezwungene parlamentarische System zugunsten von berufsständisch-autoritär geprägten Formen zu überwinden.

Poincarés Sanktionspolitik intensivierte zudem die niemals wirklich zurückgedrängte revisionistische Bewegung. Diese beschränkte sich keineswegs auf die Parteien der äußersten Rechten, die DNVP, die Deutschvölkische Freiheitspartei und die NSDAP; sie erhielt sogar Schützenhilfe von Karl Radek, der Beziehungen zu den Nationalbolschewisten aufnahm und den nationalen Abwehrkampf an der Ruhr im Interesse des Proletariats verteidigte. Unterhalb des Parteiensystems fand der Revisionismus wesentliche Unterstützung nicht nur durch den Alldeutschen Verband und den Landbund, sondern auch durch das breit ausgefächerte Netzwerk der neokonservativen Ringbewegung, ganz abgesehen von der Presse des Hugenberg-Konzerns und der »Deutschen Allgemeinen Zeitung«, dem Sprachrohr von Hugo Stinnes. Es bedurfte des Ruhr-Konflikts und seines negativen Ausgangs für Deutschland, um die öffentliche Meinung wenigstens einen Schritt weit zu einem Eingeständnis der außenpolitischen Realitäten zu bewegen und den Schleier der Illusionen wegzuziehen, der selbst maßgebende Repräsentanten der deutschen Außenpolitik umfing.

Der Aufruf zum passiven Widerstand bildete den Ausgangspunkt für verstärkte Bemühungen der Reichswehr, die Demilitarisierungsbestimmungen durch die Anwerbung von Zeitfreiwilligen und die Zusammenarbeit mit den paramilitärischen Verbänden der Rechten zu unterlaufen. Die Reichswehrführung, deren Bewegungsspielraum durch die vorübergehende Zurückziehung der Interalliierten Militärkontrollkommission erweitert war, zögerte ebensowenig, die im besetzten Gebiet operierenden Franktireurkommandos mit Waffen zu versorgen. Sprengstoffattentate auf Verkehrseinrichtungen und Überfälle auf französische Militärposten, durch die man die wirtschaftlichen Maßnahmen der französischen Regierung sabotierte, verwandelten den passiven in einen aktiven Widerstand. Die Reichsregierung tat nichts, um dies zu unterbinden, während sich die preußische Regierung, die gegen rechtsgerichtete Verbände im besetzten Gebiet mit Verboten eingriff und illegale Waffen beschlagnahmte, gegen den Vorwurf, »nationalen Verrat« zu üben, zur Wehr setzen mußte. Spektakulär war der Fall Albert Leo Schlageters, eines Angehörigen dieser Sabotagetrupps und frühen Mitglieds der NSDAP. Als er im Mai 1923 in Düsseldorf von einem französischen Kriegsgericht zum Tod verurteilt wurde, feierte ihn die politische Rechte als nationalen Märtyrer, während Radek ihn als »guten Soldaten der Konterrevolution« würdigte. Dies diskreditierte den passiven Widerstand und rief notwendig Gegenmaßnahmen der Besatzungsmacht hervor, die eine wehr- und schutzlose Bevölkerung trafen.

Die Reichsregierung begab sich in das Abenteuer des passiven Widerstands, ohne dessen Konsequenzen richtig einzuschätzen. Sie wies die Beamtenschaft im besetzten Gebiet an, der Besatzungsmacht jede Art von Dienstleistungen zu verweigern und den Abtransport von Waren und Rohstoffen zu behindern. Die Besatzungsverwaltung antwortete mit der Ausweisung der streikenden Bediensteten; ihre Zahl stieg schließlich auf annähernd 147.000. Mit Übernahme der Bahnen im besetzten Gebiet in französische und belgische Regie unterlief sie den anfänglich wirkungsvollen passiven Widerstand. Bis Mitte 1923 sah es danach aus, als sei Poincarés Politik der »produktiven Pfänder« zum Scheitern verurteilt. Die von Hugo Stinnes unmittelbar vor der Besetzung angeregte Verlegung des Rheinisch-Westfälischen Kohlensyndikats erschwerte der von der Reparationskommission eingesetzten Interalliierten Mission zur Kontrolle der stahl- und eisenerzeugenden Industrie und des Steinkohlenbergbaus, MICUM, den Zugriff auf die Kohlenproduktion an der Ruhr. Trotz der Beschlagnahme von Haldenbeständen blieben die aus dem besetzten Gebiet abtransportierten Kohlenmengen hinter den unzureichenden deutschen Lieferungen, die als Vorwand für den Ruhr-Einmarsch gedient hatten, zurück. Zugleich fügte die deutsche Wirtschaft, indem sie den Import der Minette sowie des belgischen und französischen Roheisens einstellte, der lothringischen Schwerindustrie schweren Schaden zu. Die Verweigerung von Reparationen und Sachleistungen durch die deutsche Regierung bewirkte, daß Frankreich erhebliche finanzielle Belastungen erwuchsen.

Die deutsche Politik suchte den Durchhaltewillen an Rhein und Ruhr mittels paritätisch beschickter Abwehrkomitees außerhalb des besetzten Gebiets, privater Unterstützungsaktionen für die notleidende Bevölkerung wie des »Deutschen Volksopfers« und des Transfers von Devisen für Lebensmittelimporte zu kräftigen. Gleichzeitig subventionierte das Reich vor allem die Schwerindustrie, indem es zinsgünstige Kredite gewährte und Aufwendungen für »unproduktive Löhne« erstattete. Um eine Massenarbeitslosigkeit zu vermeiden, die durch die zunehmenden Produktionseinschränkungen entstanden wäre, vereinbarte man, die Belegschaften mit Reparatur- und Wartungsarbeiten zu beschäftigen. Durch die Gründung von Stahl- und Kohlenfinanzierungsgesellschaften wurde der notwendige Kapitaltransfer ins besetzte Gebiet sichergestellt. Da sich die Finanzhilfe des Reiches im geheimen vollzog, fehlte jede öffentliche Kontrolle der von den Unternehmen häufig recht großzügig bemessenen Kredit- und Erstattungsforderungen. Darüber hinaus hatte das Reich für die Besatzungskosten sowie für die Gehälter im öffentlichen Dienst aufzukommen. Die Lohnkosten im besetzten Gebiet wurden schließlich im Umfang von 60 bis 100 Prozent aus öffentlichen Kassen finanziert, während nahezu keine Steuereinnahmen eingingen.

Es blieb nicht bei abträglichen Rückwirkungen im besetzten Gebiet. Da die Besatzungsbehörden als Antwort auf die Betriebseinstellungen eine Zollgrenze errichteten, Gebühren für den Warenaustausch erhoben und die Ausfuhr von Ruhr-Kohle ins unbesetzte Gebiet verhinderten, ergaben sich schwerwiegende Versorgungsengpässe auch für die industrielle Produktion im Reich, obwohl

Kohle aus Polen, der ČSR und Großbritannien verstärkt importiert wurde. Dieser ökonomisch widersinnige Zustand war auf die Dauer nicht durchzuhalten. Die Konzerne sahen sich durch den erzwungenen Produktionsverzicht, die Beschlagnahme von Rohstoffen und die Besetzung der Betriebe schwer geschädigt und suchten vereinzelt eine Verständigung mit der MICUM, als die Besatzungsverwaltung auf die Weigerung von Reparationslieferungen mit der Schließung oder Übernahme von Betrieben reagierte. Zugleich übte sie in dem Maße, in dem sie an die Stelle der deutschen Zivilverwaltung trat, direkten Zwang gegen die Bevölkerung aus, der angesichts der ansteigenden Arbeitslosigkeit und ungenügenden Unterstützungszahlungen seine Wirkung nicht verfehlte. Schon im Frühjahr war klar, daß der Widerstand nicht beliebig fortgesetzt werden konnte und daß zumindest flankierende Verhandlungen unvermeidlich waren.

Der Hauptgrund für das Nachlassen des passiven Widerstands lag indessen in dem katastrophalen Kaufkraftverlust der deutschen Währung. Zu den ohnehin inflationierenden Wirkungen der deutschen Finanzpolitik trat nun die alles Maß übersteigende Subventionierung des besetzten Gebiets, die nur durch eine extreme Vermehrung des Papiergeldumlaufs aufrechterhalten werden konnte. Schon im Verlauf des Januar 1923 war der Wechselkurs der Mark im Verhältnis zum Dollar von 27.000 auf 49.000 gefallen. Die trostlose Situation bewog ausländische Gläubiger, ihre restlichen Markbestände abzuziehen. Demgegenüber erwiesen sich Stützungsbemühungen der Reichsbank, obwohl sie sich der Hilfe englischer, niederländischer und Schweizer Kreditinstitute versichern konnte, als nur vorübergehend erfolgreich.

Im April ereignete sich erneut ein rapider Sturz der Mark, den zu verhindern sich die Reichsbank außerstande sah, zumal sie es ablehnte, die letzten Goldreserven preiszugeben. Die allgemeine Flucht aus der Mark verursachte schwere wirtschaftliche Störungen. Der Druck, den Gewerkschaften und Parteien angesichts der nun um sich greifenden sozialen Krise ausübten, veranlaßte die Regierung, im Sommer eine weitere Markstützungsaktion mittels einer inneren Anleihe in Höhe von 500 Millionen Goldmark in Gang zu bringen. Ein solcher Schritt war unerläßlich, wenn eine Versorgungskatastrophe vermieden werden sollte. Denn einerseits verhinderte der akute Devisenmangel notwendige Lebensmittelimporte, andererseits war damit zu rechnen, daß die Bauern nicht bereit sein würden, die bevorstehende Ernte auf den Markt zu geben, wenn die von ihnen erzielten Erlöse binnen weniger Wochen wertlos wurden. Die Stützungsaktion scheiterte jedoch auf der ganzen Linie. Im August fiel die Mark im Verhältnis zum Dollar auf 5 Millionen. Die Gründe dafür sind komplex. Die Schwerindustrie war weit weniger auf eine Währungsstabilisierung vor der Lösung der Reparationsfrage angewiesen als die Regierung, zumal die große Wirtschaft längst in Goldwährung fakturierte und daher vom Marksturz nicht in dem Maße betroffen wurde wie die öffentlichen Kassen und diejenigen

Bevölkerungskreise, die gezwungen waren, ihren Lebensunterhalt mit Papiermark zu bestreiten. Sie hielt sich bei der Zeichnung der inneren Anleihe fühlbar zurück.

Der Reichsverband der Deutschen Industrie machte seine Mitwirkung an der Stabilisierung der Mark von der Bedingung abhängig, die Zwangswirtschaft, darunter auch die Außenwirtschaftskontrollen, definitiv abzubauen und zur sozialpolitischen Situation der Vorkriegszeit zurückzukehren. Solange der Konfrontationskurs mit Frankreich fortgeführt wurde, erschien jedoch ein Bruch mit der SPD und den Freien Gewerkschaften nicht ratsam, da mit ihm die Abwehrfront zerbrechen würde. Das Junktim zwischen Deflation und sozialpolitischem Kurswechsel, der die Beseitigung des Achtstundentags und des staatlichen Schlichtungswesens einschloß, durfte aus dieser Sicht erst nach einer endgültigen Regelung des Reparationsproblems geknüpft werden; eine vorzeitige Stabilisierung hätte das Argument der deutschen Zahlungsunfähigkeit widerlegt.

Es lag auf der gleichen Linie, daß sich die Ruhr-Industrie den Versuchen Cunos in den Weg stellte, ein mit eindeutigen finanziellen Garantien versehenes Reparationsangebot vorzulegen, obwohl Großbritannien dies als Voraussetzung dafür betrachtete, den französischen Widerstand gegen die auch von den USA unterstützte Einberufung eines internationalen Sachverständigengremiums zur Festlegung der deutschen Zahlungsfähigkeit und zur Regelung der Reparationen zu überwinden. Wie gering die Bewegungsfreiheit des Kabinetts in dieser Beziehung war, wird daran deutlich, daß Reichsaußenminister Hans von Rosenberg es zunächst für undenkbar hielt, über das deutsche Reparationsangebot vom Dezember 1922 hinauszugehen.

Erst durch entschiedenes Drängen von SPD, Zentrum und Gewerkschaften kam es zu einem befriedigenderen Angebot, das jedoch auf den erklärten Widerstand des Reichsverbandes der Deutschen Industrie stieß. Für ihre Teilnahme am Aufbringen der notwendigen Devisen stellte die Industrie unerfüllbare Bedingungen, darunter die Festlegung einer Gesamtsumme der Reparationen. Das schließlich ohne die Hilfe der Industrie unterbreitete Angebot verfehlte alle Wirkung. Angesichts des sich abzeichnenden finanziellen Zusammenbruchs des Reiches und der mit innenpolitischen Rücksichten motivierten Weigerung von Rosenbergs, den passiven Widerstand mindestens teilweise einzustellen, unterblieb die erhoffte Intervention Londons und Washingtons, obwohl es sich um das erste ernst zu nehmende deutsche Angebot handelte, das, wäre es früher gekommen, die internationale Lage zugunsten Deutschlands beeinflußt haben würde. Ob die Katastrophe der deutschen Währung, die im Spätsommer 1923 eintrat, von einer energischeren politischen Führung hätte abgemildert oder gar abgewendet werden können, ist nicht zu entscheiden. Für diese Annahme spricht, daß die Stabilisierung im November im wesentlichen aus eigener Kraft erfolgte; sie geschah jedoch in einer sehr viel günstigeren außenpolitischen

Konstellation. Die Abhängigkeit der Reichsregierung von den großen Verbänden der Wirtschaft und der ihren Weisungen nicht unterworfenen Reichsbank ließ so lange eine Wende nicht zu, als man erwartete, die Beseitigung der Frankreich und den übrigen alliierten Mächten geschuldeten Reparationen sei auf dem Weg wirtschaftlicher Pressionen möglich. Die Regierung gab sich überdies der Illusion hin, den passiven Widerstand notfalls über den Winter hinaus ausdehnen zu können. Indessen ergriff die Krise in wachsendem Umfang die gesamte deutsche Wirtschaft, zumal die ökonomische Abschnürung des besetzten Gebiets und die eskalierende Inflation zu einem extremen Kapital- und Devisenmangel und empfindlichen Rückgang der Investitionstätigkeit führten. Gleichzeitig nahm die Arbeitslosigkeit sprunghaft zu, da die Wirtschaft inzwischen in wertbeständigen Währungen rechnete und den durch relativ hohe Löhne und unausgelastete Überkapazitäten erzeugten Kostendruck nicht länger abzuwälzen vermochte.

Nachdem sich im Sommer 1923 die Erkenntnis durchgesetzt hatte, daß die Mark nicht mehr zu retten sein würde, ging auch der Einzelhandel dazu über, die Annahme von Papiermark zu verweigern und die Waren künstlich zu verknappen und zu horten. Die Geschäfte öffneten nur noch zwei oder drei Tage in der Woche, schließlich nur noch stundenweise, und auch dann blieb das Angebot unzulänglich. Schlange stehen vor den Lebensmittelläden wurde zur allgemeinen Erscheinung. Gleichzeitig weigerten sich die Bauern, ihre Ablieferungsquoten zu erfüllen, die aus der Phase der Nachkriegszwangswirtschaft datierten. Versorgungskrisen und Hungerrevolten waren die Folge. Hamstern und Felddiebstähle grassierten. Plünderungen waren keine Seltenheit mehr. Vielfach sanken die Löhne so weit ab, daß es den Arbeiterfamilien unmöglich wurde, die Gegenstände des täglichen Bedarfs zu kaufen. Die Beamtenschaft, die ursprünglich aufgrund der vierteljährlichen Gehaltsvorauszahlung von der Inflation profitiert hatte, stand nun vor ähnlichen Problemen. Am meisten betroffen waren die Rentenempfänger und diejenigen, die von ihren Ersparnissen oder von Wohnungsvermietung den Lebensunterhalt bestritten.

Unter solchen Bedingungen war der Ruf nach der »nationalen Einheitsfront« ebenso wirkungslos, wie das für die Durchhalteparolen bei Kriegsende gegolten hatte. Gewiß bestand ein Haupteffekt der Hyperinflation in einer weitgehenden Beseitigung der Lohn- und Einkommensdifferenzen sowohl bei der Arbeiterschaft als auch bei dem unteren, nicht selbständigen Mittelstand. Psychologisch wog dies jedoch geringer als der aufreizende Effekt, der von Luxus und Schlemmerei der Inflationsgewinnler ausging, und dies waren in der Regel alle diejenigen, die Zugang zu wertbeständigen Währungen hatten. Die Landesregierungen traten diesen Exzessen mit hilflosen Wucherverordnungen entgegen, deren steuerliche Wirkung durch die Inflation sogleich aufgezehrt wurde. Einfuhrverbote für Luxusgüter und Kontrollen von Nobelrestaurants und Spielhöllen kurierten nur Symptome. In einer Konstellation, in der anderntags das Geld,

Der Anteil der Arbeitslosen und Kurzarbeiter an den abhängig Erwerbstätigen 1921–1933 (Jutta Wietog nach Petzina, Abelshauser, Faust 1978)

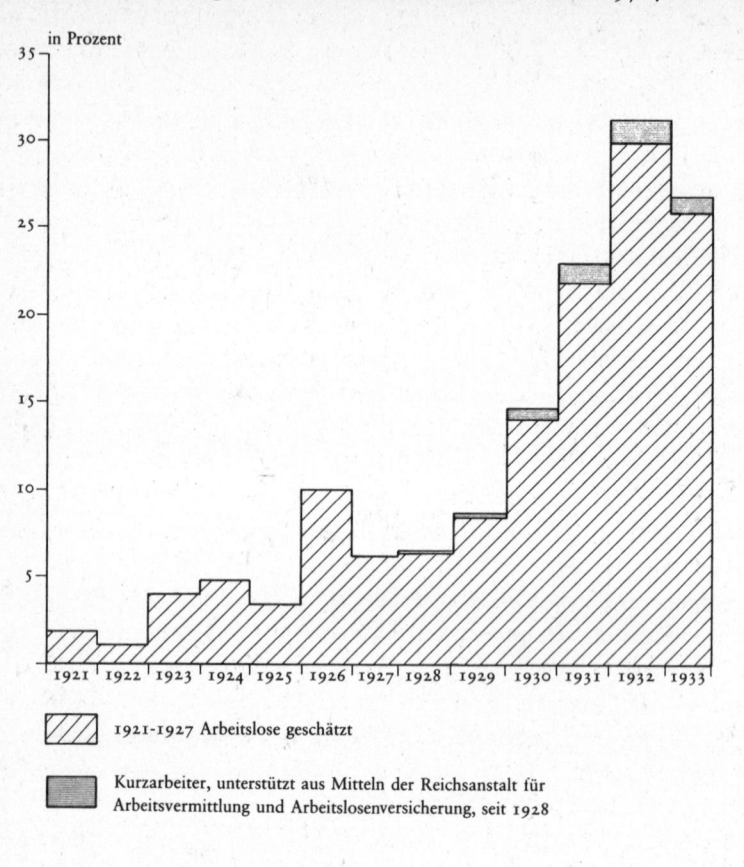

1921-1927 Arbeitslose geschätzt

Kurzarbeiter, unterstützt aus Mitteln der Reichsanstalt für Arbeitsvermittlung und Arbeitslosenversicherung, seit 1928

das man besaß, bestenfalls noch die Hälfte wert war, in der niemand wußte, was die Zukunft bringen würde, lag es allzu nahe, in den Tag hineinzuleben und sich dem bloßen Konsum hinzugeben.

Der unvorstellbar große Kontrast zwischen unverdientem Wohlstand und äußerster materieller Not mußte sozialen Ressentiments und der Kritik am kapitalistischen Wirtschaftssystem einen breiten Nährboden verschaffen. Dies war die Stunde der extremen Flügelparteien, die sich nunmehr damit befaßten, die Proteststimmung der Bevölkerung für sich zu nutzen. Während Adolf Hitler in München mit der Kritik an den »Novemberverbrechern«, an der Unentschlossenheit der Regierung und der »Berliner Judenrepublik« einen agitatorischen Erfolg nach dem anderen errang, vermochte die KPD, die sich seit dem Fiasko des mitteldeutschen Aufstands wieder einigermaßen konsolidiert hatte, beträchtlichen Einfluß zu erringen. Sie verzeichnete in diesem Zeitraum ein ungewöhnlich hohes Mitgliederwachstum und konnte im Sommer 1923 bei lokalen, regionalen und Betriebsräte-Wahlen ihre Stellung gegenüber der SPD in bemerkenswertem Umfang ausbauen. Ihr Ziel, die Mehrheit des industriellen Proletariats hinter sich zu bringen, schien nicht mehr bloßes Wunschdenken zu sein.

Schon im April 1923 hatte Theodor Leipart für den ADGB den Rücktritt des Kabinetts Cuno für notwendig gehalten, da von diesem ein Ausgleich mit den Westmächten nicht zu erwarten sei. Eine beliebige Verlängerung des passiven Widerstands war mit den Interessen der Industriearbeiterschaft nicht vereinbar. Trotz der Unterstützungszahlungen durch das Reich schuf die ansteigende Arbeitslosigkeit in den besetzten Gebieten unerträgliche soziale Verhältnisse. Die Reallöhne der Arbeiterschaft sanken auch nach der im Spätherbst durchgesetzten Indexierung weit unter den Vorkriegsstand ab, während die fühlbare Lebensmittelverknappung horrende Preissteigerungen nach sich zog. Zur ökonomischen Verunsicherung an Rhein und Ruhr traten die Repressalien der Besatzungsmacht. Die syndikalistischen Verbände, die vor allem im Ruhr-Bergbau einflußreich waren, nutzten die wachsende soziale Not zur Entfesselung von Streiks, die von den Gewerkschaften nur mühsam unter Kontrolle gebracht werden konnten. Sie selbst mußten einen beträchtlichen Mitgliederrückgang hinnehmen.

Der Parteivorstand der SPD und die Führung des ADGB zögerten jedoch, die Initiative zum Abbruch des passiven Widerstands zu ergreifen, um nicht mit dem Odium des nationalen Verrats belastet zu werden. Erst eine Sonderkonferenz, die der linke SPD-Flügel auf Betreiben Arthur Crispiens für Ende Juli 1923 nach Weimar einberief, verschaffte dem Drängen auf eine Regierungsumbildung die notwendige Schubkraft. Den Hintergrund dafür bildete die unübersehbare Radikalisierung von Teilen der Industriearbeiterschaft, die sich seit dem Sommer in einer das besetzte und das unbesetzte Gebiet erfassenden Streikwelle niedergeschlagen hatte. Ihr äußerer Anlaß bestand überwiegend in der unzureichenden Anpassung der Löhne an die galoppierende Inflation. Vor allem die KPD war entschlossen, die Erbitterung der arbeitenden Massen in eine revolutionäre Mobilisierung zu überführen, wobei sie sich einer ambivalenten Strategie bediente, indem sie einerseits den nationalen Abwehrkampf gegen die imperialistische Ausbeutung an der Ruhr propagierte, andererseits eine Antifaschismus-Kampagne in Gang setzte, mit der die Massen für eine proletarische Einheitsfront und einen verschärften Klassenkampf gewonnen werden sollten.

Namentlich in Sachsen, dem angestammten Zentrum der deutschen Linken, trug die Einheitsfrontagitation ihre Früchte, obwohl die vom Parteivorstand der Reichs-SPD hintertriebenen Koalitionsverhandlungen erfolglos blieben. Ähnlich wie in Thüringen konnte die SPD in Sachsen, gestützt auf die Tolerierung der KPD, eine Minderheitsregierung bilden, die in scharfem Gegensatz zu den bürgerlichen Parteien stand. Diese Konstellation schuf den Hintergrund für die ultimative Forderung des linken SPD-Flügels in Weimar, im Reich eine sozialdemokratische Minderheitsregierung zu erzwingen und diese durch eine Annäherung an die KPD und durch die Anwendung außerparlamentarischer Pressionen zu stabilisieren. Die SPD-Führung lehnte dieses illusorische Ansinnen ab, zumal die von Otto Braun geführte funktionsfähige Große Koalition in Preußen darüber zerbrochen wäre. Aber die SPD drängte nunmehr darauf, das Kabinett Cuno durch eine Regierung der Großen Koalition zu ersetzen. Ein Mißtrauensvotum der KPD im Reichstag schuf den äußeren Anlaß dafür.

Friedrich Ebert, der dem Kabinett Cuno den Gebrauch des Artikels 48 zur Regelung der mit der Inflation und der Markstützung verknüpften Fragen in reichem Ausmaß gewährt hatte, sah sich widerwillig genötigt, der parlamentarischen Initiative zu folgen und Gustav Stresemann, der als Nachfolger Cunos auch von der SPD unterstützt wurde, mit der Regierungsbildung zu betrauen. Stresemann bewerkstelligte diese Aufgabe innerhalb von vierundzwanzig Stunden. Die damit vollzogene Rückkehr zur parlamentarischen Mehrheitsregierung hatte den Makel, daß ihr eine beträchtliche Minderheit der SPD-Fraktion sowie der äußerste rechte Flügel der DVP die Zustimmung verweigerten. Die Gründe der SPD-Dissidenten, zu denen vor allem die sächsischen Deputierten und in der Mehrheit frühere USPD-Leute gehörten, bestanden in der Befürchtung, daß sich die Interessen des Großkapitals in der Koalition durchsetzen würden; paradoxerweise vertrat gerade die DVP-Minderheit, die gegen Stresemann votierte, die Belange der Großindustrie.

Im Gegensatz zur Schwerindustrie, insbesondere zu dem DVP-Abgeordneten Hugo Stinnes, war Stresemann seit dem Frühsommer davon überzeugt, daß es notwendig war, die SPD in ein Krisenkabinett einzubeziehen. Nur für den Fall, daß sie sich einer Sanierung verweigere, hatte er im Juli 1923 mit dem Gedanken der Diktatur gespielt. Aus einem extremen Nationalisten und Anhänger der Monarchie hatte er sich schrittweise zu einem Vernunftrepublikaner entwickelt. Er war sich der Tatsache bewußt, daß sich das Reich aufgrund der prekären außenpolitischen Lage, in der nicht sicher war, ob es möglich sein werde, den französischen Zugriff auf Rhein und Ruhr abzuwehren, den innenpolitischen Grabenkrieg zwischen Arbeiterschaft und Bürgertum nicht leisten konnte, ohne schweren Schaden zu nehmen. Taktische Überlegungen rieten ihm, das unvermeidliche Zurückstecken in außenpolitischer Beziehung nicht ohne sozialdemokratische Mitverantwortung in die Tat umzusetzen.

Stresemann war als Verfechter des liberalen Parlamentarismus ein Außenseiter unter den Politikern der bürgerlichen Mitte in Weimar. Er verkörperte die Tradition der Nationalliberalen in weit stärkerem Umfang als die führenden Repräsentanten der DDP und hielt den durch das parlamentarische System ermöglichten Ausgleich gesellschaftlicher Interessen für eine unverzichtbare Grundlage dauernder politischer Stabilität. Es war bezeichnend für ihn, daß er bei Antritt der Kanzlerschaft seine Aktienpakete verkaufte. Als unbestrittenem, wenngleich ständig angefeindetem Führer der DVP gelang es ihm, bloß interessenpolitische Gesichtspunkte immer wieder in den Hintergrund zu drängen und ihr die Fähigkeit zum parlamentarischen Kompromiß und somit zur Zusammenarbeit mit der SPD zu erhalten, was freilich nur unter den schwersten persönlichen Belastungen, die seinen verfrühten Tod mitverursachten, möglich war.

Die Regenerierung des parlamentarischen Systems durch Stresemann erfolgte in einer Situation, in der am baldigen Abbruch des passiven Widerstands nicht mehr ernsthaft gezweifelt werden konnte. Die verschärfte ökonomische Krise zwang die Parteien der Mitte und der gemäßigten Linken in die Verantwortung zurück, während die Schwerindustrie und die politische Rechte, deren tonangebende Vertreter den Übergang zu einer autoritären Regierungsform für unerläßlich hielten, die Liquidierung des Ruhr-Abenteuers dem parlamentarischen Kabinett zu überlassen gedachten, um zu einem geeigneten Zeitpunkt hervorzutreten. Stresemann, der als Vorsitzender des Außenpolitischen Ausschusses zur führenden politischen Figur aufgestiegen war, hatte schon seit 1921 darauf gedrängt, das Amt des Reichskanzlers zu übernehmen. Bis in den Sommer hinein verteidigte er die Außenpolitik Cunos. Taktische Zurückhaltung spielte dabei mit; denn schon im Juni setzte er sich gegen eine Katastrophenpolitik und für Verhandlungen mit Frankreich im Sinne von Goethes Diktum »Nachgiebigkeit bei großem Willen« ein. Die widerstrebend gewonnene Einsicht, daß es zum Abbruch des passiven Widerstands keine Alternative gab, bewog ihn, sich als Kanzler zur Verfügung zu stellen. Er hoffte, diesen Schritt ohne zu großen Gesichtsverlust tun zu können. Außenpolitische Fühlungnahmen, bei denen er die Unterstützung des britischen Botschafters in Berlin, Viscount d'Abernon fand, fielen jedoch weitgehend negativ aus. Auf England könne man nicht warten, äußerte er voller Skepsis schon im August 1923, und am 19. September wurde endgültig klar, das Stanley Baldwin, der konservative britische Premierminister, entschlossen war, Poincaré in der Forderung nach einer bedingungslosen Kapitulation Deutschlands zu unterstützen. In Anbetracht der britischen Haltung hätte eine Fortführung des passiven Widerstands nur den französischen Ambitionen in die Hände gespielt. Außerdem bröckelte die innere Widerstandsfront ab, obgleich die Gewerkschaften ihre Loyalität versicherten, da einzelne Gruppen der rheinisch-westfälischen Industrie wachsende Bereitschaft zeigten, sich mit Frankreich zu verständigen, ohne das Reich hinzuzuziehen.

Die Verhältnisse im besetzten Gebiet, in dem die MICUM mehr und mehr Zechen ihrer Regie unterwarf, ließen weiteren Aufschub nicht zu. Die Besatzungsmacht ging dazu über, die für Unterstützungszahlungen vorgesehenen Überweisungen des Reiches zur Deckung der Besatzungskosten und zugunsten des Reparationskontos zu beschlagnahmen, so daß die Gelder auf immer verschlungeneren Pfaden überwiesen werden mußten. Der Mangel an Zahlungsmitteln zwang viele Kommunen zur Ausgabe von Notgeld. Im Rheinland konkretisierten sich die Pläne örtlicher Bankiers und Industrieller, eine Rheinische Golddiskontbank mit eigener Währung zu schaffen, die an den französischen Franc gebunden gewesen wäre. Das hätte die wirtschaftliche Abschnürung des besetzten Gebiets vom Reich entscheidend vorangetrieben. Eine Sanierung der deutschen Währung, die das Kabinett vorbereitete, erschien jedoch undenkbar, solange die astronomischen Kosten, die das Ruhrgebiet verschlang, den Reichshaushalt belasteten.

Am 26. September 1923 vollzog Stresemann, nach eingehenden Absprachen mit den Länderregierungen, die Aufhebung des passiven Widerstands, machte aber die Erfüllung der deutschen Reparationsverpflichtungen von der völligen Wiederherstellung der Souveränität des Reiches im besetzten Gebiet abhängig, um nicht den Eindruck einer totalen Kapitulation zu erwecken. Daß diese Entscheidung scharfe Opposition von rechts auslösen würde, ging aus der Ankündigung des bayerischen Gesandten in Berlin hervor, seine Regierung werde den Abbruch des passiven Widerstands als Auflösung des Reiches, als »zweites Versailles« auffassen. Das Aufheulen der deutschnationalen und völkischen Presse, die von Stresemann verlangte, den Friedensvertrag für nichtig zu erklären – was dieser mit dem Argument zurückwies, daß es mehr als unklug sei, sich der im Versailler Vertrag enthaltenen Rechtspositionen zu begeben –, konnte jedoch nicht darüber hinwegtäuschen, daß diese Maßnahme allenthalben mit Erleichterung aufgenommen wurde. Das bayerische Kabinett nahm sie indessen zum Anlaß, unter offenem Bruch der Reichsverfassung für Bayern den Ausnahmezustand auszurufen und die vollziehende Gewalt Gustav von Kahr als Generalstaatskommissar zu übertragen. In der vorausgegangenen Länderbesprechung hatte von Kahr die Notwendigkeit eingeräumt, den passiven Widerstand abzubrechen; es waren ausschließlich innerbayerische Gründe, die ihn anderntags zu diesem Protestschritt veranlaßten.

Politisch bedeutete die bayerische Aufkündigung der Loyalität zur Reichsregierung den Auftakt für die seit längerem in Kreisen der Rechten und insbesondere von den Vaterländischen Verbänden in Bayern ins Auge gefaßte Beseitigung des parlamentarischen Systems. Der wenige Tage später erfolgende Umsturzversuch eines Teils der Schwarzen Reichswehr in Küstrin unter Führung des Majors Buchrucker zeigte an, daß sich hinter dem Vorhaben, die »marxistischen« Eiterbeulen in Sachsen und Thüringen aufzustechen, mehr verbarg: der von der Führung der Vereinigten Vaterländischen Verbände im Zusammenwirken mit dem bayerischen Ministerpräsidenten Eugen von Knilling und Einheiten der bayerischen Reichswehr offen erörterte Plan eines Marschs auf Berlin und einer Ausräucherung der »roten« Regierung. Doch das kam für die Reichswehrführung und die Vertreter der politischen Rechten keineswegs überraschend.

Der Chef der Heeresleitung, General von Seeckt, hatte schon im Frühjahr

1923, im Zusammenhang mit den geheimen Aufrüstungsvorbereitungen der Reichswehr, Verbindungen zu den Führern rechtsstehender paramilitärischer Verbände, vor allem zu Forstrat Escherich, Oberleutnant Gerhard Roßbach und Ritter von Epp, in der Absicht geknüpft, sie für den Fall eines militärischen Konflikts in die Reichswehr zu überführen. Desgleichen nahm Seeckt, übrigens durch die Vermittlung von Stinnes, Kontakte zu General Erich Ludendorff auf, der enge Beziehungen zu den rechtsnationalen Wehrverbänden unterhielt. Zwar erließ Reichswehrminister Otto Geßler im Februar 1923 ein förmliches Verbindungsverbot; in einzelnen Fällen kam es zur Entlassung unterer Chargen wegen der Teilnahme an rechtsextremen Versammlungen. Aber auf der Ebene der Wehrkreisbefehlshaber vollzog sich mit ausdrücklicher Billigung Seeckts eine rege Zusammenarbeit mit nationalistischen Verbänden aller Spielarten, einschließlich des in den Ostprovinzen in enger Kooperation mit dem Landbund stehenden Grenzschutzes und der als Arbeitskommandos getarnten Einheiten der Schwarzen Reichswehr.

Der militärische Wert der Wehrverbände der Rechten war gering, zumal ihre Führer darauf bestanden, für den Fall der Eingliederung in die Reichswehr ihre Autonomie zu bewahren. Innenpolitisch aber bedeutete deren Mobilisierung den Aufmarsch der Gegenrevolution. Ständige Spannungen zur preußischen Regierung waren die Folge. Ohne über das ganze Ausmaß der illegalen Rüstung unterrichtet zu sein, hatte sie im Februar mit dem Chef der Heeresleitung eine Absprache getroffen, welche die Tolerierung der Grenzschutzverbände davon abhängig machte, daß die Reichswehr die Verbindung zu privaten Wehrverbänden löste; doch dies blieb eine Fiktion. Das Verbot rechtsgerichteter Verbände durch Innenminister Carl Severing, der Oberleutnant Roßbach und andere Exponenten der Freikorpsszene verhaften ließ, verstärkte den Widerwillen Seeckts gegen die preußische Regierung und ließ ihn bereits im Mai 1923 die Übertragung der vollziehenden Gewalt an die Reichswehr ins Auge fassen.

Die Bildung des Kabinetts Stresemann wurde von der militärischen Führung mit äußerstem Mißtrauen aufgenommen. Der Kanzler, der sich um ein gutes Verhältnis zur Reichswehr bemühte, mußte sich von dem faktischen Oberbefehlshaber der Streitkräfte – denn es war gelungen, den Reichswehrminister durch die Schaffung einer Immediatstellung des Chefs der Heeresleitung gegenüber dem Reichspräsidenten und Reichskanzler zu neutralisieren – sagen lassen, daß die Reichswehr ihm nur dann zu folgen bereit sei, wenn er den »deutschen Weg« gehe. Nach dem 26. September erwog Seeckt, von seinen militärischen Ratgebern und Repräsentanten der Rechten, darunter Oskar Hergt und Kuno Graf von Westarp, gedrängt, die politische Macht an der Spitze eines Dreierdirektoriums zu übernehmen. Dafür entwarf er eine Art »Regierungsprogramm«, das neben dem berufsständischen Umbau der Verfassung vor allem die Ausschaltung der sozialistischen Parteien, die Beseitigung der Gewerkschaften und die Aufhebung des Tarifvertragssystems, ferner die Vereinigung der Ämter des Kanzlers und des preußischen Ministerpräsidenten vorsah. Die Entwürfe Seeckts waren keineswegs originell. Sie stellten nur Variationen des verfassungspolitischen Alternativmodells dar, das von neokonservativen Ideologen wie Oswald Spengler propagiert und von konservativen Honoratioren wie Ulrich von Hassell oder Carl Goerdeler vertreten wurde. Anfang November scheute Seeckt nicht davor zurück, Stresemann offen zu desavouieren und bei Ebert dessen Ablösung zu verlangen. Mit Stresemann sei »der Kampf nicht zu führen«, da er das Vertrauen der Truppe nicht genieße.

In den im Frühherbst 1923 konkretisierten Diktaturplänen wurde Seeckt nachdrücklich durch Friedrich Minoux, den Generaldirektor der Berliner Abteilung des Stinnes-Konzerns, bestärkt. Er handelte im Auftrag des Konzernchefs, bis es über Einzelheiten des Programms zum Bruch mit Stinnes kam, vor allem über den Vorschlag, den Alliierten eine Minderheitsbeteiligung an der westdeutschen Industrie als Reparationsleistung anzubieten und am Achtstundentag festzuhalten. In einer Unterredung mit dem amerikanischen Botschafter Houghton hatte Stinnes den Direktoriumsplan handfest beschrieben und die Strategie der Reichswehrführung aufgedeckt. Sobald die Kommunisten ihre Operationen begännen, werde eine Militärdiktatur mit Zustimmung Eberts das parlamentarische System aufheben und die kommunistische Bewegung »rücksichtslos zerschmettern«. Das Dilemma dieser Planung, welche die gesamte politische Rechte einbeziehen sollte, bestand in der Annahme, die KPD werde einen Umsturzversuch wagen. Stinnes, der schon Anfang des Jahres den Kontakt zwischen Seeckt und Ludendorff geknüpft hatte, befürchtete für den Fall, daß die Initiative zum Umsturz von der bayerischen Rechten ausgehe, eine negative Reaktion im Ausland. Er benutzte daher im Laufe des Oktober seine engen Beziehungen zu Otto Hermann von Lossow und Gustav von Kahr, um sie von einem vorzeitigen Losschlagen abzuhalten, was am 9. November von Hitlers Putschversuch durchkreuzt wurde.

Beunruhigend war, daß Ebert trotz eindeutiger Warnungen Stresemanns vor einer Rechtsdiktatur Ende Oktober, nach dem Ausscheiden der Sozialdemokraten aus dem Kabinett, die Kontakte Seeckts mit Botschafter Otto Wiedtfeld in Washington, die der Verwirklichung des Direktoriumsplans dienten, billigte. Seeckt ging davon aus, und hierin unterschied er sich von den bayerischen Putschisten, die Reichskanzlerschaft und die Direktorialregierung in äußerlich legalen Formen zu übernehmen. Es konnte nicht im Interesse der Reichswehr liegen, einen Rechtsputsch zu unterstützen, der dann doch wieder den Rückfall in bürgerkriegsartige Verhältnisse brachte. Die Wehrhaftmachung des deutschen Volkes und die Vorbereitung eines künftigen Revisionskrieges gegen Frankreich waren nicht im Kampf gegen die Staatsautorität zu erreichen. Das hinderte die Reichswehrführung nicht daran, die Wehrverbände mit Waffen zu versorgen und ihnen gelegentlich finanziell zu helfen, zumal sie innenpolitisch zur Abwehr sozialistischer Bestrebungen unentbehrlich erschienen. Offensichtlich sind Ebert, der Seeckt ein gänzlich unangemessenes Vertrauen entgegenbrachte, das dieser keinesfalls erwiderte, die innenpolitischen Konsequenzen, besonders die sozialpolitischen Implikationen des von ihm als Notstandskabinett aufgefaßten Direktoriumsplans nicht hinreichend klar gewesen. Denn die militärisch-schwerindustrielle Allianz, die sich im September 1923 vollends abzeichnete, zielte darauf ab, nicht nur die KPD auszuschalten, sondern vor allem den Achtstundentag und die tarifpolitischen Fesseln des Unternehmertums zu beseitigen. Das war nur möglich, wenn es gelang, die SPD aus der Regierung hinauszudrängen.

Den Einsatzpunkt der schwerindustriellen Unternehmeroffensive bildete die einseitige Heraufsetzung der Schichtzeiten von sieben auf achteinhalb Stunden durch eine Konferenz des Zechenverbandes in Unna-Königsborn drei Tage nach dem Abbruch des passiven Widerstands. Die Bergbauunternehmer wiesen auf die Notwendigkeit hin, die Kohlenproduktion zu steigern, was nur durch längere Schichtzeiten erreicht werden könne. Sie rührten damit an einer seit Jahren zwischen Zechenverband und Bergarbeiterverbänden umkämpften Frage. Sie war im September 1922 mit dem durch die Vermittlung des Reichsarbeitsministeriums zustande gekommenen Überschichtenabkommen vorläufig beigelegt worden; es bestätigte zwar die auch bisher geleistete Mehrarbeit, hielt aber am Prinzip des Achtstundentags fest. Das Arbeitszeitdiktat der Unternehmer war geeignet, den Widerstand der Bergarbeiter gegen eine Neuregelung der Arbeitszeit zu verschärfen; es stand im Gegensatz zu der noch bis zum 31. Oktober gültigen Demobilmachungsverordnung und entsprang zudem der Absicht, das Kabinett Stresemann zu Fall zu bringen.

Unter dem Druck der Industrie und der bürgerlichen Koalitionspartner hatte sich Reichsarbeitsminister Heinrich Brauns genötigt gesehen, eine gesetzliche Festlegung der Arbeitszeit auch über den Steinkohlensektor hinaus anzustreben. Für die Unternehmer, deren Auffassung von den bürgerlichen Parteien geteilt wurde, stand unumstößlich fest, daß die aufgrund der MICUM-Verhandlungen zu erwartenden Reparationslasten und die sich abzeichnende Stabilisierung der Währung nur durch eine erhebliche Verlängerung des Arbeitstages finanziert werden konnten. Während die Schwerindustrie die Rückkehr zur Zwölfstundenschicht und damit die Abkehr vom Dreischichtensystem in ununterbrochener Produktion anstrebte, bemühte sich Brauns um eine weniger starre Lösung. Der von ihm unterbreitete Gesetzentwurf sah die Beibehaltung des Achtstundentags nur noch für schwere und gesundheitsgefährdende Arbeiten vor, außerdem Schutzbestimmungen für jugendliche und weibliche Arbeitnehmer, und überließ die Regelung der Arbeitszeit einer tarifvertraglichen Vereinbarung. Die Arbeitszeitverordnung sollte im Rahmen des vom Kabinett angestrebten Ermächtigungsgesetzes verabschiedet werden. Angesichts der zu erwartenden Widerstände seitens der Gewerkschaften plädierten die sozialdemokratischen Kabinettsmitglieder dafür, die Arbeitszeitfrage aus dem Ermächtigungsgesetz herauszunehmen, während die DVP auf dem vorgesehenen Verfahren bestand und zugleich die Aufnahme der DNVP in das Kabinett beantragte, was die Sozialdemokraten keinesfalls hinnehmen konnten. Kompromißbemühungen scheiterten diesmal überwiegend an der starren Haltung der bürgerlichen Parteien, die es zum Bruch kommen lassen wollten, wobei Ernst Scholz, der Fraktionsvorsitzende der DVP, bereits eine Rechtskoalition unter Ausschluß Stresemanns ins Auge faßte.

Äußerlich hatte es den Anschein, als habe die SPD über einer Nebenfrage die Lösung existentieller Probleme der Nation verweigert. Tatsächlich aber handelte es sich um eine erneute Kraftprobe der Schwerindustrie mit den ausgleichswilligen Kräften der Linken. Es war symptomatisch, daß die DVP, deren Bedingungen für die Zustimmung zum Ermächtigungsgesetz, die man hinter dem Rücken des Kanzlers ausgehandelt hatte, die SPD bewußt provozieren sollten, am Vortag des Kabinettssturzes den Wirtschaftsminister Hans von Raumer wegen seiner arbeitnehmerfreundlichen Haltung zum Rücktritt veranlaßte. Doch die Rechnung ging nicht auf. Da es die DNVP ablehnte, ein Minderheitskabinett der Rechten zu bilden, was auf eine indirekte Anerkennung des parlamentarischen Systems hinausgelaufen wäre, und da die SPD Stresemanns Vorschlag verwarf, ein Kabinett der Persönlichkeiten zu tolerieren, kam es am 6. Oktober zur Wiederherstellung der Großen Koalition. In das zweite Kabinett Stresemann kehrte der sozialdemokratische Finanzminister Rudolf Hilferding nicht wieder zurück; das Finanzressort fiel an den ungleich tatkräftigeren Hans Luther. Während die Lösung der Arbeitszeitfrage durch Verlängerung der Laufzeit der Demobilmachungsverordnungen aufgeschoben wurde, gewann die Regierung infolge der nun mit großer Mehrheit erfolgenden Verabschiedung des Ermächtigungsgesetzes den Handlungsspielraum zur Durchführung der Währungssanierung. Diese war unter Hilferding, der einen stärkeren Eingriff in die Besitzverhältnisse verlangte, auf den Widerstand maßgebender Finanzkreise gestoßen.

Die Stabilisierung der deutschen Währung durch die Einführung der Rentenmark stellt eine erstaunliche Leistung der Regierung Stresemann dar. Daß sie nicht im Sperrfeuer der Interessengruppen zusammenbrach, war in erster Linie der Tatsache zuzuschreiben, daß der Wertverfall der Mark über alle Vorstellungen hinaus fortgeschritten war. Im Herbst 1923 hatte sich die schwebende Schuld des Reiches binnen eines Monats vertausendfacht. Damit war jede geregelte Haushaltsführung, aber auch die Versorgung der Wirtschaft mit Zahlungsmitteln unmöglich geworden. Inzwischen lagen die deutschen Inlandspreise mindestens auf dem Niveau des Weltmarktes; die Vorteile der Inflation hatten sich endgültig in ihr Gegenteil verkehrt.

Die Schaffung der Rentenmark beruhte auf einem Kompromiß zwischen den

Anregungen Karl Helfferichs, der die neue Währung am Wert des Roggens orientieren wollte, und der von Rudolf Hilferding, Hans Luther und Hjalmar Schacht bevorzugten Golddeckung. Zwischen der Gründung der Rentenbank, die am 15. Oktober 1923 erfolgte, und der einen Monat später vorgenommenen Ausgabe der Rentenmark sank der Kurs der Mark auf eine Dollarparität von 1 zu 4,2 Billionen. Durch die bewußt um einige Tage verzögerte Stabilisierung der Mark gelang es dem Finanzminister, die innere Verschuldung des Reiches fast vollständig zu beseitigen. Zugleich erfolgten die Umstellung der Steuern auf Goldbasis und der Übergang zu einer rigorosen Sparpolitik der öffentlichen Haushalte, die in der Personalabbauverordnung vom 27. Oktober einen ersten Ausdruck fand. Mehr als 300.000 öffentliche Bedienstete mußten ausscheiden. Desgleichen wurden die Beamten- und Angestelltengehälter auf durchschnittlich sechzig Prozent der Vorkriegssätze festgesetzt.

Der Erfolg der Währungssanierung hing entscheidend davon ab, ob es gelang, das finanzielle »Loch im Westen« zu schließen und die überdimensionierten Subventions- und Unterstützungszahlungen in das besetzte Gebiet zu beenden. Erwägungen, jegliche Zahlungen einzustellen und das Ruhrgebiet wie die Rheinlande einstweilen sich selbst zu überlassen, stießen auf Widerspruch im Kabinett, zugleich auf massiven Protest von seiten rheinischer Politiker, von denen insbesondere Konrad Adenauer mit dem Argument hervortrat, daß die Rheinlande dem Reich notfalls eine zweite und dritte Währungskrise wert sein sollten. In der Tat hätte die anfänglich ins Auge gefaßte »Versackungspolitik« nur die von französischer Seite favorisierten separatistischen Bestrebungen begünstigt, die unter dem Schutz der Besatzungsmacht Ende Oktober in Aachen und anderen rheinischen Städten eine Rheinische Republik ausriefen. Die kurzlebige Autonomie der Pfalz, die auf Betreiben des Sozialdemokraten Johannes Hoffmann mit nachdrücklicher Unterstützung des Generals de Metz zustande kam, richtete sich auch gegen das diktatorische Regime von Kahrs in München.

Die Interalliierte Rheinland-Kommission unter dem Vorsitz von General Paul Tirard überschätzte die Chancen des Separatismus, der auf insignifikante Minderheiten beschränkt blieb. Überdies fehlte es in Paris an der letzten Entschlossenheit, die Loslösung der Rheinlande vom Reich mit derartigen Methoden durchzusetzen. Zwar gab es im Quai d'Orsay massive Bestrebungen zur Schaffung rheinischer Pufferstaaten, aber es blieb umstritten, ob diese aus dem Reichsverband herausgelöst werden oder als Glacis einer französischen Einflußnahme auf die Reichspolitik dienen sollten. Zudem durchkreuzte sich das Interesse an der wirtschaftlichen Ausbeutung Deutschlands mit der nachwirkenden Linie der herkömmlichen französischen Rhein-Politik. Poincaré schwankte in dieser Frage, zeigte sich jedoch entschlossen, die Kapitulation des Reiches für die Errichtung eines rheinischen Staatsgebildes zu nutzen, dessen dauernde Entmilitarisierung das französische Sicherheitsbedürfnis befriedigen würde, welches der Versailler Vertrag aufgrund der zeitlichen Limitierung der Rheinland-Besetzung nur befristet gewährte.

Diese Interessenlage traf sich in gewisser Hinsicht mit der Erwägung Konrad Adenauers, einen von Preußen gelösten, aber im Reichsverband verbleibenden westdeutschen Bundesstaat zu schaffen, wobei die Zusicherung internationaler Kontrollen dem französischen Sicherheitsbedürfnis Rechnung trug. Der Kölner Oberbürgermeister sah in einer solchen Lösung eine reale Chance für eine deutsch-französische Verständigung. Zugleich schien sie ihm angesichts des finanziellen Zusammenbruchs des Reiches der einzige Ausweg zu sein, wollte man eine mittlere Linie zwischen dem Separatismus und der auch innerhalb der DVP erwogenen vorläufigen Preisgabe des besetzten Gebiets unter Aufkündigung des Friedensvertrags finden. Dieses Konzept stimmte teilweise mit den gleichzeitigen Plänen von Hugo Stinnes überein, durch einen Austausch des deutschen und französischen Aktienbesitzes die Grundlage für einen deutsch-französischen schwerindustriellen Zusammenschluß zu legen, der seine Spitze allerdings deutlich gegen England richtete. Schließlich korrespondierte Adenauers Konzeption mit den Bestrebungen des Kölner Bankiers Louis Hagen, durch die Gründung einer Rheinischen Goldnotenbank eine auf das besetzte Gebiet beschränkte Währungsumstellung vorzunehmen, wobei an eine deutsche Mehrheitsbeteiligung neben französischen und britischen Einlagen gedacht war.

Stresemann, der sich anläßlich der Beendigung des passiven Widerstands gegen die Preisgabe deutschen Bodens an Frankreich ausgesprochen hatte, lehnte die Vorstellungen Adenauers ab, hielt aber eine für die Gesamtheit der besetzten Gebiete zuständige Verwaltungsstelle für zweckmäßig. Sie sollte die Funktionen der von Poincaré ausgesperrten Reichsregierung wahrnehmen, um zu verhindern, daß die französische Politik Einzelabkommen auf regionaler und lokaler Ebene erzwang. Dies traf jedoch auf den dezidierten Widerspruch Otto Brauns, der die Integrität Preußens nicht antasten wollte, worin er sich mit dem von Bayern eingenommenen Standpunkt traf. Für einen Moment scheint Stresemann an eine vorübergehende Preisgabe des Rheinlandes gedacht zu haben, auch wenn er dies bald nachdrücklich bestritt. Beides setzte sich nicht durch. Der Erfolg der Rentenmark ermöglichte es, den Kompromiß durchzuhalten, der darin bestand, daß das Reich weiterhin für die Erwerbslosenfürsorge und die Besatzungskosten aufkam, während es die Zuschüsse an die Industrie begrenzte. Bei einer größeren Flexibilität Tirards und Poincarés hätte die von Adenauer verfolgte Kompromißlinie gewisse Realisierungschancen gehabt, obwohl es zu schwer abschätzbaren Interessenkonflikten zwischen der deutschen und französischen Schwerindustrie gekommen wäre. So blieb die Rheinland- und die Ruhr-Frage einstweilen offen.

Für Stresemann war es eine bittere Erfahrung, daß Poincaré nach der Aufgabe des passiven Widerstands jeder Verhandlung mit der deutschen Regierung auswich. Versuche, die Entlassung der Gefangenen, die Zurückführung der

Ausgewiesenen und die Wiederherstellung der deutschen Verwaltungshoheit zu erreichen, scheiterten an der Taktik des französischen Premiers, grundsätzlich nur mit Vertretern des besetzten Gebiets zu verkehren. Nachdem sich die Firmengruppe Otto Wolff bereitgefunden hatte, die weitreichenden finanziellen Auflagen der MICUM zu erfüllen, sah Stresemann keine Möglichkeit, direkte Verhandlungen der Ruhr-Industrie mit General Jean Degoutte zu verhindern, wenngleich er es vermied, der vom Zechenverband gebildeten Sechserkommission finanzielle Zusagen zu machen.

Die Wiederingangsetzung der Kohlenförderung wurde von der MICUM mit schwerwiegenden Auflagen belastet. Der Bergbau an der Ruhr mußte sich zu beträchtlichen Lieferungen an Frankreich und Belgien, darüber hinaus zur rückwirkenden Zahlung der Kohlensteuer verpflichten, obwohl diese, entgegen fiskalischen Erwägungen, von der Reichsregierung gestrichen worden war, um die Ruhr-Industrie finanziell zu stützen. Stresemann stimmte diesem massiven Eingriff in die Souveränität des Reiches, an dem die Verhandlungen Ende Oktober 1923 zu scheitern drohten, schweren Herzens zu, da die Alternative in einem völligen Erliegen der Industrieproduktion im Ruhrgebiet mit allen Folgen bestanden hätte. Schließlich kam es zu dem Kompromiß, daß nur die Kohlensteuer in die »Pfänderkasse« zur Begleichung der Kosten der Besetzung gezahlt, der Gegenwert der Lieferungen auf das Reparationskonto angerechnet werden sollte. Das Reich mußte sich verbürgen, die der Ruhr-Industrie aus dem am 24. November unterzeichneten MICUM-Abkommen erwachsenden Kosten zu erstatten. Um die Währungssanierung nicht zu gefährden, wurde vereinbart, daß die Konzerne das erforderliche Kapital vorstrecken und auf die anfallenden Steuern verrechnen sollten. Die nicht abgedeckten Beträge wurden 1925 in Gestalt der umstrittenen »Ruhrspende« unter Umgehung des Reichstages den Ruhr-Industriellen zurückgezahlt.

Die Schwerindustrie an der Ruhr nutzte die MICUM-Verträge, die bezeichnenderweise ohne Mitsprache der Gewerkschaften zustande gekommen waren, zu massivem Druck nicht nur in der Arbeitszeitfrage, sondern auch auf das Lohnniveau und die Sozialleistungen. Hatte Stinnes schon 1922 im Reichswirtschaftsrat geäußert, daß die deutschen Arbeiter zwei Stunden täglich mehr arbeiten müßten, wurden nun die Lasten der Verträge geltend gemacht, um die Rückkehr zur Vorkriegsarbeitszeit zu erzwingen. Von der Loyalität der Arbeiterschaft im Ruhr-Kampf war nicht mehr die Rede. Auf sie wurde der Mehraufwand abgewälzt. Angesichts der durch die Inflationierung geleerten Gewerkschaftskassen war erfolgreicher Widerstand gegen die befolgte Strategie direkter und verdeckter Aussperrungen nicht mehr möglich.

Unter dem Schlagwort, daß »Goldlohn« nur bei »Goldleistung«, also der Anerkennung der Vorkriegsarbeitszeit, gezahlt werden könne, gingen Zechenverband und der Arbeitgeberverband Nord-West der eisen- und stahlerzeugenden Industrie nach dem Auslaufen der Demobilmachungsverordnung dazu über, durch Kurzarbeit und Massenentlassungen die faktisch zehnstündige Arbeitszeit auch formell zu erzwingen. Ihr Vorgehen fand im Dezember 1923 die Billigung des Reichsarbeitsministers. Indem sich die deutsche Industrie endlich dazu durchrang, die außenpolitischen Realitäten des verlorenen Krieges anzuerkennen, verstärkte sich ihre Entschlossenheit, jene sozialpolitischen Konzessionen zurückzunehmen, die sie nach 1918 eingeräumt hatte, um den inneren Zusammenbruch Deutschlands abzufangen.

Vor diesem Hintergrund muß die Linkswendung gesehen werden, die das sozialdemokratische Minderheitskabinett Zeigner in Sachsen am 10. Oktober 1923 durch die Einbeziehung von KPD-Ministern vollzog und die sich wenig später in Thüringen wiederholte. In beiden Ländern hatte der linke Flügel der SPD, der keineswegs nur aus ehemaligen USPD-Angehörigen bestand, einen starken Rückhalt. Die amtierenden sozialdemokratischen Minderheitsregierungen waren von der KPD toleriert worden. Daran trugen die bürgerlichen Mittelparteien eine gewisse Mitverantwortung, da sie im Januar 1923 das Kabinett des gemäßigten Sozialdemokraten Wilhelm Buck durch ein von der KPD nicht abgewehrtes bürgerliches Mißtrauensvotum zu Fall gebracht hatten. Der auf kommunistische Tolerierung angewiesene nachfolgende Ministerpräsident Erich Zeigner vermochte nicht zu verhindern, daß die zur Einschränkung von Wucher und Preistreiberei eingerichteten proletarischen Kontrollausschüsse und die als republikanische Hilfspolizei gedachten Proletarischen Hundertschaften fast vollständig unter kommunistische Kontrolle gerieten, während es gelang, Generalstreikforderungen der KPD abzublocken.

Nicht erst seit dem mitteldeutschen Aufstand war Sachsen das Zentrum ständiger Reibungen zwischen Reichswehr und regierender Sozialdemokratie, die mit ihrem Vorgehen gegen rechtsextremistische Gruppen die illegalen Aufrüstungsbestrebungen der militärischen Führung behinderte. Geßler und Seeckt waren fest entschlossen, bei der nächsten sich bietenden Gelegenheit die Reichsexekution gegen Sachsen zu praktizieren, und sie wurden darin von den sächsischen bürgerlichen Parteien und dem Verein sächsischer Industrieller unterstützt, die Horrorgemälde von den Übergriffen der Kontrollausschüsse und der Proletarischen Hundertschaften entwarfen. Im August verbot der sächsische Militärbefehlshaber, General Alfred Müller, seinen Offizieren, an den Verfassungsfeiern teilzunehmen. Zeigners sachlich weitgehend zutreffende Enthüllungen über die Schwarze Reichswehr ließen ihn allgemein als Landesverräter erscheinen.

Es bedurfte daher nicht erst der Vorbereitungen der KPD für einen »deutschen Oktober«, die bei den Proletarischen Hundertschaften, welche die preußische Regierung kurzerhand aufgelöst hatte, Rückhalt fanden, um die Entschlossenheit der Reichswehr zum Durchgreifen zu begründen. Die revolutionäre Agitation der KPD und ihre von der Reichswehr argwöhnisch beobachteten technischen Vorbereitungen für eine gewaltsame Erhebung verschärften jedoch die Spannung bis ins Unerträgliche. Nach der im Oktober 1920 unter dem Druck der Komintern über die Litwinowschen »Einundzwanzig Punkte«, die den Übergang zur leninistischen Kaderpartei zum Inhalt hatten, durchgesetzten Spaltung der USPD war deren linker Flügel mit der KPD zur VKPD verschmolzen. Infolge der fortgesetzten Parteispaltungen verlor die Linke mehr als ein Fünftel ihrer früheren Mitgliedschaft; andererseits stieg die KPD nun zur Massenpartei auf. Die von Paul Levi forcierte Einheitsfrontpolitik traf jedoch auf den geschlossenen Widerstand der Freien Gewerkschaften und sozialistischen Parteien und wurde 1921 auch von der Komintern desavouiert, was den Sturz der Levi-Zentrale und damit der gegen putschistisches Vorgehen eintretenden Führungsgruppe nach sich zog. Unter dem Einfluß Karl Radeks stürzte sich die nun von August Thalheimer und Heinrich Brandler geführte Linke in das Fiasko des mitteldeutschen Aufstands.

Eine Schwenkung der Kominternstrategie bewirkte neben ersten Säuberungen 1922 den Übergang zu einer stärker defensiven Linie. Unter der Parole der Schaffung einer »Arbeiterregierung« unterstützte man zögernd die SPD-Regierungen in Thüringen und Sachsen, was vor allem der Absicht entsprach, die beträchtlich abgesunkene Mitgliedschaft wieder zu konsolidieren. Nach dem offensichtlichen Scheitern der nationalbolschewistischen Orientierung, die Radek der Partei gegen die anwachsende linke Opposition aufgezwungen hatte, erfolgte am 15. August 1923 die Instruktion Grigorij Sinowjews, die KPD müsse sich auf eine herannahende revolutionäre Krise vorbereiten. Unter dem Einfluß Radeks, des Deutschland-Experten des EKKI, erwartete das Politbüro der KPdSU einen raschen Entscheidungskampf in Deutschland. Insbesondere Trotzkij unterstützte die neue Offensivlinie, auf die der KPD-Vorsitzende Brandler trotz eigener Bedenken Anfang September in Moskau eingeschworen wurde. Sinowjew wie Trotzkij machten sich erhebliche Illusionen über die Chancen, die deutschen Arbeitermassen für den revolutionären Umsturz, für den man den 9. November als Orientierungstermin festlegte, mobilisieren zu können.

Der Eintritt der KPD in das sächsische und thüringische Kabinett sollte der Vorbereitung des beabsichtigten Umsturzes dienen, für den die Bereitstellung von Waffen eine wichtige Voraussetzung war. Brandler, der ursprünglich das Innenministerium übernehmen sollte, beschäftigte sich als Leiter in der sächsischen Staatskanzlei vorwiegend damit, geheime Waffenlager aufzuspüren. All dies entging der Reichsregierung nicht, wenngleich sie über die Planungen des EKKI wohl kaum informiert war. Am 13. Oktober kam es zum Verbot der Proletarischen Hundertschaften durch den Inhaber der vollziehenden Gewalt in Sachsen und danach zur Unterstellung der sächsischen Polizeikräfte unter die militärische Befehlsgewalt. Aber nicht nur in dieser Hinsicht scheiterte der kommunistische Aufstandsplan. Auf der von der KPD für den 21. Oktober nach

Chemnitz einberufenen Arbeiterkonferenz blieb Brandler mit der Forderung nach dem sofortigen Generalstreik in einer klaren Minderheit; selbst im »roten« Sachsen fanden sich die Kommunisten politisch isoliert. Warum die Hamburger KPD-Führung gegen den Beschluß der Zentrale, die Aktion abzublasen, am 23. Oktober zum Aufstand aufrief, an dem sich kaum mehr als fünftausend Arbeiter beteiligten, ist nie geklärt worden. Kommunikationsschwierigkeiten, möglicherweise aber auch der Ehrgeiz der örtlichen KPD-Führer, zu denen Ernst Thälmann gehörte, haben zu dieser völlig isoliert gebliebenen Erhebung des »deutschen Oktober« geführt, die am 25. Oktober zusammenbrach.

Während sich die mitteldeutsche Krise im Verlauf des Oktober zuspitzte, blieb der Konflikt zwischen Bayern und dem Reich einstweilen in der Schwebe. Noch am 26. September antwortete Stresemann mit der Verhängung des militärischen Ausnahmezustands und der Übertragung der vollziehenden Gewalt an den Reichswehrminister auf die bayerische Herausforderung. Er lehnte hingegen das Verlangen der sozialdemokratischen Kabinettsmitglieder ab, dieser Demonstration Taten folgen zu lassen und den Rücktritt des Generalstaatskommissars von Kahr zu erzwingen. Faktisch besaß er auch nicht die Machtmittel dazu. Denn Geßler und Seeckt verweigerten einen Einsatz der Reichswehr gegen Bayern unter dezentem Hinweis auf das kommende Direktorium. Allerdings kam es zu einer scharfen Kontroverse zwischen Seeckt und der bayerischen Landesregierung, weil der Kommandeur der 7. Division, von Lossow, es ablehnte, das von Geßler ausgesprochene Verbot des »Völkischen Beobachters« durchzuführen; das Blatt hatte unter dem Titel »Die Diktatoren Stresemann – Seeckt« antisemitische Ausfälle gegen die Reichsregierung gerichtet. Der Konflikt deckte auf, daß die bayerische Reichswehrführung, die mit dem Unternehmen »Herbstübung« Anstalten traf, sich die vaterländischen Verbände zu unterstellen, entschlossen war, den ins Auge gefaßten Marsch auf Berlin notfalls auch ohne Seeckt durchzuführen. Es war daher nicht nur die Verweigerung des Befehlsvollzugs, die Seeckt mit äußerster Schärfe reagieren und von Lossow den Rücktritt nahelegen ließ.

Die Amtsenthebung des bayerischen Landeskommandanten wurde durch Ritter von Kahr damit konterkariert, daß er sich die 7. Division direkt unterstellte. Seeckt blieb fest, suchte jedoch den Vorgang als Personalangelegenheit abzutun, während von Kahr den Chef der bayerischen Landespolizei, Oberst Hans Ritter von Seißer, nach Berlin entsandte, um Seeckt für den Umsturzplan eines Triumvirats Lossow-Seißer-Hitler zu gewinnen. Der Chef der Heeresleitung beharrte jedoch auf der von ihm angesteuerten, formal legalen Variante des Direktoriumsplans, betonte allerdings in einem am 2. November abgefaßten Schreiben an Ritter von Kahr: »Die Weimarer Verfassung ist für mich kein noli me tangere; ich habe sie nicht mitgemacht und sie widerspricht in den grundlegenden Prinzipien meinem politischen Denken.« Ein Kabinett Stresemann sei nicht lebensfähig, selbst wenn, wie er anstrebe, die Sozialdemokraten ausschieden. Indessen wolle er den Umschwung ohne offenen Bürgerkrieg, und er hob hervor, daß die Reichswehr nicht in die Lage gebracht werden dürfe, die Staatsautorität »nach zwei Seiten« verteidigen zu müssen. Ein Eingreifen der Reichswehr gegen Bayern war unter diesen Umständen nicht durchsetzbar, selbst wenn Stresemann dies gewollt hätte. Das Drängen der sozialdemokratischen Minister, gegen von Kahr einzuschreiten, wurde von ihm mit der Bemerkung abgewiesen: »Ich darf es nicht zum Rechtsputsch kommen lassen.« In der Tat hätte ein Beharren darauf Seeckt und die hinter ihm stehenden Kräfte eher dazu bewogen, das angebotene bayerische Bündnis anzunehmen.

Die Reichswehrführung nutzte hingegen den Reichsausnahmezustand, um gegen die sächsische und thüringische Regierung unverzüglich vorzugehen, und zwar bereits zu einem Zeitpunkt, an dem eine Kabinettsentscheidung noch nicht vorlag. Am 17. Oktober rügte der Militärbefehlshaber in Sachsen den Ministerpräsidenten, ihm die Regierungserklärung nicht vor der Publizierung vorgelegt zu haben. Am 22. Oktober erfolgte der Einmarsch zusätzlicher Reichswehrverbände, was gewaltsame Zwischenfälle mit protestierenden Arbeitern auslöste. Damit hätte es sein Bewenden haben können. Der Reichswehrminister drängte jedoch darauf, einen zivilen Staatskommissar für Sachsen zu ernennen. Dagegen erhob sich Widerstand im Kabinett. Reichsjustizminister Gustav Radbruch wies darauf hin, daß die Absetzung des Ministerpräsidenten von der Verfassung nicht gedeckt sei – immerhin wurde hier erprobt, was 1932 in Preußen erneut praktiziert wurde –, aber er fand darin nicht die Zustimmung der Koalitionspartner. Die SPD-Minister waren sich über den politischen Druck nicht im klaren, der von der sächsischen DVP auf Stresemann ausgeübt wurde; sie erreichten nur, daß der drohenden Reichsexekution eine schriftliche Rücktrittsaufforderung des Reichskanzlers an Zeigner vorausgehen sollte. Der sächsische Regierungschef wies sie als unzumutbar und verfassungswidrig zurück.

Wie sich später herausstellte, war Zeigner zu diesem Zeitpunkt bereit, die kommunistischen Kabinettsmitglieder zu entlassen. Der einzige Rechtsgrund der Reichsexekution gegen die ordnungsgemäß zustande gekommene sächsische Koalition bestand in der gegen die Reichsverfassung gerichteten kommunistischen Agitation. Es hätte also genügt, den Rücktritt der kommunistischen Kabinettsmitglieder herbeizuführen. Seit dem 21. Oktober war ein kommunistischer Umsturz politisch und angesichts der effektiven militärischen Kontrolle faktisch unmöglich geworden. Die Berufung des DVP-Politikers Karl Heinze zum Reichskommissar in Sachsen erwies sich auch insofern als Fehlgriff, als dieser die Reichsexekution am 29. Oktober noch vor dem offiziellen Kabinettsbeschluß unter provozierenden Begleiterscheinungen in die Tat umsetzte. Stresemann konnte gerade noch rückgängig machen, daß Heinze den Zusammentritt des sächsischen Landtags unterband. Nach massivem internen Drängen des SPD-

Parteivorstands gegenüber der sächsischen Fraktion wurde der gemäßigte Sozialdemokrat Karl Fellisch zum Ministerpräsidenten eines von der DDP tolerierten Minderheitskabinetts gewählt, womit sich der Ausnahmezustand in Sachsen eigentlich erübrigte. Wenig später erfolgte die militärische Besetzung Thüringens und der erzwungene Rücktritt der dortigen Koalitionsregierung Frölich.

Die sozialdemokratischen Kabinettsmitglieder empfanden die Ungleichbehandlung Sachsens und Thüringens im Verhältnis zu Bayern als schwere Prestigeeinbuße. Sie erkannten, daß das militärische Vorgehen gegen die sächsische Linke – abgesehen davon, daß Zeigners Verletzung der Reichswehrinteressen Seeckt wie Geßler zu unnachsichtigem Vorgehen motivierte – ein doppeltes Ziel verfolgte. Ein entschiedenes Eingreifen gegen den »Marxismus« in Sachsen, so schien es wenigstens, sicherte Seeckt und den mit ihm sympathisierenden Militärs und Industriellen die Führung bei dem angestrebten Umbau des parlamentarischen Systems im autoritären Sinne, der primär die Ausschaltung der Sozialdemokratie bezweckte. Gewiß hatte die SPD die Politik der sächsischen Genossen für problematisch gehalten und mäßigend auf sie einzuwirken gesucht. Ihre Kritik an der Reichswehr und deren Begünstigung rechtsextremer Organisationen war jedoch, wie der preußische Innenminister wohl wußte, in der Sache nur allzu berechtigt, wenngleich das polemische Auftreten Zeigners die Kräfte Sachsens überspannte. Die überwiegende Mehrheit der sächsischen Industriearbeiterschaft sympathisierte mit dem Versuch, durch die Wiederbelebung des Rätegedankens den Abbau der revolutionären Errungenschaften und die Stärkung der antirepublikanischen Kräfte zu verhindern. Aus den Proletarischen Hundertschaften, die eben nicht nur kommunistische »Banden« waren, sollte 1923 das Reichsbanner hervorgehen. Zudem wiederholten sich in Sachsen die Fehlgriffe der Ära Noske. Bei der SPD, die unter dem Druck der hemmungslosen KPD-Agitation stand, rief das Militärregime, das sich in Sachsen festsetzte und nicht zögerte, auch SPD-Organe unterschiedslos zu verbieten, bittere Erinnerungen an das Frühjahr 1919 wach.

Wie tief der innerparteiliche Konflikt wegen der sächsischen Vorgänge reichte, zeigte die Reaktion des Reichstagspräsidenten Paul Löbe, der stets einen ausgeprägt reformistischen Standpunkt eingenommen hatte, aber nun die Parole »Zurück zum reinen Klassenkampf« ausgab. Er wußte, daß keine Möglichkeit des bewaffneten Widerstands vorhanden und daß die Partei in eine absolute Defensive gedrängt war, einschließlich der für sie mit Priorität betriebenen Sozialpolitik. Die Sozialdemokratie könne für die Republik nicht mehr kämpfen, äußerte er, denn die Massen sähen die Staatsform, in der Kapital und militärische Macht ebenso stark seien wie im Kaiserreich, als nicht mehr verteidigenswert an. Die Vertreter der preußischen Regierung, nicht zuletzt Carl Severing, machten demgegenüber darauf aufmerksam, daß ein Ausscheiden der Partei aus der Koalition die Gefahr einer autoritären Lösung heraufbeschwöre.

Schließlich vereinbarten die Spitzengremien der SPD Bedingungen für ein Verbleiben in der Regierung. Durch die vorzeitige Veröffentlichung im »Vorwärts« erhielten sie ultimativen Charakter. Die darin geforderte Aufhebung des militärischen Ausnahmezustands und die Distanzierung von dem bayerischen Verfassungsbruch sowie die zivile Kontrolle von innenpolitischen Einsätzen der Reichswehr in Sachsen dienten vorwiegend dazu, das Gesicht der Partei zu wahren. Bei gutem Willen wäre dies erfüllbar gewesen. Doch das taktisch nicht eben geschickte Vorgehen erleichterte es den bürgerlichen Kabinettsmitgliedern, die Verantwortung für die Auflösung der Großen Koalition der SPD anzulasten, die wegen der Zurückweisung der Bedingungen ihre Minister aus dem Kabinett zurückzog.

Die Zuspitzung des Konflikts zwischen dem Freistaat Bayern und der Reichsregierung im Herbst 1923 stellte weit mehr als eine Krise des Föderalismus dar. Sie war ein Symptom der tiefgreifenden inneren Gefährdung des parlamentarischen Systems von Weimar. Seit der Niederschlagung der Münchner Räterepublik war Bayern zum Hort der gegenrevolutionären Kräfte in Deutschland geworden. Das Nachspiel des Kapp-Putsches in Bayern bestand in der vollständigen politischen Isolierung der bayerischen Sozialdemokratie, obwohl diese, anders als in Sachsen, ausgeprägt gemäßigte Positionen einnahm. Bayern hatte konsequent gegen eine Stabilisierung der republikanischen Institutionen des Reiches Front gemacht. Der Mitte März 1920 auf Vorschlag der Bayerischen Volkspartei zum Ministerpräsidenten gewählte Gustav Ritter von Kahr, ein Karrierebeamter, der seine Prägung im königlich bayerischen Verwaltungsdienst erhalten hatte und überzeugter Monarchist war, stützte sich weit weniger auf den Landtag als auf die überwiegend konservativ-besitzbürgerlich eingestellten Einwohnerwehren. Deren von der Interalliierten Kontrollkommission erzwungene Auflösung führte nach langen Auseinandersetzungen mit der Reichsregierung schließlich zu seinem Rücktritt und zum Zwischenspiel des weit weniger energischen Grafen Hugo von Lerchenfeld. Unter ihm wurde die »Ordnungszelle Bayern« zu einem Eldorado unkontrollierter, miteinander rivalisierender nationalistischer Cliquen und Wehrverbände.

Bayern war bereits in der Revolutionsphase eine Stätte politischer Exzesse, nach links wie nach rechts. Jene knappe Phase geschichtsloser Offenheit, die politischen Utopismus aller Spielarten, vom »Rat der geistigen Arbeiter« Tucholskys bis zu der den Krieg überdauernden Thule-Gesellschaft, zum Erblühen brachte, wurde durch den gegen die Räterepublik entfesselten »weißen Terror« nicht beseitigt, sondern bloß ins rechtsextreme Spektrum verschoben. Dieses reichte von den auch untereinander rivalisierenden offen monarchistischen Gruppen, vor allem der Bayerischen Königspartei und dem Bayerischen Heimat- und Königsbund, über die Nachfolgeorganisationen der Freikorps, darunter dem von Sanitätsrat Pittinger organisierten Bund »Bayern und Reich«, der

Organisation »Consul« des Freikorpsführers Ehrhardt, die dann als »Wiking-Bund« firmierte, und dem Bund Oberland, der in Oberschlesien hervorgetreten war und seit 1922 unter der Führung Friedrich Webers in ein großdeutsches Fahrwasser abglitt, zu stärker konservativ eingestellten Verbänden, zu denen die Orgesch unter Führung des politisch agilen Forstrats Escherich, aber auch der Stahlhelm und der Jungdeutsche Orden gehörten, die sich nach 1922 zunehmend militarisierten. Am Ende des differenzierten Spektrums stand die SA, die aus der 1920 gegründeten Turn- und Sportabteilung der NSDAP hervorging.

Während vor allem die preußische Regierung bemüht war, die Aktivitäten der äußersten Rechten unter Kontrolle zu bringen und nach dem Rathenau-Mord auf der Grundlage des Republikschutzgesetzes mit Organisationsverboten und den Mitteln der Strafverfolgung eingriff, hatte das bayerische Kabinett nicht nur jede Initiative in dieser Richtung unterlassen, sondern schließlich das Republikschutzgesetz für Bayern außer Kraft gesetzt. Während Preußen und andere Bundesstaaten die NSDAP, den Deutschvölkischen Schutz- und Trutzbund, den Jungdeutschen Orden und zahlreiche weitere Organisationen unter Verbot stellten, fanden sie in Bayern wohlwollende Duldung. Nach dem Sturz des Kabinetts Wirth gingen von der Reichsregierung keine Impulse mehr aus, um die antirepublikanischen Bestrebungen zu bekämpfen. Gerade die Zuspitzung des Reparationskonflikts bewirkte, daß die Tätigkeit rechtsextremer Organisationen und insbesondere illegaler Wehrverbände erheblich zunahm, teilweise infolge der nun nicht mehr aufschiebbaren Reduzierung der Truppenstärke der Reichswehr.

Das bevorstehende Ende des passiven Widerstands bedeutete für die Bürgerkriegsparteien von rechts, daß die Machtfrage, die wegen des Kampfes gegen Versailles einstweilen zurückgestellt war, nicht länger in der Schwebe gehalten werden konnte. Die Reichskanzlerschaft Stresemanns schien in den Augen der Rechten die endgültige Etablierung der Sozialdemokratie und damit des verhaßten Systems der Niederlage und Schwäche zu sein. Durch das Trauma der Räterepublik und der schmählichen Preisgabe des bayerischen Königshauses hatte sich in München ein überhitztes politisches Klima herausgebildet, in dem extremer Antisemitismus und nationalistisches Ressentiment eine unauflösliche Verbindung eingingen, wobei zwischen der weiß-blauen und der schwarz-weiß-roten Ausrichtung präzise Abgrenzungen ausblieben. Das kleinbürgerliche Bierkellerklima der Landeshauptstadt, deren Bürgertum im Grunde politisch desorientiert war, nährte putschistische Neigungen, denen es freilich – im Unterschied zu ihren norddeutschen Pendants – an zielgerichteter Energie mangelte. Tiefe Ressentiments gegen Berlin kitteten die Bruchstelle zwischen bayerischem Partikularismus und großdeutschem Chauvinismus und verdeckten die letztlich anarchische Struktur des bayerischen Rechtsextremismus.

Die Stunde der Wittelsbacher war am 5. November 1921 ungenutzt geblieben.

Die Beisetzung des Königspaares in der Familiengruft in München, die ein triumphaler Trauerzug begleitete und auf der Kardinal Faulhaber das republikanische System offen herabsetzte – »Wo das Volk sein eigener König ist, wird es über kurz oder lang sein eigener Totengräber werden« –, führte nicht, wie selbst Ernst Röhm gewünscht hatte, dazu, daß Kronprinz Rupprecht sich wieder in den Besitz des Thrones setzte. Aber der von der französischen Diplomatie keineswegs nur mit bloßen Sympathiebekundungen genährte Gedanke bayerischer Eigenstaatlichkeit, möglicherweise im Rahmen einer in ihrer Ausdehnung noch näher zu bestimmenden Donau-Konföderation, gewann in dem Maße an Virulenz, in dem sich die Loslösung des Rheinlandes und die Durchsetzung separatistischer Bestrebungen im besetzten Gebiet abzeichneten.

Treibende Kraft des bayerischen Separatismus war Otto Pittinger. Er hatte schon im Juni 1922 einen Umsturzversuch unternommen, der jedoch auf den Widerstand der sich gerade zum Putsch gegen Berlin anschickenden Reichswehrjunta um Franz Xaver Ritter von Epp und des Bundes Oberland gestoßen und schließlich »im Bier erstickt« worden war. Seit dem Herbst 1922 knüpfte er Fäden zu Forstrat Georg Escherich und Kapitän Hermann Ehrhardt sowie anderen Repräsentanten der konservativ-nationalistischen Szene. Ihm schwebte ein Regentschaftsrat vor, für den wohlklingende Namen wie von Kahr, Ernst Pöhner, der Polizeipräsident von München, und Ritter von Epp notfalls unter Androhung von Gewalt gewonnen werden sollten und den Frankreich mit Geld, Waffen und diplomatischer Unterstützung abschirmen sollte. Die dilettantisch betriebene Verschwörung, in deren Verlauf sich einige der Verbände mit französischen Subsidien ungeniert sanierten, flog alsbald auf und bedeutete eine empfindliche Bloßstellung des bayerischen Separatismus. Die Episode, die deutlich machte, wie es innerlich mit der »Ordnungszelle Bayern« bestellt war, gab den Anstoß zu einer stärkeren Zusammenfassung der außerparlamentarischen bayerischen Rechten in den Vereinigten Vaterländischen Verbänden, die nunmehr auf Ritter von Kahr und eine rechtskonservative Erneuerung Bayerns setzten.

Nach dem Scheitern Pittingers kam es zu einer schrittweisen Entflechtung zwischen den monarchistisch-separatistischen Verbänden, die bereit waren, das um die Bewahrung bayerischer Sonderrechte bemühte Kabinett von Knilling zu tolerieren, und den von vornherein auf einen Umsturz im Reich hinarbeitenden Gruppierungen. Dies eröffnete der NSDAP erstmals die Chance, von der Peripherie in das Zentrum der bayerischen Politik vorzustoßen. Adolf Hitler hatte die Ruhr-Besetzung zum Anlaß genommen, sich von den Vereinigten Vaterländischen Verbänden Bayerns loszusagen, wobei er mit der Parole »Nicht nieder mit Frankreich, sondern nieder mit den Novemberverbrechern« die Bildung einer nationalen Einheitsfront aufkündigte. Mit pausenloser Propagandaarbeit war er bestrebt, eine wachsende Massenanhängerschaft zu mobilisieren und die

NSDAP an die Spitze der »nationalen Freiheitsbewegung« zu bringen. Die öffentlichen Versammlungen der Partei, auf denen Hitler mit der »Republik der Novemberverbrecher« schonungslos abrechnete, fanden unerhörten Zulauf. Der Zustand politischer Hochspannung, in dem sich die bayerische Hauptstadt befand und der durch ständige Putschgerüchte und Aktionen rivalisierender Machtgruppen aufrechterhalten wurde, schuf den idealen Nährboden für die nationalsozialistische Propaganda, die eine »Generalabrechnung« mit dem bestehenden System versprach.

Im Laufe des Jahres 1923 stieg die NSDAP-Mitgliedschaft von 15.000 auf 55.000 an, blieb aber im wesentlichen auf Bayern beschränkt, zumal sie in Preußen, Sachsen und Thüringen seit dem Frühjahr nur in Form von Ersatzorganisationen tätig werden konnte. Gleichwohl hoffte Eugen von Knilling, Hitler durch gutes Zureden Zügel anlegen zu können, der wiederholt zusicherte, sich ausschließlich im Rahmen der Legalität bewegen zu wollen und keinen Putsch im Sinne zu haben. Bei einem massiveren Durchgreifen gegen die NSDAP fürchtete von Knilling eine Konfrontation mit der militanten Rechten. Denn Hitler verfügte nicht nur über gute Freunde bei der bayerischen Reichswehr, in der Ernst Röhm Fäden zu General von Lossow knüpfte, sondern auch über Sympathisanten im blau-weißen Staatsapparat, darunter den Münchener Polizeipräsidenten Ernst Pöhner und seinen Mitarbeiter, den Oberamtmann Wilhelm Frick. Als die Regierung 1922 Hitlers Ausweisung, die aufgrund seiner Staatenlosigkeit ohne weiteres möglich war, erwog, stieß sie auf massive Proteste von seiten der Vaterländischen Verbände. Sie wollten auf das Potential der NSDAP für den geplanten Umsturz nicht verzichten, wenngleich Kronprinz Rupprecht wie Kapitän Erhardt Hitlers angemaßte politische Qualifikationen äußerst abschätzig beurteilten.

Nur in der nach Niederschlagung der Räterepublik in Bayern vorherrschenden gegenrevolutionären Atmosphäre war es überhaupt möglich, daß Anton Drexlers Deutsche Arbeiterpartei zu einem ernsthaften politischen Faktor aufstieg. Die Gründung der DAP ging auf die Initiative des Münchner Zweigs der Thule-Gesellschaft, der Nachfolgorganisation des geheimen, okkultistischen Arierritualen huldigenden Germanenordens und Ablegers des Alldeutschen Verbands, zurück. Sie blieb indessen zunächst nur eine von vielen ähnlich ausgerichteten völkisch-nationalen Splittergruppen ohne programmatisches Profil, deren Tätigkeit sich in Stammtischunterhaltungen in bierdunstgeschwängerten Nebenräumen bayerischer Gasthäuser erschöpfte.

Demgegenüber erwies sich die ebenfalls vom Alldeutschen Verband ausgehende Gründung des Deutschvölkischen Schutz- und Trutzbundes als erfolgreicher, sie wurde nicht zufällig in Bamberg am Tag des Zusammentritts der Nationalversammlung vollzogen. Justizrat Heinrich Claß versprach sich von einer systematisch organisierten antisemitischen Agitation die dem honoratiorenhaften

Alldeutschen Verband abgehende Einwirkung »nach unten«, also die Entfachung einer Massenbewegung, wobei »die Juden als Blitzableiter für alles Unrecht« bewußt benutzt werden sollten. Er verschaffte dieser bedeutendsten antisemitischen Sammlungsbewegung im Nachkriegs-Deutschland den erforderlichen finanziellen und politischen Rückhalt. Der organisierte Antisemitismus unterhielt enge Querverbindungen zu den Freikorps und zu rechtsstehenden Reichswehrkreisen, insbesondere zur Organisation »Consul«, dem Stahlhelm und anderen Soldatenverbänden, nicht zuletzt aber zur NSDAP, deren führende Funktionäre überwiegend dem Schutz- und Trutzbund angehört hatten. Vor allem in Bayern trat die NSDAP die Nachfolge des durch Zerwürfnisse innerhalb der völkischen Bewegung geschwächten und nach der Ermordung Rathenaus verbotenen Bundes an. In seiner besten Zeit umfaßte er annähernd 180.000 Mitglieder. Die erwartete Massenmobilisierung blieb damit aus. Auch die im Dezember 1922 unter Albrecht von Graefe und Reinhold Wulle, dem Hauptschriftleiter der völkisch ausgerichteten »Deutschen Zeitung«, von der DNVP abgespaltene Deutschvölkische Freiheitspartei gewann keinen größeren Wähleranhang. Die radikale rassenantisemitische Propaganda des Schutz- und Trutzbundes, der hinter der Mordserie, der Rathenau zum Opfer fiel, gestanden hatte, reichte bis zur Aufforderung der physischen Liquidierung der jüdischen Bevölkerungsgruppe. Das Vorhaben, die »Judenrepublik« in Berlin zu stürzen, war alles andere als ein Monopol der vorwiegend auf Bayern begrenzten NSDAP.

Als lautstärkste und radikalste Gruppierung der völkischen Bewegung bildete die NSDAP, die ihre Anhängerschaft vornehmlich aus dem kleinen Mittelstand, erst 1923 auch aus der bäuerlichen Bevölkerung rekrutierte, ein Sammelbecken von Kriegsveteranen, die in einen normalen Zivilberuf nicht mehr zurückfanden und in den Freikorps, den Einwohnerwehren und dem Bayerischen Ordnungsblock aktiv gewesen waren. Rudolf Heß, Max Amann, der den Parteiverlag der NSDAP gründete, Walter Buch, der als Vorsitzender der Untersuchungs- und Schlichtungsausschüsse, dem späteren Parteigericht, hervortreten sollte, und Wilhelm Brückner, der später als Adjutant Hitlers fungierte, gehörten zu dieser Gruppierung von zumeist akademisch gebildeten Exoffizieren, die ihre Heimat in der NSDAP fanden. Dazu traten nach 1921 zahlreiche, teilweise noch aktive Militärs, darunter Ernst Röhm, der als Generalstabsoffizier im Stab des Infanterieführers der 7. Division, Generals Ritter von Epp, tätig war, Hermann Göring, der mit dem Pour le mérite ausgezeichnete Jagdflieger des Weltkrieges, der 1923 das Oberkommando der SA übernahm, desgleichen Oberstleutnant Hermann Kriebel, der in dieser Phase maßgebenden Einfluß ausübte.

Aber es gab auch Zustrom aus der Münchner Bohemienszene. Ernst Hanfstaengl, der spätere Auslandspressechef, der Benediktinerpater Alban Schachleitner, der fortan SA-Standarten weihte, und selbst Emil Nolde, der später ein Opfer von Rosenbergs Attacken gegen die entartete Kunst wurde, gehörten dazu, während Arthur Moeller van den Bruck, trotz Hitlers Besuch im Juni-Club 1922, nicht gewonnen werden konnte, da er Hitler für unfähig hielt, dem Nationalsozialismus irgendeine intellektuelle Basis zu verschaffen. Die Gruppe der völkischen Ideologen wie Dietrich Eckart, Alfred Rosenberg und Gottfried Feder, dessen These von der »Brechung der Zinsknechtschaft« Eingang in das Programm der NSDAP fand, rückte gegenüber dem militärischen und dem großbürgerlichen Element in den Hintergrund.

Die ursprünglich als Saalordnerorganisation aufgebaute SA wurde unter der Einwirkung Röhms und damit der regulären Reichswehr in einen paramilitärischen Verband unter Hinzuziehung von Offizieren der Organisation »Consul« ausgebaut, so daß sie faktisch bis zum Sommer 1923 dem Kommando Ehrhardts unterstand. Durch die Einbeziehung in die von Röhm Ende Januar 1923 gebildete »Arbeitsgemeinschaft der vaterländischen Kampfverbände« drohte die SA dem Zugriff Hitlers zu entgleiten, obwohl sie sich, anders als die völkischen Wehrverbände, durch die Identifikation mit der nationalsozialistischen Parteibewegung als politischer Verband begriff. Überhaupt waren die Grenzen zwischen den einzelnen Wehrverbänden und der Reichswehr fließend, wie schon die doppelte militärische und politische Führung bewies. Allerdings stellte die SA, die im Oktober 1923 eine reguläre militärische Ausbildung durch Reichswehroffiziere erfuhr, nur eine Minderheit im Kampfbund dar. Einschließlich des überwiegend aus Studenten gebildeten Regiments »München« umfaßte sie im Oktober 1923 bestenfalls dreitausend Mann, von denen für den Putsch kaum mehr als die Hälfte bereitstand.

Die Umwandlung der DAP, die 1920 den Parteinamen NSDAP übernahm, aus einem völkischen Verband in eine faschistische Bewegung, ist auf das engste mit der Person Adolf Hitlers verknüpft. Er war in den Wiener Jugendjahren und nach seiner 1913 erfolgten Übersiedlung nach München wiederholt mit rassenantisemitischen und extrem nationalistischen Ideen in Berührung gekommen. Seine entscheidende politische Prägung erhielt er jedoch im München der Nachkriegszeit. Er nahm seinen Weg in die Politik auf Initiative der Reichswehr. Bei Anbruch der Revolution hatte er sich in die Kasernenhofatmosphäre am Oberwiesenfeld geflüchtet, wo er zunächst Wachdienste verrichtete und die Wirren der Räterepublik ohne Schaden überstand. Das Reichswehrgruppenkommando IV stellte ihn nach Absolvierung politischer »Aufklärungskurse«, bei denen er mit Dietrich Eckart, dem völkischen Dichter, der vorübergehend bestimmenden Einfluß auf ihn ausübte, und mit dem deutschnationalen Historiker Karl Alexander von Müller, der sein Redetalent entdeckte, zusammentraf, als V-Mann zur Berichterstattung über die Tätigkeit der DAP ab. Ein Diskussionsbeitrag, durch den der Feldgrau tragende Gefreite auffiel, bewog Drexler, Hitler zum Eintritt in den Parteiausschuß aufzufordern, der die Reichswehrmitgliedschaft auch als Propagandaredner der DAP bis März 1920 beibehielt.

Die antisemitische Indoktrination in den Ausbildungskursen der Reichswehr und persönliche Kontakte zu Dietrich Eckart und Alfred Rosenberg, die beide der Thule-Gesellschaft angehörten, haben Hitlers politisches Weltbild entscheidend geprägt und spiegelten sich in den frühen, durch fanatische antisemitische Äußerungen bestimmten öffentlichen Auftritten. Bei dem von ihm reproduzierten Gemisch völkisch-nationalistischer Ressentiments handelte es sich nicht um ein eigenständiges Denken. Was Hitler einbrachte, war in erster Linie eine ungewöhnliche, hochgradig exaltierte rednerische Begabung, während seine Ansichten durchweg dem zeitgenössischen völkischen Nationalismus entlehnte Klischees wiedergaben, denen er durch die Fähigkeit zu schematisierender Vereinfachung und demagogischer Überhöhung der Argumente den Anschein von Überzeugungskraft verlieh.

Hitlers Karriere als Propagandaredner der NSDAP stellte in mancher Hinsicht eine Flucht vor sich selbst dar. Die Faszination, die er auf seine Zuhörer ausübte und die einer ungewöhnlich starken Sensibilität für deren emotionale Bedürfnisse entsprang, verschaffte ihm ein Surrogat für die innere Selbstsicherheit, die ihm als Individuum gänzlich abging. Die selbstsuggestiv bewirkte Identifikation mit den von ihm herausgestellten Schlagworten und Haßappellen, die er als Redner bis an die Grenze der physischen Erschöpfung immer wieder neu vollzog, bildete den eigentlichen Hebel seiner unbestreitbaren agitatorischen Ausstrahlungskraft. Sie beruhte letztlich auf der voluntaristischen Setzung eines gefühls- und kontaktarmen, zu normalen sozialen Beziehungen unfähigen Charakters. Nicht die Inhalte der Propaganda, sondern der Kultus des Willens und der Unbedingtheit, dem er sich verschrieb und der sich als ein psychischer Kraftakt dem Publikum unmittelbar mitteilte, begründete seine demagogischen Erfolge und versetzte ihn in die Lage, selbst utopische Zielsetzungen mit solcher Überzeugungskraft zu vertreten, als stünde ihre Durchsetzung unmittelbar bevor.

Hitler beeindruckte seine Zuhörer und Anhänger, indem er sich als einfacher Frontsoldat, als Mann aus der Mitte des Volkes stilisierte, der das politische Geschäft im Grunde verabscheute und Berufspolitiker für gewerbsmäßige »Schurken« hielt, aber durch die Macht der Umstände gezwungen war, auf die politische Bühne zu treten, die, nachdem der Augias-Stall gereinigt sei, wieder zu verlassen sein eigentliches Anliegen darstelle. Das Syndrom der Selbstlosigkeit und der Hingabe, das er durch Lässigkeit der Kleidung bewußt unterstützte, während seine Bohemienallüren nur dem engsten Kreis der Parteigänger bekannt wurden, bildete ein unerläßliches Requisit seines öffentlichen Auftretens. Die gänzliche Identifizierung seiner Person mit dem Schicksal der Nation, die er als Propagandist vollzog, und der Anspruch auf persönliche Authentizität besaßen in der für Hitler typischen Transposition der privaten in die öffentliche Sphäre das subjektive Pendant. Dies macht deutlich, daß Hitler nicht als geprägte Individualität, sondern infolge einer bis zur Selbstpreisgabe reichenden Anpassung an vorherrschende gesellschaftliche Ressentiments und Einstellungen zum führenden Demagogen seiner Epoche emporgestiegen ist. Insofern war er vorwiegend ein Produkt der Verhältnisse und der Rollen, die sie ihm aufdrängten und die er dann mit erstaunlicher Virtuosität zu spielen vermochte. Das Kollektivtrauma des verlorenen Krieges und der Revolution, das Bewußtsein innerer Zerrissenheit, der Wertrelativismus, die verbreiteten sozialen Statusängste, die durch irrationalistischen Aktionismus und Selbstheroisierung kompensiert wurden, zugleich in kollektive Suizid-Stimmungen einmünden konnten – wie das gerade bei den militärischen Eliten nach 1918 wiederholt hervortrat –, stellten den notwendigen sozialpsychologischen Hintergrund für die Faszination dar, die Hitler vor allem auf diejenigen Teile der Bevölkerung ausübte, deren bisherige Privilegien gefährdet oder deren soziale Aufstiegsbestrebungen gescheitert waren.

Das Anwachsen der NSDAP nach 1920 war weniger der von ihr vertretenen Programmatik, sondern dem neuartigen politischen Stil, den ihr Hitler und seine engere Mitarbeiterclique aufprägten, zuzuschreiben. Es ist bezeichnend, daß Hitler sich um den Inhalt des Programms der »Fünfundzwanzig Punkte«, mit dem er schwerlich ganz übereinstimmte, fast überhaupt nicht kümmerte, wohl aber entscheidenden Nachdruck auf deren demonstrative öffentliche Verkündigung legte. Das eklektisch zusammengefügte, in sich widerspruchsvolle Programm der NSDAP deckte sich weithin mit den ideologischen Positionen, die bei der völkischen Bewegung und den auf dem äußersten rechten Spektrum angesiedelten Verbänden einschließlich eines Teils der neokonservativen Ringbewegung und des völkischen Flügels der bündischen Jugend anzutreffen waren, und entsprach in vieler Beziehung den programmatischen Vorstellungen der DNVP. Der Unterschied bestand darin, daß die völkisch-nationalistischen Ressentiments von der NSDAP mit einer Radikalität und Bündelung propagiert wurden, die den konkurrierenden Gruppen, deren Programmatik innerverbandlichen Interessendivergenzen Rechnung trug, weitgehend abgingen.

Es war kennzeichnend, daß Hitler, als er im Sommer 1921 die persönliche Machtergreifung über die Partei vollzog und seinen uneingeschränkten Führungsanspruch durchsetzte, dies nicht aus dem Parteiausschuß heraus, sondern mittels einer bei öffentlichen Versammlungen auf die Parteigremien ausgeübten Pression bewerkstelligte. Den äußeren Anlaß bildete Hitlers Ablehnung der während seiner Abwesenheit vorgenommenen Fusion mit der der Deutschsozialistischen Partei nahestehenden Völkischen Werkgemeinschaft Otto Dickels, die eine von Drexler nicht beabsichtigte Beeinträchtigung seiner Führungsstellung implizierte. Hitler reagierte auf die scheinbare Desavouierung völlig überzogen und ohne ein klares Handlungskonzept, sein demonstrativ erklärter Parteiaustritt war offenbar ernst gemeint. Das zentrale Motiv Hitlers beruhte auf der instinkthaft gewonnenen Einsicht, unter allen Umständen verhindern zu müssen, daß sich die Bewegung in einen »Abendländischen Bund« zurückentwickelte und durch die Verstrickung in programmatische Erörterungen und die Teilnahme an parlamentarischen Wahlen ihren ideologischen Purismus verlor. Ihm war es darum zu tun, daß die NSDAP als die einzige wirkliche »deutsche Freiheitsbewegung« nicht in der Vielfalt völkischer Splittergruppen aufging, indem sie durch Anlehnung an rivalisierende Gruppierungen ihren Originalitätsanspruch preisgab und dadurch ihre Geschlossenheit und Stoßkraft einbüßte.

In der Sache handelte es sich bei dem Parteikonflikt vom Juli 1921 um die Oktroyierung eines faschistischen Politikkonzepts auf eine bis dahin durch spießbürgerliche Vereinsmeierei geprägte, sich in der Erörterung spekulativer Weltverbesserungspläne erschöpfende Außenseiterpartei. Gedrängt von seinen engeren Münchner Gefolgsleuten, vor allem von Hermann Esser und Rudolf Heß, setzte Hitler den Grundsatz der unbedingten Führerverantwortlichkeit durch. Folgerichtig trat an die Stelle innerparteilicher Wahlen eine Delegation der Verantwortlichkeit von oben nach unten, wenngleich ein bestimmtes Maß formaler Vereinsdemokratie, auch aus vereinsrechtlichen Gründen, mindestens bis 1925 erhalten blieb. Das Führerprinzip selbst war in den Freikorps und den Verbänden der Rechten allenthalben praktiziert worden, es erhielt jedoch eine Zuspitzung dadurch, daß Hitler über die Sicherstellung seiner unumschränkten Entscheidungsgewalt hinaus ein Verbot innerparteilicher Willensbildung aussprach, die aus seiner Sicht überflüssig erschien und nach und nach deren institutionelle Grundlagen beseitigte.

Die Durchsetzung der Führergewalt entsprach ursprünglich Hitlers subjektivem Bedürfnis, sich Auseinandersetzungen mit rivalisierenden Unterführern zu ersparen und jegliche institutionelle Einbindung, die er zeitlebens verweigerte, zu vermeiden, was seiner Neigung entgegenkam, sich nicht mit dem Alltagsgeschäft der Parteiführung zu belasten. Die der Partei zugewiesene, lediglich ausführende Funktion folgte aus dem für Hitler, der sich als »Hüter der nationalsozialistischen Idee« empfand, charakteristischen Politikverständnis. Eine »einheitlich organisierte und geleitete Weltanschauung«, die in knappen Formeln zusammengefaßt werden könne, bedürfe »einer sturmabteilungsmäßig organisierten politischen Partei«, äußerte er. Zwischen den beiden Polen – der »Weltanschauung«, die notwendig abstrakt blieb und gerade nicht in einem »wortreichen Programm« ihren Niederschlag finden könne, und der ausschließlich dem Zweck der Massenmobilisierung dienenden straffen Organisation – gab es keine Mitte, in der die Integration divergierender Interessen und die Setzung politischer Prioritäten und damit das stattfand, was man gemeinhin unter Politik versteht. Die Propaganda war deshalb nicht Mittel zum Zweck, sondern der eigentliche Inhalt der im Rahmen einer abstrakten, aber nicht zur Disposition stehenden »Weltanschauung« betriebenen Politik der NSDAP, die an den erreichten Mobilisierungserfolgen gemessen und gegebenenfalls geändert wurde.

Organisatorische Grundsätze blieben für Hitler stets propagandistischen Zwecken untergeordnet. Bei der Gründung von Ortsgruppen hielt er eine vorausgehende ausreichende »Massenaufklärung« für unentbehrlich, da aus Gründen des Prestiges Fehlschläge unter allen Umständen vermieden werden müßten. In gleicher Weise erschien es notwendig, eine breite Protestbewegung in Gang zu bringen, bevor die NSDAP sich in Wahl- und Organisationsbündnisse einließ. Bis in die Mitte der zwanziger Jahre hinein hielt Hitler aus derselben Überlegung heraus die Beteiligung an Wahlen für nachteilig und allenfalls für propagandistische Zwecke dienlich. Die NSDAP verwandte daher ihre gesamte Energie auf die Anhängerwerbung, während sie der Erörterung von Sachfragen keine Aufmerksamkeit widmete. In der Intensität der Agitation übertraf sie alle konkurrierenden Parteien. Hier befand sich Hitler in seinem Element. 1923 veranstaltete die NSDAP allein in München sechsundvierzig Großkundgebungen. Nicht die politische Integration der Anhängerschaft, sondern pausenlose Werbung bestimmte ihr Erscheinungsbild.

Der für faschistische Politik charakteristische Dezisionismus, also die Formalisierung inhaltlicher Werte und die damit verknüpfte tendenzielle Umkehrung der Zweck-Mittel-Relation, schlug sich bei der NSDAP rasch in einer Entfaltung äußerer Symbole und Rituale nieder, deren Funktion darin bestand, die fehlende konkrete Programmatik zu ersetzen. Die von der Thule-Gesellschaft übernommene Hakenkreuzfahne, das Parteiabzeichen, das zuerst im Freikorps Roßbach getragene Braunhemd, die Ende 1922 nach italienischem Vorbild eingeführten SA-Standarten und der der völkischen Bewegung entlehnte »Heil«-Gruß, der Anfang der dreißiger Jahre durch den Hitler-Gruß verdrängt wurde, sind Beispiele der von der Parteiführung bewußt vorangetriebenen politischen Ästhetisierung. Schon der Parteitag vom Januar 1923, den Hitler gegen das anfängliche Versammlungsverbot durchsetzte und der von dreizehn öffentlichen Kundgebungen begleitet wurde – eine propagandistische Übersteigerung ohne Vorbild –, war durch Vorbeimärsche der SA, Flaggenweihen und rauschhafte Kundgebungen geprägt, wenngleich die spätere Virtuosität politischer Schaustellung, wie sie Joseph Goebbels zu Gebote stand, noch bei weitem nicht erreicht war. Politische Erörterungen, von denen sich Hitler in der Regel fernhielt, verschwanden zwar nicht ganz, traten aber immer mehr zurück.

Nicht zuletzt mit Hilfe von Spenden großbürgerlicher Sympathisanten, wie der Münchner Verlegerfamilie Bruckmann, des Klavierfabrikanten Bechstein und des früh mit Hitler sympathisierenden Fritz Thyssen, gelang der NSDAP 1922 der Kauf des »Münchner Beobachters«, der bis dahin ein Sprachrohr der völkischen Verbände gewesen war. Zugleich erhielt die Partei vorübergehend Mittel aus dem von Stinnes ins Leben gerufenen »Antibolschewistenfonds der Wirtschaft«, aus dubiosen ausländischen Quellen und zeitweise auch von der Reichswehr. Gleichwohl wurde, wie auch später, die Partei größtenteils durch

Mitgliedsbeiträge und Versammlungseinnahmen finanziert. Zusammen mit dem Mitgliederzustrom verschaffte die zunehmende Sympathie »des Straßenpublikums der höheren Stände«, wie der württembergische Gesandte berichtete, Hitler, dem »König von München«, unter den Einwirkungen der Krise von 1922/23 auch bei den konservativen Honoratioren der bayerischen Szenerie Gehör. Auf dem Deutschen Tag in Coburg im September 1922 überspielte das terroristische Auftreten der SA gegen linke Gegendemonstranten ihre im Vergleich zu den übrigen vaterländischen Verbänden zahlenmäßige Insignifikanz.

Obwohl Hitlers innerparteiliche Führungsstellung unbestritten war, blieb zunächst offen, welche Rolle er bei der angestrebten nationalen Revolution und Erneuerung Deutschlands für sich beanspruchte. Vorerst dachte er nicht daran, die Funktion eines die Regierungsgeschäfte wahrnehmenden Staatsmannes auszufüllen; er begriff sich in erster Linie als der »Trommler«, als der führende Propagandist, der an der Seite des leitenden Ministers stehen werde. Mussolinis Marsch auf Rom, der doch eher ein abgekartetes Spiel als eine Volkserhebung gewesen war, bestärkte ihn in seinen Ambitionen und löste bei seinen Anhängern eine ans Mystische grenzende Führerverherrlichung aus. Während die generalstabsmäßigen Vorbereitungen zum Marsch der nationalen Rechten auf Berlin bereits anliefen, stilisierte sich Hitler noch immer als »der Propagandist zur Rettung Deutschlands«. Trotz der Bestrebungen seiner Umgebung, ihn in ein Direktorium unter von Lossow und Pöhner einzubeziehen, war er sich über seine Rolle nicht klar.

Die militärischen Umsturzpläne, die Kapitän Ehrhardt mit dem Ausbau des Grenzschutzes Nord an der Grenze zu Thüringen vorantrieb – als Vorwand für den Aufmarsch der Reichswehr unter Einbeziehung der nationalen Wehrverbände einschließlich von Teilen der SA –, besaßen in Hitlers Urteil allenfalls zweitrangige Bedeutung. »Militär«, hatte er 1920 nach dem Kapp-Putsch geäußert, »kann nur das Umsturzwerkzeug sein, nie der Träger der Bewegung.« Einen größeren Unterschied zum nüchternen militärischen Kalkül der SA-Führer konnte es kaum geben. Denn Ernst Röhm und Erwin Scheubner-Richter betrieben zielbewußt die Militarisierung der SA, die im Oktober auf den Kasernenhöfen der Reichswehr eine reguläre militärische Ausbildung absolvierte. Anfang September 1923 schloß sich die SA auf dem Deutschen Tag in Nürnberg mit einer Reihe der NSDAP nahestehender Wehrverbände, darunter der »Reichsflagge« des Hauptmanns Heiß, dem Bund Oberland und den Vaterländischen Verbänden Münchens, zum »Deutschen Kampfbund« zusammen. Dieser Schritt Röhms entsprach der Absicht, die sich abzeichnende politische Isolierung des nationalrevolutionären Flügels der Wehrverbände unter Ludendorff und Hitler rückgängig zu machen, bedeutete jedoch nicht die Preisgabe, sondern die Verstärkung des Konzepts eines offensiven militärischen Vorgehens gegen Berlin. Hitler, dessen absoluter Führungsanspruch und dessen »ausgesprochene Napoleon- und Messias-Allüren« bei der bayerischen Reichswehrführung wie den Führern der Vereinigten Vaterländischen Verbände Widerspruch hervorriefen, vermochte mit Mühe zu erreichen, daß er als »politischer Führer« des Kampfbundes anerkannt wurde, dessen militärische Leitung bei Oberstleutnant Hermann Kriebel lag. In der Sache bedeutete dies nur, daß er für die propagandistische Rückendeckung der angestrebten Aktion verantwortlich war.

Auch das Bündnis mit dem von den Deutschvölkischen favorisierten General Ludendorff, der schon zur Zeit des Kapp-Putsches seine Rückkehr in die Politik betrieben hatte, erwies sich als zweischneidiges Schwert. Der Generalquartiermeister, der im norddeutschen Raum als nationale Führungsfigur unbestritten war und sich anschickte, dort eine »zweite Front« gegen Berlin aufzubauen, schien für den Umsturzfall unentbehrlich zu sein. Der General dachte nicht daran, sich Hitler unterzuordnen, zumal dieser eine an Unterwürfigkeit grenzende Hochachtung gegenüber dem ehemaligen Feldherrn an den Tag legte. Ludendorff, dessen Eintreten für die Restauration der Hohenzollern ihm bittere Animositäten der bayerischen Monarchisten und die ironische Kritik des Thronfolgers eintrug, träumte sich schon an der Spitze einer »deutschen Nationalarmee«, die nach dem Coup in Berlin mit Frankreich abrechnen werde.

Folgerichtig geriet Hitler, der krampfhaft bemüht war, den Kampfbund, aus dem Teile der »Reichsflagge« ausschieden, auf ein politisches Programm festzulegen, in Gefahr, in doppelter Weise isoliert zu werden. Das galt um so mehr, als das neu geschaffene Generalstaatskommissariat Hitlers auf die Münchner Volksbewegung gestützte Macht empfindlich einzuschränken drohte. Wie wenig die Reichswehr, bei allen Sympathien, die sie der NSDAP entgegenbrachte, bereit war, sich Hitlers angemaßter Führungsrolle zu unterwerfen, hatten die Vorgänge am 1. Mai 1923 gezeigt, als Hitler notgedrungen in die Entwaffnung der von ihm versammelten SA-Formationen einschließlich des Regiments »München« hatte einwilligen müssen. Die NSDAP antwortete mit der ihr gewohnten Mobilisierung der Straße und kompensierte ihren taktischen Fehler in der Haltung zur Ruhr-Besetzung durch eine extreme Steigerung des Führerkults, die in der Sprachregelung Ausdruck fand, daß Hitler der unersetzliche »Führer der deutschen Freiheitsbewegung« sei.

Inmitten ständiger Putschgerüchte und fieberhafter Vorbereitungen zu einer für den 15. November geplanten militärischen Aktion drohte Hitler endgültig den Anschluß zu verlieren. In Norddeutschland galt er als bloßer Agitator. Ludendorff meinte, es müsse sich erst herausstellen, ob er das Zeug zum »deutschen Mussolini« habe. Aus den Direktoriumsplänen verschwand Hitlers Name. Er reagierte mit der für ihn kennzeichnenden Mischung aus Nervosität und Unschlüssigkeit. Während Röhm und Göring hektische Aktivität entfalteten, um die Verbände des Kampfbundes einsatzfähig zu machen, vertrödelte er die Tage in den Münchner Caféhäusern. Schließlich sah er sich vor die Notwendigkeit sofortigen Handelns gestellt, bestand doch Gefahr, daß angesichts der Hyperinflation die Finanzmittel versiegten und die Verbände auseinanderliefen. Seine Vision stand fest. In einer SA-Führerbesprechung forderte er: »Aufrollen der deutschen Frage in letzter Stunde von Bayern aus. Aufruf einer deutschen Freiheitsarmee unter einer deutschen Regierung in München.« Hitler riskierte sein gutes Verhältnis zu General von Lossow, als er Ende Oktober damit drohte, selbständig loszuschlagen, wenn »die Sache nicht vorwärtsgehe«, obgleich er wohl wußte, daß ihm die äußeren Machtmittel dazu fehlten. Zugleich überzog er von Kahr mit heftigsten Vorwürfen und bezeichnete ihn – vielleicht nicht ganz zu Unrecht – als »bayerischen Cuno«, der von einem Sturm des nationalen Protestes hinweggefegt werden müsse.

In der Tat zögerte das bayerische Triumvirat von Lossow, Pöhner und von Kahr, den Startschuß für den Marsch auf Berlin zu geben. Zwar bestanden nicht mehr viel Hoffnungen, Seeckt dafür zu gewinnen. Aber man glaubte, eine Berliner Parallelaktion in Gang bringen zu können, die von einem Reichsdirektorium unter Wilhelm von Gayl getragen werden und bei der General Richard von Berendt an die Stelle Seeckts treten sollte. Die Fäden dafür zog Justizrat Claß, der sich der Unterstützung der Deutschvölkischen Freiheitspartei, der Stahlhelm-Führung, des Reichslandbundes sowie von Teilen der DNVP versichert hatte und mit den Sympathien der hinter dem zaudernden Seeckt stehenden Offiziere rechnete. Aus außenpolitischen Rücksichten entschloß man sich, Ludendorff erst für die zweite Stufe, die Bildung der Nationalarmee, vorzusehen.

Die Gefahr einer französischen Intervention, die vom französischen Botschafter François de Margerie gegenüber Stresemann für den Fall einer Rechtsdiktatur angekündigt wurde, während Paris sonst diplomatische Kontakte verweigerte, erklärt die Unschlüssigkeit der gegenrevolutionären Verschwörer. Trotz aller hochtönenden Versicherungen der Reichswehrführung war ein Konflikt mit Frankreich nicht durchzustehen. Mit den Hitlerschen Propagandasprüchen war dieses Risiko nicht beiseite zu schieben. Auch das Patentrezept Hermann Essers, das spätere Geiselpläne vorwegnahm – einfach 500.000 Juden zu verhaften und sie zu liquidieren, wenn nur ein einziger ausländischer Soldat deutschen Boden betrat –, konnte da nicht verfangen. Nur für Hitler stellte sich das Problem nicht. Gewann die Nation ihre innere Geschlossenheit zurück und befreite sie sich von jüdischer Bevormundung, verkündete er, würde sie auch den Kampf nach außen siegreich bestehen.

Ursprünglich hatte die bayerische Rechte eine Angora-Lösung nach dem Vorbild Mustafa Kemals angestrebt, der den Friedensvertrag von Sèvres, auf der Basis Anatoliens erfolgreich militärisch operierend, zerschlagen hatte. Das war exakt das Konzept Röhms, der von einem revolutionierten Bayern aus den Siegeszug über Deutschland antreten wollte. Von Kahr neigte demgegenüber dazu, die Unabhängigkeit Bayerns durchzusetzen, und er fand die Schützenhilfe

Kardinal Faulhabers, der einen an Stresemann gerichteten Appell zur Mäßigung mit weitreichenden verfassungsdurchbrechenden Forderungen verknüpfte. Von Lossow blieb hingegen entschlossen, den Marsch auf Berlin auch dann auszulösen, wenn die Verhandlungen mit den Norddeutschen zur Bildung einer »zweiten Front« ergebnislos verliefen. Ludendorff stimmte mit ihm insofern überein, als er es ablehnte, die Aktion als eine Art »zweiten Kapp-Putsch« durch irreguläre Wehrverbände auszulösen und die Armee in eine Nebenrolle zu verweisen, wollte er doch mit der Befreiungstat auch die unrühmlichen Vorgänge vom Spätherbst 1918 auslöschen. Vorstellungen vom Aufbau eines völkischen »Wehrstaates«, wie sie von Max Erwin von Scheubner-Richter und Theodor von der Pfordten, einem der Blutopfer des 9. November, entwickelt wurden, trafen sich mit Ludendorffs militärpolitischen Visionen, die von Eduard Stadtlers und Oswald Spenglers Programm eines »deutschen« beziehungsweise »preußischen Sozialismus« abgelesen waren. Mit Hitlers plebiszitären Mobilisierungsplänen hatten sie nichts gemeinsam.

Was aber wollte Hitler? Er war sich bewußt, daß ein militärisches Abenteuer ohne Unterstützung durch die Reichswehr zum Scheitern verurteilt war. Ihm ging es darum, die Initialzündung für die »deutsche Revolution« durch eine »unermeßliche Propagandawelle« zu liefern, welche die konservativ-bürgerlichen Honoratioren und die vaterländischen Verbände in Zugzwang bringen würde. Die Kampfbundführung faßte dafür den 11. November ins Auge. Allerdings bedurfte sie dazu der Mitwirkung Ludendorffs, denn nur diese gab die Garantie, daß die Reichswehr nicht gegen sie Front machte. Die militärischen Vorbereitungen hingegen interessierten Hitler kaum. Ihm schwebte die Entfachung einer unwiderstehlichen, fanatisierten Massenbewegung vor, die alle Hindernisse beiseite schieben würde. Als ihm das bayerische Triumvirat zu verstehen gab, daß er sich dem Umsturz anschließen, aber keine führende Stellung beanspruchen könne, nutzte er – aus spontanem Entschluß heraus – die Bürgerbräukellerversammlung am Abend des 8. November, um sich mit den Mitteln komödiantenhafter Erpressung an die Spitze der »deutschen Revolution« zu stellen. Es war bezeichnend, daß die Vorbereitungen dazu in München nur angelaufen, im übrigen Bayern noch gar nicht aufgenommen worden waren. Es sollte ein »trockener« Umsturz, kein militärischer Putsch, geschweige denn eine zielbewußte Machtergreifung sein, wie denn auch alle Vorüberlegungen für ein Regierungsprogramm und die Zusammensetzung der Umsturzregierung fehlten. Auch dieses Mal begab sich Hitler in die Pose desjenigen, der ohne eigene Ambitionen eine Krisensituation meistert: »Bis zum Ende der Abrechnung mit den Verbrechern, die heute Deutschland tief zugrunde richten, übernehme die Leitung der Politik der provisorischen nationalen Regierung ich.« Es war nicht einmal klar, ob er damit das Reichskanzleramt meinte.

Noch in der Nacht, als Hitler von den versammelten Honoratioren die

Zustimmung für seine Ankündigung – »Der Morgen findet entweder in Deutschland eine deutsche nationale Regierung oder uns tot« – gewonnen und dazu benutzt hatte, das Jawort von Kahrs, von Lossows und von Seißers für die Bildung der provisorischen Reichsregierung mit Ludendorff, Lossow und Seißer zu erpressen, verlor er das Gesetz des Handelns an den eilends herbeizitierten Generalquartiermeister. Denn nur auf dessen Drängen willigten die bayerischen Exzellenzen, die dem »größten Soldaten des Weltkrieges« den Gehorsam nicht verweigerten, ein, sich der Erhebung zur Verfügung zu stellen. Ludendorff, der sich bereits als Reichsdiktator fühlte, verließ sich auf das unter fragwürdigen Umständen abgepreßte Ehrenwort von Lossows und von Seißers und verzichtete auf deren Verhaftung. Dies brachte den durch Hitlers Schuld mangelhaft vorbereiteten Putsch von vornherein zum Scheitern. Reichswehr und Landespolizei leiteten unverzüglich Gegenmaßnahmen ein.

Hitler verlor angesichts des Steckenbleibens der Erhebung völlig den Kopf und ließ in seiner Verzweiflung ausgerechnet zu Kronprinz Rupprecht schicken und um seine Vermittlung nachsuchen, während dessen Kabinettschef mit dem übrigen bayerischen Kabinett in der Villa Ernst Hanfstaengls festgehalten wurde. Auf Drängen Kriebels, des Kampfbundführers, und mit Befürwortung Ludendorffs kam es dann zu dem verhängnisvollen Entschluß, die Massen für einen Demonstrationszug in das Regierungsviertel zu mobilisieren und die angekündigte Reichsdiktatur Ludendorff-Hitler plebiszitär zu erzwingen. Hitler sah dem Marsch mit Skepsis entgegen, erreichte jedoch nur, daß ihm der Charakter einer militärischen Demonstration genommen wurde. Ludendorff, der mit Hitler an der Spitze marschierte, rechnete nicht damit, daß sich ihm die bewaffnete Macht in den Weg stellen würde. Als der Zug am Mittag des 9. November 1923 an der Feldherrnhalle im Feuer der bayerischen Landespolizei zusammenbrach und dreizehn Tote und zahlreiche Schwerverletzte zu beklagen waren, stand Hitler vor dem Zusammenbruch seiner politischen Karriere.

Der im Frühjahr 1924 entgegen den Vorschriften des Republikschutzgesetzes vor dem Münchner Volksgerichtshof anberaumte Prozeß gegen die Verschwörer gewährte dem NSDAP-Führer nicht nur ein öffentliches Forum, auf dem er seine politische Rehabilitierung mit denkbar größtem Erfolg betreiben konnte, sondern diente vor allem dazu, die Verantwortung der bayerischen Politik, der Reichswehr und der politischen Rechten in Deutschland zu verdunkeln und Ludendorff vom Makel des Hochverrats zu befreien. Der Ludendorff-Hitler-Prozeß hatte zur Folge, daß schon die Zeitgenossen keine hinreichende Klarheit über die von breiten Kreisen der bürgerlichen Rechten vorangetragene Gegenrevolution erhielten. Diese war durch Hitlers voreiliges und dilettantisches Handeln durchkreuzt worden, und die Beteiligten gingen nach dem 10. November daran, die Vorbereitungen der Aktion gegen Berlin einzustellen und die Spuren davon zu verwischen.

Die antiparlamentarische Stoßrichtung der Revolution von rechts besaß im Spätherbst 1923 die Zustimmung breitester bürgerlicher Kreise, die neben der DNVP und BVP weit in die DVP hineinreichten und auch Repräsentanten der DDP und des rechten Zentrumsflügels umfaßten. Das Gros der Interessenverbände sympathisierte mit einer solchen Lösung, allen voran die Schwerindustrie, der Reichslandbund, der DHV, der Reichsbund höherer Beamter, die Mehrheit der Richterschaft, einflußreiche Gruppen der Deutschen Gewerkschaft, der größte Teil des Offizierskorps, die neokonservativen Intellektuellen, die Masse der politisch rechtsstehenden Studenten und Professoren an den Hochschulen und nicht zuletzt ein beträchtlicher Teil des Klerus beider Konfessionen. Das Ansehen des parlamentarischen Systems war auf einem Tiefstand angelangt. Trotzdem blieb ein Systemwechsel aus. Die feste Haltung des Reichskanzlers, aber auch des preußischen Ministerpräsidenten Otto Braun, der sich auf eine stabile Große Koalition stützen konnte und nicht zögerte, notfalls die preußische Polizei gegen Übergriffe der Reichswehr zu mobilisieren, trugen zu der nach dem 9. November im Lager der Rechten einsetzenden Ernüchterung bei. Vor allem aber machten sich deren Unentschlossenheit und strategische Meinungsverschiedenheiten geltend.

Indem Reichspräsident Ebert aufgrund der widerspruchsvollen Nachrichten vom Hitler-Putsch die vollziehende Gewalt nicht mehr Geßler, der zum Ausgleich mit Bayern geraten hatte, sondern Seeckt übertrug – übrigens gegen den massiven Protest Otto Brauns, der vergeblich darauf bestand, die nach dem Kapp-Putsch durchgesetzte Unterordnung der militärischen unter die zivile Gewalt beizubehalten –, wurde dieser widerwillig in die Verfassungsordnung eingebunden. Seeckt fand rasch in die den Militärs gewohnte Rolle hinein, in weitem Umfang öffentliche Verwaltungsfunktionen an sich zu ziehen, und ließ schließlich, sehr zur Enttäuschung der DNVP, die Direktoriumspläne fallen. Er griff sie auch späterhin nicht wieder auf, zumal er vorübergehend erwog, für das Amt des Reichspräsidenten zu kandidieren. Erst auf Drängen der preußischen Regierung und der republikanischen Parteien fand er sich dazu bereit, die Herrschaft des militärischen Ausnahmezustands, die keinerlei innere Berechtigung mehr besaß, im Frühjahr 1924 aus freien Stücken zu beenden.

War die sich seit dem Herbst 1923 abzeichnende autoritäre Umwälzung ein Spuk, der mit dem Übergang zur Währungsstabilisierung verschwand? Die zerrütteten Verhältnisse der Hyperinflation, welche die Autorität der Reichsregierung aufs äußerte in Mitleidenschaft zogen, begünstigten die extreme politische Polarisierung. Der tiefere Grund für die zweite schwere Krise der Weimarer Republik lag jedoch darin, daß der Konflikt mit Frankreich als Katalysator wirkte: Die angestauten und von verantwortungslosen Propagandisten und Publizisten einschließlich der Hochschullehrer angeheizten illusionären Ressentiments, die der nicht verarbeiteten Niederlage und der Verweigerung des

Friedens entsprangen, bildeten ein hochexplosives Gemisch, das durch Hitlers Vorprellen vorzeitig verpuffte.

Daß es nicht zur Auflösung der Verfassungsordnung kam, war am wenigsten das Verdienst der bewaffneten Macht. Gewiß war mit dem Eingreifen der Armee gegen Sachsen und Thüringen der Vorwand der bayerischen Konterrevolutionäre zum Losschlagen entfallen, und das galt in gleichem Maße für den Rückzug der SPD-Minister aus der Regierung. Bemühungen des Vorsitzenden der DNVP, Oskar Hergt, einen Reichskommissar für Preußen einzusetzen, stießen auf Eberts und Stresemanns dezidierten Widerstand, da die Krise des preußischen Kabinetts schwerwiegende Rückwirkungen auf die in der Schwebe befindliche Rheinland-Frage haben mußte. Entscheidend war jedoch die Einsicht, daß eine nationale Diktatur Frankreich die Möglichkeit eingeräumt hätte, den Druck auf das Deutsche Reich noch zu verschärfen. Letztlich wurde das formale parlamentarische System nur dadurch aufrechterhalten, daß, wie Hugo Stinnes vorhersah, die Bildung einer Rechtsdiktatur den Verlust des Rheinlandes nach sich gezogen haben würde. Aus dieser Perspektive war Poincarés Politik nicht ganz ohne positive Wirkung. Sie zwang die bürgerlichen Parteien und die hinter ihnen stehenden Verbände aus der Scheinwelt außenpolitischer Illusionen zu einer wenigstens teilweisen Anerkennung der machtpolitischen Realitäten.

Während der beiden Kabinette Stresemann war die Funktion des Reichstages gegenüber der Gesetzgebung mittels Notverordnungen oder des Ermächtigungsgesetzes weitgehend in den Hintergrund getreten, obwohl der Kanzler die Kooperation mit den Parteien nachdrücklich gepflegt hatte. Der Konflikt mit Bayern überdeckte das Anfang November von der SPD-Fraktion angekündigte Mißtrauensvotum, das nach dem Wiederzusammentritt des Reichstages am 23. November, zusammen mit der entgegengesetzt motivierten Anklage der DNVP gegen Stresemann, zur Abstimmung stand. Ebert war diesmal nicht willens, dem DVP-Politiker das Auflösungsrecht zuzubilligen, zumal er an eine parlamentarische Stabilisierung nicht mehr glaubte. Unter dem Druck von Parteiapparat und Mitgliedschaft hielt die SPD, trotz energischen Abratens von seiten Eberts, an dem Mißtrauensvotum gegen Stresemann fest, der seinerseits nicht bereit war, den Fortbestand seiner Kanzlerschaft von einer »parlamentarischen Arithmetik« abhängig zu machen. Ebert spielte auf die nicht beendeten Direktoriumspläne Seeckts an, wenn er den Genossen ins Stammbuch schrieb, daß sie die Folgen ihrer Dummheit noch zehn Jahre lang spüren würden. Indessen war es für die Partei, die ihre Identität mehr als Ministersessel zu verteidigen hatte, psychologisch unmöglich, den weiteren Abbau der sozialpolitischen Errungenschaften mitzutragen.

Die Niederlage des Kabinetts »in offener Feldschlacht« veranlaßte Stresemann zu der sarkastischen Bemerkung, daß nicht von einer Kabinetts-, sondern einer Parlamentskrise gesprochen werden müsse. Es entsprach indessen der innenpolitischen Mechanik, daß die Anerkennung des Status quo durch die antiparlamentarische Rechte, die sie in Anbetracht der schwerwiegenden wirtschaftlichen und außenpolitischen Folgen eines Systemumschwungs widerwillig vollzog, den Druck auf die SPD und die Freien Gewerkschaften unmittelbar verstärkte. Außerdem zeichnete sich mit Poincarés Zustimmung zur Bildung einer Expertenkommission mit amerikanischer Beteiligung, die er Ende Oktober widerstrebend erteilte, und der bevorstehenden Unterzeichnung der MICUM-Verträge eine außenpolitische Pattsituation ab. Die Große Koalition war im Spätsommer zustande gekommen, weil anders die außenpolitische Krise des Ruhr-Kampfes nicht hatte bewältigt werden können. Sie zerbrach folgerichtig, als sich durch die Währungsstabilisierung und informelle Arrangements mit den Besatzungsmächten ein Ende des außen- und innenpolitischen Notstands abzeichnete.

Das parlamentarische System ging aus der erfolgreichen Abwehr des Umsturzes von rechts nur äußerlich ohne Schäden hervor. Paradoxerweise wurde das Ausscheiden der Sozialdemokratie aus dem Reichskabinett von der äußersten Rechten als Vorbedingung dafür betrachtet, sich mit der durch den Abbruch des Ruhr-Kampfes eingetretenen Konstellation zu arrangieren und vorderhand mit der nunmehr unabweisbaren Erfüllung der vom Deutschen Reich eingegangenen vertraglichen Verpflichtungen, wenngleich stets mit dem Blick auf baldmögliche Revision, abzufinden. Der Preis für die endlich erreichte Normalisierung bestand in der Aufhebung der sozialpolitischen Errungenschaften der Revolutions- und Inflationsperiode. Die SPD antizipierte mit dem Mißtrauensvotum vom 23. November das angesichts verschärfter Verteilungskämpfe ohnehin unvermeidliche Ausscheiden aus der Regierung. Taktisch war das möglicherweise falsch. In der Sache erleichterte es die sich nun vollziehende äußere Stabilisierung des republikanischen Systems.

Das Doppelgesicht außen- und innenpolitischer Rekonstruktion

Die außen- und innenpolitische Krise des Reiches überschritt um die Jahreswende 1923/24 ihren Höhepunkt. Es gab Anzeichen dafür, daß sich die Republik einem ruhigeren Fahrwasser zubewegte. Der Zusammenbruch des Ludendorff-Hitler-Putsches hatte im Innern reinigend gewirkt und den Umsturzplänen der konservativen Rechten den politischen Boden entzogen. Die nunmehr auch in Bayern verbotene NSDAP lebte in Form einer Reihe miteinander rivalisierender völkischer Splittergruppen fort. Niemand erwartete, daß sie sich von dem schweren Rückschlag, den das Scheitern des Umsturzversuchs bedeutete, wieder erholen würde. Desgleichen war die KPD, die den Weg zur inneren Bolschewisierung endgültig beschritt, politisch völlig isoliert. Bei der DNVP setzte ein Prozeß der Ernüchterung ein, wenngleich sie an ihrer antiparlamentarischen Ausrichtung und extrem revisionistischen Zielsetzung festhielt. Die Stabilisierung der Währung schien einstweilen gelungen zu sein. Es hing jedoch von der Finanz- und Wirtschaftspolitik des Reiches ab, ob das Vertrauen der Bevölkerung in die Rentenmark erhalten blieb und die beabsichtigte Rückkehr zur Golddeckung möglich sein würde.

Die verheerenden Folgen der Ruhr-Krise und Hyperinflation und die durch sie bedingte Notlage breiter Teile der unteren Mittelschicht und der Arbeiterschaft konnten nur dann schrittweise abgetragen werden, wenn es gelang, eine Verständigung in der Reparationsfrage zu erreichen und eine vertragliche Regelung des Ruhr-Problems an die Stelle der bis zum Februar 1924 befristeten privaten Vereinbarungen zwischen der Ruhr-Industrie und Frankreich treten zu lassen. Zwar war durch die erfolgreiche Währungsumstellung eine unmittelbare Gefährdung des Rheinlandes abgewendet worden, aber die faktische Beseitigung der deutschen Souveränität im Ruhrgebiet und die Fortdauer der französischen Regie stellten eine schwere politische und ökonomische Belastung dar, welche die Wiederbelebung der deutschen Wirtschaft in vielfältiger Weise beeinträchtigen mußte.

In dieser Lage setzte die Reichsregierung ihre Hoffnung in erster Linie auf den Bericht, den die im Januar 1924 unter dem Vorsitz des amerikanischen Bankfachmanns Charles Dawes zusammengetretene Sachverständigenkommission über die wirtschaftliche Leistungsfähigkeit des Reiches im Auftrag der Reparationskommission vorbereitete. Gustav Stresemann, der in der unter dem Zentrumsführer Wilhelm Marx Ende November 1923 gebildeten bürgerlichen Minderheitsregierung weiterhin das Amt des Außenministers wahrnahm, hatte den Alliierten die grundsätzliche Bereitschaft mitgeteilt, eine Überprüfung der deutschen Leistungsfähigkeit durch ein neutrales Gutachtergremium vornehmen zu lassen. Solange das Votum der Sachverständigen – es wurde rasch als Dawes-Plan bezeichnet, obwohl der Vorschlag zur Neuregelung der Reparationen vor allem die Handschrift Owen D. Youngs trug – noch nicht vorlag, konnte die Reichsregierung allenfalls versuchen, allzu optimistische Einschätzungen der deutschen Wirtschaftskraft durch die Sachverständigen zu dämpfen. Im übrigen galt es, den Bericht abzuwarten, der schließlich im April 1924 vorgelegt wurde.

Tatsächlich gab es für die deutsche Außenpolitik keinerlei Alternative zu der von Stresemann unverzüglich ausgesprochenen Anerkennung des Gutachtens. Denn jeder Versuch, inhaltliche Bedenken vorzubringen, wäre von Frankreich zum Vorwand genommen worden, um sich der von ihm nur widerwillig zugestandenen internationalen Regelung des Reparationsproblems zu entziehen. Die deutsche Zustimmung ebnete den Weg zum Dawes-Abkommen, wie steinig er auch war. In der deutschen Öffentlichkeit wurde diese außenpolitische Zwangslage weithin ebenso verkannt wie der Tatbestand, daß der Dawes-Plan eine qualitativ neue Stufe der bislang vom Odium des ständigen Scheiterns belasteten Reparationsregelungen bedeutete. Raymond Poincarés Politik der »produktiven Pfänder« hatte das Deutsche Reich auf den Boden der außenpolitischen Realitäten gezwungen, aber zugleich bewirkt, daß die Reparationsfrage sich in ein internationales Schuldenproblem verwandelte. Künftige Verhandlungen konnten nur mehr auf der Grundlage des Versailler Friedensvertrags geführt werden, und es gab allein den Weg der diplomatischen Übereinkunft, sollte die Reichseinheit auf lange Sicht bewahrt und die Besetzung des Ruhrgebiets rückgängig gemacht werden.

Poincarés Sieg an der Ruhr war mit einer beträchtlichen ökonomischen Schwächung Frankreichs erkauft, die ihn fortan daran hinderte, die Lösung der Reparationsfrage im Alleingang zu betreiben. Nur widerwillig fügte sich der französische Premierminister dem Drängen der USA und Großbritanniens, die Regelung des Reparations- und des Transferproblems in die Hände eines Sachverständigenausschusses zu legen, der wesentlich von amerikanischen Finanzexperten beeinflußt war. Die mangelnde Bereitschaft der USA, vor einer Lösung des Reparationskonflikts ein Moratorium für die interalliierten Kriegsschulden ins Auge zu fassen, und die Abhängigkeit der durch die Ruhrbesetzung zusätzlich geschwächten französischen Industrie von ausländischen Krediten ließen Poincaré und nach seiner vernichtenden Wahlniederlage dem im April 1924 seinen Platz einnehmenden Radikalsozialisten Herriot Édouard keine andere Wahl. Eine Ablehnung des Sachverständigengutachtens, dem die deutsche Regierung am 16. April zustimmte, hätte Frankreich außenpolitisch weitgehend isoliert und den endgültigen Bruch der Entente cordiale nach sich gezogen.

1924 machte sich der relative Gewichtsverlust Europas gegenüber den zur unbestrittenen ökonomischen Führungsmacht aufgestiegenen USA in vollem Umfang geltend. Mit der Bildung des Sachverständigenausschusses kehrten die

USA an den europäischen Verhandlungstisch zurück, nachdem die innenpolitische Niederlage Wilsons von 1919 den Anschein erweckt hatte, als habe sich die isolationistische Tendenz dauerhaft durchgesetzt. Formell trat die amerikanische Regierung auch auf der Londoner Konferenz vom August 1924 nicht hervor; die Haltung der amerikanischen Experten und der hinter ihnen stehenden Bankengruppe war jedoch sorgfältig mit ihr abgestimmt. Dies geschah mit Rücksicht auf die republikanische Mehrheit im Kongreß, die ein langfristiges Engagement der USA auf dem europäischen Kontinent mit Mißtrauen betrachtete. Demgegenüber drängten amerikanische Wirtschaftskreise auf eine indirekte Intervention der USA, um die europäischen Märkte für die eigenen Exporte zu öffnen. Schon vor der Ruhr-Besetzung hatte US-Außenminister Charles Hughes Frankreich für eine internationale Regelung des Reparations- und des damit eng verbundenen Anleiheproblems zu gewinnen versucht; nach dem deutschen Einlenken entfielen die diplomatischen Rücksichtnahmen auf Frankreich, welche die USA zum Abwarten veranlaßt hatten.

Schon Reichskanzler Cuno hatte eine amerikanische Intervention zugunsten des Reiches erhofft. Die verhängnisvollen ökonomischen Folgen des Ruhr-Kampfes und die Zuspitzung des interalliierten Schuldenproblems infolge der Schwäche des französischen Franc machten die Einschaltung des Hauptgläubigerlandes unerläßlich. Die deutsche Außenpolitik zögerte nicht, die sich ihr damit eröffnenden ökonomischen und politischen Chancen einer Anlehnung an die USA zu nutzen, deren Wirtschaft in besonderem Maße an dem beträchtlichen ökonomischen Potential Deutschlands interessiert war. Die amerikanische Initiative fiel mit der britischen Entschlossenheit zusammen, die infolge der Rezession der frühen zwanziger Jahre verschärfte inländische sozio-ökonomische Krise durch einen großzügigen Ausbau des europäischen Handels zu überwinden. Das Deutsche Reich, das seit langem zu den wichtigsten Handelspartnern des Vereinigten Königreiches gehörte und dessen Wirtschaft sich durch eine hohe Aufnahmefähigkeit für englische Industrieprodukte auszeichnete, stellte aus britischer Sicht ein unentbehrliches Glied einer regenerierten europäischen Wirtschaft dar.

Die internationalen Interessen an einer Rekonstruktion des weltwirtschaftlichen Systems boten gute Aussichten, das verhärtete und verspannte Klima der Nachkriegszeit zu überwinden. Dazu war es notwendig, den Ruhr-Konflikt in einer für beide Kontrahenten erträglichen Form zu liquidieren und die Reparationsverpflichtungen in einer Weise zu regeln, daß sie einen deutschen wirtschaftlichen Aufstieg nicht wesentlich behinderten und die deutsche Währung nicht durch einen übermäßigen Kapitaltransfer gefährdeten. Der Sachverständigenausschuß konnte jedoch nicht umhin, die noch immer weit übersteigerten Erwartungen der französischen Öffentlichkeit wenigstens der Form nach zu befriedigen. Deshalb entschloß er sich dazu, formell an die Modalitäten des

Londoner Zahlungsplans anzuknüpfen. Der Ausschuß zur Überprüfung der deutschen Leistungsfähigkeit wie die mit dem Transferproblem befaßte Kommission vermieden es daher bewußt, die Frage der Aufhebung der alliierten Sanktionen aufzuwerfen, obwohl es jedem Eingeweihten klar war, daß deren Beseitigung die unerläßliche Voraussetzung für eine deutsche Planerfüllung darstellte.

Ebenso unterließ es der Sachverständigenausschuß aus taktischen Erwägungen, eine Gesamtsumme der deutschen Reparationsschuld festzulegen. Er bezifferte die innerhalb absehbarer Zeit zu erbringenden Leistungen dahingehend, daß bis zum 31. August 1925 eine Übergangszahlung von 200 Millionen Mark, 1926/27 eine Summe von 110 Millionen Mark, 1927/28 weitere 500 Millionen Mark fällig wurden und daß danach eine Annuität von 2,5 Milliarden Mark aufgebracht werden sollte. Der Gegenwartswert der deutschen Reparationsschuld betrug ungefähr 40 bis 50 Milliarden Mark und lag damit knapp unter der Größenordnung des Londoner Zahlungsplans. Die Reichsregierung verpflichtete sich, die Reichsbahn als selbständiges Unternehmen einem international zusammengesetzten Verwaltungsrat zu unterstellen, deren Einnahmen als Sicherheit zu verpfänden und eine Industrieumlage zu erheben, deren Einkünfte einer internationaler Kontrolle unterstehenden Bank für Industrieobligationen zuflossen. Darüber hinaus trat das Reich bestimmte Verbrauchssteuern als Sicherheit ab, wobei vorgesehen war, daß sich die Annuitäten in Gestalt eines »kleinen Besserungsscheins« erhöhten, wenn deren Erträge die im Zahlungsplan festgelegten Margen überschritten.

Die Sachverständigen schlugen weiterhin vor, daß der Transfer von aufgebrachten Reparationsbeträgen nur nach Maßgabe der jeweils erzielten Devisenüberschüsse und damit unter Berücksichtigung der deutschen Zahlungsbilanz erfolgen sollte. Nicht transferiertes Kapital sollte in der deutschen Wirtschaft angelegt werden. Einerseits diente der vorgesehene Transferschutz der Sicherheit der deutschen Währung, andererseits verhinderte er, daß die Zahlungsbilanzen der Gläubigerländer durch Kapitalimport aus dem Gleichgewicht gerieten. Dem nach Annahme des Dawes-Plans von den Alliierten bestellten Reparationsagenten, dem in enger Verbindung zu J. P. Morgan stehenden amerikanischen Finanzexperten Parker Gilbert, oblag die schwierige Handhabung des Transferproblems, die er sachkundig und neutral wahrnahm; ursprünglich hatte man Owen D. Young für dieses Amt vorgesehen.

Es zeigte sich bald, daß das Transferproblem angesichts der ständig negativen deutschen Handelsbilanz spätestens dann unlösbar sein würde, wenn die Normalannuitäten von 2,5 Milliarden erreicht waren. Die Sachverständigen gingen jedoch von der Erwartung aus, daß die deutschen Zahlungsverpflichtungen innerhalb weniger Jahre neu festgesetzt würden; sie räumten der Reichsregierung das Recht ein, die wirtschaftliche Leistungsfähigkeit innerhalb von drei

Jahren erneut überprüfen zu lassen. Ebenso rechnete Stresemann nicht damit, daß es zu den von ihm als unerträglich empfundenen Annuitäten von 2,5 Milliarden überhaupt kommen würde. Er konnte dies in der Öffentlichkeit jedoch nicht zum Ausdruck bringen.

Für die internationalen Finanzexperten ging es vor allem darum, durch eine einvernehmliche Regelung der Reparationsfrage und mittels niedriger Anfangszahlungen Deutschlands erst einmal die Bedingungen für die Zeichnung einer amerikanischen Anleihe in Höhe von 800 Millionen zu schaffen, der, wie sie mit Recht voraussahen, weitere Kredite der anlagewilligen amerikanischen Kapitaleigner in Milliardenhöhe folgen würden. Nach einer dadurch erreichten allgemeinen Belebung der europäischen Wirtschaft und angesichts der dann zu erwartenden Sanierung der französischen Währung würden Kompromisse in der Reparationsfrage leichter zu erzielen sein, als das unter der Nachwirkung der Ruhr-Krise der Fall war. Allerdings fürchteten einige Experten, daß die Franzosen ernsthaft entschlossen seien, der »Schaufensterpuppe« des Dawes-Plans wirkliches Leben einzublasen.

Der Zahlungsplan sah mit der Verselbständigung der Reichsbahn, der Schaffung der Bank für Industrieobligationen und der Einrichtung des Reparationsagenten empfindliche Eingriffe in die deutsche Souveränität vor. Parker Gilbert besaß die Möglichkeit, auf die deutsche Steuer- und Finanzpolitik unmittelbar Einfluß zu nehmen. Vor dem Abbruch des passiven Widerstands waren vergleichbare Forderungen nicht nur vom Sturm des nationalistischen Protestes hinweggefegt, sondern auch von deutschen Wirtschaftskreisen rundweg abgelehnt worden. Mittlerweile erkannten Großindustrie und Großlandwirtschaft, daß die dringend benötigten internationalen Anleihen anders nicht beizubringen waren, und sie setzten sich mehrheitlich für die vorgeschlagene Reparationslösung ein, gegen deren Bestandteile sie wenige Monate zuvor aufs schärfste protestiert hatten. Das hielt die DNVP und die völkischen Parteien nicht davon ab, den Dawes-Plan als neuerliche »Versklavung« des deutschen Volkes hinzustellen.

Sowohl für die deutsche als auch die französische Außenpolitik ergab sich das Problem, die jeweils zur Beruhigung der nationalistischen Öffentlichkeit im Dawes-Plan enthaltenen Fiktionen nach außen hin nicht aufdecken zu können, während die hinzugezogenen Fachleute von den effektiven Belastungen ausgingen. Die nachwirkende verengte nationalstaatliche Betrachtungsweise ließ es noch nicht zu, in transnationalen finanz- und wirtschaftspolitischen Kategorien zu denken, obwohl sich Reparationen und Kriegsschulden zunehmend als ein Problem der internationalen Finanzwirtschaft darstellten. Es war bezeichnend, daß die Verabschiedung des Dawes-Plans auf der Londoner Konferenz nicht zuletzt deshalb zustande kam, weil ein Scheitern den Sturz des deutschen, des britischen und des französischen Kabinetts sowie eine erhebliche Prestigeeinbuße der amerikanischen Regierung nach sich gezogen hätte.

Daher ist die bereits von den Zeitgenossen lebhaft umkämpfte Frage, ob die dem Deutschen Reich abgeforderten Leistungen, die rechnerisch etwa sieben Prozent des Volkseinkommens von 1924 umfaßten, tatsächlich hätten aufgebracht werden können, von untergeordneter Bedeutung. Ökonomisch waren langfristige Reparationsleistungen dieses Umfangs schon deshalb fragwürdig, weil sie das industrielle Gewicht Deutschlands zuungunsten von Frankreich und England und anderer Gläubigerstaaten verstärkten und das deutsche Zahlungsbilanzproblem verschärften. Teilweise war dieser Effekt bereits während der Inflationsphase eingetreten. Schwerer ist die Frage der inneren Belastbarkeit zu beurteilen, zumal bis 1927 keine nennenswerten Aufbringungsschwierigkeiten zu verzeichnen waren. Unter den Bedingungen eines kontinuierlichen Wirtschaftsaufschwungs, von denen der Dawes-Plan ausging, wären wohl auch die hohen Endannuitäten von der deutschen Wirtschaft ohne übermäßige Anstrengungen bereitzustellen gewesen, während der Transfer in den Empfängerländern negative Effekte ausgelöst haben würde. Es kam jedoch nicht zu einem anhaltenden wirtschaftlichen Wachstum, sondern, bei einer leichten konjunkturellen Erholung 1925 und wieder 1927/28, zu einer relativen wirtschaftlichen Stagnation. Die Einführung hoher Schutzzölle durch die westlichen Industriestaaten hatte eine zusätzliche kontraktive Wirkung.

Zu den in London vorgesehenen Reparationszahlungen ist es infolge der nach 1929 eingeleiteten Revision des Dawes-Plans niemals gekommen. Insgesamt sind im Zeitraum von 1925 bis 1931 – bis zum Hoover-Moratorium – 11,3 Milliarden von 12 Milliarden, die bis dahin fällig waren, also etwa 1,7 Prozent des Bruttosozialprodukts gezahlt worden. Zugleich überdeckten die in hohem Umfang einströmenden amerikanischen Kredite die im gleichen Zeitraum geleisteten Reparationen. Statt ein Kapitalexportland zu sein, war Deutschland einer der wichtigsten Kapitalimporteure. Faktisch entstand ein wirtschaftlich widersinniger Zahlungsmittelkreislauf, der bei den amerikanischen Banken Überlegungen auslöste, wie die hohen Kosten für die Verschiffung von Gold nach Europa und zurück in die USA eingespart werden könnten. Deutschen Reparationszahlungen an die westlichen Gläubigerländer, die aus amerikanischen Krediten finanziert wurden, standen die langfristige Verzinsung und Tilgung der französischen und britischen Kriegskredite an die USA gegenüber.

Obgleich sich die internationale Finanzwelt dieser Problematik frühzeitig bewußt war, entschloß sich die amerikanische Regierung erst 1932 dazu, mit der Streichung der Kriegsschulden die Voraussetzung für eine Beendigung der Reparationen zu schaffen. Dennoch war durch die Verknüpfung der amerikanischen Anleihepolitik mit dem Reparationsproblem dessen virtuelle Internationalisierung vollzogen. Der französischen Politik fehlte es jedoch an der inneren Bereitschaft, die politischen Konsequenzen daraus zu ziehen. Sie kämpfte mit großer Zähigkeit darum, daß die Reparationskommission weiterhin dafür zuständig blieb, eventuelle deutsche Verfehlungen festzustellen, während James R. MacDonald und die Bank von England diese Aufgabe dem Finanzkomitee des Völkerbundes zu übertragen gedachten. Schließlich kam man Édouard Herriot, der gerade in diesem Punkt den Protest der französischen Rechten fürchtete, insofern entgegen, als die Reparationskommission entsprechende Beschlüsse nur in Absprache mit dem Reparationsagenten fassen durfte. Für die beteiligten Finanzleute war eine Rückkehr zu der früheren Sanktionspolitik gänzlich unvorstellbar; entzog sich Deutschland seinen Verpflichtungen, gab es bloß die Möglichkeit einer kollektiven Gegenaktion auf der Grundlage des Völkerbundes.

Der unter dem Druck der USA geschaffene Zwang zum Ausgleich in der Reparationsfrage rief spiegelbildliche Reaktionen in Deutschland und Frankreich hervor. Während Stresemann über die Liquidierung der Sanktionspolitik hinaus ein vorzeitiges Ende der Rhein-Besetzung anstrebte, zeigte sich Herriot bemüht, die Reparationsfrage und das Sicherheitsproblem zu koppeln. Noch beim Zusammentritt der Londoner Konferenz gab er sich der Illusion hin, die Räumung des Ruhrgebiets und die Einstellung der französischen Regie von der Erfüllung der deutschen Zahlungsverpflichtungen abhängig zu machen und damit auf unbestimmte Zeit hinauszuschieben. Er stieß damit auf entschiedenen Widerstand Montagu Normans, des Gouverneurs der Bank von England, sowie J. P. Morgans, der rundweg erklärte, daß kein amerikanischer Anleger bereit sein würde, unter solchen Bedingungen die geplante Dawes-Anleihe für Deutschland zu zeichnen, welche die Voraussetzung für die Wiederaufnahme der deutschen Reparationszahlungen darstellte. Die führenden britischen und amerikanischen Bankiers stimmten den vorgesehenen Annuitäten, die sie ohnehin für überhöht hielten, notgedrungen zu, weigerten sich jedoch, Frankreich darüber hinaus ein wirtschaftliches Verfügungsrecht an der Ruhr zuzugestehen, wie sie überhaupt die Verknüpfung von ökonomischen Pfändern mit dem französischen Sicherheitsinteresse zurückwiesen. Auch Schatzminister Philipp Snowden, der den Versailler Vertrag als Verrat an den Prinzipien betrachtete, für die die britischen Soldaten im Weltkrieg gekämpft hätten, wandte sich mit ungewöhnlicher Schärfe gegen die französischen Garantieforderungen. Es bedurfte daher nicht erst der diplomatischen Überredungskunst des deutschen Außenministers, um Herriot davon zu überzeugen, daß an eine Fortführung der Regie und der Besatzungsverwaltung im Ruhrgebiet nicht mehr gedacht werden konnte.

Hingegen fand sich der britische Premierminister, der für Herriots politische Nöte größeres Verständnis aufbrachte als die Bankiersgruppe und einen Sturz des Kartells der Linken zu vermeiden trachtete, dazu bereit, den Franzosen die Beibehaltung einer »unsichtbaren Okkupation« einstweilen zuzugestehen. Er ging schließlich auf Herriots Forderung ein, das Ruhrgebiet erst binnen Jahresfrist zu räumen. Im Einvernehmen mit der amerikanischen Diplomatie hatte Stresemann hingegen auf einem sofortigen Truppenabzug bestanden. In der entscheidenden Frage möglicher Sanktionen blieb MacDonald unbeirrbar. Er lehnte es kategorisch ab, irgendwelche Maßregeln für den Fall einer Nichterfüllung des Vertrags durch Deutschland vorzusehen, da sie dem Grundsatz von Treu und Glauben widersprächen. Die beim französischen Partner noch immer durchschimmernde Absicht, das Reich wirtschaftlich und militärisch geschwächt zu lassen, hielt er weder für wünschenswert noch für ausführbar.

Die im Vergleich zu seinen Vorgängern maßvolle Politik Herriots vermochte sich nicht von dem Grundwiderspruch zu lösen, der darin bestand, Deutschland einerseits wirtschaftliche Leistungen abzufordern, es andererseits am ökonomischen Aufstieg zu hindern. Darin verbarg sich der nagende Zweifel an einer langfristigen Aufrechterhaltung der Deutschland durch den Versailler Vertrag auferlegten Rüstungsbeschränkungen. Gewiß bestand für den Augenblick keine Gefahr, obwohl dem französischen und dem britischen Geheimdienst die illegalen Aufrüstungsmaßnahmen der Reichswehr nicht entgangen waren. Daß die interalliierte Militärkontrolle auf lange Sicht deutsche Remilitarisierungsbestrebungen nicht abwenden konnte, erschien insbesondere MacDonald als Selbstverständlichkeit. Die einzige Alternative erblickte er in einer mutigen Politik, die entschlossen daranging, Deutschland für eine politische und ökonomische Zusammenarbeit in Europa zu gewinnen. Er verwarf daher die französischen Pläne, die Laufzeit der Rheinland-Besetzung unter Hinweis auf die Nichterfüllung des Versailler Vertrags zu verlängern und den Truppenabzug mit der Ausgabe der Reparationsbonds zu koppeln. Stresemann schob das mit dem einleuchtenden Argument beiseite, daß damit die Entscheidung in der Räumungsfrage bei den westlichen Zentralbanken liegen würde, die allein über die Unterbringung von Reparationsbonds auf dem Kapitalmarkt verfügen könnten, ohne daß Deutschland darauf einen Einfluß habe.

Demgegenüber bemühte sich Stresemann darum, ein Junktim zwischen der Annahme des Dawes-Plans und der Liquidierung sowohl der alliierten Besetzung als auch der Entwaffnungsbestimmungen zu erreichen. Die Zähigkeit, mit der er an der sofortigen Räumung des Ruhrgebiets und vor allem an der Beseitigung der Militärkontrolle festhielt, entsprang nur begrenzt innenpolitischen Rücksichtnahmen, wenngleich er ähnlich wie Herriot das Argument vorbrachte, nicht ohne sichtbare Erfolge vor das Parlament treten zu können. Schwerindustrie, Großlandwirtschaft und Reichswehr ließen erkennen, daß sie sich der Annahme des Dawes-Plans nicht widersetzen würden, obgleich Seeckt scharfe Kritik an der Wiederaufnahme der alliierten Militärkontrolle übte und den Widerstand dagegen erst auf den massiven Druck Stresemanns hin fallen ließ. Das taktische Kalkül, die DNVP durch das kaudinische Joch des Dawes-Plans hindurchzuzwingen, spielte bei dem unablässigen Bestreben des deutschen Außenministers, wenigstens Teilkonzessionen zu erringen, eine wichtige Rolle. Aber es fällt doch auf, daß die deutschen Verhandlungspartner in London den militärischen Fragen unerwartet großes Gewicht beilegten. Die Londoner Konferenz drohte daher an der Frage des Truppenabzugs zu scheitern. Daraufhin intervenierten die USA, die dem Besatzungsproblem im Grunde nur psychologische Bedeutung zumaßen, und erzwangen den dem deutschen Standpunkt wenig entgegenkommenden Kompromiß, daß die Truppen aus dem Ruhrgebiet und den Sanktionsstädten Düsseldorf und Ruhrort im Verlauf von zehn Monaten abgezogen werden sollten und zunächst nur eine Teilräumung im Raum Dortmund erfolgte.

Für die französische Diplomatie stand die Räumungsfrage in engem Zusammenhang mit der Hoffnung, Großbritannien im Gegenzug zum Abschluß eines Defensivbündnisses gegen Deutschland bewegen zu können. MacDonald lehnte dies ebenso ab wie parallele Vorschläge, gleichartige Verträge mit Polen und der Tschechoslowakei abzuschließen und als dritten Schritt einen vom Völkerbund garantierten Nichtangriffspakt mit Deutschland ins Auge zu fassen. Die Labour-Regierung zeigte sich nicht willens, auf die französischen Wünsche einzugehen, die Großbritannien genötigt hätten, seine Rüstung zu verstärken. Vielmehr hoffte sie, mit Hilfe des Völkerbundes allgemeine europäische Abrüstungsmaßnahmen einzuleiten, die das militärische Übergewicht Frankreichs, das man an der Themse auch im Verhältnis zur eigenen Stärke wahrnahm, allmählich beseitigten. Schon zum Zeitpunkt der Londoner Konferenz setzte sich in der Downing Street der Standpunkt durch, daß sich Großbritannien nicht durch eine Garantie der deutschen Ostgrenzen auf dem Kontinent binden dürfe und daß man die Möglichkeit ihrer behutsamen Revision offenlassen müsse. Es fehlte deshalb nicht an der Erwägung, Frankreich von einem zu starken Engagement gegenüber Polen abzuhalten. Insofern liegen die Anfänge des Appeasement in der Phase des Dawes-Plans.

Die Bilanz der Londoner Konferenz blieb hinter den damals noch sanguinischen Erwartungen Stresemanns und des Auswärtigen Amtes zurück, war aber im ganzen durchaus positiv. Einseitige Sanktionen waren fortan unmöglich geworden. Die Reparationen wurden nicht länger unter Hinweis auf Artikel 231 eingeklagt, sondern als deutscher Beitrag zu einem europäischen Wiederaufbauprogramm betrachtet. Ihre Zahlung stand im Kontext eines von amerikanischer Seite vorangetriebenen wirtschaftlichen Entwicklungsprogramms und erfolgte im Rahmen der tatsächlichen ökonomischen Leistungsfähigkeit des Reiches, dessen diplomatische Gleichberechtigung im zweiten Teil der Londoner Verhandlungen ohne weiteres eingeräumt worden war. Die Aufhebung der restlichen französischen Sanktionsmaßnahmen war fest zugesagt und eine neuerliche Isolierung Deutschlands durch ein britisch-französisches Bündnis vermieden worden. Demgegenüber fand sich Frankreich in einer Außenseiterposition wieder, sosehr sich die Großmächte bemühten, das Abkommen als Durchsetzung der französischen Reparationsforderungen erscheinen zu lassen.

Die mit dem Dawes-Plan eingeleitete außenpolitische Wende trug wesentlich zur innenpolitischen Stabilisierung des politischen Systems von Weimar bei. Die Herstellung der deutschen Souveränität und damit der wirtschaftlichen Verfügungsmacht im rheinisch-westfälischen Industriegebiet war anders als auf dem Weg internationaler Verhandlungen nicht erreichbar, und eine Beseitigung oder Modifizierung des Weimarer Verfassungssystems hätte nur die französischen Vorbehalte gegen das Zusammentreten des Sachverständigenausschusses verstärkt. Überdies traten mit der Währungsstabilisierung und der unabweisbar gewordenen Reparationsbelastung die innenpolitischen Verteilungskämpfe in den Vordergrund. Das veranlaßte die antirepublikanische Opposition, vor allem die DNVP, auf eine Teilnahme an der Regierung hinzuarbeiten. Dafür war die Erwägung maßgebend, daß sich die Rechtsparteien durch die Fortführung einer nationalen Katastrophenpolitik in ein politisches Abseits hineinmanövrierten, das sie daran hinderte, die von ihnen repräsentierten gesellschaftlichen Interessen hinreichend geltend zu machen. Denn angesichts des 1925 bevorstehenden Auslaufens der außenhandelspolitischen Restriktionen des Versailler Friedensvertrags drängte sich das Bedürfnis auf, die zollpolitischen Forderungen vor allem der Landwirtschaft in die bevorstehenden Handelsverträge einzubringen.

Bei den hinter den Rechtsparteien angesiedelten Interessengruppen zeichnete sich fühlbare Ernüchterung ab. Eine rasche Änderung der politischen Rahmenbedingungen war nicht mehr zu erwarten. Notgedrungen richteten sich die politischen und gesellschaftlichen Kräfte im Gehäuse der Republik ein, die – bei zunehmender Verfestigung der weltanschaulichen Lager – zum Adressaten einer in Tonlage und Radikalität kaum steigerungsfähigen Kritik, zugleich einer ungehemmten, durch nationalistische Parolen nur mangelhaft übertünchten Interessenwahrnehmung wurde. Das galt für Landwirtschaft und Schwerindustrie gleichermaßen. Solange es um die Sicherung der staatlichen Existenz und die Erhaltung der Reichseinheit gegangen war und man sich in einer Art von nationalem Ausnahmezustand befunden hatte, war es noch zu politischen Kompromissen gekommen, die den Grundgegensatz zwischen Kapital und Arbeit ansatzweise überbrückten. Der Übergang zum politischen Normalzustand, der sich Anfang 1924 abzeichnete, rief allenthalben das Bedürfnis wach, die interessenpolitische Ernte einzubringen. Die Forderung, die agrarischen Schutzzollsätze der Vorkriegszeit wiederherzustellen, die Reichslandbund und DNVP durch den Minister für Ernährung und Landwirtschaft direkt im Kabinett einbrachten, war ein Symptom dafür.

Das im außenpolitischen Windschatten des angekündigten Sachverständigengutachtens amtierende bürgerliche Minderheitskabinett Marx erneuerte die Konstellation des Kabinetts Cuno, wenngleich nun ein um parlamentarischen Ausgleich bemühter und erfahrener Parteipolitiker das Kanzleramt innehatte. Die im Dezember 1923 gebildete Regierung betrachtete sich als Übergangskabinett und erblickte ihre primäre Aufgabe in der Sicherung von Währung und

Finanzen, für die der parteilose, aber der DVP nahestehende Finanzminister Hans Luther eine eigenwillige, dennoch erfolgreiche Federführung ausübte. Durch Appelle an das politische Verantwortungsbewußtsein der SPD erreichte es Marx, daß sie, nachdem sie die beratende Mitwirkung eines parlamentarischen Fünfzehnerausschusses erzwungen hatte, einem neuen Ermächtigungsgesetz zustimmte. Die Regierung nutzte die Selbstausschaltung des Reichstages dazu, mittels einer Vielzahl von gesetzesvertretenden Verordnungen, die den Spielraum der Ermächtigung vielfach unzulässig ausweiteten, binnen weniger Monate den Reichshaushalt zu stabilisieren und durch die Senkung der öffentlichen Ausgaben beträchtliche Haushaltsüberschüsse zu erzielen, was sogleich die Interessengruppen auf den Plan rief, welche die fiskalisch geprägte Thesaurierungspolitik als investitionshindernd bekämpften.

Die im wesentlichen von Luther bestimmte Steuer- und Haushaltsreform der beiden Kabinette Marx vollzog sich unter dem Vorzeichen einer eindeutig industriefreundlichen Finanz- und Wirtschaftspolitik. Die ersten beiden Steuernotverordnungen liefen auf eine bewußte steuerliche Begünstigung von Industrie und Landwirtschaft hinaus. Dabei spielte mit, daß die Regierung interessiert war, den ökonomischen Aufschwung zu verschleiern, um die Sachverständigen zu einer möglichst niedrigen Bezifferung der deutschen wirtschaftlichen Leistungsfähigkeit zu veranlassen. Die Festsetzung der Industrieumlage wich mit einer Bezifferung des heranzuziehenden industriellen Vermögens in Höhe von 29 Milliarden Mark deutlich von der wenig später durchgeführten Vermögensteuerveranlagung ab, die ein industrielles Vermögen von 47 Milliarden ergab. Die der Wirtschaft durch die Industrieobligationen erwachsende Belastung betrug daher nicht 17, sondern allenfalls 10 Prozent des Anlagevermögens. Gleichzeitig erstattete das Reichsfinanzministerium der Ruhr-Industrie 709 Millionen Mark unter Umgehung des Reichstages und ohne die Forderungen der Empfänger nachzuprüfen. Ein später eingesetzter parlamentarischer Untersuchungsausschuß konnte seine Arbeiten nicht zu Ende führen, weil sie von der Ministerialbürokratie erfolgreich blockiert wurden; es bestand aber kein Zweifel daran, daß erhebliche Überzahlungen vorgekommen waren.

Die »Ruhr-Spende« fachte die sozialen Ressentiments um so mehr an, als die Reichsregierung es entschieden ablehnte, ausreichende Mittel für die Erwerbslosenhilfe zur Verfügung zu stellen. Die Arbeitslosigkeit übertraf zunächst die 10 Prozent des Vorjahres, fiel allerdings vom April bis Oktober 1924 unter 5 Prozent. Die Arbeitnehmerschaft war dem massiven Druck der Arbeitgeberverbände auf Löhne und Arbeitszeit ausgesetzt, für die nach dem Wegfall der Arbeitszeitverordnung keine gesetzliche Grundlage mehr bestand. Reichsarbeitsminister Heinrich Brauns, der wie Gustav Stresemann bis 1928 die personelle Kontinuität in wechselnden bürgerlichen Kabinetten verkörperte, sah sich wegen der anwachsenden sozialen Spannungen dazu gezwungen, schon im Oktober und Dezember 1923 auf das Schlichtungsinstrumentarium der Demobilmachungsphase zurückzugreifen, um die Währungsstabilisierung nicht durch langwierige und kostspielige Arbeitskämpfe zu gefährden.

Die Schlichtungsverordnung ermöglichte es dem Reichsarbeitsministerium, durch die Einflußnahme auf die von ihm ernannten staatlichen Schlichter, die das Recht hatten, Schiedssprüche auch gegen den Willen der Tarifparteien für verbindlich zu erklären, die Lohnfindung der Tarifparteien maßgeblich mitzugestalten. Brauns versperrte sich zunächst nicht dem Drängen der Arbeitgeberverbände, die Löhne zu senken und die Arbeitszeit zu erhöhen, da er Produktionssteigerungen für unerläßlich und Lohnerhöhungen mit der restriktiven Finanzpolitik des Kabinetts für unvereinbar hielt. Die Gewerkschaftsverbände erkannten frühzeitig die Gefahr, ihren tarifpolitischen Handlungsspielraum durch die Zwangsschlichtung einzubüßen. Indessen stellte es sich rasch heraus, daß sie ohne Anlehnung an die staatliche Schlichtung der tarifpolitischen Offensive der schwerindustriellen Arbeitgeber wehrlos ausgeliefert waren. Denn die Inflation hatte die Streikkassen leergefegt und dazu beigetragen, daß die Mitgliedschaft der Freien und christlichen Gewerkschaften im Vergleich zu deren Stand von 1920 um gut die Hälfte abgesunken war; sie stieg erst wieder im Zusammenhang mit der konjunkturellen Wende von 1926 an. Hingegen hatte sich der Organisationsgrad der Arbeitgeber beträchtlich verbessert. Insbesondere die schwerindustrielle Unternehmerschaft verfügte mit dem Verein für die bergbaulichen Interessen, dem Zechenverband und der Nordwestlichen Gruppe der eisen- und stahlerzeugenden Industrie über geschlossene und finanzkräftige Vertretungen, die sich nicht scheuten, Regierung und Parlament nachhaltigen Pressionen auszusetzen. Mehr als ein Viertel der Spitzenfunktionäre des Reichsverbands der Deutschen Industrie und ein gutes Drittel der Repräsentanten des Langnam-Vereins gehörten der DVP an, die innerhalb des Parteienspektrums das wichtigste Sprachrohr der Wirtschaft darstellte.

Die von Brauns gutgeheißenen und mittels der Zwangsschlichtung im Ruhr-Bergbau durchgesetzten Lohnkürzungen von durchschnittlich 25 Prozent lösten bei der Bergarbeiterschaft tiefe Erbitterung aus. In den Betriebsratswahlen vom März 1924 erlitten die zu tarifpolitischer Mäßigung ratenden Bergarbeiterverbände eine schwere Niederlage gegenüber der kommunistisch beeinflußten Union der Hand- und Kopfarbeiter und anderen syndikalistischen Gruppierungen. Die Ersetzung des Mehrarbeitsabkommens von 1923 durch einen Schiedsspruch vom 28. April 1924, der die Achtstundenschicht unter Tage nunmehr tarifrechtlich festschrieb, während vorher die achte Stunde als Mehrarbeit gerechnet wurde, stieß bei der Bergarbeiterschaft auf eisige Ablehnung. Sie war nicht bereit, die formelle Beseitigung des Achtstundentages hinzunehmen. Die Verweigerung der tariflich nicht vereinbarten Mehrarbeit führte zu Massenaussperrungen. Infolge der inzwischen ausgesprochenen Verbindlichkeitserklärung gingen sie in den Maistreik an der Ruhr über, an dem mehr als 380.000 Bergarbeiter und damit 90 Prozent der Belegschaften beteiligt waren. Trotz der persönlichen Schlichtungsbemühungen des Reichsarbeitsministers konnte der Arbeitskampf erst nach harten Auseinandersetzungen beendet werden. Er hinterließ eine anhaltende Verbitterung bei der Bergarbeiterschaft.

Die Stabilisierungsperiode war, wie das Beispiel des Bergbaus zeigte, von schweren sozialen Spannungen geprägt. Die Besoldungskürzungen und der Personalabbau lösten eine tiefgreifende Mißstimmung im öffentlichen Dienst aus. Eine begrenzte Zurücknahme der Gehaltssenkungen im Frühjahr 1924 vermochte daran nichts zu ändern. Vor allem aber kam es in der Aufwertungsfrage zu nachhaltigen Protesten breiter Gruppen des Mittelstandes. Inflation und Hyperinflation hatten eine umfassende Vermögensumschichtung bewirkt, die in erster Linie auf Kosten des alten Mittelstandes erfolgte. Die Politik des knappen Geldes nach der Währungsumstellung traf vorwiegend Handwerks- und mittelständische Familienbetriebe und ließ die Zahl der Konkurse mittlerer und kleiner Unternehmen rasch anschwellen, während sich eine massive Beschleunigung der Kapitalkonzentration vollzog. Sie schlug sich im zahlenmäßigen Anstieg der Aktiengesellschaften und der vermehrten Bildung von Großkonzernen nieder. Der Mittelstand empfand sich als der Hauptverlierer der Inflation.

Reichsfinanzminister Luther war ursprünglich entschlossen, eine Aufwertung von Alteinlagen gänzlich zu unterbinden, um die Reichskasse von den Vorkriegs- und Kriegsschulden, die 1923 das Zehnfache der Reichseinnahmen ausgemacht hatten, zu entlasten. Unter dem Druck der Öffentlichkeit, aber auch angesichts einer Entscheidung des Reichsgerichts, das im November 1923 den Grundsatz Mark gleich Mark bekräftigt hatte, sowie der Proteste des Deutschen Richterbundes, der eine richterliche Nachprüfung der Aufwertungssätze androhte, entschloß sich Luther, in der heiß umkämpften dritten Steuernotverordnung, die im April 1924 erging, eine Aufwertung von Altguthaben und Hypotheken in Höhe von 15 Prozent vorzusehen. Die Tilgung privater Zahlungsverpflichtungen sollte nicht vor 1932, die Rückzahlung öffentlicher Schulden erst nach der Erledigung der Reparationsfrage einsetzen. Dieser im Sommer 1925 dahingehend revidierten Entscheidung, daß der Aufwertungssatz für Hypotheken auf 25 Prozent angehoben und eine Bedürftigenregelung bei Inhabern öffentlicher Schuldverschreibungen eingeführt wurde, gingen heftige innenpolitische Auseinandersetzungen voraus. Sie hatten zur Folge, daß sowohl DNVP als auch SPD einer Verlängerung des Ermächtigungsgesetzes widersprachen.

Durch die Auflösung des Reichstages und die vorgezogenen Neuwahlen, die schließlich auf den 4. Mai 1924 festgesetzt wurden, hielt sich das Kabinett Marx vorläufig im Amt, um die Verhandlungen über das Sachverständigengutachten aufnehmen zu können. Reichspräsident und Reichsregierung stimmten in der Absicht überein, eine Veränderung der Notverordnungen und damit parlamentarische Eingriffe in die Stabilisierungspolitik des Kabinetts nicht zuzulassen. Darin zeigte sich, daß die Verselbständigung der Regierungsgewalt gegenüber der parlamentarischen Kontrolle weit vorangeschritten war. Auch die nachfolgenden bürgerlichen Minderheitskabinette erweckten den Anschein einer »nationalen« Notstandsregierung, die durch parteipolitische Begehrlichkeiten nicht aus der Bahn geworfen werden dürfe. Es war symptomatisch, daß man auf formelle Vertrauensvoten für die Regierung verzichtete und sie durch die »Billigung«, schließlich die bloße »Kenntnisnahme« der Regierungsbildung durch die Fraktionen ersetzte. Die Neigung, Minderheitsregierungen der bürgerlichen Mitte zu bilden, war keineswegs in erster Linie dem politischen Gewicht der Flügelparteien, vor allem der KPD und DNVP, zuzuschreiben. Sie beruhte vielmehr darauf, daß die Ministerialbürokratie und die einflußreichen bürgerlichen Interessengruppen sowie die Reichswehr eine Stabilisierung auf der Grundlage der Großen Koalition ablehnten.

Die Rückkehr zu einem normalen parlamentarischen Regierungssystem, das sich nicht durch Ermächtigungsgesetze und wechselnde Mehrheiten über die Runden brachte, wurde durch die Ergebnisse der Reichstagswahlen vom 4. Mai 1924 nicht erleichtert. Sie spiegelten nicht die in der Zwischenzeit erfolgte Normalisierung wider, sondern die latente Bürgerkriegssituation des Vorjahres. Die SPD mußte empfindliche Verluste hinnehmen und verfügte nur noch über 100 von zuvor 171 Mandaten, während die KPD nunmehr 62 anstelle von 16 Abgeordneten in den Reichstag entsandte. Darin drückte sich die soziale Protesthaltung wichtiger Teile der Industriearbeiterschaft aus, aber auch die Abwanderung früherer USPD-Anhänger von der SPD. Daß die KPD trotz ständiger Führungskrisen und abrupter Kurswechsel einen beträchtlichen Zuwachs erfuhr, war eine Auswirkung der gegen die Linke gerichteten Politik seit der Reichsexekution in Sachsen und Thüringen. In den Reichstagswahlen vom 7. Dezember vermochte die SPD, die nun 131 Mandate errang, einen Teil ihrer Stammwähler auf Kosten der KPD zurückzugewinnen. Der Stimmenrückgang in den Maiwahlen ging jedoch auch auf das Konto der SPD-Führung, der es nicht gelungen war, den linken Parteiflügel zu integrieren und den von ihr verfolgten Kurs der Tolerierung des Kabinetts Marx den Wählern verständlich zu machen.

Von den bürgerlichen Mittelparteien konnte das Zentrum zusammen mit der DVP in beiden Wahlgängen seine bisherige Position schwach behaupten, während der Erosionsprozeß bei den liberalen Mittelparteien klar hervortrat. Die DVP büßte ein Drittel ihrer Mandate ein, die DDP zählte nur noch 28 anstelle von 39 Abgeordneten. Trotz des Debakels vom November 1923 wuchsen die Deutschvölkischen in den Maiwahlen von zuvor 3 auf 32 Mandate an und errang die DNVP 95 Mandate, zu denen 10 Mandate des als selbständige Partei auftretenden Landbundes hinzukamen. Zwar konnten DVP und DDP ihre Stellung in den Dezemberwahlen leicht ausbauen. Dies verhinderte jedoch nicht weitere Stimmengewinne der DNVP, die vom nunmehr eintretenden Rückgang der nationalsozialistischen Freiheitsbewegung, deren Mandatszahl halbiert wurde, profitierte. Parallel zu dieser deutlichen Polarisierung setzte eine Abwanderung von Wählern der Mitte zu Regional- und Interessenparteien ein, die sich in der Stabilisierungsphase herausbildeten und im Mai 1924 bereits 10 Prozent der Wähler auf sich vereinigten. Dies stand vornehmlich mit dem Inflationstrauma im Zusammenhang, das die mittelständischen Wähler verunsicherte und veranlaßte, Zuflucht bei Interessenparteien – darunter der Aufbau- und Aufwertungspartei, der Volksrechtspartei sowie der relativ erfolgreichen Wirtschaftspartei des deutschen Mittelstandes – zu suchen. Die Abkehr eines anwachsenden Teils der Wähler von den älteren Weltanschauungsparteien war ein Anzeichen zunehmender interessenpolitischer Segmentierung, die deren Koalitionsfähigkeit kontinuierlich herabsetzte. Erwägungen der Reichsregierung, der sich abzeichnenden Parteienzersplitterung durch Veränderung des Wahlrechts mittels des präsidialen Notverordnungsrechts entgegenzutreten, scheiterten an berechtigten verfassungspolitischen Bedenken.

Nach den Reichstagswahlen vom 4. Mai 1924 stellte sich rasch heraus, daß von einer Regierungsfähigkeit der DNVP noch immer keine Rede sein konnte, obwohl die DVP größte Anstrengungen unternahm, um sie durch die Regierungsbeteiligung zur Anerkennung der Außenpolitik Stresemanns zu zwingen und damit die lästige Konkurrenz von rechts zu vermindern. Oskar Hergt, der Führer der DNVP, verlangte die Übernahme der Kanzlerschaft durch Alfred von Tirpitz, den ehemaligen Chef des Reichsmarineamts und Exponenten des Alldeutschen Verbandes, den Rücktritt Stresemanns als Minister des Äußeren und zudem die Umbildung der preußischen Koalition. Dies war schon aus außenpolitischen Gründen undenkbar, so daß die DVP, die mit ihrem Eintreten für die DNVP beim Zentrum und der DDP auf entschiedenen Widerstand traf, die Hoffnung, »die deutschnationale Welle« zu brechen, aufgeben mußte. Da die Annahme des Dawes-Plans unumgänglich erschien, kam es aufgrund der Einwirkung Eberts zur Erneuerung des Kabinetts Marx, dem die SPD in außenpolitischen Fragen ihre Unterstützung zusicherte. Die DVP vertraute nunmehr darauf, die angestrebte Bürgerblockregierung nach Verabschiedung des Dawes-Plans verwirklichen zu können.

Die außenpolitischen Zwänge trugen wesentlich dazu bei, daß sich das Ergebnis der Wahlen nicht in einer veränderten Koalitionsbildung niederschlug. Eine Regierungsbeteiligung der SPD, die Marx vorübergehend erwog, scheiterte daran, daß sie in Anbetracht der sich abzeichnenden bürgerlichen Blockbildung keine Chance besaß, ihre Vorstellungen in der Sozial- und Wirtschaftspolitik auch nur annähernd zur Geltung zu bringen und die in den Wahlen sichtbar gewordene Entfremdung von Teilen der Industriearbeiterschaft rückgängig zu machen. Die Partei befand sich in dem Dilemma, für die Zustimmung zum

Dawes-Plan, die sie nach ihrer bisherigen Politik schlechterdings nicht verweigern konnte, keine innenpolitischen Konzessionen erreichen zu können. Vielmehr wurde eine Absenkung des Lohnniveaus in der breiten Öffentlichkeit als unvermeidliche Konsequenz der Außenpolitik hingestellt. Eine Ablehnung des Dawes-Plans durch die SPD hätte hingegen die Rückkehr zum präsidialen Notstandskabinett bewirkt und darüber hinaus den Bestand der sozialdemokratisch geführten Koalition in Preußen gefährdet. Die SPD-Führung verharrte in der Illusion, nach der Verabschiedung der Dawes-Gesetze freies Handeln zurückzugewinnen. Einstweilen sah sie sich gezwungen, durch die Tolerierung des Minderheitskabinetts Marx dem Primat der äußeren Politik zu folgen.

Die relative innenpolitische Waffenruhe bis zur Abstimmung über den Dawes-Plan wurde jedoch durch den Vorstoß der DNVP durchbrochen, die durch Reichsernährungsminister Gerhard Graf von Kanitz die unverzügliche Erhöhung der Agrarzölle auf den Vorkriegsstand forderte. Dies hing mit dem bevorstehenden Auslaufen der im Versailler Vertrag festgelegten Meistbegünstigungsklauseln gegenüber dem deutschen Vertragspartner zusammen. Die DNVP und der Landbund hofften, die außenpolitische Festlegung der SPD benutzen zu können, um ihr die parlamentarische Tolerierung der Agrarzölle aufzuzwingen. Sie bedeuteten eine beträchtliche Steigerung der Lebensmittelpreise und somit eine fühlbare Einschränkung der infolge der rückläufigen Reallöhne ohnehin verschlechterten Lebenshaltung der arbeitenden Massen. Die Zollvorlage stieß jedoch auf entschiedenen Widerstand von SPD und Gewerkschaften, wobei die Opposition der christlichen Gewerkvereine die Regierungskoalition unmittelbar in Mitleidenschaft zog. Das auf taktisches Lavieren angewiesene Kabinett brachte deshalb die Zollvorlage erst am Tag nach der Annahme der Dawes-Gesetzgebung im Reichstag in der zutreffenden Erwartung ein, daß die labile Zusammenarbeit der Mittelparteien darüber aufgesprengt würde.

Stresemanns Kalkül bestand in der Überlegung, die DNVP durch das Lockmittel, die Zollvorlage nach Verabschiedung des Dawes-Plans in einer Bürgerblockkoalition durchzubringen, zur Einstellung ihrer außenpolitischen Obstruktion veranlassen zu können. Für die Dawes-Gesetze, insbesondere das Reichsbahngesetz, waren eine verfassungsändernde Zweidrittelmehrheit und die Zustimmung der DNVP erforderlich, jedenfalls aufgrund der Rechtsauskunft des ihr nahestehenden Reichsjustizministers. Der DVP-Führer war diesmal entschlossen, die DNVP zum Offenbarungseid zu zwingen; er traf deshalb keinerlei Anstalten, die Verfassungsvorschrift zu umgehen. Er arrangierte ein Treffen der DNVP-Führung mit dem amerikanischen Botschafter, der ihr erneut versicherte, daß ohne die Annahme des Dawes-Plans mit der Gewährung der sehnlichst erwünschten amerikanischen Kredite nicht zu rechnen sei. Zugleich machte die Regierung deutlich, daß eine Ablehnung mit der Auflösung des Reichstages beantwortet werden würde, was die Deutschnationalen in eine taktisch schwierige Lage bringen mußte. Schließlich fand sich Stresemann sogar dazu bereit, auf die Forderung der DNVP einzugehen, die Kriegsschuldklausel gegenüber den Alliierten förmlich zurückzuweisen. Indessen reizte Oskar Hergt die parlamentarische Schlüsselstellung der DNVP bis zum letzten aus, indem er nun die Übernahme des Kanzleramts durch den Grafen Westarp verlangte, was weder vom Zentrum noch von der DDP hingenommen werden konnte. Damit bestand die Gefahr eines vollständigen Zusammenbruchs der außenpolitischen Strategie Stresemanns.

Die denkwürdige Abstimmung über das Reichsbahngesetz am 29. August 1924 fand in einer hoffnungslos erscheinenden parlamentarischen Konstellation statt. Ganz unerwartet versagten jedoch 48 Abgeordnete der DNVP-Fraktion Oskar Hergt die Gefolgschaft; er sah sich unter dem Druck der Interessenverbände gezwungen, unmittelbar vor der entscheidenden Abstimmung die Fraktionsdisziplin aufzuheben. Die »Symphonie in Weiß«, wie zeitgenössische Beobachter den Umfall der DNVP unter Anspielung auf die Farbe der Stimmzettel nannten, belegte eindrücklich, daß der Anti-Versailles-Feldzug der Nationalisten von rechts ausschließlich innenpolitische Funktionen besaß. Die Interessenverbände hatten sich über die Parteiideologen und die Parteiführung hinweggesetzt. Daß es sich nicht bloß um ein abgekartetes Spiel gehandelt hatte, zeigten die nachfolgenden Auseinandersetzungen in der DNVP über den vom rechten Flügel geforderten Ausschluß der Ja-Sager; weil das die interessenpolitische Abstützung der Partei zerschlagen hätte, ließ man schließlich davon ab.

Unter normalen parlamentarischen Bedingungen hätte das Debakel der DNVP zur völligen politischen Isolierung und zu einer schweren Niederlage in den notwendig werdenden Neuwahlen geführt. Das Gegenteil war jedoch der Fall. Stresemann setzte sich noch nachdrücklicher als zuvor für die Einbeziehung der DNVP in die Regierung ein und brachte darüber das Kabinett Marx zu Fall, da die DDP, entgegen seiner Erwartung, die Zusammenarbeit mit einer Partei ablehnte, welche die republikanische Verfassung nach wie vor rückhaltlos bekämpfte. Gleichzeitig überging Stresemann die Offerten der DDP, eine Verschmelzung der beiden liberalen Mittelparteien herbeizuführen, wobei die Reminiszenzen an die Situation vom Spätherbst 1918, aber auch die Stärke des zunehmend industriellen Einflüssen unterworfenen rechten DVP-Flügels eine Rolle spielten. Indem Stresemann die ihm zur Verfügung stehenden taktischen Möglichkeiten überzog, gab er selbst den Anstoß zur Auflösung des Reichstages und zu den vorgezogenen Wahlen am 7. Dezember 1924.

Im Wahlkampf bezog Stresemann eine ambivalente Position, da er einerseits das Koalitionsangebot an die DNVP aufrechterhielt und eine Bürgerblockregierung anstrebte, andererseits die DVP als Partei der Mitte hinstellte und ein Zusammengehen mit der SPD, sofern sie sich vom Einfluß des »marxistischen« linken Flügels befreite, nicht von vornherein ausschließen wollte. Er scheiterte mit dem Versuch, die DVP zum Sammelbecken der mittelständischen Wähler zu machen, die mit guten Gründen deren einseitig industriefreundliche Politik ablehnten und offensichtlich Stresemanns außenpolitische Erfolge nicht honorierten. So vermochte die DVP ihre Stellung nur knapp auszubauen und ein Anwachsen der DNVP nicht zu verhindern. Gewiß bremste Stresemanns taktisches Vorgehen die Abspaltungsbestrebungen des äußersten rechten Flügels der DVP, der sich als Nationalliberale Vereinigung konstituierte und gegen eine Öffnung nach links opponierte. Aber es führte nicht zu der angestrebten Kanzlerschaft Stresemanns, sondern nach mehrwöchigen Koalitionsverhandlungen zu einem als Kabinett der Persönlichkeiten firmierenden Bürgerblock.

Der tiefere Grund für die Krise des parlamentarischen Regierungssystems Ende 1924 bestand in der Unvereinbarkeit der wechselnden Bündnisse im bürgerlichen Parteienfeld. Mit der Verabschiedung des Dawes-Plans entfiel der außenpolitische Einigungszwang des Kabinetts, das nur infolge der Tolerierung durch die SPD im Amt geblieben war. Aus innerparteilichen Gründen war das Zentrum nicht bereit, sich an einer starren Rechtskoalition, die sich mit der Zollvorlage abzeichnete, zu beteiligen. Andererseits war der Weg zu einer Linkskoalition versperrt. Während das Zentrum geneigt war, der SPD in der Arbeitszeitfrage entgegenzukommen, die mit der Unterzeichnung des Washingtoner Arbeitszeitabkommens ins Haus stand, gab es nicht die geringste Chance, die DVP zu einem Kompromiß in sozialpolitischen Fragen zu bewegen. Die DNVP, die aus den Dezemberwahlen mit 103 Mandaten hervorgegangen war, sah sich in ihrer intransigenten außenpolitischen Linie voll bestätigt.

Nach außen trug die SPD die Verantwortung für das Scheitern der Großen Koalition, da sie Marx, der entsprechende Verhandlungen überwiegend mit taktischer Absicht einleitete, Anfang Oktober eine klare Absage erteilte. Doch es bestand kein Zweifel daran, daß der Bruch vom Industrieflügel der DVP bewußt vorprogrammiert war. Die taktische Unbeweglichkeit der SPD-Führung ging nicht zuletzt auf die starre Haltung des ADGB zurück, der sich beharrlich weigerte, die Ergebnisse der bisherigen Sozialpolitik zur Disposition zu stellen. Das änderte nichts an der Tatsache, daß die DVP entschlossen war, die SPD parlamentarisch zu isolieren. Auch Stresemann setzte sich für die Einbeziehung der DNVP, trotz deren außenpolitischer Obstruktion, nachdrücklich ein und zeigte keinerlei Neigung, eine Abstützung nach links zu suchen, die in der Konsequenz seiner Außenpolitik gelegen hätte. Die DVP verschaffte ihrem Willen, eine reine Rechtsregierung zu bilden, dadurch Nachdruck, daß sie, gleichsam als Vorleistung für die DNVP, die volksparteilichen Mitglieder aus dem preußischen Kabinett zurückzog und damit die Große Koalition in Preußen aufsprengte. Indessen drang sie mit ihrer Absicht im Reichstag zunächst nicht durch, weil das Zentrum zögerte, sich an einem Rechtskabinett unter Ausschluß der DDP zu beteiligen.

Das nach einer mehrwöchigen Krise Mitte Januar 1925 gebildete Minderheitskabinett Luther stellte eine Regierung der Persönlichkeiten dar und kam ohne eine Bindung an die Fraktionen zustande, nachdem alle anderen Koalitionsmöglichkeiten gescheitert waren. Es beruhte letzten Endes auf der Autorität des Reichspräsidenten, wenngleich es dank der Stimmenthaltung der SPD eine knappe Mehrheit bei der Vertrauensfrage erhielt. Die DDP hatte Otto Geßler als Reichswehrminister unter der Fiktion in der Regierung belassen, daß es sich um ein Beamtenkabinett handelte. Der Zusammensetzung nach vollzog die Kabinettsbildung eine Rückkehr zum Bürgerblock, der sich in außenpolitischen Fragen als nicht arbeitsfähig erwiesen hatte, doch es standen einstweilen keine größeren außenpolitischen Entscheidungen an. In der Folgezeit entfaltete Reichskanzler Hans Luther, der »Politiker ohne Partei«, einen ausgeprägt selbstbewußten Regierungsstil, der in die Richtung einer Kanzlerdemokratie wies und die Regierungsfraktionen stärksten Belastungen aussetzte. Das Kabinett überstand die umkämpfte Zollvorlage, die im August 1925 verabschiedet werden konnte, während der Konflikt über die Handelspolitik und den Sicherheitspakt zum Bruch führte.

In Preußen erwies sich die von der DVP inaugurierte Rechtskoalition als nicht mehrheitsfähig, zumal die preußische Zentrumspartei wenig Bereitschaft zeigte, die bewährte Zusammenarbeit in der Großen Koalition mit einer starken inneren Spannungen ausgesetzten Bürgerblockregierung zu vertauschen. Nach dem Zwischenspiel des parlamentarisch nicht hinreichend abgestützten preußischen Kabinetts unter Wilhelm Marx erfolgte im April 1925 die Wiederherstellung der Weimarer Koalition unter Otto Braun als Ministerpräsidenten. Anders als im Reich gelang es in Preußen, das parlamentarische System trotz gelegentlicher Obstruktionsneigungen von KPD und DNVP funktionsfähig zu erhalten. Dies war möglich, weil die entscheidenden interessenpolitischen Konflikte auf Reichsebene durchgefochten wurden, aber auch, weil die Parteien der Weimarer Koalition vergleichsweise stärker im Landtag vertreten waren, als das im Reichstag der Fall war. Zudem erleichterte es die Regierungsbildung, daß der Ministerpräsident noch vor der Berufung der Minister unmittelbar durch den Landtag gewählt wurde und auf diese Weise ein stärkeres Gewicht und eine größere disziplinierende Kraft besaß. Daher blieb die Große Koalition in Preußen mit Ausnahme der Krise von 1925, die auf die direkte Einwirkung der Reichspolitik zurückging, ein stabilisierender Faktor innerhalb des Weimarer parlamentarischen Systems, wenngleich auch hier die starke Interessenbindung der Parteien Kompromisse erschwerte und den mitunter autoritären Führungsstil Otto Brauns begünstigte.

Auf Reichsebene blieb hingegen im Zeitraum von 1924 bis 1928 das Prinzip der Mehrheitsregierung nur ausnahmsweise und in begrenzten Politikfeldern in Kraft. Dies war nicht dazu angetan, die Parteien aus der nachgeordneten

Stellung herauszulösen, die ihnen das pseudokonstitutionelle wilhelminische System aufgezwungen hatte. Das Selbstverständnis der Parteien als Institutionen zur Wahrnehmung notwendig partikularer Interessen und zur Repräsentation bestimmter sozialer Gruppen und die daraus entspringende Kompromißunfähigkeit wurde dadurch zusätzlich verstärkt. Das Weimarer Verfassungsrecht bot dem Tätigwerden politischer Parteien keinerlei Stütze und verwies sie in den Bereich »extrakonstitutioneller« Gebilde. Die Minderheit liberal gesinnter Staatsrechtslehrer, unter ihnen Gerhard Anschütz und Richard Thoma, vermochte sich mit der Funktion der politischen Parteien als unentbehrlicher intermediärer Institutionen zur Artikulierung des Volkswillens ebensowenig abzufinden, wie dies für die herrschende Staatsrechtslehre galt, die den allgemein verbreiteten parteienfeindlichen Ressentiments wissenschaftliche Legitimation verlieh. In seiner vielbeachteten Berliner Rektoratsrede wies Heinrich Triepel 1927 auf die Notwendigkeit hin, die Rolle »unverantwortlicher Parteiorganisationen« zugunsten neuer »gemeinschaftsbildender Kräfte« zu überwinden. Das der parlamentarischen Praxis entgegengestellte Konstrukt des reinen liberalen Parlamentarismus, in dem der Abgeordnete nur dem eigenen Gewissen verpflichtet, unabhängig von Partei- und Fraktionsbindungen in freier Diskussion zur Feststellung des Gemeinwohls gelangte, bot sich schwerlich als Ausweg an. Das hinderte Carl Schmitt, der zum prominentesten und schärfsten Kritiker des Weimarer parlamentarischen Systems aufstieg, nicht daran, die parlamentarische Wirklichkeit an diesem realitätsfernen, der europäischen Parlamentsgeschichte widersprechenden Modell zu messen und zu verwerfen.

Staatsrechtslehre und konservative Funktionseliten stimmten in der Überzeugung überein, daß alles darauf ankomme, den Einfluß der Parteien zu begrenzen und womöglich zu eliminieren. Letzteres verfochten keineswegs nur neokonservative Publizisten, denen Spenglers Kritik an der Volksvertretung als »Biertisch höherer Ordnung« und Moeller van den Brucks Charakterisierung der Parteien als »Schwärme von Parasiten am Körper des Reiches« die Richtung wiesen. Die Vorstellung, den »Parteienstaat«, eine bewußt pejorativ gemeinte zeitgenössische Begriffsbildung, als Voraussetzung für einen deutschen Wiederaufstieg beseitigen zu müssen, war Gemeingut nahezu aller politisierenden Intellektuellen am Rand des bürgerlichen Parteienfeldes und reichte von der Jugendbewegung über den katholischen Universalismus und die protestantische politische Theologie bis zu den Altkonservativen wie der völkischen Rechten und besaß bei den Funktionseliten, nicht zuletzt im Lager der Großindustriellen, wachsende Popularität.

Die grundsätzliche Kritik am politischen Parteiwesen einigte nahezu alle antiliberalen Kräfte und fand gelegentlich auch bei den Linksparteien gewisse Resonanz. Ihr entsprach die zunehmende Tendenz, sich von der liberalen Organisationsform des im Prinzip öffentlichen bürgerlichen Vereins zu lösen und an dessen Stelle politische Verbindungen zu setzen, die unter wechselnden Bezeichnungen als Orden, Ring, Bund oder Club an vorkonstitutionelle Strukturen erinnerten. Dazu gehörte die Hervorhebung des bündischen Prinzips, zu dessen Anwalt sich der sonst brillante politische Analytiker des »Tat«-Kreises Hans Zehrer machte, als er 1932 das »Ende der Parteien« mit dem Diktum beschwor: »Der Bund gehört heute der Zukunft, die Partei der Vergangenheit an.« Die im nachhinein schwer vorstellbare Schärfe der Polemik gegen die Parteien, die durchweg als korrupt, als beutegierig und als Zerstörer der »Volksgemeinschaft« hingestellt wurden, wurzelte in einer tiefgegründeten Abneigung gegen politischen Dissens und nationale Zersplitterung, die mit der deutschen Grunderfahrung mangelnder politischer Kohäsion im 19. Jahrhundert zusammenhing. Der Glaube an die prästabilisierte Identität von Staatsräson und Bürgerinteresse, der von der idealistischen Philosophie des frühen 19. Jahrhunderts gestiftet und durch die Periode der industriellen Revolution und der Hochindustrialisierung hindurch zäh tradiert worden war, erneuerte sich in dem Mythos einer konfliktfreien politischen »Gemeinschaftsordnung«, in der zwischen Volk und Führung keine Einwirkung partikularer und eigensüchtiger Interessen mehr stattfand.

Die maßlose Übersteigerung der Parlamentarismus- und Parteienkritik bei einem großen Teil der intellektuellen Eliten ging zugleich auf die Statusminderung zurück, die mit dem Fortschreiten gesellschaftlicher und politischer Demokratisierung verknüpft war und mit dem relativen Abstieg des »alten« Mittelstandes in Erscheinung trat. Sie erhielt zusätzliche Nahrung durch die als nationale Demütigung empfundene Niederlage von 1918. Das liberale parlamentarische System galt als eine vom Westen aufgepfropfte, der deutschen politischen Tradition fremde Verfassung, als Ausfluß der Ideen von 1789, gegen die man im Ersten Weltkrieg angetreten war und deren Durchsetzung angeblich zur dauernden Knebelung der nationalen Kraft Deutschlands führen mußte. Ihnen stellte selbst die DDP die Berufung auf den eigenständigen »deutschen Staatsgedanken« entgegen, der mit dem Prinzip der Selbstverwaltung und des Rechtsstaates den germanischen Genossenschaftsgedanken fortführe. Folgerichtig wurde der Reichsfreiherr vom Stein, dessen politische Einstellung in nationalliberalem Sinne umgedeutet wurde, zum Symbol des deutschen inneren und äußeren Selbstbehauptungswillens. 1932 gab der hundertste Todestag des preußischen Reformers Anlaß zu einer nationalen Stein-Renaissance, und es existierte kaum eine politische Richtung im bürgerlichen Lager, die sich, in Abkehr vom »westlichen« Parlamentarismus, nicht auf dessen idealisierte Verfassungsvision berief.

Die Beschwörung eines eigenen »deutschen Wegs«, die zugleich den Anschluß an die vorbismarcksche Reichstradition ermöglichte, bildete den Ausgangspunkt der Fülle von Fluchtwegen, die von dem interessenpolitisch demaskiert erscheinenden Ideal des Parlamentarismus abführten. Die Alternativen dazu besaßen bei den unterschiedlichen Spielarten der antirepublikanischen Opposition von rechts – ob es sich um Nationalbolschewisten, Nationalrevolutionäre, Neokonservative, Vertreter bündischer oder völkischer Bestrebungen, deutsche Sozialisten oder Nationalsozialisten, um katholische Reichsideologen oder protestantische Altkonservative handelte – eine jeweils eigene Färbung. Durchweg mündeten sie in den Gedanken einer Stärkung des Staates im Verhältnis zu den gesellschaftlichen Gruppen und den von ihnen weitgehend gelenkten Parteien. Die Verselbständigung des bürokratischen Apparats gegenüber der Legislative, die Einführung berufsständischer und korporativistischer Formen, die Veredelung der Massendemokratie durch die Herausbildung einer Führeroligarchie sowie die Diktatur des Reichspräsidenten gehörten zu den von dieser antiliberalen, nationalistischen Grundströmung der Epoche vorgebrachten Panazeen, die von den Bedingungen der fortgeschrittenen Industriegesellschaft abstrahierten und den Grundsatz der Machtkontrolle wie des pluralistischen Interessenausgleichs völlig aus den Augen verloren.

Für die unerläßliche Mitwirkung politischer Parteien an der politischen Willensbildung war in diesem sozialen Ressentiments und irrationalen Sehnsüchten verhafteten ideologischen Denken kein Raum. Das hinderte dessen Repräsentanten in der Regel nicht, auf die Parteien Einfluß zu nehmen und sie bei Wahlen zu unterstützen. Gleichwohl trugen sie zur Delegitimierung der Parteien der bürgerlichen Mitte und Rechten in hohem Maße bei, so wenig der von Moeller van den Bruck verfochtene Mythos der »dritten Partei« reale Bedeutung besaß. Das Unterlaufen des Parteiensystems von rechts bestärkte die bürgerlichen Wähler darin, den partikularen Interessenparteien den Vorzug vor den hergebrachten Weltanschauungsparteien zu geben, um sich nach 1929 der NSDAP als der verheißenen Alternative zum bestehenden Parteiensystem zuzuwenden. Die Unterminierung des politischen Parteiwesens durch dessen unablässige publizistische Diskreditierung beeinträchtigte die Normalisierung des parlamentarischen Interessenausgleichs in weit höherem Umfang als der Mangel an Bereitschaft innerhalb der Parteien, politische Gesamtverantwortung zu übernehmen. Umgekehrt überrascht der Grad an begrenztem Kooperationswillen bei den Parteien der Großen Koalition, mißt man ihn an der polemischen Zuspitzung des Antiparlamentarismus im außerparlamentarischen Raum.

Das unzureichende Verständnis der regierungsbildenden Funktion der Parteien im parlamentarischen System und ihrer politischen Integrationsaufgabe trug somit nur begrenzt zu der chronischen Parlamentskrise bei, die für die Phase der Bürgerblockkabinette kennzeichnend war. Abgesehen von den zur Systemsprengung entschlossenen Flügelparteien fehlte es den verantwortlichen Parteiführern von links bis rechts keineswegs an Verständnis für die Notwendigkeit des politischen Kompromisses und für die staatstragende Rolle, die den politischen Parteien in der parlamentarischen Demokratie zufiel. 1928 klagte der angesehene Nationalökonom Gustav Stolper: »Was wir heute haben, ist eine Koalition von Ministern, nicht eine Koalition von Parteien. Es gibt überhaupt keine Regierungsparteien, es gibt nur Oppositionsparteien.« Er beschrieb damit den Dauerzustand, daß Kompromisse, die auf der Ebene der Parteiführer geschlossen wurden, häufig schon in den Fraktionen, vielfach aber, was noch abträglicher war, von den Organisationen im Lande zerschlagen wurden, obwohl es an Aushilfen, darunter Partei- oder Fraktionsführerbesprechungen und interparlamentarischen Ausschüssen, keineswegs fehlte.

Die interessenpolitische Segmentierung des Parteiwesens wurde durch die anhaltende ökonomische Stagnation noch verschärft. Die wirtschaftlichen Verteilungskämpfe machten sich bei den bürgerlichen Parteien, die in den zwanziger Jahren noch nicht über eine lückenlose Organisation im Lande verfügten und überwiegend auf Spenden angewiesen waren, stärker bemerkbar als bei der SPD und dem Zentrum, die, organisatorisch gesehen, den Typus der Volkspartei repräsentierten. Aber auch bei ihnen kam den in den Fraktionen überrepräsentierten Verbandsvertretern maßgebende Bedeutung zu. Der steigende Einfluß von ADGB-Funktionären, die 1930 mehr als 37 Prozent der Reichstagsfraktion ausmachten, auf die Willensbildung der SPD schränkte deren Handlungsspielraum gerade in den entscheidenden sozialpolitischen Fragen weitgehend ein. Die Zentrumspartei sah sich hingegen schärfsten Spannungen zwischen dem Mittelstands- und dem Arbeitnehmerflügel ausgesetzt. Am deutlichsten trat der Verbandseinfluß bei DVP und DNVP in Erscheinung. Nicht ohne Grund erwog Stresemann 1929, eine staatliche Parteienfinanzierung einzuführen, um die Intervention der Wirtschaft in die Politik in Grenzen zu halten.

Trotz der offenkundigen Dysfunktionalität des Parteiensystems lagen die tieferen Ursachen der Krise in der mit übergeordneten nationalen Zwecken legitimierten Vetomacht etablierter Interessen, zu denen die Reichswehr, die Schwerindustrie und die Großlandwirtschaft, nur in der Frühphase der Republik auch die Gewerkschaften, zählten. Sie fanden ihr Pendant in der hohen Bürokratie und dem Büro des Reichspräsidenten, die, von wenigen Ausnahmen abgesehen, nach dem Motto von Reichsminister Geßler – »Ein Regieren mit dem Reichstag ist unmöglich« – für ein parlamentsfernes Regierungssystem eintraten. Otto Braun wies wiederholt, aber stets vergeblich darauf hin, daß der freigiebige Umgang mit dem Notverordnungsrecht die parlamentarische Verantwortlichkeit der Parteien nur noch weiter aushöhlte. Bezeichnenderweise verweigerte man schließlich dem preußischen Ministerpräsidenten das herkömmliche Teilnahmerecht an den Reichskabinettssitzungen, in denen der Reichspräsident, der sich sonst durch Staatssekretär Meißner vertreten ließ, gelegentlich den Vorsitz führte.

Die illegalen Rüstungsmaßnahmen und die Versuche, friedensvertragliche Bestimmungen zu umgehen, begünstigten frühzeitig die Herausbildung einer bürokratischen Nebenregierung. Die Rolle des Reichspräsidenten als Ersatzgesetzgeber sowie die Verschränkung von Bürokratie und Interessenverbänden verstärkten diesen Effekt. Aber nur auf dem Hintergrund der Parlamentsfeindlichkeit großer Teile der Funktionseliten, der Medien, der Rechtsprechung, der Wissenschaft und des Bildungsbürgertums konnte dies zu jener Verselbständigung der Exekutive gegenüber der Volksvertretung führen, die sich Ende 1923 anbahnte und in den Präsidialkabinetten ihren Höhepunkt fand. Wirkliche politische Schubkraft erhielten die verbreiteten antiparlamentarischen Ressentiments durch den infolge von Revolution und Inflation nachhaltig verschärften Gegensatz zur Sozialdemokratie, die für die Einebnung überkommener gesellschaftlicher Privilegien verantwortlich gemacht wurde, obwohl diese ganz überwiegend langfristige sozio-ökonomische Ursachen hatte.

Der Gegensatz zwischen bürgerlichen Interessen und organisierter Arbeiterbewegung wurde jedoch durch die Asymmetrie überlagert, die für das Kraftfeld von innerer und äußerer Politik kennzeichnend war. Das Kabinett Luther lebte von der Erwartung, daß die von Stresemann versprochenen »Rückwirkungen« des Dawes-Plans alsbald eintreten würden. Sie blieben jedoch weitgehend aus. Wie prekär die außenpolitische Situation auch nach der Londoner Konferenz war, machte die Episode deutlich, daß das Auswärtige Amt auf Anraten MacDonalds, der sonst eine »Katastrophe für Deutschland und die Welt« voraussagte, auf die offizielle Notifizierung der Stresemann von der DNVP abgerungenen Erklärung zur Kriegsschuldfrage verzichtete. Zugleich bewirkten die Auseinandersetzungen über die Aufhebung der Interalliierten Militärkontrolle, welche die Westmächte mit der Zusage, sich auf eine abschließende Generalinspektion zu beschränken, beizulegen suchten, einen Eklat. Denn die Überprüfung der deutschen militärischen Einrichtungen erbrachte derart negative Ergebnisse, daß sich die Alliierten veranlaßt sahen, die für den 10. Januar 1925 vorgesehene Räumung der Kölner Zone aufzuschieben.

Der amtierende Reichskanzler Marx sprach bestürzt von einem Rückfall in die frühere Sanktionspolitik. Davon konnte jedoch keine Rede sein. Abgesehen davon, daß die Verletzungen der Abrüstungsbestimmungen des Friedensvertrags nicht zu bestreiten waren, hatten die Art und Weise, wie Seeckt die Rüstungskontrolle einzuschränken und zu behindern bestrebt war, das französische Mißtrauen in die deutsche Militärpolitik nur bestärkt. Doch der tiefere Grund für das Gewicht, das Herriot der Generalinspektion beilegte, stand im Zusammenhang mit den Bemühungen, Großbritannien zur Unterzeichnung des im Oktober 1924 vom Völkerbund vorgelegten Genfer Protokolls zu bewegen, das zur Schaffung eines europäischen Sicherheitssystems führen sollte. In den Verhandlungen über den Dawes-Plan war die Sicherheitsfrage ausgeklammert worden. Sie blieb aber infolge des Drängens der französischen Regierung auf der Tagesordnung der internationalen Politik, und solange keine angemessene Lösung des französischen Sicherheitsbedürfnisses erreicht war, klammerte sich Paris zäh daran, am Recht auf Sanktionen festzuhalten.

Die deutsche Öffentlichkeit, die Frankreich ein unersättliches Hegemoniestreben auf dem Kontinent unterstellte, brachte für das französische Sicherheitsbedürfnis nicht das geringste Verständnis auf. Aber auch die angelsächsischen Mächte erblickten in dem zähen Festhalten an der Besetzung des Ruhrgebiets und des Rheinlandes das Resultat einer formalen Rechtstandpunkten verhafteten, letztlich rückwärtsgewandten Politik. Die ungünstige demographische Entwicklung Frankreichs, das Gefühl der ökonomischen Unterlegenheit und die traumatische Erfahrung des Ersten Weltkrieges blieben bestimmende Elemente der französischen Außenpolitik, die alles daransetzte, ein militärisches Erstarken des Deutschen Reiches zu unterbinden. Sowohl die britische als auch die französische Regierung waren sich darüber im klaren, daß die alliierte Militärkontrolle auf die Dauer schwerlich aufrechterhalten werden konnte. Die Nichträumung der Kölner Zone bedeutete daher nicht viel mehr als eine Verlegenheitslösung, die Herriot nicht zuletzt deshalb durchsetzte, um Großbritannien in die französische Sicherheitspolitik einzubeziehen.

Umgekehrt war die deutsche Außenpolitik bestrebt, vor allem jene Bestimmung des Genfer Protokolls nicht wirksam werden zu lassen, wonach Streitigkeiten von künftigen Schiedsgerichtsverfahren des Völkerbundes ausgenommen waren, in denen der Völkerbundsrat bereits einstimmige Beschlüsse gefaßt hatte. Dies galt für Oberschlesien, möglicherweise für das Gesamtsystem von Versailles trotz der Revisionsklausel in Artikel 19 der Völkerbundssatzung. Nach dem Urteil des einflußreichen Leiters der Rechtsabteilung im Auswärtigen Amt, Friedrich Gaus, wurde durch diese Bestimmung »der Weg zu einer friedlichen Revision des Versailler Vertrags verbaut«. Eine Aufnahme des Deutschen Reiches in den Völkerbund hatte jedoch nach der Überzeugung der deutschen Experten überhaupt nur Sinn, wenn sie die Möglichkeit bot, die Abänderung des Friedensvertrags zu betreiben. Mit großer Besorgnis reagierte das Auswärtige Amt auf die Bestrebungen des Völkerbundes, durch die Beibehaltung der in Europa vorhandenen demilitarisierten Zonen einen Ausgangspunkt für die allgemeine europäische Abrüstung zu schaffen.

Auf der gleichen Ebene lag die deutsche Befürchtung, daß die Militärkontrolle in die Zuständigkeit des Völkerbundes übergehen und dadurch verewigt würde. Sie bildete neben der Verweigerung, die Kölner Zone zu räumen, einen wichtigen Beweggrund für den Entschluß Stresemanns, die ins Stocken geratenen Verhandlungen über die Beendigung der Militärkontrolle und über eine vorzeitige Räumung des Rheinlandes durch das Angebot eines Sicherheitspaktes wieder in Gang zu bringen. Die Anregung zu dieser Initiative ging von Lord d'Abernon aus, der seinerseits befürchtete, daß Premierminister Austen Chamberlain aufgrund seiner pro-französischen Einstellung sich schließlich doch zu einem britisch-französischen Beistandspakt durchringen könnte, dessen Spitze unvermeidlich gegen das Deutsche Reich gerichtet sein würde. Auch wenn dies nicht eintrat, mußte Stresemann damit rechnen, daß Frankreich dem konservativen Kabinett Stanley Baldwin, das die Labour-Regierung MacDonalds ablöste, statt eines förmlichen Garantiepakts »physische Garantien« im Rheinland abnötigen werde, was eine Räumung auf absehbare Zeit illusorisch machte.

Das im Februar 1925 zunächst dem britischen Kabinett, dann der französischen Regierung unterbreitete Angebot eines Sicherheitspaktes enthielt neben einer gegen eine Isolierung Deutschlands gerichteten defensiven insofern eine ausgeprägt offensive Komponente, als sich Stresemann davon die vorzeitige Befreiung des Rheinlandes und möglicherweise die Rückkehr des Saargebiets versprach, wenngleich er es peinlich vermied, diesen Gesichtspunkt in die Paktverhandlungen einzubringen. Dem amerikanischen Botschafter Alanson Houghton vertraute er am 4. Juni 1925 an, daß der Friede, den Deutschland Frankreich anböte, »mit einer weiteren zehnjährigen Besetzung des Rheinlands« allenfalls dem Wortlaut nach verträglich sei, nicht aber mit dessen eigentlicher Intention. Der deutsche Entwurf garantierte die militärische Unverletzlichkeit der Rhein-Grenze und bedeutete damit den Verzicht auf Elsaß-Lothringen, während er Eupen-Malmedy aussparte und die angestrebte Garantie die deutschen Ostgrenzen bewußt ausklammerte.

Das deutsche Angebot, das ohne Kenntnis des Reichskabinetts im Einverständnis mit Reichskanzler Luther unterbreitet wurde, um zu verhindern, daß es im Ansatz von dem deutschnationalen Koalitionspartner zerredet wurde, fand bei Chamberlain und dessen konservativen Kabinettskollegen entgegen den Versicherungen d'Abernons eine zwiespältige Aufnahme. Vermutungen des Foreign Office, es sei an ein Aufrollen der östlichen Grenzfrage gedacht, wurden von der Wilhelmstraße entschieden in Abrede gestellt, obwohl man keinen Zweifel an künftigen deutschen Revisionswünschen aufkommen ließ. Chamberlain erwog, daß Deutschland zu einem späteren Zeitpunkt einer britisch-französischen Allianz, die er persönlich favorisierte, beitreten solle. Die Mehrheit des Kabinetts lehnte es jedoch ab, Bindungen auf dem Kontinent einzugehen, jedenfalls nicht vor einer begrenzten Revision des Versailler Friedensvertrags, die indessen erst nach einigen Jahren ins Auge gefaßt werden könne und unter Schonung der polnischen Unabhängigkeit sowohl Danzig als auch die Korridor-Frage betreffen müsse. Gegenüber einem vertragslosen Zustand betrachtete Chamberlain den Rhein-Pakt als das kleinere Übel, wollte er doch verhindern, daß Europa in antagonistische Bündnissysteme zerfiel und das Deutsche Reich mit Sowjetrußland zusammenging. Eine vermittelnde Politik Großbritanniens, so hoffte er, könne das Ausbrechen kriegerischer Konflikte in Europa unterbinden und ein direktes militärisches Engagement auf dem Kontinent, dem die Dominions widerstrebten, überflüssig machen.

Die französische Reaktion auf das deutsche Angebot erfolgte aufgrund des Regierungswechsels, der den Radikalsozialisten Aristide Briand in den Quai d'Orsay brachte, erst Mitte Juni 1926. Angesichts der britischen Haltung erschien eine direkte Zurückweisung als bedenklich. Überdies stimmte Briand mit Herriot in der Einsicht überein, daß es notwendig war, an die Stelle der brüchig gewordenen Strategie der Androhung militärischer Sanktionen eine völkerrechtlich garantierte Konsolidierung des Status quo treten zu lassen. Neben der Einbeziehung Belgiens und der Anerkennung des Artikels 16 der Völkerbundssatzung durch das Deutsche Reich machte Frankreich die Verknüpfung des Sicherheitspaktes mit einer französischen Garantie der gleichzeitig vorgesehenen deutsch-polnischen und deutsch-tschechischen Schiedsverträge zur Bedingung. Außerdem wünschte Briand die Feststellung, daß der Sicherheitspakt die Verpflichtungen Deutschlands aus dem Versailler Vertrag nicht berühre, was in der Sache auf die Beibehaltung der alliierten Sanktionsmöglichkeit im Falle der Verletzung der militärischen und ökonomischen Verpflichtungen des Reiches hinauslief.

Darüber hinaus verlangte Frankreich ein klares Junktim zwischen dem Sicherheitspakt und dem Eintritt Deutschlands in den Völkerbund, von dem es sich die Einbindung des Rivalen in ein System der kollektiven Sicherheit versprach, das wegen der Haltung der Großmächte zum Genfer Protokoll allerdings noch keineswegs verwirklicht war. Im September 1924 hatte Stresemann nach langem Zögern und gegen erhebliche innenpolitische Widerstände die grundsätzliche Bereitschaft zum Beitritt an die Gewährung eines ständigen Ratssitzes, an die Nichtanwendung von Artikel 16 der Völkerbundssatzung und an eine spätere Mitwirkung am Mandatssystem geknüpft, ferner an die Bedingung, daß Deutschland nicht verpflichtet werden dürfe, die Kriegsschuld oder eine vergleichbare moralische Verantwortlichkeit anzuerkennen. Er war keineswegs bereit, durch die Mitgliedschaft im Völkerbund die außenpolitische Handlungsfreiheit des Reiches, sofern sie überhaupt bestand, einzuschränken. Während die Forderung eines ständigen Ratssitzes, obwohl sie beträchtliche Komplikationen auslösen sollte, ohne weiteres die Zustimmung der Großmächte fand, blieb das deutsche Ersuchen, sich unter Hinweis auf die militärische Schwäche des Reiches von möglichen Sanktionsverpflichtungen nach Artikel 16 zu entbinden, notwendigerweise strittig, zumal es im Widerspruch zu der vom Völkerbund verfolgten antisowjetischen Eindämmungsstrategie stand.

Das französische Junktim stellte Stresemann vor die innenpolitische Schwierigkeit, die Völkerbundsfrage sofort aufzugreifen. Er hatte gehofft, durch den Abschluß des auf die Garantie der Rhein-Grenze beschränkten Sicherheitspaktes zuvor das Ende der Ruhr-Besetzung und die vorzeitige Rheinland-Räumung erreichen zu können. Gegenüber dem sowjetischen Volkskommissar des Äußeren, Litwinow, der schwere Bedenken gegen ein deutsches Arrangement mit dem

Völkerbund artikulierte, erklärte Stresemann, indem er den Umfang der von deutscher Seite zu übernehmenden Verpflichtungen herunterspielte: »Die politische Aufgabe Deutschlands im Westen ist eben auf absehbare Zeit nicht die Revision des Versailler Vertrags, sondern die Zurückweisung Frankreichs in die in diesem Vertrag festgelegten Grenzen, d. h. die Sicherung des Rheinlands.« Die französische Antwort zwang die deutsche Außenpolitik dazu, den Eintritt in den Völkerbund ins Auge zu fassen, ohne damit die angestrebte Revision des Versailler Friedensvertrags unmittelbar verknüpfen zu können. Es blieb ihr nur die konsequent verfolgte Chance, sich einer Garantie der Ostgrenzen zu entziehen, und es kam dabei zu Hilfe, daß die britische Politik nicht bereit war, Frankreich in dieser Frage zu unterstützen.

Stresemann erkannte weit klarer als seine innenpolitischen Gegenspieler, daß Deutschland weder militärisch noch wirtschaftlich in der Lage war, zwischen den Westmächten und Sowjetrußland zu optieren. Das Angebot des Sicherheitspaktes zielte vielmehr darauf ab, die Optionsfreiheit, sofern sie überhaupt erreicht werden konnte, zurückzugewinnen. Mit Nachdruck verwahrte sich der Außenminister gegen die bei der Reichswehrführung und bei den Deutschnationalen nachwirkende Vorstellung, durch ein Zusammengehen mit Sowjetrußland den Ring der Kleinen Entente und die Kooperation der Westmächte sprengen und die Revision der deutsch-polnischen Grenze notfalls mit militärischen Mitteln erzwingen zu können. Ganz abgesehen davon, daß Sowjetrußland seit dem Eintritt in die Neue Ökonomische Politik durch innenpolitische Probleme gebunden war und sich die Lage der polnischen Republik unter dem Einfluß Marschall Józef Piłsudskis deutlich stabilisierte, bestand nicht die mindeste Aussicht, einen begrenzten Konflikt mit Polen, selbst wenn er durch die Sowjetunion provoziert war, militärisch durchzustehen. Solange Frankreich aufgrund seiner Stellung im Rheinland diese offene Flanke des Reiches zu einer gewaltsamen Intervention nutzen konnte, mußte jeder deutsche Eingriff in Polen zu einer neuen Niederlage führen.

Die Aushändigung der alliierten Entwaffnungsnote am 26. April 1925 hätte in diesem Zusammenhang allen Anlaß zur Ernüchterung gegeben; sie bewirkte indessen, daß Gegenkräfte auch im Kabinett den Sicherheitspakt zu Fall zu bringen suchten. Wie tief die deutschen Politiker in den nachwirkenden außenpolitischen Illusionen der wilhelminischen Ära befangen waren, zeigte die Reichskabinettssitzung vom 24. Juni, in der Stresemann nicht nur von den DNVP-Ministern, sondern auch von den Vertretern des Zentrums sowie vom Reichswehrminister und vom Reichskanzler selbst den Vorwurf hinnehmen mußte, mit der Preisgabe des Anspruchs auf Elsaß-Lothringen und dem Verzicht auf angestammten deutschen Boden »nationalen Verrat« zu üben. Entrüstet wies er darauf hin, daß die Rückkehr Elsaß-Lothringens nur durch einen Krieg gegen Frankreich zu erzwingen sei, für den auf absehbare Zeit die Machtmittel fehlten.

Der dem Reichsaußenminister von der Kabinettsmehrheit aufgedrängte Beschluß, sich in der elsaß-lothringischen Frage darauf zu beschränken, eine Anwendung kriegerischer Mittel auszuschließen, wurde von ihm, der auf die Notwendigkeit hinwies, »nationale Realpolitik« zu betreiben, mit Recht als widersinnig empfunden.

General von Seeckt, durch Stresemanns überlegene Argumentation in die Defensive gedrängt, brachte die Position der Locarno-Gegner, die jedwede außenpolitische Verständigung und Relativierung der deutschen Revisionsziele ablehnten, mit der Formulierung klar zum Ausdruck: »Wir müssen Macht bekommen, und sobald wir Macht haben, holen wir uns selbstverständlich alles wieder, was wir verloren haben.« Diese groteske Verkennung der außenpolitischen Möglichkeiten wurde von dem unter Leitung des Staatssekretärs Carl von Schubert, dem Nachfolger Ago von Maltzans, stehenden diplomatischen Team im Auswärtigen Amt mit Kopfschütteln quittiert. Vergebens suchte die Wilhelmstraße der Reichswehrführung klarzumachen, daß ein Spielen mit den deutschen militärischen Möglichkeiten und die Forcierung der geheimen Aufrüstung nur den Widerstand Frankreichs gegen eine Beendigung der Besetzung der Westgebiete zementieren würden. Noch anderthalb Jahre später hatte von Schubert Anlaß, ein militärisches Planspiel, das von der Eventualität eines infolge der Neutralität Rußlands und der Untätigkeit Frankreichs isoliert bleibenden deutsch-polnischen Konflikts ausging, mit der ironischen Randbemerkung zu versehen: »Ferner wird anscheinend angenommen, daß England das Opfer eines Seebebens wurde und Amerika teils durch Wirbelstürme, teils durch falsche Spekulationen dem Ruin anheimfiel, während die Tschechoslowakei vollständig mit dem Abschluß von Konkordatsverhandlungen beschäftigt war.«

Erst im Zusammenhang mit einem Führungs- und Generationswechsel im Generalstab, der in der Ablösung Seeckts durch General Wilhelm von Heye seinen Abschluß fand, setzte sich allmählich eine realistischere außenpolitische Einstellung durch. In einer Strategiedenkschrift Oberst Joachim von Stülpnagels wurde 1926 anerkannt, daß die Fernziele der Wiedergewinnung des Korridors, des Anschlusses Österreichs und der Aufhebung der Entmilitarisierung des Rheinlandes nur auf dem Weg einer langfristigen Revision erreichbar seien, die unter Benutzung des Abrüstungsgedankens angestrebt werden müsse. Operationsplanspiele bewiesen die begrenzte militärische Kraft des Reiches, die allenfalls für defensive Aktionen im Falle einer Auseinandersetzung mit Polen ausreichten. Dennoch blieben die geheimen Aufrüstungsvereinbarungen mit Sowjetrußland bestehen. 1927 wurden eine Panzerschule bei Kasan und ein gemeinsam benutzter Militärflugplatz in Lipezk in Betrieb genommen; ferner kam es zu technischer Zusammenarbeit hinsichtlich des Einsatzes und der Fabrikation von Giftgas. Aber dieser Teil der geheimen Aufrüstung verlor auch deshalb an Bedeutung, weil die deutsche Industrie keine Bereitschaft zeigte, die

Mittel für großzügige Rüstungsprojekte in Rußland aufzubringen, und weil die durch die Neue Ökonomische Politik verursachten Krisenerscheinungen die sowjetische Kooperationsmöglichkeit begrenzten.

Folgerichtig verlagerte sich die Aktivität der Reichswehrführung darauf, die langfristige Wehrhaftmachung des deutschen Volkes für einen kriegerischen Konflikt, der die Anwendung der Guerilla-Taktik einschloß, voranzutreiben. Man verzichtete nicht auf die illegalen Mobilmachungspläne und den umfassenden Ausbau des Grenz- und Landesschutzes, obwohl dies verschärfte Spannungen mit der preußischen Regierung nach sich zog, löste sich jedoch von den in der Ära Seeckt entwickelten Wunschvorstellungen, im Mobilmachungsfall eine große Zahl von einsatzfähigen Divisionen bereitstellen zu können. Statt dessen konzentrierte man sich auf die Modernisierung der Bewaffnung und auf erhöhte taktische Beweglichkeit. Der Gedanke einer kriegerischen Auseinandersetzung mit Frankreich wurde nicht aufgegeben, doch bestand Klarheit darüber, daß man zu einem Waffengang nicht vor 1935 bis 1940 in der Lage sein werde. Die illegale Finanzierung der geheimen Aufrüstung, die durch einen Staatssekretärausschuß kontrolliert und in verdeckten Etattiteln verbucht wurde, zog eine Serie von Korruptionsfällen nach sich, von denen der spektakuläre Bankrott der Phöbus-Film Gesellschaft 1927 zum Sturz von Reichswehrminister Geßler führte.

Im Vorfeld des Locarno-Vertrags sah sich Stresemann mit dem zähen Widerstand Seeckts konfrontiert, der auch dadurch motiviert war, daß die alliierte Entwaffnungsnote sich gegen die Direktunterstellung des Chefs der Heeresleitung unter den Reichspräsidenten und die faktische Fortführung des im Friedensvertrag untersagten Generalstabs aussprach. Mit der Übernahme der Reichspräsidentschaft durch Paul von Hindenburg, der die Kühle ausstrahlende Intellektualität Seeckts für Arroganz hielt, verlor die Position des Chefs der Heeresleitung gegenüber dem Reichswehrministerium an Gewicht. Die politischen Ambitionen der Reichswehrführung blieben gleichwohl erhalten, nur rückte an die Stelle von kritischer Distanz, welche die Armee während der Amtszeit Eberts eingenommen hatte, das bewußte Bekenntnis zu einer »positiven Einstellung zum Staat«, die insbesondere von dem nun stark an Einfluß gewinnenden Oberst Kurt von Schleicher verfochten wurde. Dieser Kurswechsel bedeutete keine Änderung in der ausgeprägt antiparlamentarischen Haltung der Militärs. Bereits die 1926 unterbreiteten autoritären Verfassungsreformpläne Schleichers ließen erkennen, daß die Phase des Verzichts auf direkte innenpolitische Interventionen ihrem Ende entgegenging.

Die Neuorientierung, in der die Reichswehr nicht mehr einen »Staat im Staat«, sondern Teil eines etatistisch-autoritären Potentials und in hohem Maße Werkzeug des Reichspräsidenten darstellte, entsprang der strategischen Erkenntnis, daß ein künftiger totaler Krieg nicht gegen das politische System und nicht ohne die Zustimmung breiter Teile der Bevölkerung denkbar war. Das Programm der nationalen Wehrhaftmachung implizierte daher verstärkte Anstrengungen, die als national unzuverlässig geltenden Parteien, in erster Linie die SPD, politisch zu isolieren und zurückzudrängen, während im außenpolitischen Zusammenhang die von Stresemann aufgegriffene Politik, die Abrüstungsfrage mittelfristig zum Hebel der deutschen militärischen Gleichberechtigung zu machen, volle Billigung fand. Der Rücktritt Seeckts, den Geßler 1926 erzwang, nachdem der Chef der Heeresleitung dem Kronprinzen Wilhelm die Teilnahme am Herbstmanöver in der Uniform des traditionsreichen Infanterieregiments Nr. 9 eigenmächtig gestattet hatte, stellte nur das Nachspiel der inzwischen vollzogenen Veränderung der mittelfristigen militärischen Strategie und des Verhältnisses von militärischer und politischer Führung dar.

Der konzeptionelle Wandel bei den Führungsgruppen der Reichswehr muß auch als Reaktion auf die Rückschläge betrachtet werden, die die deutsche Diplomatie in Locarno bei ihrem Bemühen, eine größere militärische Bewegungsfreiheit zu erlangen, hinnehmen mußte. Im Sommer 1925 hoffte Stresemann noch, in der Räumungs- und Entwaffnungsfrage unmittelbare Erfolge erzielen zu können. Unter dem Druck der DNVP, die bereits vor Eingang der französischen Note entschlossen war, den Sicherheitspakt zu Fall zu bringen, nahm Stresemann die Räumungsforderung in das deutsche Verhandlungspaket auf, obwohl das diplomatisch wenig vorteilhaft erschien. Da Briand, der für die innenpolitischen Nöte seines deutschen Kollegen viel Verständnis aufbrachte, entschlossen war, zu einem Paktabschluß zu gelangen, ging er auf die deutschen Vorbehalte nicht weiter ein und verständigte sich mit Chamberlain, einen Vertragsentwurf durch die Rechtsberater der beteiligten Regierungen ausarbeiten und diesen von einer am 15. September nach Locarno eingeladenen Außenministerkonferenz verabschieden zu lassen. Reichskanzler Luther, den Stresemann im Juli nur durch die Androhung seines Rücktritts daran gehindert hatte, von der gemeinsamen Linie abzuspringen, widersetzte sich nun dem Antrag der DNVP, Stresemann allein nach Locarno zu entsenden, um, wie sie vorgab, den »unverbindlichen Charakter« der Konferenz zu betonen, während sie in der Sache beabsichtigte, Stresemann zu isolieren. Erneut wurde ihm die zurückgehaltene Erklärung zur Kriegsschuldfrage, zur Räumung der Kölner Zone sowie zur Entwaffnungsfrage ins Reisegepäck geschoben. Das Auftischen dieser sattsam bekannten, aber bewußt ausgeklammerten Forderungen mußte um so mehr als unfreundliche Geste empfunden werden, als Briand seine Bereitschaft zum Entgegenkommen dadurch unter Beweis gestellt hatte, daß die Räumung des Ruhrgebiets schon am 31. Juli, die von Duisburg und Düsseldorf am 15. August abgeschlossen worden war.

Das zentrale Problem einer Verständigung mit Deutschland lag nicht in diesen Nebenfragen, von denen Briand wußte, daß sie bei einer Lösung des Sicherheitsproblems binnen absehbarer Zeit ausgeräumt werden konnten. Es bestand in der Grundbedingung, einer Garantie der deutschen Ostgrenzen auszuweichen und das mit dem Vertrag von Rapallo eingegangene Verhältnis zu Sowjetrußland nicht aufs Spiel zu setzen. Letzteres erwies sich als ungewöhnlich schwierige diplomatische Aufgabe, da die UdSSR der Reichsregierung unverblümt zu verstehen gab, daß sie in einem deutschen Eintritt in den Völkerbund ungeachtet der Vorbehalte, Artikel 16 nicht auf Deutschland anzuwenden und ein französisches Durchmarschrecht zu unterbinden, eine Abkehr von den in Rapallo festgelegten Grundsätzen erblickte, die sie zwingen werde, sich sowohl mit Polen als auch mit Frankreich vertraglich zu verständigen.

Der Neutralitätspakt, der von russischer Seite nachdrücklich angeboten wurde und in dem Deutschland zusichern sollte, an keiner wirtschaftlichen, politischen oder militärischen Kombination gegen die UdSSR teilzunehmen, kam Stresemann schon deshalb ungelegen, weil der Eindruck entstanden wäre, daß Deutschland eine kriegerische Revisionspolitik gegen Polen ins Auge fasse. Mit guten Gründen wollte der Außenminister jeden Anschein der Illoyalität und eine Wiederholung des Coups von Rapallo vermeiden, die den Abschluß des Sicherheitspakts gefährdet hätte. Für einen Moment mußte Stresemann, der sich zugleich gegen den pro-russischen Einfluß des als Botschafter in Moskau fungierenden Grafen Brockdorff-Rantzau zur Wehr zu setzen hatte, befürchten, daß es den Russen, die auf frühere Äußerungen des Botschafters von der »Zurückdrängung Polens auf seine ethnographischen Grenzen« Bezug nahmen, durch entsprechende Indiskretionen gelingen könnte, die Locarno-Politik im letzten Moment zu durchkreuzen.

Andererseits erleichterten es die Offerten aus Moskau der deutschen Politik, in der Frage der Verbindlichkeit des Artikels 16 für das Reich den Kompromiß durchzusetzen, daß Deutschland an Strafmaßnahmen des Bundes nur in dem Maße teilzunehmen verpflichtet sei, das »mit seiner militärischen Lage verträglich ist und seiner geographischen Lage Rechnung trägt«. Denn die Möglichkeit eines Zusammengehens mit Rußland stellte ein wichtiges Mittel dar, um Frankreich in der Ostfrage zum Nachgeben zu zwingen. Stresemann lehnte zwar deutsche Strafmaßnahmen gegen die Sowjetunion im Sanktionsfall mit der Begründung ab, nicht das Risiko eingehen zu können, daß Deutschland zum Schlachtfeld eines großen Krieges zwischen Ost und West würde, sicherte aber zu, daß Deutschland als Mitglied des Völkerbundrates das ihm wegen der Notwendigkeit einstimmiger Beschlußfassung zufallende Veto nicht dazu benutzen werde, eine Sanktion im Fall eines sowjetischen Angriffs zu verhindern. Insoweit stimmte er dem Prinzip der kollektiven Sicherheit unter Wahrung der spezifisch deutschen Interessen ausdrücklich zu.

Stresemann konnte überdies darauf vertrauen, daß sich im Fall einer Sanktionsabsicht bei den ohnehin notwendig werdenden Schiedsgerichtsverhandlungen hinreichend Gelegenheit bieten würde, die deutschen Interessen zu wahren. Die Festigkeit in dieser Frage stärkte die deutsche Position gegenüber den ungewöhnlich hartnäckigen sowjetischen Offerten, die, indem sie auf eine Zusicherung gegenseitiger Neutralität hinausliefen, den Status quo im Osten, den Stresemann gerade beweglich halten wollte, eher verfestigten. Die umfassenden Konsultationen, die der auf Drängen der Sowjets schließlich im April 1926 geschlossene Berliner Vertrag vorsah, entsprachen dem deutschen Revisionsinteresse weit mehr als ein formelles Bündnis. Ein Aufrollen der polnischen Frage war ohnehin nur indirekt möglich, indem man einerseits die wirtschaftliche Konsolidierung Polens behinderte, um andererseits eine großzügige Wirtschaftshilfe für den Preis einer Revision der polnischen Westgrenze anzubieten.

Stresemann setzte sich in Locarno in wesentlichen Punkten mit der Zielsetzung durch, die Schiedsverträge mit Polen und der Tschechoslowakei nicht mit einer französischen Garantie zu belasten. Faktisch blieben sie weitgehend unverbindlich und bedeuteten insofern eine Aushöhlung der mit Frankreich bestehenden Bündnisverträge. Eine Garantie der Ostgrenzen war somit vermieden worden. Der unübersehbare Unterschied zu dem von Großbritannien und Italien garantierten Verzicht Frankreichs und Deutschlands auf die Anwendung militärischer Gewalt im Westen forderte zu einer mittelfristigen Revision der Grenzen zu Polen und zur Tschechoslowakei geradezu heraus. Insoweit konnte Stresemann den Locarno-Pakt als eine Niederlage Polens bezeichnen. Das galt nicht minder für Frankreich, das in einem nicht von Deutschland provozierten Konflikt zu militärischer Hilfe verpflichtet gewesen wäre. Desgleichen waren durch den Vertragsabschluß die französischen Bemühungen durchkreuzt, Großbritannien eine Präzisierung seiner Bündnisverpflichtungen für den Fall einer deutschen Verletzung der Entmilitarisierung des Rheinlandes abzuringen, was sich 1935 als nachteilig erweisen sollte. Direkte Sanktionsmaßnahmen – ohne Einschaltung des umständlichen Völkerbund-Instrumentariums – waren damit praktisch unmöglich geworden, wenngleich die entsprechenden Bestimmungen des Versailler Friedensvertrags formell nicht außer Kraft gesetzt waren.

Als die Regierungschefs von England, Frankreich, Deutschland, Italien, Belgien, Polen und der Tschechoslowakei Anfang Oktober 1925 in Locarno zusammentrafen, standen die wesentlichen Elemente des Sicherheitspaktes bereits fest. Die völlige Gleichbehandlung stellte einen nicht zu unterschätzenden Prestigegewinn der deutschen Diplomatie dar. Der bald immer wieder beschworene »Geist von Locarno«, der Wille zur Verständigung und zur Vermeidung kriegerischer Konflikte in Europa, verbarg ein zähes Ringen um die Wahrnehmung nationalstaatlicher Interessen, bei dem, anders als Aristide Briand, Stresemann nicht einmal ansatzweise zu einem großzügigen Verzicht bereit war. Die denkwürdigen Worte des französischen Premierministers, daß »Locarno den Anfang einer Ära des Vertrauens« bilden müßte, sind nicht in Erfüllung gegangen, sosehr die bei Konferenzschluß unter dem Klang der Kirchenglocken herbeigeeilte Bevölkerung von inniger Zuversicht erfüllt war, daß am Lago Maggiore die Grundlagen für ein neues Zeitalter des Friedens gelegt worden seien.

Locarno stellte eine Hoffnung dar, und so konnte Chamberlain davon sprechen, daß es fortan weder Sieger noch Besiegte geben werde. Ähnlich berief sich Stresemann anläßlich der Unterzeichnung des Vertrags am 1. Dezember 1925 in London darauf, daß es gerechtfertigt sei, von einer »europäischen Idee zu sprechen«. Aber es hing von der Zukunft ab, ob es gelang, den Willen Briands zur Sicherung des Status quo mit den ungebrochenen deutschen Revisionswünschen in Einklang zu bringen, die Stresemann mit der Äußerung durchblicken ließ, daß es gelte, Frankreich »von Schützengraben zu Schützengraben zurückzudrängen, da kein Generalangriff möglich ist«. Gewiß ist diese Stellungnahme wie die Formulierung in seinem umstrittenen Brief an den preußischen Kronprinzen vom September 1925, daß man erst einmal den Würger vom Hals haben müsse, auch im taktischen Sinne zu deuten. Gleichwohl blieb Stresemanns Politik von einem metallharten Nationalismus geprägt, der europäische Gedanke erhielt für ihn erst dann Gültigkeit, wenn Deutschland die volle nationalstaatliche Souveränität und mit ihr die Kraft zur militärischen Selbstbehauptung wiedererlangt hatte.

In Stresemanns Urteil stellte der Vertrag von Locarno lediglich einen ersten Schritt auf dem Weg der »stufenweisen Wiedererringung der deutschen Souveränität durch ein Netzwerk europäischer Verträge« dar. Das damals geprägte Wort vom »Silberstreif am Horizont« belegt, daß sich die deutsche Politik am Anfang eines langen und steinigen Weges zu befinden glaubte, an dessen Ende die Regenerierung der mitteleuropäischen Machtstellung des durch den Anschluß Österreichs vergrößerten Deutschen Reiches stehen würde. Ursprünglich hatte Stresemann dem Sicherheitspakt einen vergleichsweise geringen Stellenwert beigemessen. Es war die westliche Rhetorik einer friedlichen Kooperation, die das Vertragswerk als grundlegenden außenpolitischen Wendepunkt erscheinen ließ. In den konkreten Räumungs- und Entwaffnungsfragen, die an dessen Anfang gestanden hatten, war, vom deutschen Standpunkt aus gesehen, enttäuschend wenig erreicht worden. Reichskanzler Luther kehrte denn auch tief deprimiert und die Schelte der Kabinettskollegen fürchtend nach Berlin zurück, wo die deutsche Delegation durch einen Polizeikordon vor unliebsamen Zwischenfällen geschützt werden mußte. Stresemann betonte mit Recht, daß er diplomatisch das Äußerste erreicht hatte, das unter den gegebenen Umständen durchsetzbar war. Aber noch in der Schlußsitzung und dann wieder in der Spanne zwischen Paraphierung und Unterzeichnung übte er auf Briand und die alliierte Botschafterkonferenz, die für die Entwaffnungsfrage zuständig war, Druck aus. Er erhielt schließlich Briands Zusage, daß die Räumung der Kölner Zone bereits am 1. Dezember beginnen solle. Die Hoffnung, die vorzeitige

Rheinland-Räumung sicherstellen zu können, blieb unerfüllt. Briand kam Stresemann jedoch mit einer Reduzierung der Truppenstärke und einer Einschränkung der Besatzungsverwaltung entgegen, ohne daß diese Gesten guten Willens, die der französische Premier gegen seine innenpolitische Opposition vertreten mußte, irgendwelche Anerkennung in der deutschen Öffentlichkeit fanden.

Die parlamentarische Verabschiedung des Vertrags von Locarno stellte das Bürgerblockkabinett erneut vor eine Kraftprobe. Reichskanzler Luther hielt, trotz aller Skepsis, noch immer an der Hoffnung fest, die DNVP, die schon zuvor alles getan hatte, um die Außenpolitik Stresemanns zu behindern, zum Stillhalten bewegen zu können. Daß die deutschnationale und völkische Presse den Sicherheitspakt mit äußerster Schärfe angriff und die Preisgabe Elsaß-Lothringens und den deutschen Eintritt in den Völkerbund, der im Vertrag vorgesehen war, erbittert bekämpfte, war ein schlechtes Omen. Andererseits gab es gute Gründe dafür, daß die DNVP sich schließlich doch bereitfinden würde, das Vertragswerk die parlamentarischen Hürden überwinden zu lassen. Denn sie setzte den Fortbestand eines Kabinetts aufs Spiel, das ihren agrar-, steuer- und finanzpolitischen Interessen auf weite Strecken entgegengekommen war. Allerdings trat nun die mangelnde innerparteiliche Integration der DNVP offen zutage. Mit tatkräftiger Unterstützung Alfred Hugenbergs und des von ihm kontrollierten Pressekonzerns gelang es, auf dem Umweg über die Landesverbände die DNVP-Führung schwerstem Druck auszusetzen. Die Reichstagsfraktion konnte sich ihm nicht entziehen und beschloß, die DNVP-Minister gegen Locarno zu instruieren und sie schließlich aus dem Kabinett zurückzuziehen, ohne eine formelle Auflösung der Koalition auszusprechen.

Der Versuch der DNVP, sich mittels dieses durchsichtigen Manövers an der Macht zu halten, aber zugleich gegen das Vertragswerk in der festen Erwartung zu stimmen, daß es im Reichstag aufgrund des positiven Votums der SPD eine Mehrheit finden würde, wurde jedoch durch Otto Braun durchkreuzt. Er machte die Zustimmung der SPD vom förmlichen Ausscheiden der DNVP aus der Koalition abhängig. Das Kabinett Luther trat daher nach der Ende November 1925 erfolgten Annahme des Vertragswerks durch die bürgerlichen Mittelparteien und die SPD gegen die Stimmen von DNVP, NSDAP, Wirtschaftspartei und KPD zurück. Unter normalen Bedingungen hätte in dieser parlamentarischen Konstellation eine Regierung der Großen Koalition gebildet werden müssen, die sowohl von der SPD als auch vom Zentrum angestrebt wurde. Die außenpolitische Zwangslage, die darin bestand, daß eine Ablehnung der Locarno-Verträge eine Katastrophe mit unabsehbaren Folgen bedeutet hätte, brachte zwar eine klare Mehrheit von links bis zur Mitte zustande, aber dieses Bündnis ließ sich innenpolitisch nicht umsetzen.

Der DVP-Fraktionsvorsitzende Ernst Scholz fand in der Auffassung, daß aus »wohlverstandenen Gründen der deutschen Wirtschaft« eine Führung der Innen- und Wirtschaftspolitik mit den Sozialdemokraten nicht möglich sei, nachhaltige Schützenhilfe bei dem Präsidialbüro, das noch vor der Abstimmung auf eine Wiederherstellung des Bürgerblocks gedrängt hatte. Die koalitionspolitische Intrige, die Staatssekretär Otto Meißner mit Wissen der DNVP-Führung einleitete, zielte darauf, die Verhandlungen an den sozialpolitischen Forderungen der SPD scheitern zu lassen. Der DDP-Vorsitzende Erich Koch-Weser, der vom Reichspräsidenten mit der Bildung einer Großen Koalition – bei von vornherein zu eng bemessenen Verhandlungsfristen – beauftragt worden war, durchschaute das koalitionspolitische Spiel, dessen Werkzeug er war, ebensowenig wie die SPD-Führung, die trotz des Drängens der preußischen Minister nur halbherzig in die Verhandlungen ging und es versäumte, die DVP auf einen Kompromiß festzulegen.

Mit dem Rückzug der SPD hatte Meißner seine Absicht verwirklicht, erneut ein Minderheitskabinett der Mitte unter der Kanzlerschaft Luthers zu bilden. Es beruhte auf der Tolerierung durch die SPD, da sich die DNVP, trotz der Einschaltung Hindenburgs, nicht bereit erwies, die an die Locarno-Abstimmung gekoppelte Entscheidung für den Eintritt in den Völkerbund mitzutragen. Wiederum verhinderten außenpolitische Faktoren, daß sich der Schwerpunkt der politischen Willensbildung zur antirepublikanischen Rechten hin verlagerte und der parlamentarische Einigungszwang mit der gemäßigten Linken gänzlich außer Kraft gesetzt wurde. Das Kabinett stützte sich vorwiegend auf die Autorität des Reichspräsidenten, der seinerseits darauf bedacht war, die DNVP baldmöglichst in die Koalition aufzunehmen. Schon nach wenigen Monaten scheiterte Luther an der von ihm eigenmächtig aufgeworfenen Flaggenfrage. Die Flaggenverordnung vom 5. Mai 1926 erging unter dem Vorwand, daß Änderungen der Flaggenvorschriften in der Zuständigkeit des Reichspräsidenten lägen, ohne Einschaltung des Reichstages. Sie sah die Einführung der schwarz-weiß-roten Handelsflagge bei den deutschen Auslandsvertretungen vor. Der Protest der DDP und auch der Zentrumspartei gegen diese eindeutige Konzession an die antirepublikanischen Parteien erzwang das Ausscheiden Luthers und warf neuerlich die Frage des Übergangs zur Großen Koalition auf.

Nachdem ein Versuch Konrad Adenauers, ein Kabinett der Großen Koalition zu bilden, am Widerstand der DVP gescheitert war, die damit rechnete, nach der Klärung der Völkerbundfrage ein gegen die Sozialdemokratie gerichtetes bürgerliches Mehrheitskabinett zu schaffen, blieb es bei dem bisherigen Minderheitskabinett der Mitte, nur daß Marx an die Stelle Luthers trat. Dies beleuchtete die innenpolitische Schwebelage, in der sich die Republik aufgrund der Intransigenz der Deutschnationalen und des von der DVP ausgenutzten Dilemmas der SPD, ihr Eintreten für die Stresemannsche Außenpolitik nicht mit innenpolitischen Konzessionen honoriert zu bekommen, befand. Dies wäre vermutlich kaum anders gewesen, wenn die SPD ein klares Handlungskonzept besessen hätte.

Noch immer stellte sich der Mehrheit ihrer Funktionäre eine Koalitionsbeteiligung als ein Opfer dar, das sie aus gesamtpolitischer Verantwortung auf sich nahm, nicht aber als ein geeignetes Mittel, das ihr stärkeren sachlichen und personalpolitischen Einfluß auf die Regierungsentscheidungen verschaffte. Wiederholt scheiterte der Parteivorstand in taktischen Fragen an der Reichstagsfraktion, in der vor allem die Vertreter des ADGB eine Vetofunktion ausüben konnten. Gerade in den zentralen sozialpolitischen Konflikten wie der Arbeitszeitfrage war daher die Bewegungsfreiheit der Partei entscheidend eingeengt.

Die Tendenz zur Einigelung, die sich bei der SPD zunehmend bemerkbar machte, stellte auch ein Ergebnis ihrer politischen Mißerfolge seit 1919 dar. Die Partei empfand sich zwar nach wie vor als eigentliche »republikanische Staatspartei«. In dem noch in euphorischer Erwartung unaufhaltsamer Demokratisierung 1921 verabschiedeten Görlitzer Programm hatte sie sich ohne jede Einschränkung zur demokratischen Republik als der »durch die geschichtliche Entwicklung unwiderruflich gegebenen Staatsform« bekannt. Seitdem rückte jedoch die republikanische Wirklichkeit zunehmend in den Gegensatz zu der die Gesamtpartei integrierenden Vision der zukünftigen sozialistischen Gesellschaft. Gustav Radbruchs beredte Klage, daß die Partei die Demokratie »nur als Leiter zum Sozialismus empfindet«, die dann beiseite geschoben werde, während sie in Wahrheit »die große, bereits verwirklichte und in jedem Augenblick zu verwirklichende Hälfte ihres Programms« darstelle, beleuchtet das ambivalente Verhalten der SPD zum parlamentarischen System. Es bedurfte eines bitteren Lernprozesses, bis sich die Erkenntnis allgemein durchsetzte, daß die republikanische Staatsform als solche verteidigenswert war.

Die Rückwendung zum herkömmlichen introvertierten Selbstverständnis spiegelte sich in dem nach der Vereinigung mit der Rumpf-USPD 1925 in Heidelberg verabschiedeten Parteiprogramm, das in vieler Hinsicht an die Erfurter Tradition anknüpfte und der Neigung entsprach, die gewohnte Oppositionsrolle der Vorkriegszeit wieder einzunehmen. Desgleichen gewann der linke, betont marxistisch eingestellte Parteiflügel, zumal unter dem Konkurrenzdruck der KPD, an Gewicht, obwohl er nicht imstande war, konstruktive politische Alternativen aufzuzeigen. Die hohe Wertschätzung der Diktaturdrohung im Linzer Programm der österreichischen Sozialdemokratie von 1927 durch die sozialistische Linke in Deutschland, die in Max Adler und Paul Levi ihre prominentesten Theoretiker besaß, belegte, daß sie nicht minder als die reformistische Mehrheit überwiegend defensiv eingestellt war und gleichfalls der Bourgeoisie das Gesetz des Handelns überließ. Doch war nicht so sehr das beibehaltene orthodox marxistische Vokabular bei einem Teil der sozialdemokratischen Presse und der Fensterredner auf den Parteitagen als vielmehr der verengte interessenpolitische Horizont der Gewerkschaftsführer für die notorische Neigung zu koalitionspolitischer Abstinenz verantwortlich. Gerade führende Repräsentanten des USPD-Flügels, darunter Rudolf Hilferding und Rudolf Breitscheid, setzten sich für ein aktives politisches Engagement der Partei in der Republik ein.

Der defensive Grundzug der sozialdemokratischen Politik muß vor dem Hintergrund der stagnierenden Mitgliedschaft gesehen werden. Dies hing damit zusammen, daß die Industriearbeiterschaft nach 1918 im Verhältnis zum »neuen« Mittelstand quantitativ nicht mehr anwuchs und daß es der Partei nur unzureichend gelang, die Abwanderung von Angehörigen ihres linken Flügels zur KPD durch die Gewinnung bürgerlicher und bäuerlicher Anhänger wettzumachen. Hierbei erwiesen sich die agrarpolitischen Fehlentscheidungen der Vorkriegszeit als verhängnisvoll, obwohl die SPD ernsthafte Anstrengungen unternahm, ein attraktives Agrarprogramm vorzulegen. Angesichts des politischen Klimas während der Weimarer Jahre waren die Voraussetzungen zur Umwandlung der SPD in eine Volkspartei denkbar ungünstig. Sie blieb im wesentlichen eine Berufspartei des Industrieproletariats. Gesellschaftlich sah sie sich auf die verzweigte sozialdemokratische Subkultur zurückgeworfen, die in diesen Jahren eine neue Blüte erfuhr. Der Tendenz zur Überalterung und Versäulung der Führungskader entsprach die geringe Anziehungskraft auf Angehörige der jungen Generation, die in der Mitgliedschaft beträchtlich unterrepräsentiert waren.

Der Mitgliederrückgang der SPD nach 1921 auf den Tiefstand von 800.000, der durch den Rückstrom von annähernd 200.000 USPD-Mitgliedern äußerlich gemildert wurde, trug zu ihrer Koalitionsscheu nach 1923 entscheidend bei, wenngleich die Dezemberwahlen von 1924 die Hoffnung verstärkten, verlorenes Terrain zurückzugewinnen. Trotz der unbestreitbaren Verdienste, die die Partei in den Umbruchjahren nach 1918 für das Gemeinwesen gehabt hat, blieb eine ausgeprägte Distanz auch zum linksbürgerlichen Lager bestehen. Eine Berührungsangst auf beiden Seiten, die deren fortwirkenden sozialen Vorurteilen entsprang, mischte sich mit dem Bewußtsein klar divergierender Interessenlagen. Die relative Isolation der organisierten Arbeiterbewegung nahm in dem Maße zu, in dem der Zwang zum Arrangement mit den Westmächten nachließ. Die Auffassung, daß Außenpolitik mit der SPD »gemacht« werden müsse, die Innenpolitik aber mit den rechtsbürgerlichen Parteien, stellte einen geradezu selbstverständlich erscheinenden Grundsatz des eng mit der hohen Bürokratie verschränkten Regierungspersonals in den Kabinetten Marx und Luther dar. Der übergewichtige Einfluß der industriellen und agrarischen Interessengruppen auf die politische Willensbildung, die sich vielfach abseits des Parlaments vollzog, konnte von der SPD, selbst wenn sie der Regierung angehörte, nicht wirksam neutralisiert werden. Jeder Versuch, dies zu ändern, vermehrte nur den Druck in Richtung auf die Rückkehr zu einer auf das Notverordnungsrecht gestützten, vom Reichstag weitgehend unabhängigen Regierung.

Die latente Verselbständigung des Reichskabinetts von den politischen Kräften im Lande entsprang in erster Linie den Bedürfnissen der äußeren Politik, die infolge der Abhängigkeit von den einströmenden amerikanischen Krediten grundlegende verfassungspolitische Veränderungen ausschloß. Auf den Flügeln des Parteienspektrums rief dies die miteinander unvereinbare Erwartung hervor, nach Beendigung des außenpolitischen Schwebezustands zu einer reinen Rechtsregierung unter Ausschluß der Sozialdemokratie übergehen oder zu einer Großen Koalition zurückkehren zu können, die anders als 1923 nicht nur eine bloße Krisenregierung darstellte. Die zweite Alternative erwies sich jedoch als Illusion. Bis zu den Reichstagswahlen vom Mai 1928 war die Koalitionspolitik dadurch gekennzeichnet, daß die Bildung eines Kabinetts unter Einschluß der SPD immer wieder durch außerparlamentarische Einflüsse blockiert und erst dann hingenommen wurde, als sich die Revision des Dawes-Plans abzeichnete, für die die Rechtsparteien die politische Verantwortung nicht zu übernehmen gedachten.

Die ersehnte außenpolitische Glattstellung, die Stresemann in Locarno eingeleitet hatte und die den Zwang zur Rochade zwischen einander ausschließenden innen- und außenpolitischen Mehrheiten beseitigen sollte, blieb jedoch aus. Statt dessen sah sich die deutsche Revisionspolitik auf eine Diplomatie der kleinen Schritte zurückgeworfen, die von der nationalistischen Rechten mit Schwäche und mangelnder nationaler Gesinnungsfestigkeit gleichgesetzt und aufs schärfste attackiert wurde. Die unvorhergesehene Blockade des deutschen Eintritts in den Völkerbund aufgrund der auf der Frühjahrstagung nicht auszuräumenden Ansprüche Polens, Brasiliens und Spaniens, einen ständigen Ratssitz zugesprochen zu bekommen, wurde im September 1926 mit dem feierlichen Eintritt des Deutschen Reiches überwunden. Stresemann war entschlossen, den Völkerbund als Plattform für die Vertretung deutscher Interessen zu benutzen, vor allem mit Blick auf die unter der Hand vom Reich finanziell geförderten deutschen Minderheiten in Polen und der ČSR, die als indirektes Sprachrohr der deutschen Revisionswünsche dienten. Die Hoffnung, den Artikel 19 zum Hebel einer grundsätzlichen Revision des Friedensvertrags von Versailles machen zu können, stand dabei im Hintergrund. Dies verschaffte der deutschen Völkerbundspolitik, die zwischen den Großmächten und den Kleinstaaten wechselnde Koalitionen einging, einen oszillierenden Charakter.

Die wesentlichen Fragen der deutschen Außenpolitik kamen außerhalb des Völkerbundes, wenn auch aus Anlaß der Ratssitzungen, im informellen Kontakt Stresemanns mit dem britischen und französischen Premierminister zur Sprache. Besondere Hoffnungen setzte Stresemann auf den am 17. September 1926 in Thoiry geführten Gedankenaustausch, in dem das Vorhaben erörtert wurde, als Gegenleistung für deutsche finanzielle Stützungsmaßnahmen zur Festigung des darniederliegenden Franc, die in Form einer vorgezogenen Mobilisierung der Eisenbahn- und Industrieobligationen erfolgen sollten, die Besatzungstruppen aus dem Rheinland vorzeitig abzuziehen. Das Projekt zerschlug sich wegen innerfranzösischer Widerstände, aber auch wegen der Zurückhaltung der amerikanischen Banken in bezug auf die Mobilisierung der Bonds. Der erwünschte Durchbruch blieb daher aus, zumal Briand seinen innenpolitischen Bewegungsspielraum überschätzt hatte. Das einzige, das von dem Bouquet der in Thoiry erwogenen Konzessionen überlebte, war die Ende 1927 erfolgende Aufhebung der alliierten Militärkontrolle.

Im März 1929 schrieb Stresemann an Lord d'Abernon, daß diejenigen, »die für die Locarno-Politik eingetreten sind, nur die Trümmer ihrer Hoffnungen sehen«. Mit steigender Erbitterung mußte er feststellen, daß die versprochenen »Rückwirkungen« von Locarno begrenzt waren und schließlich gänzlich ausblieben. Den einzigen großen Erfolg, die auf 1930 vorgezogene Rheinland-Räumung, erlebte er nicht mehr. Es war bezeichnend, daß bei den unter großem Aufwand veranstalteten Feiern zur »Befreiung« des Rheinlandes der Name des Außenministers nicht mehr erwähnt wurde. Daß er weder in der eigenen Partei noch bei parlamentarischen Rivalen und Gegnern sonderlich beliebt war, wußte er wohl. Es fehlte nicht an Diffamierungen und ehrenrührigen Angriffen, auch seitens des Kronprinzen, dessen Rückkehr nach Deutschland Stresemann möglich gemacht hatte. Er erlitt das Schicksal jener, die den Mut hatten, in Erkenntnis begrenzter politischer Handlungsmöglichkeiten unpopuläre Verantwortung zu übernehmen. Seine Unentbehrlichkeit als Reichsminister des Äußeren während sechs schicksalhafter Jahre beruhte nicht zuletzt darauf, daß ihm ein epochaler Erfolg – jedenfalls aus der Sicht der deutschen Revisionspolitiker – versagt blieb.

Was die Rückwirkungen der äußeren auf die innere Politik anging, verkannte Stresemann, daß die von ihm erstrebte Wiederherstellung der vollen nationalstaatlichen Souveränität den politischen Gruppierungen in die Hände spielte, welche die Republik als notgedrungen akzeptierte Übergangsstufe zu einem regenerierten hegemonialen Machtstaat nach innen und außen betrachteten. Insofern trug gerade das Ausbleiben des grundlegenden außenpolitischen Durchbruchs, der ihm in Thoiry vor Augen stand, zur vorübergehenden Stabilisierung des Weimarer Verfassungssystems bei. Stresemann war sich bewußt, daß das Zögern Briands, in der Räumungsfrage entgegenzukommen, mit dem militanten Auftreten der nationalen Wehrverbände zusammenhing und daß die verantwortliche Einbeziehung der DNVP in das Reichskabinett im Westen nicht als Beweis für die deutsche Friedfertigkeit angesehen wurde. Es ist auch nachträglich nicht leicht zu verstehen, warum sich Stresemann nach Ablehnung des Vertrags von Locarno durch die DNVP nicht für die Auflösung des Reichstages und für einen in erster Linie gegen sie gerichteten Wahlkampf eingesetzt hat. Statt dessen trat er wiederholt, und dies nicht nur aus parteitaktischen Gründen, für die Regierungsbeteiligung der Deutschnationalen ein. Gerade weil er in wichtigen Punkten mit ihren außenpolitischen Wunschvorstellungen übereinstimmte, überschätzte er die Möglichkeiten einer Domestizierung des rechtsextremen Flügels, obwohl die DNVP, wie die Linksopposition 1927 ironisch vermerkte, in außenpolitischen Fragen plötzlich lammfromm geworden war. Stresemann verkannte, daß die nationalistischen Gelüste der Hugenberg, Claß, Seldte, Hergt und Hitler mit noch so überzeugenden außenpolitischen Fortschritten nicht befriedigt werden konnten.

In dem Maße, in dem die von Stresemann geführte Partei innenpolitisch an Gestaltungskraft und an Wählerunterstützung einbüßte, drängte sich ihm der Gedanke des Primats der äußeren Politik auf. Bis zu seinem Tod war er bemüht, integrierend zu wirken, und wiederholt suchte er, schließlich mit der Androhung des Ausscheidens aus dem Ministeramt und der Partei, die widerstrebenden Flügel zusammen- und eine konstruktive Mitarbeit in der gegebenen Koalition herbeizuzwingen. Aus nationalen Motiven widersetzte er sich der anwachsenden innenpolitischen Polarisierung und der erklärten Absicht des konservativen Lagers, die Sozialdemokratie politisch zu isolieren. Es war bemerkenswert, daß er in diesem Zusammenhang auf die patriotischen Verdienste der SPD im Ersten Weltkrieg hinzuweisen pflegte, aus deren Reihen mehr auf den Schlachtfeldern geblieben seien als aus allen anderen Parteien zusammen. Er rechtfertigte die Große Koalition während seiner nur drei Monate währenden Kanzlerschaft später mit dem Argument, daß man sonst »den Kampf des einen Deutschland gegen das andere gehabt« hätte.

Stresemanns bürgerliche Einstellung und seine liberale Grundüberzeugung hinderten ihn daran, auf Dauer die Zusammenarbeit mit der SPD zu suchen. Neben den persönlichen waren es sachliche Gründe, die es ihm unmöglich machten, sich für eine Öffnung nach links und damit für eine dauerhafte Stabilisierung der republikanischen Verfassung einzusetzen. Abgesehen von wirtschaftspolitischen Überlegungen, die auch die Abneigung des angelsächsischen Kapitalismus gegen sozialistische Experimente einbezogen, spielte das tiefe Mißtrauen gegenüber der SPD in der Wehrfrage eine zentrale Rolle. Im nachhinein erscheint es schwer erklärlich, warum Stresemann bei den Locarno-Verhandlungen der Räumungsfrage besonderes Gewicht beilegte und den Abbau der Rüstungskontrolle mit vielfach verletzender Hartnäckigkeit betrieb. Er hätte den französischen Besorgnissen über eine deutsche Wiederaufrüstung, die nicht zuletzt in der defensiven Maßnahme des 1925 beschlossenen Baus der Maginot-Linie Ausdruck fanden, entgegenkommen und den Vorschlag aufgreifen können, eine zivile Kontrollkommission zur Überwachung der vertraglich zugesicherten Entmilitarisierung des Rheinlandes vorzusehen. Desgleichen unterließ er es, der geheimen Aufrüstung mit gebotener Entschiedenheit entgegenzutreten.

Es gibt keinen Anhaltspunkt dafür, daß der Außenminister zur Durchsetzung deutscher Revisionsziele das Mittel des Krieges ins Auge gefaßt hat, wenngleich er die militärischen Planungen, die mittelfristig eine kriegerische Auseinandersetzung mit Frankreich für selbstverständlich hielten, nicht übersehen konnte. Daß er sich nachdrücklich für das Zustandekommen des Kellogg-Paktes, den Henry Stimson, der ein Lebensalter später den Nürnberger Internationalen Militärgerichtshof ins Leben rief, angeregt hatte, einsetzte, geschah nicht allein aus taktischen Motiven. Stresemann war sich vielmehr der Gefahren bewußt, die eine kriegerische Einwirkung in Mitteleuropa für den Fortbestand des Reiches mit sich bringen mußte. Die Verleihung des Friedensnobelpreises 1926 an Stresemann und Briand drückte die Genugtuung der Weltöffentlichkeit aus, daß beide Politiker einen Schlußstrich unter die deutsch-französische Feindschaft gezogen und damit die Voraussetzungen für einen dauernden Frieden in Europa geschaffen hatten.

Stresemann gehörte zu den herausragenden europäischen Staatsmännern seiner Epoche; er war jedoch niemals Europäer in einem tieferen Sinn. In Anbetracht der zutiefst nationalistisch geprägten deutschen politischen Kultur, der er sich verbunden wußte, fehlten ihm alle Voraussetzungen dafür. Sein entscheidendes staatsmännisches Verdienst lag darin, die direkte Verständigung mit Frankreich gesucht zu haben, statt wie seine Vorgänger und Nachfolger der Chimäre zu erliegen, daß Frankreich diplomatisch isoliert werden könnte. Hierin brach er mit der sonst von ihm bewunderten Bismarckschen Außenpolitik, und Konrad Adenauer sollte nach 1945 in dieser Beziehung sein gelehriger Schüler werden. Allerdings gab es im September 1923 keinerlei Alternative zu direkten Verhandlungen mit Paris. Stresemann gelang es, die französische Diplomatie von der Unmöglichkeit zu überzeugen, Deutschland dauerhaft am Rhein niederhalten zu können. Den Durchbruch zu einer Politik des Vertrauens, zu der ihn Briand aufforderte, fand er jedoch nicht. Die auf ihn ausgeübten revisionistischen Pressionen hatten gewiß einen Anteil daran. Das taktische Moment, das in dem bewußten Ausspielen der deutschnationalen Opposition sichtbar hervortrat, überwog in seiner mit brillanten Wendungen vorgetragenen grundsätzlichen Betonung des Verständigungswillens. Es ist bezeichnend, daß sich die französische Öffentlichkeit nach der Publizierung seines »Vermächtnisses« schmählich hintergangen fühlte.

Der deutsche Außenminister blieb letztlich der preußisch-deutschen Tradition verhaftet, auch wenn er erwog, an die Stelle militärischer Präponderanz wirtschaftliche Macht treten zu lassen. Nationale Politik konnte er sich nicht anders als auf der Grundlage eines hinreichenden militärischen Rückhalts vorstellen, und er benutzte den Abrüstungsgedanken des Völkerbundes in erster Linie als taktisches Mittel zur Herstellung der deutschen militärischen Gleichberechtigung. Innerhalb dieser Grenzen hat er jedoch das Mögliche versucht, um den Schritt zu einer Verständigung zwischen den europäischen Mächten zu tun. Hätte er die ihm eigentümliche Besonnenheit in der Verfolgung politischer Ziele auch dem innenpolitischen Leben aufzuprägen vermocht, wäre die Entwicklung des Weimarer politischen Systems vielleicht anders verlaufen. Unter den gegebenen Bedingungen mußten sich seine diplomatischen Erfolge, die die Handlungsfreiheit der Republik gegenüber den Westmächten erweiterten, innenpolitisch in ihr Gegenteil verkehren. Die Rekonstruktion, die mit dem Dawes-Plan und dem Vertrag von Locarno erfolgreich eingeleitet wurde, bedeutete nicht den inneren Ausbau des demokratisch-parlamentarischen Systems und brachte erhebliche Einschnitte in die sozialstaatlichen Errungenschaften der frühen Nachkriegszeit. Zwar flauten angesichts der außenpolitischen Abhängigkeit Umsturzversuche von rechts endgültig ab. Gleichzeitig aber setzten sich autoritäre Bestrebungen innerhalb des nunmehr von der bürgerlichen Mitte-Rechts-Koalition beherrschten politischen Systems spürbar durch, wohingegen die SPD zunehmend in die Defensive geriet, obwohl sie zur Abstützung der außenpolitischen Rekonstruktion einstweilen unentbehrlich blieb. Die direkte und indirekte Einbindung der Republik in das atlantische Staatensystem und die anwachsende Kreditabhängigkeit von den USA schlossen einstweilen offene verfassungspolitische Experimente aus. Die antirepublikanische Rechte sah sich unter dem Einfluß der wirtschaftlichen Interessenverbände dazu gezwungen, sich mit den parlamentarischen Institutionen zu arrangieren. Die völkische Bewegung unter Einschluß der vorübergehend verbotenen NSDAP war auf die Rolle von Splitterparteien zurückgeworfen. Die wiedererlangte äußere politische Stabilität der Republik stand freilich in deutlichem Mißverhältnis zur Schwäche der sie tragenden demokratischen Kräfte. Es hing primär von außenpolitischen Konfigurationen ab, wie lange diese innenpolitische Schwebelage Bestand haben würde.

Der Ansturm der außerparlamentarischen Kräfte

Vor dem Hintergrund der Ruhr-Krise und der Hyperinflation erscheint die mittlere Phase der Weimarer Republik als eine Periode bemerkenswerter politischer und ökonomischer Konsolidierung. Mit dem Vertrag von Locarno und dem Eintritt in den Völkerbund hatte das Deutsche Reich die Stellung eines gleichberechtigten Partners unter den Mächten errungen. Obwohl aus deutscher Sicht eine befriedigende Regelung des Reparationsproblems weiterhin ausstand, war durch dessen Koppelung mit den interalliierten Schulden die unmittelbare Verflechtung mit dem Straf- und Wiedergutmachungsprinzip des Versailler Vertrags fallengelassen worden. Die Reparationsleistungen galten als deutscher Beitrag zur Überwindung der langfristigen finanziellen Folgen des Ersten Weltkrieges. Die Phase der Fortsetzung des Krieges mit ökonomischen Mitteln schien damit beendet zu sein.

Aufgrund des Anleihestroms, der die zu geringe innere Kapitalbildung ersetzte, vollzog sich seit 1924 ein rascher ökonomischer Aufschwung. Den Kabinetten Marx und Luther gelang es zunächst, den Primat von Währungsstabilisierung und Haushaltsausgleich, welche die Voraussetzung für erfolgreiche Reparations- und Anleiheverhandlungen darstellten, zu sichern, was in weitem Umfang auf Kosten der kleinen und mittleren Einkommen erfolgte und den Kapitalbesitz durch steuerliche Maßnahmen und direkte wie indirekte Subventionen deutlich begünstigte. Auch nach der Umbildung des Reichskabinetts im Januar 1926 wurden die großindustriellen und großagrarischen Interessen, die zum Teil unmittelbar in der Regierung vertreten waren, bevorzugt behandelt. Es kam zwar zu einer raschen Steigerung der Nominallöhne, aber ihr stand ein fast ebenso hoher Anstieg der Lebenshaltungskosten gegenüber, so daß sich die Lage der Arbeitnehmer nur in bescheidenem Umfang verbesserte.

Diese Konstellation prägte das sozialpolitische Klima der folgenden Jahre. Die wirtschaftliche Rekonstruktion wurde in weitem Umfang auf Kosten der Verbraucher durchgeführt, während der Sozialpolitik endgültig nur noch eine kompensatorische Funktion zukam. Die Steuerreform vom Sommer 1925 trug dem Grundsatz der »Wirtschaftlichkeit der Steuerlast«, wie Staatssekretär Johannes Popitz betonte, weitgehend Rechnung. In deutlicher Abkehr von dem Umverteilungseffekt der Steuerreform Erzbergers wurde die Spitzenbesteuerung der Einkommen von 60 Prozent um ein gutes Drittel herabgesetzt, während der Minimalsteuertarif von 10 Prozent bestehen blieb, der Steuerfreibetrag erst mit dem vierten Kind von 1 auf 2 Prozent der Lohnsteuer stieg und die Einkommensteuerfreigrenze auf 80 Mark des monatlichen Einkommens begrenzt wurde. Letzteres rief den Unmut der Unternehmer hervor, obwohl die preußischen Sätze der Vorkriegszeit noch unterschritten wurden.

Die ausgeprägte steuerliche Begünstigung des Besitzes stieß auf die Kritik des Reparationsagenten, der statt dessen eine Stärkung des Binnenmarktes durch begrenzte Lohnerhöhungen empfahl. Der Anstieg der Einnahmen aus der Lohnsteuer und den Massenverbrauchssteuern stand in deutlichem Gegensatz zum Aufkommen aus allen anderen Steuerarten. Flankierend zur Steuerreform kam das Reichsfinanzministerium der Industrie durch beträchtliche Steuerstundungen und Subventionen entgegen, die vielfach unter Umgehung des Reichstages gezahlt wurden und von denen vorwiegend schwerindustrielle Konzerne, darunter Röchling, Stinnes, Krupp, Mannesmann und Flick, sowie die auftragsarme Werftindustrie profitierten. Daß Friedrich Flick als Sachverständiger der Regierung die Subventionswürdigkeit der in seinen Besitz übergehenden Vereinigten Oberschlesischen Hüttenwerke begutachtete, erhellt, daß die enge Interessenverschränkung zwischen Großindustrie und Ministerialbürokratie die Grenze zur Korruption bisweilen überschritt. Diese Subventionspraxis der Reichsregierung ging zwar in den folgenden Jahren zurück, lebte aber unter den Auswirkungen der Weltwirtschaftskrise in vollem Umfang wieder auf. Dazu gehörte der vom scheidenden Kabinett Brüning vorgenommene spektakuläre Erwerb von mehr als 110 Millionen Aktien der Gelsenkirchener Bergwerks AG zu überhöhten Kursen. Die dadurch erfolgte Sanierung des Flick-Konzerns geschah auf Drängen der Reichswehrführung und stand im Zusammenhang mit den streng geheimen Bemühungen, das deutsche industrielle Vermögen in Oberschlesien vor einer Liquidierung zu schützen, wobei Friedrich Flick die Rolle des Strohmanns für das dort in hohem Umfang finanziell engagierte Reich wahrnahm.

Die Stützungsmaßnahmen vor allem für schwerindustrielle Betriebe wurden für nötig gehalten, nachdem Hjalmar Schacht als Reichsbankpräsident angesichts erster Anzeichen einer Inflationierung der Preise die freigiebige Kreditvergabe einstellte und den Diskontsatz erhöhte. Die Folgen der restriktiven Kredit- und Zinspolitik Schachts ließen erkennen, daß die deutsche Wirtschaft trotz der in der Inflationsphase eingeleiteten umfangreichen Rationalisierungsmaßnahmen extrem störanfällig blieb. Als sich infolge der Notenbankpolitik das Zinsgefälle zwischen dem Deutschen Reich und den USA merklich abflachte, kam es sogleich zum Erliegen der Kreditzuflüsse und zu einem empfindlichen Rückgang der privaten und öffentlichen Investitionstätigkeit. Dies bewirkte einen schweren ökonomischen Einbruch. Ende 1925 überstieg die Arbeitslosigkeit erneut die Zweimillionengrenze. Die Periode annähernder Vollbeschäftigung gelangte damit endgültig zu ihrem Abschluß. Doch es war möglich, durch konjunkturpolitische Maßnahmen und Programme zur Arbeitsbeschaffung die sozialen Auswirkungen erfolgreich zu begrenzen, allerdings um den Preis des Verzichts auf finanzielle Rücklagen in den öffentlichen Haushalten.

Die Stabilisierungskrise von 1925/26, die nicht zuletzt einer mangelhaften Handhabung des konjunkturpolitischen Instrumentariums entsprang und international kein Gegenstück besaß, wich 1927 einer raschen konjunkturellen Erholung, die 1928 auslief und in die internationale Rezession einmündete. Sie blieb für den landwirtschaftlichen Sektor ohne Bedeutung; er befand sich seit 1926 in einem chronischen Niedergang, der nicht zuletzt auf die agrarische Überproduktion auf dem Weltmarkt zurückzuführen war. Die Stabilisierungskrise verschärfte die sozialökonomischen Spannungen. Einerseits sah sich die Reichsregierung mit der Notwendigkeit konfrontiert, die sozialen Folgen der strukturellen Massenarbeitslosigkeit zu bewältigen, konnte sie doch den Tatbestand nicht länger ignorieren, daß Dauererwerbslosigkeit nicht dem betroffenen Arbeitnehmer anzulasten und nicht auf Arbeitsunwilligkeit zurückzuführen war. Andererseits stand das Sozialstaatsprinzip vor einer schweren Belastungsprobe. Die bis dahin hingenommene Staatsintervention begegnete dem verschärften Widerstand der großindustriellen Interessengruppen, die den konjunkturellen Einbruch einer verfehlten Finanz- und Lohnpolitik zuschrieben und erneut das Klagelied überhöhter steuerlicher Heranziehung der Wirtschaft anstimmten. In der Ende Dezember 1925 an den Reichspräsidenten gerichteten Denkschrift des Reichsverbandes der Deutschen Industrie über »Deutsche Wirtschafts- und Finanzpolitik« nahm dieser für sich ein Vetorecht gegenüber den Ausgabebeschlüssen des Reichsfinanzministers in Anspruch und forderte die Reichsregierung förmlich auf, sich von der »unqualifizierten Parteienwirtschaft« des Reichstages nicht beirren zu lassen.

Nicht zufällig kam es zu dem Zeitpunkt, als der Sturz des Bürgerblockkabinetts über die Locarno-Gesetzgebung die Gefahr einer Linkskoalition heraufbeschwor, erneut zu Vorstößen, das parlamentarische System durch autoritäre Formen unter Anwendung des Artikels 48 zu ersetzen. Die Schwerindustrie, die in der DVP ihren verlängerten parlamentarischen Arm erblickte, sperrte sich gegen die Bestrebungen der SPD und der Gewerkschaften, durch die Unterzeichnung des Washingtoner Arbeitszeitabkommens den Rückweg zum Achtstundentag offenzuhalten, obwohl das Vertragswerk genügend Ausnahmeklauseln enthielt, um eine unmittelbare Anwendung aufzuschieben. Im Langnam-Verein, der wichtigsten Interessenvertretung des Steinkohlenbergbaus an der Ruhr, und in der seit 1927 informell zusammengetretenen Ruhrlade, einer Vereinigung der führenden Bergbau- und Stahlindustriellen, sowie durch wachsenden Einfluß im Reichsverband der Deutschen Industrie verfügte die rheinisch-westfälische Unternehmerschaft über eine inzwischen wohlausgebaute Lobby, die nicht zögerte, über die Parteifinanzierung und durch Ausübung direkten wirtschaftlichen Drucks, etwa der Androhung, die deutsch-französischen Stahlverhandlungen zu torpedieren, ihre sozialpolitischen Vorstellungen durchzusetzen.

Als der Braunkohlenindustrielle Paul Silverberg Anfang September 1926 auf der Mitgliederversammlung des Reichsverbandes in Dresden in einer vielbeachteten Rede ein Bekenntnis der Unternehmerschaft zum Staat mit der Forderung nach »verantwortlicher Mitarbeit« der SPD verknüpfte, rief dies schärfste Proteste auf seiten der schwerindustriellen Gruppen und anhaltende innerverbandliche Auseinandersetzungen hervor. Dabei vermochten die Vertreter der Fertigwaren- und der Exportindustrie ihren gemäßigten Standpunkt nicht zur Geltung zu bringen, obwohl Silverberg dem radikalen Gewerkschaftsflügel und dessen Mitbestimmungsforderungen sowie allen Sozialisierungsforderungen eine klare Absage erteilt und die Rückkehr zur Zentralarbeitsgemeinschaft an die Anerkennung der Vorrangstellung des Unternehmertums durch die Gewerkschaften gebunden hatte. Die einflußreichen Gruppen der Schwerindustrie drängten nicht auf Ausgleich, sondern auf ein Krisenprogramm, dessen Ultima ratio in der Ausschaltung der SPD, dem Abbau des parlamentarischen Systems und der Regierung aufgrund des Artikels 48 als Dauerlösung bestand.

Die tiefere Ursache für den massiven innenpolitischen Druck der rheinisch-westfälischen Schwerindustrie lag weniger in der sozialpaternalistischen Einstellung des nach Herkunft und politischer Vorstellungswelt weitgehend homogenen Ruhr-Unternehmertums als vielmehr in der sich zunehmend verschärfenden Selbstkostenkrise. Sie war zunächst durch die in der Inflationsphase einsetzende Tendenz zur vertikalen und horizontalen Konzentration, die sich im Zusammenhang der Krise von 1925/26 verstärkt fortsetzte, überdeckt worden. In der Bildung der Vereinigten Stahlwerke, die Anfang 1926 erfolgte und 50 Prozent der deutschen Eisen- und Stahlproduktion zusammenfaßte, fand die Konzentrationstendenz ihren sichtbarsten Ausdruck. Die Reichsregierung tat nichts, um dem Entstehen von Machtzusammenballungen entgegenzutreten. Vielmehr begünstigte sie die Kapitalkonzentration, wie 1925 im Falle des Zusammenschlusses der führenden Chemiekonzerne zur IG Farben, durch den Verzicht auf die fälligen Fusionssteuern. Die gewerkschaftlichen Forderungen, die Kartellverordnung von 1923 zu novellieren, um eine effektive Kontrolle der Monopolpreisbildung zu ermöglichen, blieben unbeachtet.

Parallel zur Konzentration des Kapitals vollzog sich eine beträchtliche Ausweitung der schwerindustriellen Kapazitäten, so daß die deutsche Eisen- und Stahlproduktion trotz der Gebietsverluste schon 1925 den Stand der Vorkriegszeit wieder erreichte. Dies wurde durch einen kontinuierlichen Ausbau der Anlagen und durch umfangreiche technologische Rationalisierungen bewerkstelligt, die jedoch überwiegend die technische Koordinierung der einzelnen Fertigungsprozesse betrafen. Demgegenüber änderte sich an den konkreten Arbeitsbedingungen, insbesondere der Belastung der Arbeitnehmer, wenig; sie nahm infolge der gleichförmiger werdenden Produktion sogar zu. Es gelang, die Arbeitsproduktivität beträchtlich zu erhöhen; sie lag bereits 1925 um 14 Prozent über dem Vorkriegsstand und stieg weiter an. Zugleich erlaubten die durch Rationalisierung erweiterten Kapazitäten eine Verbilligung der Produktion, was allerdings wegen der ansteigenden fixen Kosten nur bei voller Auslastung der

Fall war. Die Werke der Stahlindustrie waren aber 1925 durchschnittlich nur zu etwa 60 Prozent, Anfang 1926 sogar nur zu etwa 50 Prozent genutzt.

Die Reparationsverpflichtungen hatten die Produktionsausweitung im Steinkohlenbereich nachhaltig begünstigt und die Unternehmensführungen in der Erwartung bestärkt, die Produktion der Vorkriegszeit erreichen und überflügeln zu können. Mit dem Übergang zur Stabilisierung stellte sich jedoch heraus, daß der Markt nicht mehr hinreichend aufnahmefähig war. Das lag einerseits an der schwerindustriellen Überkapazität der westeuropäischen Montanindustrie infolge der Duplizierung der lothringischen Stahlproduktion durch die Ausweitung und Rationalisierung der deutschen Anlagen, andererseits an der Stagnation der Weltwirtschaft und der Verwendung neuer Energiequellen, darunter des Erdöls. Ebenso wie das Rheinisch-Westfälische Kohlensyndikat mit Billigung des Reichskohlenrates der Überproduktion durch eine Preispolitik zu begegnen suchte, die überhöhten Preisen im unbestrittenen Gebiet ein Preisdumping im bestrittenen Gebiet und auf dem internationalen Markt entgegenstellte, ging die Stahlindustrie den Weg der Preiskartelle. Die im November 1924 gegründete Rohstahlgemeinschaft sah neben der Festlegung von Produktionsquoten die Bildung von Verkaufsverbänden für die einzelnen Produkte der eisen- und stahlerzeugenden Industrie vor und bewirkte eine nahezu vollständige Ausschaltung der Konkurrenz auf dem Binnenmarkt.

Durch das Preismonopol des Stahlwerksverbandes konnten hohe Preise auf dem Binnenmarkt sichergestellt und damit Niedrigpreise im Außenhandel kompensiert werden. Die weiterverarbeitende Industrie erhielt aufgrund des AVI-Abkommens eine Rückvergütung für die zur Herstellung von Exportprodukten aufgewandten Stahlmengen, wobei ein Drittel der Ausgleichszahlungen an die weiterverarbeitenden Werke der Stahlindustrie fiel. Um zu verhindern, daß die lothringische Stahlindustrie das nationale Preisniveau durch Einfuhren unterbot, kam es 1926 zu dem Arrangement der Internationalen Rohstahlgemeinschaft, das für Konzessionen auf dem süddeutschen Markt erhöhte Exportanteile des deutschen Partners vorsah. Diese Regelung bezweckte eine bessere Auslastung der Anlagen und somit eine Senkung der Produktionskosten. Doch sie bewährte sich nicht, da es nicht gelang, die mit dem Kartell angestrebte Erhöhung der Weltmarktpreise für Stahlprodukte zu erreichen. Zugleich überschritten die deutschen Werke im Unterschied zu den lothringischen die festgelegten Quoten und hatten bei bis an die Gestehungskosten absinkenden Preisen beträchtliche Ausgleichszahlungen zu leisten, so daß man das Abkommen bald wieder kündigte, während der Gebietsschutz bestehen blieb. 1933 wurde er in Form eines Generalkartells der Exportsyndikate erneuert.

Im Bereich der Steinkohlen- und Stahlindustrie verhinderten die Kartellierung, die tendenziell Absatz und Produktion trennte, und die auf eine höchstmögliche Kapazitätsauslastung gerichtete Preispolitik eine volkswirtschaftlich sinnvolle

Schrumpfung des schwerindustriellen Sektors. Außerökonomische Motive, darunter die bei den deutschen Führungsschichten verbreitete Überzeugung, nur durch den zielbewußten Ausbau des deutschen wirtschaftlichen Potentials die Revision des Versailler Vertrags erreichen zu können, spielten hierbei mit. Dies und die wirkungsvolle Verbandspolitik der schwerindustriellen Konzerne erklären, warum sich die Konsumgüter- und Fertigwarenindustrie trotz ihrer herausragenden Stellung in den wirtschaftlichen Spitzenverbänden nicht durchzusetzen vermochte. Schon in der Inflation hatte sich gezeigt, daß die schwerindustrielle Lobby, indem sie die gemeinwirtschaftlichen Preisbindungen unterlief, eine nahezu unüberwindliche Vetoposition innerhalb des politischen Systems von Weimar einnahm. Die »Herren aus dem Westen«, wie man die Konzernchefs der rheinisch-westfälischen Schwerindustrie mit einer Mischung von Hochachtung und Ironie zu bezeichnen pflegte, verfügten zudem über enge Querverbindungen zu den Apparaten des Reichswirtschaftsministeriums, aber auch zum Büro des Reichspräsidenten.

Die Förderung der Großindustrie durch die Kabinette Marx und Luther erleichterte den wirtschaftlichen Wiederaufstieg nach der Ruhr-Krise, trug aber erheblich dazu bei, daß eine ökonomische Umschichtung zugunsten der »neuen« Industrien verzögert wurde und nicht in ausreichendem Maße in Gang kam und daß wichtige gesamtwirtschaftliche Infrastrukturmaßnahmen, wie der Aufbau eines öffentlichen Stromversorgungsnetzes, durch die Sonderinteressen der Schwerindustrie behindert wurden. Überhöhte Inlandspreise für Kohle und Stahl verteuerten die Investitionen im weiterverarbeitenden Bereich und beschränkten die Exportfähigkeit der nicht am AVI-Abkommen partizipierenden Unternehmen. Im Steinkohlensektor, dessen Absatzchancen sich durch den britischen Bergarbeiterstreik 1926 noch einmal kurzfristig verbesserten, bestand eine notorische Selbstkostenkrise, die nur durch indirekte Subventionen und Frachtkostenerleichterungen teilweise verdeckt wurde. Mit dem Eintritt in die Weltwirtschaftskrise war die Reichsregierung gezwungen, Teile der Sozialleistungen, darunter die Arbeitgeberbeiträge für die Knappschaftsversicherung, zu übernehmen.

Auf seiten der schwerindustriellen Arbeitgeber wurde gegen die angeblich überhöhten Sozialleistungen und die steuerliche Belastung Sturm gelaufen, wobei in der Regel der Anteil der Kriegsopferversorgung und der Hinterbliebenenrenten am Sozialhaushalt verschwiegen und das Anwachsen der öffentlichen Ausgaben im Verhältnis zum Bruttosozialprodukt überschätzt wurden. Psychologisch erwies es sich als nachteilig, daß die unmittelbaren Kriegsfolgelasten bis zum Herbst 1923 durch die Inflation indirekt abgewälzt und geordnete finanzpolitische Rahmenbedingungen erst zu einem Zeitpunkt geschaffen wurden, als erhöhte steuerliche Belastungen, Sozialleistungen und Einkommensminderungen nicht mehr mit der Kapitalvernichtung durch den Krieg, sondern mit den

Reparationen und den sozialen Verteilungskämpfen in Verbindung gebracht wurden.

Gleichzeitig verstärkte sich der Druck der Arbeitgeberverbände nicht nur in der umstrittenen Arbeitszeit-, sondern vor allem in der Lohnpolitik. Infolge der starken verbandlichen und politischen Machtstellung der schwerindustriellen Unternehmerschaft fand das System der Tarifautonomie in den Schlüsselindustrien keine praktische Verwirklichung. Seit der Stabilisierung kam im Ruhr-Bergbau kein Tarifabschluß ohne Einschaltung des staatlichen Schlichters und in der Regel ohne Stichentscheid zustande, und nicht viel anders verhielt sich das in der eisen- und stahlerzeugenden Industrie. Das Scheitern von Tarifabschlüssen war indessen nicht den Gewerkschaften anzulasten. Die freien, christlichen und liberalen Gewerkschaftsverbände, dazu die Polnische Berufsvereinigung, sahen sich seit 1924 immer mehr in die Defensive gedrängt. Sie besaßen nahezu keine Chance, sich gegenüber einer zunehmend geschlosseneren Arbeitgeberfront zu behaupten, die dazu überging, das Mittel der Aussperrung, gegebenenfalls in Form der Stillegung von Betrieben, anzuwenden. An die Stelle des offenen Arbeitskampfes trat ein Gutachtenkrieg über die unterschiedlichen Einschätzungen der Rentabilität und Arbeitsproduktivität, während beide Tarifparteien die Lohn- und Arbeitszeitentscheidungen in aller Regel dem staatlichen Schlichter zuschoben.

Trotz der Verbitterung im Lager der Industriearbeiterschaft gingen die radikalen Einflüsse innerhalb der Gewerkschaftsverbände schon in den frühen zwanziger Jahren weit zurück. Die veränderte Gewerkschaftsstrategie der KPD, die 1923 die von ihr gesteuerte Union der Hand- und Kopfarbeiter auflöste und statt dessen die Parole »Hinein in die Gewerkschaften« ausgab, wurde von den durchweg reformistisch eingestellten Gewerkschaftsführungen mit einer systematischen Ausschaltung von Kommunisten aus den Lenkungsgremien beantwortet. Die 1928 propagierte Revolutionäre Gewerkschaftsopposition blieb zahlenmäßig insignifikant. Ebenso scheiterten die in der Wirtschaftskrise unternommenen Versuche der KPD, selbständige kommunistische Gewerkschaften zu gründen. Die KPD, die bei den Betriebsarbeitern keinerlei nennenswerten Anhang hatte und sich in hohem Maße aus Erwerbslosen rekrutierte, war daher ohne unmittelbaren Einfluß auf die praktische Gewerkschaftspolitik, obwohl sie durch kontinuierliche Attacken gegen die Gewerkschaftsführungen deren Entschlußfähigkeit lähmte. Die äußerliche Konsolidierung der gewerkschaftlichen Berufsverbände war von einer rückläufigen Mitgliederbewegung begleitet. Der Mitgliederzustrom in den frühen zwanziger Jahren wurde von den Organisationen nicht dauerhaft integriert. In den Verbänden überwog wieder, wie in der Vorkriegszeit, der Anteil der Facharbeiterschaft, während die angelernten und ungelernten Arbeitskräfte ausschieden. Das stärkte die gemäßigten Gruppen im Gewerkschaftsapparat, schwächte aber dessen tarifpolitische Kampfbereitschaft.

Reichslandbund und Schwerindustrie suchten die veränderte konjunkturpolitische Lage auszunutzen, um das Tarifmonopol der Gewerkschaften zurückzudrängen und dem mühselig aufgepäppelten Werkgemeinschaftsgedanken tarifpolitischen Einfluß zu verschaffen. Diesem Ziel diente auch das von den schwerindustriellen Arbeitgeberverbänden 1925 gegründete »Deutsche Institut für technische Arbeitsschulung«, DINTA, das von Karl Arnhold geleitet wurde und sich zur Aufgabe stellte, einen werksverbundenen, leistungswilligen und nationalbewußten Arbeitertypus zu schaffen und die Arbeitnehmerschaft »seelisch« zu gewinnen. Neben ergonomischen Studien betrieb das Institut Untersuchungen zur »Menschenökonomie«, welche die Arbeitsproduktivität durch Rationalisierung der Arbeitsabläufe, aber auch durch eine bessere psychologische Einstimmung mittels betriebspädagogischer Maßnahmen erhöhen sollte. In politischer Hinsicht stellte das DINTA den von großen Teilen der Unternehmer favorisierten Versuch dar, den Gedanken der »Volksgemeinschaft« auch hinter den Werktoren zur Geltung zu bringen. In mancher Hinsicht nahm es das DAF-Programm »Schönheit der Arbeit«, aber auch moderne Formen der Arbeitsplatzbewertung vorweg.

Die Hinwendung zum Werkgemeinschaftsprinzip und die anwachsende Gewerkschaftsfeindlichkeit im Unternehmerlager lösten bei den im Deutschen Gewerkschaftsbund zusammengeschlossenen nationalen und christlichen Arbeitnehmerorganisationen, nicht zuletzt bei dem DHV Enttäuschung, bei Teilen der christlichen Gewerkschaften Empörung aus, da die von ihnen angestrebte Rückkehr zur Zentralarbeitsgemeinschaft dadurch gegenstandslos zu werden schien. In der Arbeitszeit- und Lohnfrage sahen sich die christlichen Verbände an die Seite des ADGB gedrängt. Heinrich Imbusch, der Führer des Verbandes christlicher Bergarbeiter, setzte sich im Gegensatz zu Stegerwald nunmehr für Sozialisierungsmaßnahmen im Ruhr-Bergbau ein und sprach eine radikalere Sprache als die gemäßigten Führer des Alten Verbandes. Zugleich gestalteten sich die Beziehungen der nicht-sozialistischen Gewerkschaftsverbände zum Reichslandbund und zum rechten DNVP-Flügel zunehmend unerfreulich, weil diese Tarifverträgen und gesetzlichen Arbeitszeitregelungen grundsätzlich ablehnend gegenüberstanden.

Die Verschiebung der sozialen Balance mußte das Zentrum, die einzige bürgerliche Mittelpartei, die über einen relevanten Arbeiteranteil verfügte, in besonderem Maße in Mitleidenschaft ziehen. Zwar hielt sich die Abbröckelung nach links, die in Westfalen mit dem Auftreten der Christlich-Sozialen Volksgemeinschaft und mit der von Bayern ausgehenden christlich-sozialen Bewegung Vitus Hellers einsetzte, in den Reichstagswahlen von 1924 noch in Grenzen, aber der aus Protest gegen die Rechtsschwenkung der Zentrumspartei 1925 vollzogene Austritt Joseph Wirths aus der Reichstagsfraktion und die anwachsende Oppositionsstimmung bei der katholischen Arbeitnehmerschaft deuteten auf eine tiefe Vertrauenskrise im Zentrum hin. Anläßlich des Volksbegehrens zur Fürstenenteignung stimmten große Teile der katholischen Arbeiterschaft für den Gesetzentwurf der Linksparteien.

Reichsarbeitsminister Heinrich Brauns, der sich aus nationalpolitischen Erwägungen wiederholt für eine Bürgerblockregierung ausgesprochen hatte, wurde sich zunehmend bewußt, daß eine Fortsetzung der arbeitgeberfreundlichen Schlichtungspraxis angesichts des Widerstands der christlichen Arbeitnehmerschaft, aber auch der sich 1927 verbessernden Konjunktur nicht mehr ratsam war. Mit dem Arbeitszeitnotgesetz, das einen Zuschlag für Überstunden vorsah, wie mit einer gewerkschaftsfreundlichen Schlichtung zog er sich schärfste Kritik seitens der Arbeitgeberverbände zu, die ihrerseits bestrebt waren, das Dreischichtensystem in der Stahlindustrie trotz entgegenstehender Schiedssprüche beizubehalten und weitere Lohnerhöhungen abzuwehren. Um gegen das »Lohndiktat des Staates«, wie es in einer intern gebliebenen Denkschrift der Nordwestlichen Gruppe der Eisen- und Stahlindustrie hieß, anzugehen, beschloß sie die Schaffung eines Kampffonds und traf Vorbereitungen für umfassende Betriebsstillegungen, die vorgenommen werden sollten, wenn der Reichsarbeitsminister an seinen Arbeitszeitvorstellungen festhielt. Aufgrund des geschlossenen Widerstands der Nordwestlichen Gruppe wich das Kabinett im Dezember 1927 im Hinblick auf die Anwendung des Arbeitszeitnotgesetzes zurück. Obwohl es sich bei dem umkämpften Lohnschiedsspruch in der Stahlindustrie um einen Erfolg der Unternehmer handelte, rüstete sich die Nordwestliche Gruppe für eine offene sozialpolitische Kraftprobe, die dem Reichsarbeitsminister die Waffe der Zwangsschlichtung entwinden und freie wie christliche Gewerkschaften entscheidend schwächen sollte. Sie wurde im Herbst 1928 mit dem »Ruhr-Eisenstreit« Wirklichkeit.

Die von Brauns mit Zähigkeit und Umsicht betriebene kompensatorische Sozialpolitik konnte das Kräfteverhältnis der Arbeitsmarktparteien nicht verändern, wohl aber die Chancengleichheit der Arbeitnehmer durch den Ausbau des Arbeitsrechts und die Ausgestaltung der Sozialversicherung und des Arbeitsschutzes verbessern helfen. Einer der wichtigsten Schritte auf diesem Weg und zugleich ein persönliches Verdienst von Brauns stellte das seit 1925 im Entwurf vorliegende, 1927 verabschiedete Gesetz zur Arbeitslosenvermittlung und Arbeitslosenversicherung dar. Wie schon bei dem Arbeitszeitnotgesetz kam der parlamentarische Kompromiß durch die von Brauns bewußt vorgenommene Einschaltung des vorläufigen Reichswirtschaftsrates zustande, in dem die christlichen Gewerkschaften eine wichtige Mittlerfunktion wahrnahmen. Das Gesetz ergänzte die Erwerbslosenfürsorge und Krisenunterstützung durch den auf dem Versicherungsprinzip beruhenden Rechtsanspruch des Arbeitnehmers auf zeitlich begrenzte finanzielle Sicherung für den Fall der Arbeitslosigkeit und legte die Versicherung in die Selbstverwaltung der Tarifparteien. Es bildete in mancher

Beziehung den Höhepunkt des sozialstaatlichen Ausbaus der Republik, obwohl es nur einem Teil der Arbeitnehmer zugute kam und gegenüber der Dauererwerbslosigkeit versagte.

Trotz der hohen strukturellen Arbeitslosigkeit – der Anteil der arbeitslosen Gewerkschaftsmitglieder sank von Ende 1925 bis Anfang 1927 niemals unter 15 Prozent – ging man von der Erwartung aus, daß durch die Rationalisierung der Wirtschaft die Integration der überschüssigen Arbeitskräfte erreicht werden könnte. Der Beitragssatz von 3 Prozent, den Arbeitgeber und Arbeitnehmer aufzubringen hatten, sowie ein bei der Reichsanstalt für Arbeitslosenvermittlung und Arbeitslosenversicherung gebildeter Notstock ermöglichten die Unterstützung von 1,4 Millionen Arbeitslosen. Danach griff die Darlehensverpflichtung des Reiches ein. Da die Leistungen auf sechsundzwanzig Wochen begrenzt waren, blieb für Dauerarbeitslose die dem Bedürfnisprinzip folgende Krisenfürsorge zuständig. Schon 1928 wurden Saisonarbeiter von der Versicherung ausgeschlossen, 1929 auch die nur zeitweise Berufstätigen und die verheirateten Frauen. Bei der einmütigen Verabschiedung des Reformgesetzes am 16. Juli 1927 rechnete man jedoch noch allgemein mit einer günstigen Konjunkturentwicklung.

Aus einer ähnlichen finanzpolitischen Euphorie heraus vervielfachten sich in den beiden letzten Konjunkturjahren der Republik die kommunalpolitischen Initiativen zum Ausbau der Jahrzehnte vernachlässigten Infrastruktur, zur Errichtung neuer Verkehrsnetze und zur Eingemeindung des großstädtischen Umfeldes. Im Zusammenhang damit entfaltete sich eine umfangreiche öffentliche Bautätigkeit, die nicht nur der Bereitstellung von Wohnraum, sondern auch der kulturellen Selbstdarstellung und politischen Repräsentation diente. Umfassende Siedlungsbauten, von denen viele den Zweiten Weltkrieg überlebten, und öffentliche Anlagen zeugen von einem ungebrochenen kommunalen Selbstbewußtsein. In den Großstädten entwickelten sich eine schichtenübergreifende Massenkultur und die Ansätze der Konsumgesellschaft. Vielfach verknüpften sich Ressentiments gegen die innovatorischen Züge urbanen Lebens mit berechtigten Einwänden gegen das häufig unsolide Finanzgebaren der Gemeinden, die kurzfristig gewährte Kredite langfristig anlegten.

Kritik an der leichtfertigen Haushaltsführung der öffentlichen Hand wurde von verschiedenster Seite geäußert: von Parker Gilbert, dem Reparationsagenten, und vom Reichsbankpräsidenten Hjalmar Schacht, von Heinrich Brüning und Gustav Stresemann, die eine zu hohe Auslandsverschuldung fürchteten, und von der Industrie, die die Ausweitung der öffentlichen Finanzen unnachgiebig bekämpfte. Gleichwohl kam es 1927, auf Betreiben des dem Zentrum angehörenden Reichsfinanzministers Heinrich Köhler, zu einer Aufbesserung der Beamtengehälter um mehr als 20 Prozent. Die Besoldungsnovelle setzte die Nivellierung der Gehaltsstufen im öffentlichen Dienst fort und wurde daher vom Reichsbund der Höheren Beamten, dem der DVP-Fraktionsvorsitzende Ernst

Scholz vorstand, zwiespältig aufgenommen. Die Reform stellte eine Kompensation für die Einführung der Arbeitslosenversicherung dar und hob die Beamtengehälter auf einen Satz an, der den Spitzenverdiensten der Facharbeiter entsprach. Sie wurde in einer Phase finanzpolitischer Euphorie verabschiedet, in der vergleichsweise niedrige Annuitäten die öffentlichen Finanzen entlasteten.

Die ohne Abstimmung mit den Parteigremien des Zentrums von Köhler einseitig zugesicherte Besoldungserhöhung rief schon damals die schärfste Kritik nicht nur von Parker Gilbert, der auf die niedrigeren Beamtengehälter in den westlichen Ländern hinwies, sondern auch von Heinrich Brüning und den unter Führung Adam Stegerwalds stehenden christlichen Gewerkschaften hervor. Es war vorauszusehen, daß die Novelle nur dann finanzierbar war, wenn die Reichszuschüsse zur Arbeitslosenversicherung in Grenzen blieben. Wichtiger war jedoch, daß die öffentliche Hand dadurch den Arbeitgeberverbänden in den Rücken fiel, die gegen weitere Lohnerhöhungen eintraten. Gestützt auf die staatliche Lohnfindung gelang es den Gewerkschaften, das Reallohnniveau 1927 auf den Vorkriegsstand anzuheben und vereinzelt weiter zu steigern. Allerdings zeigten sich deutliche Verschiebungen im Lohngefüge. Die Spitzenlohnposition der Bergarbeiter konnte nicht aufrechterhalten werden. Zudem lagen die in der Industrie gezahlten Facharbeiterlöhne deutlich über den Tariflöhnen.

Von seiten der Schwerindustrie wurde über das angebliche »Lohndiktat« des Reichsarbeitsministeriums und über die hohen Sozialleistungen Klage geführt, wobei die unternehmerische Argumentation dazu neigte, Parlamentarismus mit Sozialpolitik gleichzusetzen und das politische System als »Gewerkschaftsstaat« zu denunzieren. Die Reallohnsteigerungen nach 1925 waren jedoch weder dem staatlichen Schlichtungswesen, das Konjunkturschwankungen gegenüber dämpfend wirkte, noch dem Einfluß der Gewerkschaften zuzuschreiben, die aus der Inflationskrise geschwächt hervorgingen. Vielmehr glich sich das zuvor ungewöhnlich stark abgesunkene Reallohnniveau den auch nach 1924 nicht völlig beseitigten Inflationserwartungen an. Die Reallöhne stiegen jedoch wesentlich langsamer als die Arbeitsproduktivität je Arbeitsstunde, so daß nicht davon gesprochen werden kann, die Lohnentwicklung habe das Produktivitätswachstum in der Industrie übertroffen. Hingegen lag das Einkommen der Gesamtheit der abhängig Beschäftigten über dem volkswirtschaftlichen Produktivitätszuwachs. Dies hing mit dem Anstieg der Erwerbsquote – also der Zahl der erwerbstätigen Personen – um 11,3 Prozent gegenüber der Vorkriegszeit zusammen, wobei die Gruppe der Angestellten und Beamten von 10,3 auf 17,3 Prozent anwuchs, während die Arbeiter von 54,9 auf 49,2 Prozent im Zeitraum von 1907 bis 1925 zurückfielen. Die vergleichsweise hohen Gehälter der in der Wirtschaft tätigen Angestellten, der kommunalen Bediensteten und der Beamten – nicht die Löhne der Industriearbeiterschaft – bewirkten die begrenzte Disparität von Einkommens- und Produktivitätsentwicklung.

Der Anteil der Arbeiter, Angestellten und Beamten an sämtlichen Erwerbspersonen nach den Berufszählungen von 1907, 1925 und 1933 sowie die Erwerbsquote (Jutta Wietog nach Petzina, Abelshauser, Faust 1978)

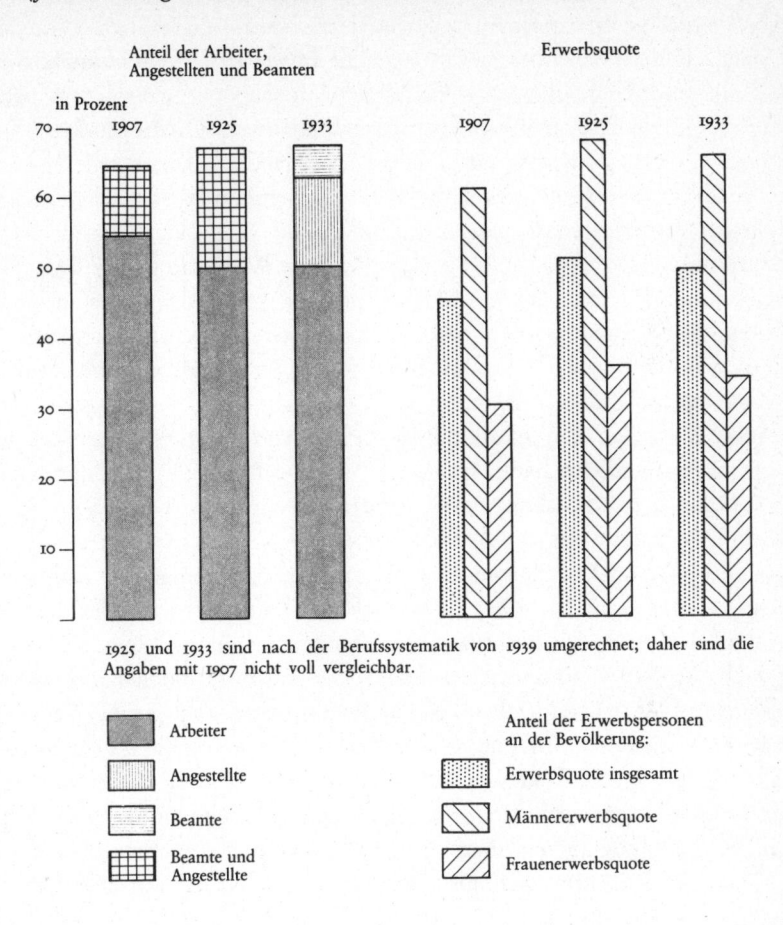

1925 und 1933 sind nach der Berufssystematik von 1939 umgerechnet; daher sind die Angaben mit 1907 nicht voll vergleichbar.

Arbeiter
Angestellte
Beamte
Beamte und Angestellte

Anteil der Erwerbspersonen an der Bevölkerung:
Erwerbsquote insgesamt
Männererwerbsquote
Frauenerwerbsquote

Das schon damals in Unternehmerkreisen unermüdlich vorgetragene Argument, die Wirtschaft kranke an einem zu hohen Lohnniveau, verkannte das eigentliche Strukturproblem. Es bestand in mangelnder Innovationsfähigkeit, in der Konzentration der technologischen Rationalisierung auf strukturschwache Bereiche und in einem durch Kartellierung und Monopolbildung eingeschränkten oder verzerrten Wettbewerb, der mittelständische Betriebe benachteiligte. Die Kartellpreispolitik der Schwerindustrie führte zu einer indirekten Erhöhung der Lebenshaltungskosten, welche auf die Löhne zurückwirkte. Da das System der Tarifautonomie infolge der Schwächung des gewerkschaftlichen Partners, insbesondere bei den lohnführenden Branchen, nicht wirklich zur Geltung gelangte, blieb der durch freie Lohnbildung eintretende wirtschaftspolitische Korrektureffekt, der zum Abbau der schwerindustriellen Überkapazitäten Anlaß gegeben hätte, weithin aus. Auch ein wesentlich niedrigeres Lohnniveau hätte die Absatzchancen der Schwerindustrie nicht dauerhaft sichern können. Außerdem beeinträchtigten hohe Aufwendungen für die Subventionierung der ostelbischen Großlandwirtschaft die Investitionstätigkeit.

Gemessen am Vorkriegsstand fiel das industrielle Wachstum des Deutschen Reiches hinter dasjenige vergleichbarer westlicher Industrieländer zurück. Zu Beginn der Weltwirtschaftskrise zeigte sich, daß Deutschland zusammen mit Großbritannien zu den Verlierern im industriellen Wettlauf gehörte. Das Fehlen einer planmäßigen staatlichen Wachstumspolitik und die Tendenz, unrentable Sektoren durch Subventionen zu stützen, trugen zur Strukturschwäche der deutschen Wirtschaft ebenso bei wie das im Vergleich zur Vorkriegszeit beträchtlich angestiegene Zinsniveau und die geringe innere Kapitalbildung. Diese war eine indirekte Folge der Inflation, welche die Vermögensrücklagen der alten Mittelschicht aufgezehrt hatte. Ferner wirkten politische Faktoren, darunter die Kreditpolitik der Reichsbank, sowie die nationale und internationale Zollschutzpolitik negativ ein.

Der Interventionskapitalismus machte sich jedoch weniger im Bereich der Industrie als im agrarischen Sektor bemerkbar. Zwar hatte sich die Großlandwirtschaft während der Inflation weitgehend entschulden können, aber das Fehlen des für die Rationalisierung der Produktion notwendigen Kapitalstocks behinderte bei gleichzeitig absinkenden Weltmarktpreisen für Agrarprodukte eine wirtschaftliche Gesundung. Neben umfangreichen Kreditaktionen, an denen Preußen maßgebend beteiligt war – Severing sprach von der Notwendigkeit, einen »widerstandsfähigen, treudeutschen Bauernwall« gegen die Gefahr slawischer Überfremdung aufzurichten –, ging das Reich zu umfassenden Agrarsubventionen über, die mit dem Osthilfe- und dem Ostpreußen-Programm die Industrieförderung um ein Mehrfaches übertrafen, ohne die anwachsende Verschuldung der Landwirtschaft aufhalten und deren Rentabilität sicherstellen zu können.

Die Zollnovelle, die nach langen Auseinandersetzungen im August 1925 verabschiedet werden konnte und nach einer Übergangsphase die Rückkehr zu den Vorkriegssätzen vorsah, schlug sich ebenso wie die gleichzeitig betriebene protektionistische Handelsvertragspolitik in einer beträchtlichen Erhöhung der Lebenshaltungskosten nieder. Preissenkungsaktionen der Regierung hatten im wesentlichen nur optische Bedeutung und riefen überdies den scharfen Widerstand des Handwerks hervor. Die Wirtschafts- und Finanzpolitik der Bürgerblockkabinette befand sich somit auf dem besten Weg, die soziale Balance zuungunsten der arbeitenden Massen und von Teilen der unteren Mittelschichten zu verschieben. Dies war auch deshalb möglich, weil der Reichslandbund als maßgebender und durch seine vielfältigen Querverbindungen zu den bürgerlichen Mittel- und Rechtsparteien parlamentarisch einflußreicher agrarischer Verband sich gegenüber den übrigen agrarischen Interessen durchsetzte. Der um sich greifende Agrarprotektionismus traf auch zahlreiche westdeutsche landwirtschaftliche Betriebe, die auf importierte Futtermittel angewiesen waren; er widersprach vor allem dem Interesse der Exportindustrie, die kompensatorische Zölle der Handelspartner befürchten mußte. Der agrarische Lobbyismus vermochte sich auf herkömmliche nationale Einstellungen zur Sicherung spezifisch ökonomischer Interessen zu berufen. Dazu gehörte die vielbeschworene Ostpreußen- und Grenzlandideologie. Sogenannte nationale Notwendigkeiten wurden angeführt, so die Unentbehrlichkeit der Grenzschutzarbeit für die Sicherung deutschen Bodens gegen angebliche slawische Überfremdung, um die angestammten Privilegien einer kleinen Kaste von Großagrariern zu bewahren. Ähnlich vermochte sich das schwerindustrielle Unternehmertum an der Ruhr als entscheidende Kraft im Abwehrkampf gegen die Ambitionen Frankreichs darzustellen, was es nicht daran hinderte, sich diese nationalen Verdienste nachträglich in Form der Ruhrspende vergüten zu lassen.

Querverbindungen zwischen wirtschaftlichen Interessengruppen und nationalistischen Verbänden waren bestimmend für die politische Kultur der zwanziger Jahre. Seit der äußeren Konsolidierung der Republik im Zusammenhang mit der Stabilisierung der Währung und der Annahme des Dawes-Plans veränderte sich die Funktion der außerparlamentarischen Organisationen von rechts und von links. Statt wie bisher einen staatsstreichförmigen Umsturz des bestehenden Verfassungssystems zu betreiben, stellten sie sich nun in den Dienst eines autoritären Umbaus des bestehenden Verfassungssystems. Sie profitierten davon, daß Reichstag und Mehrheitsfraktionen einen empfindlichen Autoritätsschwund erlitten, der mit den stark etatistischen Zügen der Bürgerblockkabinette – Regierung und hohe Ministerialbürokratie verselbständigten sich zusehends gegenüber dem Parlament und den Regierungsparteien – und der fehlenden Popularität der Währungs-, Steuer- und Sozialpolitik zusammenhing. Der Ansturm der außerparlamentarischen Kräfte auf das ökonomisch gekräftigte und politisch stabilisierte parlamentarische Regierungssystem zeigte an, daß die Parteien ihre politische Integrationsfunktion nicht hinreichend wahrzunehmen imstande waren.

Die innenpolitische Konsolidierung in der Phase der Bürgerblockkabinette brachte andererseits das Abklingen offener Staatsstreichneigungen und einen Rückgang der konspirativen Tätigkeit der nationalistischen Wehrverbände. Die Umstellung der geheimen Aufrüstung auf eine langfristige Perspektive und das formelle Respektieren der republikanischen Ordnung durch die Reichswehr entzog der Soldatenspielerei der Kampfbünde den politischen Boden. Statt dessen drängten die Wehrverbände zu direkter politischer Einflußnahme. Aus einer Veteranenorganisation entwickelte sich der Stahlhelm zum bedeutendsten nationalkonservativen Wehrverband. Das war in erster Linie Franz Seldte zuzuschreiben, der als Reserveoffizier im Weltkrieg schwer verwundet worden war und 1919 entscheidend am Zusammenschluß der lokalen Frontsoldatenbünde zu einem Reichsbund der Frontsoldaten mitgewirkt hatte. Seit Mitte der zwanziger Jahre schloß sich ein Teil der bis dahin unabhängig gebliebenen Kampfbünde, darunter der Bund Wiking, der Bund Olympia und der von Ludendorff befehligte Tannenberg-Bund, dem Stahlhelm an, der zugleich enge Querverbindungen zu den Vereinigten Vaterländischen Verbänden einging. 1924 zählte er zusammen mit dem Jungstahlhelm bereits 400.000 Mitglieder.

Einen ähnlichen Weg beschritt der von Artur Mahraun gegründete Jungdeutsche Orden. Mahraun kam von der Jugendbewegung her und hatte sich 1921 mit seinen Anhängern an den Freikorpskämpfen in Oberschlesien beteiligt. Bis 1923 lag der Schwerpunkt der Tätigkeit des Ordens auf paramilitärischem Gebiet, was zu dessen vorübergehendem Verbot durch die preußische Regierung führte. Seit 1924 wandte er sich politischen Zielen zu, ohne seinen überparteilichen Charakter aufzugeben. Die altertümlich erscheinende Organisation, die am Vorbild des spätmittelalterlichen Deutschen Ordens orientiert war und Parallelen zur neokonservativen Ring-Bewegung aufwies, hing mit der in den Satzungen des Ordens niedergelegten Vorstellung zusammen, bündische Formen auf das politische Leben übertragen und damit das politische Parteiwesen auf mittlere Sicht überflüssig machen zu können. Mahraun, dessen 1927 veröffentlichtes »Jungdeutsches Manifest« sich eng an neokonservative Vorstellungen anlehnte, wollte das parlamentarische System und das politische Parteiwesen durch eine organisch gegliederte berufsständische Ordnung ersetzt sehen, die das Nachbarschafts- mit dem Führerprinzip verschmelzen sollte.

Mit annähernd 100.000 Mitgliedern stellte der Jungdeutsche Orden den zweitstärksten politischen Kampfbund im konservativen Parteienfeld dar. Er rekrutierte sich im wesentlichen aus Kreisen des protestantischen Mittelstandes. Viele der aktiven Mitglieder stammten aus der Jugendbewegung. Mahraun propagierte eine innere Erneuerung der Nation, die er durch körperliche Ertüchtigung, innere Kolonisation und Grenzlandarbeit, nicht durch militärische Ausbildung, wie sie beim Stahlhelm gepflegt wurde, herbeiführen wollte. Als erster trat er für den Gedanken des freiwilligen Arbeitsdienstes ein, und der Orden war an der späteren Arbeitslagerbewegung maßgebend beteiligt. In außenpolitischen Fragen unterstützte der Jungdeutsche Orden die Stresemannsche Verständigungspolitik mit Frankreich, während er im Osten für die Beseitigung des Korridors und ein weitgespanntes Siedlungsprogramm eintrat.

Stresemann scheute sich nicht, das Potential der Kampfbünde für die Unterstützung der Locarno-Politik zu mobilisieren. In einem für das »Hamburger

Fremdenblatt« bestimmten Artikel hob er hervor, daß »die großen lebendigen Kräfte der Nation nicht allein durch die Parteien repräsentiert« würden. Trotzdem rückte der Stahlhelm unter dem Einfluß des im März 1924 zum zweiten Bundesführer gewählten Ex-Frontoffiziers Theodor Duesterberg in das Lager der Locarno-Gegner ein. Während Franz Seldte in den nationalistischen Kategorien des Wilhelminismus dachte, gewann der Reichsbund der Frontsoldaten mit der Hilfe einer Reihe von neokonservativen Literaten, darunter Ernst Jünger, Franz Schauwecker und Werner Beumelburg, welche die Bundeszeitung des Stahlhelms zum Sprachrohr des »soldatischen Nationalismus« machten, eine im Kern national-revolutionäre Ausrichtung. Die radikale Ablehnung der parlamentarisch-republikanischen Ordnung und das Schlagwort von der Notwendigkeit einer »nationalen Diktatur« verschmolzen mit der wenig präzisen Zielsetzung, einen »Staat der Frontsoldaten« nach dem Vorbild der »Schützengrabengemeinschaft« zu schaffen. Als Alternative zur parlamentarischen Repräsentation fungierte ein vor allem von Heinz Brauweiler, einem der wichtigsten Stahlhelm-Ideologen, herausgestelltes berufsständisches Programm. Die manipulative Verwendung des Frontkämpfermythos spiegelte sich auch darin, daß der Bund 1926 auf den Frontsoldatencharakter als Bedingung der Mitgliedschaft verzichtete und sich in zunehmendem Maße nicht als Veteranenorganisation, sondern als »politisch-nationale Freiheitsbewegung« verstand.

Der Einbruch der Bünde in die Politik war Ausdruck des seit Mitte des Jahrzehnts verstärkt bewußt werdenden Generationenwandels. Gerade die nachwachsende Generation, die nicht aktiv am Krieg teilgenommen hatte, aber die Frontkämpferideologie für sich instrumentalisierte, griff begierig nach den ihr von neokonservativen Intellektuellen aufbereiteten nationalen Aufbruchs- und Volksgemeinschaftsmythen und sah sich in den zur Überalterung der Führungskader neigenden Parteiapparaten nicht hinreichend vertreten. Uniformierung und militärische Aufmärsche, die vor allem mit den spektakulären Frontsoldatentagen des Stahlhelms üblich wurden, sowie politische Demonstrationen, die sich zunächst in erster Linie gegen Locarno und den Völkerbund richteten, prägten in zunehmendem Maße das politische Leben, in dem außerparlamentarische Aktionen einen immer größeren Raum einnahmen.

Im Gegenzug zur Politisierung der Kampfbünde der Rechten erfolgte die Mobilisierung der republikanischen Kräfte durch das nicht zufällig 1924 in Magdeburg, dem Gründungsort des Stahlhelms, konstituierte Reichsbanner, das als überparteilicher Verband der republikanischen Parteien konzipiert war. Trotz der offiziellen Beteiligung des Zentrums und der DDP, die aus taktischen Erwägungen geboten schien, blieb das Reichsbanner, das binnen kürzester Zeit mehr als eine Million Mitglieder zählte und zahlenmäßig die Wehrverbände der Rechten bei weitem übertraf, eine primär von Sozialdemokraten getragene Massenorganisation. Das Reichsbanner Schwarz-Rot-Gold war ebenfalls als

Frontkämpferverband gegründet worden und paßte sich im Auftreten den paramilitärischen Verbänden der Rechten in vieler Beziehung an. Ähnlich wie Hitlers SA übernahm es Aufgaben des Saalschutzes und der Absicherung republikanischer Kundgebungen. Bündische Elemente und militärische Rituale gewannen jedoch gegenüber der republikanischen Zielsetzung nicht die Oberhand.

Unter Karl Höltermann, dem Nachfolger des 1927 ausgeschiedenen Reichsbannervorsitzenden und Oberpräsidenten von Magdeburg, Otto Hörsing, näherten sich das Reichsbanner und die als militanter Kern gebildete Eiserne Front den politischen Stilmitteln der nationalistischen Rechten, was sowohl die Pflege des Führergedankens als auch die zielbewußte Verwendung paramilitärischer Formen betraf. Unter der Parole des »Kampfes um die zweite Republik« und im Zusammenhang mit der Hervorhebung des Prinzips der Überparteilichkeit fand sich im Reichsbanner unverhohlene Kritik am überkommenen Parteiensystem. Es verwundert daher nicht, daß das Reichsbanner, abgesehen von dem häufig eigenwilligen Vorgehen Hörsings, nicht nur von der Zentrumspartei und der DDP, sondern auch vom SPD-Parteivorstand mit Distanz und Mißtrauen betrachtet wurde. Dahinter verbarg sich neben den Schwierigkeiten, die der Eintritt des Zentrums in das rechtsbürgerliche Kabinett Luther mit sich brachte, das ungestüme politische Temperament der nachfolgenden Generation, das die zur Routine gewordene, symbolferne und perspektivlose politische Praxis der Parteifunktionäre ablehnte und einer als überlebt betrachteten Vereinsdemokratie keine Sympathien abzugewinnen vermochte.

Anders als das Reichsbanner, das im wesentlichen defensiv eingestellt war und sich von gewaltsamen Auseinandersetzungen mit politischen Gegnern soweit möglich fernhielt, waren der im Sommer 1924 entstandene Rote Frontkämpferbund und dessen Nebenorganisationen wie die Rote Jungfront bewußt als schlagkräftige Kampfverbände konzipiert. Ihr Auftreten steigerte den bürgerlichen Antimarxismus zum Exzeß und lieferte den Wehrverbänden der Rechten zusätzliche Vorwände, sich als Verteidiger von Recht und Ordnung hinzustellen. Trotz seiner formellen Überparteilichkeit stellte der Bund, an dessen Spitze Ernst Thälmann trat, eine von der KPD gesteuerte Nebenorganisation dar, die sich dem Ritual der rechtsstehenden Kampfbünde äußerlich anpaßte und für die Einheitsfront von unten einsetzte.

Seit Durchsetzung der neuen linken Taktik im Herbst 1928 auf dem Sechsten Weltkongreß der Komintern radikalisierte sich das äußere Vorgehen der KPD, was zu häufigen Zusammenstößen mit SA und Reichsbanner führte. Gleichwohl waren die schweren Auseinandersetzungen zwischen preußischer Polizei und kommunistischen Demonstranten in Berlin in den ersten Maitagen 1929 überwiegend auf ein unverhältnismäßig hartes Eingreifen der Ordnungskräfte zurückzuführen, das Tote und Verwundete forderte. Das Demonstrationsverbot am 1. Mai provozierte die KPD zu Massenprotesten, die keineswegs, wie

Polizeipräsident Zörgiebel und Innenminister Severing unterstellten, mit einer Umsturzplanung der KPD in Verbindung standen. Das nach dem »Berliner Blutmai«, wie die Vorgänge alsbald in der kommunistischen Presse bezeichnet wurden, verhängte Verbot des Roten Frontkämpferbundes, dem sich die übrigen Länder teilweise widerstrebend anschlossen, da man sich zu gleichzeitigen Schritten gegen die SA nicht bereitfand, brachte keine innenpolitische Entlastung. Es wurde vielmehr von der kommunistischen Agitation zur Untermauerung der gegen die SPD gerichteten Sozialfaschismus-These benutzt. Tatsächlich war der Rotfrontkämpferbund, der bis zu seinem Verbot etwa 80.000 Mitglieder zählte, kein ernsthafter Bedrohungsfaktor, und das galt auch für dessen illegale Nachfolger. Die entscheidende Gefährdung der Republik ging von den paramilitärischen Verbänden der politischen Rechten aus.

Neben den unablässigen Versuchen, die nationalen Frontkämpferbünde zu einem wirkungsvollen außerparlamentarischen Block zusammenzufassen, stand Ende 1924 die Initiative des Freiherrn Wilhelm von Gayl, mit Hilfe der Kampfbünde die Präsidentschaftskandidatur Seeckts durchzusetzen, um auf diesem Weg zu einer autoritären Verfassungsumbildung zu gelangen. Diese Absicht wurde jedoch durch die vorzeitigen Reichspräsidentenwahlen durchkreuzt. Der unerwartete Tod des Reichspräsidenten Friedrich Ebert am 28. Februar 1925 war nicht zuletzt eine Folge der beispiellosen Hetze, die von der Rechtspresse gegen die sozialdemokratisch geführte preußische Regierung aus Anlaß des Barmat-Skandals entfesselt worden war. Der Konkurs des von den Brüdern Barmat geleiteten Unternehmens stellte keinen Sonderfall dar; auch das Imperium von Stinnes zerfiel nach seinem Tod. wegen übertriebener Kreditspekulationen und mangelnder Liquiditätsreserven. Kredite der Preußischen Staatsbank und der Reichspost sowie der Tatbestand, daß es sich bei den Barmats um nach 1918 aus Polen eingewanderte Juden handelte, dienten als Vorwand für eine gegen die SPD gerichtete, betont antisemitisch geprägte Korruptionsverdächtigung. Auch Ebert, dem zu Unrecht eine Förderung Barmats unterstellt worden war, wurde zur bevorzugten Zielscheibe der deutschnationalen Verhetzung. Ihren Höhepunkt erlangte die Kampagne mit dem Vorwurf, Ebert habe durch sein Eintreten in die Streikleitung der Berliner Munitionsarbeiter Anfang 1918 Landesverrat begangen. Das Magdeburger Schöffengericht, das mit der von Ebert angestrengten Beleidigungsklage befaßt war, verurteilte zwar den angeschuldigten Redakteur, ließ aber den Landesverratsvorwurf als sachlich begründet gelten.

Es handelte sich um einen jener notorisch auftretenden Fälle, in denen sich die Rechtsprechung zum Büttel eines verblendeten Nationalismus machte, der die Parteien der Linken und die republikanischen Institutionen mit dem Mittel gezielter Verleumdung verunglimpfte und sich dabei vor allem der mit der Dolchstoßlegende verknüpften Ressentiments bediente. Es rächte sich bitter, daß die Republik nichts getan hatte, um die überwiegend sozial-konservativ geprägte

Richterschaft auf eine loyale Haltung zur Reichsverfassung zu verpflichten, notfalls durch eine Neuordnung des Disziplinarrechts und des Beförderungsverfahrens. Die Sympathiebekundungen zahlreicher Repräsentanten des öffentlichen Lebens wie des Reichskabinetts, das jedoch nicht den Mut zu einer direkten Urteilsschelte aufbrachte, konnten Ebert über die tiefe Kränkung nicht hinwegbringen, daß er bis zur Revision des Magdeburger Urteils gegen den nunmehr systematisch hochgespielten Vorwurf des Landesverrats nicht rechtlich einzuschreiten vermochte. Ein zu spät behandelter Blinddarmdurchbruch führte den Tod des gesundheitlich robusten Vierundfünfzigjährigen herbei.

Die nun notwendig gewordenen Präsidentschaftswahlen stellten die Parteien vor die Schwierigkeit, mehrheitsfähige Kandidaten zu nominieren. Für die Parteien der Weimarer Koalition wäre es naheliegend gewesen, sich auf eine gemeinsame Kandidatur zu einigen, für die Otto Braun, der angesehene preußische Ministerpräsident, bereitgestanden hätte. Ein solcher Schritt wurde jedoch schon im Vorfeld behindert, weil die Zentrumspartei der Nominierung eines Sozialdemokraten widersprach. In SPD-Kreisen hingegen erschien das Präsidentenamt in Anbetracht von Eberts Parteizugehörigkeit als selbstverständlicher Besitz der Partei. Der bei den bürgerlichen Mittelparteien auftauchende Vorschlag einer Sammelkandidatur Geßler wurde von Gustav Stresemann unter Hinweis auf die außenpolitisch abträglichen Folgen einer Berufung des Reichswehrministers ins Präsidentenamt zu Fall gebracht. Da das Wahlgesetz eine relative Mehrheit erst im zweiten Wahlgang zuließ, kam es zunächst nur zur Aufstellung von Zählkandidaten durch die einzelnen Parteien: Ernst Thälmann für die KPD, Otto Braun für die SPD, Wilhelm Marx für die Zentrumspartei, Heinrich Held für die BVP, Willy Hellpach für die DDP, Karl Jarres für DVP und DNVP sowie Erich Ludendorff für die Nationalsozialistische Freiheitsbewegung. Keiner der Kandidaten erreichte die im ersten Wahlgang erforderliche absolute Mehrheit. Jarres erhielt 10,7, Braun 7,8 und Marx 4 Millionen Stimmen.

Der erste Wahlgang machte deutlich, wie tief die Gräben zwischen den Parteien waren und wie wenig Rückhalt das Parteiensystem bei der breiten Masse der Bevölkerung besaß. Während die republikanischen Parteien nun den Schritt taten, den sie schon zuvor hätten tun müssen, und sich unter Zurückziehung der Kandidatur von Braun und Hellpach auf Marx als Kandidaten des Volksblocks einigten, griff die politische Rechte, die dem Präsidentenamt wesentlich größeres Gewicht beimaß als die republikanischen Parteien, auf die frühere Erwägung des als überparteilicher »Reichsbürgerrat« konstituierten Nominationskomitees unter Friedrich Wilhelm von Loebell, der im Weltkrieg preußischer Minister des Inneren gewesen war, zurück, indem sie den Sieger der Schlacht von Tannenberg, Paul von Hindenburg und Beneckendorff, aufstellte. Der achtundsiebzigjährige General, der sich vom politischen Leben zurückgezogen hatte, ließ sich für die Kandidatur freilich erst gewinnen, als Emissäre der DNVP, darunter Großadmiral von Tirpitz, an sein vaterländisches Pflichtgefühl appellierten und ihm zusicherten, daß die Parteien der Rechten geschlossen für ihn einträten. Das war leichtfertig genug; denn auch in der DNVP fehlte es nicht an Bedenken, da Hindenburg nicht zugetraut wurde, das Präsidentenamt voll auszufüllen. Freiherr von Gayl befürchtete mit Recht, der greise Generalfeldmarschall werde sich nicht zum offenen Verfassungsbruch bereitfinden. Die Schwerindustrie bevorzugte den Duisburger Oberbürgermeister Karl Jarres, der indessen keine Chance hatte, gegenüber Wilhelm Marx eine Mehrheit zu erringen. Stresemann und die DVP machten berechtigte außenpolitische Erwägungen gegen eine Kandidatur Hindenburgs geltend, die in Paris und London mit Bestürzung aufgenommen wurde. Wenngleich sich in dem nun unter der Bezeichnung »Reichsblock« auftretenden Loebell-Komitee eine Mehrheit für Hindenburg fand, blieb dessen Kandidatur bei der politischen Rechten bis zuletzt umstritten. Noch unmittelbar vor der Wahl erwog Reichskanzler Luther, den Rücktritt Hindenburgs zu erzwingen. Für die innenpolitische Entwicklung war es symptomatisch, daß Hindenburg auf Initiative des betont antiparlamentarisch ausgerichteten Loebell-Komitees aufgestellt wurde, das sich über den Willen der beteiligten Parteiführungen hinwegsetzte.

Der Wahlkampf wurde von der bürgerlichen Rechten mit dem Argument bestritten, daß der Zentrumsführer Marx ein Gefangener der Sozialdemokratie sei, die den »Ausverkauf« der Republik betreibe. Hindenburg wurde als über den Parteien stehender Sachwalter der nationalen Interessen aller »vaterländisch« denkenden Deutschen hingestellt. Diese Agitation implizierte eine Herabsetzung der politischen Parteien. Die Kandidatur Hindenburgs, erklärte der BVP-Politiker Fritz Schäffer, sei aus »dem Elend des deutschen Parteilebens« heraus geboren. Hindenburg, der sich von seinen Mitarbeitern eine Liste »vaterländischer Kernsprüche« zusammenstellen ließ, verfügte über keinerlei parlamentarische Erfahrung. Er trat im Wahlkampf fast überhaupt nicht in Erscheinung, gab aber, sehr zum Leidwesen der DNVP, die öffentliche Versicherung ab, sich als Präsident an die Verfassung halten zu wollen. Obwohl in der Kampagne der Mythos des Siegers von Tannenberg weidlich ausgeschlachtet wurde, stellte seine Nominierung weder eine Ermutigung monarchistischer Kreise noch eine direkte Begünstigung des Militärs dar. Hindenburg hatte vor Annahme der Kandidatur die Zustimmung des in Doorn residierenden Wilhelms II. eingeholt, dies aber durch seine Umgebung dementieren lassen; gerade weil sich Hindenburg der Loyalität monarchistischer Kreise erfreute, bildete seine Präsidentschaft ein zusätzliches Hindernis für eventuelle Restaurationspläne.

Der am 26. April 1925 stattfindende zweite Wahlgang war durchaus offen. Hindenburg erhielt mit 14.655.000 Stimmen die relative Mehrheit gegenüber Marx, der 13.751.000 Stimmen auf sich vereinigte. Bemerkenswert war, daß die

Die Ergebnisse der Reichspräsidentenwahlen 1925 und 1932 (Jutta Wietog nach Falter, Lindenberger, Schumann 1986, Huber 1984)

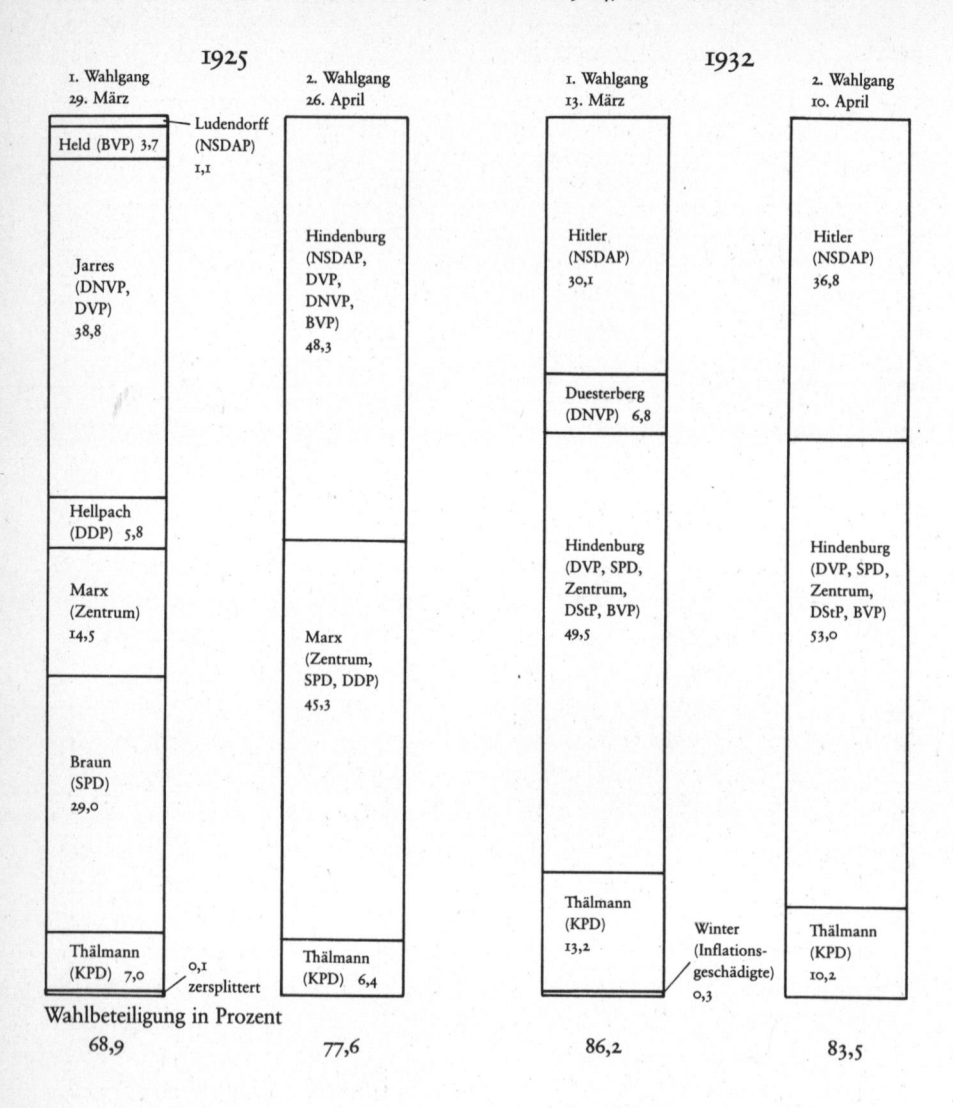

1925		1932	
1. Wahlgang 29. März	2. Wahlgang 26. April	1. Wahlgang 13. März	2. Wahlgang 10. April
Held (BVP) 3,7			
Ludendorff (NSDAP) 1,1			
Jarres (DNVP, DVP) 38,8	Hindenburg (NSDAP, DVP, DNVP, BVP) 48,3	Hitler (NSDAP) 30,1	Hitler (NSDAP) 36,8
		Duesterberg (DNVP) 6,8	
Hellpach (DDP) 5,8		Hindenburg (DVP, SPD, Zentrum, DStP, BVP) 49,5	Hindenburg (DVP, SPD, Zentrum, DStP, BVP) 53,0
Marx (Zentrum) 14,5	Marx (Zentrum, SPD, DDP) 45,3		
Braun (SPD) 29,0			
		Thälmann (KPD) 13,2	Thälmann (KPD) 10,2
Thälmann (KPD) 7,0	Thälmann (KPD) 6,4	Winter (Inflationsgeschädigte) 0,3	
0,1 zersplittert			

Wahlbeteiligung in Prozent
68,9   77,6   86,2   83,5

BVP für den Protestanten Hindenburg votierte, wenngleich bis zu einem Drittel ihrer Stammwählerschaft der Parteilinie nicht folgte. Die KPD, die gegen den Rat der Komintern an der Zählkandidatur Thälmanns festgehalten hatte, konnte ihre Stellung gegenüber dem ersten Wahlgang nicht verbessern, was für die Disziplin der sozialdemokratischen Wähler sprach. Die Kandidatur von Marx wurde im Austausch für die Zustimmung des Zentrums zur Wahl Otto Brauns zum preußischen Ministerpräsidenten von der SPD nachdrücklich unterstützt. Das republikanische Reichsbanner setzte sich vorbehaltlos für den früheren Reichskanzler und Zentrumsführer Marx ein. Die gemeinsame Kampfstellung gegen die Rechte verstärkte die Solidarität unter den republikanischen Parteien.

Allerdings zeigte es sich, daß sowohl die DDP, vor allem in Sachsen und in Hamburg, als auch die Zentrumspartei, nicht zuletzt in Westfalen und Oberschlesien, beträchtliche Stimmenverluste hinnehmen mußten. Die knappe Mehrheit für Hindenburg war daher keineswegs – abgesehen von der Intransigenz der KPD – allein der BVP zuzuschreiben, die ein Zusammengehen mit der SPD für unerträglich hielt. Die Wahlen machten deutlich, daß antisozialdemokratische Ressentiments für das bürgerliche Wählerverhalten eine zentrale Rolle gespielt hatten und daß sie weitgehend mit der Ablehnung des parlamentarischen Systems durch große Teile des Mittelstandes zusammenfielen. Den Ausschlag gaben jedoch die 3,5 Millionen Wähler, die sich erst am zweiten Wahlgang beteiligten und von denen 3 Millionen für Hindenburg stimmten. Die Mobilisierung von Antimarxismus und Nationalismus öffnete der politischen Rechten jenes gefährliche Arsenal von Nichtwählern, zu dem die republikanischen Parteien keinen Zugang besaßen.

Demonstrationen der Verbände der Rechten und schwarz-weiß-rote Flaggen säumten den Weg Hindenburgs bei der Übernahme des Präsidentenamtes, während sich das Reichsbanner, sowohl Konfrontationen wie Mißverständnisse befürchtend, zurückhielt. Symbolisch kam darin der politische Stilwandel zum Ausdruck, der für das zweite Jahrfünft der Republik kennzeichnend war. Die Besorgnisse der Republikaner, Hindenburgs Amtsführung werde den Boden der Verfassung preisgeben, schienen sich indessen nicht zu bestätigen. Stresemann hatte zwar die größte Mühe, den Präsidenten von der außenpolitischen Zwangslage des Reiches zu überzeugen, die es nicht gestattete, mit »der Faust auf den Tisch zu schlagen«, wie dieser es wünschte. Es war kein gutes Omen, daß der Reichspräsident die verfassungsmäßig erforderliche Unterschrift unter den deutschen Antrag auf die Mitgliedschaft im Völkerbund nicht zu leisten bereit war. Weit problematischer jedoch war der beständige Einfluß, den Repräsentanten der DNVP, aber auch die Großagrarier und die »Kaiserpartei«, wie Staatssekretär Otto Meißner, den Hindenburg auf Zureden des Kanzlers von Ebert übernahm, die altmonarchistischen Kreise einschließlich des Kronprinzen nannte, auf die Meinungsbildung des Präsidenten ausübten.

Der Ausgang der Reichspräsidentenwahl bedeutete eine Niederlage der Republik, obgleich Hindenburg als nationale Integrationsfigur bis in Kreise der Linken hinein respektiert wurde. Die politische Polarisierung, die sich in der Bildung des Reichsblocks und des Volksblocks ausdrückte, reichte tiefer, als die Zweckbündnisse der Parteien vor dem zweiten Wahlgang erkennen ließen, und offenbarte eine fortgeschrittene Isolierung der parlamentarischen Kräfte. Daß

Marx in der Minderheit blieb, war, abgesehen von den Wahlempfehlungen der Parteien, in erster Linie auf die Kombination antisozialdemokratischer Einstellungen mit der Kritik an der von breiten Wählergruppen abgelehnten Koalitionspolitik seit November 1923 zurückzuführen, die mit seinem Namen verbunden war. Eine ähnliche Konstellation ergab sich 1926 im Zusammenhang mit dem Volksbegehren und Volksentscheid zur Fürstenenteignung. Sie zeigte, daß beträchtliche Teile der deutschen Wähler, unabhängig von den jeweiligen Parteibindungen, gegen eine bloß rückwärts gerichtete und an den Vorkriegsverhältnissen orientierte Politik eintraten. Insofern besaß das republikanische System auch noch Mitte der zwanziger Jahre beträchtliche Überlebenschancen.

Die einseitige Umverteilungspolitik des Bürgerblocks, das mangelnde Entgegenkommen der Industrie in der Arbeitszeitfrage und die Anfang 1926 einen ersten Höhepunkt erreichende Arbeitslosigkeit sowie die starre Haltung des Kabinetts im Abwertungskonflikt hatten eine Fülle von Zündstoff aufgehäuft, der sich in einer Nebenfrage, der Regelung des Vermögens der deutschen Fürstenhäuser, entlud. Die Versäumnisse der deutschen Revolution, diese Frage zu entscheiden – Befürchtungen eines alliierten Zugriffs hatten dabei eine Rolle gespielt –, holten die Republik Ende 1925 zu einem Zeitpunkt ein, als die jahrelangen Vergleichsverhandlungen des Landes Preußen mit dem Hause Hohenzollern vor dem Abschluß zu stehen schienen. Übersteigerte Rückgabeforderungen der deutschen Fürstenhäuser gegenüber den Ländern veranlaßten die SPD, eine gesetzliche Lösung auf Reichsebene anzustreben, um auf diese Weise den langwierigen prozessualen Streitigkeiten mit fürstlichen Vermögensverwaltern ein Ende zu bereiten.

Was als Nebenfrage erschien, wurde angesichts der psychologischen Auswirkungen der Vermögensumschichtung im Zuge der Inflation zu einer der umfassendsten politischen Auseinandersetzungen in Deutschland seit dem Ende der Revolution. Die DDP beantragte eine Ermächtigung der Länder zur Regelung des Fürstenvermögens unter Ausschluß des Rechtswegs; sie zielte damit auf eine Kooperation mit der SPD, die nach der Ablehnung der Locarno-Verträge durch die DNVP nahelag. Diese Initiative wurde jedoch von zwei Seiten konterkariert. Einerseits griff die KPD, die in Abkehr von ihrer früheren Kampfstellung gegen SPD und Freie Gewerkschaften die Einheitsfrontpolitik auf ihr Banner geschrieben hatte, in die Frage ein, indem sie einen nach Lage der Dinge aussichtslosen Gesetzentwurf zur entschädigungslosen Enteignung der Fürstenhäuser im Reichstag einbrachte. Andererseits mobilisierte die DNVP die deutsche Staatsrechtslehre und erreichte, daß Carl Schmitt den an sich maßvollen DDP-Antrag in mehrfacher Beziehung für verfassungswidrig erklärte, was die DDP dadurch zu entkräften suchte, daß sie für eine juristische Klärung der Streitfrage durch einen besonderen Reichsgerichtshof eintrat. Diese Lösung, die in sich fragwürdig war, da sie die ausgeprägte antirepublikanische Gesinnung der deutschen Richterschaft – selbst bei Hinzuziehung von Laienrichtern – nicht in Betracht zog, wurde in den Verhandlungen der Regierungsparteien so weit deformiert, daß eine Basis der Verständigung zwischen ihnen nicht mehr vorhanden war. Erschwerend und in mancher Hinsicht verhängnisvoll wirkte sich aus, daß Reichspräsident von Hindenburg den Standpunkt des Reichsjustizministers, den Reichskanzler Marx decken zu müssen glaubte, übernahm und eine gesetzliche Regelung der Frage des Fürstenvermögens als verfassungsändernd betrachtete, obwohl Artikel 153, Absatz 2 der Weimarer Reichsverfassung die Möglichkeit der Enteignung im öffentlichen Interesse vorsah. Dieser juristisch keineswegs unbestrittene Standpunkt verlegte den Weg zu einer parlamentarischen Lösung, wenngleich es an Bemühungen der Mittelparteien und auch der SPD nicht fehlte, zu einem tragfähigen gesetzlichen Kompromiß zu gelangen.

Im Einverständnis mit der KPD beantragte die Deutsche Liga für Menschenrechte im Januar 1926 ein verfassungsmäßig zulässiges Volksbegehren, dem SPD und ADGB beitraten, um der KPD, deren angebotene Aktionsgemeinschaft sie gleichzeitig zurückwiesen, nicht die Initiative zu überlassen. Die SPD, welche die Freien Gewerkschaften einschaltete, um dadurch eine überparteiliche Plattform zu gewinnen und die Rolle der KPD zu relativieren, konnte sich schwerlich der Mitwirkung am Volksbegehren entziehen, zumal die zunehmende Isolierung der bürgerlichen Minderheitskabinette von der Volksmeinung den Rückgriff auf plebiszitäre Mittel nahelegte. Denn die Forderung nach einer Fürstenenteignung besaß eine weit über die Parteien der Linken hinausreichende Popularität. Neben einer ausgeprägt antimonarchistischen Unterströmung spielte der Sachverhalt eine wichtige Rolle, daß die drohende Restitution des ehemaligen landesherrschaftlichen Vermögens in unüberbrückbarem Gegensatz zur Handhabung der Aufwertungsfrage durch die Regierung stand. Das veranlaßte auch mittelständische Gruppen, die sonst auf dem rechten Flügel des Parteienspektrums anzusiedeln waren, für die Enteignung einzutreten. Trotz der mit antisemitischen Unterstellungen nicht geizenden, gebündelten Gegenpropaganda der Rechtsparteien, der Behinderung des Volksbegehrens in den ostelbischen Gebieten und der ablehnenden Stellungnahmen von BVP, Zentrum, DVP und Teilen der DDP sowie der Kirchen beider Konfessionen fand das Volksbegehren die Unterstützung von 12,5 Millionen Wahlberechtigten.

Der wegen mangelnder Kompromißfähigkeit der Reichstagsfraktionen im Juni 1926 unvermeidlich gewordene Volksentscheid löste eine unerwartete Mobilisierung der Wähler und eine extreme politische Polarisierung aus, die vielfach die Parteigrenzen durchbrach. Obwohl die Chancen nahezu aussichtslos waren, mit dem Volksentscheid eine Lösung der Sachfrage herbeiführen zu können, weitete er sich zu einer grundlegenden gesellschaftspolitischen Auseinandersetzung aus. Hinter dem Schlagwort »Republik oder Monarchie« verbarg sich der Konflikt zwischen jenen, die die republikanische Ordnung zugunsten größerer sozialer Gerechtigkeit ausbauen, und jenen, die sie im konservativ-gouvernementalen Sinne zugunsten der Bewahrung herkömmlicher sozialer Privilegien zurückbilden wollten. Wenn der »Vorwärts« am 13. Juni feststellte, daß es »um die Zukunft der deutschen Republik« gehe, war das eine verständliche Gegenreaktion auf die Propaganda der Rechten, die alle erdenklichen Argumente aufbot, um den Volksentscheid als einen grundlegenden Eingriff in das Privateigentum und, wie es Otto Dibelius, Generalsuperintendent der Kurmark, für die evangelischen Kirchen formulierte, als »Anbruch der Bolschewisierung Deutschlands« zu brandmarken.

Während DVP und DDP ihre Argumentation zügelten und die Gefahr einer Reichspräsidentenkrise unterstrichen, entfesselte die DNVP einen maßlosen Propagandafeldzug, der das Gespenst des Bolschewismus beschwor und betont antisemitische Züge trug. Sie paßte sich damit der Agitation der von Hitler nach seiner vorzeitigen Haftentlassung neugegründeten NSDAP an, welche die Kampagne zusätzlich anheizte, indem sie im Gegenzug die Enteignung der nach dem 1. August 1914 eingewanderten Ostjuden verlangte. Hitler, der die Fürstenenteignung als »jüdischen Schwindel« hinstellte, steuerte die Partei eindeutig in das Lager der Rechten. Auf der eilends einberufenen Bamberger Führertagung setzte er sich gegen Gregor Straßer, der an der Spitze der Arbeitsgemeinschaft der nord- und westdeutschen Gauleiter für die Teilnahme der NSDAP am Volksentscheid eintrat, durch und leitete damit die Option der NSDAP zugunsten der Aufrechterhaltung des kapitalistischen Wirtschaftssystems ein, der er 1927 durch eine Änderung des Programms der NSDAP Nachdruck verlieh.

Die Rechtsparteien erhielten Schützenhilfe aus monarchistischen Kreisen, darunter der Deutschen Adelsgenossenschaft, die den Volksentscheid als »unsühnbares Verbrechen« bezeichnete, und von Repräsentanten der Kirche; selbst der Vatikan wurde für diese Kampagne bemüht. Die Gegner der Fürstenenteignung fanden Unterstützung bei dem Reichslandbund, dem Stahlhelm, dem Jungdeutschen Orden, dem DHV und bei Teilen der Unternehmerschaft. Zugleich bemühte sich von Loebell um die Regenerierung des Reichsblocks. Es gelang ihm, den Reichspräsidenten unter Verletzung von dessen Pflicht zur Zurückhaltung zu einer öffentlichen Stellungnahme zu bewegen, in der es hieß, daß das Volksbegehren den Rechtsstaat beseitige und einen Weg beschreite, »der auf abschüssiger Bahn haltlos bergab« führe. Obwohl als private Äußerung hingestellt, wurde sie auf Plakaten und Flugblättern groß herausgebracht, was im Reichstag den Protest nicht nur der SPD auslöste und das Ansehen Hindenburgs um so mehr beeinträchtigte, als gleichzeitig Diktaturpläne der Rechten aufgedeckt wurden, die auf dessen stillschweigende Billigung schließen ließen.

Die Gegner des Volksentscheids waren insofern taktisch im Vorteil, als Wahlenthaltung genügte, um ihn zu Fall zu bringen. Trotz vielfältiger Behinderungen, die in ländlichen Bezirken bis zur Ächtung der Abstimmenden reichten, stimmten 14,5 Millionen Wähler für die entschädigungslose Enteignung, was Wilhelm II. zu der Bemerkung veranlaßte: »Also gibt es 14 Millionen Schweinehunde in Deutschland.« Beide Kirchen führten bittere Klage über die Verwilderung der Sitten; ihr gab der Episkopat die Schuld daran, daß beträchtliche Teile der katholischen Arbeiterschaft und ein nicht geringer Prozentsatz der Zentrumswähler gegen die Parteilinie und für den Volksentscheid gestimmt hatten. Bemerkenswerterweise traten die Windthorst-Bünde, die Jugendorganisation des Zentrums unter Führung Heinrich Krones ebenso wie der Reichsbund der Deutschen Demokratischen Jugend unter Ernst Lemmer für die Ablehnung der »maßlosen Fürstenansprüche« ein. Unter dem Druck der Parteibasis gab die DDP die Abstimmung frei, was mehrere führende Mitglieder der Liberalen Vereinigung, darunter Hjalmar Schacht, zum Parteiaustritt bewog. Der Deutsche Gewerkschaftsbund als Dachorganisation der nichtsozialistischen Verbände nahm eine zurückhaltende Position ein, während die christlichen Gewerkschaften die Enteignung begrüßten. Das Reichsbanner, dessen Mitglieder offen mit der Enteignungsforderung sympathisierten, wahrte formell die Überparteilichkeit. Das hatte den Nachteil, daß dem Roten Frontkämpferbund und dem Kommunistischen Jugendverband die wirkungsvolle Straßenagitation allein überlassen blieb. Indem die KPD sie auf das platte Land ausdehnte, schon um die Obstruktion des Reichslandbundes abzuwehren, der offen zur Diskriminierung von Abstimmungswilligen aufgefordert hatte, entfaltete sich gerade in agrarischen Bevölkerungskreisen ein hypertroph anmutender Antikommunismus.

Der Kampf um die Fürstenenteignung selbst blieb Episode. Aber er hatte die tiefen Mentalitätsgegensätze in der deutschen Gesellschaft und den Konflikt zwischen den Generationen aufgedeckt, der über die Parteigrenzen hinausreichte. Der Volksentscheid bewies, daß ein großer Teil der Bevölkerung, möglicherweise deren Mehrheit, im republikanischen Lager stand und gegen die rückwärts gewandte Loyalitätsbindung der bürgerlichen Führungsschichten protestierte, die auch aus eigenem Statusdenken heraus für die Interessen der Hohenzollern votiert hatten. Die politische Polarisierung, die der Abstimmungskampf auslöste, ging weit über den eigentlichen Anlaß hinaus. Die Mobilisierung von Antibolschewismus und Antisemitismus durch den Kampfblock der Rechtsparteien nahm die Konstellation vorweg, in der seit 1931 die Reste des parlamentarischen Systems zerschlagen werden sollten. Ihr gegenüber vollzog sich 1926 ein gesinnungsmäßiges Zusammenrücken der Republikaner, die damals noch glaubten, daß es gelingen könne, der parlamentarischen Ordnung dauerhafte Fundamente zu verschaffen. Die von der Sozialistischen Arbeiterjugend und den Roten Falken veranstalteten Ferienlager für Arbeiterkinder, die selbstbewußt als »Kinderrepubliken« bezeichnet wurden, waren für den damals lebendigen Glauben an die Zukunft der sozialen Demokratie repräsentativ.

Unter diesen Umständen war die Zentrumspartei entschlossen, den Interessen des Arbeiterflügels und der Gewerkschaften stärker Rechnung zu tragen. Die Sozialpolitik von Heinrich Brauns erhielt dadurch die nötige Schubkraft, um die weitgehend von ihm gestaltete Sozialverfassung der Republik gesetzlich abzusichern. Die SPD, durch die äußeren Umstände in das ungeliebte Zweckbündnis mit der KPD hineingeraten, vertat die Chance, durch Zustimmung zu dem von der Regierung unterbreiteten Kompromißgesetz in der Fürstenfrage die DNVP ins Unrecht zu setzen und so die Voraussetzungen für den seit längerem erwarteten Übergang zur Großen Koalition zu schaffen. Erneut scheiterten die Verhandlungen über eine Erweiterung der Koalition nach links an der intransigenten Haltung der DVP.

Der endgültige Bruch zwischen der SPD und den Mittelparteien vollzog sich nicht wegen des Arbeitszeitkonflikts mit der DVP, sondern in der Frage der inneren Rüstungskontrolle. In langwierigen internen Verhandlungen hatten sich die preußische Regierung und die SPD darum bemüht, einen Kompromiß herbeizuführen, der die bislang eindeutig antirepublikanische Rekrutierung des Offizierskorps, die Verfügung über die illegalen Waffendepots und die einseitigen Beziehungen zu den Wehrverbänden der Rechten betraf. Die Intervention der SPD wollte die Wehrpolitik nicht zum Erliegen bringen, sondern sie republikanischer Kontrolle unterwerfen. Kurt von Schleicher, der unter dem Gesichtspunkt der Wehrhaftmachung des deutschen Volkes jeder Zusammenarbeit mit der pazifistischer Gesinnung verdächtigten SPD widerstrebte, hintertrieb jedoch den von Otto Braun angebotenen Kompromiß. Scheidemanns spektakuläre, politisch gleichwohl höchst unkluge Reichstagsrede, in der er die Zusammenarbeit der Reichswehr mit der Roten Armee und den nationalen Verbänden aufdeckte, rief bei den bürgerlichen Parteien einen Sturm der Entrüstung hervor, und auch Stresemann nannte sie »unverzeihlich«, obwohl die Tatsachen selbst in der westlichen Presse bereits mitgeteilt worden waren. Scheidemann verlangte in diesem Zusammenhang den Rücktritt von Reichswehrminister Geßler, den die SPD für die fehlgeleitete Reichswehrpolitik in erster Linie verantwortlich machte. Oberst von Schleicher nutzte diese bloß demonstrative Politik, um den Reichspräsidenten in der Überzeugung zu bestärken, daß mit der SPD keinesfalls regiert werden könne.

Zusätzlich isoliert durch das von den Völkischen lebhaft verlangte, betont antiliberale Schmutz- und Schundgesetz, für das der demokratische Innenminister Wilhelm Külz verantwortlich zeichnete und dessen antisemitische Spitze unverkennbar war, stürzte die SPD durch ein von der DNVP unterstütztes Mißtrauensvotum das ohnehin instabile Minderheitskabinett. Damit war von Schleicher die doppelte Intrige gelungen: Durch das Festhalten an Geßler, der allerdings wenig später über den Phoebus-Film-Skandal zum Rücktritt gezwungen wurde, hatte er DDP und SPD parlamentarisch isoliert und ein Bürgerblockkabinett mit ungewöhnlich starker Beteiligung der DNVP zustande gebracht, an dessen Spitze erneut Wilhelm Marx trat. Hindenburg, der sich die Ernennung des Reichswehrministers als präsidiale Prärogative vorbehielt, hatte auf die Kabinettsbildung maßgebenden Einfluß genommen. Das Druckmittel einer Reichstagsauflösung und »eventuell weiterer Maßnahmen« wurde bewußt eingesetzt, um die Parteien zum Einlenken zu bewegen. Dieser Vorgang bewies eine grundlegende Entmachtung der Parteien gegenüber den im Büro des Reichspräsidenten zusammenlaufenden gesellschaftlichen Interessen.

Auch wenn Hindenburg sich anfänglich einer unmittelbaren Einmischung in die Regierungsgeschäfte enthielt, wurde das Präsidialbüro zur bevorzugten Anlaufstelle für großindustrielle und großagrarische Interessen. Sie fanden wohlwollende Fürsprecher in Graf Westarp, dem DNVP-Führer, der gute persönliche Beziehungen zu Hindenburg unterhielt, in dessen späterem Gutsnachbarn und Vertrauten Elard von Oldenburg-Januschau und in dem Sohn Oskar, der enge Kontakte zu Kurt von Schleicher hatte. Die durch Freiherrn von Gayl betriebene Schenkung des früheren Familienbesitzes Gut Neudeck in Ostpreußen anläßlich von Hindenburgs achtzigstem Geburtstag, die aus einer öffentlichen Subskription bestritten und unter Umgehung der Erbschaftssteuer auf Oskar von Hindenburg überschrieben wurde, erwies sich als geschickter Schachzug Oldenburg-Januschaus, der sich höchst vorteilhaft für den ostelbischen Großgrundbesitz auswirkte, obwohl dieser nicht einmal fünf Prozent des Kaufbetrags aufgebracht hatte. Hindenburg machte es sich zur Gewohnheit, bei formeller Einhaltung des Neutralitätsgebots, durch Indiskretionen gegenüber Vertretern der DNVP falsche Hoffnungen zu wecken. Von einer überparteilichen Amtsführung konnte daher nicht die Rede sein. Es war mehr der Geschicklichkeit Stresemanns als der Energie Luthers zuzuschreiben, der vorübergehend dazu neigte, die Locarno-Politik infolge des auf ihn von Hindenburg und der DNVP ausgeübten Drucks zu desavouieren, daß die Klippe eines Einspruchs des Präsidenten gegen deren Fortführung umschifft werden konnte.

Die Machtstellung des Reichspräsidenten beruhte nicht zuletzt auf dem engen Vertrauensverhältnis, das sich zu Reichswehrminister Wilhelm Groener und dessen Kardinal in politicis, Oberst von Schleicher, herstellte. Zu dem auf einem schleichenden Verfassungswandel beruhenden Ausbau der präsidialen Befugnisse trug die überwiegend konservative Ausrichtung der Staatsrechtslehre, der Rechtsprechung und der Bürokratie maßgeblich bei. Schon auf der Tagung der deutschen Staatsrechtslehrer im April 1924 hatten Carl Schmitt und Erwin Jacobi für die verfassungsdurchbrechende Wirkung justizfreier Hoheitsakte aufgrund der Diktaturgewalt des Reichspräsidenten plädiert. Nach der Wahl Hindenburgs sprach sich die überwältigende Mehrheit der Staatsrechtslehrer für den Ausbau seiner Stellung aus und fand darin die Zustimmung der bürgerlichen Mittelparteien bis tief in die DDP hinein.

Mit dieser Rückendeckung konnte Hindenburg gegen das ihm im November

1926 zugeleitete Ausführungsgesetz zu Artikel 48 schwerwiegende Einwände erheben und dessen Vertagung bis zur Durchführung einer »allgemeinen Verfassungsreform« verlangen. Aus dem Bestreben heraus, seine Befugnisse auszuweiten, wies Hindenburg das darin vorgeschlagene Nachprüfungsrecht der Entscheidungen des Präsidenten durch den Staatsgerichtshof ab; statt der Gegenzeichnung des Reichskanzlers betrachtete er diejenige der Ressortminister als ausreichend. Faktisch maßte er sich ein Ernennungsrecht für die Mitglieder der Reichsregierung, insbesondere für den Reichswehrminister an, wobei er sich auf den ihm verfassungsmäßig zustehenden Oberbefehl über die bewaffnete Macht berief. Zugleich scheute er sich nicht, in laufende Regierungsarbeiten einzugreifen, indem er unliebsamen Vorlagen die Zustimmung verweigerte und gegebenenfalls mit dem Rücktritt drohte, was angesichts der überwiegend rechtsstehenden öffentlichen Meinung unvermeidlich zur offenen Verfassungskrise führen mußte.

Das Bürgerblockkabinett, das seine Amtsgeschäfte Anfang Februar 1927 aufnahm, bedeutete der Form nach die Rückkehr zur parlamentarischen Mehrheitsregierung. Aber die Heterogenität der in ihr vertretenen Parteien schloß eine konstruktive Regierungsarbeit weitgehend aus. Zu dem Gegensatz in der Sozialpolitik, auf deren Ausbau sich das Zentrum als dominierender Koalitionspartner eindeutig festlegte, trat der Konflikt in der Schulfrage, die Wilhelm Marx selbstbewußt in das Regierungsprogramm aufnahm. Beim Ausbau der Konfessionsschule erschien ein Zusammengehen zwischen Zentrum, BVP und DNVP möglich, nicht jedoch mit der DVP, die in der Kulturpolitik das Erbe des klassischen Liberalismus vertrat und hierin mit der SPD weitgehend übereinstimmte. In der äußeren Politik war hingegen eine Verständigung zwischen der DNVP und den übrigen Koalitionspartnern nicht zu erwarten, obwohl Stresemann Westarp die Zusicherung abgerungen hatte, die Verfassungsmäßigkeit der Locarno-Politik zu akzeptieren. In der Tat war die Regierungsbeteiligung der Deutschnationalen nur möglich, weil einstweilen größere außenpolitische Entscheidungen nicht anstanden. Zur Aufrechterhaltung ihrer Machtposition fand sich die DNVP sogar dazu bereit, einer Verlängerung des allerdings entschärften Republikschutzgesetzes zuzustimmen. Andererseits bewirkte die Personalpolitik des deutschnationalen Reichsministers des Innern, Walter von Keudell, einen ersten gegen die republikanischen Kräfte gerichteten Ämterschub. Dazu gehörte die Entlassung des in preußische Dienste übertretenden Staatssekretärs Arnold Brecht.

Die Koalition beruhte auf einem von vornherein zeitlich begrenzten Zusammengehen gegensätzlicher Interessen. Das Zentrum nutzte seine politische Schlüsselstellung, um den Ausbau der Sozialgesetzgebung voranzutreiben. Im Gegenzug dazu vermochte die DNVP, die Zollvorlage, die für den Reichslandbund von zentraler Bedeutung war, in wesentlichen Punkten durchzubringen.

Indessen zerbrach die Koalition, wie bei ihrer Bildung vorauszusehen war, über dem Versuch des Zentrums, die seit dem Schulkompromiß von 1919 aufgeschobene Schulgesetzgebung mit dem Ziel zu forcieren, die Bekenntnisschule als Regelschule einzuführen. Der Reichsschulgesetzentwurf des Innenministers stieß auf den Widerstand der DVP, die gegen das Zurückdrängen der Simultanschule eintrat.

Die Auflösung der Koalition über das Reichsschulgesetz erfolgte jedoch nicht ohne taktische Hintergründe. Angesichts der für 1928 bevorstehenden außenpolitischen Verhandlungen hatte Stresemann auf die Notwendigkeit einer stabilen Regierung hingewiesen. Neuwahlen waren, als sich der Schulkonflikt Ende 1927 zuspitzte, nicht mehr beliebig hinauszuschieben, obwohl die Legislaturperiode erst im Dezember 1928 ablief. Für das Zentrum stellte der Bruch über eine Streitfrage, die den Gegensatz der Konfessionen betraf, eine günstige Ausgangslage für Neuwahlen dar. Die DNVP hingegen mochte sich nicht mit der unpopulären Verantwortung belasten, welche die Revision des Dawes-Plans mit sich bringen würde. Der Bürgerblock war politisch ausgehöhlt, als Mitte Februar 1928 das Ende der Koalition festgestellt und anderthalb Monate später der Reichstag aufgelöst wurde. Interessenbündnisse in der Regierung konnten auf die Dauer den Autoritätsschwund des Reichstages und der Mehrheitsparteien gegenüber ihrer Anhängerschaft nicht wettmachen. Die Stärke der außerparlamentarischen Kräfte zerschlug die Kooperationsbereitschaft der Fraktionen und Parteiführungen, und es machten sich die weltanschaulichen Frontstellungen verschärft bemerkbar.

Obwohl sich Hindenburg wie Stresemann für den Fortbestand des Kabinetts Marx nachdrücklich einsetzten, erfolgte dessen Rücktritt aus innerer Erschöpfung der Regierungskoalition, ohne daß es des Zutuns der parlamentarischen Opposition bedurfte. Nach Verabschiedung eines Notprogramms, das den Nachtragshaushalt für 1927 und den Etat für 1928 umfaßte, wurde der Reichstag am 31. März 1928 aufgelöst. Während die Linksparteien im Wahlkampf die vorgesehene Steigerung der Rüstungsausgaben, vor allem die erste Baurate für den Panzerkreuzer A unter dem Schlagwort »Kinderspeisung statt Panzerkreuzer« in den Vordergrund stellten, richtete sich die Agitation von DNVP, NSDAP und Wirtschaftspartei in erster Linie gegen die Verständigungspolitik Stresemanns, der sich während des Wahlkampfs in Bayern den denkbar schwersten persönlichen Verunglimpfungen ausgesetzt sah. Das Zentrum befand sich unter starkem Druck der nach rechts drängenden mittelständischen Anhängerschaft, während der Arbeitnehmerflügel eine Öffnung nach links anstrebte.

Für die Gegner der Republik war der Ausgang der Reichstagswahlen vom 20. Mai 1928 enttäuschend. Die DNVP verfügte nur noch über 73 von zuvor 103 Mandaten. Allerdings hatte die ihr nahestehende Christliche Landvolkpartei 10 Mandate erhalten. Die NSDAP verlor 100.000 Stimmen und entsandte lediglich 12 Vertreter in den Reichstag. Ein Teil der Verluste ging auf das Konto der Interessenparteien, die 14 Prozent der Stimmen auf sich vereinigten. Zugleich setzte sich die Erosion der liberalen Mitte beschleunigt fort. Am härtesten war die DDP betroffen, die auf 25 Abgeordnete zusammenschrumpfte. Aber auch die DVP sank, trotz der unbestreitbaren außenpolitischen Erfolge Stresemanns, von 51 auf 45 Mandate. Zum ersten Mal mußte die Zentrumspartei, die Mandate verlor, ernsthafte Stimmenverluste hinnehmen. Dieses Ergebnis deutete auf eine Krise innerhalb des bürgerlichen Parteienfeldes hin. Klare Gewinner der Wahl waren die SPD und, wenngleich in geringem Maße, die KPD, die nun 54 Abgeordnete stellte. Die SPD ging mit 153 Mandaten als bei weitem stärkste Partei aus den Wahlen hervor. Ihre konsequente Oppositionspolitik schien sich ausgezahlt zu haben.

In den mit den Reichstagswahlen gekoppelten preußischen Landtagswahlen errangen die Parteien der Weimarer Koalition eine gesicherte parlamentarische Mehrheit. Dazu trug der Umstand bei, daß das Landeswahlgesetz, indem es eine unbegrenzte Reststimmenverwertung vermied, Splitterparteien, die kein Direktmandat erlangten, benachteiligte. Noch bevor die Koalitionsverhandlungen im Reich aufgenommen wurden, setzte Otto Braun, gegen den Protest der 1925 ausgeschiedenen DVP, die Regierung der Weimarer Koalition entschlossen fort. Anders als in Preußen hatte der Sieg der Linksparteien auf Reichsebene keine Verstärkung der demokratischen Kräfte gebracht, da die Stimmengewinne der SPD durch die Verluste von DDP und Zentrum sowie das Anwachsen der kooperationsunwilligen KPD kompensiert wurden. Zugleich erlangte in der mit der Zentrumspartei zusammenarbeitenden BVP, nicht zuletzt unter dem Einfluß des bayerischen Episkopats, eine betont antiparlamentarisch eingestellte Gruppierung die Oberhand.

Aufgrund des Wahlergebnisses bestand die einzig denkbare Mehrheitsbildung in einer Regierung der Großen Koalition. Indessen war der Weg dazu mit zahlreichen Hindernissen verstellt. Reichspräsident von Hindenburg zögerte, einen Sozialdemokraten zum Kanzler zu ernennen, und spielte mit dem Gedanken, den Fraktionsvorsitzenden der DVP, Ernst Scholz, mit der Kanzlerschaft zu betrauen. Er ließ sich jedoch von Graf Westarp davon überzeugen, daß es taktisch vorteilhafter sei, die SPD sich in der Regierungsarbeit abnützen zu lassen; er maß der Koalition nur eine Lebensdauer von wenigen Monaten bei. Der mit der Regierungsbildung beauftrage SPD-Vorsitzende Hermann Müller, dessen Konzilianz und Kompromißfähigkeit weit über die eigene Fraktion hinaus Anerkennung fanden, gewann schließlich ein positives Verhältnis zu Hindenburg. Später bezeichnete er Müller als den besten Kanzler, den er gehabt hätte, der aber leider Sozialdemokrat sei. 1928 war er keineswegs bereit, Müller vorbehaltlos zu unterstützen. So weigerte er sich, Joseph Wirth als Vizekanzler zu akzeptieren, da er es nicht dulden könne, wie er dem designierten Kanzler schrieb, daß eine Partei die Zusammensetzung des Reichskabinetts diktiere. Zugleich setzte er unter Androhung seines Rücktritts durch, daß Reichswehrminister Groener, der an Geßlers Stelle getreten war, im Kabinett verblieb.

Die präsidiale Intervention hatte zur Folge, daß Müller mit der Absicht scheiterte, Reichsarbeitsminister Brauns im Kabinett zu belassen. Der rechte Zentrumsflügel konnte sich daher mit der Forderung durchsetzen, auf eine reguläre Teilnahme an der Koalition zu verzichten und statt dessen nur Theodor von Guérard, der das Verkehrsministerium übernahm, als Horchposten ins Kabinett zu entsenden. Brauns, den die Zentrumsfraktion gegen seinen Willen zurückzog, wurde durch Rudolf Wissell ersetzt. Diese Vorgänge zwangen Müller, das Kabinett zunächst als Regierung der Persönlichkeiten, ohne Bindung an die Fraktionen, ins Leben treten zu lassen und sich auf die parlamentarische Zustimmung zur Regierungserklärung zu beschränken. Die zweite schwere Hürde für Müller bestand im hinhaltenden Widerstand der DVP-Führung, die auf Drängen der preußischen Landtagsfraktion als Bedingung für den Eintritt in das Reichskabinett die Aufnahme von zwei DVP-Ministern in die preußische Koalition verlangte.

Diese Komplikation wäre vielleicht vermieden worden, wenn der Parteivorstand der SPD Otto Braun anstelle des verdienten Parteivorsitzenden für das Reichskanzleramt nominiert hätte. Dies wäre mit der Chance verbunden gewesen, durch die Personalunion von Reichskanzler und preußischem Ministerpräsidenten die seit 1927 erneut zur Diskussion stehende Reichsreform im sozialdemokratischen Sinne zu beeinflussen. Braun war unzweifelhaft der energischere Staatsmann, und er besaß ein klares taktisches und strategisches Konzept. Allerdings scheute er nicht nur wegen gesundheitlicher Bedenken davor zurück, mit der ganzen Kraft seiner Persönlichkeit für die Übernahme des Doppelamts zu kämpfen. Dabei spielte die Erfahrung mit, daß die innenpolitischen Kräfteverhältnisse auf absehbare Zeit eine offensive Politik ausschlossen, die in der Verschmelzung Preußens mit dem Reich bei gleichzeitiger Autonomie der süddeutschen Länder hätte bestehen müssen. Obwohl Braun 1927 für eine unitarische Reichsreform öffentlich eingetreten war, vermied er jede aktive Unterstützung der Reichsreformbestrebungen, die auf einer Anfang 1928 einberufenen Länderkonferenz zur Beratung standen. Statt dessen konzentrierte er sich darauf, die Stellung Preußens durch Verwaltungsgemeinschaften mit den angrenzenden, politisch nicht lebensfähigen Kleinstaaten auszubauen. Eine Personalunion zwischen Preußen und dem Reich hätte die sich ankündigende Verfassungskrise der Republik vielleicht verhindern können. Selbst wenn Braun diesen Weg, den er auch später nachdrücklich befürwortete, zielbewußt eingeschlagen hätte, wäre er am Widerspruch des Zentrums und der DDP gescheitert, die eine derartige Machtkonzentration in sozialdemokratischer Hand nicht wünschen konnten, ganz abgesehen davon, daß Hindenburg und die hinter ihm stehende

Kamarilla gegen eine »Verreichlichung« von der falschen, nämlich der sozialdemokratischen Seite allen erdenklichen Widerstand aufgeboten haben würden.

Für die Personalentscheidung des Parteivorstands der SPD gaben jedoch nicht strategische Erwägungen, sondern die Verbundenheit mit Müller als dem rangältesten Parteigenossen und das Festhalten an hergebrachten Karrieremustern den Ausschlag, sieht man vom Mißtrauen in die Eigenwilligkeit des »roten Zaren« und von Rivalitäten der Reichstagsfraktion gegenüber den preußischen Genossen ab. So zog sich Braun, über die Haltung der eigenen Partei enttäuscht, auf die preußische Bastion zurück. Geschickt schob er das bis in den Spätherbst anhaltende Drängen der DVP-Führung, die preußische Koalition zu erweitern, auf die lange Bank, zumal er hinsichtlich der anstehenden Konkordatsverhandlungen in Preußen in der preußischen Zentrumspartei einen Bundesgenossen fand, der sich den Anweisungen des neuen Zentrumsvorsitzenden, des Prälaten Ludwig Kaas, nicht unterzuordnen bereit war.

Es war kein Geheimnis, daß Otto Braun, trotz seiner im Grunde konservativen Einstellung, in Reichswehrkreisen der bestgehaßte Mann war, da er sich immer wieder gegen politische Übergriffe der bewaffneten Macht zur Wehr gesetzt hatte. Von Schleicher, der im Hintergrund massiven Einfluß auf die Regierungsbildung nahm und mit seinen Vorstellungen bei Groener weitgehend durchdrang, hätte alles Erdenkliche getan, um eine Kanzlerschaft Otto Brauns zu verhindern. Aber auch ein von Hermann Müller geführtes Mehrheitskabinett begegnete stärksten Widerständen von seiten der bürgerlichen Parteien und der auf sie einwirkenden gesellschaftlichen Gruppen. Nur aufgrund der Intervention des erkrankten Stresemann kam die Große Koalition schließlich zustande. Aus seinem Kuraufenthalt im Schwarzwald schaltete er sich mit einem alsbald als »Schuß von Bühlerhöhe« bezeichneten Telegramm an Müller in die Koalitionsverhandlungen direkt ein und zwang durch seine Rücktrittsdrohung die eigene Partei zum Nachgeben. Trotz erneuter Interventionen Hindenburgs konnte mit Stresemanns tatkräftiger Hilfe ein Kabinett der Persönlichkeiten gebildet werden, das am 5. Juli 1928 vor den Reichstag trat; nicht einmal die SPD-Fraktion stimmte geschlossen der Regierungserklärung Müllers zu. Erst im April 1929, mit dem Eintritt Wirths und Stegerwalds, wandelte es sich in eine reguläre Koalitionsregierung, nachdem das Zentrum mit der vorübergehenden Zurückziehung von Guérard seinem Wunsch nach einer angemessenen Vertretung in der Regierung Nachdruck verliehen hatte. Obwohl das neue Kabinett durchweg aus erfahrenen Parlamentariern bestand, war seine Arbeitsfähigkeit von vornherein eng begrenzt. Dies beruhte in erster Linie auf dem Druck aus dem Büro des Reichspräsidenten, der das Kabinett in wichtigen Punkten vor vollendete Tatsachen stellte. Außerdem zeichneten sich mit den bevorstehenden Reparationsverhandlungen und der offengebliebenen Finanzierung der Arbeitslosenversicherung tiefgreifende Konflikte ab, zu denen die Offensive des schwerindustriellen

Unternehmertums gegen das Schlichtungswesen und die Auseinandersetzung über den Panzerkreuzer A hinzutraten.

In der Panzerkreuzerfrage ging die Intervention des Reichspräsidenten zum ersten Mal bis an die Grenze einer Kabinettskrise. Die scheidende Regierung Marx hatte im Notetat die erste Baurate für den Panzerkreuzer A vorgesehen, doch dies war im Reichsrat auf entschiedenen Widerstand gestoßen. Nur in Anbetracht des Umstands, daß es eine Ablehnung des Reichshaushalts in einer Situation vermeiden wollte, in der der Reichstag bereits aufgelöst war, hatte Preußen den Beschluß durchgesetzt, den Bau des Panzerkreuzers bis zum Herbst 1928 aufzuschieben. Braun ging dabei von der Erwartung aus, daß eine veränderte Regierungsmehrheit dieses Prestigeobjekt der Reichsmarine verhindern würde. Statt dessen brachte Groener Mitte August im Reichskabinett die Vorlage ein, die erste Baurate zu bewilligen; er ließ dabei durchblicken, daß eine Verweigerung seinen Rücktritt, notfalls sogar den des Reichspräsidenten, nach sich ziehen würde. Die Konzessionsbereitschaft der sozialdemokratischen Minister rief tiefe Erbitterung bei Braun und allgemeine Mißstimmung im Lager der SPD hervor und trug ihnen die sarkastische Bemerkung Carl von Ossietzkys ein, sie hätten das »fünfte Kabinett Marx« gespielt.

Sachlich handelte es sich bei dem Bauprogramm von insgesamt vier Panzerschiffen, deren Tonnage die im Friedensvertrag festgelegte Höchstgrenze von 10.000 Bruttoregistertonnen nicht überschritt, deren Kampfkraft aber derjenigen moderner Großkampfschiffe entsprach und deren Aktionsradius 2.000 Seemeilen ausmachte, um bloße nationale Prestigepolitik. Die von Groener vorgelegte Begründung, die Schiffe zum Schutz Ostpreußens für den Fall einer polnischen Aggression zu benötigen, war hergeholt und intern durch Schleicher zurückgewiesen worden. Braun entgegnete mit Recht, daß die erforderlichen Summen besser für die Beseitigung der sozialen Not in Ostpreußen verwandt würden. Tatsächlich verbarg sich hinter der Panzerkreuzerfrage der im Einvernehmen mit dem Reichskabinett vollzogene Übergang zu einem vierjährigen Rüstungsbudget, das unter Umgehung des Parlaments festgelegt und an dem Flottenbauprogramm nur exemplifiziert wurde. Der von Julius Leber mit guten Gründen als marginales Problem bezeichnete Konflikt über den Panzerkreuzer A lenkte die öffentliche Aufmerksamkeit von den umfangreichen Rüstungsprogrammen und den militärischen Eventualplanungen der Reichswehrführung ab und erleichterte es, die Haushaltspläne der Reichswehr dem parlamentarischen Zugriff zu entziehen. Dies erklärt den Gleichmut, mit dem im Kabinett das Auftreten der sozialdemokratischen Minister in der bevorstehenden Reichstagsdebatte abgesprochen wurde.

In dieser Lage zeigte sich eine verhängnisvolle Führungsschwäche des Reichskanzlers. Wenn er schon die Absicht hatte, eine vorherige Rücksprache mit der Reichstagsfraktion zu vermeiden, wäre es erforderlich gewesen, den Rat Otto

Der Ansturm der außerparlamentarischen Kräfte

Brauns zu befolgen, eine Erörterung in der Fraktion so lange hinauszuschieben, bis sich die Wogen der Erregung geglättet hatten. Die SPD hatte sich im Wahlkampf in der Panzerkreuzerfrage eindeutig festgelegt und befürchtete nicht ohne Grund, daß die von ihr vollzogene Kehrtwendung von der KPD agitatorisch höchst wirkungsvoll ausgeschlachtet werde. Der Beschluß, am Bau des Panzerkreuzers festzuhalten, war unter Wahrung des Kabinettsgeheimnisses gefaßt worden, um die sozialdemokratischen Minister zu schonen. Obwohl sich voraussehen ließ, daß Hermann Müller in eine schwierige parlamentarische Lage geraten würde, ging die Kabinettsmehrheit das damit verbundene Risiko bewußt ein. Die Reichstagsfraktion der SPD entschied erwartungsgemäß gegen ihre hilflosen Minister und kündigte eine Interpellation im Parlament an. Am 15. November kam es zu dem kläglichen Schauspiel, daß der Kanzler und die sozialdemokratischen Minister aufgrund des vorher verfügten strikten Fraktionszwangs die Regierungsbank verließen und gegen die eigene Regierungsvorlage stimmten, für die sich glücklicherweise eine parlamentarische Mehrheit fand, welche die Fortsetzung der Koalition ermöglichte.

Von Schleichers Kalkül, den rechten SPD-Flügel für die Unterstützung einer aktiven Aufrüstungspolitik zu gewinnen, ging daher teilweise in Erfüllung, nicht hingegen seine Absicht, eine Spaltung der SPD in dieser Frage herbeizuführen. Auf dem Magdeburger Parteitag von 1929 setzte sich der gemäßigte Flügel über den intransigenten Standpunkt der pazifistischen Linken hinweg und erreichte ein Einlenken in der Wehrfrage. Das mehrheitlich beschlossene Wehrprogramm brachte allerdings keine qualitative Veränderung im Verhältnis von SPD und bewaffneter Macht. Denn der von der Reichswehr eingeschlagene Kurs einer illegalen Aufrüstung zur Herstellung der Kriegsbereitschaft war mit der Grundhaltung der SPD, kriegerische Konflikte zu unterbinden und zu einer effektiven Abrüstung zu gelangen, gänzlich unvereinbar. Obwohl Groener angesichts des Wegfalls der alliierten Kontrollen die Verbindung zum Stahlhelm lockerte und auf den Grenzschutz West ganz verzichtete, blieb die einseitige Rekrutierungspraxis unverändert erhalten. Nach wie vor polemisierte von Schleicher gegen die sozialdemokratisch geführte preußische Regierung und bemerkte im September 1928 zu Groener, daß »der starke Mann in Preußen« auch weiterhin alles tun werde, »um dem Kanzler in allen militärischen Fragen das Leben sauer zu machen«.

Von Schleicher, dem Groener in allen politischen Fragen blind vertraute und der als Chef des neugeschaffenen Ministeramts eine Schlüsselstellung in der Reichswehrführung innehatte, zielte von Anfang an auf einen weiterreichenden politischen Umbau. Schon 1926/27 hatte er den Gedanken eines »Hindenburg-Kabinetts« ins Spiel gebracht. Er stimmte mit dem Reichspräsidenten darin überein, daß eine parlamentarische Regierungsbildung künftig vermieden werden müsse. Dem Kabinett Müller räumte er nur eine begrenzte Überlebensfrist ein, während ihm die Ausschaltung der preußischen Regierung noch einiges Kopfzerbrechen machte. Indessen setzte die Rückkehr zu einer Rechtsregierung, die dem Programm der nationalen Wehrhaftmachung keinen Widerstand leisten würde, den erfolgreichen Abschluß der eben eingeleiteten Pariser Verhandlungen über einen neuen Zahlungsplan voraus, der an die Stelle des Dawes-Abkommens trat. Darüber hinaus bedurfte es der Schaffung einer arbeitsfähigen Rechten, und Schleicher wie Hindenburg waren davon überzeugt, daß dies mit Alfred Hugenberg nicht möglich sein würde.

Entgegen den Erwartungen der Reichswehrführung und des Präsidialbüros sollte sich das Kabinett der Großen Koalition unter Hermann Müller als eines der langlebigsten der Republik erweisen. Dies hing damit zusammen, daß die Verhandlungen über den Young-Plan, für den die DNVP die politische Mitverantwortung nicht übernehmen wollte, wegen der Differenzen zwischen den Alliierten unerwartet lang andauerten. Zugleich hatte von Schleicher nicht mit der grundlegenden Umbildung innerhalb des bürgerlichen Parteienfeldes gerechnet, die sich im Anschluß an die Reichstagswahlen vom Mai 1928 vollzog und mit einer unvorhergesehenen Stärkung des Hugenberg-Flügels endete. Den äußeren Anstoß dazu gab der Druck mittelständischer Interessengruppen, die, da sie sich von den bürgerlichen Mittel- und Rechtsparteien nicht angemessen repräsentiert fühlten, auf die Nominierung von ihnen nahestehenden Kandidaten durch die Parteien drängten oder mit eigenen Wahlprogrammen hervortraten, was die Parteienzersplitterung erheblich beschleunigte.

Die schwere Niederlage der DNVP im Mai 1928 beruhte nicht zuletzt auf der Abwanderung von Stammwählern zur Reichspartei des deutschen Mittelstandes und zur Christlich-Nationalen Landvolkpartei, die allein 33 Mandate errang; auch die Deutsche Bauernpartei gewann 8 Mandate. Der mit der antiparlamentarischen Ausrichtung der DNVP kaum vereinbare Eintritt in die Koalition, durch den die auseinanderdriftenden Interessen zusammengefügt werden sollten, hatte sich nicht ausgezahlt. Dies war die Stunde Alfred Hugenbergs. Seit Anfang 1927 stand er in schärfster Opposition zur Parteiführung und polemisierte mit allen ihm zu Gebot stehenden publizistischen Mitteln gegen die Beteiligung an der Koalition, in der er zu Recht eine indirekte Anerkennung des parlamentarischen Systems erblickte. Er fand darin die Zustimmung des Alldeutschen Verbandes und des Stahlhelms. Gestützt auf einige ihm hörige Landesverbände setzte er durch, daß die Parteivertretung in das von ihr erarbeitete Reformprogramm die Forderung einfügte, den Artikel 54 der Reichsverfassung, der die parlamentarische Verantwortung der Reichsregierung vorsah, zu streichen, was in der gegebenen Situation einem Mißtrauensvotum gegen die Parteiführung und die amtierenden DNVP-Minister gleichkam.

Der ehemalige Krupp-Direktor hatte bereits während des Ersten Weltkrieges mit schwerindustriellen Geldern die Grundlage des Pressekonzerns geschaffen, den er in den Dienst der Annexionspolitik und der Vaterlandspartei stellte. Auch nach dem Ausscheiden bei Krupp unterhielt er dank seines Vorsitzes im Zechenverband und im Bergbaulichen Verein enge Verbindungen zur Schwerindustrie. Aufgrund der Förderung durch Hugo Stinnes und Albert Vögler, den Generaldirektor der Deutsch-Luxemburgischen Bergwerks- und Hütten AG, verfügte er über umfangreiche finanzielle Mittel, die für den Aufbau einer Sammlungsbewegung der bürgerlichen Rechten bestimmt waren. Hugenbergs Bemühung, den Stresemann-Flügel zu isolieren und eine Verschmelzung von DVP und DNVP zu erreichen, stieß jedoch auf den Widerstand der Großindustrie, die den Obstruktionskurs der DNVP nicht billigte. Stinnes wandte sich von Hugenberg ab und schuf sich in der »Deutschen Allgemeinen Zeitung«, der DAZ, ein von diesem unabhängiges Presseorgan, das den Standpunkt des rechten DVP-Flügels vertrat. Dennoch gelang es dem »Mann im Dunkeln«, als der Hugenberg noch 1926 apostrophiert wurde, ein umfassendes Netz persönlicher Querverbindungen zustande zu bringen. Es durchdrang das Verbandswesen der politischen Rechten vom christlich-sozialen Flügel bis zu den völkischen Gruppen und lief in dem komplexen Gebilde des Hugenbergkonzerns zusammen. Obwohl Hugenberg ursprünglich nur als Verwalter des schwerindustriellen Vermögens fungierte, konnte er mit Hilfe von Gesinnungsgenossen aus großagrarisch-altpreußischen Kreisen seine publizistischen Unternehmungen für eigene Interessen nutzen.

Der ehrgeizige Konzernchef beschränkte sich nicht darauf, die Verbände der Rechten vom Reichslandbund bis zu den nationalen Gewerkschaftsverbänden unter seine Kontrolle zu bringen. Er war zugleich entschlossen, auch die neokonservative Ring-Bewegung seinem Einfluß zu unterwerfen. Als Mitbegründer des Nationalen Klubs von 1919 in Berlin und als wichtigster Mäzen von Oswald Spengler und dessen eher esoterisch anmutender intellektueller Umgebung machte er sich für die Repräsentanten der »neuen Rechten« unentbehrlich, obwohl er persönlich im Hintergrund blieb. Der in Fortsetzung seiner Ostsiedlungspläne gegründete, zunächst auf die Grenzlandsarbeit beschränkte Schutzbund für das Grenz- und Auslandsdeutschtum fungierte als organisatorischer Rückhalt für das verwickelte Netz neokonservativer Gesinnungsgemeinschaften, die sich in bewußter Abgrenzung vom liberalen Vereinsprinzip in Form von nicht öffentlichen Klubs und Ringen konstituierten. Besonderes Interesse widmete Hugenberg dem Juni-Klub, der von Eduard Stadtler nach dessen Abwendung von der Antibolschewistischen Liga 1919 gebildet worden war und den Kampf gegen den Friedensvertrag nach innen und außen zu seiner Richtschnur machte.

Mit der Gründung des Politischen Kollegs, das als konservative Alternative zu der von Anhängern Friedrich Naumanns ins Leben gerufenen Deutschen Hochschule für Politik, in der zunächst der republikanische Einfluß überwog, konzipiert war, trat der Juni-Klub unmittelbar politisch hervor. Das Kolleg, 1922 in »Hochschule für nationale Politik« umbenannt, war von Heinrich von Gleichen, dem Herausgeber des Klub-Organs »Gewissen« und Verbindungsmann zum neokonservativen Verlagswesen, ins Leben gerufen worden. In Zusammenarbeit mit dem evangelischen Johannesstift diente es vornehmlich als Schulungsstätte der nationalen Gewerkschaften. Hugenberg stellte die finanziellen Mittel bereit, um es dem katholischen Historiker Martin Spahn zu ermöglichen, sich von seinem Lehrstuhl in Köln für eine Tätigkeit an der nationalen Hochschule beurlauben zu lassen, nachdem die Philosophische Fakultät der Berliner Universität, anders als das preußische Kultusministerium, seine Berufung abgelehnt hatte. Spahn, ursprünglich Reichstagsabgeordneter des Zentrums, war 1921 der DNVP beigetreten und galt als deren bedeutendster katholischer Programmatiker. Im Unterschied zu Heinrich von Gleichen, dem konservativen Revolutionär, vertrat Spahn, ähnlich wie Hugenberg, den Standpunkt des wilhelminischen Imperialismus. Als akademischer Lehrer entfaltete der deutschnationale Historiker große Wirksamkeit, widmete sich aber an der Hochschule in erster Linie politischen Aufgaben, zu denen die ideologische Ausrichtung des Deutschen Hochschulrings gehörte, der die an mehreren Universitäten entstandenen Hochschulringe deutscher Art als Dachorganisation zusammenfaßte.

In dem Bemühen, Vertreter der jüngeren Generation für sein Programm der nationalen Sammlung zu gewinnen, förderte Hugenberg zugleich die DNVP-Karriere von Persönlichkeiten wie Gottfried Treviranus, Hans-Erdmann von Lindeiner-Wildau, Paul Lejeune-Jung und Hans Schlange-Schöningen, die später zur jungkonservativen Opposition gehörten. Die engen Beziehungen zu neokonservativen Intellektuellen – nach der durch den Tod Moeller van den Brucks bedingten Auflösung des Juni-Klubs stützte Hugenberg den einflußreichen Berliner Herrenklub, der dessen Bestrebungen auf Betreiben von Gleichens fortsetzte – wurden von ihm auch dazu benutzt, sich durch eine publizistische Aufwertung vom Makel des bloßen Geschäftsmanns zu befreien. Denn seit 1927 arbeitete Hugenberg systematisch darauf hin, Westarp und Hergt in der Führung der DNVP abzulösen und diese aus einer Honoratiorenorganisation in eine plebiszitär gelenkte Massenbewegung umzuwandeln.

Hugenberg konnte sich hierbei der Macht des von ihm aufgebauten Pressekonzerns bedienen. Dieser gab nicht nur wichtige Tageszeitungen, darunter Scherls »Generalanzeiger-Presse«, sowie zahlreiche Zeitschriften mit Massenauflage heraus, sondern übte auch durch Anzeigen- und Maternagenturen und Pressedienste großen Einfluß vor allem auf die rechtslastige Provinz- und Lokalpresse aus. 1927 erfolgte die Angliederung der UFA, so daß das neue Medium des Dokumentar- und Spielfilms überwiegend von Hugenberg kontrolliert war. Nur die großen liberalen Berliner Tageszeitungen, vornehmlich das »Berliner Tageblatt« und die »Vossische Zeitung«, sowie die traditionsreiche »Frankfurter Zeitung« und die DAZ konnten sich gegen den übermächtigen Einfluß der vom Hugenberg-Konzern ausgehenden Presselenkung behaupten.

Ein geschickter Schachzug auf dem Weg zur Machtergreifung in der DNVP war der von Westarp nicht durchschaute Entschluß Hugenbergs, die finanziell kränkelnde parteiamtliche Korrespondenz aufzukaufen und mit seinem eigenen Nachrichtendienst zu vereinigen; das gab ihm die Möglichkeit, seine Auffassungen gegenüber der Position des Parteivorstands wirkungsvoll zur Geltung zu bringen. Innerparteilich erwies sich dies als äußerst erfolgreich. Das Übergewicht des Hugenberg-Konzerns in der Presselandschaft der Weimarer Republik trug zur verhängnisvollen Überspannung des innenpolitischen Klimas entscheidend bei. Die Beeinflussung der öffentlichen Meinung zugunsten der politischen Vorstellungen der DNVP konnte jedoch die mittelständische Wählerabwanderung zu den Interessenparteien und dann zur NSDAP nicht nennenswert aufhalten.

Nicht so sehr propagandistische als vielmehr personalpolitische Manipulationen größten Stils, die dadurch erleichtert waren, daß Hugenberg über die Verwendung umfangreicher schwerindustrieller Parteispenden verfügte, ermöglichten es ihm, durch die Mobilisierung der Landesverbände gegen Reichstagsfraktion und Parteivorstand der DNVP Graf Westarp im Herbst 1928 zum freiwilligen Verzicht auf den Parteivorsitz zu veranlassen. Westarp hatte es versäumt, sich rechtzeitig der Loyalität des Parteiapparats zu versichern. Auf dem Parteitag wurde Hugenberg mit einer vermutlich recht knappen Mehrheit zum Parteivorsitzenden gewählt. Dabei kam ihm zu Hilfe, daß Westarp, der seine Hausmacht in dem als Partei in der Partei fungierenden Konservativen Hauptverein besaß, mit diesem wegen der Regierungsbeteiligung der DNVP zu brechen gezwungen war. Der Hauptverein stand noch völlig im Bann des Wilhelminismus und verfocht nachdrücklich die Restauration der Hohenzollern-Monarchie. Zugleich versicherte sich Hugenberg der Unterstützung des Stahlhelms, den Duesterberg auf einen radikalen außerparlamentarischen Kurs eingeschworen hatte.

Die Durchsetzung des nationalistischen rechten Flügels in der DNVP war allerdings mit einer Hypothek belastet. Denn Hugenbergs Erfolg hing eng mit dem Scheitern der Lambach-Revolte in der DNVP zusammen. Walter Lambach, in der DNVP der Sprecher des DHV, des größten nationalen Angestelltenverbandes, hatte das Festhalten am monarchischen Gedanken für die Niederlage in den Maiwahlen von 1928 mit verantwortlich gemacht, weil dieser für die Angehörigen der jüngeren Generation jede Bedeutung verloren habe. Implizit kritisierte er die Refeudalisierungstendenzen in der DNVP, die, wie er meinte, zur Vernachlässigung der sozialen Aufgaben und zu einer Politik der Phrase führen mußten. Lambachs »Selbstkritik« richtete sich in erster Linie gegen den Hugenberg-Flügel. Unter dessen Einfluß war die DNVP, indem sie sich für wirtschaftsfriedliche Organisationen und den Werkgemeinschaftsgedanken aussprach, den nationalen Gewerkschaftsverbänden in den Rücken gefallen und zum Vollstrecker der Interessen reaktionärer schwerindustrieller Kreise geworden. Lambach fand bei seinem Plädoyer für eine konstruktive nationale Politik auf dem Boden der Republik die Zustimmung gerade jener Jungkonservativen, die ihre Parteikarriere Hugenberg verdankten. Mit einem öffentlichen Bekenntnis zur christlich-sozialen Selbsthilfe setzte sich diese bald als volkskonservativ bezeichnete Gruppierung für die Rückkehr zur Zentralarbeitsgemeinschaft und für die Anerkennung des Gewerkschaftsgedankens ein. Die Volkskonservativen sprachen sich für eine Fortbildung der geltenden Verfassung im konstitutionellen Sinne aus. Zudem wandten sie sich gegen die Utopien vom »völligen Neu- und Umbau unseres jetzigen Staatslebens«, wie ihn Hugenberg propagierte.

Der Protest Walter Lambachs, dessen Parteiausschluß Hugenberg nur vorübergehend erfolgreich zu betreiben vermochte, stand am Anfang einer Fülle verwandter Initiativen, die von Politikern der jüngeren Generation innerhalb des bürgerlichen Parteienfeldes ausgingen und eine grundsätzliche Neuorientierung anstrebten, um zu konstruktiver Politik auf dem Boden der republikanischen Staatsform zu gelangen. In der von Hugenberg geführten DNVP war dafür kein Raum. Unter dem Motto »Block anstatt Brei« suchte der Parteiführer, den lockeren Honoratiorenverband, den die DNVP noch immer darstellte und der vor allem durch Querverbindungen mit rechtsstehenden Interessen- und Kampfverbänden eine breitere Anhängerschaft an sich zog, in eine dem Führerprinzip unterworfene plebiszitäre Massenbewegung umzuwandeln. Deren Schwerpunkt sollte im außerparlamentarischen Raum liegen, »die unparlamentarische Partei das Gewissen der in den heutigen Parlamenten arbeitenden Fraktionen sein«. Gegen den zähen Widerstand Westarps gelang es Hugenberg, die Fraktion der formellen Kontrolle der umgebildeten Lenkungsgremien der Partei zu unterwerfen.

Hugenbergs bürokratischer Führung mangelte es jedoch an politischem Einfühlungsvermögen und gestaltender programmatischer Kraft. Der Konflikt mit Lambach bewirkte die Isolierung und schließlich das Ausscheiden der jüngeren aktiven Führungsgruppe. Hugenberg, der immer ein wilhelminischer Reaktionär blieb, erwies sich als unfähig, die Impulse der konservativen Revolution, die weit mehr als intellektuelle Hirngespinste darstellten, für die nationale Opposition fruchtbar zu machen. Der von ihm der DNVP aufgeprägte Kurs erschöpfte sich in einer dogmatischen Generalabrechnung mit dem bestehenden politischen System einschließlich der Person Hindenburgs, ohne daß er jemals in der Lage gewesen wäre, die Vision eines »neuen« Deutschland zu entwickeln, welche die DNVP aus einem Agglomerat rechtsstehender Außenseiter zu einer faschistischen Bewegung nach dem Vorbild des in DNVP-Kreisen vielbewunderten Benito Mussolini hätte machen können. Es sollte weniger als zwei Jahre dauern, bis er den Anspruch auf radikale Opposition gegenüber der Republik an Adolf Hitler abtreten mußte.

Zunächst fand die sozialreaktionäre Stoßrichtung des von Hugenberg eingeschlagenen Kurses der DNVP die offene Sympathie einflußreicher Kreise der rheinisch-westfälischen Schwerindustrie, die sich unter dem Eindruck des Arbeitszeitnotgesetzes zur unbeugsamen Konfrontation mit den Freien und christlichen Gewerkschaften entschlossen hatten. Die maßgebende Beteiligung schwerindustrieller Interessen an dem von Ex-Kanzler Wilhelm Cuno ins Leben gerufenen und von Hans Luther geleiteten Bund zur Erneuerung des Reiches machte deutlich, daß sie den Abbau des sozialpolitischen Instrumentariums nur durch eine grundlegende Beschränkung der parlamentarischen Souveränität erreichen zu können glaubten. Die überwiegend der DNVP nahestehende Organisation, die eine Reihe von Verfassungsreformdenkschriften ausarbeiten ließ und sich spätestens 1932 für »die Stärkung des Führergedankens« einsetzte, stellte einmal mehr den Versuch dar, das bestehende Parteiensystem durch den überparteilichen Zusammenschluß einer beträchtlichen Anzahl von prominenten und politisch höchst einflußreichen Honoratioren zu überwinden. Die Verfassungsreformpläne des Bundes, die in erster Linie den Dualismus von Preußen und Reich aufzuheben und das parlamentarische System in den Ländern abzubauen trachteten, gingen Hugenberg jedoch nicht weit genug. Er faßte den Gründungsaufruf des Erneuerungsbundes von Anfang 1928, in dem von der Schaffung eines »Dritten Reiches« die Rede war, das »die ganze Nation zusammenschweißt«, in wörtlichem Sinne auf.

Die starre Haltung Hugenbergs, der die DNVP in eine sterile Opposition und in einen unverhüllten Gegensatz zum Reichspräsidenten führte, stieß hingegen in schwerindustriellen Kreisen auf Widerspruch. Denn sie sprachen sich für eine Fortsetzung des Bürgerblockkabinetts aus und suchten nach 1930 die Konzentrationsbestrebungen im bürgerlichen Parteienfeld in ihrem Sinne zu beeinflussen. Die Ruhrlade, die unter der Führung Paul Reuschs die Parteispenden der Schwerindustrie koordinierte, betrachtete die Wahl Hugenbergs zum Parteiführer als Niederlage; sie hatte zuvor Westarp durch beträchtliche finanzielle Zuwendungen zu halten versucht. Das Stahlhelm-Volksbegehren wurde von Reusch ebenso wie später die Kampagne gegen den Young-Plan als aussichtsloses und zugleich gefährliches Spiel mit populistischen Methoden abgelehnt. Im Gegensatz zu Hugenberg strebten die Ruhr-Industriellen ein breites Parteienbündnis unter Einschluß der DDP sowie die Stärkung des Reichspräsidenten an.

Die Chancen für eine innere Erneuerung des rechtsbürgerlichen Parteiensystems waren jedoch, auch unabhängig von Hugenbergs isoliertem Vorgehen, denkbar gering. Entsprechende Bemühungen innerhalb der DVP gingen von der Reichsgemeinschaft junger Volksparteiler aus, die vor allem von dem Angestelltenflügel der Partei getragen war. In Übereinstimmung mit Stresemann kritisierte diese Gruppe die einseitige Ausrichtung der DVP auf die Interessen der Großindustrie, die es verhindere, daß die Partei breitere Teile des Mittelstands für sich gewinne. Aber die innerparteiliche Opposition in der DVP vermochte sich ebensowenig durchzusetzen, wie das für die späteren Volkskonservativen in der DNVP galt. Nach dem Tod Stresemanns fiel die Parteiführung an Ernst Scholz, der immer mehr zum Sprecher der Großindustrie geworden war. Damit kamen die Verhandlungen zum Erliegen, die Stresemann 1929 mit dem Führer der DDP, Erich Koch-Weser, aufgenommen hatte und die zur Schaffung eines Blocks der nationalen Verantwortung und auf mittlere Sicht zum Zusammenschluß der beiden Mittelparteien führen sollten. Während der Lambach-Flügel 1929 aus der DNVP ausschied und mit der Gründung der Volkskonservativen Vereinigung die Desintegration der DNVP einleitete, gelang es Scholz, eine Parteispaltung zu vermeiden. Die von ihm widerstrebend aufgenommenen Verhandlungen zur Bildung einer Arbeitsgemeinschaft der Mitte unter Einschluß der DDP, der Volkskonservativen und der Wirtschaftspartei kamen zu spät, um den Zerfall der bürgerlichen Mitte gegenüber der nationalsozialistischen Bedrohung aufzuhalten.

Wie die Sammlungsbewegungen der bürgerlichen Rechten erfolglos verliefen, so scheiterten auch entsprechende Versuche der linksbürgerlichen Gruppen. Sie waren für die Absicht der innerhalb des bürgerlichen Verbandswesens aufsteigenden jüngeren Führungsgruppen charakteristisch, auf das politische System unmittelbaren Einfluß zu nehmen und der überhandnehmenden großindustriell und großagrarisch geprägten Interessenpolitik, die den Massen nicht mehr zu vermitteln war, entgegenzutreten. In diesen Zusammenhang gehörte auch der Entschluß der Jungdeutschen, unmittelbaren Einfluß auf die parlamentarische Arbeit zu nehmen und die Esoterik des elitären Ordensgedankens abzustreifen. Mit der Gründung der Volksnationalen Reichsvereinigung trat der Jungdeutsche Orden in unmittelbare Konkurrenz zu den bürgerlichen Mittelparteien. Seine im Juli 1930 vollzogene Verschmelzung mit der DDP zur Deutschen Staatspartei stellte den Versuch dar, das liberal-bürgerliche Lager durch Einbeziehung der Kräfte der Jugendbewegung, die in starkem Maße Stil und Zielsetzung des Ordens geprägt hatten, zu erneuern und eine staatsbejahende Sammlung der Mitte herbeizuführen.

Die Hoffnung Erich Koch-Wesers und Artur Mahrauns, durch diesen Zusammenschluß ungleicher Elemente – der bündisch-berufsständischen Ideen der Volksnationalen und der parlamentarischen und unitaristischen Ausrichtung der DDP – einen Kristallisationskern zur Angliederung der Volkskonservativen und der jungen Volksparteiler und zur Heranziehung der DVP, der Wirtschaftspartei und anderer bürgerlicher Organisationen zu schaffen, erfüllte sich jedoch nicht. Es kam vielmehr zu einer weiteren Schwächung der seit 1930 als Deutsche Staatspartei firmierenden DDP, deren linker Flügel zur SPD ging oder sich selbständig konstituierte, während sich die Volksnationalen wieder zurückzogen. Ein Nachspiel dazu stellten die Bemühungen dar, durch die Betonung eines parteiübergreifenden »Hindenburg-Programms« die anwachsende Fragmentierung der bürgerlichen Mitte rückgängig zu machen.

Die Umbildung des bürgerlichen Parteienfelds machte auch vor der Zentrumspartei trotz ihrer hohen Mitgliederstabilität nicht halt. Das Volksbegehren zur Fürstenenteignung bewies das steigende Selbstbewußtsein des Arbeitnehmerflügels. Dieser sah seine Stellung innerhalb des politischen Katholizismus jedoch in doppelter Weise bedroht. Einerseits war mit der Gründung der Katholischen Aktion, die Nuntius Pacelli auf dem Katholikentag im September 1928 verkündete, beabsichtigt, die Funktion des Zentrums als politische Vertretung des katholischen Bevölkerungsteils zu relativieren und die Unabhängigkeit des traditionsreichen Volksvereins für das katholische Deutschland, der als subsidiäre Parteiorganisation fungierte, aufzuheben. Andererseits sahen sich die christlichen Gewerkschaften wachsender Kritik von seiten der überwiegend rechtsstehenden katholischen Arbeitervereine ausgesetzt, die der von Stegerwald in Wiederaufnahme seiner Essener Rede von 1920 geforderten konfessionellen Öffnung entgegentraten. Hinter diesen Tendenzen verbarg sich die im bürgerlichen Lager voranschreitende Abwendung vom parlamentarischen System zugunsten berufsständischer Organisationsformen, zugleich aber – und das war ein bezeichnendes Element der Spätphase der Weimarer Republik – die Wiederanknüpfung an politische Konfrontationen aus der Zeit ihrer Entstehung. Dies sollte sich auch in der Debatte über die Erneuerung der Zentralarbeitsgemeinschaft und in Schleichers Rückgriff auf die korporativen Elemente des kriegswirtschaftlichen Systems zeigen.

Auf dem Kölner Zentrumsparteitag im Oktober 1928 trat die Aversion des Mittelstands und der Beamtenschaft gegen die von Stegerwald, Joos und Imbusch vertretenen sozialpolitischen Vorstellungen, die in die Nähe des Marxismus gebracht wurden, mit emotionaler Zuspitzung hervor. Sie bewirkte eine schwere Niederlage Stegerwalds, der zu Unrecht mit dem entschiedenen linken Flügel identifiziert wurde, und führte zur Wahl des Trierer Prälaten und Kirchenrechtlers Ludwig Kaas zum Vorsitzenden der Zentrumspartei. Auch im Zentrum obsiegte die bei der DNVP sichtbare Tendenz, Parteivorsitz und Fraktionsführung zu trennen, wenngleich Kaas, indem er Stegerwald zum Fraktionsvorsitzenden berief, einen Bruch mit dem oppositionell eingestellten Gewerkschaftsflügel vermied und sich gegen die einseitig integralistische Ausrichtung der Befürworter der Katholischen Aktion aussprach.

Wie in der DNVP und der DVP signalisierte der Wechsel im Parteivorsitz des Zentrums eine deutliche Schwenkung nach rechts. Kaas hatte sich wiederholt abschätzig über die Stresemannsche Außenpolitik geäußert, die er für »erledigt« hielt. Er war nicht nur ein Anwalt der Konfessionalisierung der Zentrumspartei, sondern auch ein Anhänger eines betont national-autoritären Kurses, der mit den demokratischen und sozialen Traditionen des politischen Katholizismus in

Deutschland brach und diesen in den Dienst einer autoritären Verfassungsumbildung stellte. Auf dem Freiburger Katholikentag im August 1929 bekannte sich Kaas zu einem »Führertum großen Stils« und betonte die Notwendigkeit, die Partei von den »unberechenbaren Zufälligkeiten des parlamentarischen Wetterwechsels« unabhängig zu machen. Die Reserve gegenüber einer Teilnahme an der Großen Koalition schlug sich in dem Zögern der Zentrumspartei nieder, die von Hermann Müller angebotene Kabinettsergänzung vorzunehmen; sie erfolgte erst im April 1929.

Als Nachfolger Stegerwalds in der Fraktionsführung setzte Heinrich Brüning auch in der parlamentarischen Arbeit die Wendung nach rechts fort. Die christlichen Gewerkschaften sahen sich fortan weitgehend isoliert. Die Erbitterung zahlreicher katholischer Arbeitnehmer über die sozialpolitische Halbherzigkeit der Partei fand in der ansteigenden Wählerwanderung zur KPD beredten Ausdruck. Andererseits ging das Zentrum aus der Parteikrise von 1928 ideologisch gekräftigt hervor. Die mit der Wahl von Kaas vollzogene Anlehnung an die katholische Kirche, die Stärkung des katholischen Vereins- und Verbandswesens gegenüber der Zentrumspartei und die Tendenz der Kurie, sich der Schutzfunktion konfessioneller Parteien zu entledigen und direkte Verhandlungen mit den Regierungen, so bei den Länderkonkordaten mit Bayern und Preußen, aufzunehmen, bereiteten dem semiparlamentarischen Kurs den Boden, als dessen Vollstrecker – möglicherweise gegen seine ursprünglichen Absichten – Heinrich Brüning hervortrat.

Im gesamten bürgerlichen Parteienfeld hatten sich die reformwilligen Vertreter der jüngeren Generation nicht durchsetzen können. Als Reaktion auf den steigenden Interessendruck vollzog sich eine Verfestigung der weltanschaulichen Positionen, welche die koalitionspolitische Flexibilität der Parteien nur noch weiter einschränkte. Die überfällige Verjüngung des Führungspersonals der Parteien blieb aus. Die bürgerlichen Sammlungsbestrebungen, mochten sie den Weg der von Hugenberg betriebenen außerparlamentarischen Blockbildung oder den der Erneuerung der bürgerlichen Mitte gehen, konnten die fortschreitende Parteienzersplitterung nicht aufhalten. Nach 1930 kam es zur nahezu vollständigen Auflösung des zwischen Zentrum und DNVP liegenden Feldes.

Das Kabinett der Großen Koalition wurde von den Bewegungen im bürgerlichen Parteienspektrum, die den Übergang zum Präsidialregime einleiteten, zunächst nicht unmittelbar tangiert, zumal sich Hugenbergs Frontalangriff auf das Verfassungssystem in Form des Stahlhelm-Volksbegehrens als Seifenblase erwies. Weit schwerer wog der Angriff, den die Nordwestliche Gruppe der eisen- und stahlerzeugenden Industrie auf das staatliche Schlichtungswesen mit der am 1. November 1928 verfügten lückenlosen Aussperrung der Belegschaften vom Zaun brach. Dieser größte Tarifkonflikt in der Weimarer Zeit kam nicht unerwartet. Die Unternehmerschaft hatte sich durch die Bildung eines Kampffonds, dessen Beiträge sich auf zwei Prozent der Lohnsumme beliefen, darauf vorbereitet. Der Konflikt war Ende 1927 aufgrund von konjunkturellen Faktoren noch einmal aufgeschoben worden.

Die Bildung einer sozialdemokratisch geführten Koalitionsregierung hatte zur Folge, daß die Schwerindustrie nicht länger politische Rücksicht auf deren Bestand zu nehmen hatte, wie dies während des Bürgerblocks der Fall gewesen war. Schon im Vorfeld der mit dem Auslaufen des gültigen Tarifs zum 1. November 1928 anstehenden Auseinandersetzung kam es zu Verhandlungen mit Reichsarbeitsminister Wissell über die Zulässigkeit der staatlichen Zwangsschlichtung. Auch die Vertreter der Freien Gewerkschaften räumten ein, daß die Verantwortung der Tarifparteien gestärkt werden müsse. Auf seinem Hamburger Kongreß von 1928 betonte der ADGB, daß das System der Tarifautonomie ohne eine Ergänzung durch die »Wirtschaftsdemokratie« und damit ohne eine maßgebende Beteiligung der Gewerkschaften an den gesamtwirtschaftlichen Entscheidungen sowie ohne betriebliche und überbetriebliche Mitbestimmung nicht funktionsfähig sei. Das von Fritz Naphtali und einer Reihe von gewerkschaftlichen Theoretikern verfaßte Programm verlangte eine weitreichende Kontrolle der unternehmerischen und wirtschaftlichen Entscheidungen durch die gewerkschaftlichen Vertreter der Arbeitnehmerschaft, während die Übernahme unmittelbarer wirtschaftspolitischer Verantwortung nicht ins Auge gefaßt war.

Das Konzept der »Wirtschaftsdemokratie« war von der Erwartung eines ungebrochenen wirtschaftlichen Wachstums geprägt. In Anlehnung an Hilferdings Theorie des »organisierten Kapitalismus« löste sich das Programm von der orthodox-marxistischen Zusammenbruchstheorie und verhieß eine schrittweise sozialistische Umbildung des privatkapitalistischen Systems durch die Ausweitung des Sektors der öffentlichen und der gewerkschaftseigenen Betriebe, durch verstärkte staatliche Produktionsplanung und durch die Schaffung von wirtschaftlichen Selbstverwaltungskörpern, die zugleich als Instrumente der schrittweisen Überführung der privaten Produktionsmittel in ein sozialistisches Wirtschaftssystem fungierten. Zwar betonte Naphtali die Bedeutung, die dem Ausbau der Arbeiterbildung für die Demokratisierung der Wirtschaft zukäme. Er dachte jedoch weit weniger an die Erweiterung der innerbetrieblichen Mitwirkungsrechte der Arbeitnehmer und räumte den Betriebsräten eine untergeordnete Rolle gegenüber der überbetrieblichen und gesamtwirtschaftlichen Mitbestimmung durch die Gewerkschaften ein. Dabei knüpfte er an den in Artikel 165 der Weimarer Reichsverfassung vorgesehenen Reichswirtschaftsrat und die nachgeordneten Vertretungskörperschaften an.

Die grundlegende Schwäche des Programms der »Wirtschaftsdemokratie« lag – abgesehen davon, daß nicht erkennbar war, wie es aufgrund fehlender parlamentarischer Mehrheiten in die Wirklichkeit umgesetzt werden sollte – in einer vergleichsweise mechanistischen Einschätzung der wirtschaftlichen Prozesse. Sie wurden eher als selbstläufig vorausgesetzt und sollten einer weitgehenden gewerkschaftlichen Kontrolle unterworfen werden, die zugleich die Bildung wirtschaftlicher Machtzusammenballungen verhinderte. Die Rolle des Marktes als Kontrollmechanismus wurde unterschätzt, die Möglichkeiten des staatlichen Eingriffs wurden überbewertet. Trotz der Demokratisierungsforderung enthielt das Konzept etatistisch-bürokratische Züge und eine indirekte Abkehr vom reinen parlamentarischen System, das durch korporativistische Strukturen in Analogie zu den gemeinwirtschaftlichen Ideen Moellendorffs ergänzt werden sollte. In mancher Hinsicht stellte es eine sozialpsychologische Kompensation für die weitgehende Schwäche der Gewerkschaften in den tarifpolitischen Auseinandersetzungen dar, die sie im Bereich der Grundstoffindustrie nur mit Hilfe des staatlichen Schlichtungswesens durchzustehen vermochten.

Nicht erst die Ambivalenz der gewerkschaftlichen Programmatik, sondern schon der bloße Gedanke eines Ausbaus gewerkschaftlicher Mitbestimmungsrechte wurde von den Unternehmerverbänden als gefährliche Herausforderung betrachtet und publizistisch entsprechend ausgeschlachtet. Ging es doch der Industrie gerade darum, den gewerkschaftlichen Einfluß zurückzudrängen, das Tarifvertragssystem aufzuweichen und Lohnverhandlungen auf betrieblicher Ebene zu führen. Nur so war es möglich, das 1918 preisgegebene Lebensrecht der von ihr favorisierten Werkgemeinschaften, für die sie vergleichsweise hohe betriebliche Sozialleistungen erbrachte, wiederherzustellen und die Belegschaften unter Hinweis auf eine sonst eintretende ökonomische Gefährdung des Einzelbetriebs zu den beabsichtigten Lohnsenkungen zu zwingen. Grundsätzlich strebte die Industrie die »Wiederherstellung der Vertragsfreiheit« an, unter der sie den Abbau der tarifrechtlichen Bestimmungen verstand. Insofern betraf die Auseinandersetzung nicht nur den umstrittenen Einmannentscheid des staatlichen Schlichters, sondern zielte auf die Beseitigung des gesetzlich abgesicherten Systems der Tarifverträge überhaupt.

Vom Reichsarbeitsminister verlangte die Unternehmerschaft die Beseitigung der Verbindlichkeitserklärung und überhaupt die »Entpolitisierung des Schlichtungswesens«, worunter der Ausschluß des Reichsarbeitsministeriums aus den Schlichtungsverhandlungen gemeint war. Eine staatliche Zwangsschlichtung wollte man nur für den Fall einer unmittelbaren Bedrohung der »Lebensmöglichkeiten der Gesamtbevölkerung« zugestehen, nicht aber zur bloßen Unterbindung von Arbeitskämpfen. Wissell lehnte diese Forderungen ab, indem er feststellte, daß eine Änderung der Schlichtungsverordnung nur auf parlamentarischem Weg erfolgen könne, wenngleich er die Bereitschaft erkennen ließ, den Rentabilitätsgesichtspunkten der westdeutschen Stahlindustrie bei den kommenden Schlichtungsverhandlungen gebührende Aufmerksamkeit zu schenken.

Trotzdem suchte die Nordwestliche Gruppe den für die zweite Oktoberhälfte 1928 zu erwartenden Schiedsspruch mit der vorsorglichen Kündigung der

Belegschaften zum 1. November zu unterlaufen. Wenngleich das Reichsarbeitsministerium den ergangenen Schiedsspruch, den die Gewerkschaften notgedrungen annahmen, obwohl er nur geringfügige Lohnverbesserungen enthielt, noch rechtzeitig für verbindlich erklärte, schritt die Nordwestliche Gruppe, die ihn als unrechtmäßig betrachtete, unverzüglich zur Massenaussperrung. Dies mußte angesichts der mäßigen Mehrbelastungen für die Unternehmerseite als bewußte Nichtachtung der staatlichen Lohnschlichtung und zugleich als Angriff auf die Gewerkschaften aufgefaßt werden, die sofort Rechtsmittel einlegten. Divergierende Entscheidungen der verschiedenen arbeitsgerichtlichen Instanzen führten insofern zu einer Niederlage des Reichsarbeitsministeriums, als der ergangene und dann für verbindlich erklärte Schiedsspruch aufgrund von Verfahrensfehlern als nichtig bezeichnet wurde.

Unabhängig von der verwickelten Rechtsfrage, in der die Unternehmerseite einen Pyrrhus-Sieg errang, wirkte sich die politische Dimension des Konflikts für sie als nachteilig aus. Die Aussperrung von 260.000 Arbeitern, von denen 160.000 keine gewerkschaftlichen Unterstützungszahlungen erhielten, noch vor dem Abschluß der anhängigen Verfahren über die Rechtmäßigkeit des staatlichen Schiedsspruchs, wurde von weiten Teilen der Öffentlichkeit als unbillig empfunden. Die Konfliktstrategie der Nordwestlichen Gruppe bedeutete zudem einen unübersehbaren Affront gegenüber dem Reichsarbeitsminister, zumal dieser die Bereitschaft erkennen ließ, den Absatzschwierigkeiten der Stahlindustrie Rechnung zu tragen, die freilich nur begrenzt auf die Lohnkosten zurückgeführt werden konnten, sondern mit der Erhöhung des Exportanteils zusammenhingen, für den nur Niedrigpreise zu erzielen waren. Da die Ausgesperrten keine Leistungen der Reichsanstalt für Arbeitslosenversicherung erhielten, weil diese zur Neutralität in Arbeitskämpfen verpflichtet war, beantragten SPD und Zentrum im Reichstag eine rückwirkende Gesetzesänderung, die von den bürgerlichen Mittelparteien nur dadurch abgewehrt werden konnte, daß sie sich für die Bereitstellung von Reichsmitteln an die Gemeinden und Gemeindeverbände für eine unbürokratisch vorzunehmende Arbeitslosenfürsorge aussprachen.

Der preußische Wohlfahrtsminister Heinrich Hirtsiefer setzte sich mit Billigung der Landtagsmehrheit einschließlich der DVP für die unverzügliche Unterstützung der Ausgesperrten unter Verzicht auf Rückzahlung, Bedürfnisprüfung und den Abzug von gewerkschaftlichen Unterstützungszahlungen ein. Die soziale Notlage als Folge der mehrwöchigen Aussperrung wirkte sich auch auf die gewerbliche Wirtschaft negativ aus. Der einhellige Druck der Öffentlichkeit zwang die Parteien, sich über die Einwände der Unternehmerverbände hinwegzusetzen, die wenig überzeugend behaupteten, daß die kumulierten Unterstützungsansätze über die normalen Einkünfte der betroffenen Arbeiter hinausgingen. Auch der Reichsverband der Deutschen Industrie, der von der Nordwestlichen Gruppe zunächst übergangen worden war, verzichtete darauf, die Unterstützungszahlungen öffentlich zu bekämpfen, so daß sich die Schwerindustrie plötzlich politisch isoliert fand.

Wenngleich der unmittelbare Anlaß des Konflikts mit der laufenden Tarifpolitik zusammenhing, konnte kein Zweifel daran bestehen, daß die westliche Industrie mit dem Aussperrungskampf die doppelte Absicht verfolgte, das staatliche Schlichtungswesen zurückzudrängen und die Freien wie die christlichen Gewerkschaften, deren Querverbindungen zu den bürgerlichen Parteien von der Nordwestlichen Gruppe und dem Zechenverband besonders argwöhnisch betrachtet wurden, empfindlich zu schwächen. Dem gleichen Ziel diente die Vorbereitung zu einer Tarifoffensive im Ruhr-Bergbau, die jedoch 1929 angesichts der durch den britischen Bergarbeiterstreik von 1926 bedingten guten Absatzlage aufgeschoben wurde. Indem sich die Nordwestliche Gruppe infolge des anwachsenden Drucks der Öffentlichkeit der Sonderschlichtung des Reichsministers des Innern, Carl Severing, unterwarf, verspielte sie den endgültigen Sieg gegenüber dem Sozialstaatsgedanken. Bezeichnenderweise hatte sich Paul Reusch, der Repräsentant der Ruhrlade, einem Einlenken widersetzt. Die Arbeitgeber von Arbeitnordwest, die sich nicht mehr auf die Solidarität der industriellen Spitzenverbände verlassen konnten, wichen auf Drängen der DVP-Minister im Kabinett, die Vögler für eine politische Lösung des Konflikts gewonnen hatten, vor einer verschärften Konfrontation zurück, weil das Haftungsrisiko und die Gefahr eines eventuellen Staatseingriffs zu groß waren. Immerhin erreichten sie, daß der gesetzlich zuständige Schlichter, Reichsarbeitsminister Wissell, übergangen wurde.

Der als »Ruhr-Eisenstreit« bezeichnete Konflikt hatte grundlegende politische Auswirkungen. Da es nicht gelungen war, die Gewerkschaften zum Abschluß einer »freien« Tarifvereinbarung zu zwingen, entschloß sich die westliche Industrie nunmehr, den Kampf um die »freie Wirtschaft« verstärkt mit außerparlamentarischen Mitteln zu führen. Die Erfahrung, daß selbst die DVP gegen den Widerstand des rechten Flügels für die Unterstützung der Ausgesperrten eingetreten war, steigerte das grundsätzliche Mißtrauen der schwerindustriellen Unternehmer in die parlamentarische Einlösbarkeit ihrer Forderung, die Wirtschaft von unangemessenen Soziallasten zu befreien und die tarif- und lohnpolitischen Fesseln zu sprengen. Es lag nahe, diese Initiative mit den Reparationsverhandlungen zu koppeln und die Zustimmung zur Neufestsetzung der deutschen Leistungen an einen »inneren Young-Plan« zu knüpfen und die davon erwarteten finanziellen Erleichterungen ausschließlich zur Entlastung der Wirtschaft zu verwenden.

Fürs erste bewirkte die Herausforderung der Reichsregierung durch den Ruhr-Eisenstreit eine Konsolidierung der Koalition, da die Zentrumspartei an die Seite der SPD gedrängt worden war. Die tiefgreifenden Differenzen zwischen DVP und SPD über die Steuer- und Finanzreform, die infolge des von 1927 mitgeschleppten Haushaltsdefizits und der unzureichenden Deckung der Arbeitslosenversicherung unabwendbar war, mußten jedoch auf mittlere Sicht zum Bruch führen. Einstweilen überwog das Interesse, eine Kabinettsumbildung nicht vor Abschluß der Verhandlungen zur Revision des Dawes-Plans vorzunehmen, um, wie es Ludwig Kastl, der Geschäftsführer des Reichsverbandes der Deutschen Industrie formulierte, die SPD nicht »aus der Verantwortung für den Young-Plan und für das Reformprogramm«, also die erhoffte steuerliche Entlastung der Wirtschaft, zu entlassen.

Die Schonfrist des Kabinetts der Großen Koalition mußte zu dem Zeitpunkt ablaufen, als mit der Unterzeichnung des Young-Plans seine außenpolitische Raison d'être entfiel. Der Aufmarsch der außerparlamentarischen Kräfte seit dem Frühsommer 1928 hatte vorerst abgewehrt werden können. Das Stahlhelm-Volksbegehren wie die mittlerweile von der NSDAP übertönten Haßtiraden gegen das parlamentarische System zerschellten an den Sachzwängen, die dem Zusammenhang von Reparationsverhandlungen und Finanzreform entsprangen. Im Herbst 1929 war es noch offen, ob eine Regenerierung des bürgerlichen Parteienfeldes stattfinden würde. Bei den bürgerlichen Mittelparteien und beim Zentrum gewannen jedoch diejenigen Kräfte die Oberhand, die eine Kooperation mit der SPD und den Gewerkschaften ablehnten und das parlamentarische System zugunsten der präsidialen Prärogative zu verändern entschlossen waren, sofern sie nicht wie DNVP und NSDAP die völkische Diktatur auf ihr Panier schrieben. Geschürt von der Reichswehrführung, dem Stahlhelm und der 1929 formierten Grünen Front verstärkte sich der Druck auf den Reichspräsidenten, den Vertretern des »nationalen Deutschland« die Regierungsverantwortung auszuhändigen.

Die Auflösung des parlamentarischen Systems

Die Weichen der inneren Politik waren bereits in Richtung auf eine Abkehr vom parlamentarischen System gestellt, bevor die verheerenden ökonomischen Folgen der Weltwirtschaftskrise in Deutschland spürbar wurden. Die rückläufige Konjunktur machte sich seit dem Frühjahr 1929 in einer Verringerung der einströmenden ausländischen Kredite und einem Absinken des Steueraufkommens bemerkbar. Obwohl der New Yorker Börsenkrach vom Oktober 1929 seine Schatten vorauswarf, rechnete niemand mit einem ernsthaften wirtschaftlichen Einbruch. Industrie und Banken bemühten sich, das Kabinett im Zusammenhang mit der überfälligen Finanzreform auf Steuersenkungen festzulegen, um auf diesem Weg die mangelnde innere Kapitalbildung zu mildern. Die Aussicht auf eine Herabsetzung der Reparationszahlungen verstärkte diesen Druck.

Ursprünglich hatte die Reichsregierung eine Neuregelung der Reparationsfrage, zu der sie die Revisionsklausel des Dawes-Plans berechtigte, aufschieben und statt dessen über eine vorzeitige Rheinland-Räumung verhandeln wollen. Diese Option entsprang der richtigen Erwägung, daß vor den 1928 stattfindenden Wahlen mit einer veränderten Haltung der USA zur Regelung der interalliierten Schulden nicht zu rechnen war, da sie mit der Reparationsfrage sachlich und psychologisch eng zusammenhing. Zugleich glaubte man, zu einem späteren Termin in einer Situation verhandeln zu können, in der sich die deutsche wirtschaftliche Leistungskraft infolge des zu erwartenden Rückgangs des ausländischen Kapitalzustroms, der sich nach 1924 auf ungefähr 20 Milliarden Reichsmark belief, weniger positiv darstellen würde. Das sich für 1928 ankündigende Haushaltsdefizit begründete jedoch ein unmittelbares Interesse an einer Revision des Dawes-Plans, da sich die Regierung von einer Herabsetzung der Annuitäten eine Verbesserung der Kassenlage des Reiches versprach.

Der auslösende Impuls, die Reparationsfrage aufzurollen, ging jedoch von Parker Gilbert, erst in zweiter Linie vom Reichsbankpräsidenten Hjalmar Schacht aus. Sie verfolgten bei äußerlich übereinstimmender Stoßrichtung höchst unterschiedliche Ziele. Gilbert betrachtete mit wachsender Sorge, daß die nach Deutschland fließenden ausländischen Kredite zu 54 Prozent für Ausgaben der öffentlichen Hand verwandt wurden und damit eine nach seiner Überzeugung verschwenderische Haushaltspolitik begünstigten, was nicht zuletzt für Kommunen und Länder galt, die vielfach unproduktive Investitionen mit ausländischen Krediten finanzierten. Gilbert befürchtete, daß dadurch sowohl die Aufbringungs- als auch die Transfermöglichkeiten der Normalannuitäten gefährdet würden. Angesichts der chronisch passiven Handelsbilanz des Reiches war er gezwungen, die Transferzahlungen aus den beträchtlichen Deviseneinlagen der Reichsbank zu bestreiten, denen jedoch keine nennenswerten Exporteinnahmen gegenüberstanden. Daß dieser »künstliche« Transfer auf lange Sicht nicht fortgeführt werden konnte, war ihm und den amerikanischen Banken, die an der Sicherung ihrer Einlagen interessiert waren, voll bewußt. Die Alternative, die der Reichsbankpräsident vorübergehend durchzusetzen versuchte, konnte nur in einem Transferstop bestehen; doch dadurch wäre der Eindruck einer allgemeinen deutschen Zahlungsunfähigkeit hervorgerufen worden, was zwangsläufig zum Erliegen der Kreditgewährung und zum Abzug der kurzfristigen Kredite geführt hätte.

Gilbert warnte nachdrücklich vor der von Schacht ins Feld geführten Erwägung, durch eine mutwillig heraufbeschworene Transferkrise den Gang der Ereignisse zu beschleunigen. Auch die zuständigen Ressortminister waren sich darüber im klaren, daß ein Ende des Kreditzustroms einen schweren wirtschaftlichen Einbruch und eine beträchtliche Absenkung des Lebensstandards nach sich ziehen mußte. Das Argument des Reichsbankpräsidenten, daß durch ein Stillhalten die Krise nur um zwei Jahre hinausgezögert und unter noch ungünstigeren Bedingungen eintreten würde, lehnte Hilferding mit Recht als unverantwortliche Katastrophenpolitik ab. Offensichtlich hatte Schacht diese Überlegungen primär mit der taktischen Absicht ins Spiel gebracht, Gilbert zur Verringerung der transferierten Beträge zu veranlassen. Intern gab der Reichsbankpräsident zu, daß die Normalannuitäten des Dawes-Plans »ohne weiteres« gezahlt werden könnten. Zugleich räumte er gegenüber Stresemann, der ihm darin beipflichtete, ein, daß es bei den kommenden außenpolitischen Verhandlungen in erster Linie um die »Wiedererlangung außenpolitischer Freiheit«, weniger um die Verringerung der deutschen Zahlungen gehen werde.

Schon zuvor hatte Schacht durch die Diskontpolitik und durch flankierende Kreditrestriktionen der Reichsbank den Versuch gemacht, den Zustrom ausländischer Kredite abzubremsen, da er in der zunehmenden Auslandsverschuldung eine Beschränkung der außenpolitischen Handlungsfähigkeit des Reiches erblickte. Indessen war dieser Vorstoß einerseits am Widerstand der amerikanischen Banken, andererseits daran gescheitert, daß die Reichsbank zwar die Aufnahme langfristiger Kredite beschränkte, aber den Zufluß kurzfristiger Kredite weiterhin erlaubte. Die Ursache für die schwindelerregenden Kapitalimporte lag nicht nur in dem Vertrauen der amerikanischen Anleger in die deutsche Wirtschaft. Vielmehr war das unterschiedliche Zinsniveau zwischen den USA und dem Deutschen Reich dafür ausschlaggebend. Das Zinsgefälle resultierte nicht zuletzt daraus, daß neben dem Defizit in der Leistungsbilanz auf dem Weg des Reparationstransfers ein Teil der durch die Kredite zugeführten Liquidität wieder abgeschöpft wurde. Die Diskrepanz zwischen Kreditnachfrage und inländischer Kreditschöpfung, die allenthalben als Kapitalarmut beschworen wurde, nahm nach 1928 noch zu, weil die USA ebenfalls zur Hochzinspolitik übergingen, während die Reichsbank, um einen Abfluß der Kredite zu verhindern, an einem überhöhten Diskontsatz festhielt und inländische Investitionen weiterhin absinken ließ. Mit einer langfristigen Auslandsverschuldung von 5,5 Milliarden Reichsmark und kurzfristigen Verpflichtungen von 7,6 Milliarden Reichsmark befand sich die deutsche Wirtschaft am Ende des Konjunkturaufschwungs von 1927/28 in einer äußerst prekären Lage.

Unter diesen Bedingungen erhielt die Initiative des Reparationsagenten, zu einer definitiven Festsetzung der deutschen Reparationsverpflichtungen zu gelangen und den Transferschutz zu beseitigen, die Zustimmung Frankreichs, das an einer baldigen Kommerzialisierung der deutschen Reparationsschuld interessiert war, um damit die im Mellon-Berenger-Vertrag von 1926 festgelegten Rückzahlungen an die USA finanzieren zu können. Denn die französische Politik sah im Hinblick auf die öffentliche Meinung nicht die geringste Chance, Schuldnerverpflichtungen gegenüber den USA und England einzugehen, welche die deutschen Reparationsleistungen an Frankreich überstiegen, war aber genötigt, die Ratifizierung des Abkommens bei ansonsten beträchtlichen zusätzlichen Rückzahlungsforderungen Washingtons bis Ende 1927 zu vollziehen. Poincaré verschloß sich nicht länger der Erwägung, in der Frage der Rheinland-Räumung entgegenzukommen, um dafür die Zusicherung der deutschen Zahlungen in Höhe der französischen Kriegsschuld zu erhalten. Stresemann nutzte diesen seit Thoiry sichtbaren Zusammenhang, um auch die Reparationsfrage auf der Septembertagung des Völkerbundes zur Sprache zu bringen. Die sechs Mächte erklärten sich unverzüglich bereit, Verhandlungen über das Rheinland-Problem und eine endgültige Regelung der Reparationen aufzunehmen.

Bei der Zusammensetzung der deutschen Delegation für die Sachverständigenkonferenz im Februar 1929 in Paris sah sich Stresemann, der von der Notwendigkeit sprach, eine »Verantwortungsgemeinschaft« der Parteien zu bilden, veranlaßt, auf die Rechtsopposition Rücksicht zu nehmen. Daraus erklärt sich, daß neben Schacht, der seiner Position wegen nicht umgangen werden konnte, Albert Vögler, inzwischen Vorstandsvorsitzender der Vereinigten Stahlwerke AG, als Sachverständiger benannt und beiden Ludwig Kastl vom Reichsverband der Deutschen Industrie und der Hamburger Bankier Carl Melchior als Stellvertreter an die Seite gestellt wurden. Als Paul Silverberg gegen die Wahl Melchiors protestierte, antwortete Stresemann, »daß gegen die voraussichtlich starke Opposition Hugenbergs ein Wall von Persönlichkeiten aufgerichtet werden muß, der den Sturm von Hugenbergs Presse aushalten kann«. Was Schacht und Vögler betraf, so erfüllte sich diese Erwartung nicht.

Stresemann, der schon damals ernstlich erkrankt war, und Reichskanzler Müller überschätzten die Loyalität des Reichsbankpräsidenten. Um den formellen Sachverständigenstatus der Delegation nicht zu tangieren, scheuten sie davor zurück, dessen Initiative durch präzise Instruktionen zu begrenzen. Schacht gab sich dem Irrglauben hin, für den Verzicht auf den Transferschutz und die Kommerzialisierung eines Teils der Annuitäten weitgehende politische Konzessionen einhandeln zu können, die auf eine Revision wichtiger Punkte des Versailler Friedensvertrags hinausliefen. Unter dem Vorwand, die wirtschaftliche Leistungsfähigkeit Deutschlands zu sichern, wurden von ihm eine »überseeische Rohstoffbasis«, damit praktisch die Rückgabe der deutschen Kolonien und der »Wiederaufbau der deutschen Landwirtschaft durch Rückgabe des Korridors«, ferner eine Absatzgarantie für die deutschen Exporte verlangt. Während die Reichsregierung Schacht und Vögler davor warnte, diese »Nebenpunkte« in den Vordergrund zu spielen, verknüpfte Schacht sie mit dem Angebot einer deutschen Annuität von 1.650 Millionen Reichsmark, von denen nur 450 Millionen ungeschützt waren, der restliche Betrag einem Transfer- beziehungsweise Aufbringungsschutz unterliegen sollte.

Schacht scheint sich eingebildet zu haben, für dieses Verhandlungspaket mit der amerikanischen Unterstützung rechnen zu können. Die amerikanischen Gesprächspartner waren jedoch keinesfalls bereit, die Finanzverhandlungen mit politischen Forderungen zu belasten, und zeigten sich nur konziliant, um Schacht von einer offenen Konfrontation abzuhalten. Schon die Lücke, die zwischen dem deutschen Angebot und der alliierten Forderung in der Annuitätenfrage klaffte, drohte zum Abbruch der Konferenz zu führen. Die deutsche Verhandlungsdelegation beeindruckte das wenig. Offenbar war der Reichsbankpräsident, hierin von Vögler unterstützt, entschlossen, das Abkommen scheitern zu lassen und zu den Bedingungen des Dawes-Plans zurückzukehren. Als er die Möglichkeit eines Transferstops andeutete, wurde das von französischer Seite als bewußter Versuch aufgefaßt, die Verhandlungen zu torpedieren. Émile Moreau, der französische Finanzminister, bemerkte in Paris, daß Schacht mit diesem Standpunkt den deutschen Kredit untergrabe. Wenige Tage später kam es zu massiven Devisenabflüssen aus Deutschland, die eben das wahrmachten, was der Reichsbankpräsident durch seine restriktive Kreditpolitik vergeblich abzuwenden gesucht hatte. Sie beruhten jedoch nicht auf einer Intervention der Bank von Frankreich, wie die deutsche Presse behauptete, sondern auf der Verkehrung des Zinsgefälles zwischen Berlin und New York. Dies bewies erneut, daß die finanzpolitische Abhängigkeit des Reiches reparationspolitische Extratouren nicht erlaubte.

Erst jetzt schaltete sich die Reichsregierung ein; sie hatte bis dahin trotz anwachsender Kritik an der Haltung Schachts nicht in die Pariser Verhandlungen eingegriffen. Sie veranlaßte Schacht, der nun bindende Instruktionen verlangte, nachdem er zuvor auf seiner Unabhängigkeit als Sachverständiger bestanden hatte, den von Owen Young vorgelegten Kompromiß zu unterzeichnen. Auf Betreiben des Reichsverbandes der Deutschen Industrie trat Vögler als Delegationsmitglied zurück, während Kastl trotz der auf ihn ausgeübten Pressionen schließlich ebenfalls unterschrieb. Im Widerspruch zu seinen späteren Umdeutungen begründete Schacht Ende Juni 1929 vor dem Deutschen Industrie- und Handelstag die Notwendigkeit der deutschen Zustimmung zum »Neuen Plan« mit den unübersehbaren finanzpolitischen Konsequenzen, die andernfalls eingetreten wären.

Der nach dem amerikanischen Delegierten Owen Young genannte Zahlungsplan wurde in Deutschland allgemein als unbefriedigend betrachtet, obwohl Hilferding Zahlungsverpflichtungen in einer ähnlichen Größenordnung vorausgesagt hatte. Die Laufzeit der Reparationsregelung stand von vornherein fest, da aus psychologischen Gründen eine Unterschreitung des Zeitraums, der für die Rückzahlung der alliierten Kredite an die USA vorgesehen war, nicht in Frage kam. Zugleich lag es im wohlverstandenen Interesse Deutschlands, durch die zeitliche Streckung die effektiv zu leistenden Annuitäten zu verringern. Der Plan schrieb vor, daß das Deutsche Reich siebenunddreißig Jahre lang eine durchschnittliche jährliche Belastung, unter Einschluß der Zinsen und der Tilgung der Dawes-Anleihe, in Höhe von 2,05 Milliarden Reichsmark aufzubringen hatte. Für weitere zweiundzwanzig Jahre – also bis 1988/89 – waren Annuitäten in Höhe von 2,7 Milliarden Reichsmark vorgesehen. Der Transferschutz entfiel weitgehend. Für einen Teil der Verpflichtungen konnte das Reich im Fall einer wirtschaftlichen Depression einen zweijährigen Zahlungsaufschub verlangen. Dem standen der Abbau der Institution des Reparationsagenten, die nationale Verfügungsgewalt über die Reichsbahn und die Aufhebung der internationalen Verwaltungskontrolle über die Reichsbank gegenüber, die sich ohnehin als wenig erfolgreich erwiesen hatte. Damit erlangte das Deutsche Reich die volle finanzpolitische Souveränität zurück. Zugleich sollten die Annuitäten von 1,7 Milliarden schrittweise auf die Normalhöhe ansteigen, was vorderhand gegenüber dem Dawes-Plan eine beträchtliche, wenngleich keineswegs in der erhofften Höhe liegende Entlastung des angeschlagenen Reichshaushalts bedeutete.

Allerdings waren die Auseinandersetzungen über die Reparationsfrage mit der Verabschiedung des Young-Plans durch die Sachverständigen keineswegs beendet. Auf der Ersten Haager Konferenz im August 1929 suchte Stresemann, der zum letzten Mal auf einem internationalen Forum auftrat, Aristide Briand die Zustimmung zur vorzeitigen Rheinland-Räumung abzuringen, die dieser schließlich zum 30. Juni 1930 zusagte. Nicht diese Frage, sondern Rivalitäten zwischen Großbritannien und Frankreich wegen des Verteilungsschlüssels und des Anteils an der ungeschützten Annuität drohten die Konferenz zum Scheitern zu bringen. Erneut vermochte es Stresemann, wenngleich unter finanziellen Konzessionen, einen Ausgleich zu bewerkstelligen. Alles in allem brachten die Verhandlungen in Den Haag einen überwältigenden Erfolg. Die Räumung der dritten Rheinland-Zone erfolgte fünf Jahre früher, als sie im Versailler Vertrag vorgesehen war. Die Beschränkungen der deutschen Souveränität entfielen.

Schacht nahm unterdessen die geringfügigen Verschlechterungen des Zahlungsplans zum Anlaß, sich vom Young-Plan öffentlich zu distanzieren und aus der deutschen Delegation demonstrativ auszutreten. Im Hintergrund stand die Initiative Hugenbergs, der zusammen mit Hitler und Duesterberg ein Volksbegehren gegen den Young-Plan in Gang gebracht hatte. Schachts Memorandum vom Dezember 1929, in dem er für den Fall einer Verschlechterung der Zahlungsbedingungen eine Beteiligung der Reichsbank an der im Neuen Plan vorgesehenen Bank für Internationalen Zahlungsausgleich zurückwies, wurde von der internationalen Öffentlichkeit als Versuch verstanden, das Konferenzergebnis noch zu Fall zu bringen. Indessen ging es Schacht in erster Linie darum, die persönliche Verantwortung für die Reparationsregelung von sich abzustreifen. Die Reichsregierung stimmte am 23. Januar 1930 dem Schlußprotokoll der Zweiten Haager Konferenz zu. Sie war schon aus haushaltstechnischen Gründen gar nicht mehr in der Lage, sich von dem Verhandlungsergebnis zu distanzieren. Schachts Rücktrittsgesuch als Reichsbankpräsident im März, das den Sturz des Kabinetts einleiten sollte, wurde von Hindenburg notgedrungen akzeptiert, zumal er zu diesem Zeitpunkt wegen seiner Eingriffe in die Haushaltspolitik, welche die erhofften Steuersenkungen zunichte machten, politisch isoliert war. Offenbar rechnete der Reichsbankpräsident mit einer schweren Transfer- und Finanzkrise, für die er die Verantwortung nicht übernehmen wollte.

Während die nationalistische Rechte den Young-Plan als Beweis für die erneute wirtschaftliche Versklavung Deutschlands aufs schärfste bekämpfte, brachte er in Wirklichkeit den virtuellen Zusammenschluß der Mächte zu einer europäischen Schuldnerfront gegenüber den USA, deren starres Festhalten an der Rückzahlung der westalliierten Kriegsschulden zu der psychologisch begreiflichen Koppelung von Reparationszahlung und Schuldentilgung beitrug. Dies ließ die Schlußfolgerung zu, daß mit einer Reduzierung oder Aufhebung der Reparationen auf mittlere Sicht zu rechnen war. Die beteiligten Finanzexperten gingen von der Erwartung aus, daß ein Schuldennachlaß der USA gegenüber den Alliierten eine Minderung der deutschen Reparationsschuld nach sich zöge. Mit dem Young-Plan waren die Reparationen endgültig aus der unmittelbaren Verbindung mit dem Versailler Vertrag gelöst. Eine Rückkehr zu den Forderungen des Londoner Ultimatums von 1921 war nunmehr ausgeschlossen.

Sicherlich wog der Verzicht auf den Transferschutz schwer. Dies war jedoch nicht zuletzt eine Folge der Schachtschen Taktik, welche die Alliierten bewog, dem Deutschen Reich das Instrument zu nehmen, mittels dessen es die Kommerzialisierung der Reparationsschuld behindern und damit das verwickelte Geflecht der internationalen Schulden außer Balance bringen konnte. Nachteilig sollte sich freilich auswirken, daß durch den Zahlungsplan die Goldparität der Reichsmark festgelegt war, was in der Krise angesichts des fallenden Preisniveaus zu einer realen Erhöhung der Reparationsleistungen führte. Gleichwohl bedeutete der Plan, der Deutschland für 1929 mit 3,5 Prozent des Volkseinkommens belastete, einen wesentlichen Fortschritt, und es war schwer begreiflich, warum Schacht davon sprach, daß Deutschland bei einem Fortbestand der Reparationsverpflichtungen »in den nächsten dreißig bis fünfzig Jahren zu einer amerikanischen Arbeitsprovinz herabsinken« werde.

Wer von den Reparationsverhandlungen eine innenpolitische Entlastung erwartete, sah sich auf der ganzen Linie getäuscht. Als sich abzeichnete, daß die Young-Plan-Gesetze nicht mehr aufzuhalten waren, wenn die deutsche Wirtschaft nicht schwere Nachteile erleiden sollte, nutzten die der DVP nahestehenden Interessengruppen die Chance, ihre Zustimmung zur parlamentarischen Verabschiedung mit grundlegenden sozial- und finanzpolitischen Zusagen zu erkaufen. Sie bedienten sich dabei des zweifelhaften Arguments, daß die finanzpolitische Schwäche des Reiches, die zum Einlenken in Den Haag geführt habe, durch eine umfassende Finanzsanierung behoben werden müsse. Um den notgedrungen akzeptierten »äußeren« Young-Plan zu überwinden, forderte man nun einen »inneren« Young-Plan. Darin lag eine Analogie zu dem Mythos, daß die äußere Niederlage vom November 1918 durch einen nationalen Aufschwung im Innern wettzumachen sei. Hinter dieser nationalistischen Notlüge standen handfeste materielle Interessen, die darauf gerichtet waren, den sozialpolitischen Kompromiß der Gründungsphase der Republik endgültig rückgängig zu machen. Für die Notwendigkeit eines ausgeglichenen Haushalts sprach, daß mit der Aufhebung des Transferschutzes die Währung für den Fall gefährdet war, daß es nicht gelang, die vereinbarten Annuitäten und Zinsverpflichtungen des Young-Plans aus realen Steuerüberschüssen zu bestreiten.

Das von vornherein mit inneren Gegensätzen belastete Kabinett der Großen Koalition erwies sich als nicht imstande, einen Haushaltsausgleich zu erreichen; seine Bindekräfte waren nach der Ersten Haager Konferenz aufgezehrt. Der Haushaltsentwurf für das Rechnungsjahr 1929, den der sozialdemokratische Finanzminister Rudolf Hilferding nach mühseligen interfraktionellen Verhandlungen einbrachte, zerschellte im Sperrfeuer der Interessengruppen, obwohl er in der Sache der industrienahen DVP weit entgegenkam. Aufgrund des persönlichen Einsatzes von Stresemann vereinbarte man schließlich einen vorläufigen Haushaltskompromiß, der die strittigen Sanierungsprobleme vertagte und nur deshalb hingenommen wurde, weil während der Reparationsverhandlungen ein Sturz des Kabinetts unter allen Umständen vermieden werden mußte.

Hilferding verfügte über ungewöhnlich große finanzpolitische Kenntnisse, aber es mangelte ihm an politischer Durchsetzungskraft, nicht zuletzt gegenüber dem linken Flügel der eigenen Partei. Die Hauptkontroverse betraf die Verwendung der durch die vorübergehende Senkung der Annuitäten zu erwartenden Mehreinnahmen. Unter dem kaum verhüllten Druck des Reichsverbandes der Deutschen Industrie, der in seiner Denkschrift »Aufstieg oder Niedergang«

umfassende Maßnahmen zur Entlastung der Wirtschaft verlangte und sich gegen die Absicht verwahrte, die Ersparnisse aus dem Young-Plan zur Deckung des Haushaltsdefizits zu verwenden, sperrte sich die DVP gegen einen Kompromiß in der Frage der Reichszuschüsse zur Arbeitslosenversicherung, obwohl der von Wissell vorgelegte Entwurf durchaus zustimmungsfähig war. Stresemann verbrachte die letzten Stunden seines Lebens damit, die eigene Partei auf den Fortbestand der Koalition einzuschwören. Sein Tod am 3. Oktober 1929 beendete nicht bloß eine außenpolitische Epoche, sondern bedeutete zugleich die definitive Niederlage der ausgleichswilligen Kräfte in der DVP.

Angesichts der rückläufigen Steuereinnahmen sah Hilferding keine andere Möglichkeit mehr, als die Liquidität des Reiches durch die Aufnahme von kurz- und mittelfristigen Anleihen zu überbrücken. Dabei stieß er jedoch auf den schärfsten Widerstand des Reichsbankpräsidenten, der die Versuche, internationale Kredithilfe zu erlangen, vereitelte. Schacht fand hierbei die unkluge Unterstützung Gilberts, der in Verkennung der verzweifelten deutschen Haushaltslage die vom Reichsfinanzminister vereinbarte Kroeger-Anleihe sowie entsprechende Kreditvereinbarungen mit dem Bankhaus Dillon & Read ablehnte, weil er dadurch die Unterbringung der geplanten Reparationsanleihe für gefährdet hielt. Schacht wußte gut genug, daß das Reich ohne Kredithilfe nicht mehr imstande war, die Beamtengehälter auszuzahlen. Er nutzte die Unabhängigkeit der Reichsbank, um Reichsregierung und Reichstag ein Schuldentilgungsgesetz aufzuzwingen, das praktisch darauf hinauslief, die künftigen Reparationsersparnisse für Tilgungszwecke zu verwenden.

Trotz seiner fragwürdigen Haltung auf der Haager Konferenz erschien die Person Schachts nach wie vor als Symbol der deutschen Kreditwürdigkeit. Vor diesem Hintergrund konnte er, zusammen mit den von ihm beeinflußten deutschen Großbanken und den industriellen Spitzenverbänden, nachhaltigen Druck auf die Finanzpolitik des Reichskabinetts ausüben. In der Öffentlichkeit hieß es, man habe vor, eine Finanzdiktatur unter Ausschaltung des Parlaments zu errichten. Selbst die DVP scheute vor dem Vorschlag nicht zurück, an die Stelle des Reparationsagenten, der sich übrigens zum Werkzeug derartiger Spekulationen machte, eine unabhängige finanzpolitische Kommandozentrale zu setzen, die das parlamentarische Budgetrecht faktisch beseitigt hätte. Das war ein Gegenstück zu der seit Mitte der zwanziger Jahre mit schöner Regelmäßigkeit auftauchenden Forderung nach einem Wirtschaftsdiktator.

Das von Hilferding zusammen mit seinem Staatssekretär Johannes Popitz Anfang Dezember 1929 eingebrachte Finanzprogramm wurde angesichts dieser Pressionen zu Fall gebracht, obwohl es mit dem Versprechen einer baldigen Steuerreform – insbesondere zur steuerlichen Entlastung des Besitzes und zu Abstrichen an der Einkommensteuer, also zur einseitigen Belastung der breiten Massen – der DVP weit entgegenkam. Wiederum gelang nur die Verabschiedung eines finanzpolitischen Interimsprogramms, das zahlreiche Haushaltsbeschränkungen, vor allem im Bereich der Sozialversicherung vorsah. Hilferding und Popitz traten zurück. Paul Moldenhauer, der die Bürde des Finanzministeriums übernahm, sollte sich bald einer gleichartigen Frontstellung gegenübersehen. Das Überleben des Kabinetts war noch einmal gewährleistet.

Der Versuch, dem Kabinett im Vorfeld der Verabschiedung der Young-Plan-Gesetze eine grundlegende finanzpolitische Umschichtung von außen aufzuzwingen, war einstweilen gescheitert. Dazu hatte die widersprüchliche Strategie der bürgerlichen Rechten entscheidend beigetragen. Indem Hugenberg die DNVP in einen kompromißlosen Obstruktionskurs hineintrieb, durchkreuzte er die Erpressungsversuche Schachts, dem es vor allem um die Verringerung der finanzpolitischen Abhängigkeit des Reiches von den Westmächten ging, während der DNVP-Führer den Umsturz des parlamentarischen Systems im Auge hatte. Paradoxerweise bediente sich nunmehr die politische Rechte der Waffe der Volksgesetzgebung, die herkömmlicherweise eine Forderung der Linken gewesen war. Als die Stahlhelmführung Anfang 1929 die Überlegung aufgriff, ein Volksbegehren zugunsten der »Prärogative des Reichspräsidenten« einzuleiten und damit den Versuch zu machen, mit der Beseitigung der in Artikel 54 der Weimarer Verfassung festgelegten parlamentarischen Verantwortlichkeit der Reichsregierung Hindenburg in die Lage zu versetzen, ein Kabinett nach seinem Gusto zu berufen, erschien dies als eine eher abenteuerliche Idee, wenngleich Staatssekretär Otto Meißner grundsätzliche Sympathien des Reichspräsidenten für eine derartige Lösung signalisierte. Der von Heinz Brauweiler, dem führenden Stahlhelm-Ideologen, ausgehende und von Hugenberg sachlich gebilligte Plan brachte zum Ausdruck, wie weit sich der parlamentarische Betrieb von den tatsächlichen Interessen und Sehnsüchten breiter Teile der Bevölkerung gelöst hatte. Stresemann, der am parlamentarischen Prinzip strikt festhielt, verweigerte sich für die DVP einer solchen Strategie des plebiszitären Verfassungsumbaus. Aber auch bei der DNVP und dem Reichslandbund löste das Stahlhelm-Vorhaben wenig Enthusiasmus aus, obwohl es dem Reichspräsidenten das Recht verschafft hätte, eine parlamentarische Zustimmung zum Young-Plan zu widerrufen. Hitler gab das allzu akademische Projekt vollends der Lächerlichkeit preis.

Duesterberg hielt jedoch an dem Vorhaben fest, durch ein Volksbegehren zur »Schaffung der großen nationalen Front« beizutragen und dadurch den Übergang zu einer Rechtsregierung einzuleiten. Wenn sich schon eine Abänderung der Reichsverfassung für das Volksbegehren nicht eignete, bot sich die Kampagne gegen den Young-Plan für ein solches Vorgehen geradezu an. Dabei glaubte die Stahlhelm-Führung, Hindenburg für eine Aussetzung der Young-Plan-Gesetze entweder auf eigene Initiative oder unter Berufung auf deren Ablehnung durch ein Drittel der Abgeordneten und einen anschließenden Volksentscheid gewinnen zu können. Der Präsident, sosehr er mit den Absichten sympathisierte, seine verfassungspolitische Stellung zu stärken, mochte sich nicht in diesem Ausmaß politisch exponieren. Daher fiel es Hugenberg nicht schwer, der Initiative des Stahlhelms eine andere Stoßrichtung zu verleihen und sowohl ein Referendum gegen den Young-Plan als auch ein Volksgesetz gegen die »Kriegsschuldlüge« zu projektieren. Der entscheidende strategische Unterschied lag darin, daß Hugenberg nicht zögerte, den Präsidenten selbst anzugreifen. Den Volksbegehrensplänen haftete noch eine gewisse konstruktive Färbung an, solange sie auf die Bildung eines plebiszitär abgestützten Hindenburg-Kabinetts hinausliefen. Hugenbergs Vorgehen zielte hingegen auf die vollständige Destruktion des bestehenden Verfassungssystems, so unklar seine Vorstellungen von der zu errichtenden »nationalen Diktatur« auch waren, abgesehen davon, daß er selbst an deren Spitze zu treten gedachte.

Der von Hugenberg am 9. Juli 1929 ins Leben gerufene Reichsausschuß für das Deutsche Volksbegehren beabsichtigte die Schaffung eines nationalen Gegenparlaments. Der Form nach handelte es sich um eine überparteiliche Institution, die vom Stahlhelm, dem Alldeutschen Verband, dem Reichslandbund und den Vaterländischen Verbänden getragen wurde. In der Sache beruhte die Initiative auf dem taktischen Zusammengehen von DNVP, Landvolkpartei und NSDAP. Letztere ergriff nach einigem Zögern die günstige Gelegenheit, eine breitere Propagandaplattform zu gewinnen, begrenzte aber von vornherein ihre Teilnahme auf den Zeitraum bis zum Referendum, womit dessen Funktion, eine nationale Sammlungsbewegung zu schaffen, verfehlt war. Gegen die Bedenken der gemäßigten konservativen Partner setzte sich Hugenberg mit dem von ihm verfolgten radikalen Obstruktionskurs durch, an dem ihn die NSDAP, die damit ihre eigenen Zwecke verfolgte, festzuhalten zwang. Der demagogische Charakter der Young-Plan-Kampagne ging jedoch auf Hugenberg zurück.

Der von Hugenberg im Spätsommer 1929 zunächst intern vorgelegte, Anfang September veröffentlichte Entwurf eines »Gesetzes gegen die Versklavung des Deutschen Volkes« forderte die Reichsregierung auf, das »erzwungene Kriegsschuldanerkenntnis« des Versailler Vertrags unverzüglich zu widerrufen, die Aufhebung der Besetzung deutschen Gebiets zu verlangen und keinerlei neue Lasten und Verpflichtungen, insbesondere nicht aus dem Young-Plan, zu übernehmen. Mitglieder der Reichsregierung oder ihre Bevollmächtigten, die diesen Vorschriften zuwiderhandelten, wurden nach Artikel 4 mit Zuchthausstrafen bedroht. In der ursprünglichen Fassung war der Reichspräsident ausdrücklich einbezogen. Er sollte auf diese Weise gezwungen werden, die Aussetzung der Young-Plan-Gesetze, die man für den Spätherbst erwartete, zu verkünden und damit dem Volksentscheid zum Zuge zu verhelfen. Die Verunglimpfung Hindenburgs als potentiellen Landesverräter rief den erklärten Widerspruch des Reichslandbundes, des Stahlhelms und des Westarp-Flügels der DNVP hervor, so daß sich Hugenberg genötigt sah, den bereits veröffentlichten Entwurf zu entschärfen, indem der Reichspräsident von der Sanktionsklausel ausgenommen wurde. Das änderte nichts daran, daß Hindenburg, empört über Hugenbergs Intransigenz, in der Young-Plan-Kampagne einen Angriff auf seine persönliche Integrität erblickte. Obgleich er dem Young-Plan zwiespältig gegenüberstand und es vermied, sich in dieser Frage hinter die Reichsregierung zu stellen, betrachtete er das Vorgehen der äußersten Rechten als Flucht vor der patriotischen Verantwortung, in der ihn seine engsten Gesinnungsgenossen plötzlich allein ließen.

Die Sanktionsdrohung entsprang dem Arsenal der alldeutschen Agitation und setzte die gesamte bisherige Außenpolitik der Republik mit Landesverrat gleich. Sie stieß allenthalben auf Widerspruch, veranlaßte den Jungdeutschen Orden, sich gegen das Volksbegehren auszusprechen, bewog die Schwerindustrie, ihre finanzielle Unterstützung zurückzuziehen, und erregte sogar bei den nationalistischen Freikorpsführern heftigen Protest. Sie wurde aber von der NSDAP bewußt zur Bedingung ihrer Mitwirkung gemacht. Hugenberg sah sich deshalb dazu gezwungen, den Artikel 4, wenngleich in abgeschwächter Form, im Text des Volksbegehrens zu belassen. Dies verschärfte die Kritik an seinem Obstruktionskurs sowohl innerhalb der DNVP als auch im Lager der rechtsstehenden Verbände. Zwar schoben die Volkskonservativen die von ihnen ernsthaft ins Auge gefaßte Sezession noch einmal auf, während Graf Westarp bemüht war, die sich abzeichnende innere Krise der DNVP zu begrenzen. Aber von einem Startzeichen für die Bildung einer umfassenden nationalen Sammlungsbewegung konnte nicht mehr die Rede sein. Bei der parlamentarischen Behandlung der Freiheitsgesetze, die mit überwältigender Mehrheit zurückgewiesen wurden, erlitt Hugenberg eine empfindliche Niederlage. Während der Abstimmung über Artikel 4 zerbrach die Reichstagsfraktion der DNVP. Graf Westarp legte den bis dahin gegen den Zugriff Hugenbergs erfolgreich verteidigten Fraktionsvorsitz nieder. Zwölf Volkskonservative, darunter Gottfried Treviranus und Walter Lambach, verließen die Partei.

Nur aus taktischen Erwägungen verblieben die Führer des Reichslandbundes im Reichsausschuß; nach dem negativen Ausgang des Volksentscheids zogen sie sich, ebenso wie die NSDAP, daraus zurück. Eine Welle plebiszitärer Aktionen, die nach dem Willen Hugenbergs in eine umfassende nationale Mobilisierung übergehen sollte, war unter diesen Umständen nicht zu erwarten. Zugleich erwiesen sich die sonst reichlich fließenden Ressourcen der Rechtsopposition nicht länger als unerschöpflich. Hugenberg warf trotzdem alle verfügbaren finanziellen Mittel in die Kampagne gegen den »Pariser Tributplan« und überschüttete die Öffentlichkeit mit einer Flut von Flugblättern und Broschüren, die das politische System mit verletzender Schärfe herabsetzten und ein völlig verzerrtes Bild der Young-Plan-Verhandlungen zeichneten. Erneut bezog er die Person Hindenburgs in die Kampagne ein, was dieser mit Schärfe zurückwies.

Die Auflösung des parlamentarischen Systems

Desgleichen erprobte die NSDAP ihren eben erst aufgebauten Propagandaapparat und zog alle Register im Kampf für das »Freiheitsgesetz«, den sie zum Leidwesen Hugenbergs als rein nationalsozialistische Aktion darstellte.

Wider Erwarten schrieben sich 10,02 Prozent der Wähler in die Stimmlisten ein, so daß das verfassungsrechtlich vorgeschriebene Quorum knapp erreicht wurde. Der am 22. Dezember 1929 abgehaltene Volksentscheid erbrachte jedoch nur 5,8 Millionen Stimmen und blieb weit hinter dem Anteil der Rechtsparteien in den letzten Reichstagswahlen zurück, während für dessen Annahme 21 Millionen Stimmen erforderlich gewesen wären. Die indirekte Schützenhilfe Hjalmar Schachts, der sich jetzt öffentlich gegen den Young-Plan mit der hergeholten Begründung aussprach, daß dessen »Absichten und Voraussetzungen« durch die Reichsregierung mißachtet würden, vermochte daran nichts zu ändern. Die Reichsregierung verzichtete darauf, gegen Volksbegehren und Volksentscheid juristisch einzuschreiten, obwohl das »Freiheitsgesetz« empfindlich in die Finanzverfassung eingriff, die in der Reichsverfassung von der Volksgesetzgebung ausgenommen war. Das Kabinett hätte andernfalls einen Einspruch durch die Gerichte befürchten und Pressionen auf den Reichspräsidenten mit durchaus zweifelhaftem Ausgang hinnehmen müssen. Immerhin standen nun umfangreiche Mittel für die von Carl Severing als dem zuständigen Reichsminister des Innern eingeleitete Gegenkampagne zur Verfügung. Reichsregierung wie preußische Regierung untersagten den öffentlich Bediensteten unter Hinweis auf Artikel 4 der Vorlage, der mit der Loyalitäts- und Treuepflicht der Beamten unvereinbar war, die Unterstützung des Volksbegehrens. Allerdings griff nur die preußische Regierung wirklich konsequent gegen die zahlreichen höheren Beamten durch, die sich dieser Anweisung widersetzt hatten. Die zunehmende nationalsozialistische Infiltration der Beamtenschaft und das sichtbar gewordene Versagen der Disziplinargerichtsbarkeit deuteten auf einen schleichenden Autoritätsverlust des republikanischen Systems hin.

Die Kampagne der nationalen Opposition gegen den Young-Plan endete in einem politischen Fiasko. Die 5,8 Millionen Stimmen, die für den Volksentscheid abgegeben wurden, machten deutlich, daß eine plebiszitäre Überrumpelung des politischen Systems keine Chancen besaß. Der Hauptnutznießer war die NSDAP, die sich, unterstützt von der bürgerlichen Rechtspresse, als treibende Kraft der nationalen Politik darstellen konnte. Hugenberg vermochte immerhin die Sezession des gemäßigten Flügels, der sich zunächst unter Treviranus als Deutschnationale Vereinigung konstituierte oder im Christlich-sozialen Volksdienst aufging, durch die Beherrschung des Parteiapparats in Grenzen zu halten, zumal Graf Westarp den Fehler machte, trotz des unaufhebbaren Gegensatzes zu Hugenberg der DNVP treu zu bleiben. Aber in den Augen der meisten bürgerlichen Konservativen galt Hugenberg als politischer Exzentriker. Von der nationalen Sammlung, die er versprochen hatte, war er weit entfernt.

Paradoxerweise wirkte sich die Kampagne nicht in einer Stabilisierung des parlamentarischen Systems aus. Zwar scheiterte der neuerliche Versuch der Rechtsopposition, den Reichspräsidenten im Zusammenhang mit der Schlußabstimmung über die Young-Plan-Gesetze von der Unterzeichnung abzuhalten. Aber die Verabschiedung dieser Gesetze am 12. März 1930 leitete dennoch das Ende der Großen Koalition und damit der letzten parlamentarischen Mehrheitsregierung ein. Unumwunden erklärte man in der Umgebung des Reichspräsidenten, daß jetzt, da innenpolitische Probleme den Vorrang hätten, ein bürgerliches Rechtskabinett gebildet werden müsse. Mit der vorläufigen Entlastung an der Reparationsfront hatte die Sozialdemokratie ihre Schuldigkeit getan. Der auf den Reichspräsidenten ausgeübte Druck, die finanzpolitischen Voraussetzungen für eine offensive Reparations- und Revisionspolitik zu schaffen, blieb nicht ohne Wirkung. Der Tatbestand, daß mit dem Wegfall der interalliierten Kontrollen nun auch eine neue Phase im Kampf gegen den Versailler Vertrag zu beginnen habe, spielte dabei eine unübersehbare Rolle.

Schon im Frühjahr 1929 hatte General von Schleicher darauf gedrängt, die Regierung der Großen Koalition durch ein bürgerliches Rechtskabinett zu ersetzen, für dessen Führung Ernst Scholz, Hans Luther und vor allem Heinrich Brüning im Gespräch waren. Als ehemaliger Frontoffizier und Träger des Eisernen Kreuzes erster Klasse empfahl sich Brüning als Kanzler, obgleich Hindenburg eine gewisse Scheu davor empfand, einen Katholiken mit der Regierung zu betrauen. Eine persönliche Rücksprache, die von Schleicher mit Brüning herbeiführte, ergab zwar Übereinstimmung in der Frage der von der Reichswehr geforderten Rüstungsfinanzierung. Einen Kabinettswechsel hielt Brüning hingegen erst nach der Rheinland-Räumung für angebracht. Er ließ gleichwohl erkennen, daß er sich dem Ruf des Reichspräsidenten, an die Spitze eines Kabinetts zu treten, das dessen Vertrauen besaß, nicht verschließen würde. Doch es blieb zunächst bei Sondierungen dieser Art. Solange der Young-Plan nicht verabschiedet war, mußte an dem bestehenden Kabinett festgehalten werden. Als die Koalition im Dezember 1929 wegen des Widerstands der DVP gegen den geplanten Etatausgleich zu zerbrechen drohte, verpflichtete Hindenburg die DVP-Minister persönlich darauf, in der Regierung zu verbleiben, selbst um den Preis des Parteiausschlusses. Das stellte auch eine Reaktion auf Hugenberg dar, dem er »Fahnenflucht« vorwarf. Erfolglos suchte er den DNVP-Führer Anfang 1930 zu einer konstruktiven Zusammenarbeit mit der gemäßigten Rechten zu überreden.

Die Radikalisierung der DNVP durchkreuzte die sorgsam entfaltete Strategie von Schleichers. Das von ihm angestrebte Hindenburg-Kabinett war nur unter Ausklammerung der Hugenberg-Bewegung möglich. Deshalb setzte das Präsidialbüro mit der flankierenden Unterstützung der Schwerindustrie alle Hebel in Bewegung, um die Opposition gegen den Parteiführer zu stärken, wobei die

Hoffnung trog, diesen auswechseln zu können. Doch erwies sich der Rückhalt, den Hugenberg bei dem einflußreichen Alldeutschen Verband, aber auch bei den von ihm faktisch gleichgeschalteten DNVP-Landesverbänden besaß, als unerwartet stark. Gottfried Treviranus, der Ende Januar 1930 die Volkskonservative Vereinigung gründete, wurde auf diese Weise zur Schlüsselfigur konservativer Umbildungshoffnungen. Alle, die erwartet hatten, die Volkskonservativen könnten den Kern einer wieder politisch zur Vernunft kommenden DNVP abgeben, sahen sich enttäuscht. Ebensowenig vermochte sich Graf Westarp gegenüber Hugenbergs intransigentem Kurs zu behaupten. Die konservative Sammlung mußte daher einstweilen abgeschrieben werden. Von Schleicher erwog nun eine präsidial abgestützte Neuauflage des Bürgerblocks, der die Grundlage für eine Regierung der »arbeitsfähigen Rechten«, wie er bezeichnenderweise formulierte, schaffen sollte.

Hindenburg verschloß sich der von Schleicher entwickelten Perspektive einer Regierungsumbildung nicht. Mitte Januar versicherte er Graf Westarp, er werde nach Verabschiedung des Young-Plans zu einer konservativen Regierung der »Mitte« zurückkehren. Meißner erläuterte die präsidialen Vorgaben dahingehend, daß das erwünschte Präsidialkabinett »anti-parlamentarisch« und »anti-marxistisch« orientiert und von einer Regierungsumbildung in Preußen begleitet sein müsse. Durch die heftigen öffentlichen Angriffe gegen sein Eintreten für die Unterzeichnung des Young-Plans sah sich Hindenburg in dieser Absicht bestärkt. Allzu leicht erlag er den Einflüsterungen von rechts, denen zufolge die aufgezwungene Annahme dieses neuerlichen »Diktats« der Siegermächte, wie Brüning das Vertragswerk nannte, auf die vor allem der SPD anzulastende parlamentarische Mißwirtschaft zurückzuführen war. Folgerichtig öffnete er sich dem von Brüning und Schacht vorgetragenen Argument, daß nur eine grundlegende Sanierung der Reichsfinanzen, wie sie die Industrie seit langem forderte, das Reich in die Lage versetzen werde, sich bei künftigen Revisionsverhandlungen nicht auf die Knie zwingen zu lassen.

Die von Hindenburg schweren Herzens vollzogene Unterzeichnung der Young-Plan-Gesetze verschaffte daher den oppositionellen Kräften auf der Rechten zusätzlichen Auftrieb. Dies zeigte sich am augenfälligsten anläßlich der Verabschiedung des aus taktischen Gründen vom Young-Plan abgetrennten, gleichwohl mit ihm inhaltlich verknüpften deutsch-polnischen Liquidationsabkommens. In der Sache handelte es sich dabei um die vertragliche Beilegung der unablässigen Streitigkeiten zwischen beiden Ländern wegen der Enteignung ehemals preußischen Eigentums sowie des Immobilienbesitzes deutscher Optanten durch die polnische Regierung. Polen hatte das Offenlassen dieses Problems zu mitunter schwerwiegenden Eingriffen in die materielle Existenz der deutschen Minderheit benutzt, während die Reichsregierung bemüht war, ehemaliges Staatseigentum an formell unabhängige Finanzträger zu übertragen und damit dem auf die Bestimmungen des Friedensvertrags gestützten polnischen Zugriff zu entziehen. Im Liquidationsabkommen wurde durch den beiderseitigen Verzicht auf Kompensationsansprüche der materielle Status der deutschen Minderheit nach dem Stand von 1929 garantiert, wobei von deutscher Seite eine Reihe faktisch uneinlösbarer Regreßforderungen preisgegeben wurde.

Das Liquidationsabkommen schien der Maxime der deutschen Außenpolitik zuwiderzulaufen, vertragliche Bindungen mit Polen zu vermeiden, die als Anerkennung der Nachkriegsgrenzen hätten aufgefaßt werden können. Tatsächlich unterlief die deutsche Diplomatie mit dem Abschluß des Abkommens die Absicht Warschaus, die bisherigen polnischen Reparationsansprüche im Young-Plan festzuschreiben, und nahm dem anhaltenden Drängen Józef Piłsudskis auf ein Ost-Locarno die Spitze. Dadurch gewannen die Bestrebungen, auf der Ebene des Völkerbundes für die Interessen der deutschen Minderheit tätig zu werden, an Glaubwürdigkeit. Stresemann hatte daher die Bemühungen des deutschen Botschafters in Warschau, Ulrich Rauscher, nachdrücklich begrüßt, zu einer Normalisierung der deutsch-polnischen Beziehungen zu gelangen, die vor allem von den Großagrariern bekämpft wurde. Im Austausch für deutsche finanzielle und handelspolitische Konzessionen verschaffte das Abkommen der Reichsregierung einen wesentlich größeren außenpolitischen Bewegungsspielraum. Obwohl es in der polnischen Öffentlichkeit scharfe Kritik auslöste, wurde es von der nationalistischen Rechten, nicht zuletzt von der NSDAP, als Preisgabe der deutschen Revisionsforderungen denunziert, wovon keine Rede sein konnte. Das Liquidationsabkommen stellte ein indirektes Eingeständnis dar, daß die bisherigen Versuche, Polen durch wirtschaftlichen Druck auf die Knie zu zwingen, mehr oder weniger kontraproduktiv gewesen waren.

Das von Julius Curtius, dem Nachfolger Stresemanns im Auswärtigen Amt, geschlossene Übereinkommen bedeutete zugleich eine Vorleistung für den vornehmlich von der Exportindustrie geforderten deutsch-polnischen Handelsvertrag, dessen Abschluß jedoch von Brüning unangemessen hinausgezögert wurde; er kam erst nach der Machteroberung der NSDAP zustande. Die Nachfolger des Kabinetts der Großen Koalition verspielten die Chance, durch den Ausbau der Wirtschaftsbeziehungen mit Polen die Grundlagen für einen dauernden politischen Ausgleich zu schaffen, der eine Entspannung des Korridor-Problems hätte nach sich ziehen können. Statt dessen verhärtete sich, wie auch die Panzerkreuzeraffäre bewies, das beiderseitige Mißtrauen, was bei Marschall Piłsudski Erwägungen einer Präventivkriegsstrategie wachrief, die wiederum hypertrophe Reaktionen auf deutscher Seite auslösten und die innenpolitische Entwicklung im Entscheidungsjahr 1932 nachhaltig belasteten.

Bezeichnenderweise nahm Hindenburg die Unterzeichnung des Liquidationsabkommens, gegen das die ostelbischen Großagrarier Sturm liefen und dessen verfassungsrechtliche Unbedenklichkeit der verunsicherte Präsident sorgfältig

Die Auflösung des parlamentarischen Systems 289

hatte prüfen lassen, zum Anlaß, dem Kabinett Hermann Müller ein umfassendes finanzielles Hilfsprogramm für »den verzweifelt um seine Existenz ringenden Osten« in ultimativer Form abzufordern. Er verlangte zusätzlich, daß »die landwirtschaftlichen Vertretungen und Vertrauensstellen der Ostprovinzen«, also die überwiegend in den Händen der Großagrarier und des Reichslandbundes befindlichen Landwirtschaftskammern, verantwortlich beteiligt werden sollten, womit er sich gegen die preußische Ostpolitik stellte. Noch vor dem Sturz des Kabinetts sagte Hindenburg dem Präsidenten des Reichslandbundes, Martin Schiele, die Übernahme des Ernährungsministeriums sowie die Bereitschaft zu, die Osthilfe nötigenfalls mittels des präsidialen Notverordnungsrechts durchzuführen. Den Text des am 18. März veröffentlichten Aufrufs des Reichspräsidenten überreichte Staatssekretär Meißner dem General von Schleicher mit der Bemerkung: »Das ist die erste Etappe und die Brücke zu Ihrer Lösung. Das ist die Unterlage zum besten, was wir haben können, zum Führertum ›Hindenburg‹.« In der Tat überraschte die Entschiedenheit, mit der der Reichspräsident nunmehr aus der Reserve heraustrat und dem Kabinett bis in Einzelheiten hineinreichende Weisungen erteilte. Die Initiative war zugleich ein wohlkalkulierter Stoß in den Rücken des amtierenden Koalitionskabinetts, das vergeblich um den Haushaltsausgleich rang. In der Umgebung Hindenburgs unterstellte man von vornherein, daß es wegen des zu erwartenden Widerstands der SPD nicht imstande sei, der Großlandwirtschaft die geforderte Unterstützung zukommen zu lassen.

Daß sich der Druck der agrarischen Interessen unter Einwirkung der 1926 einsetzenden, 1928 offen hervortretenden Agrarkrise, die nicht zuletzt internationale Ursachen hatte, verschärfte, war jedoch schwerlich auf die Versäumnisse der Großen Koalition zurückzuführen. Die SPD, deren Kieler Agrarprogramm von 1927 durch Einführung eines Getreidemonopols Preisstützungen für die einheimische Landwirtschaft vorsah, sperrte sich nicht gegen die Notwendigkeit, vor allem den landwirtschaftlich geprägten Ostgebieten zu Hilfe zu kommen. Allerdings sah sich das Kabinett vor der Schwierigkeit, dem vom Völkerbund geforderten Abbau der Handelsschranken nicht direkt zuwiderhandeln zu können, zumal die 1925 eingeleitete Schutzzollpolitik, die sich auf die Stützung der Preise für agrarische Grundprodukte bezog, zunehmend in einen systematischen Agrarprotektionismus umgeschlagen war.

Das Kabinett Hermann Müller verfolgte deshalb auf Drängen von Reichsernährungsminister Hermann Dietrich eine mittlere Linie, die anstelle einer Verschärfung des Agrarprotektionismus durch die weitere Erhöhung der Zölle für landwirtschaftliche Produkte eine binnenwirtschaftliche Subventionierung des Roggenpreises und strukturpolitische Stützungsmaßnahmen für Ostpreußen vorsah. Die insbesondere von Preußen im Rahmen der »Ostpreußen-Hilfe« ausgehenden Initiativen zur Verbesserung der landwirtschaftlichen Ertragslage blieben allerdings, trotz verstärkter Anstrengungen des Kabinetts Braun, nahezu wirkungslos. Mit guten Gründen drängte die preußische Regierung auf eine höhere finanzielle Beteiligung des Reiches. Zugleich bemühte sie sich darum, die einseitige Ausrichtung der »Ostpreußen-Hilfe« zugunsten der Landwirtschaft zu beseitigen und die agrarische Monostruktur der Ostprovinz durch den Ausbau des Verkehrsnetzes sowie durch Gewerbeförderung und Industrieansiedlungen zu verändern. Dies, aber auch die Umschuldungspolitik, welche die Aufteilung von nicht mehr entschuldungsfähigem Großgrundbesitz in Siedlungsland zum Ziel hatte, rief den entschiedenen Protest der landwirtschaftlichen Interessenvertretungen hervor, obwohl sich diese selbst für eine staatlich geförderte Siedlungspolitik ausgesprochen hatten, um den Verfall der Bodenpreise zu begrenzen. Hindenburg machte sich zu ihrem Sprecher, wenn er das Osthilfeprogramm, das nicht mehr nur Ostpreußen, sondern die Gesamtheit der Ostprovinzen umfassen sollte, einseitig für die Wiederherstellung der Lebensfähigkeit der Landwirtschaft »in allen ihren Betrieben, den großen wie den bäuerlichen«, eingesetzt wissen wollte.

Es lag nahe, für die »Rettung des deutschen Ostens«, wie es in den Eingaben der ostelbischen Landwirte mit pathetischer Übersteigerung hieß, die mit dem Young-Plan entfallende Industrieumlage zu verwenden. Hindenburg griff mit dieser Anregung auf das 1929 von Paul Silverberg für den Reichsverband der Deutschen Industrie vorgeschlagene Agrarprogramm zurück, das die außenhandelspolitische Abhängigkeit des Reiches zu verringern und eine relative ernährungspolitische Autarkie zu erreichen trachtete. Der Reichsverband war keineswegs so selbstlos, wie dies zunächst den Anschein hatte. Zum einen war die Verringerung von Agrarimporten eine Voraussetzung für die von Teilen der Wirtschaft geforderte Anhebung der Industriezölle; zum anderen handelte es sich um einen Vorstoß, Preußen die Führungsrolle bei der wirtschaftlichen Sicherung des deutschen Ostens zu entwinden. Die weit übersteigerten Forderungen der agrarischen Interessenverbände, die, gedeckt durch Hindenburgs Initiative, mehrjährige Steuerrückstellungen und Subventionen in Höhe von einer Milliarde Reichsmark verlangten, sollten den Akkord zwischen Industrie und Landwirtschaft bald wieder zerstören.

Innerhalb des Kabinetts Hermann Müller herrschte Übereinstimmung darüber, daß ein Agrarprogramm dieses Umfangs angesichts schwindender Einnahmen des Reiches nicht sogleich finanzierbar war. Der Kanzler mochte den in mühseligen Parteiverhandlungen erarbeiteten Haushaltskompromiß nicht preisgeben und war hierin mit Moldenhauer einig. Trotz mancher gegenteiliger Beeinflussungsversuche ging Hindenburg noch immer von der Möglichkeit aus, auch nach einem Ausscheiden der DVP am bestehenden Kabinett zunächst festzuhalten und Hermann Müller die Vollmacht zur Auflösung des Reichstages und zur Anwendung des präsidialen Notverordnungsrechts zu gewähren, sosehr von Schleicher die Gefahr beschwor, daß dies einen bedenklichen »Machtauftrieb« bei der SPD zur Folge haben und die nationale Opposition dem Reichspräsidenten noch mehr entfremden würde. Erst unter dem Eindruck der distanzierten Haltung, die das Kabinett zu dem von ihm ultimativ geforderten Osthilfeprogramm einnahm, entschied sich Hindenburg endgültig gegen eine Fortführung des Kabinetts, dessen Raison d'être eben doch ausschließlich in der Verabschiedung des Young-Plans bestand und mit ihr entfiel. Die volle Tragweite der Selbstbindung Hindenburgs an die Interessen der ostelbischen Großlandwirtschaft, die mit seiner verfassungsmäßigen Stellung unvereinbar war, wurde erst nach dem Sturz der Großen Koalition ganz erkennbar. Auch das Kabinett Brüning sollte den letzten Stoß erhalten, als ihm unterstellt wurde, dem »Agrarbolschewismus« in die Hände zu arbeiten.

Der Rücktritt des sozialdemokratischen Mehrheitskabinetts am 27. März 1930 wurde durch die unüberbrückbaren inneren Gegensätze zwischen den Koalitionspartnern herbeigeführt, die mit aller Schärfe aufbrachen, als intern bekannt wurde, daß Hindenburg dem Kanzler die Vollmachten aus Artikel 48 verweigerte. Tatsächlich war der Sturz des Kabinetts vorprogrammiert. Scholz, der Vorsitzende der DVP, war seit dem Februar in die Pläne von Schleichers eingeweiht, ein Kabinett auf überparteilicher Grundlage zu bilden, an dessen Spitze Brüning treten sollte, nachdem sowohl Scholz als auch Luther, der für die Position des Reichsbankpräsidenten optierte, die Übernahme des Kanzleramts abgelehnt hatten. Von Schleichers Initiative erfolgte im Einvernehmen mit dem ihm eng verbundenen Treviranus, der als Verbindungsmann zur gemäßigten Rechtsopposition fungierte, und stimmte mit dem schon im Dezember 1929 gefaßten Beschluß des rechten DVP-Flügels überein, die Koalition nach der Verabschiedung des Young-Plans zu sprengen. Scholz fand hierin die Schützenhilfe der Vereinigung der Deutschen Arbeitgeberverbände, deren Vorsitzender August Borsig im März an Finanzminister Moldenhauer schrieb, daß eine weitere Erhöhung der Beiträge zur Arbeitslosenversicherung mutmaßlich das Ausscheiden der Unternehmer aus der Reichsanstalt zur Folge haben würde. Allerdings scheute die DVP-Fraktion in bewährter Manier davor zurück, den Bruch von sich aus zu vollziehen. Sie zeigte sich auf ihrem Kasseler Parteitag Anfang März ungewöhnlich kompromißbereit, gab allerdings die Erklärung ab, hinsichtlich der nach dem Young-Plan einzuleitenden finanzpolitischen Schritte keine Bindungen eingehen zu wollen.

Unter diesen Umständen fiel dem Zentrum die Schlüsselrolle zu. Brüning, der wiederholt mit Hindenburg zusammentraf und indirekte Kontakte mit General von Schleicher unterhielt, zögerte jedoch noch, unmittelbar auf den Sturz Hermann Müllers hinzuarbeiten. Für ihn bestand nicht der mindeste Zweifel, daß es einer grundlegenden Senkung der öffentlichen Ausgaben und insbesondere einer drastischen Einschränkung der Leistungen aus der Arbeitslosenversicherung bedurfte. Schon im Herbst 1929 hatte er die Zentrumsfraktion darauf festgelegt, die Sanierung der Arbeitslosenversicherung, die neben dem noch aus der Amtszeit Hilferdings stammenden Steuersenkungsprogramm den kritischsten Punkt der Haushaltsberatungen darstellte, noch vor Verabschiedung des Young-Plans zu erzwingen. Ende Januar 1930 machte er die Zustimmung des Zentrums zum Young-Plan von dieser Bedingung abhängig.

Brüning ließ sich dabei von der taktischen Erwägung leiten, die SPD nicht von der Bürde der notwendig erscheinenden Einsparungen im Sozialhaushalt zu entlasten, zumal er hinsichtlich der rapide ansteigenden Arbeitslosigkeit soziale Protestbewegungen befürchtete. Zugleich konterkarierte er die Taktik der DVP, die anstehenden finanzpolitischen Entscheidungen aufzuschieben und erst zu einem Zeitpunkt mit den eigenen Forderungen hervorzutreten, an dem der außenpolitische Verständigungszwang entfiel. Die SPD befürchtete ihrerseits, daß ein Hinauszögern der Sanierung der Reichsanstalt innerhalb absehbarer Zeit einen weiteren Leistungsabbau herbeiführen werde, nachdem sie bereits erhebliche Konzessionen in der Beschränkung des Bezieherkreises der Arbeitslosenunterstützung gemacht hatte. Das von Brüning forcierte Junktim zwischen Haushaltssanierung und Annahme des Young-Plans verfehlte jedoch seine Wirkung. Statt den Einigungszwang zu erhöhen, setzte es das Kabinett bei den Haushaltsverhandlungen unter hektischen Zeitdruck.

Die von Reichsfinanzminister Moldenhauer eingebrachte Deckungsvorlage suchte das chronische Defizit der Reichsanstalt nicht durch eine Erhöhung der Beiträge und der Reichszuschüsse, sondern durch die Einbeziehung der Sozialversicherungsträger einschließlich der öffentlichen Wohnungsbaugesellschaften vorläufig auszufüllen und entstehende Fehlbeträge durch Einsparungen der Reichsanstalt, also durch Leistungskürzungen, abzudecken. Dies bedeutete eine weitere Abkehr vom Versicherungsprinzip und begrenzte die Sanierung auf eine Gefahrengemeinschaft der Versicherungsträger, so daß die Sozialausgaben insgesamt konstant blieben. SPD und Freie Gewerkschaften unterbreiteten als Gegenvorschlag ein Notopfer der Festbesoldeten in Höhe von drei Prozent der Gehälter. Es lag in der Tat nahe, die Angehörigen des öffentlichen Dienstes, voran die Beamtenschaft, die von der Arbeitslosigkeit und den gleichzeitigen Lohneinbußen nicht oder kaum betroffen waren, zu einer Solidaritätsabgabe heranzuziehen.

Obwohl sich Moldenhauer mit dem Gedanken des Notopfers befreundete, stieß er bei der eigenen Partei auf hartnäckigen Widerstand. Der Grund dafür lag weniger darin, daß Scholz als Vorsitzender des Reichsbundes der höheren Beamten auf die Interessen der Beamtenverbände Rücksicht zu nehmen suchte. Vielmehr war der industrielle Flügel der DVP entschlossen, in jedem Fall einen Abbau der Leistungen der Arbeitslosenversicherung zu erzwingen, obwohl bei den hinter ihm stehenden Wirtschaftsgruppen Einigkeit darüber bestand, daß die Beamtengehälter beträchtlich überhöht waren. Da sich die DVP sperrte und das Zentrum zurückhaltend blieb, war dieser wenige Wochen später erneut eingeschlagene Weg zur Sanierung der Arbeitslosenversicherung blockiert. Die Ressorts einigten sich daraufhin auf den Kompromiß, zwar die Versicherungsträger weiterhin heranzuziehen, eventuelle Fehlbeträge aber durch die Bildung eines Notstocks der Reichsanstalt und durch die Erhöhung der Beiträge zur Arbeitslosenversicherung von 3 auf 4 Prozent aufzubringen.

In dieser Konstellation belastete die DVP den sich abzeichnenden Haushaltskompromiß durch die Forderung, schon jetzt Steuersenkungen für den Haushalt 1931 gesetzlich festzulegen. Die in Erwartung herabgesetzter Reparationszahlungen 1929 Hilferding abgerungene Zusage einer umfassenden Steuersenkung vor allem zugunsten der höheren Einkommen erwies sich nun als eine verhängnisvolle Selbstbindung der Regierung. Denn angesichts der nur begrenzten Einsparungen durch den Young-Plan, die im wesentlichen durch das von Schacht dem Reichstag aufgezwungene Schuldentilgungsgesetz kompensiert wurden, der rasch rückläufigen Steuereinnahmen und des ständig wachsenden Defizits der Arbeitslosenversicherung waren Steuererhöhungen unumgänglich. Die DVP blockierte indessen jede Anhebung der Besitzsteuern. Das Notopfer stellte einen Versuch dar, dies zu umgehen. Während die SPD Kritik daran übte, daß der Haushaltsfehlbetrag überwiegend aus Verbrauchssteuern, welche die breiten Massen belasteten, gedeckt werden sollte, forderte die DVP zusätzlich die Senkung der Realsteuern und die Einführung eines beweglichen Faktors bei den Gemeindesteuern, mit dem sie ein psychologisches Druckmittel zur Verringerung der den Gemeinden obliegenden Ausgaben für Erwerbslosenfürsorge zu schaffen beabsichtigte. Die DVP-Fraktion fiel mit dem erweiterten Steuerkatalog ihrem eigenen Minister in den Rücken. Sie strebte damit einen Bruch an.

Der Reichskanzler bestand nunmehr darauf, die ursprüngliche Regierungsvorlage einzubringen, und zwang Brüning zum Einlenken. Der Zentrumsführer sicherte sich jedoch unmittelbar vor Abstimmung über die Young-Plan-Gesetze durch eine Unterredung mit dem Reichspräsidenten dahingehend ab, daß die Haushaltsreform notfalls auf dem Weg des präsidialen Notverordnungsrechts durchgebracht werden würde. »Sie dürfen überzeugt sein«, versprach ihm Hindenburg, »die Finanzreform wird gemacht; wenn die Parteien versagen, mache ich es ohne die Parteien.« Die Zusage, von allen verfassungsmäßigen Mitteln Gebrauch zu machen, um vom 1. April, dem Beginn des Haushaltsjahres 1930, an neue Steuern zur Kassensanierung einzuführen, stellte einen Blankoscheck für Brüning dar, den er zwar noch einmal mittels eines Kompromißvorschlags zur Sanierung der Arbeitslosenversicherung zurückhielt, der aber, zumal die DVP inzwischen erfuhr, daß die Regierung weder das Auflösungs- noch das Notverordnungsrecht erhalten werde, den zeitlichen und sachlichen Spielraum für eine Einigung über alle Maßen beschränkte.

Der Brüningsche Kompromißvorschlag kam der DVP insofern weit entgegen, als er zwar einen Beitrag in Höhe von 3,5 Prozent ins Auge faßte, im übrigen aber eine Entscheidung vertagte. Im Licht der späteren Entwicklung erschien dieser Kompromiß vergleichsweise akzeptabel, obwohl darin die Streitfrage, ob die Arbeitslosenversicherung durch Erhöhung der Beiträge oder durch Steuererhöhungen zu decken sei, bewußt aufgeschoben worden war. Er fand allerdings nicht mehr die Billigung der Reichstagsfraktion der SPD, während ihm die DVP aus taktischen Erwägungen zustimmte. Für Wissell, den Reichsarbeitsminister, der bereits den früheren Kompromiß im Kabinett nicht mitgetragen hatte, stellte er den ersten Schritt zu einem eklatanten Leistungsabbau dar, den die Gewerkschaften nicht hinnehmen könnten. Mit Recht wiesen die Gewerkschaftsvertreter in der Fraktion darauf hin, daß der Brüning-Vorschlag aufgrund der eindeutigen Haltung von DVP und Zentrum zu weiteren Einschnitten in die Arbeitslosenversicherung führen werde. Sie gaben jetzt der Regierungsvorlage, die weniger ungünstig formuliert war, den Vorzug. Der Reichskanzler, der auf die drohende Gefahr einer Staatskrise hinwies, vermochte sich mit seinem Plädoyer für den Brüning-Kompromiß bei der eigenen Partei nicht durchzusetzen.

In taktischer Beziehung war die Reaktion der Reichstagsfraktion der SPD, über den mühsam erkämpften Kabinettskompromiß nicht mehr hinauszugehen, ein nicht wiedergutzumachender Fehler. In den Beratungen über die Finanzreform sah sich die SPD bis an die Grenze ihrer Kompromißfähigkeit gedrängt. Sie hätte sicherlich ein weiteres Mal gegenüber der DVP nachgeben können, doch sie wollte sich nicht zum Vollstrecker des von der DVP bewußt vorangetriebenen Abbaus der Sozialleistungen machen und lehnte deshalb Brünings Vermittlungsvorschlag ab. Hätte sie diesmal ihre grundsätzlichen Bedenken zurückgestellt, wäre bei den anschließenden Ausschußberatungen über die Steuervorlagen eine ähnliche Pression von seiten der DVP auf sie ausgeübt worden. Denn Brünings Ausgleichsversuch entsprang der Absicht, den Bruch nicht gegenüber der DVP, sondern gegenüber der SPD eintreten zu lassen. Die DVP nahm die Ablehnung des Brüning-Vorschlags zum Vorwand, die Behandlung der Deckungsvorlagen im Steuerausschuß zu blockieren und diejenige der ursprünglichen Regierungsvorlage im Reichstag zu verhindern. Damit war die Chance Hermann Müllers vertan, das Finanzprogramm »in offener Feldschlacht« durchzubringen, was Severing nachdrücklich forderte. Eine Zustimmung der SPD in letzter Minute hätte Moldenhauers taktisches Manöver durchkreuzt. Die Regierung hätte jedoch den Kampf um die übrigen Deckungsvorlagen schwerlich überlebt, zumal Müller, gesundheitlich angeschlagen, nicht mehr die Kraft dazu aufbrachte.

Am Abend des 27. März 1930 erklärte der Kanzler die Demission des Kabinetts. Nur Stunden später ließ Hindenburg Brüning zu sich rufen, der andertags nach Rücksprache mit der Zentrumsfraktion den Reichspräsidenten ersuchte, »ein nicht an die Parteien gebundenes Kabinett« zu bilden, und dafür die Vollmachten des Artikels 48 in Anspruch nahm. Hindenburg stimmte erleichtert zu. Endlich hatte er die Persönlichkeit gefunden, der er zutraute, unter Ausschluß der SPD zu regieren, die Parteien der nationalen Opposition wieder zu »staatspolitischer« Verantwortung zurückzuführen und ihn nicht länger als Anwalt der Interessen der Linken erscheinen zu lassen. Für die SPD bedeutete diese Entscheidung die Befreiung aus einer für sie unerträglich gewordenen Konstellation. Selbst Rudolf Breitscheid, der auf dem Magdeburger SPD-Parteitag 1929 gegen ein Junktim von Regierungsbeteiligung und Sicherstellung der Arbeitslosenversicherung eingetreten war, wie es vor allem der ADGB forderte, und eindrücklich vor einem Beamtenkabinett gewarnt hatte, das »an sich vielleicht schon die verschleierte Diktatur« darstelle, stimmte dem Fraktionsbeschluß zu. Gegenüber den bürgerlichen Koalitionspartnern befand sich die Partei im Kabinett ständig in der Defensive; sie vermochte ihre politischen Vorstellungen fast nie durchzusetzen. Deshalb erschien ihr der Übergang zur Opposition als die aufrichtigere und mit dem Blick auf die allseits erwartete Reichstagsauflösung taktisch gebotene Konsequenz.

Durch den Gang der Ereignisse war Brüning dazu gezwungen, die beabsichtigte Wendung zu einer von wechselnden parlamentarischen Mehrheiten unabhängigen Regierung rascher zu vollziehen, als es ihm lieb war. Sein Entschluß, den Regierungswechsel für ein umfassendes innen- und außenpolitisches Revirement zu benutzen, innerhalb dessen die Finanzreform nur den ersten Schritt darstellte, stand spätestens seit Beginn des Jahres 1930 fest. Kernstück seines innenpolitischen Programms war die Lösung der Reparationsfrage, in deren Dienst er die Finanzpolitik mit Vorrang gestellt sehen wollte. Von vornherein empfand er die Reparationen als unerträgliche Last und als nachhaltige Einschränkung der innen- und außenpolitischen Handlungsfreiheit des Reiches. Der Zentrumspartei schrieb er die »historische Mission« zu, im Wechsel der Koalitionen und nötigenfalls unter Abrücken vom Prinzip der parlamentarischen Regierungsverantwortlichkeit die Kontinuität der Außenpolitik, damit den Abbau der Reparationen, und eine »deren Erfolge zum Teil bedingende Finanzpolitik« zu gewährleisten. Eine Lösung der Reparationsfrage schien ihm allein auf der Grundlage einer finanziellen Reform an Haupt und Gliedern erreichbar zu sein. Denn nur bei einer »soliden Finanzwirtschaft des Reiches« könne vermieden werden, daß die ausländischen Gläubiger das Vertrauen in dessen Kreditfähigkeit verlören, welche die Voraussetzung für jede erfolgreiche Revisionspolitik darstelle.

Als Finanz- und Steuerexperte der Zentrumspartei hatte Brüning die konjunkturpolitisch motivierte Verwässerung der Steuerreform von 1925 entschieden kritisiert; er hatte darauf hingewiesen, daß das infolge von Arbeitsbeschaffungsmaßnahmen und Kreditvergabe zugunsten der Wirtschaft entstandene Defizit im Haushalt immer weiter angestiegen war. In der Tat hatte die Reichsregierung seit 1926 aufgrund von ungedeckten Anleiheermächtigungen wachsende Schulden aufgehäuft, die 1929 bei den Haager Verhandlungen die finanzpolitische Manövrierfähigkeit der Regierung erheblich einschränkten. Es bedurfte für Brüning nicht erst der Ermahnungen Schachts und der bitteren Erinnerungen an die französischen Kreditabzüge im Frühjahr 1929, um sich zu der Überzeugung durchzuringen, daß ohne eine gesicherte Finanzpolitik künftige Kapitulationen in der Reparationsfrage gegenüber den Westmächten unvermeidlich seien. Dies bezog sich nicht allein auf die von Brüning befürchtete internationale Finanzkontrolle, wie sie Gilbert 1929 vorübergehend praktizierte, sondern auch auf die Erwägung, daß eine erfolgreiche Revision nur denkbar war, wenn es gelang, die Interessen der privaten Investoren gegen diejenigen der Reparationsgläubiger auszuspielen.

Als Brüning das Kanzleramt antrat, war er überzeugt, daß Deutschland nicht in der Lage sei, die Annuitäten des Young-Plans aufzubringen. Schon im Herbst 1929 hatte er zusammen mit Prälat Kaas eine Revision für den Zeitpunkt nach der Rheinland-Räumung im Juni 1930 ins Auge gefaßt. Das von ihm formulierte Junktim von Finanzreform und aufgenötigter Annahme des Young-Plans stellte für ihn daher weit mehr als einen taktischen Schritt dar. Gerade nach Verabschiedung der Young-Plan-Gesetze bestünde die Notwendigkeit, eine Finanzpolitik zu machen, die »gewisse Garantien für die Zukunft« schaffe und verhindere, daß die erwartete Nichttransferierbarkeit der Annuitäten auf bewußt angestrebte deutsche Verfehlungen zurückgeführt werden könne. Eine Wirtschaftskrise dürfe nicht, wie 1926, zu einer Schattenfinanzwirtschaft führen, die das Reich in kritischen Situationen von ausländischen Krediten abhängig mache.

Brüning betrachtete die wirtschaftlichen Krisenerscheinungen, die den Zerfall der Großen Koalition beschleunigt hatten, nicht als selbständigen Faktor, sondern als Ausfluß des Reparationsproblems. Bis in den Spätherbst 1930 hinein neigte er ebenso wie maßgebende Repräsentanten von Wirtschaft und Industrie dazu, die Krise, die sich zunächst in einem rapiden Anstieg der Massenarbeitslosigkeit auswirkte, überwiegend endogenen Ursachen zuzuschreiben. Mit Hjalmar Schacht stimmte er in der Auffassung überein, daß auf allen Ebenen der öffentlichen Verwaltung eine verantwortungslose finanzielle Mißwirtschaft getrieben und der Grundsatz preußischer Sparsamkeit sträflich verletzt worden sei. Hingegen sah er die Hauptaufgabe nicht in der inneren Kapitalbildung, die von den Interessenverbänden zur Begründung der Steuersenkungsforderungen herangezogen und für die Rechtfertigung der Kreditpolitik Schachts angeführt worden war. Auch die Krisenbekämpfung trat für Brüning von vornherein hinter die Revision des Young-Plans zurück. Die von ihm ohne Verzug eingeleitete Deflationspolitik entsprang dem Primat der Reparationsfrage, nicht dem in Deutschland nachwirkenden Trauma der Hyperinflation, in der Brüning ebenfalls eine Auswirkung der Reparationen erblickte. Ebensowenig handelte er unter dem unmittelbaren Einfluß zeitgenössischer ökonomischer Theorien, die im Haushaltsausgleich ein Alleinmittel zur Krisenüberwindung zu sehen glaubten. Die finanzpolitischen Erfahrungen seit 1926 hatten ihn zu einem grundsätzlichen Gegner staatlicher Kreditschöpfung und produktiver Arbeitslosenfürsorge gemacht. Die zur Überwindung der Krise von 1926 von der Reichsregierung eingeleitete antizyklische Konjunkturpolitik war von ihm vornehmlich aus reparationspolitischen Gründen verworfen worden.

Diese von Brüning mit doktrinär anmutender Starrheit beibehaltene Sehweise verknüpfte sich mit einer ausgeprägt nationalen Grundhaltung, unverhüllten monarchistischen Neigungen und einer an altpreußischen Tugenden und Vorurteilen orientierten konservativen Staatsauffassung. Ebenso wie er die Revolution von 1918/19 als vermeidbares Verhängnis betrachtete, sah er in der Weimarer Verfassung eine von außen aufgezwungene, mit der deutschen Staatstradition unvereinbare politische Form. Mit zahlreichen Republikgegnern teilte er eine ausgeprägte Abneigung gegen das seiner Ansicht nach selbstherrlich auftretende politische Parteiwesen; er hielt eine intakte und funktionsfähige Verwaltung für wichtiger als die parlamentarischen Institutionen. Obwohl er seine politische Karriere als Mitarbeiter Adam Stegerwalds und Generalsekretär des Deutschen Gewerkschaftsbundes begonnen hatte, besaß er als Finanzexperte niemals ein engeres Verhältnis zur Arbeiterschaft.

Der in sich verschlossen wirkende, asketische Intellektuelle, der sich seiner Fraktion durch ungewöhnliche Arbeitsökonomie und imposante Sach- und Personenkenntnis unentbehrlich machte, trat nach außen hin eher unscheinbar, ohne jeden Anflug von Pathos auf; ihm fehlten die Kraft der großen Rede und die vertrauensstiftende Ausstrahlung des volkstümlichen Politikers. Auf Dritte wirkte er vielfach irritierend und mitunter verletzend. Er enthielt sich jeder Gefühlsregung und schwieg sich selbst im Kreis der engsten Mitarbeiter über seine eigentlichen politischen Absichten aus. Die Tendenz, politische Entscheidungen in bloß informellen Beratergremien zu treffen, häufig Kabinett und Reichstagsausschüsse erst im nachhinein zu informieren und die zuständigen Kabinettskollegen bewußt zu umgehen, verstärkte sich während seiner Kanzlerschaft. »Was Brüning wirklich wolle, wisse kein Mensch« – dieser Stoßseufzer des Staatssekretärs des Äußeren Bernhard von Bülow kennzeichnete den nach innen gerichteten Regierungsstil des Kanzlers.

Hinter der von vielen als Gefühlskälte empfundenen Nüchternheit im Auftreten Brünings verbarg sich ein hochsensibler und empfindlicher Charakter, für den eine betont romantisierende Sicht des Kriegserlebnisses der jungen Generation, der er sich zurechnete, und eine sein Verhältnis zu Hindenburg bestimmende kritiklose Hochschätzung der preußischen Militärtradition prägend waren. Politik begriff der gelernte Nationalökonom wesentlich als das Handeln von Individuen. Er sollte niemals begreifen, daß er, der durch intrigenhafte personale

Querverbindungen ins Kanzleramt gelangt war, bei seinem Sturz nicht ein Opfer böswilliger Rivalen, sondern der durch ihn mitgeformten politischen Verhältnisse wurde. Andererseits haftete seinem Naturell ein ungebrochener Optimismus an, der den kontaktscheuen Junggesellen an den Erfolg des bedingungslosen »Durchhaltens« selbst in politischen Situationen glauben ließ, die Prinzipienstrenge nicht gestatteten. Unzweifelhaft zeichnete sich der Politiker Brüning durch eine unvergleichliche taktische Begabung aus. Sie bewirkte, daß er grundsätzliche Ziele, die er verfolgte, mit Behutsamkeit und Ernst auf die verfügbaren Alternativen prüfte, so daß sie sich für Zeitgenossen wie Nachlebende im bloß Taktischen aufzulösen schienen. Das zähe und mitunter doktrinäre Festhalten an einmal gesetzten Optionen machte das Geheimnis seiner Erfolge aus. Die mangelnde Anpassungsfähigkeit an grundlegend veränderte politische Konstellationen trug hingegen maßgeblich zu seinem politischen Scheitern bei.

Ende März 1930 war Brüning noch überzeugt, das von ihm zuvor umrissene Ziel einer »absolut klaren und sicheren Finanzpolitik« unmittelbar verwirklichen zu können. Das von ihm mit überraschender Geschwindigkeit präsentierte Kabinett unterschied sich von der vorangegangenen Regierung – abgesehen vom Ausscheiden der Sozialdemokraten – im wesentlichen nur durch die Aufnahme von Martin Schiele als Landwirtschaftsminister, Gottfried Treviranus als Minister für die besetzten Gebiete und Viktor Bredt von der Wirtschaftspartei als Justizminister. Schiele blieb Mitglied der in Opposition befindlichen DNVP, legte aber sein Reichstagsmandat nieder. Wenngleich BVP und Wirtschaftspartei indirekt eingebunden waren, fehlte dem formell nicht koalitionsfähigen Kabinett eine Mehrheit im Reichstag. In seiner Regierungserklärung betonte Brüning die Abstützung der Regierung auf den Reichspräsidenten und bezeichnete deren Bildung als »letzten Versuch«, die Lösung der für das Reich lebensnotwendigen Aufgaben mit dem bestehenden Reichstag herbeizuführen. Trotz dieser kaum verhüllten Drohung wollte Brüning eine Reichstagsauflösung zunächst vermeiden. Ebenso zögerte er, zum Mittel des Ermächtigungsgesetzes zu greifen, das er für die angestrebte umfassende Verwaltungs- und Finanzreform aufzusparen beabsichtigte.

Brüning stand damit vor einer gleichartigen parlamentarischen Konstellation wie Hermann Müller, nur daß sich die SPD nunmehr in der Opposition befand und die Regierungserklärung unverzüglich mit einem Mißtrauensantrag beantwortete. Brüning entschloß sich, das Deckungsprogramm Moldenhauers, das im Kabinett Müller am Streit der Fraktionen gescheitert war, in Verbindung mit der Vorlage zur Osthilfe einzubringen, um auf diesem Weg die Stimmen der DNVP zu gewinnen. Das Experiment gelang: Hugenberg nahm von einer Unterstützung des Mißtrauensvotums Abstand. Die Deckungsvorlagen wurden mit der Mehrheit der DNVP-Abgeordneten angenommen, nachdem der Reichslandbund massiven Druck auf den widerstrebenden Hugenberg ausgeübt hatte. Es zeigte sich jedoch rasch, daß sich die Stellung Brünings nur vorübergehend gefestigt hatte. Die inzwischen mit voller Wucht einsetzende Wirtschaftskrise bewirkte, daß die Einnahmen weit hinter die Etatansätze zurückfielen. Um den angestrebten Haushaltsausgleich zu erreichen, sah sich Brüning gezwungen, im Zusammenhang mit den Haushaltsberatungen für 1931 einen Nachtragshaushalt vorzulegen. Er stieß auf den Widerstand derselben Gruppen, an denen Hermann Müller gescheitert war.

Um die entstandenen Haushaltsdefizite zu decken, nahm Moldenhauer nicht nur zu Steuererhöhungen, sondern auch zu einer Neuauflage des Notopfers in Form einer Reichshilfe der Festbesoldeten in Höhe von 2,5 Prozent Zuflucht. Zuvor hatte Stegerwald als Reichsarbeitsminister klargestellt, daß er keineswegs bereit war, einseitige Abstriche bei der Arbeitslosenversicherung zu machen. Brüning, der grundsätzlich für eine Herabsetzung der Beamtengehälter eintrat, sie aber bis zum Herbst hinausschieben wollte, sah sich nun mit dem passiven Widerstand der DVP konfrontiert, die Ende Juni, nach einem förmlichen Ultimatum, Moldenhauer aus dem Kabinett zurückzog. Die von der DVP bekämpfte Reichshilfe fand hingegen die Befürwortung von Treviranus, der sich Brünings Verurteilung der Besoldungsnovelle von 1927 zu eigen machte. Die Wirtschaftspartei ließ sich die Zustimmung zur Deckungsvorlage mit der Einführung einer Sonderumsatzsteuer für Warenhäuser und Konsumvereine abhandeln. Hingegen scheiterten Brünings Bemühungen, Hugenberg zum Einlenken zu bringen, an dessen Forderung nach einer Umbildung der preußischen Regierung, die weder die preußische Zentrumsfraktion noch der Reichskanzler für angeraten hielten, sowie an dem vom DNVP-Führer verlangten bedingungslosen Eintritt in das Kabinett. Die Stellung Hugenbergs hatte unterdessen an Festigkeit gewonnen. Trotz des Protestes der für Brüning eintretenden Westarp-Gruppe sprach der Parteivorstand der DNVP Hugenberg und dem neuen Fraktionsführer, Ernst Oberfohren, einstimmig das Vertrauen aus und legte die Fraktion auf eine strikte Oppositionshaltung fest.

Brüning glaubte, durch Konzessionen an die BVP und die rechtsstehenden Interessenparteien deren Widerstand überwinden zu können. Er verzichtete jedoch nicht auf die Reichshilfe der Festbesoldeten, die Hermann Dietrich, der Moldenhauer im Finanzministerium folgte, durch die optisch bedeutsame Einbeziehung höherer Einkommensempfänger und durch eine Besteuerung der Aufsichtsratstantiemen sozial erträglicher gestaltete. Der Kanzler kam damit nicht nur dem Drängen der eigenen Partei entgegen, die sich gegen die ausschließliche Belastung der unteren Einkommensempfänger und Arbeitslosen wandte, sondern reagierte auch auf den von der SPD eingebrachten Gesetzentwurf, von allen 8.000 Reichsmark übersteigenden Einkommen ein Notopfer in Höhe von 10 Prozent zu erheben. Um die DVP doch noch zu gewinnen, fügte Brüning nach der zweiten Lesung die von ihr zusätzlich geforderte Bürgersteuer in die Vorlage ein, die auch wegen des Verzichts auf eine Einkommensstaffelung als äußerst unpopulär galt und in der Öffentlichkeit als »Negersteuer« apostrophiert wurde.

Der Kanzler hatte einen Bruch mit der SPD vermeiden wollen, weil er deren Zustimmung zu einem Ausgabensicherungsgesetz brauchte, das die legislative Kompetenz des Reichstages einschränken sollte und daher eine Zweidrittelmehrheit erforderte. Die SPD erwies sich als ausgleichswillig, nachdem ihre Presse ebenso empört wie unkontrolliert gegen Brüning Stellung bezogen hatte. Sie ließ den ersten Teil des nach bewährter Methode als Junktim eingebrachten Haushaltsgesetzes passieren, machte aber in internen Verhandlungen klar, daß sie schlechterdings nicht in der Lage sei, die Bürgersteuer, das Lieblingskind der Wirtschaftsverbände und der bevorzugte Gegenstand der kommunistischen Polemik, hinzunehmen. Vom Aufkommen her war diese bewegliche Steuer belanglos, doch Brüning, eingedenk der Willensäußerung Hindenburgs, die SPD auszuschalten, wollte und konnte nicht mehr zurück. Er brach daher die von Breitscheid loyal geführten Verhandlungen abrupt ab, ohne die erhoffte Zustimmung der DVP zur Haushaltsvorlage zu finden.

Brüning scheiterte in der entscheidenden Abstimmung an der Starrheit der DVP und der Intransigenz Hugenbergs, der sich der Opposition von SPD, KPD und NSDAP anschloß. Die Haltung der SPD war schwerlich zu beanstanden; denn klarer konnte die Scheidelinie zwischen der Übernahme gesamtpolitischer Verantwortung und der Einbindung in eine sozialreaktionäre Politik nicht zum Ausdruck kommen als mit dem verfehlten Projekt der Bürgersteuer. Erst später wurde deren äußerst unsozialer Charakter durch eine Staffelung geringfügig entschärft. Brüning arbeitete schon jetzt mit einem Konvolut taktischer Aushilfen und konnte nicht für sich beanspruchen, eine klare, von partikularen Interessen unbeeinflußte Linie zu steuern. Nicht wegen eines halben Prozents der Arbeitslosenversicherungsbeiträge, sondern wegen der unterlassenen Staffelung einer für das Steueraufkommen bedeutungslosen Gemeindeabgabe wurde das parlamentarische System auch formell außer Kraft gesetzt.

Mangels politischer Alternativen beschritt Brüning den zuvor angekündigten Weg der präsidialen Notverordnung und löste nach deren Aufhebung durch eine klare Mehrheit am 18. Juli 1930 den Reichstag auf. Otto Landsberg hatte für die SPD die Ablehnung der Notverordnung damit begründet, daß die Verabschiedung einer vorher vom Reichstag zurückgewiesenen Vorlage mit der Funktion des Artikels 48, die Sicherheit und Ordnung für den Fall der Handlungsunfähigkeit des Parlaments zu gewährleisten, in Widerspruch stünde. Die tatsächliche Entwicklung überholte Landsbergs sachlich zutreffende, gesinnungsethisch geprägte Stellungnahme, welche auch von führenden Sozialdemokraten nicht geteilt wurde. Das Inkraftsetzen der abgelehnten Notverordnung in einer nur geringfügig veränderten Fassung durch den Reichspräsidenten fand die einhellige Zustimmung der Rechtsprechung und der Staatsrechtslehre. Die Mehrheit der Parteien fügte sich in die so entstandene Lage.

Auch nachdem Brüning den Rubikon zum Präsidialsystem überschritten hatte, glaubte er noch, den neugewählten Reichstag zum Einlenken bewegen zu können. Er begriff nicht, daß er sich zum Vollstrecker derjenigen Interessen gemacht hatte, die den Konjunktureinbruch zum Abbau der Sozialleistungen und zu umfassenden Lohnsenkungen zu nutzen gedachten. Die Bindung an den Reichspräsidenten hatte ihm den noch immer möglichen Ausgleich mit der SPD versperrt, die um der Erhaltung ihrer preußischen Bastion willen, aber auch mit dem Blick auf die NSDAP eine Katastrophenpolitik ablehnte. Statt dessen vertraute Brüning auf die Unterstützung durch die Treviranus-Westarp-Gruppe, die unmittelbar vor Abstimmung über die Aufhebung der Notverordnung den offenen Bruch mit Hugenberg herbeiführte und sich – für den bevorstehenden Wahlkampf viel zu spät – am 23. Juli 1930 als Konservative Volkspartei konstituierte. Die Parole der konservativen Sammlung hinter Hindenburg verhinderte jedoch nicht, daß es viele deutschnationale Abgeordnete vorzogen, der Landvolkpartei und dem Ende 1929 gegründeten Christlich-sozialen Volksdienst beizutreten. Trotz der Listenverbindungen mit den konservativen Splittergruppen gewann die gemäßigte Rechte nicht mehr als 40 Sitze, während die DNVP aus dem innerparteilichen Debakel mit 41 Abgeordneten hervorging.

Der einzig sichtbare Erfolg des Kabinetts Brüning bestand in der am 30. Juni 1930 abgeschlossenen Räumung des Rheinlandes von französischen Truppen. Die Reichsregierung feierte das ersehnte politische Ziel mit einem nationalen Festakt auf dem Ehrenbreitstein. Die Traditionsflaggen der Reichswehr verdrängten die schwarzrotgoldenen Farben. Es war, als seien die Zeiten Wilhelms II. zurückgekehrt. Die Veranstaltung endete nicht ohne politischen Mißklang. Trotz des Ersuchens der preußischen Regierung, die schließlich mit einer eigenen Erklärung hervortrat, vermieden es die Aufrufe des Reichspräsidenten und der Reichsregierung, den Namen Gustav Stresemanns zu erwähnen. Zudem drohte die Teilnahme des Reichspräsidenten an der amtlichen Befreiungsfeier an dem vom preußischen Minister des Innern, Albert Grzesinski, ein halbes Jahr zuvor verhängten Verbot des westdeutschen Stahlhelms zu scheitern. Obwohl die Rechtslage eindeutig war – der Stahlhelm hatte 1929 in Langenberg ein förmliches militärisches Manöver veranstaltet und damit gegen die Entwaffnungsbestimmungen verstoßen –, bestand Hindenburg, der die Ehrenmitgliedschaft im Stahlhelm trotz dessen Rolle beim Volksbegehren gegen den Young-Plan nicht niedergelegt hatte, darauf, daß die preußische Regierung das Verbot rückgängig machte. Daß die Wiedergewinnung der vollen Souveränität eine Folge des vom Stahlhelm weiterhin bekämpften Young-Plans war, wurde vom Reichspräsidenten und seinem Kanzler wie von der Rechtspresse bewußt verschwiegen.

Die Rheinland-Befreiung brachte für das Kabinett Brüning keine politische Entlastung. Vielmehr zerbrach die außenpolitische Klammer, welche die Parteien von der SPD bis zur DNVP zusammengehalten hatte, endgültig. Die nationalistische Propaganda der Rechtsparteien legte sich, auch unter dem Druck der NSDAP, keinerlei Zügel mehr an. Wenige Wochen später versammelten sich 140.000 Stahlhelmmitglieder am Deutschen Eck, um unter dem Schlagwort »Unrecht verjährt nie« die Rückgabe Elsaß-Lothringens und Eupen-Malmedys zu verlangen. Auf einer Kundgebung der Heimattreuen Ostverbände zur zehnjährigen Wiederkehr der Volksabstimmung in West- und Ostpreußen plädierte Reichsminister Treviranus für eine aktive Revisionspolitik im Osten und sprach von den »heute noch verlorenen, einst wiederzugewinnenden deutschen Landen«. »Ostdeutsche Blutstockung« sei eine »europäische Sorge und Gefahr«. Diese Stellungnahme eines Kabinettsmitglieds war nicht geeignet, das Vertrauen der westlichen Gläubiger in die politische Stabilität des Reiches zu stärken. Der Abzug ausländischer Kredite, aber auch die Kapitalflucht deutscher Anleger, die mit dem Volksbegehren gegen den Young-Plan einsetzte, verschärften schon vor dem verhängnisvollen Ausgang der Septemberwahlen die Finanzkrise des Reiches.

Während sich Brüning für öffentliche Einsparungen und gleichzeitige umfassende Lohn- und Preissenkungen einsetzte, machten sich die Auswirkungen der Weltwirtschaftskrise in vollem Umfang geltend. Sie potenzierten die sozialen Spannungen und riefen vor allem beim Mittelstand, auf den sich das Präsidialkabinett vornehmlich stützte, tiefe Erbitterung hervor. Bis zum Frühjahr 1930 fiel die industrielle Produktion im Vergleich zum Vorjahr um ein Drittel zurück. Gleichzeitig eskalierte die Massenarbeitslosigkeit und überstieg Anfang 1930 bereits die Dreimillionengrenze. Sie traf die großstädtische Industriearbeiterschaft am härtesten. Die Zahl der arbeitslosen oder auf Kurzarbeit angewiesenen Gewerkschaftsmitglieder erhöhte sich im Verlauf eines Jahres von 17 auf 45 Prozent, in der Textilindustrie im Herbst 1930 sogar auf über 50 Prozent. Die Ungelernten und Angelernten wurden von der Arbeitslosigkeit in noch weit höherem Maße betroffen. Aufgrund der reduzierten Leistungen der Arbeitslosenversicherung war ein rasch anwachsender Teil der Erwerbslosen auf Krisenunterstützung, dann auf die gemeindliche Wohlfahrtsfürsorge angewiesen.

Zum ersten Mal erfaßte die Arbeitslosigkeit in größerem Umfang auch die Angestellten, nachdem die Rationalisierung in der vorangegangenen Periode bereits zu beträchtlichen Entlassungen gerade älterer Arbeitnehmer geführt hatte. Desgleichen wurden viele vormals selbständige Gewerbetreibende und Handwerker zur Geschäftsaufgabe gedrängt. Die Zahl der Insolvenzen stieg beängstigend an. Der schon durch Inflation und Aufwertung geschädigte »alte« Mittelstand mußte eine kontinuierliche Verschlechterung seiner ökonomischen Lage hinnehmen. Der Einzelhandel, der sich nur vorübergehend von den Einbußen in den Inflations- und Aufwertungsjahren erholt hatte, sah sich nun einer verschärften Konkurrenz von Warenhäusern und Discountketten ausgesetzt. Hohe Zinsen und chronischer Kapitalmangel gefährdeten selbst die Existenz auskömmlicher mittelständischer Handwerks- und Fabrikbetriebe. Viele früher Selbständige, die im Zuge der Konzentrationstendenz abhängig beschäftigt waren, mußten erneut um ihren Lebensunterhalt fürchten.

Auch im Angestelltensektor vollzog sich ein spürbarer Zugriff auf die Gehälter; insbesondere weibliche Arbeitnehmer waren gezwungen, weit untertarifliche Löhne hinzunehmen, um ihren Arbeitsplatz nicht zu verlieren. Das verbreitete Schlagwort vom Kampf gegen das Doppelverdienertum traf gerade berufstätige Frauen. Neben dem Ausscheiden älterer, vor allem weiblicher Arbeitnehmer kam es zu einem erschreckenden Anstieg der Jugendarbeitslosigkeit, zumal die geburtenstarken Jahrgänge der Vorkriegszeit ins Arbeitsleben eintraten. Viele Jugendliche fanden keine Lehrstelle mehr und fristeten ihren Lebensunterhalt mit Gelegenheitsarbeiten. Anspruch auf Arbeitslosen- und Krisenversicherung hatten sie nicht. Renten- und Fürsorgeempfänger sowie Kriegsopfer und Kriegshinterbliebene mußten ebenfalls mit drastisch reduzierten Versorgungsbezügen auskommen.

Die Senkung der Gehälter, Pensionen und Versorgungsbezüge im öffentlichen Dienst und die Kürzung der Renten trafen eine soziale Schicht, die bereits durch den Personalabbau von 1924 und die Aufwertung in Mitleidenschaft gezogen worden war. Der Eingriff in die »wohlerworbenen Rechte«, der mit der Reichshilfe erfolgte, rief die Beamtenverbände auf den Plan, welche die Rechtmäßigkeit, Pensionen und Bezüge auf dem Weg des Notverordnungsrechts zu kürzen, mit plausibel klingenden Argumenten bestritten. Statuserwägungen hinderten den »alten«, aber auch den »neuen« Mittelstand daran, sich mit der organisierten Arbeiterschaft zu solidarisieren. Die Sozialdemokratie erschien in diesen Kreisen als eigentlicher Urheber der Krise. Die antimarxistische Agitation der Rechtsparteien fiel bei den zunehmend von sozialen Ressentiments beeinflußten mittelständischen Gruppen auf fruchtbaren Boden.

Im Bereich des Mittelstandes machte sich die wirtschaftliche Not am stärksten bei der klein- und mittelbäuerlichen Bevölkerung bemerkbar, die nicht oder nur sehr begrenzt in den Genuß der überwiegend der Großlandwirtschaft zugute kommenden Agrarsubventionen gelangte. Die Überhöhung des Roggenpreises – er betrug das Zweifache des Weltmarktpreises – schwächte die Lebensfähigkeit der auf Milch- und Fleischprodukte spezialisierten mittleren landwirtschaftlichen Betriebe im nördlichen und westlichen Deutschland, die vom Import preisgünstiger Futtermittel abhängig waren; durch die aufgrund der Außenhandelszölle verteuerten Erzeugerpreise bei gleichzeitig sinkenden Verbraucherpreisen wurden sie in wachsendem Maße unter das Existenzminimum gedrückt, zumal sie gezwungen waren, überwiegend kurzfristige Kredite zu hohen Zinsen aufzunehmen. Angesichts des Verfalls der landwirtschaftlichen Preise waren an sich lebensfähige Betriebe zu notwendigen Investitionen nicht mehr in der Lage. Im Zeitraum von 1928 bis 1930 verdoppelte sich die schon zuvor beträchtliche Zahl von Betriebsschließungen und Zwangsversteigerungen.

Die einsetzende Desintegration des politischen Systems zeigte sich am stärksten in jenen agrarischen Zonen, in denen auf Viehwirtschaft spezialisierter bäuerlicher Mittel- und Kleinbesitz dominierte. Seit 1928 schlug sich die Erbitterung der Bauernschaft in öffentlichen Protestaktionen nieder, die das ordnungsgewohnte Besitzbürgertum in Angst und Schrecken versetzten. Das Zentrum der vom »Bauernkönig« Carl Heim angeführten Landvolkbewegung bildete Schleswig-Holstein, das von den Auswirkungen der Agrarkrise besonders hart betroffen war. Spontaner Widerstand gegen Steuereintreibungen, Pfändungen und Zwangsversteigerungen weitete sich zu einer Protestbewegung im gesamten norddeutschen Raum aus. Mit Steuerverweigerung, Käuferstreiks und Boykottaktionen, schließlich mit Terror und Bombenanschlägen kämpfte man gegen die Polizeikräfte und die lokalen Behörden, um die Zerschlagung der hergebrachten bäuerlichen Besitzstruktur zu verhindern. Altbäuerliche Widerstandstraditionen vermischten sich mit völkischen und rassenideologischen Schlagworten und einem antisemitisch gefärbten Antikapitalismus. Der Bund der Artamanen, der sich der völkischen Erneuerung aus »Blut und Boden« verschrieben hatte, bot sich als Ideenlieferant an. Nationalrevolutionäre aller Schattierungen, unter ihnen die Brüder Salomon, Friedrich Wilhelm Heinz, Friedrich Hielscher und Otto Straßer, machten sich zu Ideologen der anarchistische Formen annehmenden Bewegung, die in kommunistischen Aktionen ein Gegenstück besaß.

Die Landvolkbewegung stellte ein besonders hervorstechendes Symptom der in weiten Teilen des Mittelstandes um sich greifenden politischen Orientierungskrise dar. Sie wurzelte im drohenden oder tatsächlichen sozialen Statusverlust, verschärfte sich zusehends und bewirkte die Auflösung der bisherigen politischen Bindungen. Vor allem in den weniger fruchtbaren landwirtschaftlichen Gebieten Schleswig-Holsteins zeichnete sich seit 1920 eine Abwanderung der Wähler zur äußersten Rechten ab, die von der gemäßigten Linken durch das Weimarer Parteienspektrum hindurch zur Unterstützung extremer Protestparteien, in erster Linie der NSDAP, führte. Die Radikalisierung des Landvolks gefährdete die bis dahin unbestrittene Führungsrolle des Reichslandbundes und der DNVP, was auch im Auftreten der Christlich-Nationalen Bauern- und Landvolkpartei augenfällig wurde. Die Identifizierung des Reichslandbundes und der im Februar 1929 gebildeten Grünen Front mit den Interessen des im Osthilfeprogramm einseitig bevorzugten ostelbischen Großgrundbesitzes und das Mißtrauen gegen Hugenberg, der als Repräsentant der Schwerindustrie erschien, schlugen sich in einer radikalen Agraropposition nieder, die an die Stelle der Einflußnahme auf Parlament und Parteien direkte Aktionen und die

Das Bruttosozialprodukt zu Preisen von 1900 und zu laufenden Preisen 1925–1933 (Jutta Wietog nach Flora, Kraus, Pfenning 1987)

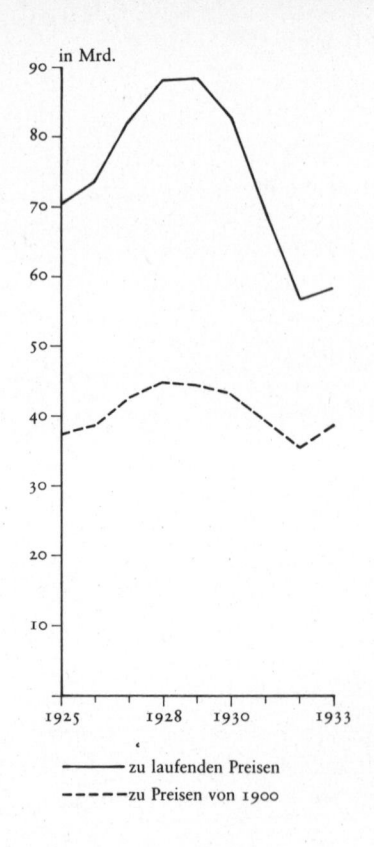

―――― zu laufenden Preisen
― ― ― zu Preisen von 1900

Mobilisierung der bäuerlichen Massen setzte. Trotz aller Bemühungen des Reichslandbundes, die zunehmende Radikalisierung seiner Anhänger unter Kontrolle zu bringen, konnte er nicht verhindern, daß ganze Landesverbände, darunter der Pommersche Landbund, von dieser Bewegung erfaßt wurden. Die Auflösung der agrarischen Stammwählerschaft der DNVP und die nationalsozialistische Unterwanderung der Agrarverbände nahmen hier ihren Ausgang.

Der Autoritätsschwund, den die bürgerlichen Mittel- und Rechtsparteien mit Ausnahme des Zentrums hinnehmen mußten und der die einander überschneidenden Bestrebungen einer bürgerlichen Sammlung auslöste, machte sich seit 1930 auch bei den mittelständischen und agrarischen Interessenverbänden geltend. Sie sahen sich dem Vorwurf ausgesetzt, die Bedürfnisse ihrer Klientel nicht hinreichend verteidigt zu haben. Das offenkundige Versagen des kapitalistischen Systems nährte einen politisch blinden Antikapitalismus, der sich mit

Das Nettosozialprodukt zu Faktorkosten (Volkseinkommen) zu Preisen von 1913 in den Jahren 1918–1933 (Jutta Wietog nach Witt 1977, Hoffmann, Grumbach, Hesse 1965)

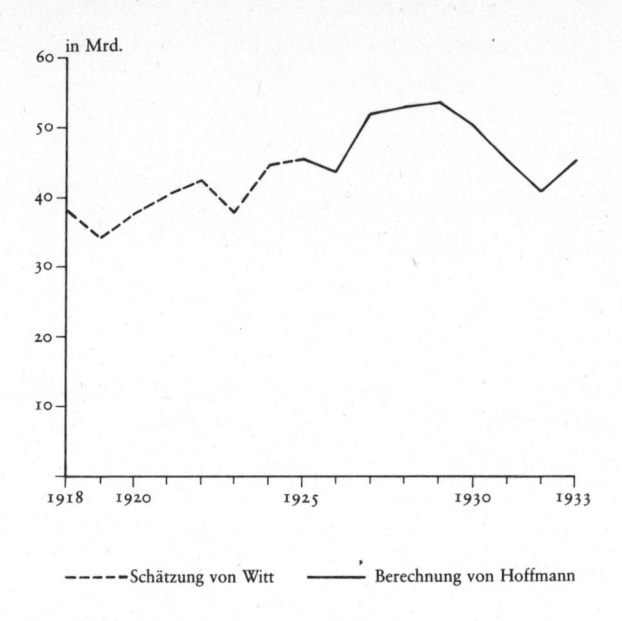

- - - - - Schätzung von Witt   ——— Berechnung von Hoffmann

nationalistischen und antisemitischen Ressentiments auffüllte und dem von der Propaganda der Rechten beschworenen Schlagwort der »nationalen Volksgemeinschaft« zu unvergleichlicher Anziehungskraft verhalf. Was sich zunehmend abzeichnete, war eine innere Auflösung des politischen Systems. Indem Brüning das Parlament schrittweise beiseite schob, unterstützte er den sich anbahnenden Zusammenbruch des bürgerlichen Parteienfeldes. Dies rief auch bei den republikanischen Kräften eine wachsende Distanzierung vom bestehenden Verfassungssystem hervor. Sowohl linksliberale Staatsrechtler als auch sozialdemokratische Theoretiker begannen über eine Einschränkung der Souveränität des Parlaments und eine Stärkung der Autorität des Reichspräsidenten nachzudenken. Die Kritik am »Parteiengezänk« und an der Verwandlung des Reichstages in eine Interessentenbörse fand selbst bei Teilen der sozialdemokratischen Arbeiterschaft positive Resonanz. Allenthalben begegnete man der Vorstellung eines bevorstehenden umfassenden geistigen und gesellschaftlichen Umbruchs. Dies war die Stunde derjenigen Intellektuellen, die sich der »Konservativen Revolution« zugehörig fühlten. Während der Stabilisierungsphase waren sie nicht sehr gefragt; nunmehr rückten sie in den Mittelpunkt der publizistischen Diskussion.

Unter dem Eindruck der Krise gewann der Kulturpessimismus der Vorkriegsjahre, der die deutsche Bildungsschicht ergriffen hatte, wieder an Boden. Die tiefsitzenden Ressentiments gegen die moderne Industriegesellschaft, der man anlastete, zur Auflösung der »natürlichen« und der religiösen Bindungen beigetragen und die Politik in den Dienst ungezügelter roher »Massenleidenschaften« gestellt zu haben, offen auszusprechen, gehörte nunmehr zum guten Ton. Sie verbanden sich mit bürgerlichen Vorurteilen gegen den angeblichen »Kulturbolschewismus« der Großstädte, gegen Kinos, Reklame, Jazz und Showgirls, gegen die Moderne überhaupt. Der Aufstieg Berlins zur kulturellen Metropole wurde einerseits selbstbewußt konstatiert, andererseits als Kultur- und Sittenverfall angeprangert. Die verbreitete Statusverunsicherung im Bürgertum entlud sich in ungehemmter Kritik an der »Asphaltpresse«, an den Ansätzen einer modernen Massenkultur, an der sich durchsetzenden Konsumgesellschaft und an der Herrschaft eines ungehemmten »Materialismus«.

Im Zusammenhang mit derartigen Einstellungen stand in aller Regel ein unterschwelliger Antisemitismus, der sich zunehmend offen artikulierte. Der organisierte Antisemitismus hingegen war nicht übermäßig verbreitet; nach dem Verbot des Deutschvölkischen Schutz- und Trutzbundes trat er vor allem in der NSDAP zutage, ohne daß bei ihren Sympathisanten antisemitische Motive den Ausschlag für den Parteibeitritt gaben. Antisemitische Exzesse wie die Übergriffe im Berliner Scheunenviertel im November 1923 blieben vereinzelt. Andererseits machte sich in der deutschen Öffentlichkeit eine antisemitische Grundstimmung breit, die insbesondere gegen nicht assimilierte jüdische Gruppen gerichtet war. Sie bewirkte, daß antisemitische Ausfälle strafrechtlich kaum verfolgt wurden, zumal gerade im Justizapparat antijüdische Einstellungen, gelegentlich auch aus Brotneid gegenüber jüdischen Juristen, gang und gäbe waren. Die Rechtspresse scheute sich nicht, wie im Falle der Bestechungsaffäre der Barmat- und der Sklarek-Familien, antisemitische Ressentiments gegen die SPD auszuspielen; ähnlich geschah dies im Zusammenhang mit dem Volksbegehren zur Fürstenenteignung. Auch in der Propaganda der DNVP wurde nicht auf rassistische Polemik verzichtet, wie die systematische Verunglimpfung der schwarzen Besatzungssoldaten an der Ruhr offenbarte.

Der Centralverein der Staatsbürger jüdischen Glaubens setzte sich gegen den Antisemitismus in der deutschen Gesellschaft vor allem publizistisch zur Wehr, ohne damit sonderlich erfolgreich zu sein. Unter dem Einfluß des Hochschulrings deutscher Art nahmen antisemitische Strömungen an den Hochschulen ein erschreckendes Ausmaß an. Bemühungen der Kultusverwaltungen und eines Teils der Hochschullehrer, antisemitische Aktionen der Studenten zu unterbinden, hatten unter diesen Umständen wenig Erfolg. Symptomatisch war der Verfassungsstreit der preußischen Studentenschaften mit Kultusminister Carl Heinrich Becker, der 1927 den Ausschluß jüdischer Studierender in den Satzungen des deutsch-österreichischen Dachverbandes beanstandete. Die republikanisch gesinnten Studentengruppen, die sich mit Becker solidarisierten, stellten gegenüber dem Hauptstrom des studentischen Nationalismus eine verschwindende Minderheit dar. Der Extremismus der Studentenschaft beruhte nur zum Teil auf der ökonomischen Notlage und den mangelnden akademischen Karrierechancen. Er war vor allem Ausdruck der fortschreitenden Auflösung des Bildungsbürgertums und der Statusverunsicherung im Bürgertum überhaupt. Er erklärt, warum der Nationalsozialistische Deutsche Studentenbund in der inneruniversitären Öffentlichkeit tonangebend war. Die von ihm ausgehenden Anträge eines gegen jüdische Studenten gerichteten Numerus clausus, die sich die Kritik an der Überfüllung der Hochschulen zunutze machten und in Wahrheit auf den totalen Ausschluß jüdischer Kommilitonen zielten, fanden vielfach mehrheitliche Zustimmung in den Studentenschaften.

Die Ausbreitung antisemitischer Stimmungen war ein sicherer Indikator für die zunehmend sich verstärkenden antiliberalen Einstellungen in der politischen und intellektuellen Öffentlichkeit. Von den vielen Spielarten der Liberalismus-Kritik gewann der Neokonservativismus, der sich organisatorisch auf die Ring-Bewegung und auf einflußreiche Verlage wie die Hanseatische Verlagsanstalt und den Eugen Diederichs-Verlag abstützen konnte, breite Resonanz und wirkte in das Feld der Politik hinein. Ausgangspunkt war die Heroisierung und nationalistische Überhöhung des Kriegserlebnisses, das Klassengegensätze und bürgerliche Sekurität im Typus des Kämpfers eingeschmolzen hatte, der durch die Bereitschaft zum Opfer für die Gemeinschaft zu einem neuen sinnerfüllten Leben zurückfand. »Der Kampf als inneres Erlebnis«, wie der Titel eines 1920 veröffentlichten Kriegsromans von Ernst Jünger lautete, deutete auf die für den politischen Irrationalismus der Epoche charakteristische Tendenz, inhaltliche Kategorien mit bloß formalen zu vertauschen, die kämpferische Haltung als Selbstzweck zu betrachten und sie nicht an den damit verfolgten Zielen zu messen. Die Formalisierung tradierter Werthaltungen bis zu ihrer völligen Aushöhlung war für dieses realitätsabgewandte, voluntaristisch geprägte Denken bezeichnend. Der »soldatische Nationalismus«, wie man diese Strömung genannt hat, gab sich eine revolutionäre Note, stellte aber lediglich eine zeitgemäße Variante der Lebensphilosophie und des von Friedrich Nietzsche vertretenen tragischen Nihilismus, damit eine Reaktion auf die Kulturkrise des Fin de siècle dar. Seine Wirkung bestand nicht zuletzt darin, daß er eine nüchterne Aufarbeitung der Geschehnisse des Ersten Weltkrieges, wie sie Erich Maria Remarque mit seinem vielbeachteten Buch »Im Westen nichts Neues« und eine Reihe von Autoren mit gleichartigen Kriegsromanen vorlegten, bewußt bekämpften. Die Inszenierung eines Skandals anläßlich der Aufführung des gleichnamigen Films in Berlin durch die NSDAP und dessen manipuliertes offizielles Verbot beleuchteten, wie stark die in den Schriften Ernst Jüngers, Ernst von

Salomons, Franz Schauweckers, Werner Beumelburgs und Edwin Erich Dwingers enthaltene Verherrlichung des Krieges die öffentliche Meinung in Bann gezogen hatte. Das war nicht zuletzt auch deshalb möglich, weil es die Nachgeborenen waren, die sich mit dem Frontkämpfer-Mythos identifizierten.

Vom hergebrachten Konservativismus unterschieden sich die neokonservativen Intellektuellen durch den von ihnen zur Schau gestellten Aktivismus, der in dem zuletzt von Hugo von Hofmannsthal 1927 geprägten Begriff der »konservativen Revolution« zum Ausdruck kam. Der gemeinsame Nenner dieser im einzelnen vielfältig divergierenden Strömung bestand in dem Postulat, den abgelebten liberalen Kapitalismus durch einen national geprägten Sozialismus zu ersetzen, der den Traum der »Ideen von 1914« – die innere Geschlossenheit der Nation – realisierte und eine der deutschen politischen Tradition angemessene und gegen den westlichen Verfassungsstaat ausgerichtete Gesellschaftsform verhieß. Wichtigster Urheber dieser Ideen war Oswald Spengler mit seiner vielgelesenen Schrift über »Preußentum und Sozialismus«, die das kriegswirtschaftliche System mit einem sozialromantisch stilisierten Herrschaftsverständnis Friedrichs des Großen in Verbindung brachte. Wie der Frontkämpfer-Mythos und die implizierte Idee der verschworenen Kämpfergemeinschaft deutlich machten, handelte es sich um einen Sozialismus der Gesinnung, nicht um eine ökonomische Theorie. Es ging nicht darum, den Gegensatz von Kapital und Arbeit durch grundlegende Änderungen der Wirtschaftsverfassung aufzuheben und größere soziale Gerechtigkeit anzustreben. Die neokonservativen Autoren zeichneten sich vielmehr durch eine zynische Geringschätzung der »Massen« und ein ausgeprägt elitäres Bewußtsein aus, und sie waren die schärfsten Gegner des Gleichheitspostulats. Diffus blieb das bei den einzelnen Vertretern unterschiedlich beschriebene Prinzip gesellschaftlicher Gliederung, für das in der Regel Anleihen bei berufsständischen Ideen gemacht wurden, die Othmar Spann in Wien zu einem vielbeachteten Staatskonstrukt zusammenfügte. Im Grunde dachte man nicht auf der Ebene von Institutionen, sondern auf derjenigen personaler Bindungen und charismatischer Herrschaft. Der Führergedanke und die Notwendigkeit einer nationalen Diktatur wurden von einem breiten Spektrum neokonservativer Autoren propagiert und popularisiert; der ersehnte Führer rückte dabei in die Perspektive des überhistorischen messianischen »Erlösers«.

Das Schlagwort des deutschen »Sozialismus«, der dem angeblichen Materialismus der marxistischen Theorie gegenübergestellt wurde, hatte in Anknüpfung an die Ideen von 1914 eine antiwestliche Prägung. Es verband sich mit der Vorstellung vom korrupten und degenerierten kapitalistischen Westen, dem die im Osten liegende unverbrauchte Welt der »jungen Völker« entgegengestellt wurde, was auf eine im Auftrag der OHL im Sommer 1918 verfaßte Propagandaschrift Moeller van den Brucks zurückging, der mit der Beschwörung einer

»nationalen Revolution« und eines künftigen »dritten Reiches«, das der deutschen »Neurasse« den gebotenen Anteil an der Weltherrschaft erringen werde, die Stichworte ausgab, derer sich dann die nationalsozialistische Bewegung wirkungsvoll bedienen sollte. Gegenüber dem durch solche Perspektiven beflügelten visionären Aktivismus der Vertreter des »neuen Nationalismus« verlor die eher pessimistische Weltsicht Oswald Spenglers an Relevanz, obwohl er an der Herausbildung des Weimarer Irrationalismus entscheidend teilhatte. Die Diffusität dieser Ideen ließ deren eindeutige Zuordnung zum Parteienspektrum schwerlich zu, und das war auch intendiert. Nationalrevolutionäre wie Ernst Niekisch verknüpften ihre nationalistische Vision mit deutlichen Sympathien für die Sowjetunion; es hatte taktisch gemeinte Initiativen Karl Radeks gegeben, sich der Unterstützung der »linken Leute von rechts« zu versichern. Der Hauptstrom dieser Ideen richtete sich scharf gegen Bolschewismus und Sozialdemokratie, obwohl es Übergänge gab, während die Frontstellung gegen Liberalismus und Aufklärung allen Positionen gemeinsam war und in der Regel mit der verbreiteten Tendenz zur Idealisierung Rußlands zusammenging, dem man unterstellte, sich seine noch ursprüngliche Kultur und ungebrochene Religiosität bewahrt zu haben. Der gemeinsame Nenner dieser Einstellungen bestand in der Ablehnung der westlichen Industriekultur, der man den Zerfall der gesellschaftlichen Einheit anlastete.

Die gerade von neokonservativen Intellektuellen vorgenommene kritiklose Verherrlichung des einfachen bäuerlichen Lebens verband sich mit einer ressentimenterfüllten Polemik gegen großstädtische Lebensformen und gegen den angeblichen »Kulturbolschewismus«, ein Terminus, der regelmäßig mit antisemitischen Assoziationen verknüpft war. Diese Einstellung hatte ein Pendant in der in den zwanziger Jahren neuentdeckten Beziehung zum natürlichen Leben und in einer Neubewertung der Natur, die, obwohl eine Erfindung des Bildungsbürgertums der Vorkriegszeit, nun zum faszinierenden Erlebnis der breiten Massen wurde, bis hin zu den Erfahrungen, die die proletarische Jugend in den Zeltlagern der Roten Falken machte. Ebenso konnte sich diese Einstellung mit den ökologischen Impulsen der Epoche in Übereinstimmung bringen lassen, die in der Siedlungsbewegung, der Propagierung von Gartenstädten, dem Plädoyer für aufgelockerte Bebauung und für licht- und lufterfüllte Wohnanlagen statt der Mietskasernen des 19. Jahrhunderts Ausdruck fanden. Die im Zusammenhang mit dem Bauhaus und dem Konzept der Neuen Sachlichkeit verwirklichte Siedlungsarchitektur gab zugleich eine konstruktive Antwort auf die sozialen Probleme der Industriegesellschaft.

Die Bejahung des technischen Fortschritts, die in der Architektur und Literatur der zwanziger Jahre hervorbrach und sich mit der Vision einer neuen Gesellschaft verband, hatte ambivalente Züge. Einerseits bedeutete sie Öffnung zum Westen, Akzeptanz der Konsumgesellschaft und positive Reaktion auf die sich durchsetzende Massenkultur. Andererseits verbargen sich darin soziale Disziplinierungsstrategien, die sich gegen die liberale Überlieferung richteten. Mit dem Ausgang der zwanziger Jahre schlug die Tendenz zu einer Öffnung der Gesellschaft gegenüber Anregungen von außen in eine nationale Introvertierung um, welche eine fundamentale Reform der Gesellschaft mit Gemeinschaftsvorstellungen koppelte, die völkischen Ideen entlehnt waren, und sie als Mittel gegen die angebliche »Vermassung« und Atomisierung der Gesellschaft mißbrauchte. Einer bemerkenswerten Technikbegeisterung in der Weimarer Gesellschaft, die sich in der kritiklosen Bewunderung des Fordismus und Taylorismus, einem überraschenden Interesse am industriellen Aufschwung der Vereinigten Staaten und der Bereitschaft, amerikanische Produktionstechniken und Marktstrategien zu übernehmen, niederschlug, stand eine verbreitete Wiederbelebung vorindustrieller Denkhaltungen gegenüber. Selbst nationalökonomisch versierte Politiker wie Hermann Dietrich, Adam Stegerwald und Heinrich Brüning gaben sich der Illusion hin, durch die Intensivierung der landwirtschaftlichen Kleinsiedlung die erwerbslosen Massen von den Straßen holen zu können, weil sie überzeugt waren, daß die industrielle Kapazität Deutschlands weit über die volkswirtschaftlichen Bedürfnisse hinaus entwickelt worden sei.

Der Gegensatz zwischen einer Vision des »nationalen Aufbruchs« und der Orientierung an den wirtschaftlichen und sozialen Bedingungen des Kaiserreiches spiegelte sich nicht nur in dem faszinierenden kulturellen Leben der »Goldenen« zwanziger Jahre, das durch die Spannung von äußerster Modernität in den wenigen kulturellen Zentren und relativer Rückständigkeit in der Provinz gekennzeichnet war. Er übertrug sich, allerdings in gebrochener Form, auf das politische System selbst. Die etablierten politischen Eliten, gleich ob sie sich dem rechten oder linken Parteispektrum zuordnen ließen, waren im Positiven und Negativen auf die Erfahrungen im Kaiserreich ausgerichtet; sie blickten zurück, um an die Vorkriegsbedingungen anzuknüpfen oder sich an ihnen zu messen. Der jüngeren Generation, die in den frühen Nachkriegsjahren politisch sozialisiert worden war, erschien diese Einstellung blutleer und perspektivlos. Sie stellte ihr, in unterschiedlichen politischen Varianten, die Vision gegenüber, daß die Niederlage im Krieg den Ausgangspunkt für die erhoffte grundlegende innere Erneuerung der Nation darstelle. Obwohl sich der Burgfrieden als Farce entlarvt hatte, beharrten die Intellektuellen der Rechten darauf, unter Berufung auf das Kriegserlebnis und unter Ausklammerung des Bürgerkrieges die Willenseinheit der Nation postulieren zu können.

Der Klassenkonflikt, der den Hintergrund für die Funktionsunfähigkeit des parlamentarischen Systems abgab, wurde durch den Gegensatz der politischen Mentalitäten überdeckt, der mit einer ausgeprägten Generationenspannung in Beziehung stand. Der äußerlich antibürgerliche Affekt breiter Teile der Kriegs- und Nachkriegsgeneration drückte sich in einer emotional gefärbten Abkehr von interessenorientierter Politik aus. Ernst von Salomon brachte diese für die rebellierende junge Generation bezeichnende Einstellung auf die autobiographisch geprägte Formel: »Was wir als politisch erkannten, das war schicksalsmäßig bedingt. Jenseits unserer Welt war die Politik interessenmäßig bedingt.« Das Bekenntnis zum politischen Irrationalismus wiederholte sich sinngemäß in der Wendung Ernst Jüngers, daß der Instinkt der Intelligenz überlegen sei. Der extreme Subjektivismus trat bei beiden Autoren besonders hervor; gleichwohl waren sie insofern für die Angehörigen ihrer Altersgruppe, nicht nur für die neokonservative Strömung repräsentativ, als sie für ein gesinnungsethisches Politikverständnis eintraten und das unheroische Tagesgeschehen als »politischen Kuhhandel« abtaten.

Es war von früh an ein Kennzeichen des Weimarer politischen Systems, daß es ihm nur unzureichend gelang, die Jüngeren einzubeziehen, insbesondere jene aktivistisch geprägten Gruppen, die unter dem Einfluß der Jugendbewegung standen. Ohne Zweifel drängte der rauhe Alltag der krisengeschüttelten Anfangsjahre der Republik die sich neu formierenden Jugendbünde, die vom Zusammenbruch eine grundlegende gesellschaftliche Erneuerung erwarteten, an den Rand des politischen Geschehens. Während diese das Fronterlebnis zur Vision einer klassenübergreifenden und enthierarchisierten Gesellschaft geführt hatte, die in vorübergehend bestehenden Landkommunen Gestalt gewann, beherrschten bürgerkriegsartige Auseinandersetzungen, verschärfte Verteilungskämpfe und unveränderte bürokratische Bevormundung die gesellschaftliche Realität. Die aktiven Teile der jüngeren Generation tendierten entweder zu radikalem Protest oder zu politischer Abstinenz. Daraus erklärt sich das frühe Wachstum des Kommunistischen Jugendverbandes, der erst nach und nach der leninistischen Parteidisziplin unterworfen wurde, ebenso wie die Fortführung der im ganzen apolitischen Wandervogel-Tradition, die jedoch nicht ausschloß, daß sich in der unmittelbaren Nachkriegszeit eine enge Verschränkung von Freikorps und bürgerlicher Jugendbewegung ergab. Die Mehrheit der bündischen Jugend formierte sich außerhalb der politischen Parteien, die sie, unter dem Einfluß neoromantischer und völkischer Ideen, grundsätzlich ablehnte und denen sie die Vision einer konfliktfreien gesellschaftlichen Ganzheit gegenüberstellte.

Aber auch die zu politischer Teilnahme entschlossenen republikanischen Jugendbünde mußten die Erfahrung machen, daß ihnen konstruktive Mitarbeit in aller Regel versagt blieb. Weder der von Max Adler im marxistischen Sinne beeinflußte Hannoveraner Kreis noch der reformistisch eingestellte Hofgeismar-Kreis der Jungsozialisten fanden eine Heimstatt innerhalb der SPD, und die Sonderorganisation der Jungsozialisten blieb bis zu ihrer Auflösung ein ständiger Stein des Anstoßes für das sozialdemokratische Funktionärskorps, das von den Jugendlichen widerspruchslose Unterordnung erwartete. Die sozialistische Arbeiterjugend und die Gewerkschaftsjugend mußten feststellen, daß immer weniger Jugendliche bereit waren, sich ihnen anzuschließen. Die Ursache dafür lag, abgesehen von der beruflichen Umschichtung zugunsten der Angestellten, nicht so sehr in der unbestreitbar größeren Attraktivität des Reichsbanners als vielmehr in der Unfähigkeit von SPD und ADGB, sich auf das durch die Kriegserfahrung gestärkte Selbstbewußtsein der jüngeren Mitglieder einzustellen, die nicht bereit waren, sich über eine langjährige »Ochsentour« hochzudienen und einem überalterten Funktionärsapparat zu fügen. Die Folge davon war eine beträchtliche Überalterung der Führung. Das Durchschnittsalter der Mitglieder betrug 42,5 Jahre, während die Gruppe der jünger als 25 Jahre alten Mitglieder im Vergleich zu ihrem Anteil an der Gesamtbevölkerung extrem unterrepräsentiert blieb.

Die KPD, deren führende Funktionäre vielfach aus der sozialistischen Jugendbewegung kamen, wies als jüngere Organisation im Vergleich zur SPD einen wesentlich günstigeren Altersaufbau auf. Die von ihr vertretene radikale Oppositionspolitik stieß bei Jüngeren häufig auf Sympathien, wenngleich die stalinistische Parteidisziplin sich nachteilig auf die Anziehungskraft des Kommunistischen Jugendverbandes auswirkte. Für die großen Arbeiterparteien galt in gleicher Weise, daß die aktiven Gruppen der jüngeren Mitglieder an der bürokratischen Erstarrung der Parteiapparate wachsende Kritik übten. Die Absplitterungen von beiden Parteien, ob es sich um die SAPD, die Klassenkampf-Gruppe, den ISK oder die KPO oder um den rechten Flügel der innerparteilichen Opposition handelte, zu dem vor allem die Gruppe der »Neuen Blätter für den Sozialismus« gehörte, ergaben sich aus dem gleichartigen Motiv, die offensichtliche Immobilität der organisierten Arbeiterbewegung zu überwinden und zu zeitgemäßen Kampf- und Agitationsformen zu gelangen.

Noch weit mehr als die SPD waren die bürgerlichen Parteien der Gefahr der Überalterung ausgesetzt, obwohl sie sich seit Mitte der zwanziger Jahre verstärkt um den Ausbau von parteinahen Jugendverbänden bemühten. Die Auseinandersetzung über die Fürstenenteignung hatte Mentalitätsunterschiede zwischen den Generationen deutlich hervortreten lassen. Schon zuvor nahm die Generationenfrage in der öffentlichen Diskussion einen breiten Raum ein. Die Rechts- und Sozialpolitik der Republik trug den Bedürfnissen der Nachwachsenden vielfach vorbildlich Rechnung und respektierte den Freiraum des Jugendalters in pädagogischer, strafrechtlicher und sozialrechtlicher Beziehung. Dennoch blieben die Chancen der »Jungen Generation«, wie man die Kriegs- und Nachkriegsjahrgänge nannte, in politische Führungspositionen aufzurücken, äußerst gering. Theodor Haubach, der zum Kreis der »Neuen Blätter für den Sozialismus« gehörte, übte bittere Kritik an der »Absperrungskette, die in Deutschland zwischen den politischen Körperschaften und der Jugend gezogen ist«, und er hatte recht damit.

Die tendenzielle Vergreisung der Führungsschichten der Republik bot den

Gegnern auf der Rechten, die sich, wie in erster Linie die NSDAP, als Repräsentanten der Jugend hinstellten und das Weimarer parlamentarische System mit dem »endgültigen Bankrott der alten Generation« gleichsetzten, deutlich sichtbare Angriffsflächen. Goebbels sprach herablassend von der »Republik der Greise«, und Gregor Straßer machte ihren Führungsgruppen zum Vorwurf, »daß diese Köpfe die alten sind, die sie waren, vor Krieg und Revolution, vor Erschütterung und neuem Aufbruch«. Er nahm damit wieder auf, was Max Hildebert Boehm, einer der herausragenden Mitglieder des Berliner Juni-Klubs, schon 1919 in seiner Schrift »Der Ruf der Jungen« formuliert hatte: »Wir sehen im Krieg den Sturz der alten Generation und ihrer Welt und den Aufbruch der Jungen.« Die neokonservative Überformung des Jugendkults konnte nicht eindrücklicher hervortreten.

Der Generationenkonflikt der Weimarer Jahre beruhte nicht zuletzt darauf, daß infolge demographischer Faktoren die in das Berufsleben eintretenden Altersgruppen ungewöhnlich groß waren, während das ökonomische System nicht wesentlich expandierte. Die Verteilungskonflikte wurden deshalb häufig auf Kosten der Jüngeren ausgetragen, die zugleich am stärksten von der strukturellen Arbeitslosigkeit der Stabilisierungsperiode betroffen waren. Der Mentalitätsgegensatz zwischen Jüngeren und Älteren ergab sich jedoch nicht so sehr aus sozio-ökonomischen Faktoren als vielmehr aus einer unterschiedlichen Wahrnehmung der epochalen Erfahrung des Ersten Weltkrieges. Die Klage vieler Kriegsteilnehmer, einer »verlorenen« Generation anzugehören, der verantwortliche politische Gestaltung versagt blieb, war dennoch nur teilweise berechtigt. Allerdings verhinderte die krisenhafte Entwicklung des parlamentarischen Systems, daß sich der Generationenwechsel, der sich seit 1928 allenthalben abzeichnete, innerhalb der bürgerlichen Parteien und der SPD voll auswirkte. Das Scheitern Walter Lambachs bei dem Versuch, sich auch im Namen der Jüngeren gegenüber dem monarchistisch eingestellten Hugenberg-Flügel in der DNVP durchzusetzen, war symptomatisch dafür.

Literatur und Publizistik der zwanziger Jahre waren vom Jugend-Mythos geprägt, der von der Fiktion ausging, daß die junge Generation zum Träger einer grundlegenden gesellschaftlichen und kulturellen Wende auserkoren sei. Hans Zehrer übertrug dieses Konzept unmittelbar auf die politische Krise der Republik und prognostizierte, daß die heranwachsenden Alterskohorten Parteienzwist und Interessenpolitik in einer »Dritten Front« aufheben und zu neuen politischen Formen vordringen würden. In der Reformpädagogik gab es ähnliche Erwartungen. Wenn die Erziehung vom schädlichen Ballast der bürgerlichen Zivilisation des 19. Jahrhunderts einmal befreit sei, werde die nicht mehr dem Wertrelativismus und westlichen Materialismus verfallene junge Generation in der Lage sein, die verlorengegangene Einheit von Geist und Macht, Natur und Kunst, Gesellschaft und Staat wiederherzustellen.

Hans Zehrer, der diesen Ideengängen repräsentativen Ausdruck verlieh, hatte die Übernahme der Kanzlerschaft durch Brüning grundsätzlich begrüßt; aber er hielt den Zeitpunkt für noch nicht gekommen, an dem die junge Generation, als deren Anwalt er sich fühlte, damit Ernst machte, die 1918 versäumte »nationale Revolution« nachzuholen. »Achtung! Junge Front! Draußen bleiben!« lautete seine Wahlparole im Herbst 1930. Noch hatten die Parteien nicht endgültig abgewirtschaftet und durfte die junge Generation, um sich nicht vorzeitig zu verbrauchen, mit der Aufgabe nicht beginnen, die Geschicke Deutschlands in ihre Hände zu nehmen. Wie irreführend dieser sublimierte Aufbruchsmythos, der das eigene Versagen in die zukünftige Aktion der nachfolgenden Altersgruppe projizierte, war, zeigte sich an dem daraus abgeleiteten, verhängnisvollen Fehlurteil Zehrers, daß die NSDAP, wenngleich sie sich von den Schlacken einer Parteibewegung noch immer nicht gelöst hätte, die Vorstufe dieser deutschen Selbstbefreiung aus dem Geist der Jugend bilde. Noch 1932 sprach er davon, daß NSDAP und KPD bloß die Endprodukte des sterbenden Liberalismus seien, »die die aus der liberalen Geisteswelt abflutenden Massen aufsaugen und sammeln«. Die Zukunft liege nicht beim Prinzip der Partei, sondern dem des Bundes, und es sei notwendig, daß der »bündische Kern« der NSDAP wieder zum Bund zurückfinde.

Die nationalsozialistische Bewegung bediente sich erfolgreich der bildungsbürgerlichen Selbsttäuschung, politische Interessenlagen durch den Jugend-Mythos zu substituieren, und scheute sich nicht, ihn politisch zu instrumentalisieren. Anfang der dreißiger Jahre machten sich im intellektuellen Bereich Widerstände gegen den Jugendkult geltend. Er war Symptom einer tiefen gesellschaftlichen Verunsicherung und stellte den Versuch dar, Statusbedrohungen als intergenerativen Wandel zu tarnen. Die enge Verbindung, die der Neokonservativismus mit dem Jugend-Mythos einging, erweckte den Anschein einer in die Zukunft gerichteten politischen und gesellschaftlichen Alternative zur gefährdeten parlamentarischen Republik. Auf der anderen Seite des politischen Spektrums vertraten Autoren vom Schlage Kurt Tucholskys eine ebenfalls auf das Vorrecht der jungen Generation gestützte radikale Kritik der bürgerlich-liberalen Tradition, nur daß sie sich der Aufklärung und dem Marxismus, nicht dem wilhelminischen Kulturpessimismus verschrieben.

Das Dilemma des jungdeutschen Pronunciamentos zur Erneuerung des Reiches bestand nicht zuletzt im gänzlichen Fehlen einer konkreten politischen Strategie und in die Praxis umsetzbarer Konzepte. Dieser Mangel stand in deutlichem Gegensatz zum Selbstbewußtsein, mit dem Männer wie Edgar Jung oder Heinrich von Gleichen das parlamentarische System attackierten. Die kulturrevolutionäre und sozio-ökonomische Wende, wie sie die Jungkonservativen beschworen, wurde von ihnen als geistige Transformation, nicht als Akt politischer Organisation und Mobilisierung begriffen. Hier lag der entscheidende Unterschied zum machtpolitischen Pragmatismus der NSDAP, zu der ansonsten beträchtliche ideologische Affinitäten und im Falle der Brüder Straßer auch unmittelbare persönliche Verbindungen bestanden. Das vom Neokonservativismus und verwandten Strömungen im katholischen Lager, vor allem bei den Anhängern der christlichen Reichsidee sowie der dezisionistischen Staatsrechtslehre popularisierte nationalautoritäre Ideengebäude konnte von der NSDAP wirkungsvoll für ihre Zwecke instrumentalisiert werden. Trotz ihrer politischen und gesellschaftlichen Querverbindungen blieb den Jungdeutschen infolge ihrer weitgehenden politischen Esoterik unmittelbar gestaltender Einfluß versagt, wenn man von der kurzen Episode des Kabinetts von Schleicher absieht.

Es war bemerkenswert, daß das antirepublikanische Protestpotential, das seit langem bereitstand, aber unter dem entstehenden Präsidialsystem neu aktiviert wurde, stärkste Resonanz an den Hochschulen fand. Dabei spielte der Umstand eine Rolle, daß das Universitätsstudium trotz der bildungspolitischen Anstrengungen vor allem des preußischen Kultusministers Becker weitgehend den Kindern der Oberschicht vorbehalten blieb. Obwohl einige der Hochschulen an ihrer liberalen Tradition festhielten, waren sie doch in ihrer Mehrheit eindeutig gegen das republikanische System eingestellt, und die in der Weimarer Vereinigung organisierten republiktreuen Hochschullehrer machten eine kleine Minderheit aus. Der gesellschaftliche Einfluß der vielfach antisemitisch eingestellten Korporationen blieb unangefochten. Große Teile der Hochschullehrerschaft sympathisierten mit der DNVP und fühlten sich als Opfer einer fortschreitenden Statusminderung. Das trug zu ihrer Bereitschaft bei, die Flucht in den politischen Irrationalismus gutzuheißen und sie mit scheinbar professionellen Argumenten zu rechtfertigen. Die zunehmende soziale und politische Einseitigkeit der Hochschulen bewirkte trotz international anerkannter wissenschaftlicher Leistungen, daß die fortschrittliche Intelligenz aus dem engeren akademischen Bereich abwanderte, in dem sie ohnehin keine Aufstiegschancen hatte, wie die Konflikte über Günther Dehn, Julius Gumbel, Hans Nawiasky und Theodor Lessing zeigten. Das unvergleichlich lebendige geistige und künstlerische Leben der Weimarer Republik spielte sich überwiegend abseits der staatlichen Hochschulen und Akademien ab; ebensowenig prägte es die politischen Entscheidungen.

Solange die gesellschaftlichen Interessen wenigstens teilweise vom Parteiensystem aufgefangen wurden, blieb die intellektuelle Protestbewegung gegen die Weimarer Republik, die aus der kulturellen und sozialen Krise ihre Kraft zog, von untergeordneter Bedeutung. Die vitriolischen Attacken gegen die parlamentarische Demokratie, wie sie die neokonservativen Ideologen von Arthur Moeller van den Bruck über Ernst Jünger bis zu Edgar Jung lancierten, ohne sie politisch einlösen zu müssen, besaßen, abgesehen vom Bereich der Rechtsprechung und der Kulturpolitik, nur geringen Einfluß auf die politischen Entscheidungen. Erst als gewichtige Interessengruppen, nicht zuletzt Teile der Schwerindustrie und der Großlandwirtschaft, die neokonservative Bewegung bewußt als Rammbock zur Zerschlagung des politischen Systems einsetzten, änderte sich dies. Ihre Ideen dienten seit 1929 zur Legitimation einer Politik, die primär die Ausschaltung der organisierten Arbeiterbewegung betrieb und als Voraussetzung dazu das längst ausgehöhlte parlamentarische System auch formell zu beseitigen trachtete.

Die Reichstagsauflösung vom Juli 1930 gab den definitiven Anstoß zur Umgruppierung der konservativen Rechten. Der Ausgang der auf den 14. September angesetzten Reichstagswahlen hing nicht zuletzt davon ab, ob es gelang, Hugenberg politisch zu isolieren und die Mehrheit der DNVP-Wähler zu den Volkskonservativen hinüberzuziehen. Die seit 1929 anhaltende Austrittsbewegung aus der Reichstagsfraktion der DNVP war beträchtlich; statt 78 zählte sie nur noch 35 Abgeordnete. Infolge des Zögerns von Graf Westarp – er hatte es versäumt, den Bruch im April zu vollziehen, als der Agrarflügel geschlossen gegen Hugenberg stimmte – mißlang der Versuch, größere Teile des Parteiapparats der DNVP zu übernehmen. Ebensowenig vermochte der agile Treviranus die Volkskonservative Vereinigung zu einem attraktiven Sammelbecken der für Hindenburg eintretenden gemäßigten Rechten zu machen. Zu dem schlechten Abschneiden der Volkskonservativen, die nur 4 Mandate erhielten, trug der Umstand bei, daß Hindenburg nicht einen Finger krümmte, um sie im Wahlkampf zu unterstützen, obwohl sie sich entschieden für den Ausbau des Präsidentenamtes eingesetzt hatten.

Die Ansätze zur Neuformierung der bürgerlichen Rechtsparteien wurden jedoch vom Durchbruch der NSDAP als Massenbewegung überholt. Sie vermochte es, das angestaute Protestpotential in hohem Umfang für sich zu mobilisieren, zumal sie gegenüber der DNVP, dem Stahlhelm und den übrigen Parteien der konservativen Rechten mit dem Anspruch auftrat, einen radikalen Bruch mit dem bestehenden Verfassungssystem zu vollziehen, mit dem sie sich, im Unterschied zur Hugenberg-Bewegung, nicht auf Verhandlungen oder Teilkompromisse eingelassen hatte. Obwohl zwischen der bürgerlichen Rechten und dem Nationalsozialismus weitreichende ideologische Übereinstimmungen bestanden, stellte die NSDAP für die antirepublikanischen Wähler die konsequentere Alternative zum bestehenden System dar, weil deren Propaganda sorgfältig vermied, für eine der etablierten politischen Richtungen zu optieren und sich in der Frage der Wirtschaftsverfassung eindeutig festzulegen. Im Mittelpunkt des nationalsozialistischen Wahlkampfs stand die bis weit in die Linke hinein geteilte Kritik an der Überwucherung des politischen Lebens durch segmentierte Interessenwahrnehmung und fortschreitende gesellschaftliche Atomisierung, der die NSDAP die Fiktion einer die sozialen und ökonomischen Gegensätze überwölbenden »Volksgemeinschaft« gegenüberstellte.

Als die Wählerstimmen in der Nacht vom 14. zum 15. September 1930 ausgezählt wurden, mußte das Kabinett Brüning mit Bestürzung feststellen, eine vernichtende Niederlage erlitten zu haben. Zwar konnte das Zentrum mit 14,8 Prozent der Stimmen seine Stellung knapp ausbauen und seine Mandate von 62 auf 69 steigern. Aber die bürgerlichen Mittel- und Rechtsparteien hatten härteste Verluste hinnehmen müssen. Trotz des Zusammengehens mit der Volksnationalen Vereinigung errang die DDP nur 20 Mandate, von denen sie nach deren Ausscheiden 6 wieder einbüßte. Die DVP war mit 4,9 Prozent der Stimmen um ein Drittel reduziert, die DNVP hatte gerade noch 7 Prozent der Stimmen erhalten, während die Interessenparteien, die mehr als 14 Prozent auf sich vereinigten, einstweilen bemerkenswert stark blieben. Die SPD, die 143 Mandate erhielt, mußte mit 24,5 Prozent eine fühlbare Stimmeneinbuße verzeichnen, die überwiegend der KPD zugute kam, welche nun mit 13,1 Prozent der Stimmen und mit 77 Abgeordneten in den Reichstag einzog. Demgegenüber war die NSDAP, der Staatssekretär Hans Schäffer höchstens 30 bis 40 Mandate hatte geben wollen, mit 107 Abgeordneten und 18,3 Prozent der Stimmen der eindeutige Gewinner der Wahl und die zweitstärkste Fraktion im Reichstag.

Aus dem Wahlergebnis folgte, daß die bürgerliche Mitte einschließlich der Interessenparteien auch dann keine Mehrheit besaß, wenn sie eine Koalition mit der DNVP einging, wovon angesichts der Intransigenz Hugenbergs ohnehin nicht die Rede sein konnte. Eine Mehrheit schien allenfalls durch die Rückkehr zur Großen Koalition möglich zu sein, die überflüssig zu machen Hauptmotiv der Reichstagsauflösung gewesen war. Da weder Hindenburg noch Brüning eine Regierungsbeteiligung der SPD auch nur erwogen, ist es müßig zu spekulieren, ob rechnerisch die Rückkehr zu einer parlamentarischen Mehrheitsregierung denkbar war; sie wäre auch bei Einbeziehung der NSDAP nicht zustande gekommen. Das Ziel des Wahlkampfes hatte darin bestanden, von der lästigen Tolerierung durch die SPD befreit zu werden. Statt dessen erschien selbst die Fortführung des Präsidialkabinetts überhaupt nur auf der Grundlage einer Verständigung mit der SPD denkbar. DVP und Wirtschaftspartei, die schließlich Justizminister Viktor Bredt aus dem Kabinett zurückzog, waren indessen für diese von Brüning notgedrungen eingeschlagene Linie nicht zu gewinnen. Für die Umgebung des Reichspräsidenten stellte die Zusammensetzung des neuen Reichstages nur eine Bestätigung dafür dar, daß mit dem Parlament nicht regiert werden könne, wenngleich Brüning, der die Aufhebung der bisherigen Notverordnungen befürchten mußte, gezwungen war, vorderhand den Canossa-Gang zur SPD anzutreten und deren Tolerierung zu erbitten.

Der Erdrutsch der Septemberwahlen hatte sich spätestens seit dem Frühjahr 1929 abgezeichnet. Während die NSDAP 1928 mit 2,6 Prozent der Stimmen in die Rolle einer parlamentarisch bedeutungslosen Splitterpartei zurückgefallen war, vermochte sie seit dem Frühjahr 1929 ihren Stimmenanteil in einer Reihe von Kommunalparlamenten wesentlich zu verbessern. Der Ausbau ihrer nationalen Stellung ging von den Gemeinden aus, in denen die NSDAP vielfach an Bürgerblock-Koalitionen gegen die Linksparteien teilnahm. Der Aufwärtstrend setzte sich in den Landtagswahlen fort. Im Juni 1930, kurz vor der Reichstagsauflösung, stieg die Stimmenzahl der NSDAP in Sachsen auf 15 Prozent, nachdem sie im Spätherbst des Vorjahres in Baden auf Anhieb 7 Prozent, in Lübeck 8 Prozent erreicht hatte. In Thüringen verdreifachte sich im Dezember 1929 ihre Stimmenzahl und betrug nun 11,3 Prozent. Hitler schaltete sich persönlich ein und erzwang für den Eintritt der NSDAP in eine Rechtskoalition die Ernennung Wilhelm Fricks zum thüringischen Innen- und Kultusminister.

Der Aufstieg der NSDAP war im Sommer 1930 ebenso absehbar wie der Zusammenbruch der bürgerlichen Mitte. Die vorangegangenen Regionalwahlen zeigten, daß SPD und KPD, bei einer Stimmenwanderung zu der letzteren, im ganzen ihre Stellung behaupten würden, obwohl die bürgerlichen Parteien und die NSDAP in erster Linie gegen die Arbeiterparteien angetreten waren. Der Wahlausgang deutete auf eine Polarisierung der Wähler, zugleich auf eine qualitative Veränderung des politischen Klimas hin. Schon in den Bürgerblockkoalitionen auf kommunaler Ebene und auf Landesebene hatte sich die Abwendung der bürgerlichen Politik vom Weimarer Kompromiß vorbereitet. Die Auflösung der Vielzahl von Interessen- und Regionalparteien zugunsten der NSDAP und die Erosion der bürgerlichen Mitte kündigten das Ende bürgerlicher Honoratiorenpolitik an, und es war von einem Protest der Provinz gegen die großstädtischen Zentren begleitet.

Brüning hat die grundsätzliche Bedeutung des Wahlergebnisses vom September 1930 nicht ausreichend wahrgenommen. Er war von vornherein entschlossen, das parlamentarische System im autoritären Sinne umzubilden. Er betrachtete den Reichstag bestenfalls als Störfaktor und war entschlossen, das Notverordnungsrecht als Regelfall anzuwenden, um zu einem günstigeren Zeitpunkt eine Verfassungsumbildung offen zu betreiben. Er verkannte, daß er auf die Dauer im luftleeren Raum operierte. Die systemsprengende Opposition von DNVP und NSDAP stimmte mit den Resten der bürgerlichen Mitte in der Zielsetzung überein, die SPD als einzigen politisch noch ins Gewicht fallenden republikanischen Faktor auszuschalten. Aus Rücksicht auf die Außenpolitik entschied Brüning, sich einstweilen auf die sozialdemokratische Tolerierung abzustützen. Er ließ seine sozialdemokratischen Partner über seine Verfassungsreformpläne im unklaren. Aber selbst wenn er nach dem 13. Oktober 1930, dem Zusammentritt des neugewählten Reichstages, den Rückweg zur parlamentarischen Regierungsform hätte offenhalten wollen, war dies infolge der Haltung der auf den Reichspräsidenten einwirkenden Interessengruppen und der Reichswehr unmöglich geworden. Die parlamentarische Verfassung stellte nur mehr eine kraftlos gewordene Hülle dar, die dazu diente, den schrittweisen Übergang zur autoritären Regierung zu verschleiern.

Der Durchbruch der NSDAP

Der seit 1929 zu konstatierende Durchbruch der NSDAP als Massenbewegung stellte das entscheidende innenpolitische Datum der Spätphase der Republik dar. Auf Kosten der bürgerlichen Mittelparteien vermochte sie zeitweise mehr als ein Drittel der Wähler für sich zu mobilisieren. Der Einbruch in die bisherige Stammwählerschaft zeigte, daß große Teile vor allem des bürgerlichen Mittelstands nicht bereit und nicht fähig waren, sich mit den sozialen und politischen Bedingungen im Nachkriegs-Deutschland abzufinden. Die seit der imperialistischen Epoche in Gang befindliche soziale Umschichtung wurde infolge der durch die stagnierende Volkswirtschaft und die nachwirkenden Kriegslasten verschärften Verteilungskämpfe empfindlicher als zuvor wahrgenommen. Dies löste ein in dieser Form einzigartiges Protestwahlverhalten aus, das der NSDAP, die die sozialen Ressentiments der Mittelschichten geschickt zu benutzen wußte, in erster Linie zugute kam.

Noch 1928 hatte kein Beobachter daran gedacht, daß die NSDAP aus ihrer Außenseiterrolle heraustreten könnte. In den Reichstagswahlen vom Mai 1928 war sie auf 2,6 Prozent der Stimmen zurückgefallen und damit noch unter dem Ergebnis vom Dezember 1924 geblieben, obwohl sie alle erdenklichen Anstrengungen unternommen hatte, um den Durchbruch in die nationale Politik zu erreichen. Behördliche Maßregelungen der NSDAP schienen nunmehr überflüssig zu sein. Das preußische Innenministerium sah daher keinen Anlaß, das gegen Hitler verhängte öffentliche Redeverbot beizubehalten, nachdem das ursprünglich ergangene Parteiverbot schon 1925 aufgehoben worden war. In der schweren Wahlniederlage verbarg sich indessen der Keim für den künftigen Aufstieg der NSDAP.

Die NSDAP hatte den Wahlkampf vornehmlich auf die Gewinnung der arbeitenden Massen ausgerichtet. Diese wichtigste Zielgruppe der nationalsozialistischen Propaganda erwies sich jedoch als weitgehend resistent. In den großstädtischen Zentren stellte der Wahlausgang ein einziges Debakel für die Partei dar. In Groß-Berlin erreichte sie nur 1,4 Prozent der Stimmen, und ähnlich verhielt sich dies in den westdeutschen Großstädten. Nur in München und Augsburg, abgesehen von Bürgerstädten wie Coburg und Weimar, lag ihr Stimmenanteil bei 4 bis 6 Prozent. Den Verlusten standen jedoch unverhoffte Gewinne gegenüber. In mehreren ländlichen Regionen, insbesondere in Dithmarschen und anderen Teilen Schleswig-Holsteins, im südlichen Niedersachsen sowie in Oberhessen, Franken und Baden schnitt die NSDAP überproportional gut ab.

Erstaunlicherweise interpretierte Gregor Straßer, der im Januar 1928 vom Amt des Reichspropagandaleiters in die Führung der Reichsorganisationsleitung der NSDAP übergewechselt war, auf einer Führertagung der Partei im Frühherbst das enttäuschend anmutende Wahlergebnis als einen relativen Erfolg der vierjährigen Parteiarbeit. Vom Blickpunkt der NSDAP-Führung erschien der Aufstieg, den die Partei seit dem Fiasko des Münchner Putschversuchs vom 9. November 1923 genommen hatte, eher ermutigend. Damals stand die Bewegung vor ihrer Auflösung. Die bayerische Regierung schloß sich dem in Preußen bereits ergangenen Verbot der Partei an, der »Völkische Beobachter« wurde eingestellt. Zahlreiche Funktionäre entzogen sich einer Verfolgung durch die Flucht ins Ausland. Andere schieden aus der Bewegung aus. Hitler wurde vom Münchner Volksgerichtshof zu fünfjähriger Festungshaft verurteilt.

Gleichzeitig zerfiel die Bewegung in miteinander rivalisierende Fraktionen. Hitler hatte, auf höchst informelle Weise, Alfred Rosenberg mit seiner Stellvertretung beauftragt, dem jede praktische politische und organisatorische Erfahrung abging. Er ließ ihn zudem absichtlich ohne klare Direktiven, obwohl er dank der ungewöhnlich entgegenkommenden Haftbedingungen hinreichende Kontakte und Einwirkungsmöglichkeiten besaß. Die von Rosenberg gegründete Nachfolgeorganisation, die Großdeutsche Volksgemeinschaft, vermochte sich trotz der Einbeziehung von Hermann Esser und Julius Streicher gegen den inzwischen gebildeten Völkischen Block in Bayern, der sich als selbständiger Regionalverband der DVFP konstituierte, und die fränkische DAP nicht durchzusetzen. Zu den Führungsrivalitäten in Bayern kam das Unabhängigkeitsstreben der in Norddeutschland bestehenden NSDAP-Verbände, die sich zwar Hitler, nicht aber der bayerischen Parteiclique verbunden fühlten.

Die 1922 von der DNVP abgespaltene Deutschvölkische Freiheitspartei, die unter Leitung der Reichstagsabgeordneten Albrecht von Graefe und Ernst Graf zu Reventlow stand, suchte, zumal sie von der preußischen Repression weitgehend verschont blieb, die Gunst der Stunde zu nutzen und die Führung der völkisch-nationalsozialistischen Bewegung an sich zu ziehen. Sie bediente sich dabei des Generals Ludendorff, den der Münchner Volksgerichtshof ungeschoren gelassen hatte und der sich nach Hitlers schmählicher Flucht am 9. November als prädestinierter Führer der nationalen Freiheitsbewegung empfand. Ernst Röhm, der die in Form von Sportverbänden illegal fortexistierende SA und die Reste des Deutschen Kampfbundes in dem mitgliederstarken Frontbann reorganisierte, erkannte die Autorität Ludendorffs weiterhin an, bemühte sich jedoch, einen Bruch mit Hitler zu vermeiden, da dessen Ansehen durch sein Auftreten vor dem Volksgerichtshof weit über die engere Anhängerschaft hinaus stark gewonnen hatte. Noch im März 1925 vereidigte er die Unterführer des Frontbanns auf Hitler »als den Führer und Träger der nationalsozialistischen Bewegung« und auf Ludendorff als deren Schirmherrn.

Gregor Straßer war seit 1919 in der bayerischen Freikorpsbewegung tätig gewesen und schon 1921 mit Ludendorff und Hitler in Verbindung getreten.

Nach dem Münchner Putsch auf der Liste des Völkischen Blocks in den bayerischen Landtag gewählt, nahm er eine Schlüsselstellung in der völkischen Bewegung ein und wurde in den Dezemberwahlen Mitglied des Reichstages. Im guten Glauben, die Zustimmung Hitlers zu finden, hatte er einer Reichsführerschaft zugestimmt, der Ludendorff, von Graefe und er selbst als Platzhalter Hitlers angehörten. Auf dem Einigungsparteitag in Weimar im August 1923 schlossen sich Völkische und Nationalsozialisten unter der Bezeichnung »Nationalsozialistische Freiheitsbewegung« zu einer einheitlichen Fraktion im Reichstag zusammen.

Hitler hingegen hatte, in Übereinstimmung mit der norddeutschen NSDAP, die ein eigenes Direktorium gründete, die Teilnahme an Wahlen bewußt hintertrieben. Angesichts der erfolgreichen Initiative Straßers, die der NSDAP einen unangemessen hohen Mandatsanteil eintrug – der Völkische Block errang in Bayern 25 Mandate –, legte er für die Zeit seiner Haft den Parteivorsitz demonstrativ nieder, nachdem er das Ersuchen des norddeutschen Direktoriums, die Führung zu übernehmen, hinhaltend beantwortet hatte. Die Reaktion Hitlers erschien vielen seiner Anhänger unverständlich. Denn der Parteiführer tat nichts, um den innerorganisatorischen Richtungsstreit zu entwirren; er ließ vielmehr mitteilen, daß es niemandem gestattet sei, sich auf ihn in welcher Angelegenheit auch immer zu berufen. Sein Ziel stand jedoch einigermaßen klar fest. Er wollte eine Regenerierung der Bewegung so lange zurückhalten, bis er wieder persönlich aktionsfähig war, um nicht ein zweites Mal vor die Notwendigkeit gestellt zu sein, politische Kompromisse mit den vaterländischen Verbänden und den völkischen Gruppen einzugehen. Ihm war insbesondere darum zu tun, die Konkurrenz Ludendorffs auszuschalten. Er nutzte dessen betont antikatholische Einstellung, in der der General durch den von seiner Frau Mathilde gegründeten sektiererischen Zirkel bestärkt wurde, um bayerische Regierungskreise gegen ihn einzunehmen. Außerdem schürte Hitler das in breiten Teilen der früheren Anhängerschaft vorhandene Mißtrauen gegen den bürgerlich-honoratiorenhaften Zuschnitt der Deutschvölkischen, der mit der sozialrevolutionären Grundstimmung, die vor allem bei den norddeutschen Nationalsozialisten vorherrschte, unvereinbar zu sein schien.

Unter diesen Bedingungen zerfiel das völkisch-nationalsozialistische Bündnis, das von vornherein eine Verlegenheitslösung gewesen war, noch vor den Reichstagswahlen im Dezember 1924, wenngleich Ludendorff das Triumvirat erst Anfang Februar 1925 offiziell aufkündigte. Zahlreiche nationalsozialistische Gruppen hatten ihre Beteiligung an den Wahlen abgelehnt und zur Wahlenthaltung aufgefordert. Indem die Nationalsozialistische Freiheitsbewegung mit bloß 14 Mandaten aus den Wahlen hervorging, von denen 4 auf die NSDAP im engeren Sinne entfielen, verlor der Anspruch Ludendorffs auf die Reichsführerschaft an Glaubwürdigkeit. Die DVFP, die den esoterisch anmutenden Ludendorff-Kult neu aufleben ließ, verteidigte ihre infolge des NSDAP-Verbots erworbene Vorrangstellung im völkischen Lager. Um sich des lästigen Konkurrenten zu entledigen, kamen Hitler die Reichspräsidentenwahlen von 1925 äußerst gelegen. In einer plötzlichen Volte setzte er sich nun nachdrücklich für die Teilnahme an den Wahlen ein und verpflichtete seine Anhängerschaft darauf, Ludendorff, den die ihm hörige Münchner Gruppe aufs schärfste attackiert hatte, als Kandidaten der »nationalen Opposition« zu unterstützen. Die DVFP hatte, um Ludendorff die Blamage einer völlig aussichtslosen Zählkandidatur zu ersparen, für den Kandidaten der Rechten, Karl Jarres, optiert. Hitler überredete Ludendorff jedoch, selbst zu kandidieren. Da er nur 1,06 Prozent der Stimmen im ersten Wahlgang erhielt, war er ein politisch toter Mann. Damit erledigte sich auch der Führerkult der DVFP, die ihn als Symbolfigur nicht zu ersetzen vermochte. Der Weg zur zweiten Machtergreifung Hitlers in der nationalsozialistischen Bewegung war damit geebnet.

Hitlers politische Zurückhaltung während des Landsberg-Aufenthalts gab ihm die Möglichkeit, sich der Abfassung eines umfangreichen programmatischen Manuskripts zu widmen, das er seinem Mitgefangenen Rudolf Heß in die Feder diktierte und das in überarbeiteter Form als erster Teil seines »Mein Kampf« 1925 im Franz-Eher-Verlag erschien. Die Anregung dazu stammte von Straßer, der den Hintergedanken verfolgte, Hitlers Mithäftlingen die endlosen und zermürbenden politisch-weltanschaulichen Tiraden des Parteiführers zu ersparen. Noch vor Abschluß des Vorhabens verwirklichte sich Hitlers Hoffnung, ein halbes Jahr nach dem Haftantritt Strafaussetzung zu erhalten. Er verdankte seine vorzeitige Entlassung der ungebrochenen nationalistisch-restaurativen Grundstimmung in bayerischen Regierungskreisen. Hier hatte er zahlreiche Gönner, nicht zuletzt den wenige Wochen später tödlich verunglückten Münchner Polizeipräsidenten Ernst Pöhner. Ursprünglich sollte seine Freilassung bereits am 1. Oktober 1924 erfolgen. Doch bewirkte der Einspruch der Staatsanwaltschaft, die Röhms Frontbannbestrebungen mit Besorgnis betrachtete, einen Aufschub bis zum 20. Dezember. Es hätte nahegelegen, Hitler nach Österreich auszuweisen. Doch entsprechende Fühlungnahmen mit dem christlich-sozialen Kabinett unter Bundeskanzler Ignaz Seipel, das in einer Anwesenheit Hitlers in Österreich ernste innen- und außenpolitische Gefahren erblickte, verliefen im Sand. In München betrachtete man Hochverrat von rechts als ein Kavaliersdelikt und hatte wegen der Mitwirkung bayerischer Rechtskreise an dem Putschversuch ein viel zu schlechtes Gewissen, um die vom Volksgerichtshof in Aussicht gestellte Haftaussetzung Hitlers auf Bewährung abzulehnen oder dessen Abschiebung zu betreiben.

Hitler mußte gleichwohl rasch erkennen, daß seine politische Bewegungsfreiheit begrenzt war. Zwar stimmte Ministerpräsident Heinrich Held, den er auf Anraten Pöhners aufsuchte, und dem er zusagte, künftig die Staatsautorität zu achten und sich auf legale Methoden zu beschränken, der Wiederzulassung der NSDAP und des »Völkischen Beobachters« zu. Aber als Hitler Ende Februar 1925 in bewährter Manier die Neugründung der NSDAP auf einer Bürgerbräukellerversammlung verkündete und mit seinem alleinigen Führungsanspruch hervortrat, untersagte ihm die bayerische Regierung kurzerhand, als Redner in öffentlichen Versammlungen aufzutreten; die Mehrheit der Länder schloß sich diesem Verbot an. Damit war Hitler seine wirksamste innerparteiliche Waffe, die öffentliche Rede, einstweilen genommen. Er suchte dies in den folgenden Jahren durch systematische Visitationen der einzelnen NSDAP-Ortsgruppen zu kompensieren, doch seine propagandistische Wirksamkeit blieb auf die Teilnahme an internen Versammlungen, das Verfassen von Leitartikeln für den »Völkischen Beobachter« und die Niederschrift des zweiten Teiles von »Mein Kampf« beschränkt.

Hitler bereitete seine Rückkehr in die politische Öffentlichkeit sorgfältig vor. Er ließ die Anhängerschaft zwei Monate lang im Ungewissen, bevor er im Bürgerbräukeller die Neugründung der NSDAP unter seiner Führung verkündete, ohne Ludendorff überhaupt zu erwähnen. Zuvor hatte die DVFP sich gegen den Führungsanspruch Hitlers gestellt; sie wollte ihm nur die Rolle des »Trommlers« neben dem genialen Feldherrn zukommen lassen. Jetzt war es Hitler, der zur Einigkeit im völkischen Lager aufrief, während die Deutschvölkischen die Spaltung betrieben. Die Alternative zwischen Hitler und Ludendorff sorgte für eine klare Frontstellung und ließ die inneren Konflikte in der nationalsozialistischen Bewegung zurücktreten. Indem sich Hitler für Ludendorffs Präsidentschaftskandidatur einsetzte und ihn damit von der DVFP isolierte, fanden zahlreiche ihrer Repräsentanten den Weg zur NSDAP, während erstere in die Rolle einer insignifikanten Splitterpartei zurückfiel, bis sie 1929 aufgelöst wurde.

Gleichzeitig sicherte Hitler seinen unbedingten Führungsanspruch organisatorisch und vereinsrechtlich ab. Die Generalmitgliederversammlung in München bildete formell das für Parteizugehörigkeit und -aufbau zuständige Gremium. Es war mit der von den engsten Gefolgsleuten besetzten Münchner Ortsgruppe identisch. Das Parteistatut legte die Aufnahme von Mitgliedern ausschließlich in die Zuständigkeit der Münchner Zentrale und verfügte, daß die Aufnahmegebühren, die auch von bisherigen Mitgliedern erhoben wurden, sowie ein bestimmter Teil der Mitgliedsbeiträge an sie abzuführen war. Die Mitgliedschaft konnte allein von natürlichen Personen erworben werden; ein kollektiver Beitritt der zersplitterten völkischen Verbände war dadurch ausgeschlossen. Doppelmitgliedschaften, die freilich noch lange üblich blieben, waren formell untersagt. Damit war gewährleistet, daß Fusionen, die von völkischer Seite angestrebt wurden, nicht zu programmatischen oder personalpolitischen Konzessionen benutzt werden konnten.

Aufgrund des Organisationsaufbaus stellte die neue Partei eine Dépendance der Münchner Ortsgruppe dar, womit Hitler den maßgebenden Einfluß behielt, obwohl sich das Schwergewicht der Bewegung seit 1924 nach Nord- und Westdeutschland verlagert hatte. Die neue Parteisatzung verwirklichte das Prinzip der Führerpartei, auch wenn es zunächst noch einen rudimentären Parteivorstand gab. Spätere Generalmitgliederversammlungen brachten einen zusätzlichen Abbau vereinsdemokratischer Elemente. Entscheidend war die Bestimmung, daß Anträge an die Generalmitgliederversammlung oder den Parteitag der vorherigen Billigung des Parteiführers bedurften. Praktisch war dieser keinerlei innerparteilichen Kontrollen unterworfen und an keine Beschlüsse von Parteigremien gebunden. Personalpolitische Entscheidungen lagen ausschließlich in seinen Händen. Laut Satzung waren die Parteiämter auf administrative Funktionen beschränkt, mit Beschlußrecht ausgestattete Parteitage oder Delegiertenversammlungen nicht vorgesehen.

Die grundlegende Bedeutung dieser auf die Person Hitlers zugeschnittenen Organisationsstruktur trat zunächst nicht voll in Erscheinung. Erst im Verlauf mehrerer Jahre wurde die Autonomie der außerhalb Bayerns bestehenden regionalen und lokalen Organisationen zurückgedrängt. Das Grundprinzip – die Stärkung der Position der Führergewalt gegen jede Form von institutionalisierter Willensbildung – stand jedoch von vornherein fest. Der Tatbestand, daß die NSDAP fortan über keinerlei kollektives Führungsgremium verfügte, machte sie zu einem politischen Unikum, auch im Vergleich zur faschistischen Partei in Italien, und unterschied sie grundsätzlich von der Struktur kommunistischer Parteien, in denen stets, selbst in der stalinistischen Verformung, das Prinzip kollektiver Führung erhalten blieb. Die Führertagungen, denen für einige Zeit noch die Aufgabe der politischen Koordinierung und des Interessenausgleichs zuwuchs, besaßen satzungsgemäß kein Antragsrecht, sondern konnten dem Parteiführer nur Anregungen unterbreiten.

Zunächst sah sich Hitler jedoch genötigt, von dem in der Parteisatzung niedergelegten Führungskonzept erhebliche Abstriche zu machen. Das Handicap des Redeverbots, aber auch Hitlers verstärkte Neigung zu einem bohemienhaften Lebensstil, der in der Anmietung von »Haus Wachenfeld« auf dem Obersalzberg und 1929 im Umzug an den großbürgerlichen Prinzregentenplatz hervortrat, brachten es mit sich, daß die Initiative beim Neuaufbau der Partei mehr und mehr einer sich rasch profilierenden Gruppe von Unterführern zufiel, zu denen in erster Linie Gregor und dann Otto Straßer, Joseph Goebbels, Franz Pfeffer von Salomon und Karl Kaufmann gehörten. Dies hing nicht zuletzt damit zusammen, daß er außerhalb Bayerns auf deren Unterstützung angewiesen war, stellte aber auch eine Folge der Trennung von den deutschvölkischen Parteigängern und des veränderten politischen Gesamtklimas dar, das einen Funktionärstyp erforderte, der nicht mehr mit Freikorpsallüren auftrat.

Hitler suchte den anhaltenden zentrifugalen Tendenzen zu begegnen, indem er eine Reihe von Parteiführern, deren persönlicher Loyalität er sicher sein konnte, mit weitreichenden Vollmachten ausstattete. Unmittelbar nach der Aufhebung des preußischen NSDAP-Verbots beauftragte er Gregor Straßer, der sich nun von dem Bündnis mit der DVFP löste, den Aufbau der NSDAP in Norddeutschland zu übernehmen. Anders als in Bayern und Franken, wo Hitler im Zusammenhang mit der Neugründung auf die Bildung einer Mittelinstanz verzichtete und jede Ortsgruppe der Parteileitung in München unmittelbar unterstellte, mußte er in West- und Norddeutschland auf die bestehenden Parteigliederungen Rücksicht nehmen, zumal er im Unterschied zu dem unablässig auf Visitationsreisen befindlichen Straßer an einer direkten Einwirkung gehindert war.

Auf Betreiben Straßers fand sich Hitler entgegen dem Grundsatz der direkten Unterstellung, der in den Richtlinien zur Neuordnung der NSDAP im Vordergrund stand, dazu bereit, den nun formell als Gauleiter bezeichneten regionalen Führern ein hohes Maß an selbständiger Entscheidungsgewalt einzuräumen und damit das Führerprinzip auf die Mittelebene zu übertragen. Dies war ein Zeichen der Schwäche, die darauf beruhte, daß Hitler lediglich auf seine bayerisch-fränkische Klientel zurückgreifen konnte, die zudem durch die Abkehr von Ludendorff beträchtlich ausgedünnt war. Überhaupt war die Neugründung, die den Vorzug hatte, eine eindeutige Trennung von der DVFP und anderen völkischen Gruppierungen zu erzwingen, mit einer empfindlichen Mitgliedereinbuße verbunden. Zählte die Bewegung Ende 1923 noch 55.000 Mitglieder, konnte sie Anfang 1925 allenfalls mit 27.000 aktiven Anhängern rechnen.

In den folgenden Jahren bot die NSDAP ein buntscheckiges Bild recht unterschiedlicher ideologischer und politischer Gruppierungen, wobei Umfang und Organisation der einzelnen Gaue erheblich differierten und Rivalitäten wie Eigenmächtigkeiten der Unterführer an der Tagesordnung waren. Die Reichsleitung hatte darauf wenig Einfluß. Wenngleich die Satzung die Ernennung der Gauleiter durch die Zentrale zwingend vorschrieb, wurde sie vielfach nicht oder nur im nachhinein eingeschaltet. Die weitgehende Dezentralisierung der Personalpolitik und der Propaganda entsprang dem Zwang der regionalen Besonderheiten, kam aber Hitlers Neigung entgegen, die Partei überwiegend als Verband ihm persönlich ergebener Gefolgsleute, nicht als bürokratischen Apparat aufzufassen. Auf Betreiben Hitlers blieb die Wahl der Ortsgruppenleiter, von der er sich eine effektivere, sozialdarwinistisch interpretierte Auslese versprach, bestehen; allerdings besaßen die Gauleiter ein Vetorecht. Auch in der Führung der Parteifinanzen vermochte sich die Zentrale nur allmählich durchzusetzen, wenngleich Philipp Bouhler mit bürokratischem Starrsinn auf der Abführung des ihr geschuldeten Anteils der Mitgliedsbeiträge beharrte.

Der Widerspruch zwischen bürokratischen Organisationsformen und der von Hitler favorisierten personalen Bindung der Unterführer verstärkte notwendig die innerparteilichen Führungsrivalitäten. Ohne die zähe Organisationsarbeit der von den Münchner Direktiven weitgehend unabhängig tätig werdenden Führungsgruppe um Straßer wäre es schwerlich gelungen, die Partei zusammenzuhalten. Dadurch wurde Hitlers Intention, die NSDAP ausschließlich auf dem Prinzip der Führerbindung aufzubauen und dennoch den Untergliederungen einen weiten Handlungsspielraum zu überlassen, großenteils vereitelt. Indem sich Hitler zum alleinigen Hüter der »nationalsozialistischen Idee« stilisierte, wollte er die Bewegung auf eine blinde Unterwerfung unter den Führerwillen ausrichten. Deren Stärke liege, so führte er aus, keineswegs »in einer möglichst großen selbständigen Geistigkeit der einzelnen Mitglieder, sondern im diszipliniertesten Gehorsam, mit dem ihre Mitglieder der geistigen Führung Gefolgschaft leisten«. Konsequent hielt er innerparteiliche Richtungsdiskussionen für überflüssig. Parteitage, erklärte er 1926 bei der ersten Heerschau in Weimar, seien »nicht der Platz, an dem unausgegorene und unsichere Ideen etwa einer Klärung zugeführt werden können«. Das von ihm verfochtene Konzept, die Parteiarbeit ausschließlich auf Mitglieder- und Anhängerwerbung auszurichten und ihr den Charakter einer reinen Wahlwerbeorganisation zu geben, setzte sich allerdings nur schrittweise durch.

Während seiner Münchner politischen Lehrjahre hatte Hitler sich die Pose angeeignet, als Politiker der Krise zu agieren, der überwiegend auf die Mobilisierung politischer Ressentiments setzte und der Vision einer von fanatischem Kampfeswillen erfüllten Massenbewegung anhing, ohne sich um die Zwischenschritte zu kümmern. Im Unterschied zu ihm sahen sich Straßer und die nordwestdeutschen Gauleiter vor der Notwendigkeit, gegenüber der konkurrierenden DVFP einen in sich gefestigten Parteiapparat zu schaffen. Anders als in München, wo die Bewegung stets auf einer breiten Strömung völkisch-restaurativer Tendenzen basierte, war in den Städten des Ruhrgebiets und in Norddeutschland sowie in Groß-Berlin, wo die Partei den geschlossenen Organisationen der SPD und KPD gegenüberstand, mit dem Radau-Antisemitismus bayerischer Prägung wenig Boden zu gewinnen. Hier, wo sich die Partei gleichsam in der Diaspora befand, bedurfte es einer inhaltlich fundierten Politik, die nicht zuletzt zur sozialen Frage Stellung bezog.

Der sich seit 1924 klar abzeichnende Dissens zwischen der west- und norddeutschen Bewegung und der bayerisch-fränkischen Partei beruhte zugleich auf einer unterschiedlichen sozialen Rekrutierung der vorwiegend von dem jüngeren Führernachwuchs aufgebauten preußischen Ortsgruppen. Während in den bayerisch-fränkischen Verbänden das kleinstädtisch-mittelständische Element, das stark von den völkischen Ressentiments der frühen zwanziger Jahre geprägt blieb, vorherrschte, war die hinzukommende Anhängerschaft, die die ältere bald quantitativ überwog, einerseits sozial weniger homogen, andererseits stärker großstädtisch und betont antibürgerlich ausgerichtet. Daraus ergaben sich beträchtliche innerparteiliche Spannungen, die weder programmatisch noch sachlich ausgeglichen wurden. Da die Struktur der NSDAP eine kollektive Willensbildung tendenziell ausschloß, traten richtungspolitische Konflikte vor allem in Form von persönlichen Rivalitäten hervor. Sie pflegten die Person Hitlers, als dessen loyaler Parteigänger Straßer wirkungsvoll auftrat, auszuklammern, obwohl es bei den Norddeutschen immer wieder Kritik am Vordringen des Personenkults und des Byzantinismus gab, für den in erster Linie Hermann Esser verantwortlich gemacht wurde.

Joseph Goebbels, der, nachdem er als Redakteur eines völkischen Blattes in Elberfeld tätig gewesen war, 1925 zur NSDAP stieß, teilte Straßers Abneigung gegen die »Sau- und Luderwirtschaft in der Zentrale«. Mit der Bemerkung, Hitler sei von den falschen Leuten umgeben, sprach er aus, was die allgemeine Überzeugung der nordwestdeutschen Gauleiter war. 1926 glaubte Gregor Straßer noch, Hitler seinem Einfluß unterwerfen zu können; er verkannte dessen starres Festhalten an einmal eingeschlagenen Zielen. Solche Visionen in praktisch tragfähige Strategien umzusetzen, erschien ihm nur möglich, wenn es gelang, zur organisatorischen Schlüsselstellung der privilegierten Münchner Clique ein Gegengewicht zu schaffen, ohne Hitlers Führungsmonopol grundsätzlich in Frage zu stellen. Die von Straßer angestrebte Zusammenfassung der von ihm errichteten Gaue führte im Herbst 1925 zur Gründung der Arbeitsgemeinschaft der nord- und westdeutschen Gauleiter der NSDAP. Sie umfaßte von Anfang an uneinheitliche Strömungen und war von starken inneren Gegensätzen geprägt. In ihr vertraten vor allem Joseph Goebbels und Gregor Straßers jüngerer Bruder Otto, der unter dem Einfluß der Nationalrevolutionäre vom Schlage Ernst Niekischs stand, eine betont sozialistische Linie. »Zuerst die sozialistische Erlösung, dann kommt die nationale Befreiung wie ein Sturmwind«, notierte damals Goebbels, der zum Generalangriff auf die »Münchner Bonzen« blies und den Gegensatz zur Zentrale vorwiegend als Konflikt der Generationen hinstellte. Die ausgeprägt antikapitalistische Grundstimmung sollte das Denken des nationalsozialistischen Agitators, trotz aller taktischen Anpassung, auch in Zukunft kennzeichnen. Sie wurzelte nicht im Gedanken an die soziale Emanzipation des Proletariats, sondern in dem unbändigen und unstillbaren Haß des von neurotischem Ehrgeiz getriebenen, sich als deklassiert fühlenden, im Grunde gescheiterten Akademikers gegen die bürgerliche Oberschicht.

Die nordwestliche Arbeitsgemeinschaft gründete ein eigenes Publikationsorgan, die von Straßer herausgegebenen und von Goebbels, der nun in die Führungsgruppe der NSDAP aufstieg, redigierten »Nationalsozialistischen Briefe«. Damit war der erste Schritt zur Entwicklung des dann von Otto Straßer geleiteten Kampfverlags getan, der bald auch eine eigene Zweiwochenschrift, »Der Nationale Sozialist«, herausbrachte und im Laufe der Jahre sieben von siebzehn nationalsozialistischen Parteizeitungen kontrollierte; er entwickelte sich dadurch zu einer bedeutsamen Gegenkraft zu dem von Max Amann geleiteten Franz-Eher-Verlag. Bereits die organisatorische Konsolidierung der nordwestlichen Gaue rief den Argwohn der selbstherrlichen Münchner Parteiclique hervor, der die wachsende Mißbilligung ihres autoritären Führungsstils und ihrer Unfehlbarkeitsallüren nicht entging. Straßer und seine engeren Gesinnungsgenossen, darunter Karl Kaufmann und Joseph Goebbels, beabsichtigten, Hitler von der Kamarilla zu isolieren und ihn für einen politischen Kurs zu gewinnen, der die Stoßrichtung der Partei primär gegen DNVP, Reichslandbund und Stahlhelm lenkte und durch eine klare Distanzierung vom kapitalistischen System einen Einbruch in die organisierte Arbeiterbewegung ermöglichte.

Gregor Straßer übersah, daß Hitler entschlossen war, politische Optionen gerade zu vermeiden und die Partei auf den Führer-Messianismus festzulegen. Demgegenüber wurde sich Otto Straßer mehr und mehr bewußt, daß Hitler letzten Endes nur aus der Intuition heraus handelte und im Grunde ein »Schlafwandler«, ja ein »Medium« war, »wie es die wirrsten Epochen der Menschheitsgeschichte hervorbringen«, und daß ihm die Fähigkeit abging, konstruktive Politik zu machen. Sein gutgläubiger Bruder gab sich hingegen der Illusion hin, im Einverständnis mit Hitler zu handeln, als er im Sommer 1925, ohne ihn persönlich einzuschalten, einen Programmentwurf kursieren ließ, dessen Zweck darin bestand, die widerspruchsvollen und beliebig auszulegenden »Fünfundzwanzig Punkte« zu präzisieren. Dieses Vorgehen stand in offenem Widerspruch zu der von Hitler verkündeten Unabänderlichkeit des Parteiprogramms, vor allem aber zu dessen Grundsatz, sich in programmatischer Hinsicht nicht die Hände zu binden. Der Parteidiktator begriff sofort, daß er jede Festlegung vermeiden mußte, welche die NSDAP in einen unüberbrückbaren Gegensatz zur sozialistischen Idee, wie er sie begriff, und zum nationalen Gedanken brachte. Als praktischer Visionär folgte er der Überlegung, daß eine Mehrheit allein durch die Auflösung der einander gegenüberstehenden politischen Blöcke des deutschen Volkes, von denen der eine international-sozialistisch, der andere betont national geprägt sei, zu erzielen sei, und er machte dies 1926 in einer Rede vor dem Hamburger Nationalen Club deutlich.

Unbeschränkter Führungsanspruch und weltanschauliche Geschlossenheit der Bewegung waren in Hitlers Vorstellung nur zwei Seiten ein und derselben Sache. Als er die Bestrebungen Straßers durch eine kurzfristig nach Bamberg einberufene Führertagung im Frühjahr 1926 konterkarierte, handelte er aus diesem doppelten Motiv. Den äußeren Anlaß zu seinem Einschreiten bildete indessen der Beschluß der nordwestlichen Gauleiter, das Volksbegehren zur Fürstenenteignung zu unterstützen und somit für die Linke und gegen die nationalkonservativen Kräfte zu optieren. Hitlers Berufung auf den Rechtsgedanken, mit der er diese Initiative abblockte, war ebensowenig überzeugend wie die sogleich eingeleitete antisemitische Kampagne. Straßer sah sich von seinen Parteigängern, nicht zuletzt von Goebbels, der in Bamberg sein Damaskus erlebte und alsbald zu Hitler überwechselte, allein gelassen und mußte, nachdem er den Programmentwurf bereits zurückgezogen und die Bereitschaft hatte erkennen lassen, einen offenen Bruch mit Hitler zu vermeiden, auf der ganzen Linie nachgeben.

Die Führertagung in Bamberg, die formell eine Konzession an die in sich uneinige nordwestliche Gauleitergruppe darstellte, kennzeichnete Hitlers gewohnte Form der Konfliktlösung. Indem er zur Einigkeit aufrief, persönliche Angriffe unterließ und die Gegner mit Beweisen seines persönlichen Vertrauens überschüttete, zugleich an die unbedingte Loyalität ihm gegenüber appellierte, brach er der sich formierenden Opposition die Spitze und konnte es als Stärkung seines eigenen Prestiges verbuchen, die äußere Geschlossenheit der Bewegung wiederhergestellt zu haben. Nicht weniger charakteristisch war es, daß Hitler eine Entscheidung über die Sachkonflikte vertagte, den umstrittenen Gottfried Feder mit der Zuständigkeit für Programmfragen betraute, Gregor Straßer hingegen in die Parteileitung berief und ihm die Koordinierung der Propagandaarbeit übertrug. Wenig später ernannte er Pfeffer von Salomon zum Chef der SA und Goebbels, der sich inzwischen zu seinem fanatischen Parteigänger gemausert hatte, zum Gauleiter von Berlin.

Dem in Bamberg zugeschütteten Konflikt lagen weniger inhaltliche Divergenzen als unterschiedliche strategische Vorstellungen zugrunde. In der Absicht, das bestehende politische System rücksichtslos zu zerschlagen, und in der Unschlüssigkeit, ob man sich dabei parlamentarischer Methoden bedienen sollte, bestand allenfalls ein gradueller Unterschied zwischen Hitler und der in Bamberg versammelten jüngeren Führungsgruppe der Partei. Gerade in Norddeutschland empfand man es auf lange hinaus als Verstoß gegen die nationalsozialistische Idee, an parlamentarischen Wahlen teilzunehmen. Die Abgrenzung von der DVFP hatte diesen Aspekt betont. Als 1924 die Reichstagswahlen anstanden, hielt Hitler sich bedeckt. Beteiligte sprachen von dessen »unverständlichem Neutralitätsfimmel«. Durch das vorübergehende Bündnis der NSDAP-Nachfolgeorganisation mit der DVFP blieb es Hitler erspart, eine Entscheidung zu treffen. Taktisches Kalkül und innere Unsicherheit bewogen ihn, die Frage der Beteiligung an parlamentarischen Wahlen noch 1926 und 1927 auf den Führertreffen anläßlich der Parteitage zur Diskussion stellen zu lassen. Es war nicht nur die Folge des fehlenden passiven Wahlrechts, daß er nie daran dachte, an der Spitze der Reichsliste der NSDAP in den Reichstag einzutreten.

Während der Landsberger Haft hatte Hitler die Konsequenz gezogen, für die Eroberung der ungeteilten politischen Macht, anders als im November 1923, auf das Mittel eines bewaffneten Aufstands, der ihn in Konflikt mit der Reichswehr brachte, zu verzichten. Schon damals hatten ihm die Putschplanungen des Deutschen Kampfbundes wenig behagt. Sein Abrücken von paramilitärischen

Methoden hing mit der erhofften vorzeitigen Haftverschonung zusammen. Im Aufruf zur Neugründung der NSDAP war ausdrücklich verfügt, daß bei der Neuaufstellung der SA militärische Gesichtspunkte auszuschließen seien. Ernst Röhm hatte nach seiner Haftentlassung aus den Resten des Kampfbundes und der nationalistischen Wehrverbände den Frontbann ins Leben gerufen, der, als bewaffneter Kampfverband konzipiert, die militärische Führerschaft Ludendorffs anerkannte. Als Hitler die Neugründung der SA Röhm übertrug, strebte dieser eine von der NSDAP unabhängige Organisation an, die den militärischen Arm der nationalen Opposition bilden sollte. Hitler hielt jedoch daran fest, die SA als zivilen politischen Verband im Rahmen der Partei aufzubauen. Darüber kam es im April 1925 zum Bruch. Röhm legte SA- und Frontbann-Führung nieder und zog sich nach Bolivien zurück.

Auch später widersetzte sich Hitler entschieden militärischen Bestrebungen in der SA, deren an die Ortsgruppen gebundene lokale Einheiten er im Mai 1926 in einer zentral gelenkten Organisation unter Führung Pfeffer von Salomons zusammenfaßte. Damit machte er die von Röhm verweigerte Unterstellung unter die Partei rückgängig. Die SA und die im November 1925 als Eliteverband gegründete SS verpflichtete er darauf, durch äußerste Geschlossenheit und Disziplin die Unbeugsamkeit und Kampfentschlossenheit der nationalsozialistischen Bewegung unter Beweis zu stellen. Die SA war dergestalt nur ein ideales Abbild der Partei. Sie fungierte, auch durch Ausübung von Terror, in allererster Linie als Instrument der nationalsozialistischen Propaganda.

Diese Grundentscheidung, der die Gruppe um Gregor Straßer zustimmte, bedeutete jedoch keineswegs, daß die NSDAP nunmehr entschlossen war, auf parlamentarischem Weg an die Macht zu gelangen. Auf der Generalmitgliederversammlung im Mai 1926 wies Hitler unmißverständlich darauf hin, daß der Erwerb von Mandaten allein dazu diene, die Agitationsmöglichkeiten der Partei auszubauen. Es galt als selbstverständlich, daß die nationalsozialistischen Abgeordneten den gewählten Körperschaften fernblieben und nur die unabweisbaren Vorteile – die Diäten, die parlamentarische Immunität und die Freifahrkarte der Reichsbahn – für die Parteiarbeit in Anspruch nahmen. Noch 1931, als die NSDAP-Fraktion zusammen mit den DNVP-Abgeordneten wochenlang den Reichstagsberatungen fernblieb, geschah dies nicht zuletzt unter dem Gesichtspunkt, alle verfügbaren Kräfte für die anhaltende Mobilisierungskampagne zu verwenden. Darüber hinaus zögerte die NSDAP-Führung, sich an Wahlen zu beteiligen, in denen sie keine hinreichenden Erfolgschancen besaß, da sie davon Prestigeeinbußen befürchtete. Erst im Spätherbst 1926 nahm sie an Landtagswahlen in Sachsen und in Thüringen teil; auch späterhin kandidierte sie in kommunalen und regionalen Wahlen nur von Fall zu Fall.

Gregor Straßer und seine Anhänger rechneten zu diesem Zeitpunkt nicht damit, daß die Partei, indem sie »ihre Nase in den Reichstag hineinsteckte«, wie

Hitler formulierte, eine politische Umwälzung erreichen konnte. Sie konzentrierten sich darauf, eine schlagkräftige Parteiorganisation aufzubauen, die nicht nur im Sinne Hitlers eine »verschworene Weltanschauungsgemeinschaft« darstellte, sondern in Analogie zu den Parteien der Linken über einen effektiven Lenkungsapparat verfügte, der wechselnden Situationen angepaßt operieren konnte. Was die Machteroberung anging, so stand der nationalsozialistischen Initiativgruppe begreiflicherweise der November 1918 vor Augen. Nicht die Arbeit in den Parlamenten und der Ausbau des Wählerrückhalts, sondern die Stärkung der nationalsozialistischen Organisation in den Großstädten stellte daher ihr erklärtes Ziel dar.

Die Gruppe der in der Regel von Straßer ernannten Gauleiter, welche die aktive Parteiarbeit trug, war sich über die Unentbehrlichkeit Hitlers als Symbol der Parteieinheit und als Ideenlieferant im klaren. Intern äußerten die Brüder Straßer, Kaufmann, Pfeffer von Salomon und zunächst auch Goebbels gewisse Bedenken gegen Hitlers Führungsstil und taktisches Vorgehen. Sie kritisierten dessen mangelnde Menschenkenntnis, dessen übersteigerte und hochfliegende Pläne und dessen Neigung, Konflikten und Entscheidungen auszuweichen. Auch wenn Gregor Straßer den Führerkult, der sich in der obligatorischen Einführung des Hitler-Grußes 1926 äußerte, hinnahm, empfand er eine starke innere Distanz zu dem Parteiführer, sowenig er dessen intuitive Begabung und seherisches Vermögen bezweifelte. Er sah in Hitler den Künstler, nicht den »Realpolitiker«, und meinte, daß ihm die Fähigkeit »zu wohldurchdachter, planmäßig erarbeiteter Tat« abginge und daß er nicht »mit den Füßen auf dem Boden stünde«. Menschen wie er könnten »gelegentlich nie Dagewesenes erreichen und schaffen, wenn es mit einem reinen Coup zu schaffen ist, und wenn andere zur Stelle sind, die die Konsequenzen daraus zu ziehen vermögen, bevor vielleicht eine Gegenwirkung eintritt«. Hitlers Hang zur Autosuggestion und sein durch Teilerfolge genährter Glaube an seine »persönliche Unfehlbarkeit« machten es nach Meinung Gregor Straßers unmöglich, seinen Intuitionen mit logischen Argumenten zu begegnen. Pfeffer von Salomon, obwohl von Hitlers dilettantischer Welterklärungssuada aufs tiefste beeindruckt, äußerte die Befürchtung, daß dieser in Maßlosigkeit verfallen werde. Es sei daher notwendig, vertraute er Otto Wagener, dem stellvertretenden SA-Chef und späteren Wirtschaftsexperten an, »daß alle, die um ihn sind, das Maß der Dinge nicht aus den Augen verlieren«. Straßer dachte nicht anders und richtete seine Politik darauf ein.

Der von Straßer unterbreitete Programmentwurf, den Hitler einfach beiseite geschoben hatte, stand im Zusammenhang mit der langfristig verfolgten Strategie, die man den »urbanen Plan« genannt hat. Nur durch die Betonung des sozialistischen Elements und durch eine konstruktive sozialpolitische Programmatik konnte die NSDAP hoffen, den gewollten Einbruch in das Wählerreservoir der sozialistischen Parteien zu erzwingen. Zugleich zielte der Entwurf darauf ab, Hitler in gewisser Weise programmatisch festzulegen. Sachlich waren die Unterschiede zu den »Fünfundzwanzig Punkten« gering, abgesehen davon, daß Gottfried Feders larmoyante Beschwörung der Zinsknechtschaft einer realistischeren Betrachtung des bestehenden Wirtschaftssystems Platz machte. Es gab zahlreiche Gegenentwürfe, darunter einen weit radikaler gehaltenen von Goebbels, der nicht überliefert ist, und eine Darlegung von Pfeffer von Salomon, dessen rassenideologisch geprägter Sozialdarwinismus Anklänge an die spätere Rassenvernichtungspolitik enthielt. Die Vorlage Straßers ging überwiegend auf dessen Bruder Otto zurück, der ihm intellektuell überlegen war.

Nicht der Inhalt im einzelnen als vielmehr die Notwendigkeit, in der Auseinandersetzung mit der politischen Linken über ein einigermaßen verbindliches Programm zu verfügen, hatte zu Gregor Straßers Vorlage geführt. Ihm war bewußt, daß mit rassenantisemitischen Wunschträumen allein keine wirkungsvolle Plattform gegenüber der kommunistischen Agitation geschaffen werden konnte. Daher nahm der von ihm zur Diskussion gestellte Entwurf vergleichsweise ausführlich zur künftigen Wirtschaftsordnung Stellung. Er verlangte die »weitgehende Überführung der Produktionsmittel in den Besitz der Allgemeinheit«, wollte aber das »privatwirtschaftliche Betriebssystem« beibehalten. Das war wenig präzise und deutete darauf hin, daß das Programm, das sich gegen Großindustrie und Kapitalkonzentration aussprach, an vorindustriellen Produktionsverhältnissen orientiert war und in mancher Hinsicht einen Rückfall in einen utopischen Handwerkersozialismus darstellte.

Ähnlich forderte der Entwurf die Aufteilung des Großgrundbesitzes zugunsten einer umfassenden bäuerlichen Siedlung. Diese Vorstellungen waren schwerlich geeignet, die für die deutsche Gesellschaft kennzeichnende Bruchlinie zwischen der proletarischen Linken und der bürgerlich nationalen Rechten aufzuheben. Taktisch brachten sie die NSDAP zwischen die bestehenden parteipolitischen Fronten, ohne die Industriearbeiterschaft anzusprechen, auch wenn Gewinnbeteiligung und Miteigentum der Arbeitnehmer am Betriebskapital sinnvolle Forderungen darstellten. Im Kontext mit dem extremen Antisemitismus, der die kapitalistische Ausbeutung auf die angebliche jüdische Überfremdung des Wirtschaftslebens reduzierte, besaßen diese Ideen einen bloß deklaratorischen Charakter.

Der verfassungspolitische Teil des Straßer-Entwurfs zeichnete sich durch eine bemerkenswerte Mäßigung aus. Die Forderung nach Errichtung einer »nationalen Diktatur« durch die Ausweitung der Befugnisse des Reichspräsidenten deckte sich mit den Zielsetzungen der konservativen Rechten. Das galt in weitem Umfang auch für den darin skizzierten berufsständischen Staatsaufbau, der an die Stelle des parlamentarischen Systems und der politischen Parteien treten sollte. Von einer Staatspartei faschistischer Prägung war trotz des einwirkenden italienischen Vorbilds nicht die Rede. Die Berührungspunkte zur neokonservativen Publizistik, nicht zuletzt zu Spenglers »Preußischem Sozialismus«, aber auch zur Ständelehre Othmar Spanns, waren unverkennbar. Von den verwandten neokonservativen Projektionen unterschied sich dieses Programm nur durch die stärkere Betonung des gegen Großkapital und Großagrariertum gerichteten pseudo-sozialistischen Elements. Die verfassungspolitischen Vorstellungen Edgar Jungs waren hier in Teilen vorweggenommen.

Die außenpolitischen Vorstellungen des Entwurfs verrieten die Nähe zu den nationalrevolutionären Ideenlieferanten Otto Straßers, wurzelten aber auch in der für die gesamte politische Rechte kennzeichnenden Verurteilung des »längst zu festen Formen erstarrten kapitalistischen Westens«, dem in Anlehnung an die »Idee der jungen Völker« der »noch im Fluß befindliche Osten« gegenübergestellt wurde. Daher wurde ein Zusammengehen mit dem bolschewistischen Rußland gefordert, was bei Hitler, der sich in dieser Zeit auf die Strategie festlegte, durch einen Ausgleich mit Großbritannien und durch die Aufnahme enger Beziehungen zu Italien die Voraussetzungen für eine Ostexpansion zu legen, schärfsten Widerspruch hervorrief. Er setzte seine wegen der von ihm seit 1928 konkret ins Auge gefaßten Preisgabe Südtirols später lebhaft umstrittene Position als offizielle Parteilinie durch und war auch in der Folgezeit bemüht, zu einer einheitlichen außenpolitischen Sprachregelung zu gelangen.

Straßers eklektizistisch geprägter Programmentwurf mutete gegenüber den grenzenlosen Hegemonialträumen Hitlers als gemäßigt an. Ihm fehlte die übliche Stoßrichtung zugunsten einer imperialistischen Expansion in den europäischen Osten, wenngleich der Anschluß Österreichs und als Maximalziel die Wiederherstellung der Grenzen von 1914 vorgesehen waren. Durch einen schrittweisen handels- und zollpolitischen Zusammenschluß, der in der ersten Stufe Deutschland, die Schweiz, Ungarn, Dänemark, Luxemburg und Holland, in der zweiten Frankreich und andere westeuropäische Länder umfaßte, sollte die Grundlage für die »Vereinigten Staaten von Europa« geschaffen werden. Die extrem nationalistische Note, wie sie in den Äußerungen Hitlers und Goebbels' hervortrat, fand sich bei Straßer nicht. Schon deshalb hätte das Programm nicht die geringste Chance gehabt, die notwendige innerparteiliche Zustimmung zu bekommen.

Nach dem Bamberger Debakel verzichtete Straßer darauf, auf eine verbindliche Programmatik der NSDAP hinzuwirken. Das änderte nichts an seiner Entschlossenheit, einer Verwässerung der nationalsozialistischen Grundsätze durch die Münchner Führungsclique entgegenzutreten und die »sozialistische« Ausrichtung der Partei sicherzustellen. Gegenüber Alfred Rosenberg, der das nationale Moment dem sozialistischen vorzog, betonte er das letztere, doch darin lag nicht viel mehr als ein Bekenntnis zu ethischen Prinzipien. Wie die neokonservativen Autoren lehnte auch Straßer das Gleichheitspostulat der Französischen Revolution ab und rückte an dessen Stelle die Leistung, die der

Einzelne für die Gemeinschaft erbringe und die daher als Gradmesser der sozialen Rangordnung gelten sollte. Zugleich vertrat Straßer berufsständische Ideen, die mit der zeitgenössischen industriellen Arbeitswelt unvereinbar waren. Der Begriff des Sozialismus war daher inhaltlich unpräzis und abstrahierte von den ökonomischen Zwängen des kapitalistischen Systems. Kennzeichnend für diese neokonservative Variante des Sozialismus war der von Straßer gegen die »marxistischen Parteien« gerichtete Vorwurf des Materialismus und der von ihm ganz im Sinne der deutschen Ideologie definierte Begriff der Arbeit als Pflichterfüllung gegenüber der Gemeinschaft. Straßer war deshalb nicht Vertreter eines linken Flügels, wenngleich er sich durchaus als Führer der Arbeiterschaft begriff und Hitlers zynische Äußerungen über die proletarische Masse ablehnte. Im Unterschied zu Gregor tendierte Otto Straßer stärker zu sozialistischen Positionen. Die von ihm grundlegend beeinflußte Kampfpresse blieb ein Sprachrohr des linken Parteispektrums, das in Sachsen und in Westdeutschland zahlreiche Sympathisanten besaß.

Das Ergebnis der Reichstagswahlen vom Mai 1928 bedeutete einen empfindlichen Rückschlag, wenn nicht sogar den Zusammenbruch der bislang verfolgten Strategie der Partei, die das Hauptgewicht auf die Gewinnung der städtischen Bevölkerung gelegt und das flache Land weithin vernachlässigt hatte. Die Blätter des Kampfverlags gaben die Hauptschuld an der mangelnden Anziehungskraft der NSDAP auf die Industriearbeiterschaft der bis dahin verfolgten unklaren Haltung gegenüber dem kapitalistischen Wirtschaftssystem. Sie verstärkten deshalb die sozialistische Rhetorik, rückten damit aber zunehmend an die Peripherie der Bewegung. Doch auch das Gros der NSDAP hielt an dem Anspruch fest, in erster Linie Arbeiterpartei zu sein, die sich zur Aufgabe stellte, die arbeitenden Massen dem Einfluß des marxistischen Internationalismus zu entziehen und sie für einen wahrhaften »deutschen Sozialismus« zu gewinnen. Hitler vertrat diesen Standpunkt expressis verbis. Die Arbeiter »als geschlossenen, wertvollen, national fühlenden und national sein wollenden Faktor in die Volksgemeinschaft zu überführen«, galt ihm als eines der wichtigsten Ziele der Organisations- und Propagandaarbeit der NSDAP.

Die Forderung nach der »Nationalisierung der Arbeiterschaft« hatte nichts mit wirklichem sozialen Verantwortungsgefühl und einer tieferen Einsicht in die Probleme der arbeitenden Bevölkerung zu tun. Hitler und seine engeren Gefolgsleute brachten für die Welt der modernen Industrie und die soziale Lage des Fabrikproletariats nicht das geringste Verständnis auf. Der Parteiführer äußerte sich wiederholt höchst abschätzig über die Massen der handarbeitenden Bevölkerung. Die NSDAP konnte jedoch aus einem doppelten Grund nicht darauf verzichten, zumindest Teile der Industriearbeiterschaft zu umwerben. Einerseits blieb sie ohne die potentielle Massengefolgschaft des industriellen Proletariats letztlich in der Abhängigkeit von den bürgerlichen Kräften, denen Hitler – und dies war seine Form des Sozialismus – jede Fähigkeit zu politischer Gestaltung absprach. Andererseits konnte sich die NSDAP nur dann bei den herrschenden Eliten, nicht zuletzt bei der Reichswehr und bei der Großindustrie, Respekt verschaffen, wenn sie den Anspruch einlöste, die Arbeiterschaft dem Einfluß des »Marxismus« zu entziehen und klassenpolitisch zu neutralisieren. Auf dieser Erwartung beruhte die Duldung, die Hitler nach 1923 erfuhr; sie stiftete auch das Bündnis mit den Konservativen, das zu seiner Berufung zum Reichskanzler führen sollte.

Die Kritik der kommunistischen und sozialdemokratischen Presse, die Hitler als Lakaien des Großkapitals hinstellte, traf nur auf das Wunschbild zu, das sich Hugenberg und rechtsstehende Industrielle von der NSDAP machten, und es bedurfte erheblicher Propagandaanstrengungen und Täuschungsmanöver der NSDAP, um es am Leben zu erhalten. Unzweifelhaft verstand sich Hitler darauf, bürgerliche Erwartungshaltungen dieser Art skrupellos zu wecken und für seine Zwecke zu verwenden. Bei allem Werben um die Gunst der Industrie hielt er am pseudo-sozialistischen Vokabular fest, das der Frühzeit der Bewegung entstammte, und vermied es fühlbar, sich bei der innerparteilichen Debatte über das Gewicht, das dem Schlagwort vom »nationalen Sozialismus« für den Kurs der Partei zukam, zu äußern. In öffentlichen Stellungnahmen umging er eine Option, indem er hervorhob, weder bürgerlicher noch marxistischer Politiker zu sein.

In der Sache unterstützte Hitler die sich seit dem Frühsommer 1928 abzeichnende strategische Schwenkung, die in der Preisgabe der städtischen Orientierung und in der Konzentration der Parteiarbeit auf die Gewinnung bislang vernachlässigter Wählergruppen, in erster Linie der ländlichen Bevölkerung, zum Ausdruck kam. Vor 1928 fehlten dafür nahezu alle Voraussetzungen. Die NSDAP stellte ursprünglich eine überwiegend städtisch geprägte Bewegung dar, und das änderte sich später allenfalls graduell. Landwirte waren in ihren Führungskadern stets unterrepräsentiert, und das galt nicht minder für die Parteimitgliedschaft. Trotz der völkischen Arsenalen entlehnten Beschwörung von »Blut und Boden« und eines gesunden Bauerntums als eigentlichem Kraftquell des nationalen Lebens kümmerte sich die Partei nur unzureichend um die landwirtschaftlichen Interessen. Der Großlandwirtschaft stand sie anfänglich geradezu feindselig gegenüber. Ihre häufig pseudo-sozialistische Agitation verprellte die bäuerliche Bevölkerung, zumal sie keinerlei Bereitschaft zeigte, deren steuerpolitischen Forderungen entgegenzukommen, während sie die Abwertungsverlierer hätschelte. Letzten Endes hatte die Bewegung den Landwirten nichts anderes als das agitatorische Stereotyp anzubieten, daß deren Notlage auf den verhängnisvollen Einfluß des mit der Sozialdemokratie verbündeten »jüdischen Wucherkapitals« zurückgehe.

Trotz dieser überwiegend negativen Einstellung zur Landwirtschaft häuften sich seit 1927 die Anzeichen, daß vor allem in agrarischen Krisengebieten, in denen die Landvolkbewegung die Affinitäten der bäuerlichen Bevölkerung zum Reichslandbund und zur DNVP auszuhöhlen im Begriff war, beträchtliche Bodengewinne für die NSDAP in Reichweite lagen. Schon vor den Reichstagswahlen von 1928 traf die Parteiführung Anstalten, um den Propagandaapparat auf die veränderte Lage umzustellen. Dennoch blieb das Hauptgewicht der Wahlwerbung auf den städtischen Mittelstand ausgerichtet. Daß die NSDAP in einer Reihe von ländlichen Gebieten Stimmen gewann, ohne dort mehr als einen rudimentären Parteiapparat zu besitzen, machte deutlich, daß sie in erster Linie als radikale Protestbewegung gewählt wurde. In Erkenntnis der Chancen, die sich im agrarischen Bereich boten, entschloß sich Hitler schon im April 1928 – ganz gegen seine Gewohnheit –, eine authentische Interpretation von Punkt 17 des Parteiprogramms abzugeben, wonach die darin enthaltene Enteignungsforderung ausschließlich auf »jüdische Spekulationsgewinne« zu beziehen sei und das Privateigentum nicht angetastet werden solle.

Die NSDAP-Führung begriff die Lektion, die in dem unerwarteten Wahlergebnis enthalten war. Die Reichspropagandaleitung, die inzwischen von Heinrich Himmler übernommen worden war, ging fortan dazu über, die Wahlwerbung der Partei zentral zu steuern und auf die Bedürfnisse des angestauten Potentials von Protestwählern auszurichten. Die Voraussetzungen dafür hatten Straßer als Leiter der Propagandaabteilung und Himmler als dessen Stellvertreter bereits seit 1926 gelegt. Durch die direkte Unterstellung der für Propaganda zuständigen Amtsträger in den Gau- und Ortsgruppenleitungen war ein vertikal gesteuerter Apparat geschaffen worden, der gewährleistete, daß die Sprachregelungen der Zentrale befolgt wurden. Als Goebbels im April 1930 Himmler im Amt des Reichspropagandaleiters nachfolgte, während dieser sich hauptamtlich um den Aufbau der SS kümmerte, waren die wesentlichen Grundlagen für den in dieser Form einmaligen Propagandaapparat bereits geschaffen.

Der Übergang zu einer sich unablässig steigernden Propagandakampagne, der im Herbst 1928 aus der Niederlage heraus unternommen wurde, wäre undenkbar gewesen, wenn es nicht gleichzeitig gelungen wäre, die bislang nur durch den Führer-Mythos und die Kameraderie der Unterführer zusammengehaltene Bewegung in einen ungewöhnlich effektiven und disziplinierten Apparat umzuwandeln. Hitlers Vorstellung von einer auf ihn eingeschworenen und durch weltanschaulichen Fanatismus bestimmten Bewegung lieferte die Hülle, die Gregor Straßer und die von ihm in die Parteiführung geholten jüngeren Funktionäre mit dem Aufbau einer hierarchisch gegliederten Organisation ausfüllten. Sowohl die Beweggründe als auch die Methoden Straßers widersprachen der von Hitler favorisierten unbürokratischen, auf dem Prinzip direkter Unterstellung und personaler Bindung beruhenden Parteistruktur. Denn ohne straffe Zusammenfassung der einzelnen Teilverbände konnte die Massenorganisation auf die Dauer keinen Bestand haben.

Straßer hingegen begriff seine Rolle innerhalb der NSDAP-Führung bewußt als Korrektiv gegenüber den ausschweifenden Plänen und willkürlichen Eingriffen Hitlers in die Tätigkeit der Partei. Er dachte praktisch genug, um zu erkennen, daß jeder Versuch einer programmatischen Festlegung erneut am Widerstand Hitlers scheitern würde. Gleichwohl erblickte er in dem Umstand, daß die NSDAP »nur ein ideologisches, aber kein konstruktives Programm« besaß, ein Zeichen der Schwäche für den Fall einer Regierungsbeteiligung: »Wir führen eigentlich einen Kampf um die Macht, ohne direkt zu wissen, was wir mit ihr anfangen wollen, wenn wir sie haben.« Er beschritt daher nach der Anfang 1928 erfolgten Übernahme der Reichsorganisationsleitung einen doppelten Weg. Einerseits strebte er die umfassende Kontrolle über den Parteiapparat an, andererseits entschloß er sich dazu, ein Planungsinstrumentarium aufzubauen, das nach der Eroberung der politischen Macht imstande war, klare politische Direktiven zu geben.

Der von Straßers unermüdlicher Energie vorangetriebene Organisationsaufbau stieß begreiflicherweise auf starke innerparteiliche Widerstände. Immerhin konnte er durchsetzen, daß eine einheitliche Gauebene geschaffen wurde. Zuvor bedurfte es großer Überredungskunst, Hitler davon zu überzeugen, den ihm unterstehenden Gau Oberbayern aufzuteilen und seiner bisherigen führerimmediaten Stellung zu entkleiden. Darüber hinaus suchte Straßer die Machtstellung von Goebbels, der seit seinem Frontwechsel von 1926 aus seinem engsten Parteigänger zu seinem schärfsten Rivalen geworden war, zu beschränken. Durch den Ausbau der Reichspropaganda- und der neugeschaffenen Reichsorganisationsleitung vermochte der Landshuter Apotheker die ältere Parteiführung, insbesondere den Parteigeschäftsführer Philipp Bouhler, weitgehend beiseite zu drängen. Nur Franz Xaver Schwarz blieb im Amt des Schatzmeisters unbehelligt, während der seit 1926 von Walter Buch geleitete Untersuchungs- und Schlichtungsausschuß, das Otto Dietrich unterstehende Presseamt sowie Teile der Reichspropagandaleitung von ihm indirekt kontrolliert wurden. Allerdings verweigerte Hitler Straßer die erstrebte Position eines Generalsekretärs der Partei. Das änderte zunächst nichts daran, daß er nach dem »Führer« die einflußreichste Persönlichkeit innerhalb der NSDAP darstellte.

Gleichzeitig war Straßer bemüht, an die Stelle bislang konkurrierender Zuständigkeiten einen übersichtlichen vertikalen Organisationsaufbau zu setzen. Dazu gehörte die Anweisung an die nachgeordneten Parteibehörden, bei Eingaben an die Zentrale den Dienstweg einzuhalten, womit er indirekt den spontanen Interventionen Hitlers zu begegnen suchte. Von besonderer Bedeutung war die Einrichtung der Landes- und Reichsinspektionen als eines vertikalen Kontrollsystems, das ihm die Möglichkeit verschaffte, die Stellenbesetzungen auf der Gauebene sowie die immer wichtiger werdenden Kandidatenvorschläge für die Landtage und den Reichstag planmäßig zu beeinflussen. Bei diesen Maßnahmen

Der Durchbruch der NSDAP

traf er auf den zähen Widerstand der Gauleitungen, die gewohnt waren, weitgehend selbständig zu verfahren, und die sich der Sympathien Hitlers versicherten, der auf die führerimmediate Stellung der Gauleiter nicht verzichten wollte und daher ein dualistisches Element in den Parteiaufbau brachte. Die Reichsinspektion war denn auch die erste zentralistische Kontrolleinrichtung, die Hitler Ende 1932 ersatzlos beseitigte.

Für Straßers politisches Wollen war es besonders aufschlußreich, daß er 1929 die Organisationsabteilung II unter Leitung von Konstantin Hierl, der ihm persönlich eng verbunden war und später die Führung des Reichsarbeitsdienstes übernahm, mit dem Ziel ins Leben rief, die notwendigen Vorbereitungen für eine künftige Machtübernahme in generalstabsmäßigem Sinne und unabhängig von den tagespolitischen Aufgaben voranzutreiben. Der neue Planungsapparat nahm die Ressortgliederung der Reichsregierung zum Vorbild. Straßer war bemüht, qualifizierte Fachleute heranzuziehen, auch wenn sie nicht zu den angestammten Führungskadern der NSDAP gehörten. Dies verstärkte den technokratischen Charakter der Reichsorganisationsleitung II, die aus organisatorischen Gründen im Juni 1932 wieder mit der Reichsorganisationsabteilung I zusammengelegt wurde. Angesichts der ständigen Wahlkämpfe wurden alle verfügbaren Kräfte von den Planungsaufgaben abgezogen. Hitler empfand eine tiefe Abneigung gegen jede bürokratische Politik-Planung, die er mit dem Wesen der ideell geprägten nationalsozialistischen Bewegung für unvereinbar hielt. Er machte daher Ende 1932 auch diesen Teil der Straßerschen Organisationsreform rückgängig.

Straßer gelang es nicht, das Problem der Spitzengliederung angemessen zu lösen. So bildete die SA, die unter Pfeffer von Salomon einen raschen Aufschwung nahm, einen nicht integrierten Fremdkörper. Die wechselnden Unterstellungsverhältnisse, aber auch Klagen über die mangelnde finanzielle Ausstattung der SA riefen wiederholt innerparteiliche Konflikte hervor, die der OSAF-Stellvertreter Ost, Walter Stennes, mit offener Unbotmäßigkeit beantwortete und die im August 1930 zum Rücktritt von Pfeffer führten. Hitler reagierte mit der direkten Unterstellung der SA und SS unter seine Zuständigkeit, ohne dadurch die zunehmenden Reibungen, die dem verstärkten Selbstbewußtsein der SA, aber auch ihrem Anspruch auf angemessene politische Beteiligung entsprangen, mittelfristig unterbinden zu können.

Straßer hatte 1927 die Forderung des dann aus der Partei ausgeschlossenen völkischen Ideologen und thüringischen Gauleiters Artur Dinter, einen Parteisenat einzurichten, bewußt bekämpft. Er gab sich statt dessen der Hoffnung hin, Hitlers Interventionen mit Hilfe des von ihm geschaffenen bürokratischen Apparats in Grenzen halten zu können. Anstelle der Parteitage, für die schon 1927 Nürnberg als ständiger Veranstaltungsort bestimmt wurde und auf denen das Element der politischen Beratung immer mehr zurücktrat, suchte er die notwendige politische Koordination durch regelmäßige Gauleiter- und Sondertagungen sicherzustellen. Da diesen jedoch kein Beschlußrecht eingeräumt war, womit es in Hitlers Ermessen lag, ob er ihre Anregungen aufgriff, entfiel eine Institutionalisierung. Auf der Ebene der Reichsleitung gab es keine förmlich geregelte Kommunikation der unverbunden nebeneinander tätigen Ressorts. Auch die sich rasch vermehrenden Sonderapparate und Fachverbände entglitten nach und nach dem kontrollierenden Zugriff der Reichsorganisationsleitung. Solange sich die Partei im wesentlichen auf die Wahlwerbung konzentrierte und politischen Entscheidungen auswich, blieb der Dualismus zwischen dem von Straßer aufgebauten, erstaunlich effektiven bürokratischen Planungs- und Lenkungsinstrumentarium und der freischwebenden Entscheidungskompetenz Hitlers verdeckt. Hitlers Desinteresse an Routineentscheidungen bewirkte eine stillschweigende Arbeitsteilung; er schaltete sich vor allem dann ein, wenn Koalitionsfragen und Verhandlungen mit der bürgerlichen Rechten anstanden.

Durch seine rastlose Organisationsarbeit und sein parlamentarisches Auftreten gewann Gregor Straßer steigendes Ansehen innerhalb und außerhalb der Partei, so daß sich eine förmliche Straßer-Verehrung herausbildete, die in zunehmende Konkurrenz zu dem mittlerweile in der Partei üblichen Hitler-Kult rückte. Die persönliche Ausstrahlungskraft Straßers als Versammlungsredner war während der Durchbruchsphase der NSDAP von großer Wirkung; sie wurde erst in den hektischen Wahlkämpfen von 1932 durch die exaltierten, aber auf die psychotische Krisenstimmung zugeschnittenen Reden Hitlers zurückgedrängt. Straßer galt als wichtiger Ansprechpartner für die nach dem Septemberumschwung zunehmend an der NSDAP interessierten Verbände und Parteien der politischen Rechten. Sie wiegten sich in der Hoffnung, daß dessen grundsätzliche Bereitschaft, die Partei zu einer konstruktiven Politik zu veranlassen, die radikalen Gruppierungen schwächen und Hitler zum Einlenken gegenüber den späten Präsidialkabinetten veranlassen werde.

Die pausenlosen Werbekampagnen der NSDAP beruhten auf einer sorgfältig entwickelten zentralen Regie durch die Reichspropagandaleitung. Sie folgte dem Grundsatz, Propagandaaktionen räumlich und zeitlich derart zu massieren, daß eine Übersättigung der öffentlichen Meinung eintrat. Dabei beschränkte man sich bewußt nicht auf die Wahlkämpfe, sondern veranstaltete kontinuierlich Werbekampagnen mit regionalen Schwerpunkten. Die bürgerlichen und sozialistischen Parteien hatten der zentralen Wahlkampfsteuerung der NSDAP nichts Vergleichbares gegenüberzustellen. Anders als sie verwandte die NSDAP sämtliche verfügbaren Energien auf die politische Werbung. Jedes NSDAP-Mitglied, auch wenn es nur das Parteiabzeichen zur Schau trug, wurde in die Propaganda eingespannt. Werbekampagnen wurden zuvor logistisch sorgsam geplant; für Großveranstaltungen wurden alle verfügbaren Kräfte innerhalb des Gaugebiets zusammengezogen. In der Erfindung unkonventioneller Werbemethoden tat sich vor allem Goebbels hervor. Er machte den Wahlkampf vom Sommer 1930 zu einem Musterbeispiel faschistischer Mobilisierungsstrategien. Die Zahl der von der NSDAP einberufenen Versammlungen übertraf, abgesehen von vielfältigen zusätzlichen propagandistischen Aktionen, diejenigen der übrigen Parteien um ein Vielfaches. Allein für die letzten vier Wochen vor den Septemberwahlen plante die NSDAP 34.000 öffentliche Kundgebungen. Um die Einheitlichkeit des Vorgehens zu sichern und den Eindruck der politischen Geschlossenheit zu erwecken, waren die Ortsgruppenleitungen gehalten, ihre Propaganda ausschließlich nach den zentralen Anweisungen auszurichten. Die Reichspropagandaleitung schrieb den nachgeordneten Verbänden die anzuwendenden Propagandamittel im Detail vor. Neben Versammlungen handelte es sich dabei um Informationsstände, Platzkonzerte, Aufmärsche der SA, gemeinsame Kirchenbesuche, Briefkampagnen und immer wieder um das Verteilen von Flugblättern. Die Zentrale versorgte die Parteidienststellen mit einer Flut von Werbemitteln, darunter Postkarten, Aufkleber, Anstecknadeln, Broschüren, Flugblätter und Plakate. Es gab nichts, das dem Erfindungsreichtum der NS-Propagandisten entging. Unter dem Einfluß von Goebbels bediente sich die Partei seit 1930 in damals noch ungebräuchlichem Umfang des politischen Werbefilms. Er wurde besonders an den Orten gezeigt, an denen Hitler und die Parteigrößen nicht als Redner auftraten. Für die Herstellung der Freilufttonfilme, die deutschen Filmteams Schwierigkeiten bereitete, nahm die NSDAP die Hilfe der amerikanischen Filmgesellschaft »Fox Tönende Wochenschau« in Anspruch. Hitlers Deutschland-Flug vor den Juliwahlen 1932 stellte das spektakulärste Beispiel für den Einsatz moderner technischer Mittel im nationalsozialistischen Wahlkampf dar.

Außerdem verfügte die Reichspropagandaleitung, daß die gleichen Werbemittel zum selben Zeitpunkt zur Anwendung kommen sollten. Da es sich als zu kompliziert erwies, die Werbematerialien zentral zu drucken, wurden die Text- und Bildvorlagen den lokalen Propagandazellen übermittelt und dort vervielfältigt. Damit war gewährleistet, daß die Propagandainhalte, die auch mit den Verlautbarungen der Parteipresse koordiniert waren, im gesamten Reichsgebiet übereinstimmten. Bewußt begrenzte sich die Propaganda auf wenige im Vordergrund stehende Themen wie den Kampf gegen den Young-Plan oder die Überwucherung des öffentlichen Lebens durch partikulare Interessen. Durch die Einheitlichkeit der Propaganda suchte man Geschlossenheit und Kampfkraft zu suggerieren. Auch in anderer Hinsicht erwies sich die Werbetechnik als ungewöhnlich effizient. Indem die nachgeordneten Dienststellen verpflichtet waren, regelmäßig über den Erfolg der angewendeten Werbemittel sowie über die lokale Stimmung zu berichten, darüber hinaus angehalten wurden, ihrerseits Vorschläge für die Ausgestaltung der Propaganda zu unterbreiten, verfügte die Parteizentrale über ein wirkungsvolles Kommunikationssystem, das die Möglichkeiten der modernen Meinungsbefragung vorwegnahm.

Die Rückkopplung mit den Regionen ermöglichte es der Reichspropagandaleitung, die Wahlwerbung auf die jeweiligen Zielgruppen einzustellen und noch im Verlauf des Wahlkampfs Korrekturen vorzunehmen. In späteren Wahlkämpfen verzichtete man auf die uniforme Propaganda, indem man die Inhalte der spezifischen sozialen Struktur der Wahlkreise unter Berücksichtigung der noch ausschöpfbar erscheinenden Wählerpotentiale anpaßte. Man ging dazu über, unterschiedliche Berufsgruppen getrennt anzusprechen und gesonderte Wahlversammlungen für sie abzuhalten. Damit nahm die Propaganda auf die anwachsende Interessensegmentierung Rücksicht und nutzte den Vorteil, jeweils divergierende Wahlversprechen abgeben zu können. Darüber hinaus dosierte man Wahlkampfinhalte und weltanschauliche Grundthemen im Hinblick auf die jeweiligen Zielgruppen. Die Partei erkannte frühzeitig, daß eine radikale Akzentuierung des Rassenantisemitismus gerade bürgerliche Wähler, die ihr wichtigstes Sympathisantenreservoir darstellten, abschreckte, und beschränkte sich überwiegend darauf, gegen die angeblich jüdische Überfremdung des Wirtschaftslebens zu polemisieren. Selbst Hitler hielt sich weitgehend an die ausgegebenen Sprachregelungen, so daß in den entscheidenden Wahlgängen von 1930 bis 1932 antisemitische Themen in der NSDAP-Propaganda in geringerem Umfang auftauchten als etwa bei der DNVP.

Die Mobilisierung der Wähler als Selbstzweck, die in diesen Werbemethoden zum Ausdruck kam, war freilich nur so lange vorteilhaft, als die NSDAP nicht auf Landesebene politische Mitverantwortung übernahm und damit einem Einlösungszwang ihrer durchweg miteinander inkompatiblen Versprechungen ausgesetzt wurde. Andererseits erlaubte dieses System der Partei, sich den Protestwählerströmen flexibel anzupassen und auch die Wählergruppen für sich zu mobilisieren, die bislang nicht mit Politik in Berührung gekommen waren. Die Chance, die die Wahlergebnisse von 1928 aufzeigten und die in der Intensivierung der Werbung auf dem platten Land und in den Klein- und Mittelstädten bestand, wurde von ihr mit größter Energie aufgegriffen. Der Einbruch der NSDAP in die bisherige Wählerlandschaft vollzog sich daher zunächst überall dort, wo die bürgerlichen Parteien organisatorisch unterentwickelt waren. Gerade im kommunalpolitischen Bereich besetzten die Nationalsozialisten auf Anhieb die Positionen, die zuvor von freien Wählervereinigungen eingenommen worden waren, um nach 1930 auch die Erbschaft der Interessenparteien anzutreten.

Die Propagandaoffensive der NSDAP besaß in der Institution des Parteiredners eine unerläßliche Voraussetzung. Die Gründung einer nationalsozialistischen Rednerschule ging auf Fritz Reinhardt, den Gauleiter von Oberbayern-Schwaben und späteren Staatssekretär im Reichsfinanzministerium, zurück. Reinhardt war Fachmann für das Fernschulwesen. Seiner privaten Initiative entsprang eine systematische Parteirednerausbildung und eine zentrale Rednerschule, die bis 1933 mehr als 6.000 Personen durchliefen. Eine abgestufte Honorarregelung sorgte dafür, daß sich das Rednersystem finanziell selbst trug und ausgesprochen attraktiv war. Da die NSDAP den Versammlungsbesuchern Eintrittsbeiträge abforderte, waren die Ortsgruppen daran interessiert, entsprechende Veranstaltungen auch außerhalb von Wahlkämpfen durchzuführen, was wiederum den Parteirednern zu regelmäßigen Einnahmen verhalf. Die Kommerzialisierung der Propagandaarbeit stellte ein verblüffend einfaches, allerdings an ein stetiges Anhängerwachstum gebundenes Verfahren dar.

Der rasche Mitgliederzustrom in die NSDAP seit 1929 erweiterte den finanziellen Bewegungsspielraum der Partei beträchtlich, obwohl die ständig erhöhten Aufwendungen für hauptamtlich tätige Funktionäre das Einnahmevolumen zu übersteigen drohten. Die Parteizentrale zeigte sich deshalb daran interessiert, die Zahl der NSDAP-Abgeordneten auf Landes- und Reichsebene zu erhöhen, weil diese durch die Diäten, von denen ein Teil an die Partei abzuführen war, versorgt wurden. Außerdem entfielen die mit der Propagandaarbeit verbundenen hohen Reisekosten. Hitler selbst verzichtete auf Mittel aus der Parteikasse. Er finanzierte seinen zunehmend aufwendiger werdenden Lebensstil in erster Linie durch Einnahmen aus »Mein Kampf«, aus Beiträgen im »Völkischen Beobachter« und als Parteiredner, wies aber Spenden von befreundeten Münchner Honoratioren, so aus dem Haus Bruckmann, nicht zurück und verhielt sich bei der Forderung von Honoraren, die er durch Rudolf Heß, seinen Privatsekretär, eintreiben ließ, nichts weniger als bescheiden.

Im Unterschied zu den bürgerlichen Mittel- und Rechtsparteien war die NSDAP von Parteispenden größerer Firmen und Wirtschaftsgruppen unabhängig. Ihre Hauptfinanzquelle stellten Mitgliederbeiträge, Versammlungseinnahmen sowie zusätzliche Spendensammlungen unter der Anhängerschaft dar. Trotz der ökonomischen Krise waren die Summen, welche die Ortsgruppen erhoben und von denen der größere Teil an die Gau- und die Reichsleitung ging, erheblich; sie überstiegen die von der SPD aufgebrachten Mitgliederbeiträge um ein Mehrfaches. Die SA finanzierte sich durch die Beteiligung an der Zigarettenindustrie und an vergleichbaren Unternehmungen, indem sie als Absatzorganisation fungierte. Sie zog auch Sympathisanten, die vor einem formellen Parteieintritt zurückscheuten, zu regelmäßigen Zahlungen heran. Außerdem erzielte ein Teil der Parteipresse aus dem Anzeigengeschäft ganz beträchtliche Überschüsse.

Bis zum 30. Januar 1933 blieben demgegenüber finanzielle Zuwendungen der Großindustrie vergleichsweise bescheiden. Auch sonst war die Spendenbereitschaft der Wirtschaft, trotz Hitlers werbenden Auftretens im Düsseldorfer Industrieclub, im Hamburger Nationalen Club und bei arrangierten Treffen des Parteiführers mit Industriekreisen, ausgesprochen zurückhaltend. Eine Ausnahme bildete Emil Kirdorf, zu dem Elsa Bruckmann die Verbindung herstellte und der 1927 vorübergehend der Partei beitrat. Als früherer Vorstandsvorsitzender

der Gelsenkirchener Bergwerks-AG war er wenig erfolgreich bemüht, Hitler Beziehungen zur Schwerindustrie zu verschaffen. Schon 1928 wandte er sich aber wieder der DNVP zu, in der er sich für ein Zusammengehen mit der NSDAP einsetzte, obwohl er deren wirtschaftspolitisches Programm mit Mißtrauen betrachtete. Größere Zuschüsse erzielte die NSDAP durch die Beteiligung am Volksbegehren gegen den Young-Plan, so daß sie die bis dahin entstandenen Defizite weitgehend abdecken konnte. Die Kredite, die Fritz Thyssen der NSDAP zukommen ließ, wurden in erster Linie zur Finanzierung des bisherigen Barlog-Palais und nunmehrigen »Braunen Hauses« in München verwendet, wofür außerdem den Mitgliedern ein einmaliger Beitrag von zwei Reichsmark abverlangt wurde.

Weitere finanzielle Zuwendungen erhielt die NSDAP vor allem aus Kreisen der mittleren Unternehmerschaft und der Gewerbetreibenden, teilweise zur Abwendung von Übergriffen oder öffentlichen Polemiken. Das galt allerdings auch für die IG-Farben AG, die ein starkes Interesse daran hatte, die von ihr entwickelte synthetische Benzinerzeugung durch hohe Zollmauern abzusichern. Trotz zeitgenössischer Gerüchte über ausländische, insbesondere französische Geldzuwendungen finanzierte sich die NSDAP bis zum Sommer 1932 im wesentlichen durch eigene Einnahmen. Sie befand sich allerdings nach den Juliwahlen am Ende ihrer Finanzkraft und wurde seitdem immer mehr von Subventionen und Kreditgarantien der Industrie abhängig. Bestimmte Zahlungen der Wirtschaft erfolgten an hochgestellte Persönlichkeiten der NSDAP, wobei vor allem Emil Georg von Stauß, Direktor der Deutschen Bank und Diskonto-Gesellschaft, eine Rolle spielte, der die Beziehung zu Hermann Göring in der Absicht knüpfte, den wirtschaftspolitischen Kurs der NSDAP zugunsten der Industrie zu beeinflussen. Dies ermöglichte Göring, schon vor der Machtergreifung einen luxuriösen Lebensstil zu entfalten, der die entsprechenden Anstrengungen Hitlers in den Schatten stellte.

Wichtiger waren die Kontakte, die über Gregor Straßer zu August Heinrichsbauer, dem Berliner Verbindungsmann der rheinisch-westfälischen Schwerindustrie, und Walther Funk, dem Wirtschaftsredakteur der »Berliner Börsenzeitung«, der 1931 in die NSDAP und in die wirtschaftspolitische Abteilung der Reichsleitung eintrat, hergestellt wurden. Straßer erhielt auf diesem Weg laufende Zuwendungen von seiten der Ruhr-Industrie. Desgleichen wurden schwerindustrielle Mittel für die Gründung der »Essener Nationalzeitung« bereitgestellt, wobei neben Funk auch der Geschäftsführer des Arbeitgeberverbandes Nordwest und spätere Staatssekretär im preußischen Ministerium des Innern, Ludwig Grauert, Vermittlungsdienste leistete. Die so der NSDAP zufließenden Gelder spielten jedoch im Verhältnis zu deren laufenden Ausgaben vor dem Sommer 1932 keine größere Rolle, wie überhaupt ihre Wahlerfolge den finanziellen Subventionen vorausgingen. Die Bereitschaft der Anhänger und Sympathisanten der NSDAP, trotz der wirtschaftlichen Notlage materielle Opfer zu bringen, stellte die entscheidende Voraussetzung für den Ausbau der nationalsozialistischen Propagandamaschine dar, die vor dem Hintergrund verschärfter innenpolitischer Spannungen eine beträchtliche politische Sogwirkung entfaltete.

Parallel zur Breitenagitation bediente sich die NSDAP der Methode, ihr Anhängerpotential durch Unterwanderung der den bürgerlichen Rechtsparteien zugeordneten Interessenverbände sowie durch Einflußnahme auf primär unpolitische Vereine auszubauen. Gerade im kommunalen Bereich gelang es der NSDAP, das bürgerliche Vereinswesen, aber auch Handwerkerverbände und andere lokale Vereinigungen zu politisieren und als Transmission zu verwenden. Schon 1930 waren die Organisationen des Handwerks weitgehend nationalsozialistisch kontrolliert. Charakteristisch für diese Strategie war auch die Ausnutzung der Kirchenwahlen der altpreußischen Union von 1932. Durch systematische Manipulation gelang es, in die bislang mit konservativen Honoratioren besetzten Kirchenvorstände ein gutes Drittel von NSDAP-Mitgliedern zu bringen. Diese waren ihrerseits bestrebt, die eng mit der NSDAP verbundene nationalkirchliche Bewegung der Deutschen Christen im kirchlichen Raum hoffähig zu machen. Namentlich in kleineren Gemeinden und Städten erwies sich diese Infiltration in bürgerliche Vereinigungen und gesellschaftliche Institutionen als wirkungsvolles Mittel, um über die untere Mittelschicht hinaus die lokalen Eliten für die Partei zu gewinnen.

Noch größere Bedeutung besaßen die Bemühungen, von der lokalen Ebene her Einfluß auf nationale Interessenverbände auszuüben. Neben dem Hauptverband des deutschen Einzelhandels, der 1932 von dem unter Führung von Theodor Adrian von Renteln stehenden Kampfbund für den gewerblichen Mittelstand kontrolliert wurde, stellte der Reichslandbund das wichtigste Beispiel für den Erfolg dieser Strategie dar. Die Anregung zur Gründung eines landwirtschaftlichen Interessenverbandes stammte aus Kreisen des Landvolks und der Artamanen; sie wurde 1930 von Walter Darré aufgegriffen, der als völkischer Landwirtschaftsexperte hervorgetreten war und den Straßer beauftragte, eine agrarpolitische Abteilung bei der Reichsleitung der NSDAP zu errichten. Darré ging von der Überlegung aus, daß eine Machteroberung der NSDAP in den städtischen Zentren eine effektive Kontrolle der Landwirtschaft zur Voraussetzung habe, um, in Analogie zur Lage von 1918/19, einen Lebensmittelboykott entweder abzuwenden oder als politische Waffe zu benutzen.

Mit dem Aufbau des Agrarpolitischen Apparates, der sich ehrenamtlich tätiger Berater auf Gauebene bediente, gelang es innerhalb bemerkenswert kurzer Zeit, ein umfassendes Vertrauensmännernetz im Reichsgebiet zu etablieren, das neben der ursprünglichen Funktion der Informationssammlung alsbald darauf angesetzt wurde, die landwirtschaftlichen Organisationen und Verbände unter die Kontrolle der Partei zu bringen. Dies geschah mittels der Schulung von landwirtschaftlichen Fachberatern, die unter gleichsam unpolitischem Vorwand ihrerseits Einfluß auf Bauernverbände und Reichslandbund nahmen, der in dem Abwehrkampf gegen die konkurrierende Landvolkpartei ein Bündnis mit der NSDAP einging und daher der nationalsozialistischen Unterwanderung, für die Darré die Parole »Hinein in den Landbund!« ausgab, wehrlos gegenüberstand. Ende 1931 gelang es dem Agrarpolitischen Apparat, die NSDAP bei den preußischen Landwirtschaftskammerwahlen zur maßgebenden politischen Kraft zu machen und zahlreiche Landesverbände ihrer Kontrolle zu unterwerfen. Daraufhin sah sich der Bundesvorstand des Reichslandbundes gezwungen, einen engeren Mitarbeiter Darrés als zusätzliches Präsidialmitglied aufzunehmen. Im März 1932 trennte sich der Reichslandbund von Hindenburg und votierte für Hitlers Kandidatur als Reichspräsident. Deutlicher konnte die fundamentale Schwäche der DNVP und der hinter ihr stehenden Interessengruppen gegenüber dem propagandistisch geschickt abgestützten Zugriff der NSDAP nicht hervortreten.

Der organisationspolitische Opportunismus, der für die Machteroberungsstrategie der NSDAP kennzeichnend war, trieb die Partei notwendig zur Annäherung an die bürgerliche Rechte, die sich gegenüber der nationalsozialistischen Propaganda als am wenigsten immun erwies, während die Linksparteien und das Zentrum weitgehend resistent blieben. Das seit 1929 entstehende Netz nationalsozialistischer Berufs- und Sonderverbände spiegelte diese Tendenz wider. Abgesehen von den Handwerkerverbänden wurden zahlreiche Berufsvertretungen gegründet, so der Nationalsozialistische Lehrerbund unter Hans Schemm, der Kampfbund Deutscher Architekten und Ingenieure, der Nationalsozialistische Ärztebund, der Reichsbund nationalsozialistischer Juristen, die NS-Dozentenschaft, der Nationalsozialistische Deutsche Studentenbund sowie die nationalsozialistischen Beamtenarbeitsgemeinschaften, die das von der preußischen Regierung ausgesprochene Verbot der Zugehörigkeit von Beamten zur NSDAP umgingen. Bemerkenswert erscheint die Anfälligkeit des Bildungsbürgertums für die nationalsozialistische Propaganda. Alfred Rosenbergs Kampfbund für deutsche Kultur mobilisierte die Ressentiments gegen moderne Kunst und Literatur, wofür die Schließung des Bauhauses 1932 ein Beispiel war, ohne daß die Partei bereits über eine einheitliche kulturpolitische Linie verfügte.

Obwohl die NSDAP auf Angehörige des Mittelstandes besondere Anziehungskraft ausübte, war ihre Stellung innerhalb des bürgerlichen Verbandswesens nicht besonders stark. Der Kampfbund für den gewerblichen Mittelstand, der sich durch extrem antisemitische Agitation hervortat, war überwiegend auf Gewerbetreibende und kleine Kaufleute begrenzt, die ihre ökonomische Misere, die mit dem Vordringen des Großbetriebs zusammenhing, auf den Einfluß des jüdischen Kapitals zurückführten. Es gelang der NSDAP nicht, den DHV, der sich zunächst um eine Zusammenarbeit bemühte, in ihr Lager herüberzuziehen, obwohl ein hoher Prozentsatz der darin organisierten Angestellten mit ihr sympathisierte. Die DHV-Führung unter Hans Bechly und Max Habermann war nicht bereit, Hitler in die Frontalopposition gegen das Kabinett Brüning zu folgen, und konnte das Mißtrauen, daß es sich bei der NSDAP bloß um eine »jugendlich geschminkte DNVP« handelte, die gewerkschaftliche Interessen nur als Vorwand benutzte, nicht überwinden. Trotz der ursprünglich ausgeprägt antisemitischen und betont nationalen Ausrichtung des DHV ließ er sich nicht in das gleichgeschaltete Organisationsnetz der NSDAP pressen.

Nicht so sehr auf der Ebene der nationalen Verbände als vielmehr auf derjenigen der lokalen bürgerlichen Vereine und Interessengruppen gelang dem Nationalsozialismus der Einbruch in das bürgerliche Parteienfeld. Mit Ausnahme der katholischen Gebiete erwies sich die systematische Unterwanderung des bürgerlichen Vereinswesens als höchst wirkungsvoll. Über meist nicht primär politisch orientierte mittelständische Interessenverbände vermochte die Partei vielfach die lokalen Honoratioren auf ihre Seite zu ziehen und dadurch breite bürgerliche Wählergruppen anzusprechen. Dies galt in erster Linie für den Teil des Mittelstandes, der tendenziell gegen Großbetriebe und Konzerne eingestellt war, wie das Handwerk und die kleineren Gewerbetreibenden, die ihre Interessen in der DVP und DNVP nicht hinreichend wahrgenommen sahen.

Hingegen tat sich die NSDAP schwer, in das Lager der Arbeitnehmerschaft einzudringen. Auf dem linken Flügel der Partei gab es seit 1928 Bemühungen zur Gründung einer nationalsozialistischen Gewerkschaftsbewegung. Dies stieß jedoch auf den erklärten Widerstand Hitlers, der nicht zu Unrecht befürchtete, daß sich die eigenen Verbände gegenüber den Freien und christlichen Gewerkschaften in einer hoffnungslosen Minderheit befinden würden, was sich agitatorisch nur negativ auswirken konnte. Hinzu kam das taktische Motiv, die Wirtschaft, deren Unterstützung er erhoffte, durch gewerkschaftliche Initiativen nicht zu verprellen. Trotzdem erlaubte Hitler schließlich die Schaffung einer Nationalsozialistischen Betriebszellenorganisation, NSBO, die zunächst auf Groß-Berlin begrenzt war und seit 1931 auf das Reichsgebiet ausgedehnt wurde. Unter Führung von Walter Schumann und Reinhard Muchow kopierte sie das von der KPD entwickelte Prinzip der betrieblichen Organisation. Die NSBO fand Eingang vor allem bei kleinen und mittleren Betrieben und bei öffentlichen Unternehmungen wie der Deutschen Reichsbahn, vereinzelt auch bei Großunternehmen wie Siemens. In den Betriebsrätewahlen von 1931 erreichte sie immerhin 12 Prozent der Arbeiterstimmen, während sie mit 25 Prozent sehr viel größere Resonanz bei der Angestelltenschaft fand. Zur Aufgabe der NSBO gehörte ursprünglich die Verbreitung der nationalsozialistischen Propaganda in den bestehenden Gewerkschaftsapparaten, welche die Infiltrationsversuche jedoch erfolgreich abwehrten; das schloß die Wahrnehmung gewerkschaftlicher Interessen auf Betriebsebene und die Beteiligung an Streiks nicht aus. Verglichen mit den 5,8 Millionen Gewerkschaftsmitgliedern des ADGB blieb die NSBO, die Ende 1932 bestenfalls 300.000 Mitglieder zählte, von untergeordneter Bedeutung; dennoch machte sie beachtliche organisatorische Fortschritte, solange sie an der gewerkschaftlichen Ausrichtung festhielt.

Trotz anhaltender innerer Positionskämpfe fanden die Bemühungen der NSBO, einen Einbruch in die Industriearbeiterschaft zu erzielen, Rückhalt bei der nationalsozialistischen Presse, die den Eindruck suggerierte, einseitig für die Arbeiterschaft Partei zu ergreifen. Das galt insbesondere für Berlin. Der von Goebbels redigierte »Angriff« unterschied sich im antikapitalistischen Tenor nicht von der mit ihm konkurrierenden »Berliner Arbeiter-Zeitung« Otto Straßers und den übrigen Organen der Kampfpresse. Durchweg unterstützte sie Arbeitskämpfe, und sie verteidigte 1930 den Berliner Metallarbeiterstreik. Im Reichstag setzte sich die NSDAP für eine großzügige finanzielle Hilfe zugunsten der Erwerbslosen ein und stimmte zusammen mit SPD und KPD gegen eine weitere Verringerung der Leistungen der Arbeitslosenversicherung. Mit der Forderung nach Gewinnbeteiligung und Miteigentum für die Arbeitnehmer griff Goebbels das Straßer-Programm von 1926 wieder auf.

Desgleichen behielt die NSDAP trotz der Annäherungsversuche Hitlers an die Großindustrie die mitgeschleppte antikapitalistische Rhetorik bei, die mit der Polemik gegen Großkapital und Börsenspekulation ausgeprägt antisemitische Züge trug. Noch im Spätherbst 1930 präsentierte die Reichstagsfraktion der NSDAP die pseudo-sozialistischen Ladenhüter Gottfried Feders, indem sie unter anderem die Verstaatlichung der Großbanken, das Verbot des Börsenhandels, die Begrenzung der Kreditzinsen auf 5 Prozent einschließlich 1 Prozent Tilgung und die Konfiskation von Kriegs-, Inflations- und unberechtigten Börsengewinnen verlangte. Industrielle Kreise waren über derartige staatssozialistische Anwandlungen der NSDAP, die sie in die Nähe kommunistischer Vorstellungen brachten, äußerst beunruhigt. Dies bildete den Hintergrund für die späteren Bemühungen Hjalmar Schachts und einzelner Repräsentanten der Schwerindustrie, die wirtschaftspolitische Programmatik der NSDAP in konstruktivem Sinne zu beeinflussen.

Bei der organisierten Arbeiterschaft verfing die antikapitalistische Rhetorik der NSDAP nicht. Dies galt um so mehr, als sie – widerspruchsvoll genug – mit einer kompromißlosen Ablehnung von KPD und SPD einherging, in denen die NSDAP ihre Hauptgegner erblickte. Die planmäßigen Bemühungen von Joseph Goebbels als Gauleiter von Groß-Berlin, die Herrschaft der »Kommune« zu brechen, wie es im nationalsozialistischen Jargon hieß, zielten freilich auch darauf ab, die bürgerlichen Sympathisanten zu beeindrucken und den Antikommunismus der Mittelschichten für die NSDAP zu mobilisieren. Durch demonstrative Aufmärsche der SA in den Arbeitervierteln versuchte Goebbels, die KPD in den Augen der Massen zu diskreditieren und zu gewaltsamem Widerstand zu provozieren. Trotz des Eingreifens der preußischen Polizeikräfte und des wiederholten Verbots der Berliner NSDAP-Organisation kam es regelmäßig zu Saal- und Straßenschlachten mit dem Roten Frontkämpferbund und gelegentlich mit Einheiten des Reichsbanners. Häufig waren Tote und Schwerverwundete zu beklagen. Der Zynismus, mit dem Goebbels die Eskalation der Gewalt förderte, fand in der Herausstellung Horst Wessels, des SA-Truppführers und Verfassers des nach ihm benannten Liedes, in der NS-Propaganda einen Höhepunkt. Obwohl sich Wessel die tödliche Verletzung bei einem Zwischenfall in der Berliner Zuhälterszene zugezogen hatte, sorgte Goebbels dafür, daß der verkrachte Student in der NS-Presse überschwenglich als Märtyrer der Bewegung gefeiert wurde.

Goebbels' Ehrgeiz, sich im Kampf um Berlin einen Namen zu machen, und die Rücksichtslosigkeit in der Wahl seiner Mittel bildeten den Hintergrund seines Konflikts mit der Straßer-Gruppe, der bald richtungspolitische Qualität annehmen sollte. Die seit Bamberg bestehende Rivalität wurde durch einen von Otto Straßer inspirierten Artikel Erich Kochs, des späteren Gauleiters von Ostpreußen, zu unüberbrückbarer Feindschaft. Koch, der als Redakteur im Kampf-Verlag debütierte, hatte Goebbels durch eine antisemitisch gefärbte Anspielung auf dessen verkrüppelten Fuß an der verwundbarsten Stelle getroffen. Der schwelende Konflikt zwischen dem Kampf-Verlag und der Münchner Parteileitung wäre ohne die kräftige Nachhilfe des Berliner Gauleiters wohl kaum so scharf aufgebrochen, wie es im Frühsommer 1930 geschah. Die Redakteure des Kampf-Verlags nahmen Hitlers Entschluß, sich an der Seite Hugenbergs und Seldtes am Volksbegehren gegen den Young-Plan zu beteiligen, mit unverhohlener Mißbilligung auf. Sie erblickten darin einen Rückfall in parteipolitischen Kuhhandel und eine Option zugunsten des großen Kapitals.

Schon zuvor hatten sich grundsätzliche Meinungsverschiedenheiten über die Haltung der NSDAP in der Frage der Regierungsbeteiligung in Thüringen und Sachsen ergeben. In beiden Ländern spielte die NSDAP die Rolle des Zünglein an der Waage. Die von dem ehemaligen Kapitänleutnant Helmut von Mücke geleitete sächsische NSDAP hatte an SPD und KPD ein Koalitionsangebot unterbreitet. Obwohl das mit Wissen des Parteiführers erfolgt war, zwang dieser Mücke dazu, das Angebot zurückzuziehen, der darauf mit seinem Austritt aus der NSDAP antwortete. Im Gegensatz zur Kampfpresse, die mit der Linken sympathisierte und sich gegen den Willen der Reichsleitung der NSDAP für die Unterstützung des sächsischen Metallarbeiterstreiks einsetzte, trat Hitler für eine Koalition mit den bürgerlichen Parteien ein. Während die entsprechenden Verhandlungen in Sachsen ergebnislos verliefen, entschied sich Hitler im Januar 1930 für den Eintritt der NSDAP in die thüringische Regierung. Unter Wilhelm Frick als Innen- und Volksbildungsminister entwickelte sich Thüringen zum Testfeld für die nationalsozialistischen Machteroberungsstrategien.

Der Gruppe um Otto Straßer, die seit 1929 zunehmend Rückhalt bei sozialrevolutionär eingestellten jüngeren Aktivisten der NSDAP fand, erschien dieser Prinzipienbruch unverzeihlich. Hitler hätte den sich damit abzeichnenden innerparteilichen Konflikt gleichwohl auf sich beruhen lassen, wenn ihn nicht taktisches Kalkül dazu bewogen hätte, nach dem Austritt der NSDAP aus dem Reichsausschuß für das Deutsche Volksbegehren durch eine behutsame Annäherung an das Kabinett Brüning den Hugenbergschen DNVP-Flügel politisch zu isolieren. Otto Straßer lehnte die oszillierende Taktik Hitlers rückhaltlos ab. Eine zweitägige Zusammenkunft mit dem Parteiführer in Berlin Ende Mai 1930 brachte keine Annäherung der Standpunkte. Straßer forderte eine eindeutige Option zugunsten des sozialistischen Programms der NSDAP, Hitler äußerte sich zynisch über die Arbeiterschaft, die nichts anderes wolle als »Brot und Spiele« und »kein Verständnis für irgendwelche Ideale« besitze. Das Treffen, an dem Max Amann und Rudolf Heß teilnahmen, endete mit einer tiefen Verstimmung Hitlers, der Straßers kritische Gegenargumente nicht ertrug, aber zögerte, die Konsequenzen zu ziehen, bis ihn Straßer mit einem »Ministersessel oder Revolution?« überschriebenen Pamphlet unverhüllt provozierte. Daraufhin autorisierte er Goebbels, die »destruktiven Elemente« aus der Partei auszuschließen, um die Partei nicht zu einem »Debattierclub wurzelloser Literaten und chaotischer Salonbolschewisten« werden zu lassen.

Noch vor dem am 4. Juli 1930 ergangenen Aufruf Otto Straßers – »Die Sozialisten verlassen die NSDAP!« – drängte Goebbels durch massiven Einsatz der SA dessen Anhängerschaft in eine hoffnungslose Defensive. Gregor Straßer zog sich endgültig vom Kampf-Verlag zurück und nahm gegen seinen Bruder öffentlich Stellung. Otto Straßers prominente Anhänger, darunter Graf zu Reventlow und Erich Koch, verweigerten ihm die Gefolgschaft, so daß die Übertritte zu der von ihm ins Leben gerufenen Kampfgemeinschaft revolutionärer Nationalsozialisten, die später in der Schwarzen Front eine Fortsetzung fand, auf einige Hundert begrenzt blieben. Das wäre kaum anders gewesen, wenn Gregor Straßer sich mit der Opposition solidarisch erklärt hätte. Er hatte sich schon seit längerem von seinem Bruder entfremdet und rechnete zu diesem Zeitpunkt noch damit, das sächsische Innenministerium zu übernehmen. Taktisch gesehen erwies sich Otto Straßers offener Bruch mit Hitler als völlig verfehlt; er verschaffte diesem vielmehr die Möglichkeit, als Garant der Mäßigung und Legalität aufzutreten, was sich für das Abschneiden der Partei bei den bevorstehenden Reichstagswahlen ebenso vorteilhaft auswirkte wie für die von ihm mit Nachdruck betriebene Annäherung an Kreise der Großindustrie.

Den Hintergrund des Straßer-Konflikts und den Vorwand für Goebbels' disziplinarisches Eingreifen, das den Austritt der Anhänger Otto Straßers erzwang, bildeten die Querverbindungen, die sie zu der sich zunächst in Thüringen formierenden Gruppe sozialrevolutionärer Nationalsozialisten geknüpft hatten.

Diese von den »linken Leuten von rechts« favorisierte, Elemente der bündischen Bewegung aufnehmende Strömung setzte sich zum Ziel, eine »antikapitalistische Front der Jugend von links bis rechts« zu schaffen und die NSDAP durch eine neue Sammlungsbewegung abzulösen, die aus den verschiedenen sozialrevolutionären Gruppen zusammenfließen sollte und eine linksgerichtete Variante zu Hans Zehrers Vision einer »Dritten Front« darstellte. Der Mythos der »Überwindung der Parteien durch die Jugend« und einer revolutionären Erneuerung durch die Kraft der Gesinnung, wie ihn Ernst Niekisch, der wenig später Hitler als ein »deutsches Verhängnis« und als »politischen Kreditschwindler« anprangerte, scheiterte an der geronnenen Macht der nationalsozialistischen Massenorganisation und der blindgläubigen Hitler-Verehrung, die weit über die Kreise der NSDAP hinaus zum bestimmenden sozialpsychologischen Faktor geworden war.

Otto Straßers schon im August 1929 veröffentlichte »Vierzehn Thesen der Deutschen Revolution« berührten sich mit den von Ernst Niekisch und den Nationalbolschewisten propagierten Strategien. Es war für Hitlers Tendenz, Optionen nach Möglichkeit hinauszuschieben, kennzeichnend, daß der offene Konflikt mit Otto Straßer erst im Sommer 1930 – mit kräftiger Unterstützung durch Goebbels – irreversibel wurde. Die Anhänger Otto Straßers verkannten, daß Hitler im Gegensatz zu den Hoffnungen der revolutionären Sozialisten eine einseitige Frontstellung gegenüber der bürgerlichen Rechten seit je hatte vermeiden wollen. Sie erblickten in der Bereitschaft, sich an bürgerlichen Koalitionen zu beteiligen, eine Preisgabe der antiparlamentarischen Ausrichtung der Partei. Die Anlehnung an die DNVP, von der sich Hitler nach Bildung der Harzburger Front wieder distanzierte, wurde als Verrat an den eigenen Prinzipien empfunden. Auch Konrad Heiden kommentierte die Vorgänge mit der Bemerkung, daß am 14. September die eigentliche Geschichte des Nationalsozialismus zu Ende gewesen sei. Der gradualistische Ausbau der bis dahin nur plebiszitär abgestützten Machtstellung der NSDAP, der das Mittel der Regierungsbeteiligung einbezog, bedeutete allerdings noch nicht die Preisgabe der von der Propaganda beschworenen »nationalen Revolution«.

Trotz des Austritts des eng begrenzten Anhängerkreises um Otto Straßer blieb in der Propaganda der Partei die Ambivalenz zwischen einer prokapitalistischen und einer prosozialistischen Linie bis über den 30. Januar 1933 hinaus erhalten. Gleichwohl war eine schrittweise Veränderung des sozialen Zuschnitts der Bewegung gegenüber den frühen Kampfjahren unverkennbar. Das zeigte sich nicht zuletzt in Stil und Auftreten der Parteijugend. Unter der Führung ihres Gründers, Kurt Gruber, hatte sich die HJ ein betont proletarisches Gepräge gegeben und die Arbeiterjugend anzusprechen versucht. 1931 trat der völkischgroßbürgerliche Literat Baldur von Schirach an seine Stelle, nachdem er Wilhelm Tempel, einen Parteigänger Straßers, aus der Führung des nationalsozialistischen

Studentenbundes verdrängt hatte. Unter Schirach kopierte die HJ den bildungsbürgerlichen äußeren Stil der bündischen Jugend. Desgleichen paßte sich der NS-Schülerbund dem nunmehr vorherrschenden Trend zu bürgerlicher Honorigkeit an. Trotz dieser Kurskorrekturen erlangte die nationalsozialistische Jugendorganisation nicht annähernd die Größenordnung der katholischen oder sozialistischen Jugendverbände. Bei der in der Wandervogel-Tradition stehenden bündischen Bewegung stieß sie wegen ihrer Tendenz zur Militarisierung auf offene Ablehnung.

Paradoxerweise verdankte die NSDAP den Mitgliederzustrom und den wachsenden Erfolg bei Wahlen, der seit dem Frühjahr 1929 zu verzeichnen war, gerade nicht einer Profilierung ihrer programmatischen Ziele als vielmehr einer opportunistischen Anpassung an vorherrschende Protestpotentiale. Die Reichspropagandaleitung richtete ihre Wahlwerbung bewußt auf die Gewinnung der Wechsel-, Jung- und Nichtwähler aus, auch wenn diese gerade nicht bei der Industriearbeiterschaft zu finden waren, die gegenüber der NSDAP überwiegend immun blieb. Hitlers öffentliches Auftreten folgte den gleichen Motiven; stets suchte er sich dem jeweiligen Publikum und dessen Vorurteilen anzupassen. Der Erfolg der NSDAP in den Durchbruchsjahren nach 1929 beruhte in hohem Maße auf der Mobilisierung gesellschaftlicher Ressentiments, indem ihre Agitation ohne Rücksicht auf die praktische Umsetzbarkeit und auf gegenseitige Unvereinbarkeit Hoffnungen in Wahlversprechen umwandelte.

Zugleich profitierte die NSDAP von dem sich zunehmend verbreitenden Affekt gegen die Tätigkeit politischer Parteien, der von konservativer Seite bewußt genährt wurde und in den Schlagworten vom »Parteibuchbeamtentum« und »Parteienhader« einen Ausdruck fand. Durch die pauschale Ablehnung des Weimarer Staatswesens suchte sich die NSDAP als grundlegende Alternative zu den bestehenden »Systemparteien« zu präsentieren. Während sie die konkurrierenden Parteien als Marionetten einflußreicher gesellschaftlicher Interessengruppen diffamierte, bezeichnete sie sich selbst als Volksbewegung, die ausschließlich dem Wohlergehen der »Volksgemeinschaft« dienstbar und die »willensmäßige Einheit« der Nation wiederherzustellen entschlossen sei. Solange sie nicht durch parlamentarische Mitwirkung unter dem Einlösungszwang ihrer Versprechen stand, hatte diese Werbestrategie erhebliche Erfolge aufzuweisen.

Im Vergleich zu den bürgerlichen Parteien, aber auch zur SPD besaß die NSDAP den Vorzug, eine jugendliche Partei zu sein, und sie zögerte nicht, den zeitgenössisch verbreiteten Jugendkult für sich zu mobilisieren und mit dem von ihr hochgespielten Mythos des »nationalen Aufbruchs« und des von Moeller van den Bruck proklamierten »Rechts der jungen Völker« in Beziehung zu setzen. Das erleichterte es ihr, von der in den späten zwanziger Jahren verstärkt aufbrechenden Spannung zwischen den Generationen zu profitieren. Trotz ihrer rückwärts gewandten Ideologie besaß die NSDAP gerade für Jüngere durch ihre

Aufgeschlossenheit für neue technische Mittel, ihre Ablehnung bürgerlicher Ordnungsvorstellungen und ihre Dynamik eine hohe Anziehungskraft. Dabei spielte auch eine Rolle, daß die Partei ihren Mitgliedern eine Kompensation für den im Alltag gescheiterten sozialen Aufstieg anbot, indem sie auf allen Ebenen der Organisation zahlreiche ehrenamtliche Funktionärsposten schuf.

Die Führungsgruppe der NSDAP setzte sich überwiegend aus aktiven Offizieren oder Frontkämpfern des Ersten Weltkrieges zusammen, die zwischen fünfunddreißig und vierzig Jahre alt waren. Das Durchschnittsalter der nach 1925 zur Bewegung stoßenden Funktionäre und Mitglieder lag noch wesentlich niedriger. Dasjenige der Mitgliedschaft sank nach 1925 ab, stieg aber nach 1927 wieder; es betrug 1932 einunddreißig Jahre. Achtzehn- bis zwanzigjährige Männer waren in der NSDAP im Vergleich zur Reichsbevölkerung deutlich überrepräsentiert, was vor dem Hintergrund des demographischen Übergewichts der jüngeren Alterskohorten in den zwanziger Jahren zu sehen ist. Die weiblichen Mitglieder, die 1932 mit 7,8 Prozent in noch geringerem Maße als in den übrigen Parteien vertreten waren, wiesen ein deutlich höheres Durchschnittsalter auf. Die NSDAP entfaltete eine starke Anziehungskraft auf junge Leute, die am Anfang ihrer beruflichen Laufbahn standen. Unter den jüngeren Parteimitgliedern überwog der Anteil von Arbeitern. Viele von ihnen hatten infolge der strukturellen Arbeitslosigkeit keine Anstellung gefunden und waren deshalb nicht mit den Gewerkschaften in Berührung gekommen. Mit dem Vordringen von Angehörigen des oberen Mittelstandes nach 1930 stieg das Durchschnittsalter der Mitglieder leicht an. Die Jugendlichkeit der NSDAP und insbesondere der SA, die den Eindruck von Schlagkraft und Militanz erweckte, stand in deutlichem Kontrast zu der Überalterung der Weimarer Parteien, und das galt in noch höherem Maß für die parlamentarischen Eliten. Die NSDAP-Wähler gehörten allen Altersgruppen an. Die Partei erzielte sogar besondere Erfolge bei Rentnern und alleinstehenden Hausfrauen. Bei dieser Wählergruppe entsprang das Votum für die NSDAP dem Protest gegen die soziale Zurücksetzung während der Inflation und der Wirtschaftskrise, die starke Einschnitte in der Altersversorgung brachte.

Eine weitere Eigentümlichkeit der NSDAP bestand in der ungewöhnlich hohen Mitgliederfluktuation, die nur bei der KPD eine gewisse Parallele hatte. Einerseits war sie auf das einzigartige organisatorische Wachstum der Partei seit 1929 zurückzuführen, andererseits stellte sie ein strukturelles Merkmal dar. Die NSDAP vertrat ihrem eigenen Anspruch zufolge nicht, wie die Mehrheit der Weimarer Parteien, bestimmte partikulare Interessen; sie mobilisierte vielmehr wechselnde soziale Gruppen und veränderte ihr Wählerprofil seit ihren Erfolgen in Klein- und Mittelstädten grundlegend. Im Herbst 1928 besaß sie nicht mehr als 97.000 Mitglieder; diese Zahl stieg bis zum 30. Januar 1933 auf 746.000 Mitglieder an. Dahinter verbarg sich jedoch eine wesentlich höhere Mitgliederrotation. Bis zur Machtergreifung büßte die NSDAP von den bis 1930 eingetretenen Mitgliedern mehr als die Hälfte, von den danach Hinzugekommenen ein gutes Drittel ein. Das rasche absolute Wachstum der Partei bis zum Herbst 1932 verdeckte die gleichzeitigen Mitgliederverluste, die sie als ein organisatorisch wenig stabiles Gebilde auswiesen, das sich nur durch schneeballartiges Wachstum am Leben hielt. Der harte Kern der NSDAP-Mitglieder umfaßte kaum mehr als 300.000 Personen. Nur dadurch, daß es gelang, an die Macht zu kommen, konnte der Mitgliederzustrom seit 1931 größtenteils integriert werden.

Was für die Mitgliedschaft galt, traf noch mehr für die Wähler der NSDAP zu. Das exzeptionelle Wachstum der Partei, die im September 1930 schon 18,3 Prozent der Stimmen erhielt, um ihren Stimmenanteil bis zum Juli 1932 auf 37,3 Prozent zu steigern, verdeckte die Erscheinung, daß es ihr vor 1933 nicht gelang, ihre Wähler dauernd an sich zu binden. Trotz der raschen Aufeinanderfolge der Wahlen verlor sie jedesmal bis zu einem Fünftel der vorherigen Wähler, kompensierte dies freilich mit Zugewinnen von der DNVP, der DVP und den bürgerlichen Interessen- und Regionalparteien. Der spektakuläre Rückschlag, der bei den Reichstagswahlen vom November 1932 eintrat, ergab sich einerseits aus dem Verlust zahlreicher bäuerlicher Wähler, die 1930 für sie gestimmt hatten und nun wieder zur DNVP zurückkehrten. Andererseits hatte die NSDAP überproportionale Einbußen durch den Anstieg der Nichtwähler zu verzeichnen. Vor allem aber machte sich die Heterogenität der Anhängerschaft mittlerweile negativ bemerkbar. Es wurde deutlich, daß die Partei nur so lange erfolgreich war, als es ihr gelang, durch pausenlose Mobilisierung und durch Erzeugung einer allgemeinen Krisenstimmung zu verhindern, daß eine Ernüchterung bei den Wählern eintrat.

Der Aufstieg der NSDAP seit 1929 vollzog sich in erster Linie auf Kosten der bürgerlichen Mittelparteien, aber auch auf Kosten der DNVP und der bürgerlichen Interessen- und Regionalparteien, deren Stimmenreservoir überwiegend aus ehemaligen DNVP-Wählern bestand. Die Auflösung der bürgerlichen Mitte hatte ihre Ursache vorwiegend in der ökonomischen Schwächung des »alten« Mittelstandes, der sich spätestens seit dem Krieg auf der Seite der Verlierer befand und von Hyperinflation und Abwertung besonders stark in Mitleidenschaft gezogen worden war. Dies galt für Handwerker, mittlere und kleine Gewerbetreibende, Kaufleute und mittlere Unternehmer, von denen ein wachsender Prozentsatz mit der NSDAP sympathisierte, unter deren Anhängern die Gruppe der Selbständigen stets überrepräsentiert war. Mit der verstärkt einwirkenden Agrarkrise kamen Besitzer landwirtschaftlicher Familienbetriebe hinzu, die sich von der DNVP nicht mehr ausreichend vertreten fühlten. Die Partei war in Kleinstädten und ländlichen Kommunen wesentlich erfolgreicher als in den großen. Sie erzielte 50 Prozent ihrer Stimmen in Gemeinden und Städten mit weniger als 5.000 Einwohnern, während sie in den Großstädten und Ballungsge-

*Der Vormarsch der Nationalsozialisten bei den deutschen Landtagswahlen
(Jutta Wietog nach Falter, Lindenberger, Schumann 1986)*

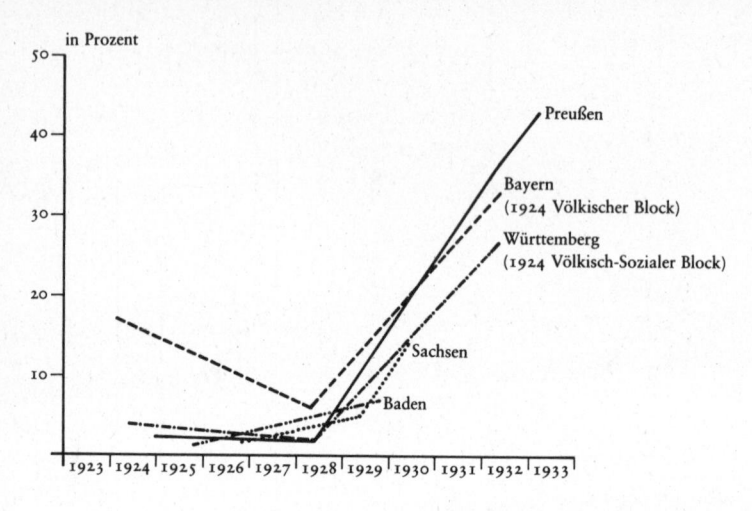

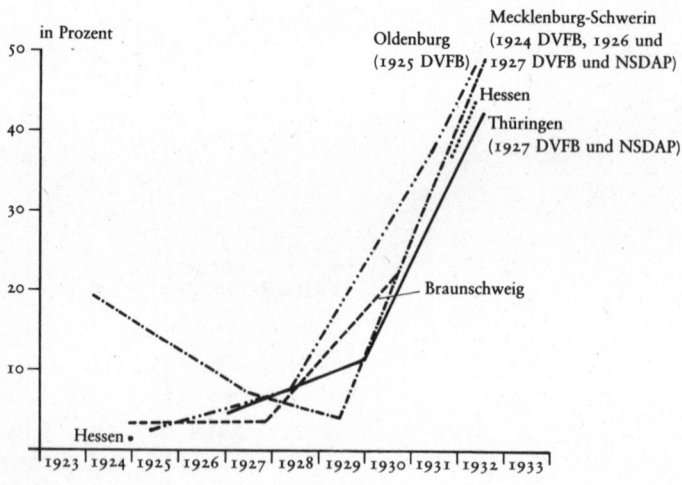

bieten nicht mehr als 40 Prozent erhielt und damit deutlich hinter ihrem Reichsdurchschnitt zurückblieb. Verglichen mit konkurrierenden Parteien vermochte sie gleichwohl den Stadt-Land-Gegensatz weitgehend zu überspielen.

Die Disparität von großstädtischen Wahlkreisen einerseits und mittel- oder kleinstädtischen beziehungsweise ländlichen Bezirken andererseits war durch deutliche konfessionelle Unterschiede überlagert. In protestantischen Gebieten besaß die NSDAP in der Regel überdurchschnittliche Wahlchancen, was mit der ausgeprägt nationalen Einstellung der evangelischen Landeskirchen zusammenhing. Es kam hinzu, daß die Partei die nationalkirchliche Bewegung der Deutschen Christen für ihre Zwecke mobilisieren konnte. Hingegen schnitt sie in katholischen Regionen zumeist unterdurchschnittlich ab. Die hohe Kohäsion von Zentrum und BVP und die zunächst deutlich artikulierten Vorbehalte des

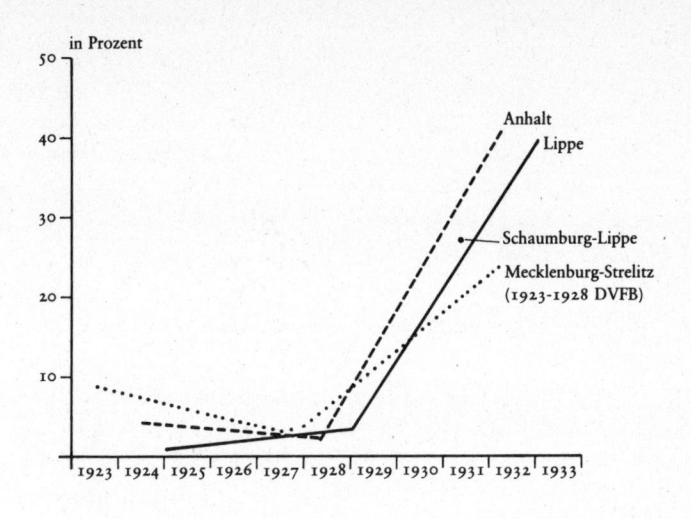

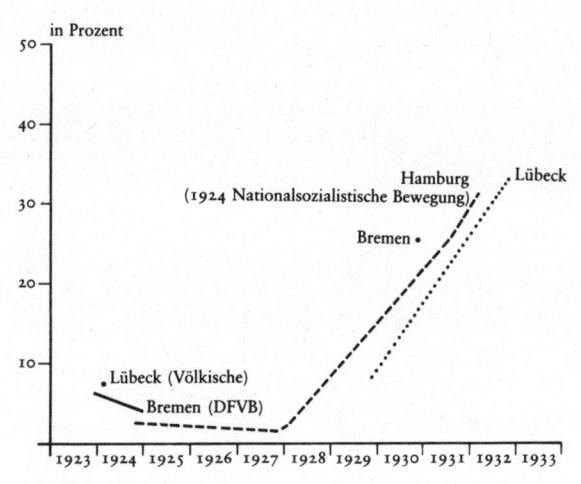

Klerus gegen die antichristliche Ausrichtung der nationalsozialistischen »Weltanschauung« trugen zur Zurückhaltung des katholischen Bevölkerungsteils gegenüber dem Nationalsozialismus bei. Anders als in den protestantischen Gebieten vermochte die NSDAP in katholischen Landesteilen nur ausnahmsweise in das Netz des bürgerlichen Vereins- und Assoziationswesens einzudringen, das im norddeutschen Raum sehr wesentlich zu ihrer Ausbreitung beitrug.

Bei allen Anstrengungen gelangen der NSDAP keine nennenswerten Einbrüche in das Lager der Linksparteien, deren gemeinsamer Stimmenanteil seit 1930 allerdings nicht weiter anwuchs, obwohl die Zahl der Wähler zunahm. Vor allem die KPD erwies sich gegenüber der nationalsozialistischen Propaganda als nahezu immun. Die häufig vermutete Mitgliederwanderung von der KPD zur NSDAP blieb auf einige Intellektuelle beschränkt. Anders als die KPD gab die SPD einen Teil ihrer Randwähler an die NSDAP ab; etwa ein Zehntel der zur NSDAP stoßenden Wechselwähler stammten von der SPD. Der von der NSDAP ständig erhobene Anspruch, auch eine Partei der Arbeiterschaft zu sein, traf nur sehr bedingt zu. Der Anteil von Arbeitern an der Mitgliedschaft lag mit 28 Prozent deutlich unter deren Quote an der Gesamtzahl der Erwerbstätigen im Reich mit 46 Prozent. Zwar stieg der Arbeiteranteil während der Wirtschaftskrise noch einmal um 4 Prozent an, aber es handelte sich überwiegend um Arbeitergruppen mit stark mittelständischem Einschlag. Relative Erfolge erzielte die NSDAP insbesondere bei Arbeitern, die in Handwerks- und Kleinbetrieben beschäftigt waren, bei den Beschäftigten kommunaler Einrichtungen und Betriebe und bei Landarbeitern. Wo es ihr gelang, Industriearbeiter anzusprechen, handelte es sich überwiegend um jugendliche Dauererwerbslose, die in der SA ein Betätigungsfeld fanden.

Trotz unterschiedlicher Sympathiegrade, die die NSDAP bei einzelnen Berufsgruppen beziehungsweise bei den Konfessionen besaß, vermochte sie die Gegensätze zwischen Klasse und Konfession weitgehend zu überspielen. Der »Omnibuseffekt« verhalf ihr seit dem Frühjahr 1932 zu Gewinnen bei allen sozialen Gruppen. Durch die Unterwanderung der Interessenstruktur unterhalb der bürgerlichen Parteien konnte sie mehr und mehr auch in die Schicht der bürgerlichen Honoratioren eindringen und deren ausgeprägte soziale Vorbehalte gegen die überwiegend dem kleinen und mittleren Bürgertum entstammenden nationalsozialistischen Funktionäre ausräumen. Zahlreiche Angehörige der Funktionseliten entschieden sich dafür, die NSDAP zu unterstützen, nicht weil sie der Partei Sympathien entgegenbrachten, sondern weil sie von Hitlers persönlichem Charisma eingenommen waren und überdies glaubten, daß er Parteien überhaupt abschaffen werde. Gerade für die Sympathiewerbung in der Oberschicht erwies sich der Führer-Kult als ungewöhnlich wirksam. Ähnlich wie die Frauen, deren Stimmenanteil im November 1932 den der männlichen Wähler geringfügig überstieg, als die NSDAP bereits beträchtliche Verluste bei bisherigen Wählergruppen hinzunehmen hatte, votierten ihre Sympathisanten aus der Oberschicht mit einer gewissen Verzögerung.

Besondere Erfolge hatten die Bemühungen der NSDAP, die Beamtenschaft, deren Ressentiments sie mit der Zusage einer Wiederherstellung des Berufsbeamtentums und der Garantie der wohlerworbenen Rechte geschickt befriedigte, in ihr Lager zu ziehen. Trotz des preußischen Verbots aktiver Mitgliedschaft und der Maßregelungen einzelner Beamten waren diese schon vor 1933 in der NSDAP überrepräsentiert. Im Vergleich zu ihnen waren die übrigen Gruppen des »neuen« Mittelstandes für die nationalsozialistische Wahlwerbung weit weniger anfällig. Das bestätigt die Beobachtung, daß vornehmlich diejenigen Sozialgruppen mit der NSDAP sympathisierten, die subjektiv und objektiv vom sozialen Abstieg bedroht waren, was für die Beamtenschaft galt. Es ist auffällig, daß die Mehrheit der nationalsozialistischen Funktionäre, einschließlich der engeren Führungsgruppe – Heinrich Himmler, Joseph Goebbels, Hermann Göring und Reinhard Heydrich sind gute Beispiele dafür –, aus abgebrochenen Mittelstandskarrieren kam oder soziale Statusprobleme hatte. Dies betraf auch das Führungskorps der SA, das in starkem Maße durch soziale Ressentiments bestimmt war, die die eigentliche Schubkraft der NS-Bewegung ausmachten. Zudem gab es frühzeitig Überläufer aus der Oberschicht. Der prominenteste von ihnen war August Wilhelm Prinz von Preußen, der 1930 in die NSDAP eintrat und bald einen hohen SA-Rang einnahm.

Der NSDAP war es wie keiner anderen Partei gelungen, soziale Trennungslinien einzuebnen und als schichtenübergreifende Bewegung zu erscheinen. Bei höchst unterschiedlichen Interessenlagen im einzelnen verband die nationalsozialistischen Wähler vor allem der Protest gegen die sozialen und politischen Verhältnisse, die sie als unerträglich empfanden. Wenn sich die NSDAP durch ihre soziale Zusammensetzung dem Idealbild einer Volkspartei annäherte, war sie dies doch nur in einem negativen Sinne. Denn zu keinem Zeitpunkt war sie in der Lage, ihre Anhänger auf ein positives Programm festzulegen. Ebensowenig konnte sie hoffen, unter den Bedingungen freier Wahlen eine absolute Mehrheit der Stimmen zu erreichen. Schon zum Zeitpunkt der Juliwahlen 1932 zeigte sich, daß die NSDAP in ihren Hochburgen nur noch marginal zunahm und Wählerverluste beim bäuerlichen und städtischen unteren Mittelstand, also ihrem wichtigen Stimmenreservoir, allein durch das Eindringen in die obere Mittelschicht und durch Ausschöpfung der Chancen in bislang vernachlässigten Regionen kompensierte. Der von Hitler mit größtem Nachdruck verbreitete Mythos vom unaufhaltsamen Wachstum der Bewegung stimmte, wie Gregor Straßer wohl wußte, mit der Wirklichkeit nicht überein. Nur die extreme Wählermobilisierung im ersten Halbjahr 1932 und der in diesem Zeitraum voll wirksame kumulative Effekt der nationalsozialistischen Wahlerfolge ermöglichten es, vorübergehend mehr als ein Drittel der Wahlbevölkerung für sich einzunehmen.

Der bloß aufgesetzte und damit spezifisch faschistische Charakter der nationalsozialistischen Bewegung mußte in dem Augenblick hervortreten, in dem Wachstum als Selbstzweck ausblieb und sich die Dauermobilisierung der Anhänger erschöpfte. Eben diese Situation stellte sich Ende 1932 ein und äußerte sich in einer schweren Parteikrise. Gregor Straßer entschloß sich, den Weg einer konstruktiv gemeinten Zusammenarbeit mit der bürgerlichen Rechten zu beschreiten. Hitler hingegen hielt starr an dem bis dahin unbestreitbar erfolgreichen Konzept fest, sich jeder Option zugunsten der etablierten politischen Gruppen zu enthalten und als kompromißloser Gegner des Bestehenden aufzutreten. Daß sein Vabanquespiel schließlich Erfolg hatte, hing nicht mit einem Umschwung der Wählermeinung zusammen, obwohl das Ergebnis der Lippe-Wahlen vom 13. Januar 1933 in diesem Sinne gedeutet wurde. Er konnte sich ebensowenig wie Franz von Papen das Risiko von Neuwahlen leisten, wenn es nicht vorher gelang, die immer gefährlicher werdende politische Isolierung zu sprengen und durch die Übernahme der Regierung den eigenen Anhängern einen sichtbaren Erfolg zu präsentieren. Hitler spürte, daß es letzten Endes darauf ankam, ob er oder seine Gegenspieler die besseren Nerven behielten. In der Tat wagten sie es nicht, die NSDAP in einen offenen Wahlkampf hineinzutreiben, der Rebus sic stantibus mit einer vernichtenden Niederlage geendet hätte.

In der Neutralisierung der sozialen Vorbehalte der funktionalen Eliten gegenüber der NSDAP lag die zentrale Bedeutung, die der Führerkult für die Wahlbewegung dieser Jahre besaß. Ohne die Beteiligung der Mittelschichten, insbesondere des höheren Beamtentums, wäre der kumulative Effekt nicht eingetreten, der die NSDAP zu dem Wahlergebnis vom 31. Juli 1932 befähigte, selbst wenn es hinter der erhofften absoluten Mehrheit deutlich zurückblieb. Die Bereitschaft der konservativen Führungsschichten, aufgrund ihres Vorurteils gegen die SPD und die KPD für die NSDAP zu optieren – und dies geschah vielfach schon vor dem Volksbegehren gegen den Young-Plan –, trug entscheidend dazu bei, daß diese trotz ihrer programmatischen Widersprüchlichkeit nun auch vom hohen Offizierskorps und von den Repräsentanten des Präsidialsystems als hoffähig und als konstruktive politische Kraft angesehen werden konnte. Den Großindustriellen und den geschäftigen Verbindungsleuten zur Reichsregierung erschien das sich bürgerlichen Umgangsformen anpassende äußere Auftreten Hitlers als erster erfolgreicher Schritt zur politischen Zähmung der NSDAP.

Regierung in der Krise

Während das Ergebnis der Reichstagswahlen vom 14. September 1930 von den Beratern Heinrich Brünings mit Bestürzung aufgenommen wurde, reagierte der Reichskanzler selbst mit erstaunlicher Kaltblütigkeit darauf. Im Wahlausgang, der die indirekte parlamentarische Abstützung seines Kabinetts zerschlagen hatte, erblickte er einmal mehr den Beweis dafür, daß mit dem Reichstag und den in ihm vertretenen Parteien nicht regiert werden könne. Gleichwohl erwarteten politisch informierte Kreise, daß Brüning ein Kabinett der Großen Koalition mit dem preußischen Ministerpräsidenten Otto Braun als Vizekanzler anstreben werde. Selbst in der Reichswehrführung und in Kreisen der Industrie besaß der Gedanke, ein möglichst breites Krisenkabinett unter Einschluß der SPD zu bilden, ernsthafte Befürworter. Denn der Weg zu einem Ermächtigungsgesetz, das die Regierung von der Zustimmung des Reichstages unabhängig gemacht hätte, war infolge des Anwachsens von KPD, NSDAP und DNVP blockiert.

Eine Rückkehr zur Großen Koalition hätte eine nicht unbeträchtliche innenpolitische Stabilisierung bewirkt. Ein derartiger Schritt stieß auf das Hindernis, daß eine parlamentarische Mehrheit nur mit den Stimmen der Wirtschaftspartei zustande kommen konnte, die sich der NSDAP offen annäherte. Doch die Bildung einer Reich und Preußen verknüpfenden Krisenregierung scheiterte schon im Vorfeld am Einspruch Hindenburgs, der Braun den preußischen Stahlhelm-Konflikt nicht verziehen hatte, und am Desinteresse Brünings. Eine Rechtskoalition unter Einschluß der NSDAP war ebensowenig denkbar und begegnete unüberwindlichen Widerständen in der Zentrumspartei, erschien aber auch Brüning und der Reichswehrführung als sachlich unvertretbar. Der Reichspräsident nahm daher von einer seitens der politischen Rechten nachdrücklich geforderten Kabinettsumbildung Abstand.

Für Brüning stellte sich gleichwohl das Problem, die Reichstagsmehrheit zur Tolerierung der von ihm seit längerem vorbereiteten Notverordnung zur Sanierung der Finanzen zu bewegen. Während die mit den Resten der Mittelparteien geführten Verhandlungen nur zäh vorankamen, zeigte sich bei der SPD und beim ADGB eine für Brüning überraschende Bereitschaft zum Einlenken, was ihn nicht daran hinderte, die preußische Koalition für den Fall aufzukündigen, daß sich die SPD nicht den in ultimativer Form gestellten Bedingungen fügte. Unter dem Einfluß Otto Brauns entschloß sich die sozialdemokratische Reichstagsfraktion, das Kabinett Brüning, dessen Rücktritt sie im Wahlkampf mit Nachdruck gefordert hatte, als kleineres Übel zu tolerieren. Die Alternativen dazu bestanden, wie der Parteivorstand zur Rechtfertigung dieses Schritts öffentlich hervorhob, entweder in einer autoritär-konservativen Rechtsdiktatur oder in einer mit Hugenbergs Kanzlerschaft notdürftig verschleierten »Hitlerregierung«. Eine Ablehnung der Notverordnung würde, argumentierte die Partei gegenüber ihren Anhängern, zum Zusammenbruch der öffentlichen Finanzwirtschaft führen, bei dem die Arbeitslosenversicherung als erstes auf der Strecke bliebe.

Mit diesen Zusicherungen in Händen entschloß sich Brüning, Verhandlungen mit der NSDAP-Führung aufzunehmen, nachdem entsprechende Bemühungen, Hugenberg zur Tolerierung zu bewegen, an dessen ultimativer Forderung gescheitert waren, die Preußen-Koalition aufzulösen und die Reparationszahlungen unverzüglich einzustellen. In der ausführlichen Unterredung Brünings mit Hitler, Frick und Straßer am 6. Oktober 1930, unmittelbar bevor das Notverordnungspaket im Reichstag vorgelegt wurde, deckte der Kanzler sein langfristiges innen- und außenpolitisches Programm nahezu lückenlos auf. Vergeblich versuchte er, Hitler davon zu überzeugen, daß in der Reparationsfrage ein hinhaltendes Taktieren bis zu der von ihm ins Auge gefaßten Haushaltssanierung unvermeidlich sei. Hellhöriger wurde der Parteidiktator erst, als Brüning ihm das Angebot machte, sich für Koalitionsbildungen zwischen Zentrum und NSDAP in den Ländern einzusetzen und in der Preußen-Frage mittelfristig entgegenzukommen. Der Kanzler zeigte Verständnis dafür, daß Hitler seine Oppositionsrolle vorerst beibehalten müsse, hielt dies unter außenpolitischen Gesichtspunkten sogar für zweckmäßig, während er im übrigen eine stillschweigende Zusammenarbeit anbot.

Auch in den folgenden Monaten pflegte Brüning informelle und streng geheimgehaltene Kontakte mit führenden Vertretern der NSDAP, ohne deren Parteiführung zur Tolerierung zu bewegen. Desgleichen fand sich das Kabinett Brüning in der umstrittenen Frage der zugunsten der NSDAP erfolgten Besetzung von Positionen in der thüringischen Polizeiverwaltung schließlich zu einem Kompromiß bereit, nachdem zuvor die Polizeikostenzuschüsse gesperrt worden waren. Das Zurückweichen des Reichsinnenministers Wirth erklärte sich aber auch aus der Unsicherheit darüber, ob der Reichsstaatsgerichtshof die NSDAP als »verfassungsfeindliche Partei« betrachten würde. Mit einer eher vermittelnden Haltung begünstigte Brüning indirekt die thüringischen Nationalsozialisten, deren eigenmächtige Personalpolitik zunehmend auf Widerstand bei den bürgerlichen Koalitionspartnern stieß, so daß sie im April 1931 den Rücktritt Fricks erzwangen. Der Kanzler hielt sich nach außen auffallend zurück. Er betonte zwar wiederholt in öffentlichen Stellungnahmen die Widersprüchlichkeit der nationalsozialistischen Propaganda, vermied es aber fühlbar, die Brücken zur NSDAP gänzlich abzubrechen.

Brünings entgegenkommende Einstellung zur NSDAP hob sich deutlich von seinem unstillbaren Mißtrauen gegenüber der SPD ab. Darin unterschied er sich nicht von der bürgerlichen Rechten, in deren Händen nun das Schicksal der Republik lag. Durchweg ging man in konservativ-nationalen Kreisen von der

Erwartung aus, die NSDAP bei einiger Geduld zu einer konstruktiven staatspolitischen Haltung erziehen und in den Prozeß der nationalen Wiedergeburt einbinden zu können. Der Deutschnationale Hans-Erdmann von Lindeiner-Wildau glaubte davor warnen zu müssen, nicht in denselben Fehler zu verfallen, »den frühere Generationen dem werdenden Sozialismus gegenüber begangen haben«. Er sprach die Überzeugung aus, daß die im Nationalsozialismus enthaltenen positiven Kräfte »irgendwie zum Neuaufbau herangezogen werden müßten«. Ähnlich dachten die führenden Vertreter der Reichswehr, die angesichts der in absehbarer Zeit erhofften Rückkehr zur allgemeinen Wehrpflicht auf das »nationale Menschenmaterial« der SA nicht verzichten wollten. In den gleichen Zusammenhang gehörte die verbreitete Illusion, mit Hitler besser als mit dem halsstarrigen Hugenberg auskommen zu können.

Nur dank des Entgegenkommens der SPD überstand das Kabinett Brüning das von DNVP, NSDAP und KPD eingebrachte Mißtrauensvotum; ebenso konnte die Aufhebung der Notverordnungen vom 26. Juli und 6. Oktober vermieden werden. Zugleich erreichte der Kanzler durch massiven Druck auf die gemäßigten Parteien und trotz hemmungsloser polemischer Auftritte der Opposition die Vertagung des Reichstages bis zum 3. Dezember 1930 und nach dieser kurzen Session nochmals bis zum Februar 1931. Weniger das Klima der Reichstagsverhandlungen als vielmehr die bewußt eingeschlagene Strategie des Kanzlers, Notverordnungen erst nach Vertagung des Reichstages einzubringen, drängten das Parlament in die fragwürdige Alternative, entweder den Sturz der Regierung zu betreiben oder seiner zeitweiligen Ausschaltung zuzustimmen. Letzteres beabsichtigte Brüning. Nach den Dezemberabstimmungen notierte Hermann Pünder, einer seiner engsten Mitarbeiter in der Reichskanzlei, daß es gleichgültig sei, mit welcher Mehrheit sich die Regierung behauptet habe, da sie es ohnehin ablehne, mit dem »arbeitsunfähigen Reichstag« zu kooperieren, und von ihm nur verlange, ihr nicht in den Arm zu fallen.

Die Verselbständigung der Regierungsgewalt gegenüber den gesetzgebenden Körperschaften wurde in der Umgebung des Reichskanzlers keineswegs als Notlösung empfunden. Vielmehr erblickte die Regierung darin ein Stück vorweggenommener Reichsreform. Folgerichtig nutzte Brüning die nicht ganz unprovozierte Obstruktionsneigung der Rechtsparteien und der KPD zu einer beträchtlichen Einschränkung des Handlungsspielraums der Legislative. Anfang Februar 1931 zwang er der Tolerierungsmehrheit die Zustimmung zu einer Geschäftsordnungsänderung auf, wonach kostenträchtige Gesetzentwürfe nur zusammen mit entsprechenden Deckungsvorschlägen eingebracht werden konnten. Dadurch gelang es zwar, die zahlreichen bloß demagogisch gemeinten Anträge der Opposition zu unterbinden, aber dies bedeutete zugleich eine erhebliche Einschränkung der parlamentarischen Gesetzesinitiative.

DNVP, NSDAP und KPD, letztere nur vorübergehend, antworteten auf die

Änderung der Geschäftsordnung mit dem demonstrativen Auszug aus dem Reichstag, dem sich auch die Landvolkpartei anschloß. Die Abwesenheit der Opposition ermöglichte eine sachbezogene Verhandlungsführung im Reichstag, machte Brüning aber insofern besorgt, als ihm unerwünschte sozialpolitische Vorlagen nun mit den Stimmen der SPD und der KPD durchgebracht werden konnten. Es war zudem eine Illusion anzunehmen, daß das vorübergehende Ausscheiden der Rechten eine politische Entlastung bringen würde. Der Druck auf das Kabinett wurde lediglich in den außerparlamentarischen Raum verlagert. Dies zeigte der Fortgang des vom Stahlhelm im Dezember 1929 eingeleiteten Volksbegehrens zur Auflösung des preußischen Landtages, das die politische Konstellation beim Kampf gegen den Young-Plan erneuerte. Mit dem im Februar abgehaltenen Volksbegehren erzwang die »nationale Opposition« die Durchführung eines Volksentscheids, der am 9. August 1931 stattfand. Die nationalistische Rechte erzielte zusammen mit der KPD 37 Prozent der Stimmen für die Landtagsauflösung.

Die Rechtsparteien glaubten, den Reichspräsidenten gegen Brüning einnehmen und ihn zur Auflösung des Reichstages veranlassen zu können. Die maßlose Agitation der Opposition, in der der Reichskanzler als Parteigänger Otto Brauns hingestellt wurde, enthielt insofern einen wahren Kern, als nur der Fortbestand der preußischen Koalition Brüning die notwendige Tolerierungsmehrheit sicherte. Das Reichskabinett befürchtete, durch eine Parteinahme für Braun bei Hindenburg Argwohn zu erregen. Sie lehnte es deshalb rundweg ab, Severing im Kampf gegen die »nationale Opposition« zu unterstützen. Als dieser die Presse durch eine preußische Notverordnung zwang, eine offiziöse Stellungnahme der Regierung abzudrucken, die den demagogischen Charakter des Volksentscheids klarstellte, fiel ihm das Reichskabinett in den Rücken. Das Volksbegehren brachte, wie erwartet, nicht die notwendige Stimmenzahl, bedeutete damit jedoch keine dauernde Entlastung der preußischen Regierung, zumal die »nationale Opposition« verstärkt auf den Reichspräsidenten einwirkte, sich der indirekten Zusammenarbeit Brünings und der SPD zu widersetzen.

Im Sommer 1930 schätzte der Kanzler die Gefahr, die Unterstützung Hindenburgs zu verlieren, gering ein. Die weitgehende Zurückdrängung des Reichstages und die dadurch bewirkte Neutralisierung des Parteieneinflusses boten die Voraussetzung dafür, seine innenpolitische Stellung durch ein durchgreifendes finanzpolitisches Reformprogramm und die Beseitigung der Reparationen zu festigen, um danach die politischen Rechte für einen Verfassungsumbau im autoritären Sinne, möglicherweise unter Einschluß der Restauration der Hohenzollern-Monarchie zu gewinnen. Vorderhand wollte der Kanzler an der Institution des Reichstages nicht rütteln, wenngleich er diesen in die Rolle eines bloß subsidiären Gesetzgebers drängte. Das Verhältnis von Notverordnungsrecht und regulärer Gesetzgebung wurde zunehmend auf den Kopf gestellt, indem die

Regierung alle entscheidenden Maßnahmen mittels des Notverordnungsrechts vollzog, die, obwohl in wenigen Verordnungen gebündelt, die reguläre Gesetzgebung quantitativ bei weitem übertrafen. Der Gewichtsverlust des Reichstages spiegelte sich in den rückläufigen Sitzungszahlen. Während er 1931 noch einundvierzigmal zusammentrat, kam es 1932 nur noch zu dreizehn Plenarsitzungen.

Brüning scheute sich zudem nicht, gegenüber unerwünschten Initiativen des Reichstages notfalls den Reichsrat ins Spiel zu bringen und, in der Regel mit Hilfe Otto Brauns, unbequeme Beschlüsse durch das Veto der Länderkammer zu revozieren. Allerdings wandte sich Brüning von der Abstützung auf den Reichsrat wieder ab und nahm diesem durch die Einengung des Kreises der zustimmungspflichtigen Gesetze die zuvor eingeräumte Funktion der Notlegislative, weil es ihm lästig wurde, auf die jeweiligen Länderinteressen Rücksicht zu nehmen. Desgleichen unterließ er es, den Reichsrat rechtzeitig von anstehenden Gesetzesvorhaben zu unterrichten, und stellte ihn in der Regel vor vollendete Tatsachen. Trotz Einschränkung der föderativen Mitwirkungsrechte und der Interessendivergenzen, die in wichtigen Fragen der Gesamtpolitik auftauchten, überwog die Solidarität der Länderkabinette mit der Reichsregierung, da sie wie das Reich unter dem Druck der Krise mit einer wachsenden parlamentarischen Opposition zu kämpfen hatten.

Der schwindende Einfluß der Volksvertretungen und der politischen Parteien kam auch darin zum Ausdruck, daß Besprechungen des Kanzlers mit den Parteiführern immer seltener wurden. Im gleichen Maße verstärkte sich die Machtfülle des administrativen Apparats. Der Ministerialbürokratie wuchs eine uneingeschränkte Schlüsselstellung im Gesetzgebungsprozeß zu, zumal Brüning die Verordnungsgesetzgebung bewußt in einer abstrakten juristischen Terminologie abfassen ließ, um den öffentlichen Widerstand dagegen zu erschweren. Ohne die Hilfe von Verwaltungsjuristen waren die immer umfangreicher werdenden Notverordnungen schließlich nicht mehr zu entziffern. Dieser Tendenz entsprach, daß einzelnen Staatssekretären – insbesondere Hermann Pünder und Hans Schäffer – ein politischer Einfluß zuwuchs, der denjenigen der Ressortminister erheblich übertraf. Zugleich hatte Staatssekretär Curt Joël, der nach dem Ausscheiden Viktor Bredts das Reichsjustizministerium kommissarisch wahrnahm, eine maßgebende Mitsprache, vor allem was den Anwendungsbereich der Notverordnungsgesetzgebung betraf.

Der innere Ausbau des Präsidialsystems kam auch darin zum Ausdruck, daß die anfänglichen Bedenken, durch Notverordnungen auch Materien zu regeln, die bislang als notverordnungsfest galten, darunter die Beamtenbesoldung, nach und nach fortfielen und schließlich sogar Eingriffe in die hoheitliche Stellung der Länder und die Selbstverwaltungsrechte der Gemeinden durch Notverordnungen vorgenommen wurden. Während man ihnen ursprünglich nur eine befristete

Geltung zugesprochen hatte, fiel diese Einschränkung ebenso weg wie der Grundsatz, daß das Budgetrecht des Reichstages nicht angetastet werden dürfe. Führende Verfassungsrechtler, wie Gerhard Anschütz und Walter Jellinek, also keineswegs nur rechtsstehende Staatsrechtslehrer, unterstützten die verfassungsändernde und in mancher Hinsicht verfassungsdurchbrechende Ausdehnung des Notverordnungsrechts, so daß die als selbständiges Legislativrecht gedeutete Diktaturgewalt des Reichspräsidenten kaum mehr auf Hindernisse stieß. Diese Politik erwies sich als ebenso verhängnisvoll wie kurzsichtig. Mit guten Gründen warnte der bayerische Ministerpräsident Heinrich Held den Reichskanzler Anfang 1932, es werde unmöglich sein zu verhindern, daß eine »andersgeartete Regierung dieser oder jener Richtung« sich bei der mißbräuchlichen Anwendung des Artikels 48 auf frühere Usancen abstütze.

Obgleich die Staatsrechtslehre und das Reichsgericht im wesentlichen die Ausdehnung von Brünings Notverordnungspolitik deckten und nur in Einzelfragen, darunter der Beamtenbesoldung, von ihr abwichen, verstärkte sich die Kritik der Oppositionsparteien an dem verfassungsdurchbrechenden Charakter der Präsidialregierung. Die Drohung der NSDAP, Hindenburg deswegen vor dem Staatsgerichtshof anzuklagen, verfehlte ihre Wirkung nicht. Staatssekretär Meißner, der sich zunächst für die Ausweitung des präsidialen Notverordnungsrechts eingesetzt hatte, erhob seit Ende 1931 im Kabinett zunehmend Bedenken, ob die vorgesehenen Maßnahmen mit der verfassungsmäßigen Anwendung von Artikel 48 vereinbar seien, und drohte gelegentlich mit einem Veto des Reichspräsidenten. Je weiter sich Brüning von den parlamentarischen Parteien löste, desto abhängiger wurde er vom Reichspräsidenten und den hinter ihm stehenden politischen Kräften, nicht zuletzt der Führung der Reichswehr, aber auch von den Verbänden, die ihre Interessen unmittelbar gegenüber den Ressorts, womöglich auf dem Umweg über das Reichspräsidialbüro geltend machten, ohne daß Reichstag und Parteien ihre unentbehrliche Integrationsfunktion wahrnehmen konnten.

Im Spätherbst 1930 hoffte Brüning, den gewonnenen innenpolitischen Handlungsspielraum zu einer umfassenden Sanierung der Finanzen nutzen und so dem Ziel der Beseitigung der Reparationen näherkommen zu können. Die Notverordnung vom 6. Oktober 1930 bedeutete einen ersten Schritt in diese Richtung und brachte empfindliche Abstriche bei den Sozialleistungen und den Einkommen im öffentlichen Dienst, ferner eine beträchtliche Senkung der öffentlichen Investitionen. Staatssekretär Hans Schäffer, Brünings engster Mitarbeiter in Haushaltsfragen, hoffte dadurch und mit Hilfe eines Kredits des Bankhauses Lee, Higginson & Co. in Höhe von 125 Millionen Dollar über das im April 1931 auslaufende Haushaltsjahr hinwegzukommen. Eine ausländische Kreditaufnahme war notwendig geworden, weil die Einnahmen des Reiches infolge der sich seit Mitte des Jahres wieder beschleunigenden wirtschaftlichen

Schrumpfung hinter den Ausgaben zurückblieben, von denen vor allem diejenigen für die Krisenfürsorge alle Vorausschätzungen bei weitem hinter sich ließen.
Im Grunde widersprach schon dieser Schritt der von Brüning verfolgten Strategie. Lee, Higginson & Co. knüpfte die Kreditgewährung an die Bedingung, am Young-Plan festzuhalten und ein Schuldentilgungsgesetz parlamentarisch verabschieden zu lassen. Der Reichskanzler war entschlossen, die deutsche Auslandsverschuldung abzubauen und die kurzfristigen Schulden zu konsolidieren, zumindest was die öffentlichen Hände anging. Er bemühte sich deshalb, die Kreditaufnahme des Reiches in engen Grenzen zu halten. Die empfindlichen Haushaltslücken, die trotzdem bestehen blieben und sich spürbar vergrößerten, konnten jedoch nicht mehr durch ausländische Kredite gestopft werden, da diese an die politische Bedingung gebunden waren, mit Frankreich zu einem Aufschub der Reparationsfrage zu kommen. Das bestärkte Brüning in dem Entschluß, auf ausländische Finanzhilfen möglichst zu verzichten. Der Kanzler verwarf den Gedanken an eine wirtschaftspolitische Autarkie des Reiches, die von großagrarischen Kreisen vertreten, auch von der NSDAP propagiert und von Schacht aus taktischen Erwägungen aufgegriffen wurde, und stimmte mit dem Reichsverband der Deutschen Industrie in der Überzeugung überein, daß nur ein grundlegender Ausbau des eigenen Exports Deutschland in die Lage versetzen könne, seine frühere Machtstellung zurückzugewinnen. Wenn er gleichwohl die Kreditabhängigkeit des Reiches vom Ausland zu verringern suchte, spielte dabei in erster Linie das Motiv eine Rolle, nicht wie 1929 in eine Situation zu geraten, in der sich die Regierung, jedenfalls nach seiner Meinung, den alliierten Bedingungen widerstandslos hatte fügen müssen.
Brüning ging jedoch einen Schritt weiter. Er gedachte, die Auslandsverschuldung in eine taktische Waffe umzuschmieden, um die Aufhebung der Reparationen zu erreichen und »die Völker für eine Gesamtlösung reif zu machen«, welche die Revision des Versailler Vertrags ausdrücklich einbezog. Bei einem entschuldeten, krisensicheren Staatshaushalt und einer hochverschuldeten, aber funktionsfähigen Wirtschaft würde eine Situation eintreten, in der Deutschland Reparationen und Tilgung sowie Verzinsung der ausländischen Kredite nicht gleichzeitig aufbringen konnte. Der Gedanke, die privaten Schulden gegen die Reparationsverpflichtungen auszuspielen, richtete sich primär gegen Frankreich, das nur über einen geringen Anteil an den kommerziellen Krediten, die in Deutschland festgelegt waren, verfügte, jedoch der Hauptreparationsgläubiger war. Deutschlands private Gläubiger konnten nicht daran interessiert sein, daß im Ausland aufgenommene Kredite vorwiegend zur Reparationszahlung benutzt wurden, wie das seit 1924 üblich gewesen war. Der Transfer der Reparationen wäre beim Ausbleiben solcher Kredite nur durch eine bis zum Dumping reichende Ausweitung des deutschen Exports sicherzustellen gewesen, woran den ausländischen Kreditoren ebensowenig gelegen sein konnte.

Der Kanzler verfolgte die Absicht, durch eine auf breiter Front vorangetriebene Deflationspolitik zugleich die innere Verschuldung der öffentlichen Haushalte abzubauen. Bei sparsamster Haushaltsführung, die er ohnedies als selbstverständliche Pflicht des Staates ansah, konnten die nicht unbegründeten Einwände der Alliierten, daß Deutschland die Aufbringung der Reparationen mutwillig verhindere, beiseite geräumt werden. Eine Verringerung der Steuerlasten mußte die Konkurrenzfähigkeit der deutschen Industrie auf den internationalen Märkten wiederherstellen. Zudem strebte Brüning eine Senkung des Lohn- und Preisniveaus unter Ausnutzung der Wirtschaftskrise an, die nach dem Ende der Reparationen und nach der Überwindung des Tiefpunkts der Krise durch eine Abwertung der Mark ergänzt werden und die Voraussetzungen für eine umfassende deutsche Exportoffensive schaffen sollte. Das erste Land, das die im Innern unpopulären Opfer auf sich nehme, werde »an die Spitze kommen«, so erläuterte der Kanzler Anfang Oktober 1930 Adolf Hitler sein Vorhaben.

Schon unter normalen wirtschaftlichen Bedingungen wären die Risiken einer einlinigen Strategie, die Brüning mit Starrheit verfolgte, beträchtlich gewesen. Die Auswirkungen des weltwirtschaftlichen Abschwungs auf Deutschland ließen sie über alle Maßen anwachsen. Gleichwohl vermochte er sich zunächst sowohl innerhalb des Kabinetts als auch gegenüber den industriellen Interessengruppen zu behaupten. Dabei spielte mit, daß der verheerende Konjunktureinbruch, der die Arbeitslosenziffern hochschnellen ließ und die private Investitionstätigkeit zum Erliegen brachte, in Kreisen der Industrie, desgleichen bei Gewerkschaften und Beamtenverbänden, tiefe Ratlosigkeit hervorrief, von der die nach außen zur Schau gestellte und zunächst auch tatsächlich bestehende Entschlossenheit des Kanzlers positiv abstach, dem man unterstellte, alles in seiner Macht Stehende zur Überwindung der Krise zu tun. Dies traf jedoch nur sehr begrenzt zu. Zwar stimmte er mit der von der herrschenden nationalökonomischen Lehre vertretenen Auffassung überein, daß es nicht möglich sei, die Krise, von der er sich eine Gesundschrumpfung der Wirtschaft versprach, anders als mit deflationären Mitteln zu bekämpfen. Desgleichen war er überzeugt, dadurch den Tiefpunkt der Rezession beschleunigt herbeizuführen. Aber Brüning war kein konsequenter Deflationist, und er richtete seine Finanz- und Wirtschaftspolitik nicht am Gesichtspunkt der Krisenbekämpfung, sondern an dem der Beseitigung der Reparationen aus, die er allerdings für die Entstehung der Weltwirtschaftskrise mitverantwortlich machte.

In Kreisen der Wirtschaft überwog anfänglich die Neigung, den Konjunktureinbruch, der sich erst in der zweiten Jahreshälfte 1930 in vollem Umfang bemerkbar machte, auf endogene Ursachen, vor allem überhöhte steuerliche Belastungen und Sozialausgaben zurückzuführen, obwohl bereits 1929, bei äußerlich anhaltender Konjunktur, in der sinkenden Investitionsbereitschaft und in anwachsenden Spareinlagen deutliche Anzeichen für einen Umschwung vorhanden waren. Desgleichen begann noch vor Brünings Maßnahmen zur Reduzierung von Preisen und Löhnen ein Preisverfall, der jedoch die kartellisierten Produkte nur mit einer gewissen Verzögerung erfaßte und bei landwirtschaftlichen Erzeugnissen infolge staatlicher Stützungsmaßnahmen zunächst aufgehalten wurde. Die Großindustrie führte den Konjunkturrückgang vornehmlich auf die verfehlte Sozialpolitik zurück und war entschlossen, mit ihm eine Verringerung der Selbstkosten zu erreichen. Erst langsam setzte sich die Einsicht durch, daß die Krise, die nicht einheitlich verlief, kontraktive Effekte auslöste, die mit einer Senkung der Lohnkosten und Steuern nicht abzufangen waren, und daß sie die Existenz zahlreicher Betriebe unmittelbar bedrohte. Die Industrieproduktion fiel, gemessen an dem Höchststand von 1927/28, bis 1932/33 um mehr als 43 Prozent, die Stahlerzeugung um 65 Prozent. Angesichts der ungewöhnlich hohen Kreditzinsen, die ihre Ursache in der Währungspolitik der Reichsbank und deren Abhängigkeit vom amerikanischen Kapitalmarkt hatten, kam die Investitionstätigkeit praktisch zum Erliegen, während die Abschreibungen das neu investierte Kapital schließlich bei weitem übertrafen.

Obwohl der internationale Charakter der Krise rasch zutage trat, glaubte Brüning, der hierin mit den industriellen Spitzenverbänden zunächst übereinstimmte, an seinem finanz- und wirtschaftspolitischen Kurs festhalten und einstweilen auf eine internationale Kooperation verzichten zu können. Die von ihm beabsichtigte Senkung der Produktionskosten wurde durch den Konjunktureinbruch begünstigt. Seine konsequente Deflationspolitik wurde von der Industrie, aber auch von den Gewerkschaften als einziges Mittel der Krisenbekämpfung betrachtet. Insofern ging der Interessendruck auf das Kabinett anfänglich zurück, was allerdings nicht für die landwirtschaftlichen Subventionsforderungen galt. Doch die Minderung der Steuereinnahmen und die rapide anwachsenden Aufwendungen zur Unterstützung von Dauererwerbslosen machten diese politischen Vorteile mehr als wett. Trotz Abbaus der öffentlichen Ausgaben und Investitionen von Reich, Ländern und Gemeinden belief sich die reale Schrumpfung der öffentlichen Ausgaben auf nicht mehr als 17 Prozent, während der Anteil von unproduktiven im Verhältnis zu produktiven Aufwendungen rapide zunahm. Anstelle der immer noch beabsichtigten Steuersenkungen sah sich die Reichsregierung schließlich gezwungen, die steuerliche Belastung auch der Wirtschaft zu vergrößern, was sich zusammen mit den aus währungspolitischen Gründen hochgehaltenen Zinsen zusätzlich kontraktiv auswirkte.

Der Rückgang des Volkseinkommens, der pro Kopf der Bevölkerung zwischen 1929 und 1932 nominell 41 Prozent ausmachte, wäre schwerlich so rasch erfolgt, hätten nicht politische Rücksichten auf die ostelbische Großlandwirtschaft zu volkswirtschaftlich unvertretbaren Stützungsmaßnahmen geführt. Sie trugen dazu bei, daß die Hauptlast der Krise der Arbeitnehmerschaft und dem gewerblichen Mittelstand aufgebürdet wurde, während sich die Einkünfte aus der Landwirtschaft und aus Kapitalvermögen im Durchschnitt nur um etwa ein Drittel verminderten, was sowohl auf den Agrarschutz als auch auf die steuerliche Begünstigung der Großindustrie zurückzuführen war. Insofern brachte die Krise eine einschneidende Einkommensumverteilung zu Lasten der Arbeiterschaft und der unteren Mittelschichten einschließlich der Renten- und Sozialhilfeempfänger, ohne daß dies in solchem Umfang wirtschaftspolitisch geboten war.

Für politisch Eingeweihte war der durch Brünings Krisenpolitik bewirkte Umverteilungseffekt bereits Ende 1930 voraussehbar, denn er entsprach den Wünschen der Interessengruppen von Industrie und Landwirtschaft. Der sozialstatistisch erfaßbare Umschichtungsprozeß stellte jedoch nicht das Resultat einer vorausschauenden Wirtschafts- und Finanzpolitik dar. Für die Reichsregierung machten sich die in ihrem Ausmaß völlig unerwarteten Auswirkungen der Krise überwiegend als Störfaktoren bei der Durchsetzung der Brüningschen finanz- und reparationspolitischen Vorgaben bemerkbar. Angesichts des ständigen Rückgangs der Steuereinnahmen verwandelten sich die Bemühungen um Deckung der öffentlichen Haushalte in einen zunehmend illusorischen Wettlauf mit der Zeit. Die Warnungen, wie sie insbesondere Wilhelm Lautenbach im Reichswirtschaftsministerium aussprach – die fortschreitende Schrumpfung der öffentlichen Investitionen bei gleichzeitigem Absinken der Preise unter die Gestehungskosten werde die konjunkturelle Spirale immer weiter hinunterschrauben –, wurden von Brüning und Luther überhört. Sie erkannten nicht, daß nur ein vom Staat ausgehender Nachfrageimpuls Abhilfe schaffen konnte.

Die Bekämpfung der Massenarbeitslosigkeit wurde vom Reichskabinett überwiegend unter fiskalischen Gesichtspunkten gesehen. Maßnahmen zur mittelbaren und unmittelbaren Arbeitsbeschaffung, wie sie die eigens zu diesem Zweck einberufene Brauns-Kommission in begrenztem Umfang vorschlug, gewannen daher keine eigenständige politische Qualität, sondern erschienen ausschließlich als flankierende Strategien zur Haushaltssanierung. Sie standen zudem in einem Zielkonflikt zu der vom Kabinett forcierten Lohn- und Preissenkung, von der sich Brüning, der die Rückwirkung der internationalen Schutzzollpolitik unterschätzte, eine Ankurbelung des Exports versprach. Doch diese auch reparationspolitisch erwünschte Strategie war unvereinbar mit der aus politischen Rücksichten vorgenommenen Subventionierung der Landwirtschaft. Diese zentralen Krisenfaktoren, die im Frühsommer 1931 durch die Bankenkrise vermehrt wurden, sprengten den ursprünglich gegebenen Rahmen der außen- und innenpolitischen Zielvorgaben des Kabinetts.

In dem Maße, in dem das politische Überleben des Kabinetts davon abhing, wenigstens zu vorläufigen Problemlösungen zu gelangen, tendierte es immer mehr dazu, die ausschließliche Regelungskompetenz an sich zu ziehen. Dies galt für die Tarifpolitik, die Bankenaufsicht, die Osthilfe und schließlich auch für den Außenhandel. Unzweifelhaft bedeutete die ständige Ausweitung des staatlichen Zugriffs eine Überforderung der Kräfte, zumal sich Brüning nicht dazu entschließen konnte, der akuten Krisenbekämpfung den Vorrang gegenüber den grundsätzlichen reparations- und verfassungspolitischen Aufgaben einzuräumen. Infolgedessen verwandelte sich die Regierungsführung alsbald in ein unübersichtliches System taktischer Aushilfen, in dem auch die langfristigen außenpolitischen Vorhaben kurzfristigen innenpolitischen Kalküls dienstbar gemacht wurden. Während die angekündigte außen- und innenpolitische Wende auf sich warten ließ, reagierte der Kanzler auf den aufgestauten Unmut der Interessengruppen mit verworren wirkendem Taktieren; es gelang ihm nicht, die Öffentlichkeit von der Fähigkeit und dem Willen der Regierung zu überzeugen, mit der Massenarmut und dem wirtschaftlichen Niedergang fertigzuwerden.

Die durch den Konjunkturabfall ausgelöste Massenarbeitslosigkeit überstieg Anfang 1931 die Grenze von 4 Millionen und betrug im Februar 1932 bereits 6,1 Millionen. Die effektive Erwerbslosigkeit lag beträchtlich höher, da zahlreiche Erwerbstätige, die keinen Anspruch auf Arbeitslosenunterstützung besaßen oder keinen Arbeitsplatz mehr zu finden vermochten, in der amtlichen Statistik nicht auftauchten. Der vorübergehende Anstieg der selbständig Beschäftigten deutet darauf hin, daß viele Dauererwerbslose einem Hausierergeschäft nachgingen, um wenigstens am Rand des äußersten Existenzminimums leben zu können. Die systematische Kürzung der Leistungen der Arbeitslosenversicherung, die nach dem Juni 1931 nur noch für zwanzig Wochen, bei Saisonarbeitern für sechzehn Wochen gezahlt wurde, sowie die ständig erweiterte Ausgrenzung bestimmter Arbeitnehmergruppen, nicht zuletzt Jugendlicher und großer Teile der weiblichen Erwerbstätigen, bewirkten, daß die Arbeitslosenversicherung zum Zeitpunkt der höchsten Arbeitslosigkeit wachsende Überschüsse verzeichnete, während sich die Ausgaben für die Krisenfürsorge und vor allem für die den Gemeinden zufallende Wohlfahrtsunterstützung vervielfachten. Die für wenige Wochen gezahlte Krisenunterstützung, die das Reich zur Abpolsterung dieses Effektes einführte, war infolge der um sich greifenden Dauererwerbslosigkeit von untergeordneter Bedeutung.

Die Lage der Dauererwerbslosen in einer Gesellschaft, in der Arbeitslosigkeit immer noch als selbstverschuldet und als sozialer Makel begriffen wurde, entzieht sich einer angemessenen Beschreibung. Die Not in den Großstädten, die in erster Linie von der Arbeitslosigkeit betroffen waren, während sie sich auf dem Lande, bei extrem niedrigen Löhnen, noch in Grenzen hielt, war unvorstellbar. Verzweifelte Menschen, die mit Schildern »Suche Arbeit um jeden Preis« über die Straße gingen, die gegen geringes Entgelt stundenweise einen Schlafplatz mieteten, weil sie eine notdürftige Unterkunft nicht bezahlen konnten, die sich in den städtischen Wärmehallen aufhielten, weil sie die Kosten für Heizmaterial nicht aufzubringen vermochten, die die niedrigsten Tätigkeiten annahmen, nur um zu überleben, die sich keine Zigarette und kein Bier leisten konnten und in den Proletarierkneipen mit Neid auf jene starrten, die Alkohol tranken, die die Abfallkübel der Reichen nach Eßbarem durchwühlten – Erscheinungen dieser Art prägten das Gesicht der Arbeiterviertel, in denen vielleicht jeder Zehnte noch über einen Arbeitsplatz verfügte und täglich um ihn bangte. Jugendliche Arbeitnehmer und Frauen, die bevorzugt entlassen wurden, waren am stärksten betroffen, zudem wurden gerade ihnen die Unterstützungsleistungen, die von einer demütigenden Bedürfnisprüfung abhängig waren, verweigert oder gekürzt.

Die Jugendarbeitslosigkeit, die durch überproportional starke, ins Berufsleben drängende Jahrgänge vermehrt wurde, schob einen beträchtlichen Teil der jüngeren Generation nicht nur an den Rand der materiellen Existenz, sondern trug auch zum raschen Ansteigen gesellschaftlicher Militanz insbesondere bei den extremen Flügelparteien, der KPD und NSDAP, bei. Nach dem Verbot des Rotfrontkämpferbundes wurde die KPD selbst in zunehmendem Maße zum Träger terroristischer Gewaltakte, wenngleich sie vielfach durch Übergriffe der SA provoziert waren. Die SA wurde zu einem Sammelbecken für überwiegend jugendliche Erwerbslose, die in den SA-Heimen und durch öffentliche Sammlungen, die die »Winterhilfe« vorwegnahmen, ein notdürftiges Auskommen erhielten. Die erwerbslosen Jugendlichen, die keinen Anschluß an das Berufsleben und somit an Gewerkschaften, Berufsverbände und Arbeitervereine fanden, rekrutierten die sich zusehends herausbildenden Bürgerkriegsarmeen von links und vor allem von rechts. Unabhängig davon schwächte die Dauererwerbslosigkeit, die schließlich ein gutes Drittel der abhängig Beschäftigten umfaßte, den Solidaritätssinn und die Handlungsbereitschaft der Arbeitnehmer. Die tiefe Resignation, die sich allenthalben ausbreitete, verband sich mit einem ansteigenden Protestverhalten bei öffentlichen Wahlen und begünstigte so die KPD. Der Druck der breiten Öffentlichkeit, Maßnahmen gegen die Massenarmut zu ergreifen, ließ auch Hindenburg nicht unberührt, der seinerseits die Regierung drängte, »Arbeit und Brot« zu schaffen.

Die in diesem Ausmaß gänzlich unerwartete Arbeitslosigkeit wirkte sich zunächst in einer Krise des sozialen Versorgungssystems aus. Trotz der Einschränkung der Leistungen der Arbeitslosenversicherung im Hinblick auf die Unterstützungsdauer, den Kreis der Anspruchsberechtigten und die Höhe der Alimentation, trotz der ständigen Kürzungen in den nachfolgenden Unterstützungsformen, der Reduzierung der Leistungen der Sozial- und Krankenversicherung, der Schrumpfung der Wohlfahrtsfürsorge und der Rentenzahlungen und desgleichen der Abtrennung der Arbeitslosenversicherung vom Reichshaushalt stiegen die Sozialausgaben im Vergleich zu den absinkenden öffentlichen Ausgaben unverhältnismäßig stark an. Sie wurden jedoch in zunehmendem Maße vom Reich und von den Versicherungsträgern auf die Gemeinden abgewälzt. Der

Streit um die Beitragshöhe zur Arbeitslosenversicherung, die inzwischen 6,5 Prozent betrug, erschien aus dieser Perspektive belanglos. Immerhin war es dem sozialdemokratischen Beschluß zur Tolerierung zuzuschreiben, daß die Reichsregierung an der Arbeitslosenversicherung festhielt und einstweilen die erhöhten Ausgaben für die vom Reich zu tragende, allerdings ebenfalls befristet gezahlte Krisenfürsorge aufbrachte. Carl Goerdeler, der die Aufgabe eines Reichssparkommissars wahrnahm, vertrat schon damals die Auffassung, daß das System der Arbeitslosenversicherung endgültig gescheitert sei, und verlangte, das Bedürftigkeitsprinzip auf die Versicherungsleistungen auszudehnen und mittelfristig die Aufgaben der Arbeitslosenfürsorge den Gewerkschaften zu übertragen, die er in öffentlich-rechtliche Zwangskörperschaften umbilden wollte. Indessen hielt Reichsarbeitsminister Stegerwald an der Arbeitslosenversicherung fest, obwohl sie immer weniger Arbeitslosen ein notdürftiges Auskommen sicherte.

Angesichts der eskalierenden Massenarbeitslosigkeit drängte sich der Gedanke auf, durch gezielte öffentliche Aufträge zusätzliche Arbeitsplätze zu schaffen und dadurch den Konjunktureinbruch zumindest zu dämpfen. Überlegungen dazu hatte der Vorläufige Reichswirtschaftsrat schon zu Beginn der Krise angestellt, und die seit 1926 übliche produktive Erwerbslosenfürsorge diente dem gleichen Zweck. Reichsfinanzminister Dietrich machte sich zum Fürsprecher eines Konjunktur- und Saisonausgleichs durch öffentliche Aufträge. Entsprechende Bemühungen im Frühsommer 1930 beschränkten sich auf zusätzliche Aufträge von Reichsbahn und Reichspost, doch erwiesen sich die dafür eingesetzten finanziellen Mittel als viel zu gering, um eine konjunkturbelebende Wirkung zu erzielen, ganz abgesehen davon, daß man öffentliche Aufträge an Preissenkungen band. Von besonderer Bedeutung war der durch die Einsparungen in den öffentlichen Haushalten beschleunigte Zusammenbruch der Bauwirtschaft. An die Stelle des von einer privaten Planungsgruppe vorgeschlagenen Autobahnbaus setzte das Reichskabinett ein umfassendes Straßenbauprojekt, das durch die Aufnahme von Auslandsanleihen finanziert werden sollte und deshalb am Einspruch des Reichsbankpräsidenten scheiterte. Es blieb bei einem finanziell eng begrenzten Programm zur Förderung des Kleinwohnungsbaus.

Unter diesen Bedingungen beschränkte sich die Konjunkturpolitik des Reichskabinetts in erster Linie darauf, durch Lohn- und Preissenkungen die Selbstkostenkrise von Teilen der Industrie zu mildern und den Binnen- wie den Exportmarkt zu beleben. Dies erwies sich jedoch als ein gefährliches Experiment. Denn indem die Regierung den Prozeß der Anpassung von Preisen und Löhnen an die absinkende Binnenkonjunktur durch Notverordnungen forcierte, zunächst in der Absicht, die für unvermeidlich gehaltene Reinigungskrise zu beschleunigen, zerschlug sie alle Ansätze zu einer konjunkturellen Erholung. Im Hinblick auf sinkende Preise war von der Unternehmerschaft keine Investitionsneigung zu erwarten. Darüber hinaus gelang es der Regierung nicht, die gebundenen Preise in gleichem Maße zu senken wie diejenigen von Nichtmarkenartikeln. Die erzwungene Preissenkung stieß auf erbitterte Kritik, nicht nur bei dem von ihr am meisten betroffenen Handwerk und Kleinhandel, sondern bald auch bei der Großindustrie, da die Preise, trotz weit herabgesetzter Löhne, schließlich unter die Selbstkosten fielen. Zugleich rückte die staatliche Preissenkung in Widerspruch zur Anhebung der Umsatzsteuer, in die nun auch die krisengeschüttelte Landwirtschaft einbezogen wurde. Der Preisverfall, der nach und nach auch die künstlich gestützten landwirtschaftlichen Preise erfaßte, verringerte nicht allein die Investitionsneigung der Unternehmer, sondern verfehlte wegen der zunehmend errichteten Zollmauern auch die erwartete ankurbelnde Wirkung auf den Export.

Der Entschluß der britischen Regierung vom September 1931, das Pfund abzuwerten, beeinträchtigte überdies die internationale Konkurrenzfähigkeit der deutschen Industrie, die sich nachdrücklich dafür einsetzte, der von zahlreichen europäischen Ländern vorgenommenen Abwertung zu folgen, was Brüning aus reparationspolitischen Gründen verweigerte. Der Kanzler konnte sich bei seiner starren Haltung in der Abwertungsfrage, die von der Schwerindustrie nachhaltig kritisiert wurde, auf die formellen Bestimmungen des Young-Planes berufen, die das Deutsche Reich verpflichteten, die Golddeckung der deutschen Währung beizubehalten, was allerdings nach der Bankenkrise nur noch begrenzt gewährleistet war. Angesichts des Verzichts zahlreicher weiterer Staaten auf die Golddeckung ihrer Währungen hätte sich eine dem britischen Pfund folgende Abwertung der Mark trotz französischer Widerstände diplomatisch wohl durchsetzen lassen. Brüning wollte jedoch eine Abwertung von zwanzig Prozent erst im Zusammenhang mit der von ihm im Anschluß an die Reparationsregelung ins Auge gefaßten Exportoffensive vornehmen. Der Rückgang der deutschen Exportwirtschaft wirkte sich in einer weiteren binnenwirtschaftlichen Schrumpfung aus, die im schwerindustriellen Bereich eine eklatante Unterauslastung der Kapazitäten mit sich brachte.

Unter diesen Umständen hatte es wenig Sinn, zusätzliche Einsparungen in den öffentlichen Haushalten vorzunehmen, die zu einer weiteren Einschränkung der Wirtschaftstätigkeit führen mußten. Es mehrten sich die Stimmen, die für eine umfassende Kreditschöpfung zur Bekämpfung der Arbeitslosigkeit eintraten. Während Luther und zahlreiche Kabinettsmitglieder unschlüssig waren, ob die Fortsetzung der Deflationspolitik noch sinnvoll sei, und selbst Brüning eine gewisse Verunsicherung erkennen ließ, schob er Bedenken mit der Feststellung beiseite, daß Maßnahmen zur Ankurbelung der Wirtschaft erst auf dem Tiefpunkt der Krise erfolgen dürften und vorher allenfalls psychologische Bedeutung besäßen. Folgerichtig widersprach er der von den Gewerkschaften und der SPD geforderten Arbeitszeitverkürzung und Arbeitsbeschaffung, aber auch den Erwägungen, die Ernst Wagemann seit Monaten intern vorgetragen hatte, bis er

Anfang 1932 in einem Vortrag vor der Gesellschaft für Geld- und Kreditreform die Flucht in die Öffentlichkeit antrat. Wagemann plädierte für ein umfassendes Programm künstlicher Kreditschöpfung, das wenig später vom ADGB mit dem WTB-Plan in kaum veränderter Form aufgegriffen wurde. Brüning verurteilte Wagemanns Alleingang aufs schärfste: Indem dieser den Eindruck erwecke, daß es andere Mittel als die Deflationspolitik gebe, »um unsere Lage zu verbessern«, verhagele er das Reparationsprogramm. Denn die Franzosen würden die Deutschen der Unaufrichtigkeit bezichtigen, wenn der Eindruck entstünde, daß man mit Maßnahmen zur Wirtschaftsbelebung so lange gewartet habe, bis in Basel die Anerkennung der deutschen Zahlungsunfähigkeit erreicht worden sei. Luther fügte kritisch hinzu, Wagemanns Initiative gefährde die Verwaltungsreform und den Abbau der Sozialleistungen, und deckte damit die politischen Prioritäten des Kabinetts auf.

Die Empfehlungen der Brauns-Kommission zur Milderung der Arbeitslosigkeit kamen daher über fragwürdige Palliative, darunter die Einführung des freiwilligen Arbeitsdienstes und kärglich bemessene Notstandsarbeiten, nicht hinaus. Selbst die eng begrenzten Vorschläge zur Wohnungsbauförderung fielen dem Widerstand der industriellen Spitzenverbände zum Opfer, die den Zeitpunkt gekommen sahen, die Wohnungszwangswirtschaft und öffentliche Wohnungsbauförderung zugunsten einer Privatisierung des Wohnungsbaus endgültig zu liquidieren. Daß die Industrie Arbeitsbeschaffungsmaßnahmen ablehnte, sofern sie nicht, wie bei der Reichseisenbahnverwaltung und der Reichspost, den privaten Sektor unberührt ließen, lag auf der Hand. Die formelle Begründung lautete, daß die angestrebte Selbstkostensenkung dadurch behindert würde. Ebenso lehnte die Vereinigung deutscher Arbeitgeberverbände den Vorschlag Dietrichs ab, durch Lohnkostenzuschüsse aus öffentlichen Mitteln einen Anreiz für zusätzliche Einstellungen zu schaffen, da dies Wettbewerbsverzerrungen zur Folge habe. Es verwundert nicht, daß Brüning wenig Anlaß sah, seine grundsätzlichen Bedenken gegen Arbeitsbeschaffung zu revidieren.

Von seiten der SPD und der Gewerkschaften wurde auf ein gesetzliches Vorgehen gedrängt, die Arbeitszeit im Regelfall auf vierzig Wochenstunden zu begrenzen. Für diese vom preußischen Kabinett nachdrücklich unterstützte und von Adam Stegerwald aufgegriffene Forderung sprach eine Fülle von Gesichtspunkten. Gerade kleine und mittlere Unternehmer waren daran interessiert, auf diesem Weg ihre Stammbelegschaft zu erhalten. Die Harburger Ölwerke hatten mit einem Vierschichtensystem mit einer sechsunddreißigstündigen wöchentlichen Arbeitszeit gute Erfahrungen gemacht. Auch sonst mehrten sich die Bestrebungen, die effektive Arbeitszeit durch Feierschichten zu senken, um nicht noch mehr Arbeitskräfte auf die Straße zu setzen. Bei der IG-Farben wurde ebenfalls eine Kürzung der Arbeitszeit ernsthaft erwogen. Carl Bosch, Vorstandsvorsitzender des Konzerns und Präsidiumsmitglied des Reichsverbandes der Deutschen Industrie, erblickte darin eine unausweichliche Notwendigkeit: »Bei der auch für die Dauer zu erwartenden Überproduktion an Waren und dem Überschuß an Arbeitskräften in der ganzen Welt und der Unmöglichkeit, auf die Dauer einen Teil unserer Bevölkerung von der Produktion ganz auszuschließen«, stelle die »Herabsetzung der Arbeitszeit« die einzige realistische Lösung dar. Unter dem Druck der öffentlichen Meinung entschloß sich das Kabinett, in die Notverordnung vom Dezember 1931 die Ermächtigung aufzunehmen, die Wochenarbeitszeit auf vierzig Stunden zu senken, beschränkte sich aber dann auf die Empfehlung, statt der Entlassungen eine Reduzierung der Arbeitszeit vorzusehen. Ein Entlassungsverbot, wie es Preußen vorschlug, fand keine Zustimmung.

Boschs Forderung, eine gesetzliche Verkürzung der Arbeitszeit vorzunehmen, stieß, wie nicht anders zu erwarten, auf den massiven Widerstand der Schwerindustrie, obwohl Carl Bosch einen Lohnausgleich – in Übereinstimmung mit den Gewerkschaften – ausschließen wollte. Nach außen argumentierte die Schwerindustrie, dies laufe auf eine unzumutbare Erhöhung der Gestehungskosten hinaus. Intern ließ sie sich jedoch von der Erwägung leiten, daß angesichts der bereits um siebzehn Prozent gefallenen Reallöhne weitere Lohnkürzungen nicht mehr durchsetzbar seien, weil die Arbeitereinkommen dann unter das Subsistenzminimum fallen würden. Infolgedessen hätte eine Reduzierung der Arbeitszeit die Lohnkosten nicht nennenswert verringert. Ludwig Grauert, der Geschäftsführer von Arbeit Nordwest, unterbreitete daher anstelle einer Arbeitszeitverkürzung den Vorschlag, die Genehmigung zu erteilen, im Falle von Mehrbeschäftigung die Tariflöhne zu unterschreiten. Anders sei eine Senkung der Selbstkosten im Lohnbereich nicht möglich. Auch Gustav Krupp drängte die Reichsregierung zu einer derartigen Ermächtigung, die auf die Beseitigung der Tarifautonomie hinauslief, was von Stegerwald mit Rücksicht auf SPD und Gewerkschaften abgelehnt wurde.

Indessen vermochte sich das Kabinett nicht zu energischen Maßnahmen zur Vermehrung von Arbeitsplätzen durchzuringen. Der Reichskanzler stimmte begrenzten Schritten zur Arbeitsbeschaffung mit der Maßgabe zu, deren Umfang möglichst einzuschränken, um für notwendig werdende spätere Programme noch Mittel zurückzuhalten. Ausdrücklich teilte er die von Ernst von Borsig, dem Vorsitzenden der Vereinigung der Arbeitgeberverbände, und Eduard Hamm, dem geschäftsführenden Präsidialmitglied des Deutschen Industrie- und Handelstages, vertretene Auffassung, daß künftige Belebungsmöglichkeiten nicht durch Arbeitsbeschaffungsmaßnahmen verschüttet werden dürften. Man dürfe, meinte der Kanzler, den kommenden Generationen nicht die Arbeit wegnehmen. Der dogmatische Glaube an die Selbstheilungskräfte der Wirtschaft war jedoch nicht der einzige und nicht einmal vorherrschende Faktor, der die Haltung des Kanzlers bestimmte. Seine reparationspolitische Zielsetzung schloß zusätzliche Ausgabenprogramme auch in den Fällen aus, in denen Haushaltsmittel hätten freigemacht werden können. Nur dort, wo diese, so bei den reichseigenen Verwaltungen wie der Reichsbahn, in den bestehenden Etats versteckt werden konnten, gab er beschäftigungsfördernden öffentlichen Aufträgen sein Placet.

Eine Arbeitsbeschaffungspolitik durch Kreditschöpfung im Innern hätte die Absicht der industriellen Spitzenverbände, die Krise zu einer Gesamtbereinigung auf dem Gebiet der Sozialpolitik zu benutzen, durchkreuzt und den Lohnsenkungsvorhaben widersprochen. Dazu gehörten die Ausschaltung der öffentlichen Hand aus der Tarifpolitik und die Senkung der Soziallasten. Desgleichen zögerten die industriellen Spitzenverbände nicht, den Forderungen der Gewerkschaften und der Angestellten- und Beamtenverbände, die Massenkaufkraft auszuweiten und durch Verstärkung der Nachfrage die überwiegend auf eine Unterkonsumtion zurückgeführte Krise zu bekämpfen, mit deflationären Argumenten entgegenzutreten. Das Festhalten der Unternehmerverbände am Prinzip der Deflation beruhte jedoch nicht primär auf dogmatischen Erwägungen und noch weniger auf der in bürgerlichen Kreisen nachwirkenden traumatischen Erfahrung der Hyperinflation. Vielmehr überwog das Argument, allein mittels einer deflationären Wirtschaftspolitik die umfassenden Lohnsenkungen sowie den Abbau des staatlichen Schlichtungswesens und des Tarifvertragssystems bewerkstelligen zu können. In außenwirtschaftlichen Fragen wich der Reichsverband der Deutschen Industrie von dem deflationären Grundsatz ab. Erfolgreich drängte er die Reichsregierung dazu, durch umfangreiche Kreditzusagen, die eine künstliche Kreditschöpfung bedeuteten, die mit der Sowjetunion vereinbarten Warenlieferungen, die sogenannten Russengeschäfte, vorzufinanzieren.

Das Kabinett Brüning unterschätzte die Gefahren, die von der Entschlossenheit der westdeutschen Schwerindustrie ausgingen, den sozialpolitischen Kompromiß der Weimarer Republik rückgängig zu machen. Von entsprechenden Eingriffen in das Tarifrecht hing ihre wirtschaftspolitische Kooperationsbereitschaft ab. Bereits im April 1930 hatte Arbeit Nordwest an den von der Stillegung bedrohten Stahlwerken Becker AG die Absicht vorexemplifiziert, die Unabdingbarkeit der Tarifverträge zu durchbrechen, indem sie der Belegschaft einen zehn- bis fünfzehnprozentigen Lohnverzicht aufzuzwingen versuchte. Zugleich machte Arbeit Nordwest die von der Regierung geforderten Preissenkungen von vorausgehenden Lohnkürzungen abhängig. Reichsarbeitsminister Stegerwald war entschlossen, den Arbeitgebern in der Lohnfrage, nicht jedoch in der Unabdingbarkeit der Tarifverträge nachzugeben. Der im Tarifkonflikt der nordwestlichen Eisen- und Stahlindustrie gefällte Schiedsspruch von Bad Oeynhausen und die sich anschließende Verbindlichkeitserklärung vom 6. Juni 1930 erfolgten gegen den Widerstand der Gewerkschaften und verfügten einen durchschnittlichen Lohnabbau von 7,5 Prozent und den Wegfall der nach dem beigelegten

Ruhr-Eisen-Streit vereinbarten Akkordsicherungsklausel. Die gleichzeitig von der Regierung angestrebte Senkung der Eisenpreise fiel demgegenüber unangemessen niedrig aus. Der Schiedsspruch hatte notwendigerweise sozialpolitische Signalwirkung für die Gesamtindustrie, obwohl schon zuvor durch Einschränkung von Überstunden und verbreitete Kurzarbeit die Reallöhne empfindlich gesenkt worden waren. Die Regierung machte sich damit zum Hauptverantwortlichen für einen weitreichenden industriellen Lohnabbau. Indem sie sich darauf einließ, daß man Preis- und Lohnsenkung koppelte, verschaffte sie den Unternehmerforderungen nach einer Öffnung des Tarifvertragssystems zusätzlichen Auftrieb.

Noch vor Verkündung der Notverordnung vom 6. Oktober 1930 sah sich die Regierung massiven Pressionen von seiten der Arbeitgeber- und Industriellenverbände ausgesetzt, Eingriffe in die laufenden Tarifverträge zuzulassen und eine generelle Lohnsenkung bis zu 15 Prozent vorzunehmen. Der wegen der gleichzeitigen Septemberwahlen durch Schiedsspruch um drei Monate aufgeschobene Tarifkonflikt im Ruhr-Bergbau zwang die Reichsregierung Ende Dezember zum sozialpolitischen Offenbarungseid. Im Vorfeld der Tarifverhandlungen sicherte sie dem Zechenverband als Ausgleich für die beabsichtigte Kohlenpreissenkung einen Lohnabbau von 8 Prozent in Analogie zum Schiedsspruch in der Berliner Metallindustrie zu. Doch sie wurde rasch gewahr, daß dies im Ruhrgebiet ebenfalls nur unter dem Risiko schwerster Streiks und Unruhen durchsetzbar war. Der Zechenverband wartete jedoch die Schlichtungsbemühungen des Reichsarbeitsministers nicht ab und sprach Massenkündigungen zum 15. Januar 1931 aus, um die Belegschaft zu außertariflichen Lohnsenkungen zu zwingen.

Zwar konnte ein offener Konflikt abgewendet werden, indem durch eine besondere Notverordnung die freiwillige Mitwirkung der Tarifparteien im Schlichtungsverfahren beseitigt und die Lohnfestsetzung in die Kompetenz des Gesamtkabinetts gelegt wurde. Aber diese Verlegenheitslösung, die das Kabinett mit der vollen tarifpolitischen Verantwortung belastete, mußte den Druck der Unternehmerschaft auf die Beseitigung der Tarifverträge und des Schlichtungswesens – in ihm erblickte Paul Silverberg »den Urgrund allen sozialpolitischen und teilweise auch wirtschaftspolitischen Elends« – nur verschärfen. Obwohl sich Brüning für die Flexibilisierung der Tarifverträge aussprach und der Industrie entgegenzukommen gedachte, bestand Klarheit darüber, daß ein Eingehen auf die Forderungen von Arbeit Nordwest und des Zechenverbandes, die Tarifverträge auf einen existenzsichernden Minimallohn zu beschränken, zu einer Radikalisierung der Arbeiterschaft einschließlich der christlichen Gewerkschaften führen und der Tolerierungspolitik den Boden entziehen mußte.

Der wenig später unternommene Versuch der Vereinigten Stahlwerke, die Belegschaft der Hütte Ruhrort-Meiderich zu zwingen, einem zwanzigprozentigen Lohn- und Gehaltsverzicht zur Abwendung der Stillegung zuzustimmen, beleuchtet die Entschlossenheit des schwerindustriellen Unternehmertums, die Unabdingbarkeit notfalls auf der Betriebsebene zu durchbrechen. Im Falle von Meiderich scheiterte dies am Widerstand der Belegschaft; sie lehnte die Lohnsenkung trotz der drohenden Arbeitslosigkeit ab, so daß man sich anschickte, arbeitslose Hüttenarbeiter anzuwerben, um die Stillegung schließlich doch zu verfügen. Die Wiedereröffnung der Hütte im Mai 1933 muß vor diesem Hintergrund gesehen werden. Sie verschaffte der NSDAP einen spektakulären Propagandaerfolg.

Gewiß besaßen die zur rücksichtslosen Durchsetzung des »Herr-im-Hause«-Standpunkts entschlossenen Schwerindustriellen nicht die Mehrheit im Reichsverband der Deutschen Industrie. Sowohl Paul Silverberg als auch Hans von Raumer waren bestrebt, mit den Gewerkschaften zu einer Verständigung zu gelangen, ohne dabei freilich die einen umfassenden Sozialabbau anstrebenden schwerindustriellen Unternehmer hinter sich zu bringen. Ihre Bemühung, Gewerkschaften und Arbeitgeber für eine gemeinsame Stellungnahme zu allen anstehenden Einsparungen zu gewinnen, war nicht ganz aussichtslos. Zwar konnte von einer Erneuerung der Zentralarbeitsgemeinschaft, wie sie von Raumer vorschwebte, schwerlich die Rede sein. Immerhin erklärten sich die Gewerkschaften grundsätzlich bereit, mit der Arbeitgeberseite verbindlich zu verhandeln. Sie erwogen um der Aufrechterhaltung des bedrohten Tarifrechts und der staatlichen Schlichtung, aber auch um der Arbeitslosenversicherung willen, beträchtliche tarifliche Konzessionen einzugehen. In der SPD und im ADGB herrschte die Überzeugung vor, daß der deflationäre Weg zur Kostenbegrenzung im Prinzip unvermeidlich sei. Sie bekämpften hingegen verständlicherweise die Tendenz der Unternehmerverbände, die Last der Krise auf die Arbeitnehmerschaft und den kleinen gewerblichen Mittelstand abzuwälzen. Sie verlangten eine gleichmäßige Senkung von Preisen und Löhnen und eine staatliche Investitionslenkung, die gesamtwirtschaftlichen Gesichtspunkten Rechnung trug.

Die Anfang Juni 1930 kulminierenden Bemühungen, eine Kooperation der Tarifparteien herbeizuführen, trafen auf den sich versteifenden Widerstand der westlichen Industrie und der Vereinigung der Arbeitgeberverbände, für die Ernst von Borsig die Überzeugung ausdrückte, daß die Zeit für die Unternehmer arbeite und daß daher kein Anlaß bestehe, den Gewerkschaften entgegenzukommen. Silverbergs Initiative, für die er immerhin die Zustimmung des Präsidiums des Reichsverbandes gewann, scheiterte schließlich an der offenen Obstruktion der in der Ruhrlade – einem informellen Gremium zur Koordination der schwerindustriellen Interessenvertretung unter dem Vorsitz von Paul Reusch von der GHH – repräsentierten Unternehmerschaft. Seit Spätsommer 1931 verstärkte sich deren Druck auf das Kabinett, das Tolerierungsbündnis mit der SPD aufzukündigen und das Kabinett in eindeutig autoritärem Sinne umzubilden.

Schon zuvor war die Ruhr-Industrie auf einer Kundgebung des Langnam-Vereins am 3. Juli 1931 vom Kabinett Brüning öffentlich abgerückt. Durch die Vermittlung Albert Vöglers, auf den Brüning ebenso einwirkte wie auf Fritz Springorum, den er eindringlich vor den Folgen eines Regierungssturzes warnte, waren die auf der Versammlung verabschiedeten Protestresolutionen abgemildert und ein persönlicher Affront gegen den Kanzler vermieden worden. Aber auch die entschärfte Fassung, die ultimativ das »Ende der Tribute«, die Ausschaltung von Parteienvertretern aus der Regierung, die Einschränkung der Staatsaufgaben und den Rückzug des Staates aus der Tarifpolitik forderte, stellte eine offene Kampfansage an die bisherige Vermittlerrolle Stegerwalds gegenüber den Gewerkschaften dar. Die westliche Industrie wolle zwar keine Diktatur, so verlieh Ernst Poensgen der vorherrschenden Stimmung Ausdruck, wohl aber eine »Führung der Wirtschafts- und Finanzpolitik, die die deutsche Wirtschaft vor dem drohenden Zusammenbruch bewahrt«.

Die verhärtete Haltung der Schwerindustrie war nicht zuletzt durch die ökonomische Gefährdung der Eisen- und Stahlindustrie und den infolge der Pfundabwertung beschleunigten Rückgang des Kohlenabsatzes bestimmt. Die Skepsis gegenüber Brünings mangelndem Durchgreifen und die Enttäuschung über seine Anlehnung an die SPD erfaßten bereits im Frühjahr 1931 breite Gruppen des industriellen Unternehmertums. Die am 29. September 1931 unterbreitete Erklärung der deutschen Wirtschaftsverbände, in der sie sich ultimativ für das Prinzip »individueller Lohngestaltung« aussprachen, entzog einer weiteren Zusammenarbeit mit der Regierung den Boden. Denn unabhängig davon, daß sich Stegerwald den christlichen Gewerkschaften verbunden fühlte und im Kabinett erklärte, daß er weder bereit noch in der Lage sei, die Arbeitnehmer für »vogelfrei« zu erklären, stellte die Bewahrung der Tarifautonomie und der staatlichen Schlichtung das Minimum dessen dar, was notwendig war, um ein Abspringen des ADGB und der SPD von der Tolerierungspolitik zu verhindern.

Die grundsätzliche Übereinstimmung der industriellen Spitzenverbände mit der Deflationspolitik Brünings wies von vornherein Bruchstellen auf, die schon im Vorfeld der Notverordnung vom 3. Dezember 1930, die erneut umfassende Einsparungen auf dem Gebiet der Beamtenbesoldung, der Arbeitslosen- und Sozialversicherung und im öffentlichen Wohnungsbau brachte, zu einer ersten Krise führten. Trotzdem fand sich die gemäßigte Mehrheit der Industrie, die sich dem Argument nicht entzog, daß ein Regierungswechsel den eben mühselig gestoppten Abzug der ausländischen Kredite beschleunigen würde, noch einmal zur Verständigung mit Brüning bereit. Auf ihren Druck hin verzichtete die DVP, die sich für eine Regierungsbeteiligung der NSDAP aussprach und im Dezember in ultimativer Form Einsparungen in Höhe von dreihundert Millionen Reichsmark im Haushalt 1931/32 verlangte, auf die Einberufung des Reichstages, welche als Damokles-Schwert die Existenz des Präsidialkabinetts begleitete.

Während sich die Reichsregierung trotz der schwerindustriellen Opposition auf einen Vertrauensvorschuß des Reichsverbandes der Deutschen Industrie berufen konnte, sah sie sich in einem unüberbrückbaren Gegensatz zu den landwirtschaftlichen Interessenvertretungen. Brüning trug der Agraropposition in außenhandelspolitischen Fragen so weit wie möglich Rechnung. Er unterband das Inkrafttreten des deutsch-polnischen Handelsvertrags und erklärte den deutschen Beitritt zum Internationalen Zollfriedensabkommen nach dessen Nichtratifizierung durch Großbritannien für hinfällig. Desgleichen setzte er sich für die Beseitigung der Meistbegünstigungsklauseln und für eine Erweiterung der Zollermächtigung auf landwirtschaftliche Veredelungsprodukte ein. Ernährungsminister Martin Schiele ging weit darüber hinaus und verlangte einen vollständigen Umbau des Handelsvertragssystems und Zollerhöhungen für agrarische Veredelungsprodukte. Wegen der damit verbundenen nachhaltigen Schwächung des deutschen Exports in die nordeuropäischen Staaten und die Beneluxländer widersprach Carl Duisberg für den Reichsverband der Deutschen Industrie. Die Auseinandersetzung, die das Kabinett Brüning überdauerte, verlagerte sich auf die Frage der Einfuhrkontingentierung von Agrarprodukten sowie auf die von Schiele lancierte Forderung einer Subventionierung der Agrarexporte nach Art des AVI-Abkommens. Konzessionen der Regierung konnten die sich abzeichnende extreme Radikalisierung der agrarischen Wähler in den preußischen Ostprovinzen, in Schleswig-Holstein und Niedersachsen nicht eindämmen.

Eine vergleichbare Konfliktlage ergab sich im Bereich der Osthilfe. Der Reichsverband der Deutschen Industrie hatte sich für eine Verwendung der nach dem Moratorium der Reparationszahlungen disponibel gewordenen Industrieumlage zugunsten der Landwirtschaft ausgesprochen. Auf Initiative des Freiherrn von Wilmowsky, des stellvertretenden Aufsichtsratsvorsitzenden der Friedrich Krupp AG, war im Esplanade-Kreis ein Gedanken- und Interessenaustausch zwischen Schwerindustrie und Reichslandbund in Gang gekommen. Die außerordentlich weitreichenden finanziellen Forderungen Schieles sowie die von ihm ohne direkte Beteiligung der Industrie vorgesehene administrative Abwicklung der Kredit- und Umschuldungshilfe stießen jedoch auf den Widerstand industrieller Kreise, die zwar mit Schiele die Ausschaltung der preußischen Regierung, nicht aber die vollständige Auslieferung des Osthilfeprogramms an die agrarischen Interessen beabsichtigten. Auch Brüning scheute davor zurück, die Osthilfe in die alleinige Zuständigkeit Schieles zu geben, zumal er aus finanziellen Rücksichten an der Beteiligung der preußischen Regierung festhalten wollte, die eine Zusammenarbeit mit Schiele ablehnte, hingegen Treviranus als Kommissar für die Osthilfe akzeptierte.

Brüning, der ein starkes persönliches Engagement in Fragen der Osthilfe empfand und sich über das Drängen des Reichspräsidenten auf umfassende

Hilfsmaßnahmen im klaren war, blieb skeptisch, ob eine durchgreifende Sanierung des Ostens innerhalb absehbarer Zeit möglich sein werde. Wiewohl er die von Bank- und Industriekreisen geäußerten Bedenken gegen staatsdirigistische Lösungen teilte, die zur Aushöhlung des kapitalistischen Marktprinzips führen mußten, stimmte er Schieles Forderung nach einem umfassenden Moratorium für landwirtschaftliche Kredite im Osten zu. Da sich Finanzminister Dietrich beharrlich weigerte, die aus der Industrieumlage fließenden Mittel für die landwirtschaftliche Entschuldung zu verwenden, war der dafür in der Notverordnung vom 26. Juli 1930 bereitgestellte Betrag verhältnismäßig begrenzt und der Vollstreckungsschutz an Bedingungen geknüpft, die viele Betroffene nicht erfüllen konnten.

Unter dem Druck der DNVP, des Reichslandbundes und der Landvolkpartei sah sich das Kabinett gleichwohl gezwungen, im Februar 1931 ein »großes Osthilfeprogramm« vorzulegen, das der Reichstag Ende März verabschiedete. Es war eine Antwort auf den Hugenberg-Plan der DNVP, dessen extreme Forderungen von sozialdemokratischer Seite ironisch als »Sozialisierung des in der ostdeutschen Landwirtschaft verlorenen Kapitals« bezeichnet, aber auch in Industriekreisen für gänzlich indiskutabel gehalten wurden. Trotz der in ungewöhnlich hohem Umfang gewährten Reichsbürgschaften erwies sich auch dieses Osthilfeprogramm als Schlag ins Wasser. Dies hing nicht zuletzt damit zusammen, daß infolge der Bankenkrise privates Kapital fast überhaupt nicht flüssig gemacht werden konnte, Preußen nicht mehr zahlungsfähig war und die überhöhten Zinsen einer Umschuldung großen Stils im Weg standen. Zudem wurden die angelaufenen Agrarmaßnahmen durch die Obstruktion der von den Landwirtschaftsverbänden beherrschten Selbstverwaltungseinrichtungen behindert. Daß bei der Mittelbereitstellung für die Großlandwirtschaft in einer Reihe von Fällen erhebliche Mißstände auftraten und einzelne Großagrarier die Kredite zur Abdeckung ihrer aufwendigen Lebensführung verwendeten, machte die Sanierungsbestrebungen in der Öffentlichkeit vielfach suspekt.

Die innenpolitische Entlastung, die sich Brüning von einem großzügigen Ausbau der Osthilfe versprach, trat schon deshalb nicht ein, weil die Forderungen der großagrarischen Gruppen weit über das hinausreichten, was in einem kapitalistisch geprägten Wirtschaftssystem möglich war. Anstelle eines individuellen Vollstreckungsschutzes in Verbindung mit der Überprüfung der Sanierungsfähigkeit verlangten sie eine generelle Befreiung von Rückzahlungsforderungen, umfassende Zinsverbilligungen und eine vermehrte Subventionierung der Agrarpreise. Brüning sah sich nach der Kabinettsumbildung im Spätherbst 1931 veranlaßt, durch eine erneute Ausweitung der nun an Hans Schlange-Schöningen als Reichskommissar übertragenen Osthilfe dem Druck der Agrarier Rechnung zu tragen. Dazu gehörten die in der Vierten Notverordnung zur Sicherung von Wirtschaft und Finanzen enthaltene allgemeine Zinssenkung sowie die Bereitstellung der Mittel aus der Industrieumlage und zusätzlicher Reichskredite.

Das am 20. November 1931 in Kraft gesetzte neue Osthilfeprogramm schloß die Anwendung von Zwangsmaßnahmen nicht aus, um die Umschuldung zu beschleunigen, zumal für die nicht mehr umschuldungsfähigen Güter nur die Aufteilung in Siedlungsland in Frage kam. Die zu diesem Zweck geschaffene Reichssiedlungsgesellschaft wurde von Schlange-Schöningen in den Dienst der inneren Kolonisation gestellt, galt doch die Unterbindung der Bevölkerungsabwanderung aus dem deutschen Osten, die sich unter dem Druck der Krise verschärfte, als nationale Aufgabe, wollte man dessen »Versteppung« entgegenarbeiten. Selbst Grundbesitzer, war der Reichskommissar dennoch nicht bereit, auf die Linie seiner Berufskollegen einzuschwenken; er verfolgte vielmehr ein Sanierungsprogramm, das an Rentabilitätsgesichtspunkten orientiert war und vorsah, die nicht mehr entschuldungsfähigen Güter für Siedlungsland zu verwenden, wobei er die Chancen rascher administrativer Eingriffe bei weitem überschätzte. Die Siedlungseuphorie dieser Jahre, die sich mit berufsständischen Ideen und der Hoffnung verband, die arbeitslosen Massen unter bescheidensten Verhältnissen zu versorgen, stand im Gegensatz zu dem geringen zahlenmäßigen Erfolg der Aufsiedlung. Die auf Initiative Schlange-Schöningens zurückgehende, dann nicht mehr verabschiedete Fünfte Notverordnung geriet noch vor der Veröffentlichung in das Schußfeld der agrarischen Interessenten, die nicht zögerten, den Kanzler bei Hindenburg des Ausverkaufs der Landwirtschaft des Ostens zu bezichtigen.

Das Osthilfeprogramm vom Spätherbst 1931 brachte keine Abschwächung der lautstarken Opposition der Rechtsparteien, die am 11. Oktober 1931 mit der Bildung der Harzburger Front eine förmliche Kampfansage gegen das Kabinett richteten. Wirtschaftspolitisch standen die Osthilfe und der sie ergänzende Agrarprotektionismus in offenem Widerspruch zur Deflationspolitik. Die Preissenkungsmaßnahmen hatten kaum Durchschlagskraft, solange sie die Lebensmittel nicht einbezogen. Es kam sogar vorübergehend zu Brotpreiserhöhungen, die Stegerwald aufs schärfste kritisierte, da sie der Lohnsenkungspolitik den Boden entzogen. Andererseits war die künstliche Stützung der Lebensmittelpreise angesichts des Kaufkraftrückgangs auf die Dauer wenig wirkungsvoll.

Faktisch bedeutete die Osthilfe eine ungerechtfertigte, sowohl volkswirtschaftlich wie politisch abträgliche Privilegierung der Großlandwirtschaft. Von den Subventionen der Osthilfe blieben rund 3 Millionen landwirtschaftlicher Kleinbetriebe ausgespart, und es profitierten davon nur 2 Prozent von rund 2 Millionen mittlerer Unternehmen, während von ungefähr 13.000 Großbetrieben immerhin 5,4 Prozent umgeschuldet wurden und 81 Prozent in den Genuß von Steuernachlässen, von Vollstreckungsschutz und Zinssenkungen kamen. Die einseitigen Zollschutzregelungen zugunsten der Getreideerzeugung belasteten die Verbraucher infolge der notwendigen Einfuhren zusätzlich mit 2 Milliarden Reichsmark. Mit diesen weitgehend verschleuderten Mitteln hätten beträchtliche Arbeitsbeschaffungsmaßnahmen finanziert werden können.

Diese Konsequenzen waren im Spätherbst 1930 noch nicht voll überschaubar, als sich Brüning anschickte, das angekündigte umfassende Reformprogramm zu verwirklichen. Trotz der anwachsenden Skepsis der industriellen Spitzenverbände und der verschärften Polemik der landwirtschaftlichen Interessenten gegenüber der Finanz- und Wirtschaftspolitik des Kabinetts überstand Brüning die kritische Situation nach der Bekanntgabe der Ersten Notverordnung zur Sicherung von Wirtschaft und Finanzen im Oktober und deren Verschärfung im Dezember 1930 erstaunlich unbeschadet. Mit der ihm eigentümlichen Starrheit hielt er an der vorgesehenen Haushaltssanierung fest, obwohl sich die haushaltstechnischen und finanzpolitischen Schwierigkeiten in unerwartetem Maße auftürmten. Die kontraktiven Effekte der Notverordnungen riefen eine unvermeidliche Schrumpfung der Steuereinnahmen hervor, die weit unter den jeweiligen Vorausschätzungen zurückblieben.

Gleichzeitig tat sich das Reichsfinanzministerium schwer, Anleihen bei den Banken unterzubringen, zumal die Reichsbank, die ständig weitere Kreditabzüge hinnehmen mußte und Gefahr lief, die im Reichsbankgesetz vorgeschriebene und im Young-Plan erneut festgelegte Golddeckungsgrenze zu unterschreiten, zögerte, dem Reich über die Kassenschwierigkeiten hinwegzuhelfen. Denn das Ergebnis der Septemberwahlen hatte das Vertrauen zahlreicher ausländischer Gläubiger in die innere Stabilität der Republik nachhaltig erschüttert und eine umfangreiche deutsche Kapitalflucht eingeleitet. Die unverzüglich einsetzende Stornierung von kurzfristigen Auslandskrediten bewirkte eine beträchtliche Reduzierung des Devisenbestandes der Reichsbank, die Luther, der seine Hauptaufgabe in der Erhaltung der Währungsstabilität erblickte, mit der Erhöhung des Diskontsatzes und damit einer weiteren Kreditverknappung beantwortete. Schon Anfang 1931 ging das Kabinett davon aus, daß nur durch eine erneute rigorose Ausgabendrosselung der öffentlichen Hand die Haushaltsdeckung sichergestellt werden konnte.

Zugleich sah sich die Regierung dem wachsenden Druck seitens der Verbände ausgesetzt, die Reparationszahlungen einseitig aufzukündigen, wobei sich die Stellungnahmen der Beamtenverbände, der Gewerkschaften, des Städtetags und der wichtigsten industriellen Vereinigungen nur in der Tonlage von den Attacken gegen die angebliche »Schlappheit« der Regierung unterschieden, die von Hugenberg, vom Stahlhelm, vom Reichslandbund und nicht zuletzt von der Landvolkpartei ausgingen und von der nationalsozialistischen Agitation schrill überboten wurden. Im Reichskabinett war man sich hinreichend einig, daß eine Einstellung der Reparationszahlungen, welche die Kassendefizite gemildert, aber keineswegs beseitigt hätte, vom Ausland als Bankrotterklärung aufgefaßt und mit drastischen Kreditabzügen beantwortet werden würde. Dies war nicht unbegründet. Neben internationalen Bankfachleuten, mit denen die Regierung Verbindungen aufnahm, warnte der britische Botschafter, Sir Horace Rumbold, ausdrücklich davor, ein Zahlungsmoratorium zu beantragen, was aufgrund der Bestimmungen des Young-Plans für einen Teil der Annuitäten zulässig war. Die formell notwendige Anrufung der Bank für Internationalen Zahlungsausgleich hätte außerdem zu einer zeitraubenden Überprüfung der deutschen Zahlungsfähigkeit, aber nicht zu einer unmittelbaren Entlastung geführt. Sie wäre überdies mit indirekten Kontrollmaßnahmen verbunden gewesen, die Brüning grundsätzlich ablehnte und die bei der »nationalen Opposition« einen Sturm der Empörung hervorgerufen hätten.

Brüning hatte lange Zeit im Sinn, das Aufrollen der Reparationsfrage mindestens bis zum Spätherbst 1932 aufzuschieben, da eine Lösung wegen der Verknüpfung mit den alliierten Schulden erst nach den amerikanischen Präsidentenwahlen möglich erschien. Doch Anfang 1931 erhoben sich bei ihm ernsthafte Zweifel, ob die von Reichsbankpräsident Luther verlangte Politik der »Erfüllungsoffensive« angesichts der Haushaltslage und des wirtschaftlichen Abschwungs auf mittlere Sicht durchzuhalten war. Die von Dietrich und Luther voll mitgetragene Strategie, durch peinlich genaue Erfüllung der Reparationsverpflichtungen Deutschlands Zuverlässigkeit unter Beweis zu stellen, gleichzeitig aber die erstarkende deutsche Konkurrenz auf den Weltmärkten als Druckmittel gegen die Fortdauer der Reparationen zu benutzen, war innenpolitisch um so schwerer durchzusetzen, als die Regierung nicht mehr in der Lage war, die Revision im stillen heranreifen zu lassen.

Brüning glaubte, eine Situation herbeiführen zu können, in der der Vorschlag zur Aufhebung der Reparationen von einem der Gläubigerländer ausging. Nur dann ließen sich aus seiner Sicht die Kreditabzüge, die zu befürchten waren, in Grenzen halten. Als Außenminister Curtius jedoch gegenüber Aristide Briand Ende Januar 1931 zum Ausdruck brachte, Frankreich solle die »Ventile des Young-Plans« ziehen, mißbilligte der Kanzler dies, weil er eine französische Initiative gerade vermeiden wollte. Seine Außenpolitik, in der ihn Staatssekretär Bernhard von Bülow bedingungslos unterstützte, zielte vielmehr darauf, Frankreich als wichtigsten Reparationsgläubiger zu isolieren und unter englischen und amerikanischen Druck zu bringen. Als er im Sommer 1931 zur Vorbereitung der Londoner Konferenz einen diplomatischen Aufenthalt in Paris nicht umgehen konnte, vermied er Hans Schäffer hinzuzuziehen, der für eine Öffnung gegenüber Frankreich plädierte und deshalb Monate später als Staatssekretär zurücktrat, da dieser die Politik der fiktiven Haushaltssanierung, zu der Brüning notgedrungen überging, für aussichtslos hielt.

Der Reichskanzler hatte sich auf eine Gesamtlösung der Reparationsfrage versteift. Er wollte vorzeitige Verhandlungen vermeiden und sich nicht für eine französische Kredithilfe politische Bedingungen einhandeln. Eines seiner Hauptargumente gegen eine Regierungsbeteiligung der NSDAP bestand in der Befürchtung, Hitler werde bereit sein, sich mit Frankreich auf einer mittleren Linie zu einigen, wofür es konkrete Anhaltspunkte gab. Aus den gleichen Motiven heraus widerstrebte Brüning der Gedanke eines Zahlungsmoratoriums. Die endgültige Lösung des Reparationsproblems wäre dann zu einem Zeitpunkt erfolgt, zu dem Deutschland die Krise mutmaßlich überwunden haben und zumindest begrenzt zahlungsfähig sein würde. Dieses Kalkül ging jedoch nicht auf. Als Präsident Hoover im Sommer 1931 aus eigenem Antrieb ein Reparationsmoratorium für die Dauer eines Jahres ankündigte, kam die deutsche Regierung, wollte sie ihre Glaubwürdigkeit nicht einbüßen, nicht umhin, diesen Schritt lebhaft zu befürworten, obwohl er ihre Reparationsstrategie durchkreuzte.

Bis zur Aufkündigung der Reparationen mußte das Deutsche Reich, auch um seiner Kreditwürdigkeit willen, außenpolitische Konflikte vermeiden. Wenn Brüning, der sich persönlich im Hintergrund hielt, dennoch Curtius grünes Licht gab, um den schon von Stresemann erwogenen, aber erst seit Herbst 1930 konkretisierten Plan einer deutsch-österreichischen Zollunion zu reaktivieren, tat er dies mit dem Risiko, die formell korrekten Beziehungen zu Frankreich beträchtlich zu belasten. Der Kanzler rechnete ohnehin nicht mit einer Bereitschaft Frankreichs, Deutschland in den zentralen Fragen der Aufhebung der Reparationen, der Revision der Ostgrenzen und der Rüstungsgleichheit entgegenzukommen. Er schwenkte damit in die offensive außenpolitische Linie ein, die sich im Auswärtigen Amt nach dem Tod Stresemanns durchsetzte und im Juni 1930 mit der Ernennung Bernhard von Bülows zum Staatssekretär des Äußeren auch personell zum Ausdruck kam. Von Bülow war als entschiedener Verfechter des Übergangs zu einer aktiven Revisionspolitik hervorgetreten, die das Prinzip der kollektiven Sicherheit zugunsten bilateraler Abkommen und forcierter Abrüstungsverhandlungen mit dem Ziel der militärischen Gleichberechtigung des Deutschen Reiches zu unterlaufen beabsichtigte.

Nichts offenbarte den außenpolitischen Kurswechsel unter Brüning deutlicher als die Behandlung, die das im Mai 1930 dem Völkerbund unterbreitete Memorandum Aristide Briands über die Bildung einer europäischen föderalistischen Union durch die deutsche Diplomatie erfuhr. Stresemann hatte, trotz seines Festhaltens am Gedanken des nationalen Machtstaates, das Gespräch mit Paris nicht abreißen lassen. Seine Nachfolger glaubten, Frankreich isolieren und ihm auf internationaler Ebene offen entgegentreten zu können. Der Europa-Plan Briands stieß im Auswärtigen Amt und im Reichskabinett auf einhellige Ablehnung. Statt sich zu einer ernsthaften Prüfung bereitzufinden, war allein die Frage zu erörtern, welche günstige innenpolitische Wirkung die negativ gehaltene deutsche Antwortnote erzielen würde, von der Curtius bemerkte, sie werde der Aktion Briands »ein Begräbnis erster Klasse« bescheren.

Gewiß war das sorgfältig erarbeitete Memorandum Briands, das auch Italien und Großbritannien ablehnten, nicht unmittelbar politisch umzusetzen, und es war auch nicht so gedacht. Es ging von der grundsätzlichen Erwägung aus, daß eine dauernde Befriedung Europas und dessen wirtschaftliche Zukunft von einer politischen Föderalisierung abhängig waren, die jedoch nur auf lange Sicht bewerkstelligt werden konnte. Im Unterschied zu den gleichzeitigen Beratungen des Völkerbundes über einen Abbau der Zollschranken betonte Briand die Priorität einer politischen Verständigung als Voraussetzung für einen europäischen gemeinsamen Markt. Weder Staatssekretär von Bülow noch Außenminister Curtius waren bereit, den zukunftsweisenden Gehalt dieses selbst in Frankreich umstrittenen Programms auch nur im Ansatz zu würdigen. Sie unterstellten Briand, er wolle Deutschland nur »neue Fesseln anlegen« und, wie Brüning dem britischen Botschafter, Sir Horace Rumbold, lapidar mitteilte, Deutschland auf diesem Weg den endgültigen Verzicht auf eine Revision der Ostgrenzen aufnötigen, obwohl Briand dies durch einen Mittelsmann eindeutig in Abrede gestellt hatte. Im Kabinett bemerkte der Kanzler, daß das Deutsche Reich ohne »ausreichenden natürlichen Lebensraum« nicht existieren könne, und Curtius fügte hinzu, das Programm diene allein der Aufrechterhaltung der französischen Hegemonie.

Der Plan, das im Friedensvertrag von Saint Germain festgelegte Anschlußverbot durch eine deutsch-österreichische Zollunion zu unterlaufen, stammte von Bernhard von Bülow. Der entsprechende Vertragsentwurf war von der Rechtsabteilung im Auswärtigen Amt so abgefaßt worden, daß er mit den geltenden Abkommen, insbesondere mit den Genfer Protokollen, die Österreich 1922 unterzeichnet hatte, juristisch nicht im Widerspruch stand. Damals hatte die Republik als Gegenleistung für die im wesentlichen mit französischen Geldern erfolgte finanzpolitische Sanierung durch den Völkerbund zusichern müssen, keine Verbindlichkeiten einzugehen, die ihre Unabhängigkeit direkt oder indirekt in Frage stellten, auch nicht durch die Bewilligung besonderer wirtschaftlicher Vorteile an Dritte. Da die Souveränität Österreichs durch den Vertragsentwurf nicht tangiert wurde und durch die Klausel, die den Beitritt von Drittstaaten ausdrücklich zuließ, eine besondere Begünstigung des Deutschen Reiches formal nicht impliziert war, mochte sich von Bülow der Hoffnung hingeben, den Sturm der öffentlichen Entrüstung in Frankreich durch Hartnäckigkeit abschütteln zu können.

Den äußeren Anstoß zum Abschluß des Zollunionsplans gab der österreichische Vizekanzler und Außenminister Johann Schober, der sich davon eine wirksame wirtschaftliche Unterstützung durch das Deutsche Reich versprach, die angesichts der katastrophalen ökonomischen Lage der Republik dringend erforderlich war. Zugleich erhoffte Schober von dieser Initiative eine Stärkung der Stellung der Großdeutschen Volkspartei, die bislang gegenüber dem christlich-sozialen und dem sozialistischen Lager in eine innenpolitische Nebenrolle gedrängt war und sich nun auch mit der Konkurrenz der österreichischen NSDAP auseinandersetzen mußte. Von seiten der Sozialdemokratischen Partei hatte Schober keinen ernstlichen Widerstand zu befürchten, da deren führende Repräsentanten, darunter Otto Bauer und Karl Renner, sich stets nachdrücklich für den Anschluß eingesetzt hatten. Ihr gegenüber rückte die Christlichsoziale Partei, deren Führer, der Prälat Ignaz Seipel, 1922 die Genfer Verträge geschlossen hatte, zunehmend vom Anschlußgedanken ab. Die Presseindiskretion, welche die deutsche und die österreichische Regierung am 17. März zur vorzeitigen Bekanntgabe des Zollunionsvorhabens zwang, lag letztlich im Interesse Berlins, den Ballhausplatz auf die vereinbarte außenpolitische Linie öffentlich festzulegen.

Der vom österreichischen Bundeskanzler Otto Ender mit der Zollunion eingeleitete außenpolitische Kurswechsel zielte darauf, die außenpolitische Abhängigkeit der Republik Österreich von den Westmächten zu verringern. Sie hatte entscheidend dazu beigetragen, das parlamentarische System trotz verschärfter innenpolitischer Konflikte, die sich 1927 in der spontanen Volkserhebung des Justizpalastbrandes zu einer bürgerkriegsartigen Situation verdichteten, aber durch den Verfassungskompromiß von 1929 beträchtlich gemildert werden konnten, einigermaßen funktionsfähig zu erhalten. Der Sturz Ignaz Seipels 1929 und das verstärkte Auftreten der Heimwehrbewegung, die eine enge Anlehnung an das faschistische Italien anstrebte, bewirkten eine innenpolitische Pattsituation, die es Außenminister Schober ermöglichte, den Zollunionsplan unter Umgehung des Parlaments und gegen Widerstände bei Teilen der einheimischen Industrie aufzugreifen. Damit war auch von österreichischer Seite ein erster Schritt zum Anschluß getan und der Versuch unternommen worden, sich innenpolitisch dem deutschen Präsidialsystem anzunähern.

Die deutsche Außenpolitik verband mit der Zollunion, die sie mit den Bestrebungen des Völkerbundes zu begründen suchte, einen Abbau der Zollschranken in Europa zu fördern, von vornherein weit darüber hinausgehende Zielsetzungen. Brüning sprach von einem Ansatzpunkt, »um in Zentraleuropa zu wirtschaftspolitischen Lösungen großen Stils zu gelangen«. Hinter dieser Ankündigung stand die Absicht, die deutsch-österreichische Vereinbarung durch Präferenzabkommen mit Rumänien, Bulgarien, Ungarn und Jugoslawien zu ergänzen und damit den Grundstein für eine breite handelspolitische Offensive im europäischen Südosten zu legen. Bestrebungen dieser Art gab es seit einer Reihe von Jahren; sie waren vor allem vom Mitteleuropäischen Wirtschaftstag, einer von der deutschen Industrie beschickten Planungsgruppe, gefördert worden. Sie gewannen jedoch einen neuartigen Akzent, als die deutsche Außenpolitik unter dem maßgebenden Einfluß von Bülows den Entschluß faßte, durch eine südosteuropäische handelspolitische Offensive die eng mit Frankreich verbundene Kleine Entente aufzusprengen. Die Stoßrichtung nach Südosten, die von dem damaligen deutschen Gesandten in Belgrad, Ulrich von Hassell, gutgeheißen wurde, zielte auf eine handelspolitische Umklammerung Polens, das man auf mittlere Sicht durch eine aktive Mitteleuropapolitik zu isolieren und für die Revision seiner Westgrenze mürbe zu machen hoffte.

Wenngleich diese Implikationen des Zollunionsplans, den Curtius bei seinem Staatsbesuch in Wien Mitte März 1931 mit Schober aushandelte, in Paris und London nur in Umrissen bekannt waren, stellte das deutsche Vorgehen eine schwerwiegende Brüskierung Aristide Briands dar, der kurz danach in den französischen Präsidentschaftswahlen gegen den betont nationalistisch eingestellten Paul Doumer unterlag. Mit dem Ausscheiden Briands, der wenige Wochen zuvor, fast ohne in der deutschen Öffentlichkeit Beachtung zu finden, einen Kranz am Grab Gustav Stresemanns in Berlin niedergelegt hatte, ging eine diplomatische Epoche zu Ende, in der die Hoffnung, zu einer Verständigung zwischen den ehemaligen Weltkriegsgegnern zu gelangen, nicht ganz unbegründet gewesen war. Das einseitige deutsche Vorgehen in der Zollunionsfrage knüpfte an die Methoden der Vorkriegszeit an und erinnerte an den von Alfred von Kiderlen-Wächter veranlaßten »Panthersprung« nach Agadir. Von Bülow war dessen Schüler; er teilte mit ihm die Illusion, den außenpolitischen Partner düpieren zu können.

Julius Curtius unterlag der Selbsttäuschung, die französischen Proteste ohne Schaden überstehen zu können, da die britische Regierung einer engeren Kooperation Deutschlands und Österreichs großes Wohlwollen entgegenbrachte. Er verscherzte sich jedoch deren Sympathien durch die Form des diplomatischen Vorgehens, das die Warnungen aus London in den Wind schlug, einseitige Aktionen zu vermeiden und in Abstimmung mit dem englischen Kabinett zu verfahren. Nun erwies sich, daß es völlig verfehlt war zu glauben, Frankreich diplomatisch überspielen zu können, zumal die deutsche Politik alles getan hatte, die ausgleichswilligen Kräfte um Briand innenpolitisch bloßzustellen. Wenngleich Curtius wiederholt zur Festigkeit mahnte und den Partner an die »Nibelungentreue« erinnerte, widerstand Wien nicht den rasch einsetzenden diplomatischen Pressionen Frankreichs. Während das Auswärtige Amt jede Zuständigkeit des Völkerbundes bestritt, erklärte sich Vizekanzler Schober notgedrungen dazu bereit, diesem oder dem Ständigen Gerichtshof in Den Haag die Entscheidung darüber zu übertragen, ob die deutsch-österreichische Zollunion mit den Bestimmungen der Genfer Protokolle vereinbar sei.

Als der Haager Gerichtshof am 5. September 1931 auf Antrag des Völkerbundes mit einer bemerkenswert knappen Mehrheit das Gegenteil feststellte, war die Zollunion politisch bereits zu den Akten gelegt. Denn die ökonomische Instabilität Österreichs ließ ein außenpolitisches Revirement ohnehin nicht zu. Der Zusammenbruch der Österreichischen Creditanstalt und damit der wichtigsten

Privatbank, die durch die enge Verbindung mit dem Bankhaus Rothschild über großes internationales Ansehen verfügte, stand allerdings nicht in unmittelbarem Zusammenhang mit dem Fiasko der Zollunionsbestrebungen. Er beruhte in erster Linie darauf, daß die Creditanstalt infolge der Übernahme der vom Bankrott bedrohten Boden-Kreditanstalt fast ihr gesamtes Eigenkapital eingebüßt hatte und wegen nicht abrufbarer Kredite und des Kursverfalls ihres Wertpapierdepots über keine nennenswerten Liquiditätsreserven verfügte. Da die Creditanstalt direkt und indirekt mehr als zwei Drittel der österreichischen Industrie kontrollierte, löste deren Insolvenz eine schwere Krise des Bankensystems und der Wirtschaft aus. Sie wurde von den ausländischen Gläubigern mit einem sofortigen Abzug ihrer Kredite beantwortet. Nun aber nutzte Frankreich die Krise dazu aus, die österreichische Regierung, die darüber stürzte, zum Verzicht auf die Zollunion zu bewegen.

Obwohl die Reichsregierung versuchte, eine Stützungsaktion für Österreich vorzunehmen, war es die Bank von England, die der Creditanstalt einen Kredit von hundertundfünfzig Millionen Schilling zur Verfügung stellte, um die internationalen Rückwirkungen eines Zusammenbruchs des österreichischen Bankensystems einzudämmen. Sie konterkarierte damit die französische Politik, die finanzielle Hilfsangebote an Österreich mit politischen Auflagen versah. Wien sträubte sich, darauf einzugehen, um gegenüber Berlin sein Gesicht nicht vollends zu verlieren. Im Zuge dieser Aktion übte die Bank von Frankreich durch einen Verkauf ihrer Bestände den schärfsten Druck auf das englische Pfund aus. Sie legte damit den Keim für die Abwertung der britischen Währung im September 1931. Noch war Frankreichs finanzpolitische Stellung unerschüttert, was nicht zuletzt mit der überhöhten Abwertung des französischen Franc im Gefolge der Ruhr-Krise zusammenhing. Demgegenüber erwies sich die deutsche Finanzkraft als zu geschwächt, um Österreich wirksam helfen zu können.

Eine Realisierung der deutsch-österreichischen Zollunion hätte mit Sicherheit dem Reich in seiner schwierigen ökonomischen Lage keine Entlastung gebracht. Daß die deutsche Außenpolitik gleichwohl initiativ geworden war, ging auf das Motiv zurück, angesichts der massiven Opposition der Rechtsparteien gegen das Festhalten an den Reparationen wenigstens einen revisionspolitischen Erfolg vorzeigen zu können. Im deutschen Vorgehen war zugleich die Brüning nicht unerwünschte Eventualität enthalten, daß sich darüber der latente Gegensatz zwischen Frankreich und Großbritannien verschärfte. Das Scheitern des deutschen Vorstoßes bewirkte eine empfindliche Prestigeeinbuße für Curtius, dem von der Rechten außerdem zum Vorwurf gemacht wurde, sich gegenüber Polen verhandlungswillig gezeigt zu haben. Der Umstand, daß der Völkerbund in der umstrittenen Frage der Rechte der deutschen Minderheit in Polen zugunsten des Reiches votierte, verhinderte einstweilen dessen Rücktritt, obwohl Brüning es fühlbar vermied, seinen Außenminister zu decken.

Die Rückwirkungen der infolge des Zollunionsplans eskalierenden österreichischen Kreditkrise auf die deutsche Wirtschaft erwiesen sich rasch als verhängnisvoll. Denn der Abzug ausländischer Kredite, der in Österreich unmittelbar nach Bekanntwerden der Illiquidität der Creditanstalt einsetzte, griff in den folgenden Tagen auf Deutschland über, als die finanziellen Schwierigkeiten des Kaufhauskonzerns Karstadt bekannt wurden und der Versicherungskonzern Nordstern Ende Mai beträchtliche Verluste eingestehen mußte. Die nun einsetzende deutsche Bankenkrise stand in unmittelbarem Zusammenhang mit der Entscheidung Brünings, durch eine öffentliche Stellungnahme zur Reparationsfrage die seit längerer Zeit beschlossenen Sanierungsmaßnahmen innenpolitisch abzusichern. Während er sonst auf die öffentliche Meinung wenig Rücksicht zu nehmen pflegte, erklärte er nun im Kabinett, daß dem deutschen Volk keine weiteren finanziellen Opfer ohne »entscheidende Schritte« in der Reparationsfrage zuzumuten seien. Der für Mai 1931 geplante Besuch in Chequers, dem Landsitz des britischen Premierministers, wo er diese Frage zu erörtern gedachte, mußte jedoch infolge der Zollunionskrise auf Drängen der britischen Regierung bis zum Juni aufgeschoben werden.

Brüning befürchtete nicht ganz zu Unrecht, daß die hinter verschlossenen Türen vorbereitete, schließlich am 5. Juni 1931, unmittelbar nach dem sozialdemokratischen Parteitag veröffentlichte Dritte Notverordnung zur Sicherung von Wirtschaft und Finanzen scharfe Proteste auslösen werde. Um den Druck der Verbände abzufangen, hatte Brüning eine Informationssperre für die Vorarbeiten der Notverordnung verhängt. Da trotzdem Einzelheiten durchsickerten, wurden die einschneidenden Sparmaßnahmen in der Öffentlichkeit noch kritischer aufgenommen, als dies bei einer behutsamen Vorbereitung der Fall gewesen wäre. Das »Berliner Tageblatt« beschrieb die öffentliche Reaktion auf die Notverordnung als »allgemeines Entsetzen«. Die Einschnitte in die Gehälter und Löhne des öffentlichen Dienstes, der Abbau im sozialpolitischen Bereich, die Erhöhung der Umsatzsteuer, die Ausdehnung der Krisensteuer, die Kürzungen der Überweisungen an Länder und Gemeinden und die Abschaffung des Lohnsteuerausgleichs trafen nicht nur einzelne soziale Gruppen, sondern – mit Ausnahme der privaten Spitzenverdiener, die durch die Progression der Krisensteuer weitgehend ausgespart blieben – die gesamte Bevölkerung. Insofern schien es berechtigt zu sein, die Notverordnung mit einem Aufruf an die Großmächte zu verbinden, in dem davon die Rede war, daß die ökonomische Lage des Reiches »gebieterisch zur Entlastung Deutschlands von den untragbaren Reparationszahlungen zwingt«.

Der sogenannte Tributaufruf ging am 6. Juni heraus; er enthielt die Wendung, daß die »Grenze dessen, was wir unserem Volke aufzuerlegen vermögen«, erreicht sei. Brüning erlag einer verhängnisvollen Fehleinschätzung, die Reparationsfrage außenpolitisch in der Schwebe halten und zugleich nach innen den

Regierung in der Krise

Eindruck erwecken zu können, daß die Revisionspolitik tatsächlich schon begonnen habe. Es war auch sozialpsychologisch verfehlt, an die Opferbereitschaft der Bevölkerung zu appellieren, wenn deren Sinn nicht sichtbar gemacht werden konnte. Brünings Überzeugung, daß die Verhandlungen über die Reparationen nur aus einer Position finanzieller Stärke heraus möglich seien, war dem breiten Publikum schwerlich zu vermitteln, da es angesichts der allgemeinen Notlage eine sofortige Einstellung der Zahlungen für selbstverständlich hielt. Ebensowenig hätte Brüning verkennen dürfen, daß das Ausland aus dem »Tributaufruf« die Schlußfolgerung zog, das Deutsche Reich werde demnächst nicht mehr in der Lage sein, seinen reparationspolitischen Verpflichtungen nachzukommen, was auf dessen vollständige Zahlungsunfähigkeit hindeutete.

Nicht so sehr die Risse im deutschen Finanzgebäude als vielmehr die das Ende der deutschen Zahlungsbereitschaft ankündigenden Passagen des »Tributaufrufs« gaben den ausländischen Gläubigern Veranlassung, die im Reich stehenden kurzfristigen Kredite unverzüglich zu stornieren, weil sie das Vertrauen in die Erfüllung der von Deutschland eingegangenen finanziellen Verbindlichkeiten verloren hatten. Die weitere Entwicklung sollte ihnen recht geben. Denn sie büßten das in Deutschland verbliebene Kapital weitgehend ein und finanzierten damit die deutsche Krise. Die Flucht aus der deutschen Währung, die schon vorher angelaufen war, nahm nunmehr ungeahnte Ausmaße an. Die Reichsbank sah sich einem in dieser Form noch nicht erfahrenen Abfluß von Devisen ausgesetzt, den sie nur durch kurzfristige Rediskontkredite der Bank von England befriedigen konnte, um nicht unter die im Young-Plan gesetzlich vorgeschriebene Mindestdeckung von vierzig Prozent zu geraten.

Der drohende Zusammenbruch des deutschen Kapitalmarkts bestätigte die schlimmsten Befürchtungen derjenigen, die eine zu hohe Belastung Deutschlands mit kurzfristigen Auslandskrediten als verhängnisvoll verurteilt hatten. Der Kreditabzug traf jedoch mit strukturellen Schwächen des deutschen Bankensystems zusammen. Im Vergleich zur Vorkriegszeit arbeiteten die Kreditinstitute mit einem ausgesprochen niedrigen Eigenkapital. Außerdem war deren Barliquidität beträchtlich verringert. Der hohe Anteil kurzfristiger ausländischer Kredite erwies sich so lange nicht als übermäßig problematisch, als deren Abzug durch erneute kurzfristige Kreditaufnahmen ersetzt wurde. Die Septemberwahlen von 1930 bedeuteten hierin einen wichtigen Einschnitt. Der Zustrom neuer Kredite, ob kurz- oder langfristig, ging erheblich zurück. Gleichzeitig standen die Banken vor der Schwierigkeit, daß die von ihnen vergebenen zeitlich limitierten Kredite von der Mehrzahl der Gläubiger nicht flüssig gemacht werden konnten. Vielfach waren die Kreditinstitute aufgrund der Preissenkungen und des Kursrückgangs der Aktien auch nicht mehr ausreichend abgesichert, so daß sie sich immer häufiger gezwungen sahen, eigene Aktien in ihre Portefeuilles aufzunehmen.

Diese waren im Falle einer Liquiditätskrise praktisch wertlos. Aber auch bei fremden Wertpapieren führte der Kursrückgang zu empfindlichen Einbußen, was die Großbanken zu umfangreichen Abschreibungen nötigte.

Die Girozentralen und die Sparkassen, die ohnehin unter der anhaltenden Deflationspolitik litten, wurden von der Bankenkrise in Mitleidenschaft gezogen. Die Sparkassen, die als kommunale Finanzierungsinstitute gegenüber den Banken an Bedeutung gewonnen hatten, verzeichneten zwar erhöhte Spareinlagen, waren aber als hauptsächliche Kreditgeber der Gemeinden insofern von deren Finanznot betroffen, als diese wegen der über alle Grenzen anwachsenden Ausgaben für die Erwerbslosenfürsorge nicht in der Lage waren, die ihnen in der Regel kurzfristig gewährten Darlehen zurückzuzahlen. Darin verbarg sich ein grundsätzlicher Mangel der Weimarer Finanzpolitik. Gewiß hatten sich die Kommunen in der Stabilisierungsphase über Gebühr und häufig für langfristige Investitionen kurzfristig verschuldet. Aber sie trugen die Hauptlast des seit der Vorkriegszeit anhaltenden sozialen Strukturwandels und der im Vergleich zum industriellen Ausbau zurückgebliebenen infrastrukturellen Entwicklung. Unter den Bedingungen der Krise vermehrten sich die sozialen Aufgaben der Gemeinden. Sie waren mit der Massenarmut unmittelbar konfrontiert, während die Einsparungen im Sozialhaushalt direkt und indirekt auf ihre Finanzen durchschlugen und die Streichung der öffentlichen Zuschüsse zum Wohnungsbau eines ihrer Haupttätigkeitsfelder stillegte.

Die schon damals verbreitete Kritik an der gemeindlichen Finanzpolitik verkannte, daß die Errungenschaften auf kommunalpolitischem Gebiet zur bleibenden Erfolgsbilanz der Republik zählten. Gerade die großen, vielfach durch Eingemeindungen erweiterten Kommunen prägten durch ihre sozial- und bildungspolitischen Initiativen, durch die Verkehrs- und Wohnungsbaupolitik sowie den von Unternehmerkreisen als »kalte Sozialisierung« bekämpften Ausbau der gemeindlichen Wirtschaftsbetriebe das sozio-kulturelle Klima der Weimarer Gesellschaft, das durch eine hohe Innovationsbereitschaft gekennzeichnet war. Auf der Ebene der kommunalen Selbstverwaltung war, trotz der 1928 einsetzenden Bemühungen, die Linksparteien durch die Bildung von Bürgerblocks politisch zu isolieren, ein bemerkenswert hohes Maß an parlamentarischer Kooperation zu verzeichnen, das sich deutlich von den desolaten Verhältnissen im Reichstag abhob.

Die Illiquidität des kommunalen Bankwesens, die der finanziellen Überforderung der Gemeinden entsprang, mußte die Glaubwürdigkeit der öffentlichen Finanzpolitik schwerwiegend beeinträchtigen. Sie stellte jedoch nur einen Nebenaspekt der Anfang Juni 1931 einsetzenden Kreditkrise dar. Diese wurde durch die Widerstände gegen die Notverordnung vom 5. Juni verschärft, die vorübergehend die Existenz des Kabinetts selbst gefährdeten. Nur mit der massiven Drohung einer Auflösung der Preußen-Koalition gelang es Brüning, die

SPD zum Stillhalten und zum Verzicht auf die Einberufung des Haushaltsausschusses zu bewegen, während die DVP noch einmal durch die Intervention einflußreicher Industrieller und des Reichspräsidenten zur Zurückhaltung veranlaßt werden konnte. Die abträglichen Wirkungen einer Kabinettskrise für die deutsche Kreditfähigkeit im Ausland sicherten somit indirekt den Fortbestand der Präsidialregierung. Doch die so entstandene Beruhigung konnte den Zusammenbruch des deutschen Kapitalmarktes nicht mehr abwenden.

Am 17. Juni 1931 löste der Zusammenbruch der Norddeutschen Wollkämmerei in Bremen einen verhängnisvollen kreditpolitischen Schneeballeffekt aus. Der Konkurs der Nordwolle, der größtenteils auf leichtfertige Spekulationsgeschäfte zurückging, zog ihren Hauptgläubiger, die Darmstädter und Nationalbank, die unter Jakob Goldschmidt zu einer der wichtigsten Industriebanken aufgestiegen war, in Mitleidenschaft. Allerdings stellte sich deren Illiquidität sowie der drohende Zusammenbruch von Karstadt, des damals größten Warenhauskonzerns, erst Tage später heraus. Bereits der Bankrott der Nordwolle brachte die rasche Vermehrung der Kreditkündigungen bei der Reichsbank in Gang. Sie hatte schon zuvor den größeren Teil ihres Gold- und Devisenbestands eingebüßt und befand sich jetzt in der mißlichen Lage, die gesetzlich vorgeschriebene Mindestnotendeckung nicht länger gewährleisten zu können.

Um den Kapitalabfluß einzudämmen, ging die Reichsbank dazu über, den Privatbanken die Refinanzierung von Krediten zu erschweren und das Kreditvolumen einzuschränken, obwohl dies weitere Zusammenbrüche in der Wirtschaft und eine Erhöhung der Arbeitslosigkeit nach sich ziehen mußte. Hierzu gab es vorerst keine Alternative, wenn man nicht bereit war, das währungs- und reparationspolitische Risiko einer Unterdeckung des Notenumlaufs hinzunehmen, was Luther strikt ablehnte. Denn die Bemühungen des Reichsbankpräsidenten, einen Rediskontkredit bei der Bank von England aufzunehmen, scheiterten am Widerstand Montagu Normans, der nur indirekt auf die sich abzeichnende Schwächung des englischen Pfunds hinwies. Französische Kredite, die verfügbar gewesen wären und deren Aufnahme nun auch britischerseits anempfohlen wurde, wollte die Reichsregierung wegen der damit verknüpften politischen Bedingungen nicht akzeptieren.

Das finanzpolitische Debakel des Reiches war vor allem dem übereilt vorgenommenen Schritt Brünings in der Reparationsfrage zuzuschreiben. Luther, der für die Sicherheit der Währung fürchtete, hatte vergeblich dagegen protestiert. Bei seinem Besuch in Chequers Anfang Juni 1931 mußte der Kanzler feststellen, welche verheerenden psychologischen Reaktionen der »Tributaufruf« bei der amerikanischen Finanzwelt ausgelöst hatte. Ihre Bereitschaft, der Reichsregierung mit größeren Krediten unter die Arme zu greifen, war auf ein Minimum geschrumpft. Von einem deutschen Vorstoß in der Reparationsfrage konnte unter diesen Umständen keine Rede sein. Man verständigte sich lediglich darauf,

Brünings Ankündigung, daß das Deutsche Reich spätestens im November 1931 nicht mehr in der Lage sein werde, Reparationszahlungen zu leisten, mit Stillschweigen zu übergehen.

Während man entgegen den optimistischen Berichten Brünings in Chequers mit einem Gefühl der Ratlosigkeit auseinandergegangen war, hielt der Ansturm der ausländischen Gläubiger auf die deutschen Großbanken unvermindert an. Als Präsident Hoover die Initiative ergriff und vorschlug, ein »Feierjahr« für die internationalen politischen Schulden einzuführen, glich dies einem unverhofft ausgeworfenen Rettungsanker, den Brüning trotz grundsätzlicher Bedenken ergriff. Die Botschaft des amerikanischen Präsidenten brachte jedoch keine unmittelbare Entlastung, weil der Kapitalabfluß sich nach einer kurzfristigen Beruhigung seit Anfang Juli beängstigend vermehrte. Dies war auch durch den Widerstand der französischen Regierung verursacht, die sich als größter Reparationsgläubiger durch das Moratorium benachteiligt fühlte und erst am 7. Juli dem massiven Druck der Vereinigten Staaten nachgab. Als psychologisch besonders nachteilig erwiesen sich die von Luther zunächst verdeckt geführten Verhandlungen zur Gewährung eines Rediskontkredits in Höhe von hundert Millionen Dollar, der von den Notenbanken der USA, Frankreichs und Englands sowie der Bank für Internationalen Zahlungsausgleich gemeinsam zur Verfügung gestellt werden sollte. Das Zusammenfallen der Kreditforderung mit dem Moratorium mußte den Eindruck erwecken, daß Deutschland an das Ende seiner Zahlungsfähigkeit gelangt war, da der Rediskontkredit keinesfalls ausreiche und die Notendeckung der Reichsmark bereits unter dem gesetzlichen Minimum lag. Es schien nur eine Frage der Zeit zu sein, wann die deutschen Devisenreserven aufgebraucht und die ausländischen Guthaben in Deutschland eingefroren sein würden.

Der Ansturm in- und ausländischer Gläubiger auf die deutschen Großbanken drohte den vollständigen Zusammenbruch des deutschen Kreditsystems nach sich zu ziehen. Noch während die Reichsregierung über die Sanierung des Nordwolle-Konzerns verhandelte und die Reichsbank sich gegen den Widerstand der Bankenvertreter um die Schaffung eines Garantiesyndikats der Großbanken bemühte, um dem Druck der Gläubiger leichter standhalten zu können, stellte sich heraus, daß die Darmstädter und Nationalbank, das dem Aktienkapital nach viertgrößte deutsche Kreditinstitut, über keinerlei liquide Mittel mehr verfügte und den Zahlungsverkehr einstellen mußte. Gleichzeitig erklärte die Landesbank der Rheinprovinz, die als öffentliches Kreditinstitut die rheinischen Sparkassen mit Zahlungsmitteln versorgte, ihre Zahlungsunfähigkeit. In die zwischen Reichsbank, Reichsregierung und Bankenvertretern fieberhaft geführten Verhandlungen zur Beilegung der Krise platzte dann die Nachricht, daß die Dresdner Bank, das zweitgrößte deutsche Kreditinstitut, ebenfalls insolvent geworden war.

Obwohl die Reichsregierung sich öffentlich zur »Garantieleistung für alle Einlagen« verpflichtete, löste der Schalterschluß der Darmstädter und Nationalbank am 13. Juli 1931 Abhebungen zahlreicher inländischer Gläubiger aus. Das Reichskabinett erwog vorübergehend, die Krise durch die Ausgabe von Notgeld zu überbrücken, nahm aber davon Abstand. Trotz sofortiger Anstrengungen, die Liquidität des Bankensystems durch Bereitstellung öffentlicher Mittel wiederherzustellen, sah sich das Kabinett gezwungen, den 14. und 15. Juli zu Bankfeiertagen zu erklären, während Tag und Nacht an einer Notverordnung zum Schutz des Kreditwesens gearbeitet wurde. Durch die Gründung einer Akzept- und Garantiebank wurde die zuvor von den Banken abgelehnte Haftungsgemeinschaft mittels Notverordnung durchgesetzt und die Aufsicht über das Kreditwesen verschärft. Das Reich erlangte damit maßgebenden Einfluß auf die private Kreditwirtschaft und wurde Mehrheitsaktionär der Deutschen und der Dresdner Bank. Erst 1933 kam es zu einer Reprivatisierung des Bankwesens. Hauptleidtragende der Kreditrestriktionen waren die Gemeinden. Sparkassen und Girozentralen wurden angewiesen, Darlehen an kommunale Einrichtungen nur unter äußerster Zurückhaltung zu gewähren.

Die durch tiefgreifende dirigistische Eingriffe des Staates notdürftig überwundene Bankenkrise vermochte das Ansehen der Regierung nicht zu stärken. Daß die Notverordnung zum Schutz der Kreditwirtschaft im letzten Moment, nach Unterzeichnung durch den Reichspräsidenten, ohne sichtbare Mitwirkung Brünings verändert worden war, vermittelte den Eindruck der Hilflosigkeit. Nur durch den Hinweis auf die unabsehbaren Folgen eines Regierungswechsels inmitten der Kreditkrise konnte Brüning die DVP zum Stillhalten bewegen, dies jedoch um den Preis weitgehender Zusagen, welche die Beseitigung der Verbindlichkeitserklärung und die Flexibilisierung der Tarifverträge sowie eine Umbildung der Regierung nach rechts zum Inhalt hatten. Die Zuflucht zum staatlichen Dirigismus irritierte überdies die industriellen Spitzenverbände, wenngleich Silverberg vor einem offenen Bruch mit dem Kabinett noch zurückscheute.

Zumindest das Ausmaß der Kreditkrise war dem Versagen von Reichsregierung und Reichsbank anzulasten, deren Handeln durch ständige Zielkonflikte gekennzeichnet war und so entscheidend dazu beitrug, daß die Krise auf den monetären Bereich durchschlug. Brünings starres Festhalten am Primat der Reparationsfrage hinderte ihn daran, im Innern Maßnahmen zur Krisenbekämpfung einzuleiten. Für Luther stand zunächst das Motiv der Sicherung der Währungsstabilität im Vordergrund. Aus diesen Gründen sahen sich beide Politiker nicht in der Lage, einen geordneten Rückzug vom Goldstandard und vom Prinzip der Mindestdeckung vorzunehmen. Die Sorge vor einer Vergrößerung des Notenumlaufs bewog Luther zu einer restriktiven Kreditpolitik, die schließlich das Bankensystem selbst funktionsunfähig machte und die Zahl von Konkursen und Firmenschließungen hochschnellen ließ, womit sich die Haushaltslage weiter verschlechterte. Die Erhöhung des Diskontsatzes bis zu siebzehn Prozent verstärkte diesen Effekt.

Im übrigen glaubte Luther, den die Bankenvertreter durch Schacht ersetzt wissen wollten, daß sich die Kreditabzüge schließlich totlaufen würden. Seine im Ausland gerügte Passivität rührte auch daher, daß er den Reparationsgläubigern keinen Anlaß zur Intervention bieten wollte, was bei einem Übergang zur Devisenzwangswirtschaft eingetreten wäre. Die internationalen Banken waren jedoch nicht bereit, dem Reich durch Kredite zu helfen, solange es nicht effektive Maßnahmen gegen die Kapitalabflüsse ergriff, die, wie Montagu Norman zu Recht feststellte, in hohem Umfang von deutschen Anlegern vorgenommen wurden. Luther kam deshalb an der von ihm zunächst abgelehnten Devisenbewirtschaftung nicht vorbei. Die von der Reichsregierung erlassene Notverordnung gegen Kapital- und Steuerflucht war jedoch unangemessen hart; sie schrieb bei Nichtanmelden und illegaler Ausfuhr von Devisen unter Umständen sogar Zuchthausstrafe vor. Das nationalsozialistische Regime bediente sich später dieses Instruments, um den Transfer jüdischen Kapitals ins Ausland zu unterbinden. Faktisch war das Deutsche Reich mit der Devisenkontrolle, der Unterschreitung der Mindestdeckung der Reichsbank und dem Hoover-Moratorium in die Lage versetzt, den starren Deflationskurs im Innern zu lockern.

Die deutsche Kreditkrise war auch dadurch bedingt, daß Brüning Verhandlungen mit Frankreich zu vermeiden suchte, obwohl die britische Politik auf direkte deutsch-französische Kontakte drängte, weil sie sich bewußt war, Paris finanzpolitisch unterlegen zu sein. Entsprechende Andeutungen Montagu Normans wurden deutscherseits nicht beachtet. Die Gespräche, die Brüning und Curtius in Paris am Vorabend des Treffens in Chequers mit der französischen Regierung widerstrebend führten, erbrachten das erwartete negative Resultat. Der Kanzler war nicht willens, für die Gewährung einer umfassenden Anleihe auf die politischen Forderungen Frankreichs einzugehen, die den Verzicht auf die Revision des Young-Plans für einen Zeitraum von zehn Jahren, die förmliche Preisgabe der deutsch-österreichischen Zollunion und die Einstellung des Panzerkreuzerbauprogramms zum Inhalt hatten. Mit gewissem Recht konnte er erklären, daß keine deutsche Regierung in der Lage sei, die französischen Bedingungen zu erfüllen. Jetzt rächte es sich, daß die deutsche Politik Aristide Briand und den gemäßigten Kräften in Frankreich in den Rücken gefallen war.

Gewiß ist eine abschließende Antwort auf die Frage nicht möglich, ob eine Politik, die konsequent bemüht gewesen wäre, die Welle des Mißtrauens und des Nationalismus zwischen Frankreich und Deutschland abebben zu lassen und zu einer aufrichtigen wirtschaftlichen Zusammenarbeit zu gelangen, die Auswirkungen der Weltwirtschaftskrise auf Mitteleuropa hätte begrenzen können. Brüning unterstellte dem französischen Nachbarn die Absicht, die deutsche Machtstellung systematisch unterminieren zu wollen. Wie stark des Kanzlers

Voreingenommenheit gegenüber Frankreich die Rationalität wirtschaftlicher Entscheidungen beeinträchtigte, zeigte dessen schwer begreifliches Vorgehen in der Gelsenberg-Affäre, das auch mit seinem Grundsatz unvereinbar war, die staatliche Intervention in die Wirtschaft zu beschränken und die Staatsquote zu verringern. Im März 1932 entschlossen sich Brüning und Dietrich auf Drängen Friedrich Flicks, dessen Anteil an den Gelsenberg-Aktien zu einem weit überhöhten Kurs für das Reich zu erwerben. Die im Mai abgeschlossene Transaktion, die erst nach dem Sturz des Kanzlers bekannt wurde, diente weniger der Sanierung der angeschlagenen Vereinigten Stahlwerke, von denen Gelsenberg einen beträchtlichen Aktienanteil besaß, als derjenigen des abgewirtschafteten Flick-Konzerns. Das Motiv für Brünings ungewöhnliches Vorgehen – nur der Aufsichtsratsvorsitzende des Stahlvereins wurde unter Zusicherung strengster Vertraulichkeit informiert – lag offenbar darin, in jedem Fall zu verhindern, daß Teile des Gelsenberg-Pakets in französische Hände gerieten, was die geheime wirtschaftliche Aufrüstung tangiert hätte. Der Vorgang beleuchtet einmal mehr, wie starr Brüning am Primat der Außenpolitik auch in wirtschaftspolitischer Beziehung festhielt.

Im Frühsommer 1931 stellte sich rasch heraus, daß alle Hoffnungen, Frankreich isolieren zu können, gegenstandslos waren. Die Reparationsfrage ließ sich auch auf der Londoner Konferenz von Ende Juli 1931 nicht aufrollen, da die angelsächsischen Mächte einen Alleingang ablehnten. Statt dessen kam es mit Hilfe des amerikanischen Außenministers Henry Lewis Stimson zur Anbahnung von Verhandlungen über den Abschluß privater Stillhalteabkommen zwischen den ausländischen Gläubigern und Deutschland, das sich verpflichten mußte, die Devisenbewirtschaftung beizubehalten. Hingegen bestand einstweilen keine Bereitschaft, ihm die dringend benötigte internationale Anleihe zu gewähren. Im Hinblick auf die Reparationsfrage erreichte Brüning nur, daß die Bank für Internationalen Zahlungsausgleich einen Sonderausschuß zur Überprüfung der finanziellen Leistungsfähigkeit des Reiches einsetzte. Das Wiggins-Komitee, das diese Aufgabe übernahm, legte Mitte August einen vom britischen Finanzexperten Lord Walter Layton redigierten Bericht über die deutsche Wirtschafts- und Finanzlage vor. Darin wurde darauf hingewiesen, daß das Deutsche Reich wegen der anhaltenden kurzfristigen Auslandsverschuldung nur einen Bruchteil seiner Verbindlichkeiten begleichen konnte und daß die zwischen 1924 und 1930 gezahlten Reparationen ausschließlich aus ausländischen Krediten finanziert worden waren. Obwohl dies für die Eingeweihten eine altbekannte Tatsache war, lag in der offiziellen Feststellung dieses Sachverhalts ein gewisser Erfolg der deutschen Bemühungen, zur endgültigen Streichung der Reparationen zu gelangen. Der Layton-Bericht ließ die Frage offen, wie die umfangreichen Kapitalverluste in Deutschland ausgeglichen werden sollten.

Gemessen an den Erwartungen, die der »Tributaufruf« vom 6. Juni geweckt hatte, fiel das Ergebnis der Londoner Verhandlungen enttäuschend aus. Ein offizielles Moratorium wäre einem definitiven Eingeständnis der deutschen Zahlungsunfähigkeit gleichgekommen und hätte die Kreditwürdigkeit des Reiches vollends zerstört. Durch die Vereinbarung von Stillhalteabkommen der internationalen Gläubiger und deren Kombination mit der in London festgeschriebenen Devisenbewirtschaftung war jedoch das Druckmittel des Kreditabzugs, das die deutsche Politik seit 1929 bedroht hatte, beseitigt, wenngleich kurzfristige Kredite auch in den folgenden Monaten vereinzelt abgerufen wurden. Brüning kommentierte die neue Lage dahingehend, daß nunmehr »die ewigen Drohungen und Erpressungen Frankreichs nicht mehr möglich« seien.

Die Stillhalteabkommen wurden wegen der anhaltenden deutschen Zahlungsunfähigkeit mehrmals verlängert. Da das Deutsche Reich vor dem Zweiten Weltkrieg nicht mehr zum freien Kapitaltransfer zurückkehrte, liefen die Londoner Vereinbarungen darauf hinaus, daß das Ausland den größeren Teil der deutschen Kapitalvernichtung bezahlte. Dies war im Sommer 1931 allerdings noch nicht vorauszusehen. Gleichwohl zeichnete sich ein Entgegenkommen der Mächte in der Reparationsfrage auf der Grundlage herabgesetzter Annuitäten, möglicherweise auch einer einmaligen Abschlußzahlung ab. Brüning beharrte demgegenüber auf der vollständigen Beseitigung der Reparationen. Er rechnete damit nicht vor dem Sommer 1932, da er erkannte, daß die für Anfang 1932 nach Basel einberufene Expertenkonferenz auf die deutsche Forderung nur teilweise eingehen würde. In einer Verlängerung des Hoover-Moratoriums, die am Widerstand amerikanischer Finanzkreise scheiterte, erblickte er keinen sinnvollen Ausweg; er wollte sie auf ein halbes oder ein Jahr beschränken, damit dessen Ablauf nicht mit dem Ende der deutschen Wirtschaftskrise zusammenfiel.

Vor diesem Hintergrund beschwor der Kanzler die Mitglieder des Kabinetts, um jeden Preis an einer Politik des Haushaltsausgleichs festzuhalten und keinerlei Schritte einzuleiten, die bei den Alliierten den Eindruck erwecken könnten, als besitze das Reich noch irgendeinen finanzpolitischen Spielraum. Wenige Monate zuvor hatte er betont, daß man nach außen hin nicht zugeben dürfe, aus innenpolitischen Gründen gezwungen zu sein, »die Notleine der Reparationen« zu ziehen. Wenn die Tatsache durchsickere, daß der Haushalt ungedeckt sei, könne man keine Außenpolitik mehr machen. Unnachgiebig drängte er darauf, den Deflationskurs trotz ansteigender innerer Widerstände bis zum Sommer 1932 »durchzuhalten«. Unter keinen Umständen dürfe Deutschland seinen finanziellen Zusammenbruch nach außen erkennen lassen, da es dann den Forderungen der alliierten Mächte wehrlos preisgegeben sei. Die gegen wachsende Kritik selbst innerhalb des Kabinetts starr beibehaltene deflationistische Politik war jedoch seit der Devisenkontrolle und den Stillhalteabkommen im Grunde sinnlos geworden. Indem sich Brüning entschloß, den im Young-Plan vorgesehenen Weg der Anrufung der Bank für Internationalen Zahlungsausgleich nun auf der Grundlage des Layton-Berichts einzuschlagen, gestand er indirekt ein, daß die bislang verfolgte Strategie verfehlt gewesen war. Trotzdem knüpfte er die Existenz des Kabinetts selbst an die reparationspolitische Gesamtlösung, auf die er sich innenpolitisch festgelegt hatte.

Angesichts der bis dahin für undenkbar gehaltenen wirtschaftlichen Schrumpfung, die auch gesunde Betriebe erfaßte und deren Investitionstätigkeit zum Erliegen brachte, verlor das deflationistische Credo, trotz der vom Kabinett beschworenen und bis in Kreise der Sozialdemokratie einwirkenden Inflationsfurcht, zunehmend an Überzeugungskraft. Selbst Brüning wurde von einer wachsenden Unsicherheit ergriffen, ob die Deflationspolitik weiterhin angebracht sei. Es gebe einen Punkt, meinte er zu Staatssekretär Schäffer, an dem die Deflation in Inflation umschlage. Dies traf insofern zu, als bei einem weiteren Rückgang der Produktion die Fixkosten nur noch durch Kreditaufnahme abgedeckt werden konnten. Auch Reichsbankpräsident Luther wurde schwankend und erwog, ob die in der Öffentlichkeit mit zunehmender Intensität geforderte innere Kreditausweitung nicht doch die richtige Antwort auf die sich immer weiter verschärfende wirtschaftliche Kontraktion war. Er vermochte sich mit dieser späten Einsicht jedoch gegen seine Untergebenen nicht durchzusetzen. Die schwerindustrielle Forderung, der Pfundabwertung, der sich zahlreiche Länder angeschlossen hatten, durch eine Abwertung der Mark zu folgen, stieß dennoch bei Reichsregierung und Reichsbank auf dezidierten Widerstand. Sie verlegten sich darauf, die Pfundabwertung durch eine planmäßige Herabsetzung von Löhnen und Preisen zu kompensieren, was unter dem unpopulären Schlagwort der »Anpassung an die Notlage der Nation« propagiert wurde.

Das System der Aushilfen, mittels dessen das Reichskabinett seit dem Spätsommer 1931 die Sanierung des Haushalts zu erreichen suchte, mündete in eine Nivellierung des gesamten Preis- und Lohngefüges einschließlich einer Senkung des Zinsniveaus, der Sozialleistungen und der Verwaltungsausgaben. Über die Frage einer durch Notverordnung herbeizuführenden Zins- und Diskontsenkung kam es zu schweren Konflikten mit Luther, der auf das Drängen der Wirtschaftsverbände die Flucht in eine dirigistische Wirtschaftspolitik ablehnte. Zu den kumulativen Sparmaßnahmen gehörte der Vorschlag, die Arbeitslosenversicherung durch eine generelle Arbeitslosenfürsorge abzulösen. Die durch das Ausbleiben ausländischer Kredite zusätzlich erzwungene Senkung der öffentlichen Ausgaben war jedoch durch wachsende politische Widerstände gebremst. Sowohl im Bereich der landwirtschaftlichen Subventionen als auch im Wehretat waren Einschnitte gänzlich unmöglich. Schäffer prägte in dieser Beziehung die Formulierung: »Hinsichtlich des Etats leben wir schon heute in einer Militärdiktatur.«

Einen Höhepunkt erlangte die konsequent betriebene Ausgabensenkung mit der Dietramzeller Notverordnung vom 24. August 1931. Ihr folgten aber schon am 6. Oktober und 8. Dezember zwei weitere einschneidende Notverordnungen. Die auf allen Gebieten – mit Ausnahme der Landwirtschaft – verfügten Kürzungen betrafen insbesondere die Löhne und Gehälter im öffentlichen Dienst. Ohne die wegfallenden Nebenleistungen machten sie schließlich mehr als zwanzig Prozent der Gehälter im öffentlichen Dienst aus, so daß Stegerwalds Vorschlag, die Besoldungsnovelle von 1927 außer Kraft zu setzen, im Grunde schon vorweggenommen war. Eine Fülle flankierender Maßnahmen betraf die Reduzierung von Pensionen und Ruhestandsbezügen, Kriegsbeschädigten- und Invalidenrenten, Kindergeld- und Wohnungsgeldzuschüssen sowie Reisebeihilfen und richtete sich zugleich gegen das »Doppelverdienertum«, damit gegen verheiratete Frauen. Entgegen den Warnungen seiner engsten Mitarbeiter hielt Brüning an der finanzpolitisch bequemen progressiven Gehaltssenkung fest, sah sich allerdings schon im Juni 1931 gezwungen, durch die Einführung der Krisenlohnsteuer auch die Privatangestellten und Selbständigen heranzuziehen, womit die konjunkturellen Effekte der Preissenkungen weitgehend neutralisiert wurden.

Die Gehaltssenkungen im öffentlichen Dienst riefen schärfste Proteste der betroffenen Verbände hervor, die sich auf die verfassungsmäßige Garantie der Beamtenbesoldung beriefen und hierin auch die Unterstützung der Präsidialkanzlei fanden, welche vor einer weiteren Anwendung des Artikels 48 auf die Senkung der Pensionen warnte, da dies einen Eingriff in die »wohlerworbenen Rechte« der Beamten darstelle. In der Tat war durch die Hinausschiebung des Besoldungsdienstalters aus einem einmaligen Notopfer eine dauernde Gehaltseinbuße geworden. Zwar gelang es der Reichsregierung mit Hilfe Carl Schmitts, den sich abzeichnenden Widerstand des Reichsgerichts einigermaßen auszuräumen, doch es war für die sich versteifende Ablehnung weiterer Gehaltssenkungen bezeichnend, daß bestimmte Beamtengruppen, darunter die Reichswehr, die Polizei und die Richter der obersten Gerichtshöfe, von den Kürzungen ausgenommen werden mußten.

Aufgrund der Dietramzeller Verordnung wagte Brüning institutionelle Eingriffe, die er ursprünglich bis zum Ende der Reparationen hatte zurückstellen wollen. Dazu gehörte die Ermächtigung der Länderregierungen, Gehaltskürzungen und sonstige Einsparungen unter Umgehung der Parlamente und der kommunalen Vertretungskörperschaften auf dem Verordnungsweg zu verfügen. Diese Bestimmung, die mit der verheerenden Kassenlage begründet wurde, verstärkte das autoritäre Element auf der Länderebene. Sie stand im Zusammenhang mit einer beträchtlichen Kürzung der Reichsüberweisungen an die Länder. Da zugleich Ländern und Gemeinden die Neuaufnahme von Krediten weitgehend verweigert wurde, setzte sich eine allgemeine Sparpsychose durch, welche die Arbeitslosigkeit weiter ansteigen ließ. Die Einsparungen machten sich insbesondere auf dem personalintensiven Bildungssektor bemerkbar, betrafen Volkshochschulen, Volksbibliotheken, das öffentliche Schulwesen und nicht zuletzt die Hochschulen. Die Notlage erwerbsloser Hochschuldozenten und -absolventen konnte durch die Notgemeinschaft für die deutsche Wissenschaft, der Vorgängerin der heutigen DFG, nicht nennenswert gemildert werden. Die finanziell wenig ergiebige Abschaffung der Emeritierung verprellte auch die vergleichsweise kleine Gruppe von Hochschullehrern, die der Republik distanziert, aber loyal gegenübergestanden hatten.

Brüning war indessen entschlossen, die sich zuspitzende Finanzkrise der Länder auch zum Hebel der von ihm beabsichtigten Reichsreform zu machen. Er lehnte deshalb die Bildung von Verwaltungsgemeinschaften vorläufig ab, die einige kleinere Länder anboten. Er rechnete damit, daß sich die Länderparlamente als unfähig erweisen würden, den ihnen aufgezwungenen Sparmaßnahmen zuzustimmen, und glaubte, den Widerstand der Länderkabinette gegen eine Aufhebung des parlamentarischen Systems in den norddeutschen Ländern überwinden zu können. Im übrigen gedachte er, die Finanzkrise in Preußen abzuwarten, um dann dessen Verreichlichung und die Abschaffung des preußischen Landtages in einem Zuge vorzunehmen. Er wurde hierin von Luther unterstützt, der eine Finanzsanierung von der Gleichschaltung Preußens abhängig machte. Aus denselben Gründen stand Brüning der vorübergehend erfolgreichen Einsparungspolitik des preußischen Finanzministers Hermann Höpker-Aschoff und seines Nachfolgers, Otto Klepper, mit Argwohn gegenüber. Er warf Klepper vor, durch die Einführung der Schlachtsteuer die Wähler vor den preußischen Landtagswahlen vom April 1932 unnötig verärgert zu haben.

Darüber hinaus drängten Brüning und Luther darauf, die Vereinfachung der Verwaltung zu beschleunigen. Über die Zusammenlegung einzelner Amtsgerichtsbezirke und Behörden gelangte man jedoch nicht hinaus. Die Einsparungen beschränkten sich im wesentlichen darauf, die Wiederbesetzung freier Stellen hinauszuschieben und die sachlichen Verwaltungsausgaben zu verringern. Durch die kumulative Sparpolitik konnten die Ausgaben der öffentlichen Hand beträchtlich gesenkt werden, während die Aufwendungen für die Krisenunterstützung und die Sozialfürsorge über alle Grenzen wuchsen. Im Haushaltsjahr 1932/33 gingen die realen Ausgaben von Reich, Ländern und Kommunen gegenüber 1929/30 jedoch nur um 1.736 Millionen Reichsmark zurück, von denen 1.474 Millionen durch den Wegfall der Reparationsleistungen zustande kamen, so daß der reale Einsparungseffekt lediglich 262 Millionen ausmachte. Die politischen Kosten, die dadurch entstanden, wurden durch die deflationäre Haushaltspolitik in keiner Weise aufgewogen.

Der Handlungsspielraum Brünings hatte sich durch die rigorose Deflationspolitik ganz erheblich verringert. In Kreisen der Industrie wurden im Herbst 1931 Erwägungen angestellt, ihn durch den Ex-Reichskanzler Wilhelm Cuno zu ersetzen. Gleichzeitig drängte der Reichspräsident, auf den Generalmajor Kurt von Schleicher wachsenden Einfluß ausübte, darauf, endlich die vorgesehene

Regierungserweiterung nach rechts zu verwirklichen. Es gelang Brüning noch einmal, die Bedenken des Reichspräsidenten gegen seine Politik auszuräumen, zumal er bei dieser Gelegenheit nach Rücksprache mit der Reichswehrführung die Absicht einer parlamentarischen Wiederwahl Hindenburgs ins Gespräch brachte. Brüning hoffte, auf der inzwischen für April 1932 nach Lausanne einberufenen internationalen Schuldenkonferenz den entscheidenden Durchbruch zu erzielen und, gestützt auf das dadurch gewonnene innenpolitische Prestige, den Umbau der Reichsverfassung, möglicherweise im Sinne der konstitutionellen Monarchie, herbeizuführen. Er glaubte, die NSDAP, deren Kooperationsfähigkeit er nach dem Scheitern der Koalitionsverhandlungen mit der Zentrumspartei in Hessen nunmehr negativ beurteilte und deren Anwachsen er als »Fiebererscheinung« betrachtete, politisch isolieren zu können. Zunächst freilich ging es darum, durch die Wiederwahl des Reichspräsidenten von Hindenburg seine eigene Stellung zu festigen. »Ich war«, erklärte Brüning aus der Rückschau, »in der Innenpolitik so weit, daß ich für den Sommer die Wiedereinführung der Monarchie auf legalem Wege betreiben konnte.« Der Reichskanzler übersah, daß er in den Augen seiner konservativen Partner durch die endgültige Lösung der Reparationsfrage überflüssig wurde und nur noch ein Hindernis für die ersehnte Regierung der nationalen Rechten darstellte.

Der Weg zur Präsidialdiktatur

Die schweren innenpolitischen Belastungen des Sommers 1931, die im Gefolge der Bankenkrise und der Pfundabwertung aufgetreten waren, hatten das Kabinett Brüning nicht unbeschadet gelassen. Dies betraf weniger die Kooperation innerhalb des Kabinetts als vielmehr das Verhältnis des Kanzlers zum Reichspräsidenten, von dem er feststellte, daß er immer stärker den Einflüssen seiner Umgebung erlag und zunehmend weniger bereit war, sich den Auffassungen des Kanzlers anzuschließen. Die Eingabenkampagne gegen Brüning, die von der nationalistischen Rechten im Vorfeld der Kundgebung in Bad Harzburg veranstaltet wurde, wobei dem Reichspräsidenten körbeweise Briefe zugingen, die den Sturz Brünings forderten, war nicht so wirkungsvoll wie die Fülle an Beschwerden seitens der Repräsentanten der vaterländischen Verbände und anderer von Hindenburg geschätzter Honoratioren. Die Intrigen im Umfeld des Reichspräsidenten, die Brüning täglich mehr fürchtete, waren auch Ausdruck seiner sich von Tag zu Tag vergrößernden Isolierung.

Hindenburg, der von Brüning eine Wendung nach rechts verlangte, brachte wenig Verständnis für dessen Argument auf, daß ein Bruch mit der Majorität des Reichstages über kurz oder lang den offenen Verfassungskonflikt nach sich ziehen werde. Im Unterschied zu unberufenen Ratgebern wie General Kurt von Schleicher war sich Brüning darüber im klaren, daß eine Unterstützung seiner Kabinettsführung weder durch Hugenberg noch durch Hitler denkbar war. Der Reichspräsident ließ sich nur widerwillig davon überzeugen und zwang Brüning, als dieser am 7. Oktober 1931, um eine politische Klärung herbeizuführen, die Demission des Kabinetts einreichte, die Regierung nach rechts umzubilden.

Neben dem seit längerem angestrebten Rücktritt von Reichsaußenminister Julius Curtius verlangte der Präsident, Joseph Wirth, dem er wegen dessen Beziehungen zur SPD mißtraute, und Theodor von Guérard zurückzuziehen, so daß das Zentrum neben Brüning nur noch durch Reichsarbeitsminister Adam Stegerwald im Kabinett vertreten war. Brüning entschloß sich, das Außenministerium, für das Konstantin Freiherr von Neurath ins Gespräch gebracht worden war, selbst zu übernehmen. Für die Besetzung des Innenministeriums favorisierte er Otto Geßler, obwohl das von der SPD als Affront betrachtet werden mußte. Geßler verband mit dem Eintritt in das Kabinett ein verfassungsdurchbrechendes Reformprogramm, dem sich zu diesem Zeitpunkt Hindenburg widersetzte. Schließlich folgte Brüning der auch durch von Schleicher vorgetragenen Anregung, Wilhelm Groener das Innenministerium in Personalunion übernehmen zu lassen. Das zeigte an, daß der Reichspräsident und seine Berater, vor allem General von Schleicher, dem Kabinett nur eine Übergangsrolle zubilligten und nach Lausanne mit einer Regierungsneubildung rechneten.

Der Versuch Brünings, durch Einbeziehung von angesehenen Vertretern der Großindustrie in das Kabinett deren einstweiliges Stillhalten zu erkaufen, mißlang auf der ganzen Linie. Paul Silverberg, dem Brüning das Reichsverkehrsministerium anbot, nachdem er anfängliche Bedenken wegen einer Verstärkung des »hochgehenden Antisemitismus« zurückgestellt hatte, lehnte mit der Begründung ab, daß er nicht das Vertrauen der Mehrheit der westlichen Industrie besitze. Die enge Bindung Albert Vöglers an die DNVP schloß eine Zusammenarbeit mit Brüning, die er rundheraus zurückwies, aus. Schließlich gelang es, Hermann Warmbold, der zuletzt für die IG-Farben tätig war, für das Wirtschaftsressort zu gewinnen. Doch ihm fehlte der nötige Rückhalt bei den großen Wirtschaftsverbänden, die noch Ende September 1931 in einer »Gemeinsamen Erklärung« zur Wirtschafts- und Sozialpolitik dem Kabinett den offenen Kampf angesagt hatten. Zudem entpuppte sich der neue Reichswirtschaftsminister zum Entsetzen des Reichsbankpräsidenten Hans Luther als Anhänger der Kreditschöpfungspläne Ernst Wagemanns. Desgleichen erwies sich der Versuch, mit der Ernennung Hans Schlange-Schöningens zum Reichskommissar für die Ostsiedlung, die durch Landwirtschaftsminister Martin Schiele im Kabinett repräsentierten großagrarischen Interessen auszutarieren, als verfehlt.

Darüber hinaus sah sich Brüning gezwungen, den von Ex-Reichskanzler Wilhelm Cuno dem Reichspräsidenten unterbreiteten Vorschlag zu befolgen, einen Reichswirtschaftsrat einzuberufen. Er war als eine Art Kronrat beim Reichspräsidenten gedacht, dem fünfzehn Vertreter der Wirtschaft, vornehmlich der rheinisch-westfälischen Schwerindustrie, aber auch der neuen Industrien sowie der Banken und der Landwirtschaft angehören sollten. Für die um sich greifende antiparlamentarische Grundstimmung war es bezeichnend, daß im gleichen Zusammenhang dem Reichskanzler nahegelegt wurde, eine »Oberste Wirtschaftsleitung« einzurichten. Die Forderung nach mehr Sachverstand in der Wirtschaftspolitik und betont autoritäre Bestrebungen, die wirtschaftlichen Entscheidungen am Parlament vorbei durch den Reichspräsidenten zu treffen, fielen hier zusammen. Brüning kostete es einige Mühe, das verfassungsmäßig fragwürdige Gremium in einem stärker paritätischen Sinne zu besetzen, was jedoch dazu führte, daß Reichslandbund und Landvolkpartei noch vor Abschluß der dreiwöchigen Verhandlungen über das zukünftige Wirtschaftsprogramm unter Protest ausschieden. Zur wenig verhüllten Obstruktion der landwirtschaftlichen Interessenverbände kam der massive Druck der westlichen Schwerindustrie. Sie verlangte in ultimativer Form die Abwendung des Kabinetts von den bisherigen Rücksichtnahmen auf SPD und Gewerkschaften. Das waren keine glänzenden Startchancen für das zweite Kabinett Brüning, das sich von dem vorangegangenen nicht so sehr durch eine stärkere Rechtsorientierung als vielmehr durch den Verzicht auf die Mitwirkung von Parlamentariern unterschied. Nach außen entstand der Eindruck weitgehender Kontinuität. Daß

Hindenburg unmittelbaren Einfluß auf die personelle Zusammensetzung des Kabinetts genommen hatte und entschlossen war, ohne Rücksicht auf die parlamentarischen Mehrheitsverhältnisse im Reichstag die Richtung der Politik zu bestimmen, ließ jedoch eine deutliche Gewichtsverlagerung zugunsten des Reichspräsidenten erkennen.

Angesichts des Ansturms der Interessenten verdankte das umgebildete Kabinett sein Überleben vor allem dem Tatbestand, daß für die Bildung einer Regierung der nationalen Rechten infolge der Intransigenz Hugenbergs einstweilen alle Voraussetzungen fehlten. Es erschien vielmehr zweckmäßig, bis zur bevorstehenden Erledigung der Reparationsfrage nicht »die Pferde zu wechseln«, wie von Schleicher sich ausdrückte. Das war auch die Auffassung der gemäßigten Rechten. So sprach »Die Tat« von Brüning als dem »Wandschirm, hinter dem sich die neuen Kräfte formieren können«. Ähnlich äußerte sich Graf Westarp, nachdem Brüning Mitte Oktober eine schmale Tolerierungsmehrheit im Reichstag gefunden hatte: »Erst nach Gläubigerakkord und Tributrevision und nach Beginn besserer Verhältnisse wird der Versuch einer nationalsozialistisch geführten Rechtsregierung – die deutschnationale Führung kommt leider kaum noch in Betracht – durchgeführt werden müssen und können.« Brünings Tage waren daher gezählt.

Mit der Kabinettsumbildung hatte sich der Kanzler in völlige Abhängigkeit vom Reichspräsidenten begeben. Der Reichstag wurde auf die Rolle reduziert, jeweils nach Erlaß eines Notverordnungsbündels den Mißtrauensanträgen von rechts und links zu widersprechen. Es gab nicht einmal ansatzweise den Versuch, die parlamentarischen Kräfte, die hinter dem Kabinett standen, zu aktivieren. Auch die Öffentlichkeit gewöhnte sich daran, das Kabinett als bloßes Instrument des Reichspräsidenten, unabhängig von den parlamentarischen Mehrheitsverhältnissen, zu betrachten. Der Kanzler, der vom Durchbruch in der Reparationsfrage eine innenpolitische Wende erhoffte, verkannte, wie sehr er Gefahr lief, zum Spielball der Interessen gemacht zu werden, die, unter Umgehung der zuständigen Reichsressorts, auf den Reichspräsidenten direkt einwirkten. Er glaubte, die sich vollziehende Machtverlagerung nach rechts im wesentlichen als lästiges Intrigenspiel abtun zu können. Die Widrigkeiten, denen er sich in dieser Beziehung ausgesetzt sah, bestärkten ihn in dem Entschluß, beim Kurs des Durchhaltens zu verharren, selbst wenn er dafür eine vorübergehende innenpolitische Isolierung in Kauf nehmen mußte. Er schottete sich daher mehr als nötig von seinen Kabinettskollegen ab und hielt nur noch zu einzelnen Mitgliedern der Zentrumsfraktion, deren unbedingte Loyalität nie in Frage stand, engere Verbindung, darunter zu Joseph Joos und Hans Bell. Eisenbahnreisen unternahm er meist im verhängten Abteil, um nicht vom Publikum erkannt zu werden. Gegenüber Kritikern reagierte er mit einem Anflug doktrinärer Rechthaberei.

Mit seiner Geringschätzung des »Generalansturms der alldeutsch-hugenbergschen Clique«, wie er die von Hugenberg zusammengebrachte Nationale Front spöttisch bezeichnete, schien Brüning zunächst recht zu behalten. Die »Heerschau« der nationalen Opposition im braunschweigischen Bad Harzburg am 11. Oktober 1931 gestaltete sich zu einer Demonstration der Uneinigkeit. Die Anwesenheit von hoher Prominenz, nicht zuletzt der Hohenzollernprinzen Eitel Friedrich und August Wilhelm, einer Anzahl ehemaliger kaiserlicher Generale, darunter des Generals von Lüttwitz und des vormaligen Chefs der Heeresleitung, Generaloberst von Seeckt, von Angehörigen der preußischen Aristokratie sowie den Führungsgremien von DNVP, Wirtschaftspartei, Alldeutschem Verband, Stahlhelm und der Vereinigten Vaterländischen Verbände, schließlich der NSDAP sicherten der Veranstaltung beträchtliche öffentliche Resonanz. Die Führung des Reichslandbundes unter Graf Kalckreuth war vollständig vertreten. Von den eingeladenen Wirtschaftsführern hatte sich jedoch die Mehrzahl entschuldigen lassen. Abgesehen von Karl Brandi vom Bergbauverein war die Großindustrie nur durch Persönlichkeiten der Geschäftsführerebene repräsentiert. Das äußere Arrangement der Tagung, das in den Händen von Otto Schmidt-Hannover und Herbert von Bose, einem späteren Mitarbeiter Franz von Papens, lag, stellte darauf ab, die ursprünglich als internes Treffen der Führer der nationalen Opposition konzipierte Versammlung als repräsentativ für nahezu alle relevanten bürgerlichen Kräfte erscheinen zu lassen. Dies war jedoch schwerlich gelungen.

Das Fernbleiben großindustrieller Unternehmer hatte mehrere Gründe. Sie standen der Politik Hugenbergs durchweg kritisch gegenüber, ohne darum für Brüning einzutreten. Außerdem hatte Brüning mit Gegenmaßnahmen gedroht, wenn die auf das Wohlwollen des Reiches angewiesenen Großkonzerne die gegen den Fortbestand seines Kabinetts gerichtete Kundgebung in Bad Harzburg unterstützten. Selbst die westliche Schwerindustrie scheute vor einer offenen Konfrontation zurück. Das galt jedoch nicht für Hjalmar Schacht; er benützte die Veranstaltung von Bad Harzburg zu einer zuvor nicht angekündigten Rede, die dem Honoratiorentreffen insofern einen Höhepunkt verschaffte, als die öffentliche Attacke des vormaligen Reichsbankpräsidenten gegen seinen amtierenden Nachfolger Hans Luther und dessen schonungslose Kritik an der unzureichenden Golddeckung der Reichsbank als ungewöhnlich empfunden werden mußten. Die Angriffe auf die Reichsregierung gingen im übrigen über die sattsam bekannten Argumente der »nationalen Opposition« nicht hinaus. Hans Zehrer kommentierte, dieser »Massenauftrieb aller alten Führer« habe mehr an 1912 als an 1931 erinnert, und er hatte recht damit.

Die Absicht Hugenbergs, in Bad Harzburg das Schattenkabinett des »nationalen Deutschland« unter seiner Führung zu bestücken und mit einer gemeinsamen Kandidatur für das Amt des Reichspräsidenten hervorzutreten, ging nicht in Erfüllung. Schon zuvor war Hitler wiederholt den Werbungen Hugenbergs ausgewichen. Auch am Vorabend der Harzburger Kundgebung entzog sich Hitler der vereinbarten Zusammenkunft mit den deutschnationalen Honoratioren, indem er vorgab, sich in Berlin um die von der Polizei beschlagnahmten Unterkünfte der notleidenden SA kümmern zu müssen. Anderentags verließ er nach dem Vorbeimarsch der SA demonstrativ die Führertribüne und deutete damit an, was er von den paramilitärischen Verbänden der bürgerlichen Rechten einschließlich des Stahlhelm hielt. Die ihm eigene gesellschaftliche Unsicherheit münzte er in taktisch gemeinte persönliche Affronts um, hinter denen die Gemeinsamkeit des von Hugenberg vorgetragenen Appells der Harzburger Front deutlich zurücktrat.

Hitler war entschlossen, keinerlei politische Bindungen einzugehen und auch nach außen die Selbständigkeit der nationalsozialistischen Bewegung zu betonen. Die von vornherein mit Skepsis betrachtete Harzburger Zusammenkunft, an der teilzunehmen er sich vor den Unterführern mit taktischen Notwendigkeiten förmlich entschuldigte, bestärkte ihn in dem Vorsatz, anstelle des überfälligen Parteitags eine Massenkundgebung in Braunschweig zu veranstalten, wo die NSDAP wenige Wochen zuvor eine Koalition mit der DNVP eingegangen war. Die mit mehr als 70.000 SA-Leuten nur acht Tage nach dem Harzburger Treffen durchgeführte Demonstration diente dem Zweck, die neugewonnene Stärke der Bewegung unter Beweis zu stellen. Obwohl sich SPD und Reichsbanner bewußt zurückhielten, blieben bei Märschen der SA-Einheiten durch die Arbeiterviertel blutige Zusammenstöße nicht aus. Gleichwohl berichtete der entsandte Reichswehrbeobachter positiv über die Disziplin der nationalsozialistischen Verbände.

Dem Treffen in Bad Harzburg waren Gespräche Hitlers mit Kurt von Schleicher und ein Empfang beim Reichspräsidenten vorausgegangen, die er als Aufwertung empfinden mochte, so wenig konkrete Resultate sich dabei ergaben. Brüning hatte die Begegnung vermittelt, um Hugenberg den Wind aus den Segeln zu nehmen und die DNVP zu isolieren. Der erste Besuch beim Reichspräsidenten erfolgte in Begleitung von Wilhelm Frick und Hermann Göring. Hitler legte die allgemeinen Ziele der Bewegung dar und beteuerte, daß die der Partei zur Last gelegten Ausschreitungen bloßer Notwehr entsprängen. Die Begegnung bestärkte Hindenburgs Abneigung gegen den Parteiführer, der ihn kaum zu Wort kommen ließ. Aus dem Haus Hindenburg verlautete später über das Gespräch, der Reichspräsident habe anschließend geäußert, er werde den »böhmischen Gefreiten« allenfalls als Postminister akzeptieren. Der Reichspräsident hatte Hitler ermahnt, das umgebildete Reichskabinett zu tolerieren. So wenig Hitler dazu bereit war, so wenig versprach er sich von einem Zusammengehen der NSDAP mit den von ihm verachteten bürgerlichen Honoratioren unter Hugenberg. Selbst für den unwahrscheinlichen Fall, daß sich die »nationale Opposition« mit dem Versuch durchsetzte, zusammen mit der KPD die noch nicht anderthalb Wochen alte Notverordnung niederzustimmen und einem Mißtrauensvotum gegen Brüning zur Mehrheit zu verhelfen, war mit einer wesentlichen Verbesserung der strategischen Position der NSDAP nicht zu rechnen.

Im Unterschied zu den Vertretern der Harzburger Front hatte Hitler nicht die Absicht, sofort in ein Hindenburg-Kabinett einzutreten. Er wollte vielmehr möglichst bald Neuwahlen auf Reichsebene erzwingen, um der rasch anwachsenden Stärke der NS-Bewegung Geltung zu verschaffen. Um diesem Ziel näher zu kommen, bot sich die Präsidentschaftsfrage geradezu an. Als Brüning mit Hitler Verhandlungen über eine Verlängerung der Amtszeit des Reichspräsidenten durch einen verfassungsändernden Beschluß des Reichstages aufnahm, reagierte dieser zunächst ablehnend, wählte dann aber den Weg einer brieflichen Stellungnahme, um die verfassungsrechtlichen Bedenken zu artikulieren, die einer Amtsverlängerung angeblich entgegenstünden. Dabei ließ er durchblicken, daß er bei unverzüglich angesetzten Neuwahlen im Reich und in Preußen den danach gebildeten Reichstag für kompetent hielt, die Präsidentschaft Hindenburgs um zwei Jahre zu verlängern.

Die von Hitler verfolgte taktische Linie unterschied sich grundlegend von derjenigen Hugenbergs, der eine Verlängerung der Amtszeit des Reichspräsidenten vom sofortigen Rücktritt Brünings und von der Auflösung der preußischen Koalition abhängig machte und die dann zu bildende Rechtsregierung selbst zu kontrollieren hoffte. Um nicht den Vorteil der Radikalopposition an die DNVP zu verlieren, schwenkte Hitler jedoch auf Hugenbergs Maximalprogramm ein. Ihm konnte nicht daran gelegen sein, das Kabinett Brüning durch eine Rechtsregierung abzulösen, solange sich das parlamentarische Stärkeverhältnis nicht zugunsten der NSDAP verändert hatte. Normale Reichspräsidentenwahlen konnten dem gleichen Zweck dienstbar gemacht werden, wenngleich Hitler eine direkte Konfrontation mit dem Reichspräsidenten scheute.

Reichskanzler Brüning verfolgte seit August 1931 den Gedanken einer Verlängerung der Amtszeit Hindenburgs, für die er mit der vollen Unterstützung durch General von Schleicher rechnen konnte. Er gab sich dem Glauben hin, daß der Respekt vor der Persönlichkeit des greisen Feldmarschalls den kleinsten gemeinsamen Nenner für die antagonistischen Interessen der maßgebenden politischen Eliten bildete. Das 1923 eingeschlagene Verfahren, die Amtszeit des Präsidenten durch einen mit Zweidrittelmehrheit ergangenen Beschluß des Reichstages zu verlängern, drängte sich in der gegebenen Situation wie von selbst auf. Nicht nur die bürgerlichen Mittelparteien, sondern auch die SPD signalisierten ihre Zustimmung. Es sprach viel dafür, inmitten der schweren wirtschaftlichen und sozialen Krise eine Volkswahl des Reichspräsidenten zu vermeiden.

Brüning verknüpfte diese eher pragmatischen und in mancher Beziehung opportunistischen Erwägungen mit der festen Absicht, den Reichspräsidenten zum Werkzeug des von ihm mittelfristig geplanten Umbaus von Staat und Gesellschaft zu machen. Darüber traten die berechtigten Bedenken wegen des angegriffenen Gesundheitszustands des inzwischen Vierundachtzigjährigen in den Hintergrund.

Wie weit Brüning gegenüber Hindenburg die Absicht aufgedeckt hat, sich unter bestimmten Bedingungen für die Restauration der Hohenzollern-Monarchie einzusetzen, ist nicht endgültig zu beantworten, zumal die Frage, welcher der preußischen Prinzen als Thronprätendent ins Auge zu fassen war, ungeklärt blieb. Schon die Erwägung, als eine Art Platzhalter zu fungieren, rief Hindenburgs Widerwillen hervor, denn er konnte sich eine Restauration nur als Wiedereinsetzung des Kaisers in seine angestammten Rechte vorstellen. Aus monarchistischer Sicht rächte sich nun die starre Haltung, die der im Exil weitgehend isolierte Monarch bei der Behandlung der Nachfolgefrage einnahm. Als Chef des Hauses Hohenzollern verweigerte Wilhelm II. eine mögliche Nachfolge des Kronprinzen Wilhelm, wie er auch den Anfang April 1932 aufgeworfenen Gedanken zurückwies, ihn im zweiten Wahlgang für die Reichspräsidentschaft kandidieren zu lassen.

Es kennzeichnet die Agonie, in der sich das republikanische System befand, daß von den gemäßigten Parteien kein entschiedener Versuch unternommen wurde, für die Reichspräsidentenwahlen einen parteipolitisch profilierten Bewerber zu nominieren. Severing erwog, Hugo Eckener, der als Kapitän des Luftschiffs »Graf Zeppelin« einen hohen Bekanntheitsgrad besaß und gemäßigt liberal eingestellt war, zu benennen, sah aber davon ab, als sich eine Hindenburg-Lösung abzeichnete. Die Vorstellung, der Reichspräsident dürfe kein Parteimann sein, wurde von der Mehrheit der Parteien stillschweigend hingenommen. Darin spiegelten sich die verbreiteten antiparlamentarischen Ressentiments, die auch die linksbürgerlichen Mittelparteien erfaßt hatten. Die SPD hielt sich in der Nominationsfrage bewußt zurück, da Klarheit bestand, daß ein von ihr aufgestellter Bewerber – es fiel der Name Otto Brauns – stets politisch isoliert bleiben würde. Sondierungen bei der KPD ergaben, daß diese eine Kooperation vom Verzicht der Parteigremien auf die bisherige Tolerierungspolitik und von der Herstellung der »Einheitsfront von unten« abhängig machte, was gänzlich inakzeptabel war.

Trotz der Zurückhaltung Hindenburgs in der Restaurationsfrage übte Brüning starken psychologischen Druck aus, um ihn zur Fortführung des Präsidentenamts zu bewegen. Er bediente sich dabei ähnlicher Argumente, wie sie Hindenburg gebrauchte, um seine Gesprächspartner zum Nachgeben zu veranlassen, und appellierte an dessen vaterländisches Pflichtgefühl. Wenn sich der Präsident verweigere, bestünde die Gefahr eines Bürgerkrieges. Hindenburg stimmte einer parlamentarischen Verlängerung seines Amtes auf Lebenszeit schließlich zu, obwohl ihm das Argument Otto Brauns einleuchtete, daß ihr eine Wiederwahl vorzuziehen sei, weil das Ergebnis nicht von Parteiverhandlungen abhänge. Als die Absicht Brünings am Widerstand Hitlers und Hugenbergs scheiterte, bestand der Präsident darauf, sich nur dann zur Wahl zu stellen, wenn die Überparteilichkeit seiner Kandidatur sichergestellt sei.

Die von Brüning bewußt aufgenommene Fiktion der Überparteilichkeit des Präsidialregimes schloß eine verantwortliche Mitwirkung des Reichstages und der Parteien bei der Bestellung des Reichspräsidenten im Grunde aus. Es erhob sich daher kein Widerstand der Mittelparteien gegen die Nominierung Hindenburgs durch ein überparteiliches Gremium. Das Präsidialbüro nahm allerdings zunächst Verhandlungen mit einer Reihe von vaterländischen Organisationen wie dem Kyffhäuser-Bund mit dem Ziel auf, die Aufstellung von diesen ausgehen zu lassen, um dadurch Hugenbergs Abspringen zu verwischen und den Eindruck zu erwecken, daß die »vaterländische Rechte« voll hinter dem Reichspräsidenten stünde. Denn es stellte sich immer deutlicher heraus, daß auch der Stahlhelm eine mindestens abwartende, im Grunde ablehnende Haltung einnahm. Während sich Rüdiger von der Goltz für die Vereinigten Vaterländischen Verbände eindeutig von Hindenburg distanzierte, konnte Max von Horn, der Vorsitzende des Kyffhäuser-Bundes, trotz beträchtlicher Widerstände in der eigenen Mitgliedschaft schließlich dazu überredet werden, sich für ihn einzusetzen. Der Präsident machte aufgrund der inzwischen bekanntgewordenen Absage des Stahlhelms seine Bereitschaft zur Kandidatur von der Unterstützung wenigstens eines Teils der »vaterländischen« Rechten abhängig.

Parallel zu den Bemühungen des Präsidialbüros hatte sich der Berliner Oberbürgermeister Heinrich Sahm dazu entschlossen, durch Hindenburg-Ausschüsse und Unterschriftensammlungen zu Hindenburgs Wiederwahl die Voraussetzungen für eine überparteiliche Nominierung zu schaffen. Infolge der widerspruchsvollen Haltung der Vaterländischen Verbände fiel Sahm die Aufgabe zu, den noch immer zögernden Präsidenten zur Annahme der Kandidatur zu bewegen. Die Sammlung von mehr als drei Millionen Unterschriften verfehlte nicht ihren Eindruck auf den Präsidenten, der sich von Sahm anläßlich der Ausrufung der Kandidatur am 16. Februar 1932 als Symbol der »Überwindung des Parteigeistes« feiern ließ.

In den Hindenburg-Ausschüssen fanden sich vor allem nicht-parteigebundene Vertreter der Rechten zusammen, obwohl sich DVP und Staatspartei an dieser Initiative beteiligten. Verschiedentlich wurden Regierungsmitglieder, darunter Hermann Dietrich, als Redner auf lokalen Kundgebungen als zu weit links stehend förmlich ausgeladen. Die Hindenburg-Ausschüsse, die an die Stelle des Loebell-Komitees von 1925 traten, waren daher keineswegs mit den republikanischen Gruppen zu verwechseln, und sie standen in einem durchaus ambivalenten Verhältnis zu Brünings Politik. Zentrum, BVP, SPD und Reichsbanner, aber auch Staatspartei und DVP hielten ihre eigenen Wahlveranstaltungen für Hindenburg ab. Die Disziplin der sozialdemokratischen Anhängerschaft war erstaunlich; die übergroße Mehrheit der SPD-Wähler stimmte für den ungeliebten

Präsidenten, da dessen Wahl inzwischen die einzige Chance zu bieten schien, eine Diktatur Hitlers zu vermeiden.

Hindenburg selbst hielt sich im Wahlkampf völlig zurück. Die Wahlpropaganda der Regierung stellte ihn als Repräsentanten selbstloser Pflichterfüllung, der sich in der Stunde der Not für das Vaterland geopfert habe, und als Retter Deutschlands in und nach dem Ersten Weltkrieg hin. Von Parteien und Parlament war in der Wahlwerbung für Hindenburg, die im Grunde die Selbstabdankung des republikanischen Systems implizierte, nirgends die Rede. Vielmehr plädierte man für den greisen Feldmarschall als Garanten der nationalen Sammlung und der Überwindung der Parteiengegensätze. Damit paßte man sich dem Tenor der nationalsozialistischen und deutschnationalen Wahlpropaganda an, die das Ende der »Parteienherrschaft« verlangte, und vollzog einen Abgesang auf das liberal-parlamentarische Prinzip.

Zur Lebenslüge der Wiederkandidatur Hindenburgs gehörte der Versuch der amtlichen Propaganda, den Tatbestand zu verdecken, daß der Präsident von eben den Parteien unterstützt wurde, die 1925 gegen ihn gestanden hatten. Als Otto Braun den Reichspräsidenten aufsuchte, um ihn seiner Loyalität zu versichern, durfte nichts davon an die Öffentlichkeit dringen. Mit Entschiedenheit widersprach Hindenburg dem Vorwurf, ein Kandidat der Linken zu sein und gegen das »nationale Deutschland« zu kandidieren. Wenn die Sozialdemokraten davon absähen, einen eigenen Kandidaten aufzustellen, so könne er das nicht verhindern. Es blieb jedoch nicht bei solcherlei apologetischen Stellungnahmen Hindenburgs gegenüber Gesinnungsgenossen im rechten Lager. Gerade die Konstellation, in der er von NSDAP und DNVP als Exponent der »Systemparteien« hingestellt wurde, veranlaßte den Präsidenten, schon vor der Wahl, förmliche Zusagen für eine künftige Rechtsregierung zu machen. »Trotz aller Nackenschläge« werde er seine Bemühungen »um eine gesunde Entwicklung nach rechts« nicht einstellen und nach den preußischen Landtagswahlen die Initiative zur Bildung einer nationalen »Konzentrationsregierung« aufnehmen.

Insoweit bestand Klarheit darüber, daß Hindenburg entgegen dem Slogan der Überparteilichkeit den Anschluß an diejenigen Gruppen suchte, die ihm im Wahlkampf entgegentraten. Mit größter Bitterkeit erfüllte den Reichspräsidenten der Umstand, daß der Stahlhelm, für dessen Gedeihen er sich als Ehrenmitglied immer wieder verdient gemacht habe, nicht bereit war, ihn vorbehaltlos zu unterstützen. Unter dem Einfluß Hugenbergs hatte die Stahlhelmführung gehofft, ein Eintreten für Hindenburg an umfassende politische Konzessionen in Richtung auf eine Umbildung des Kabinetts Brüning knüpfen zu können. Die Stahlhelmführung setzte sich damit zwischen alle Stühle, so daß sie schließlich den zweiten Vorsitzenden Theodor Duesterberg für den ersten Wahlgang in der Erwartung nominierte, daß Hugenberg im zweiten Wahlgang den ersehnten Einheitskandidaten der Harzburger Front präsentieren würde.

Maßgebend dafür, daß der Traum des gemeinsamen Kandidaten der Harzburger Front nicht einmal ansatzweise in Erfüllung ging, war die Haltung der NSDAP, die zwar Bereitschaft zeigte, den Arbeitsausschuß der nationalen Opposition zu beschicken, sich in der Kandidatenfrage jedoch bewußt nicht festlegte. Der Versuch Hugenbergs, der selbst nicht zu kandidieren gedachte, dem nationalsozialistischen Parteiführer die Nominierung Albert Vöglers oder eines Hohenzollernprinzen schmackhaft zu machen, bestätigte nur dessen Mangel an taktischem Geschick, mußte sich die »nationale Front« doch bei beiden Vorschlägen den Vorwurf gefallen lassen, einen sozialpolitisch reaktionären Kurs zu vertreten. Hitler, der die Verhandlungen mit dem Stahlhelm und der DNVP durch Göring und Frick hinhaltend führen ließ, sorgte für zusätzliche Verwirrung, als er in dem geplanten nationalen Konzentrationskabinett nicht nur das Reichskanzleramt, sondern auch das Reichsministerium des Innern sowie das Reichswehrministerium forderte, was prompt die Kritik des Stahlhelms auslöste. Vorübergehend dachte Hitler daran, Göring oder Ritter von Epp als Zählkandidaten aufzustellen. Er selbst zögerte zu kandidieren, und dies galt auch noch, als die Bemühungen bereits im Gang waren, ihm die deutsche Staatsbürgerschaft zu verschaffen. Die Scheu, institutionelle Bindungen einzugehen, verband sich mit der unausgesprochenen Befürchtung, gegenüber Hindenburg nicht gewinnen zu können, und das klang unterschwellig selbst in seinen Wahlreden an.

In dem Maße, in dem sich die Sammelkandidatur Hindenburgs abzeichnete, sah sich die NSDAP in Zugzwang gesetzt, über eine bloß taktische Zählkandidatur hinaus den Fehdehandschuh Brünings aufzunehmen und mit der Kandidatur Hitlers zu antworten, die vereinzelt in der regionalen Parteipresse bereits gefordert worden war. Nach der überschäumenden Wahlwerbung der NSDAP wäre es einem beträchtlichen Teil ihrer Anhänger unverständlich geblieben, wenn Hitler sich der Aufforderung, gegen Hindenburg anzutreten, entzogen hätte. Am 22. Februar 1932 verkündete Goebbels, der seit Wochen auf diesen Schritt drängte, Hitlers Kandidatur auf einer Massenkundgebung im Berliner Sportpalast und erntete damit, wie sorgfältig programmiert, den jubelnden Applaus der Massen. Nun waren die Fronten abgesteckt und die Pläne der »nationalen Opposition«, mit einem gemeinsamen Kandidaten hervorzutreten, endgültig zunichte gemacht. DNVP und Stahlhelm nominierten Theodor Duesterberg als Zählkandidaten. Die KPD stellte, wie bereits 1925, Ernst Thälmann auf. Die SPD, die frühzeitig die Unterstützung Hindenburgs annoncierte, trat erst am 27. Februar mit einem eigenen Wahlaufruf hervor: »Schlagt Hitler! Darum wählt Hindenburg!«

Für Hitler stellte die fehlende deutsche Staatsangehörigkeit keine größere Hürde dar. Nachdem Bestrebungen Fricks, ihn zum Gendarmeriekommissar in Thüringen zu ernennen, gescheitert waren und sich die Technische Hochschule in Braunschweig geweigert hatte, dem Ersuchen des Innenministers Dietrich

Klagges nachzugeben und Hitler eine außerordentliche Professur für »Grundlagen der Nationalpolitik« anzutragen, wurde dieser schließlich am 25. Februar zum Regierungsrat beim Kultur- und Vermessungsamt Braunschweig mit dem Auftrag ernannt, die wirtschaftlichen Interessen des Landes Braunschweig in Berlin wahrzunehmen. Obwohl diese Manipulation alles andere als überzeugend ausfiel, hätte ein Versuch der DNVP, Hitler die Staatsbürgerschaft zu verweigern, die politische Gesamtkonstellation wohl kaum verändert. Indem sich Hitler anschickte, als Vertreter des »neuen Deutschland« gegen den greisen Feldmarschall als Repräsentanten eines nicht mehr überlebensfähigen Systems anzutreten, forderte er bereits die Beseitigung des Präsidialregimes zugunsten seiner Parteidiktatur. Die republikanischen Kräfte gelangten in dieser Lage vollends in die Defensive. Es war allen Einsichtigen klar, daß ein Sieg Hindenburgs die Schieflage der Republik nach rechts nicht verändern würde. Die einzige Chance bestand darin, das formale Gefüge der Republik in eine Entwicklungsphase hinüberzuretten, in der die wirtschaftliche Not zurückging und erwartet werden konnte, daß die politische Radikalisierung breiter Bevölkerungsteile rückläufig würde.

Im ersten Wahlgang am 13. März 1932 blieb Hindenburg mit 49,6 Prozent der abgegebenen Stimmen knapp unter der erforderlichen absoluten Mehrheit, während Hitler mit 30,1 Prozent deutlich dahinter zurückfiel. Da Duesterberg für den am 10. April angesetzten zweiten Wahlgang auf seine Kandidatur zugunsten Hindenburgs verzichtete, stand dessen Ergebnis im Grunde fest. Hindenburg vermochte seinen Stimmenanteil jedoch nur auf 53 Prozent auszubauen. Hingegen erzielte Hitler mit 36,8 Prozent das bislang beste Wahlergebnis der NSDAP. Beide Kontrahenten zeigten sich über den Wahlausgang bitter enttäuscht. Hindenburg mußte gerade dort, wo er seine persönliche Gefolgschaft vermutete, die stärksten Rückschläge hinnehmen. In den Wahlkreisen Pommern, Merseburg, Thüringen, Chemnitz-Zwickau und Schleswig-Holstein blieb er hinter Hitler zurück, während er im Westen mit Hilfe der Stimmen von SPD und Zentrum diesem weit voraus war. Die Uneinheitlichkeit der Wähler Hindenburgs trat dort, wo die Landtagswahlen mit dem zweiten Wahlgang zusammenfielen, offen zutage. Viele Wähler, die sich für Hindenburg entschieden, stimmten in den Regionalwahlen für die extreme Rechte. Der Sieg Hindenburgs bedeutete daher keine innenpolitische Stabilisierung, sondern allenfalls ein Atemholen in dem immer aussichtsloser werdenden Verteidigungskampf der republikanischen Kräfte gegenüber der anbrandenden Welle des extremen Nationalismus.

In dem Maße, in dem der Ausgang der Wahlkämpfe für die tatsächlich verfolgte Politik im Reich und in den Ländern, in denen infolge mangelnder Mehrheitsfähigkeit der Landtage geschäftsführende Regierungen amtierten, eine untergeordnete Bedeutung erhielt, verschärfte sich die Heftigkeit, mit der sie geführt wurden. Wahlkämpfe degenerierten gleichsam zu Anlässen, um den Privatarmeen von links und rechts Gelegenheit zu verschaffen, ihre potentielle Macht unter Beweis zu stellen. Das galt auch für die Präsidentenwahl, die aufgrund des regierungsseitig verfügten Osterfriedens auf wenige Wochen zusammengedrängt war. Sie bot Joseph Goebbels die Chance einer perfekten Personalisierung des Wahlkampfs. Gewiß war er hierin wenig originell, denn die Republikaner taten ebenfalls alles, um ausschließlich Person und Charakter Hindenburgs in den Vordergrund zu stellen und richtungspolitische Akzentuierungen bis zur direkten Verfälschung der wahren Sachverhalte zu vermeiden. Eben deshalb aber ging es Goebbels, der den gesamten Propagandaapparat der NSDAP seinen Direktiven unterwarf, darum, Hitler als die Alternative der Zukunft, als »unsere letzte Hoffnung« erscheinen zu lassen. Der Hitler-Mythos, der für die Partei und für die engere Anhängerschaft bestimmend war, wurde nun einer breiten Öffentlichkeit mit allen denkbaren propagandistischen Mitteln suggeriert. Gerade die Konfrontation mit dem ehrwürdigen Feldherren des Ersten Weltkrieges ließ den aus einfachen Verhältnissen kommenden Frontsoldaten zum Symbol des nationalen Aufbruchs werden. Seitens der NSDAP wurde der Wahlkampf mit äußerster Energie und gewohnter Professionalität vorangetrieben. Neben unzähligen Versammlungen, in denen vor allem Goebbels und Hitler sprachen, Flugblättern und Plakaten überraschte die Partei im zweiten Wahlgang mit Hitlers Deutschland-Flug, der es ihm ermöglichte, in der ersten Aprilwoche Massenversammlungen in mehr als zwanzig deutschen Großstädten zu besuchen. Die NS-Führung setzte alles auf eine Karte und suggerierte den Wählern, daß Hitler der neue Reichspräsident sein werde.

Vor dem 13. März verdichtete sich innerhalb der NSDAP und der SA die Erwartung, daß die ersehnte Machtübernahme unmittelbar bevorstehe. Die Wahlniederlage löste tiefe Enttäuschung im Parteiapparat aus, und Goebbels hatte alle Hände voll zu tun, um den sich ausbreitenden Defätismus zu überwinden, der in der Formel vom »Kunersdorf der Bewegung« zum Ausdruck kam. Entgegen den Hoffnungen Hugenbergs, für den zweiten Wahlgang eine Sammelkandidatur der Rechten herbeiführen zu können, entschied sich Hitler, den Wahlkampf selbst unter dem Risiko einer Niederlage mit allen verfügbaren Kräften fortzuführen. Die Reichswahlkampfleitung intensivierte die pseudoreligiöse Verherrlichung Hitlers als des Garanten einer »Wiederauferstehung der Nation«. Gerade angesichts der kritischen Verfassung der Partei erwies sich der Führerkult als unentbehrliches Bindemittel der nationalsozialistischen Bewegung. Gleichzeitig artikulierte sich scharfe innerparteiliche Kritik am öffentlichen Auftreten der SA, die in den Augen zahlreicher politischer Funktionsträger für den Mißerfolg im ersten Wahlgang verantwortlich war. Andererseits sahen SA-Aktivisten den Sinn weiterer Wahlkämpfe nicht ein und forderten eine gewaltsame Erhebung.

Die Enttäuschung über das Scheitern Hitlers in den Präsidentschaftswahlen wurde von Goebbels in eine verstärkte Wahlwerbung für die auf den 24. April angesetzten Landtagswahlen überführt. Die erdrutschartigen Erfolge der NSDAP in Preußen und den meisten anderen Bundesländern kamen für die Öffentlichkeit nicht unerwartet. Außer in Bayern ging die NSDAP aus den Wahlen als stärkste Partei hervor. In der »republikanischen Bastion« Preußen stieg sie von 9 auf 162 Landtagsmandate an und besaß zusammen mit der KPD eine Sperrmajorität von 219 Sitzen. Hauptverlierer in Preußen waren neben den bürgerlichen Mittelparteien die SPD, die nurmehr über 94 Mandate gegenüber 137 verfügte, sowie die DNVP, die von 71 auf 31 Mandate zurückfiel. Die regierende Weimarer Koalition lag mit 163 gegen vormals 230 Stimmen hoffnungslos in der Minderheit. Doch die NSDAP vermochte den Stimmengewinn nicht in politische Macht umzusetzen. Abgesehen von den kleinen Ländern Thüringen, Braunschweig, Oldenburg und den beiden Mecklenburg, wo sie bereits an der Regierung beteiligt war, und in Anhalt, wo sie in eine Koalition eintrat, kam weder in Bayern noch in Württemberg eine Regierungsbeteiligung der NSDAP zustande. Andererseits bewirkten die Wahlen durchweg eine empfindliche Schwächung der bürgerlichen Mittelparteien und eine verhärtete parteipolitische Polarisierung, so daß mit Ausnahme von Baden, wo Landtagswahlen erst im November 1932 stattfanden, der Übergang zu permanenten geschäftsführenden Regierungen unvermeidlich war. Das Ansehen der parlamentarischen Institutionen wurde durch diesen Zustand aufs schwerste geschädigt.

In Preußen hatte die Koalition, die mit einer Niederlage rechnen mußte, Vorsorge getroffen, daß sich die Rechtsparteien nicht einseitig durchsetzten. Gegen den Protest der Opposition war unmittelbar vor den Wahlen eine Geschäftsordnungsänderung beschlossen worden, die für die Wahl des Ministerpräsidenten die absolute und nicht, wie bisher, im zweiten Wahlgang die relative Mehrheit verlangte. Otto Braun stand dieser Manipulation, die darauf zielte, die NSDAP vom Amt des preußischen Ministerpräsidenten fernzuhalten, skeptisch gegenüber. Sie hatte in der Tat auch nur dann Sinn, wenn sich zwischen der preußischen Zentrumsfraktion und der Reichsregierung unter Brüning ein Arrangement herstellen ließ, das die Arbeitsfähigkeit des geschäftsführenden Kabinetts sicherstellte. Es fehlte in der Folge nicht an Versuchen, die sozialdemokratischen Kabinettsmitglieder in den Hintergrund treten zu lassen oder auszutauschen, um so mögliche Widerstände im Reichspräsidentenpalais gegen eine stillschweigende Übereinkunft der geschäftsführenden Regierung mit Brüning zu verringern. Doch die Ereignisse gingen über eine solche Eventualität hinweg.

Allerdings lag das formalistische Imamthalten des Kabinetts nicht im Sinne des sozialdemokratischen preußischen Ministerpräsidenten. Vor dem unverzüglich einberufenen Landtag erklärte Otto Braun am 24. Mai dessen Demission. Er selbst fühlte sich am Ende seiner Kräfte, und er sah keine Möglichkeit, die demokratische Republik aus der Minderheitenposition, in der sich die SPD und die bürgerlich-republikanischen Gruppen mittlerweile befanden, erfolgreich zu verteidigen. Aufgrund der parlamentarischen Mehrheitsverhältnisse blieb das Kabinett geschäftsführend im Amt. Braun ließ sich jedoch in seinen Aufgaben als Ministerpräsident von Heinrich Hirtsiefer vertreten und zog sich zunächst gänzlich aus dem politischen Tagesgeschäft zurück. Krankheit, politische Resignation, aber auch die Einsicht, einen vermuteten Eingriff Brünings in die preußische Souveränität nicht abwehren zu können, veranlaßten ihn zu diesem Schritt, der ihm in Parteikreisen gelegentlich als Fahnenflucht verübelt wurde.

Die preußische Regierung hatte in den vorausliegenden Monaten beträchtliche Anstrengungen entfaltet, um eine Konstellation zu verhindern, in der Preußen nicht mehr regierbar sein würde. In der Innenpolitik besaß Otto Braun fast überhaupt keinen Spielraum, da ihn Brüning zu harten Sparmaßnahmen zwang und die geforderte Kredithilfe nahezu gänzlich verweigerte. Wiederholt sah sich die preußische Regierung bis an die Grenze des Unerträglichen politisch bloßgestellt, so anläßlich des Stahlhelm-Volksentscheids. Trotzdem hielt Braun an der Absicht fest, im Wege der Reichsreform eine Personalunion von wichtigen Ressorts des Reiches und Preußens in die Wege zu leiten. In dem unter tatkräftiger Mitarbeit von Arnold Brecht entstandenen, im August 1931 der Länderkonferenz vorgelegten Gesetzentwurf war eine Lösung angebahnt, durch den Eintritt einiger preußischer Minister in die Reichsregierung eine parlamentarische Abstützung Brünings sicherzustellen. Von seiten Brünings wurde der Gedanke einer Verschmelzung des preußischen und des Reichsfinanzministeriums aufgegriffen. Aber den entscheidenden politischen Schritt, zu dem ihn Braun mehrfach aufforderte, im November 1931 schließlich mit der Maßgabe, an seiner Stelle die preußische Ministerpräsidentschaft zu übernehmen, wagte Brüning nicht, weil er den Einspruch Hindenburgs und seiner Umgebung befürchtete.

Wie auch in anderen Fällen überzog Brünings Taktieren in der Preußen-Frage das politisch Mögliche. Er war seit langem entschlossen, die Verreichlichung Preußens zu betreiben. Dabei dachte er weniger an die Berufung eines Reichskommissars als vielmehr an die Vereinigung zentraler preußischer Ressorts mit denjenigen des Reiches. Ersparnisgesichtspunkte spielten dabei eine gewisse, aber nicht die entscheidende Rolle. Er rechnete damit, daß Preußen ähnlich wie die übrigen Länder auf die Dauer finanziell vom Reich abhängig werden und der Übertragung wichtiger Verwaltungszweige auf das Reich notgedrungen zustimmen würde. Daher lag in der finanzpolitischen Zurückhaltung gegenüber Preußen als demjenigen Land, das nicht zuletzt in Hinsicht auf die Polizeikräfte gesamtstaatliche Aufgaben wahrnahm, eine zielbewußte Strategie, der sich Preußen jedoch durch eigene einschneidende Notverordnungen zu erwehren vermochte.

Die von Brüning und später von Papen dem Land Preußen aufgezwungenen drakonischen Sparmaßnahmen hatten notwendigerweise eine weit verheerende-

Die Ergebnisse der Preußischen Landtagswahlen vom 20. Mai 1928 und vom 24. April 1932 (nach Wietog)

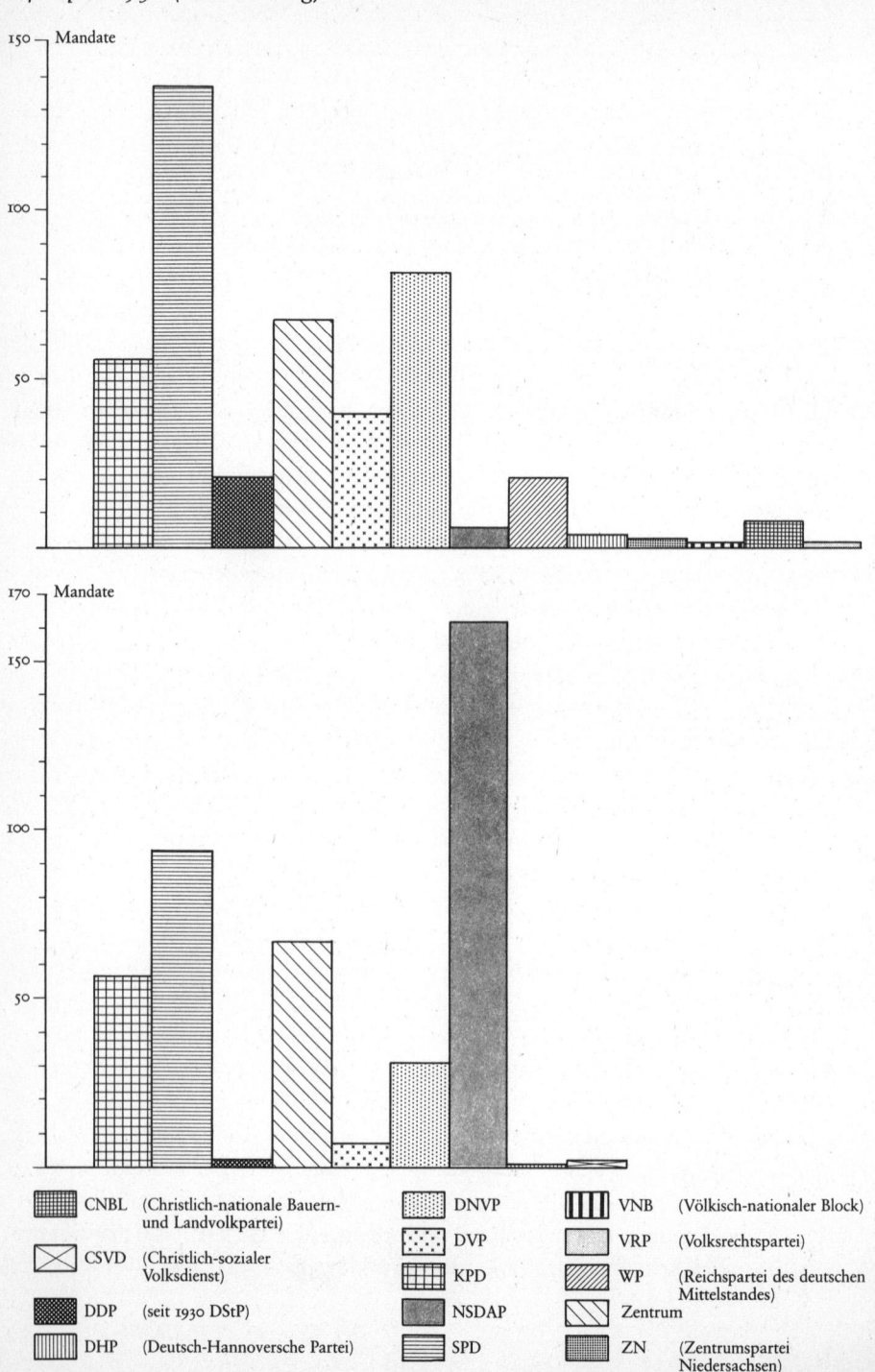

CNBL (Christlich-nationale Bauern- und Landvolkpartei)
CSVD (Christlich-sozialer Volksdienst)
DDP (seit 1930 DStP)
DHP (Deutsch-Hannoversche Partei)
DNVP
DVP
KPD
NSDAP
SPD
VNB (Völkisch-nationaler Block)
VRP (Volksrechtspartei)
WP (Reichspartei des deutschen Mittelstandes)
Zentrum
ZN (Zentrumspartei Niedersachsen)

re Wirkung als auf der Reichsebene, denn sie zogen einschneidende Abstriche im Verwaltungsapparat, im Bildungs- und Schulsektor und bei den gemeindlichen Finanzen nach sich. Der größte Teil der Sparmaßnahmen beruhte auf Notverordnungen, die auf die Dietramzeller Ermächtigung abgestützt waren und ohne Mitwirkung des Landtages zustande kamen. Tatsächlich war durch diese Praxis die Eigenständigkeit der Länder weitgehend beseitigt, und für die preußischen Sozialdemokraten stellte sich die Frage, inwieweit es sich unter den gegebenen Umständen überhaupt noch lohnte, für die Autorität der Landesregierung zu kämpfen. Immerhin hielt Severing an der Absicht fest, die Kontrolle über die preußischen Polizeikräfte bis zu den nächsten Reichstagswahlen zu behaupten.

Brüning schlug die Loyalitätsbereitschaft der geschäftsführenden preußischen Regierung mehr oder minder mutwillig aus. Er war vielmehr zu dem Experiment geneigt, die NSDAP in Preußen über eine Koalition mit der Zentrumspartei und der DNVP an das Reichskabinett heranzuziehen, wobei er hoffte, Carl Goerdeler, der als Reichspreiskommissar fungierte, zum preußischen Ministerpräsidenten und zugleich zum Vizekanzler zu machen. Für den Fall einer unkontrollierten Koalitionsbildung hatte Brüning eine Notverordnung vorbereitet, die vorsah, das Innen- und Justizressort auf das Reich zu übertragen. Ein Zusammengehen mit Braun scheint er nie ernsthaft erwogen zu haben, obwohl es in der Umgebung von Schleichers derartige Befürchtungen gab.

Es zeigte sich rasch, daß Brüning, statt die Fäden der Regierung zusammenzuhalten, sich in entscheidenden Fragen umgehen ließ und die Vorgänge in der Umgebung des Präsidenten nicht mehr unter Kontrolle zu bringen vermochte. Der Kanzler entpuppte sich als der eigentliche Verlierer der Präsidial- und Landtagswahlen vom Frühjahr 1932. Zwar hatte Hindenburg dessen Demissionsangebote vor den Wahlen zurückgewiesen, weil sie ihn als politisch erpreßbar hätten erscheinen lassen. Doch das hinderte von Schleicher keineswegs daran, in Verhandlungen mit Hugenberg und den Stahlhelmführern bei deren Eintreten für die Wiederwahl des Präsidenten eine Kabinettsumbildung zu versprechen. Hermann von Lüninck war als Kanzler, Hugenberg als Vizekanzler vorgesehen, Brüning sollte entweder Außenminister bleiben oder durch Baron von Neurath ersetzt werden. Angesichts der Intransigenz Hugenbergs, der auf schlechthin unerfüllbaren Sofortlösungen bestand, blieb dies bloße Spekulation. Die verletzenden Attacken der Hugenberg-Presse hatten beim Reichspräsidenten bleibende Spuren hinterlassen. Eine Heranziehung der DNVP unter Hugenberg, für dessen Rücktritt als Parteiführer Paul Reusch vergeblich plädierte, war dem Präsidenten schwerlich zuzumuten. Gleichwohl stand Hindenburg die Zusage vor Augen, die er seinen Standesgenossen gemacht hatte, spätestens nach den preußischen Wahlen das Ruder herumzuwerfen und gegen die Sozialdemokraten zu regieren. Brüning traf nun der stillschweigende Vorwurf, den Reichspräsidenten in eine falsche Frontstellung gedrängt zu haben.

Der Reichskanzler unterschätzte die Gefahr, die von den in Hindenburgs Umgebung gesponnenen Intrigen für den Fortbestand des Kabinetts ausging. Von Schleicher nutzte die persönlichen Beziehungen, die zu Hindenburgs Sohn Oskar bestanden – beide hatten im selben preußischen Regiment gedient–, um beim Reichspräsidenten gegen Brüning Stimmung zu machen. Der Einfluß der ostpreußischen Standesherren, inbesondere von Elard von Oldenburg-Januschau, dessen Äußerung, daß ein Leutnant und sechs Mann genügten, um den Reichstag nach Hause zu schicken, zum geflügelten Wort geworden war, mußte den greisen Feldmarschall, der sich politisch überfordert fühlte und es auch war, zusätzlich verunsichern, obwohl er den Einflüsterungen der Kamarilla und den um sich greifenden Gerüchten über angebliche kompromittierende Beziehungen Brünings zur Linken erstaunlich wenig nachgab. Bedenklich war zudem, daß die Neigung Hindenburgs, sich nach Neudeck zurückzuziehen, Brüning den Zugang zu ihm erschwerte, zumal Staatssekretär Otto Meißner diese Gelegenheit wahrnahm, den Reichspräsidenten gegen unliebsame Einflüsse abzuschirmen.

Daß grundsätzliche politische Richtungsentscheidungen immer stärker von persönlichen Zu- oder Abneigungen abhängig wurden, kam jedoch nicht von ungefähr. Brüning hatte mit der Durchsetzung der Präsidialregierung und seinem Führungsstil selbst hinreichend Anlaß dazu gegeben, daß die institutionellen Grundlagen der politischen Entscheidungsbildung und deren parlamentarische und damit öffentliche Kontrolle zunehmend ausgehöhlt wurden. Die Personalisierung der politischen Willensbildung war ein Kennzeichen der späten Jahre der Weimarer Republik; sie wurde durch die Neigung Brünings, dem taktischen Moment in seiner Politik übergebührliches Gewicht zu verleihen, beträchtlich gefördert. Die Undurchsichtigkeit seiner politischen Absichten mußte personellen Querverbindungen und Intrigen Vorschub leisten und jene zwielichtige Atmosphäre erzeugen, in der Persönlichkeiten wie von Schleicher, die gewohnt waren, verdeckt zu handeln, eine Schlüsselrolle übernehmen konnten. Nicht nur Brüning, sondern auch Groener und später von Papen und von Gayl lebten in der Zwangsvorstellung, ständig Überwachung und Indiskretionen befürchten zu müssen.

Die Zwielichtigkeit der politischen Verhältnisse in dieser entscheidenden Phase der späten Republik war ein Reflex der Lebenslüge einer Politik, welche die Loyalität der Sozialdemokratie, der Staatspartei und des linken Flügels der Zentrumspartei mutwillig für einen Kurs ausbeutete, der nach rechts führen sollte. Als pragmatischer Politiker, der den offenen Bruch mit der Legalität vermied, sah sich Brüning veranlaßt, eine Gratwanderung zu unternehmen, die grundlegenden politischen Optionen auswich und gerade daraus ihre Rechtfertigung ableitete. Die Reichspräsidentenwahlen waren Ausdruck dieser Ambivalenz, und sie eröffneten die Perspektive, die Entscheidung zwischen einem Weg der Mitte und einer definitiven Wendung nach rechts noch einmal offenzuhalten, wenngleich sich der Handlungsspielraum des Kanzlers zunehmend verengte. Doch erst der Umstand, daß das Präsidialkabinett sich unerwartet gezwungen sah, unmittelbar vor den preußischen Landtagswahlen, die das labile Gleichgewicht beendeten, in der Frage der Haltung zur SA gegen die extreme Rechte zu optieren, untergrub unwiederbringlich dessen politische Existenz. Nach außen traten diese Vorgänge als verhängnisvolles Zusammenspiel bösartiger Intrigen und persönlichen Versagens in Erscheinung.

Der Anschein der Überparteilichkeit, den das zweite Kabinett Brüning durch das völlige Zurückdrängen der parlamentarischen zugunsten der autoritären Abstützung besaß, wurden von ihm in dem Moment verspielt, als es sich entschloß, die Zurückhaltung gegenüber dem eskalierenden Bürgerkrieg aufzugeben, der primär zwischen den kommunistischen und den nationalsozialistischen Kampfverbänden, dem Kampfbund gegen den Faschismus und dem illegalen Rotfrontkämpferbund einerseits und der SA und den mit ihr kooperierenden nationalsozialistischen Terrorgruppen andererseits, ausgetragen wurde. Obwohl die Rechtspresse das bestritt, lag die Initiative zu den gewaltsamen Zusammenstößen zwischen den Selbstschutzformationen, zu denen in geringerem Maße auch die Eiserne Front und der Stahlhelm zu rechnen waren, primär bei der SA. Ihr ansteigendes politisches Gewicht wurde von den Länderexekutiven seit dem Sommer 1931 mit größter Besorgnis betrachtet. Die SA, zu der im Januar 1930 etwa 100.000 Mann gehörten, zählte ein Jahr darauf bereits 291.000 Mitglieder und sollte bis zum August 1932 bis auf 445.000 Mann anwachsen. Ihre steigende Aggressivität wurde von der NSDAP-Führung nur begrenzt kontrolliert und keinesfalls zurückgedämmt. Sie entwickelte sich zu einem gefährlichen Machtinstrument, das von den Polizeikräften allein auf die Dauer nicht in Schach zu halten war.

Die Nachrichtensammelstelle im Reichsministerium des Innern hatte seit dem Spätsommer 1930 im Zusammenwirken mit der preußischen politischen Polizei umfassendes Material zusammengestellt, aus dem nach Überzeugung der zuständigen Beamten der staatsfeindliche und hochverräterische Charakter der SA abzuleiten war. Das Bekanntwerden der Boxheimer Dokumente im September 1931 schien diesen Eindruck zu erhärten. Die in einem Bauernhof im hessischen Lampertheim versteckten Papiere, die der Polizei durch die Indiskretion eines früheren NSDAP-Funktionärs zur Kenntnis gelangten, warfen ein Schlaglicht auf die Überlegungen, die in SA-Kreisen über ein mögliches Vorgehen im Umsturzfall angestellt wurden. Es handelte sich um vergleichsweise detailliert ausgearbeitete Pläne für den Fall eines von kommunistischer Seite ausgelösten Putschversuchs. Sie waren größerenteils von Werner Best, der später zum Syndikus der SS aufsteigen sollte, entworfen, beschränkten sich jedoch auf bloße Machtsicherungsmaßnahmen, während die Umsturzsituation als gegeben betrachtet wurde. Zwar ließen die Planungen erkennen, daß man mit den poten-

Der Weg zur Präsidialdiktatur 421

tiellen Gegnern mit größter Härte umzugehen und sich der schärfsten Mittel des Belagerungszustands zu bedienen gedachte. Aber sie enthielten keinerlei Anweisungen zur Auslösung des Ausnahmezustands, von dem die Rede war.

Aus den Boxheimer Dokumenten ging hervor – und das der preußischen Polizei später zugespielte Material bestätigte dies erneut –, daß die NSDAP eine Erhebung der kommunistischen Arbeiterschaft sowie von Teilen der SPD und der Freien Gewerkschaften für wahrscheinlich hielt. Für diesen Fall beabsichtigte man, die SA aus den Großstädten abzuziehen und durch die Beherrschung des platten Landes und die Unterbindung von Lebensmittelzufuhren in die urbanen Zentren die »proletarische« Revolution auszuhungern. Erwägungen dieser Art hatten Walter Darré zum Aufbau des Agrarpolitischen Apparats der NSDAP stimuliert, der für die nationalsozialistische Unterwanderung des Reichslandbundes und zahlreicher landwirtschaftlicher Interessenorganisationen von größter Bedeutung werden sollte. Reminiszenzen an die Novemberrevolution standen bei derlei Überlegungen Pate. Insofern ging die preußische Polizei in die Irre, wenn sie der NSDAP ein putschistisches Verschwörungskonzept nachzuweisen suchte.

Obwohl Aufstandspläne aller Spielarten die Runde machten, fehlte der SA- und NSDAP-Führung eine konkrete Vorstellung von der künftigen Machteroberung. Das bedeutete jedoch nicht, daß sie sich darauf festgelegt hätte, mittels parlamentarischer Mehrheiten an die Macht zu gelangen. Insbesondere in SA-Kreisen wurde dem außerparlamentarischen Kampf größtes Gewicht beigemessen. Hitler vermied eine Festlegung in dieser Frage. Zwar charakterisierte er die von Best vorgelegten Notstandsplanungen als unverbindliche Privatarbeit und warnte nachdrücklich davor, Provokationen zum Opfer zu fallen. Aber in seiner Stellungnahme zu den Vorwürfen wegen der Boxheimer Dokumente verzichtete er darauf, für den parlamentarischen Weg einzutreten. Seine visionäre Sicht des politischen Prozesses spiegelte sich in der rhetorischen Wendung: »Ganz von selbst mit gesetzmäßiger Sicherheit wird uns das Schicksal die Gewalt in die Hand geben.«

Der von Carlo Mierendorff, dem späteren Verschwörer des 20. Juli 1944, nachdrücklich unterstützte Versuch des sozialdemokratischen hessischen Innenministers Wilhelm Leuschner, die Boxheimer Dokumente zum Gegenstand eines Hochverratsverfahrens vor dem Reichsgericht zu machen, scheiterte am Desinteresse der Mittelparteien, die sich eine Verständigung mit der NSDAP offenhielten, desgleichen an der Langsamkeit der Justiz. Ähnlich erfolglos gingen die Razzien aus, die von der preußischen Polizei nach dem 17. März 1932 gegen Einrichtungen der SA vorgenommen wurden, nachdem diese durch die Bildung von Alarmbereitschaften vor dem ersten Präsidialwahlgang die Befürchtung geweckt hatte, daß die NSDAP bei einem Wahlsieg Gewaltmittel anwenden werde. Der Hinweis auf ein angebliches Losschlagen der SA für den Fall eines

NSDAP-Wahlsiegs kam aus dem Reichsministerium des Innern. Trotzdem desavouierte Groener seinen preußischen Kollegen Severing, als dieser gegen die SA einschritt. Severing mußte vor dem Reichsgericht, das von der NSDAP angerufen wurde, eine weitere Niederlage hinnehmen und einem Vergleich zustimmen, der die preußische Polizei zwang, das beschlagnahmte Material unverzüglich zurückzugeben. Groener, der immer noch an die Disziplinierbarkeit der SA glaubte, sollte bald eines Besseren belehrt werden.

Denn die SA fungierte längst nicht mehr als Selbstschutzorganisation zur Absicherung nationalsozialistischer Versammlungen. Ihr kam es zunehmend darauf an, die Gegner zu provozieren. Die Anwendung von Gewalt wurde von Hitler ausdrücklich gebilligt; sie besaß eine demonstrative und propagandistische Funktion, und dies galt um so mehr, als breite Teile des Bürgertums die Entfesselung von Gewalt gegen die politische Linke mit Sympathie aufnahmen. Insbesondere die SA-Unterkünfte und SA-Heime, in denen überwiegend arbeitslose SA-Leute unter ärmlichsten Bedingungen kampierten, entwickelten sich zu Brutstätten der Gewalt und zu Ausgangspunkten für mehr oder minder spontane Strafaktionen gegen politisch Andersdenkende. Mit solchem Vorgehen sollten die Gegner eingeschüchtert und die Öffentlichkeit verunsichert werden. Einer direkten Auseinandersetzung mit den Polizeikräften ging die SA mangels ausreichender Bewaffnung aus dem Weg, und das galt ähnlich für ihre kommunistischen Rivalen. Die Militanz der Selbstschutzverbände von rechts und links eskalierte derart, daß immer wieder Verwundete und bald auch Tote zu beklagen waren.

Die Länderregierungen, die für die polizeilichen Sicherungsaufgaben zuständig und über die zunehmende Verrohung der politischen Auseinandersetzungen besorgt waren, betrachteten die Untätigkeit der Reichsregierung mit wachsendem Unverständnis. In der Tat war Brüning geneigt, die verhängnisvolle Rolle der SA zu ignorieren, da er noch immer hoffte, die NSDAP ließe sich auf der Länderebene in Regierungskoalitionen der Mitte einfügen und durch »positive Regierungsarbeit« politisch abnützen. Deshalb zögerte der Kanzler, durch beamtenrechtliche Maßnahmen die fortschreitende nationalsozialistische Unterwanderung von Teilen der öffentlichen Verwaltung zu unterbinden, obwohl einzelne Ressorts über entsprechende Mißstände in den nachgeordneten Behörden Klage führten. Zugleich war es das Liebäugeln der Reichswehr mit der NSDAP, das, wie der preußische Minister des Innern sarkastisch bemerkte, den Polizeikräften »das Büchsenlicht« nahm, um gegen die sich häufenden terroristischen Übergriffe der SA wirksam vorgehen zu können.

Die Reichswehrführung betrachtete das Problem der Wehrverbände primär unter dem Gesichtspunkt, eine Verstrickung der Armee in die parteipolitischen Auseinandersetzungen zu unterbinden. Dem entsprach die starre Linie, die Groener in der Frage der Überparteilichkeit der Reichswehr, sehr zum Verdruß zahlreicher nationalistisch eingestellter Offiziere, vertrat. Das mittelfristige Ziel bestand darin, die Wehrverbände zu »entpolitisieren«, sie auf dem Umweg über einen Wehrsportverband dem Einfluß der Parteien zu entziehen und in eine Miliz umzuwandeln, sobald die erhofften Fortschritte in den Genfer Abrüstungsverhandlungen es zuließen. Schon im Januar 1932 setzte sich von Schleicher für die Bildung eines Reichskuratoriums für Jugendertüchtigung ein, das dann unter Führung des ausgeschiedenen Generals Edwin von Stülpnagel geschaffen wurde. Mit Rücksicht auf die spezifischen Interessen der Reichswehr plädierte von Schleicher für eine Bindung der SA an den Staat. Ähnlich glaubte Groener in Übereinstimmung mit der von ihm vertretenen Devise – »Die Nazis wollen wir einfangen, die Sozis aber nicht in Opposition drängen« – eine politische Option vermeiden zu können. Reichlich optimistisch äußerte er, daß man nach den Landtagswahlen vom April daran gehen müsse, »die Nazis regierungsfähig zu machen, da die sicherlich noch mehr anwachsende Bewegung mit Gewalt nicht mehr unterdrückt werden kann«.

Groeners Gleichmut wurde jedoch Anfang April 1932 auf einer Konferenz der Innenminister der Länder nachhaltig in Frage gestellt. Von allen Seiten wurde er zu unverzüglichem Eingreifen gegen die SA aufgefordert. Anderenfalls kündigten die Länder an, selbständig zu handeln. Groener, der sich von den Süddeutschen nicht »Schlappheit« vorwerfen lassen wollte, fühlte sich am Portepee gepackt und räumte gegenüber den Ländervertretern ein, daß wegen der verbreiteten Gerüchte, denen zufolge die SA nach dem zweiten Wahlgang der Präsidentschaftswahlen einen Umsturz plane, eine »prophylaktische Aktion« geboten sei. Ebensowenig vermochte sich der General dem Argument der Länderinnenminister zu verschließen, daß die Existenz einer »selbständigen Parteiarmee« auf die Dauer die Staatsautorität untergrabe und daß deshalb rasch gehandelt werden müsse. Mit der Feststellung, die »Beseitigung der SA« sei selbstverständlich, stimmte er dem Begehren der Innenminister grundsätzlich zu, allerdings mit der Bedingung, daß deren »gute Elemente« an den Staat herangeholt werden müßten. Indem er auf Zeitgewinn setzte, erreichte er schließlich, daß das von den Ländern verlangte sofortige Verbot der SA bis zum 13. April aufgeschoben wurde, um so dem Vorwurf einer Beeinflussung der Reichspräsidentenwahlen zu entgehen. Groener fühlte sich den Ländern gegenüber im Wort; er bestand daher auf der Durchführung des SA-Verbots, obwohl es den Ressortinteressen des Reichswehrministers widersprach.

Groener war sich der Sprengkraft nicht hinreichend bewußt, die von der Auflösung der SA und der übrigen militärähnlichen Formationen der NSDAP ausgehen mußte; sonst hätte er im Zusammenhang mit der Verkündung der Notverordnung zur Sicherung der Staatsautorität vom 13. April kaum davon gesprochen, das Problem der Wehrverbände durch die Gründung eines »großen allgemeinen Wehrsportverbandes« zu lösen. Hitler hatte dafür nur sarkastischen

Spott übrig, wenngleich er sich nach außen dem SA-Verbot fügte und Widerstand dagegen, wie ihn Ernst Röhm erwog, ausdrücklich untersagte. Groener verkannte die sozialen Energien, die sich in der zur Massenorganisation aufsteigenden SA bündelten und schwerlich von einem überparteilichen Verband zur vormilitärischen Ertüchtigung auffangen ließen. Auch Brüning verkannte die Tragweite dieser Entscheidung. Sie war gewiß nicht einseitig von der preußischen Regierung veranlaßt. Bayern und Württemberg, denen prosozialistische Sympathien fernlagen, hatten sich nachdrücklich für das Verbot ausgesprochen. In der bürgerlichen Presse, wenn man von den Zentrums-Blättern absieht, wurde das SA-Verbot gleichwohl als bewußte Wahlhilfe für die SPD gewertet.

Brüning und Groener unterschätzten den emotionellen Widerstand, auf den das SA-Verbot mit allen seinen Konsequenzen bei der Reichswehrführung und in der Umgebung des Reichspräsidenten stoßen mußte. Zwar stellte sich von Schleicher zunächst loyal hinter Groener und bestärkte ihn mit dem Argument, daß der geeignete »psychologische Augenblick« für ein Durchgreifen gegen die SA gekommen und das Verbot um der Sicherung der Staatsautorität willen unumgänglich sei. Hinter diesen Äußerungen verbarg sich noch die Illusion, durch ein Einschreiten gegen die SA ein Abgleiten der NSDAP in die Illegalität unterbinden zu können. Der Chef des Ministeramtes wies daher die sogleich eingehenden Stellungnahmen einzelner Wehrmachtbefehlshaber zurück, die für eine Einbeziehung des Reichsbanners in das Verbot plädierten, zumal eine solche Maßnahme das Ende der Tolerierung durch die SPD bedeutet hätte.

Im Reichswehrministerium schlug die Stimmung jedoch abrupt um. Die Militärs reagierten auf die Protestwelle, die von der gesamten politischen Rechten ausging und primär von antisozialistischen Ressentiments getragen war. Kronprinz Wilhelm machte sich in einem Brief an Groener zum persönlichen Sprecher dieser Empfindungen, wenn er über die Zerschlagung des »wunderbaren Menschenmaterials« der SA Klage führte und in deren Ausschaltung eine »Gefahr für den inneren Frieden« erblickte. Unter dem Einfluß hochkonservativer Kreise bekam auch Hindenburg persönlich Bedenken; er fürchtete den Vorwurf, das SA-Verbot sei eine nachträgliche Kompensation dafür, daß die SPD für seine Wiederwahl eingetreten sei. Insbesondere Oskar von Hindenburg spielte in diesem Zusammenhang eine unheilvolle Rolle. Er wollte vermeiden, daß der Reichspräsident erneut die Verantwortung für eine unpopuläre Notverordnung übernahm. Zugleich nagte an ihm das von den Harzburgern böswillig ausgestreute Gerücht, als Verbindungsmann zur SPD fungiert zu haben.

Von Schleicher, der nach einer schlaflosen Nacht einen Positionswechsel vollzog, machte nunmehr den Vorschlag, das Verbot aufzuschieben und Hitler zunächst ein förmliches Ultimatum zu stellen, womit er im Grunde nur für Zeitgewinn plädierte. Groener ging darauf nicht ein, weil er sich darüber im klaren war, daß ein Zurückweichen in der Verbotsfrage einen schwerwiegenden

Der Weg zur Präsidialdiktatur

Prestigeverlust des Reichskabinetts nach sich ziehen mußte. Desgleichen verweigerte er sich der Diversion des Präsidialbüros, das mit Hilfe des Chefs der Heeresleitung, Generaloberst Kurt von Hammersteins, und sicherlich mit Wissen von Schleichers eilig zusammengetragenes Belastungsmaterial gegen das Reichsbanner vorlegte, um dessen kompensatorisches Verbot zu erreichen. Groener durchschaute den fragwürdigen Charakter dieses schon länger zurückliegende Sachverhalte wiedergebenden Dossiers, dessen Existenz durch eine Presseindiskretion bekannt geworden war. Er suchte das Vorgehen der Präsidialkanzlei zu unterlaufen, indem er Karl Höltermann veranlaßte, die von der Eisernen Front gegen die SA-Alarmeinheiten gebildeten Schutzformationen freiwillig aufzulösen. Zugleich erließ er ein verfassungsrechtlich kaum abgedecktes Verbot der kommunistischen Freidenker- und Gottlosenorganisationen, um Hindenburgs Eindruck von einer einseitigen Begünstigung der Linken entgegenzuwirken. Indem er die genauer Prüfung nicht standhaltenden Vorwürfe gegen das Reichsbanner zurückwies, setzte er sich gegen den zögernden, hilflos wirkenden Reichspräsidenten schließlich durch.

Die persönliche Entfremdung, die wegen dieser Vorgänge zwischen Hindenburg und Groener eintrat, fügte sich nahtlos in die allgemeine Stimmungsmache gegen den Reichswehrminister, wobei von Schleicher, dessen Verhältnis zu Groener sich auch aus persönlichen Gründen abgekühlt hatte, eine ungute Rolle spielte. Über Nacht wurden die seit langem in der Truppe vorhandenen Ressentiments gegen Groener reaktiviert. Sie hingen mit dessen Rolle in der Frühphase der Republik und seiner starren Haltung anläßlich des Leipziger Hochverratsprozesses zusammen. Zum Prestigeverlust des Generals trugen zudem seine Wiederheirat und die dem Standeskodex zuwiderlaufende verfrühte Geburt eines Sohnes bei. Die Abhalfterung eines gleichwohl für die Armee hochverdienten Mannes war symptomatisch für die extrem gespannte innenpolitische Atmosphäre und für das geradezu pathologische Mißtrauen der politischen Rechten gegenüber jedermann, dessen Anschauungen von ihrem zum Klischee geronnenen gegenrevolutionären Weltbild abwichen.

Als zuständiger Minister hätte Groener die Unbotmäßigkeit von Schleichers als nachgeordneten Chefs des Ministeramts und der gegen ihn auftretenden Truppenführer disziplinarisch verfolgen und notfalls mit der Dienstentlassung beantworten müssen. Doch Groener fühlte, daß er angesichts der Haltung des Reichspräsidenten dazu nicht mehr die Machtmittel besaß. Jetzt rächte es sich, daß der Reichswehrminister seit langem nicht viel mehr als die Galionsfigur eines fachlich und politisch verselbständigten Militärapparats darstellte. Die Querverbindungen, die von Schleicher zum Reichspräsidenten über dessen Sohn Oskar, aber auch über Staatssekretär Meißner unterhielt, verschafften ihm einen einzigartigen Einfluß und ließen die Kamarilla entstehen, die in zunehmendem Maße die Entscheidungen an der Spitze des Reiches bestimmte. Die maßlose

Polemik, die sowohl intern als auch in der bürgerlichen Presse gegen Groener gerichtet wurde, speiste sich aus angestauten politischen Ressentiments und gesellschaftlichen Sonderinteressen. Dies galt für die Reichswehr selbst.

Seit den Anfängen der Republik hatte die Reichswehrführung vielfältige Kontakte zu den Freikorps und den Vaterländischen Verbänden, insbesondere zum Stahlhelm gepflegt, dessen Führungsschicht in engen gesellschaftlichen Verbindungen zum mittleren und höheren Offizierskorps stand. Die Abstützung auf die Wehrverbände hatte ursprünglich den Zweck verfolgt, die von den republikanischen Regierungen notgedrungen durchgesetzte Abrüstung zu hintertreiben, während sie später in den Dienst der illegalen Aufrüstung gestellt wurde. Die vornehmlich in den Ostprovinzen aufgebaute Landes- und Grenzschutzorganisation beruhte in erster Linie auf der informellen Zusammenarbeit mit dem Stahlhelm und anderen bürgerlichen Wehrverbänden. Der seit den ausgehenden zwanziger Jahren verstärkte Ausbau des Grenzschutzes veränderte diese Konstellation. Nun wurde der Grenzschutz in wachsendem Umfang in die reguläre Mobilmachungsplanung einbezogen. Dies setzte eine reibungslose Kooperation mit der inneren und allgemeinen Verwaltung voraus. Denn mit steigenden Ansprüchen konnte der militärische Apparat nicht länger auf der Grundlage einer informellen Zusammenarbeit mit ostelbischen Gutsherren, Stahlhelmfunktionären und lokalen Honoratioren aufrechterhalten werden. Es kennzeichnet die politischen Machtverhältnisse, daß sich das preußische Innenministerium unter Carl Severing schließlich mit diesen mehr oder minder illegalen militärischen Maßnahmen abfand, die innenpolitisch auf die Konsolidierung konservativer Machtstrukturen im lokalen Bereich hinausliefen.

Das rasche Wachstum der SA gerade in den östlichen Provinzen blieb nicht ohne tiefgreifende Wirkungen auf die Grenzschutzarbeit. Anfangs galten noch Anweisungen der Reichswehrführung, denen zufolge SA-Mitgliedern eine Mitwirkung am Grenzschutz untersagt war, und auch Hitler hatte sich wiederholt gegen den Einsatz der SA bei der Grenzschutztätigkeit gewandt. Dennoch existierten schon bald auf lokaler Ebene verzweigte Kontakte zur SA, wiewohl das Schwergewicht nach wie vor beim Stahlhelm lag. Seitdem Ernst Röhm nach der Rückkehr aus dem bolivianischen Exil als Stabschef an die Spitze der SA trat, veränderte sich das Verhältnis zur Reichswehr qualitativ, zumal er bestrebt war, die SA der Reichswehr äußerlich anzugleichen. Schon im März 1931 verständigte er sich mit der Reichswehrführung. In der Folge wurde das bis dahin bestehende Verbot der Beschäftigung von NSDAP-Angehörigen in reichswehreigenen Betrieben und der Mitwirkung der SA im Grenzschutz aufgehoben. In einigen Regionen wurde die SA für die Grenzschutzarbeit unentbehrlich, besonders in Ostpreußen, wo sie auch quantitativ den Stahlhelm bei weitem übertraf. Allerdings blieben die Beziehungen zwischen den Reichswehroffizieren und den SA-Führern durch gegenseitige sozial motivierte Vorbehalte stark belastet.

Trotz der immer wieder auftretenden Reibungen, die dem selbstherrlichen Auftreten der SA entsprangen, wurde sie von den Militärs als wichtiges Rekrutierungspotential für die in den Genfer Abrüstungsverhandlungen geforderte Miliz betrachtet. Der Milizgedanke drängte sich als Zwischenlösung auf, weil er die einzige realistische Chance bot, eine Auffüllung der Truppenverbände im Mobilmachungsfall zu gewährleisten. Die mit der Schaffung des Hunderttausend-Mann-Heeres eingeführte zwölfjährige Dienstzeit hatte zur Folge, daß der Anteil von dienstfähigen Reservisten immer weiter zurückging und die militärisch ausgebildeten Teile der Bevölkerung überalterten. Ersatz dafür konnte kurzfristig nur bei den paramilitärischen Verbänden gefunden werden, und der SA kam aus dieser Sicht größere Bedeutung zu als dem Stahlhelm, da sie eindeutig über eine jugendliche Mitgliedschaft verfügte, während der Stahlhelm, abgesehen von den Jungstahlhelm-Formationen, einen hohen Anteil an Veteranen aufwies.

Die Intensivierung des Grenz- und Landesschutzes, die verschärfte Konflikte zwischen der preußischen Regierung und den paramilitärischen Bestrebungen des Stahlhelms hervorrief, erfolgte im Zusammenhang mit dem gleichzeitig forcierten Aufrüstungsprogramm, das vom Wegfall der interalliierten Kontrollen und dem rückläufigen Risiko alliierter Sanktionen seit der Verabschiedung des Young-Plans profitierte und die erhofften Resultate der Abrüstungsverhandlungen vorwegnahm. Der Übergang zu einem rascheren Rüstungstempo vollzog sich parallel zu der nach Stresemanns Tod unter von Bülow einsetzenden Wendung der Außenpolitik zu einer aggressiveren Gangart. Die mit der Rolle von Schleichers hervortretende Einschaltung der Reichswehr in die Innenpolitik und ihre immer wichtiger werdende Verschränkung mit den Wehrverbänden der politischen Rechten bedrohte ihre bis dahin formell beibehaltene parteipolitische Neutralität. Gerade die Heranziehung der SA zu Grenzschutzaufgaben war mit der Gefahr verbunden, daß sich die Armee in die latente Bürgerkriegssituation verstrickte. Denn die Linke blieb gegenüber dem terroristischen Auftreten der SA nicht untätig. Das Reichsbanner antwortete darauf mit der Gründung der Eisernen Front und der Aufstellung besonderer Schutzformationen und Hammerschaften, die militärähnlichen Charakter hatten und teilweise von ausgeschiedenen preußischen Polizeioffizieren ausgebildet wurden.

Die Reichswehr hatte das Prinzip strikter Überparteilichkeit seit ihren Anfängen mit der Bewahrung einer weitgehenden konservativ-nationalen Homogenität im Offizierskorps verknüpft. Gleichwohl ergaben sich seit den späten zwanziger Jahren beträchtliche innere Spannungen, die mit dem Generationswechsel zusammenhingen. Während die älteren Offiziersjahrgänge durchweg an der kaiserlichen Tradition festhielten, repräsentierte der Nachwuchs, auch wenn er ebenso gegen die Republik und das Versailler System eingestellt war, eine einerseits stärker technokratisch ausgerichtete, anderseits den völkisch-nationalsozialistischen Strömungen aufgeschlossene Tendenz. Die Reichswehrführung vermochte es nicht, ihre politischen Überlegungen den jungen Offizieren glaubwürdig mitzuteilen. Das sprichwörtliche »Knistern in den Leutnantsjahrgängen«, wie ein Vertrauter von Schleichers sich ausdrückte, deutete eine weit verbreitete Unzufriedenheit mit dem politischen Kurs der militärischen Führung und eine schleichende Vertrauenskrise an. Sie schien die Homogenität der Reichswehr in Frage zu stellen.

Im Leipziger Reichswehrprozeß, der wenige Tage nach den Reichstagswahlen vom 14. September 1930 stattfand, wurde diese Krise offenkundig. Angeklagt waren die Ulmer Leutnants Wendt, Scheringer und Ludin, weil sie sich für die Bildung illegaler nationalsozialistischer Zellen in der Reichswehr eingesetzt hatten. Die beschuldigten Offiziere hatten Kontakt mit der Reichsleitung der NSDAP aufgenommen, um im Falle der von ihr angekündigten »nationalen Revolution« das Einvernehmen mit der bewaffneten Macht herzustellen. Sympathien mit der NSDAP und die Zustimmung zu ihren nationalpolitischen Zielen waren, wie Generaloberst Ludwig Beck, der Vorgesetzte der Angeklagten, bekundete, im jüngeren Offizierskorps weit verbreitet. Deshalb begegnete Groeners hypertrophe Reaktion auf den angeblichen Zersetzungsversuch allgemeinem Unverständnis. Im Verhalten der angeklagten Offiziere erblickte man allenfalls eine Regelverletzung, für die eine disziplinarische Ahndung angemessen war. Man sah nicht ein, warum wegen des mehr als ein Jahr zurückliegenden Vorfalls ein Hochverratsverfahren vor dem Reichsgericht in Leipzig eingeleitet werden mußte.

Groener hatte den Disziplinarfall bewußt hochgespielt, um ein Exempel zu statuieren, da er die innere Geschlossenheit und Disziplin der Truppe für gefährdet hielt. In die gleiche Richtung zielten seine öffentlichen Stellungnahmen, darunter ein umstrittener Erlaß, der für Denunzianten in ähnlichen Fällen eine Uhr als Belohnung aussetzte. Die Kritik, die sich anläßlich des Prozesses im Offizierskorps erhob und ausgeprägt antiparlamentarische und nationalsozialistische Anschauungen spiegelte, wurde von Groeners Disziplinarmaßnahmen nur unzureichend aufgefangen. Wenn Groener auf einer Kommandeursbesprechung feststellte, daß die Armee als stärkster Faktor im Staat von allen politischen Einflüssen freigehalten werden und über allen Parteien stehen müsse und daß dies durch zuverlässige Unterrichtung der Offiziere und durch bedingungslosen Gehorsam erreicht werden könne, verkannte er die tiefere Ursache der Kritik. Denn diese war in der eigentümlichen Ambivalenz der Reichswehrführung gegenüber dem neuen Nationalismus und dem von der NSDAP vertretenen Programm der »nationalen Wiedergeburt« begründet. Die Beschwörung der Überparteilichkeit der Reichswehr und ihre Verbundenheit mit einem abstrakten Staatsgedanken genügten auf die Dauer nicht mehr, um das Vertrauen der Truppe zu gewährleisten.

Der Verlauf des Leipziger Reichswehrprozesses trug jedenfalls nicht zur Klärung des Verhältnisses der Reichswehr zum Nationalsozialismus bei. Zwar wurden die Ulmer Offiziere zu mehrjährigen Haftstrafen verurteilt, sie selbst stiegen jedoch zu gefeierten Helden der Rechtspresse auf, abgesehen von Scheringer, der in der Haft die Front wechselte und sich zur KPD bekannte. Der Verteidiger Ludins, der Nationalsozialist Hans Frank, hatte nicht erwartet, daß das Reichsgericht den Einspruch der preußischen Prozeßvertreter übergehen und Hitler als Zeuge zulassen würde. Dadurch erhielt der Parteiführer die einmalige Gelegenheit, unter Eid und mit größtmöglicher Publizität seine Auffassung darzulegen, daß sich die NSDAP vollständig auf dem Boden der Legalität bewege, und darüber hinaus zu versichern, daß sie die unabhängige Rolle der bewaffneten Macht keinesfalls anzutasten gedenke. Hitler paßte sich mit seiner Legalitätserklärung dem bloß formalen Verfassungsverständnis der zeitgenössischen Staatsrechtslehre an, um im gleichen Atemzug und mit der Zustimmung der Mehrheit des Publikums zu verkünden, daß nach einer nationalsozialistischen Machtübernahme »Köpfe rollen« und die Schuldigen für zwölf Jahre Mißwirtschaft selbstverständlich zur Verantwortung gezogen würden. Legalität bedeutete in diesem Zusammenhang nicht viel mehr als die Wahrung des Waffenmonopols der Reichswehr. Sich nicht in offene Konflikte mit der bewaffneten Macht zu verwickeln, war eine Konsequenz, die Hitler aus den Vorgängen vom November 1923 längst gezogen hatte.

Für die Reichswehrführung kam die Legalitätserklärung Hitlers überraschend, und sie erblickte darin ein bewußtes Einlenken. Sie stand unter dem Eindruck der als feindselig empfundenen nationalsozialistischen Propagandaoffensive, die auch Einrichtungen und Persönlichkeiten der Armee verunglimpfte. Hitlers Beschwichtigung der grundsätzlichen Bedenken seitens der Reichswehr gegen die Mitwirkung der NSDAP an militärischen Aufgaben wurde vor allem von Ernst Röhm planmäßig fortgesetzt. Indem er sich gegenüber Kurt von Schleicher vom früheren OSAF-Stellvertreter Ost, Walter Stennes, und dessen Revolte gegen die Parteileitung entschieden distanzierte, gab er der Generalität die Zusicherung, daß in Zukunft jedes »revolutionäre Vorgehen« der SA ausgeschlossen sei. Im Wunschdenken einer Zähmung der SA befangen, schenkte die Reichswehrführung derlei Versicherungen Glauben. Ende 1931 stellte sie mit Erleichterung fest, daß keine weiteren »Zersetzungsfälle«, also Einflußnahmen der NSDAP auf die Reichswehr, stattgefunden hätten. Dabei verkannte sie die Absicht der SA, ein harmonisches Verhältnis zur Truppe herzustellen und sich gegebenenfalls ihrer Unterstützung im innenpolitischen Kampf zu versichern. In Einzelfällen konnte die SA von den Ausbildungsmöglichkeiten des Militärs profitieren.

Otto Braun bekämpfte die Vertrauensseligkeit der Reichswehrführung gegenüber der SA, indem er Material über Fälle sogenannten Wehrverrats vorlegte und Hitlers Lauenburger Rede vom April 1932 weidlich ausschlachtete; in ihr hatte der Parteiführer eine Zusammenarbeit mit dem Grenzschutz vom Sturz des bestehenden Systems abhängig gemacht. Der preußische Ministerpräsident hatte sich bereits 1929 mit aller Entschiedenheit gegen das von der Generalität vorgelegte »Programm der Wehrhaftmachung des deutschen Volkes« gewandt und vorausgesehen, daß eine unbegrenzte Durchsetzung der militärischen Planungen mit dem Fortbestand der Demokratie unvereinbar war. Der schleichende Verfassungswandel, der der Reichswehr eine immer unabhängigere Stellung im politischen System verschaffte, fand hingegen die volle Billigung des Reichspräsidenten. Schon 1930 sprach Groener selbstbewußt davon, daß im politischen Geschehen Deutschlands kein Baustein bewegt werden dürfe, »ohne daß das Wort der Reichswehr ausschlaggebend in die Waagschale geworfen wird«.

Die Reichswehrführung gab sich der Hoffnung hin, innerhalb absehbarer Zeit die Fesseln der Demilitarisierungsbestimmungen des Versailler Friedensvertrags abstreifen zu können. Sie übte entsprechenden Druck auf die Abrüstungsverhandlungen mit dem Ziel aus, Teil V des Versailler Vertrags durch internationale Vereinbarungen gegenstandslos werden zu lassen. Verglichen mit dem behutsamen Vorgehen Stresemanns in der Abrüstungsfrage vollzog sich ein spürbarer Wandel. Die Härte und Zähigkeit, mit der die deutschen Delegierten reale Ergebnisse zu erzwingen suchten, verstärkten eher die französischen Sicherheitsbedenken. Im Vorgriff auf die erhofften Fortschritte während der Genfer Abrüstungskonferenz im Februar 1932, an der mehr als sechzig Nationen beteiligt waren, befaßte sich die militärische Führung bereits mit langfristigen Rüstungsplänen. Das Programm eines Heeres in Stärke von einundzwanzig Divisionen im Mobilmachungsfall wurde seit 1929 vorbereitet und bezog den Grenzschutz als wichtige Voraussetzung ein. Seit 1931 trat das »Zweite Rüstungsprogramm« an dessen Stelle; es sollte vom 1. April 1933 bis zum 31. März 1938 durchgeführt werden und hatte das Ziel, bis dahin vierunddreißig Divisionen aufzustellen. Es schloß eine umfassende rüstungswirtschaftliche Planung ein und sah Mobilmachungsvorbereitungen auch für den zivilen Bereich vor. Parallel dazu war die Reichswehr mit einer systematischen Umrüstung der bestehenden Verbände befaßt, die vor allem die Modernisierung der Bewaffnung und der technischen Ausstattung betraf. Aus den Planungen folgte als wichtiges Ziel der Abrüstungsverhandlungen, daß einerseits eine freie Verfügung über die Verwendung des Militärhaushalts zugestanden werden sollte und daß Deutschland andererseits das Recht erhielt, von der zwölfjährigen Dienstzeit abzuweichen, um durch kürzere Ausbildungszeiten die notwendigen Truppenstärken sicherzustellen.

Die weitreichenden finanziellen Forderungen der Reichswehr, darunter das sogenannte Milliarde-Programm zum Rüstungsumbau, wurden vom Kabinett Brüning so entgegenkommend wie möglich behandelt, wenngleich die angemahnten Beträge nur teilweise bereitgestellt werden konnten. Die Herausnahme der Militärausgaben aus den parlamentarisch kontrollierten Etattiteln war bereits unter dem Kabinett Hermann Müller eingeleitet worden. Da die Rüstungsplanungen einer sorgfältigen Geheimhaltung unterlagen, waren sie nur begrenzt Gegenstand der politischen Auseinandersetzungen. Aber allen Verantwortlichen war klar, daß dieses alle vorhandenen ökonomischen Ressourcen übersteigende Programm nur gegen die SPD durchgeführt werden konnte. Daher verstärkte sich der Druck des Reichswehrministeriums auf Brüning, die preußische Koalition aufzulösen und die Tolerierungspolitik zu beenden. Ein bedeutsamer Teil der Rüstungspolitik bestand im Ausbau des Landes- und Grenzschutzes, der beibehalten wurde, solange der Versailler Vertrag das Deutsche Reich an offenen Rüstungen hinderte. Das hatte notwendigerweise Rückwirkungen auf das Verhältnis der Reichswehr zu den Wehrverbänden der Rechten. Vor dem Hintergrund des erstrebten Aufbaus einer umfassenden Miliz, welche die vorübergehend unvermeidliche Personallücke schließen sollte, mußte das Verbot der SA als verhängnisvoll erscheinen, da die Militärs nur bei ihr den erforderlichen Nachwuchs zu finden glaubten, während sie im Reichsbanner und der Eisernen Front gerade die wehrunwilligen Kräfte der deutschen Gesellschaft vertreten sahen.

Offenbar maß Reichskanzler Brüning, der vorwiegend mit den Abrüstungsverhandlungen befaßt war, dem SA-Verbot keine besonders große Bedeutung bei, zumal die NSDAP den polizeilichen Eingriffen, auf die sie durch Indiskretionen vorbereitet war, keinen Widerstand entgegensetzte, allerdings sofort eine heftige Propagandakampagne dagegen startete. Psychologisch bedeutete das Verbot der SA eine Ermutigung der Gegner Hitlers, was die bürgerliche Rechte zu ihren Protesten motivierte. Durch das Eingreifen der Regierung wurde die Eskalation der Gewalt für einen Augenblick unterbrochen, so daß die Wahlen am 24. April stattfinden konnten. Sie führten jedoch nicht zu einem politischen Kurswechsel. Es mangelte dem Reichskabinett an der nötigen Entschlossenheit, sich gleichzeitig eindeutig von der NSDAP zu distanzieren und die Chance zu nutzen, die zu diesem Zeitpunkt eine Kooperation mit Preußen enthielt. Brüning wollte vielmehr eine zukünftige Zusammenarbeit mit der NSDAP auf Länderebene nicht verbauen. Die trotz aller Krisenzeichen noch relativ optimistische Stimmung bei den gemäßigten Parteien schlug allerdings angesichts der für sie verheerenden Wahlergebnisse vom 24. April in Orientierungslosigkeit und Resignation um. Gleichermaßen verschärfte sich der Druck der Rechtsopposition gegen die angeblich einseitige Auflösung der SA.

Für Groeners Sturz bedurfte es nur noch eines äußeren Anlasses. Die Reichstagssitzung vom 10. Mai 1932 lieferte ihn. Der Reichswehrminister verteidigte die gegen die SA verfügten Maßnahmen mit klaren Argumenten, die jedoch in den Schimpfkanonaden von NSDAP und DNVP und in lauten Zwischenrufen kaum zu hören waren. Groener wußte, daß er politisch am Ende war. Das machte ihn gegenüber den schamlosen Attacken der Nationalsozialisten vollends wehrlos. In derselben Reichstagssitzung verschaffte sich der junge Kurt Schumacher Respekt, indem er der ehrabschneidenden Behauptung Goebbels' entgegentrat, der Reichspräsident sei von »der Partei der Deserteure«, mithin von der SPD gewählt worden. Die Rechtspresse warf Groener anschließend vor, sich im Parlament lächerlich gemacht zu haben, als ob parlamentarische Bewährung sonst bei ihr zählte. Auch Graf Westarp erwies sich als Opfer der gegen den General entfesselten Psychose, wenn er dem Reichspräsidenten gegenüber behauptete, Groener sei nicht mehr »felddienstfähig«. Schließlich drohte von Schleicher mit dem kollektiven Rücktritt der Generale im Ministeramt, falls Groener als Reichswehrminister nicht ausscheide.

Groener hatte seit Wochen damit gerechnet, daß Hindenburg ihm das Vertrauen entziehen würde. Er kam der Initiative von Schleichers mit dem Gesuch zuvor, ihn vom Amt des Reichswehrministers zu entheben. Er hielt aber am Innenministerium fest, um das Kabinett als Ganzes nicht zu gefährden. Damit stieß er auf den Unwillen des Reichspräsidenten, der es ablehnte, die nun notwendig werdende formelle Ernennungsurkunde zu unterzeichnen. Brüning war loyal und suchte Groener zu halten. Das Entlassungsgesuch wurde nicht mehr vorgelegt. Doch die Rücktrittserklärung Groeners leitete die Demission des Kabinetts ein. Hindenburg war nicht bereit, einen neuen Reichswehrminister zu ernennen, und von Schleicher entzog sich der Aufforderung, das Amt zu übernehmen, unter dem Vorwand, Groener nicht schaden zu wollen. Goerdeler war für einen Augenblick als Reichswirtschaftsminister anstelle des ausgeschiedenen Warmbold im Gespräch. Indessen war von Schleicher bereits voll damit beschäftigt, dem Reichspräsidenten eine Alternative zum Kabinett Brüning vorzuschlagen und ihn zu bewegen, sich endgültig von ihm als Kanzler zu trennen.

Brüning hatte den Reichspräsidenten, der ihn an die Zusage erinnerte, nach den Preußen-Wahlen endlich ein Rechtskabinett zu bilden, bis zum Abschluß der Anfang Juni anstehenden Lausanner Verhandlungen vertröstet, doch Hindenburg empfand dies als Wortbruch. Der Kanzler, der unter Hinweis auf das Gewicht der außenpolitischen Vorgänge gegen jede Beeinflussung des Präsidenten hinter seinem Rücken protestierte, erreichte nur, daß die vorgesehenen Parteiführerbesprechungen auf die Zeit nach dem Zusammentritt des preußischen Landtages verschoben wurden. Er wollte den Eindruck vermeiden, daß eine Kabinettsumbildung unmittelbar bevorstünde. Hingegen hatte von Schleicher, der jetzt in Oskar von Hindenburg und Staatssekretär Meißner Befürworter fand, bereits Verbindung zu Hitler aufgenommen. In Unterredungen am 22. April und 8. Mai, also noch vor dem parlamentarischen Konflikt über die Person und Funktion Groeners, hatte der Chef des Ministeramts von Hitler die Tolerierung des künftigen Rechtskabinetts gefordert. Die Gespräche, deren Ergebnis nicht schriftlich niedergelegt wurde, führten zu der zweifelhaften Zusage des NSDAP-Führers, das neue Kabinett unter der Bedingung bis zu den vorgesehenen Reichstagswahlen zu unterstützen, daß der Reichstag aufgelöst, die »volle Aktionsfreiheit« wiederhergestellt und das SA-Verbot rückgängig gemacht würden.

Als Brüning von diesen hinter seinem Rücken getroffenen Absprachen Kenntnis erhielt, warnte er sofort vor einer Nichteinbeziehung der NSDAP in das Rechtskabinett und vor Neuwahlen, welche die verhängnisvolle politische Polarisierung verschärfen und die sich abzeichnende Auflösung der bürgerlichen Mitte noch beschleunigen mußten. Gegenüber Graf Westarp, der vorübergehend als Nachfolger im Gespräch war, machte er darauf aufmerksam, daß es ein geradezu verhängnisvoller Fehler sei, Hitler die Möglichkeit eines neuen Wahlkampfs einzuräumen, ohne ihn vorher durch eine angemessene Kabinettsbeteiligung politisch eingebunden zu haben. Eben in der Strategie, eine uneingeschränkte Oppositionsrolle gegenüber der Gesamtheit der bürgerlichen Parteien einzunehmen, lag die Chance der NSDAP. Daher lehnte sie eine untergeordnete Regierungsbeteiligung, wie sie auch Brüning wiederholt angeboten hatte, konsequent ab. Wider besseres Wissen warf von Schleicher Brüning mangelnde Fortune vor, weil es ihm nicht gelungen sei, die NSDAP zur Mitarbeit »im Staat« heranzuziehen; tatsächlich hatte der Kanzler mehrmals versucht, mit der NSDAP auf der Ebene der Länder zu einem Arrangement zu kommen. Hitler die Macht im Reich auszuhändigen, hatte auch Groener im Einverständnis mit Schleicher strikt abgelehnt.

Was die Reichswehrführung jetzt veranlaßte, auf ein Bündnis mit Hitler zu setzen, war für die meisten Beobachter der politischen Szene nicht zu erkennen. Unzweifelhaft überschätzte von Schleicher seine politische Geschicklichkeit und verkannte die Risiken eines taktischen Zusammengehens mit der NSDAP. Für die mangelnde Distanz der Reichswehr und ihre Unfähigkeit zu einer kritischen Beurteilung des Nationalsozialismus und der Persönlichkeit Adolf Hitlers war nicht zuletzt die weitgehende Übereinstimmung mit den von der nationalsozialistischen Propaganda verfochtenen Revisionsforderungen und antiparlamentarischen Vorstellungen maßgebend. In einem Gespräch Hitlers mit Kurt von Hammerstein im September 1931 gelangte dieser zu der ironisierenden, aber gleichwohl ernstgemeinten Feststellung, daß man »bis auf das Tempo« in der Sache »das gleiche« wolle. Die Bemühungen der Reichswehrführung waren folglich darauf gerichtet, Hitler von »falschen Mitteln« und »revolutionären Ideen« abzubringen. Groener sprach von einer »langen Erziehungsarbeit«, die nur gelingen werde, wenn man die gutwilligen Nationalsozialisten an den Staat heranhole, während »Unruhestifter« systematisch ausgeschaltet werden müßten. Daher sei eine Bekämpfung der Bewegung als solcher unangebracht. Nur »Auswüchsen« sei mit aller Härte entgegenzutreten. Hinter derartigen Erwägungen verbarg sich die allenthalben auftauchende Meinung, man dürfe die Nationalsozialisten nicht, wie seinerzeit die Sozialisten, zurückstoßen. Das war eine typische Reminiszenz an die Novemberrevolution aus der Sicht des Militärs, deren Klischeehaftigkeit sich auch daran zeigt, daß man im gleichen Atemzug der SPD den Vorwurf des nationalen Verrats machte und nicht zögerte, sie mit der KPD gleichzusetzen.

Politisches Wunschdenken veranlaßte die Militärs zu glauben, daß Hitlers demagogische Tiraden primär darauf gerichtet waren, die »radikalen«, auf einen Umsturz drängenden Kräfte der nationalsozialistischen Bewegung im Zaum zu halten. Die ungewöhnlich positive Einschätzung der Persönlichkeit Hitlers durch Schleicher, Groener und Hammerstein beruhte zugleich darauf, daß der Parteiführer sich in internen Unterredungen stark zurückhielt und entgegenkommend wirkte. Konziliante Umgangsformen nationalsozialistischer Kontaktpartner lösten bei den Generalen geradezu Euphorie aus. Dies galt nicht zuletzt für Hermann Göring, der in diesen Monaten zum wichtigsten Kontaktmann Hitlers zur Reichsregierung und zu den bürgerlichen Rechtsparteien aufstieg.

Gleichwohl blieb bei den Militärs stets ein gewisses Mißtrauen bestehen, das sich aus sozialen Vorbehalten speiste. Gerade das herablassende Wohlwollen, das sie Hitler entgegenbrachten, führte zu grotesk erscheinenden Fehlurteilen. Durch kluge und entgegenkommende Behandlung müsse Hitler dazu bewogen werden, sich von den »Radikalinskis« in seiner Bewegung zu trennen. Es gelte daher – so die burschikose Ausdrucksweise von Schleichers –, Hitler doppelt und dreifach »an den Pfahl der Legalität« zu binden. Bei dieser Selbsttäuschung spielte mit, daß sich die nationalsozialistische Bewegung nicht als Partei im herkömmlichen Sinne, sondern als Katalysator zur Bildung einer »wirklichen Volksgemeinschaft« präsentierte. Nationalistische Verblendung nährte die Illusion, daß nur die Zurücksetzung der NSDAP deren extremistisches Auftreten begründe und daß faires Entgegenkommen den in der NS-Bewegung enthaltenen »gesunden« nationalen Kräften Auftrieb verschaffen werde.

Die Illusion, daß Hitler kooperationswillig sei, beeinflußte auch die Entschlüsse Hindenburgs in Neudeck, wohin er sich zurückgezogen hatte. Brünings letzter parlamentarischer Erfolg am 11. Mai 1932 vermochte am Verlauf der Dinge nichts mehr zu ändern. Trotz des Debakels wegen Groener war es dem Kanzler noch einmal gelungen, die schwankende Wirtschaftspartei, die mit der NSDAP sympathisierte, zu sich herüberzuziehen und die Mißtrauensanträge von links und rechts mit einer Mehrheit von 286 zu 259 Stimmen zurückzuweisen sowie die erneut notwendig gewordenen Kreditermächtigungen durchzubringen. In einer letzten großen Rede rief er die Nation zum Durchhalten auf. Von den bevorstehenden Reparations- und Abrüstungsverhandlungen Anfang Juni in Lausanne erhoffte er sich den entscheidenden Durchbruch. Trotz aller Entbehrungen, die gerade das deutsche Volk aufgrund des mangelnden Entgegenkommens der alliierten Mächte auf sich genommen habe, sei der von ihm zwei Jahre zuvor eingeschlagene Weg der richtige gewesen. Er denke nicht daran, »an den letzten hundert Metern vor dem Ziel« die Ruhe zu verlieren.

Daß der Reichstag die von ihm beantragten Kreditermächtigungen anstandslos passieren ließ, bestärkte Brüning in der Hoffnung, sein Kabinett zumindest vorübergehend stabilisieren zu können. Allerdings zeigte sich im Rücktritt von Wirtschaftsminister Warmbold, den dieser am 6. Mai aufgrund von Differenzen in der Frage der Arbeitszeitverkürzung demonstrativ vollzog, die Abkehr der Industrie, die bis dahin aus außenpolitischen Gründen trotz aller Bedenken an ihm festgehalten hatte. Die Führung des Reichsverbandes der Deutschen Industrie sicherte dem Kanzler zwar noch am 17. Mai die Rückendeckung »der besonnenen Männer der Wirtschaft« zu. Schwerindustrie und Großlandwirtschaft waren hingegen entschlossen, die durch von Schleicher forcierte Kabinettsumbildung zu unterstützen, und traten einer Neubesetzung des Wirtschaftsministeriums durch Goerdeler entgegen.

In der zweiten Monatshälfte verbiß sich Brüning in die Vorbereitung eines neuen Notverordnungspakets, das noch einmal drastische Einsparungen vor allem im sozialen Bereich enthielt. Das bedrängende Problem der Massenarbeitslosigkeit schien dem Kabinett auch bei einem konjunkturellen Aufschwung nur teilweise lösbar zu sein. Der extreme ökonomische Pessimismus und das berechtigte Bedürfnis, jede weitere Reduzierung der Sozialleistungen mit kompensatorischen Maßnahmen abzufangen, erklären, warum die landwirtschaftliche Siedlung in den Vordergrund der politischen Überlegungen trat. Der Siedlungsgedanke gewann aus dieser Sicht die Funktion eines sozialen Ventils. Es war symptomatisch, daß das Kabinett über dieser Frage zu Fall kam. Zuvor war es zu erheblichen Kompetenzstreitigkeiten zwischen Hans Schlange-Schöningen und Adam Stegerwald gekommen. Dieser Konflikt muß vor dem Hintergrund der sozialen Notlage der arbeitenden Massen und der Bestrebung Stegerwalds gesehen werden, sich nicht ausschließlich als Mann des sozialen Abbaus zu präsentieren. Diese Spannungen, die gewiß auch die hochgradige Nervosität spiegelten, mit der das Kabinett seine letzten Schritte tat, trugen dazu bei, daß Nachrichten über die Siedlungspläne an die interessierte Öffentlichkeit und insbesondere an die Großagrarier gelangten, noch bevor die umstrittene fünfte Notverordnung das Reichskabinett endgültig passiert hatte.

Das umfangreiche Siedlungsprogramm, das auch von Dietrich und anderen Mitgliedern des Kabinetts forciert wurde, weil man sich von der landwirtschaftlichen Kleinsiedlung eine Linderung des Arbeitslosenproblems versprach und glaubte, bis zu 600.000 Arbeitslose bei allerdings primitiven Lebensbedingungen unterbringen zu können, beruhte auf der Erwartung, den nicht mehr entschuldungsfähigen Grundbesitz durch eine Beschleunigung der Verfahren möglichst rasch für Siedlungszwecke aufzuschließen. Der Entwurf, soweit er vorlag, war sicherlich nicht ausgereift, und der Glaube Schlange-Schöningens, mit der ihm eigenen Tatkraft in der landwirtschaftlichen Kleinsiedlung kurzfristig greifbare Ergebnisse erzielen zu können, unrealistisch. Zudem sollte sich dessen voreilige Reaktion auf das Bekanntwerden der interessenpolitischen Widerstände – sie veranlaßten ihn, dem Reichspräsidenten seine Demission ohne Rücksprache mit dem Reichskanzler zu unterbreiten – als äußerst nachteilig erweisen.

Es wäre indessen verfehlt anzunehmen, daß allein die Mißgriffe bei dem geplanten Vorhaben die Ursache dafür waren, daß die ostelbische Lobby bei Hindenburg den Sturz Brünings offen betrieb. Es bedurfte nicht des schriftlichen Protestes des Freiherrn von Gayl, des Vertreters der ostpreußischen Provinzialstände im Reichsrat, und Magnus von Brauns, des Sprechers der großagrarischen Interessen, um Hindenburgs tiefes Mißtrauen gegen Brüning auf die Spitze zu treiben, der nicht mehr auf die vorbehaltlose Deckung durch die Großindustrie zählen konnte. Schon der Umstand, daß der Präsident sich erneut in die Zwangslage versetzt sah, eine umstrittene Notverordnung zu unterzeichnen, erregte seinen Unwillen, zumal ihm die Drohung der NSDAP und DNVP zu schaffen machte, wegen der Notverordnungsgesetzgebung vor dem Staatsgerichtshof zur Rechenschaft gezogen zu werden. Nachdem er es abgelehnt hatte, Brüning in Neudeck zu empfangen, legte ihm Meißner den Text der Notverordnung vor. Er wandte sich bezeichnenderweise gegen die erneute Kürzung der Kriegsopferrenten und beanstandete das Siedlungsprogramm wegen der darin vorgesehenen Vorschriften zur erleichterten Durchführung der Zwangsversteigerung. Entscheidend aber war, daß er es ablehnte, Groener als Innenminister zu bestätigen, und daß er eine definitive Umbildung des Kabinetts nach rechts verlangte, wozu sich Brüning einstweilen nicht in der Lage sah.

Nicht ohne das Einverständnis Hindenburgs rief von Schleicher schon am 26. Mai 1932 Franz von Papen als präsumptiven Nachfolger nach Berlin, während Brüning den Reichspräsidenten erst nach dessen Rückkehr aus Neudeck aufsuchen konnte. Als der Kanzler im Hinblick auf die anstehenden Lausanner Verhandlungen die Weitergewährung der Notverordnungsvollmacht erbat, winkte Hindenburg ab und entzog dem Kabinett seine Unterstützung. Brüning mußte plötzlich feststellen, daß er allein stand. Bereits am 30. Mai beschloß das Reichskabinett einstimmig die Gesamtdemission. Zwar hoffte Brüning noch im letzten Moment, den Reichspräsidenten umstimmen zu können, aber das war schon deshalb nicht mehr möglich, weil wegen des routinemäßig angesetzten Aufzugs der Marine-Wache zum Gedenktag der Schlacht am Skagerrak für eine ernsthafte Erörterung der Sachfragen auf dem Empfang zu wenig Zeit zur Verfügung stand.

Brüning hatte sich trotz der Brüskierung durch den Reichspräsidenten loyal bemüht, zur Überwindung der Krise beizutragen, wenngleich er Hindenburgs Angebot, als Außenminister dem Nachfolgekabinett anzugehören, unter Hinweis darauf ablehnte, daß ihm die notwendige Autorität zur Weiterführung der Lausanner Verhandlungen fehlen werde. Gleichwohl erklärte er sich bereit, einen Nachfolger aufgrund seiner vielfältigen Erfahrung und seines unbestrittenen internationalen Ansehens zu unterstützen. Er hoffte, Carl Goerdeler oder Graf Westarp für das Kanzleramt ins Gespräch bringen zu können. Bei größerer Entschiedenheit wären diese Bemühungen möglicherweise erfolgreich gewesen, denn Hindenburg war keineswegs von vornherein auf den ihm von General von Schleicher präsentierten Außenseiter Franz von Papen festgelegt.

Brüning selbst führte seinen Sturz auf die Intrigen von Schleichers zurück. Aber diese brachten lediglich die seit längerem bestehende Tendenz der das Präsidialregime tragenden Kräfte zum Ausdruck, sich definitiv vom parlamentarischen System zu lösen und nicht nur die KPD, sondern auch die SPD und die Freien Gewerkschaften politisch zu neutralisieren. Gewiß fielen die Früchte der zähen Reparationsverhandlungen Brünings an seinen Nachfolger. Doch innenpolitisch waren sie ohne Belang, zumal nennenswerte finanzielle Entlastungen davon nicht mehr ausgingen. Ebenso fand der konsequente Deflationskurs des Kanzlers nicht mehr die Billigung der gesellschaftlichen Kräfte und wirtschaftlichen Interessen. Entscheidend aber war, daß Brüning den Weg zur ungeteilten Herrschaft der Rechten schrittweise freigemacht und die legalen oder pseudolegalen Grundlagen dazu bereitgestellt hatte.

Als Nachfolger präsentierte von Schleicher den inzwischen in Berlin eingetroffenen Franz von Papen. Die Berufung des westfälischen Zentrumspolitikers und Herrenreiters stellte die für Hindenburg in vieler Beziehung sympathischste Lösung dar. Von Papen hatte als ehemaliger Husarenrittmeister und als kaiserlicher Militärattaché in Mexiko und Washington gleichsam den richtigen »Stallgeruch«. Seine katholische Konfession wog gegenüber den Vorzügen einer hochkonservativen Gesinnung, die er mit dem bodenständigen Adel des Münsterlandes teilte, und eines strammen Monarchismus gering. Von Papen hatte sich wenige Wochen zuvor für die Bildung eines Präsidialkabinetts ohne jegliche Parteibindung stark gemacht. Eine diesbezügliche briefliche Äußerung gegenüber von Schleicher mag diesen ermuntert haben, den durch Heirat eng mit der Saar-Industrie verbundenen Aristokraten, dem er im Berliner Herrenklub begegnet war, als Nachfolger Brünings vorzuschlagen. Daß das Netzwerk der konservativen und neokonservativen Ringbewegung in einer Konstellation, in der die politischen Parteien abgedankt zu haben schienen, zunehmendes Gewicht für die politische Ämterpatronage erhielt, war für das sich ausbildende System der Präsidialdiktatur charakteristisch.

Für Franz von Papen sprach in den Augen von Schleichers auch der Umstand, daß sich dieser als ehemaliges Mitglied der preußischen Zentrumsfraktion konsequent für die Auflösung des Zentrumsbündnisses mit der SPD eingesetzt und zusammen mit einem anderen abtrünnigen Zentrumsabgeordneten gegen die umstrittene Geschäftsordnungsänderung gestimmt hatte, die den Nationalsozialisten den unmittelbaren Zugriff auf das Amt des preußischen Ministerpräsidenten einstweilen versperrte. Innerhalb der Zentrumspartei war von Papen ein Außenseiter geblieben, obwohl er als Mehrheitsaktionär der Zentrumszeitung »Germania« vorübergehend Einfluß auf deren Redaktion ausübte, um eine konservative Wendung durchzusetzen. Wie seine ostelbischen Standesgenossen dachte er betont national, wenngleich nicht im Sinne des doktrinären Nationalismus, wie ihn Hugenberg verfocht. Die stark ideologisch gefärbten, alles andere als präzisen politischen Vorstellungen von Papens standen im Bann der konservativ-reaktionären Klischees von den Ursachen des Umsturzes 1918, einer unscharfen christlichen Ständestaatsideologie mit extrem autoritären Beimischungen und eines gegen die Resultate der nachrevolutionären Epoche gerichteten Konservativismus, der betont elitäre und sozialreaktionäre Züge trug. Es verwundert nicht, daß er sich von vornherein rückhaltlos gegen das SA-Verbot aussprach.

Von Papens bisheriges politisches Engagement ließ ihn bestens geeignet erscheinen, dem Wunsch Hindenburgs zu willfahren, endlich ein Kabinett »der nationalen Konzentration« zu bilden. Wenn von Schleicher der Meinung war, mit der Ernennung von Papens der Zentrumspartei den bitteren Nachgeschmack der Entlassung Brünings zu nehmen und sie mit dem neuen Präsidialkabinett zu versöhnen, hatte er sich freilich gründlich getäuscht. Die Ablösung Brünings durch den abtrünnigen von Papen wirkte innerhalb des Zentrums wie ein Schock. Dabei spielte mit, daß von Papen vor seiner Ernennung dem Parteivorsitzenden des Zentrums, Prälat Kaas, der nachdrücklich davor warnte, das Angebot Hindenburgs anzunehmen, zu erkennen gegeben hatte, daß er sich der Parteidisziplin fügen wolle. Als Hindenburg jedoch an das »vaterländische Pflichtgefühl« und den »Gehorsam« von Papens appellierte, schlug dieser die Zusage an Kaas in den Wind und übernahm den Auftrag, an die Spitze einer im Kern bereits festgelegten Regierungsmannschaft zu treten. Den Prälaten, der sich desavouiert fühlte, nachdem er vor der Fraktion von Papens Loyalität hervorgehoben hatte, ließ der neugebackene Kanzler wissen, als Deutscher, nicht als Parteimann gehandelt zu haben, was die tiefe Empörung des Zentrums über den offenkundigen Vertrauensbruch begreiflicherweise nur noch steigerte.

Bei der Kabinettsbildung, die von Schleicher mit der ihm eigentümlichen Rastlosigkeit betrieb, während von Papen sich daran allenfalls passiv beteiligte, nahm man zunächst mit einer Reihe von Persönlichkeiten Verbindung auf, die Beziehungen zu Brüning unterhielten. Graf Westarp, der sich mit Brüning solidarisch fühlte, hielt die angestrebte Regierungsbildung gegen die Mittelparteien und ohne die Einbeziehung von DNVP und NSDAP für nicht tragfähig. Carl Goerdeler, der als Reichswirtschaftsminister in Frage kam, stellte im Anschluß an seine dem Reichspräsidenten vorgelegte Reformdenkschrift weitreichende Bedingungen, darunter die Zusammenfassung von Reichswirtschafts- und Reichsarbeitsministerium in einer Hand, derentwegen die Verhandlungen schließlich scheiterten. Da Parlamentarier teils nicht in Frage kamen, teils nicht verfügbar waren, tat sich von Schleicher schwer, geeignete Ministerkandidaten zu finden, so daß das Kabinett nur schleppend vervollständigt werden konnte. Das Präsidialbüro griff schließlich durchweg auf Persönlichkeiten zurück, die zur äußersten Rechten zählten, aber nicht parteigebunden waren. Von einem Kabinett der »Fachleute« konnte nur bedingt die Rede sein.

Was bei dem vom Büro des Reichspräsidenten ausgegebenen Stichwort der »Verlagerung nach rechts« schließlich herauskam, hatte mit der von Brüning beabsichtigten evolutionären Verfassungsumbildung im autoritären Sinne nichts mehr zu tun. Die Zusammensetzung der Regierung nahm auf die politischen Kräfteverhältnisse im Reich keinerlei Rücksicht. Die Parteien, die sich zwei Monate zuvor für die Wiederwahl des Reichspräsidenten eingesetzt hatten, waren im neuen Kabinett nicht mehr repräsentiert. Reichsminister des Innern wurde jener Wilhelm Freiherr von Gayl, der bei Hindenburg gegen Brünings angeblichen »Siedlungsbolschewismus« erfolgreich interveniert hatte. Als Provinzialvertreter Ostpreußens hatte er die Sonderinteressen der Großagrarier im Reichsrat zur Geltung gebracht und sich als unversöhnlicher Gegner der preußischen Regierung unter Otto Braun erwiesen.

Die politische Couleur der übrigen Mitglieder des Kabinetts verstärkte den Eindruck, als sei das Rad der Geschichte zurückgedreht worden. Magnus Freiherr von Braun, als Generaldirektor der Raiffeisen-Genossenschaft eng mit der ostelbischen Großlandwirtschaft liiert, übernahm das Reichsernährungsministerium. Wegen der Beteiligung am Kapp-Putsch war er von der preußischen Regierung aus seinem Amt als Regierungspräsident entlassen worden. Für das Außenministerium wurde ein dem monarchistischen Lager nahestehender Karrierebeamter, der Botschafter in London, Konstantin Freiherr von Neurath, verpflichtet. Er war aus Protest gegen die Weimarer Republik vorübergehend aus dem Auswärtigen Dienst ausgeschieden. Reichsfinanzminister wurde Lutz Graf Schwerin von Krosigk; er war zuvor als Etatdirektor im Reichsfinanzministerium tätig und hatte sich politisch bislang zurückgehalten. Beide Persönlichkeiten konnten nur durch den persönlichen Appell Hindenburgs gewonnen werden. Zu ihnen trat neben Paul Freiherr Eltz von Rübenach als Reichsverkehrs- und Reichspostminister der deutschnational eingestellte bayerische Justizminister Franz Gürtner als Reichsminister der Justiz. Er war 1923 als Förderer Hitlers hervorgetreten. Seine Ernennung war als Entgegenkommen gegenüber den süddeutschen Ländern gedacht, doch das bayerische Kabinett distanzierte sich unverzüglich von seinem früheren Mitglied. Als Reichswirtschaftsminister gewann man nach mehreren Anläufen den eher farblosen Hermann Warmbold, der eigentlich nur den Vorzug aufwies, rechtzeitig aus dem Kabinett Brüning ausgeschieden zu sein. Was die Besetzung des Arbeitsministeriums betraf, so einigte man sich schließlich auf den bisher nicht hervorgetretenen Präsidenten des Reichsversicherungsamtes, Hugo Schäffer. Bedeutsam war, daß Hermann Pünder, der Staatssekretär in der Reichskanzlei, durch Erwin Planck, einen Vertrauensmann von Schleichers, ausgetauscht wurde.

Abgesehen von der Kernmannschaft des »Kabinetts der Gentlemen«, wie sich von Papen gegenüber Magnus von Braun ausdrückte, war dessen Zusammensetzung sehr viel rechtslastiger ausgefallen, als Hindenburg es ursprünglich gewünscht hatte, so sehr er die soziale und politische Homogenität der Kabinettsmitglieder begrüßte. Von Schleicher, der das Reichswehrministerium übernahm, überschätzte die Möglichkeit, die politischen Entschlüsse des häufig spontan und stets opportunistisch handelnden neuen Reichskanzlers zu kontrollieren. Freiherr von Gayl verfocht den vorgegebenen antiparlamentarischen Kurs mit größerer Konsequenz, als es von Schleicher, der sich an die Zusagen gegenüber Hitler gebunden fühlte, angenehm sein konnte. Er hielt das angestrebte Zwischenspiel einer erneuten Reichstagswahl für durchaus entbehrlich und betrachtete es als Hindernis auf dem Weg zu einer resoluten Zurückbildung der Verfassung im semi-absolutistischen Sinne.

Die breite Öffentlichkeit erblickte in der Kabinettsbildung, bei der auf die parlamentarischen Kräfteverhältnisse im Reichstag nicht die geringste Rücksicht genommen worden war, eine politische Herausforderung. Sie überraschte durch eine extreme soziale Esoterik, die dem alsbald geprägten Schlagwort vom »Kabinett der Barone« eine gewisse Berechtigung gab. Um dem selbstgesetzten Anspruch zu genügen, eine Regierung ohne parteimäßige Bindungen zu sein, vollzogen die Minister, soweit sie nicht ohnehin parteilos waren, demonstrativ den Parteiaustritt, wobei von Papen dem angedrohten Ausschluß aus der Zentrumspartei zuvorkam. Diese Geste änderte nichts daran, daß die Kabinettsmitglieder enge Beziehungen zur bürgerlichen Rechten unterhielten, wenngleich mehr im Herrenklub als in den Parteibüros. Das Kabinett repräsentierte die politische Vorstellungswelt der nicht mit den politischen Parteien in Verbindung stehenden Teile der konservativen Funktionseliten, die sich als staatstragende Schicht empfanden. Von einer »Regierung der nationalen Konzentration«, wie sie sich offiziell titulierte, konnte keine Rede sein.

Die Reaktion der politischen Parteien und der Richtungsgewerkschaften auf die überraschende Kanzlerschaft von Papens fiel ungewöhnlich negativ aus. Sie variierte von schärfster Polemik auf der Linken über eindeutige Zurückweisung seitens der Zentrumspartei und der bürgerlichen Mitte bis zu indirekter Distanzierung durch die DNVP, die sogleich feststellte, daß sie mit dem neuen Kabinett keinerlei Bindungen eingegangen sei. Die NSDAP hielt sich mit direkten Angriffen auf Franz von Papen zurück, um die zugesagte Reichstagsauflösung und die Aufhebung des SA-Verbots nicht zu gefährden, ging aber auf das Ersuchen von

Schleichers nicht ein, eine schriftliche Tolerierungszusage für die Zeit nach den Wahlen zu geben. Auch bei den Interessenverbänden, mit Ausnahme der großen Wirtschaft, besaß das Kabinett keinen nennenswerten Rückhalt. Gestützt auf die Macht der Reichswehr und die Autorität des Reichspräsidenten entsprach das Kabinett dem politischen Wunschdenken konservativer Honoratioren, die dem von Hans Zehrer, Walter Schotte und anderen neokonservativen Autoren verkündeten Mythos einer neuen »Front« erlegen waren oder einem autoritären Staatsgedanken anhingen, dessen politische Voraussetzungen längst nicht mehr bestanden. Da eine parlamentarische Tolerierung keinesfalls zu erwarten war, konnte das Kabinett nur als Präsidialdiktatur unter offenem Bruch der Verfassung Bestand haben.

Die Regierung der Staatsstreichdrohung

Noch am Tag seiner Vereidigung, am 2. Juni 1932, beschloß das Kabinett von Papen die Auflösung des Reichstages mit der Begründung, daß dessen Zusammensetzung dem in den Länderwahlen hervorgetretenen »Willen des Volkes« nicht mehr entspräche. Damit kam die Regierung der Zusage von Schleichers an Hitler nach, der die Tolerierung des Kabinetts von unverzüglichen Neuwahlen und von der alsbaldigen Aufhebung des SA-Verbots abhängig gemacht hatte. Für die betont antiparlamentarische Tendenz des neuen Kabinetts war kennzeichnend, daß von Papen nicht einmal den Zusammentritt des Reichstages abwartete, sondern seine Regierungserklärung am 4. Juni in der Presse veröffentlichen ließ. Einerseits enthielt sie die Willensbekundung, den Kurs des Kabinetts Brüning trotz mangelnder finanzpolitischer Solidität fortzusetzen, andererseits ging sie über das Programm eines »Übergangskabinetts« weit hinaus, indem darin an den Kabinetten seit der Gründung der Republik pauschale Kritik geübt und die Schaffung eines »Neuen Deutschland« in Aussicht gestellt wurde. Harry Graf Keßler sprach von einem »miserabel stilisierten Extrakt finsterster Reaktion, gegen das die Erklärungen der kaiserlichen Regierungen wie hellste Aufklärung wirken«. Die Ausfälle der Regierungserklärung gegen Brüning, gegen den angeblich vordringenden »Kulturbolschewismus«, gegen die »Entsittlichung des deutschen Volkes« unter dem vermeintlichen Einfluß des »Staatssozialismus« der Nachkriegskabinette und die Beschwörung »der unveränderlichen Grundsätze der christlichen Weltanschauung« stellten ein unerträgliches Gebräu kulturkritischer Ressentiments und sozialreaktionärer Interessen dar.

Die zehn Tage später veröffentlichte umfassende Notverordnung enthüllte den ausgeprägt antisozialen Kurs des Kabinetts zugunsten der großagrarischen und großindustriellen Interessen. Während nach Hindenburgs Einspruch das umstrittene Siedlungsprogramm zurückgezogen worden war, brachte die Verordnung schwerwiegende Kürzungen im Bereich der Sozialversicherungen und der Arbeitslosenunterstützung. Einschneidend war vor allem die Einführung der Bedürftigkeitsprüfung für die ohnehin zusammengestrichenen Leistungen der Arbeitslosenversicherung. Der damit vollzogene Bruch mit dem Versicherungsprinzip konnte durch noch so wohltönende Bekenntnisse zur Bismarckschen Sozialpolitik nicht überdeckt werden. Die gleichzeitig vom Kabinett angekündigten Arbeitsbeschaffungsmaßnahmen stellten, gemessen am Umfang und an den Modalitäten, gegenüber den empfindlichen Kürzungen im Sozialhaushalt keinen nennenswerten Ausgleich dar.

Das Regierungsprogramm stieß daher allenthalben auf denkbar schärfste Kritik. Das Zentrum hob hervor, daß der Notverordnung »jedes großzügig aufbauende Element« abgehe. Dahinter verbarg sich von Papens Verzicht auf die landwirtschaftliche Kleinsiedlung, auf die Stegerwald so große Hoffnungen gesetzt hatte. Im übrigen vollzog die Verordnung nur das vom Kabinett Brüning bereits vorbereitete Kürzungsprogramm, wenngleich aufgrund des inzwischen angewachsenen Haushaltsdefizits in verschärfter Form. Sie brachte erneut tiefe Einschnitte in den Sozialleistungen, während sie das große Kapital entlastete. Die Verordnung rief daher den bitteren Protest der Gewerkschaften aller Richtungen hervor. Der »Vorwärts« kommentierte, daß das Kabinett von Papen offenbar glaube, »überhaupt keine Rücksicht mehr auf die Massen des Volkes nehmen zu müssen«.

Der prinzipielle Bruch mit der von Brüning verfolgten politischen Linie lag in der Bereitschaft des Kabinetts, die von Schleicher zugesagte »Vorleistung« gegenüber der NSDAP in Form der Aufhebung des SA-Verbots zu erfüllen, was allerdings nicht ohne Widerstände in den Ländern abging und selbst beim Reichsminister des Innern Bedenken erregte. In einer Verordnung gegen politische Ausschreitungen vom 14. Juni 1932 nahm die Regierung das SA-Verbot zurück und hob das am 8. Dezember 1931 erlassene Uniform- und Abzeichenverbot auf. Als die Länderregierungen gegen diese Vorschrift Sturm liefen und mit eigenen Uniformverboten herauskamen, wurde ihnen in einer zweiten Verordnung jede Regelungsbefugnis abgesprochen, die über den Einzelfall »zur Abwehr einer Gefahr für die öffentliche Ordnung« hinausging. Vergeblich protestierte der bayerische Ministerpräsident Held gegen die willkürliche Einschränkung der Länderzuständigkeit. Mit der zweifelhaften Begründung, für »die wichtige bevorstehende Wahlentscheidung« die zuvor durch Notverordnungen erheblich eingeschränkte »politische Freiheit« wiederherzustellen, gab das Kabinett von Papen den von der NSDAP ausgeübten Pressionen nach.

Die Folgen des Zurückweichens der staatlichen Autorität stellten sich unmittelbar ein. Ebenso wie die SA mobilisierten die übrigen Selbstschutzverbände ihre Kräfte. Die Welle der Gewaltanwendung, die den anlaufenden Wahlkampf begleitete, übertraf alles bisher Dagewesene. Allein in den letzten zehn Tagen vor den Wahlen gab es in Preußen 24 Tote und 284 Verwundete infolge politischer Ausschreitungen. Unzweifelhaft bildete die SA das eskalierende Moment. Aber die Mischung von Haß und Ohnmacht, die Kommunisten und Sozialdemokraten empfanden, veranlaßte sie, in steigendem Maße zurückzuschlagen. Auch das nur in Ausnahmefällen militant auftretende Reichsbanner wurde zunehmend in Prügeleien und Zusammenstöße verwickelt, die teils von Kommunisten, teils von Nationalsozialisten provoziert waren. Selbst bürgerliche Parteien gingen dazu über, Selbstschutzverbände aufzustellen. Die »Bayernwacht« der BVP diente dem Zweck, die sich häufenden Übergriffe der SA abzuwehren. Uniformen und militärisches Ritual prägten die politische Szenerie. Sie täuschten vielfach eine Ordnung vor, die in Wahrheit nicht bestand. Die Verzweiflung der arbeitslosen

Jugend fand im militanten Bürgerkrieg ein Ventil. Als die KPD-Führung versuchte, die sinnlosen und verlustreichen Zusammenstöße mit politischen Gegnern einzudämmen, stieß sie auf den Widerstand der Aktivisten an der Basis. Desgleichen verselbständigte sich die Gewaltanwendung der SA.

Die Eskalationen entzündeten sich in der Regel an dem Versuch, gegnerische Wahlveranstaltungen zu sprengen oder zu stören. Besonders konfliktträchtig erwiesen sich in den Großstädten die Demonstrationsmärsche der SA durch die Arbeiterviertel. Hier wurde die Linke zu Straßenschlachten provoziert. Die organisierte Arbeiterschaft verteidigte ihre angestammten Hochburgen, vermied es aber im allgemeinen, gegen die SA offensiv vorzugehen. Die SA scheute jedoch nicht davor zurück, motorisiert zu operieren, sozialdemokratische und kommunistische Lokalredaktionen, Parteieinrichtungen, Gewerkschaftshäuser, Arbeiterheime und Versammlungslokale, in Einzelfällen sogar sozialistische Jugendlager anzugreifen, zu demolieren und deren Insassen zu verprügeln. In den Kleinstädten und auf dem flachen Land, wo der SA nur schwache lokale Polizeikräfte gegenüberstanden, entfaltete sie eine ungehemmte Terrorherrschaft, so daß die Bewegungsfreiheit politischer Gegner auf der Linken nachhaltig beeinträchtigt wurde. Das war in erster Linie in den östlichen Provinzen Preußens der Fall. Die nationalsozialistische Presse verherrlichte das »Durchgreifen« gegen die kommunistische Bewegung und erweckte bei dem voreingenommenen Publikum den Eindruck, die Zwischenfälle seien ausschließlich von linksstehenden Gegnern provoziert worden. Die NSDAP gerierte sich somit als der einzige verläßliche Ordnungsfaktor gegenüber dem kommunistischen Terror. Durch ein nach außen diszipliniertes Auftreten der SA-Abteilungen suchte sie diesen Anspruch zu untermauern.

In den gewaltsamen Übergriffen der Selbstschutzverbände von links und rechts entlud sich das soziale Aggressionspotential, das durch das politische System nicht mehr aufgefangen wurde. Es war bei der Landvolkbewegung aufgebrochen und übertrug sich wie ein Lauffeuer auf die kommunistische und nationalsozialistische Bewegung. Das militante Auftreten der SA verknüpfte sich seit den Preußen-Wahlen mit der strategischen Zielsetzung, die Stellung der geschäftsführenden preußischen Regierung unhaltbar zu machen. Nach dem 16. Juni setzte eine Welle militanter Demonstrationen der NSDAP zunächst in den Städten des Ruhrgebiets, dann im ganzen preußischen Territorium ein, wodurch Gegenaktionen der KPD provoziert wurden. Die preußische Polizei sah sich von den massierten Zwischenfällen vielfach überfordert. Gleichzeitig warf die nationalsozialistische Propaganda den Polizeikräften Severings mangelnde Energie gegenüber der KPD vor und lastete ihnen die »Hauptschuld an der Entwicklung des marxistischen Bürgerkrieges« an. Wenn die Reichsregierung nicht unverzüglich den Ausnahmezustand über Preußen verhänge und die KPD verbiete, werde man sich gezwungen sehen, aus eigener Kraft »durchzugreifen«.

Die von der NSDAP und der DNVP gegen die preußische Polizei erhobenen Anschuldigungen, mit der KPD zusammenzuarbeiten, kamen verbreiteten Ressentiments im bürgerlichen Lager entgegen. Der Reichsminister des Innern und die Mehrheit der Kabinettsmitglieder teilten trotz der ihnen zur Verfügung stehenden internen Informationen die abenteuerliche Auffassung, daß eine wirksame Bekämpfung des Kommunismus mit Braun und Severing nicht möglich sei. Es war ihr seit langem festliegendes Ziel, die Preußen-Regierung zu zerschlagen, und die Eskalation des Straßenterrors kam ihnen dabei zu Hilfe. Um so empfindlicher reagierten sie auf Anwürfe der NS-Presse, die ihnen »Zaghaftigkeit« im Umgang mit den preußischen Sozialdemokraten unterstellte. Seit Anfang Juli forderte der von Goebbels redigierte »Angriff« die Einsetzung eines Reichskommissars »für das rebellierende rote Preußen«. Noch konnte die NSDAP nicht hoffen, diese Position selbst einzunehmen, erwartete sich aber von einer Reichsexekution beträchtliche Erleichterungen im Reichstagswahlkampf.

Die zahlreichen gewaltsamen Zusammenstöße zwischen NSDAP und KPD erreichten am 17. Juli 1932 mit dem Altonaer »Blutsonntag« ihren vorläufigen Höhepunkt. Ein von den Polizeibehörden nur zögernd genehmigter Massenaufmarsch der NSDAP, an dem mindestens siebentausend Personen teilnahmen, führte zu bewaffneter Gegenwehr, als der Demonstrationszug die kommunistischen Arbeiterviertel Altonas berührte. In Feuergefechten zwischen Polizei und Kommunisten wurden achtzehn Personen, in der Mehrheit unbeteiligte Anwohner und Passanten, getötet. Dazu kam eine hohe Zahl von Verletzten. Zweifellos hatten die örtlichen Polizeikräfte versäumt, rechtzeitig Verstärkung aus Hamburg anzufordern und den Zug bei Beginn der Zwischenfälle in weniger gefährdete Straßen umzuleiten. Die Antifaschistische Aktion hatte zuvor vom Polizeipräsidium ein Verbot der Demonstration gefordert und im Fall der Verweigerung mit »Selbsthilfe« gedroht. Aus der Befürchtung heraus, der Parteinahme beschuldigt zu werden, hatte die Polizeibehörde auf diesen kommunistischen Druck nicht reagiert und somit zur Entstehung des blutigen Zwischenfalls selbst beigetragen.

Während die »Rote Fahne« der preußischen Polizei unterstellte, mit den »Hitlerfaschisten« gemeinsame Sache gemacht zu haben, schilderte der »Völkische Beobachter« am 19. Juli das Versagen der Polizei in den krassesten Farben und drohte indirekt Vergeltung an. »Eine Woche nur und fünfzigtausend bewaffnete SS-Männer haben Deutschlands Mordzentrale ausgeräuchert, ohne Panzerwagen und ohne Polizeibürokratie. Dann wird Schluß sein mit dem Bürgerkrieg.« Damit bot sich die NSDAP dem Kabinett von Papen als Ordnungsmacht an. Die pausenlosen Attacken der NSDAP gegen die preußische Regierung blieben nicht ohne Wirkung. Obwohl letztere alles tat, um die öffentliche Sicherheit zu gewährleisten, erwies sie sich gegenüber der systematischen Provokationstaktik der NSDAP und den erbitterten Gegenaktionen der KPD als weitgehend wehrlos. Es kam hinzu, daß sich die preußische Polizei nicht mehr sicher sein konnte, bei den Gerichten Rückendeckung zu finden. So führte ein entschiedenes Durchgreifen der Ordnungspolizei gegen die SA-Standarte am Dortmunder Schwanenwall im April 1932 dazu, daß mehrere Wachtmeister vom Dienst entlassen und zu beträchtlichen Haftstrafen verurteilt wurden, während die für die entfachten Krawalle verantwortlichen Mitglieder der Dortmunder SA frei ausgingen.

Der Altonaer Blutsonntag veranlaßte das Reichskabinett, noch am 18. Juli eine Notverordnung zu verkünden, die Versammlungen und Aufmärsche unter freiem Himmel untersagte. Die politische Gewaltanwendung wurde dadurch nicht nennenswert verringert. Die terroristischen Übergriffe setzten sich auch nach den Reichstagswahlen vom 31. Juli unvermindert fort. Doch nun sah sich die Reichsregierung, in Verkehrung ihrer bisherigen Einstellung zu politischer Gewalttätigkeit von rechts, dazu gezwungen, energischer durchzugreifen. Eine Notverordnung gegen politischen Terror vom 9. August verfügte die sofortige Bildung von Sondergerichten zur Verfolgung politischer Straftaten und deren Aburteilung in nur einer Instanz. Außerdem verbot die Regierung alle öffentlichen politischen Versammlungen für den Monat August. Damit gestand das Kabinett nachträglich ein, daß die Forderungen der Länder vom Juni gerechtfertigt gewesen waren. Aber inzwischen hatte die Terrorwelle den Zweck erfüllt, einen Vorwand zur Ausschaltung der preußischen Regierung zu liefern.

Der Mordfall in dem oberschlesischen Dorf Potempa, der den Höhepunkt einer flächendeckenden Terrorkampagne der SA im ostdeutschen Raum darstellte, beleuchtete den Niedergang der politischen Kultur in Deutschland. In der Nacht vom 9. zum 10. August 1932 überfiel eine Gruppe von fünf Nationalsozialisten zwei polnische Landarbeiter, die mit der KPD sympathisierten. Beide holte man aus den Betten, einer von ihnen wurde unter den Augen seiner Mutter bestialisch ermordet. Als das Sondergericht beim Landgericht Beuthen gemäß der Notverordnung vom 9. August gegen die Mörder die Todesstrafe verhängte, entfesselte Goebbels einen Proteststurm in der nationalsozialistischen Presse, in den zahlreiche deutschnationale Organe einfielen. Hitler solidarisierte sich in einem Telegramm mit den Tätern und scheute sich nicht, von einem »ungeheuerlichen Bluturteil« zu sprechen. Trotz verbreiteter öffentlicher Empörung über das Verbrechen wandelte die Kommissariatsregierung die Todesurteile in lebenslange Zuchthausstrafen um. Als Vorwand diente, daß die strafverschärfende Verordnung erst anderthalb Stunden vor der Tat in Kraft getreten war, wovon die Täter kaum etwas wissen konnten. Das Zurückweichen der Reichsregierung stand mit einer Überprüfung der militärischen Lage bei einem Aufstandsversuch der NSDAP im Zusammenhang.

Die Potempa-Affäre war nur vor dem Hintergrund eines geradezu neurotisch anmutenden Antikommunismus denkbar, der weite Teile der bürgerlichen Öf-

Die Regierung der Staatsstreichdrohung

fentlichkeit erfaßt hatte. Die NSDAP nützte ihn ebenso aus, wie sie ihn pausenlos beschwor. Sie forderte notorisch, die Straße für den Kampf gegen die »Kommune« freizugeben. Wiederholt verlangten namhafte Repräsentanten der NSDAP, darunter Hermann Göring, ihr vorübergehend ein »Notwehrrecht« zur Abrechnung mit der Linken einzuräumen. Sie ließen dabei die Erwartung durchblicken, im Falle eines innenpolitischen Konflikts mit der KPD an der Seite der Reichswehr und der verbliebenen Ordnungskräfte eingreifen zu können. Bestrebungen, die SA für diesen Eventualfall vorzubereiten und ihr Zugang zu den geheimen Waffenlagern des Grenzschutzes zu verschaffen, standen im Zusammenhang mit der Erwartung, nach den Reichstagswahlen eine endgültige Abrechnung mit der politischen Linken vorzunehmen, was für die NSDAP-Aktivisten mit der Eroberung der politischen Macht schlechthin identisch war.

Ende Juli stellte der Chef des Ministeramts, Oberst Kurt von Bredow, Hermann Göring und Ernst Röhm, die er in die Bendlerstraße gebeten hatte, wegen der Waffenbeschaffungsversuche der SA zur Rede. Göring gab darauf die ausweichende Antwort, daß man mit einem gewaltsamen Gegenschlag Severings und der Eisernen Front für die Zeit nach den Wahlen zu rechnen habe. Zur Bekämpfung eines solchen Aufstands reichten nach seiner Ansicht die Polizeikräfte nicht aus, während ein Einsatz der Reichswehr ausscheide. Daher sei die SA gezwungen, sich auf einen bewaffneten Konflikt einzustellen. Wenngleich dies überwiegend ein Vorwand war, beleuchtete Görings offenherzige Stellungnahme das Selbstverständnis vieler Nationalsozialisten. Göring plädierte erneut für ein »Notwehrrecht« gegen die Linksparteien und äußerte, man solle der SA einige Tage geben, um Vergeltung zu üben. Er spielte damit auf die Veranstaltung einer Bartholomäus-Nacht gegen die Linke an, die auch in der Vorstellungswelt Hitlers präsent war.

Zynisch bemerkte Göring, der Marxismus müsse »restlos vernichtet« werden; die SA sei darauf seit langem »dressiert«. Derartige Erwägungen enthielten das Eingeständnis, daß es der NSDAP nur dann gelingen konnte, die Massen der sozialistisch beeinflußten Arbeiterschaft auf ihre Seite zu bringen, wenn sie zuvor deren Organisationen rückhaltlos zerschlagen und deren aktive Kader physisch eliminiert hatte. Die militärischen Gesprächspartner zeigten sich beunruhigt, als Göring hinzufügte: »Sie können uns die größten Strapazen auferlegen, sie können uns hungern lassen, aber das Recht zur Rache lassen wir uns von niemand nehmen.« Das elementare Bedürfnis nach gewaltsamer Niederschlagung der politischen Linken, auf die man als den eigentlichen Gegner fixiert war, stellte auch einen Reflex politischer Ratlosigkeit dar, mit der man auf die Gesinnungsfestigkeit der sozialistischen Arbeiter reagierte.

Trotz der unübersehbaren Anzeichen für den Anspruch der NSDAP, sich in den Besitz der unbeschränkten Macht zu setzen, glaubten von Papen und von Schleicher, sie über die Wahlen hinaus zur Kooperation bewegen zu können.

Freiherr von Gayl brachte die taktische Linie des Kabinetts gegenüber der NSDAP auf die Formel, daß »die junge, immer weitere Kreise erfassende Bewegung Adolf Hitlers« von »den ihr unter Brüning und Severing angelegten Fesseln befreit und zum erfolgreichen Kampf gegen den internationalen Kommunismus gestützt werden« müsse. Deutlicher konnte die Absicht, sich der NSDAP zu bedienen, um die unbequeme Opposition der äußersten Linken zum Schweigen zu bringen, nicht ausgesprochen werden. Dabei spielte die von der nationalsozialistischen Propaganda immer wieder suggerierte Vorstellung eine Rolle, daß sich die NSDAP nach Ausschaltung des »Marxismus« zur disziplinierten Einordnung in den Staat bereitfinden werde.

Es war der NSDAP und der DNVP nach dem Zusammentritt des preußischen Landtages am 24. Mai nicht gelungen, die geschäftsführende Regierung an der Wahrnehmung ihrer Aufgaben zu hindern, obwohl sich im Landtag zwischen KPD und NSDAP die schlimmsten Radauszenen abspielten und die Sozialdemokraten nur mit größter Mühe erreichten, daß die von NSDAP und KPD beantragte Absetzung des Berliner Polizeipräsidenten Albert Grzesinski und der führenden Polizeikommandeure nicht die erforderliche Zweidrittelmehrheit fand. Die KPD scheute sich nicht, gegenüber der SPD zum Mittel der Obstruktion zu greifen und faktisch mit der äußersten Rechten zusammenzugehen. Der Druck des Haushaltsdefizits zerrieb die Kooperationsbereitschaft zwischen den republikanischen Koalitionspartnern. Nur die Bedrohung durch die oppositionellen Mehrheiten von KPD, NSDAP und DNVP fügte die widerstrebenden Kräfte vorläufig noch zusammen. Die sich abzeichnende Wendung der Zentrumspartei nach rechts spiegelte sich auch in den Absprachen, die zur Wahl von Hans Kerrl als Landtagspräsidenten und zum Ausscheiden der Sozialdemokraten aus dem Präsidium geführt hatten. Mit dem Tod des preußischen Zentrumsführers Joseph Hess im Frühjahr war die wichtigste Integrationskraft nach links weggefallen. Nur der unüberbrückbare Konflikt der Zentrumspartei mit von Papen, den Konrad Adenauer bereits damals für eine Sackgasse hielt, gewährleistete eine gewisse Solidarität innerhalb der geschäftsführenden Regierung.

Das Triumvirat von Schleicher, von Papen und von Gayl war von vornherein entschlossen, die sozialdemokratisch geführte Regierung in Preußen zu beseitigen. Es setzte die schon von Brüning eingeschlagene Taktik rigoros fort, das preußische Kabinett zum finanziellen Offenbarungseid zu zwingen. Es war symptomatisch, daß der Reichsfinanzminister es ablehnte, Preußen die ihm vom Reich geschuldete Summe in Höhe von hundert Millionen Reichsmark zukommen zu lassen. Es gelang dem fähigen Finanzminister Otto Klepper durch die schon Ende 1931 durchgesetzte Verwaltungsreform und die Sparverordnung vom 8. Juni 1932, den Versuch der Reichsregierung abzuwehren, »Preußen aufs Trockene zu setzen«, wie der frühere Staatssekretär Hermann Pünder mit einem Anflug von Schadenfreude bemerkte. Dem Bemühen, sich gegenüber dem Zugriff des Reiches zu behaupten, haftete etwas Unwirkliches an, weil hinter der preußischen Regierung keine effektive Macht mehr stand. Otto Braun war sich dessen voll bewußt. Er lehnte es ab, die Geschäfte des preußischen Ministerpräsidenten weiterhin wahrzunehmen, da er nicht die geringste Möglichkeit sah, sich einer Reichsexekution erfolgreich zu widersetzen.

In der Tat war bereits seit Anfang Juni 1932 von einem Eingriff der Reichsregierung in Preußen die Rede. Goebbels notierte, daß nur noch die Alternative zwischen einem nationalsozialistischen Ministerpräsidenten und einem Reichskommissar bestünde. Auch in den folgenden Wochen zeigte er sich von den Absichten der Reichsregierung vorzüglich unterrichtet. Am 13. Juni kommentierte er ein Gespräch Hitlers mit Franz von Papen über die Preußen-Frage: »Entweder oder. Die Macht oder die Opposition.« Da sich das Zentrum jedoch den weitreichenden Forderungen Hitlers nicht unterwarf, mußte die Frage der Regierungsbildung in Preußen bis nach den Reichstagswahlen aufgeschoben werden. Die Rechtspresse forderte währenddessen übereinstimmend die Absetzung der geschäftsführenden Regierung und die Entsendung eines Reichskommissars. Das war ein seit langem verfochtener Programmpunkt der DNVP, und Freiherr von Gayl hatte diese Zielsetzung schon auf der Jahrestagung des Ostmarkenvereins vom November 1931 bekräftigt.

Die schwindende Autorität des preußischen Kabinetts zeigte sich nicht zuletzt darin, daß auf die Beamtenschaft nur noch begrenzt Verlaß war und sich Hirtsiefer und Severing der Loyalität selbst hochgestellter Ministerialbeamter nicht mehr sicher sein konnten. Severings frühere Entschiedenheit und Energie wichen einer tiefen Resignation. Im Grunde sehnte er sich wie seine Ministerkollegen nach dem Ende des Schwebezustands, in dem sich das geschäftsführende Kabinett befand. Andererseits war der Innenminister bestrebt, dem Kabinett von Papen keinen Vorwand zum Eingreifen zu liefern. Scharfe Maßnahmen gegen illegalen Waffenbesitz, mittels derer Severing die Übergriffe der SA und des Antifaschistischen Kampfbundes in Grenzen zu halten bemüht war, und die Ermächtigung zu Demonstrationsverboten bei unzureichenden Sicherungskräften zwangen die Reichsregierung, die von ihr angestellten Erwägungen, der preußischen Regierung Verfehlungen bei der Bekämpfung der latenten Bürgerkriegssituation nachzuweisen, einstweilen aufzugeben.

Bei Eingriffen gegen die Bürgerkriegsarmeen von rechts und links achtete Severing sorgfältig auf Gleichbehandlung. Das betont zurückhaltende Vorgehen der Polizeikräfte gegenüber SA und NSDAP stieß beim Berliner Polizeipräsidenten Grzesinski auf völliges Unverständnis. Nur mit Mühe konnte er von Parteifreunden davon abgehalten werden, in der Parteipresse gegen Severings Neutralitätspolitik offen aufzutreten. Severing verweigerte sich zugleich dem Ersuchen des Reichsbanners, die Schutzformationen der Eisernen Front als Hilfspolizeieinheiten einzusetzen, wie dies in den nationalsozialistisch regierten Ländern mit der Bildung der SA-Hilfspolizei geschah. Desgleichen hielt sich Severing auf den Länderkonferenzen, bei denen die Frage des Uniformverbots im Mittelpunkt stand, zur Überraschung der süddeutschen Partner betont zurück.

Severing rechnete seit längerem mit der Übernahme der preußischen Polizeigewalt durch das Reich, obwohl die verfassungsmäßigen Voraussetzungen dafür, wie der »Vorwärts« gleichsam vorbeugend feststellte, nicht gegeben waren. Ihm war geläufig, daß im Reichswehrministerium entsprechende Pläne bereits vorlagen. Schon im Juni hatte Severing den Reichsminister des Innern in der Frage des Reichskommissariats angesprochen. Damals hielt sich von Gayl bedeckt, während Severing wohl geäußert hat, man solle mit der Einsetzung des Reichskommissars nicht zu lange warten. Von einer solchen Maßnahme konnte eine gewisse Entlastung ausgehen, weil die Reichsregierung damit die Verantwortung für die Bekämpfung des politischen Terrors auf sich nahm, die sie bisher behindert hatte. Die Übernahme der preußischen Polizei vermochte diese vor dem nationalsozialistischen Zugriff zu sichern. Zudem konnte eine Intervention des Reiches den nach dem Wahlausgang unvermeidlichen Weg der SPD in die Opposition erleichtern. Derartige Motive erklären die Gleichmütigkeit, mit der die SPD diese Bedrohung hinnahm, die Gegenstand von Pressekontroversen und zahllosen Gerüchten war.

Ursprünglich ging Severing von der Erwartung aus, daß ein Eingreifen von Papens erst nach den Reichstagswahlen erfolgen werde. Seit Anfang Juli »pfiffen es jedoch die Spatzen von den Dächern«, wie Grzesinski bemerkte, daß die Reichsexekution unmittelbar bevorstünde. Die preußische Regierung rechnete nicht mit einer förmlichen Absetzung, sondern nur mit der Abtretung von Polizei und Justiz. Es sickerten indessen genügend Informationen über die Pläne von Gayls durch, die Schlimmeres befürchten ließen. Aufgrund der veränderten Sachlage nahm Severing am 16. Juli mit dem Parteivorstand der SPD Rücksprache und unterrichtete ihn darüber, daß in allernächster Zeit mit einem Eingreifen des Reiches gerechnet werden müsse und daß von Papen möglicherweise den gesetzlichen Rahmen des Artikels 48 überschreiten und die Unabhängigkeit der preußischen Regierung beseitigen werde. Er wies darauf hin, daß die Polizei, obwohl sie mehrheitlich auf der Seite der republikanischen Regierung stünde, der Reichswehr gegenüber sowohl quantitativ als auch qualitativ unterlegen sei, so daß ein Widerstandsversuch allenfalls auf eine kurze Demonstration des Abwehrwillens hinauslaufen werde. Angesichts der Schwäche der sofort einsatzfähigen Reichswehrverbände in Berlin wäre zunächst eine zahlenmäßige Überlegenheit der kasernierten Schutzpolizei vorhanden gewesen, wobei freilich die Loyalität von Teilen des Polizeiführungskorps, die mit der NSDAP sympathisierten, in Frage gestanden hätte. Friedrich Stampfer, der Chefredakteur des »Vorwärts«, wies auch eine solche Eventualität mit dem Hinweis zurück, Severing habe nicht das Recht, auf Kosten seiner Polizeibeamten »tapfer zu sein«. Der

Parteivorstand einigte sich schließlich darauf, jeden Versuch der Gegenwehr zu unterlassen, und beschloß, »bei allem, was kommen möge, die Rechtsgrundlage der Verfassung nicht zu verlassen«. Als Severing zwei Tage später den Rücktritt der vollständig isolierten sozialdemokratischen Minister erwog, widersprach ihm Otto Wels mit dem Argument, daß man keine Machtposition vorzeitig räumen dürfe. Die im »Vorwärts« groß herausgestellte Warnung vor der verfassungswidrigen Einsetzung eines Reichskommissars wurde jedoch nicht von einer Mobilisierung der Berliner Sozialdemokraten, insbesondere der Eisernen Front zum aktiven Schutz der geschäftsführenden Regierung begleitet, was zumindest in der politischen Öffentlichkeit nicht ohne Folgen geblieben wäre und das Risiko, das von Papen einging, beträchtlich erhöht hätte.

Von Papen war jedoch bereits vor dem 20. Juli zu Recht davon überzeugt, daß von der SPD kein ernstzunehmender Widerstand zu erwarten sei. Die angestrebte Gleichschaltung Preußens stellte die Reichsregierung dennoch vor das Problem, eine solche Maßnahme verfassungsrechtlich abzustützen, zumal die preußische Regierung alles vermied, was ein unmittelbares Eingreifen des Reiches hätte rechtfertigen können. Dies trug dazu bei, daß der definitive Entschluß, in Preußen zu intervenieren, bis zur Rückkehr des Reichskanzlers von den Reparations- und Abrüstungsverhandlungen in Lausanne aufgeschoben wurde. Während von Papen noch unschlüssig war, drängte von Gayl darauf, in der Preußen-Frage endlich zu handeln. Eingaben des Vorsitzenden der preußischen Landtagsfraktion der DNVP, Friedrich von Winterfeldt, und des Präsidenten der Vereinigten Vaterländischen Verbände, Rüdiger von der Goltz, waren ausschlaggebend dafür, daß sich von Gayl durchsetzte. Am 11. Juli legte der Innenminister die Pläne für die beabsichtigte Reichsexekution dem Reichskabinett vor, das zunächst zurückhaltend reagierte. Staatssekretär Meißner zweifelte, ob es gelingen würde, der preußischen Regierung direkte Verfehlungen im Sinne der Diktaturermächtigung des Artikels 48 nachzuweisen. Mit Rücksicht darauf, daß Preußen möglicherweise vor dem Staatsgerichtshof Klage gegen die Reichsexekution einlegen würde, unterbreitete er den Vorschlag, der preußischen Regierung wegen ihres Vorgehens gegen die KPD ein Ultimatum zu stellen, was jedoch General von Schleicher für unzweckmäßig erklärte. Alle Beteiligten waren sich einig, daß eine Ausschaltung der preußischen Regierung in jedem Falle notwendig sei. Die Divergenzen im Kabinett betrafen nur die Frage eines möglichst rechtsförmigen Vorgehens.

Der Reichsregierung arbeitete ein verhängnisvoller Fehlgriff des der Deutschen Staatspartei zugehörigen preußischen Staatssekretärs des Innern, Wilhelm Abegg, in die Hände. Dieser hatte im Juni eine Unterredung mit den KPD-Abgeordneten Ernst Torgler und Wilhelm Kasper, in der er sie beschwor, die Terrorakte ihrer Partei einzustellen und statt dessen die SPD in ihrem Kampf gegen den Nationalsozialismus zu unterstützen. Bei dieser ohne Kenntnis Severings erfolgten Fühlungnahme war der Oberregierungsrat Rudolf Diels anwesend. Unter Bruch seiner Verschwiegenheitspflicht unterrichtete er Vertreter des Reichsministeriums des Innern über das Gespräch, dem er die irreführende Ausdeutung gab, Abegg hätte die kommunistischen Abgeordneten für einen »Zusammenschluß der SPD mit der KPD« gewinnen wollen. Von Gayl benutzte diese bewußte Fehlinformation, um den Reichspräsidenten am 14. Juli dazu zu bewegen, den von ihm vorgelegten Entwurf einer Verordnung zur Wiederherstellung der Regierungsverhältnisse in Preußen und einer zusätzlichen Verordnung zur Verhängung des militärischen Ausnahmezustands zu unterzeichnen, wobei das Datum in beiden Fällen offengelassen wurde. Dabei scheint er Hindenburg durch die Reminiszenz an die Reichsexekution gegen Sachsen im November 1923 von der Berechtigung des beabsichtigten Eingriffs überzeugt zu haben.

Bei dem Besuch von Gayls in Neudeck stand der Zeitpunkt des Eingriffs in Preußen noch nicht fest. Der ursprünglich ins Auge gefaßte 18. Juli mußte fallengelassen werden, da ein äußerer Anlaß fehlte und noch nicht geklärt war, wer als Reichskommissar des Innern zur Verfügung stand. Bemerkenswerterweise zeigte sich Goebbels bereits am 19. Juli darüber unterrichtet, daß diese Aufgabe inzwischen Franz Bracht, dem Oberbürgermeister von Essen, übertragen worden war. Die Vorgänge in Altona lieferten dann den ersehnten Vorwand, um zwei Tage später mit der Begründung einzugreifen, daß Preußen sich sowohl bei der Wahrnehmung der ihm durch die Reichsverfassung zugewiesenen Aufgaben pflichtwidrig verhalten habe – was man mit der angeblichen Begünstigung der Kommunisten, für die das Abegg-Gespräch herhalten mußte, begründete – als auch außerstande sei, die öffentliche Sicherheit und Ordnung zu gewährleisten. Zusätzlich berief sich die Regierung auf ein am 19. Juli eingegangenes Schreiben des Landtagspräsidenten Kerrl, das von einem verfassungspolitischen »Notstand« in Preußen berichtete und die Reichsregierung aufforderte, die preußische Polizeigewalt einstweilen an sich zu ziehen.

Von Gayl hatte die Aktion auch insofern sorgfältig vorbereitet, als er die Bereitstellungsbefehle für die Übertragung der vollziehenden Gewalt in Berlin und der Mark Brandenburg dem Befehlshaber des Wehrkreises III, General Gerd von Rundstedt, noch am 19. Juli zukommen ließ. Von Papen trug Vorsorge, um die süddeutschen Regierungen anderntags über die beabsichtigten Maßnahmen zu informieren. Außerdem wurde eine Einladung an die Minister Hirtsiefer, Severing und Klepper gerichtet, sich am Morgen des 20. Juli zu einer Besprechung in der Reichskanzlei einzufinden. Die Voraussicht von Gayls ging so weit, für den Mittag des 20. Juli eine Zusammenkunft mit Bankenvertretern anzusetzen, um durch beruhigende Erklärungen negative Auswirkungen auf die Börse zu vermeiden.

Als die preußischen Minister in der Reichskanzlei eintrafen und dort von Franz von Papen in Anwesenheit des Reichsministers des Innern empfangen

Die Regierung der Staatsstreichdrohung

wurden, war ihnen sofort klar, daß es sich nicht, wie sie angenommen hatten, um eine Routinesitzung handelte. Der Reichskanzler teilte ihnen lapidar den Wortlaut der »Verordnung des Reichspräsidenten betreffend die Wiederherstellung der öffentlichen Ordnung im Gebiet des Landes Preußen« vom gleichen Tag und die darauf gestützte Enthebung Otto Brauns vom Amt des preußischen Ministerpräsidenten und Karl Severings vom Amt des Innenministers mit, das dem anwesenden Reichskommissar Franz Bracht übertragen wurde, während von Papen als Reichskommissar die preußische Ministerpräsidentschaft wahrnahm.

Hirtsiefer protestierte formell gegen die von der Reichsregierung getroffenen Regelungen, während Severing sie als verfassungswidrig bezeichnete und deutlich machte, daß er sich den Anweisungen des Reichskommissars nicht freiwillig zu fügen gedenke. Seine Erklärung, nur der Gewalt zu weichen, beschränkte sich jedoch auf die Geste, im Verlauf des Tages sein Dienstzimmer verlassen und sich in die anliegenden Privaträume zurückziehen zu müssen. Der Reichskanzler nahm den bloß formalen Widerstand Severings zum erwünschten Anlaß, um nunmehr den militärischen Ausnahmezustand für Berlin und Brandenburg zu verkünden und die vollziehende Gewalt an von Rundstedt zu übertragen. Dieser Schritt war vor allem deshalb von Bedeutung, weil damit die preußische Schutzpolizei der militärischen Befehlsgewalt unterstellt und Erwägungen im Umkreis von Grzesinski, bewaffneten Widerstand zu leisten, die Grundlage entzogen wurde. Am frühen Nachmittag kam es zur Verhaftung Grzesinskis, seines Stellvertreters Bernhard Weiß und des Kommandeurs der Schutzpolizei, Oberst Magnus Heimannsberg, die nach dem Verzicht auf die Fortführung ihrer Amtsgeschäfte noch am selben Abend entlassen wurden. Widerstand gab es nirgends. Die nach dem Putsch ergangene Anweisung an die Schutzpolizeiverbände zu verschärftem Waffengebrauch machte allerdings deutlich, daß von Rundstedt auf mögliche Protestaktionen der Linken wohl vorbereitet war. Für den Fall eines Generalstreiks hätte die Reichsregierung unverzüglich den Ausnahmezustand für das gesamte Reichsgebiet verhängt.

Die preußischen Minister antworteten auf die Vorgänge in der Reichskanzlei, indem sie den Eingriff des Reiches als verfassungswidrig und als ungültig bezeichneten. Zugleich sprachen sie von Papen das Recht ab, die Ministerrunde zu einer für den Nachmittag angesetzten »Sitzung der Staatsregierung« einzuladen, da diese nur unter dem Vorsitz eines preußischen Ministers abgehalten werden könne. Diese Rechtsverwahrung wurde durch den Kanzler sogleich zum Anlaß genommen, sämtliche preußischen Minister unter dem Vorwand abzusetzen, daß sie die Zusammenarbeit mit dem Reichskommissar verweigert hätten. Die Geschäfte wurden den nachgeordneten Staatssekretären übertragen, die sich ihrer Beauftragung nicht widersetzten. Dies zeigte, daß es von Gayl und von Papen vorwiegend um die Kontrolle der Polizei und der inneren Verwaltung zu tun war. Mit der Absetzung der Polizeipräsidenten sowie weiterer vier sozialdemokratischer beziehungsweise linksliberaler Oberpräsidenten begann der in der Folgezeit systematisch ausgebaute Zugriff Brachts auf die preußische Verwaltung. Die mühseligen Republikanisierungsmaßnahmen Preußens wurden innerhalb weniger Wochen unter dem Vorwand der Beseitigung des »Parteibuchbeamtentums« und der Verwaltungsvereinfachung zunichte gemacht, so daß Goebbels bemerkte, daß der NSDAP fast nichts zu tun übrig bleibe.

In einer abendlichen Rundfunkansprache suchte von Papen den Eingriff des Reiches mit der mangelnden inneren Bereitschaft der preußischen Regierung zu rechtfertigen, gegen die »kommunistischen Terrorgruppen« vorzugehen, denen er »die weitaus überwiegende Zahl der schweren Unruhen« anlastete. Unzweifelhaft war dies ein schlechthin grotesker Vorwurf, der nur die Verlegenheit zeigte, den Rechtsbruch des Triumvirats nach außen zu verschleiern. Otto Braun, der zunächst erwogen hatte, sich am Ort seines Dienstsitzes verhaften zu lassen, dann aber die Kläglichkeit eines solchen Schritts vorhersah und einfach zu Hause blieb, wies die Verleumdungen des Reichskanzlers in einem offenen Brief mit Bitterkeit zurück.

Der preußische Ministerpräsident konnte den Vorwurf mangelnder Reichstreue am wenigsten verwinden, hatte er doch viele Jahre lang, häufig im Konflikt mit den eigenen Genossen, eine Zusammenarbeit Preußens mit der Reichsregierung, allen Richtungsunterschieden zum Trotz, durchgesetzt. Im Hinblick auf die Unterstellung parteiischen Vorgehens hob er hervor, daß »die unaufhörlichen Drohungen mit ›Köpferollen‹ und allen anderen möglichen Todesarten für politische Gegner, die seit Jahren ungestraft von prominenten nationalsozialistischen Führern, die die Reichsregierung für verhandlungsfähige Partner hält, in aller Öffentlichkeit ausgestoßen worden sind und werden, mindestens in demselben Maße wie verabscheuenswerte kommunistische Roheitsakte und Bluttaten das politische Leben« vergifteten. Gewiß war Braun hierbei im Recht; aber seine Entgegnung trug eindeutig defensive Züge. Er erblickte keine Möglichkeit mehr zu kämpfen; das einzige, das er für erstrebenswert hielt, war, die preußische Regierung vom Odium des Rechtsbruchs zu befreien.

Otto Braun und die sozialdemokratischen Minister dachten keinen Augenblick an gewaltsamen Widerstand, und gleiches galt für die SPD und den ADGB, deren Spitzen noch am selben Tag den Beschluß faßten, sich auf die Fortführung des laufenden Wahlkampfs zu konzentrieren. Überlegungen, dem Staatsstreich von Papens mit einem Generalstreik und Aktionen des Reichsbanners und der Eisernen Front entgegenzutreten, wurden rasch beiseite geschoben. Zwar gab es bei einzelnen Formationen der Eisernen Front Widerstandsbereitschaft, und in Berlin standen die Akademische Legion des Reichsbanners und die Betriebsgruppe der Berliner Stadtwerke zum Losschlagen bereit, aber es fehlte jede vorausschauende Planung. Zugleich wurde plötzlich klar, daß man einen Abwehrkampf gegen die NSDAP nicht, wie man erwartet hatte, im Zusammenstehen mit den preußischen Polizeikräften und unter Rückgriff auf deren Waffenbestände führen konnte.

Abgesehen von der auf Defensive und auf Bewahrung der Legalität ausgerichteten Denkhaltung der Sozialdemokraten war für die Partei- und Gewerkschaftsführung die Erkenntnis bestimmend, daß eine bloß negative Zielsetzung nicht genügte, um einen Generalstreik unter den erschwerenden Bedingungen der Massenarbeitslosigkeit in Gang zu setzen. Allein 44 Prozent der Gewerkschaftsmitglieder waren ohne Beschäftigung, weitere 24 Prozent in Kurzarbeit. Wichtiger waren die psychologischen Faktoren, die zu einer spürbaren Führungsschwäche des ADGB- und SPD-Vorstands beitrugen. Wels glaubte erst handeln zu können, wenn spontane Proteste der Massen darauf drängten, während die aktiven Kräfte der Partei und der Gewerkschaften vergeblich ein Signal von oben erwarteten. Auch die Reichsbannerführung stimmte zu diesem Zeitpunkt der parteioffiziellen Linie zu, daß es vor allem gelte, die Wahlen zu sichern. Der Wunsch, die Arbeiterschaft für die Wiedereinsetzung einer geschäftsführenden Regierung zu mobilisieren, die nicht die mindeste Aussicht hatte, eine demokratische Mehrheit zurückzugewinnen, war, sah man von der gefürchteten kommunistischen Vereinnahmung einer solchen Aktion ab, schlechthin illusorisch, und ein revolutionäres Konzept besaß die Partei nicht. Das Einschwören der Mitgliedschaft auf die angestammte Linie der Verteidigung der Verfassungsordnung, zu der Partei- und Gewerkschaftsführung unter dem Schlagwort »Sichert die Wahlen« Zuflucht nahmen, war ebensowenig befriedigend, zumal die Gegner dabei im Vorteil waren, weil es ihnen zunehmend gelang, die formale Legalität auf ihre Seite zu ziehen.

Die nach dem Preußen-Putsch entstandene taktische Konstellation bewies, daß die Kräfte des demokratischen Sozialismus längst ausmanövriert waren. Ein organisierter Widerstandsversuch mußte eben jenen Effekt hervorrufen, den sich die NSDAP-Führung erhoffte und der darin bestand, sich zum Nutznießer des Zusammenstoßes zwischen der Staatsgewalt und den Kräften der Linken zu machen und als Hilfsformation zur Sicherung der inneren Ordnung und als Retter Deutschlands vor dem Bolschewismus aufzuspielen, wie dies in den folgenden Wochen von NSDAP und SA vielmals versucht wurde. In Goebbels' Bemerkung vom 21. Juli – »Die Roten haben ihre große Stunde verpaßt« – klang auch das Bedauern an, daß die NSDAP von der Ausschaltung der Sozialdemokraten nicht unmittelbar profitierte, vielmehr die Stellung des Papen-Kabinetts sich vorübergehend festigte. Zudem konnte die SPD nicht hoffen, bei einem Abwehrkampf die Unterstützung der süddeutschen Länder zu finden, die zwar gegen die Form der Reichsexekution und deren Präjudizien für eine Bedrohung des föderalistischen Prinzips nachdrücklich protestierten, aber schwerlich bereit waren, den offenen Bruch mit der Reichsregierung zugunsten der preußischen Republikaner zu vollziehen.

Insofern war die Hoffnung der ihrer Ämter enthobenen preußischen Minister, durch Klageerhebung vor dem Staatsgerichtshof wenigstens einen Teil der Eingriffe von Papens rückgängig zu machen, nicht ganz unberechtigt, auch wenn das Gericht sich nicht bereitfand, eine einstweilige Verfügung zu erlassen. Otto Braun stand dem Gerichtsverfahren, das von preußischer Seite durch Arnold Brecht sachkundig betrieben wurde, mit größter Skepsis gegenüber. Das am 25. Oktober 1932, also politisch gesehen viel zu spät ergangene Urteil nahm das Odium des Bruchs der Reichstreue von den durch den Reichskommissar mit verletzender Herablassung behandelten preußischen Ministern; es sicherte das föderative Prinzip, indem es von Papen das Recht absprach, Preußen im Reichsrat durch Mitglieder der Kommissariatsregierung vertreten zu lassen. Das Urteil beruhte auf der Fiktion, daß sich eine erträgliche Zusammenarbeit der geschäftsführenden preußischen Regierung und des Reichskommissariats herstellen lasse. Davon konnte indessen keine Rede sein. Von Papen lehnte den Kompromiß, den Otto Braun im Namen des formell in seine Rechte wiedereingesetzten Kabinetts vorschlug, mit verletzender Schärfe ab und erweiterte die personalpolitischen Konsequenzen der Reichsexekution durch die Aufhebung des Ministeriums für Volkswohlfahrt und die Anordnung des Reichspräsidenten zur Abgrenzung der Zuständigkeiten in Preußen vom 11. November. Dies verurteilte die Regierung Braun definitiv zu einer »politischen Scheinexistenz«, aus der sie sich erst durch ihren freiwilligen Rücktritt im März 1933 befreite.

Trotzdem bedeutete die Entscheidung des Staatsgerichtshofs einen Rückschlag für die Neuordnungspläne von Papens und von Gayls. Sie sicherte den grundsätzlichen Bestand der Länder, wodurch die formelle Verreichlichung Preußens verhindert und die Durchsetzung der Reichsreform mittels des Artikels 48 als eindeutig verfassungswidrig hingestellt wurde. Indem der Staatsgerichtshof auch die juristische Überprüfbarkeit der aus dem Notverordnungsrecht abzuleitenden Maßnahmen des Reichspräsidenten praktizierte, wurde von Hindenburg in der Absicht bestärkt, sich im Rahmen der Reichsverfassung zu halten. Letztlich blockierte die Entscheidung den auf den offenen Staatsstreich gerichteten Kurs des Präsidialkabinetts, dem auch die Möglichkeit versperrt wurde, den Reichsrat als Legalitätsreserve gegen den Reichstag auszuspielen. In den stürmischen Verhandlungen mit den süddeutschen Ländern bestritten der Kanzler und der Reichsminister des Innern, daß sie die Absicht gehabt hätten, die Reichsexekution gegen Preußen zur Grundlage der Reichsreform zu machen. Freiherr von Gayl sprach mit deutlich defensivem Klang von der Notwendigkeit, »für vorübergehende Zeit die staatlichen Machtmittel zwischen Reich und Preußen in einer Hand zu vereinigen«. Im Grunde blieb von dem Eingriff gegen Preußen nur die Erfüllung der langjährigen Wünsche der politischen Rechten, die Linke auszuschalten.

Allerdings suchte man nach außen diesen Eindruck zu verwischen. Der

Reichskommissar des Innern für Preußen erklärte, daß vor den Wahlen keine Maßnahmen gegen die KPD ergriffen würden, um sie ihrer parlamentarischen Rechte nicht zu berauben. Die Besetzung des Karl-Liebknecht-Hauses, die wütende Proteste der KPD hervorgerufen hatte, wurde am 26. Juli im Zuge der Aufhebung des Ausnahmezustands rückgängig gemacht. Andererseits mußte die kommunistische Bedrohung herhalten, um das Vorgehen der Regierung zu rechtfertigen, das so offensichtlich der NSDAP in die Hände spielte und die SPD des letzten politischen Rückhalts beraubte. Voller Stolz, obwohl aus seiner Sicht voreilig, erklärte Reichskanzler von Papen in einer an das Ausland gerichteten Rundfunkrede, daß die Ordnung in Deutschland wiederhergestellt und die Gefahr des Kommunismus gebannt sei. Er wandte sich mit Nachdruck gegen eine Gleichsetzung des Extremismus von links und rechts. Kommunismus und Nationalsozialismus, betonte er, hätten nichts miteinander gemein. Der Kommunismus bedrohe »die kulturellen Grundlagen unseres nationalen und sozialen Lebens«. Hingegen strebe die nationalsozialistische Bewegung »ausschließlich eine nationale Wiedergeburt« an.

Das Vorgehen gegen Preußen war in Wirklichkeit ein mit verwaltungspolitischen Mitteln vorangetragener Klassenkampf von oben und beruhte auf einem indirekten, aber äußerst wirkungsvollen Zusammenspiel zwischen hochkonservativer Kamarilla und Reichswehr auf der einen, NSDAP, SA und SS auf der anderen Seite. Die Träger der Präsidialdiktatur wiegten sich in der Illusion, mit der Ausschaltung der Linken die NSDAP im wesentlichen zufriedenstellen zu können, ohne einen dauernden Preis dafür zahlen zu müssen. Die NSDAP, erklärte General von Schleicher, werde während einer Phase der autoritären Rechtsregierung entweder zerfallen oder »durch Übernahme der Verantwortung zur Vernunft gebracht«. Durch die Zurücknahme des SA-Verbots und die Ausschaltung des republikanischen preußischen Polizeiapparats hatte er im Zusammenwirken mit von Gayl und von Papen jedoch eine Konstellation herbeigeführt, in der nur noch die Armee in der Lage war, dem innenpolitischen Machtanspruch der NSDAP entgegenzutreten.

In einer Rundfunkrede wies von Schleicher Gerüchte über eine angebliche Militärdiktatur zurück. Eine solche Regierung, führte er aus, stünde im luftleeren Raum und werde sich rasch abnutzen. Statt dessen strebe er eine von einer breiten Volksströmung getragene Regierung an. Nach Lage der Dinge konnte damit nur eine Einbeziehung der NSDAP gemeint sein; die SPD wurde einfach ignoriert. In seiner Ansprache überging der Reichswehrminister das Dilemma, daß die mit dem Anspruch auf Überparteilichkeit operierende Regierung zu eindeutigen Wahlaussagen nicht imstande war. In einem Wahlaufruf von Reichspräsident und Reichsregierung wurde die Erwartung ausgesprochen, daß jeder Deutsche seiner Wahlpflicht nachkäme, um den Reichstag zu veranlassen, »im Rahmen der ihm durch die Verfassung zugewiesenen Obliegenheiten mit einer starken Regierung Hand in Hand zu arbeiten«. Für die »überparteiliche Regierung«, die nun an die Stelle der bisherigen parteipolitisch geprägten Kabinette getreten sei, könne es »in der Not dieser Zeit« keine Alternative geben.

Der Anspruch auf Überparteilichkeit überspielte den Tatbestand, daß das Kabinett mit Ausnahme der DNVP keinerlei parlamentarischen Rückhalt besaß. Die übrigen bürgerlichen Parteien griffen von Papen heftig an; nur die DVP hielt sich dabei zurück. Gleichzeitig erfuhr die Regierung von seiten der süddeutschen Länder eine ungewöhnlich scharfe Zurückweisung. Der bayerische Ministerpräsident Held stellte in einer Wahlrede in Köln die reaktionäre und betont antiföderalistische Ausrichtung des Kabinetts heraus. Von Papens beruhigende Versicherungen an die nichtpreußischen Länder, die Maßnahmen gegen Preußen seien vorübergehend und eine Ausnahme, konnten deren Befürchtungen nicht beschwichtigen, daß der Zugriff des Reiches auf die preußische Souveränität auf Dauer beabsichtigt war. Sie fanden in der Tatsache neue Nahrung, daß der preußische Reichskommissar des Innern unter dem Vorwand von Einsparungen eine umfassende Verwaltungsreform samt drastischer personalpolitischer Eingriffe einleitete.

Von Papen hatte gehofft, von Lausanne spektakuläre Erfolge mitzubringen. Statt dessen hatte er dem Drängen Frankreichs in der Reparationsfrage nachgeben und einer Abschlußzahlung in Höhe von drei Milliarden Goldmark zustimmen müssen. Das war in der Sache vertretbar, aber nachdem die deutsche Öffentlichkeit jahrelang nationalistisch aufgeputscht worden war, erschien von Papens nicht eben geschicktes diplomatisches Vorgehen als Niederlage, zumal sich die deutsche Diplomatie gezwungen sah, die gleichzeitig gestellten Abrüstungsforderungen sowie das Verlangen nach Aufhebung des Kriegsschuldartikels fallenzulassen. Darüber hinaus wurde das Inkrafttreten des am 9. Juli unterzeichneten Lausanner Abkommens an die Ratifikation durch die vertragschließenden Mächte geknüpft: Die Westmächte machten diese in einer zunächst geheim bleibenden Vereinbarung von der Verständigung mit den USA abhängig und erwogen bei deren Ausbleiben die Rückkehr zum Young-Plan. Trotz dieser Einschränkungen brachte Lausanne das ersehnte Ende der Reparationen, ohne daß davon die erhoffte innenpolitische Entlastung ausging, was selbst von Papen in der Kabinettsrunde ungewöhnlich kleinlaut eingestand.

Dennoch blickte der Reichskanzler dem Ausgang der Reichstagswahlen vom 31. Juli mit erstaunlichem Gleichmut entgegen. Zu sehr hatte man sich in die von Carl Schmitts juristischen Deduktionen unterstützte Vorstellung verrannt, daß der volksgewählte Reichspräsident das Recht habe, unabhängig von der parteipolitischen Zusammensetzung des Reichstages zu regieren, und daß sich die Parteien in diese Sachlage zu fügen hätten. In schwer begreiflicher Naivität gab sich von Papen dem Irrglauben hin, Hitler, mit dem es sachliche Differenzen nicht zu geben schien, zu einem politischen Arrangement bewegen zu können.

Die Selbststilisierung der NSDAP, keine politische Partei, sondern eine virtuell die Gesamtheit der Nation umfassende Bewegung zu sein, rief bei Franz von Papen die Illusion hervor, es könne zu einem Miteinander von Hindenburg als »Herrscher« und Hitler als »Führer« kommen. Jedenfalls griff Walter Schotte, der Ideologe des »Neuen Staates«, derlei abstruse Ausführungen des Reichskanzlers auf und verknüpfte sie mit der absonderlichen Überlegung, daß der Nationalsozialismus »nur durch den unnatürlichen Zwang unseres Wahlrechtes im Rahmen einer partei-politisch parlamentarischen Demokratie zur Partei entarten konnte«. Ähnliche Ideen verbreitete Hans Zehrer. Der Gedanke einer Selbstauflösung der NSDAP nach der Durchführung der »nationalen Erhebung« hatte ein zähes Leben. Noch im Frühjahr 1933 fand sich in der Umgebung Hermann Görings die Auffassung, daß die NSDAP nunmehr überflüssig sei und in einen Orden umgewandelt werden müsse, dem die Heranbildung des Führernachwuchses obliege.

Die NSDAP entzog sich den Umarmungsversuchen des Kanzlers und öffnete alle Schleusen der Demagogie gegen das überlebte Weimarer »System«, in das sie von Papen, so sehr er sich dagegen sträubte, bewußt einbezog. In den auf wenige Wochen zusammengedrängten Wahlkampfvorbereitungen bestimmte die NSDAP weithin die Präsentation und die Inhalte. Die einstigen Partner von Bad Harzburg wurden von ihr völlig in den Schatten gestellt. Die DNVP versprach ähnlich wie die NSDAP eine grundsätzliche Abkehr von der den »marxistischen Parteien« vorgeworfenen Mißwirtschaft der Republik. Den republikanischen Farben als »Symbolen eines untergehenden Systems« stellte sie die »Befreiungsfarben Schwarz-Weiß-Rot« gegenüber. Das war wie der Ruf nach dem »nationalen Aufbruch« und der Beseitigung des »Diktatfriedens« von Versailles oder wie der Appell an völkische Ressentiments nichts anderes als ein schwächlicher Abklatsch der nationalsozialistischen Propaganda. Die Abgrenzung von der NSDAP fiel wenig überzeugend aus. Die DNVP betrachtete sich als einzige »konservative Bewegung«, damit als notwendiges Gegengewicht zur NSDAP, der man mit verkrampften Schlagworten – wie »Nur der Nationalismus kann uns retten, der Sozialismus lenkt vom Ziel ab« – ernsthaft sozialistische Tendenzen unterstellte. Für sich reklamierte man das Monopol auf politischen Sachverstand, und man hielt sich namentlich in Wirtschaftsfragen für unentbehrlich. Vor allem der alldeutsche Flügel der DNVP, soweit er nicht schon zu Hitler übergelaufen war, wiegte sich in der Illusion, daß eine nationalsozialistisch geführte Regierung keinesfalls auf die deutschnationalen Fachleute verzichten könnte.

Die zusammenschmelzenden bürgerlichen Mittelparteien – die DVP, die Staatspartei, die Konservative Volkspartei, die Wirtschaftspartei, die Volksnationale Reichsvereinigung und der Christlich-soziale Volksdienst – vermochten sich nicht auf ein gemeinsames Vorgehen zu einigen. Trotz der Bemühungen Paul

Reuschs und anderer Repräsentanten der westdeutschen Schwerindustrie scheiterte die bürgerliche Sammlung endgültig, zumal die DVP unter dem Einfluß Dingeldeys nach rechts abdriftete und eine Listenverbindung mit der DNVP einging. Im bürgerlich-liberalen Lager blieb nur die Deutsche Staatspartei, die den Wahlkampf kompromißloser Schärfe gegen von Papen und gegen die NSDAP führte. Ihre modifizierte Verteidigung der parlamentarischen Demokratie besaß jedoch kaum noch Resonanz, wie die katastrophale Niederlage in den Preußen-Wahlen bewies. Somit blieben nur SPD und KPD einerseits, Zentrum und BVP andererseits übrig, um den drohenden Ansturm der NSDAP aufzuhalten. Daß eine Zusammenarbeit zwischen SPD und KPD ausgeschlossen war, lag auf der Hand, da die KPD unter der Führung Ernst Thälmanns und aufgrund der kurzsichtigen Regie der Komintern die Folgen einer nationalsozialistischen Machteroberung verkannte und nach wie vor im Sozialfaschismus der SPD die Hauptgefahr erblickte.

Die Zentrumspartei, die deutlich von der SPD abrückte, führte den Wahlkampf unter der Parole »Zurück zu Brüning« gegen den »abtrünnigen« von Papen, forderte bei einer Absage an alle Diktaturpläne eine »reformierte Demokratie« und übertrug nun den Führerkult auf Heinrich Brüning, dessen »Triumphzug durch Deutschland« beachtliche Mobilisierungseffekte besaß. Zum ersten Mal bemühte sich die Partei mit Nachdruck darum, auch die evangelischen Christen anzusprechen. Doch Brüning unterließ eine eindeutige Abgrenzung vom Nationalsozialismus, so sehr das Zentrum gegen dessen terroristische Wahlkampfmethoden protestierte, und er brachte es nicht über sich, das Versagen Hindenburgs im Frühjahr 1932 aufzudecken. Dadurch förderte er die namentlich im bürgerlichen Lager anhaltenden Illusionen darüber, daß der Feldmarschall in der Lage sei, die braune Flut einzudämmen.

Die nationalsozialistische Propaganda erreichte in den Wochen vor der Wahl eine einzigartige technische Perfektion. Hitlers »Freiheitsflug« über Deutschland, die Inszenierung zahlreicher Massenkundgebungen, der Einsatz von Wahlfilmen und Schallplatten, desgleichen die sorgfältige Regie durch Joseph Goebbels, der nun an der Spitze der Reichswahlkampfleitung stand, stellten die Wahlwerbung der übrigen Parteien in den Schatten. Mit bemerkenswertem Geschick suchte Goebbels den schwachen Punkt der nationalsozialistischen Strategie zu überspielen, welcher darin bestand, daß die NSDAP die Mitarbeit an der »Regierung der nationalen Konzentration« verweigerte, der sie die Aufhebung des SA-Verbots verdankte und von der sie sich in der Ablehnung des »Marxismus« und einer Rückkehr zum parlamentarischen System nicht unterschied. In den wiederholten Versicherungen Hitlers, daß er nicht »um Mandate und Ministerstühle«, sondern für »die innere Reorganisation unseres Volkskörpers« kämpfe, verbarg sich ein defensives Moment. Denn viele rechtsstehende Wähler vermochten nicht einzusehen, warum er von Papen den Kampf ansagte.

In dem Wahlkampf neuen Stils traten die programmatischen Aussagen der Parteien gegenüber plakativen und pauschalen Polemiken zurück. Die republikanischen Parteien suchten die Methoden der nationalsozialistischen Werbung zu imitieren. Demonstrationen, Aufmärsche, uniformierte Verbände, Fahnen und Symbole bestimmten das Bild dieses Wahlkampfes. Die anhaltende wirtschaftliche Not wirkte sich in einer verstärkten politischen Mobilisierung aus, die auch bis dahin politisch desinteressierte Bevölkerungsgruppen erfaßte. Desgleichen veränderten sich die von den Parteien benutzten Werbemittel, teilweise unter dem Einfluß der modernen Reklametechnik. Dokumentarfilm und Rundfunk gewannen zunehmend an Bedeutung. Die herkömmliche Versammlungsdemokratie, die Anhänger und Sympathisanten in geschlossenen Räumen auf die Parteiziele einzuschwören suchte, trat gegenüber öffentlichen Großkundgebungen, Aufmärschen und Massendemonstrationen in den Hintergrund. Militärische Rituale gaben den Auftritten der Parteien und Verbände ein ästhetisierendes Moment. Die rationale politische Diskussion, wie sie die Liberalen in den Mittelpunkt des politischen Tageskampfes hatten setzen wollen, wurde durch propagandistischen Schlagabtausch und polemische Stereotype ersetzt. Die SPD, die lange daran festgehalten hatte, Anhänger aufzuklären und nicht einfach zu indoktrinieren, paßte sich zögernd an die neuen politischen Stilformen an. Das galt insbesondere für die Eiserne Front, die mit dem Dreipfeilesymbol ein einprägsames Sinnbild des sozialistischen Selbstbehauptungswillens ins Leben rief und damit den zentralen Kundgebungen der SPD einen kämpferischen Charakter verlieh. Die Großveranstaltungen der Eisernen Front standen den nationalsozialistischen Massenveranstaltungen quantitativ nicht nach. Aber all diesen Versuchen, den faschistischen Werbemethoden der NSDAP Gleichartiges entgegenzusetzen, haftete etwas Defensives an. Gerade die sozialdemokratische Propaganda sprach viel zu sehr vom nationalsozialistischen Gegner, gegen den es Einigkeit zu bekunden gelte, anstatt eine Vision der von ihr angestrebten gesellschaftlichen und politischen Ordnung zu vermitteln. Die allein auf Selbstbehauptung ausgerichtete, nicht auf neue Wählergruppen ausgreifende Agitation der republikanischen Parteien hatte ein Pendant in der Wahlwerbung der bürgerlichen Mitte, die in bloßem Ordnungsdenken erstarrte und eine entschiedene Abgrenzung von den nationalistischen Gruppierungen fühlbar unterließ.

Als am Abend des 31. Juli 1932 die Wahllokale schlossen, war einer der erbittertsten Wahlkämpfe der Weimarer Jahre zu Ende gegangen. Die Veränderungen im Stärkeverhältnis der Parteien hatten sich in den Länderwahlen bereits angekündigt. Der entscheidende Verlierer der Wahl war die liberal-konservative bürgerliche Mitte, die zusammen nur noch 21 Mandate und 4,8 Prozent der Stimmen erhielt. Die Volkskonservativen waren nicht mehr vertreten. Der Christlich-soziale Volksdienst fiel von 14 auf 3, die Landvolkpartei von 19 auf 3, die DVP von 30 auf 7, die Wirtschaftspartei von 23 auf 2 Mandate zurück. Die

Die Ergebnisse der Wahlen zur Nationalversammlung und zum Reichstag 1919–1933 (Jutta Wietog nach Falter, Lindenberger, Schumann 1986, Huber 1981)

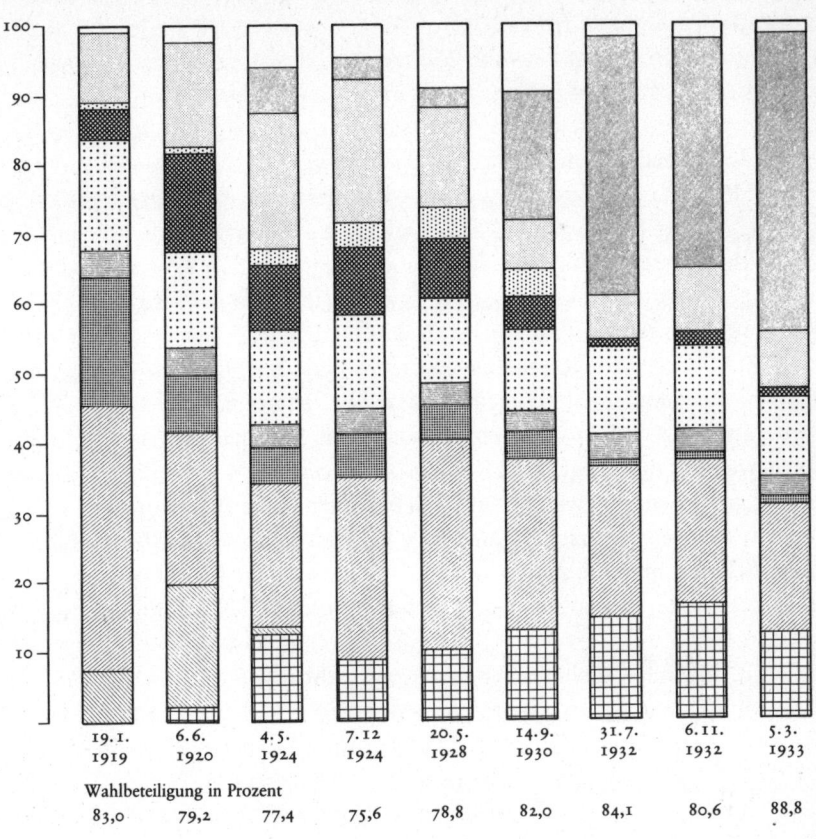

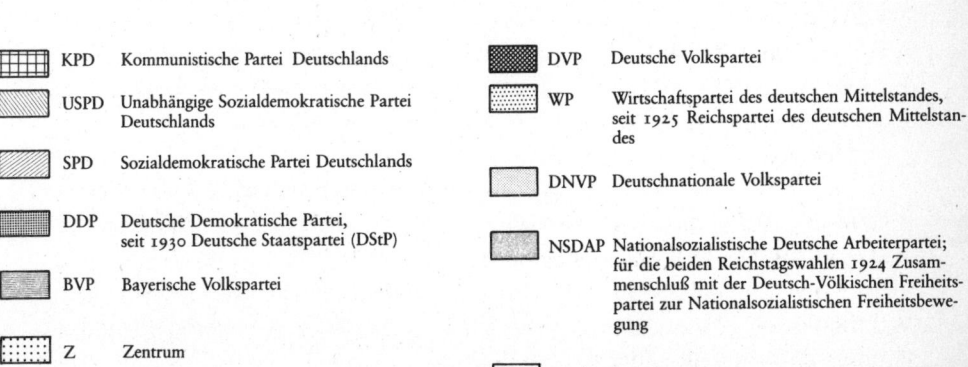

Datum	19.1.1919	6.6.1920	4.5.1924	7.12.1924	20.5.1928	14.9.1930	31.7.1932	6.11.1932	5.3.1933
Wahlbeteiligung in Prozent	83,0	79,2	77,4	75,6	78,8	82,0	84,1	80,6	88,8

KPD — Kommunistische Partei Deutschlands
USPD — Unabhängige Sozialdemokratische Partei Deutschlands
SPD — Sozialdemokratische Partei Deutschlands
DDP — Deutsche Demokratische Partei, seit 1930 Deutsche Staatspartei (DStP)
BVP — Bayerische Volkspartei
Z — Zentrum
DVP — Deutsche Volkspartei
WP — Wirtschaftspartei des deutschen Mittelstandes, seit 1925 Reichspartei des deutschen Mittelstandes
DNVP — Deutschnationale Volkspartei
NSDAP — Nationalsozialistische Deutsche Arbeiterpartei; für die beiden Reichstagswahlen 1924 Zusammenschluß mit der Deutsch-Völkischen Freiheitspartei zur Nationalsozialistischen Freiheitsbewegung
Sonstige Parteien

Die Regierung der Staatsstreichdrohung

Deutsche Staatspartei schmolz auf 4 Mandate zusammen. Die Erosion der bürgerlichen Mitte hatte ein erschreckendes Ausmaß erreicht. Die DNVP büßte 4 Sitze ein und war nur noch mit 37 Abgeordneten im Reichstag vertreten. Hugenberg, der sich in Bad Harzburg als eigentlicher Repräsentant des »nationalen Deutschland« hatte feiern lassen, war bestenfalls noch als Juniorpartner Hitlers zu gebrauchen. Zentrum und BVP vermochten aufgrund der konsequenten Oppositionsstellung gegenüber von Papen ihren Wähleranteil auf 15,7 Prozent zu steigern und zusammen 97 Abgeordnete in den Reichstag zu entsenden.

Für die Linke bedeuteten die Wahlen eine schwere Enttäuschung. Die Hoffnung der SPD, von der Unpopularität des Kabinetts von Papen zu profitieren, erfüllte sich nicht. Sie verlor 10 Sitze und errang nur noch 21,6 Prozent der Stimmen. Ihre extreme politische Isolierung kostete sie den Rest mittelständischer Sympathisanten, während die Zahl der proletarischen Protestwähler, die zur KPD hinüberwechselten, beträchtlich anstieg. Die KPD gewann 12 Mandate hinzu und konnte ihr parlamentarisches Gewicht mit 14,3 Prozent deutlich ausbauen. Der Stimmenanteil von KPD und SPD zusammen fiel von 37,6 Prozent im Jahr 1930 auf 36,2 Prozent zurück. Die Linksparteien blieben zwar vergleichsweise immun gegenüber der nationalsozialistischen Propaganda, aber es zeigte sich, daß sie Jungwähler nur noch begrenzt anzuziehen vermochten und über die Industriearbeiterschaft hinaus lediglich vereinzelt Wähler einbinden konnten. Bedenkt man die schwere Niederlage, wie sie die kampflose Preisgabe Preußens bedeutete, hielten sich die Stimmenverluste der SPD allerdings noch in Grenzen.

Der herausragende Gewinner der Reichstagswahlen war die NSDAP. Mit 230 Reichstagsmandaten und 37,3 Prozent der Stimmen erzielte sie ihr bislang bestes Ergebnis und wurde zur stärksten Partei. Der äußere Triumph verdeckte jedoch eine gewisse Enttäuschung. Trotz der ungewöhnlich günstigen Ausgangsposition hatte die Partei im Vergleich zu den Reichspräsidentenwahlen ihren Stimmenanteil nicht nennenswert erhöhen können; sie blieb von der erträumten absoluten Mehrheit weit entfernt. Eine genauere Analyse der Wahlergebnisse zeigte, daß es zwar gelungen war, verstärkt Stimmen aus dem oberen Mittelstand auf sich zu ziehen und die Stellung der Partei dort auszubauen, wo sie zuvor vergleichsweise schwach gewesen war. Doch in den Hochburgen ließ sich bereits jetzt beobachten, daß bestimmte Wählergruppen abgesprungen und Neuwähler anderer sozialer Herkunft an deren Stelle getreten waren. Die relative Instabilität des Wählerpotentials der NSDAP wurde durch den unbestreitbaren äußeren Erfolg verhüllt, entging aber nicht der selbstkritischen Aufmerksamkeit Gregor Straßers und seiner Mitarbeiter in der Parteiführung. Auch Goebbels vermerkte Stimmenverluste in der Reichshauptstadt.

Die gedrückte Stimmung im Lager der NSDAP, die sich für den Wahlkampf unter äußersten Erfolgszwang gestellt hatte, beruhte darauf, daß man von der

Erwartung ausgegangen war, in größerem Umfang Stimmen vom Zentrum und von der SPD abziehen zu können. Indessen blieben das katholische und sozialistische Lager bemerkenswert stabil. Während das Zentrum hinzugewann, gab die SPD überwiegend Stimmen an die KPD ab. Hitlers Wahlaufruf vom 22. Juni hatte eine »Entscheidungsschlacht« angekündigt und davon gesprochen, daß nun die Macht der schwarz-roten Parteien endgültig gebrochen werde. In seiner Proklamation zum Wahlausgang war hingegen eher zurückhaltend von der Notwendigkeit die Rede, »den Kampf nunmehr mit erneuter Kraft aufzunehmen und fortzuführen«. In der Umgebung Hitlers erklärte man sich den Umstand, daß der erwartete überwältigende Stimmenzuwachs im Verhältnis zu den Reichspräsidentenwahlen nicht eingetreten war, damit, daß die Regierung die Wahlen zum spätestmöglichen Zeitpunkt angesetzt hatte. Das hatte jedoch keinen Einfluß darauf, daß der strategisch wichtige Einbruch in das katholische und proletarische Lager nicht gelungen war. Damit war die Hoffnung zerstoben, das politische System in Wahlen gleichsam überrumpeln zu können, und es gewannen diejenigen Kräfte in der Partei an Boden, die in der Teilnahme an Wahlen nur die Preisgabe des revolutionären Prinzips erblickten. Goebbels notierte am Tag nach den Wahlen, daß nun die Zeit der Opposition zu Ende sei und die NSDAP »so oder so« an die Macht kommen müsse.

Der für Franz von Papen katastrophale Ausgang der Reichstagswahlen bewog ihn keineswegs, sein Amt zur Disposition zu stellen. Vielmehr folgerte er daraus die Notwendigkeit, das überparteiliche Präsidialkabinett beizubehalten, räumte aber ein, daß eine Beteiligung von Persönlichkeiten aus der NSDAP an der Regierung nicht ausgeschlossen sei. Von Papens Dickfelligkeit reizte die Nerven der NSDAP-Führung aufs äußerste. Sie suchte die Regierung unter Druck zu setzen, indem sie die SA indirekt zu terroristischen Übergriffen gegen politische Gegner ermunterte. Gerade nach den Wahlen steigerte sich die nationalsozialistische Terrorwelle in erschreckendem Umfang. Die NSDAP wollte damit deutlich machen, daß nur unter einer Kanzlerschaft Hitlers Ruhe und Ordnung im Lande einkehren würden.

Gleichzeitig knüpfte die Parteiführung der NSDAP in verdeckter Form Beziehungen zum Reichswehrministerium an. Sie ließ von Schleicher, den die nationalsozialistische Polemik fühlbar aussparte und in den sie, eingedenk der Tolerierungsgespräche, ein gewisses Vertrauen setzte, über Hitlers Absicht unterrichten, die Kanzlerschaft zu übernehmen. Allerdings teilte der nationalsozialistische Gewährsmann im gleichen Zusammenhang mit, daß Göring und Straßer bestrebt seien, Hitler die Kanzlerschaft auszureden. Schleicher ging auf die Fühlungnahme ein und führte schon am 5. August ein Treffen mit Hitler herbei, ohne von Papen vorher verständigt zu haben.

Hitler kam mit weitgespannten Forderungen. Neben der Reichskanzlerschaft für sich verlangte er das Innenministerium im Reich und in Preußen für Frick, das Reichsarbeitsministerium für Straßer, das Luftfahrtministerium für Göring und das Volkserziehungsministerium für Goebbels. Schleicher bemühte sich zunächst, Hitler davon zu überzeugen, daß seine Kanzlerschaft nicht durchzusetzen sei, ließ sich dann aber von dessen ebenso verblüffendem wie aufrichtigem Argument beeindrucken, daß das Führerprinzip der NSDAP nur unter seinem Vorsitz praktische Arbeit im Kabinett ermöglichen werde. Von Schleicher begriffen, daß Hitler von der Forderung der Kanzlerschaft nicht abzugehen bereit war. Einem Stoßseufzer gleich äußerte er zu einem Vertrauten: »Ich muß also nunmehr versuchen, den Alten Herrn zu einer Kanzlerschaft Hitlers zu bekommen.« Beim Reichspräsidenten, der hierin der Meinung von Papens beipflichtete, stieß er indessen auf unumwundene Ablehnung. Hindenburg erklärte mit guten Gründen, daß die Kanzlerschaft Hitlers mit dem Prinzip des Präsidialkabinetts, an dem er grundsätzlich festzuhalten wünsche, unvereinbar sei.

Ob von Schleicher dem nationalsozialistischen Parteiführer vorschnell Avancen gemacht oder ob, was wahrscheinlicher ist, Hitler die hinhaltenden Wendungen des Generals überhört hatte, ist nicht festzustellen. Jedenfalls hegte Hitler in dieser Situation völlig übersteigerte Hoffnungen. Am 7. August notierte sich Goebbels eine komplette Ministerliste einschließlich der bürgerlichen Partner. Er wähnte die NSDAP »an den Toren der Macht«. Der ungeheure Erwartungsdruck in der Führungsriege der NSDAP ließ Goebbels von seiner »geschichtlichen Aufgabe« schwärmen und veranlaßte die Unterführer der Partei, die Hitler auf dem Obersalzberg um sich scharte und dann nach Prien zusammenrief, zu umfassenden personalpolitischen Überlegungen. Die Gauleiter wurden beauftragt, angesichts der bevorstehenden Übernahme staatlicher Positionen für geeignete Vertreter im Parteiapparat zu sorgen. Allerdings sollten sie ihre Parteiämter beibehalten, um so die »Wesensgleichheit von Partei und Staat« deutlich zu machen. Außerdem wurde die SA angewiesen, Vorbereitungen für die Übernahme der Macht zu treffen.

Das Maximalprogramm, das Hitler in diesen Tagen entwickelte, sah neben der Kanzlerschaft im Reich und dem Amt des Ministerpräsidenten in Preußen sowie der Besetzung der Schlüsselministerien mit Nationalsozialisten die Verabschiedung eines Ermächtigungsgesetzes vor. Es sollte im Reichstag unter Androhung der Auflösung durchgesetzt werden, hatte also die Übertragung der präsidialen Vollmachten auf Hitler zur Voraussetzung. Hitler wurde in diesen Vorstellungen von Goebbels nachdrücklich bestärkt, während nicht nur Gregor Straßer, sondern auch Göring, Frick und der größere Teil der Reichstagsabgeordneten, die Hitler vor den Juliwahlen auf seine Person hatte vereidigen lassen, dieser Zielsetzung skeptisch gegenüberstanden. Sie sympathisierten mit der von Straßer vertretenen Taktik, anstelle einer frontalen Machteroberung sich mit einer Koalitionsbeteiligung als Zwischenstufe zu begnügen. Ein Eingehen auf das Angebot von Schleichers, der NSDAP die Vizekanzlerschaft und einige

Ministerien einzuräumen, implizierte den Verzicht auf den Eintritt Hitlers in das Kabinett; es hätte der Partei ein Sprungbrett für die künftige Machteroberung verschafft. Straßer sah die negativen Folgen einer erneuten Reichstagsauflösung voraus und maß den unter diesen Bedingungen geführten Verhandlungen mit Franz von Papen keinerlei Chancen bei.

In der Tat erwies sich der Versuch, von Papen politisch zu isolieren und allein auf die Unterstützung des Reichswehrministers zu setzen, als verfehlt. Er führte folgerichtig zum Debakel des 13. August, das vor allem deshalb eintrat, weil Hitler aufgrund der Verhandlungen mit Kurt von Schleicher die Bindung zwischen Hindenburg und von Papen nicht hinreichend in Rechnung stellte. Dafür war es kennzeichnend, daß Hitler sich der Illusion hingab, durch massive Pressionen, zu denen auch die Kräfte der Straße gehörten, die Stellung des amtierenden Kanzlers untergraben zu können. Immerhin erreichte der Parteiführer, daß von Schleicher die Eventualität seiner Reichskanzlerschaft trotz der ablehnenden Haltung des Reichspräsidenten zunächst weiter verfolgte. In der Kabinettssitzung vom 10. August machte von Schleicher klar, daß es beim Zusammentritt des Reichstages zur Krise kommen werde, da mit Ausnahme der DNVP alle Parteien gegen die Regierung eingestellt seien. Zwar stünden Reichswehr und Polizeikräfte hinter der nun eindeutig »nationalen« Regierung – das war eine nachträgliche Verurteilung des Präsidialkabinetts Brüning –, aber für den Fall, daß eine Koalition zwischen NSDAP und Zentrum zustande käme und Hitler auf diesem Weg das Reichskanzleramt beanspruchen würde, sei eine Präsidentenkrise unvermeidlich. Ihm war bewußt, daß Hitler sich nicht mit der Vizekanzlerschaft abspeisen ließ, und er trat daher für dessen Berufung an die Spitze des Kabinetts ein. Er betrachtete den Vorschlag von Papens, die NSDAP mit der Beteiligung einiger anderer Nationalsozialisten am Kabinett zufriedenstellen zu wollen, als aussichtslos.

Von Schleicher suchte seinen Überlegungen mit dem Argument Nachdruck zu verschaffen, daß sich die Nationalsozialisten nach Übernahme der Regierung vermutlich der »SA- und SS-Abteilungen selbst entledigen würden«. Hier klang erneut die Vorstellung an, daß das militante Auftreten des Nationalsozialismus allein als Reaktion auf den Terror der KPD verstanden werden müsse und daß SA und SS nach Beseitigung des »Marxismus« überflüssig seien, was für die SA in einem begrenzten Sinne im Juni 1934 zutreffen sollte. Der General war somit Gefangener der verbreiteten Psychose, die eine Zerschlagung der Linksparteien für unerläßlich hielt. In einer Kanzlerschaft Hitlers erblickte er den Vorzug, eine Bewegung »aus ihrer unproduktiven Opposition« herauszuziehen und zu sachlicher Arbeit zu bringen. Von einem »Draußenbleiben« Hitlers befürchtete er hingegen eine weitere Radikalisierung und den Verlust der »guten Bestände« der an sich »wertvollen Bewegung«.

Im Kabinett drang der General mit seiner Ansicht nicht durch. Obwohl sich

Schwerin von Krosigk auf seine Seite schlug und eine Einbeziehung der Nationalsozialisten ohne Übertragung der Führung an sie als »Wunschbild« hinstellte, schob von Papen in gewohntem Opportunismus alle Einwände mit der Feststellung beiseite, daß er sich um einen »Mittelweg« zwischen der Beibehaltung des Präsidialkabinetts und der Reichskanzlerschaft Hitlers bemühen werde. Trotz dieser Entscheidung war von Schleicher davon überzeugt, daß ein faires Arrangement mit Hitler über kurz oder lang den einzigen Ausweg darstelle. Er zeigte sich deshalb weiterhin für informelle Kontakte mit der NSDAP aufgeschlossen, während von Papen blind auf den Reichspräsidenten vertraute. Beide verlegten sich in ihrer Weise aufs Abwarten.

Demgegenüber forderte von Gayl eine klare Entscheidung und ein entschlossenes Vorgehen. Eine Einbeziehung der NSDAP in das Kabinett wies er grundsätzlich zurück, weil dadurch das Prinzip der Überparteilichkeit zerstört würde. Er warnte zugleich mit Nachdruck vor einer Überschätzung der NSDAP und erinnerte daran, daß sie quantitativ nicht stärker sei als die organisierte Arbeiterbewegung. In Anbetracht der Tatsache, daß die Regierung beim Zusammentritt des Reichstages mit einer Niederlage rechnen mußte, sprach er sich konsequent für ein »Kampfkabinett« und für eine »Revolution von oben« unter Durchbrechung der Verfassung aus. Der unverzüglichen Auflösung des neugewählten Reichstages sollte die Ausrufung des Staatsnotstandes durch den Reichspräsidenten folgen. Die verfassungsmäßig erforderlichen Neuwahlen seien zu verschieben, die preußische Polizei dem Reichsminister des Innern zu unterstellen, SA wie SS und andere Wehrverbände aufzulösen. Dieser Staatsstreichplan nahm bereits Anfang August 1932 klarere Konturen an. Seine langfristigen verfassungspolitischen Ziele legte von Gayl der Öffentlichkeit in seiner Rede zum Verfassungstag am 11. August dar.

Es widersprach dem Naturell von Papens, aber auch der Neigung von Schleichers zu dilatorischen Lösungen, den vom Reichsminister des Innern folgerichtig eingeschlagenen Weg des Verfassungsbruchs vor aller Augen zu gehen, obwohl eine dauerhafte Sicherung des bestehenden Präsidialkabinetts anders nicht vorstellbar war. Beide erwarteten, durch direkte Verhandlungen mit Hitler die drohende Präsidentenkrise abwenden zu können. Dieser hatte nach dem Treffen mit General von Schleicher vergeblich auf einen früheren Termin für eine Zusammenkunft mit dem Kanzler gedrängt. Es war ein Zeichen der Selbstüberschätzung, daß er erst einen Tag später als vereinbart in Berlin eintraf, um mit Franz von Papen zu verhandeln. Er setzte in diese Begegnung die denkbar größten Erwartungen. Goebbels hatte ihn vorbehaltlos darin unterstützt, entgegen den Warnungen Straßers an der Strategie des »Alles oder Nichts« festzuhalten.

Hitler war sich bewußt, alles auf eine Karte zu setzen. Er reagierte in diesen Tagen nervös und fahrig. Seine inneren Hemmungen versuchte er mit propagandistischen Visionen zu überspielen. Doch indem er die Parteiführer auf seine Linie einschwor, legte er sich fest. Wie stets setzte er alles auf eine Karte und dachte nicht über mögliche politische Alternativen nach. Das bislang relativ wirkungsvolle Druckmittel der Zentrumskoalition, die er als gefährliche Falle betrachtete, schien ihm angesichts der durch General von Schleicher eröffneten Perspektive nicht mehr erforderlich zu sein. Reichlich voreilig wies der »Völkische Beobachter« am 12. August die Offerten der Zentrumspartei, mit der NSDAP Koalitionsgespräche für das Reich und Preußen aufzunehmen, als »Kuhhandel« und »Verzweiflungsschritt« zurück. Hitler wollte die ganze Macht.

Die Verhandlungen, die Hitler am 13. August in Begleitung von Göring und Röhm mit General von Schleicher und vor allem mit Reichskanzler von Papen aufnahm, brachten eine tiefe Ernüchterung. Der Reichskanzler bot lediglich die Vizekanzlerschaft und einige weitere Kabinettsposten an, was Hitler, der nun sein Maximalprogramm darlegte, als inakzeptabel bezeichnete. Wenig später machte er sich bittere Vorwürfe, auf das Ersuchen von Papens eingegangen zu sein und die endgültige Entscheidung einer Unterredung mit dem Reichspräsidenten überlassen zu haben. Auf dem wenige Stunden später folgenden Empfang bei Hindenburg mußte er rasch erkennen, daß dieser nicht bereit war, über das Angebot von Papens hinauszugehen. Hitler glaubte noch immer, sich in einer Position der Stärke zu befinden und eigenmächtig Bedingungen stellen zu können. Unter Hinweis auf die Unterredung mit dem Reichskanzler lehnte Hitler die ihm angebotene Regierungsbeteiligung ab und beanspruchte aufgrund der Größe seiner Bewegung »die Staatsführung in vollem Umfang« für sich. Der Reichspräsident erwiderte, daß er es »vor Gott, seinem Gewissen und dem Vaterlande nicht verantworten« könne, einer einzigen Partei die gesamte Regierungsgewalt anzuvertrauen. Mit der Forderung, eine ritterliche Opposition zu führen, und der Drohung, daß gegen eventuelle Terrorakte der SA mit aller Schärfe eingeschritten werde, sah sich Hitler nach knapp zwanzig Minuten bereits wieder entlassen. Gegenüber von Papen machte er seiner Empörung Luft, indem er darauf anspielte, daß die weitere Entwicklung »unaufhaltsam zu der von ihm vorgeschlagenen Lösung und zum Sturz des Reichspräsidenten« führen werde. Damit war der Bruch unvermeidlich geworden; es bedurfte dazu nicht erst des bewußt zugespitzten Kommuniqués der Präsidialkanzlei, in dem Hitlers umfassender Machtanspruch hervorgehoben und festgestellt wurde, daß dieser die angestrebte politische Macht »einseitig anzuwenden gewillt sei«. Der Vorgang bedeutete einen empfindlichen Prestigeverlust des nationalsozialistischen Parteiführers.

Der 13. August 1932 wurde innerhalb der NS-Bewegung als schwerer Rückschlag begriffen. »Unter den Parteigenossen«, notierte Goebbels, »herrscht große Hoffnungslosigkeit; die SA ist verzweifelt.« Gerade die SA hatte sich auf die Übernahme der Regierungsgewalt psychologisch eingestellt. Bei ihr verstärkten sich nunmehr die Bestrebungen, die parlamentarische Machteroberung zugunsten direkter Aktionen aufzugeben. Nicht wenige der SA-Führer drängten auf ein unmittelbares »Losschlagen«. Um die Unruhe in der SA einzudämmen, wurde sie bis Monatsende beurlaubt. Zugleich kostete es erhebliche Mühe, den eigenen Anhängern verständlich zu machen, warum eine Regierungsbeteiligung zu den Bedingungen von Papens rundweg abgelehnt worden war. Hitler selbst reagierte mit äußerster Schärfe und benutzte das am 22. August ergangene Urteil zum Potempa-Mord zu unerhörten Ausfällen gegen das Kabinett von Papen. Sie wurden von diesem als Aufstandsdrohung mißverstanden und mit der Intensivierung der Notstandspläne beantwortet.

Hitler verschrieb sich der Vision, daß das nach seiner Überzeugung unaufhaltsame geschichtliche Wachstum der Bewegung alle Gegenkräfte hinwegschwemmen werde und es nur erforderlich sei, mit Zähigkeit an den einmal als richtig erkannten Prinzipien festzuhalten. Dies war der Sinn des trotzigen Interviews, das er am 16. August der Auslandspresse gab und in dem er die Notwendigkeit betonte, daß »eine Bewegung ohne Rücksicht auf augenblickliche Vor- oder Nachteile ihrer leitenden Männer unbeirrbar und unwandelbar das gesteckte Ziel verfolgt«, das in der Erwerbung der ungeteilten Macht bestünde. Indirekt widerlegte er damit das kurz zuvor veröffentlichte Dementi über angebliche Gegensätze innerhalb der NSDAP. In der Partei mehrten sich nach dem 30. August die Zweifel, ob die von Hitler verfolgte Strategie zum Erfolg führen werde.

Gregor Straßer, dessen öffentliche Resonanz derjenigen Hitlers nur wenig nachstand, war schon zu diesem Zeitpunkt davon überzeugt, daß dessen Absicht, sich einer Koalition zu entziehen und eine Eroberung der Macht durch eine ständig fortgesetzte Mobilisierung der Anhängerschaft zu erzwingen, von den tatsächlichen Bedingungen abstrahierte. Das trat nach dem 13. August um so schärfer hervor, als nun niemand mehr davon ausgehen konnte, daß der Reichspräsident in eine Kanzlerschaft Hitlers einwilligen würde. Von Papen hätte erfolgreich den Eindruck entstehen lassen, daß Hitler aus persönlichem Ehrgeiz nicht willens war, sich der großen gemeinsamen Sache unterzuordnen und mit dem von Hindenburg geführten nationalen Kabinett zusammenzuarbeiten. Hitler konnte schwerlich das tiefere Motiv für seine Zurückhaltung aufdecken, das darin bestand, daß die Bewegung vermeiden mußte, durch die Übernahme politischer Teilverantwortung den Eindruck zu verspielen, die entscheidende Alternative zum bestehenden politischen System zu sein.

Die politischen Praktiker in der NSDAP-Führung beurteilten die Chancen, an die Macht zu kommen, trotz des spektakulären Wahlerfolgs überwiegend negativ. Eine kritische Wahlanalyse ergab, daß die Partei ihr Wählerpotential weitgehend ausgeschöpft hatte und daß mangels sichtbarer Erfolge der bisherige Anhang abzubröckeln begann. Bei der Anhängerschaft machte sich eine tiefgreifende Ernüchterung bemerkbar; sie spiegelte sich in rasch ansteigenden Parteiaustritten, in rückläufigen finanziellen Einnahmen und in wachsender innerparteilicher Kritik an dem von Hitler eingeschlagenen Kurs wider. Unter diesen Umständen gelangte die Parteiführung zu der Schlußfolgerung, daß die NSDAP die drohende Auflösung des Reichstages und die anschließenden Neuwahlen nach Möglichkeit vermeiden mußte, da sie zu großen Rückschlägen führen würden. Gleichzeitig erschien es notwendiger denn je, aus der bloß destruktiven Opposition herauszukommen und durch positive politische Arbeit die Glaubwürdigkeit der Partei unter Beweis zu stellen.

Nach dem Schock des 13. August unternahm die Parteiführung zunächst den Versuch, den abgerissenen Faden zu General von Schleicher neu zu knüpfen. Der Wirtschaftsberater der NSDAP, Otto Wagener, regte gegenüber von Bredow eine Aussprache von Papens und von Schleichers mit Hitler an, der allerdings Wert darauf legte, daß die Initiative dazu von der Regierung ausging. Der General winkte jedoch ab, weil er sich von einer neuerlichen Unterredung keine Entspannung der Lage versprach. Gleichwohl bestanden auch weiterhin Beziehungen zum Reichswehrministerium. Straßer nutzte seine Verbindungen zu den DHV-Führern Max Habermann und Hans Bechly, um von Schleicher seiner Kooperationsbereitschaft zu versichern. Gleichzeitig intensivierte er die Kontakte, die zum Präsidenten des Deutschen Landgemeindetages, Günter Gereke, bestanden. Gereke, der aus Protest gegen Hugenberg die DNVP verlassen und sich zunächst der Landvolkpartei angeschlossen hatte, war durch seine Vorschläge zur Arbeitsbeschaffung hervorgetreten und bemühte sich darum, eine Einheitsfront auf der Ebene der Arbeitnehmerverbände im weitesten Sinne zustande zu bringen. Eine Kooperation der Gewerkschaften unter Einschluß des Arbeitnehmerflügels in der NSDAP schien eine Chance zu bieten, die festgefahrene innenpolitische Lage zu überwinden und einen konstruktiven Ausweg aus der Staatskrise zu finden. Das Reichswehrministerium verfolgte diese Bestrebungen mit Aufmerksamkeit. Straßer sah in einer derartigen »Querfront« den Ansatzpunkt für eine gesellschaftliche Neuordnung im nationalsozialistischen Sinne.

Mit diesen zunächst verdeckt bleibenden Initiativen brach ein seit langem schwelender grundsätzlicher Konflikt zwischen Gregor Straßer und Adolf Hitler offen auf. Straßer lehnte das von Hitler teils geförderte, teils geduldete terroristische Auftreten der SA entschieden ab, zumal er spürte, daß es der Bewegung zu schaden begann. Mit dem von ihm bereits im Juni im Reichstag vorgetragenen Arbeitsbeschaffungsprogramm, mit seiner Rundfunkrede, die er unmittelbar vor den Wahlen über die »Staatsidee des Nationalsozialismus« hielt, und mit anderen öffentlichen Stellungnahmen hatte er eine Abkehr von der bisher bloß destruktiven Taktik der Partei vollzogen und deutlich gemacht, daß die NSDAP bereit war, mit gleichgerichteten Kräften vor allem im gewerkschaftlichen Lager zusammenzuarbeiten. Er ging dabei von der Überzeugung aus, daß die NSDAP

Die Regierung der Staatsstreichdrohung 471

nur über eine Koalitionsbeteiligung aus ihrer auf die Dauer verhängnisvollen Isolierung herauskommen konnte. Was sich in den Wahlkämpfen von 1929 bis 1932 bewährt hatte, drohte nun nicht nur zum Verlust jedes sachlichen Einflusses der Partei, sondern auch zur Abwanderung von Teilen der Anhängerschaft zu führen.

Mit dieser Auffassung stieß der Reichsorganisationsleiter auf den Unwillen Hitlers und die schärfste Kritik von Goebbels und dessen Anhängern. Der gegen ihn erhobene Vorwurf der Illoyalität war jedoch unberechtigt. Straßer identifizierte sich viel zu sehr mit der nationalsozialistischen Bewegung, als daß er die Hoffnung preisgeben konnte, Hitler schließlich doch von der unabweisbaren politischen Notwendigkeit zu überzeugen, sich an einer Koalitionsregierung zu beteiligen und vor allem durch sozialpolitische Initiativen die Stellung der Partei zu festigen. Hinter dieser Divergenz verbarg sich ein völlig unterschiedliches Politikverständnis. Während Straßer die neugewonnene parlamentarische Machtposition zu konstruktiver Arbeit zu nutzen gedachte, hielten Hitler und Goebbels an der propagandistischen Mobilisierung als Selbstzweck fest und beschränkten ihre Erwägungen ausschließlich auf den Gedanken, die uneingeschränkte Macht zu erringen.

Ein anderer Ausweg aus der Isolierung bot sich in der Wiederaufnahme der vor dem 13. August leichtfertig fallengelassenen Verhandlungen mit der Zentrumspartei. In Führungskreisen der NSDAP wurde die Frage, ob man eine Koalition mit der Zentrumspartei eingehen sollte, kontrovers beurteilt. Hitler, der hierin die Unterstützung von Goebbels fand, war zu keinem Zeitpunkt koalitionswillig, was ihn nicht hinderte, aus taktischen Gründen in Koalitionsverhandlungen einzutreten und sich gelegentlich auch persönlich einzuschalten. Demgegenüber sahen Gregor Straßer, Hermann Göring und eine größere Zahl von Gauleitern, desgleichen die Mehrheit der preußischen Landtagsfraktion im Zusammengehen mit dem Zentrum eine ernsthafte Chance, sowohl in Preußen als auch im Reich maßgebenden Einfluß zu gewinnen. Es bestanden jedoch starke Hemmungen beim Zentrum und bei der BVP, in eine Kanzlerschaft Hitlers einzuwilligen. Erneut wirkte sich Hitlers ausschließlicher Führungsanspruch für die Partei nachteilig aus.

Die Gründe, welche die Zentrumspartei veranlaßten, die im Juni in Preußen abgebrochenen Koalitionsverhandlungen mit der NSDAP wiederaufzunehmen und bis zum Spätherbst an dieser Linie festzuhalten, reichten über das begreifliche Motiv, sich für den Sturz Brünings zu rächen, hinaus. Indem das Zentrum durch das unkluge Vorgehen von Papens aus dem Prozeß der versprochenen nationalen Sammlung ausgeklammert zu sein schien, erneuerte sich das Trauma der Bismarck-Zeit. Es wurde dadurch verschärft, daß die einschneidenden personalpolitischen Eingriffe Brachts auf die Dauer auch die Stellung der Zentrumsbeamtenschaft in Preußen in Mitleidenschaft ziehen mußten. Die

Hauptgefahr erblickte die Zentrumsführung jedoch in den Bestrebungen des Kabinetts, das parlamentarische System gänzlich zu beseitigen und einen totalen Staat zu errichten, der sich zwar äußerlich auf Elemente der katholischen Soziallehre, darunter den Gedanken des Korporativismus, stützte, aber die Vorherrschaft der protestantisch-preußischen Eliten mit einigen katholischen Einsprengseln wiederherzustellen drohte. Der deutlich antiföderalistische Grundzug der Papenschen Innenpolitik trat hinzu.

Auf allen Flügeln des Zentrums bestand Einigkeit darüber, daß dem »machtlüsternen Totalstaat« von Gayls ein dem Rechtsgedanken verpflichteter »Autoritätsstaat« entgegengestellt werden müsse. Die »Mißachtung der Autorität der Volksvertretung« durch die Regierung, die es ablehnte, nach dem umstrittenen Mißtrauensvotum vom 12. September vor den Reichstagsausschüssen zu erscheinen, wurde vom Zentrumsführer Kaas im Oktober 1932 als unerträglich bezeichnet. Zentrum und BVP befürchteten ein ähnliches Schicksal, wie es die Populari unter Mussolini erlitten hatten. Auch Brüning stellte angesichts der latenten Staatsstreichdrohung den Charakter des Zentrums als Verfassungspartei in den Vordergrund. Er dachte allerdings nicht an eine Rückkehr zum parlamentarischen System, obwohl eine NSDAP-Koalition unter Einschluß der BVP sowohl in Preußen als auch im Reich klare parlamentarische Mehrheiten gebracht hätte. Vielmehr vertrat er ein Programm der »autoritären Demokratie«, das an seine früheren Verfassungsreformpläne anknüpfte und mit den Vorstellungen von Gayls in mancher Beziehung übereinstimmte. Indessen war das Zentrum nicht bereit, einen offenen Bruch der Verfassung hinzunehmen. Brüning erblickte in der Tendenz des Kabinetts, Hindenburg zu bewegen, den Verfassungsnotstand auszurufen, eine schwere Gefahr, zumal auch die Zentrumspartei damit gedroht hatte, den Reichspräsidenten vor den Staatsgerichtshof zu ziehen. Paradoxerweise rückte das Zentrum in dieser Hinsicht in eine Front mit der NSDAP, die vor allem nach dem 13. August nicht davon abließ, sich zum Verteidiger der republikanischen preußischen Verfassung aufzuwerfen und die Souveränität des preußischen Landtages von der Kommissariatsregierung zurückzufordern.

Auch aus taktischen Gründen bemühte sich die Zentrumspartei, die drohende politische Isolierung zu überwinden, in die sie sich durch von Papen gedrängt fühlte und die in krassem Gegensatz zu der seit dem Kaiserreich beibehaltenen Regierungsbeteiligung stand. Es war eine bedenkliche Fehleinschätzung, dies durch ein Zusammengehen mit der NSDAP erreichen zu wollen. Selbst der in dieser Frage eher zögernde Brüning entschied sich für einen solchen Weg, für den er freilich »bestimmte Absicherungen« der Zentrumsinteressen von der NSDAP verlangte. Der Ex-Kanzler überwand in diesen Monaten die Resignation, in die ihn der erzwungene Rücktritt versetzt hatte, und suchte die Passivität, mit der Prälat Kaas auf die sich überstürzenden politischen Veränderungen reagierte, wettzumachen. Obwohl Kaas Vorsitzender blieb, galt Brüning als der eigentliche Führer der Zentrumspartei. Eine Kombination von Hitler und Brüning, für die rechnerisch eine Mehrheit vorhanden war, hatte jedoch nahezu keinerlei Realisierungschancen, ganz abgesehen davon, daß Brüning selbst aus sachlichen und taktischen Erwägungen für eine solche Lösung nicht zur Verfügung stand. Auch dem Reichspräsidenten widerstrebte eine Zentrums-NSDAP-Koalition, die ein Präsidialkabinett überflüssig gemacht hätte. Von Papen erblickte darin nicht ganz zu Unrecht ein »unnatürliches und instabiles Bündnis«. Es ist sicher, daß die NSDAP vom ersten Tag an versucht hätte, ihre Partner an den Rand zu drängen, insbesondere nach der Verabschiedung des von ihr schon damals ins Auge gefaßten Ermächtigungsgesetzes.

Es fehlte nicht an Warnungen vor einer Kooperation des Zentrums mit der NSDAP, zumal Hitlers Auftreten anläßlich des Potempa-Urteils in katholischen Kreisen weithin Bestürzung hervorgerufen hatte. Fritz Gerlich und Ingbert Naab, die Herausgeber der Zeitschrift »Der gerade Weg«, kritisierten die Verirrung der katholischen Parteien, die den »Teufel mit Beelzebub« auszutreiben gedächten und Hitlers »Unbedingtheit zum Bösen« nicht ernst nähmen. Auch Monsignore Kaas konnte gegen ein solches Bündnis zum Zeugen aufgerufen werden. Im Januar 1931 hatte er eine Auslieferung der Regierungsverantwortung an die NSDAP mit der Bemerkung zurückgewiesen, daß sie zwar deren »blutige Ignoranz« offenkundig machen würde, daß es aber danach nichts mehr zu retten gäbe. Die Haltung von Kaas hatte sich allerdings unter dem Eindruck der Staatsstreichdrohung von Papens in vieler Hinsicht geändert. Jetzt sah er den einzigen Ausweg aus der drohenden Auflösung des staatlichen Ordnungsgefüges darin, die NSDAP in die Verantwortung zu zwingen, schon um zu verhindern, daß das Zentrum auf Dauer in die Opposition gedrängt und innerlich aufgerieben wurde. Auch Fritz Schäffer hielt eine Kanzlerschaft Hitlers für das kleinere Übel, und ähnlich dachte der sonst so weitblickende Konrad Adenauer.

Beim Zusammentritt des Reichstages am 30. August 1932 ermöglichten die Vorverhandlungen zwischen Zentrum und NSDAP die reibungslose Wahl des Präsidiums. Hermann Göring wurde mit den Stimmen der Zentrumspartei zum Reichstagspräsidenten gewählt. Die vollständige politische Ausschaltung der Sozialdemokratie kam darin zum Ausdruck, daß sie, obgleich zweitstärkste Fraktion, weder im Präsidium noch bei den Schriftführern vertreten war. Auf eine Absprache zwischen Zentrum und NSDAP ging auch die Entscheidung zurück, den preußischen Landtag und den Reichstag nach der konstituierenden Sitzung zu vertagen. Desgleichen setzte sich Thomas Esser für die Zentrumspartei zusammen mit Göring nachdrücklich dafür ein, der Reichspräsident möge vor einer endgültigen Entscheidung die Führer der großen Parteien empfangen, da die Mehrheit die Auffassung vertrete, daß der Reichstag »arbeitsfähig« sei.

Als Alternative bot sich ein von General von Schleicher geführtes und von

NSDAP, Zentrum und BVP gestütztes Präsidialkabinett an, das durch Personalunion mit Preußen eng verbunden war. Gregor Straßer, der bei Brüning hohes persönliches Ansehen genoß, sympathisierte mit einer derartigen Kombination, weil sie die Aussicht bot, die NSDAP aus der bisher bloß destruktiven Oppositionsrolle herauszuführen und die Staatsstreichdrohungen des Kabinetts von Papen abzublocken. Die Initiative dazu sollte von den gewerkschaftlichen Interessenvertretungen aller Richtungen ausgehen. Die Fühlungnahmen zur Bildung eines parlamentarisch abgestützten Kabinetts von Schleicher wurden auch in der knapp bemessenen Zeitspanne zwischen dem 30. August und dem 12. September, dem Termin der zur Abgabe der Regierungserklärung vorgesehenen Reichstagssitzung, fortgesetzt. Von Schleicher, der über die Parteienverhandlungen durch Straßer indirekt informiert wurde, trat jedoch am 10. September aus seiner Zurückhaltung heraus und ließ mitteilen, daß er nicht bereit sei, »zu einer Verfälschung des Gedankens einer unabhängigen Präsidialregierung durch ein tatsächlich von den Parteien gebildetes Kabinett die Hand zu bieten«. Schon am Tag zuvor hatte Hindenburg anläßlich des Empfangs des Reichstagspräsidiums zum Entsetzen der NSDAP-Führung lapidar festgestellt, daß er sich auch für den Fall eines Mißtrauensvotums nicht vom Papen-Kabinett trennen werde, was einen Empfang der Parteiführer eigentlich erübrigte.

Trotzdem bemühte sich Göring darum, eine Aussprache des Reichspräsidenten mit den Parteiführern unmittelbar nach der Debatte über die Regierungserklärung, aber noch vor der Abstimmung der Mißtrauensanträge herbeizuführen. Die hektischen Anstrengungen, an einer Reichstagsauflösung vorbeizukommen, entsprangen dem Interesse der Parteien, nicht sofort wieder ausgeschaltet zu werden, sondern den Reichstag als Bühne für ihre politische Mitwirkung zu nutzen. Für die NSDAP kam hinzu, daß sie, jedenfalls nach Auffassung Straßers und Görings, um jeden Preis Neuwahlen vermeiden mußte. Allerdings vertraten Hitler und Goebbels eine gegenteilige Meinung. Schon am 8. September setzten sie darauf, die Mobilisierungskampagne in einem erneuten Wahlgang fortzuführen. Die NSDAP-Reichstagsfraktion neigte hingegen einer Verständigung mit dem Zentrum zu, weil sie befürchten mußte, daß von Papen mit der Absicht durchkam, den Reichstag über die Regierungserklärung debattieren zu lassen und diesen, sofern er nicht einer weiteren Vertagung zustimmte, noch vor einer Abstimmung über die bereits angekündigten Mißtrauensvoten aufzulösen.

Der von Göring zum 12. September einberufene Reichstag rechnete daher mit mehrtägigen Debatten über die Regierungserklärung, und es war offen, ob es währenddessen nicht doch noch zu einer Meinungsänderung Hindenburgs kommen würde. Unerwarteterweise brachte der kommunistische Abgeordnete Ernst Torgler zu Beginn der Reichstagssitzung den Antrag ein, noch vor dem Eintritt in die Tagesordnung über das kommunistische Mißtrauensvotum gegen von Papen und die ebenfalls beantragte Aufhebung der gerade verkündeten

Notverordnung abstimmen zu lassen. Das Plenum reagierte auf den unüblichen Vorgang mit Verblüffung und Unschlüssigkeit, zumal der aufgrund der Verhandlungen im Ältestenrat erwartete Einspruch der DNVP, der den kommunistischen Geschäftsordnungsantrag hinfällig gemacht hätte, ausblieb. Die NSDAP-Fraktion, die von der veränderten Konstellation völlig überrascht war, beantragte eine Unterbrechung der Sitzung, um eine Verständigung mit dem Zentrum herbeizuführen. Dadurch erhielt der Reichskanzler die Möglichkeit, die Auflösungsordre, die er erst anderntags zu verwenden gedachte, eiligst holen zu lassen. Nun aber schaltete sich Hitler ein und verpflichtete die NSDAP-Fraktion entgegen der ursprünglichen Vereinbarung mit der Zentrumspartei, für den kommunistischen Mißtrauensantrag zu stimmen. Nach Wiedereröffnung der Sitzung begann Göring sogleich mit der Abstimmung und überging die wiederholte Wortmeldung von Papens unter dem Vorwand, daß das Abstimmungsverfahren bereits im Gang sei, so daß der Reichskanzler sich schließlich genötigt sah, die rote Mappe mit der Auflösungsordre auf den Tisch des Präsidenten zu legen.

Mit Görings Taschenspielertrick wurde ad oculos vorexerziert, wie die Nationalsozialisten, einmal an der Macht, mit bestehenden Institutionen umzugehen gedachten. Denn es war allen Beteiligten klar, daß das Mißtrauensvotum schon wegen des übergangenen Rederechts des Kanzlers verfassungsrechtlich ungültig war. Die juristisch-politischen Nachhutgefechte im Überwachungsausschuß des Reichstages konnten gleichwohl den Tatbestand nicht verdecken, daß von Papen einen verhängnisvollen Fehler gemacht hatte, als er der konstituierenden Sitzung vom 30. August ferngeblieben war und infolgedessen versäumt hatte, dort klarzustellen, daß die Regierung ein Mißtrauensvotum in jedem Fall verhindern würde. Die zynische Mißachtung der Volksvertretung durch den Kanzler war freilich für dessen Verfassungsverständnis kennzeichnend; daß die Beratung in Neudeck zur gleichen Zeit wie die Reichstagssitzung stattfand, war die eine Seite dieser »Episode«, die Herausforderung des Kanzlers durch ein Parlament, das die Demission bereits vor Abgabe der Regierungserklärung zu erzwingen suchte, die andere. Beides beleuchtete den Tiefstand, auf dem das parlamentarische System angelangt war, und zwar keineswegs allein aufgrund der Obstruktionstaktik der Flügelparteien von rechts und links.

Politisch bedeutete es einen schweren und irreversiblen Prestigeverlust des Kabinetts von Papen, mit nur 42 Stimmen, die im wesentlichen von der DNVP stammten, gegen 513 Stimmen in der Minderheit geblieben zu sein. Das war ein in der deutschen Parlamentsgeschichte einzigartiger Vorgang. Andererseits verschaffte die Reichstagsauflösung der Reichsregierung den Handlungsspielraum, um ihre politischen Vorhaben wenigstens ansatzweise zu realisieren. Der Wirtschafts- und Sozialpolitik kam dabei eine zentrale Bedeutung zu. Nach wie vor lag die Arbeitslosenzahl bei 5,5 Millionen und trug die Massenarmut zur politischen Radikalisierung bei. Die Regierung mußte, wenn sie politisch überleben wollte, eine Erfolgsbilanz auf wirtschaftlichem Gebiet aufweisen. Die Voraussetzungen dafür waren nicht ungünstig. Denn im Sommer 1932 gab es Indikatoren für eine schwache ökonomische Belebung, darunter ein Ansteigen der Rohstoffpreise und einen Aufwärtstrend des Börsengeschäfts. Desgleichen nahm das Ende der Reparationen psychologische Hemmungen, die Brüning daran gehindert hatten, mit staatlichen Stützungsmaßnahmen in größerem Umfang hervorzutreten. Schließlich hatte sich das Klima für wirtschaftspolitische Initiativen erheblich verbessert. Die verheerenden Auswirkungen der Krise ließen Nationalökonomen und Unternehmer, die bisher orthodoxen Deflationstheorien anhingen, eine offenere Haltung gegenüber Experimenten zur Belebung der Wirtschaft und zur Arbeitsbeschaffung einnehmen.

Das Zwölf-Monats-Programm zur Wirtschafts- und Sozialpolitik, das Reichskanzler von Papen am 28. August 1932 auf dem Treffen des Westfälischen Bauernvereins in Münster verkündete, setzte sich zum Ziel, durch eine Kombination von Arbeitsbeschaffungsmaßnahmen und steuerlichen Anreizen für die privaten Unternehmen zur wirtschaftlichen Erholung beizutragen. Der neue wirtschaftspolitische Kurs fand einen ersten gesetzgeberischen Niederschlag in der am 4. September ergangenen Notverordnung zur Belebung der Wirtschaft. Darin war zunächst die Einführung von Steuergutscheinen vorgesehen, die den Unternehmen im Verhältnis zu den von ihnen gezahlten Steuern zustanden und zur Begleichung von Steuerschulden, die nach 1934 fällig wurden, verwendet werden konnten. Faktisch handelte es sich um eine künstliche Kreditschöpfung, die aufgrund der Stückelung der Steuergutscheine und der steuertechnischen Modifikationen hauptsächlich den Großbetrieben zugute kam. Der ursprüngliche Gedanke, die Gewährung von Steuergutscheinen an die zusätzliche Einstellung von Arbeitskräften zu binden, wurde in den Kabinettsberatungen fallengelassen.

Parallel dazu legte die Regierung ein relativ breites Bouquet von staatlichen Arbeitsbeschaffungsmaßnahmen vor. Die aus der Brüning-Zeit stammenden Bedenken gegenüber Arbeitsbeschaffungsprogrammen, die insbesondere der Reichsbankpräsident geltend machte, wurden durch den Kanzler, der Luther den Rücktritt nahelegte, resolut beiseite geschoben. Sie bewirkten freilich, daß sich das Kabinett hinsichtlich der unmittelbaren Arbeitsbeschaffung zunächst weitgehend zurückhielt. So wurde für die Vergabe öffentlicher Aufträge nur ein Betrag von 135 Millionen Reichsmark in den Haushalt eingestellt mit der Maßgabe, damit vor allem kleine und mittlere Betriebe zu fördern. Zugleich bemühte sich die Regierung um ein umfangreiches Straßenbauprogramm, um landwirtschaftliche Meliorationen sowie Wohnungsbau- und Reparaturprogramme und ähnliche Maßnahmen; dabei war auch an eine Einschaltung des Freiwilligen Arbeitsdienstes gedacht, der im Juli 1932 unter dem Reichskommissar Friedrich Syrup eine wesentliche Ausweitung erfuhr. Zur Finanzierung wählte man nicht, wie anfänglich erwogen, das Mittel einer Zwangsanleihe. Vielmehr entschloß man sich, Arbeitsbeschaffungswechsel einzuführen, mit denen die Deutsche Gesellschaft für öffentliche Arbeiten AG – Öffa – befaßt wurde. Zusätzlich war eine Förderung der vorstädtischen und der ländlichen Kleinsiedlung vorgesehen.

Neuartig, aber sozialpolitisch aufs schärfste umstritten war der Versuch, die mittelbare Arbeitsbeschaffung durch Prämien für die Einstellung zusätzlicher Arbeitskräfte anzukurbeln, wobei die Prämien ebenfalls in Form von Steuergutscheinen gewährt wurden. Die pauschale Subventionierung neuer Arbeitsplätze benachteiligte diejenigen Betriebe, welche überwiegend hochbezahlte Facharbeiter beschäftigten und ihre Stammbelegschaften trotz Auftragsmangels behielten, und begünstigte diejenigen Unternehmen, welche unter dem Einfluß der Krise in hohem Umfang Entlassungen vorgenommen hatten. Insofern verzerrte das System der Beschäftigungsprämien den Wettbewerb, insbesondere zum Nachteil der Handwerksbetriebe. Andererseits hatte das Prämiensystem, indem es eine Beschränkung der Arbeitszeit auf vierzig Stunden indirekt subventionierte, einen positiven Beschäftigungseffekt, der freilich mit einer Kürzung der Löhne gekoppelt war.

Obwohl der quantitative Umfang der Arbeitsbeschaffung begrenzt war, jedenfalls im Vergleich zu der nach dem Januar 1933 eingeleiteten Entwicklung, bedeutete sie insofern einen Fortschritt, als damit die bisherige Untätigkeit der öffentlichen Hand grundsätzlich überwunden war. Die konjunkturfördernden Maßnahmen des Kabinetts kamen allerdings für 1932 zu spät, um zu einer finanziellen Entlastung zu führen. Die Regierung setzte gleichwohl größte Hoffnungen in das Programm zur Wirtschaftsbelebung, das, wäre es nicht mit einschneidenden Eingriffen in das Tarifvertragssystem verbunden gewesen, die Sympathien der Gewerkschaften gefunden hätte. Allein vom Beschäftigtenprämiensystem erwartete die Regierung die Neueinstellung von 1,75 Millionen Arbeitslosen, wobei dieser Effekt wegen der zeitraubenden Umsetzung der gesetzlichen Vorschriften nicht vor Ende 1933 eintreten konnte, während Schritte zur unmittelbaren Arbeitsbeschaffung rascher wirksam wurden.

In der Verknüpfung der indirekten Subventionierung der Wirtschaft mit der Schaffung neuer Arbeitsplätze erblickte vor allem Schwerin von Krosigk eine unentbehrliche soziale Kompensation für die politisch heiß umkämpfte Seite des »Papen-Programms«, wie der Komplex wirtschaftsfördernder Maßnahmen seitens der Regierung bezeichnet wurde. Von Papen ging von der Überzeugung aus, daß eine Ankurbelung der Wirtschaft nur im Zusammenhang mit einer rigorosen Senkung der Sozialausgaben möglich war. Teil II der Notverordnung vom 4. September hatte die Zielsetzung, »zur Erleichterung von Wirtschaft und Finanzen die sozialen Einrichtungen zu vereinfachen und zu verbilligen«; er enthielt damit ein auf den Bereich des Arbeits- und Sozialrechts bezogenes Ermächtigungsgesetz, das es der Regierung erlaubte, durch gesetzesvertretende Verordnungen in die bisherige Rechtslage einzugreifen. In der Verordnung zur Vermehrung und Erhaltung der Arbeitsgelegenheit vom 5. September wurde den Unternehmen das Recht eingeräumt, bei erhöhter Beschäftigung die Lohnsätze für die einunddreißigste bis vierzigste Wochenarbeitsstunde um 5 bis 25 Prozent, abweichend von den geltenden Tarifverträgen, zu senken. Desgleichen durften wirtschaftlich gefährdete Betriebe die Tariflöhne bis zu 20 Prozent unterschreiten.

Schon am 1. Juli waren im Vollzug der Juni-Notverordnung eine Herabsetzung der Leistungen der Arbeitslosenunterstützung um 23 Prozent sowie erhebliche Abstriche bei der Krisenunterstützung und Erwerbslosenfürsorge vorgenommen worden. Zudem wurde eine allgemeine Arbeitslosenhilfeabgabe eingeführt, die an die Stelle der Krisenlohnsteuer trat und alle Beschäftigten und Ruhegehaltsempfänger betraf. Angesichts der Entlastung der Reichsanstalt für Arbeitsnachweis und Arbeitslosenversicherung konnten deren Überschüsse für die Finanzierung öffentlicher Arbeiten und des Freiwilligen Arbeitsdienstes verwendet werden. Infolge dieser Regelungen stieg die unsichtbare Arbeitslosigkeit, also die Zahl derjenigen, die sich bei den Arbeitsämtern nicht mehr meldeten, beträchtlich an; sie hatte zuvor bereits mehr als zwei Millionen betragen.

Das Papen-Programm lief dergestalt auf eine einseitige Benachteiligung der Arbeitnehmer hinaus, die allein für die Kosten der Arbeitslosigkeit aufkommen mußten. Es stieß daher auf den schärfsten Widerstand der Freien und der christlichen Gewerkschaften, aber auch der Angestelltenverbände. Insbesondere der Eingriff in das geltende Tarifrecht weckte erhebliche Bedenken, die teilweise von der Unternehmerseite geteilt wurden, da das System diejenigen Betriebe begünstigte, die keinerlei Rücksichten auf die soziale Lage der Arbeitnehmerschaft nahmen. Mit der Vorschrift, daß die Unternehmen berechtigt seien, im Falle von Neueinstellungen die Löhne aller Beschäftigten im Verhältnis zur Gesamtlohnsumme zu senken, erfüllte das Kabinett die lang gehegten Forderungen des Reichsverbandes der Deutschen Industrie nach einer Flexibilisierung der Tarifverträge und folgte Anregungen der Schwerindustrie, die noch unter Brüning verworfen worden waren. Wegen des erheblich abgesunkenen Lohnniveaus reagierten die Belegschaften auf Versuche, die Ermächtigung zu pauschalen Lohnkürzungen in die Praxis umzusetzen, weithin mit häufig spontanen Streiks, denen von Papen im November mit einem generellen Streikverbot Herr zu werden beabsichtigte. Allerdings war es in erster Linie das Fehlen von Nachfrageimpulsen, das die Unternehmerschaft bewog, die Möglichkeit, die Tarifverträge durch Neueinstellungen zu unterschreiten, weitgehend ungenutzt zu lassen.

Der Reichsverband der Deutschen Industrie hatte sich nach der Bildung des Kabinetts von Papen zunächst zurückgehalten, da er »uferlose Pläne« hinsichtlich der angekündigten Arbeitsbeschaffungsmaßnahmen befürchtete. Paradoxerweise verlangte er schon im August eine Aufstockung der für die unmittelbare Arbeitsbeschaffung vorgesehenen Mittel und kam damit den Absichten des Reichswirtschaftsministers entgegen. Das Papen-Programm wurde vom Reichsverband enthusiastisch begrüßt, obwohl die mit dem System der Steuergutscheine eingeführte künstliche Kreditschöpfung weit über das hinausging, was die Industrie zuvor für akzeptabel gehalten hatte. Die positive Reaktion beruhte nicht zuletzt darauf, daß von Papen führende Vertreter des Reichsverbandes, darunter Krupp, Siemens und Bosch, an der Ausarbeitung des Programms beteiligt hatte. In der Haltung des Spitzenverbandes bahnte sich eine Neuorientierung an, die eine aktive Konjunkturpolitik nicht mehr grundsätzlich ausschloß.

Gegensätze ergaben sich indessen wegen der Absicht Magnus von Brauns, eine Kontingentierung der Lebensmittelimporte durchzusetzen, die, wie der Reichsverband gegenüber von Papen und von Hindenburg klarmachte, das deutsche Außenhandelsdefizit nur noch vergrößert hätte. Angesichts des Drucks der Industrie behandelte von Papen die landwirtschaftlichen Interessen, abgesehen von einzelnen Begünstigungen auf dem Gebiet des Vollstreckungsschutzes, weitgehend dilatorisch. Die Senkung der Hypothekenzinsen und die flankierenden Maßnahmen, die von Braun angekündigt hatte, scheiterten am Widerstand der gewerblichen Wirtschaft. Politisch gesehen erwies sich dies als nachteilig, da der Reichslandbund, der schon bei den Reichspräsidentenwahlen für Hitler eingetreten war, sich zunehmend an die NSDAP anlehnte. Der in der Politik von Papens angelegte Konflikt zwischen Landwirtschaft und Industrie über die »Rückkehr« zur wirtschaftlichen Autarkie blieb vorerst in der Schwebe.

Auch der schwerindustrielle Flügel, der, wie Paul Reusch, noch im Frühjahr deutliche Sympathien für die NSDAP bekundet hatte – Reusch hatte in den Reichspräsidentenwahlen gegen Hindenburg und für Hitler optiert –, solidarisierte sich spürbar mit dem Kabinett von Papen. Gerade beim rheinisch-westfälischen Unternehmertum gab es eine weitreichende gesinnungsmäßige Übereinstimmung mit dessen innenpolitischen Zielen. Die Bildung eines Kabinetts unter Ausschaltung des Parteieneinflusses stellte seit langem ein Desiderat vor allem der in der Ruhrlade vertretenen Unternehmer dar. So erklärte Reusch im August 1932, daß man in Deutschland nur weiterkomme, »wenn die Parteien bei der Regierungsbildung in Zukunft ausgeschaltet werden. Das vorzunehmende Reformwerk ist so ungeheuerlich groß, daß man vorläufig nicht daran denken kann, die Parteien im Reich und Preußen irgendwie wieder an die Regierung heranzulassen.« Für die Haltung der westlichen Schwerindustriellen war charakteristisch, daß der Langnam-Verein zu seiner Tagung am 23. November 1932 Reichsminister von Gayl und Reichskommissar Bracht als Redner einlud und nach deren umständebedingter Absage Carl Schmitt aufforderte, über die Grundzüge der von ihnen angestrebten Reichs- und Verfassungsreform zu referieren. Die Annäherung der Industrie an Franz von Papen, der ebenfalls eingeladen war, bedeutete einen fühlbaren Rückschlag der Bemühungen Hitlers, sich der Unterstützung der Wirtschaft zu versichern.

Das wirtschaftliche Reformprogramm von Papens diente nicht zuletzt der Rechtfertigung des vom Kabinett angestrebten offenen Verfassungswandels. Das Festhalten des Reichspräsidenten an der von ihm berufenen Präsidialregierung, die keinerlei Rückhalt im neu gewählten Reichstag besaß, wurde zwar nach außen mit der Notwendigkeit begründet, daß die Maßnahmen zur Gesundung der Wirtschaft nicht durch Parteienkompromisse und parlamentarischen Kuhhandel verwässert werden dürften. Aber intern bestand Klarheit darüber, daß es nicht um einen vorübergehenden, sondern um einen endgültigen Abbau des parlamentarischen Systems ging. Allerdings verdeckten die starken Worte, mit denen der Reichskanzler gegen das Damokles-Schwert einer NSDAP-Zentrums-Koalition zu Felde zog, eine gewisse Unsicherheit über die einzuschlagende Strategie des Kabinetts. Von den Kabinettsmitgliedern hatte sich der Reichsminister des Innern schon vor dem 13. August für die unverzügliche Ausrufung des Verfassungsnotstands stark gemacht. Im Zusammenwirken mit der Bendlerstraße waren die technischen und gesetzgeberischen Vorbereitungen zur Unterstellung der preußischen Polizei und zum Verbot der NSDAP sowie der Wehrverbände von links und rechts getroffen worden. In der entscheidenden Krisensitzung des Kabinetts am 30. August, die man als dessen »zweite Investitur« bezeichnet hat, trat von Gayl nachdrücklich für die vorbeugende Auflösung des Reichstages ein, da er befürchtete, bei weiterem Zögern das Gesetz des Handelns aus der Hand zu geben. Von Papen fehlte jedoch die Entschlußkraft, das Kampfprogramm seines Innenministers in die Tat umzusetzen, und er ließ günstige Anlässe wie Hitlers Auftreten am 13. August oder dessen Drohung mit einem Volksaufstand anläßlich des Potempa-Urteils ungenutzt verstreichen.

In Übereinstimmung mit General von Schleicher gab sich von Papen vielmehr der Hoffnung hin, einen förmlichen Staatsstreich einstweilen vermeiden zu können, indem man die Gegenseite ins Unrecht setzte und den Verfassungsumbau gleichsam auf Raten praktizierte. Jedenfalls wollte der Kanzler den Zusammentritt des Reichstages abwarten. Die Ultima ratio des Staatsstreiches wurde dergestalt durch die fortwährende Präsenz der Staatsstreichdrohung ersetzt, mit welcher der Reichskanzler die widerstrebenden Kräfte im Parteienfeld zum Stillhalten zu zwingen gedachte. Von Gayl paßte sich dieser Linie widerstrebend an und plädierte für eine Verfassungsumbildung, die, wie er glaubte, mittels einer Reform des Reichstagswahlrechts stufenweise vorangetrieben werden könnte. Eine Heraufsetzung des Wahlalters auf vierundzwanzig Jahre hätte der NSDAP beträchtlich geschadet, wäre aber politisch keinesfalls realisierbar gewesen.

An der Notwendigkeit der Reichstagsauflösung zweifelte keines der Kabinettsmitglieder, es sei denn, daß sich der Reichstag freiwillig vertagte und von einem Mißtrauensvotum gegen das Kabinett absah. Von Gayl setzte sich mit der weitergehenden Forderung, danach den Staatsnotstand auszurufen, ebenfalls nicht durch. Zu diesem Zeitpunkt konnte das Kabinett noch mit der grundsätzlichen Zustimmung des Reichspräsidenten rechnen, die Neuwahlen über die verfassungsmäßige Frist hinaus aufzuschieben, die ihm knapp drei Wochen zuvor abgerungen worden war. Die undatierte Auflösungsordre enthielt die verfassungsrechtlich fragwürdige Begründung, es bestünde die Gefahr, daß der Reichstag die Notverordnung vom 4. September aufhebe, was doch dessen verfassungsmäßiges Recht war. Kompromisse mit einer denkbaren Reichstagsmehrheit schloß von Papen daher von vornherein aus.

Wie von Gayl vorausgesehen hatte, verschlechterten sich die Chancen, den Staatsumbau zügig voranzutreiben, weil das ohnehin geringe Ansehen des Kabinetts in der Öffentlichkeit durch das katastrophale Abstimmungsergebnis vom 12. September und das Nachgeben in der Potempa-Frage endgültig geschwunden war. Die Begnadigung der Verurteilten, für die freilich auch Hindenburg eintrat, wurde allgemein als Zurückweichen vor Hitlers Bürgerkriegsdrohung empfunden. Durch den Empfang Görings, des neuen Reichstagspräsidenten, und durch eine Unterredung Hindenburgs mit Kerrl war der verhängnisvolle Eindruck, den Hitlers Rücknahme des Legalitätsversprechens vom Oktober 1930 hervorgerufen hatte, weitgehend verwischt worden. Die Reichstagsauflösung lenkte die politischen Energien in den Wahlkampf um und drängte den drohenden Konflikt zwischen NSDAP und Präsidialregierung in den Hintergrund, auf den sich die Ausrufung des Staatsnotstands allein beziehen konnte. Der Reichspräsident weigerte sich, unter anderen Bedingungen als einer konkreten Gefährdung der öffentlichen Ordnung von der Verfassung abzuweichen. Die Abkehr von der Verfassung unterblieb. Die Schwächung der Präsidialregierung kam auch darin zum Ausdruck, daß von Papen nunmehr die Reichstagswahlen bis zum letztmöglichen Termin am 6. November hinausschob.

Von Papen hatte die Stunde des Handelns verpaßt. Er geriet durch die Folgen des Mißtrauensvotums und die Ablehnung der Zusammenarbeit mit dem Reichstag zunehmend in die Defensive. Die preußische Landtagsmehrheit von NSDAP und Zentrum setzte ihn unter Druck, die seinerzeit von ihm selbst als verfassungswidrig bezeichnete Geschäftsordnungsänderung aufzuheben und die Mitwirkungsrechte des preußischen Landtages wiederherzustellen. Chamäleonartig verwandelte sich die preußische NSDAP in einen Vorkämpfer der demokratisch-parlamentarischen Verfassung, und sie wurde hierin vom Zentrum unterstützt, das dem Kanzler die leichtfertige Preisgabe rechtsstaatlicher Grundsätze zum Vorwurf machte. Unter diesen Umständen mußte jede verfassungspolitische Initiative des Kabinetts in der Öffentlichkeit als Bestätigung der gegen den Reichspräsidenten gerichteten Vorwürfe aufgefaßt werden. Die Reichsregierung sah sich auch durch die Rücksichtnahme auf die beim Staatsgerichtshof anhängige Klage Preußens veranlaßt, ihre verfassungspolitischen Vorhaben einstweilen aufzuschieben.

Gleichwohl ließ die Reichsregierung nicht davon ab, ihre Verfassungsreformpläne in der Regierungserklärung und in anderen öffentlichen Stellungnahmen mehr oder minder konkret darzulegen, was auf eine latente Staatsstreichdrohung hinauslief, ohne daß Klarheit darüber bestand, auf welchem Weg sie voranschreiten wollte. Von Gayl dachte zeitweise daran, eine oktroyierte Verfassungsreform durch ein Referendum zu legitimieren. Es war aber auch von der Einberufung einer Nationalversammlung die Rede. Von Schleicher erwog vorübergehend die Gründung einer Präsidialpartei, doch blieb das bloße Episode. Die Bemühungen zur Sammlung der bürgerlichen Mitte, die im September 1932 mit der Gründung des Deutschen Nationalvereins in Reminiszenz an die deutsche Einheitsbewegung einen neuen Anlauf nahmen, erfolgten unabhängig von diesen Überlegungen, wenngleich der Nationalverband mit dem »Kampf gegen die kollektivistisch-bolschewistische Welle von rechts und links« im Dezember von Schleichers Politik zu stützen versuchte.

Das Programm des »Neuen Staates«, das Walter Schotte, der frühere Herausgeber der »Preußischen Jahrbücher« und Autor der Herrenklub-Zeitschrift »Der Ring«, in einer vor den Novemberwahlen erschienenen Broschüre popularisierte, blieb die offizielle Linie der Reichsregierung. Sie gab eine öffentliche Erklärung heraus, daß »das System der formalen Demokratie in den Augen der deutschen Nation abgewirtschaftet« habe, was in der Tat dem zeitgenössischen Empfinden weithin entsprach. Die Ursache für die innenpolitische Fehlentwicklung erblickte Schotte in der Herausbildung eines Mehrparteiensystems, das den Sinn der Verfassung verfälscht und an die Stelle großer weltanschaulicher Frontbildungen den kleinlichen Interessenstreit der Parteien gerückt habe. Es mutet paradox an, daß die Ideologen des »Neuen Staates« gerade den »Weltanschauungsparteien« Lob spendeten, die zur Funktionsschwäche des parlamentarischen Systems maßgeblich beigetragen hatten.

Von Gayl, der im Unterschied zu Franz von Papens unklaren und undurchdachten Ideengängen relativ konkrete Vorstellungen für einen Verfassungsumbau entwickelt hatte, nahm die zunehmende Parteienzersplitterung zum Anlaß, das Parteiwesen als solches in Frage zu stellen. Die Kritik an der Vielfalt von Parteien war ein populäres zeitgenössisches Argument, das auch in keiner Wahlrede Hitlers fehlte. Tatsächlich übertraf die Zahl der im Reichstag vertretenen Parteien, die nicht die Fraktionsstärke erreichten, zu keinem Zeitpunkt diejenige im Reichstag von 1912, und sie erlangten, wenn man von den unter zwölf Mandate absinkenden bürgerlichen Parteien absieht, allenfalls dreißig Mandate. Die hohe Zahl von Wahlvorschlägen – im Juli 1932 bewarben sich zweiundvierzig Parteien – war für die Mehrheitsbildung ohne größere Bedeutung. Nicht die Parteienvielfalt als solche, sondern die Polarisierung des Parteienfeldes trug zur Funktionsunfähigkeit des Parlamentarismus bei. Das immer wieder geforderte Verhältniswahlrecht statt des Mehrheitswahlrechts hätte daran nichts Wesentliches geändert.

Die von den Ideologen des »Neuen Staates« propagierte Neuordnung war jedoch darauf gerichtet, politische Parteien als solche überflüssig zu machen, ohne daß Klarheit bestand, welche Institutionen an deren Stelle treten sollten. Von Gayl setzte vor allem auf eine grundlegende Änderung des Wahlrechts und auf die Bildung kleiner Einmannwahlkreise, die eine enge Verbindung von Wählern und Gewählten sicherstellen und die intermediäre Funktion von Parteibürokratien entbehrlich machen sollten, insbesondere wenn dies mit einem System indirekter Wahlen gekoppelt war. Unabhängig davon war daran gedacht, das aktive und passive Wahlalter um fünf Jahre heraufzusetzen, wovon sich von Papen zugleich eine Beruhigung der Lage an den Universitäten versprach. Im übrigen forderte von Gayl ein Mehrstimmrecht zugunsten von Familienvorständen und Kriegsteilnehmern, ohne die demographischen Voraussetzungen dafür geprüft zu haben. Den Kernpunkt der Neuordnung bildete die herausgehobene Stellung des Reichspräsidenten, der den Reichskanzler und die übrigen Regierungsmitglieder berief. Die Reichsregierung war nicht mehr dem Reichstag verantwortlich. Die Kompetenzen der Volksvertretung wurden vielmehr auf das Budgetrecht und auf Kontrollfunktionen eingeschränkt.

Das Programm des »Neuen Staates« reichte über die Rückwendung zum konstitutionellen System weit hinaus. Durch die Umbildung des Reichsrates in eine Erste Kammer waren die Rechte der Volksvertretung aufs äußerste eingeengt. Denn in das Oberhaus sollten Honoratioren entsandt werden, die der Reichspräsident auf Lebenszeit ernannte, und es sollte gegenüber der Zweiten Kammer mit einem unbeschränkten Vetorecht ausgestattet sein. Gesetze bedurften daher der Zustimmung beider Kammern. Für die Naivität dieses eindeutig reaktionären Verfassungskonzepts war es kennzeichnend, daß für den Fall eines Konflikts zwischen dem Präsidenten und der Regierung der letzteren keinerlei Widerstandsrecht eingeräumt war. Die reaktionäre sozialpolitische Dimension des Programms war daran zu ermessen, daß die im Vergleich zur Vorkriegszeit rapide angewachsene Staatsquote am Sozialprodukt radikal gesenkt und somit ein Abbau des sozialstaatlichen Instrumentariums der Republik vorgenommen werden sollte.

Manche Einzelheiten dieser unscharfen und widersprüchlichen Verfassungspläne gingen auf Vorschläge zurück, die der deutschnationale Reichstagsabgeordnete Axel von Freytagh-Loringhoven in den zwanziger Jahren unterbreitet hatte. Das Liebäugeln von Papens und von Gayls mit einem möglicherweise auf berufsständischer Grundlage gebildeten Oberhaus abstrahierte von der föderalistischen Struktur des Reiches. Eine Erste Kammer konnte, wie der in dieser Beziehung skeptisch eingestellte Carl Schmitt in seiner Rede im Langnam-Verein ausführte, schwerlich als Panazee zur Lösung der Verfassungskrise betrachtet werden. Sie sei erst nach der Verwirklichung eines »starken Staates« in die Praxis umzusetzen und nicht umgekehrt. Mit der Einrichtung eines Oberhauses gedachte man, den Weg zur Wiedereinführung der Monarchie offenzuhalten, wenngleich die Advokaten des »Neuen Staates« sich eingestanden, daß dies einstweilen nicht auf der Tagesordnung stand. Auffällig war die extreme soziale Esoterik des Reformprogramms, das gänzlich auf die Herrschaft einer privilegierten Oberschicht abgestellt war. Gleichwohl beanspruchte von Papen in seiner notgedrungen im Rundfunk abgegebenen Regierungserklärung, daß das Programm des »Neuen Staates« »am geistigen Wendepunkt des liberalen Jahrhunderts« stehe und »den Erfahrungen der Geschichte und der Eigenart unserer Heimat« Rechnung trage.

Merkwürdigerweise fanden die restaurativen Verfassungspläne des Kabinetts bei beträchtlichen Teilen der deutschen Oberschicht Zustimmung. Sie wurden von einigen hervorragenden Staatsrechtslehrern wie Carl Schmitt als legitimer Ausweg aus der Staatskrise verteidigt. Schmitts Preisgabe des ersten Teils der Weimarer Verfassung zugunsten der Souveränität des Reichspräsidenten zielte in eine ähnliche Richtung. Der Reichskanzler wiegte sich in der Illusion, den Verfassungsumbau politisch durchsetzen zu können. Intern äußerte er, daß man damit keinesfalls warten dürfe, bis sich die wirtschaftliche Erholung voll geltend mache, weil dann die Bereitschaft dazu notwendigerweise zurückgehe. Bei den bürgerlichen Parteien bis hin zur Staatspartei vollzog sich eine Umorientierung zugunsten konstitutioneller und berufsständischer Formen. Aber dies bedeutete nicht, daß von Gayls semi-absolutistisches Verfassungsprogramm die Zustimmung breiterer Bevölkerungsgruppen hätte finden können.

Die Verfassungspläne des Kabinetts von Papen gewannen zunächst nur im Hinblick auf die mittelfristige Lösung der Preußen-Frage aktuelle Bedeutung. Von Gayl sah in der Reichsexekution gegen Preußen eben doch ein Stück vorweggenommener Reichsreform. Das Kernstück der Neuordnung erblickte er in einer Personalunion der preußischen mit der Reichsregierung. Bei einer Stärkung der Autonomie der preußischen Provinzen wollte er auf ein selbständiges Zentralparlament neben dem Reichstag gänzlich verzichten und es durch einen von den Provinzen beschickten oder vom Reichspräsidenten gebildeten Staatsrat ersetzt wissen. Angesichts der Besorgnisse der Länder war von Papen indessen wiederholt zu Rückziehern gezwungen, indem er einerseits versicherte, die Eigenstaatlichkeit Preußens nicht antasten zu wollen, andererseits aber einräumte, daß nicht mehr als zwei Ministerien durch Personalunion mit der Reichsregierung verbunden sein würden, der immerhin weitere vier preußische Minister angehören sollten. Er bestand jedoch darauf, daß es nie wieder zu einem Dualismus zwischen Preußen und dem Reich kommen dürfe. Das Urteil des Staatsgerichtshofs blockierte die beabsichtigte Verreichlichung Preußens. Andererseits war das Präsidialkabinett nicht willens, in Preußen die Rückkehr zu parlamentarischen Regierungsformen zuzulassen, wie immer die Mehrheitsverhältnisse im Landtag aussehen mochten.

Eine flexiblere Haltung des Kabinetts von Papen hätte vielleicht verhindern können, daß es völlig isoliert in den im September anlaufenden Wahlkampf eintrat. Mit dem Mut der Verzweiflung ging von Papen nunmehr dazu über, die NSDAP rücksichtslos zu attackieren, wobei er deren taktisches Dilemma ausnutzte, gegen die »nationale« Regierung zu stehen und als Verfechter sozialistischer Prinzipien zu erscheinen. Hitlers Reaktion auf das Beuthener Urteil stellte er als bewußte Abkehr vom Rechtsstaatsprinzip und als Dolchstoß in den Rücken der um die Gleichberechtigung und Wehrhoheit der Nation ringenden Regierung hin. Demgegenüber bezeichnete Hitler von Papen als »Kanzler ohne Volk«, ironisierte dessen »Kabinett von Gottesgnaden« und nannte das Programm zur Belebung der Wirtschaft das »größte Stümper- und Flickwerk«, das überhaupt vorstellbar sei. Die beständigen Angriffe der NSDAP gegen die angeblichen Repräsentanten des Weimarer »Systems« waren indessen kein Anzeichen eines ungebrochenen Selbstbewußtseins. Vielmehr spiegelte sich in Hitlers Wahlreden das Trauma des 13. August in einem eher defensiven Grundzug, so wenn er als Exponent des »jungen Deutschland« gegen die »alten Exzellenzen von 1914« antrat und Hindenburg nicht verschonte, der wie »jeder alte Bauer eines Tages seinen Hof übergeben« müsse.

Es gehörte zur Tragödie jener Monate, daß Hitler keinen ernsthaften Gegenspieler hatte, der die hinreichende persönliche Ausstrahlungskraft besaß, wie sie in einer Phase extremer politischer Desorientierung und einer Verkehrung der Frontstellungen unentbehrlich war, um die Protestwähler von links und rechts für konstruktive Aufbauziele zurückzugewinnen. Faktisch wurde der Wahlkampf zwischen Hitler und von Papen über die Alternative von faschistischer oder autoritärer Diktatur ausgetragen. DNVP, DVP, Zentrum und BVP behaupteten bloß ihre Stellung, während die eigentlichen Verteidiger der Republik in die Rolle von Statisten verwiesen waren. Taktisch befand sich die NSDAP in einer wenig vorteilhaften Lage. Ihre bislang im Vordergrund stehenden Propagandaparolen, der Kampf gegen Versailles und die »Novemberverbrecher«, büßten ihre Wirksamkeit in dem Maße ein, in dem sich die Herrschaft der bürgerlichen Rechten gegenüber den ausgeschalteten Linksparteien festigte. Die NSDAP führte den Wahlkampf in erster Linie gegen das sozial-reaktionäre »Kabinett der Barone« und damit gegen eine Regierung, die in der Außen- und Wehrpolitik, in der Ablehnung von Parteien und Parlamentarismus sowie der Wiederherstellung eines starken nationalen Staates im Grunde mit ihr übereinstimmte und viele ihrer Propagandaformeln übernahm.

Im Wahlkampf gegen das Kabinett von Papen stellte die NSDAP nicht zuletzt dessen arbeiterfeindliche Sozialpolitik in den Vordergrund. Sie suchte auf diese Weise die Agitation der Linksparteien zu übertrumpfen, die sie im Vergleich zum bürgerlichen Lager als den eigentlichen Gegner betrachtete. Nur wenn es gelang, in großem Umfang KPD- und SPD-Wähler zu sich herüberzuziehen, bestand eine Chance, ihren Stimmenanteil nennenswert auszubauen. Daher benutzte die nationalsozialistische Propaganda, wenngleich mit deutlichen regionalen Unterschieden, vielfach sozialistisch gefärbte Schlagworte, obwohl Hitler gegen das kapitalistische System gerichtete Stellungnahmen beharrlich vermied. In seinem Auftrag gab Rudolf Heß die Anweisung, von einer übertriebenen Ausrichtung der Propaganda gegen »das Kabinett der Barone« Abstand zu nehmen, weil die Gefahr bestand, daß bürgerliche Sympathisanten davon abgestoßen wurden.

Die ambivalente Haltung, wie sie die NSDAP in wirtschaftspolitischer Hinsicht einnahm und die in schwerindustriellen Kreisen nachhaltige Beunruhigung hervorrief, wurde durch das spektakuläre Eintreten der NSBO in die von KPD und RGO gebildete zentrale Streikleitung bei den Berliner Verkehrsbetrieben noch unterstrichen. Trotz begrenzt erfolgreicher Vermittlungsversuche der Freien Gewerkschaften war es auf Betreiben der RGO am 3. November zum Ausstand gekommen, der sich gegen Lohnsenkungen richtete und den Verkehr in der Reichshauptstadt für mehrere Tage lahmlegte. Der Streik war von der RGO im Zusammenwirken mit der NSBO, also von einer Minderheit der gewerkschaftlich organisierten Arbeitnehmer, aber mit Zustimmung von 66 Prozent der Belegschaft ausgerufen worden. Es war eine typische Schwäche der kommunistischen Gewerkschaftspolitik, daß sie ausschließlich ökonomisch motivierten Streiks einen politischen Charakter überzustülpen versuchte und damit eine revolutionäre Umsturzbereitschaft vorspiegelte, die überhaupt nicht bestand.

Joseph Goebbels, der als Gauleiter von Berlin schon im September 1931 mit der Aktion »Hinein in die Betriebe« für den Aufbau der NSBO aktiv eingetreten war, wußte sehr wohl, daß ein Zusammengehen von KPD und NSDAP im BVG-Streik mit hohen Risiken verbunden war. Aber die NSBO wurde durch das Vorgehen des freigewerkschaftlichen Gesamtverbandes der Arbeitnehmer der öffentlichen Betriebe zu einer Art Offenbarungseid gezwungen, nachdem sie ihm leichtfertig Verrat an der Arbeiterschaft vorgeworfen hatte. Das Eintreten der NSDAP für die Streikenden bewahrte sie in den Berliner Arbeiterbezirken vor größeren Stimmenverlusten; es nährte jedoch zugleich das tiefsitzende Mißtrauen großbürgerlicher Kreise, daß radikale sozialistische Bestrebungen in der NSDAP an Boden gewönnen. Das gab den ansonsten so farblosen antisozialistischen Wahlkampfparolen der DNVP größere Stoßkraft. Das Dilemma der NSDAP, unterschiedliche Protestpotentiale nicht auf die Dauer politisch bündeln zu können, wurde hier sehr deutlich.

Gregor Straßer hatte die Auflösung des Reichstages vermeiden wollen, weil die NSDAP auf einen neuerlichen Wahlkampf weder psychologisch noch materiell vorbereitet war. Die Parteiführung rechnete aufgrund der vorangegangenen lokalen und regionalen Wahlen mit erheblichen Stimmenverlusten. Deshalb wurde der Parteipresse untersagt, statistische Wahlprognosen zu veröffentlichen. Anders als im Frühsommer, in dem die NSDAP mit dem Nimbus unaufhaltsamen Wachstums ausgestattet war, setzte bei Wählern und Anhängern eine deutliche Ernüchterung ein. Die Stimmung in der Partei war äußerst gedrückt, so daß Goebbels Mühe hatte, den gewohnten Siegeswillen zur Schau zu stellen. Allenthalben wurde der Austritt enttäuschter Parteigenossen gemeldet, und die Zugewinne konnten die rückläufige Mitgliederbewegung nicht mehr wettmachen. Spenden gingen in geringerem Umfang ein, die Beitragseinnahmen zurück. Die tief verschuldete Partei hatte Schwierigkeiten, Flugblätter und Plakate zu finanzieren, und für die gewohnten Großkundgebungen fehlten plötzlich die Mittel. Propaganda von Mund zu Mund mußte die Flugblattkampagnen ersetzen. Die verbreitete Wahlmüdigkeit hatte zur Folge, daß die Einsatzbereitschaft der Parteimitglieder für den Wahlkampf spürbar nachließ. Desgleichen mußten viele Ortsgruppen feststellen, daß es nicht mehr wie früher gelang, die Versammlungssäle zu füllen.

Der Mißerfolg des 13. August zehrte auch an der inneren Geschlossenheit der Partei. Die Rivalität innerhalb der nationalsozialistischen Führungsgruppe nahm groteske Ausmaße an. Vor allem im Lager der SA erhob sich Widerstand gegen die Fortführung der parlamentarischen Taktik. Viele SA-Standarten, die stets die Hauptlast im Wahlkampf getragen hatten, weigerten sich, weiterhin die Saalschutzaufgaben wahrzunehmen und an Wahlveranstaltungen mitzuwirken. Andererseits häuften sich die Vorwürfe gemäßigter NSDAP-Funktionäre gegen die SA, durch ihr militantes Auftreten und durch die bekanntgewordenen homosexuellen Neigungen Röhms das Ansehen der Partei nachhaltig zu schädigen. In der SA, die sich sachlich und finanziell gegenüber der politischen Organisation zurückgesetzt sah, häuften sich Disziplinschwierigkeiten, die in gewaltsame Exzesse einmündeten. Erscheinungen dieser Art suchte Straßer durch die Straffung des Parteiapparats abzufangen. Hitler erblickte das Remedium in der Konzentration aller Kräfte auf die Fortsetzung des Propagandafeldzugs, »als ob Sein oder Nichtsein« davon abhänge, und prognostizierte, die NSDAP werde aus der Wahlschlacht »als Sieger hervorgehen«. Mit einer unglaublichen Fähigkeit zur Selbstsuggestion schob er Straßers Einwände einfach beiseite.

Die Ermüdung der durch immer wiederkehrende Wahlen überforderten Bevölkerung wurde am 6. November 1932 in einer niedrigen Wahlbeteiligung augenfällig. Dafür war wohl auch der Eindruck maßgebend, daß Wahlentscheidungen den Lauf der Dinge nur unwesentlich beeinflußten. Für die NSDAP wirkte sich zusätzlich nachteilig aus, daß es nicht mehr möglich war, den hohen

Anteil an spontanen Protestwählern dauernd an sich zu binden. Was sich in den vorausgegangenen Regionalwahlen angekündigt hatte, trat jetzt ein. Die NSDAP mußte einen schweren Rückschlag hinnehmen. Neben der geringen Wahlbeteiligung war die Rückwanderung beträchtlicher Wählergruppen zur DNVP und teilweise auch zur DVP die Hauptursache für den Mißerfolg. Vor allem bäuerliche Wähler kehrten zur bürgerlichen Rechten zurück, während die NSDAP kaum Stimmen aus der Industriearbeiterschaft hinzugewann. Sie büßte 14,6 Prozent ihrer vorherigen Wähler ein und fiel von 37,3 auf 33,1 Prozent der Stimmen zurück. Die schwersten Verluste erlitt sie in den protestantisch geprägten agrarischen Gebieten Ostdeutschlands und in Wahlkreisen mit hohem Industrieanteil. Sie konnte sie nur begrenzt durch Stimmengewinne in den Bezirken kompensieren, in denen sie am 31. Juli unterdurchschnittliche Resultate erzielt hatte. Für die DNVP zahlte sich aus, daß sie ihre Wahlaussagen diesmal scharf gegen die NSDAP gerichtet hatte. Zugleich hatte das häufig undisziplinierte und rowdyhafte Auftreten der SA in der Öffentlichkeit manchen Sympathisanten verschreckt.

Der zweite Verlierer der Novemberwahl war die SPD, die von 21,6 auf 20,4 Prozent der Stimmen zurückging und vor allem in den industriellen Hochburgen Verluste hatte, die überwiegend der KPD zugute kamen. Die KPD gewann 2,6 Prozent der Stimmen hinzu und zog in den Reichstag mit nunmehr 100 Abgeordneten ein. Sie hatte eine bemerkenswert hohe Zahl von Protestwählern in agrarischen Regionen aufzuweisen, in denen die Partei zuvor kaum präsent gewesen war. Es zeigte sich erneut, daß das proletarische Lager bei Stimmenverschiebungen zwischen SPD und KPD vergleichsweise stabil war. Die Zentrumspartei konnte ihre Stellung nur knapp halten; sie erhielt zusammen mit der BVP 70 Sitze. Das Wahlergebnis brachte eine deutliche Erholung der DNVP, die 51, und der DVP, die immerhin 11 Mandate gewann. Der bürgerlich-konservative Wahlblock vereinigte jedoch nur 74 von 584 Mandaten. NSDAP und KPD zusammen verfügten hingegen über eine Sperrmajorität mit 296 Sitzen. Eine parlamentarische Mehrheit war weder auf der Basis der Großen Koalition noch auf der Grundlage eines Zusammengehens von NSDAP, Zentrum und BVP möglich. Die einzige denkbare Mehrheit hätte in einem Bündnis von NSDAP, DNVP, Zentrum und BVP bestanden, das aber Hugenberg und von Papen ablehnten.

Von Papen faßte den Wahlausgang eigentümlicherweise als Bestätigung des parteiungebundenen Präsidialkabinetts und des angestrebten Verfassungsumbaus auf. Das Vorgehen in Preußen, wo Bracht das Urteil des Staatsgerichtshofs zur Grundlage eines umfassenden beamtenpolitischen Revirements machte, zeigte deutlich, daß die Linie des »Neuen Staates« keineswegs preisgegeben war. Allerdings war von Schleicher, der den Staatsnotstandsplänen von vornherein distanziert gegenüberstand, im Begriff, endgültig auszuscheren. Die offene Kritik der süddeutschen Länder an den Plänen von Papens zur Verreichlichung Preußens erfüllte ihn mit Besorgnis. Er bat im Kabinett dringend darum, »die Frage einer Reform der Reichsverfassung bei der außerordentlich gespannten Situation zurücktreten zu lassen«. Denn die Regierung sah sich nach wie vor einer geschlossenen Phalanx oppositioneller Parteien gegenüber und konnte nur auf die Unterstützung der DNVP und einiger kleiner rechtsgerichteter Splittergruppen bauen. Die Zentrumspartei wies unmißverständlich darauf hin, daß ein Präsidialkabinett unter der Führung von Papens keine Chance haben werde, die Tolerierung durch eine Reichstagsmehrheit zu finden. Hitler, der den Wahlausgang als siegreichen Abwehrkampf deklarierte und »irgendeine Verständigung« mit der »Hugenberg-Papenschen Reaktion« zurückwies, ordnete noch am Wahltag an, »sofort alle Maßnahmen zur Einleitung eines neuen Propaganda-Feldzuges« zu treffen und alle innerorganisatorischen Arbeiten zurückzustellen.

Als der Reichskanzler sich schriftlich an Hitler mit dem Ersuchen um eine Unterredung über die Bildung einer »nationalen Konzentration« – Hindenburg hatte auf Anraten von Schleichers von Papen zwar zugesagt, an seiner Person festzuhalten, ihn aber zu Parteiführergesprächen über eine breitere Abstützung des Kabinetts gezwungen – wandte, wies Hitler in einem längeren Schriftsatz einen Eintritt in das Kabinett lapidar zurück. Er betonte zugleich, unter keinen Umständen gewillt zu sein, »das Verfahren des 13. August an mir wiederholen zu lassen«. Der äußeren und inneren Politik des Kanzlers könne er schon gar nicht zustimmen. Die »neue Möglichkeit der Zusammenfassung aller nationalen Kräfte«, von der von Papen spreche, sei eine Fiktion, zumal sich Hugenberg verweigere.

Da die bürgerlichen Mittelparteien gleichfalls von Papen ablehnten, hatte sich an den Mehrheitsverhältnissen im Reichstag nichts geändert. Nicht zuletzt um Zeit zu gewinnen, setzte von Schleicher, nachdem er die Frage eines Kanzlerwechsels aufgeworfen hatte, durch, daß von Papen diesmal dem Reichspräsidenten nach gutem parlamentarischen Brauch die Demission des Kabinetts anbot. Hindenburg, der entschlossen war, an Franz von Papen und am Präsidialsystem festzuhalten und jeden Rückfall in eine parlamentarische Regierung zu vermeiden, nahm das Entlassungsgesuch formell an, doch rechnete der nunmehr geschäftsführende Kanzler fest mit seiner Wiederbetrauung. Von Schleicher bahnte damit den Weg zu erneuten Parteiverhandlungen an, die jetzt in der Hand Hindenburgs lagen. Während der Reichspräsident die Parteiführer empfing, bemühte sich von Schleicher darum, über seine Kontakte zum ADGB, zu Gerekes Landgemeindetag, zu Gregor Straßer und zu den christlichen Gewerkschaften die schon im Sommer erwogene »Querfront« ins Leben zu rufen.

Hindenburg trat zunächst an Hitler heran, der sich wiederum nicht bereit zeigte, mündlich zu verhandeln, so daß es zu einem umfänglichen Briefwechsel kam. Der Parteiführer blieb bei seiner starren Haltung und bestand erneut auf der Kanzlerschaft einschließlich der präsidialen Vollmachten. Er ließ durchblicken, wie er sich die Lösung der innenpolitischen Krise vorstellte. Der Reichstag sollte einem befristeten Ermächtigungsgesetz zustimmen; um dies zu erreichen, sei das Druckmittel der Auflösungsordre unentbehrlich. Hindenburg war jedoch nur bereit, Hitler die Bildung eines parlamentarischen Mehrheitskabinetts zuzugestehen, dessen Zusammensetzung seiner Zustimmung bedürfe; insbesondere behalte er sich die Besetzung des Reichswehrministeriums und des Auswärtigen Amtes vor; eine Rückkehr zum Dualismus Reich–Preußen und eine Änderung des Artikels 48 seien auszuschließen. Hitler ließ es sich nicht nehmen, auf die Verfassungswidrigkeit dieser gewohnheitsrechtlich eingeübten Prärogativen des Reichspräsidenten hinzuweisen. In der Sache war keine Verständigung möglich. Hitler betonte, daß der Auftrag Hindenburgs »infolge seines inneren Widerspruchs« undurchführbar sei; er gab ihn mit dem keineswegs bloß taktisch gemeinten Anerbieten zurück, dem Reichspräsidenten ein Regierungsprogramm zu unterbreiten, nach dessen Billigung unverzüglich eine Ministerliste mit General von Schleicher als Reichswehrminister und Freiherrn von Neurath als Außenminister vorzulegen und auf der Basis einer präsidialen Bestallung dem Kabinett »die verfassungsmäßigen Voraussetzungen zur Arbeit zu schaffen«. Gegenüber Hindenburg verfing diese Finte nicht. Durch Meißner teilte er Hitler mit, daß er es nicht vertreten könne, »dem Führer einer Partei die präsidialen Vollmachten zu geben, die immer erneut ihre Ausschließlichkeit betont hat«, und daß er befürchte, »daß ein von Ihnen geführtes Präsidialkabinett sich zwangsläufig zu einer Parteidiktatur mit allen ihren Folgen« entwickeln werde.

Klarer konnte der Reichspräsident den Sachverhalt, daß Hitler nach der ganzen Macht strebte, um sie niemals wieder aus den Händen zu geben, nicht zum Ausdruck bringen. Hingegen erklärten sich die von ihm angesprochenen bürgerlichen Parteiführer entweder für eine Kanzlerschaft Hitlers, wie Kaas und Schäffer, oder sie wollten, wie Dingeldey, trotz mancher Bedenken die nationale Konzentrationsbewegung nicht an dieser Frage scheitern lassen. Nur Hugenberg widersprach einer Kanzlerschaft Hitlers mit Nachdruck. Schließlich beauftragte Hindenburg den Zentrumsführer Kaas, der für die Bildung eines »Not- und Auffangkabinetts« durch die mutige Tat von drei oder vier Parteiführern eingetreten war, zu prüfen, ob eine Alternative zu einer Kanzlerschaft Hitlers bestand. Kaas scheiterte mit diesem Versuch an der Intransigenz Hitlers und Hugenbergs, die er jedoch auf Indiskretionen aus Regierungskreisen zurückführte, die der von ihm angestrebten Koalition von vornherein keine Chance eingeräumt hätten, woraufhin Hindenburg mit der Androhung seines Rücktritts reagierte. Nach dem Fehlschlag der Parteienverhandlungen, zu denen die SPD aufgrund der kategorischen Ablehnung von Papens gar nicht mehr herangezogen worden war, berief Hindenburg seinen Lieblingskanzler an die Spitze eines personell im wesentlichen unveränderten Präsidialkabinetts.

Von Schleicher hatte gegen diese am 1. Dezember 1932 gefällte Entscheidung erhebliche Bedenken geäußert, da er nunmehr ernstlich an der sachlichen Qualifikation von Papens zweifelte und ihm, wie seinerzeit Brüning, mangelnde Fortune attestierte. Er stand mit dieser Auffassung im Kabinett nicht mehr allein. Ungeachtet solcher Widerstände beabsichtigte von Papen, den Reichstag noch vor dessen Zusammentritt aufzulösen und die Neuwahlen um sechs Monate aufzuschieben; dies konnte nicht auf den Artikel 48 gestützt werden und war nur mit einem angeblichen Staatsnotrecht zu begründen. Außerdem entschloß sich Franz von Papen, seinen Rückhalt am Stahlhelm durch die Ernennung Franz Seldtes zum Reichskommissar für den Freiwilligen Arbeitsdienst auszubauen. Das kam in der spektakulären Teilnahme der Regierung an dem Frontsoldatentag zum Ausdruck, der am 4. September zweihunderttausend Stahlhelmer auf dem Tempelhofer Feld versammelte. Für den mit Sicherheit zu erwartenden Konflikt mit dem Reichstag hatte sich von Papen der präsidialen Vollmachten vergewissert.

Indessen stand auch in den Beratungen des Kabinetts die Alternative einer Kanzlerschaft von Schleichers zur Diskussion, obwohl er keine greifbaren Resultate seiner Fühlungnahmen mit Gereke und Straßer vorzulegen vermochte. Trotz seiner gänzlich negativ ausgehenden Unterredung mit Hitler am 23. November hielt er noch immer an der Erwartung fest, daß Straßer bereit sei, »persönlich in die Bresche zu springen«, falls es nicht gelänge, Hitler für eine Regierungsbeteiligung zu gewinnen. Der Versuch, am 30. November ein Treffen mit Hitler zu arrangieren, scheiterte jedoch auf der ganzen Linie. Der Parteiführer flüchtete lieber in den thüringischen Wahlkampf, anstatt in das ungeliebte Berlin zu reisen. Die Entsendung von Oberstleutnant Eugen Ott, der Hitler vom Angebot von Schleichers erneut unterrichtete, änderte nichts an dessen Unnachgiebigkeit. Gleichwohl blieb der General entschlossen, an einer Einbeziehung der NSDAP festzuhalten.

Den Ausschlag gab von Schleichers Hinweis, ein »Kampfkabinett« von Papen werde binnen kürzester Zeit dazu führen, daß die Reichswehr gegen »neun Zehntel des Volkes« antreten müsse. Nach von Neurath nahm Schwerin von Krosigk in der Ministerbesprechung am Abend des 2. Dezember entschieden für den General Partei und brachte damit eine Palastrevolution in Gang. Es stellte sich heraus, daß auch die übrigen Kabinettsmitglieder mit einer Ausnahme nicht bereit waren, einer Wiederbetrauung von Papens mit der Kanzlerschaft zuzustimmen. In der Übertragung dieses Amtes an Kurt von Schleicher bot sich der einzige Ausweg an. Währenddessen hatte von Papen bereits mit dem aus dem aktiven Dienst ausgeschiedenen General Joachim von Stülpnagel Verbindung aufgenommen und ihn gefragt, ob er bereit sei, an Stelle von Schleichers in ein »Kampfkabinett« einzutreten, das unter Umständen sogar schießen müsse. Indem von Papen den Versuch machte, »die Gefahren von Streiks und inneren

Unruhen« zu bagatellisieren, gab er von Schleicher die erwünschte Gelegenheit, den bereitstehenden Oberstleutnant Ott, den Chef der Wehrmachtsabteilung, über ein militärisches Planspiel berichten zu lassen, das gegen ein gewaltsames Vorgehen sprach.

Das in enger Zusammenarbeit zwischen militärischen und zivilen Behörden aus Anlaß des BVG-Streiks erstellte Planspiel legte einen von der RGO und den Freien Gewerkschaften ausgerufenen Generalstreik, der von blutigen Zusammenstößen zwischen KPD und Polizei begleitet war, zugrunde. Die Planübung enthüllte, wie perfekt die Vorbereitungen für einen militärischen Ausnahmezustand einschließlich der dafür erforderlichen Notverordnungen vorangetrieben waren. Als Randbedingung wurde eine gleichzeitige militärische Bedrohung der Ostgebiete durch polnische Insurgenten angenommen. Was die NSDAP betraf, so ging die Studie davon aus, daß sie eine abwartende, wenngleich feindselige Haltung einnahm und örtlich mit den Streikenden sympathisierte. Das entsprach exakt der von der NSDAP bislang verfolgten Strategie. Die Studie betonte die Unentbehrlichkeit der NSDAP für die Verstärkung des Grenzschutzes in Ostpreußen und machte deutlich, daß die Ordnungskräfte bei einem Generalstreik überfordert sein würden. Dies gelte zumal dann, wenn die NSDAP ihre Mitwirkung in der Technischen Nothilfe, die faktisch zu einer Antistreikorganisation ausgebaut worden war, verweigerte. Indirekt spielte Ott auf die soziale Esoterik des Kabinetts von Papen an, indem er darauf hinwies, daß nicht der Eindruck entstehen dürfe, als werde die bewaffnete Macht »im Interesse einer Oberschicht gegen das ganze Volk« eingesetzt.

Otts Vortrag bestätigte die vom Reichswehrminister eingenommene Ablehnung verfassungspolitischer Experimente. Dahinter verbarg sich ein grundsätzlicher Zielkonflikt. Von Schleicher war es nach wie vor darum zu tun, die NSDAP zu zähmen und, wenn dies nicht gelang, deren positive Elemente an den Staat zu binden, wogegen sich bei Franz von Papen die autoritäre Programmatik verselbständigte. Im Reichskabinett war die Entscheidung für eine Kanzlerschaft von Schleichers jedoch schon vor dem Bericht über das Planspiel gefallen. Widerstrebend fügte sich der unerwartet alleingelassene Kanzler noch am selben Abend dem Beschluß der Kabinettsmehrheit und teilte dem Reichspräsidenten mit, einer »Schleicher-Lösung« nicht im Weg stehen zu wollen. Hindenburg reagierte mit der für ihn eigentümlichen militärischen Kargheit und erklärte dem tiefgekränkten und verbitterten von Papen, er sei zu alt, um noch einen Bürgerkrieg verantworten zu können. »Dann müssen wir in Gottes Namen Herrn von Schleicher sein Glück versuchen lassen.«

Von Papens Rücktritt beendete eine Phase konservativer Illusionen, die nicht zufällig von einem führenden Mitarbeiter der Herrenklub-Zeitschrift »Der Ring« artikuliert wurden. Die unaufgearbeiteten sozialen und politischen Ressentiments einer vergleichsweise kleinen Oberschicht, die ihre angestammten gesellschaftlichen und ökonomischen Privilegien durch das Vordringen des Wohlfahrtsstaates bedroht sah und ihr privates mit dem öffentlichen Interesse gleichsetzte, stellten das soziale Widerlager eines Übergangsregimes dar, das sich nur mittels der kontinuierlichen Staatsstreichdrohung an der Macht zu halten vermochte. Es war charakteristisch, daß es sich gegen die politische Linke mit dem »Preußen-Schlag« widerstandslos durchsetzen konnte, aber bei dem Versuch, die populistische Mobilisierung von rechts in Form der NS-Bewegung einzudämmen, hoffnungslos versagte.

Das hochkonservative Regime entfaltete nicht die Energie, den Schritt zur Militärdiktatur zu tun, der die einzige Möglichkeit darstellte, sich innenpolitisch zu behaupten und die reaktionäre Verfassungsrevision des »Neuen Staates« gegen die übergroße Mehrheit des Volkes zu erzwingen. Am Ende verweigerte sich die bewaffnete Macht, die mit dem Herrenreiter von Papen eine exklusive Elite an die Regierung gebracht und gehalten hatte, eben aus dem Motiv heraus, daß die Reichswehr ihre Kräfte nicht in der innenpolitischen Machtsicherung eines sozialreaktionären Regimes erschöpfen konnte, wenn sie ihre weitgesteckten Ziele der Wiedergewinnung der deutschen Hegemonie in Mitteleuropa nicht gefährden wollte. Indessen hatte das Kabinett von Papen wesentlich dazu beigetragen, die Widerstandskräfte zu lähmen, die allein in der Lage gewesen wären, sich der Springflut des Nationalsozialismus entgegenzustellen.

Von der autoritären zur faschistischen Diktatur

Die am 2. Dezember 1932 vollzogene Ernennung Kurt von Schleichers zum Reichskanzler beendete zwar die wochenlangen Spekulationen über die nach den Novemberwahlen erwartete Umbildung der Reichsregierung, jedoch nicht die Peripetie des Systems der Präsidialregierung. Von Schleicher hatte sich in den vorangegangenen Jahren im Hintergrund gehalten. Daß er jetzt keinen anderen Ausweg sah, als aus der gewohnten Rolle des hinter den Kulissen tätigen Regisseurs herauszutreten und selbst die Regierungsgeschäfte zu übernehmen, war ein Anzeichen für die innere Brüchigkeit des Präsidialsystems, das er seinerzeit maßgeblich ins Leben gerufen hatte, um die Interessen der Reichswehr im Hinblick auf die Abrüstungsverhandlungen stärker ins Spiel zu bringen. Mit der Ausschaltung der SPD und der pazifistischen Gruppierungen war der Weg für eine entschlossene Aufrüstungspolitik frei, welche die Reichswehrführung trotz spürbarer Auswirkungen der Wirtschaftskrise vorantrieb. Der Primat der Wehrpolitik war durch Franz von Papen leichtsinnig in Frage gestellt worden, indem er Gefahr lief, die bewaffnete Macht in bürgerkriegsähnliche Auseinandersetzungen zu verstricken. Hinzu kam, daß aus der Sicht der Reichswehr ein offener Konflikt zwischen ihr und der NSDAP mit dem Programm der umfassenden Wehrhaftmachung des deutschen Volkes unvereinbar war.

In dieser Lage sah von Schleicher nur die Möglichkeit, selbst zu versuchen, das aus dem Ruder geratene Staatsschiff wieder auf Kurs zu bringen. Er schmeichelte sich, die nötige Geschicklichkeit und den erforderlichen Sachverstand mitzubringen, um die zerstrittene nationale Opposition nun doch in einem von Hindenburg gestützten Kabinett zu einigen. Die Voraussetzungen dafür waren aber alles andere als günstig. Hitler hatte sich am 29. November Verhandlungen, zu denen ihn Straßer und Frick drängten, entzogen, wobei die vom Reichskanzler enttäuschten Ambitionen Görings auf das Amt des preußischen Ministerpräsidenten und das Scharfmachertum Goebbels' eine Rolle gespielt hatten. Oberstleutnant Ott, den von Schleicher anderntags nach Weimar entsandte, um Hitler aufzusuchen, mußte sich von ihm lange Tiraden anhören, warum er das Angebot einer Regierungsbeteiligung keinesfalls annehmen könne. Der neu ernannte Kanzler gab sich dem Glauben hin, notfalls Hitler aufs Altenteil schieben und Gregor Straßer, der ihm zugesagt hatte, »in die Bresche zu springen«, als Vizekanzler und preußischen Ministerpräsidenten in das Kabinett aufnehmen zu können. Darin lag eine verhängnisvolle Fehleinschätzung der Psychologie Hitlers wie der Handlungsmöglichkeiten und der Willenskraft Straßers. Die dünne Luft des Präsidialkabinetts hatte die Illusion begünstigt, als ob die Einstellung Einzelner über die Entwicklung der Reichspolitik entschied. Tatsächlich war es der am 20. Juli 1932 irreversibel gewordene Bruch mit der Sozialdemokratie, der die zunehmende Manövrierunfähigkeit des Reichskabinetts bedingte und dessen Überleben vom Wohlwollen der NSDAP abhängig machte.

Der politische Kurs von Schleichers erschöpfte sich in bloßem Taktieren und lief darauf hinaus, die mit dem Staatsstreich gegen Preußen vollzogene Option gegen die gemäßigte Linke durch ein populistisch getöntes Regierungsprogramm zu überspielen und sich in eigener Person als »sozialen General« hinzustellen. Er hoffte, die SPD zu einer abwartenden Haltung bewegen und gleichzeitig die Freien Gewerkschaften an die Regierung heranziehen zu können. Die anhaltende Wirtschaftskrise und die Massenarbeitslosigkeit wurden dazu benutzt, den Sozialdemokraten einen Waffenstillstand anzubieten, der an den grundlegenden Zielkonflikten in der Wehrpolitik nichts änderte. Die dem Kanzler nahestehende »Tägliche Rundschau« brachte nicht zufällig den Begriff des Burgfriedens in die öffentliche Diskussion. Dies deckte sich mit den Vorstellungen von Schleichers. Ihm stand das Krisenmanagement vor Augen, das dem kriegswirtschaftlichen System während des Ersten Weltkrieges zugrunde gelegen hatte. Aus dieser Perspektive drängte sich als Mittel zur Krisenüberwindung eine die parteipolitischen Fronten übergreifende Kooperation der Gewerkschaften auf, die vom linken Flügel der NSDAP bis zum ADGB reichen sollte. Seit dem Spätsommer hatte der General, ohne von Papens Placet dafür einzuholen, entsprechende Kontakte geknüpft, die jedoch nur dann sinnvoll erschienen, wenn es zum Bruch mit dessen ausgesprochen unternehmerfreundlichem Kurs kam.

Burgfriede und »Querachse«, auf die sich von Schleichers Krisenstrategie schlagwortartig reduzieren läßt, konnten nur deshalb eine gewisse Anziehungskraft entfalten, weil die politischen Parteien infolge der Ausschaltung des Reichstages und der Verordnungsgesetzgebung im Reich und in den Ländern in geringerem Maße hervortraten. Das allgemeine Unbehagen an der Tätigkeit der politischen Parteien nährte vor allem in bürgerlichen Kreisen die Vorstellung, man könne auf diese ungeliebten Kinder der Repräsentativverfassung überhaupt verzichten. Dies war auch ein Reflex der zunehmenden Auflösung der bürgerlichen Mittelparteien. Kuno Graf von Westarp, der altgediente deutschnationale und dann volkskonservative Parlamentarier, sprach damals öffentlich von einer »Parteidämmerung« und forderte die Parteien auf, nicht länger eine unmittelbare Beteiligung an den Regierungsgeschäften zu verlangen. Er warnte andererseits vor der Illusion, die Mitwirkung der politischen Parteien gänzlich unterbinden zu wollen. Eben dies war die Vorstellung Hans Zehrers und seiner Kollegen in den Redaktionsstuben der »Tat«. Sie hofften, daß an die Stelle der überalterten und bürokratisch erstarrten Parteikörper die Front der jungen Generation treten könne, die sich in der bündischen Bewegung eine eigenständige Organisationsform gegeben hatte. Dabei war freilich nicht klar, wie aus einer bloßen Gesinnungsgemeinschaft ein politisch handlungsfähiger Zusammenschluß hervorgehen sollte.

Hitler machte sich die allgemeine Ablehnung des Parteiwesens zunutze und versprach dessen vollständige Beseitigung in der von ihm beschworenen »Volksgemeinschaft«; er hob hervor, daß die nationalsozialistische Bewegung alle sozialen, konfessionellen und regionalen Gegensätze hinter der Gemeinsamkeit des nationalen Willens zurücktreten lassen werde. Ähnlich suchten DNVP und Zentrum sich als Bewegung zu deklarieren, und sie scheuten sich nicht, ebenfalls das Führerprinzip aufzugreifen. Lag darin ein indirekter Erfolg der nationalsozialistischen Propaganda, so sah sich Hitler zugleich mit dem Vorwurf konfrontiert, daß die NSDAP ihren ursprünglichen Bewegungscharakter zunehmend einbüße und immer mehr als politische Partei unter anderen auftrete. In dieser auch von Hans Zehrer geäußerten Kritik verbarg sich die Enttäuschung bürgerlicher Kreise, daß Hitler nicht bereit war, sich dem Kabinett von Papen unterzuordnen und die Sonderinteressen seiner Bewegung zurückzustellen, wie August Heinrichsbauer im September 1932, die Stimmung der Schwerindustrie an der Ruhr wiedergebend, gegenüber Gregor Straßer beklagte.

Inwieweit sich von Schleicher derartigem Wunschdenken verschrieb, ist schwer zu ermessen. Jedenfalls distanzierte er sich nachdrücklich von den verfassungdurchbrechenden Neuordnungskonzepten, wie sie von Papen und von Gayl favorisiert hatten. Er traf keinerlei Anstalten, deren Verfassungsreformpläne aufzugreifen und das Präsidialsystem gesetzlich zu verankern. Desgleichen sah er davon ab, die mittlerweile von der bayerischen Regierung ausgearbeiteten Vorschläge zur Reichsreform weiter zu verfolgen und definitive Schritte in der preußischen Frage zu unternehmen. Obwohl er sich der Unterstützung des »Tat«-Kreises erfreute, teilte er wohl kaum die Illusionen Zehrers von einer epochalen politischen Neuordnung. Ihm ging es in erster Linie darum, den drohenden Verfassungskonflikt, den von Hindenburg fürchtete, abzuwenden und das Präsidialkabinett unter seiner Führung wieder handlungsfähig zu machen. Er rechnete mit einer baldigen konjunkturellen Erholung und war vorerst darauf bedacht, Zeit zu gewinnen. Indem er am Primat der Wehrpolitik festhielt, glaubte er, die Opposition der Linken durch Arbeitsbeschaffung neutralisieren und zugleich die NSDAP, die ihren Höhepunkt überschritten zu haben schien, an die Regierung heranziehen zu können. Er überschätzte offenbar die Einwirkungsmöglichkeiten der Reichswehr auf die innere Politik.

In seiner Regierungserklärung, die von Schleicher am 15. Dezember 1932 im Rundfunk abgab, um nicht Opfer einander überlagernder Mißtrauensvoten im Reichstag zu werden, zeigte sich der Kanzler ausgleichsbereit. Er hob hervor, nicht ein »Kampf-«, sondern ein »Verständigungskabinett« gebildet zu haben, und er versicherte, mit allen gutwilligen Kräften zusammenarbeiten zu wollen. In deutlichem Kontrast zum Regierungsstil von Papens sorgte der Kanzler dafür, daß die Regierungsvertreter vor den Reichstagsausschüssen erschienen. Ebensowenig hinderte er die Fraktionen in ihren Bemühungen, die Funktionsfähigkeit des Reichstages unter Beweis zu stellen. Folgerichtig überließ er Zentrum, SPD und NSDAP die Initiative, die umstrittenen Eingriffe von Papens in das gültige Tarifrecht rückgängig zu machen, und widersetzte sich nicht der am 9. Dezember 1932 vom Reichstag beschlossenen Aufhebung des sozialpolitischen Teils der September-Notverordnungen. Vielmehr beeilte sich das Reichskabinett, die Regierungsverordnungen unverzüglich zurückzuziehen und deren Auslauffristen so kurz wie möglich anzusetzen.

Der Auftakt des Kabinetts konnte somit von Außenstehenden als Wiederingangsetzung des parlamentarischen Systems aufgefaßt werden. Der Reichstag beschloß mit einer von links nach rechts reichenden Mehrheit ein Amnestiegesetz für politische Straftaten, soweit sie nicht den Tatbestand des Mordes erfüllten, was freilich nichts mit einer Überbrückung der latenten Bürgerkriegsfronten zu tun hatte. Das Amnestiegesetz verschaffte unter anderen dem Herausgeber der »Weltbühne«, Carl von Ossietzky, der wegen einer in das Jahr 1929 zurückreichenden Aufdeckung der geheimen deutschen Luftrüstung des Landesverrats bezichtigt und zu langjähriger Haft verurteilt worden war, die Freiheit. Doch die Amnestie stellte auch einen Freibrief für die politische Kriminalität von rechts dar, sofern sie überhaupt konsequent verfolgt worden war. Das von der NSDAP eingebrachte Stellvertretungsgesetz, dem zufolge die Stellvertretung des Reichspräsidenten nicht mehr vom amtierenden Reichskanzler, sondern von dem Präsidenten des Reichsgerichts wahrgenommen werden sollte, erinnerte den Kanzler unliebsam an die nach den Novemberwahlen mit Hitler geführten Verhandlungen. Aus dem Umkreis des Reichspräsidenten war der Vorschlag gekommen, durch eine entsprechende Verfassungsänderung zu verhindern, daß Hitler als Reichskanzler nicht zu Lebzeiten des Reichspräsidenten dessen Funktion zufiele. Die mit den Stimmen der SPD verabschiedete Vorlage bedeutete somit einen doppelten Affront gegen von Schleicher.

Die Waffenruhe zwischen Parlament und Regierung kam auch in der Bereitschaft des Ältestenrates zum Ausdruck, den Zusammentritt des Reichstages mehrfach zu verschieben, um einem offenen Konflikt mit der Regierung auszuweichen. Die NSDAP war einstweilen nicht geneigt, das Risiko von Neuwahlen einzugehen, die ihr unter den gegebenen Bedingungen nur eine Niederlage bringen konnten. Umgekehrt fügte sich die Zentrumspartei dem Wunsch des Kanzlers, an dem Reichskommissariat in Preußen vorerst festzuhalten und den Gedanken an eine Regierungsbildung mit der NSDAP aufzuschieben. Die Gefahr für den Bestand des Kabinetts ging nicht so sehr vom Reichstag als vielmehr vom ungestillten Ehrgeiz des gestürzten Kanzlers aus, den von Schleicher vergeblich auf den Pariser Botschafterposten wegzuloben suchte. Hindenburg wünschte, von Papen als unentbehrlichen Ratgeber in seiner Nähe zu haben, und es erscheint nachträglich als symptomatisch, daß der Ex-Kanzler seine Dienstwohnung behielt.

Für die innenpolitische Gesamtsituation war es bezeichnend, daß SPD und KPD im Kräftespiel eine bloß passive Rolle einnahmen. Zwar protestierte die KPD vehement gegen das Kabinett von Schleicher als »verschärfte Stufe des faschistischen Regimes« und war für die Einbringung eines Mißtrauensvotums gut, aber faktisch besaß sie keine konkrete Handlungsperspektive; seit dem Frühjahr 1932 hielt sie an der gegen die SPD gerichteten Linie der Einheitsfront von unten fest und klammerte sich im Zusammenhang mit der von ihr 1929 gegründeten Antifaschistischen Aktion starr an das Dogma, daß der Hauptstoß gegen die des »Sozialfaschismus« bezichtigte Sozialdemokratie zu führen sei. Die auch nach dem 20. Juli 1932 auf Anweisung der Komintern beibehaltene ultralinke Taktik war von einer Stärkung der Machtposition Ernst Thälmanns begleitet. Mit Hilfe des Exekutivkomitees der Komintern entledigte er sich seiner Kritiker im Zentralkomitee, die für eine Verschärfung des Kampfes gegen die NSDAP eintraten. Vor allem gelang es ihm, den Rivalen Heinz Neumann auszuschalten.

Thälmann teilte die Illusionen der Komintern-Führung, daß sich die Stellung der KPD kontinuierlich festige und die Verhältnisse in Deutschland mittelfristig auf eine revolutionäre Situation hinarbeiteten. Die KPD überschätzte ihre Erfolge in den Novemberwahlen, in denen sie nicht zuletzt dank zuvor sozialdemokratischer Protestwähler ihren Stimmenanteil von 14,3 auf 16,9 Prozent der Stimmen ausbauen konnte. Der BVG-Streik, den Thälmann als »bisher stärkste revolutionäre Leistung« der kommunistischen Bewegung feierte, wurde als Ausgangspunkt für eine zunehmend breitere Massenaktion hingestellt, obwohl er ebenso wie die wenigen von der KPD initiierten Streiks ausschließlich ökonomische Ursachen hatte. Die KPD war mit etwa 350.000 Mitgliedern, von denen die übergroße Mehrheit erwerbslos war, und einer beträchtlichen Mitgliederfluktuation den Großverbänden der SPD und des ADGB quantitativ weit unterlegen, zumal sie in den industriellen Großbetrieben nahezu keinerlei Rückhalt besaß. Die Revolutionäre Gewerkschaftsopposition und die von ihr seit 1931 gegründeten kommunistischen Gewerkschaftsverbände erreichten in den Betriebsrätewahlen nicht die Hälfte der Stimmen der christlichen Gewerkschaften und waren schwerlich in der Lage, größere Streikbewegungen ohne die Beteiligung der Freien Gewerkschaften in Gang zu bringen. Der illegale Rote Frontkämpferbund täuschte mit etwa 40.000 Mitgliedern eine Kampfkraft vor, die in Wahrheit nicht bestand, und desgleichen blieb die kommunistische Jugendorganisation mit annähernd 55.000 Mitgliedern enttäuschend schwach. Der RFB und der von Hans Kippenberger aufgebaute militärpolitische Apparat dienten im wesentlichen dem Selbstschutz der frühzeitig mit einem Verbot rechnenden Partei. Ihre Existenz nährte jedoch die in der Rechtspresse immer wieder lancierten Berichte über angebliche Aufstandsvorbereitungen der KPD.

Der Führungsanspruch der KPD in der von ihr geforderten antifaschistischen

Einheitsfront ruhte daher auf schwachen Füßen, zumal sich manche der durch besondere Militanz hervortretenden Unterorganisationen wie der Kommunistische Jugendverband nur schwer auf die widerspruchsvolle Linie des Zentralkomitees festlegen ließen und sich in der Anwendung »individuellen Terrors« hervortaten. Zwar kam es angesichts der massiven Bedrohung der Arbeiterschaft durch das provozierende Auftreten von SA und SS im lokalen Bereich vereinzelt zum Zusammengehen mit sozialdemokratischen Organisationen, aber von einem nennenswerten Einbruch in die sozialdemokratisch eingestellte Arbeiterschaft konnte nirgends die Rede sein. Die maßlosen Polemiken der KPD, welche SPD und ADGB nach wie vor als »Schrittmacher und aktiven Faktor der Faschisierung« hinstellten und deren Führung als »sozialfaschistisch« denunzierten, machten die Einheitsfrontpropaganda, an der sich auch SAPD und KPO beteiligten, weithin unglaubwürdig. An mehr als einen Nichtangriffspakt, wie ihn Friedrich Stampfer nach der Bildung des Kabinetts von Papen in Vorschlag gebracht hatte, war in der Tat nicht zu denken.

Der Kanzlerwechsel zu Kurt von Schleicher traf den SPD-Vorstand in einer Phase, in der er im wesentlichen damit beschäftigt war, sich von der KPD-Agitation abzugrenzen. Er erwog daher gar nicht erst, aus der aufgezwungenen Oppositionsrolle herauszutreten. Zwar konstatierte Rudolf Breitscheid, daß der Kanzler sich von seinem Vorgänger durch »größeren Tatsachensinn und Anpassungsfähigkeit« positiv unterscheide. Aber es blieb bei der prinzipiellen Ablehnung des Präsidialkabinetts. Daß die SPD-Führung nach der Ausschaltung Otto Brauns in Preußen, die sie in erster Linie Schleicher anlastete – was nicht ganz den Tatsachen entsprach –, aus Rücksicht auf die Anhängermassen jede Zusammenarbeit mit dem General zurückwies, war vollauf berechtigt. Nur vereinzelt tauchten Erwägungen auf, das Kabinett von Schleicher, dessen Abwendung von der Papenschen Sozialpolitik positiv aufgenommen worden war, zu tolerieren.

Die Front gegen von Schleicher war jedoch innerhalb der SPD keineswegs so geschlossen, wie es deren offiziöse Stellungnahmen vermuten ließen. Nur der nachdrückliche Einspruch des Parteivorstands hielt die Reichsbanner-Führung unter Karl Höltermann davon ab, mit dem vom Kanzler propagierten Reichskuratorium für Jugendertüchtigung zusammenzuarbeiten. Desgleichen fanden die Bemühungen der Regierung, den Freiwilligen Arbeitsdienst auszubauen, bei der SPD lebhafte Sympathien; einige Funktionäre äußerten allerdings berechtigte Bedenken gegen die in den Arbeitslagern im Vordergrund stehende vormilitärische Erziehung. Auch in der Verfassungsfrage war der Standpunkt der SPD weniger eindeutig, als dies nach außen der Fall zu sein schien. Eine Reihe von weiterblickenden Parteiintellektuellen, unter ihnen Carlo Mierendorff, Hermann Heller, Ernst Fraenkel und Otto Kirchheimer, stellte angesichts der offenkundigen Funktionsunfähigkeit des Weimarer parlamentarischen Systems unterschiedlich akzentuierte Überlegungen an, die Autorität der Regierung durch die Einrichtung einer zweiten Kammer, die Einführung berufsständischer Elemente oder die Einschränkung der Prärogative des Parlaments zu stärken. Darin spiegelte sich die um sich greifende Skepsis über die Lebensfähigkeit des liberal-parlamentarischen Systems, keineswegs jedoch die Bereitschaft, auf die Linie von Schleichers einzuschwenken. Das galt insbesondere für die SPD-Führung, die sich auf eine langfristige Oppositionsrolle einstellte, hingegen die Verfassung konsequent zu verteidigen gedachte.

Der defensive Grundzug der von der SPD verfolgten Strategie hatte sich seit dem Reichsparteitag in Leipzig im Oktober 1931 noch verstärkt. Die Tolerierungspolitik hatte sich als Fehlschlag erwiesen, zumal sie weder den Sturz Brünings noch den Preußen-Schlag hatte verhindern können. Trotz der Abspaltung der SAPD blieb die äußere Geschlossenheit der Partei bestehen und verstärkte sich in der Abwehr der NSDAP. Dennoch büßte die SPD das Vertrauen der nachrückenden Generation zunehmend ein. Viele der jüngeren Aktiven stießen zur SAPD oder nahmen eine innerparteiliche Oppositionshaltung in der SAJ ein. Enttäuschung ergriff auch die Vertreter des rechten Flügels, die sich in der Gruppe der »Neuen Blätter für den Sozialismus« zusammenfanden oder im Reichsbanner und der Eisernen Front engagierten. Die Kritik an der zunehmenden Immobilität der Politik der SPD, gegen die Vorherrschaft bürokratischer Apparate und gegen eine hohl gewordene Versammlungsdemokratie, welche die Massen nicht mehr ansprach, wurde von den Jüngeren unabhängig davon artikuliert, ob sie zur Links- oder zur Rechtsopposition gehörten. Äußerlich paßte sich die Partei den veränderten politischen Bedingungen an und kopierte in mancher Hinsicht die Werbemethoden der faschistischen Bewegungen. Aber es wurde deutlich, daß sie trotz der propagandistischen Offensive der Eisernen Front zu eigenen Initiativen immer weniger fähig war.

Von Schleicher hatte daher die Opposition der SPD ebensowenig zu fürchten, wie er mit ihrer Kooperation rechnen konnte. Für das von ihm verfolgte Querfront-Konzept war es hingegen von grundlegender Bedeutung, neben den christlichen Gewerkschaften, auf deren Sympathien Verlaß war, den ADGB zu gewinnen und die verbreitete Tendenz auszunutzen, das Bündnis zwischen politischer und gewerkschaftlicher Bewegung aufzukündigen. Im Unterschied zum SPD-Vorstand hatte die ADGB-Führung, in der es klare Befürworter der Ideen des Gereke-Kreises gab, sich weit offener zur Kabinettsumbildung vom Dezember 1932 geäußert. Im Abrücken des Kabinetts von Schleicher vom sozialpolitischen Kurs seines Vorgängers erblickte der ADGB einen beachtlichen gewerkschaftlichen Erfolg. Er übersah dabei, daß die Abwehrstreiks gegen die Unterschreitung der Tariflöhne nicht von den Gewerkschaftsverbänden ausgelöst worden waren und daß die Unternehmerschaft selbst vielfach darauf verzichtete, von der Ermächtigung Gebrauch zu machen, vom geltenden Tarifrecht abzuweichen. Ob eine Einbindung der Gewerkschaften in das bestehende

Präsidialkabinett auf mittlere Sicht möglich war, hing nicht zuletzt davon ab, ob der Kanzler das von ihm proklamierte Ziel umfassender öffentlicher Arbeitsbeschaffung wahrmachte.

Auf einem Krisenkongreß vom April 1932 hatte der ADGB mit dem WTB-Plan ein umfassendes Arbeitsbeschaffungsprogramm vorgelegt. Es ging auf die Initiative des Leiters des Statistischen Büros des ADGB, Wladimir Woytinski, zurück, der die Unterstützung Fritz Tarnows, des Vorsitzenden des Holzarbeiterverbandes, und des sozialdemokratischen Agrarpolitikers Fritz Baade fand. Sie legten Ende 1931 einen ersten Entwurf des dann nach ihren Initialen benannten Plans vor, der auf aktiver Konjunkturpolitik mittels umfassender Kreditschöpfung beruhte und vorsah, eine Million Erwerbslose durch öffentliche Arbeiten zu beschäftigen. Im Vergleich zu der späteren Arbeitsbeschaffungspolitik Schachts und Hitlers war der Kreditrahmen eher begrenzt. Neuartig hingegen war die ihm zugrunde liegende Erwägung, die Krise durch Anstöße von der Konsumseite zu überwinden; inflationistische Wirkungen waren nicht zu befürchten, da die brachliegenden Produktionskapazitäten rasch aufgefüllt und damit der Kaufkraftsteigerung entsprechen würden.

Mit dem WTB-Plan trennte sich der ADGB von einer bloß reaktiven Wirtschaftspolitik, die das kapitalistische System als solches seiner Eigengesetzlichkeit überließ und nur die Verteilungsmechanismen kontrollierte; mit ihm tat er einen Schritt in Richtung auf eine bewußte Steuerung der Wirtschaft. Dies implizierte die Übernahme volkswirtschaftlicher Gesamtverantwortung durch die Gewerkschaften, aber auch die Loslösung von einem lediglich mechanistischen Verständnis des ökonomischen Prozesses, wie es noch aus dem Programm der Wirtschaftsdemokratie hervorleuchtete. Der zögernden Übernahme des WTB-Plans durch die Gewerkschaften war ein schwerer Konflikt mit der SPD vorausgegangen, für die vor allem Rudolf Hilferding auf die inflatorischen Folgen hinwies, obwohl die Beobachtung Woytinskis, daß sich die Deflation überschlage und zu einer willkürlichen Kaufkraftbeschränkung führe, nicht von der Hand zu weisen war.

Die skeptische Aufnahme des WTB-Plans durch die SPD-Führung entsprang nicht nur ihrer Festlegung auf eine orthodox marxistische Krisentheorie, sondern auch ihrer taktischen Anlehnung an Brüning, dessen Zurückhaltung in der Arbeitsbeschaffungsfrage von der überwiegenden Mehrheit der sozialdemokratischen Wirtschaftsexperten geteilt wurde. Immerhin sah sich die Partei zu einem Entgegenkommen an die Gewerkschaften veranlaßt; die Arbeitsbeschaffungsanträge, die sie in der Spätphase des Kabinetts Brüning und in den Anfängen des Kabinetts von Papen vorlegte, waren jedoch betont zurückhaltend formuliert und in ein Bündel von Maßnahmen zum »Umbau der Wirtschaft« verpackt. Die weitgehenden Verstaatlichungspläne, die unter dieser Formel wieder auftauchten, bedeuteten einen Schritt zurück hinter den WTB-Plan, ganz abgesehen davon, daß die darin enthaltenen »Forderungen für die Wirtschaft der Zukunft« sowohl von den konkreten Wirtschaftsproblemen als auch von den tatsächlichen Machtverhältnissen gänzlich abstrahierten und einem indirekten Eingeständnis der politischen Isolierung der SPD gleichkamen.

Im Frühjahr 1932 erhielt der ADGB von unerwarteter Seite Unterstützung und Konkurrenz in der Arbeitsbeschaffungsfrage. In einer vielbeachteten Reichstagsrede hatte Gregor Straßer am 10. Mai 1932 unter dem Schlagwort von der »großen antikapitalistischen Sehnsucht«, die fünfundneunzig Prozent des deutschen Volkes erfaßt habe, ein noch umfassenderes Arbeitsbeschaffungsprogramm gefordert. Die Reichstagsrede wurde wenig später als »Wirtschaftliches Sofortprogramm der NSDAP« in hohen Auflagen verbreitet. Mit seinem Eintreten für großzügige öffentliche Arbeitsbeschaffung machte sich der NSDAP-Führer zum Sprachrohr einer in breitesten Kreisen vorhandenen Stimmung. Aus seiner Rede ging hervor, daß die NSDAP eine sachliche Zusammenarbeit mit den Gewerkschaften nicht rundweg ablehnen würde. Die Bildung einer breiten Arbeitsbeschaffungsfront war Straßers taktisches Hauptziel, während er den involvierten finanzpolitischen Fragen des Programms, das im wesentlichen von Adrian von Renteln abgefaßt worden war, geringere Aufmerksamkeit widmete. Der Öffentlichkeit war nicht bewußt, daß Straßers Wendung zu einer konstruktiven Sozialpolitik nicht die Unterstützung Hitlers besaß, der das »Sofortprogramm« nach heftigen Einsprüchen der Wirtschaftsverbände im Oktober 1932 zurückziehen ließ.

Straßer war zu seiner Arbeitsbeschaffungsinitiative nicht zuletzt vom »Tat«-Kreis ermutigt worden, zu dem er lose, allerdings überwiegend indirekte Verbindungen unterhielt. Von den gewerkschaftlichen Vorschlägen zur Arbeitsbeschaffung unterschied sich das »Sofortprogramm« dadurch, daß die erforderliche staatliche Kreditschöpfung durch die Lösung vom Goldstandard und durch den Übergang zu einer auf weitgehende Autarkie ausgerichteten Wirtschaftspolitik abgestützt werden sollte. In der Sache fanden Straßers Überlegungen die Billigung angesehener Nationalökonomen, die sich in der Studiengesellschaft für Geld- und Kreditwesen zusammengefunden hatten. Zu ihnen gehörte Ernst Wagemann, der Kritiker der Brüningschen Deflationspolitik, sowie der Lübecker Fabrikant Heinrich Dräger, der im Sommer 1932 mit einer Schrift über »Arbeitsbeschaffung durch produktive Kreditschöpfung« hervorgetreten war. Auch wenn es keine direkten Beziehungen zu der gewerkschaftlichen Reformergruppe um Woytinski gab, lag eine Zusammenarbeit zwischen den Anhängern Straßers und den Freien Gewerkschaften nahe. Zudem hatte Gereke seit Herbst 1931 eine Plattform zu schaffen versucht, die Persönlichkeiten unterschiedlicher parteipolitischer Provenienz in dieser Frage zusammenführte. Über Hermann Cordemann, den Leiter des Berliner Büros der wirtschaftspolitischen Abteilung der Reichsorganisationsleitung der NSDAP, unterhielt Straßer Kontakte zu dem

Gereke-Kreis, der wieder Verbindungen zu General von Schleicher besaß und in dem neben NSDAP, Landvolkpartei und Stahlhelm auch Reichsbanner und ADGB vertreten waren.

Von Schleicher hoffte, die sich in der Arbeitsbeschaffungsfrage abzeichnende Interessenallianz benutzen zu können, um die extreme Isolierung des Präsidialkabinetts zu überwinden und die Parteien mittelfristig zum Stillhalten zu bewegen. Sicherlich hätte dies im August 1932 größere Chancen gehabt als nach der Diskreditierung des Präsidialsystems durch die dilettantischen Alleingänge von Papens. Die potentiellen Partner des Kanzlers blieben jedoch mißtrauisch, ob sich von Schleichers Initiative nicht bloß in taktischem Kalkül erschöpfte. In der Tat fehlte ihm die innere Glaubwürdigkeit, die notwendig gewesen wäre, um so heterogene Partner wie die ADGB-Führung, die Straßer-Gruppe in der NSDAP und die christlichen Gewerkschaften, möglicherweise auch den Jungdeutschen Orden und den DHV zu gemeinsamem Handeln zu bewegen. Es hing alles davon ab, ob es gelang, Gregor Straßer, damals nach Hitler die einflußreichste Persönlichkeit in der NSDAP, als Vizekanzler zu gewinnen. Voraussetzung dafür war die Bereitschaft der NSDAP, desgleichen der SPD und des Zentrums, sich einer unmittelbaren Einflußnahme auf die Regierung zu enthalten und dieser eine Art Vertrauensbonus zur Durchsetzung der Arbeitsbeschaffung einzuräumen, auch wenn von einer parlamentarischen Ermächtigung nicht die Rede war.

Bei der Kabinettsumbildung im Dezember 1932 war nicht mehr viel vom Impuls zur Arbeitsbeschaffung zu spüren. Zwar setzte von Schleicher die Ernennung Günter Gerekes als Reichskommissar für die Arbeitsbeschaffung gegen den Widerstand des Reichswirtschaftsministers und des Reichsfinanzministers durch, doch er erreichte nicht, daß die Zuständigkeit für diese Fragen aus den beteiligten Ressorts herausgelöst und Gereke zugeordnet wurde. Für eine umfassende Reform war daher kein Raum. Die Finanzierung des von Gereke vorgelegten »Sofortprogramms« stieß zudem auf den zähen Widerstand des Ressorts. Aktive Unterstützung fand er nur bei dem preußischen Finanzminister Johannes Popitz, der angesichts der desolaten finanziellen Situation der durch die Aufwendungen für die Erwerbslosenfürsorge hoffnungslos überlasteten Gemeinden ein umfassendes Arbeitsbeschaffungsprogramm für unerläßlich hielt. Allerdings wollte er es mit einem Umbau des Systems der Arbeitslosenversicherung, insbesondere der Preisgabe des Versicherungsprinzips, verknüpfen, was den schärfsten Protest der von Gereke umworbenen Gewerkschaften hervorgerufen hätte. Insofern fand sich Gereke überwiegend isoliert, auch wenn er dies nach außen nicht zugab und auf die publizistische Unterstützung Hans Zehrers rechnen konnte. Die Attraktivität des Kabinetts für die gewerkschaftlichen Gruppen wurde durch die beibehaltene finanzpolitische Orthodoxie nicht eben erhöht.

Unter dem Einfluß des Reichsbankpräsidenten Luther, der in inflationistischen Tendenzen noch immer die größte Gefahr erblickte, beschränkte das Kabinett die für die Arbeitsbeschaffung bereitzustellenden Mittel im wesentlichen auf jene fünfhundert Millionen Reichsmark, die ursprünglich für das Papensche System der Mehrbeschäftigungsprämien vorgesehen und mangels ausreichender Nachfrage nicht ausgegeben worden waren. Hinzu kamen einige flankierende Maßnahmen in der Bauwirtschaft und im Siedlungswesen. Das »Sofortprogramm« blieb aber weit hinter den Erwartungen zurück, die von Schleicher in seiner Regierungserklärung geweckt hatte. Die Großindustrie, die ihren Einfluß im Kabinett geltend machte und den Kanzler beschwor, am Papenschen Wirtschaftsprogramm festzuhalten, reagierte fühlbar erleichtert. Daß die von Gereke eingeleiteten Schritte in die richtige Richtung wiesen, ging daraus hervor, daß die zu Jahresbeginn 1933 bereitgestellten Mittel von den Gemeinden bereits Ende Februar abgerufen waren. Das zeigte, daß der Arbeitsbeschaffung trotz der sich abflachenden Krise große psychologische Bedeutung zukam.

In der politischen Öffentlichkeit fand die zumindest in der Form konziliante Politik von Schleichers, die sich von den »Herrenreiter«-Allüren von Papens deutlich abhob, positive Resonanz. So registrierten die Beamtenverbände, daß ihre Interessen nun nicht mehr von vornherein beiseite geschoben wurden. Der Stimmungsumschwung zugunsten von Schleichers umfaßte neben Teilen der Arbeiterschaft breite mittelständische Gruppen. Es hing viel davon ab, ob es dem Kanzler gelang, diesen Sympathievorschuß für eine politische Stabilisierung zu nutzen. Sein Startvorteil, richtungspolitisch weniger festgelegt zu sein als von Papen, verwandelte sich in dem Maße in ein Handicap, in dem sich der Eindruck verstärkte, daß die Verhandlungen, die er mit den Parteien und Verbänden aufnahm, nur hinhaltenden Charakter besaßen. Von Schleicher zögerte eine umfassende Kabinettsumbildung immer wieder hinaus. Neben von Papen waren nur von Gayl und Hugo Schäffer ausgeschieden, der als Reichsarbeitsminister nicht überzeugt hatte. Es blieb unklar, ob die erwünschte Verbreiterung der Grundlage des Kabinetts lediglich in Form der Tolerierung durch unterschiedliche politische Kräfte erfolgen oder zu einer partiellen Reaktivierung des Parlamentarismus führen sollte.

Tatsächlich konnte der Kanzler nur mit der aktiven Unterstützung der christlichen und nationalen Gewerkschaftsverbände sowie mit der Tolerierung durch das Zentrum rechnen. Hugenbergs übersteigerten Forderungen vermochte er mit Rücksicht auf das Zentrum nicht zu entsprechen. Im übrigen hing alles davon ab, ob Gregor Straßer als unerläßliches Kernstück der Gewerkschaftsachse in das Kabinett eintrat. Allein unter dieser Voraussetzung hatte es Sinn, die Freien Gewerkschaften für die Stützung des Kabinetts zu gewinnen. Angesichts fehlender Alternativen wird es begreiflicher, warum von Schleicher trotz des am 8. Dezember vollzogenen Bruches zwischen Straßer und Hitler bis Anfang Januar glaubte, diese Option offenhalten zu können. De facto hatte der Kanzler schon Wochen zuvor die Initiative verloren, kam seine Politik über bloß taktische Diversionen nicht hinaus.

Ohne über die Absichten von Papens im einzelnen informiert zu sein, durchschaute Otto Braun die verzweifelte Lage, in der sich der Kanzler und das Präsidialregime als solches befanden. Anders als die SPD-Führung, von der Braun den Eindruck gewann, daß sie sich »mehr und mehr von der kommunistischen Demagogie die Gesetze ihres Handelns vorschreiben« und in eine »fruchtlose Oppositionsstellung« hineinmanövrieren ließ, erblickte er die einzige Chance in einem Zusammengehen mit General von Schleicher. Er unterbreitete ihm am 6. Januar 1933 das Angebot, im Falle einer Aufhebung des Reichskommissariats für die gleichzeitige Auflösung des Reichstages und des preußischen Landtages sowie für den Aufschub von Neuwahlen bis zum Frühjahr einzutreten. Von Schleicher wies Brauns Vorschläge kategorisch zurück. Sicherlich war äußerst fragwürdig, ob der Parteivorstand der SPD Brauns Initiative zugestimmt hätte, deren verfassungdurchbrechender Charakter offenkundig war. Entscheidend war, daß es von Schleicher weder psychologisch noch politisch vermochte, eine solche Kehrtwendung zu vollziehen. Beim SA-Verbot, bei der Erörterung der Staatsnotstandspläne von Gayls, bei von Papens Entschluß, die staatlichen Machtmittel notfalls gegen die NSDAP einzusetzen, hatte er regelmäßig Einspruch erhoben, da ein solches Vorgehen dem militärpolitischen Grundmotiv widersprach, das ihn zum maßgebenden Befürworter des Präsidialsystems gemacht hatte. Ein solches Vorgehen hätte zudem niemals die Zustimmung des Reichspräsidenten gefunden, der die Konflikte mit Braun nicht vergessen hatte.

Daß Mißtrauen der SPD in Kurt von Schleicher war vollauf berechtigt. Es stellte zwar ein bloß taktisches Argument dar, wenn Otto Wels ihn als Kanzlermacher für die Wirtschaftspolitik von Papens als mitverantwortlich erklärte. Aber die Unnachgiebigkeit, die der General in der preußischen Frage bewies, machte deutlich, daß er zu einem ernsthaften Entgegenkommen nicht bereit und nicht fähig war. Die Ernennung Franz Brachts zum Reichsminister des Innern mußte die SPD verbittern. Denn Bracht war in erster Linie für die umfassenden antirepublikanischen Personalschübe in Preußen verantwortlich. Das Kalkül von Schleichers beruhte daher allein auf der Eventualität, die Freien Gewerkschaften von der SPD zu trennen, wofür es seit langem Anzeichen gab. Schon im Oktober 1932 hatte Theodor Leipart in einer vielbeachteten Rede in der Gewerkschaftsschule in Bernau die prinzipielle Bereitschaft der Gewerkschaften angedeutet, im Rahmen des Präsidialregimes mitzuarbeiten, sofern mit dem ausgesprochen arbeitnehmerfeindlichen Kurs von Papens gebrochen würde. Nach dem Regierungswechsel nahm Leipart in einem Interview für die Pariser Zeitung »Excelsior« gegenüber von Schleicher eine ungewöhnlich positive Haltung ein, was er unter dem Druck der SPD allerdings teilweise dementieren mußte. Die Verbindung von Repräsentanten des ADGB zum Gereke-Kreis wies in die gleiche Richtung.

Es gab einflußreiche Kräfte innerhalb des Gewerkschaftsapparats, die eine Annäherung an die Regierung, notfalls auf Kosten der engen Beziehungen zur SPD, für wünschenswert hielten. In der »Gewerkschafts-Zeitung« sprach Clemens Nörpel am 24. Dezember von der »stets gleichbleibenden Aufgabe« der Gewerkschaften, »unter jeder Regierung und unter jeder Staatsform die Arbeitsbedingungen bestmöglich zu regeln«. Insbesondere eine Gruppe jüngerer national denkender Gewerkschaftssekretäre, an erster Stelle Lothar Erdmann, erwogen ernsthaft, sich mit dem Präsidialregime auf der Grundlage einer im einzelnen noch zu bestimmenden korporativen Eingliederung der Gewerkschaften in den Staat zu verständigen. Die teilweise unter Verwendung von Fälschungen artikulierten kommunistischen Unterstellungen, es habe Verhandlungen mit dem Kanzler über eine »Verstaatlichung« der Gewerkschaften gegeben, waren zwar sachlich falsch, spiegelten aber eine vorherrschende Tendenz wider.

Trotz ursprünglicher Berührungsängste hatte die Führung der Freien Gewerkschaften ihre Widerstände gegen den Freiwilligen Arbeitsdienst aufgegeben, obwohl es in den Verbänden an Mißtrauen nicht fehlte, daß damit das Tarifrecht unterlaufen würde. Quantitativ erlangte der FAD nicht den Umfang, den ihm von Schleicher zugedacht hatte. Unter der Leitung des inzwischen zum Reichsarbeitsminister aufgestiegenen Präsidenten der Reichsanstalt für Arbeitsvermittlung und Arbeitslosenversicherung, Friedrich Syrup, konnten wegen mangelnder finanzieller Ausstattung nur etwa 242.000 Jugendliche mit öffentlichen Arbeiten beschäftigt werden oder an Arbeitslagern privater Träger teilnehmen, was im Hinblick auf die anhaltende Jugendarbeitslosigkeit ein Tropfen auf den heißen Stein war. Dem Ausbau des Freiwilligen Arbeitsdienstes lag ursprünglich die Absicht zugrunde, die arbeitslosen Jugendlichen von den Straßen wegzubringen und damit der politischen Radikalisierung von rechts und links zu begegnen. Von Schleicher erblickte darin einen bedeutsamen Schritt in Richtung auf die Schaffung einer Miliz, mit der die Einführung der allgemeinen Wehrpflicht vorbereitet werden konnte.

Für die damalige psychologische Situation war es bezeichnend, daß die Arbeitslagerbewegung breite Popularität gewann, der sich selbst die Freien Gewerkschaften nicht entzogen, zumal sie sich eingestehen mußten, die Dauerarbeitslosen organisatorisch nicht erfassen zu können. Desgleichen war das Reichsbanner lebhaft daran interessiert, durch Mitarbeit am Freiwilligen Arbeitsdienst die dort gebotenen Möglichkeiten der Führerschulung wahrzunehmen. Umgekehrt sah sich Konstantin Hierl, der als Mitarbeiter Straßers einen selbständigen nationalsozialistischen Arbeitsdienst aufgebaut hatte, genötigt, sich mit dem FAD zu arrangieren, um nicht die eigene Rekrutierungsbasis zu gefährden. Die Verbände der bürgerlichen Rechten, insbesondere der Stahlhelm, erkannten in den staatlich bezuschußten Arbeitslagern vor allem eine Chance zur vormilitärischen Ausbildung. Syrup konnte jedoch verhindern, daß die Arbeitslagerbewegung ausschließlich der bürgerlichen Rechten anheimfiel. Sie blieb vielmehr ein Sammelbecken unterschiedlicher, in der Regel von der Jugendbewegung beeinflußter politisch-sozialer Strömungen.

Parallel dazu bemühte sich von Schleicher um die Schaffung eines »umfassenden Notwerks der deutschen Jugend«, das auf eine Selbstorganisation von Arbeitslosen ausgerichtet war. Es stellte in seinen Augen einen Ersatz für die als unzureichend empfundene Arbeit des Reichskuratoriums dar, blieb aber wegen des mangelnden finanziellen Spielraums ebenso eng begrenzt. Von all diesen Initiativen versprach sich von Schleicher eine Überwindung des »Parteigeistes« bei der Jugend. Sie gehörten für ihn in das Vorfeld der allgemeinen Wehrpflicht und des Milizgedankens. Das Höltermann unterbreitete Angebot, das Reichsbanner mit dem Stahlhelm zu einem Reichskriegerverband zusammenzuschließen, war ein Reflex der im Reichswehrministerium vorherrschenden Überlegung, das Programm der Wehrhaftmachung des deutschen Volkes für eine innenpolitische Konsolidierung nutzbar zu machen. In einer solchen Instrumentalisierung des Wehrgedankens lag sicherlich die spezifische Schwäche der durch General von Schleicher verfolgten Politik, sofern für sie überhaupt ein ausgefeiltes Konzept vorlag. Gleichwohl übten Gedankengänge dieser Art auch auf die Freien Gewerkschaften beträchtliche Anziehungskraft aus, und sie hatten, wie die Reaktion des Reichsbanners zeigte, Resonanz bei der jüngeren Generation.

Die neokonservative Variante des Präsidialkabinetts, die unter von Schleicher ins Leben trat, hätte im Sommer 1932 eine begrenzte Integrationskraft entfalten können. Nach dem gescheiterten Experiment von Papens, für das dessen Nachfolger ein gerüttelt Maß an Verantwortung trug, waren die Voraussetzungen für eine innenpolitische Stabilisierung unter autoritärem Vorzeichen nicht mehr gegeben. Auch wenn sich das ursprünglich extreme Mißtrauen der Industrie gegenüber dem Kabinett angesichts der Eindämmung der Arbeitsbeschaffungsmaßnahmen Gerekes verringerte und sowohl der Reichsverband der Deutschen Industrie als auch der Deutsche Industrie- und Handelstag die Bemühungen der Regierung honorierten, die unkluge und gegen die Interessen der Exportindustrie gerichtete Handelspolitik von Papens abzubauen, blieb doch eine grundsätzliche Distanz erhalten. Parallel dazu verstärkte sich die Kritik der landwirtschaftlichen Interessengruppen. Von Schleicher hatte zuvor seine grundsätzliche Haltung zu häufig geändert, als daß er nunmehr trotz wohlwollender Zusicherungen an SPD und Freie Gewerkschaften deren Tolerierung zu erringen vermochte. Selbst wenn die angestrebte Liaison mit Gregor Straßer zustande gekommen wäre, hätte das angestaute Mißtrauen gegen den vom Primat der Wehrpolitik ausgehenden, im übrigen politisch bloß taktierenden General schwerlich ausgeräumt werden können.

Bereits am Tag nach der Übernahme der Kanzlerschaft, am 3. Dezember, bot von Schleicher dem zweiten Mann der NSDAP sowohl die Vizekanzlerschaft im Reich als auch das Amt des preußischen Ministerpräsidenten an. Zu diesem Zeitpunkt war Straßer noch von der Hoffnung erfüllt, die Führungsgruppe der NSDAP für den von ihm vertretenen Kompromißkurs gewinnen zu können. Der katastrophale Ausgang der thüringischen Gemeinde- und Kreistagswahlen am Tag darauf, bei denen die NSDAP im Vergleich zu den Reichstagswahlen mehr als vierzig Prozent der Stimmen einbüßte, bestätigte seine Auffassung, daß die Partei die bislang verfolgte ausschließlich destruktive Taktik nicht beibehalten konnte, wenn sie glaubwürdig sein wollte. Er war mit seinem Vorschlag, unter von Schleicher in das Kabinett einzutreten, in der Minderheit geblieben. Nach den thüringischen Wahlen schien sich innerhalb des Funktionärskorps ein Stimmungsumschwung abzuzeichnen. Einem beträchtlichen Teil der Reichstagsfraktion stand vor Augen, daß eine erneute Reichstagsauflösung schwere Wählerverluste mit sich bringen würde.

Am 7. Dezember kam es zum Eklat. Hitler, der zwei Tage zuvor noch in Unkenntnis des förmlichen Angebots durch General von Schleicher war, lehnte bei einem Treffen im Kaiserhof Straßers Argumente rundweg ab. Straßer beschwor den Parteiführer, vor einer Entscheidung die wichtigsten Parteigaue und Landesinspektionen aufzusuchen und sich selbst ein Bild von der inneren Lage der Partei zu verschaffen. Aber Hitler ging darauf ebensowenig wie auf frühere Vorhaltungen ein. Die Schärfe der Auseinandersetzung machte den Bruch unabwendbar. Straßer hatte sich bereits seit dem 30. November 1932, als er in der Parteiführerbesprechung isoliert geblieben war, mit Rücktrittsgedanken getragen. Da eine Spaltung der NSDAP für ihn nicht in Frage kam, zog er die persönliche Konsequenz aus einer unhaltbar gewordenen Position und entschloß sich nun, seine Parteiämter niederzulegen, an der Parteimitgliedschaft jedoch festzuhalten.

Straßer, der enttäuscht darüber war, daß er keine Unterstützung durch die übrigen Parteiführer erfuhr, wenngleich viele ihm zuvor zugestimmt hatten, legte in einem nach dem Zusammentreffen mit Hitler abgefaßten Schreiben, das diesem am Nachmittag des folgenden Tages ausgehändigt wurde, die Gründe seines Rücktritts dar. Er versicherte darin, sich nicht in den Mittelpunkt irgendwelcher Oppositionsbestrebungen stellen zu wollen. Auf einem kurzfristig einberufenen Treffen der Landesinspekteure im Reichstag erläuterte er seine Entscheidung sowohl mit objektiven als auch mit persönlichen Gründen. Sein Entschluß konnte als letzte Warnung an Hitler aufgefaßt werden, sich endlich von den falschen Beratern zu befreien, auf deren verhängnisvollen Einfluß er die Fehlentwicklung der Partei zurückführte. Aus seiner Sicht bedurfte Hitlers genuine politische Begabung der Korrektur durch den praktisch handelnden Politiker, der die alltägliche Realität im Blick hatte, während der »Führer« sich in Visionen erging. Straßer bejahte die charismatische Funktion, die Hitler als Parteiführer ausfüllte. Doch das hinderte ihn nicht daran, ein distanziertes Urteil zu bewahren und sich vom Hitler-Kult freizuhalten. Persönliche Loyalität erlaubte es ihm nicht, sich offen gegen Hitler zu stellen, wie seine Freunde es von ihm erwarteten. Später sollten sie ihm eine Paladin-Mentalität zum Vorwurf machen.

Die noch in der Nacht zum 9. Dezember von der dem Kanzler nahestehenden »Täglichen Rundschau« gebrachte Meldung über Straßers Rücktritt schlug in der Parteizentrale wie eine Bombe ein, zumal sie mit dem Kommentar verknüpft war, daß allein Straßer in der Lage sei, die NSDAP aus ihrer heillosen Verirrung herauszuführen. Hitler hielt die Ernennung Straßers zum Vizekanzler und Reichsarbeitsminister für unmittelbar bevorstehend und faßte den ganzen Vorgang als bewußten Abfall und Versuch Straßers auf, die NSDAP zu spalten. Er geriet zunächst in eine tiefe Depression und äußerte Selbstmordgedanken: »Wenn die Partei einmal zerfällt, dann mache ich in drei Minuten Schluß.« Von Goebbels zusätzlich beeinflußt, glaubte er nicht einen Moment an Straßers Aufrichtigkeit. Nachdem er sich gefaßt hatte, reagierte er in der üblichen hypertrophen Weise auf den von ihm als Diversion des Kanzlers verstandenen Schritt Straßers.

Während Hitler die Parteikrise nach außen herunterzuspielen versuchte, indem die Sprachregelung erging, Straßer habe einen dreiwöchigen Krankenaufenthalt angetreten, übernahm er persönlich das verwaiste Amt des Reichsorganisationsleiters. Auf einem unverzüglich angesetzten Treffen zwang er die Landesinspektoren zu einer eindeutigen Loyalitätserklärung, die er kurz danach auch der NSDAP-Reichstagsfraktion abforderte, wobei die bis zur Tränenrührung eingesetzte Rhetorik byzantinistisch anmutende Unterwerfungsrituale auslöste. Die Treuegelöbnisse verdeckten den Sachverhalt, daß sich innerhalb des Funktionärskorps die Neigung verstärkte, für die entbehrungsreichen Kampfjahre durch öffentliche Ämter und politische Macht endlich belohnt zu werden, und daß das Verständnis für Hitlers Kurs nachließ, der unter dem Hinweis darauf, die Ziele der Bewegung nicht für einige Ministerposten opfern zu wollen, die Partei in verhängnisvolle Neuwahlen zu stürzen drohte.

Der grundsätzliche Charakter des Konflikts mit Gregor Straßer wurde durch Hitlers hektische Reaktionen überspielt. Straßer hatte sich nicht gescheut, ihn in seinem Rücktrittsschreiben, dessen Entwurf erhalten geblieben ist, unumwunden anzusprechen. Neben dem mangelnden Vertrauen in seine Loyalität beklagte er Hitlers Widerstand gegen die von ihm beharrlich vorangetriebene zentralistische Zusammenfassung und hierarchische Gliederung des Parteiapparats. In der Tat war Hitler geneigt, an dem Prinzip des Gewährenlassens der Unterführer nicht zu rütteln, sofern sie sich ihm gegenüber loyal verhielten. Die von Straßer herausgegebenen Organisationsrichtlinien, die angesichts der Ausweitung der

Mitgliedschaft der Partei unverzichtbar erschienen, wurden von Hitler nachgerade für schädlich gehalten.

Hinter den Divergenzen über die Grundsätze der Parteiorganisation verbarg sich eine unüberbrückbare Meinungsverschiedenheit hinsichtlich der politischen Aufgaben der NSDAP. Die Partei sei nicht in erster Linie, rügte Straßer den »Führer«, »eine zur Religion werdende Weltanschauung«, sondern »eine Kampfbewegung, die die Macht im Staate in jeder Möglichkeit anstreben muß, um den Staat zur Erfüllung seiner nationalsozialistischen Aufgabe und zur Durchführung des deutschen Sozialismus« zu befähigen. Die Unterordnung der Partei unter den Staatsgedanken, die Straßer, darauf anspielend, daß sich die NSDAP der politischen Verantwortung entzog, für selbstverständlich hielt, widersprach dem personalistischen Politikverständnis Hitlers. Für ihn stellte die NSDAP die Verkörperung der »nationalsozialistischen Idee« schlechthin dar; sie dürfe ihre innere Glaubwürdigkeit um keinen Preis durch taktische Bündnisse preisgeben. Nach wie vor verfolgte Hitler die Vision, daß nur ein unbeirrbares Festhalten an den Prinzipien der Bewegung dieser die ungeteilte Macht verschaffen werde – eine Einstellung, die von sämtlichen realen Indikatoren abstrahierte.

Straßer war davon überzeugt, daß es notwendig war, die bisher ausschließlich durch den Primat der Wahlwerbung geprägte und in vieler Beziehung subversive Taktik der NSDAP aufzugeben, sie zu konstruktiver politischer Arbeit zu bewegen und sich um die Realisierung bestimmter inhaltlicher Zielsetzungen zu bemühen. Die Forderung nach einem »deutschen Sozialismus«, die er immer wieder erhob, zeichnete sich gewiß nicht durch programmatische Präzision aus. Aber es bestand kein Zweifel, daß es jhm damit wie mit seinem Eintreten für die Arbeitsbeschaffung ernst war und daß er darin nicht wie Hitler austauschbare Versatzstücke einer auf politische Mobilisierung bedachten propagandistischen Strategie erblickte. Anders als Hitler war er davon überzeugt, die bislang im Abseits stehende Industriearbeiterschaft zur NSDAP herüberziehen zu können. Die »brachiale Auseinandersetzung mit dem Marxismus«, stellte er gegenüber Hitler kritisch fest, könne und dürfe nicht »im Mittelpunkt der innerpolitischen Aufgabe« stehen. Es müsse vielmehr darum gehen, »eine große breite Front der schaffenden Menschen zu bilden und sie an den neugeformten Staat heranzubringen«.

Mit der Kritik an den terroristischen Methoden der Partei spielte Straßer auf die Vorstellung Hitlers an, die Eroberung der politischen Macht auf dem Weg einer gewaltsamen Endabrechnung mit dem »Marxismus« zu suchen; er warnte vor der »alleinigen Hoffnung auf das Chaos als Schicksalsstunde der Partei«. Damit rührte er an Hitlers eigenartige Vorstellung, daß sich der Machterwerb der NSDAP im Zuge einer bürgerkriegsartigen Auseinandersetzung mit den marxistischen Parteien abspielen würde. Hitler legte entscheidenden Wert darauf, daß die Niederschlagung einer Erhebung der Linken, mit der er rechnete, ohne Zuhilfenahme der bewaffneten Macht, ausschließlich mit den Kräften der Bewegung erfolgte; denn sie allein würde die Rücksichtslosigkeit aufbringen, den marxistischen Gegner ein für allemal mundtot zu machen. Die Vision einer »deutschen Bartholomäus-Nacht« schlug sich auch noch nach der Übernahme des Reichskanzleramts durch Hitler in der Aufforderung nieder, die Wehrmacht solle die »Abrechnung mit der Straße« der Partei und der SA überlassen. Daß der Einbruch in das »marxistische« Lager, der für Hitler die Auseinandersetzung mit einer annähernd gleichartigen »Weltanschauung« bedeutete, nicht mit den Mitteln bloßer Überredung vorangetrieben werden konnte, war für ihn selbstverständlich. Nicht die Übernahme der Regierung, sondern die gewaltsame Niederringung der organisierten Arbeiterbewegung hielt Hitler für die entscheidende Etappe auf dem Weg zur Eroberung der politischen Macht. Straßer hingegen war davon überzeugt, daß nur ein konstruktives sozialpolitisches Programm die arbeitenden Massen vom Einfluß der SPD befreien konnte. Von der Fortsetzung der bisherigen Propagandakampagne versprach er sich den erhofften politischen Durchbruch nicht. Die NSDAP müßte vielmehr unter Beweis stellen, daß sie zu positiver politischer Arbeit fähig war; sie dürfte nicht länger die Kooperation mit anderen nationalen Kräften verweigern.

Straßer hatte vor allem in den überwiegend von ihm selbst geschaffenen Parteiführungsstäben zahlreiche Anhänger. Hingegen konnte er bei der Gruppe der Gauleiter, die seinen Bemühungen um die Straffung des Parteiapparats begreiflicherweise kritisch gegenüberstanden, kaum auf Unterstützung rechnen. Von der engeren Führungsclique waren es nur Wilhelm Frick, Gottfried Feder und Alfred Rosenberg, die entschieden für ihn eintraten. Doch wog deren Stimme bei Hitler nicht viel. Zu seinen erklärten Gegnern gehörten Goebbels, Göring und Röhm, so wenig sie sonst miteinander harmonierten. Goebbels hatte sich frühzeitig auf den von Hitler bevorzugten Kurs des »Alles oder Nichts« festgelegt und war seit 1926 zum Hauptantagonisten Straßers geworden. Göring, der mittlerweile als Kontaktmann Hitlers zu Repräsentanten des öffentlichen Lebens und der Wirtschaft fungierte, empfand Straßer als Rivalen vor allem hinsichtlich seiner eigenen Ambitionen in Preußen. Seine Ferne vom Parteiapparat erklärt, warum sich Straßer nicht sonderlich um ihn bemühte. Ernst Röhm hätte, wäre es nach Straßer gegangen, seine Parteiämter niederlegen müssen; er hielt ihn wegen seiner homosexuellen Neigungen für untragbar. Angesichts dieser personellen Konstellation bestanden wenig Chancen, daß sich Straßer mit seinen Auffassungen bei Hitler durchsetzte.

Obwohl Straßer keinerlei Anstalten machte, seine Anhänger auf seine Linie einzuschwören, antwortete Hitler sogleich mit umfassenden organisatorischen Maßnahmen, die den vom Reichsorganisationsleiter aufgezeigten grundsätzlichen Strategiekonflikt bestätigten. Mit der Ernennung von Robert Ley, dem bisherigen Reichsinspekteur II, zum Stabsleiter der Politischen Organisation der

NSDAP wurde diese von den zentralen Führungsstäben abgekoppelt. Gleichzeitig verfügte Hitler die Abschaffung der Reichsinspektionen, während die Landesinspektionen ihren Charakter als intermediäre Instanz insofern verloren, als die Landesinspekteure nur noch im Rang von Gauleitern fungierten und lediglich im Falle einer besonderen Beauftragung als Bevollmächtigte der Reichsleitung gegenüber benachbarten Gauleitern tätig wurden. Damit war das hierarchische Prinzip, das Straßer dem ursprünglich buntscheckig strukturierten Parteiapparat in mühseliger Arbeit aufgeprägt hatte, über Nacht zugunsten der privilegierten Stellung der führerimmediaten Gauleiter beseitigt.

Die Neuordnung erfolgte in einer völlig unsystematischen Form, die Hitlers personalistische Sicht politischen Handelns widerspiegelte. Teile der bisherigen Hauptabteilungen der Reichsorganisationsleitung wurden Hitler direkt zugeordnet und insofern autonom, andere der Reichspropagandaleitung zugeschlagen und die übrigen aufgelöst. Neben der dadurch empfindlich geschwächten Reichsorganisationsleitung, die Hitler alsbald an Ley abtrat, wurde eine Politische Zentralkommission geschaffen. Ihr war die Überwachung der parlamentarischen Arbeit und der Presse- und Wirtschaftspolitik zugewiesen. Indem sie dem Hitler kritiklos ergebenen, aber initiative- und profillosen Rudolf Heß unterstellt wurde, war sie zu weitgehender Einflußlosigkeit verurteilt. Damit war nicht nur die von Straßer angestrebte straffe Zusammenfassung des Parteiapparats, sondern auch eine konstruktive politische Planungsarbeit unmöglich geworden. Die NSDAP zerfiel fortan in zweiunddreißig kompartimentalisierte Gauverbände. Die Reichsleitung der Partei existierte nurmehr als nominelle Körperschaft.

Hitler begründete den Umbau des NSDAP-Apparats in einer für sein politisches Selbstverständnis überaus charakteristischen parteiinternen Denkschrift mit dem Argument, daß die Bewegung als »Hüter der nationalsozialistischen Idee« nicht durch bürokratische Strukturen ihren eigentlichen Aufgaben entfremdet werden dürfe. Die Bewegung als verschworene politische Gemeinschaft sollte gleichsam von der Berührung mit der prosaischen Wirklichkeit ferngehalten werden, welche die visionär aufgefaßten Ziele bloß partiell einzulösen vermochte. Es bedürfe, führte Hitler aus, keiner besonderen Planungsgremien, wie Straßer sie im Hinblick auf die zu erwartende Regierungsbeteiligung der NSDAP zu schaffen versucht hatte: »Wissenschaftliche Forschungsinstitute auf mehr oder weniger abseits liegenden Gebieten gehören nicht in den politischen Organisationsapparat.« In der Sache liefen Hitlers Argumente darauf hinaus, die von Straßer angestrebte Abkehr der Partei von bloßer propagandistischer Mobilisierung zugunsten konstruktiver politischer Arbeit zu verhindern.

Neben der vollständigen Zerschlagung der von Straßer geschaffenen zentralen Führung verzichtete Hitler nicht darauf, diesen auch persönlich anzugreifen und zu diffamieren. Er nutzte eine für den 16. Januar 1933 nach Weimar einberufene Gauleiterkonferenz, um mit Straßer endgültig »abzurechnen«, obwohl er dessen

Ausschluß aus der Partei nicht förmlich verlangte. Im Grunde war dies überflüssig, denn trotz der bei zahlreichen Funktionären und Sympathisanten fortbestehenden Hochschätzung Straßers war es weder zu der befürchteten Spaltung noch zu größeren Protestaktionen gekommen. Straßer konnte nicht verhindern, daß sich die Parteiopposition, die sich in einzelnen Fällen trotzdem herausbildete und innerhalb der NSDAP kurzlebige »Notgemeinschaften« begründete, auf ihn berief. Zugleich wurde er nun für die Mißstände und Fehlentwicklungen der Partei persönlich verantwortlich gemacht und schließlich als Verräter an der Bewegung hingestellt.

Der damals vierzigjährige Gregor Straßer war durch den Konflikt mit Hitler, dessen Schärfe und Austragungsform er wohl nicht vorausgesehen hatte, tief betroffen; er reagierte auf das, was er nicht zu Unrecht als Scheitern seines Lebenswerks ansah, mit schweren Depressionen, wobei seine vorgeschrittene Zuckerkrankheit zusätzlich einwirkte. Jedenfalls verwandelte sich der zuvor ungewöhnlich aktive und initiativereiche Parteimann in einen resignierten und unschlüssigen Privatier, der von den Ratschlägen seiner Umgebung abhängig wurde und dem die innere Kraft fehlte, um sich gegen die Hetzkampagne zur Wehr zu setzen, die Goebbels mit haßerfülltem Zynismus in Szene setzte. Weder seine Freunde noch seine Feinde hielten es für möglich, daß Straßer seine Absicht wahrmachen und sich endgültig aus dem politischen Geschäft zurückziehen würde. Goebbels fürchtete, Straßer werde den Kampf unter der Parole »Gegen Goebbels und Göring« mit einer eigenen Reichstagsliste erneut aufnehmen, wozu jedoch nicht der mindeste Anhaltspunkt bestand. Desgleichen glaubte von Schleicher noch am 16. Januar daran, daß Straßer, der sich der Aufforderung nicht versagt hatte, dem Reichspräsidenten am 3. Januar seine Aufwartung zu machen, nach wie vor für das Amt des Vizekanzlers in Frage kam. Unabhängig davon hofften viele von Straßers engeren Parteigängern trotz des ihnen abgezwungenen Treuebekenntnisses zu Hitler, daß er sich ihm offen entgegenstellen würde. Vereinzelt hielt sich das Gerücht, daß Straßer nur den richtigen Zeitpunkt abwarte, um an der Stelle von Schleichers das Reichskanzleramt zu übernehmen. Straßer blieb jedoch seinem Entschluß treu, der Politik fortan fernzubleiben. Ein Gespräch mit Hitler, um das er nachsuchte und das ihm im Januar in Aussicht gestellt wurde, kam nicht zustande, da der Parteiführer sich ihm entzog. Obwohl Straßer gegenüber Heß und Frick wiederholt seine Loyalität bekundete, nutzten Göring und Himmler die Liquidierung der obersten SA-Führung nach dem 30. Juni 1934, um den früheren Rivalen umbringen zu lassen. Als offizielle Todesursache wurde Selbstmord angegeben. Mit den Umsturzbestrebungen der Vizekanzlei hatte Straßer nichts zu tun gehabt.

Die Straßer-Krise lenkte von dem Tatbestand ab, daß die NSDAP infolge der intransigenten Haltung Hitlers, der von dem Anspruch, ein von ihm geführtes Präsidialkabinett zu bilden, nicht abging, völlig isoliert war. Die Beziehungen zu

General von Schleicher hatten sich im Zusammenhang mit dem Ausscheiden Straßers, dem in Kreisen der NSDAP eine regelrechte Verschwörung mit dem Kanzler unterstellt worden war, vollends abgekühlt. Gleichzeitig erfuhr von Schleicher scharfe Kritik von der äußersten Rechten. In einem Kommentar in der Zeitschrift der »Ring« wurde dem Kabinett vorgeworfen, »die alten parteipolitischen Handpferde wieder an den Staatswagen gespannt« zu haben. Es war symptomatisch, daß Franz von Papen auf einem Treffen des Herrenklubs am 16. Dezember 1932 in einer Rede, in der er den »Aufbau einer soziologisch neuen Führerschicht« forderte und im Zusammenhang damit die Einbeziehung Hitlers für unerläßlich erklärte, den Rücktritt des Generals verlangte. Obwohl von Papens Eintreten für die NSDAP mit der offiziellen Einstellung des Herrenklubs nicht übereinstimmte, gab dieser »Dolchstoß« gegen den General – so die Bewertung des damals anwesenden Theodor Eschenburg – den Anstoß zu einem intrigenreichen Manöver des Ex-Reichskanzlers, das darauf abzielte, endlich die NSDAP in eine von ihm geführte autoritäre Regierung einzubeziehen.

Bei jenem Essen des Herrenklubs machte sich der Kölner Bankier Kurt von Schröder, der seit längerer Zeit für die NSDAP agierte, erbötig, ein Zusammentreffen Hitlers mit Franz von Papen in die Wege zu leiten. Noch Wochen vorher wäre ein solcher Kontakt gänzlich undenkbar gewesen. Jetzt aber eröffnete sich die Chance, dem Straßerismus vollends den Boden zu entziehen, indem von Schleicher politisch zur Strecke gebracht wurde. Das Rachemotiv drängte Hitlers Befürchtung zurück, von den Hochkonservativen im Umkreis Hindenburgs erneut düpiert zu werden. Es war bezeichnend, daß diese mit unorthodoxen Mitteln betriebene Initiative, mit Hitler erneut ins Geschäft zu kommen, von eher zweitrangigen Repräsentanten der Industrie und Landwirtschaft ausging. Beide hatten in den vorausgegangenen Monaten beträchtliche Anstrengungen aufgewandt, um die NSDAP in die Regierung und zugleich auf einen »vernünftigen« wirtschaftspolitischen Kurs zu bringen. Sie vertraten die Auffassung, daß Hitler schon deshalb nicht von der staatspolitischen Verantwortung ausgeschlossen werden dürfe, weil er erst dann in die Lage versetzt werde, sich von den sozialrevolutionären, zum Kommunismus drängenden Kräften in seiner Bewegung zu trennen. Der Rücktritt Straßers gab den um Einfluß ringenden wirtschaftlichen Interessenvertretern in der NSDAP psychologischen Auftrieb.

Kurt von Schröder, dessen Kölner Bankhaus ein gewisses Renommee besaß, aber mit den Großbanken nicht entfernt Schritt halten konnte, gehörte zu den Unterzeichnern der Industriellen-Eingabe an Hindenburg vom 19. November 1932. Darin war der Reichspräsident aufgefordert worden, frühere persönliche Vorbehalte zurückzustellen und die »Übertragung der verantwortlichen Leitung eines mit den besten sachlichen und persönlichen Kräften ausgestatteten Präsidialkabinetts an den Führer der größten nationalen Gruppe«, also an Adolf Hitler, vorzunehmen. Neben einer Reihe von mittleren Unternehmern hatten vor allem Vertreter der Großlandwirtschaft unterzeichnet, die nicht zuletzt infolge der Initiative des von Walter Darré aufgebauten Reichsnährstands bereits weitgehend von der NSDAP kontrolliert wurde. Die Eingabe war schwerlich repräsentativ für die deutsche Wirtschaft; die Schwerindustrie hielt sich auffällig zurück. Weder Albert Vögler, der nach Fritz Thyssen am stärksten mit der NSDAP sympathisierte, noch Paul Reusch gehörten zu ihren Unterzeichnern, obwohl sie deren Inhalt grundsätzlich billigten. An Paul Silverberg, der sich schon länger dafür einsetzte, Hitler an die Spitze eines Präsidialkabinetts zu bringen, war man wegen dessen Abstammung nicht herangetreten. Die Zurückhaltung der Wirtschaftsführer bedeutete weniger ein Votum gegen Hitler als vielmehr eine Option zugunsten eines Ausgleichs zwischen von Papen und der NSDAP.

Insbesondere die von Paul Silverberg beeinflußten »Deutschen Führerbriefe«, ein an maßgebende Repräsentanten von Wirtschaft und Politik versandter Informationsdienst, hatten sich seit dem Sommer 1932 zum Fürsprecher einer »Eingliederung des Nationalsozialismus« gemacht. Ebenso wie August Heinrichsbauer, der Herausgeber des »Rheinisch-westfälischen Wirtschaftsdienstes«, der Kontakte zu Gregor Straßer und dessen wirtschaftspolitischem Referenten Otto Wagener knüpfte, ging es Silverberg darum, ein Zusammengehen von NSDAP und Zentrumspartei abzuwehren und die Anhänger eines gemäßigten wirtschaftspolitischen Kurses in der NSDAP zu stärken. Dabei setzte man auf Hitler wie auf Straßer, dem man wirtschaftspolitische Ausgewogenheit bei gleichzeitigem Bemühen unterstellte, das Vertrauen der arbeitenden Massen zu erwerben und sie dem Einfluß der Linksparteien zu entziehen. In Hitler erblickte man einen Garanten gegen einen Rückfall der NSDAP in überwundene demokratisch-parlamentarische Strukturen, ja die »stärkste Hoffnung« gegen die Gefahr, »daß wir vor dem Massenrausch kapitulieren, daß eine Renaissance von Weimar anhebt, also von Demokratie, Parlamentarismus, Legalität, der gesamten Ideologie der letzten hundertfünfzig Jahre«. Deshalb gelte es, die »weltanschaulichen Ziele« Hitlers, »die größer sind als die parlamentarisch-politischen der Partei, zu stärken«.

Die Führer der Schwerindustrie hielten zunächst an der Linie fest, eine Zusammenarbeit der bürgerlichen Kräfte mit der NSDAP mit dem Ziel einer Isolierung der »allzu radikalen Strömung« herbeizuführen, was in ihrer Sicht die Schaffung eines homogenen Bürgerblocks zur Voraussetzung hatte. Folgerichtig drängten sie darauf, Hugenberg aus der Führung der DNVP zu verdrängen, weil sie in ihm das Haupthindernis einer Einigung des rechtsbürgerlichen Lagers erblickten. Gleichzeitig suchte die Ruhrlade durch die Errichtung der Arbeitsstelle Schacht den Kontakt zur NSDAP zu intensivieren. Hjalmar Schacht, der sich zunehmend mit dem Autarkie-Programm der NSDAP identifizierte, mußte jedoch seit dem Herbst 1932 eine deutliche Abkühlung des Interesses der

Schwerindustrie konstatieren, die mit der vorbehaltlosen Unterstützung von Papens einherging. Seit Bestehen des Kabinetts von Schleicher sah sich die Schwerindustrie veranlaßt, gegen dessen »kryptoparlamentarische« Tendenz anzugehen. Sie unterstützte daher von Papens Bemühung, Hitler politisch einzubinden, während sie seiner Kanzlerschaft überwiegend skeptisch gegenüberstand. Die Initiative, Hitler mit einem starken bürgerlichen Gegengewicht ins Kabinett einzubeziehen, ging jedoch nicht von der großen Industrie, sondern von jener Gruppe aus, die die Novembereingabe an Hindenburg betrieben hatte und die unter dem Namen des Keppler-Kreises bekannt geworden ist.

Wilhelm Keppler kam aus dem mittleren Unternehmertum und hatte sich seit Ende 1931 als Berater Hitlers in wirtschaftspolitischen Fragen einen Namen zu machen versucht. Im Gegensatz zu Gottfried Feder und Otto Wagener bemühte er sich um eine Annäherung zwischen den Vorstellungen der Großindustrie und denen der NSDAP. Mit der Bildung des Keppler-Kreises lief er Hjalmar Schacht den Rang ab. Dieser unterhielt zunächst mit Unterstützung der Ruhrlade eine Arbeitsstelle in Berlin, die sich zur Aufgabe setzte, die wirtschaftspolitischen Vorstellungen der NSDAP im Sinne der Wirtschaft zu beeinflussen. Trotz guter Kontakte zu Hitler war er wenig erfolgreich, zumal die Arbeitsstelle in Unternehmerkreisen nicht jenes Maß an Unterstützung fand, das sich der ehemalige Reichsbankpräsident erhofft hatte. Er sah sich schließlich veranlaßt, dem Keppler-Kreis beizutreten, der allerdings ebensowenig Rückhalt bei den Großindustriellen besaß. Außer der bloß nominellen Mitgliedschaft Albert Vöglers von den Vereinigten Stahlwerken und der Mitwirkung des angesehenen Kalibergbauunternehmers August Rostberg fehlten die Repräsentanten der Großkonzerne; der Kreis blieb auf kleinere Fabrikanten und Kaufleute beschränkt. Hitler selbst nahm nach einem feierlichen Empfang im Hotel Kaiserhof im Juni 1932 von den Arbeiten des Kreises keine Notiz mehr. Um die Jahreswende gewann der Keppler-Kreis als Kontaktbrücke zwischen Hitler und von Papen jedoch vorübergehend zentrales politisches Gewicht.

Nach der Unterredung mit Franz von Papen im Herrenklub übermittelte von Schröder die Anregung, sich mit Hitler zu treffen, an Keppler, der sie seinerseits an die NSDAP-Führung weiterleitete. In Unkenntnis der Tatsache, daß von Papen im Alleingang handelte, war die Reichsleitung der NSDAP davon überzeugt, daß der Ex-Kanzler als Abgesandter des Reichspräsidenten auftrat. Sie brachte daher dem Vorschlag einer Kontaktaufnahme größtes Interesse entgegen. Im Vordergrund stand die Hoffnung, die abschlägige und als Zurücksetzung empfundene Behandlung, die Hitlers Vorschläge von Mitte November durch den Reichspräsidenten erfahren hatten, rückgängig zu machen und die immer noch mit Bitterkeit wahrgenommene Niederlage des 13. August auszuräumen. Ein sicherlich mit Hitler abgestimmtes Schreiben Kepplers an Schröder vom 26. Dezember war auf diesen Tenor voll abgestimmt. »Mir schwebt«, hieß es darin, »als politisches Ziel der Besprechung vor: Neubildung der Regierung ohne vorausgehende Neuwahl unter Vermeidung einer Präsidentenkrise.« Erst im Anschluß daran sei eine unter der Parole Hindenburg-Hitler geführte »Regierungswahl« ins Auge zu fassen. Das lief auf eine Präsentation der im November gestellten Bedingungen hinaus. Neu daran war lediglich der Gedanke, dem Kabinett in nachträglichen Wahlen eine Mehrheit zu verschaffen. Indem er den »alten Herrn« von der Notwendigkeit der Bildung eines von Hitler geführten Präsidialkabinetts überzeuge, hieß es abschließend, »könnte Herr von Papen eine große geschichtliche Mission erfüllen«. Offensichtlich erblickte der Verfasser in Franz von Papen einen bloßen Handlanger, der selbst keine eigenen Ambitionen hatte.

Das Treffen selbst wurde unter größter Geheimhaltung vereinbart; auf Umwegen begaben sich sowohl Hitler als auch von Papen zum Privathaus Kurt von Schröders in Köln. Der NSDAP-Führer war darauf bedacht, keine neuerliche Prestigeeinbuße hinzunehmen. Von Papen handelte hinter dem Rücken des Reichskanzlers und ohne Ermächtigung des Reichspräsidenten. Beiden entging, daß die »Tägliche Rundschau«, die von dem Treffen Wind bekommen hatte, einen Photographen zur Villa schickte und heimlich Aufnahmen von den Besuchern machen ließ. Ihr Chefredakteur Hans Zehrer warnte den ungläubigen Kanzler im Vorfeld der Begegnung vor den Machenschaften seines Amtsvorgängers. Von ihm zur Rede gestellt, bagatellisierte von Papen den Inhalt des Gesprächs mit Hitler, das in der Presse umfangreiche Spekulationen ausgelöst hatte. Von Schleicher beklagte sich beim Reichspräsidenten über von Papens Illoyalität, ohne sich über die Tragweite der angebahnten Intrige im klaren zu sein. Sein begreifliches Verlangen, ihm »derartige politische Aktionen für die Zukunft zu untersagen und ihn künftig nur noch in seiner, des Kanzlers, Gegenwart zu empfangen«, fand jedoch bei Hindenburg wenig Gegenliebe. Als von Papen diesen wenig später aufsuchte, teilte der Präsident ihm nicht nur von Schleichers Äußerungen mit, sondern ermächtigte ihn in aller Form, auf der Grundlage der Kölner Besprechung mit Hitler weiterhin »persönlich und vertraulich« Fühlung zu halten. Dabei scheint die Vorstellung bestimmend gewesen zu sein, Hitler könne zu einer Zusammenarbeit jenseits aller Parteibindungen veranlaßt werden. Das war eine der sich in diesen Wochen häufenden Selbsttäuschungen im konservativen Lager.

Von Papen sah sich bei der Begegnung mit Hitler mit einem feststehenden Forderungskatalog konfrontiert, während er zunächst kaum mehr als eine Sondierung der grundsätzlichen Möglichkeiten für eine Annäherung im Auge hatte. Beschwichtigend suchte er Hitler den Gedanken einer Vizekanzlerschaft in dem bestehenden Kabinett, möglicherweise in »einer Art Duumvirat« mit General von Schleicher schmackhaft zu machen; er wies, als er Enttäuschung spürte, eilfertig darauf hin, daß das selbstverständlich nur eine Übergangslösung bis zur Durchsetzung einer Kanzlerschaft Hitlers sein könne. Doch dann machte von Papen aus seinen eigenen Absichten keinen Hehl und erwähnte, daß der Kanzler beim Präsidenten keineswegs mehr Persona grata sei. Man müsse daher über die Eventualität sprechen, daß Hitler und er an die Spitze eines mit »anderen nationalen Politikern und Fachleuten« besetzten Kabinetts träten, womit er an die Eingangsforderung Kepplers anknüpfte.

In einem im Einvernehmen mit Hitler herausgegebenen Pressekommuniqué – es war wegen der Indiskretion der »Täglichen Rundschau« unvermeidlich geworden – spielte von Papen die Bedeutung des Treffens herunter. Darin wurde behauptet, man habe sich lediglich mit der Eventualität der Bildung einer breiten »nationalen Front«, nicht aber mit dem gegenwärtigen Reichskabinett befaßt. Im Gegensatz dazu hatte der Ex-Kanzler ausdrücklich die Absicht bekundet, von Schleicher zu stürzen, der, wie Goebbels anderntags durch Hitler erfuhr, keine Auflösungsordre bekommen werde. Offensichtlich war noch eine Alternative zur Forderung eines Präsidialkabinetts Hitler im Gespräch. Jedenfalls notierte Goebbels: »Arrangement mit uns vorbereitet. Entweder die Kanzlerschaft oder Ministerien der Macht. Wehr und Innen.« Von Schleicher muß indirekt davon erfahren haben. Noch Ende Januar mokierte er sich über Hitlers Interesse für das Reichswehrministerium, das ihm Hindenburg niemals aushändigen werde, und schloß daraus, daß der NSDAP-Führer die Kanzlerschaft nicht ernsthaft anstrebe.

Offenkundig ging es von Papen darum, die Front gegen von Schleicher zusammenzuschmieden, ohne schon mit einer definitiven Lösung der Kanzlerfrage aufwarten zu müssen. Daher aktivierte er in jenen Wochen seine Beziehungen zur westlichen Schwerindustrie, von der er wußte, daß sie von Schleicher abwartend bis distanziert gegenüberstand. Er war bestrebt, die vor allem im Umkreis Paul Reuschs vorhandene Beunruhigung wegen der dem Kanzler zugeschriebenen Rückkehr zum parlamentarischen System zu seinen Gunsten zu nutzen. Bei der am 7. Januar 1933 im Hause Springorum stattfindenden Aussprache von Papens mit führenden Ruhr-Industriellen, darunter Reusch, Vögler, Krupp von Bohlen und Halbach, scheint jedoch nicht die Fühlungnahme mit Hitler, sondern die Frage zur Debatte gestanden zu haben, inwieweit es erreichbar sei, Alfred Hugenberg zu bewegen, vom Vorsitz der DNVP, möglicherweise zugunsten von Papens, zurückzutreten und die lange »erstrebte Konzentration im bürgerlichen Lager« herbeizuführen. Von Papen scheint hierbei nicht die Initiative gehabt zu haben, aber es paßte zu seinen Plänen, die bürgerliche Rechte politisch zu stärken, um so ein Gegengewicht gegen die NSDAP zu erhalten. Angesichts der Intransigenz Hugenbergs blieben diese Erwägungen blasse Theorie.

Für die NSDAP bedeuteten die Offerten von Papens, sowenig auf sie Verlaß war, eine indirekte Ermunterung, den politischen Druck auf das Kabinett von

Schleicher zu erhöhen. Bei der heftigen Attacke, die der Reichslandbund am 11. Januar gegen den Kanzler mit einer Entschließung in Gang brachte, in der von der »Ausplünderung der Landwirtschaft zugunsten der allmächtigen Geldbeutelinteressen der international eingestellten Exportindustrie und ihrer Trabanten« die Rede war, hatte die NSDAP ihre Hand nicht unmittelbar im Spiel. Es war allerdings bezeichnend, daß die NS-Presse in den gegen den General erhobenen Vorwurf des »Agrarbolschewismus« voll einstimmte. Der Kanzler reagierte auf den Affront, daß die Entschließung des Landbundes schon veröffentlicht wurde, als dessen Vertreter mit dem Reichspräsidenten und ihm noch verhandelten, mit dem Abbruch aller Beziehungen. Die Attacke des Reichslandbundes erwies sich insofern als Bumerang, als die Spitzenverbände der Industrie gegen derartige Polemiken und gegen die von der Agrarlobby geforderte Einfrierung der Hypothekenzinsen und einen allgemeinen landwirtschaftlichen Vollstreckungsschutz aufs schärfste protestierten.

Von Schleicher geriet unversehens in dieselbe Zwangslage, der sich Heinrich Brüning und Hermann Müller ausgesetzt gesehen hatten und die darin bestand, daß die agrarische Lobby mit wirtschaftspolitisch unsinnigen Forderungen die Sympathie der Umgebung des Reichspräsidenten gewann und im Grunde unerfüllbare Konzessionen erpreßte. Der höchst unpopuläre Beimischungszwang von Butter bei der Margarineherstellung, den das Kabinett widerstrebend konzediert hatte, kam zur strittigen Zoll- und Kontingentierungsfrage hinzu. Am meisten wurde von Schleichers Position jedoch durch die Konterattacke der Zentrumspartei geschwächt, die im Reichstag die Verwendung der Osthilfesubventionen zur Sprache brachte und verbreiteten Gerüchten über Subventionsskandale neue Nahrung gab. Bereits Erich Ludendorff hatte in einer vielbeachteten Veröffentlichung den Verdacht geäußert, daß sich Hindenburgs Gutsnachbar Oldenburg-Januschau widerrechtlich bereichert habe; auch die Familie der Hindenburgs geriet erneut in Korruptionsverdacht, wenngleich sich schließlich die Haltlosigkeit der gegen sie gerichteten Vorwürfe herausstellte. Bei Hindenburg wurde die Debatte über die Osthilfeskandale als eindrücklicher Beweis dafür gewertet, daß von Schleichers Rückkehr zu parlamentarischen Methoden verhängnisvolle Folgen hätte.

Schon zuvor hatte Hugenberg, dem die Schwäche des Kabinetts nicht entging, beim Kanzler seine Ansprüche angemeldet und die Schaffung eines »nationalen Konzentrationskabinetts« unter Einbeziehung der DNVP verlangt, wobei er für sich sowohl das Reichswirtschafts- als auch das Reichsernährungsministerium verlangte, was dieser, befangen in Illusionen über künftige Koalitionsmöglichkeiten, vergleichsweise brüsk zurückwies. Hugenberg brachte bei diesem Gespräch den Gedanken ein, den Reichstag vor die Alternative zu stellen, ihn für mindestens ein halbes Jahr zu vertagen oder sofort aufzulösen, aber Neuwahlen zu vermeiden. Parallelverhandlungen mit Hitler, die Hugenberg aufnahm, ohne sich mit Franz von Papen hinreichend abgesprochen zu haben, endeten ergebnislos. Hugenberg war zu diesem Zeitpunkt noch nicht bereit, der NSDAP die Verfügungsgewalt über das preußische Innenministerium einzuräumen; er war allenfalls gewillt, über eine Neutralisierung der preußischen Polizei zu verhandeln, was Hitler empört ablehnte. Er hielt gegenüber der DNVP starr an seiner Maximalforderung fest und zeigte sich alles andere als konziliant. Gleichwohl vermehrten sich nach dem 17. Januar Gerüchte über die Bildung einer zweiten Harzburger Front.

Die große Unbekannte in den Koalitionsprojekten dieser intrigenreichen Wochen bildete die Haltung Hitlers, dessen Primadonnen-Allüren auch seine engsten Mitarbeiter beunruhigten. In einem am 10. Januar mit Otto Dietrich arrangierten Interview stellte der Parteiführer klar, daß er an seinem am 24. November dem Reichspräsidenten unterbreiteten Angebot festhalte. Das mußte den Eindruck mangelnden Verständigungswillens hervorrufen, zumal von Papen, mit dem er noch am selben Abend durch die Vermittlung Joachim von Ribbentrops zusammentraf, keineswegs dazu autorisiert war, über eine Kanzlerschaft Hitlers zu verhandeln. Von Papens Rückzieher veranlaßte ihn, die Verhandlungen einstweilen aufzuschieben, zumal er vom Ausgang der Wahlen in Lippe eine Stärkung seiner Position erwartete. Gegenüber den Novemberwahlen konnte die NSDAP 5 Prozent der Stimmen hinzugewinnen, doch blieb sie mit 39,6 Prozent deutlich hinter dem Resultat der Juliwahlen zurück. Das hinderte Goebbels nicht daran, den Wahlerfolg als triumphale Fortsetzung des Wachstums der Bewegung hinzustellen, was nicht ohne Wirkung auf die konservativen Verhandlungspartner Hitlers blieb.

In den Gesprächen, die am 18. Januar unter Beteiligung Himmlers und Röhms wiederaufgenommen wurden, sah sich von Papen in einer wenig vorteilhaften Lage, da Hindenburg zu diesem Zeitpunkt keinerlei Bereitschaft erkennen ließ, Hitler als Kanzler in Erwägung zu ziehen. Auf den Druck Hitlers, der wiederholt den Abbruch der Verhandlungen androhte, kam man überein, zu einer nächsten Zusammenkunft Oskar von Hindenburg hinzuzuziehen. Der Reichspräsident, dem offensichtlich vorgespiegelt wurde, daß es um die Herbeiführung einer Kanzlerschaft von Papens ginge, erteilte ausdrücklich seine Zustimmung dazu, daß sowohl Staatssekretär Otto Meißner als auch sein Sohn Oskar mit Hitler in Gegenwart von Papens zusammentreffen sollten. Unter sorgfältiger Geheimhaltung fand die Begegnung am 22. Januar in der Dahlemer Villa Ribbentrops statt, wobei Hitler die Gelegenheit nutzte, den Reichspräsidentensohn unter vier Augen von der Unerläßlichkeit seiner Berufung zu überzeugen.

In der Sache kam man in jener Nacht keinen Schritt weiter. Während von Papen seine Gesprächspartner aufforderte, sich an der bestehenden oder einer neuen Regierung durch Übernahme einiger Ministerien zu beteiligen, verlangte Hitler die Kanzlerschaft für sich, was er, wie im November, mit der fragwürdigen Konzession einer breiten Beteiligung »bürgerlicher« Minister versüßte. Entscheidend war, daß er an der Form des Präsidialkabinetts festhielt, während von Papen an eine Erneuerung der Harzburger Front dachte. Immerhin ließ sich von Papen nunmehr die Zusage entlocken, sich für eine Kanzlerschaft Hitlers beim Reichspräsidenten einsetzen zu wollen. Oskar von Hindenburg sekundierte ihm dabei. Gegenüber Meißner äußerte er auf der Rückfahrt: »Ich fürchte, daß wir um diesen Hitler nicht herumkommen.«

In den hinter dem Rücken von Schleichers geführten Verhandlungen der zweiten Januarhälfte zeichneten sich nunmehr zwei miteinander konkurrierende Lösungsmodelle der mittlerweile offenkundigen Regierungskrise ab. Das eine bestand in der Erneuerung der Harzburger Front entweder mit Beteiligung oder Tolerierung des Zentrums, also in einer virtuellen Mehrheitsregierung unter Hitlers Führung, das andere in einem »Kampfkabinett« Papen-Hugenberg-Seldte. Letzteres schien notwendig zu werden, wenn eine Einigung der nationalen Rechten wieder einmal an den übersteigerten Forderungen Hitlers scheiterte. Die wichtigste Hürde stellte die schon am 13. August formulierte Bedingung Hindenburgs dar, daß Hitler nur an der Spitze eines parlamentarischen Mehrheitskabinetts in Frage komme. Das wurde auch der Tenor der öffentlichen Debatte. Während die alldeutsche Monatsschrift »Deutschlands Erneuerung« Klage führte, es sei ein Unding, daß sich der Führer der NSDAP auf das parlamentarische System berufen müsse, »um die Stellung zu erhalten, die das Gewicht seiner Anhängerzahl zu verlangen ihn berechtigt«, bestand der »Vorwärts« darauf, daß eine Kanzlerschaft Hitlers nur in einem parlamentarischen Mehrheitskabinett unter Einbeziehung der Zentrumspartei hingenommen werden könne.

In der Tat hatte die Umgebung des Reichspräsidenten bereits im November erwogen, Hitler mit der Bildung eines parlamentarischen Mehrheitskabinetts in der Erwartung zu beauftragen, daß er dabei vor allem an der DNVP scheitern würde. Die Hoffnung, die NSDAP würde danach kooperationswilliger sein, verkannte jedoch die Mentalität Hitlers vollständig. Von Papen stand erneut vor der Schwierigkeit, daß sich Hitler auf ein solches Experiment nicht einließ. Die Verhandlungen drehten sich daher im Kreis. Hitler kam es einzig und allein auf die Besetzung der Schlüsselpositionen in einem Präsidialkabinett an, und er war bereit, von Papen alle anderen Personalentscheidungen zu überlassen. Schließlich kehrte er zu seiner ursprünglichen Forderung zurück, zunächst die Kanzlerfrage zu klären und erst in einem zweiten Schritt über die Zusammensetzung des Kabinetts zu entscheiden. Die bohrende Sorge, erneut einen Gesichtsverlust hinnehmen zu müssen, bewog ihn, sich von den Verhandlungen zurückzuziehen, deren Fortführung Göring anzuvertrauen und seinerseits mit der sofortigen Abreise nach München zu drohen. Seine Abstinenz erwies sich als Vorzug, denn in den Händen Görings kam es zu einer wesentlich flexibleren Verhandlungsführung. Bei einer erneuten Unterredung mit Papen, Ribbentrop und Frick vollzog Göring eine folgenreiche Schwenkung und schlug die Bildung eines Kabinetts der »nationalen Front« vor, in dem die NSDAP eine Schlüsselstellung besitzen und das sich die für ein Ermächtigungsgesetz notwendige Mehrheit im Reichstag verschaffen sollte, wobei von Neuwahlen zunächst noch nicht die Rede war.

Hindenburgs Vorstellungen kam die Aussicht auf eine Regierung der nationalen Konzentration, die eine parlamentarische Ermächtigung besaß, nicht zuletzt deshalb entgegen, weil damit die von ihm als Bürde empfundene Verantwortung für das Notverordnungsregime entfiel. Andererseits signalisierte er nun die Bereitschaft, der Regierung für den Fall einer wirkungsvollen Einrahmung Hitlers durch DNVP und Zentrum die präsidialen Vollmachten nicht zu versagen. Vielleicht werde Hindenburg, teilte Staatssekretär Meißner den verhandelnden Parteien mit, »von einer parlamentarischen Mehrheit absehen, wenn das Kabinett unterstützt würde von Stahlhelm, Landbund, Parteien, wenn man es also als ein Kabinett der gesamten nationalen Bewegung ansehen könne«. Allerdings müsse sichergestellt sein, daß die NSDAP die anderen Partner nicht vergewaltige. In der Sache bedeutete dies die Rückkehr zur Harzburger Front.

In dieser Konstellation kam die DNVP endgültig ins Spiel, obwohl die nur wenige Tage zurückliegende Aussprache Hugenbergs mit Hitler ohne Ergebnis geendet hatte. Hugenberg brach nun alle Brücken zu einer Verständigung mit Kurt von Schleicher ab. In einer am 21. Januar gefaßten Entschließung der Reichstagsfraktion der DNVP wurde der Verdacht geäußert, »daß die jetzige Reichsregierung nichts andres bedeuten werde als die Liquidation des autoritären Gedankens, den der Herr Reichspräsident mit der Berufung des Kabinetts von Papen aufgestellt hatte, und die Zurückführung der deutschen Politik in das Fahrwasser, das dank dem Erstarken der nationalen Bewegung verlassen zu sein schien«. Die Kampfansage der DNVP spiegelte die Torschlußpanik der konservativen Rechten wider, die der Befürchtung entsprang, daß die Fortschritte auf dem Weg zum autoritären Staat plötzlich wieder preisgegeben würden. Dies mußte die Hemmschwellen der bürgerlichen Kräfte gegenüber einer verantwortlichen Beteiligung der NSDAP an der Regierung weiter herabsetzen.

Von Schleicher nahm die sich zusammenbrauende Verschwörung gegen das Kabinett zunächst nur ungenau wahr. Noch am 16. Januar hatte er geglaubt, die Karte Straßer spielen zu können. Auch noch danach gab er sich der Hoffnung hin, das seinerzeit von Kaas vorgeschlagene Bündnis der Parteiführer zustande zu bringen, was wegen der Starrheit Hitlers und der Intransigenz Hugenbergs aussichtslos war. Die dilatorischen Verhandlungen des Kanzlers mit den einzelnen Parteiführern und dessen Bereitschaft, die Reichstagsausschüsse arbeiten zu lassen, brachten ihm nichts als den Vorwurf ein, die Rückkehr zu parlamentarischen Verhältnissen anzustreben. Er schob die Warnung Meißners, daß die von ihm ins Auge gefaßte Regierungsumbildung eine Abwendung vom Prinzip des

Von der autoritären zur faschistischen Diktatur

Präsidialkabinetts impliziere, mit der an sich richtigen Feststellung beiseite, daß man letztlich eben doch auf eine parlamentarische Mehrheit angewiesen sei. Das war eine reichlich verspätete Einsicht.

Nach wiederholten kurzfristigen Aufschüben hatte der Ältestenrat, nicht zuletzt auf Drängen des Zentrums, den Zusammentritt des Reichstages auf den 31. Januar festgelegt. Damit sah sich von Schleicher vor die Notwendigkeit gestellt, sich über das weitere Vorgehen des Kabinetts definitiv klarzuwerden. Eine Minderheitsregierung der »nationalen Front« ohne NSDAP kam aus seiner Sicht nicht in Frage, eine Regierungsbeteiligung Hitlers oder dessen Tolerierung des Kabinetts war nicht zu erreichen, und mit einer nochmaligen Vertagung des Reichstages konnte er nicht rechnen. Die einzige Möglichkeit schien in der Fortführung des bestehenden Kabinetts und der Auflösung des Reichstages mit der Maßgabe zu liegen, Neuwahlen auf den Herbst zu verschieben und die Überschreitung der verfassungsrechtlich vorgeschriebenen Frist von sechzig Tagen zwischen Auflösung und Wahlgang mit der Erklärung des »Staatsnotstands« zu begründen. Der General, der sich auch noch Tage später mit Plänen einer Kabinettserweiterung beschäftigte, hoffte, bis dahin wesentliche ökonomische Erfolge, insbesondere eine Abmilderung der Massenarbeitslosigkeit erreichen zu können. Doch das hätte allenfalls eine gewisse innenpolitische Entlastung, mit Sicherheit eine Schwächung der NSDAP, aber keine Bereinigung der chronischen Regierungskrise bedeutet.

Als der Kanzler am 23. Januar Hindenburg aufsuchte, um ihn über die inzwischen entstandene politische Konstellation zu unterrichten, mußte er feststellen, daß er nicht mehr länger dessen Unterstützung besaß. Der Reichspräsident machte die erbetene »Zwangsvertagung« des Reichstages davon abhängig, daß die Parteiführer gegen die Verkündigung des »Staatsnotstands« keinen Einspruch erhoben. Eine Zustimmung der Parteien war jedoch von vornherein auszuschließen. Von Schleicher mußte es als demütigend empfinden, ausdrücklich an die Konstellation vom 2. Dezember erinnert zu werden, in der er es gewesen war, der den Präsidenten beschwor, das Risiko des offenen Verfassungsbruchs zu vermeiden. Seine Beteuerungen, daß sich inzwischen die innenpolitische Lage wesentlich entspannt habe und daß anders als damals ein von SPD und Freien Gewerkschaften unterstützter Generalstreik nicht zu befürchten sei, vermochten Hindenburg, der einen Verfassungskonflikt fürchtete, nicht zu überzeugen. Sicherlich scheute der ADGB vor der Konsequenz eines Generalstreiks zurück. Aber Peter Grassmann gab einige Tage später die Erklärung ab, daß man eine Proklamierung des Staatsnotstands in jeder Form zurückweise. Auch die Zentrumspartei stellte klar, daß sie keinerlei Anlaß sehe, von der Verfassung abzuweichen. Der »Völkische Beobachter« griff von Schleicher ebenfalls auf das schärfste an, was infolge der Indiskretionen von Papens nicht schwerfiel.

Noch anderthalb Wochen zuvor hatte der Präsident ein Hinausschieben der Neuwahlen ernsthaft erwogen; nun aber löste er sich innerlich von seinem früheren Regimentskameraden, mit dem er jahrelang eng zusammengearbeitet hatte. Von Schleicher erwies sich in Anbetracht der ihm sonst zu Gebot stehenden taktischen Beweglichkeit gegenüber der von Papen ausgehenden Intrige als unerwartet hilflos. Er war sich endgültig klar darüber, daß die Tage seines Kabinetts gezählt waren. Die Sinnesänderung des Präsidenten führte er vor allem auf die Einflüsterungen des rivalisierenden von Papen zurück, dessen Einfluß er offensichtlich unterschätzt hatte. Hindenburg hatte jedoch allen Grund, die hoffnungslose Lage des Kabinetts dem Finassieren des Kanzlers anzulasten. Die Osthilfe-Debatte im Haushaltsausschuß verfinsterte die Stimmung des greisen Präsidenten, der von seinen ostelbischen Standesgenossen gedrängt wurde, sich von Schleicher zu trennen.

Von Papen nahm die sich abzeichnende Kanzlerkrise zum Anlaß, dem Reichspräsidenten zu empfehlen, Hitler an die Spitze eines Präsidialkabinetts zu berufen. Bislang hatte er diesen im Glauben gelassen, daß es ausschließlich um ein Kabinett unter seiner eigenen Führung gehe. Von Papen stand unter dem Druck Hitlers, der gestärkt aus den Lippe-Wahlen hervorging und nun um so weniger mit der Vizekanzlerschaft sich abzufinden bereit war, der er auch zuvor nicht zugestimmt hatte. Er räumte diesen Sachverhalt in einem Schreiben an Fritz Springorum vom 20. Januar ausdrücklich ein und akzeptierte die Forderung eines Ermächtigungsgesetzes für eine »Regierung mit Hitler«. Für diesen Fall sei ein »Zusammenschluß der bürgerlichen Kräfte gegen Hitler dringendst notwendig«. Eine Reichstagsauflösung unter der bestehenden Regierung stellte er als abträglich hin. Im Grunde besaß von Papen keinerlei Spielraum mehr, wenn er nicht das völlige Scheitern seiner hinter dem Rücken des Kanzlers geführten Verhandlungen eingestehen wollte. Er hatte sich mit der NSDAP-Führung in den vorangegangenen Wochen zu tief eingelassen, als daß er nicht von ihr erpreßbar geworden wäre. Taktisch an den Rand gespielt, konnte er nur hoffen, daß Hitlers Kanzlerschaft an Hindenburgs Einspruch scheitern und dieser dann nachgeben werde. Tatsächlich lehnte von Hindenburg diesen Vorschlag ab und hielt, da keine Alternative bestand, einstweilen an der Kanzlerschaft von Schleichers fest.

Hindenburg ließ sich in seiner Einstellung zu Hitler auch nicht durch Vorhaltungen seiner Gesinnungsfreunde abbringen. So bemühte sich Kammerherr von Oldenburg-Januschau vergeblich darum, die Vorbehalte des Präsidenten gegen die »robusten und gewalttätigen Manieren der Nazis« zu zerstreuen und ihn davon zu überzeugen, daß Hitler durch die Verbände der bürgerlichen Rechten und die Reichswehr mühelos in Schach gehalten werden könne. Ähnlich beschönigend äußerte sich der Befehlshaber des ostpreußischen Wehrkreises I, Generalleutnant Werner von Blomberg, indem er sich für die Bildung einer Regierung der »nationalen Front« unter Hitler als Kanzler stark machte. Ebensowenig fruchteten zuvor von Göring abgegebene Zusicherungen, daß sich Hitler als Kanzler streng innerhalb des verfassungsmäßigen Rahmens bewegen werde, was das immer heißen mochte. Im gleichen Zusammenhang deutete Göring an, daß die Nationalsozialisten, einmal an der Regierung, sich für die Restauration der Hohenzollern-Monarchie einsetzen würden. Seine spektakulären Besuche in Doorn im Januar 1931 und im Mai 1932 verschafften dieser Taktik einen Anschein von Glaubwürdigkeit.

Die Weigerung Hindenburgs, einem Kabinett Hitler die präsidialen Vollmachten zu gewähren, der eine gewisse innere Folgerichtigkeit nicht abzusprechen war, schien den mit der NSDAP geführten Verhandlungen die Grundlage zu entziehen. Bei einer erneuten Unterredung von Papens mit Göring und Frick im Hause Ribbentrop am 24. Januar verständigten sich die Beteiligten auf die Sprachregelung, die ins Auge gefaßte Kabinettsbildung als Einheitsfront der nationalen Parteien unter Hitler als Kanzler und von Papen als Vizekanzler zu deklarieren, was den lang gehegten Wünschen Hindenburgs nach einer Einigung der nationalen Parteien und Verbände Rechnung trug. Daß dieses Kabinett bemüht sein würde, vom Reichstag ein Ermächtigungsgesetz zu erlangen und den Reichspräsidenten von der zunehmend lästigeren Bürde der Notverordnungen zu befreien, mußte in dessen Sinne liegen. Göring ging jedoch einen entscheidenden Schritt weiter und verlangte die sofortige Auflösung des Reichstages und Neuwahlen, was Papen zunächst nur passiv zur Kenntnis nahm.

Nun mußte der inzwischen ungeduldig, mißtrauisch und störrisch reagierende Hitler auf die neue Sprachregelung eingeschworen werden. Denn mit dem Gedanken der »nationalen Konzentration« gewann Hugenberg eine gewisse Schlüsselstellung, und er versäumte nicht, seinerseits zusätzliche Bedingungen zu stellen. Insbesondere der DNVP-Führer wies die von Hitler nachdrücklich geforderten Neuwahlen zum Reichstag brüsk zurück, so daß sich keine Einigung abzeichnete. Auch Hindenburgs Bedenken waren noch keineswegs ausgeräumt. Nach wie vor klammerte er sich an den Gedanken einer Wiederkehr von Papens als Kanzler. Dieser war aber inzwischen verunsichert, da die NSDAP für diesen Fall rücksichtslose Opposition ankündigte. In der Öffentlichkeit entstand der Eindruck, daß nur noch die Alternative zwischen einem Präsidialkabinett von Papen und einer nationalen Konzentrationsregierung unter Führung Hitlers bestünde. Ersteres mußte die Befürchtung der Reichswehr erneuern, in einer Bürgerkriegssituation aufgerieben zu werden. Folgerichtig sprach sich Generaloberst Kurt von Hammerstein, allerdings ohne zuvor den Kanzler unterrichtet zu haben, bei Meißner und Hindenburg entschieden gegen ein zweites Kabinett von Papen aus, dem notfalls eine Kanzlerschaft Hitlers vorzuziehen sei, was den Feldmarschall zu der spontanen Bemerkung bewog: »Sie werden mir doch nicht zutrauen, meine Herren, daß ich diesen österreichischen Gefreiten zum Reichskanzler mache.«

Von Schleicher war ebenso wie von Hammerstein geneigt, für Hitler zu optieren, da er von einem Kampfkabinett Papen-Hugenberg die »Staats- und Präsidentenkrise« erwartete, die er hatte vermeiden wollen. Doch er hatte den Kampf um die Selbstbehauptung des Kabinetts bereits aufgegeben, als er am 28. Januar im Einvernehmen mit den Ministern bei Hindenburg die einfache Auflösungsordre erbat, ohne die er nicht vor den Reichstag zu treten gewillt sei. Hindenburg lehnte auch dies kategorisch ab und sprach nun vom Scheitern der parlamentarischen Mehrheitsbildung, als hätte er von Schleicher nur unter dieser Bedingung freie Hand gegeben. Ein eingehender Gedankenaustausch zwischen Kanzler und Präsident fand in der kaum fünfzehn Minuten dauernden Unterredung ebensowenig statt wie seinerzeit beim Sturz Brünings. Das Kabinett von Schleicher fiel, wie Graf Schwerin von Krosigk es ausdrückte, »durch Entziehung des Vertrauens des Reichspräsidenten«, der auch die von der Ministerrunde geäußerte Bitte ausschlug, zuvor eine Aussprache mit führenden Kabinettsmitgliedern herbeizuführen.

Kurt von Schleicher war über die Haltung Hindenburgs, mit dem er viele Jahre in engstem Kontakt gestanden hatte, aufs tiefste erbittert. Dieser habe, berichtete er dem Kabinett, »seine Argumente gar nicht in sich aufgenommen, sondern eine eingelernte Walze abgeleiert«. Anders als Brüning machte von Schleicher kein Hehl aus seiner Überzeugung, vom Präsidenten hintergangen worden zu sein. Er betrachtete es als Treuebruch, daß dieser hinter seinem Rücken bereits mit dem Nachfolger verhandelte. Das traf gewiß zu, aber es war seinen Vorgängern kaum anders ergangen, und er selbst hatte die Hand dabei im Spiel gehabt. Von Schleicher unterschätzte das Ausmaß der Intrigen gegen ihn. Er ersuchte den Reichspräsidenten, das Reichswehrministerium nicht mit einem Sympathisanten der NSDAP zu besetzen. Daß Hindenburg ihm darin beipflichtete, bestärkte ihn in dem Irrglauben, daß er Reichswehrminister bleiben werde, jedenfalls in einem Kabinett Hitler. Doch von Papen hatte über die Neubesetzung des Reichswehrministeriums, für das zunächst Joachim von Stülpnagel vorgesehen war, bereits Verhandlungen gepflogen.

Der Rücktritt des Kabinetts gab von Papen in seiner Rolle des Homo regius freie Hand und stärkte sein ohnehin ausgeprägtes Selbstbewußtsein. Jetzt konnte er sich auf das Vabanquespiel einlassen, dem Präsidenten entweder ein Kabinett der »nationalen Front« mit Hitler als Kanzler oder ein Kampfkabinett Papen-Hugenberg zu präsentieren, eine Alternative, die er gegenüber Schwerin von Krosigk als »große« und »kleine Lösung« bezeichnete. Hindenburg hatte sich mit einem Gefühl der Erleichterung für die Notwendigkeit ausgesprochen, verfassungsmäßige Wege zu beschreiten. Er gab seinen Widerstand gegen ein nationales Mehrheitskabinett auf und zeigte sich für diesen Fall geneigt, auf eine Reichskanzlerschaft Hitlers einzugehen, sofern dessen Einfluß durch starke konservative Gegengewichte im Kabinett austariert sei.

Es spricht manches dafür, daß von Papen, obwohl er nach außen für ein Kabinett der »nationalen Konzentration« optierte, trotzdem bewußt das Risiko einging, daß eine Verständigung der bürgerlichen Rechten mit Hitler scheiterte. Für diesen Fall hielt er es für notwendig, unverzüglich ein Kampfkabinett Papen-Hugenberg zu bilden, wie er den zögernden Schwerin von Krosigk wissen ließ. Jedenfalls führte er doppelseitige Verhandlungen. Ewald von Kleist-Schmenzin war als Reichsminister des Innern in einem bürgerlichen Rechtskabinett unter von Papen vorgesehen, während die Besetzung der weiteren Ministerposten innerhalb der DNVP noch strittig war. Vorübergehend dachte man auch an Carl Goerdeler. Mit Hugenberg war sich von Papen darüber einig, für den Fall eines Zusammengehens mit Hitler dessen »Befugnisse möglichst einzuschränken«. Das deutschnationale Kernkabinett war nach dieser Vorstellung durch einige Nationalsozialisten zu ergänzen. Auf dieser Grundlage nahmen die parallel geführten Verhandlungen mit der NSDAP ihren Fortgang. Sie waren jedoch durch eine plötzliche Sinnesänderung Hitlers gefährdet, der am 28. Januar auf die ältere Forderung zurückfiel, ein Präsidialkabinett ohne Parteienbindung zu bilden, was ihm Ribbentrop und Göring rechtzeitig auszureden vermochten.

Die größere Hürde auf dem Weg zum nationalen Konzentrationskabinett stellte nun Hugenberg dar, der am Tag zuvor eine heftige Auseinandersetzung mit Hitler hatte; sie gingen »mit Krach« auseinander, was Hitler zu erneuten Abreisedrohungen veranlaßte. Hugenberg favorisierte ein Kampfkabinett, stieß aber damit auf die Ablehnung Brachts und Helfferichs. Besorgt, ausgeschaltet zu werden, erklärte er sich gegen den Widerstand Kleist-Schmenzins und Otto Schmidt-Hannovers am Nachmittag des 29. Januar bereit, an einem Kabinett der nationalen Konzentration mitzuwirken, woraufhin sich Franz Seldte für die Stahlhelmführung anschloß. Allerdings band der Zweite Bundesvorsitzende Theodor Duesterberg seine zögernde Zustimmung an eine Aussprache mit Hitler, die am Morgen des 30. Januar im Hause von Papens stattfand und in der Hitler feierlich zusicherte, daß Duesterberg wegen seiner jüdischen Abstammung nicht länger in der nationalsozialistischen Presse angegriffen würde. In den Sachfragen kam es, wie sich bald zeigte, lediglich zu einer vorläufigen Einigung. Hitler hatte von Papen das Reichskommissariat in Preußen überlassen, während Göring zum stellvertretenden Reichskommissar avancieren und für das Innenministerium zuständig sein sollte. Hugenberg wurden die Ressorts für Wirtschaft und Landwirtschaft im Reich und in Preußen, die er zu einem »Krisenministerium« zusammenzufassen gedachte, zugesprochen.

Verblendet von dem Einfluß, den er sich im künftigen Kabinett versprach, schlug Hugenberg die Warnungen seiner deutschnationalen Parteifreunde in den Wind; er verkannte die Bedeutung, die der inzwischen von Göring hochgespielten Forderung nach sofortigen Neuwahlen zukam. Als Göring bei Franz von Papen eintraf, um die Vereinbarung zu besiegeln, wurde diese Frage bewußt ausgeklammert. Obwohl von Kleist warnte, verlegte sich Hugenberg darauf, sie zu einem späteren Zeitpunkt zu seinen Gunsten zu entscheiden. Übereinstimmung bestand in der Absicht, vom Reichstag ein Ermächtigungsgesetz zu verlangen, welches das Kabinett einstweilen von parlamentarischen Mehrheiten unabhängig machte. So war die Grundentscheidung für die »große Lösung« gefallen. Am Abend des 29. Januar berichtete Göring, die Kabinettsbildung mit Hitler als Kanzler, von Papen als Vizekanzler und Reichskommissar für Preußen, Frick als Reichsminister des Innern und ihm als preußischem Innenminister sei »perfekt«. Allerdings hatte von Papen die Frage der Einbeziehung der Zentrumspartei, ohne die eine Mehrheitsregierung nicht zustande kommen konnte, bewußt hintangestellt; er wußte, daß sie sowohl von Hugenberg als auch von Hitler abgelehnt wurde.

Die Kabinettsbildung wäre möglicherweise nicht so rasch erfolgt, hätte sich nicht der Reichspräsident noch am 28. Januar entschlossen, aus tiefem und sachlich nicht begründetem Mißtrauen gegen von Schleicher vorweg das Reichswehrministerium neu zu besetzen. Joachim von Stülpnagel kam nicht mehr in Betracht, weil Hindenburg Wert darauf legte, einen General ohne politische Ambitionen damit zu betrauen. Er entschied sich für Generalleutnant von Blomberg, der die Reichsregierung auf den Genfer Abrüstungsverhandlungen vertrat. Der Reichspräsident war sich nicht bewußt, daß er einen ausgesprochenen Sympathisanten der NSDAP ausgewählt hatte. Von Blomberg wurde telegraphisch nach Berlin gerufen, um dort schon am Morgen des 30. Januar vereidigt zu werden. Von Schleicher und die Reichswehrführung wurden bei dieser Entscheidung übergangen; ihr Versuch, von Blomberg noch vor dem Empfang beim Reichspräsidenten ins Reichswehrministerium zu bitten, wurde durch Franz von Papen durchkreuzt.

In der Reichswehrführung verstärkte sich inzwischen der Eindruck, daß an ein Kabinett Hitler nicht mehr ernsthaft gedacht sei. Ein zweites Kabinett von Papen mußte von den Militärs nicht nur als ausgesprochener Affront gegen General von Schleicher, sondern auch als Wiederholung der unhaltbaren Situation vom Dezember empfunden werden. Unter den gegebenen Umständen hielten sie nur noch eine Kanzlerschaft Hitlers für tragbar. Angesichts der anhaltenden Unschlüssigkeit Hindenburgs, Hitler zu ernennen, der immer noch nicht vollständig ausgeräumten Einwände Hugenbergs, vor allem hinsichtlich der ungeklärten Frage der Neuwahlen, der gleichzeitigen hektischen Erörterungen eines Papen-Kabinetts in DNVP-Kreisen und der einsetzenden Widerstände im konservativen Lager gegen eine Berufung Hitlers verdichtete sich in der Bendlerstraße die Meinung, daß die Wiederauflage eines Papen-Kabinetts unmittelbar bevorstehe. Das bewog den Chef der Heeresleitung, Hitler aufzusuchen und mit der Frage zu konfrontieren, ob er sicher sei, daß von Papen mit ihm nicht nur zum Schein verhandele.

Diese noch zaghafte Diversion, die in Unkenntnis des Verhandlungsstandes erfolgte und die vollständige Isolierung von Schleichers deutlich machte, wurde von dem höchst fragwürdigen Versuch ergänzt, den umtriebigen Werner von Alvensleben bei der NSDAP-Führung Mißtrauen gegen von Papen verbreiten zu lassen und sie so in die Arme der Reichswehrführung zu treiben. Das Bündnisangebot, das dieser Mittelsmann Goebbels nahelegte, gewann angesichts der Hitler und seiner Umgebung bereits bekannt gewordenen Entlassung von Schleichers den Charakter der offenen Auflehnung gegen den Reichspräsidenten. Es gehörte nicht viel dazu, um aus unbegründeten Andeutungen von Alvenslebens den Schluß zu ziehen, daß die Reichswehr im Begriff sei, einen Militärputsch durchzuführen und die NSDAP dafür zu mißbrauchen. Jedenfalls steigerten sich Hitler und Goebbels sogleich in die Vorstellung hinein, daß der Einsatzbefehl für die Potsdamer Garnison unmittelbar bevorstehe. Sie verständigten nicht nur Meißner und von Papen, sondern auch die Berliner SA unter von Helldorf sowie den mit der NSDAP sympathisierenden Polizeimajor Wecke, den Göring aufforderte, »eine schlagartige Besetzung der Wilhelmstraße durch Polizeihundertschaften« vorzubereiten.

Obgleich das Reichspräsidentenpalais den Putschgerüchten keinen Glauben schenkte, bestärkten die zur Nacht des 29. Januar eingehenden Alarmmeldungen die Beteiligten in der Überzeugung, daß das neue Kabinett unverzüglich gebildet werden müsse. Nach Mitternacht umlaufende Gerüchte, daß von Schleicher die Verhaftung des Reichspräsidenten, des Sohnes Oskar und des Staatssekretärs Meißner befohlen habe, ließen von Blomberg als Retter in der Not erscheinen. Er wurde am Bahnhof sofort in Empfang genommen und zu Hindenburg gebracht, welcher die Vereidigung vornahm und betonte, daß sich die Reichswehr jeder politischen Betätigung zu enthalten habe und daß »mit der Methode Schleicher« Schluß gemacht werden müsse. Gleichzeitig telephonierte von Papen die künftigen Mitglieder des Reichskabinetts eilig zusammen und verkündete wohl wider besseres Wissen, daß die Regierung spätestens um 11 Uhr gebildet werden müsse, da sonst die Reichswehr marschiere und eine Militärdiktatur »Schleicher-Hammerstein« drohe.

Von einer angemessenen Vorbereitung der Kabinettsbildung konnte somit nicht gesprochen werden. Konstantin von Neurath und Schwerin von Krosigk gingen noch immer davon aus, daß es zur »kleinen Lösung« eines Präsidialkabinetts unter von Papen kommen werde, die sie aus sachlichen Gründen ablehnten. Erst unmittelbar vor der Vereidigung gelang es Schwerin von Krosigk, einige Zusicherungen Hitlers über den künftigen Kurs der Finanzpolitik zu erhalten. Als sich das designierte Kabinett unter der Führung von Papens in die Diensträume Meißners begeben hatte, brachen die Gegensätze zwischen DNVP und NSDAP in unvermittelter Schärfe auf. Während Hitler noch einmal den Posten des Reichskommissars in Preußen reklamierte, auf den er am Vortag Verzicht geleistet hatte, machte Hugenberg gegen die von Hitler erneut geforderte Auflösung des Reichstages Front und ließ sich auch durch die Zusage des designierten Reichskanzlers nicht beirren, daß die personelle Zusammensetzung des Kabinetts, gleich wie die Wahlen ausgingen, unverändert bleibe. Erst das Drängen Meißners, man könne den Reichspräsidenten nicht länger warten lassen, bewog ihn, einstweilen nachzugeben.

Die Vereidigung des Kabinetts der nationalen Konzentration erfolgte in der für Hindenburg charakteristischen Kargheit. Nach abgelegtem Amtseid hob Hitler in einer kurzen Erklärung hervor, daß er bemüht sein werde, für das Kabinett eine parlamentarische Mehrheit zu gewinnen. Das bezog sich auf die Bedingung des Reichspräsidenten, das Zentrum und die BVP am Kabinett zu beteiligen. Beim Zustandekommen der Regierung hatte sich Hitler überwiegend passiv verhalten. Er benannte die nationalsozialistischen Kabinettsmitglieder: Wilhelm Frick als Reichsminister des Innern, Göring als kommissarischen preußischen Innenminister, Reichskommissar für die Luftfahrt und Reichsminister ohne Geschäftsbereich. Goebbels war leer ausgegangen, doch Hitler vertröstete ihn mit der künftigen Schaffung eines die übrigen Ressorts überwölbenden Reichspropagandaministeriums. Die anderen Kabinettsmitglieder – Freiherr von Neurath als Reichsminister des Äußern, Graf Schwerin von Krosigk als Reichsfinanzminister, Franz Seldte als Reichsarbeitsminister, Paul Freiherr Eltz von Rübenach als Reichsverkehrsminister – wurden durch Franz von Papen »eingestellt«. Werner von Blomberg hatte der Präsident selbst berufen. Hugenberg fungierte, wie gewünscht, als »Krisenminister«. Gereke wurde als Reichskommissar für die Arbeitsbeschaffung aus dem Kabinett von Schleicher übernommen. Das Reichsjustizministerium, das anderntags an Franz Gürtner zurückfiel, wurde noch nicht besetzt, um die Zentrumsverhandlungen nicht von vornherein als Farce zu dekuvrieren. Von Papen erzielte die Vereinbarung, daß Hitler nur in seiner Anwesenheit beim Reichspräsidenten Vortrag halten durfte. Damit glaubte er, die »Einrahmung« Hitlers wirkungsvoll in Szene gesetzt zu haben.

Die Umstände, unter denen sich die Kabinettsbildung vollzog, ersparten es Hitler, ein umfassendes Regierungsprogramm zu entwickeln. Jedes Eingehen auf Sachfragen hätte den ohnehin instabilen Kompromiß mit Hugenberg zum Einsturz gebracht. Überdies besaßen für Hitler taktische Erwägungen absolute Priorität. Gegenüber dem Reichspräsidenten war der Eindruck vermittelt worden, daß das Kabinett der »nationalen Konzentration« durch Einbeziehung der Zentrumspartei über eine klare parlamentarische Mehrheit verfügen und spätestens durch das angestrebte Ermächtigungsgesetz die Notverordnungsgesetzgebung entbehrlich machen würde. Den Zeitgenossen war in Erinnerung, daß das Zentrum bei der Bildung des Kabinetts Hermann Müller ebenfalls erst verspätet der Koalition beitrat. Hitler war jedoch von vornherein entschlossen, eine Regierungsbeteiligung von Zentrum und BVP zu unterbinden.

Von Papen hatte Hitler noch vor dem Empfang bei Hindenburg die Zusage abgerungen, mit dem Zentrum über die Regierungsbeteiligung zu verhandeln, war aber in Wirklichkeit ebensowenig wie Hitler an einem Erfolg interessiert. Für das Zentrum setzten sich Ludwig Perlitius und Johannes Bell noch vor der Kabinettssitzung am 30. Januar mit Göring in Verbindung und erhoben Beschwerde, daß sie von den Koalitionsverhandlungen ausgeschlossen worden seien. Ihnen fehlte das Gespür dafür, daß von Papen die Koalitionsgespräche bloß aus optischen Gründen vorgeschlagen hatte, zumal auch Hugenberg im Hinblick auf seine landwirtschaftlichen und sozialpolitischen Interessen eine Einbindung des Zentrums ablehnte. Hitler ergriff die günstige Gelegenheit, um den DNVP-Führer in eine Falle zu locken, indem er ein Junktim zwischen der Nichtbeteiligung des Zentrums und den von Hugenberg nach wie vor bekämpften Neuwahlen herstellte.

Allerdings vermied Hitler schon wegen des unmittelbar nach den Wahlen geplanten Ermächtigungsgesetzes einen offenen Bruch mit dem Zentrum, wenngleich die Form nur notdürftig gewahrt wurde. Er nutzte den schriftlichen Fragenkatalog, den das Zentrum einreichte, um nach dessen Beantwortung über den Eintritt in das Kabinett zu entscheiden, dazu, die Verhandlungen mit der Begründung abzubrechen, daß ein Eingehen darauf mehrere Wochen benötige. Gleichzeitig verlangte er vom Zentrum, einer Vertagung des Reichstages für die Dauer eines Jahres zuzustimmen, weil er wußte, daß es nicht bereit sein würde, mehr als zwei Monate zuzubilligen. Er nahm das Zögern des Zentrums, die gestellten Bedingungen pauschal anzunehmen, zum Anlaß, um die Auflösung des Reichstages als einzig mögliche Alternative hinzustellen.

Der nach Abbruch der Verhandlungen veröffentlichte Briefwechsel zwischen Prälat Kaas und Hitler verstärkte in der Öffentlichkeit den Eindruck, als hätten von Papen und Hugenberg den Ausschlag für diese Entscheidung gegeben. So urteilte die »Frankfurter Zeitung«, die Reichstagsauflösung richte sich in erster Linie gegen das Zentrum. In der Sache lief die Episode auf eine schwere Niederlage Hugenbergs hinaus, der sich gezwungen sah, wider besseres Wissen und gegen den Protest der DNVP-Honoratioren in Neuwahlen einzuwilligen. Es tröstete ihn wenig, daß Hitler erneut zusicherte, daß das Wahlergebnis keinen Einfluß auf die Zusammensetzung des Kabinetts haben werde und daß die bevorstehenden Wahlen ohnehin die letzten sein würden, da eine Rückkehr zum parlamentarischen System unbedingt zu vermeiden sei.

Wenn es ein konservatives »Zähmungskonzept« überhaupt gab, so war es bereits in der ersten Sitzung des Kabinetts Hitler preisgegeben worden. Während von Papen sich der Illusion verschrieb, aufgrund seines Einflusses auf den Reichspräsidenten Hitler unter Kuratel zu halten, der sich mittels des angestrebten Ermächtigungsgesetzes gerade der präsidialen Fesseln entwand, führte Hugenberg mit Schützenhilfe Meißners ein wenig überzeugendes Abwehrgefecht, indem er ein Verbot der KPD und die Anullierung ihrer Reichstagsmandate vorschlug, um so Neuwahlen zu vermeiden. Hitler und Göring sprachen mit verteilten Rollen und mit Engelszungen gegen ein solches Vorgehen. Ein Verbot der KPD werde den Generalstreik und innere Unruhen auslösen; demgegenüber sei von Neuwahlen eine weit geringere Beeinträchtigung des Wirtschaftslebens zu erwarten. Außerdem könne man die kommunistische weltanschauliche Bewegung nicht einfach durch ein Verbot beseitigen. Es handelte sich überwiegend um vorgeschobene Argumente. Eine sofortige Unterdrückung der KPD hätte die NSDAP ihrer wirkungsvollsten Propagandabehauptung beraubt, die Nation vor der bolschewistischen Bedrohung retten zu müssen. Es lag nicht in Hitlers Sinne, die direkte Auseinandersetzung mit den »marxistischen Parteien«, die er der NSDAP vorbehalten wollte, durch eine spektakuläre Polizeiaktion zu ersetzen und das Risiko einzugehen, für den Fall eines wirkungsvollen kommunistischen Widerstands das Eingreifen der Reichswehr hinnehmen zu müssen. Daß es spätestens nach den Wahlen zu einer gewaltsamen Auseinandersetzung mit der Linken kommen werde, bezweifelte er nicht.

Hitler setzte daher noch am 31. Januar die Zustimmung des Kabinetts zur Reichstagsauflösung durch, die anderntags mittels präsidialer Notverordnung mit der bezeichnenden Begründung vollzogen wurde, daß »sich die Bildung einer arbeitsfähigen Mehrheit als nicht möglich herausgestellt« habe und daß dem deutschen Volk die Gelegenheit gegeben werden solle, zur Neubildung der Regierung Stellung zu nehmen. Da die konservativen Koalitionspartner im Kabinett gegen die darin liegende Verkehrung des Verhältnisses von Wahlen und Regierungsbildung keinen Einspruch erhoben, war dem Reichspräsidenten diese Entscheidung nicht anzulasten. Die NSDAP drängte darauf, die Wahlen bald anzusetzen. Als Wahltag wurde der 5. März 1933 bestimmt. Viele Zeitgenossen hielten dies für den gefürchteten Rückfall in den Parlamentarismus. Ewald von Kleist-Schmenzin sandte Hugenberg sein Parteibuch unter Protest zurück. Was sich vollzog, war jedoch das Gegenteil: die Beseitigung der Reste des parlamentarischen Regierungssystems unter formeller Beibehaltung parlamentarischer Prozeduren und pseudolegaler Methoden, welche die Erwartungen der SPD widerlegten, daß es zu einem sichtbaren Bruch mit der bestehenden Verfassung als Ansatzpunkt des Widerstands kommen würde.

Die Bildung des Kabinetts der nationalen Konzentration wurde in der Öffentlichkeit nicht als grundlegende politische Zäsur aufgefaßt. Übereinstimmung bestand bis hin zur Zentrumspartei darüber, daß die KPD ausgeschaltet und der Einfluß der SPD eng begrenzt werden würde. Allgemein überwog der Eindruck, daß sich die neue Regierung nur für eine beschränkte Periode werde halten können. Demgegenüber war die NSDAP bemüht, die Ernennung Hitlers zum Reichskanzler in eine säkulare Wende umzudeuten. Die Stilisierung des Kabinettswechsels zur »nationalen Erhebung« wurde von Joseph Goebbels systematisch in Szene gesetzt und bestimmte die nationalsozialistische Propaganda bis zum Tag von Potsdam, dem die Verabschiedung des Ermächtigungsgesetzes am 23. März 1933 folgte. Indem er den 30. Januar als Tag des »nationalen Aufbruchs« feiern ließ, überspielte der nationalsozialistische Propagandachef den Tatbestand, daß die Regierungskoalition nur aufgrund des präsidialen Notverordnungsrechts prozedieren konnte.

Unmittelbar nachdem die Nachricht von Hitlers Ernennung im Kaiserhof eingetroffen war, erteilte Goebbels umfassende Anweisungen zur Durchführung von Massendemonstrationen in der Reichshauptstadt und allen größeren Städten. Ihre Funktion bestand darin, Hitlers Kanzlerschaft als endgültigen Sieg der nationalsozialistischen Bewegung herauszustellen. Die erstrebte Alleinherrschaft wurde damit propagandistisch vorweggenommen. Als Reichsminister des Innern hob Frick eilfertig die Bannmeilebeschränkungen auf, um die Ovationen, die SA, SS und Stahlhelm dem Kanzler und dem Reichspräsidenten in der Wilhelmstraße entgegenbrachten, zu ermöglichen. Die von Goebbels sorgfältig arrangierten Fackelzüge der SA, die sich durch dicht gedrängte Massen ihren Weg bahnten, endeten nicht vor Mitternacht. Hindenburg nahm die vorbeidefilierenden Kolonnen vom Fenster seines Amtssitzes in der Wilhelmstraße aus in Augenschein, Hitler, Göring und Frick ließen sich auf dem Balkon der Neuen Reichskanzlei huldigen. Der Taumel der Beigeisterung, von dem die Anhängerschaft der NSDAP erfaßt wurde, veranlaßte Harry Graf Keßler zu der sarkastischen Bemerkung, daß sich Berlin »heute nacht in einer reinen Faschingsstimmung« befunden habe. Die nationale Hochstimmung, die sich in zahllosen Kundgebungen Luft verschaffte, stellte in den Augen derjenigen, die Hitler und der NSDAP distanziert gegenüberstanden, nur ein Strohfeuer dar, das von den wahren Problemen des Landes ablenkte.

Viele apolitisch eingestellte Deutsche mochten die Lösung der wochenlangen Regierungskrise mit Erleichterung aufnehmen und hoffnungsvolle Erwartungen daran knüpfen. In den Arbeitervierteln und bei den wenigen bürgerlichen Republikanern herrschte Depression vor. Der Chefredakteur des »Berliner Tageblatts«, Theodor Wolff, wies auf die schweren Gefahren hin, die von der Kanzlerschaft Hitlers ausgingen, und die »Frankfurter Zeitung« erinnerte besorgt an Hitlers Drohungen anläßlich des Mordfalls von Potempa und bezweifelte, ob er über die staatsmännischen Eigenschaften verfügte, die ihm die meisten seiner konservativen Bündnispartner zuschrieben. Das Hauptinteresse widmete die Presse jedoch Alfred Hugenberg, dessen Machtstellung diejenige des Kanzlers bei weitem zu übertreffen schien. Die Forderung einer auf vier Jahre befristeten Ermächtigung, die bereits in den ersten Wahlaufrufen enthalten war, trat demgegenüber in den Hintergrund, obwohl eine derart langfristige Bevollmächtigung ohne Beispiel war.

Taktisch gesehen war es ein propagandistisches Meisterstück, den bereits mit den Demonstrationen am Abend des 30. Januar in Gang gesetzten Wahlkampf unter dem Schlagwort der Ermächtigung für die bestehende Reichsregierung zu führen, was den Bewegungsspielraum des Koalitionspartners entscheidend einengte. Schon die am 1. Februar über sämtliche deutschen Rundfunksender verbreitete Regierungserklärung Hitlers stellte eine kaum verhüllte Wahlrede dar, obwohl von Papen deren Text mitgezeichnet hatte. In diesem »Aufruf an das deutsche Volk« nahm Hitler eine eindeutige Distanzierung von den vorausliegenden vierzehn Jahren »marxistischer« Herrschaft vor, schloß also die Ära der Präsidialkabinette in seine Abrechnung mit der Republik ein. Die nationale Regierung werde alles tun, um dem »Verfall der geistigen und willensmäßigen Einheit« der Nation, den die Novemberparteien zu verantworten hätten, Einhalt zu gebieten und eine klassenlose »Volksgemeinschaft« zu schaffen. Hitler versäumte nicht, sich auf die Werte des Christentums und der Familie zu berufen und Hindenburg als »dem greisen Führer des Weltkriegs« zu huldigen. Er kündigte zwei parallele Vierjahrespläne zur Überwindung der Not der deutschen Landwirtschaft und zur Beseitigung der Arbeitslosigkeit an, übrigens gegen den schwächlichen Einwand von Papens, daß dies zu sehr an die stalinistische Terminologie erinnere. Mit der Parole »Nun, deutsches Volk, gib uns die Zeit von vier Jahren und dann urteile selbst und richte uns!« spielte Hitler auf das von ihm verlangte Ermächtigungsgesetz an. Im Grunde hatten sich die konservativen Koalitionspartner durch ihre Zustimmung zu diesem Aufruf gegenüber Hitler bereits die Hände gebunden.

Goebbels erkannte sofort, welche Bedeutung das staatliche Rundfunkmonopol besaß, das die NSDAP systematisch für sich mobilisierte, wenngleich die süddeutschen Länder dagegen Einspruch erhoben. Über die Finanzierung des Wahlkampfs machte sich die NSDAP-Führung keine Sorgen mehr. Zwar winkte der Reichsfinanzminister ab, als Göring im Kabinett eine öffentliche Finanzierung der Wahlkampfkosten der Regierungsparteien in Vorschlag brachte. Aber der staatliche Apparat, darunter die Reichszentrale für Heimatdienst und der Rundfunk, wurden voll für die Wahlwerbung eingesetzt, noch bevor Göring und Schacht am 20. Februar die deutsche Industrie erfolgreich zur Kasse baten. Noch wichtiger war die Einschränkung der Bewegungsfreiheit der Opposition, die mit der Notverordnung »zum Schutze des deutschen Volkes« vom 4. Februar einsetzte. Die Verordnung war noch von Schleicher vorbereitet worden, falls das Amnestiegesetz zur Erneuerung der Gewaltanwendung führte, wurde aber nun dazu benutzt, um weitgehende Beschränkungen der Pressefreiheit zu legalisieren und selbst Aufforderungen zu Streiks in lebenswichtigen Betrieben, was immer das heißen mochte, mit schweren Strafen zu bedrohen.

Der Wahlkampf war von der bürgerlichen Rechten als überflüssig betrachtet worden, zumal man befürchtete, daß er den Linksparteien eine Atempause einräumte. So äußerte die »Deutsche Allgemeine Zeitung« noch am 12. Februar, daß »Hitlers Kampf um die Eroberung des Volkes« in absehbarer Zeit »dem Frontalangriff auf die Arbeiterparteien« nicht ausweichen könne. Die Gewinnung der Industriearbeiterschaft für die nationale Bewegung war der Part, den die bürgerlichen Bundesgenossen Hitler zugedacht hatten, und sie deuteten seine Äußerungen häufig als Verbalradikalismus, der notwendig sei, um die Massen vor einem Abgleiten zu den Kommunisten zu bewahren. Hitler erwies sich gegenüber Hugenberg, der bereits am 28. Januar die Zustimmung Meißners für ein Verbot der KPD eingeholt hatte, als der überlegene Taktiker. Er wollte den Spieß umkehren und, wie Goebbels notierte, den »roten Terror« erst aufflammen lassen und so den Arbeiterparteien den Bruch der Legalität zuspielen. Für die Endauseinandersetzung mit dem »Marxismus« hoffte er gestärkt aus den Wahlen hervorzugehen. In der Rede, die Hitler auf einem Treffen von Industriellen hielt, das am 20. Februar auf Einladung Görings und Schachts im Dienstsitz des Reichstagspräsidenten stattfand, legte er dar, daß es gelte, zunächst »die ganzen Machtmittel« durch die Wahlen in die Hand zu bekommen; erst danach begänne »die zweite Aktion gegen den Kommunismus«. Faktisch zahlten Hitlers Bündnispartner dafür den Preis der eigenen Handlungsfreiheit.

Auf der Linie der Ausschaltung der organisierten Arbeiterbewegung lagen die gleichzeitig forcierten Maßnahmen zur Eroberung des maßgebenden Einflusses im staatlichen Apparat. In Preußen hatte der Antrag von NSDAP und DNVP auf Auflösung des preußischen Landtages keine Mehrheit gefunden, wobei sich die sozialdemokratische Landtagsfraktion über die Meinung des Parteivorstandes hinwegsetzte, der den einzigen Ausweg in Neuwahlen erblickte. Der entsprechende Antrag Kerrls war anschließend im Dreimännerkollegium mit den Stimmen Adenauers und Brauns abgelehnt worden. Auf Anraten von Papens und Meißners entschloß sich das Kabinett, nachdem man die Überlegung fallengelassen hatte, einen gesonderten Gerichtshof zur Umgehung des Staatsgerichtshofurteils einzusetzen, zu der eindeutig rechtswidrigen Notverordnung »zur Herstellung geordneter Regierungsverhältnisse in Preußen«, die am 6. Februar erging. Die der preußischen Regierung vom Staatsgerichtshof zugesprochenen restlichen Befugnisse wurden nunmehr ebenfalls auf die Kommissariatsregierung übertragen. Die preußischen Minister sahen nur noch die Möglichkeit des formalen Protests, indem sie beim Staatsgerichtshof Klage erhoben, die unbeantwortet blieb, da der zuständige Senat auf Betreiben der Reichsregierung eine Entscheidung verzögerte, bis die Klage durch das Ergebnis der Märzwahlen gegenstandslos wurde. Desgleichen blieb der Einspruch des bayerischen Ministerpräsidenten Held unbeachtet. Mit der Notverordnung war der von Göring verfolgte Weg einer vorgezogenen Machteroberung in Preußen frei. Das Dreimännerkollegium, in dem von Papen an Brauns Stelle trat, stimmte der Auflösung des Landtages und Neuwahlen zum 5. März zu. Gleichzeitig verfügte Göring die Neubildung der kommunalen Körperschaften.

Binnen weniger Tage hatte die NSDAP die Fesseln abgeworfen, die sie an den Koalitionspartner band. Hitler hatte keine Mühe, das Ansuchen der bürgerlichen Rechten, eine Einheitsliste aufzustellen, abschlägig zu bescheiden. Die Zusicherung, an der Zusammensetzung der Regierung nichts zu ändern, gleich wie das Wahlergebnis ausfiele, machte es DNVP und Stahlhelm unmöglich, sich aus dem unbequemen Bündnis zu lösen, selbst wenn sie es, wie immerhin Duesterberg erwog, gewollt hätten. Auf Drängen von Papens kam es am 11. Februar zum Zusammenschluß von DNVP und Stahlhelm zur Kampffront »Schwarz-Weiß-Rot«; ihr blieben allerdings die Splitterparteien der bürgerlichen Rechten sowie die DVP fern, zumal Hugenberg wenig Bereitschaft zeigte, bei der Nominierung von Kandidaten entgegenzukommen. Der Plan von Papens, eine Sammlungsbewegung »christlich-konservativer Prägung« ins Leben zu rufen, scheiterte im Ansatz. Die Kampffront war der NSDAP von vornherein unterlegen, weil sie in allen entscheidenden politischen Fragen auf das Regierungsprogramm festgelegt war. Versuche, sich von der NSDAP durch die Warnung vor sozialistischen Experimenten und durch die Zurückweisung des »Parteigeistes« zu distanzieren, waren schwerlich geeignet, breitere Wählergruppen anzusprechen. Verschärfte Spannungen zwischen dem DNVP-Apparat und Hugenberg, der nach der Übernahme des Ministeramtes die eigene Partei vernachlässigte, kamen hinzu. Der in der öffentlichen Meinung, von der »Frankfurter Zeitung« bis zur »Roten Fahne« kolportierte Eindruck, Hugenberg sei der eigentlich starke Mann im Kabinett, widersprach den tatsächlichen Verhältnissen. Gegenüber dem eigenmächtigen Vorprellen der NSDAP reagierten die DNVP- und die Stahlhelm-Führung weitgehend hilflos, und von Papen verlegte sich schon in diesem Stadium darauf, die bestehenden Gegensätze zu beschönigen. Desgleichen überraschte Hitlers maßvolles Auftreten, das dem taktischen Kalkül entsprang, sich der Unterstützung der überwiegend konservativ eingestellten Funktionseliten zu versichern.

In den ersten Wochen seiner Regierung empfand Hitler soviel Respekt vor dem Reichspräsidenten, daß er sich im Laufe des frühen Vormittags in der Reichskanzlei einfand. Tastend suchte er die Unsicherheit zu überwinden, die mit seinen völlig fehlenden Erfahrungen im Regierungsgeschäft zusammenhing. Sofort nach seiner Ernennung knüpfte er Kontakte zu Reichswehrgarnisonen, die er ohne formelle Ankündigung visitierte. Das veranlaßte Reichswehrminister von Blomberg, ihn zu einem Herrenessen aus Anlaß des sechzigsten Geburtstags von Neuraths am 3. Februar in das Haus von Hammerstein-Equord mit den Gruppen- und Wehrkreisbefehlshabern zu bitten. Hitler trat in dieser für ihn ungewohnten Umgebung linkisch und zurückhaltend auf. Erst nach dem Diner legte er seine Befangenheit ab und überraschte die Gastgeber mit einer improvisierten zweistündigen Programmrede. Darin sicherte er den Befehlshabern mittelfristig die Rückkehr zur allgemeinen Wehrpflicht und die Beibehaltung der überparteilichen Stellung der Reichswehr zu.

In seiner Rede verlangte Hitler die »völlige Umkehrung der gegenwärtigen innenpolitischen Zustände« und die »Ausrottung des Marxismus mit Stumpf und Stiel«. Neuartig war allenfalls die starke Anlehnung an die Zielsetzungen der Wehrmachtführung und die Zusicherung, daß die Reichswehr »überparteilich« und »unpolitisch« bleiben müsse. Die außenpolitischen Passagen der Rede ließen die Option zwischen einer Wiederaufnahme der Kolonialpolitik oder der »Eroberung neuen Lebensraums im Osten« einstweilen offen. Die Darlegungen zur inneren Politik erweckten den Eindruck, als befinde sich die NSDAP noch immer in der Phase des Ringens um die Macht im Staat. »Der Kampf im Innern«, notierte Generalleutnant Curt Liebmann zur Rolle der Reichswehr, sei »nicht ihre Sache, sondern (die) der Nazi-Organisationen«. Damit war die Neutralität der bewaffneten Macht in der gewaltsamen Auseinandersetzung der NSDAP mit der politischen und gewerkschaftlichen Arbeiterbewegung angesprochen. Etwas später faßte Generaloberst Walter von Reichenau, der Nachfolger Bredows als Chef des Ministeramts, ein kühl kalkulierender, zugleich politisch klarsichtiger Militärfachmann, den gleichen Sachverhalt in der Formulierung zusammen: »Erkenntnis notwendig, daß wir in einer Revolution stehen. Morsches im Staat muß fallen, das kann nur mit Terror geschehen. Die Partei wird gegen den Marxismus rücksichtslos vorgehen. Aufgabe der Wehrmacht, Gewehr bei Fuß.«

In diesen Überlegungen Hitlers spiegelte sich das keineswegs preisgegebene Konzept einer terroristischen Abrechnung mit den Parteien der Linken, von denen er erwartete, daß sie auf entsprechende Provokationen gewaltsam reagieren würden. Die sofort einsetzenden Übergriffe der SA auf Institutionen der KPD, SPD und der Freien Gewerkschaften, die bald folgende Errichtung von Folterstätten und »wilden« Konzentrationslagern gehörten zu dieser Strategie. Göring gab ihr eine neue Note, indem er die preußische Polizei in den Dienst dieses innenpolitischen Kampfes stellte und sie in dem berüchtigten »Schießerlaß« ausdrücklich anwies, mit den Verbänden der nationalen Bewegung enge Zusammenarbeit zu pflegen und gegen kommunistische Aktionen rücksichtslos von der Waffe Gebrauch zu machen. Der von ihm am 24. Februar verfügte Einsatz von SA und Stahlhelm als Hilfspolizei zielte in dieselbe Richtung, wiewohl das von Hitlers ursprünglicher Intention abwich, der zufolge die Polizeikräfte ebenfalls stillhalten sollten. Während Hitlers konservative Partner den revolutionären Umsturz im wesentlichen für abgeschlossen hielten, hatte er für die aktivistischen Kräfte in der SA und NSDAP eben erst begonnen.

In zutreffender Einschätzung der propagandistischen Wirkung stellte die NSDAP den Kampf gegen den Kommunismus in den Mittelpunkt der Wahlpropaganda und mobilisierte den in den bürgerlichen Mittelschichten und bei der bäuerlichen Bevölkerung nachgerade hysterische Formen annehmenden Antikommunismus. Der Verbalradikalismus der KPD hatte dieser Psychose in die

Hände gespielt. Das Auftreten militanter kommunistischer Gruppen in ländlichen Gebieten, das vielfach eine Gegenreaktion auf das Vorgehen der SA darstellte, trug zu der von der Agitation der Rechtsparteien genährten Furcht vor einem bolschewistischen Umsturz beträchtlich bei. Die antikollektivistischen Psychosen beim gehobenen Bürgertum, die sich in der Klage über den angeblichen »Kulturbolschewismus« und den Prozeß der »Vermassung« ausdrückten, wären allerdings auch dann virulent gewesen, wenn die von Ernst Thälmann geführten Kommunisten ihnen nicht durch eine maßlos radikale Sprache Zündstoff geliefert hätten.

Im Gegensatz zu ihrer Propaganda verfügte die KPD zu keinem Zeitpunkt über ein realistisches revolutionäres Konzept; an einen proletarischen Aufstand war nicht im entferntesten zu denken. Der gegen die SPD gerichtete Sozialfaschismus-Vorwurf diente auch dazu, diese Schwäche zu überdecken. Tatsächlich verhielt sich die KPD gegenüber der nationalsozialistischen Machteroberung strukturell nicht viel anders als die Sozialdemokratie. Sie wurde von der Bildung des Kabinetts Hitler vollständig überrascht. Obwohl sie seit Monaten Vorbereitungen für den Aufbau eines konspirativen Apparats getroffen hatte, vermochte sie sich nicht der polizeilichen Überwachung zu entziehen. Die Durchführung halblegaler Aktionen und die Teilnahme am Wahlkampf bezeugten ein hohes Maß an Sorglosigkeit und Unterschätzung des nationalsozialistischen Gegners. Es kam hinzu, daß die preußische Politische Polizei die seit einer Reihe von Jahren systematisch gesammelten Informationen benutzte, um gegen die Partei wirkungsvoll einzuschreiten, sobald sich auch nur der geringste Anlaß dazu bot. Trotz ungebrochener Kampfbereitschaft der Kader schränkte sich der Bewegungsspielraum der Partei rasch ein. Schon am 22. Januar 1933 konnte es die SA, die über den Polizeischutz des Kommissariats verfügte, riskieren, auf dem Bülowplatz in Berlin gegenüber dem Sitz der KPD zu demonstrieren, während die kommunistischen Gegner in die Nebengassen abgedrängt wurden. Als die KPD drei Tage später am selben Ort mit einer Massenkundgebung antwortete, die Friedrich Stampfer zu ausdrücklicher Anerkennung veranlaßte, wußte sie noch nicht, daß es die letzte öffentliche Demonstration war, die nicht sogleich von den Polizeikräften unterbunden wurde. Schon Anfang Februar war die KPD völlig in die Defensive gedrängt. Systematische Presse- und Versammlungsverbote, Durchsuchungen und Beschlagnahmen von Parteilokalen und Verhaftungen von Funktionären machten sie weitgehend handlungsunfähig. Die nach dem Reichstagsbrand in der Nacht zum 28. Februar einsetzende Verfolgung endete mit einer fast vollständigen Zerschlagung des konspirativ ungenügend abgesicherten Parteiapparats.

Das Festhalten der KPD an der »Einheitsfront von unten«, der sich die »Rote Fahne« noch am 29. Januar mit einem Aufruf von KPD und RGO zur Bildung einer »Einheitsfront der Tat gegen den faschistischen Generalangriff« verschrieben hatte, war unter den gegebenen Bedingungen utopisch. Trotzdem hielt die KPD-Zentrale noch am 2. Februar an der Generallinie fest, daß der Hauptstoß nach wie vor gegen den »Sozialfaschismus« der SPD zu richten sei. Der SPD wurde zum Vorwurf gemacht, vor der faschistischen Konterrevolution »aufs erbärmlichste« kapituliert zu haben, weil sie auf das Angebot der KPD vom 30. Januar nicht eingegangen war, den Generalstreik auszurufen. Eine noch größere Verzerrung der Perspektive schlug sich in dem Kommentar der »Prawda« zu den deutschen Ereignissen nieder. Das als Sprachrohr der Komintern fungierende Blatt beschuldigte die deutsche Bourgeoisie, die »Lösung der eigenen Widersprüche durch einen Frontalangriff gegen die werktätigen Massen und ihre Vorhut, die KPD«, zu betreiben. Das traf bestenfalls auf Hugenberg zu, nicht aber auf Hitler, und es war grotesk, daß man unverdrossen daran festhielt, die SPD und die Freien Gewerkschaften auch dann noch als »soziale Hauptstütze der Bourgeoisie« zu betrachten, als sie von massiven Unterdrückungsmaßnahmen des Regimes getroffen wurden.

Friedrich Stampfer hatte angesichts der unüberbrückbaren Gegensätze zwischen KPD und SPD erneut den Gedanken eines »Nichtangriffspakts« als kleinsten gemeinsamen Nenner aufgegriffen, ohne damit bei der KPD-Führung Gehör zu finden. Die äußerst geringen politischen Handlungschancen der SPD wurden durch die offene Flanke nach links hin noch weiter beeinträchtigt. Selbst wenn die Sozialdemokratie in letzter Stunde für General von Schleicher eingetreten wäre, hätte sie nichts am Lauf der Dinge ändern können. Ihre verhängnisvolle Isolierung machte sie zum bloßen Beobachter der politischen Szene. Noch am Vormittag des 30. Januar erörterten Parteivorstand und Reichstagsfraktion in einer gemeinsamen Sitzung die durch die bevorstehende Bildung einer Regierung Hitler entstehende Lage. Rudolf Breitscheid, der in der Sitzung ein einigermaßen realistisches Bild der laufenden Verhandlungen zwischen von Papen und Hitler zeichnete, gestand ehrlicherweise ein, daß es nicht mehr darum gehe, die Faschisten von der Macht fernzuhalten, sondern daß es gelte, sie unter erschwerten Bedingungen »aus der Macht zu vertreiben«. Die Nachricht von Hitlers Ernennung kam am Ende der Sitzung gleichwohl überraschend.

Es gab nicht wenige Sozialdemokraten, die zu sofortigem Handeln drängten. Siegfried Aufhäuser machte sich gegenüber der Parteiführung zu ihrem Sprecher. Er wandte sich gegen weiteres Abwarten, da man sonst den Zeitpunkt für eine aktive Abwehr der sich abzeichnenden Diktaturregierung verpassen werde. Das war auch die Stimmung in der Eisernen Front, die an vielen Orten dazu überging, Waffen bereitzustellen. Aber es fehlte ein Ansatzpunkt für aktiven Widerstand. Er war für die verfassungswidrige Bildung eines reinen Präsidialkabinetts unter Aufhebung der Rechte des Parlaments ins Auge gefaßt worden, nicht aber für die nun eingetretene Lage, in der ein offener Verfassungsbruch nicht vorlag. Zudem standen Teile der Partei noch unter dem irreführenden

Eindruck, von Schleicher sei in erster Linie gestürzt worden, weil er sich für Neuwahlen eingesetzt hatte, die, so las man im »Vorwärts«, hätten verhindert werden sollen, um Hitler eine Wahlniederlage zu ersparen. Noch immer erhoffte man sich von Wahlen eine innenpolitische Entlastung. Diese Fehleinschätzung lag auf der Linie der massiven Proteste, die SPD- und ADGB-Vorstand gegen von Schleichers Staatsnotstandspläne erhoben hatten. Desgleichen hatte sich Otto Braun in einem offenen Brief an den Kanzler gegen ein Abweichen von der Verfassung verwahrt. Damit hatte sich die SPD-Führung psychologisch die Hände gebunden. Auch für den Fall der Bildung eines Kabinetts Hitler, das im Reichstag keine Mehrheit finden würde, einigte man sich darauf, zunächst alle Energien auf die bevorstehenden Reichstagswahlen zu verwenden.

Die Berufung Hitlers zum Reichskanzler bestärkte die SPD darin, an dem Legalitätskonzept festzuhalten, wie es unter dem Eindruck des Preußen-Schlags formuliert worden war. Der Leitartikel des »Vorwärts« vom 31. Januar nahm die Lageanalyse vorweg, die Rudolf Breitscheid am selben Tag in einer Sitzung des Parteiausschusses vortrug und die der Parteivorstand unter dem Titel »Bereitsein ist alles!« sogleich als Broschüre in Massenauflage verbreitete. Das Parteiorgan warnte vor einem Vorprellen einzelner Arbeiterorganisationen, da es die Gefahr in sich berge, der NSDAP in die Hände zu spielen. Das Blatt appellierte an unbedingte Disziplin und mahnte, daß »äußerste Bereitschaft und vollkommene Einigkeit« das Gebot der Stunde seien. Abgesehen von der notorischen Flucht in den Organisationsfetischismus entsprang diese Forderung der irrigen Vorstellung, daß die organisierte Arbeiterbewegung abwarten müsse, bis der Gegner von sich aus den Bruch der Legalität vollzöge. »Gegenüber dieser Regierung der Staatsstreichdrohung«, erklärte der »Vorwärts«, »stellt sich die Sozialdemokratie und die ganze Eiserne Front mit beiden Füßen auf den Boden der Verfassung und der Gesetzlichkeit. Sie wird den ersten Schritt von diesem Boden nicht tun.« Einen ähnlichen Tenor enthielt der gleichzeitige Aufruf des Parteivorstands, der im übrigen ankündigte, ein Mißtrauensvotum gegen das neue Kabinett einzubringen.

In seiner Rede vor dem Parteiausschuß und Vertretern der Reichstagsfraktion trat Breitscheid dafür ein, sich dem Kabinett gegenüber abwartend zu verhalten. Zwar warnte er davor, auf ein rasches Ende der Regierung zu setzen. Deren Sturz liefe auf das endgültige Scheitern der gegen die Arbeiterschaft gerichteten autoritären Experimente hinaus; sie werde daher von allen arbeiterfeindlich eingestellten Gruppen mit Zähnen und Klauen verteidigt werden. Dieser Aufforderung zur Geduld fügte er nicht ohne inneren Widerspruch hinzu, daß trotz einer klaren Oppositionshaltung der Partei der Augenblick zu einer umfassenden außerparlamentarischen Aktion erst dann gekommen sei, wenn Hitler den Weg des Verfassungsbruchs beschreite. Das paßte nicht recht zu der gleichzeitigen Feststellung Breitscheids, daß Mussolini das Parlament schrittweise und unter

Umgehung einer offenen Verfassungskrise ausgeschaltet habe. Jedenfalls verwarf Breitscheid jeden Gedanken an sofortige Kampfmaßnahmen. Ein befristeter Generalstreik sei schon deshalb nicht möglich, weil die KPD dessen Fortsetzung erzwingen und dieser dann von SA und Reichswehr im Blut erstickt werden würde. Solange die KPD nicht zu einem grundsätzlichen Kurswechsel bereit sei, könne an ein Zusammengehen mit ihr nicht gedacht werden.

Breitscheid fand mit diesen Ausführungen die ausdrückliche Zustimmung der Vertreter des ADGB, die einen Generalstreik wegen der anhaltenden Massenarbeitslosigkeit als aussichtslos bezeichneten und überdies erklärten, dieses Mittel für den äußersten Notfall aufheben zu wollen. Das war jedoch nur taktische Kosmetik gegenüber dem linken Flügel. Im Unterschied zu einigen Teilverbänden traf der Bundesvorstand nicht die geringsten Vorbereitungen für eine derartige Protestaktion. Leipart brachte die offizielle Linie der Gewerkschaften auf die Formel: »Organisation, nicht Demonstration: das ist die Parole der Stunde.« Die meisten Partei- und Gewerkschaftsführer dachten nicht anders und lehnten zugleich jegliche Kontakte zur KPD ab. Nur Friedrich Stampfer und der Leiter der Berliner Bezirksorganisation der SPD, Franz Künstler, sprachen sich für Verhandlungen mit der KPD aus, da angesichts der einsetzenden Provokationen und Übergriffe auf die lokale Parteiorganisation der Wille zum Widerstand in den Belegschaften wachse, zumal sie Stampfers Nichtangriffspaktangebot als Zustimmung zu einer Zusammenarbeit mit der KPD aufgefaßt hätten. Das Hauptmotiv für ein offensiveres Vorgehen war die Befürchtung, eine Mitgliedereinbuße hinnehmen zu müssen. Auf lokaler Ebene kam es zu gemeinsamen Aktionen, doch nahmen sich die vereinzelten Proteststreiks vor den wortreichen Ankündigungen zum Generalstreik in der KPD-Presse kläglich aus.

Obwohl sich die SPD über die rückhaltlose Gegnerschaft der NSDAP im klaren war, unterschätzte sie das Ausmaß der Schikanen und Unterdrückungsmaßnahmen, von denen freilich in erster Linie die KPD betroffen war, deren Presse zum größten Teil nicht mehr erscheinen konnte. SPD und KPD hofften noch, dem Kabinett Hitler eine Niederlage im Reichstagsplenum beibringen zu können, aber Göring als Reichstagspräsident setzte im Ältestenrat dessen kurzfristige Vertagung durch, die dann mittels der Auflösung gegenstandslos wurde. Der unter halblegalen Bedingungen geführte Wahlkampf hinderte die KPD daran, ihre konspirativen Apparate effektiv abzuschotten. Die SPD klammerte sich noch immer an die Illusion, Hitler in den Wahlen in seine Schranken weisen zu können. Dies wäre jedoch nur unter der Voraussetzung denkbar gewesen, daß Hitler den Wahlkampf ohne Kanzlerbonus und ohne die rücksichtslos zugunsten der NSDAP eingesetzten staatlichen Machtmittel hätte führen müssen. Die Absorbierung der Kräfte der organisierten Arbeiterbewegung im anlaufenden Wahlkampf war insofern fatal, als sie dadurch von einem rechtzeitigen Ausbau illegaler Apparate abgelenkt wurde.

Im Unterschied zu den bürgerlichen Mittel- und Rechtsparteien war sich die Linke bewußt, daß die NSDAP zu ihrem gefährlichsten Gegner geworden war. Die zu einem Ausgleich mit der nationalen Regierung drängenden Kräfte im ADGB waren eindeutig in der Minderheit. Der Glaube, die Organisation über die Zeit der Diktatur hinüberretten zu können, entsprang einer Fehleinschätzung der dem Faschismus zur Verfügung stehenden Machtmittel, wenn dieser einmal den Staatsapparat hinter sich hatte. Andererseits waren in den ersten Wochen nach dem 30. Januar präzise Aussagen über die Lebensdauer des Kabinetts der nationalen Konzentration nicht möglich. Die Vertreter der Linken teilten nicht die Fehlprognosen der bürgerlichen Rechten, die ein enger Mitarbeiter Hugenbergs am 1. Februar auf die Formel brachte: »Alles hängt davon ab, ob Hitler in die staatsmännische Linie einschwenkt oder seine Basis nur in der Partei sucht.« Aber sie unterschieden sich nicht von den bürgerlichen Kritikern des Nationalsozialismus, wenn sie die für Hitler typische Verbindung von paranoid anmutendem ideologisch-visionären Fanatismus, katilinarischem Machtwillen und zynischer Amoralität mit einer auf die Dauer erfolgreichen Führung der Regierungsgeschäfte für unvereinbar hielten. Die linke Intelligenz hob die propagandistische Gefährlichkeit und taktische Raffinesse Hitlers immer wieder hervor, aber sie vermochte sich nicht vorzustellen, daß ein Mann, der weder über hinreichende Sachkenntnis noch über politisches Verantwortungsbewußtsein verfügte, die vorbehaltlose Anerkennung breiter bürgerlicher Gruppen finden konnte. Hierin lag ihre »Unterschätzung« Hitlers. Selbst wenn die Linksparteien das ganze Ausmaß zynischer Gewaltanwendung vorhergesehen hätten, das ihnen alsbald jeden Handlungsspielraum nahm, bestanden für sie keine Möglichkeiten mehr, den Gang der Dinge entscheidend zu beeinflussen.

Es fehlte nicht an frühzeitiger Selbstkritik im Lager der Linken. Carl von Ossietzky erklärte Anfang Februar in der »Weltbühne«, die Republik habe die Bataille verloren, weil es ihr an dem notwendigen Lebenswillen gefehlt habe. Die politische Rechte habe Sozialisten und Kommunisten »den klaren, harten Machtwillen, das Fingerspitzengefühl für die wirklich entscheidende Position« voraus, und sie habe »kampflos die Höhen besetzt«. Die vollständige Unterdrückung der organisierten Arbeiterbewegung war das erklärte Ziel der neuen Machthaber, und es stellte nahezu das einzige Bindemittel dar, das die heterogene Koalition, die von Papen zustande gebracht hatte, einstweilen zusammenhielt. Für die große Mehrheit der bürgerlichen Parteien und die mit ihnen verbundenen Funktionseliten war die von der Reichsregierung ausgesprochene Abwendung von der Weimarer Republik geradezu selbstverständlich geworden.

Nur vereinzelt warnten Stimmen aus dem zusammengeschmolzenen republikanischen Lager davor, daß Hitler den Verfassungseid brechen und sich der Kontrolle der Institution des Reichspräsidenten entziehen könne. In einem Wahlaufruf von Mitte Februar forderte der Historiker Friedrich Meinecke, der der Staatspartei angehörte, »daß der Wille zur Abwehr einer faschistischen Diktatur nicht nur von der Arbeiterschaft, sondern auch vom Bürgertum« ausgehen müsse, damit »eine auch nur scheinlegale Beseitigung unserer Verfassungsgrundlagen« vermieden werde. Auch Meinecke erblickte nur noch die Möglichkeit, daß sich die demokratischen Kräfte bei den anstehenden Wahlen im Vertrauen auf künftige Konflikte in der Regierungskoalition behaupteten. Doch er äußerte auch die Besorgnis, daß die »im Notfall entscheidend bremsende Präsidialgewalt« Hindenburgs nicht mehr funktionieren werde. Wie er standen die wenigen überzeugten Republikaner längst auf verlorenem Posten.

Für den kritischen Beobachter war es bereits in den ersten Februartagen offenkundig, daß die Reichstagswahlen vom 5. März, wie immer sie ausgingen, zu einer umfassenden parlamentarischen Ermächtigung der Reichsregierung führen würden, die am Anfang eines autoritären Verfassungsumbaus stand. Hitlers Koalitionspartner griffen dessen Versicherung, daß es sich auf absehbare Zeit um die letzten Wahlen handeln werde, auch in der Öffentlichkeit auf. Innerhalb der DNVP wurde wiederholt Hugenberg kritisiert, den Wahlen überhaupt zugestimmt zu haben, da sie aus deutschnationaler Sicht überflüssig erschienen. Ohne daß man sich über die verfassungspolitischen Konsequenzen klar wurde, gab man sich der Erwartung hin, daß der »Parteienstaat«, mithin auch die NSDAP, nach Ausschaltung der organisierten Arbeiterbewegung fortfallen werde. Auf dieser fragwürdigen Annahme beruhte jenes konservative Zähmungskonzept, das von Papen zu dem vorschnellen Urteil veranlaßte: »In zwei Monaten haben wir Hitler in die Ecke gedrückt, daß er quietscht.« Die erdrückende numerische Überlegenheit des konservativen Koalitionspartners im Kabinett setzte sich, ganz abgesehen von der unzureichenden politischen Kompetenz von Papens und Hugenbergs, schon deshalb nicht durch, weil sich Hitler auf die in der NSDAP verkörperte populistische Abstützung berufen konnte.

Es ist schwer begreiflich, warum von Papen, aber auch zahlreiche Vertreter der bürgerlichen Mittelparteien ihre Hoffnung auf den Reichspräsidenten als Gegengewicht gegen die Alleingänge Hitlers setzen konnten. Von Papen, Hugenberg und Seldte hatten der Forderung Hitlers, die Regierung durch ein Ermächtigungsgesetz vom Reichstag unabhängig zu machen, von vornherein ihre Zustimmung gegeben und gerade deshalb Neuwahlen für überflüssig erachtet. Sie übersahen oder verdrängten den Umstand, daß die Reichsregierung dadurch nicht mehr auf den Rückhalt des Reichspräsidenten angewiesen war. Ebenso trügerisch war es, auf die Unterstützung der Reichswehr als neutraler politischer Kraft zu zählen. Das erträumte starke bürgerliche Gegengewicht zur NSDAP, von dem in den Verhandlungen, die von Papen Anfang Januar mit rechtsstehenden Industriellen und Politikern geführt hatte, die Rede gewesen war, blieb trotz der Übernahme des Vorsitzes in der Kampffront »Schwarz-Weiß-Rot« durch den Vizekanzler eine Fiktion. Vielmehr waren die bürgerlichen Partner Hitlers dessen Methoden des Bluffs, der Erpressung und der Konfrontation mit vollendeten Tatsachen von vornherein nicht gewachsen. Es blieb nur die zweifelhafte Hoffnung, Hitler durch Wohlwollen und Konzilianz gegenüber den radikalen Kräften in seiner Bewegung zu stärken. Das Rollenspiel zwischen vorprellenden Forderungen einzelner NSDAP-Führer und der beschwichtigenden Attitüde Hitlers wurde ihm vom Koalitionspartner geradezu aufgedrängt. Eine Alternative zu dem ungleichen Bündnis mit Hitler bestand für die bürgerliche Rechte nicht. Denn eine Aufkündigung der Koalition hätte die Rückkehr zum parlamentarischen System bedeutet, das zu überwinden sie mit Hitler zusammengeführt hatte.

Im Fieber des von der nationalsozialistischen Propagandamaschine völlig beherrschten Wahlkampfs trat die Frage zurück, was an die Stelle der viel gescholtenen parlamentarischen Republik treten sollte. Nicht nur KPD und SPD, sondern auch das Zentrum und die Staatspartei sahen sich zunehmenden Pressionen ausgesetzt, die von Presse- und Versammlungsverboten bis zur Entlassung ihrer Anhänger aus dem Staatsdienst reichten. Auch Stahlhelm und DNVP waren von Übergriffen dieser Art nicht ausgenommen. Proteste, die an den Reichspräsidenten ergingen, verhallten wirkungslos. Nur in der Rechtsprechung des Reichsgerichts fand die Willkür der nationalsozialistischen Machthaber eine vorläufige Grenze. Was von der bürgerlichen Rechten ursprünglich als grundlegender staatspolitischer Neuanfang empfunden worden war, mündete in Unterdrückung und Terror. Mit dem gewollten Abschied von der Weimarer republikanischen Ordnung endeten auch die von ihr gewährten Rechtsgarantien.

Die Brandlegung im Reichstagsgebäude am Abend des 27. Februar 1933, die den lang erwarteten kommunistischen Gegenschlag einzuleiten schien, tatsächlich aber das Werk des Einzelgängers Marinus van der Lubbe war, bewog Hitler, Göring und Frick dazu, die offensive Auseinandersetzung mit der Linken noch vor den Reichstagswahlen zu suchen und die Verabschiedung des Ermächtigungsgesetzes nicht abzuwarten. Die am 28. Februar verkündete Verordnung des Reichspräsidenten »zum Schutz von Volk und Staat« brachte die Aufhebung der verfassungsmäßigen Grundrechte und legalisierte die umfassenden Unterdrückungsmaßnahmen gegen die organisierte Arbeiterbewegung und die republikanischen Gruppen. Sie verschaffte der Reichsregierung zugleich die Möglichkeit eines Eingriffs in die Länderhoheit. Verblendet in ihrer Furcht vor der eingebildeten kommunistischen Umsturzgefahr widersetzten sich weder von Papen noch Hugenberg, von marginalen Korrekturen abgesehen, den darin gewährten umfassenden Vollmachten. Der inzwischen in Neudeck weilende Reichspräsident sah keinen Anlaß, den Inhalt der Notverordnung zu beanstanden.

Bevor die nationalsozialistische Führung beanspruchen konnte, in Wahlen eine Mehrheit errungen zu haben, hatte sie sich mit Hilfe des konservativen Partners durch die Notverordnung »zum Schutz von Volk und Staat« fest etabliert. Diese Verordnung bildete das informelle Grundgesetz des sich herausformenden Diktaturregimes und trat an die Stelle der formell bis zum Untergang des Dritten Reiches in Kraft bleibenden Weimarer Reichsverfassung. Der in der Verordnung vorgesehene zivile Ausnahmezustand entsprach bis in die einzelnen Formulierungen hinein der Staatsstreichplanung, die das Kabinett von Papen mit dem »Planspiel Ott« für den Fall einer von den Arbeiterparteien ausgelösten Bürgerkriegssituation vorgelegt hatte, nur daß damals die vollziehende Gewalt in den Händen der Reichswehr lag. Auf seinem Weg zur Diktatur bediente sich Hitler der Instrumente, die von den bürgerlichen »Totengräbern der Republik« bereitgestellt worden waren, gleich ob es sich dabei um die Ausnahmegesetze gegen die Linke, um die Einführung der Schutzhaft oder die Schaffung einer Sondergerichtsbarkeit handelte. Nicht die Mittel selbst, sondern die Skrupellosigkeit, mit der sie zur Anwendung gelangten, unterschied das sich herausbildende Gewaltregime von den autoritären Diktaturplänen der bürgerlichen Rechten.

Noch vor den Reichstagswahlen vom 5. März 1933 war das Gesetz des Handelns an die NSDAP übergegangen. Der Wahlkampf brachte ein Aufbäumen der organisierten Arbeiterbewegung gegen die bereits in Gang befindliche Unterdrückung, desgleichen die redlichen Versuche von Staatspartei und Zentrum, die republikanische Verfassungsordnung zu verteidigen. Aber allenthalben wurde Resignation spürbar. Sie erfaßte auch DNVP und Stahlhelm, die sich gegenüber der NSDAP zurückgesetzt fühlten und die in zunehmendem Maße erkannten, daß das Bündnis mit Hitler zu ihrem Nachteil ausschlug. Der Reichstagsbrand kam der NSDAP-Führung zu Hilfe, um die Risse in der Koalition mit einer gegen angebliche kommunistische Aufstandspläne gerichteten Propagandakampagne zu überdecken. Auch die Zentrumspartei suchte sich aus dem Sog der antimarxistischen Agitationswelle zu befreien, indem sie die Ausschaltungsmaßnahmen gegen die SPD, nicht nur gegen die KPD, stillschweigend billigte. Noch bevor das Ermächtigungsgesetz eingebracht wurde, war das bürgerliche Parteienfeld von verzweifelten Bemühungen geprägt, den teils praktizierten, teils angedrohten nationalsozialistischen Terror durch Anpassung und Wohlverhalten zu unterlaufen. Als die entscheidende Abstimmung anstand, brachten sie nicht mehr den Mut auf, sich den erpresserischen Forderungen Hitlers zu widersetzen. Die Hoffnung, durch ein Einlenken Schlimmeres zu verhüten, spielte dabei ebenso eine Rolle wie die Illusion, durch die formale Bewahrung der Legalität den offenen Bürgerkrieg abzuwenden.

Schon in den ersten Februarwochen wurde endgültig klar, daß die konservativen Eliten und die nationalsozialistische Bewegung nur im Negativen übereinstimmten: in der kompromißlosen Ablehnung der republikanischen Ordnung von Weimar, der Zerschlagung der organisierten Arbeiterbewegung und der

Beseitigung der Fesseln des Versailler Vertrags. Das Experiment, sich der nationalsozialistischen Massenbewegung zu bedienen, um eine autoritäre Staatsordnung plebiszitär abzustützen, besiegelte das Schicksal der Republik. Auf ihren Trümmern gelangte Hitler zur Alleinherrschaft. Die bürgerlich-konservativen Bündnispartner und die von ihnen repräsentierten gesellschaftlichen Interessengruppen trugen jedoch auch nach ihrer formellen Entmachtung maßgebend zur Stabilisierung der nationalsozialistischen Diktatur bei. Am verhängnisvollsten wirkte die Vorstellung ein, an der Schwelle einer neuen Epoche deutscher Geschichte zu stehen. Umgesetzt in den Mythos des nationalen Aufbruchs hatte sie politische Blindheit und Realitätsflucht, aber auch moralische Indifferenz und unverhüllten Opportunismus zur Folge, ohne die die nationalsozialistische Politik an ihrer Maßlosigkeit und ihren Widersprüchen gescheitert wäre.

Bibliographie

Personen- und Ortsregister

Quellennachweise der Abbildungen

Vorbemerkung

Die nachfolgenden bibliographischen Angaben beschränken sich auf die wichtigsten Quellenpublikationen und Darstellungen, ohne daß an Vollständigkeit gedacht werden könnte. Die Gliederung nach Sachschwerpunkten soll die Übersichtlichkeit erleichtern, doch ist die Zuordnung der einzelnen Titel, die stets nur einmal genannt sind, nicht in jeder Hinsicht zwingend. Bei Aufsatzsammlungen wurde auf den Nachweis der einzelnen Autorenbeiträge verzichtet, wie überhaupt nur im Ausnahmefall die zahllosen Beiträge in wissenschaftlichen Zeitschriften genannt werden können, da dies jeden vertretbaren Rahmen sprengen würde.

Abkürzungen

AfS = Archiv für Sozialgeschichte
GWU = Geschichte in Wissenschaft und Unterricht
GuG = Geschichte und Gesellschaft
HZ = Historische Zeitschrift
VfZ = Vierteljahreshefte für Zeitgeschichte

Bibliographische Hilfsmittel

BIBLIOGRAPHIE ZUR ZEITGESCHICHTE 1953–1980, hg. von T. Vogelsang und H. Auerbach unter Mitarbeit von U. van Laak, Bde 1 und 2, München, New York, London und Paris 1982.
BIBLIOGRAPHIE ZUR ZEITGESCHICHTE, Beilage der Vierteljahreshefte zur Zeitgeschichte, Stuttgart 1953–1984, München 1985 ff.
JAHRESBIBLIOGRAPHIE, Bibliothek für Zeitgeschichte, Weltkriegsbücherei Stuttgart, Neue Folge der Bücherschau der Weltkriegsbücherei (1988 im 59. Jg.), Koblenz.
G. P. MEYER, Bibliographie zur deutschen Revolution 1918/19 (Arbeitsbücher zur modernen Geschichte, 5), Göttingen 1977.
M. SCHUMACHER, Wahlen und Abstimmungen 1918–1933, Eine Bibliographie zur Statistik und Analyse der politischen Wahlen in der Weimarer Republik (Bibliographien zur Geschichte des Parlamentarismus und der politischen Parteien, 7), Düsseldorf 1976.
P. D. STACHURA, The Weimar Era and Hitler 1918–1933, A Critical Bibliography, Oxford 1977.
H. P. ULLMANN, Bibliographie zur Geschichte der deutschen Parteien und Interessenverbände (Arbeitsbücher zur modernen Geschichte, 6), Göttingen 1978.
H.-U. WEHLER, Bibliographie zur modernen Sozialgeschichte, 18. bis 20. Jahrhundert (Arbeitsbücher zur modernen Geschichte, 1), Göttingen 1976.
H.-U. WEHLER, Bibliographie zur modernen Wirtschaftsgeschichte, 18. bis 20. Jahrhundert (Arbeitsbücher zur modernen Geschichte, 2), Göttingen 1976.

Aktenwerke und Dokumentationen

AKTEN DER REICHSKANZLEI, Weimarer Republik, hg. von K. D. Erdmann und H. Booms bzw. W. Mommsen: Das Kabinett Scheidemann, bearbeitet von H. Schulze, Boppard 1971; Das Kabinett Bauer, bearbeitet von A. Golecki, Boppard 1980; Das Kabinett Müller I, bearbeitet von M. Vogt, Boppard 1971; Das Kabinett Fehrenbach, bearbeitet von P. Wulf, Boppard 1972; Die Kabinette Wirth I und II, bearbeitet von I. Schulze-Bidlingmier, Boppard 1973; Das Kabinett Cuno, bearbeitet von K.-H. Harbeck, Boppard 1978; Die Kabinette Stresemann I und II, bearbeitet von K. D. Erdmann und M. Vogt, 2 Bde, Boppard 1978; Die Kabinette Marx I und II, bearbeitet von G. Abramowski, 2 Bde, Boppard 1973; Die Kabinette Luther I und II, bearbeitet von K.-H. Minuth, 2 Bde, Boppard 1977; Die Kabinette Marx III und IV, bearbeitet von G. Abramowski, 2 Bde, Boppard 1987; Das Kabinett Müller II, bearbeitet von M. Vogt, 2 Bde, Boppard 1970; Die Kabinette Brüning I und II, bearbeitet von T. Koops, 2 Bde, Boppard 1982; Das Kabinett Schleicher, bearbeitet von A. Golekki, Boppard 1986.
AKTEN DER REICHSKANZLEI, Regierung Hitler 1933–38, hg. von K. Repgen und H. Booms: Die Regierung Hitler, Teil I, 1933/34, bearbeitet von K.-H. Minuth, Bd 1, 30. Januar bis 31. August 1933, Boppard 1983.
AKTEN ZUR DEUTSCHEN AUSWÄRTIGEN POLITIK 1918–1945: Serie A: 1918–1925, bisher 5 Bde (9. November 1918 bis 28. Februar 1922), Göttingen 1982 ff.; Serie B: 1925–1933, bisher 21 Bde (1. Dezember 1925 bis 29. Januar 1933), Göttingen 1966 ff.
C. HORKENBACH, Das Deutsche Reich von 1918 bis heute, 4 Bde, (1918–1933) Berlin o. J. (1930–1935).
E. R. HUBER (Hg.), Dokumente zur deutschen Verfassungsgeschichte, Bd 3, Dokumente der Novemberrevolution und der Weimarer Republik 1918–1933, Stuttgart 1966.

DIE PROTOKOLLE DER REICHSTAGSFRAKTION UND DES FRAKTIONSVORSTANDES DER DEUTSCHEN ZENTRUMSPARTEI 1926–1933, bearbeitet von R. Morsey (Veröffentlichungen der Kommission für Zeitgeschichte, Reihe A, Quellen, Bd 9, und der Kommission für Geschichte des Parlamentarismus), Mainz 1969.

QUELLEN ZUR GESCHICHTE DER DEUTSCHEN GEWERKSCHAFTSBEWEGUNG IM 20. JAHRHUNDERT, hg. von K. Tenfelde, K. Schönhoven und H. Weber: Bd 1, Die Gewerkschaften in Weltkrieg und Revolution 1914–1919, bearbeitet von K. Schönhoven, Köln 1985; Bd 2, Die Gewerkschaften in den Anfangsjahren der Republik 1919–1923, bearbeitet von M. Ruck, Köln 1985; Bd 3, Die Gewerkschaften von der Stabilisierung bis zur Weltwirtschaftskrise 1924–1930, bearbeitet von H. A. Kukuck und D. Schiffmann, Köln 1986.

QUELLEN ZUR GESCHICHTE DES PARLAMENTARISMUS UND DER POLITISCHEN PARTEIEN:
1. Reihe, Von der konstitutionellen Monarchie zur parlamentarischen Republik:
Bd 1, Der interfraktionelle Ausschuß, bearbeitet von E. Matthias und R. Morsey, Düsseldorf 1962; Bd 2, Die Regierung des Prinzen Max von Baden, bearbeitet von E. Matthias und R. Morsey, Düsseldorf 1962; Bd 3, Die Reichstagsfraktion der deutschen Sozialdemokratie 1898 bis 1918, bearbeitet von E. Matthias und E. Pikart, 2. Teil, Düsseldorf 1966; Bd 6, Die Regierung der Volksbeauftragten von 1918/19, eingeleitet von E. Matthias, bearbeitet von S. Miller unter Mitwirkung von H. Potthoff, 2 Bde, Düsseldorf 1969; Bd 10, Die Regierung Eisner, 1918/19, Ministerratsprotokolle und Dokumente, eingeleitet und bearbeitet von F. J. Bauer, unter Verwendung der Vorarbeiten von D. Albrecht, Düsseldorf 1987.
2. Reihe, Militär und Politik:
Bd 1, Militär und Innenpolitik 1914–1918, bearbeitet von W. Deist, 2 Bde, Düsseldorf 1970; Bd 2, Zwischen Revolution und Kapp-Putsch, Militär und Innenpolitik 1918–1920, bearbeitet von H. Hürten, Düsseldorf 1977; Bd 3, Die Anfänge der Ära Seeckt, Militär und Innenpolitik 1920–1922, bearbeitet von H. Hürten, Düsseldorf 1979; Bd 4, Das Krisenjahr 1923, bearbeitet von H. Hürten, Düsseldorf 1980.
3. Reihe, Die Weimarer Republik:
Bd 1, Erinnerungen und Dokumente von Joh. Victor Bredt 1914 bis 1933, bearbeitet von M. Schumacher, Düsseldorf 1970; Bd 3, Staat und NSDAP 1930–1932, Quellen zur Ära Brüning, eingeleitet von G. Schulz, bearbeitet von I. Maurer und U. Wengst, Düsseldorf 1977; Bd 4, Politik und Wirtschaft in der Krise 1930–1932, eingeleitet von G. Schulz, bearbeitet von I. Maurer und U. Wengst unter Mitwirkung von J. Heideking, 2 Bde, Düsseldorf 1980; Bd 5, Linksliberalismus in der Weimarer Republik, Die Führungsgremien der Deutschen Demokratischen Partei und der Deutschen Staatspartei 1918–1933, eingeleitet von L. Albertin, bearbeitet von K. Wegner in Verbindung mit L. Albertin, Düsseldorf 1972; Bd 6, Die Generallinie, Rundschreiben des Zentralkomitees der KPD an die Bezirke 1929–1933, eingeleitet und bearbeitet von H. Weber unter Mitwirkung von J. Wachtler, Düsseldorf 1981; Bd 7, Die SPD-Fraktion in der Nationalversammlung, 1919–1920, eingeleitet von H. Potthoff, bearbeitet von H. Potthoff und H. Weber, Düsseldorf 1986.

QUELLEN ZUR GESCHICHTE DER RÄTEBEWEGUNG in Deutschland 1918/19: Bd 1, Der Zentralrat der deutschen sozialistischen Republik, 19.12.1918–8.4.1919, Vom ersten zum zweiten Rätekongreß, bearbeitet von E. Kolb unter Mitwirkung von R. Rürup, Leiden 1968; Bd 2, Regionale und lokale Räteorganisationen in Württemberg 1918/19, bearbeitet von E. Kolb und K. Schönhoven, Düsseldorf 1980; Bd 3, Arbeiter-, Soldaten- und Volksräte in Baden 1918/19, bearbeitet von P. Brandt und R. Rürup, Düsseldorf 1980.

URSACHEN UND FOLGEN, Vom deutschen Zusammenbruch 1918 und 1945 bis zur staatlichen Neuordnung Deutschlands in der Gegenwart, Eine Urkunden- und Dokumentensammlung zur Zeitgeschichte, hg. von H. Michaelis und E. Schraepler unter Mitwirkung von G. Scheel: Bd 2, Der militärische Zusammenbruch und das Ende des Kaiserreichs, Berlin 1958; Bd 3, Der Weg in die Weimarer Republik, Berlin 1959; Bd 4, Die Weimarer Republik, Vertragserfüllung und innere Bedrohung 1919–1922, Berlin 1960; Bd 5, Die Weimarer Republik, Das kritische Jahr 1923, Berlin 1960; Bd 6, Die Weimarer Republik, Die Wende der Nachkriegspolitik 1924–1928, Rapallo – Dawesplan – Genf, Berlin 1961; Bd. 7, Die Weimarer Republik, Vom Kellogg-Pakt zur Weltwirtschaftskrise 1928–1930, Die innerpolitische Entwicklung, Berlin 1962; Bd 8, Die Weimarer Republik, Das Ende des parlamentarischen Systems, Brüning – Papen – Schleicher, 1930–1933, Berlin 1963; Bd 9, Das Dritte Reich, Die Zertrümmerung des Parteienstaates und die Grundlegung der Diktatur, Berlin 1964; Bibliographisches Register, 2 Bde, Berlin 1979.

H. WEBER, Der deutsche Kommunismus, Dokumente 1915–1945, Köln ³1973.

Memoiren und biographische Darstellungen

H. J. L. ADOLPH, Otto Wels und die Politik der deutschen Sozialdemokratie 1894–1939, Eine politische Biographie, Berlin 1971.
G. ARNS, Friedrich Ebert als Reichspräsident, in: HZ Beiheft 1, 1971.
J. A. BACH, Franz von Papen in der Weimarer Republik, Aktivitäten in Politik und Presse, 1918–1932, Düsseldorf 1977.
D. BECK, Julius Leber, Sozialdemokrat zwischen Reform und Widerstand, Berlin 1983.
P. BERGLAR, Walther Rathenau, Seine Zeit, sein Werk, seine Persönlichkeit, Bremen 1970.
O. BRAUN, Von Weimar zu Hitler, Hamburg 1949.
A. BRECHT, Aus nächster Nähe, Lebenserinnerungen 1884–1927, Stuttgart 1966.
DERS., Mit der Kraft des Geistes, Lebenserinnerungen, Zweite Hälfte, 1927–1967, Berlin 1967.
H. BRÜNING, Memoiren 1918–1934, Stuttgart 1970.
HEINRICH BRÜNING, Reden und Aufsätze eines deutschen Staatsmannes, hg. von W. Vernekohl unter Mitwirkung von R. Morsey, Münster 1968.
HEINRICH BRÜNING, Briefe und Gespräche 1934–1945, Briefe 1946–1960, 2 Bde, hg. von C. Nix unter Mitarbeit von R. Phelps und G. Pettee, Stuttgart 1974.
J. CURTIUS, Sechs Jahre Minister der deutschen Republik, Heidelberg 1948.
U. CZISNIK, Gustav Noske, Ein sozialdemokratischer Staatsmann, Frankfurt am Main 1969.
H. DIECKMANN, Johannes Popitz, Entwicklung und Wirksamkeit in der Zeit der Weimarer Republik bis 1933, Berlin 1960.
A. DORPALEN, Hindenburg in der Geschichte der Weimarer Republik, Berlin und Frankfurt am Main 1966.
T. DUESTERBERG, Der Stahlhelm und Hitler, Wolfenbüttel 1949.
M. EKSTEINS, Theodor Heuss und die Weimarer Republik, Ein Beitrag zur Geschichte des deutschen Liberalismus, Stuttgart 1969.
K. EPSTEIN, Matthias Erzberger und das Dilemma der deutschen Demokratie, Berlin ²1976.
K. FABIAN, Kein Parteisoldat, Lebensbericht eines Sozialdemokraten, Frankfurt am Main 1981.
J. C. FEST, Hitler, Eine Biographie, Frankfurt am Main und Berlin 1973.
E. FRÖHLICH (Hg.), Die Tagebücher von Joseph Goebbels, Sämtliche Fragmente, Teil 1, Aufzeichnungen 1924–1941, Bde 1 und 2 (1924–1936), München, New York, London und Paris 1987.

G. GEREKE, Ich war königlich-preußischer Landrat, Berlin o.J.
O. GESSLER, Reichswehrpolitik in der Weimarer Zeit, Stuttgart 1958.
D. GROENER-GEYER, General Groener, Soldat und Staatsmann, Frankfurt am Main 1955.
E. HAMBURGER, Betrachtungen über Heinrich Brünings Memoiren, in: Internationale wissenschaftliche Korrespondenz zur Geschichte der deutschen Arbeiterbewegung 15, 1972, 18–39.
U. VON HEHL, Wilhelm Marx 1863–1946, Mainz 1987.
J. C. HESS, Theodor Heuss vor 1933, Ein Beitrag zur Geschichte des demokratischen Denkens in Deutschland, Stuttgart 1973.
W. HOEGNER, Der schwierige Außenseiter, Erinnerungen eines Abgeordneten, Emigranten und Ministerpräsidenten, München 1959.
DERS., Flucht vor Hitler, Erinnerungen an die Kapitulation der ersten deutschen Republik 1933, München 1977.
W. HUBATSCH, Hindenburg und der Staat, Aus den Papieren des Generalfeldmarschalls und Reichspräsidenten von 1878 bis 1934, Göttingen 1966.
E. JÄCKEL und A. KÜHN (Hg.), Hitler, Sämtliche Aufzeichnungen 1905–1924, Stuttgart 1980.
F. KABERMANN, Widerstand und Entscheidung eines deutschen Revolutionärs, Leben und Denken von Ernst Niekisch, Köln 1973.
A. KAUFMANN, Gustav Radbruch, Rechtsdenker, Philosoph, Sozialdemokrat, München 1987.
W. KEIL, Erlebnisse eines Sozialdemokraten, 2 Bde, Stuttgart 1947/48.
H. KELLENBENZ, Paul Silverberg, in: Rheinisch-Westfälische Wirtschaftsbiographien, Bd 9, Münster 1967, 103–132.
H. GRAF KESSLER, Tagebücher 1918–1937, hg. von W. Pfeiffer-Belli, Frankfurt am Main 1961.
G. VON KLASS, Albert Vögler, Einer der Großen des Ruhrreviers, Tübingen 1957.
T. P. KOOPS, Heinrich Brünings »Politische Erinnerungen«, Zum ersten Teil der Memoiren, in: GWU 24, 1973, 197–221.
A. KREBS, Tendenzen und Gestalten der NSDAP, Erinnerungen an die Frühzeit der Partei (Quellen und Darstellungen zur Zeitgeschichte, 6), Stuttgart ²1960.
L. GRAF SCHWERIN VON KROSIGK, Es geschah in Deutschland, Tübingen 1951.
DERS., Memoiren, Stuttgart 1977.
H. LANGE, Julius Curtius, 1877–1948, Aspekte einer Politikerbiographie, Diss. Kiel 1970.
J. A. LEOPOLD, Alfred Hugenberg, The radical

nationalist campaign against the Weimar Republic, London 1978.
W. LERNER, Karl Radek, The last internationalist, Stanford 1970.
H. PRINZ ZU LÖWENSTEIN, Die Tragödie eines Volkes, Deutschland 1918–1934, Amsterdam 1934.
H. LUTHER, Politiker ohne Partei, Erinnerungen, Stuttgart 1960.
DERS., Vor dem Abgrund 1930–33, Reichsbankpräsident in Krisenzeiten, Berlin 1964.
H. MEIER-WELCKER, Seeckt, Frankfurt am Main 1967.
F. MEINECKE, Politische Schriften und Reden, Werke Bd 2, hg. von G. Kotowski, Düsseldorf ⁴1977.
O. MEISSNER, Staatssekretär unter Ebert, Hindenburg, Hitler. Der Schicksalsweg des deutschen Volkes von 1918–1945, wie ich ihn erlebte, Hamburg 1950.
H. MOCKENHAUPT, Weg und Wirken des geistlichen Sozialpolitikers Heinrich Brauns, München 1977.
H. MOMMSEN, Betrachtungen zu den Memoiren Heinrich Brünings, in: Jahrbuch für die Geschichte Mittel- und Ostdeutschlands 22 (1973), 270–280.
W. J. MOMMSEN, Max Weber und die deutsche Politik 1890–1920, Tübingen ²1974.
R. MORSEY, Zur Entstehung, Authentizität und Kritik von Brünings »Memoiren 1918–1934« (Rheinisch Westfälische Akademie der Wissenschaften, Vorträge G 202), Opladen 1975.
J. R. NOWAK, Kurt von Schleicher, Soldat zwischen den Fronten, Diss. Würzburg 1971.
H. PENTZLIN, Hjalmar Schacht, Leben und Wirken einer umstrittenen Persönlichkeit, Berlin, Frankfurt am Main und Wien 1980.
F. VON PAPEN, Der Wahrheit eine Gasse, München 1952.
DERS., Vom Scheitern einer Demokratie, Mainz 1968.
F. K. VON PLEHWE, Reichskanzler Kurt von Schleicher, Weimars letzte Chance gegen Hitler, Esslingen 1983.
H. PÜNDER, Politik in der Reichskanzlei, Aufzeichnungen aus den Jahren 1929–1932 (Schriftenreihe der VfZ, 3), Stuttgart 1961.
DERS., Von Preußen nach Europa, Lebenserinnerungen, Stuttgart 1968.
WALTHER RATHENAU, Hauptwerke und Gespräche (Walther-Rathenau-Gesamtausgabe, 2), hg. von E. Schulin, München 1977.
ADOLF REICHWEIN 1889–1944, Erinnerungen, Forschungen, Impulse, hg. von W. Huber und A. Krebs, Paderborn 1981.

E. REITTER, Franz Gürtner, Politische Biographie eines deutschen Juristen 1881–1941, Berlin 1976.
J. VON RIBBENTROP, Zwischen London und Moskau, Erinnerungen und eigene Aufzeichnungen, Aus dem Nachlaß, hg. von A. von Ribbentrop, Leoni 1953.
A. VON SALDERN, Hermann Dietrich, Ein Staatsmann der Weimarer Republik (Schriften des Bundesarchivs, 13), Boppard 1966.
H. SCHACHT, 76 Jahre meines Lebens, Bad Wörrishofen 1953.
B. SCHEURIG, Ewald von Kleist-Schmenzin, Ein Konservativer gegen Hitler, Oldenburg 1968.
H. SCHLANGE-SCHÖNINGEN, Am Tage danach, Hamburg 1946.
E. VON SCHMIDT-PAULI, Hitlers Kampf um die Macht, Der Nationalsozialismus und die Ereignisse des Jahres 1932, Berlin o. J. (1933).
H. SCHUELER, Auf der Flucht erschossen, Felix Fechenbach 1894–1933, Eine Biographie, Köln 1981.
E. SCHULIN, Walther Rathenau, Repräsentant, Kritiker und Opfer seiner Zeit, Göttingen 1979.
H. SCHULZE, Otto Braun oder Preußens demokratische Sendung, Eine Biographie (Veröffentlichungen der Stiftung Preußischer Kulturbesitz), Frankfurt am Main, Berlin und Wien 1977.
H.-P. SCHWARZ, Adenauer, Der Aufstieg, 1876–1952, Stuttgart ²1986.
C. SEVERING, Mein Lebensweg, 2 Bde, Köln 1950.
A. E. SIMPSON, Hjalmar Schacht in perspective (Studies in European History, 18), Den Haag 1969.
F. STAMPFER, Erfahrungen und Erkenntnisse, Aufzeichnungen aus meinem Leben, Köln 1957.
J. P. STERN, Hitler, Der Führer und das Volk, München 1978.
G. STRESEMANN, Vermächtnis, Der Nachlaß in drei Bänden, hg. von H. Bernhard, Berlin 1932/33.
G. R. TREVIRANUS, Das Ende von Weimar, Heinrich Brüning und seine Zeit, Düsseldorf und Wien 1968.
H. A. TURNER, Stresemann, Republikaner aus Vernunft, Berlin 1968.
T. VOGELSANG, Kurt von Schleicher, Ein General als Politiker (Persönlichkeit und Geschichte, 39), Göttingen 1965.
E. WANDEL, Hans Schäffer, Steuermann in wirtschaftlichen und politischen Krisen, Stuttgart 1974.
G. L. WEINBERG, Hitlers zweites Buch, Ein Dokument aus dem Jahre 1928 (Quellen und Darstellungen zur Zeitgeschichte, 7), Stuttgart 1961.
K. WERNECKE und P. HELLER, Der vergessene Füh-

rer, Alfred Hugenberg, Pressemacht und Nationalsozialismus, Hamburg 1982.
W. WETTE, Gustav Noske, Eine politische Biographie, Düsseldorf 1987.
J. G. WILLIAMSON, Karl Helfferich, 1872–1924, Economist, financier, politician, Princeton 1971.
P.-C. WITT, Friedrich Ebert, Parteiführer, Reichskanzler, Volksbeauftragter, Reichspräsident, Bonn 1982.
P. WULF, Hugo Stinnes, Wirtschaft und Politik 1918–1924, Stuttgart 1979.

Allgemeine Darstellungen der Epoche

K. D. BRACHER, Deutschland zwischen Demokratie und Diktatur, Beiträge zur neueren Politik und Geschichte, München 1964.
DERS., Die Auflösung der Weimarer Republik, Eine Studie zum Problem des Machtverfalls in der Demokratie, Villingen ⁵1971.
DERS., W. SAUER und W. SCHULZ, Die nationalsozialistische Machtergreifung, Studien zur Errichtung des totalitären Herrschaftssystems in Deutschland, Berlin ³1974.
A. BRECHT, Vorspiel zum Schweigen, Das Ende der deutschen Republik, Wien 1948.
K. D. ERDMANN, Die Weimarer Republik, in: B. Gebhardt, Handbuch der deutschen Geschichte, hg. von H. Grundmann, Bd 4, Stuttgart ⁹1973.
T. ESCHENBURG, Die Republik von Weimar, Beiträge zur Geschichte einer improvisierten Republik, München (Neuauflage) 1984.
E. EYCK, Geschichte der Weimarer Republik, 2 Bde, Erlenbach-Zürich und Stuttgart ⁵1973.
F. FISCHER, Bündnis der Eliten, Zur Kontinuität der Machtstrukturen in Deutschland 1871–1945, Düsseldorf 1979.
J. FLEMMING, C.-D. KROHN, D. STEGMANN und P.-C. WITT (Hg.), Die Republik von Weimar, 1. Das politische System, 2. Das sozialökonomische System, Düsseldorf 1979.
A. HILLGRUBER, Die gescheiterte Großmacht, Eine Skizze des Deutschen Reiches 1871–1945, Düsseldorf ³1982.
E. R. HUBER, Deutsche Verfassungsgeschichte seit 1789: Bd 5, Weltkrieg, Revolution und Reichserneuerung 1914–1919, Stuttgart, Berlin, Köln und Mainz 1978; Bd 6, Die Weimarer Reichsverfassung, Stuttgart, Berlin, Köln und Mainz 1981; Bd 7, Ausbau, Schutz und Untergang der Weimarer Republik, Stuttgart, Berlin, Köln und Mainz 1984.
G. JASPER, Die gescheiterte Zähmung, Wege zur Machtergreifung Hitlers, Frankfurt am Main 1986.

E. KOLB, Die Weimarer Republik (Grundriß der Geschichte, Bd 16), München und Wien ²1988.
E. MATTHIAS und A. NICHOLLS (Hg.), German democracy and the triumph of Hitler, London 1971.
H. MOELLER, Weimar, Die unvollendete Demokratie, München 1985.
E. NOLTE, Der Faschismus in seiner Epoche, Die Action française, Der italienische Faschismus, Der Nationalsozialismus, München (Neuausgabe) ⁷1986.
D. K. PEUKERT, Die Weimarer Republik, Frankfurt 1987.
A. ROSENBERG, Entstehung und Geschichte der Weimarer Republik, hg. von K. Kersten, Frankfurt am Main 1983.
W. RUGE, Weimar, Republik auf Zeit, Köln 1980.
G. SCHULZ, Das Zeitalter der Gesellschaft, Aufsätze zur politischen Sozialgeschichte der Neuzeit, München 1969.
DERS., Revolutionen und Friedensschlüsse 1917 bis 1920 (Weltgeschichte des 20. Jahrhunderts, 2), München ⁶1985.
DERS., Deutschland seit dem Ersten Weltkrieg 1918–1945 (Deutsche Geschichte, 10), Göttingen ²1982.
DERS. (Hg.), Weimarer Republik, Freiburg und Würzburg 1987.
H. SCHULZE, Weimar, Deutschland 1917–1933, Berlin 1982.

Aufsatzsammlungen und statistische Überblicke

L. ALBERTIN und W. LINK (Hg.), Politische Parteien auf dem Weg zur parlamentarischen Demokratie in Deutschland, Entwicklungslinien bis zur Gegenwart, Erich Matthias zum 60. Geburtstag gewidmet, Düsseldorf 1981.
R. BESSEL und E. J. FEUCHTWANGER (Hg.), Social change and political development in Weimar Germany, London 1981.
K. D. BRACHER, M. FUNKE und H.-A. JACOBSEN (Hg.), Die Weimarer Republik 1918–1933, Politik, Wirtschaft, Gesellschaft, Düsseldorf 1987.
K. D. ERDMANN und H. SCHULZE (Hg.), Weimar, Selbstpreisgabe einer Demokratie, Eine Bilanz heute, Düsseldorf ²1984.
J. FALTER, T. LINDENBERGER und S. SCHUMANN, Wahlen und Abstimmungen in der Weimarer Republik, Materialien zum Wahlverhalten 1919–1933 (Statistische Arbeitsbücher zur neueren deutschen Geschichte), München 1986.

P. FLORA, F. KRAUS und W. PFENNIG, State, economy, and society in Western Europe 1815–1975, A data handbook in two volumes, Bd 2, The growth of industrial societies and capitalist economies, Frankfurt, London und Chicago 1987.
F. A. HERMENS und T. SCHIEDER (Hg.), Staat, Wirtschaft und Politik in der Weimarer Republik, Festschrift für Heinrich Brüning, Berlin 1967.
W. G. HOFFMANN, F. GRUMBACH und H. HESSE, Das Wachstum der deutschen Wirtschaft seit der Mitte des 19. Jahrhunderts, Berlin, Heidelberg und New York 1965.
G. JASPER (Hg.), Von Weimar zu Hitler 1930–1933 (Neue wissenschaftliche Bibliothek, 25), Köln 1968.
E. KOLB (Hg.), Vom Kaiserreich zur Weimarer Republik (Neue wissenschaftliche Bibliothek, 49), Köln 1972.
W. MICHALKA (Hg.), Die nationalsozialistische Machtergreifung, Paderborn, München, Wien und Zürich 1984.
DERS. und M. M. LEE (Hg.), Gustav Stresemann (Wege der Forschung, 539), Darmstadt 1982.
D. PETZINA, W. ABELSHAUSER und A. FAUST, Sozialgeschichtliches Arbeitsbuch, Bd 3, Materialien zur Statistik des Deutschen Reiches 1914–1945, München 1978.
G. A. RITTER (Hg.), Gesellschaft, Parlament und Regierung, Zur Geschichte des Parlamentarismus in Deutschland, Düsseldorf 1974.
P. D. STACHURA (Hg.), The Nazi Machtergreifung, London 1983.
C. STERN und H. A. WINKLER (Hg.), Wendepunkte deutscher Geschichte 1848–1945, Frankfurt am Main 1979.
M. STÜRMER (Hg.), Die Weimarer Republik, Belagerte Civitas (Neue wissenschaftliche Bibliothek, 112), Königstein ²1985.

Revolution

H.-J. BIEBER, Gewerkschaften in Krieg und Revolution, Arbeiterbewegung, Industrie, Staat und Militär in Deutschland 1914–1920, 2 Bde, Hamburg 1981; U. BERMBACH, Vorformen parlamentarischer Kabinettsbildung in Deutschland, Der interfraktionelle Ausschuß 1917/18 und die Parlamentarisierung der Reichsregierung, Köln und Opladen 1967; K. BOSL (Hg.), Bayern im Umbruch, Die Revolution von 1918, ihre Voraussetzungen, ihr Verlauf und ihre Folgen, München 1969; F. L. CARSTEN, Revolution in Mitteleuropa 1918–1919, Köln 1973; R. A. COMFORT, Revolutionary Hamburg, Labour politics in the early Weimar Republic, Stanford, Cal., 1966; W. DEIST, Die Politik der Seekriegsleitung und die Rebellion der Flotte Ende Oktober 1918, in: VfZ 14, 1966, 341–368; W. ELBEN, Das Problem der Kontinuität in der deutschen Revolution, Die Politik der Staatssekretäre und der militärischen Führung vom November 1918 bis Februar 1919 (Beiträge zur Geschichte des Parlamentarismus und der politischen Parteien, 31), Düsseldorf 1965; G. ELIASBERG, Der Ruhrkrieg von 1920 (Schriftenreihe des Forschungsinstituts der Friedrich-Ebert-Stiftung, 100), Bonn-Bad Godesberg 1974; K. D. ERDMANN, Rätestaat oder parlamentarische Demokratie, Kopenhagen 1979; J. ERGER, Der Kapp-Lüttwitz-Putsch, Ein Beitrag zur deutschen Innenpolitik 1919/20 (Beiträge zur Geschichte des Parlamentarismus und der politischen Parteien, 35), Düsseldorf 1967; K. HOCK, Die Gesetzgebung des Rates der Volksbeauftragten, Pfaffenweiler 1987; H. HÜRTEN, Die Kirchen in der Novemberrevolution, Eine Untersuchung zur Geschichte der Deutschen Revolution 1918/19, Regensburg 1984; R. N. HUNT, Friedrich Ebert and the German revolution of 1918, in: L. Krieger und F. Stern (Hg.), The responsibility of power, Historical essays in honor of Hajo Holborn, Garden City und New York 1967, 315–334; F. KLEIN, Deutschland 1918, Berlin (DDR) 1962; U. KLUGE, Soldatenräte und Revolution, Studien zur Militärpolitik 1918/19, Göttingen 1975; DERS., Die deutsche Revolution 1918/19, Staat, Politik und Gesellschaft zwischen Weltkrieg und Kapp-Putsch, Frankfurt am Main 1985; E. KÖNNEMANN und H. J. KRUSCH, Aktionseinheit contra Kapp-Putsch, Der Kapp-Putsch im März 1920 und der Kampf der deutschen Arbeiterklasse gegen die Errichtung der Militärdiktatur und für demokratische Verhältnisse, Berlin (DDR) 1972; E. KOLB, Arbeiterräte in der deutschen Innenpolitik 1918–1919 (Beiträge zur Geschichte des Parlamentarismus und der politischen Parteien, 23), Berlin 1978; P. KUKUCK, Bremen in der Revolution 1918–1919, Bremen 1986; E. LUCAS, Ursachen und Verlauf der Bergarbeiterbewegung in Herborn und im westlichen Ruhrgebiet, in: Duisburger Forschungen, 15, 1971, 1–119; H. U. LUDEWIG, Arbeiterbewegung und Aufstand, Eine Untersuchung zum Verhalten der Arbeiterparteien in den Aufstandsbewegungen der frühen Weimarer Republik 1920–1923, Husum 1973; W. MALANOWSKI, November-Revolution 1918, Die Rolle der SPD, Frankfurt am Main 1969; E. MATTHIAS, Zwischen Räten und Geheimräten, Die deutsche Revolutionsregierung 1918/19, Düsseldorf 1970; A. MITCHELL, Die Revolution in Bayern 1918/1919, Die Eisner-Regierung und die Räterepublik, München 1967; W. J. MOMMSEN, Die deutsche Revolution 1918–1920, Politische Revolution und soziale Protestbewegung, in: GuG 4, 1978, 362–391; H. MUTH, Die Entstehung der Bauern- und Landarbeiterräte im November 1918 und die Politik des Bundes der Landwirte, in: VfZ 21, 1973, 1–38; H. OECKEL, Die revolutionäre Volkswehr, 1918/19, Die deutsche Arbeiterklasse im Kampf um die revolutionäre Volkswehr (November 1918 bis Mai 1919), Berlin (DDR) 1968; R. PATEMANN, Der Kampf um die preußische Wahlreform im Ersten Weltkrieg (Beiträge zur Geschichte des Parlamentarismus und der politischen Parteien, 26), Düsseldorf 1964; G. W. RAKENIUS, Wilhelm Groener als Erster Generalquartiermeister, Die Politik der Obersten Heeresleitung 1918/19, Boppard 1977; G. A. RITTER und S. MILLER (Hg.), Die deutsche Revolution 1918/19, Dokumente, Hamburg ²1975; R. RÜRUP, Probleme der Revolution in Deutschland 1918/19, Wiesbaden 1968; DERS., Arbeiter- und Soldatenräte im rheinisch-westfälischen Industriegebiet, Studien zur Geschichte der Revolution 1918/19, Wuppertal 1975; A. J. RYDER, The German revolution of 1918, A study of German socialism in war and revolt, Cambridge 1967; E.-H. SCHMIDT, Heimatheer und Revolution 1918, Die militärischen Gewalten im Heimatgebiet zwischen Oktoberreform und Novemberrevolution, Stuttgart 1981; D. SCHNEIDER und R. KUDA, Arbeiterräte in der Novemberrevolution, Ideen, Wirkungen, Dokumente, Frankfurt am Main 1968; R. M. WATT, Der Kaiser geht, Deutschland zwischen Revolution und Versailles, Frankfurt am Main 1971; H. A. WINKLER, Die Sozialdemokratie und die Revolution von 1918/19, Ein Rückblick nach sechzig Jahren, Bonn 1979; F. ZUNKEL, Industrie und Staatssozialismus, Der Kampf um die Wirtschaftsordnung in Deutschland 1914–1918, Düsseldorf 1974.

Waffenstillstand und Versailler Frieden

F. DICKMANN, Die Kriegsschuldfrage auf der Friedenskonferenz von Paris 1919, München 1964; L. HAUPTS, Deutsche Friedenspolitik 1918/19, Eine Alternative zur Machtpolitik des Ersten Weltkrieges, Düsseldorf 1976; J. VON HEHN, H. VON RIMSCHA und H. WEISS (Hg.), Von den baltischen Provinzen zu den baltischen Staaten, Beiträge zur Entstehungsgeschichte der Republiken Estland und Lettland 1917/18, Marburg 1971; J. HEIDEKING, Vom Versailler Vertrag zur Genfer Abrüstungskonferenz, Das Scheitern der alliierten Militärkontrollpolitik gegenüber Deutschland nach dem Ersten Weltkrieg, in: Militärgeschichtliche Mitteilungen 1980, Heft 28, 45–68; A. J. MAYER, Politics and diplomacy of peacemaking, Containment and counterrevolution at Versailles, 1918–1919, New York 1968; K. SCHWABE, Deutsche Revolution und Wilson-Frieden, Die amerikanische und deutsche Friedensstrategie zwischen Ideologie und Machtpolitik 1918/19, Düsseldorf 1971; W. SCHWENGLER, Völkerrecht, Versailler Vertrag und Auslieferungsfrage, Die Strafverfolgung wegen Kriegsverbrechen als Problem des Friedensschlusses 1919/20, Stuttgart 1982; J. M. THOMPSEN, Russia, bolshevism and the Versailles peace, Princeton, N. J., 1966; E. WUEST, Der Vertrag von Versailles in Licht und Schatten der Kritik, Die Kontroverse um seine wirtschaftlichen Auswirkungen, Zürich 1962.

Reichsverfassung, Föderalismus und Innenpolitik

W. APELT, Geschichte der Weimarer Verfassung, München ²1964; W. BENZ, Süddeutschland in der Weimarer Republik, Ein Beitrag zur deutschen Innenpolitik 1918–1923, Berlin 1970; DERS. und I. GEISS, Staatsstreich gegen Preußen, 20. Juli 1932, Düsseldorf (1982); W. BESSON, Württemberg und die Staatskrise 1928–1933, Eine Studie zur Auflösung der Weimarer Republik, Stuttgart 1959; L. BIEWER, Reichsreformbestrebungen in der Weimarer Republik, Fragen zur Funktionalreform und zur Neugliederung im Südwesten des Deutschen Reiches, Frankfurt am Main und Bern 1980; G. BREMME, Die politische Rolle der Frau in Deutschland, Eine Untersuchung über den Einfluß der Frauen bei Wahlen und ihre Teilnahme in Partei und Parlament, Göttingen 1956; U. BÜTTNER, Hamburg in der Staats- und Wirtschaftskrise, 1928–1931, Hamburg 1982; DEUTSCHE VERWALTUNGSGESCHICHTE, hg. von K. G. A. Jeserich, H. Pohl und G.-C. von Unruh, Bd 4, Das Reich als Republik und in der Zeit des Nationalsozialismus, Stuttgart 1985; H.-P. EHNI, Bollwerk Preußen, Preußen-Regierung, Reich-Länder-Problem und Sozialdemokratie 1928–1932 (Schriftenreihe des Forschungsinstituts der Friedrich-Ebert-Stiftung, III), Bonn-Bad Godesberg 1975; H. FENSKE, Monarchisches Beamtentum und demokratischer Staat, Zum Problem der Bürokratie in der Weimarer Republik, in: Demokratie und Verwaltung, 25 Jahre Hochschule der Verwaltungswissenschaften Speyer (Schriftenreihe der Hochschule Speyer, 50), Berlin 1972; DERS., Bürokratie in Deutschland, Vom späten Kaiserreich bis zur Gegenwart, Berlin 1985; C. FÜHR, Zur Schulpolitik der Weimarer Republik, Die Zusammenarbeit von Reich und Ländern im Reichsschulausschuß, 1919–1923, und im Ausschuß für das Unterrichtswesen, 1924–1933, Darstellungen und Quellen, Weinheim 1970; S. GRASSMANN, Hugo Preuß und die deutsche Selbstverwaltung, Lübeck 1965; H. GRUND, »Preußenschlag« und Staatsgerichtshof im Jahre 1932, Baden-Baden 1976; H. HANNOVER und E. HANNOVER-BRÜCK, Politische Justiz 1918 bis 1933, (Neuauflage) Bornheim-Merten 1987; P. HAUNGS, Reichspräsident und parlamentarische Kabinettsregierung, Eine Studie zum Regierungssystem der Weimarer Republik in den Jahren 1924 bis 1929, Köln 1968; W. HOFMANN, Zwischen Rathaus und Reichskanzlei, Die Oberbürgermeister in der Kommunal- und Staatspolitik des Deutschen Reiches von 1890 bis 1933, Berlin, Köln und Mainz 1974; E. R. HUBER, Zur Lehre vom Verfassungsnotstand in der Staatstheorie der Weimarer Zeit, in: H. Schneider und V. Götz (Hg.), Im Dienst an Recht und Staat, Festschrift für Werner Weber zum 70. Geburtstag, Berlin 1974, 31–52; H. HÜRTEN, Reichswehr und Ausnahmezustand, Ein Beitrag zur Verfassungsproblematik der Weimarer Republik in ihrem ersten Jahrfünft, Opladen 1977; G. JASPER, Der Schutz der Republik, Studien zur staatlichen Sicherung der Demokratie in der Weimarer Republik, Tübingen 1963; DERS., Justiz und Politik in der Weimarer Republik, in: VfZ 30, 1982, 167–205; O. KIRCHHEIMER, Von der Weimarer Republik zum Faschismus, Die Auflösung der demokratischen Rechtsordnung, hg. von Wolfgang Luthardt, Frankfurt am Main 1976; R. KUHN, Die Vertrauenskrise der Justiz, 1926–1928, Der Kampf um die »Republikanisierung« der Rechtspflege in der Weimarer Republik, Köln 1983; A. KUNZ, Civil servants and the politics of inflation in Germany 1914–1924, Berlin 1986; E. LAUBACH, Die Politik der Kabinette Wirth 1921/22, Lübeck 1968; W. LUTHARDT, Sozialdemokratische Verfassungstheorie in der Weimarer Republik, Opladen 1986; J. MEINCK, Weimarer Staatslehre und Nationalsozialismus, Eine Studie zum Problem der Kontinuität im staatsrechtlichen Denken in Deutschland 1928 bis 1936, Frankfurt am Main 1978; F. MENGES, Reichsreform und Finanzpolitik, Die Aushöhlung der Eigenstaatlichkeit Bayerns auf finanzpolitischem Wege in der Zeit der Weimarer Republik, Berlin 1971; H. MÖLLER, Parlamentarismus in Preußen, 1919–1932 (Handbuch der Geschichte des deutschen Parlamentarismus), Düsseldorf 1985; R. MORSEY, Zur Geschichte des »Preußenschlags« am 20. Juli 1932, in: VfZ 9, 1961, 430–439; DERS., Der Beginn der »Gleichschaltung« in Preußen, Adenauers Haltung in der Sitzung des »Dreimännerkollegiums« am 6. Februar 1933, Dokumentation, in: VfZ 11, 1963, 85–97; H. MUTH, Carl Schmitt in der deutschen Innenpolitik des Sommers 1932, in: HZ Beiheft 1, 1971; D. ORLOW, Weimar Prussia 1918–1925, The unlikely rock of democracy, Pittsburgh, Pa., 1986; F. POETZSCH-HEFFTER, Vom Staatsleben unter der Weimarer Verfassung, Teil III (1. Januar 1919 bis 31. Januar 1933), in: Jahrbuch des öffentlichen Rechts der Gegenwart 21, 1933/34, 1–204; DIE REICHSREFORM, hg. vom Bund zur Erneuerung des Reiches, Berlin 1933; K. REVERMANN, Die stufenweise Durchbrechung des Verfassungssystems der Weimarer Republik in den Jahren 1930–1933, Eine staatsrechtliche und historischpolitische Analyse, Münster 1959; W. RUNGE, Politik und Beamtentum im Parteienstaat, Die Demokratisierung der politischen Beamten in Preußen zwischen 1918 und 1933, Stuttgart 1965; K. SCHAAP, Die Endphase der Weimarer Republik im Freistaat Oldenburg 1928–1932 (Beiträge zur Geschichte des Parlamentarismus und der politischen Parteien, 61), Düsseldorf 1978; E. SCHANBACHER, Parlamentarische Wahlen und Wahlsystem in der Weimarer Republik, Wahlgesetzgebung und Wahlreform im Reich und in den Ländern (Beiträge zur Geschichte des Parlamentarismus und der politischen Parteien, 69), Düsseldorf 1982; R. SCHIFFERS, Elemente direkter Demokratie im Weimarer Regierungssystem (Beiträge zur Geschichte des Parlamentarismus und der politischen Parteien, 40), Düsseldorf 1971; T. SCHNABEL (Hg.), Die Machtergreifung in Südwestdeutschland, Das Ende der Weimarer Republik in Baden und Württemberg 1928–1933, Stuttgart, Berlin, Köln und Mainz 1982; U. SCHÜREN, Der Volksentscheid zur Fürsteneignung 1926, Die Vermögensauseinandersetzung mit den depossedierten Landesherren als Problem der deutschen Innenpolitik unter besonderer Berücksichtigung der Verhältnisse in Preußen (Beiträge zur Geschichte des Parlamentarismus und der politischen Parteien, 64), Düsseldorf 1978; G. SCHULZ, Zwischen Demokratie und Diktatur, Verfassungspolitik und Reichsreform in der Weimarer Republik, Bde 1 und 2, Berlin 1963 bzw. 1987; DERS., Der Artikel 48 in historischpolitischer Sicht, in: Staatsnotstand, hg. von E. Fraenkel, Berlin 1965, 39–71; DERS., »Preußenschlag« oder Staatsstreich? Neues zum 20. Juli 1932, in: Der Staat 17, 1978, 553–581; B. STEGER, Der Hitlerprozeß und Bayerns Verhältnis zum Reich 1923/24, in: VfZ 25, 1977, 441–466; M. STÜRMER, Koalition und Opposition in der Weimarer Republik 1924–1928 (Beiträge zur Geschichte des Parlamentarismus und der politischen Parteien, 36), Düsseldorf 1967; T. TRUMPP, Franz von Papen, der preußisch-deutsche Dualismus und die NSDAP in Preußen, Ein Beitrag zur Vorgeschichte des 20. Juli 1932, Marburg 1963; F. WIESEMANN, Die Vorgeschichte der nationalsozialistischen Machtübernahme in Bayern 1932/33, Berlin 1975; P.-CH. WITT, Reichsfinanzminister und Reichsfinanzverwaltung, Zum Problem des Verhältnisses von politischer Führung und bürokratischer Herrschaft in den Anfangsjahren der Weimarer Republik, 1918/19–1924, in: VfZ 23, 1975, 1–61; DERS., Konservatismus als »Überparteilichkeit«, Die Beamten der Reichskanzlei zwischen Kaiserreich und Weimarer Republik, in: D. Stegmann u. a. (Hg.), Deutscher Konservatismus im 19. und 20. Jahrhundert, Festschrift für Fritz Fischer, Bonn 1983, 231–280; J. R. C. WRIGHT, »Über den Parteien«, Die politische Haltung der evangelischen Kirchenführung 1918–1933 (Arbeiten zur kirchlichen Zeitgeschichte, 2), Göttingen 1977; W. ZIEGLER, Die deutsche Nationalversammlung 1919/1920 und ihr Verfassungswerk, Berlin 1932.

Politische Parteien und Verbände

Allgemeine Darstellungen

G. ARNS, Regierungsbildung und Koalitionspolitik in der Weimarer Republik 1919–1924, Clausthal-Zellerfeld 1971; R. M. LEPSIUS, Parteiensystem und Sozialstruktur, Zum Problem der Demokratisierung der deutschen Gesellschaft, in: G. A. Ritter (Hg.), Deutsche Parteien vor 1918, Köln 1973, 56–80; E. MATTHIAS und R. MORSEY (Hg.), Das Ende der Parteien 1933, Darstellung und Dokumente, Düsseldorf ³1984; S. NEUMANN, Die Parteien der Weimarer Republik, Stuttgart ⁴1977; K. NOWAK, Evangelische Kirche und Weimarer Republik, Zum politischen Weg des deutschen Protestantismus zwischen 1918 und 1932, Göttingen 1981; G. A. RITTER, Kontinuität und Umformung des deutschen Parteiensystems 1918–1920, in: ders. (Hg.), Entstehung und Wandel der modernen Gesellschaft, Festschrift für Hans Rosenberg zum 65. Geburtstag, Berlin 1970, 342–376; F.-K. SCHEER, Die Deutsche Friedensgesellschaft, 1892–1933, Frankfurt 1981; K. SCHOLDER, Die Kirchen und das Dritte Reich, Bd 1, Vorgeschichte und Zeit der Illusionen 1918–1934, Frankfurt am Main, Berlin und Wien 1977; G. SCHULZ, Räte, Wirtschaftsverbände und die Transformation des industriellen Verbandswesens am Anfang der Weimarer Republik, in: Gesellschaft, Parlament und Regierung, hg. von G. A. Ritter, Düsseldorf 1974, 355–366.

Organisierte Arbeiterbewegung

W. T. ANGRESS, Die Kampfzeit der KPD, 1921–1923 (Geschichtliche Studien zu Politik und Gesellschaft, 2), Düsseldorf 1973; S. BAHNE, Die KPD und das Ende von Weimar, Das Scheitern einer Politik 1932–1935, Frankfurt am Main und New York 1976; J. BLAU, Sozialdemokratische Staatslehre in der Weimarer Republik, Darstellung und Untersuchung der staatstheoretischen Konzeption von Hermann Heller, Ernst Fraenkel und Otto Kirchheimer, Mit einem Vorwort von H. Ridder (Schriftenreihe für Sozialgeschichte und Arbeiterbewegung, 21), Marburg 1980; H. M. BOCK, Syndikalismus und Linkskommunismus von 1918–1923, Zur Geschichte und Soziologie der Freien Arbeiter-Union Deutschlands (Syndikalisten), der Allgemeinen Arbeiter-Union Deutschlands und der Kommunistischen Arbeiter-Partei Deutschlands, Meisenheim 1969; H. DRECHSLER, Die Sozialistische Arbeiterpartei Deutschlands, SAPD, Ein Beitrag zur Geschichte der deutschen Arbeiterbewegung am Ende der Weimarer Republik, Meisenheim 1965; O. K. FLECHTHEIM, Die KPD in der Weimarer Republik, (Neuauflage) Hamburg 1986; G. FÜLBERTH, Die Beziehungen zwischen SPD und KPD in der Kommunalpolitik der Weimarer Periode 1918/19 bis 1933, Köln 1985; H. HEIMANN und T. MEYER (Hg.), Reformsozialismus und Sozialdemokratie, Zur Theoriediskussion des Demokratischen Sozialismus in der Weimarer Republik, Bericht zum wissenschaftlichen Kongreß der Friedrich-Ebert-Stiftung »Beiträge zur reformistischen Sozialismustheorie in der Weimarer Republik« vom 9. bis 12. Oktober 1980, Bonn 1982; E. HEUPEL, Reformismus und Krise, Zur Theorie und Praxis von SPD, ADGB und Afa-Bund in der Weltwirtschaftskrise 1929–1932/33, Frankfurt am Main 1981; G. HÖGL, Gewerkschaften und USPD von 1916 bis

1922, Ein Beitrag zur Geschichte der deutschen Arbeiterbewegung unter besonderer Berücksichtigung des Deutschen Metallarbeiter-, Textilarbeiter- und Schuhmacherverbandes, Diss. phil. München 1982; W. HUBER und J. SCHWERDTFEGER (Hg.), Frieden, Gewalt, Sozialismus, Studien zur Geschichte der sozialistischen Arbeiterbewegung (Forschungen und Berichte der Evangelischen Studiengemeinschaft, 32), Stuttgart 1976; U. HÜLLBÜSCH, Die deutschen Gewerkschaften in der Weltwirtschaftskrise, in: W. Conze und H. Raupach (Hg.), Die Staats- und Wirtschaftskrise des Deutschen Reichs 1929/33, Stuttgart 1967, 126–154; R. N. HUNT, German Social Democracy 1918–1933, Chicago ²1970; D. KLENKE, Die SPD-Linke in der Weimarer Republik, Eine Untersuchung zu den regionalen organisatorischen Grundlagen und zur politischen Praxis und Theoriebildung des linken Flügels der SPD in den Jahren 1922–1932, 2 Bde, Münster 1983; S. KOCH-BAUMGARTEN, Aufstand der Avantgarde, Die Märzaktion der KPD 1921, Frankfurt am Main und New York 1986; H. KRAUSE, USPD, Zur Geschichte der Unabhängigen Sozialdemokratischen Partei Deutschlands, Frankfurt am Main 1975; D. LEHNERT, Sozialdemokratie und Novemberrevolution, Die Neuordnungsdebatte 1918/19 in der politischen Publizistik von SPD und USPD, Frankfurt am Main und New York 1983; P. LOESCHE, Der Bolschewismus im Urteil der deutschen Sozialdemokratie 1903–1920, Berlin 1967; W. LUTHARDT (Hg.), Sozialdemokratische Arbeiterbewegung und Weimarer Republik, Materialien zur gesellschaftlichen Entwicklung 1927–1933, 2 Bde, Frankfurt am Main 1978; W. H. MAEHL, The German Socialist Party, Champion of the first republic 1918–1933, Lawrence, Kansas, 1986; M. MARTINY, Integration oder Konfrontation? Studien zur sozialdemokratischen Rechts- und Verfassungspolitik, Bonn-Bad Godesberg 1976; DERS., Die Entstehung und politische Bedeutung der »Neuen Blätter für den Sozialismus« und ihres Freundeskreises, Dokumentation, in: VfZ 25, 1977, 373–419; S. MILLER, Die Bürde der Macht, Die deutsche Sozialdemokratie 1918–1920 (Beiträge zur Geschichte des Parlamentarismus und der politischen Parteien, 63), Düsseldorf 1978; H. MOMMSEN, Die Sozialdemokratie in der Defensive, Der Immobilismus der SPD und der Aufstieg des Nationalsozialismus, in: DERS. (Hg.), Sozialdemokratie zwischen Klassenbewegung und Volkspartei, Frankfurt am Main 1974, 106–133; D. W. MORGAN, The socialist left and the Germany revolution, A history of the Independent Social Democratic Party, 1917–1922, Ithaca, N. Y., 1975; H. POTTHOFF, Gewerkschaften und Politik zwischen Revolution und Inflation (Beiträge zur Geschichte des Parlamentarismus und der politischen Parteien, 66), Düsseldorf 1979; DERS., Freie Gewerkschaften 1918–1933, Der Allgemeine Deutsche Gewerkschaftsbund in der Weimarer Republik (Beiträge zur Geschichte des Parlamentarismus und der politischen Parteien, 82), Düsseldorf 1987; J. REULECKE (Hg.), Arbeiterbewegung an Rhein und Ruhr, Wuppertal 1974; M. RUCK, Die freien Gewerkschaften im Ruhrkampf 1923, Köln 1986; M. SCHNEIDER, Das Arbeitsbeschaffungsprogramm des ADGB, Zur gewerkschaftlichen Politik in der Endphase der Weimarer Republik, Bonn-Bad Godesberg 1975; H. SCHULZE, Anpassung oder Widerstand? Aus den Akten des Parteivorstands der deutschen Sozialdemokratie 1932/33, Bonn-Bad Godesberg 1975; K. SÜHL, SPD und Öffentlicher Dienst in der Weimarer Republik, Die öffentlich Bediensteten in der SPD und ihre Bedeutung für die sozialdemokratische Politik 1918–1933, Opladen 1988; S. VESTRING, Die Mehrheitssozialdemokratie und die Entstehung der Reichsverfassung von Weimar 1918/19, Münster 1987; J. WACHTLER, Zwischen Revolutionserwartung und Untergang, Die Vorbereitung der KPD auf die Illegalität in den Jahren 1929–1933, Frankfurt am Main 1983; H. WEBER, Die Wandlung des deutschen Kommunismus, Die Stalinisierung der KPD in der Weimarer Republik, 2 Bde, Frankfurt am Main 1969; DERS., Hauptfeind Sozialdemokratie, Strategie und Taktik der KPD 1929–1933, Düsseldorf 1982; R. F. WHEELER, USPD und Internationale, Sozialistischer Internationalismus in der Zeit der Revolution, Frankfurt 1975; DERS., Die »21 Bedingungen« und die Spaltung der USPD im Herbst 1920, Zur Meinungsbildung der Basis, in: VfZ 23, 1975, 117–154; H. A. WINKLER, Klassenbewegung oder Volkspartei? Zur Programmdiskussion in der Weimarer Sozialdemokratie 1920–1925, in: GuG 8, 1982, 9–54; DERS., Arbeiter und Arbeiterbewegung in der Weimarer Republik: Bd 1, Von der Revolution zur Stabilisierung, 1918–1924, Berlin ²1984; Bd 2, Der Schein der Normalität, 1924–1930, Berlin 1985; Bd 3, Der Weg in die Katastrophe, 1930–1933, Berlin 1987; W. WITTWER, Die sozialdemokratische Schulpolitik in der Weimarer Republik, Bonn 1976.

Politischer Katholizismus

J. BECKER, Joseph Wirth und die Krise des Zentrums während des 4. Kabinetts Marx, 1927–1928, Darstellung und Dokumente, in: Zeitschrift für die Geschichte des Oberrheins 109, 1962, 361–482; DERS., Prälat Kaas und das Problem der Regierungsbeteiligung der NSDAP 1930–1932, in: HZ 196, 1963, 74–111; G. GRÜNTHAL, Reichsschulgesetz und Zentrumspartei in der Weimarer Republik (Beiträge zur Geschichte des Parlamentarismus und der politischen Parteien, 39), Düsseldorf 1968; H. HÖMIG, Das preußische Zentrum in der Weimarer Republik (Veröffentlichungen der Kommission für Zeitgeschichte, Reihe B, Forschungen, 28), Mainz 1979; D. JUNKER, Die Deutsche Zentrumspartei und Hitler 1932/33, Ein Beitrag zur Problematik des politischen Katholizismus in Deutschland, Stuttgart 1969; R. MORSEY, Hitlers Verhandlungen mit der Zentrumsführung am 31. Januar 1933, Dokumentation, in: VfZ 9, 1961, 182–194; DERS., Die Deutsche Zentrumspartei 1917–1923 (Beiträge zur Geschichte des Parlamentarismus und der politischen Parteien, 32), Düsseldorf 1966; DERS., Der Untergang des politischen Katholizismus, Die Zentrumspartei zwischen christlichem Selbstverständnis und »Nationaler Erhebung« 1932/1933, Stuttgart und Zürich 1977; W. L. PATSCH, Christian trade unions in the Weimar Republic, 1918–1933, The failure of »corporate pluralism«, New Haven 1985; H. RODER, Der christlich-nationale Deutsche Gewerkschaftsbund, DGB, im politisch-ökonomischen Kräftefeld der Weimarer Republik, Frankfurt am Main, Bern und New York 1986; M. SCHNEIDER, Die christlichen Gewerkschaften 1894–1933, Bonn 1982; K. SCHÖNHOVEN, Die Bayerische Volkspartei 1924–1932 (Beiträge zur Geschichte des Parlamentarismus und der politischen Parteien, 46), Düsseldorf 1972; DERS., Zwischen Anpassung und Ausschaltung, Die Bayerische Volkspartei in der Endphase der Weimarer Republik 1932/33, in: HZ 224, 1977, 340–378; M. SCHUMACHER, Zwischen »Einschaltung« und »Gleichschaltung«, Zum Untergang der Deutschen Zentrumspartei 1932/33, in: Historisches Jahrbuch 99, 1979, 268–303.

Bürgerliche Parteien und Verbände

V. R. BERGHAHN, Die Harzburger Front und die Kandidatur Hindenburgs für die Präsidentschaftswahlen 1932, in: VfZ 13, 1965, 64–82; J. M. DIEHL, Von der »Vaterlandspartei« zur »Nationalen Revolution«, Die »Vereinigten Vaterländischen Verbände Deutschlands (VVVD)« 1922–1932, in: VfZ 33, 1985, 617–639; L. DÖHN, Politik und Interesse, Die Interessenstruktur der Deutschen Volkspartei, Meisenheim 1970; H. FENSKE, Konservatismus und Rechtsradikalismus in Bayern nach 1918, Bad Homburg 1969; R. P. GRATHWOL, Stresemann and the DNVP, Reconciliation or revenge in German foreign policy, 1924–1928, Lawrence 1980; I. HAMEL, Völkischer Verband und nationale Gewerkschaft, Der Deutschnationale Handlungsgehilfenverband 1893–1933, Frankfurt am Main 1967; U. HEINEMANN, Die verdrängte Niederlage, Politische Öffentlichkeit und Kriegsschuldfrage in der Weimarer Republik (Kritische Studien zur Geschichtswissenschaft, 59), Göttingen 1983; L. HERTZMANN, DNVP, right-wing-opposition in the Weimar Republic 1918–1924, Lincoln 1963; J. C. HESS, »Das ganze Deutschland soll es sein«, Demokratischer Nationalismus in der Weimarer Republik am Beispiel der Deutschen Demokratischen Partei, Stuttgart 1978; K.-P. HOEPKE, Die deutsche Rechte und der italienische Faschismus, Ein Beitrag zum Selbstverständnis und zur Politik von Gruppen und Verbänden der deutschen Rechten (Beiträge zur Geschichte des Parlamentarismus und der politischen Parteien, 38), Düsseldorf 1968; H. HOLZBACH, Das »System Hugenberg«, Die Organisation bürgerlicher Sammlungspolitik vor dem Aufstieg der NSDAP 1918–1928, Stuttgart 1981; K. HORNUNG, Der Jungdeutsche Orden (Beiträge zur Geschichte des Parlamentarismus und der politischen Parteien, 14), Düsseldorf 1958; E. JONAS, Die Volkskonservativen 1928–1933, Entwicklung, Struktur, Standort und staatspolitische Zielsetzung (Beiträge zur Geschichte des Parlamentarismus und der politischen Parteien, 30), Düsseldorf 1965; L. E. JONES, »The Dying Middle«, Weimar Germany and the fragmentation of bourgeois politics, in: Central European History 5, 1972, 23–54; DERS., Sammlung oder Zersplitterung? Die Bestrebungen zur Bildung einer neuen Mittelpartei in der Endphase der Weimarer Republik 1930–1933, in: VfZ 25, 1977, 265–304; DERS., German liberalism and the dissolution of the Weimar party system 1918–1933, Chapel Hill 1988; A. KESSLER, Der Jungdeutsche Orden in den Jahren der Entscheidung, Bd 1: 1928–1930, München 1974; Bd 2: 1931–1933, München 1976; A. KRUCK, Geschichte des Alldeutschen Verbandes 1890–1939, Wiesbaden 1954; W. LIEBE, Die Deutschnationale Volkspartei 1918–1924 (Beiträge zur Geschichte des Parlamentarismus und der politischen Parteien, 8), Düsseldorf 1956; U. LOHALM, Völkischer Radikalismus, Die Geschichte des Deutschvölkischen Schutz- und Trutz-Bundes 1919–1923, Hamburg 1970; G. OPITZ, Der Christlich-soziale Volksdienst, Versuch einer protestantischen Partei in der Weimarer Republik (Beiträge zur Geschichte des Parlamentarismus und der politischen Parteien, 37), Düsseldorf 1969; R. OPITZ, Der deutsche Sozialliberalismus 1917–1933, Köln 1973; E. PORTNER, Die Verfassungspolitik der Liberalen, Ein Beitrag zur Deutung der Weimarer Reichsverfassung, Bonn 1973; W. SCHNEIDER, Die Deutsche Demokratische Partei in der Weimarer Republik, 1924–1930, München 1978; H. J. SCHORR, Adam Stegerwald, Gewerkschaftler und Politiker der ersten deutschen Republik, Ein Beitrag zur Geschichte der christlich-sozialen Bewegung in Deutschland, Recklinghausen 1966; M. SCHUMACHER, Mittelstandsfront und Republik, Die Wirtschaftspartei, Reichspartei des deutschen Mittelstandes 1919–1933 (Beiträge zur Geschichte des Parlamentarismus und der politischen Parteien, 44), Düsseldorf 1972; H. SCHUSTEREIT, Linksliberalismus und Sozialdemokratie in der Weimarer Republik, Eine vergleichende Betrachtung der DDP und SPD 1919–1930, Düsseldorf 1975; W. STEPHAN, Aufstieg und Verfall des Linksliberalismus 1918–1933, Geschichte der Deutschen Demokratischen Partei, Göttingen 1973; J. STIESOW, Die Deutschnationale Volkspartei und die Völkisch Radikalen 1918–1922, 2 Bde, Frankfurt am Main 1981; A. STUPPERICH, Volksgemeinschaft oder Arbeitersolidarität, Studien zur Arbeitnehmerpolitik in der Deutschnationalen Volkspartei 1918–1933, Göttingen und Zürich 1982; A. THIMME, Flucht in den Mythos, Die Deutschnationale Volkspartei und die Niederlage von 1918, Göttingen 1969; D. P. WALKER, The German Nationalist People's Party, The conservative dilemma in the Weimar Republic, in: Journal of Contemporary History 14, 1979, 627–647; P. WULF, Die politische Haltung des schleswig-holsteinischen Handwerks 1928–1933, Köln und Opladen 1969.

Paramilitärische Verbände

V. R. BERGHAHN, Der Stahlhelm, Bund der Frontsoldaten 1918–1935 (Beiträge zur Geschichte des Parlamentarismus und der politischen Parteien, 33), Düsseldorf 1966; J. M. DIEHL, Paramilitary politics in Weimar Germany, Bloomington 1977; A. KLOTZBÜCHER, Der politische Weg des Stahlhelm, Bund der Frontsoldaten, in der Weimarer Republik, Ein Beitrag zur Geschichte der »Nationalen Opposition« 1918–1933, Erlangen 1965; E. KÖNNEMANN, Einwohnerwehren und Zeitfreiwilligenverbände, Ihre Funktion beim Aufbau eines neuen imperialistischen Militärsystems, Berlin (DDR) 1971; H.-J. MAUCH, Nationalistische Wehrorganisationen in der Weimarer Republik, Zur Entwicklung des »Paramilitarismus«, Frankfurt am Main 1982; K. ROHE, Das Reichsbanner Schwarz Rot Gold, Ein Beitrag zur Geschichte und Struktur der politischen Kampfverbände zur Zeit der Weimarer Republik (Beiträge zur Geschichte des Parlamentarismus und der politischen Parteien, 34), Düsseldorf 1966; E. ROSENHAFT, Beating the fascists? The German communists and political violence 1929–1933, Cambridge, London, New York and New Rochelle 1983; H. SCHULZE, Freikorps und Republik 1918–1920, Boppard 1969; K. G. P. SCHUSTER, Der Rote Frontkämpferbund 1924–1929, Beiträge zur Geschichte und Organisationsstruktur eines politischen Kampfbundes (Beiträge zur Geschichte des Parlamentarismus und der politischen Parteien, 55), Düsseldorf 1975.

Sozialpolitik und industrielle Arbeitsbeziehungen

W. ABELSHAUSER (Hg.), Die Weimarer Republik, als Wohlfahrtsstaat, Zum Verhältnis von Wirtschafts- und Sozialpolitik in der Industriegesellschaft (Vierteljahreshefte für Sozial- und Wirtschaftsgeschichte, Beiheft 81), Wiesbaden 1987; G. BRAKELMANN, Evangelische Kirche in sozialen Konflikten der Weimarer Zeit, Das Beispiel des Ruhreisenstreits (Schriften zur politischen und sozialen Geschichte des neuzeitlichen Christentums, 1), Bochum 1986; R. J. EVANS und D. GEARY (Hg.), The German unemployed, Experiences and consequences of unemployment from the Weimar Republic to the Third Reich, London 1987; G. D. FELDMAN, The origins of the Stinnes-Legien Agreement, A documentation unter Mitarbeit von I. Steinisch, in: Internationale Wissenschaftliche Korrespondenz zur Geschichte der deutschen Arbeiterbewegung 9, 1973, Heft 19/20, 45–103; DERS. und I. STEINISCH, Die Weimarer Republik, zwischen Sozial- und Wirtschaftsstaat, Die Entscheidung gegen den Achtstundentag, Hans Rosenberg zum kommenden 75. Geburtstag gewidmet, in: AfS 18, 1978, 353–439; DIES., Industrie und Gewerkschaften 1918–1924, Die überforderte Zentralarbeitsgemeinschaft (Schriftenreihe der VfZ, 50), Stuttgart 1985; T. GEIGER, Die soziale Schichtung des deutschen Volkes, Soziographischer Versuch auf statistischer Grundlage, (1932) Stuttgart 1967; A. GERSCHENKRON, Bread and democracy in Germany, New York ²1966; H. MOMMSEN, D. PETZINA und B. WEISBROD (Hg.), Industrielles System und politische Entwicklung in der Weimarer Republik, Verhandlungen des Internationalen Symposiums in Bochum vom 12.–17. Juni 1973, 2 Bde, Kronberg und Düsseldorf ²1977; H. MOMMSEN, Klassenkampf oder Mitbestimmung, Zum Problem der Kontrolle wirtschaftlicher Macht in der Weimarer Republik, Köln 1978; DERS. (Hg.), Arbeiterbewegung und industrieller Wandel, Studien zu gewerkschaftlichen Organisationsproblemen im Reich und an der Ruhr 1905–1924, Wuppertal 1980; L. PRELLER, Sozialpolitik in der Weimarer Republik, (Neuausgabe) Düsseldorf 1978; M. SCHNEIDER, Unternehmer und Demokratie, Die freien Gewerkschaften in der unternehmerischen Ideologie der Jahre 1918 bis 1933 (Schriftenreihe des Forschungsinstituts der Friedrich-Ebert-Stiftung, 116), Bonn-Bad Godesberg 1975; P. D. STACHURA (Hg.), Unemployment and the great depression in Weimar Germany, Houndmills und London 1986; D. STEGMANN, B.-J. WENDT und P.-CH. WITT (Hg.), Industrielle Gesellschaft und politisches System, Beiträge zur politischen Sozialgeschichte, Festschrift für Fritz Fischer zum 70. Geburtstag, Bonn 1978; I. STEINISCH, Arbeitszeitverkürzung und sozialer Wandel, Der Kampf um die Achtstundenschicht in der deutschen und amerikanischen Eisen- und Stahlindustrie, 1880–1929, Berlin 1986; H. TIMM, Die deutsche Sozialpolitik und der Bruch der großen Koalition im März 1930 (Beiträge zur Geschichte des Parlamentarismus und der politischen Parteien, 1), Düsseldorf ²1982; R. TSCHIRBS, Tarifpolitik im Ruhrbergbau 1918–1933 (Beiträge zu Inflation und Wiederaufbau in Deutschland und Europa 1914–1924, Bd 5, und Veröffentlichungen der Historischen Kommission zu Berlin, 64), Berlin 1986; U. WENGST, Unternehmerverbände und Gewerkschaften in Deutschland im Jahre 1930, in: VfZ 25, 1977, 99–119.

Wirtschafts- und Finanzpolitik

D. ABRAHAM, the collapse of the Weimar Republic, Political economy and crisis, New York ²1986; F. BLAICH, die Wirtschaftskrise 1925/26 und die Reichsregierung, Von der ersten Erwerbslosenfürsorge zur Konjunkturpolitik, Kallmünz 1977; C. BÖHRET, Aktionen gegen die »kalte Sozialisierung« 1926–1930, Ein Beitrag zum Wirken ökonomischer Einflußverbände in der Weimarer Republik, Berlin 1966; K. BORCHARDT, Zwangslagen und Handlungsspielräume in der großen Wirtschaftskrise der frühen dreißiger Jahre, Zur Revision des überlieferten Geschichtsbildes, in: M. Stürmer (Hg.), Die Weimarer Republik, Belagerte Civitas, Königstein ²1985, 318–339; DERS., Wachstum, Krisen, Handlungsspielräume der Wirtschaftspolitik, Studien zur Wirtschaftsgeschichte des 19. und 20. Jahrhunderts (Kritische Studien zur Geschichtswissenschaft, 50), Göttingen 1982; K. E. BORN, Die deutsche Bankenkrise 1931, Finanzen und Politik, München 1967; O. BÜSCH und G. D. FELDMAN (Hg.), Historische Prozesse der deutschen Inflation 1914 bis 1924, Ein Tagungsbericht, Berlin 1978; H. G. EHLERT, Die wirtschaftliche Zentralbehörde des Deutschen Reiches 1914 bis 1919, Das Problem der »Gemeinwirtschaft« in Krieg und Frieden, Wiesbaden 1982; G. D. FELDMAN, C.-L. HOLTFRERICH, G. A. RITTER und P.-CH. WITT (Hg.), Die deutsche Inflation, Eine Zwischenbilanz (Beiträge zu Inflation und Wiederaufbau in Deutschland und Europa 1914–1924, Bd 1, und Veröffentlichungen der Historischen Kommission zu Berlin, 54), Berlin und New York 1982; DIES. (Hg.), Die Erfahrung der Inflation im internationalen Zusammenhang und Vergleich (Beiträge zu Inflation und Wiederaufbau in Deutschland und Europa 1914–1924, Bd 2, und Veröffentlichungen der Historischen Kommission zu Berlin, 57), Berlin und New York 1984; DIES. (Hg.), Die Anpassung an die Inflation (Beiträge zu Inflation und Wiederaufbau in Deutschland und Europa 1914–1924, Bd 8, und Veröffentlichungen der Historischen Kommission zu Berlin, 67), Berlin und New York 1986; G. D. FELDMAN, Iron and steel in the German inflation 1916–1923, Princeton, N. J., 1977; DERS., Vom Weltkrieg zur Weltwirtschaftskrise, Studien zur deutschen Wirtschafts- und Sozialgeschichte 1914–1932 (Kritische Studien zur Geschichtswissenschaft, 60), Göttingen 1984; DERS. (Hg.) unter Mitarbeit von E. MÜLLER-LUCKNER, Die Nachwirkungen der Inflation auf die deutsche Geschichte 1924–1933, München 1985; DERS. und H. HOMBURG, Industrie und Inflation, Studien und Dokumente zur Politik der deutschen Unternehmer 1916–1923, Hamburg 1977; W. FISCHER, Deutsche Wirtschaftspolitik 1918–1945, Opladen ³1968; K. GOSSWEILER, Großbanken, Industriemonopole, Staat, Ökonomie und Politik des staatsmonopolistischen Kapitalismus in Deutschland 1914–1932, Berlin (DDR) 1971; DERS., Kapital, Reichswehr und NSDAP 1919–1924, Köln 1982; M. GRÜBLER, Die Spitzenverbände der Wirtschaft und das erste Kabinett Brüning, Vom Ende der großen Koalition 1929/30 bis zum Vorabend der Bankenkrise 1931, Eine Quellenstudie (Beiträge zur Geschichte des Parlamentarismus und der politischen Parteien, 70), Düsseldorf 1982; F. GÜNTHER, Der Reichsverband der Deutschen Industrie 1919 bis 1923, in: Jenaer Beiträge zur Parteiengeschichte 21, 1968, 4–106; H. HABEDANK, Die Reichsbank in der Weimarer Republik, Zur Rolle der Zentralbank in der Politik des deutschen Imperialismus 1919–1933, Berlin (DDR) 1981; G. W. F. HALLGARTEN, Hitler, Reichswehr und Industrie, Zur Geschichte der Jahre 1918–1933, Frankfurt am Main 1955; K.-H. HANSMEYER (Hg.), Kommunale Finanzpolitik in der Weimarer Republik (Schriftenreihe des Vereins für Kommunalwissenschaften, 36), Stuttgart 1973; G. HARDACH, Reichsbankpolitik und wirtschaftliche Entwicklung 1924–1931, in: Schmollers Jahrbuch für Wirtschafts- und Sozialwissenschaften 90, 1970, 562–592; DERS., Weltmarktorientierung und relative Stagnation, Währungspolitik in Deutschland 1924–1931, Berlin 1976; H.-H. HARTWICH, Arbeitsmarkt, Verbände und Staat 1918–1933, Die öffentliche Bindung unternehmerischer Funktionen in der Weimarer Republik, Berlin 1967; D. HERTZ-EICHENRODE, Wirtschaftskrise und Arbeitsbeschaffung, Konjunkturpolitik 1925/26 und die Grundlagen der Krisenpolitik Brünings, Frankfurt am Main und New York 1982; C.-L. HOLTFRERICH, Die deutsche Inflation 1914–1923, Ursachen und Folgen in internationaler Perspektive, Berlin und New York 1980; DERS., Alternativen zu Brünings Wirtschaftspolitik in der Weltwirtschaftskrise, in: HZ 235, 1982, 605–631; H. JAMES, The Reichsbank and public finance in Germany 1924–1933, A study of the politics of economics during the great depression (Schriftenreihe des Instituts für Bankhistorische Forschung, 5), Frankfurt am Main 1985; DERS., The German slump, politics and economics 1924–1936, Oxford 1986; C. P. KINDLEBERGER, Die Weltwirtschaftskrise, 1929–1939 (Geschichte der Weltwirtschaft im 20. Jahrhundert, 4), München ³1984; K. KOSZYK, Paul Reusch und die »Münchner Neuesten Nachrichten«, Zum Problem Industrie und Presse in der Endphase der Weimarer Republik, in: VfZ 20, 1972, 75–103; C.-D. KROHN, Stabilisierung und ökonomische Interessen, Die Finanzpolitik des Deutschen Reiches 1923–1927, Düsseldorf 1974; DERS., Autoritärer Kapitalismus, Wirtschaftskonzeptionen im Übergang von der Weimarer Republik zum Nationalsozialismus, in: Industrielle Gesellschaft und politisches System, Beiträge zur politischen Sozialgeschichte, Festschrift für Fritz Fischer zum 70. Geburtstag, Bonn 1978, 113–129; G. KROLL, Von der Weltwirtschaftskrise zur Staatskonjunktur, Berlin 1958; L. GRAF SCHWERIN VON KROSIGK, Staatsbankrott, Die Geschichte des Deutschen Reiches von 1920–1945, Geschrieben vom letzten Reichsfinanzminister, Göttingen, Frankfurt am Main und Zürich 1974; R. LEUSCHEN-SEPPEL, Zwischen Staatsverantwortung und Klasseninteresse, Die Wirtschafts- und Finanzpolitik der SPD zur Zeit der Weimarer Republik unter besonderer Berücksichtigung der Mittelphase 1924–1928/29 (Politik und Gesellschaftsgeschichte, 9), Bonn 1981; R. E. LÜKE, Von der Stabilisierung zur Krise (hg. vom Basel Centre for Economic and Financial Research Series), Zürich 1958; W. C. MCNEIL, American money in the Weimar Republic, Economics and politics on the eve of the great depression, New York 1986; CH. S. MAIER, Recasting bourgeois Europe, Stabilization in France, Germany and Italy in the decade after World War I, Princeton 1975; H. MARCON, Arbeitsbeschaffungspolitik der Regierungen Papen und Schleicher, Grundsteinlegung für die Beschäftigungspolitik im Dritten Reich (Moderne Geschichte und Politik, 3), Bern und Frankfurt am Main 1974; I. MAURER, Reichsfinanzen und große Koalition, Zur Geschichte des Reichskabinetts Müller 1928–1930 (Moderne Geschichte und Politik, 1), Bern und Frankfurt am Main 1973; A. MÖLLER, Reichsfinanzminister Matthias Erzberger und sein Reformwerk, Bonn 1971; R. MORSEY, Brünings Kritik an der Reichspolitik 1919–1929, in: Geschichte, Wirtschaft, Gesellschaft, Festschrift für Clemens Bauer zum 75. Geburtstag, hg. von E. Hassinger, Berlin 1974; H. MÜLLER, Die Zentralbank – eine Nebenregierung, Reichsbankpräsident Hjalmar Schacht als Politiker der Weimarer Republik, Opladen 1973; R. NEEBE, Großindustrie, Staat und NSDAP 1930–1933, Paul Silverberg und der Reichsverband der Deutschen Industrie in der Krise der Weimarer Republik (Kritische Studien zur Geschichtswissenschaft, 45), Göttingen 1981; D. PETZINA, Elemente der Wirtschaftspolitik in der Spätphase der Weimarer Republik, in: VfZ 21, 1973, 127–133; DERS., Die deutsche Wirtschaft in der Zwischenkriegszeit, Wiesbaden 1977; K. H. POHL, Weimars Wirtschaft und die Außenpolitik der Republik 1924–1926, Vom Dawes-Plan zum Internationalen Eisenpakt, Düsseldorf 1979; H.

SANMANN, Daten und Alternativen in der deutschen Wirtschafts- und Finanzpolitik in der Ära Brüning, in: Hamburger Jahrbuch für Wirtschafts- und Gesellschaftspolitik 10, 1965, 109–140; W. SÖRGEL, Metallindustrie und Nationalsozialismus, Eine Untersuchung über Struktur und Funktion industrieller Organisationen in Deutschland 1929 bis 1939, Frankfurt am Main 1965; H. A. TURNER, The Ruhrlade, secret cabinet of heavy industry in the Weimar Republic, in: Central European History 3, 1970, 195–228; B. WEISBROD, Schwerindustrie in der Weimarer Republik, Interessenpolitik zwischen Stabilisierung und Krise, Wuppertal 1978; U. WENGST, Der Reichsverband der Deutschen Industrie in den ersten Monaten des Dritten Reiches, Ein Beitrag zum Verhältnis von Großindustrie und Nationalsozialismus, in: VfZ 28, 1980, 94–110; H.-A. WINKLER, Mittelstand, Demokratie und Nationalsozialismus, Die politische Entwicklung von Handwerk und Kleinhandel in der Weimarer Republik, Köln 1972; DERS. (Hg.), Organisierter Kapitalismus, Voraussetzungen und Anfänge (Kritische Studien zur Geschichtswissenschaft, 9), Göttingen 1974; P.-CH. WITT, Finanzpolitik und sozialer Wandel in Krieg und Inflation 1918–1924, in: H. Mommsen, D. Petzina und B. Weisbrod (Hg.), Industrielles System und politische Entwicklung in der Weimarer Republik, Bd 1, Kronberg und Düsseldorf ²1977, 395–426; DERS., Inflation, Wohnungszwangswirtschaft und Hauszinssteuer, Zur Regelung von Wohnungsbau und Wohnungsmarkt in der Weimarer Republik, in: L. Niethammer (Hg.), Wohnen im Wandel, Beiträge zur Geschichte des Alltags in der bürgerlichen Gesellschaft, Wuppertal 1979, 385–407; DERS., Finanzpolitik als Verfassungs- und Gesellschaftspolitik, Überlegungen zur Finanzpolitik des Deutschen Reiches 1930 bis 1932, in: GuG 8, 1982, 386–414.

Agrarpolitik und Osthilfe

H. BARMEYER, Andreas Hermes und die Organisation der deutschen Landwirtschaft, Christliche Bauernvereine, Reichslandbund, Grüne Front, Reichsnährstand 1928 bis 1933 (Quellen und Forschungen zur Agrargeschichte, 24), Stuttgart 1971; B. BUCHTA, Die Junker und die Weimarer Republik, Charakter und Bedeutung der Osthilfe in den Jahren 1928–1933, Berlin (DDR) 1959; J. FLEMMING, Landwirtschaftliche Interessen und Demokratie, Ländliche Gesellschaft, Agrarverbände und Staat, 1890–1925, Bonn 1978; D. GESSNER, Agrardepression und Präsidialregierungen in Deutschland 1930 bis 1933, Probleme des Agrarprotektionismus am Ende der Weimarer Republik, Düsseldorf 1977; DERS., Agrarverbände in der Weimarer Republik, Wirtschaftliche und soziale Voraussetzungen agrarkonservativer Politik vor 1933; Düsseldorf 1976; DERS., »Grüne Front« oder »Harzburger Front«, Der Reichslandbund in der letzten Phase der Weimarer Republik zwischen wirtschaftlicher Interessenpolitik und nationalistischem Revisionsanspruch, Dokumentation, in: VfZ 29, 1981, 110–123; H. GIES, R. Walter Darré und die nationalsozialistische Bauernpolitik in den Jahren 1930 bis 1933, o. O. 1966; D. HERTZ-EICHENRODE, Politik und Landwirtschaft in Ostpreußen 1919–1930, Untersuchungen eines Strukturproblems in der Weimarer Republik, Köln und Opladen 1969; R. G. MOELLER, German peasants and agrarian politics, 1914–1924, The Rhineland and Westphalia, Chapel Hill und London 1986; A. PANZER, Das Ringen um die deutsche Agrarpolitik von der Währungsstabilisierung bis zur Agrardebatte im Reichstag im Dezember 1928, Kiel 1970; G. SCHULZ, Staatliche Stützungsmaßnahmen in den deutschen Ostgebieten, in: F. A. Hermens und T. Schieder (Hg.), Staat, Wirtschaft und Politik in der Weimarer Republik, Berlin 1967, 141–204; M. SCHUMACHER, Land und Politik, Eine Untersuchung über politische Parteien und agrarische Interessen 1914–1923 (Beiträge zur Geschichte des Parlamentarismus und der politischen Parteien, 65), Düsseldorf 1979; G. STOLTENBERG, Politische Strömungen im schleswig-holsteinischen Landvolk 1918–1933, Ein Beitrag zur politischen Meinungsbildung in der Weimarer Republik (Beiträge zur Geschichte des Parlamentarismus und der politischen Parteien, 24), Düsseldorf 1962.

Außenpolitik und Reparationsfrage

J. BARIÉTY, Les relations franco-allemandes après la première guerre mondiale, 10 novembre 1918–10 janvier 1925, de l'exécution à la négociation, Paris 1977; W. BAUMGART, Deutsche Ostpolitik 1918, Von Brest-Litowsk bis zum Ende des Ersten Weltkriegs, Wien und München 1966; J. BECKER und K. HILDEBRAND (Hg.), Internationale Beziehungen in der Weltwirtschaftskrise 1929 bis 1933, Referate und Diskussionsbeiträge eines Augsburger Symposions 29. März bis 1. April 1979, München 1980; E. W. BENNETT, Germany and the diplomacy of the financial crisis, 1931,

Cambridge 1962; G. BERTRAM-LIBAL, Aspekte der britischen Deutschlandpolitik, 1919 bis 1922, Göppingen 1972; E. H. CARR, Berlin–Moskau, Deutschland und Rußland zwischen den beiden Weltkriegen, Stuttgart 1954; H. L. DYCK, Weimar Germany and Soviet Russia 1926–1933, A study in diplomatic instability, London 1966; M. J. ENSSLE, Stresemann's territorial revisionism, Germany, Belgium, and the Eupen-Malmédy question 1919–1929, Wiesbaden 1980; K. D. ERDMANN, Der Europaplan Briands im Licht der englischen Akten, in: GWU 1, 1950, 16–32; DERS., Adenauer in der Rheinlandpolitik nach dem Ersten Weltkrieg, Stuttgart 1966; D. FELIX, Walther Rathenau and the Weimar Republic, The politics of Reparations, Baltimore und London 1971; C. FINK, The Genoa conference, European diplomacy, 1919–1922, Chapel Hill 1984; R. FROMMELT, Paneuropa oder Mitteleuropa, Einigungsbestrebungen im Kalkül deutscher Wirtschaft und Politik 1925–1933 (Schriftenreihe der VfZ, 34), Stuttgart 1977; H. W. GATZKE, Stresemann and the rearmament of Germany, Baltimore 1954; R. GOTTWALD, Die deutsch-amerikanischen Beziehungen in der Ära Stresemann, Berlin 1965; H. GRAML, Europa zwischen den Kriegen (Weltgeschichte des 20. Jahrhunderts, 5), München ⁵1982; DERS., Die Rapallo-Politik im Urteil der westdeutschen Forschung, in: VfZ 18, 1970, 366–391; O. HAUSER, Der Plan einer deutsch-österreichischen Zollunion von 1931 und die europäische Föderation, in: HZ 179, 1955, 45–92; J. HEIDEKING, Aeropag der Diplomaten, Die Pariser Botschafterkonferenz der alliierten Hauptmächte und die Probleme der europäischen Politik 1920–1931, Husum 1979; W. J. HELBICH, Die Reparationen in der Ära Brüning, Zur Bedeutung des Young-Plans für die deutsche Politik 1930 bis 1932, Berlin 1962; H. HELBIG, Die Träger der Rapallo-Politik, Göttingen 1958; K. HILDEBRAND, Das Deutsche Reich und die Sowjetunion im internationalen System, 1918–1932, Legitimität oder Revolution?, Wiesbaden 1977; A. HILLGRUBER, Kontinuität und Diskontinuität in der deutschen Außenpolitik von Bismarck bis Hitler, Düsseldorf 1969; DERS., Großmachtpolitik und Militarismus im 20. Jahrhundert, Drei Beiträge zum Kontinuitätsproblem, Düsseldorf 1974; CH. HÖLTJE, Über den Weimarer Staat und »Ost-Locarno« 1919–1934, Revision oder Garantie der deutschen Ostgrenze von 1919, Würzburg 1958; J. JACOBSON, Locarno diplomacy, Germany and the West, 1925–1929, Princeton, N. J., 1972; DERS. und J. T. WALKER, The impulse for a Franco-German entente: The origins of the Thoiry conference, 1926, in: Journal of Contemporary History 10, 1975, 157–181; N. KREKELER, Revisionsanspruch und geheime Ostpolitik der Weimarer Republik, Die Subventionierung der deutschen Minderheiten in Polen (Schriftenreihe der VfZ, 27), Stuttgart 1973; P. KRÜGER, Deutschland und die Reparationen 1918/19, Die Genesis des Reparationsproblems in Deutschland zwischen Waffenstillstand und Versailler Friedensschluß (Schriftenreihe VfZ, 25), Stuttgart 1973; DERS., Die Reparationen und das Scheitern einer deutschen Verständigungspolitik auf der Pariser Friedenskonferenz im Jahre 1919, in: HZ 221, 1975, 326–372; DERS., Die Außenpolitik der Republik von Weimar, Darmstadt 1985; F. A. KRUMMACHER und H. LANGE, Krieg und Frieden, Geschichte der deutsch-sowjetischen Beziehungen, Von Brest-Litowsk bis zum Unternehmen Barbarossa, München 1970; M. P. LEFFLER, The elusive quest, America's pursuit of European stability and French security, 1919–1933, Chapel Hill 1979; W. LINK, Die amerikanische Stabilisierungspolitik in Deutschland 1921–32, Düsseldorf 1970; H. G. LINKE, Deutsch-sowjetische Beziehungen bis Rapallo, Köln 1970; W. LIPGENS, Europäische Einigungsidee 1923–1930 und Briands Europaplan im Urteil der deutschen Akten, in: HZ 203, 1966, 46–89, 316–363; W. A. MCDOUGALL, France's Rheinland-diplomacy, 1914–1924, The last bid for a balance of power in Europe, Princeton, N. J., 1978; M.-O. MAXELON, Stresemann und Frankreich 1914–1929, Deutsche Politik der Ost-West-Balance, Düsseldorf 1972; K. MEGERLE, Deutsche Außenpolitik 1925, Ansatz zu aktivem Revisionismus, Frankfurt am Main 1974; S. NADOLNY, Abrüstungsdiplomatie 1932/33, Deutschland auf der Genfer Konferenz im Übergang von Weimar zu Hitler, München 1978; K. L. NELSON, Victors devided, America and the Allies in Germany, 1918–1923, Berkeley 1975; K.-H. NICLAUSS, Die Sowjetunion und Hitlers Machtergreifung, Eine Studie über die deutsch-russischen Beziehungen der Jahre 1929 bis 1935, Bonn 1966; H. PIEPER, Die Minderheitenfrage und das Deutsche Reich, 1919–1933/34, Frankfurt am Main 1974; H. POGGE VON STRANDMANN, Rapallo – strategy in preventive diplomacy, New sources and new interpretations, in: V. R. Berghahn und M. Kitchen (Hg.), Germany in the age of total war, Essays in honour of Francis Carsten, London 1981, 123–146; G. POST, The civil-military fabric of Weimar foreign policy, Princeton 1973; H. VON RIEKHOFF, German-polish relations, 1918–33, Baltimore und London 1971; H. RÖSSLER (Hg.)

unter Mitwirkung von E. HÖLZLE, Locarno und die Weltpolitik 1924–1932, Göttingen, Zürich und Frankfurt am Main 1969; H. ROOS, Polen und Europa, Studien zur polnischen Außenpolitik 1931–1939, Tübingen 1957; G. ROSENFELD, Sowjet-Rußland und Deutschland 1917–1922, Köln 1984; DERS., Sowjetunion und Deutschland 1922–1933, Köln 1984; H. J. RUPIEPER, The Cuno government and reparations 1922–1923, Politics and economics, Den Haag, Boston und London 1979; T. SCHIEDER, Die Entstehungsgeschichte des Rapallo-Vertrags, in: HZ 204, 1967, 545–609; G. SCHMIDT (Hg.), Konstellationen internationaler Politik 1924–1932, Politische und wirtschaftliche Faktoren in den Beziehungen zwischen Westeuropa und den Vereinigten Staaten, Referate und Diskussionsbeiträge eines Dortmunder Symposiums, 18.–21. September 1981, Bochum 1983; R. J. SCHMIDT, Versailles and the Ruhr: Seedbed of World War II, Den Haag 1968; H. J. SCHRÖDER (Hg.), Südosteuropa im Spannungsfeld der Großmächte 1919–1939, Wiesbaden 1984; S. A. SCHUKER, The end of French predominance in Europe, The financial crisis of 1924 and the adoption of the Dawes-Plan, Chapel Hill 1976; DERS., American »reparations« to Germany, 1919–33, Implications for the Third-World dept crisis, Princeton, N. J., 1988; K. SCHWABE (Hg.), Die Ruhrkrise 1923, Wendepunkt der internationalen Beziehungen nach dem Ersten Weltkrieg, Paderborn 1985; G. SOUTOU, Die deutschen Reparationen und das Seydoux-Projekt 1920/21, in: VfZ 23, 1975, 237–270; J. SPENZ, Die diplomatische Vorgeschichte des Beitritts Deutschlands zum Völkerbund 1924–1926, Ein Beitrag zur Außenpolitik der Weimarer Republik, Göttingen 1966; C. STAMM, Lloyd George zwischen Innen- und Außenpolitik, Die britische Deutschlandpolitik 1921/22, Köln 1977; M. TRACHTENBERG, Reparation in world politics, France and European economic diplomacy, 1916–1923, New York 1980; DIE ENTSTEHUNG DES YOUNG-PLANS, dargestellt vom Reichsarchiv 1931–1933, durchgesehen und eingeleitet von M. Vogt (Schriften des Bundesarchivs, 15), Boppard 1970; T. VOGELSANG, Papen und das außenpolitische Erbe Brünings, Die Lausanner Konferenz 1932, in: Neue Perspektiven aus Wirtschaft und Recht, Festschrift für Hans Schäffer zum 80. Geburtstag am 11. April 1966, hg. von Carsten Peter Claussen, Berlin 1966, 487–507; M. WALSDORFF, Westorientierung und Ostpolitik, Stresemanns Rußlandpolitik in der Locarno-Ära, Bremen 1971; E. WANDEL, Die Bedeutung der Vereinigten Staaten von Amerika für das deutsche Reparationsproblem 1924–1929, Tübingen 1971; W. WEIDENFELD, Die Englandpolitik Gustav Stresemanns, Theoretische und praktische Aspekte der Außenpolitik, Mainz 1982; T. WEINGARTNER, Stalin und der Aufstieg Hitlers, Die Deutschlandpolitik der Sowjetunion und der Kommunistischen Internationale 1929–1934, Berlin 1970; U. WENGST, Graf Brockdorff-Rantzau und die außenpolitischen Anfänge der Weimarer Republik, Berlin und Frankfurt am Main 1973; G. WOLLSTEIN, Vom Weimarer Revisionismus zu Hitler, Das Deutsche Reich und die Großmächte in der Anfangsphase der nationalsozialistischen Herrschaft in Deutschland, Bonn 1973; C. A. WURM, Die französische Sicherheitspolitik in der Phase der Umorientierung 1924–1926, Frankfurt am Main 1979.

Militär und Rüstungspolitik

P. BUCHER, Der Reichswehrprozeß, Der Hochverrat der Ulmer Reichswehroffiziere 1929/30 (Wehrwissenschaftliche Forschungen, Abteilung Militärgeschichtliche Studien, 4), Boppard 1967; F. L. CARSTEN, Reichswehr und Politik 1918–1933, Köln und Berlin 1964; W. DEIST, M. MESSERSCHMIDT, H.-E. VOLKMANN und H. WETTE, Ursachen und Voraussetzungen der deutschen Kriegspolitik (Das Deutsche Reich und der Zweite Weltkrieg, Bd 1), Stuttgart 1979; J. DÜLFFER, Weimar, Hitler und die Marine, Reichspolitik und Flottenbau 1920–1939, Düsseldorf 1973; M. GEYER, Das Zweite Rüstungsprogramm, 1930–1934, in: Militärgeschichtliche Mitteilungen, 17, 1975, 125–172; DERS., Aufrüstung oder Sicherheit, Die Reichswehr in der Krise der Machtpolitik 1924–1936, Wiesbaden 1980; DERS., Deutsche Rüstungspolitik 1860–1980, Frankfurt am Main 1984; H. J. GORDON, Die Reichswehr und die Weimarer Republik 1919–1926, Frankfurt am Main 1959; E. W. HANSEN, Reichswehr und Industrie, Rüstungswirtschaftliche Zusammenarbeit und wirtschaftliche Mobilmachungsvorbereitungen 1923–1932, Boppard 1978; K. J. MÜLLER und E. OPITZ (Hg.), Militär und Militarismus in der Weimarer Republik, Beiträge eines internationalen Symposiums an der Hochschule der Bundeswehr Hamburg am 5. und 6. Mai 1977, Düsseldorf 1978; M. SALEWSKY, Entwaffnung und Militärkontrolle in Deutschland 1919–1927, München 1966; O.-E. SCHÜDDEKOPF, Das Heer und die Republik, Quellen zur Politik der Reichswehrführung 1918 bis 1933, Hannover und Frankfurt am

Main 1955; T. VOGELSANG, Reichswehr, Staat und NSDAP, Beiträge zur deutschen Geschichte 1930–1932, Stuttgart 1962; DERS., Neue Dokumente zur Geschichte der Reichswehr 1930–1933, in: VfZ 2, 1954, 397–436; W. WACKER, Der Bau des Panzerschiffs »A« und der Reichstag, Tübingen 1959; R. WOHLFEIL, Heer und Republik, in: Handbuch zur deutschen Militärgeschichte 1648–1939, hg. vom Militärgeschichtlichen Forschungsamt durch F. Forstmeier u. a., Bd 3, Abschnitt VI, München 1979, 11–303.

Kulturelles Leben und politische Kultur

W. BECKER, Demokratie des sozialen Rechts, Die politische Haltung der Frankfurter Zeitung, der Vossischen Zeitung und des Berliner Tageblatts 1918–1924, Göttingen 1971; K. BERGMANN, Agrarromantik und Großstadtfeindschaft, Meisenheim 1970; H. P. BLEUEL, Deutschlands Bekenner, Professoren zwischen Kaiserreich und Diktatur, München 1968; K. BREUNING, Die Vision des Reiches, Deutscher Katholizismus zwischen Demokratie und Diktatur, 1929 bis 1934, München 1969; R. BRIDENTHAL, A. GROSSMANN und M. KAPLAN (Hg.), When biology became destiny, Women in Weimar and Nazi Germany, New York 1984; K. BULLIVANT (Hg.), Das literarische Leben in der Weimarer Republik, Königstein 1978; J. CAMPBELL, Der Deutsche Werkbund 1907–1934, Stuttgart 1981; H. CANCIK (Hg.), Religions- und Geistesgeschichte der Weimarer Republik, Mit Beiträgen von H. Bausinger, H. Cancik, W. Dirks u. a., Düsseldorf 1982; I. DEAK, Weimar Germany's leftwing intellectuals, A political history of the Weltbühne and its circle, Berkeley 1968; H. DÖRING, Der Weimarer Kreis, Studien zum politischen Bewußtsein verfassungstreuer Hochschullehrer in der Weimarer Republik, Meisenheim 1975; P. DUDEK, Erziehung durch Arbeit, Arbeitslagerbewegung und freiwilliger Arbeitsdienst 1920–1935, Opladen 1988; L. DUPEUX, »Nationalbolschewismus« in Deutschland 1919–1933, Kommunistische Strategie und konservative Dynamik, München 1985; B. FAULENBACH, Ideologie des deutschen Weges, Die deutsche Geschichte in der Historiographie zwischen Kaiserreich und Nationalsozialismus, München 1980; K. FRITZSCHE, Politische Romantik und Gegenrevolution, Fluchtwege in der Krise der bürgerlichen Gesellschaft, Das Beispiel des ›Tat‹-Kreises, Frankfurt am Main 1976; P. GAY, Die Republik der Außenseiter, Geist und Kultur der Weimarer Zeit, 1918–1933, Frankfurt am Main 1970; H. GERSTENBERGER, Der revolutionäre Konservativismus, Ein Beitrag zur Analyse des Liberalismus, Berlin 1969; J. HERF, Reactionary modernism, Technology, culture and politics in Weimar and the Third Reich, Cambridge 1984; J. HERMAND und F. TROMMLER, Die Kultur der Weimarer Republik, Frankfurt am Main ²1988; F. FRHR. HILLER VON GAERTRINGEN, »Dolchstoß«-Diskussion und »Dolchstoßlegende« im Wandel von vier Jahrzehnten, in: Geschichte und Gegenwartsbewußtsein, Historische Betrachtungen und Untersuchungen, Festschrift für Hans Rothfels zum 70. Geburtstag, hrsg. von W. Besson und F. Frhr. Hiller von Gaertringen, Göttingen 1963, 122–160; DERS., Zur Beurteilung des »Monarchismus« in der Weimarer Republik, in: Tradition und Reform in der deutschen Politik, Gedenkschrift für Waldemar Besson, hg. von G. Jasper, Berlin 1976, 138–186; K. HOLL und W. WETTE (Hg.), Pazifismus in der Weimarer Republik, Beiträge zur historischen Friedensforschung, Paderborn 1981; Y. ISHIDA, Jungkonservative in der Weimarer Republik, Der Ring-Kreis 1928–1933, Frankfurt am Main 1988; A. KAES (Hg.), Weimarer Republik, Manifeste und Dokumente zur deutschen Literatur 1918–1933, Stuttgart 1983; M. H. KATER, Die Artamanen, Völkische Jugend in der Weimarer Republik, in: HZ 213, 1971, 577–638; DERS., Studentenschaft und Rechtsradikalismus in Deutschland, 1918–1933, Eine sozialgeschichtliche Studie zur Bildungskrise in der Weimarer Republik, Hamburg 1975; W. KINDT (Hg.), Die deutsche Jugendbewegung 1920–1933, Die bündische Zeit, Quellenschriften, Düsseldorf 1974; K. VON KLEMPERER, Konservative Bewegungen, Zwischen Kaiserreich und Nationalsozialismus, München und Wien 1962; T. KOEBNER (Hg.), Weimars Ende, Prognosen und Diagnosen in der deutschen Literatur und Publizistik 1930–1933, Frankfurt am Main 1982; DERS., R.-P. JANZ und F. TROMMLER (Hg.), »Mit uns zieht die neue Zeit«, Der Mythos Jugend, Frankfurt am Main 1985; J. KURUCZ, Struktur und Funktion der Intelligenz während der Weimarer Republik, Bergisch-Gladbach 1967; D. LANGEWIESCHE, Politik, Gesellschaft, Kultur, Zur Problematik von Arbeiterkultur und kulturellen Arbeiterorganisationen in Deutschland nach dem 1. Weltkrieg, in: AfS 22, 1982, 359–402; W. LAQUEUR, Weimar, Die Kultur der Republik, Frankfurt am Main, Berlin und Wien 1976; H. LEBOVICS, Social conservatism and the middle classes in Germany, 1914–1933, Princeton, N. J. 1969; M. R. LEPSIUS,

Extremer Nationalismus, Strukturbedingungen vor der nationalsozialistischen Machtergreifung, Stuttgart 1966; U. LINSE, Barfüßige Propheten, Erlöser der zwanziger Jahre, Berlin 1983; H.-J. LUTZHÖFT, Der nordische Gedanke in Deutschland 1920–1940, Stuttgart 1971; B. MILLER-LANE, Architektur und Politik in Deutschland 1918–1945 (Schriften des Deutschen Architekturmuseums zur Architekturgeschichte und Architekturtheorie), Braunschweig 1986; A. MOHLER, Die konservative Revolution in Deutschland 1918–1932, Ein Handbuch, Darmstadt ²1972; H. MOMMSEN, Der Mythos des nationalen Aufbruchs und die Haltung der deutschen intellektuellen und funktionalen Eliten, in: 1933 in Gesellschaft und Wissenschaft, Ringvorlesung im Wintersemester 1982/83 und Sommersemester 1983, Teil 1, Gesellschaft, Hamburg 1983; 127–141; G. L. MOSSE, Ein Volk, ein Reich, ein Führer, Die völkischen Ursprünge des Nationalsozialismus, Königstein 1979; H.-H. MÜLLER, Der Krieg und die Schriftsteller, Der Kriegsroman in der Weimarer Republik, Stuttgart 1986; J. PETZOLD, Wegbereiter des deutschen Faschismus, Die Jungkonservativen in der Weimarer Republik, Köln 1978; D. J. K. PEUKERT, Jugend zwischen Krieg und Krise, Lebenswelten von Arbeiterjungen in der Weimarer Republik, Köln 1987; K. PRÜMM, Die Literatur des soldatischen Nationalismus der 20er Jahre 1918–1933, Gruppenideologie und Epochenproblematik, 2 Bde, Kronberg 1974; F. RAABE, Die bündische Jugend, Ein Beitrag zur Geschichte der Weimarer Republik, Stuttgart 1961; F. K. RINGER, Die Gelehrten, Der Niedergang der deutschen Mandarine 1890–1933, Stuttgart 1983; M. SCHUELLER, Zwischen Romantik und Faschismus, Der Beitrag Othmar Spanns zum Konservatismus in der Weimarer Republik, Stuttgart 1970; G. SCHULZ, Der »Nationale Klub von 1919« zu Berlin, Zum politischen Zerfall einer Gesellschaft, in: Jahrbuch für die Geschichte Mittel- und Ostdeutschlands 11, 1962, 207–237; H.-P. SCHWARZ, Der konservative Anarchist, Politik und Zeitkritik Ernst Jüngers, Freiburg i. Br. 1962; J. SCHWARZ, Studenten in der Weimarer Republik, Die deutsche Studentenschaft in der Zeit von 1918 bis 1923 und ihre Stellung zur Politik, Berlin 1971; H.-J. SCHWIERSKOTT, Arthur Moeller van den Bruck und der revolutionäre Nationalismus in der Weimarer Republik, Göttingen 1962; T. SEITERICH-KREUZKAMP, Links, frei und katholisch – Walter Dirks, Ein Beitrag zur Geschichte des Katholizismus der Weimarer Republik, Mit einem Nachwort von Walter Dirks, Frankfurt am Main, Bern und New York 1986; K.-J. SIEGFRIED, Universalismus und Faschismus, Das Gesellschaftsbild Othmar Spanns, Zur politischen Funktion seiner Gesellschaftslehre und Ständestaatskonzeption, Wien 1974; B. SÖSEMANN, Das Ende der Weimarer Republik in der Kritik demokratischer Publizisten, Theodor Wolff, Ernst Feder, Julius Elbau, Leopold Schwarzschild, Berlin 1976; K. SONTHEIMER, Antidemokratisches Denken in der Weimarer Republik, Die politischen Ideen des deutschen Nationalismus zwischen 1918 und 1933, München ²1968; B. STAMBOLIS, Der Mythos der jungen Generation, Ein Beitrag zur politischen Kultur der Weimarer Republik, Bochum 1984; G. D. STARK, Entrepreneurs of ideology, Neoconservative publishers in Germany, 1890–1933, Chapel Hill 1981; M. STARK (Hg.), Deutsche Intellektuelle 1910–1933, Aufrufe, Pamphlete, Betrachtungen, Heidelberg 1984; F. STERN, Kulturpessimismus als politische Gefahr, Eine Analyse nationaler Ideologie in Deutschland, Bern und Stuttgart 1963; DERS., Das Scheitern illiberaler Politik, Studien zur politischen Kultur Deutschlands im 19. und 20. Jahrhundert, Frankfurt am Main, Berlin und Wien 1972; W. STRUVE, Elites against democracy, Leadership ideals in bourgeois political thought in Germany, 1890–1933, Princeton, N. J., 1973; B. THOSS, Der Ludendorff-Kreis 1919–1923, München als Zentrum der mitteleuropäischen Gegenrevolution zwischen Revolution und Hitlerputsch, München 1978; J. WILLET, Explosion der Mitte, Kunst und Politik 1917–1932, München 1981; DERS., Die Weimarer Jahre, Eine Kultur mit gewaltsamem Ende, Stuttgart 1986; K. W. WIPPERMANN, Politische Propaganda und staatsbürgerliche Bildung, Die Reichszentrale für Heimatdienst in der Weimarer Republik, Bonn 1976; R. WOHL, The generation of 1914, London 1980.

Lage der jüdischen Bevölkerung und Antisemitismus

P. GAY, Freud, Juden und andere Deutsche, Herren und Opfer in der modernen Kultur, Hamburg 1986; DERS., In Deutschland zu Hause, Die Juden der Weimarer Zeit, in: Die Juden im nationalsozialistischen Deutschland, The Jews in Nazi Germany 1933–1945, hg. von A. Paucker mit S. Gilchrist und B. Suchy (Schriftenreihe wissenschaftlicher Abhandlungen des Leo Baeck Instituts, 45), Tübingen 1986, 31–43; W. GRAB und J. H. SCHOEPS (Hg.), Juden in der Weimarer Republik, Stuttgart und Bonn 1986; H. H. KÜTTNER, Die Juden und die deutsche Linke in der Weimarer Republik 1918–1933, Düsseldorf 1971; T. MAURER, Ostjuden in Deutschland, 1918–1933 (Hamburger Beiträge zur Geschichte der deutschen Juden, 12), Hamburg 1986; G. MICHALSKI, Der Antisemitismus im deutschen akademischen Leben in der Zeit nach dem 1. Weltkrieg, Frankfurt am Main, Bern und Cirencester 1980; W. E. MOSSE (Hg.) unter Mitwirkung von A. PAUCKER, Entscheidungsjahr 1932, Zur Judenfrage in der Endphase der Weimarer Republik (Schriftenreihe wissenschaftlicher Abhandlungen des Leo Baeck Instituts, 13), Tübingen ²1966; DERS. (Hg.) unter Mitwirkung von A. PAUCKER, Deutsches Judentum in Krieg und Revolution 1916–1923 (Schriftenreihe wissenschaftlicher Abhandlungen des Leo Baeck Instituts, 25), Tübingen 1971; D. L. NIEWYK, The Jews in Weimar Germany, Baton Rouge 1980; A. PAUCKER, Der jüdische Abwehrkampf gegen Antisemitismus und Nationalsozialismus in den letzten Jahren der Weimarer Republik, Hamburg 1968; M. RICHARZ, Jüdisches Leben in Deutschland, Selbstzeugnisse zur Sozialgeschichte, Bd 3, 1918–1945, Stuttgart 1982.

Aufstieg der NSDAP

W. S. ALLEN, Das haben wir nicht gewollt, Die nationalsozialistische Machtergreifung in einer Kleinstadt 1930–1935, Gütersloh 1966; W. BÖHNKE, Die NSDAP im Ruhrgebiet 1920–1933, Bonn-Bad Godesberg 1974; M. BROSZAT, Soziale Motivation und Führer-Bindung des Nationalsozialismus, in: VfZ 18, 1970, 392–409; DERS., Zur Struktur der NS-Massenbewegung, in: VfZ 31, 1983, 52–76; DERS., Die Machtergreifung, Der Aufstieg der NSDAP und die Zerstörung der Weimarer Republik, München 1984; T. CHILDERS, The Nazi Voter, The social foundations of fascism in Germany 1919–1933, Chapel Hill 1983; DERS. (Hg.), The formation of the Nazi constituency, 1919–1933, London und Sidney 1986; E. DEUERLEIN, Der Hitler-Putsch, Bayerische Dokumente zum 8./9. November 1923, Stuttgart 1962; DERS., Der Aufstieg der NSDAP in Augenzeugenberichten, Düsseldorf 1968; F. DICKMANN, Die Regierungsbildung in Thüringen als Modell der Machtergreifung, Ein Brief Hitlers aus dem Jahre 1930, in: VfZ 14, 1966, 454–464; J. W. FALTER, Wer verhalf der NSDAP zum Sieg?, in: Aus Politik und Zeitgeschichte B 28-29/79 vom 14.7.1979, 3–21; DERS. und D. HÄNISCH, Die Anfälligkeit von Arbeitern gegenüber der NSDAP bei den Reichstagswahlen 1928–1933, in: AfS 26, 1986, 179–216; J. E. FARQUHARSON, The plough and the swastika, The NSDAP and agriculture in Germany, 1928–1945, London 1976; A. FAUST, Der Nationalsozialistische Deutsche Studentenbund, Studenten und Nationalsozialismus in der Weimarer Republik, 2 Bde, Düsseldorf 1973; C. FISCHER, Stormtroopers, A social, economic and ideological analysis, 1929–35, London, Boston und Sydney 1983; G. FRANZ-WILLING, Die Hitlerbewegung, Der Ursprung 1919 bis 1922, (Neuauflage) Preußisch Oldendorf 1974; H. GIES, NSDAP und landwirtschaftliche Organisationen in der Endphase der Weimarer Republik, in: VfZ 15, 1967, 341–376; H. J. GORDON, Hitlerputsch 1923, Machtkampf in Bayern 1923–1924, Frankfurt am Main 1971; D. GRIESWELLE, Propaganda der Friedlosigkeit, Eine Studie zu Hitlers Rhetorik 1920–1933, Stuttgart 1972; R. F. HAMILTON, Who voted for Hitler?, Princeton, N. J., 1982; R. HEBERLE, Landbevölkerung und Nationalsozialismus, Eine soziologische Untersuchung der politischen Willensbildung in Schleswig-Holstein 1918–1932 (Schriftenreihe der VfZ, 6), Stuttgart 1963; E. HENNIG (Hg.), Hessen unterm Hakenkreuz, Studien zur Durchsetzung der NSDAP in Hessen, Frankfurt am Main ²1984; H. H. HOFMANN, Der Hitlerputsch, Krisenjahre deutscher Geschichte 1920–1924, München 1961; W. HORN, Der Marsch zur Machtergreifung, Die NSDAP bis 1933, Königstein und Düsseldorf 1980; P. HÜTTENBERGER, Die Gauleiter, Studie zum Wandel des Machtgefüges in der NSDAP (Schriftenreihe der VfZ, 19), Stuttgart 1969; E. JÄCKEL, Hitlers Weltanschauung, Entwurf einer Herrschaft, (Neuausgabe) Stuttgart 1981; M. JAMIN, Zwischen den Klassen, Zur Sozialstruktur der SA-Führerschaft, Wuppertal 1984; W. JOCHMANN, Im Kampf um die Macht, Hitlers Rede vor dem Hamburger Nationalclub von 1919 (Veröffentlichungen der Forschungsstelle für die Geschichte des Nationalsozialismus in Hamburg, 1), Frankfurt am Main 1960; DERS., Nationalsozialismus und Revolution, Ursprung und Geschichte der NSDAP in Hamburg 1922–1933, Dokumente, Frankfurt am Main 1963; M. H. KATER, The Nazi Party, A social profile of members and leaders 1919–1945, Oxford 1983; M. H. KELE, Nazis and workers, National Socialist appeals to German labor, 1919–1933, Chapel Hill 1972; I. KERSHAW, Der Hitler-Mythos, Volksmeinung und Propaganda im Dritten Reich (Schriftenreihe der VfZ, 41), Stuttgart 1980; U. KISSENKOETTER, Gregor Straßer und die NSDAP (Schriftenreihe der VfZ, 37),

Stuttgart 1978; R. L. KOEHL, The Black Corps, The structure and power struggles of the Nazi SS, London 1983; R. KOSHAR, Social life, local politics and Nazism, Marburg 1880–1935, Chapel Hill und London 1986; V. KRATZENBERG, Arbeiter auf dem Weg zu Hitler? Die Nationalsozialistische Betriebszellen-Organisation, Ihre Entstehung, ihre Programmatik, ihr Scheitern, 1927–1937, Frankfurt am Main, Bern und New York 1987; A. KUHN, Hitlers außenpolitisches Programm, Entstehung und Entwicklung 1919–1939, Stuttgart 1970; W. MASER, Die Frühgeschichte der NSDAP, Hitlers Weg bis 1924, Frankfurt 1965; H. MATZERATH und H. A. TURNER, Die Selbstfinanzierung der NSDAP 1930–1932, in: GuG 3, 1977, 59–92; H. MOMMSEN, Zur Verschränkung traditioneller und faschistischer Führungsgruppen in Deutschland beim Übergang von der Bewegungs- zur Systemphase, in: W. Schieder (Hg.), Faschismus als soziale Bewegung, Deutschland und Italien im Vergleich, Göttingen ²1982, 157–181; J. NOAKES, The Nazi Party in Lower Saxony 1921–1933, London 1971; J. NYOMARKAY, Charisma and factionalism in the Nazi Party, Minneapolis 1967; D. ORLOW, The history of the Nazi Party, 1919–1933, Pittsburgh 1969; G. PRIDHAM, Hitler's rise to power. The Nazi movement in Bavaria 1923–1933, London 1973; M. PRINZ, Vom neuen Mittelstand zum Volksgenossen, Die Entwicklung des sozialen Status der Angestellten von der Weimarer Republik bis zum Ende der NS-Zeit, München 1986; E.-A. ROLOFF, Bürgertum und Nationalsozialismus 1930–1933, Braunschweigs Weg ins Dritte Reich, Hannover 1961; G. SCHULZ, Faschismus – Nationalsozialismus, Versionen und theoretische Kontroversen 1922–1972, Frankfurt am Main 1974; DERS., Aufstieg des Nationalsozialismus, Krise und Revolution in Deutschland, Frankfurt am Main, Berlin und Wien 1975; H. SPEIER, Die Angestellten vor dem Nationalsozialismus, Ein Beitrag zum Verständnis der deutschen Sozialstruktur 1918–1933, Göttingen 1977; P. D. STACHURA (Hg.), The shaping of the Nazi state, London 1978; DERS., Der kritische Wendepunkt? Die NSDAP und die Reichstagswahlen vom 20. Mai 1928, in: VfZ 26, 1978, 66–99; DERS., Gregor Strasser and the rise of nazism, London 1983; D. STEGMANN, Zwischen Repression und Manipulation, Konservative Machteliten und Arbeiter- und Angestelltenbewegung 1910–1918, Ein Beitrag zur Vorgeschichte von DAP/NSDAP, in: AfS 12, 1972, 351–432; DERS., Zum Verhältnis von Großindustrie und Nationalsozialismus 1930 bis 1933, Ein Beitrag zur Geschichte der sogenannten Machtergreifung, in: AfS 13, 1973, 399–482; M. S. STEINBERG, Sabers and Brown Shirts, The German students' path to National Socialism, 1918–1935, Chicago 1977; L. D. STOKES, Kleinstadt und Nationalsozialismus, Ausgewählte Dokumente zur Geschichte von Eutin 1918–1945, Neumünster 1984; H. A. TURNER, Faschismus und Kapitalismus in Deutschland, Studien zum Verhältnis zwischen Nationalsozialismus und Wirtschaft, Göttingen 1972; DERS. (Hg.), Hitler aus nächster Nähe, Aufzeichnungen eines Vertrauten 1920 bis 1932, Frankfurt am Main, Berlin und Wien 1978; DERS., Die Großunternehmen und der Aufstieg Hitlers, Berlin 1985; A. TYRELL, Führer befiehl... Selbstzeugnisse aus der »Kampfzeit« der NSDAP, Dokumentation und Analyse, Düsseldorf 1969; DERS., Vom Trommler zum Führer, Der Wandel von Hitlers Selbstverständnis zwischen 1919 und 1924 und die Entwicklung der NSDAP, München 1975; A. WERNER, SA und NSDAP, SA: »Wehrverband«, »Parteigruppe« oder »Revolutionsarmee«? Studien zur Geschichte der SA und der NSDAP 1920–1933, Erlangen 1964.

Politik der Präsidialkabinette

J. BECKER, Heinrich Brüning in den Krisenjahren der Weimarer Republik, Professor Dr. Walther Peter Fuchs zum 60. Geburtstag, in: GWU 17, 1966, 291–319; H. BENNECKE, Wirtschaftliche Depression und politischer Radikalismus, Die Lehre von Weimar, München 1968; K. D. BRACHER, Brünings unpolitische Politik und die Auflösung der Weimarer Republik, in: VfZ 19, 1971, 113–123; K. BÜHLER, Die pädagogische Problematik des Freiwilligen Arbeitsdienstes, Aachen 1978; W. CONZE, Brünings Politik unter dem Druck der großen Krise, in: HZ 199, 1964, 529–550; DERS. und H. RAUPACH (Hg.), Die Staats- und Wirtschaftskrise des Deutschen Reiches 1929/33, Sechs Beiträge, Stuttgart 1967; V. HENTSCHEL (Hg.), Weimars letzte Monate, Hitler und der Untergang der Republik, Düsseldorf 1978; H. HÖHNE, die Machtergreifung, Deutschlands Weg in die Hitler-Diktatur, Reinbek 1983; S. HÖNER, Der nationalsozialistische Zugriff auf Preußen, Preußischer Staat und nationalsozialistische Machteroberungsstrategie 1928–1934, Bochum 1984; U. HÖRSTER-PHILIPPS, Konservative Politik in der Endphase der Weimarer Republik, Die Regierung Franz von Papen, Köln 1982; K. HOLL (Hg.), Wirtschaftskrise und liberale Demokratie, Das Ende der Weimarer Republik und die gegenwärtige

Situation, Göttingen 1978; K.-H. JANSSEN, Der 30. Januar, Ein Report über den Tag, der die Welt veränderte, Frankfurt am Main 1983; H. KÖHLER, Arbeitsdienst in Deutschland, Pläne und Verwirklichungsformen bis zur Einführung der Arbeitsdienstpflicht im Jahre 1935, Berlin 1967; H. MOMMSEN, Staat und Bürokratie in der Ära Brüning, in: Tradition und Reform in der deutschen Politik, Gedenkschrift für Waldemar Besson, hg. von G. Jasper, Berlin 1976, 81–137; A. SCHILDT, Militärdiktatur mit Massenbasis? Die Querfrontkonzeption der Reichswehrführung um General von Schleicher am Ende der Weimarer Republik, Frankfurt am Main 1981; G. SCHULZ (Hg.), Die Große Krise der dreißiger Jahre, Vom Niedergang der Weltwirtschaft zum Zweiten Weltkrieg, Göttingen 1985; M. STÜRMER, Der unvollendete Parteienstaat, Zur Vorgeschichte des Präsidialregimes am Ende der Weimarer Republik, in: VfZ 21, 1973, 119–126; R. VIERHAUS, Auswirkungen der Krise um 1930 in Deutschland, Beiträge zu einer historisch-psychologischen Analyse, in: W. Conze und H. Raupach (Hg.), Die Staats- und Wirtschaftskrise des deutschen Reiches 1929/33, Stuttgart 1967, 155–175; T. VOGELSANG, Zur Politik Schleichers gegenüber der NSDAP 1932, Dokumentation, in: VfZ 6, 1958, 86–118; W. WESSLING, Hindenburg, Neudeck und die deutsche Wirtschaft, in: Vierteljahreshefte für Sozial- und Wirtschaftsgeschichte 64, 1977, 41–73.

Abkürzungen

ADGB	=	Allgemeiner Deutscher Gewerkschaftsbund
Arbeit Nordwest	=	Arbeitgeberverband für den Bezirk der Nordwestlichen Gruppe des Vereins Deutscher Eisen- und Stahlindustrieller
AVI	=	Arbeitsgemeinschaft der eisenverarbeitenden Industrie
BVG	=	Berliner Verkehrs-Gesellschaft
BVP	=	Bayerische Volkspartei
DAF	=	Deutsche Arbeitsfront
DAP	=	Deutsche Arbeiterpartei
DAZ	=	Deutsche Allgemeine Zeitung
DDP	=	Deutsche Demokratische Partei
DFG	=	Deutsche Forschungsgemeinschaft
DHV	=	Deutschnationaler Handlungsgehilfenverband
DINTA	=	Deutsches Institut für technische Arbeitsschulung
DMV	=	Deutscher Metallarbeiter-Verband
DNVP	=	Deutschnationale Volkspartei
DVFP	=	Deutschvölkische Freiheitspartei
DVP	=	Deutsche Volkspartei
EKKI	=	Exekutivkomitee der Kommunistischen Internationale
FAD	=	Freiwilliger Arbeitsdienst
GHH	=	Gutehoffnungshütte AG
HJ	=	Hitlerjugend
IG-Farben	=	Interessengemeinschaft Farben, seit dem 25. Dezember 1925: I.G. Farbenindustrie Aktiengesellschaft
ISK	=	Internationaler Sozialistischer Kampfbund
KAPD	=	Kommunistische Arbeiterpartei Deutschlands
Komintern	=	Kommunistische Internationale
KPD	=	Kommunistische Partei Deutschlands
KPO	=	Kommunistische Partei Deutschlands (Opposition)
Langnam-Verein	=	Verein zur Wahrung der gemeinsamen wirtschaftlichen Interessen in Rheinland und Westfalen
MICUM	=	Interalliierte Mission zur Kontrolle der stahl- und eisenerzeugenden Industrie und des Steinkohlenbergbaus
MSPD	=	Mehrheitssozialdemokratische Partei Deutschlands
NS	=	Nationalsozialismus, nationalsozialistisch
NSBO	=	Nationalsozialistische Betriebszellenorganisation
NSDAP	=	Nationalsozialistische Deutsche Arbeiterpartei
OHL	=	Oberste Heeresleitung
Orgesch	=	Organisation Escherich
OSAF	=	Oberster SA-Führer
RFB	=	Roter Frontkämpferbund
RGO	=	Revolutionäre Gewerkschaftsopposition
SA	=	Sturmabteilung der NSDAP
SAJ	=	Sozialistische Arbeiterjugend
SAP, SAPD	=	Sozialistische Arbeiterpartei Deutschlands
SPD	=	Sozialdemokratische Partei Deutschlands
SS	=	Schutzstaffel der NSDAP
UFA	=	Universum-Film Aktiengesellschaft
USPD	=	Unabhängige Sozialdemokratische Partei Deutschlands
VKPD	=	Vereinigte Kommunistische Partei Deutschlands
WTB-Plan	=	Woytinski-Tarnow-Baade-Plan
ZAG	=	Zentralarbeitsgemeinschaft der gewerblichen Arbeitgeber und Arbeitnehmer Deutschlands

Personen- und Ortsregister

Aachen 157
Abegg, Wilhelm 452 f.
d'Abernon, Edgar Viscount 126, 131, 151, 207 f., 222
Adenauer, Konrad 7, 157 f., 218, 224, 449, 474, 536
Adler, Max 219, 313
Agadir 136, 389
Altona 446 f., 453
Alvensleben, Werner von 530
Amann, Max 169, 330, 351
d'Annunzio, Gabriele 114
Anschütz, Gerhard 202, 366
Arco-Valley, Anton Graf 59
Arnhold, Karl 233
Auer, Erhard 33, 59
Aufhäuser, Siegfried 540
Augsburg 321

Baade, Fritz 502
Baden, Max von 23–26, 28, 30, 32 f., 39, 82
Bad Harzburg 352, 383, 404, 407 ff., 412 f., 460, 464, 521 ff.
Bad Oeynhausen 377
Baldwin, Stanley 151, 208
Bamberg 59, 168, 250, 330, 331 f., 350
Bar le Duc 136
Barmat, Henry 243, 308
Barmat, Julius 243, 308
Barth, Emil 36, 40
Barth, Theodor 64
Basel 375, 399
Bauer, Gustav 25, 86, 89, 93–97
Bauer, Otto 388
Bechly, Hans 348, 471
Bechstein, Carl 174
Bechstein, Helene 174
Beck, Ludwig 30, 429
Becker, Carl Heinrich 308, 317
Bell, Johannes 406, 532
Beneš, Eduard 112, 114, 117

Berendt, Richard von 177
Bérenger, Henry 277
Berlin 11, 19, 28, 35 f., 38 f., 41, 43, 45, 47, 49, 51, 58, 61, 64, 72, 85, 94, 98, 124 f., 135, 148, 151 f., 154, 162, 166, 169, 175–179, 208, 211, 215 f., 242 f., 263, 278, 308, 315, 321, 328, 331, 345, 348–351, 378, 388, 390, 408, 411, 413 f., 437 f., 449–455, 468, 481, 487, 492, 503, 517, 521, 529 f., 534, 539, 542
Bern 108
Bernau 506
Bernhard, Georg 78, 83
Bernstein, Eduard 36, 43, 84, 90, 119
Best, Werner 421 f.
Bethmann Hollweg, Theobald von 13–18
Beumelburg, Werner 241, 310
Beuthen 447, 486
Bielefeld 97
Bismarck, Otto von 103, 224, 443, 472
Blomberg, Werner von 525, 529 ff., 537
Boehm, Max Hildebert 315
Bonn 7
Borsig, August 292
Borsig, Ernst von 376, 379
Bosch, Carl 375, 376, 480
Bose, Herbert von 407
Bouhler, Philipp 327, 339
Bracht, Franz 453 ff., 472, 480, 489, 506, 528
Brandi, Karl 407
Brandler, Heinrich 161 f.
Braun, Magnus Freiherr von 437, 440 f., 480
Braun, Otto 150, 158, 180, 201, 205, 217, 244, 246, 252, 256–260, 291, 361, 364 f., 410, 412, 416 ff., 430, 440, 446, 450, 454 f., 457, 500, 506, 536, 541

Brauns, Heinrich 76 f., 155, 193 f., 234, 252, 257, 370, 375
Braunschweig 58, 408, 413 f.
Brauweiler, Heinz 241, 283
Brecht, Arnold 7, 254, 417, 457
Bredow, Kurt von 448, 471, 538
Bredt, Viktor 299, 319, 365
Breitscheid, Rudolf 36, 42, 220, 296, 301, 500, 540 ff.
Bremen 35, 47, 52, 61, 394
Brest-Litowsk 17, 21, 25, 113
Briand, Aristide 126, 132, 209, 213, 215 ff., 222, 224, 277, 385 ff., 389, 397
Brockdorff-Rantzau, Ulrich Graf von 78, 84 ff., 88, 104–108, 110, 123, 214
Bruckmann, Elsa 174, 344
Brückner, Wilhelm 169
Brüning, Heinrich 227, 235 f., 269, 287 ff., 292–303, 307, 312, 316, 319 f., 348, 351, 361–371, 374 f., 377 f., 380 f., 384–388, 390–413, 416 f., 419 ff., 423, 431–440, 443 f., 449, 461, 467, 472–475, 477, 479, 492, 501 ff., 520, 527
Buch, Walter 169, 339
Buchrucker, Ernst 152
Buck, Wilhelm 160
Bülow, Bernhard von 16, 108, 298, 385–389, 428

Cannes 126, 132
Canossa 319
Chamberlain, Joseph Austen 207 f., 213, 216
Chemnitz 162, 414
Chequers 391, 394, 397
Churchill, Winston 116
Claß, Heinrich 168, 177, 223
Clemenceau, Georges Benjamin 106 f.

Coburg 66, 175, 321
Cohen-Reuss, Max 57
Compiègne 103
Cordemann, Hermann 503
Crispien, Arthur 149
Cuno, Wilhelm 140, 141 f., 146, 149 ff., 177, 185, 192, 193, 266, 402, 405
Curtius, Julius 289, 385 ff., 389, 390, 397, 404
Curzon, George Nathaniel 116

Däumig, Ernst 36, 91, 93
Damaskus 331
Danzig 116, 208
Darré, Walter 346 f., 422, 516
David, Eduard 27, 66, 86
Dawes, Charles 183
Degoutte, Jean 159
Dehn, Günther 317
Delbrück, Hans 102
Den Haag 279–282, 297, 389
Dibelius, Otto 250
Dickels, Otto 172
Diels, Rudolf 453
Dietramzell 400 f., 419
Dietrich, Hermann 290, 300, 312, 373, 375, 382, 385, 398, 411, 436
Dietrich, Otto 339, 521
Dingeldey, Eduard 461, 491
Dinter, Artur 340
Dithmarschen 321
Dittmann, Wilhelm 40, 42
Döberitz 94
Doorn 245, 526
Dortmund 191, 447
Doumer, Paul 389
Dräger, Heinrich 503
Dresden 94, 228
Drexler, Anton 20, 60, 89, 168, 170, 172
Düsseldorf 125, 143, 191, 213, 344
Duesterberg, Theodor 241, 280, 283, 412 ff., 528, 537
Duisberg, Carl 381
Duisburg 125, 213
Dwinger, Edwin Erich 310

Ebert, Friedrich 25, 29, 32 f., 36, 39–43, 45, 47, 49, 63 ff., 71, 82, 86, 97, 100, 104, 119, 135, 140, 150, 154 f., 180 f., 197, 212, 243 f., 247
Eckart, Dietrich 170 f.
Eckener, Hugo 410
Ehrhardt, Hermann 93 f., 139, 166 ff., 170, 175
Eichhorn, Emil 48
Eisner, Kurt 33 f., 40, 58 ff., 66, 84
Elberfeld 329
Eltz von Rübenach, Paul Freiherr 440, 531
Ender, Otto 388
Engels, Friedrich 117
Epp, Franz Xaver Ritter von 59, 153, 167, 169, 413
Erdmann, Lothar 507
Erfurt 36, 44, 63, 219
Erzberger, Matthias 15 f., 67, 76 f., 84 f., 87 ff., 103 f., 110, 128, 139, 226
Eschenburg, Theodor 515
Escherich, Georg 153, 166 f.
Essen 56, 77, 453
Esser, Hermann 173, 177, 322, 329
Esser, Thomas 474

Falkenhayn, Erich von 14
Faulhaber, Michael von 167, 178
Feder, Gottfried 170, 331, 334, 349, 512, 517
Fehrenbach, Konstantin 23, 39, 101, 124 ff.
Fellisch, Karl 164
Fiume 114
Flick, Friedrich 227, 398
Foch, Ferdinand 85 f., 103, 122
Fontainebleau 120
Fraenkel, Ernst 500
Frank, Hans 430
Freiburg 269
Freytagh-Loringhoven, Axel von 484
Frick, Wilhelm 168, 320, 350, 362, 408, 413, 465 f., 495, 512, 514, 523, 526, 529, 531, 534, 545
Friedberg, Robert 78
Friedrich II., der Große 310
Frölich, August 164
Funk, Walther 345

Gaus, Friedrich 207
Gayl, Wilhelm Freiherr von 177, 243, 245, 253, 420, 437, 440 f., 449–454, 457 f., 468, 473, 480–485, 497, 505 f.
Gelsenkirchen 345
Genf 118, 131, 206 f., 209, 387 ff., 424, 428, 431, 529
Genua 132, 133, 135 ff.
Gereke, Günter 471, 490, 492, 501, 503 ff., 507 f., 531
Gerlach, Hellmuth von 78
Gerlich, Fritz 474
Gerstenberg, Wilhelm 52
Geßler, Otto 98, 153, 160, 162, 164, 180, 201, 205, 212 f., 244, 252, 257, 404
Gierke, Otto von 64
Gilbert, Parker 186 f., 235 f., 275 f., 282, 297.
Gleichen, Heinrich von 263, 316
Goebbels, Joseph 174, 315, 326, 329 ff., 333 ff., 338 f., 342, 349–352, 359, 413, 415 f., 433, 446 ff., 468 f., 472, 475, 487 f., 495, 510, 512, 514, 519, 521, 530 f., 533–536
Goerdeler, Carl Friedrich 154, 373, 419, 433, 436, 438 f., 528
Göring, Hermann 169, 176, 345, 359, 408, 413, 435, 448, 460, 465 f., 469, 472, 474 ff., 482, 495, 512, 514, 522 f., 526, 528–536, 538, 542, 545
Görlitz 219
Goethe, Johann Wolfgang von 151
Goldschmidt, Jakob 394
Goltz, Rüdiger Graf von der 411, 452
Graefe, Albrecht von 169, 322 f.
Grassmann, Peter 524
Grauert, Ludwig 345, 376
Groener, Wilhelm 15, 26, 32, 43 f., 46 f., 86, 104, 253, 257–260, 404, 420, 423–427, 429, 431–435, 437

Personen- und Ortsregister 575

Gruber, Kurt 352
Grzesinski, Albert 302, 449 ff., 454
Guérard, Theodor von 257 f., 404
Gürtner, Franz 440, 531
Gumbel, Julius 317

Haase, Hugo 36, 40, 42 f., 60, 92
Habermann, Max 348, 471
Hagen 97
Hagen, Louis 158
Halle 58
Hallers, Józef 115
Hamborn 97
Hamburg 138, 162, 247, 270, 330, 344, 446
Hamm, Eduard 376
Hammerstein-Equord, Kurt Freiherr von 426, 434 f., 526 f., 530, 537
Hanfstaengl, Ernst 169, 179
Hannover 313
Harburg 375
Hassell, Ulrich von 154, 389
Haubach, Theodor 314
Haußmann, Conrad 23, 30, 72
Havenstein, Rudolf 130
Heidelberg 64, 219
Heiden, Konrad 352
Heim, Carl 305
Heim, Georg 76
Heimannsberg, Magnus 454
Heine, Wolfgang 93 f.
Heinrichsbauer, August 345, 497, 516
Heinz, Friedrich Wilhelm 305
Heinze, Karl 163
Heiß, Adolf 175
Held, Heinrich 244, 324, 366, 444, 459, 536
Helfferich, Karl 77, 89, 139 f., 157, 528
Helldorf, Wolf Heinrich Graf von 530
Heller, Hermann 500
Heller, Vitus 233
Helpach, Willy 244
Hergt, Oskar 81, 153, 181, 197, 199, 223, 263
Herriot, Édouard 184, 189 f., 206 f., 209
Hertling, Georg von 17, 23
Hess, Joseph 449
Heß, Rudolf 169, 173, 324, 344, 351, 487, 513 f.
Heydrich, Reinhard 359
Heye, Wilhelm von 211
Hielscher, Friedrich 305
Hierl, Konstantin 340, 507
Hilferding, Rudolf 36, 49, 156 f., 220, 270, 276, 279, 281 ff., 293 f., 502
Himmler, Heinrich 338, 359, 514, 521
Hindenburg, Oskar von 253, 420, 425 f., 433, 521 f., 530
Hindenburg und Beneckendorff, Paul von 14 f., 26, 28, 43, 46, 82, 86, 89, 212, 218, 244–247, 249 f., 253–258, 260 f., 268, 280, 283–292, 294 ff., 298, 301 f., 318 f., 347, 361, 364, 366, 372, 383, 403 f., 404, 406, 408–415, 417, 419 f., 425 f., 433, 435, 437–441, 443, 453, 457, 460 f., 466 f., 469 f., 473, 475, 480, 482, 486, 490 f., 493, 495, 497 f., 515, 517–527, 529–532, 534 f., 544
Hintze, Paul von 23
Hirtsiefer, Heinrich 272, 417, 450, 453 f.
Hitler, Adolf 7–10, 60, 89, 148, 154, 162, 167–181, 183, 223, 242, 250, 265, 280, 283, 320–345, 347–353, 358 ff., 362 f., 368, 386, 404, 407 ff., 412–416, 422, 424 f., 427, 430–435, 440 f., 443, 446–450, 459 ff., 464–472, 474 ff., 480–483, 486 f., 490 ff., 495, 497 f., 502–505, 509–547
Höltermann, Karl 242, 426, 500, 508
Hoelz, Max 138
Höpker-Aschoff, Hermann 402
Hörsing, Otto 242
Hoffmann, Adolph 76
Hoffmann, Johannes 59, 95, 157

Hofgeismar 313
Hofmannsthal, Hugo von 310
Hohenzollern, August Wilhelm von 359, 407
Hohenzollern, Eitel Friedrich von 407
Hohenzollern, Wilhelm von 213, 410, 425
Hoover, Herbert 107, 111, 386, 395, 397, 399
Horn, Max von 411
Horthy von Nagybánya, Miklós 114, 117
Houghton, Alanson 154, 208
Hue, Otto 55, 123
Hugenberg, Alfred 80, 143, 217, 223, 261–266, 269, 277, 280, 283–288, 299–302, 305, 315, 318 f., 337, 350 f., 362 f., 382, 384, 404, 406–413, 415, 419, 439, 464, 471, 489 ff., 505, 516, 519–523, 526–529, 531–534, 536 f., 540, 543 ff.
Hughes, Charles E. 141, 185

Imbusch, Heinrich 233, 268

Jacobi, Erwin 253
Jagow, Traugott von 98
Jarres, Karl 244 f., 324
Jellinek, Walter 366
Joël, Curt 365
Jogiches, Leo 35, 47
Joos, Joseph 268, 406
Jünger, Ernst 241, 309, 313, 317
Jung, Edgar 316 f., 335

Kaas, Ludwig 258, 268 f., 297, 439, 473 f., 491, 523, 532
Kahr, Gustav von 95, 152, 154, 157, 162 f., 165, 167, 177, 179
Kalckreuth, Eberhard Graf von 407
Kanitz, Gerhard Graf von 198
Kapp, Wolfgang 73, 77, 79 ff., 94–101, 139, 165, 175 f., 178, 180, 440
Karl I., Kaiser und König von Österreich-Ungarn 113
Kasan 211

Kasper, Wilhelm 452
Kassel 44, 88, 292
Kastl, Ludwig 274, 277f.
Kaufmann, Karl 326, 330, 333
Kautsky, Karl 36, 43, 84, 90
Kellogg, Frank Billings 224
Kemal, Mustafa 115, 177
Keppler, Wilhelm 517, 519
Kerenskij, Aleksandr F. 88
Kerrl, Hans 449, 453, 482, 536
Keßler, Harry Graf 443, 534
Keudell, Walter von 254
Keynes, John Maynard 109
Kiderlen-Wächter, Alfred von 136, 389
Kiel 29f., 34, 40, 290
Kippenberger, Hans 499
Kirchheimer, Otto 500
Kirdorf, Emil 344
Klagges, Dietrich 413f.
Kleist-Schmenzin, Ewald Heinrich von 528f., 533
Klepper, Otto 402, 449, 453
Knilling, Eugen von 152, 167f.
Koch, Erich 350f.
Koch-Weser, Erich 78, 218, 267
Köhler, Heinrich 235f.
Köln 76, 158, 206f., 213, 216, 268, 459, 515, 518
Koeth, Josef 55
Kolberg 51
Koltschak, Aleksandr 115
Kopenhagen 104
Korfanty, Wojciech 116, 127
Kreuger, Ivar 282
Kriebel, Hermann 169, 176, 179
Krone, Heinrich 251
Krosigk, Lutz Graf Schwerin von 440, 468, 478, 492, 527f., 530f.
Krupp von Bohlen und Halbach, Gustav 141, 376, 480, 519
Kühlmann, Richard von 18, 21
Külz, Wilhelm 252
Künstler, Franz 542
Küstrin 152
Kunersdorf 415

Lambach, Walter 264f., 267, 285, 315
Lampertheim 421
Landsberg 324, 331
Landsberg, Otto 40, 301
Landshut 339
Langenberg 302
Lansing, Robert 103f., 106
Lassalle, Ferdinand 64
Lauenburg 431
Lausanne 115, 403, 433, 435, 437f., 452, 459
Lautenbach, Wilhelm 370
Law, Bonar 140
Layton, Lord Walter 398, 400
Leber, Julius 259
Ledebour, Georg 30, 40
Legien, Karl 54f., 96ff.
Leipart, Theodor 149, 506, 542
Leipzig 58, 60, 426, 429f., 501
Lejeune-Jung, Paul 263
Lemmer, Ernst 251
Lenin, Wladimir Iljitsch 21, 47, 84
Lequis, Arnold 45ff.
Lerchenfeld-Koefering, Hugo Graf von 165
Lessing, Theodor 317
Leuschner, Wilhelm 422
Levi, Paul 35, 92, 138, 161, 219
Levien, Max 59
Leviné, Eugen 59
Ley, Robert 512f.
Liebknecht, Karl 33ff., 39f., 46–49, 63
Liebmann, Kurt 538
Lindeiner-Wildau, Hans-Erdmann von 263, 363
Linz 219
Lipezk 211
Litwinow, Maxim 161, 209
Lloyd George, David 85, 90, 106ff., 110f., 115, 121, 125, 132f., 135f.
Locarno 211–218, 221ff., 225f., 240f., 248, 253f.
Löbe, Paul 164
Loebell, Friedrich Wilhelm von 244f., 250, 411
London 124–128, 133, 138, 141, 146, 185–191, 206, 216, 245, 280, 385, 389, 398f., 440
Lossow, Otto Hermann von 154, 162, 168, 175, 177ff.
Loucheur, Louis 127
Lubbe, Marinus van der 545
Ludendorff, Erich 14f., 22, 24, 26, 29, 153f., 175–179, 183, 240, 244, 322–325, 327, 332, 520
Ludendorff, Mathilde 323
Ludin, Hans 429
Ludwig III., König von Bayern 33f., 167
Ludwig XIV., König von Frankreich 142
Lübeck 320, 503
Lüninck, Hermann von 419
Lüttwitz, Walther Freiherr von 60, 81, 90, 94f., 99, 407
Luther, Hans 156f., 193, 195, 201, 206, 208, 213, 216ff., 220, 226, 231, 242, 245, 253, 266, 287, 292, 370, 374f., 384f., 394–397, 400, 402, 405, 407, 477, 504
Luxemburg, Rosa 35, 46f., 49

MacDonald, James R. 189ff., 206, 208
Maercker, Georg 48, 95
Magdeburg 58, 241–244, 260, 296
Mahraun, Artur 240, 267
Maltzan, Ago Freiherr von 133, 135f., 211
Mannheim 58
Margerie, François de 177
Marx, Wilhelm 183, 192f., 195–201, 206, 218, 220, 226, 231, 244–249, 253ff., 259
Masaryk, Tomáš 112ff., 117
Meiderich 378f.
Meinecke, Friedrich 543f.
Meißner, Otto 205, 218, 247, 283, 288, 290, 366, 420, 426, 433, 437, 452, 491, 521ff., 526, 530ff., 536
Melchior, Carl 105, 110, 277

Personen- und Ortsregister 577

Mellon, Andrew William 277
Merseburg 414
Metz, François Alexandre Adalbert de 157
Mexiko 438
Michaelis, Georg 17
Mierendorff, Carlo 422, 500
Minoux, Friedrich 154
Moellendorff, Wichard von 57, 271
Moeller van den Bruck, Arthur 170, 202, 204, 263, 310, 317, 353
Mönchengladbach 76
Moldenhauer, Paul 283, 291 ff., 295, 299 f.
Moreau, Émile 278
Morgan, John Pierpont 186, 189
Moskau 11, 133, 214
Muchow, Reinhard 348
Mücke, Helmut von 350
Müller, Alfred 160
Müller, Hermann 86, 94, 98, 119, 256 ff., 260 f., 269, 277, 290 ff., 295, 299 f., 432, 520, 531
Müller, Karl Alexander von 170
Müller, Richard 36
München 33, 58–61, 148, 166–170, 173–179, 321–330, 335, 344 f., 350, 522
Münster 96 f., 477
Mussolini, Benito 117, 175 f., 473, 541

Naab, Ingbert 474
Naphtali, Fritz 270
Naumann, Friedrich 72, 78, 80, 262
Nawiasky, Hans 317
Neudeck 420, 435, 437, 453, 476, 545
Neuilly 112
Neumann, Heinz 499
Neurath, Konstantin Freiherr von 404, 419, 440, 491 f., 530 f., 537
New York 11, 275, 278
Niekisch, Ernst 59, 311, 329, 352

Nietzsche, Friedrich 309
Nörpel, Clemens 507
Nolde, Emil 169
Norman, Montagu 189, 394, 397
Noske, Gustav 30, 34, 43, 48, 51 f., 58, 82, 90, 94, 96 ff., 100, 164
Nürnberg 139, 224, 340

Oberfohren, Ernst 300
Oldenburg-Januschau, Elard von 253, 420, 520, 525
Ossietzky, Carl von 259, 498, 543
Ott, Eugen 492 f., 495, 546

Pabst, Waldemar 48, 90
Pacelli, Eugenio 268
Papen, Franz von 360, 407, 417, 420, 437 ff., 441, 443 f., 446, 448–461, 464–482, 484–487, 489–498, 500, 502, 504 ff., 508, 515–519, 521–532, 535 ff., 540, 543–546
Paris 102 f., 105 f., 110, 112–115, 118–121, 124 f., 132, 137, 142, 157, 177, 207, 209, 224 f., 261, 277 f., 285, 385 f., 389, 397, 498, 506
Payer, Friedrich 23
Perlitius, Ludwig 532
Petersen, Carl 78
Petrograd 116
Pfordten, Theodor von der 178
Piłsudski, Józef 116, 210, 289
Pittinger, Otto 165, 167
Pittsburgh 114
Planck, Erwin 441
Pöhner, Ernst 167 f., 175, 177, 324
Poensgen, Ernst 380
Poincaré, Raymond 126, 132, 135 f., 140–144, 151, 157 f., 181, 184, 277
Popitz, Johannes 226, 282 f., 504
Posen 116
Potempa 447, 470, 481 f., 534
Potsdam 530, 534
Preuß, Hugo 64 ff., 70, 78

Prien 466
Pünder, Hermann 363, 365, 441, 449
Pyrmont 66

Quidde, Ludwig 102

Radbruch, Gustav 139, 163, 219
Radek, Karl 47, 133, 143, 161, 311
Rapallo 135 ff., 214
Rathenau, Walther 24, 73, 127, 131–139, 166, 169
Raumer, Hans von 54, 156, 379
Rauscher, Ulrich 289
Reichenau, Walter von 538
Reinhardt, Fritz 343
Reinhardt, Walther 51, 66, 86, 94
Remarque, Erich Maria 309
Remmer, Ernst 97
Renner, Karl 113, 388
Rentelen, Theodor Adrian von 346, 503
Reusch, Paul 266, 273, 379, 419, 460 f., 480, 516, 519
Reventlow, Ernst Graf zu 322, 351
Ribbentrop, Joachim von 521, 523, 526, 528
Riga 116
Röhm, Ernst 167 f., 170, 175 ff., 322, 324, 332, 425, 427, 430, 448, 469, 488, 512, 521
Rom 175
Rosenberg, Alfred 169 ff., 322, 335, 347, 512
Rosenberg, Hans von 146
Roßbach, Gerhard 153, 174
Rostberg, August 517
Ruhrort 125, 191, 378
Rumbold, Sir Horace 385, 387
Rundstedt, Gerd von 453 f.
Rupprecht, ehem. Kronprinz von Bayern 167 f., 179

Sahm, Heinrich 411
Saint Germain 112, 114
Salomon, Ernst von 62, 305, 309 f., 313

Salomon, Franz Pfeffer von 326, 331 ff., 340
Scapa Flow 106
Schachleitner, Alban 169
Schacht, Hjalmar 157, 227, 235, 251, 275–283, 286, 288, 294, 297, 349, 367, 397, 407, 502, 516 f., 535 f.
Schäffer, Fritz 245, 474, 491
Schäffer, Hans 319, 365 f., 385, 400
Schäffer, Hugo 441, 505
Schauwecker, Franz 241, 310
Scheidemann, Philipp 25, 33, 39, 41, 63, 65, 72 f., 81 ff., 85 f., 100, 119, 252
Schemm, Hans 347
Scheringer, Richard 429 f.
Scherl, August 263
Scheubner-Richter, Max Erwin von 175, 178
Scheüch, Heinrich 42, 44, 51
Schiele, Martin 290, 299, 381 f., 405
Schiffer, Eugen 94, 98
Schillig 29
Schirach, Baldur von 352 f.
Schlageter, Albert Leo 143
Schlange-Schöningen, Hans 263, 382 f., 405, 436 f.
Schleicher, Kurt von 45, 212, 252 f., 258–261, 268, 287 f., 290, 292, 317, 402, 404, 406, 408 f., 419 f., 424 ff., 428 ff., 433–444, 448 f., 452, 458, 465–469, 471, 474 f., 481, 483, 489–493, 495–501, 504–508, 509, 514 f., 517–525, 527, 529 ff., 535, 540 f.
Schmidt, Robert 91
Schmidt-Hannover, Otto 407, 528
Schmitt, Carl 71, 202, 248, 253, 401, 459, 480, 485
Schober, Johann 387 ff.
Scholz, Ernst 156, 217, 235 f., 256, 267, 287, 292 f.
Schotte, Walter 442, 460, 483
Schröder, Kurt von 515, 517 f.
Schubert, Carl von 211
Schücking, Walter 102, 105
Schumacher, Kurt 433
Schumann, Walter 348
Schwarz, Franz Xaver 339
Seeckt, Hans von 94, 98 f., 117, 122, 134, 136, 152–155, 160, 162 ff., 177, 180 f., 190, 206, 211 ff., 243, 407
Seipel, Ignaz 324, 388
Seißer, Hans Ritter von 162, 179
Seldte, Franz 223, 240 f., 350, 492, 522, 528, 531, 544
Severing, Carl 97, 153, 164, 238, 243, 273, 286, 295, 364, 410, 419, 423, 427, 445 f., 448–454
Sèvres 112, 115, 177
Seydoux, Charles 124
Siemens, Carl Friedrich von 480
Silverberg, Paul 131, 228 f., 277, 291, 378 f., 396, 405, 516
Simon, Walter 101
Sinowjew, Grigorij 133, 161
Sinzheimer, Hugo 73
Sklarek, Leo 308
Sklarek, Max 308
Sklarek, Willy 308
Snowden, Philipp 189
Solf, Wilhelm 104
Spa 28, 30, 45, 101, 121, 123 f.
Spahn, Martin 263
Spann, Othmar 310, 335
Spengler, Oswald 102, 142, 154, 178, 202, 262, 310 f., 335
Springorum, Fritz 380, 519, 525
Stadtler, Eduard 60, 178, 262
Stampfer, Friedrich 451, 500, 539, 542
Stauß, Emil Georg von 345
Stegerwald, Adam 76 f., 233, 236, 258, 268 f., 298, 300, 312, 373, 375 ff., 380, 383, 401, 404, 436, 444
Stein, Karl Reichsfreiherr vom und zum 203
Stennes, Walter 340, 430
Stimson, Henry Lewis 224, 398
Stinnes, Hugo 54 f., 123, 127, 130 f., 143 f., 150, 153 f., 158 f., 174, 181, 243, 262
Stolper, Gustav 205
Straßer, Gregor 250, 315, 317, 321 ff., 326–334, 336, 338–341, 345 f., 351, 359 f., 362, 464–468, 470 ff., 475, 488, 490, 492, 495, 497, 503 ff., 507–516, 523
Straßer, Otto 305, 317, 326, 329 f., 334 ff., 349–352
Streicher, Julius 322
Stresemann, Gustav 16, 78 ff., 94, 126, 131, 139 f., 142, 150 ff., 154 ff., 158 f., 162 f., 166, 177 f., 181, 183 f., 187, 189 ff., 193, 197–200, 205–224, 235 f., 240, 244 f., 247, 252–256, 258, 262, 266 ff., 276 f., 281 ff., 289, 302, 386, 389, 428, 431
Stülpnagel, Edwin von 424
Stülpnagel, Joachim von 211, 492, 527, 529
Stuttgart 94
Südekum, Albert 94
Syrup, Friedrich 478, 507 f.

Tannenberg 14, 240, 244 f.
Tarnow, Fritz 502
Tempel, Wilhelm 352
Thälmann, Ernst 162, 242, 244, 246, 413, 461, 499, 539
Thalheimer, August 161
Thoiry 221 f., 277
Thoma, Richard 202
Thyssen, Fritz 141, 174, 345, 516
Tirard, Paul 157 f.
Tirpitz, Alfred von 197, 245
Toller, Ernst 59
Torgler, Ernst 452, 475
Treviranus, Gottfried 263, 285 f., 288, 292, 299 f., 302 f., 318, 381
Trianon 107, 112, 114
Triepel, Heinrich 202
Trier 268
Trotha, Adolf von 94
Trotzkij, Leo 161
Tschitscherin, Georgij 116, 133
Tucholsky, Kurt 165, 316

Ulm 429f.,
Unna-Königsborn 155

Verdun 14
Versailles 77, 81, 84, 88, 99,
    101, 105, 107ff., 111f.,
    119f., 122, 132, 134, 136,
    141f., 152, 158, 166, 184,
    189–192, 198f., 207–210,
    215, 221, 226, 231, 278ff.,
    284, 287, 367, 428, 431f.,
    460, 486, 547
Vögler, Albert 262, 273, 277f.,
    380, 405, 413, 516f.

Wagemann, Ernst 374f., 405,
    503
Wagener, Otto 333, 471, 516f.
Warburg, Max 105, 110
Warmbold, Hermann 405,
    433, 436, 440
Warschau 289
Washington 133, 141, 146,
    154, 277, 438
Watter, Oskar von 97
Weber, Alfred 77f.

Weber, Friedrich 166
Weber, Max 28, 64, 70
Wecke, Walther 530
Weimar 7, 9, 56, 72, 74, 83,
    99, 100f., 149f., 165, 192,
    225, 231, 317, 321, 323,
    328, 495, 513, 516, 546
Weiß, Bernhard 454
Wels, Otto 32, 40, 47, 452,
    456, 506
Wendt, Hans Friedrich 429
Wessel, Horst 350
Westarp, Kuno Graf von 153,
    199, 253f., 256, 263f.,
    284ff., 288, 300, 302, 318,
    406, 433f., 438f., 496
Weygand, Maxime 116
Wiedtfeld, Otto 154
Wien 120, 170, 310, 388ff.
Wiesbaden 127
Wiggin, Albert Henry 398
Wilhelm II., Deutscher Kaiser
    und König von Preußen
    13ff., 26, 28, 32f., 41, 43,
    63, 90, 245, 251, 302,
    410

Wilmowsky, Tilo Freiherr
    von 381
Wilson, Woodrow 21, 23–29,
    32, 63, 79, 84, 99, 103–108,
    110, 112, 118ff., 185
Winterfeldt, Friedrich von 452
Wirth, Joseph 126–129, 131f.,
    134–139, 166, 233, 256,
    258, 362, 404
Wissell, Rudolf 43, 56f., 73,
    78, 91, 257, 270f., 273, 282,
    295
Wolff, Otto 159
Wolff, Theodor 77f., 83, 534
Woytinski, Wladimir 502f.
Wrangell, Peter 115
Wulle, Reinhold 169

Young, Owen D. 184, 186,
    278f.

Zehrer, Hans 203, 315f., 352,
    407, 442, 460, 496f., 504,
    518
Zeigner, Erich 160, 163f.
Zörgiebel, Karl 243
Zwickau 414

Aus der Reihe
»Propyläen Geschichte Deutschlands«
liegen als Paperbacks vor:

Peter Moraw
Von offener Verfassung zu
gestalteter Verdichtung
Das Reich im späten Mittelalter
1250 bis 1490

Heinrich Lutz
Das Ringen um deutsche Einheit und
kirchliche Erneuerung
Von Maximilian I. bis zum
Westfälischen Frieden
1490 bis 1648

CIP-Titelaufnahme der Deutschen Bibliothek

Mommsen, Hans:
Die verspielte Freiheit: der Weg der Republik von Weimar
in den Untergang; 1918 bis 1933 / Hans Mommsen. – Frankfurt am Main;
Berlin: Ullstein, 1990
(Ullstein-Buch; Nr. 33141: Propyläen-Studienausgabe)
ISBN 3-548-33141-6
NE: GT